JN418157

編輯代表 郭 潤 直

民 法 注 解

第 XVII 卷

債 權 (10)

第734條～第749條

博 英 社

編輯代表 郭 潤 直(서울대학교 명예교수)

編輯委員 孫 智 烈(변호사, 전 대법관)

金 滉 植(국무총리, 전 대법관)

梁 彰 洙(대법관, 전 서울대학교 법과대학 교수)

머 리 말

「民法注解」는 民法 전체를 그의 條文順序에 따라 敍述하는 이른바 「코멘타르」(Kommentar)이다. 「코멘타르」에는 그 內容과 目的에 따라 여러 種類의 것이 있다. 이 注解書는 각 條文마다 관련되는 중요한 判決들을 引用해가면서 確定된 判例理論을 밝혀주고, 한편으로는 理論 내지 學說을 모두 그 出典을 正確하게 표시하고, 또한 論據를 客觀的으로 敍述하여 民法 각 條項의 具體的 內容을 밝히려는 것이므로, 獨逸學者들이 말하는 이른바 wissenschaftlicher Großkommentar라고 말할 수 있다. 그 目的하는 바는, 위와 같은 敍述을 통해서 우리의 民法學의 現在水準을 浮刻시키고, 아울러 우리 民法 아래에서 생기는 法的 紛爭에 대한 올바른 解答을 찾을 수 있게 하려는 데 있다.

위와 같은 內容과 目的을 가진 「民法注解」가 우리의 法學發展을 위하여 필요하다는 確信에서 그 刊行을 企劃하게 되었는데, 그 理由는 다음과 같다. 우리의 民法學이 獨自의 길을 걷기 시작한 지 近 50年이 되어간다. 또한 現行 民法이 制定·公布된 때로부터 따진다면 30餘年이 된다. 이 期間 동안에 民法을 硏究하는 데 가장 基本的인 道具의 역할을 하는 法律文獻으로서 民法의 각 分野에 관한 體系的 解說書 내지 一般硏究者를 위한 이른바 敎科書(Lehrbuch)가 相當數 나와 있고, 또한 個別的 問題에 관한 論文도 적지 않게 發表되어 있다. 그러니 一般硏究者를 위한 敎科書라는 것은 著者의 主觀이 크게 作用하여, 著者에 따라 敍述에 起伏이 심하고 不充分한 점이 많다. 한편, 論文에서 표시되는 見解가 반드시 確實한 것은 아니다. 確實한 見解가 담겨진 論文이란 매우 적다고 하여도 過言이 아닐 것이다. 一般硏究用 敎科書나 論文이 상당히 있다 하여도 여전히 있게 마련인 空白이나 不充分한 점을 硏究者 個個人이 그때 그때 自力으로 채워나간다는 것은 보통 어려운 일이 아니며, 또한 많은 時間과 精力을 쏟아야 하는 힘든 일이다. 만일에 學說·判例를 網羅的·客觀的으로 敍述하고 있어서 모든 硏究者가 마음놓고 信賴할 수 있는 것이 하나 있다면, 各自 그것을 바탕으로 해서 獨自의 理論이나 見解를 펴나가는 데 集中할 수 있을 것이다. 그런데 그러한 學界 共有의 資產이라고 할 수 있는 것을 우리는 아직 가지고 있지 않다. 바로 그러한 구실을 할 수 있는 것 하나를 마련해 보겠다는 생각에서 이 「民法注解」의 刊行을 꾀하게 된 것이다.

民法은 매우 큰 法律이어서, 그 전체에 관한 大「코멘타르」를 어느 特定人이 單獨으로 지어낸다는 것은 발달된 現代 民法體系 아래에서는 期待하기 어렵다. 多數의 硏究者가 共同으로 協力해서 마련하는 것이 가장 적절한 방법이다. 「民法注解」도 그런 방법으로 만들기로 하였다. 그 筆陣을 정하는 것은 매우 어려운 일이었으나, 여러 사정을 고려하여 앞으로 우리의 民法學을 이끌어 갈 비교적 젊은 硏究者들을 많이 포함시켜서 筆陣을 구성하였다.

「民法注解」의 刊行은 우리의 法學史上 劃期的인 事業이라고 自負하고 있다. 그러나 처음으로 試圖하는 일인데다가, 또한 多數의 執筆者를 動員하여야 했기 때문에 均衡 있는 敍述을 期待할 수 없었다. 時間이 흐르면 法令은 變動되고 새로운 理論과 判例가 出現하게 됨은 필연이다. 그러한 變化는 「民法注解」의 改訂을 불가피하게 할 것이다. 여러 가지 不充分한 점이나 흠은 改訂版을 낼 때에 是正·補充할 豫定으로 있다. 그러한 改訂을 거듭하면서 「民法注解」는 더 滿足스러운 것으로, 또한 우리 나라에서 매우 값진 法律文獻의 하나로 發展할 것이다.

全部 15卷 정도로 豫定하고 있는 이 尨大한 出版을 快히 맡아 준 博英社에 대하여 깊은 謝意를 表示한다.

1992年 2月 20日

編輯代表

郭 潤 直

債權編(法定債權關係) 執筆者

金星泰(연세대학교 법과대학 교수)
金龍德(대전고등법원 부장판사)
金滉植(광주지방법원장)
朴炳大(부산고등법원 부장판사)
朴　徹(서울북부지방법원 부장판사)
徐光民(서강대학교 법과대학 교수)
梁彰洙(서울대학교 법과대학 교수)
柳元奎(서울고등법원 부장판사)
尹容燮(법무법인 율촌 변호사)
尹眞秀(서울대학교 법과대학 부교수)
李東明(인천지방법원 수석부장판사)
李尙勳(서울고등법원 부장판사)
李在洪(서울고등법원 부장판사)
李宙興(서울고등법원 부장판사)
鄭泰綸(이화여자대학교 법과대학 부교수)
崔秉祚(서울대학교 법과대학 교수)
胡文赫(서울대학교 법과대학 교수)

(가나다順. 現職은 2004년 12월 31일 기준)

債權編(法定債權關係) 執筆 內容

第764條 ································ 金滉植
第765條 ································ 梁彰洙
第766條 ································ 尹眞秀
不法行爲 後論 Ⅰ: 人格權侵害 ································ 李在洪
不法行爲 後論 Ⅱ: 公害로 인한 不法行爲責任 ································ 柳元奎
不法行爲 後論 Ⅲ: 自動車運行者責任 ································ 金龍德

凡　　例

1. 條　　文

民 §49 Ⅱ iii ← 民法 第49條 第2項 第3號

民 §312-2 ← 民法 第312條의 2

民 附則 §10 ← 民法 附則 第10條

2. 判　　例

(1) 一　　般

大判 80.7.8, 79다1928(集 28-2, 101) ← 大法院 1980年 7月 8日 宣告 79다1928判決(대법원판결집 제28권 2집 민사편 101면)

大決 76.11.24, 76마275(公 551, 9634) ← 大法院 1976年 11月 24日 告知 76마275決定(법원공보 551호 9634면)

大判 80.9.24, 80다1220(要集 民 Ⅰ-1, 161) ← 大法院 1980年 9月 24日 宣告 80다1220判決(大法院判決要旨集 民事·商事編 Ⅰ-1卷 161면)

서울高判 71.12.29, 71나1733(高集 71, 612) ← 서울高等法院 1971年 12月 29日 宣告 71나1733判決(고등법원판례집 1971년 민사편 612면)

大邱地判 88.2.10, 87나485(下集 88-1, 226) ← 大邱地方法院 1988年 2月 10日 宣告 87나485判決(하급심판결집 1988년 제1권 민사편 226면)

(2) 기타의 裁判法院 및 裁判種類의 表示

大判(全) ← 大法院全員合議體判決

大邱高判 ← 大邱高等法院判決

서울民地判 ← 서울民事地方法院判決

密陽支院判 ← 馬山地方法院密陽支院判決

(3) 判例의 出典

集 ←「大法院判決集」(또는「大法院判例集」)

全集 ←「大法院全員合議體判決集」

公 ←「法院公報」

高集 ←「高等法院判決集」

下集 ←「下級審判決集」

月報 ←「判例月報」

新聞 ←「法律新聞」

總覽 ←「判例總覽」

要集 ←「大法院判決要旨集」

3. 法令略語

(1) 法　　律

法令	略語	法令	略語
假登記擔保 等에 關한 法律	假擔	鑛業財團抵當法	鑛抵
家事審判法(폐)	家審	國家賠償法	國賠
家事審判規則(폐)	家審規	國稅基本法	稅基
家事訴訟法	家訴	國稅徵收法	稅徵
家事訴訟規則	家訴規	國有財產法	國財
建設機械管理法	建管	國籍法	國籍
建設機械抵當法	建抵	國際私法	國私
建築法	建築	國土의 計劃 및 利用에 관한 法律	國計
競賣法(폐)	競	歸屬財產處理法	歸財
古物營業法(폐)	古物	勤勞基準法	勤基
公益法人의 設立·運營에 關한 法律	公益法人	金融機關不實資產 등의 效率的 處理 및 韓國資產管理公社의 設立에 관한 法律	金資
公益事業을 위한 土地 등의 取得 및 補償에 관한 法律	土取	金融產業의 構造改善에 관한 法律	金構
工場抵當法	工抵	金融實名去來 및 秘密保障에 관한 法律	金實名
公證人法	公證	勞動組合法(폐)	勞組
供託法	供	農地改革法(폐)	農改
供託事務處理規則	供規	農地法	農地
鑛業法	鑛業		

農地賃貸借管理法(폐)	農賃
貸付業의 登錄 및 金融利用者保護에 관한 法律	貸登
道路交通法	道交
道路法	道
都市開發法	都開
都市計劃法(폐)	都計
都市再開發法(폐)	都再
獨占規制 및 公正去來에 關한 法律	獨占
文化財保護法	文保
民法	民
民事訴訟法	民訴
民事訴訟規則	民訴規
民事調停法	民調
民事執行法	民執
訪問販賣 등에 관한 法律	訪販
法人稅法	法人
法院組織法	法組
辯護士法	辯
不動產登記法	不登
不動產登記特別措置法	不登特措
不動產實權利者名義登記에 관한 法律	不實名
不動產仲介業法	不仲
不在宣告等에 關한 特別措置法	不在特措
不正競爭防止 및 營業秘密保護에 관한 法律	不競
佛教財產管理法(폐)	佛財
非訟事件節次法	非訟
私立學校法	私學
商街建物賃貸借保護法	商賃
商法	商
相互信用金庫法	信金
船舶法	船舶
涉外私法(폐)	涉私
所得稅法	所稅
消費者保護法	消保
訴訟促進 等에 關한 特例法	訴促
水難救護法	水救
水產業法	水產
手票法	手票
身元保證法	身保
信託法	信託
約款의 規制에 關한 法律	約款
어음法	어음
溫泉法	溫泉
原子力損害賠償法	原賠
外國人土地法	外土
外國換管理法	外換
遺失物法	遺失
利子制限法(폐)	利制
人事訴訟法(폐)	人訴
立木에 關한 法律	立木
自動車管理法	自管
自動車抵當法	自抵
自動車損害賠償保障法	自賠
資產流動化에 관한 法律	資流
傳統寺刹保存法	寺保

著作權法	著作	河川法	河川
電子去來基本法	電去	割賦去來에 관한 法律	割賦
製造物責任法	製責	航空法	航空
住民登錄法	住登	行政訴訟法	行訴
住宅建設促進法	住促	行政審判法	行審
住宅賃貸借保護法	住賃	憲法	憲
證券去來法	證去	憲法裁判所法	憲裁
集合建物의 所有 및 管理에 關한 法律	集建	刑法	刑
土地區劃整理事業法(폐)	區整	刑事訴訟法	刑訴
土地收用法(폐)	土收	戶籍法	戶籍
特許法	特許	和議法	和議
破産法	破	環境政策基本法	環基
下都給去來公正化에 관한 法律	下都	會社整理法	會整

(2) 法律의 施行令 또는 施行規則은 法律略語에 「令」 또는 「規」를 붙인다.

(3) 外國法律

獨民 ← 獨逸民法

佛民 ← 프랑스民法

瑞民 ← 스위스民法

瑞債 ← 스위스債務法

日民 ← 日本民法

墺民 ← 오스트리아民法

伊民 ← 伊太利民法

希民 ← 그리스民法

4. 文獻略語

(1) 敎科書 : 著者名만으로 인용한다.

郭潤直, 債權各論, 再全訂版(1990), 新訂版(1995)

金基善, 韓國債權法各論(1982)

金錫宇, 債權法各論(1978)

金疇洙, 債權各論(1992)

金曾漢, 債權各論(1988)
金曾漢·安二濬 編著, 新債權各論(上)(1961)
__________, 新債權各論(下)(1965)
金顯泰, 新稿 債權各論(1969)
金亨培, 債權各論(上)(1995)
李銀榮, 債權各論(1992)
李太載, 債權各論新講(1967)
張庚鶴, 新稿 債權各論(1962)
鄭範錫, 新債權法各論(1963)
朱宰璜, 債權各論講義(1950)
崔 栻, 新債權法各論(1961)
黃迪仁, 現代民法論 Ⅳ(1987)

(2) 定期刊行物

法學 ←「서울大學校 法學」
民判硏 ←「民事判例硏究」
諸問題 ←「民事裁判의 諸問題」
新聞 ←「法律新聞」
司論 ←「司法論集」
司行 ←「司法行政」
月報 ←「判例月報」

(3) 기 타

註釋債總 ← 金曾漢 編輯代表, 註釋 債權總則

5. 外國文獻(기타는 그 각 本國에서 통용되는 方式에 의함)

(1) 獨 逸

Staudinger ← Staudingers Kommentar zum BGB, 12. Aufl.
MünchKomm. ← Münchener Kommentar zum BGB, 2. Aufl.
Soergal ← Kommentar zum BGB, begründet von Hs. Th. Soergel, 12. Aufl.

(2) 日 本

日注民 ← 有斐閣 刊行, 注釋民法

차　례

第 3 章　事務管理

第 4 章　不當利得

第3章　事務管理

前　　論

차　례

Ⅰ. 總　　說

1. 槪念, 意義 및 法的 性質

(1) 事務管理의 槪念 및 意義

[1] 事務管理(韓·日; 羅 negotiorum gestio; 佛 gestion d'affaires; 伊 gestione di affari; 西 gestión de negocios; 蘭 zaakwaarneming; 獨·瑞·奧 Geschäftsführung ohne Auftrag; 中 無因管理)는 법률상 또는 계약상 義務 없이 他人을 위하여 그의 事務를 處理하는 행위이다(民 §734 I). 민법은 타인의 사무를 처리하는 자를 管理者(羅 gestor; 佛 gérant; 伊 gestore; 蘭 zaakwaarnemer; 獨 Geschäftsführer), 그 타인을 本人(羅 dominus negotii; 佛 maître, géré; 伊 l'interessato; 瑞債 伊文 padrone; 蘭 belanghebbende; 獨 Geschäftsherr)이라고 부른다. 이러한 행위를 적법한 행위로 인정하는 것은 타인의 생활영역에 대한 원칙적인 介入禁止[1]를 사회공동생활의 相扶相助 및 連帶의 원리에 의해서 사회적으로 타당한 선에서 균형있게 보완한다는 차원에서이다.[2] 일반인의 법생활에서 자연스

【문헌인용례】李銀榮, 債權各論의 경우 改訂版(1992)과 약간 수정된 第3版(1999)을 모두 인용하되 후자의 면수는 〈 〉로 표시하였다. 姜玹中의 사무관리 주석은 金曾漢 編, 註釋債權各則(Ⅲ)(1985), 31ff.와 朴駿緖 編, 註釋民法[債權各則(5)](1999), 288ff.가 대법원 판례가 약간 추가된 것 말고는 내용이 동일하므로 1985년도의 학문적 성과를 보여주고 있다는 의미에서 전자로 인용하였다.

1) Pomp. D.50.17.36 Culpa est immiscere se rei ad se non pertinenti "자신과 관련이 없는 일에 개입하는 것은 위법이다"; Liber sextus 5.13.19 Non est sine culpa, qui rei, quae ad eum non pertinet, se immiscet.── 이하 인용하는 로마법 개소에 관해서는 拙著, 로마법상의 事務管理: 학설휘찬 제3권 제5장 역주(2001) 참조.

2) 이미 同旨 Gai. D.44.7.5.1: Si quis absentis negotia gesserit, … si vero sine mandatu, placuit quidem sane eos invicem obligari eoque nomine proditae sunt actiones, quas appellamus negotiorum gestorum, quibus aeque invicem experiri possunt de eo, quod ex bona fide alterum alteri praestare oportet. sed neque ex contractu neque ex maleficio actiones nascuntur: neque enim is qui gessit cum absente creditur ante contraxisse, neque

럽게 발전한 매매나 임대차 등의 다른 제도들과 달리 전형적인 意識的 法律家法이라고 할 수 있는 사무관리는 로마인들이 안출한 매우 잘 된 제도 중 하나로[3)] 그 사상적 기초는 사회공동생활의 연대적 가치들(fides, amicitia, pietas, humanitas, officium)이었다.[4)]

(2) 法的 性質

(가) 法律的 行爲 [2] 적법한 事務管理는 당사자의 의사와 무관하게 法定의 일정한 법률효과가 당사자 사이에 발생하는 법률관계로서, 체계적으로 보자면 이른바 法律的 行爲 내지 準法律行爲의 일종이고, 그 중에서도 非表現行爲인 混合事實行爲이다(통설).[5)] 사무관리의 내용이 되는 행위는 事實行爲일 수도, 法律行爲일 수도 있지만, 후자의 경우에도 ── 관리자와 제3자가 그 당사자가 되는 ── 그 법률행위 자체가 사무관리인 것은 아니며, 사무관리는 제3자를 당사자로 하는 이 법률행위를 수단으로 하여 사무본인에 대한 관계에서[6)] 법률의 규정에 의하여 성립하는 것이다. 따라서 그 법률행위의 효과는 직접 관리자에게 생기고 본인에게 미치지 않는다(民 §§738, 684 Ⅱ: "管理者가… 自己의 名義로 取得한" 참조).[7)] 이처럼 사무관리는 사무본인을 상대당사자로 하는 法律行爲/契約이 아니므로 의사표시 내지 법률행위에 관한 民法總則編의 일반적 규정들은 사무관리에는 적용되지 않는다(통설).[8)]

---

ullum maleficium est sine mandatu suscipere negotiorum administrationem: longe magis is, cuius negotia gesta sunt, ignorans aut contraxisse aut deliquisse intellegi [non *ins. Haloander*] potest: sed utilitatis causa receptum est invicem eos obligari. … 그러나 이러한 전통적 견해에 대해 이를 社會扶助說이라 칭하면서, 사무관리의 취지는 오히려 관련 당사자들 사이의 재산관계를 조정하여 각자에게 귀속될 것을 그의 진정한 주인에게 돌리는 데에 있다고 하여 이른바 歸屬性說을 주장하는 소수설이 있다. 李銀榮, 473ff 〈648ff.〉. 그러나 이 견해의 기초인 사무관리에 대한 순전히 객관적인 이해는 각각 해당되는 곳에서 후술하듯이 여러 면에서 문제가 있다.

3) Fritz Schulz, Classical Roman Law(1954), s. 1068(p. 624): "a happy invention, quite in the bold and original style of the republican jurisprudence."

4) Reinhard Zimmermann, The Law of Obligations. Roman Foundations of the Civilian Tradition(1992/1993), 435f. 사무관리의 誠意(bonae fidei)訴權性에 관해서는 Cic. top. 17. 66; Gai. 4.62; D.44.7.5.pr. 사람들의 빈번한 이동과 국제적 관계와 교통의 증강을 특징으로 하는 현대에 이 제도의 활력이 더욱 강하게 나타난다는 견해로는 José Luis Alabâcar López/Jaime Santos Briz, Código Civil. Doctrina y jurisprudencia, Ⅵ/2(Cuarta edición 1995), 1316.

5) 金曾漢·姜玹中, 註釋債權各則(Ⅲ), 33f.[이하 姜玹中으로 인용]; 郭潤直, 540.

6) 大邱高判 86. 8. 28, 86나200.

7) 同旨 日大判 明 37. 5. 12(民錄 10, 666)(新·判例コンメンタール 民法 [8], 1992/1995, 247); 日最判 昭 36. 11. 30(民集 15-10, 2629, 判時 282, 19)(新·判例コンメンタール 民法 [8], 1992/1995, 248).

8) 姜玹中, 34; 大判 75. 4. 8, 75다254(公 513, 8413[9]).

(나) 本人의 이름으로 관리한 경우　　[3] 그러므로 관리자가 본인의 이름으로 제3자와 법률행위를 한 경우(이른바 offene Geschäftsführung)에 그 행위는 無權代理 행위가 되며, 본인이 追認을 하면 비로소 본인에 대해 소급적으로(民 §133) 직접 효과가 생기게 될 뿐이다(民 §130).[9] 이에 대해 관리자가 요건을 갖춘 정당한 사무관리를 한 경우에는 본인의 이름을 顯名한 법률행위는 有權代理 행위로 인정하여 그 효과가 본인에게 직접 발생한다고 하는 것이 거래상대방인 제3자의 신뢰보호를 위해서도 타당하다는 소수설이 있다.[10] 그러나 이 견해는 民法의 이론적 체계를 전면적으로 뒤흔드는 그릇된 주장이 아닐 수 없다.[11]

[4] 無權代理를 인정하는 것이 사회통념에 맞지 않는다는 주장을 뒷받침하기 위해 소수설이 드는 예시적 사안들(의식불명의 중환자를 병원에 옮겨 의료계약을 체결하도록 주선한 경우; 이웃 가게의 물건을 대신 팔아준 경우)을 살펴본다.

우선 후자의 경우에 있어서 이 때에도 구체적 상황에 따라 달라질 수 있지만,[12] 대체로 대신 물건을 팔아준 사람이 그 가게에서 그 물건이 팔리는 가격 이상으로 물건을 파는 한, 가게주인은 그 매매를 追認할 것이고 그에 따라 제3자에게 책임을 지게 되는데(後述 §734 [58]), 소수설이 주장하듯이 물건을 산 고객은 가게주인이 매매계약의 당사자가 아니므로 "本人과의 사이에는 賣買契約上의 抗辯權을 행사할 수 없게 되어 부당"하다고 할 것이며, "결국 代理權의 否認은 去來相對方인 제3자의 信賴를 해치게" 된다고 할 수 있을까? 또 만일 싸게 팔아서 가게주인이 그 사무관리를 승인하지 않는다면, 왜 이 경우에 물건을 산 사람만 보호해야 하고 가게주인의 이익은 무시되어야 하는 것인가?[13] 본인의 意思에 기초하지 않고 언필칭 利益에 기초한 代理權이란 관련당사자들의 衡量된 利益에도 반하는 발상이 아닐 수 없다.

다음으로, 전자의 경우에 있어서 李銀榮은 "관리자가 본인의 이름으로 의료

---

9) 통설적 다수설(郭潤直, 545; 姜玹中, 63, 132; 李銀榮, 499 각주 1)〈654 각주 2)〉의 문헌); 日大判 昭 17. 8. 6(民集 21, 850)(新·判例コンメンタール 民法 [8], 1992/1995, 248).

10) 李銀榮, 500〈654f.〉. 同旨의 입법례로 네덜란드민법이 있다(蘭民 Art. 6:201).

11) 프랑스민법은 소수설과 같은 결과를 인정하지만, 실정법규(특히 佛 §1375)를 포함하여 그 이론적 기초가 우리 민법과 다르므로 이로써 비교법적 同調論據로 삼을 것은 아니다. Murad Ferid/Hans Jürgen Sonnenberger, Das französische Zivilrecht, Bd. 2 (2. Aufl., 1986), [2 K 322] p. 323. 대리의 경우뿐 아니라 더 나아가 제한적이지만 두루 사무관리에 대외적 효과를 인정하려는 다양한 시도와 그에 대한 정당한 반론에 관해서는 Jörg Schmid, Die Geschäftsführung ohne Auftrag(1992), 138ff.

12) 가령 수시로 서로 도와주면서 장사를 할 수밖에 없는 이웃 점포들 사이에서 한 가게의 주인이 다른 가게의 주인이 잠시 자리를 비운 사이에 물건을 대신 팔아준 경우라면 소수설이 주장하듯 代理權이 있다고 보아도 무방할 것이지만, 그것은 사무관리를 했기 때문이 아니라 당사자의 의사가 授權을 한 것으로 해석되기 때문인 것이다.

13) 同旨 姜玹中, 89f.

계약을 체결할 것을 원하고 병원도 본인과 계약을 체결하는 것으로 믿고 승낙했음에도 불구하고 그것이 불가능하다는 것은 社會通念에 맞지 않는다. 더구나 本人이 그 행위를 追認할 수 없는 상황에 있는 경우에는 계속 無權代理로서 남아 있게 된다"고 주장한다. 그렇기 때문에 有權代理로 인정해야 한다는 것이다. 그러나 이 주장 역시 설득력이 없다. 왜냐하면 의식불명의 본인 명의로 계약이 체결되고 병원 역시 본인과 계약을 체결하는 것으로 믿었다고 하는 경우 환자를 병원까지 호송한 관리자는 의료계약에 관한 한 代理방식으로 행위한 것이 아니며, 따라서 無權代理도 전혀 아닐뿐더러, 의료계약에 관한 한 자기는 관여할 의사, 즉 환자를 위하여 사무를 관리할 의사가 없는 것이므로 이 때에는 사무관리 자체가 배제된다.[14] 오히려 의식불명의 본인 명의로 맺어진 계약은 유효하지 않으므로, 병원측의 의료행위는 일차적으로는 본인을, 이차적으로는 본인을 돌볼 의무 있는 자를 위한 사무관리가 되며(後述 §734 [3]), 그에 따르는 비용은 본인측이 부담하는 것이지, 환자호송의 사무를 관리한 자가 부담할 이유가 없다. 소수설의 주장대로 설사 無權代理가 성립했다 하더라도 이런 경우에는 民 §135 Ⅱ의 "相對方이 代理權 없음을 알았거나 알 수 있었을 때"에 해당되어 관리자가 책임을 부담해야 하는 상황이 아닌 것이다. 사무관리제도가 추구하는 목표는 一面 관리자의 보호이고, 他面 본인의 보호이다. 어느 한 쪽을 도외시한 채 다른 한 목표만을 추구하는 것은 그 자체 법의 취지에 반할 뿐만 아니라, 그 방법이 ―委任이 있는 경우에도 바로 代理權의 수여를 인정하지 않는 현행법 체제하에서― 委任과 같은 意思的 기초마저 없는 사무관리의 경우에 굳이 代理를 인정하려는 것이라면, 이것은 代理法과 事務管理法의 법리에 대한 誤解가 아닐 수 없다.

[5] 우리 민법은 사무관리자에게는 관리로 인한 비용의 상환(§739) 및 손해의 보상(§740)을 청구할 수 있는 권리를, 사무의 본인에게는 관리의 결과를 자신에게 귀속시킬 것을 청구할 수 있는 권리(§738)를 인정함으로써 로마법[15] 이래의 대륙법의 전통을 계승하였다. 이에 있어 사무관리를 부당이득 등과 더불어 이른바 準契約(obligationes quasi ex contractu)으로 규정한 유스티니아누스법을 추종한 佛民(§1371)·스페인民法(§1887)과 달리 準契約의 개념을 인정하지는 않았지만, 사무관리를 계약에 준하여 보려는 고대후기법의 이러한 경향이 필

14) 同旨 姜玹中, 132.

15) Gai. D.3.5.2: Si quis absentis negotia gesserit licet ignorantis, tamen [quidquid]⟨si quid⟩ utiliter in rem eius impenderit vel etiam ipse se in rem absentis alicui obligaverit, habet eo nomine actionem: itaque eo casu ultro citroque nascitur actio, quae appellatur negotiorum gestorum. et sane sicut aequum est ipsum actus sui rationem reddere et eo nomine condemnari, quidquid vel non ut oportuit gessit vel ex his negotiis retinet: ita ex diverso iustum est, si utiliter gessit, praestari ei, quidquid eo nomine vel abest ei vel afuturum est.

연적으로 초래했고, 이후 보통법을 거치면서도 그대로 유지되었던 주관적 요소[意思]의 강조는 그대로 답습되었다. 그 결과 우리 민법의 사무관리법은 현대의 다른 입법례들과 함께 고전 로마법의 객관주의적 경향에 비하여 본인의 意思本位 쪽으로 경사된 것이 사실이다[16](後述 Ⅳ. 비교법 참조).

2. 다른 制度와의 관계

(1) 契約과의 관계

[6] 사무관리는 委任 등의 계약이나 기타 법적인 권한 없이 법률의 규정에 의하여 성립하는 法定債權關係로서 사무의 처리라는 사태의 실질이 본질적으로 동일함에도 불구하고 당사자들의 意思的 기초가 결여되어 있으므로 約定의 채권관계인 委任(民 §680)과는 체계적 위상을 달리한다. 위임의 경우 위임인이 사망하면 위임이 종료하지만(民 §690) 사무본인의 사망은 사무관리에 영향을 미치지 않고(民 §737), 위임(民 §681)과 달리 사무관리는 유익하게 관리되는 것(民 §734)이 결정적이다. 사무관리는 계약이 없는 경우에만 적용될 수 있다[17](後述 §734 [49] 참조). 그러나 그 실질이 동일하므로 법은 많은 경우에 위임법의 규정을 사무관리에도 준용한다(民 §738).

(2) 不當利得과의 관계

[7] 사무관리가 성립하면 당사자간에는 적법한 법률관계가 발생하며, 이에 따라 당사자의 권리와 의무가 규정된다. 즉 사무관리는 “법률상 원인”이 되어 부당이득관계의 성립을 원천적으로 배제하게 된다. 다시 말하면 사무본인이나 사무관리자가 상대방에게 청구하는 것은 부당이득이기 때문이 아닌 것이다. 만약 사무관리가 적법한 법률관계로 인정되어 있지 않다고 상정하는 경우, 타인의 사무를 아무런 의무 없이 처리한 사무관리자가 사무본인에 대하여, 또는 사무본인이 사무관리자를 상대로 행사할 수 있는 권리가 있다고 한다면 그 근거는 (불법행위가 성립하지 않는 한) 상대방이 법률상 원인 없이 이득을 얻었다는 사실이 될 것이다. 그런데 부당이득에 의한 구제의 효과는 특히 선의자를 상대로 해서는 현존이익으로 제한되어 있으므로(§748 I) 이 점에서 사무관리를 인정할 실익이 드러난다. 사무관리가 성립하는 한 부당이득이 성립할 여

16) 同旨 郭潤直, 539.

17) 姜玹中, 36. 그러므로 국제사법(2001. 4. 7 법률 제6465호) §30 I 단서(“다만, 사무관리가 당사자간의 법률관계에 기하여 행하여진 경우에는 그 법률관계의 준거법에 의한다”)에서 말하는 사무관리는 당연지사로서 民 §734가 규정하고 同條 본문(후술 前論 [14])이 채택한 엄밀한 의미의 사무관리가 아니다. 따라서 이 규정은 체계적인 관점에서 문제가 있다.

지는 없다.[18]

[8] 그러므로 사무관리가 성립하지 않는 경우에는 (불법행위가 성립하지 않는 한) 부당이득에 의한 구제가 문제될 수밖에 없다. 그러나 좀더 면밀히 살펴보면, 사무관리의 내용인 행위가 사실행위인지, 아니면 법적 행위인지에 따라서 달리 보아야 함을 알 수 있다. 사실행위인 경우(예컨대 건물의 補修)에는 원하던 성과가 달성되지 않더라도(補修에도 불구하고 붕괴한 경우) 사무관리의 성립에 消長이 없으나, 법적 행위의 경우(예컨대 채무의 변제)에는 그것이 유효하게 성공하여야만 사무관리가 성립하고, 실패(변제의 무효)시에는 법적 행위의 상대방에 대한 관계에서 부당이득이 문제될 뿐이기 때문이다.[19]

[9] 사무관리와 부당이득의 관계가 특히 문제가 되는 것은 좌절된 사무처리관계(가령 고용계약, 도급계약, 위임계약)를 정산해야 하는 경우이다(後術 [51] §734). 우리 나라의 학설로서는 이 때에 사무관리법을 적용하는 독일의 판례를 비판하면서 부당이득법이 적용되어야 한다고 주장하는 견해가 있다.[20] 독일의 이론상황을 개관해 보면, 판례와 같이 사무관리적용설을 취하는 견해와 이를 비판하면서 부당이득적용설을 취하는 견해가 갈리는데, 후자가 학설의 다수설이지만 그 근거는 다양하다. 일부는 착오로 사무를 처리해야 할 법적 의무가 있는 것으로 받아들인 경우에는 타인사무처리의사의 흠결로 이미 사무관리의 구성요건이 충족되지 않는다는 점을 지적하고, 일부는 관계청산을 위한 부당이득반환관계를 사무관리보다 특칙으로 이해하는데, 공통된 점은 반환청구의 봉쇄(獨民 §§814, 815, 817 S.2 [民 §§742, 744, 746]) 및 부수적 효과(獨民 §§818f. [民 §748])가 사무관리를 인정함으로써 잠탈되어서는 안 된다는 인식이 실질적인 이유라는 사실이다. 사무관리적용설을 주장하는 이유로서는 위임계약의 수임인이 계약이 무효임을 알았을 때는 非債辨濟로서 상환청구가 배제되는데, 비용상환청구는 심지어는 위임이 유효

---

18) 同旨 Jörg Schmid, Die Geschäftsführung ohne Auftrag(1992), 134f. 異見: 李銀榮, 479는 "실제 事例에 있어서 管理者의 本人에 대한 費用償還請求權이나, 본인의 관리자에 대한 取得物引渡請求權은 不當利得返還請求權에 의해서도 실현이 가능하다"고 하여 청구권의 경합을 인정하고, 이 때 兩請求權의 要件 및 返還範圍는 각각 다르게 된다고 한다. 그러나 이는 이미 살펴보았고, 또 후술하듯이 誤見이다. 李銀榮〈653〉은 이 부분을 삭제하였다.

19) H. H. Seiler, "Bereicherung und negotiorum gestio", Iuris professio(1986), 245ff.

20) 李銀榮, 478〈652f.〉. 그 밖에 양자의 경합을 인정하면서 사무관리에 의하는 것이 반환청구자에게 유리하므로 부당이득에 기한 반환청구권을 인정할 실익이 거의 없다는 견해(姜玹中, 37ff.)가 있으나, 이 부분의 연혁적·체계적 설명 자체도 매우 의심스러울 뿐만 아니라, 법리의 認否를 단순히 경제적 利·不利로 재단하는 논리도 문제이고, 양자의 경합을 인정하는 것도 곧 설명하듯이 잘못이다.

한 경우에도 가능했을 것이라는 점, 무효한 위임계약의 경우에는 무효한 의무의 인수 자체가 이미 행위자의 이타적 의도에 기인하는 것이라는 점 등이 주장된다.[21] 私見으로는 사무처리를 내용으로 하지 않는 다른 계약들의 경우와 균형을 생각할 때 사무처리관계를 특히 우대할 아무런 이유도 없으므로 부당이득적용설이 타당하다고 본다. 특히 무효가 수임인의 보호를 목적으로 하는 사유에 기인하는 때(예컨대 수임인이 위임인에게 기망당하여 위임계약을 취소한 때)에는 이에 사무관리법을 적용하는 것은 명백히 무효제도의 취지에 반할 것이다.

[10] 끝으로 사무관리자가 무능력자인 경우에는 무능력자 보호의 법정신을 살려서(특히 무권대리인에 관한 民 §135 Ⅱ 유추) 관리자로서의 특별책임을 묻지 않고 부당이득법을 적용해야 한다는 것이 다수설이다(獨民 §682; 瑞債 §421 참조).[22] 미성년자의 보호는 민법의 大原則 중의 하나로서 사무관리법이라고 해서 달리 볼 이유는 없으므로 원칙적으로 타당하다고 하겠다(後述 §734 [13] 이하).

(3) 不法行爲와의 관계

[11] 사무관리는 비록 타인의 생활관계에 대한 외부의 권한 없는 개입이지만 정당하게 수행되는 한 적법한 행위로서, 불법행위를 구성하지 않는다. 문제는 정당하게 인수하여 성립한 사무관계의 범위 내에서 관리자의 잘못으로 손해가 발생한 경우에 그 법적 성질이 무엇인가 하는 점이다. 이에 관해서는 債務不履行說[23]과 不法行爲說[24]이 대립한다. 일단 적법하게 성립한 사무관리관계의 존재를 승인하는 한, 전자의 견해가 타당하다고 하겠다. 적법하게 성립했던 사무관리가 수행중의 過失로 말미암아 다시 위법한 행위로 反轉된다는 것은 매우 이상한 논리일 뿐 아니라, 관리사무 자체가 일정기간 계속되는 경우에 각 시점별로 보면 손해와 이익이 교차할 수 있고, 또 본인은 언제라도 사무의 관리를 자신이 넘겨받아서 처리할 수 있는 것이므로(民 §737) 적법하게 성립했던 사무관리관계가 본인의 우연한 선택에 따라서 불법행위가 되었다가 적법행위가 되었다가 한다는 것은 법률관계를 이상하게 혼란시키는 해석이기 때문이다. 더욱이 李銀榮은 전자의 견해는 이른바 社會扶助說과, 후자의 견해는 이른바 歸屬說과 연계된 것처럼 이해하는데,[25] 사무관리를 타인사무의 관리로

21) 상세는 Dieter Reuter/Michael Martinek, Ungerechtfertigte Bereicherung(1983), 705ff.
22) 郭潤直, 540f. 이미 Antoninus Pius 이래 同旨: Ulp. D.26.8.1.pr; D.26.8.5.pr; D.3.5.3.4; Ulp.-Iul. D.eod.5.2; Paul. D.eod.36.pr; Sev. et Ant. C.2.18.2(a.197).
23) 姜玹中, 41; 郭潤直, 544.
24) 李銀榮, 477f.〈651f.〉.
25) 이들 학설에 관해서는 李銀榮, 473ff.〈648ff.〉.

부터 생기는 관리인과 본인 사이의 재산관계를 조정함을 목적으로 이해하는 귀속설의 입장에서야말로 관리수행중의 손해발생시 비용 및 기타의 취득물 등과 총체적으로 정산하여 양당사자의 이익을 조정하는 해결방안을 지지해야할 것이고, 단순히 결과적으로 손해가 발생했다는 것만으로 바로 불법행위에 문의하는 것은 그 취지에 반하는 것으로 생각된다. 종래의 이른바 사회부조설이 행위의 적법화를 강조한 나머지 일정한 경우에 이른바 귀속설이 지지하는 결론을 共有하지 못하도록 한 것은 사실이지만, 이것은 어디까지나 사무관리의 요건에 대한 재음미와 재해석을 통하여 달리 이해할 여지가 충분한 것이다(後述 [18] §734 이하).

Ⅱ. 類 型

[12] 사무관리자는 객관적인 관점에서 보자면 타인의 사무를 관리하거나 아니면 자신의 사무를 처리하게 마련이며, 또 주관적인 관점에서 보자면 타인의 사무를 관리한다는 의식하에 관리하거나 아니면 자신의 사무를 처리한다는 의식하에 행위하게 마련이다. 이에 따라 다음과 같은 여러 상황이 상정될 수 있다(표 1).[26] 이하에서는 진정한 사무관리(echte Geschäftsführung ohne Auftrag; la gestion d'affaires parfaite)를 먼저 논하고, 不眞正사무관리(unechte GoA; la g. d'affaires imparfaite) 또는 準사무관리에 관해서는 [後論]에서 논한다.

Ⅲ. 本人의 追認(後述 [54] §734 이하)

Ⅳ. 比 較 法

[13] 비교법적으로 살펴볼 때 타인의 私的인 생활관계에 권한 없이 개입

26) 타인의 사무를 자기의 사무로 잘못 생각하여 관리한 경우를 郭潤直은 誤信事務管理, 李銀榮은 誤想事務管理라는 용어를 사용한다. 이 곳에서는 이러한 경우는 誤信사무관리로, 반대로 자기사무를 타인사무로 잘못 인식하여 사무관리를 할 요량으로 한 행위를 誤想사무관리로 용어를 사용하기로 한다. 착오 없기 바란다. 또 타인의 사무를 악의로 자기사무로 관리한 경우를 郭潤直은 不法管理로, 李銀榮은 無斷管理로 부르는데, 후자의 용어가 더 적절하다고 생각된다. 앞의 다른 경우들과 비교할 때 규범적 판단에 따른 유형분류나 명칭보다는 관리자의 행태에 따른 명칭을 취하는 것이 일관성이 있기 때문이다.

〈표 1〉 사무관리의 유형

<table>
<tr><td rowspan="3">사무의 객관적 성질</td><td colspan="4">사무관리자의 주관적 생각</td></tr>
<tr><td colspan="2">타인사무
〈眞正사무관리〉</td><td colspan="2">자기사무
〈不眞正사무관리〉</td></tr>
<tr><td>正當한</td><td>不當한</td><td>錯誤時
(bona fide)
〈誤信사무관리〉</td><td>故意時
(自益목적)
〈無斷관리〉</td></tr>
<tr><td>타인사무</td><td colspan="2">사무관리

긴급사무관리</td><td>부당이득
불법행위
(사무관리說)</td><td>불법행위
부당이득
(準사무관리說)
(사무관리說)</td></tr>
<tr><td>자기사무</td><td colspan="2">誤想사무관리
(사무관리 아님)</td><td colspan="2">자기사무처리</td></tr>
</table>

하는 것을 어떻게 취급할 것인가는 법질서에 따라 매우 다양함을 알 수 있다. 일찍이 로마법은 로마사회를 강하게 지배했던 fides에 기초하여 개인주의를 극복한 제도로서 사무관리를 法認했고 이 제도를 후대에 전해준 반면에, 후대의 많은 법질서들은 사무본인이 원하지 않는 사무관리로 인해 의무를 부담하게 되는 위험을 중시해서 사무관리를 법적으로 승인하지 않았다. 대표적인 예가 영미법으로, 이와 같은 management of another's affairs에 대한 嫌忌는 주변 세계와의 밀접한 접촉을 꺼리는 앵글로색슨의 전통적인 개인주의의 반영이었다("officious meddler").[27] 유럽대륙에서는 사무관리에 자연법적 기초를 부인했던 自然法論[28]의 영향하에 사무관리에 대한 원칙적인 금지를 규정했던 프로이센일반란트법(ALR I 13 §§228-230)과 오스트리아민법전(ABGB §1035)을 들 수가 있다. 그러나 같은 자연법 법전에 속하는 프랑스민법전(Code civil artt. 1372-1375)은 로마법의 전통을 따라 사무관리를 승인하였는데, 원래의 의도는 긴급사무관리였음을 법률규정상 감지할 수 있다. 그러나 이들 대륙법의 경우에는 예외규정들을 근거로 입법자의 의도를 벗어나는 법발전이 있었다. 독일민법전(BGB §§677ff.)과 스위스민법(OR Art. 419ff.)은 사무관

27) R. Zimmermann, op. cit., 435; William John Swadling, "Restitution and Unjust Enrichment", Towards a European Civil Code, ed. A. S. Hartkamp et. al.(Nijmegen: Ars Aequi libri, 1994), 267ff., 274.

28) Hugo Grotius, De jure belli ac pacis, Ⅱ.10.9.1: nullum enim habet(sc. negotiorum gestorum actio) eorum fundamentorum ex quibus natura obligationem inducit.

리에 대해 원칙적인 유보의 태도를 취하지는 않았다. 이탈리아민법전(Codice civile artt. 2028-2032)은 프랑스민법을 따랐다.[29] 그러나 첫인상과는 달리 영미법도 결과적으로는 대륙법과 별로 차이를 보이지 않는다. 사무관리에 해당하는 주요한 사안에 대하여 개별적으로 동일한 결과에 이르고 있었기 때문이다.[30] 日本민법전(§§ 697-702), 中華民國민법전(§§ 172-177), 우리 나라 민법전(§§ 734-740)은 모두 대륙법, 특히 獨法系의 영향을 받아서 사무관리를 원칙적으로 인정한다. 우리 민법은 일본민법과 滿洲國민법전, 중화민국민법전을 참조하여 이들 민법전에는 규정되지 않은 내용들을 입법적으로 명문화하여 극동의 민법전 중에서는 가장 완비된 형태를 갖추었다고 할 수 있다.[31]

V. 國際私法

[14] 사무관리의 경우 준거법은 원칙적으로 그 관리가 행하여진 곳의 법에 의한다(국제사법 [2001. 4. 7 법률 제6465호] § 30 I 본문). 특별히 다른 사람의 채무를 변제함으로써 발생하는 사무관리 청구권은 그 채무의 준거법에 의한다(국제사법 § 30 II). 그러나 당사자는 사무관리가 발생한 후 합의에 의하여 대한민국법을 그 준거법으로 선택할 수 있다(국제사법 § 33 본문). 다만, 그로 인하여 제 3 자의 권리에 영향을 미치지 아니한다(국제사법 § 33 단서).

해양사고구조로 인한 보수청구권(후술 [72] § 734)은 그 구조행위가 영해에서 있는 때에는 행위지법에 의하고, 공해에서 있는 때에는 구조한 선박의 선적국법에 의한다(국제사법 § 62).

[崔 秉 祚]

29) Hans Hermann Seiler, Der Tatbestand der Negotiorum Gestio im römischen Recht (1968), 1f. 독일, 프랑스, 英美의 사무관리 제도에 관한 개관으로는 谷口知平·甲斐道太郎編, 新版注釋民法(18) 債權(9)(1991), 事務管理·不當利得法總論, B(p. 8ff.)(각 磯村保, 稲本洋之助, 土田哲也 집필); Jörg Schmid, Die Geschäftsführung ohne Auftrag (1992), 20ff. 프랑스법에 관한 상세는 Roger Bout, La gestion d'affaires en droit français contemporain(1972); Erwin Jost, Geschäftsführung ohne Auftrag und Erfüllung einer Nichtschuld als Quasikontrakte im französischen Zivilrecht(1970).

30) 로마의 埋葬費用償還請求訴權(actio funeraria)에 영향받은 것으로 생각되는 Jenkins v. Tucker(1788) 1 H Bl 90; Ambrose v. Kerrison(1851) 10 CB 776; Aitken(1988) 11 Sydney LR 571ff.; 이탈리아의 상인법으로부터 유래한 海難救助; 海事관습법에서 유래한 必須代理(agency of necessity); 기타 救難사안에 관한 법리 등이 그러하다. R. Zimmermann, op. cit., 448f.; Schmid, op. cit., 27ff.

31) 鄭鍾休, 韓國民法典の比較法的研究(1989), 280, 309; 條文對照表 39f. 참조.

第 734 條(事務管理의 內容)

① 義務 없이 他人을 爲하여 事務를 管理하는 者는 그 事務의 性質에 좇아 가장 本人에게 利益되는 方法으로 이를 管理하여야 한다.

② 管理者가 本人의 意思를 알거나 알 수 있는 때에는 그 意思에 適合하도록 管理하여야 한다.

③ 管理者가 前2項의 規定에 違反하여 事務를 管理한 境遇에는 過失 없는 때에도 이로 因한 損害를 賠償할 責任이 있다. 그러나 그 管理行爲가 公共의 利益에 適合한 때에는 重大한 過失이 없으면 賠償할 責任이 없다.

차 례

Ⅰ. 意義 및 適用範圍

[1] 본조는 사무관리의 요건과 적법한 관리방식을 규정하고, 이에 위반한 경우의 사무관리자의 책임을 규정한다. 통설은 사무관리의 요건으로서 1) 타인의 사무의 관리가 있을 것, 2) 타인을 위하여 하는 의사(管理意思)가 있을 것, 3) 법률상의 의무가 없을 것, 4) 본인에게 불리하거나 본인의 의사에 반한다는 것이 명백하지 않을 것을 열거한다.[1] 여기서 문제는 제4점이 과연 법이 정하고 있는 요건인지, 또 그렇다고 한다면 그것은 과연 어떻게 이해할 것인지 반

1) 대표적 郭潤直, 541ff.

드시 명료한 것이 아니라는 데 있다. 이러한 의문이 제기되는 것은 사무관리의 기본요건으로서 본조가 요구하는 것은 "타인을 위하여" 관리한다는 것이고, 본인의 이익이나 의사는 사무관리의 (필요적) 성립요건이 아니라 사무관리자의 (가능한) 면책요건으로 규정되어 있을 뿐만 아니라, 또한 "타인을 위하여" 관리한다는 의미가 과연 무엇인지도 반드시 명료한 것이 아니기 때문이다.

Ⅱ. 事務管理의 當事者

1. 管 理 者

[2] 관리자는 他人인 본인의 사무를 의무 없이 현실적으로 처리(관리)한 자로서, 自然人이든 公·私의 法人이든 관리자가 될 수 있다.[2] 관리자로서의 適格과 관련하여 관리자의 能力이 문제되는데, 관리행위를 논하면서 함께 다루기로 한다(後述 [12] §734 이하). 관리자는 數人일 수도 있는데, 이 때의 법률문제는 관리자의 책임을 논하면서 다루기로 한다(§734 後述 [61]).

2. 本 人

[3] 본인이란 사무관리의 결과가 객관적으로 궁극적으로 귀속하는 사무의 주체를 말한다. 따라서 亡者의 葬禮式 등 後事를 관리한 경우 본인은 亡者의 상속인이다.[3] 胎兒나 設立中의 會社도 본인이 될 수 있다. 이 때에는 해당 法人格者의 탄생을 停止條件으로 하여 사무관리가 성립한다.[4]

의식불명이어서 의료계약을 체결할 수 없는 환자나 사고의 피해자를 의사가 치료한 경우에 사무의 본인은 누구인가? 우선, 의사에게는 응급처치의 義務가 있으므로(醫療法 §16 Ⅱ, 同施行規則 §10; 應急醫療에 관한 法律 §§4, 6) 피해자에 대한 관계에서 "義務 없이" 행위한 것은 아니다. 그러나 醫療處置를 받아야 할 자에 대한 의사의 이러한 公的인 義務는 인간의 생명과 신체에 대한 공익적 요구에 터잡은 것으로서, 그 비용부담의 문제와 관련된 私法的 관계를 배제하는 것은 아니므로(§734 후술 [49]),

2) 통설. 姜玹中, 63ff.

3) 同旨 日東京控判 大 3.7.21(評論 3, 民 417)(新·判例コンメンタール 民法 [8], 1992/1995, 247). 참고삼아 지적하자면 로마법에서는 葬禮의 경우에는 특별한 葬儀訴權(actio funeraria)이 인정되었다. 이에 의하면 葬儀義務者의 금지에 反하더라도 埋葬費用의 상환청구가 가능하였다. Arndts, Lehrbuch der Pandekten(14.Aufl. 1889), §299, S.590.

4) 同旨 Staudinger/Wittmann, BGB, §686, Rz.2.

의사 자신이 비용을 부담할 의향으로 처치한 경우가 아니라면 그는 누군가의 사무를 관리한 것이 될 것이다. 그런데 의사의 의료행위는 환자의 신체와 생명을 겨냥한 것이므로, 이 누군가는 환자 자신이라고 할 것이다. 다만 위와 같은 경우에 환자와의 관계에서 내부적으로 환자를 돌보고 그 비용을 부담해야 할 제3의 인물이 있는 경우에는 그로부터 의료비용을 상환받을 수 있도록 하여도 불합리한 바가 없으므로 이 제3자 역시 경우에 따라서는 사무본인일 수 있다고 새길 것이다.[5)]

[4] 그러나 의사의 의료행위와 관련한 일련의 사태에 대하여 달리 이해하는 견해가 있다.[6)] 이에 의하면 (ㄱ) 환자 乙과 일정한 신분관계가 없어서 그를 돌볼 의무가 없는 丁이 乙을 돌볼 의무가 있는 甲이 부재중이기 때문에 好意로 환자 乙을 의사 丙에게 의뢰한 경우에는 乙의 부탁이 인정되지 않는다면 "丁은 甲의 義務를 代身하였기 때문에 事務管理가 인정될 수 있다. 이 경우 診療費는 의뢰자 丁에게 負擔시켜서는 안 되고 환자 乙의 負擔으로 하여야 한다. 그 이유는 丙이 乙을 診療하여야 할 義務는 醫療法에 基한 것이지 丁의 依賴에 基한 것이 아니기 때문이다"라고 주장한다. 또 (ㄴ) 교통사고 등으로 의식불명의 피해자 乙을 위하여 근친 이외의 자인 丁이 호의로 의사 丙에게 진료를 요구한 경우에는 "原則으로 丁과 丙 사이에 診療契約이 成立하고 丁은 피해자 乙에 대하여 事務管理가 된다"고 하면서 일본학자 我妻를 인용한다. 이어서 (ㄷ) 行旅病者 乙을 通行人 丁이 醫師 丙에게 의뢰하여 진료를 받게 한 경우도 유사하다고 하며, 나아가 (ㄹ) 消防官이 의식불명의 환자를 구급병원에 운반하여 진료를 요구한 경우에도 진료에 관하여 소방관과 醫師 사이의 계약을 인정할 수 없기 때문에 醫師의 사무관리가 된다고 하면서 역시 我妻를 인용한다. 그러나 (ㄱ), (ㄴ), (ㄷ)의 사안과 관련하여서는 丁의 사무관리행위의 범위, 다시 말하면 "依賴한다"는 것의 정확한 의미를 먼저 확정할 필요가 있다. 많은 경우 위의 주장과는 달리 오히려 診療契約에까지는 미치지 않으려는 것이 호송관리자의 意思라고 보아야 한다 (前述 前論 [4] 참조). 그러므로 이 경우 진료비를 丁이 아니라 환자 乙에게 부담시켜야 한다는 결론은 옳지만,[7)] 그 이유를 醫師 丙에게 公的인 진료의무가 있다는 데에서 구하는 주장은 잘못이다. 이 의무는 人身과 人命에 대한 존중의식으로부터 나온 진료행위 자체에 관련하여 부과된 의무일 뿐, 진료비 등의 비용부담에 관한 私法的 규율과는 무관한 것이기 때문이다. 오히려 醫師는 진료계약이 성립한 때에는 계약상의 권리로서, 그렇지 못하여 事務管理가 성립한 때에는 사무관리

5) 同旨 Erwin Jost, op. cit., 70; 姜玹中, 72f.(가해자 및 피해자 모두 본인으로 봄).

6) 姜玹中, 84.

7) 姜玹中, 84f.는 宿泊客 乙이 다량의 수면제를 먹고 신음하는 것을 발견한 여관 주인이 의사 丙에게 진료를 부탁한 경우에도 언제나 진료비 등의 비용은 乙의 부담이라고 단언하지만, 이미 지적했듯이 구체적인 경우의 意思解釋의 문제이며, 이와 같이 (사회적으로 개연성이 있고, 일반적으로 수용가능한 결론임에는 틀림없지만) 일률적으로 단정할 것은 아니다.

로부터 나오는 法定의 권리로서 해당 본인에게 비용의 상환을 구할 수 있는 것이다. 그러므로 위의 주장은, 일방 丁이 진정 진료계약까지 체결한 관리자라고 보면서, 동시에 그럼에도 불구하고 醫師 丙의 진료행위는 丁의 依賴, 즉 계약에 기한 것이 아니라 의료법상의 義務에 기한 것이라는, 兩 차원을 혼동한 그릇된 논리로 丁의 진료비 부담을 부인함으로써 자기모순에 빠지고 있다. (ㄹ)의 경우 消防官의 행위는 사무관리가 아니다. 직무행위로서 그의 의무에 속하는 사무처리이기 때문이다. 그러므로 소방관이 醫師와 私法的 계약을 맺을 의사가 아니었음은 분명하고, 그 결과 醫師의 진료행위는 사무관리일 수밖에 없지만, 이미 지적했듯이 환자만이 언제나 本人인 것으로 볼 것은 아니다.

[5] 또 記名式預金에 있어서는 그 명의가 누구 앞으로 되어 있는지를 묻지 않고 또 금융기관이 누구를 예금주라고 믿었는가에 관계없이 예금을 실질적으로 지배하고 있는 자가 예금주이므로 예금의 명의만으로 본인 여부를 가려서는 안 된다.[8]

본인은 他人인 관리자에 의한 사무처리의 결과가 귀속하는 주체일 뿐, 자신은 전혀 행위하는 바가 없으므로 權利能力者(男女[9]의 自然人 및 公·私의 法人[10])이기만 하면 되고, 行爲能力은 물론[11] 意思能力조차 필요하지 않다.[12] 무능력자이거나 의사능력이 없는 본인의 意思나 권리·의무가 문제되는 때에는 일반법리에 따라 法定代理人에 의한 保護的 介入으로 해결한다.[13] 본인은 數人일 수도 있는데, 이 때의 법률문제는 본인의 의무를 논하면서 다루기로 한다(後述 §734 [62]).

Ⅲ. 眞正한 事務管理의 요건

1. 事務의 管理: "事務를 管理하는"

사무관리가 성립하기 위해서는 "사무를 관리했어야" 한다.[14]

8) 大判 88.12.27, 88누10060; 大判 87.10.28, 87다카946; 大判 87.5.12, 86다카2903.
9) Ulp. D.3.5.3.1.
10) 姜玹中, 69ff.
11) 따라서 公法人인 町村이 본인인 경우 町村長의 同意나 町村會의 決議를 필요로 하지 않는다는 일본의 판례가 있다. 日大判 明 36.10.22(民錄 9, 1117)(新·判例コンメンタール 民法 [8], 1992/1995, 242).
12) 이미 同旨 Paul. D.3.5.33; Sev.-Ant. C.2.18.2(a.197)[미성년자]; Ulp. D.3.5.3.5[정신착란자]; Call. D.3.5.28[태아]. 그 밖에 로마법에서는 亡者나 休止상속재산(hereditas iacens)도 본인이 될 수 있었지만(Ulp. D.3.5.3.pr; D.eod.3.6; D.eod.11.1; Paul. D.eod.20.1), 현행법상으로는 다른 특별한 사정이 없는 한 상속인이 본인이다.
13) 姜玹中, 71; Hk-BGB/Schulze(2001), §682 Rn 3.
14) 이러한 포괄적인 요건은 이미 로마법에서도 동일하였다. 사무관리의 소송방식서는 청

(1) 事 務

[6] 事務(negotia)란 사람의 생활상 처리되어야 할 물질적·정신적 이익이 있고[광범한 價値性] 그 처리결과의 精算 내지 整理가 사무관리라는 채권관계로서 성립될 수 있는[債權法的 性質] 一切의 適法한 일로서[適法性] 타인에 의하여 처리되기에 적합한[代替性] 일(Angelegenheit)을 의미하며(통설),[15] 따라서 이러한 성질의 일이기만 하면 사실적인 것이든 법률적인 것이든, 계속적인 것이든 일시적인 것이든, 관리행위이든 처분행위이든, 정신적인 것이든 물질적인 것이든, 재산적인 것이든 非재산적인 것이든, 단수이든 복수이든[16] 不問한다. 그러나 단순한 不作爲는 사무가 아니다. 본인이 부작위하는 경우에 인정되는 사무관리에 있어서 사무관리자가 그를 위하여 또다시 부작위한다는 것은 이치에 맞지 않기 때문이다(통설).[17] 또 본인의 一身專屬的 事務나 정신적 산물의 작출은 사무관리의 대상이 될 수 없다.[18]

[7] 법률실무상 문제가 되는 사무는 時空에 따라 다르기 마련이다. 고대 로마법의 경우 핵심적 사례였던 不在者(absentes)의 사무[19]가 교통·통신의 발달과 더불어 부차적인 것이 된 변화는 그 한 예에 불과하다.[20] 참고삼아 로마

구원인의 표시(demonstratio) 부분을 Quod A^s A^s negotia N^i N^i gessit("원고가 피고의 사무를 관리한 경우")로 표현하였다. Otto Lenel, Das Edictum Perpetuum(3. Aufl. 1927/2. Neudruck 1974), 105.

15) 姜玹中, 74ff.; Staudinger/Wittmann, BGB Vorbem §§677-687, Rz.15.

16) 이미 同旨 Ulp. D.3.5.3.2.

17) 姜玹中, 76; Hk-BGB/Schulze(2001), §677 Rn 2. 異見: Jörg Schmid, Die Geschäftsführung ohne Auftrag(1992), 60f.에 의하면 어떤 자가 계획했던 행위를 타인의 이익으로 의식적으로 포기하는 경우에 현저하게 입증이 곤란한 것은 사실이지만 그렇다고 사무관리를 원천적으로 배제해야 하는 이유를 알 수 없다고 한다. 그러나 이 견해는 사무의 내용과 관리의 행동방식을 혼동한 오류를 범하였다. 예컨대 누 명이 응찰한 사안에서 한 사람이 다른 사람을 위하여 절차에 불참함으로써 입찰에서 손을 떼었다고 할 때 이것이 사무관리로 평가되기 위해서는 입찰의 포기가 부작위에도 불구하고 타인을 위한 행위이기 때문이 아니라, 그 행위를 통하여 타인의 입찰행위를 적극적으로 성사시켰기 때문인 것이다. 이 경우 사무의 내용은 어디까지나 작위에 해당하는 것이고, 기껏해야 행동방식이 부작위 내지 受忍의 형태를 띨 뿐이다.

18) 姜玹中, 76f.; Erwin Jost, op. cit., 57; 60f. 그러므로 射倖行爲와 投機行爲는 원칙적으로 사무관리가 배제된다고 새길 것이다. 同旨 Pietro Rescigno/Donato Carusi, Codice civile(Terza edizione 1997), §2028 n.2(투기행위에 관한 한 그것이 본인의 정상적인 활동에 속한다면 사무관리를 인정할 수 있다는 異見이 있음). 이런 성질의 행위는 결부된 높은 위험성으로 인하여 고도의 개인적인 결정에 맡겨야 하며, 같은 이유에서 일반적으로 본인의 이익에도 부합하지 않는다. 타인을 위하여 복권을 사는 행위는 사무관리로 이루어지는 매매이며 스스로 응모하는 경우와는 다르다.

19) Pomp. D.3.5.10; Gai. D.3.5.2; D.44.7.5.pr; Pap. D.20.6.1.pr; D.21.2.66.3; Paul. D.13.6.17.3; Sev.-Ant. C.2.18.2(a.197) 등.

20) 그럼에도 불구하고 이러한 전통은 매우 강하여 예컨대 Hugo de Groot(Grotius), Inleidinge tot de Hollandsche Rechts-Geleerdheid Ⅲ.27.1은 사무관리의 개념을 不在者(afwezende)의 사무를 대상으로 하는 것으로 규정할 정도이다.

법에 나타난 사무의 유형을 살펴보면 다음의 〈표 2〉와 같다.[21] 제 3 자의 변제는 사무관리에 해당하므로 그에 관해 마련된 특별규정들(民 §§469ff.)이 적용되는 외에는 사무관리법이 적용된다.[22] 관리해야 할 사무는 물론 現存하는 것이지 않으면 안 된다. 따라서 源泉納稅義務者가 源泉各種稅額을 自進納付하여 그 납세의무가 消滅한 경우에는 源泉徵收義務者는 더 이상 납세의무자를 위해 사무관리자일 수 없으므로, 원천징수의무자가 강제징수를 당했다 하여도 납세의무자를 상대로 그 비용의 상환을 청구할 수 없다.[23] 경락인을 위해 경락대금을 대납하는 경우에도 사무관리가 성립할 수 있다.[24]

[8] 하나의 사무를 관리하는 자는 같은 본인의 다른 사무를 관리할 의무가 없다. 다만 불가분적으로 견련된 사무들의 경우에는 예외이다.[25]

〈표 2〉 사무의 유형

① 소송대리: Cf. Ulp. D.3.5.1 (laudatio edicti)
  피고대리 Iul. D.5.1.74.2; Pap. D.3.5.30.2; D.eod.30.7; Paul. D.3.5.40; D.11.1.20.pr; D.17.1.58.pr; Ulp. D.3.5.1; D.eod.3.9
  원고대리 Ulp. D.3.5.5.12
  accusatio suspecti tutoris 신청 Ulp. D.3.5.43; Sev.-Ant. C.2.18.1 (a.196)
  로마-화란법: 원칙적으로 불허 D.3.5.5.14; C.2.18.20.2
  예외적으로 근친자 D.3.3.35.pr; D.3.5.7.pr

② 다양한 종류의 타인 채무의 이행:
  일반적 Lab.-Iav. D.3.5.42; Pap. D.47.2.81.7; Ulp. D.3.5.5.3; D.17.1.12.6; Alex. C.2.18.12 (a.230)
  조세채무 Gall.-Vol. C.2.18.16 (a.252)
  보증채무 Cels. D.17.1.50.pr
  상속채무 Afr. D.3.5.48 i.f.; Ulp. D.3.3.31.pr; D.3.5.44.2; Sev.-Ant. C.2.18.3 (a.199)
  매매대금채무 Gord. C.5.16.9 (a.238)
  葬禮비용 Alex. C.2.18.13 (a.230)

---

21) H. H. Seiler, op. cit.; D. H. van Zyl, "Negotiorum gestio", Das römisch-holländische Recht(hrsg. v. R. Feenstra/R. Zimmermann, 1992), 329ff.(이하 van Zyl로 인용함) 참조. 그 밖에 姜玹中, 43-61 참조(일본의 학설 및 판례 위주).

22) 大判 94. 12. 9, 94다38106(公 95. 1. 15, 984(26)); 大判 61. 11. 9, 4293民上729(카6828); 日大判 昭 9. 9. 29(新聞 3756, 7, 評論 23, 民 904). 국제사법상의 특별취급에 관해서는 전술 前論 [14].

23) 大判 74. 6. 25, 74다586; 大判 74. 11. 12, 74다224.

24) 서울高判 70. 7. 15, 68나818.

25) 이미 同旨 Paul. D.3.5.15; Ulp. D.3.5.5.14.

의심스러운 경우: 몸값지급 Paul. D.3.5.20.pr

③ 법률관계의 체결, 대개 채무 부담:

일반적 Gai. D.3.5.2

보증 Afr. D.3.5.45.pr i.f.; D.eod.1; Pap. D.3.5.30.pr; D.eod..31.pr; D.16.1.7; Paul. D.17.1.20.1; D.eod.40; Ulp. D.3.5.4; D.eod.5.pr; D.46.1.4.pr

매수 Pomp.-Proc. D.3.5.10; Afr. D.3.5.45.pr; D.21.1.51.1; Gai. D.3.5.21; Paul. D.3.5.18.3; Ulp. D.3.5.5.8; Phil. C.3.32.8 i.f. (a. 246)

매도 Afr. D.3.5.48; Scaev. D.3.5.8 i.f.; Paul.-Iul. D.3.5.12; Paul.-Treb.-Ofil.-Lab. D.17.1.22.10; Paul.-Ped. D.44.4.5.4 i.f.; Alex. C.3.32.3.1 (a. 222); Diocl.-Max. C.2.18.19 (a. 294); C.3.36.20 (a. 294)

임대 Ulp. D.3.5.16; Ulp.-Iul. D.7.1.12.2; Ulp. D.10.3.6.2

cautio Paul. D.3.5.39

소비대차: 借 Paul. D.3.5.35 貸 Pap. D.3.5.30.pr; Ulp. D.15.3.10.5

신용위임 Scaev. D.17.1.60.1

증여의 수령 Pap. D.3.5.31.1

문답계약의 要約 Pap. D.3.5.47

④ 채권의 추심:

Iul. D.46.3.34.4; Afr. D.12.1.41; Scaev. D.3.5.8 i.f.; Pap. D.26.7.37.1; Paul. D.3.5.22; D.eod.23; D.46.3.62; Ulp. D.3.5.5.4; Ulp.-Ped. D.3.5.5.11-12; Ulp. D.46.3.58.pr; Ant. C.2.18.9 (a.217); C.8.37.3.1 (a. 217)

⑤ 非법률행위적 사무:

임대건물 보수 Paul. D.7.1.48.pr; Ulp.-Ped. D.3.5.5.13; Ulp.-Lab. D.3.5.9.1

자녀 부양 Alex. C.2.18.11 (a. 227); Gord. C.2.18.15 (239)

노예 介護 Ulp. D.3.5.9.1; Alex. C.2.18.10 (a. 222)

⑥ 법률행위와 비법률행위가 혼합된 사무:

타인의 물건에의 出費 Gai. D.3.5.2; Paul. D.10.3.19.2; Ulp. D.3.5.5.5; Gord. C.3.32.5.1 (a. 239)

취득행위 수행 Pomp.-Proc. D.3.5.10

---

(2) **管理**(gerere)

㈎ 관리행위

(a) 관리의 의미 [9] 管理란 적극적 행위(전술 [6] §734)로 사무본인의 사무를 처리하는 것을 말한다. 事務의 성질에 따라 그에 대응하는 관리행위의 모습도 정해진다. 보존·개량을 내용으로 하는 이른바 관리행위뿐만 아니라, 처분행위도 포함된다. 이처럼 동일한 용어가 법률 자체에서도 달리 이해되어 일반적으로 오해 내지 혼동의 우려도 없지 않은 만큼, 지속적이고 職責과 언

관된 어감을 주는 管理라는 표현보다는 객체인 일 자체에 더 밀착된 어휘인 處理라는 용어가 더 적절했을 것으로 생각된다.

(b) 관리"하였을" 것: 사무관리의 要物性 [10] 사무관리는 관리를 인수한 자가 관리를 "하였을"(gessit) 경우에 성립한다. 타인의 사무를 돌보기로 마음을 먹었다든가, 준비만을 한 상태로 그친 경우에는 사무의 관리를 "한" 것이 아니다. 어떤 형태로든 사무의 관리를 인수하여 실행에 착수한 후가 아니면 사무관리관계는 성립하지 않는다.[26] 이 점을 일본민법 §697 I은 이미 조문상으로 분명히하고 있는데("事務ノ管理ヲ始メタル者"), 일본민법을 답습한 우리 민법에서는 "사무를 관리하는 자"로 표현이 바뀌었지만 같은 취지이다. 사무의 상태에 아무런 변화도 초래되지 않은 상태에서는 본인에게 귀속시킬 바가 아무것도 없기 때문이다. 이 점이야말로 諾成契約인 委任이 계약의 성립과 동시에 쌍방을 羈束하는 것과 다른 점이다.[27] 따라서 가령 준비에 들어갈 비용을 受任人은 委任人에게 先給할 것을 청구할 수 있지만(民 §687), 사무관리자는 준비에 이미 들어간 비용조차도 막상 관리행위 자체에 진입하지 않은 한 상환청구할 수 없다(民 §739 I: 지출"한" 때에는). 諾成契約인 委任은 당사자들이 未來를 계획하는 관계라면, 事務管理는 旣成의 사태를 관련자들의 이해관계를 고려하여 事後的으로 조정하는 관계인 것이다.

[11] 이러한 要物性의 문제를 종래의 학설들은 사무의 他人性(後述 §734 [38])의 문제로 혼동하는 愚를 범하였다.[28] 그리하여 이른바 主觀說은 사무를 객관적으로 타인의 사무임이 쉽게 인식될 수 있는 경우와 그렇지 못한 경우로 나누고, 후자의, 외관으로는 中性的인 사무의 他人性은 사무관리자가 "타인을 위하여" 관리한다는 의사[主觀]로써 함으로써 타인의 사무로 확정된다고 하며,[29] 이에 반대하여 이른바 客觀說은 사무의 他人性은 일관성 있게 객관적으로 판단해야 한다고 주장한다.[30] 그러나 이들의 주장은 모두가 "他人의 사무"를 관

---

26) 同旨 姜玹中, 87ff.

27) 委任契約이 원래 踐成의 negotium bona fide gestum으로부터 발전하였다는 주목할 만한 학설에 관하여는 Okko Behrends, "Die bona fides im mandatum. Die vorklassischen Grundlagen des klassischen Konsensualvertrags Auftrag", Ars boni et aequi. Festschrift für Wolfgang Waldstein zum 65. Geburtstag(1993), 33ff.

28) 이러한 사정은 외국의 경우에도 마찬가지이다. 독일에 관해서는 Staudinger/Wittmann, BGB Vorbem. zu §§677-687, Rz.16, 21; 이탈리아에 관해서는 Sigfrido Ferrari, "Gestione-I. Gestione di affari altrui, b) Diritto privato", Enciclopedia del Diritto 18(1969), 644ff., 651f.

29) 郭潤直, 542; 姜玹中, 77ff., 86, 88, 132. 강현중의 경우에는 결과적으로는 要物性을 인정하면서도 概念 면에서 혼란이 계속 존재한다.

30) 李銀榮, 487f.〈666〉.

리했는가의 여부는 사무관리의 특성인 要物性으로 인하여 어차피 이미 관리가 "이루어진" 시점에서 행해지는 사후적인 객관적 판단을 통하여 확인된다는 사실을 간과하고 있거나 적어도 명확히 인식하지 못하고 있다. 아무리 주관적으로 타인의 사무를 관리한다고 생각하더라도 그것이 객관적으로 자기사무인 限은 사무관리를 논할 실익조차 없는 것이다.[31] 그러나 주관적 요소로서의 타인 사무의 관리의사가 전혀 아무런 의미가 없는 것은 아니다. 왜냐하면 객관적으로 타인의 사무를 주관적으로 자기사무로서 관리하는 臨界的 상황에서는 사무관리법의 적용 여부가 바로 주관적 요건의 認否에 달려 있기 때문이다(後述 §734 [42] 이하).

(c) 관리자의 행위능력

(i) 行爲能力의 要否 [12] 사무관리자는 행위능력자여야만 하는가? 긍정설과 부정설이 대립한다.[32] 私見으로는 사무관리에 따르는 법률효과는 당사자가 그 효과를 의욕했기 때문이 아니라 사무관리가 발생한 경우에 법률이 일정한 효과를 부여하기 때문이며, 또 사무관리의 관리행위는 반드시 법률행위일 것을 요하지 않고 다양한 형태의 사실행위로도 족하므로, 따라서 관리자에게 사무본인을 위하여 행위한다는 意思能力과 그러한 意思의 결단하에 해당 사실행위를 할 수 있는 사실적인 능력만 있으면 족하다고 생각된다.[33] 그러므로 행위능력은 요건이 아니다.[34]

(ii) 無能力者인 관리자의 보호 여부

(ㄱ) 다 수 설 [13] 그렇다면 행위능력이 없는 관리자는 행위능력자인 관리자와 동등하게 처우할 것인가? 多數說은 무능력자 보호의 법정신을 살려서(특히 無權代理人으로 契約한 者가 行爲能力이 없는 때에는 契約의 履行 또는 損害賠償의 責任이 면제된다는 民 §135 Ⅱ 유추) 관리자로서의 특별책임을 묻지 않고 부당이득법을 적용하는 것이 타당하다고 한다(獨民 §682; 瑞債 §421 참조).[35] 일반론으로서는 이러한 해석방향은 타당하다고 할 것이다. 무능력자의 보호는 민법의 大原則 중의 하나로서 사무관리의 경우에 유독 이를 달리 보아야 할

31) 만일에 소위 주관설이 이러한 경우에도 "타인을 위한 의사"가 존재한다는 이유로 사무관리를 인정한다면 그것은 잘못이고, 만일에 인정하지 않는다면 그것은 자체 모순이므로 주관설은 취할 바가 못된다.

32) 상세는 李銀榮, 486f.〈662ff.〉.

33) 통설. 姜玹中, 66f.

34) 명문으로 계약능력을 요구하는 伊民 §2029의 해석론도 관리행위가 법률행위인 경우에 한하여 同條를 적용한다. Pietro Rescigno/Donato Carusi, Codice civile(Terza edizione 1997), §2029 n.1.

35) 郭潤直, 540f. 이미 Antoninus Pius 이래 同旨: Ulp. D.26.8.1.pr; D.26.8.5.pr; D.3.5.3.4, Ulp.-Iul. D.eod.5.2; Paul. D.eod.36.pr; Sev. et Ant. C.2.18.2(a.197).

이유는 없기 때문이다.

(ㄴ) 소 수 설 [14] 그러나 이에 대해서는 사무의 관리로서 사실행위를 한 때에는 긴급사무관리(民 §735)와 같은 특단의 사유가 없는 한 그로 인한 면책규정이 없고, 이 책임은 무능력자 보호제도와는 관련이 없는 것이며, 또 법률행위의 경우에는 그 행위를 한 관리자가 무능력자라는 우연한 사정만으로 관리자가 능력자인 경우와 비교하여 본인에게 불이익이 돌아가야 할 이유는 없으므로, 무능력자인 관리자는 본인에 대한 관계에서는 사무관리의 일반법리에 따른 권리와 의무를 가진다고 새기는 것이 타당할 것이라는 소수설이 있다.[36)]

(ㄷ) 私 見 [15] 생각건대 우선 우리 민법의 입법자는 행위능력자를 사무관리자의 전형으로 상정하여 법률을 만들었던 것으로 추정된다. 따라서 우리 법에는 독일민법이나 스위스債務法과 같은 명문의 규정이 없다는 사실로부터 바로 무능력자에게도 예외 없이 사무관리법을 적용하려는 것이 법의 취지였다고 결론짓는 것은 신중을 기해야 할 것이다. 그러면 어떠한 해석론을 전개해야 할 것인가?

[16] 먼저 法律行爲의 경우에는 관리자가 타인의 사무를 관리한다는 사정만으로 일반적인 경우에 승인된 무능력자 보호가 부정될 하등의 이유가 없다고 한다면, 사무관리와 관련해서도 이러한 일반법리를 통하여 무능력자의 보호가 가능한지를 살펴보아야 할 것이다. 우선 고려될 수 있는 것은 民 §§5ff.의 규정들이다. 이에 따른다면 未成年者인 관리자가 관리행위로서 제3자와 법률행위를 한 경우에 法定代理人의 同意를 얻지 못하면 그 법률행위를 取消할 수 있고(民 §§5, 140), 취소한 경우에는 처음부터 그 법률행위, 곧 관리행위를 하지 않은 것이 되고(民 §141 본문), 그와 함께 사무관리도 탈락하므로 미성년자인 관리자에 특히 불리한 바는 없다.[37)] 또 법정대리인의 동의를 얻었다면 특별히 달리 보호할 이유도 없게 된다. 다음으로 고려될 수 있는 것으로 다수설이 유추적용하고 있는 民 §135 Ⅱ가 있다. 이 규정은 관리자가 본인의 이름으로 제3자와 법률행위[계약]를 한 경우(§734 後述 [59])에 직접 적용될 수 있는 조문이다. 다

36) 姜玹中, 64f.

37) 다만 取消權은 행사기간이 정하여져 있으므로(民 §146) 그 이후에는 미성년자라도 보호받지 못하는데, 이것은 미성년자 보호의 일반적 한계일 뿐만 아니라, 그 행사기간이 비교적 장기여서 사무관리의 경우 취소권을 행사할 수 없게 되는 일은 실제로 거의 없을 것이므로 논의의 실익도 없다.

수설이 이 조문을 유추적용하려는 것은 무능력자가 본인인 타인의 사무를 대리권 없이 대리하는 행위는 본인인 타인의 사무를 의무 없이 처리하는 행위와 유사한 상황이라는 인식에 근거한 것이다. 그러나 이러한 유추를 관리자가 代理의 형식을 빌지 않고 행위한 경우에까지 일률적으로 확대적용하려는 것은 문제가 있다고 생각된다. 행위자가 타인의 이름을 顯名하여 대리인으로서 법률행위를 하느냐, 아니면 자기의 이름으로 법률행위를 하느냐 하는 것은 법률행위법의 매우 특별한 기본적 敎義에 속하는 사항으로서 전체의 체계를 동요시키지 않고서는 이를 변경한다는 것은 있을 수 없기 때문이다. 더욱이 이러한 유추는 사실행위에 대해서는 근거가 박약할 수밖에 없다. 따라서 私見으로는 민법의 무능력자 보호에 관한 일반법리를 동원하여 보호하는 것이 더 적절한 방법이며, 이미 살펴보았듯이 실제로도 적용가능한 방법이기도 하다.

[17] 그러면 다음으로 事實行爲인 경우에는 어떠한가? 일반적으로 사실행위의 영역에서 무능력자에 대한 보호는 不法行爲責任能力의 문제로 特化된다.[38] 그러므로 이와 관련하여 사무관리의 경우에는 어떻게 될 것인지를 살펴보아야 할 것이다. 未成年者가 불법행위를 저지른 경우에도 그에게 不法行爲의 責任을 辨識할 智能이 없는 때에는 損害賠償의 責任이 없음에도 불구하고(民 §753) 不法行爲責任能力이 없는 자가 적법행위에 속하는 사무관리를 한 경우에 그로 인한 책임을 져야 한다면 이것은 분명히 지나치게 본인의 이익만을 중시한 평가상의 모순일 것이다. 그러므로 責任能力이 없는 관리자에게는 그의 관리행위로 손해가 발생하더라도 면책된다고 하지 않을 수 없다. 責任無能力者의 감독자는 이 경우에 관리의 인수 자체가 적법한 것이었던 한, 民 §755에 준하는 책임을 지되, 그의 監督義務의 懈怠 여부를 판단함에 있어서 불법행위의 경우보다는 완화된 기준을 적용하는 것이 타당할 것이다. 반면에 책임능력이 있는 미성년자는 자신의 책임하에 사실행위를 하는 것이므로 사무관리에 있어서도 특별히 보호할 필요는 없다고 할 것이다.

(나) 관리의 방식: 有益管理

(a) 有益管理의 要件性

(i) 문제의 소재 [18] 본조의 규정에 의하면 사무의 관리는 "그 事務의 性質에 좇아 가장 本人에게 利益되는 方法으로"(§734 I), 또 "本人의

38) 사실행위와 관련하여 무능력자에 대한 免責규정이 없다는 소수설(姜玹中, 64)의 전제는 타당하지 않다.

意思를 알거나 알 수 있는 때에는 그 意思에 適合하도록"(§734 Ⅱ) 하여야 한다. 이것은 전통적으로 有益管理(utiliter gerere)라는 측면에서 논의되어 온 바를 우리 민법 나름으로 규정한 것이다. 문제는 이와 같은 사무본인의 利益과 意思에 부합하는 방식이라는 것이 과연 어떠한 의미를 가지느냐 하는 것이다. 최근의 네덜란드의 新民法典은 사무관리 자체를 "합리적인 이유에서"(op redelijke grond) "타인의 이익(belang)의 도모를 인수하는 것"으로 규정함으로써 意思와 利益이라는 양대 기준이 교착되어 이해하기 어려운 전통적 규정방식을 벗어나서 "本人의 利益"과 "合理性"이라는 보다 객관적이면서도 포괄적인 기준을 제시하였다(蘭民 Art. 6:198).

(ii) 통설 및 그에 대한 비판 [19] 통설은 사무를 관리하는 것이 본인을 위하여 不利益한 것이 명백한 경우에는 사무관리가 성립하지 않으며, 민법도 일단 시작한 사무관리가 본인에게 불리함이 명백한 경우에는 관리의 중지를 규정하여(民 §737) 이를 인정하고 있다고 한다.[39]

[20] 그러나 정작 문제는 利益 여부의 판단기준이 어디에 있는지, 또 명백함의 정도를 어떻게 결정할 것인지, 그리고 사무관리 성립시의 판단과 지속중의 판단을 같은 기준에 의할 것인지, 아니면 다른 척도로 잴 것인지 하는 것이다. 이 때 특히 문제가 되는 것은 이익 여부의 판단에 있어서 사무관리자의 주관적인 판단으로 족한지, 아니면 객관적인 기준에 의할 것인지 하는 점이다. 본인의 意思의 문제도 마찬가지이다. 통설에 의하면 사무관리를 하는 것이 본인의 의사에 반하더라도 사무관리는 성립하지만(§739 Ⅲ), 처음부터 본인의 의사에 반하는 것이 명백한 때에는 사무관리는 성립하지 않는다고 새긴다.[40] 그렇다면 일단 본인 意思에 부합할 것이란 점은 사무관리 성립의 요건이 아닌 셈이다. 본인의 의사에 명백히 반하는 경우에도 본인의 의사가 강행법규나 사회질서에 위반하는 것인 때에는 고려해서는 안 된다는 것이 定說이므로,[41] 본인의 명백한 반대의사는 법적·사회적 타당성이 있는 정상적인 의사일 경우에 한하여 의미가 있다.

---

39) 大判 94. 12. 22, 94다41072, 41089(公 95. 2. 1, 985(20)): 사무관리가 성립하기 위하여는 우선 그 사무가 타인의 사무이고, 타인을 위하여 사무를 처리하는 의사, 즉 관리의 사실상의 이익을 타인에게 귀속시키려는 의사가 있어야 함은 물론, 나아가 그 사무의 처리가 본인에게 불리하거나 본인의 의사에 반한다는 것이 명백하지 않을 것을 요한다; 姜玹中, 90ff.; 郭潤直, 543f.; 李銀榮, 493 각주 1)〈669 각주 2)〉의 문헌.

40) 姜玹中, 90ff.(我妻 인용); 郭潤直, 544.

41) 同旨 日大判 大 8.4.18(民錄 25, 574)(新·判例コンメンタール 民法 [8], 1992/1995, 245).

[21] 문제는 본인의 의사를 어떻게 확인할 수 있느냐 하는 것이다. 사무관리자의 주관적인 판단으로 족한가, 아니면 객관적 기준에 따를 것인가? 우리 민법의 규정방식은 사무관리의 성립에 본인의사에의 부합이 필요적 요건으로 규정되어 있지 않다. 오히려 핵심요건은 사무관리자가 자신이 아니라 "타인을 위하여" 관리한다는 점이다. 따라서 사무관리를 인수한 사무관리자가 이 요건을 충족시키기 위하여 본인의 이익과 의사를 최대한 존중하고 도모하여 관리행위를 해야 하는 것은 논리적으로 당연한 귀결일 뿐이다. 따라서 결국 문제는 "타인을 위하여"를 어떻게 이해할 것인가 하는 것으로 귀착된다.

[22] 그런데 이 일견 명료해 보이는 요건은, 본조의 文脈에서 볼 때 매우 다양한 제측면을 가진 것으로 이해될 수밖에 없기 때문에 ──다시 말하자면 이것은 타인의 사무·사무관리의사·타인의 이익·타인사무의 대행 등의 여러 측면을 지시하는 기능을 가진다는 점에서 매우 탄력적인 요건이다── 어느 측면을 주된 것으로 강조하거나 유일한 의미인 것으로 해석하느냐가 사무관리 전반을 이해하는 데에 결정적인 영향을 미치게 된다. 더욱이 이러한 해석은 사무관리 제도의 취지와 운용방향에 대한 법정책적 所信에 따라서 좌우될 수밖에 없는 것인데, 이러한 所信은 논리의 문제가 아니므로 견해의 대립을 해소할 방도를 발견하기가 쉽지 않은 것이다. 사무관리를 도대체 인정할 것인지, 또 인정한다면 사무관리자를 상대적으로 우대할 것인지, 아니면 사무본인의 이익을 더 중시할 것인지, 객관적 요소를 위주로 사무관리를 구성할 것인지, 아니면 주관적 요소에 더 비중을 두어 이해할 것인지는 입법론적으로도 용이하게 결론짓기 힘든 문제이지만, 일단 사무관리를 法認한 현행법의 해석론으로서도, 관련 조문규정의 표현상 애매함으로 인하여 입법자의 의사를 밝히기도, 입법 자체의 객관적 의미를 파악하기도 수월하지 않은 것이다.

(iii) 私 見 [23] 결국 학설과 판례의 발전 및 축적을 통하여 해석의 기준을 세워가야 할 것이지만, 私見으로서는 객관적 요소를 중심으로 하여 사무관리의 성립을 인정하는 방향으로 법을 운용하는 것이, 진정한 事務管理인 경우에는 사무관리자의 보호에 유리하고, 그렇지 않은 경우 본인의 보호에 충실할 수 있다고 생각된다.[42] 따라서 사무관리의 성립을 위하여 처음부터 본인의 이익이나 의사를 본인의 관점에서 요구하는 것은 사태적합성

42) 同旨 瑞債 §423 I : Wenn die Geschäftsführung nicht mit Rücksicht auf das Interesse des Geschäftsherrn unternommen wurde, so ist dieser gleichwohl berechtigt, die aus der Führung seiner Geschäfte entspringenden Vorteile sich anzueignen.

이 적은 시각이라 할 것이다. 사무관리자의 시각에서 타인을 위하는 관리행위인 때에는 ──확정하기 어려운 "명백한" 不利나 反意思를 이유로 사무관리 자체의 성립을 부정하기보다는── 일단 사무관리의 성립을 인정하는 것이 사무관리 제도의 취지를 살리는 길이 될 것이다. 그런 다음 본인의 이익과 의사는 관리행위에 따르는 사무관리자의 책임문제로서 다루면 족할 것이다.[43] 민법이 "管理者가 本人의 意思를 알거나 알 수 있는 때"에 한하여 의사에 부합할 것을 요구하는 것(§734 Ⅱ)도, 또 이에 위반한 경우에 사무관리 자체의 성립을 부인하는 것이 아니라 관리자의 책임을 추궁하는 선에서 접근하고 있는 것(§734 Ⅲ)도 모두가 본인의 의사에의 합치가 사무관리의 성립에 있어서 필요적인 요건이 아님을 보여 주는 것이다. 요컨대 사무의 관리는 有益하게 引受·開始되는 것(utiliter coeptum)으로 족하고,[44] 본인의 의사에 부합하는가의 여부는 실제로는 시작된 관리행위의 수행과 관련한 요소로서 의미가 있는 것이다(後述 §734 [63]).

[24] 그렇더라도 아직 문제는 남는다. 과연 "타인을 위하여" 관리한다는 것은 무슨 기준으로 판단할 것인가? 이 요건은 표현상으로만 보면 순전히 관리자의 주관의 상태를 뜻하는 것일 수도 있고, 또 본인에게 객관적으로 이익이 된다는 뜻에서 순전히 관리행위의 객관적 상태를 뜻하는 것일 수도 있지만, 이 양측면을 모두 具有하고 있는 것으로 이해하는 것이 상식적일 것이다. 사무관리의 이해에 있어서 主觀說과 客觀說의 대립이 가능한 것도 바로 이런 까닭임은 물론이다. 그러나 이 요건을 주관적 요건으로서 "타인을 위하여 하는 의사", 이른바 animus negotia aliena gerendi로만 이해하는 것[45]은 사무관리 제도의 연혁이나 민법의 규정방식에 비추어 볼 때 타당하지 않다고 생각된다(後述 §734 [42] 이하). 그러나 순전히 객관적인 이해 역시 타당하지 않기는 마찬가지이다(後述 §734 [47]; 前述 §734 [11] 참조).

(b) 有益管理의 내용 [25] 전통적으로 有益管理의 기준은 크게 두 가지가 거론되었는데 이 점에서 우리 민법도 다르지 않다. 하나는 본인의 利益이고, 다른 하나는 본인의 意思이다. "事務의 性質"은 본인의 이익과 그

43) 결론적으로 同旨 李銀榮, 493〈670〉.
44) Staudinger/Wittmann, BGB Vorbem §§677-687 Rz.31; Jörg Schmid, Die Geschäftsführung ohne Auftrag(1992), 125. 서양의 경우 "사무관리의 인수 내지 개시"와 사무의 유익한 수행을 명시적으로 구별하는 입법례로는 瑞債 §419("das unternommene Geschäft"), §420 Ⅱ ("Hat er die Geschäftsführung … unternommen"), 伊民 §2028("Chi … assume … la gestione"), §2031("Qualora la gestione sia stata utilmente iniziata") 등을 들 수 있다.
45) 郭潤直, 542f.

에 따른 의사를 확인하는 데 동원되는 보조적인 사항일 뿐이다. 가령 본인이 평소 하지 않던 새로운 일[46]은 사무의 성질상 본인의 이익이나 의사에 부합하기 어려운 것으로 본다든가 하는 경우가 그러하다. 意思와 利益은 사무관리의 수행은 물론이고 그 引受 자체에 대해서도 기준이 된다.

(i) 본인의 意思에의 합치 [26] 로마법은 일반적으로 본인의 意思에 비중을 두지는 않았지만, 사무본인의 명시적인 禁止意思에 反하는 극단적인 사정하에서의 사무관리의 可否에 관해서는 논란이 있었는데, 고전기의 강력한 설은 사무관리를 부인하였다.[47] 유스티니아누스 황제의 칙법은 이러한 학설대립에 종지부를 찍고 본인의 의사를 이익보다도 중시하는 쪽으로 입장을 정리하였는바,[48] 많은 근대의 법전들은 이같은 후기 로마법의 영향하에 본인의 의사를 중시한다.

[27] 그러나 본인의 의사를 중시하는 경우에도 그 의사는 社會常規에 비추어 합리적인 意思이지 않으면 안 된다.[49] 따라서 외국의 입법례는 사무관리가 없이는 그 이행이 公共의 利益事項인 본인의 의무가 適時에 이행될 수 없는 경우에는 사무관리를 원하지 않는 본인의 의사는 고려될 수 없다고 규정하거나(同旨 獨民 §679; 中民 §174 Ⅱ), 보다 폭넓게 그 의사가 법률, 공공질서 또는 선량한 풍속에 위반하지 말아야 한다고 규정한다(伊民 §2931 Ⅱ). 우리 법도 管理行爲가 公共의 利益에 適合한 때에는 그에 반하는 당사자의 意思에도 불구하고 정당한 사무관리가 성립함을 인정한다. 이 때 公益이란 본인의 바로 그 사무를 관리하는 것에 대한 具體的인 公共의 利益을 의미하며, 사무처리 일반에 대한 추상적 공공의 이익을 말하는 것이 아니다.[50] 그러나 이 때에도 管理遂行上 重大한 過失이

46) Pomp. D.3.5.10: novum negotium, quod non sit solitus absens facere; 西民 §1.891.

47) 同旨 大判 81. 10. 24, 81다563(公 670, 14495(14)): 공유수면매립면허가 실효한 경우. 이 때에는 그 이후의 매립공사는 객관적으로 타인인 나라(공유수면 소유자)나 道(그 관리자)의 의사에 반하는 것임이 명백하여 사무관리가 성립할 수 없다.

48) Iustin. C.2.18.24.pr-1(a.530): Si quis nolente et specialiter prohibente domino rerum administrationi earum sese immiscuit, apud magnos auctores dubitabatur, si pro expensis, quae circa res factae sunt, talis negotiorum gestor habeat aliquam adversus dominum actionem. (1) Quam quibusdam pollicentibus directam vel utilem, aliis negantibus, in quibus et Salvius Iulianus fuit, haec decidentes sancimus, si contradixerit dominus et eum res suas administrare prohibuerit, secundum Iuliani sententiam nullam esse adversus eum contrariam actionem, scilicet post denuntiationem, quam ei dominus transmiserit nec concedens ei res eius attingere, licet res bene ab eo gestae sint.

그 밖에 Pap. D.3.5.30.4; Paul. D.17.1.40; Ulp. D.3.5.7.3 참조.

49) 同旨 Staudinger/Wittmann, BGB §677 Rz. 4.

50) 同旨 Staudinger/Wittmann, BGB §679 Rz. 6.

있으면 그로 인한 損害를 賠償하지 않으면 안 된다(民 §734 Ⅲ).

[28] 본인의 意思는 본인측의 내부적 의사결정과정에 따른 意思를 말하는 것이므로, 意思能力이 없는 자의 경우에는 그 法定代理人에 의하여 보충된 의사가, 또 法人인 경우에는 그 법인을 적법하게 대표할 수 있는 기관의 의사가 본인의 의사이다.[51] 그러나 본인에게 任意代理人이 있는 경우에 관리자가 이 任意代理人을 위해서가 아니라 대리본인을 위하여 사무를 처리한 때에는, 관리자는 그가 비록 그 任意代理人의 授權범위 내의 법률행위를 하였더라도, 사무본인은 대리본인이므로 任意代理人이 아니라 代理本人의 의사에 좇아 관리하여야 한다.[52]

(ii) 본인의 利益에의 합치　　[29] 사무관리는 본인을 "위하여", "가장 본인에게 이익이 되는 방법"으로 이루어져야 하며(民 §734 Ⅰ), 그렇지 않는 한 사무관리자의 책임이 따른다(民 §734 Ⅲ). 이에 있어 사무의 관리가 본인을 "위하여" 開始된 이상(utiliter coeptum) 사무관리는 성립한다(前述 §734 [10]). "가장 본인에게 이익이 되는 방법"이란 단순히 좁은 의미의 수단과 방법을 말하는 것이 아니라, 본인의 이익을 최대한 도모하는 방식이라는 넓은 의미로 이해해야 한다. 로마인들은 이것을 한마디로 "有益하게"(utiliter)로 표현했으며 융통성 있게 넓게 이해하였는바, 현행법에 대해서도 달리 이해할 이유가 없다고 하겠다. 로마인들이 이처럼 utiliter 요건을 확정하지 않았던 것은 사무본인의 보호를 도모하기 위한 취지에서였던 것으로 추정된다. 그들은 당시의 사회관념에 따라서 有益 여부를 판단하였던 것이다.[53]

[30] 참고로 로마법상 有益管理義務의 眞摯性을 잘 보여 주는 사례 하나를 소개하기로 한다. 파울루스에 의하면 부재자인 본인을 위하여 사무를 관리하는 자가 본인의 물건을 선의로 매수하여 이 사실을 모르고 使用取得(usucapio)한 경우에는 그 관리자는 사무관리의 訴에 의하여 본인에게 반환해야 할 의무가 없지만, 만약 그 관리자가 使用取得이 완성되기 전에 본인의 물건임을 알게 된 때[mala fides superveniens]에는, 사무관리의 訴에 의하여 책임을 지지 않으려면, 그 관리자는 자신을 소유물반환청구의 訴(rei vindicatio)에 의하여 본인의

51) 姜玹中, 92f.

52) 異見 姜玹中, 93. 姜玹中은 "本人의 意思와 任意代理人의 意思가 다를 때 … 실제로는 本人 意思를 따라야 하겠으나 法理上으로는 누구의 意思를 따르더라도 管理의 者[관리자의 誤植]는 責任이 없다"고 하여 代理人과 代理本人 사이의 任意代理관계와 사무관리자와 사무본인 사이의 사무관리관계를 혼합하는 이해할 수 없는 결론에 이르고 있다.

53) 예컨대 Ulp. D.3.5.44.pr는 신분지위에 맞는 出費(sumptus honeste ad honores per gradus pertinentes factus), 말하자면 품위유지비의 지출을 유익한 사무관리로 보았다.

이름으로 提訴할 대리인(subiectus)을 선임하여서 그 대리인이 관리자 자신으로부터 본인의 물건을 보전하고 관리자 자신이 매도인을 상대로 追奪擔保責任을 묻도록 하지 않으면 안 된다고 한다.[54] 이처럼 타인의 사무관리가 요구하는 信義와 誠意(fides)는 관리자 스스로의 선의의 권리취득조차도 포기하도록 의무지우는 것이다.[55]

[31] 위 문제는 Wächter 이래 보통 법학에서 중요한 문제로서 다루어졌는데, 원래 로마법률가들이 중심적인 문제로 다루었던 것은 아니다. 그러나 로마인들이 有益管理와 관련하여 정형적으로 논의한 다음의 사례군은 현재까지도 有益管理의 대표격이 되었다. 그 하나는 緊急한 사무의 관리이고, 다른 하나는 必要費 및 有益費의 지출이다. 緊急한 사유로 인한 사무관리는 특단의 사정이 없는 한 항상 유익한 사무관리이다(民 §735). 奢侈費의 지출은 유익한 사무관리가 아니다.[56] 그런데 사무를 유익하게 관리하여야 한다는 것은 사무의 성질에 좇아 合目的的인 처리를 해야 한다는 의미이지 유익한 結果를 반드시 책임져야 한다는 것을 의미하지는 않는다.[57] 有益 여부는 객관적 관점에서, 즉 法官의 관점에서 판단·확인하는 것이며, 본인이나 관리자의 주관적 관점에서 판단하는 것이 아니다.[58] 有益管理의 내용 중에는 관리를 인수한 사무와 긴요하게 견련된 다른 사무, 또는 자신의 관리인수로 인하여 다른 사람의 필요한 개입이 저지됨으로써 사무처리가 제대로 되지 못한 사무[59]도 아울러 처리하는 것, 또 인수한 사무의 관리를 不適時에 중지하지 않고 本人 또는 그 相續人이나 法定代理人이 事務를 管理하는 때까지 管理를 繼續하거나, 管理의 繼續이 本人의 意思에 反하거나 本人에게 不利함이 明白한 경우 관리를 중지하는 것(民 §737)도 포함된다.

(iii) 본인의 意思와 利益이 충돌하는 경우 [32] 본인의 意思와 利益은 일반적으로 극히 적은 예외를 제외한다면 서로 부합하기 마련이다.

54) D.3.5.18.3 Paul. 2 Ad Ner.: Cum me absente negotia mea gereres, imprudens rem meam emisti et ignorans usucepisti: mihi negotiorum gestorum ut restituas obligatus non es. Sed si, antequam usucapias, cognoscas rem meam esse, subicere debes aliquem, qui a te petat meo nomine, ut et mihi rem et tibi stipulationem evictionis committat: nec videris dolum malum facere in hac subiectione: ideo enim hoc facere debes, ne actione negotiorum gestorum tenearis.

55) 상세는 Andreas Wacke, "Paulus Dig. 3, 5, 18, 3: Zur bona fides bei Ersitzung, Geschäftsführung und Eviktionsregreß", Festgabe für Ulrich von Lübtow(1980), 269ff.

56) Mod. D.3.5.26.pr.

57) 이미 同旨 Ulp. D.3.5.9.1; D.eod.11.2; Gai. D.eod.21.

58) 同旨 Staudinger/Wittmann, BGB Vorbem §§677-687 Rz 27. 異見 Erwin Jost, op.cit., 101.

59) Ulp. D.3.5.5.14

물론 외관상 意思와 利益이 합치하더라도 그 사무의 관리가 公益에 反할 때에는 사무관리는 성립하지 않는다.[60] 본인의 利益이란 법적으로 승인되어 보호받을 수 있는 이익에 한하기 때문이다.

[33] 그러나 경우에 따라서는 본인에게 이익이 되는 사무관리임에도 불구하고 본인이 원하지 않을 수가 있고, 또 본인의 의사에는 합치하지만 본인에게 불이익한 사무관리가 있을 수 있다. 이처럼 본인의 意思와 利益이 상충하는 경우에는 원칙적으로 본인의 意思가 우선한다. 우리 법의 기본원칙인 私的自治의 원칙상 아무도 ──다른 우위의 법원칙에 의한 제한이 가해지지 않는 한── 자신의 의사에 반하여 이익을 강요당하지 않을 권리가 있기 때문이다.[61] 그러나 이러한 논의는 큰 實益은 없다. 왜냐하면 관리자가 이익이 된 사무관리를 이유로 비용상환 등을 청구하는 경우에 본인이 그 사무관리가 처음부터 본인의 意思에 反한 것이었음을 입증하더라도 사무관리자가 그 意思가 합리적인 것이 아니었음을 입증하는 한 사무관리의 성립을 부정할 수 없고, 더욱이 이익이 된 사무관리라면 손해배상 등은 고려의 여지가 없기 때문이다. 또 불이익한 것이었음에도 불구하고 처음부터 본인의 의사에 합치한 경우란 실제로 상상하기 어려운 이른바 講學上의 가상적 예(Schulbeispiel)에 불과할 뿐이기 때문이다. 어쨌든 이론상으로만 보자면, 이 때에는 관리자의 비용상환 등 청구에 대하여 본인이 불이익한 관리였음을 주장할 것이고 그에 대해 관리자가 본인의 의사에 적합한 관리였음을 주장·입증할 터인데, 이 입증에 성공하더라도 사무관리의 불이익한 수행에 대한 책임이 바로 면제된다고 볼 것이 아니라,[62]

60) 가령 구속수감된 마약제조업자나 밀매업자를 위하여 숨겨놓았던 재료로 마약을 제조하거나 숨겨놓았던 마약을 판매하는 행위는 그 구속수감자를 위한 사무관리가 아니라 행위자의 犯法行爲일 뿐이다.

61) 同旨 Jörg Schmid, Die Geschäftsführung ohne Auftrag(1992), 107f. Cf. Paul. D.50.17.69: Invito beneficium non datur.

이와 관련하여 특히 문제가 될 수 있는 것이 이른바 환자유언(Patiententestament; Living Will)이다. 즉 장차 자신이 질병이나 사고로 판단능력이 결여되는 죽음에 가까운 의식불명상태에 처할 경우의 육신의 처리에 관하여 일정한 지시를 포함하는 유언의 의사표시를 하는 경우 일정한 개입금지의 의사표시(가령 진통제 외의 생명연장조치를 금하는 등)를 포함하는 수가 많고, 이것을 의사가 사무관리로서 의료행위를 하는 경우에 어떻게 판단할 것인가 하는 것이다. 私見으로는 장래의 상황을 예상한 의사표시에 불과하므로 사무관리자인 의사가 그 의사표시를 인식할 수 있었다 할지라도 원칙적으로 그에 구속되지 않는다고 보아야 할 것이다. 따라서 의사의 행위가 본인의 이익에 부합하는가의 여부가 관건이 될 것이다. 상세는 Jörg Schmid, Die Geschäftsführung ohne Auftrag(1992), 114ff.

62) 李銀榮 494〈670〉는 이익과 의사 중 어느 하나를 존중하였다면 책임은 免責되어야 한다고 주장하지만 의문이다.

사무관리 개시 당시의 본인 의사를 해석하여 결정할 문제라고 보아야 할 것이다. 다른 특별한 사정이 없는 한, 관리자의 유익하게 관리할 책임은 타인의 사무를 처리한다는 객관적 지위로부터 나오는 것으로서 (많은 경우 단순히 추정적인 것에 불과한) 본인의 의사 여부와는 독립적으로 존재하는 것인 만큼, 관리자의 책임이 無過失責任(民 § 734 Ⅲ)으로부터 통상의 過失責任으로 경감된다고 새기는 것이 타당할 것이다. 본인의 의사에 좇은 관리의 개시로 정당한 사무관리가 성립하였지만, 그 수행상의 過失로 인한 (많은 경우 가중된) 손해에 대한 배상청구까지를 본인이 포기할 의사였는지는 해석의 여지가 있기 때문이다. 그러나 이미 지적했듯이 이러한 논의의 실익은 없다. 결과적으로 보자면, 意思에 優位를 인정한다고 하지만 실제로는 意思보다는 利益이 더욱 중요한 要素임을 알 수 있는데,[63] 이것은 이미 지적했듯이 사무관리 제도의 본질이 타인의 이익을 도모하려는 데에 있고, 또 의사라는 것도 이익과 합치해야 합리적인 意思라고 볼 수 있기 때문이다. 더욱이 이해관계 있는 제 3 자가 개입된 경우에는 그러한 사정도 아울러 고려하여 意思의 합리성을 결정하여야 할 것이다.[64] 그러므로 私益보다 爲重한 公益이 우선시되어야 하는 경우에는 본인의 私的인 意思는 당연히 뒷전으로 물러나지 않으면 안 된다(民 § 734 Ⅲ).

[34] 본인의 이익은 그것이 본인에게 법률상 또는 사실상의 이익이 돌아가거나, 본인의 일시적이고 제한적인 의무를 면하게 해주는 등의 경우에는 쉽게 인정될 수가 있다. 그러면 본인이 지속적이고 일방적인 의무만을 부담하여 경제적으로도 지속적인 부담만을 지게 되는 경우(대표적인 예가 扶養義務[民 §§974ff., 826 Ⅰ]이다)에는 과연 그 의무의 이행은 본인의 이익이 되는 것인가? 이런 경우에는 본인 자신의 의사도 그러한 의무의 이행을 원하지 않을 가능성도 제법 크기 마련이다. 외국의 입법례 중에는 이와 같은 경우에 대비하여 명문의 규정으로써 의문의 여지를 없애고 있는 것들이 있다. 독일민법과 중국민법은 관리자가 자신의 부양의무를 악의적으로 이행하지 않고 있는 扶養義務者를 위하여 부양사무를 관리한 경우에는 항상 被扶養者의 생활보호라는 공공의 이익이 관련된 것으로 明定한다(獨民 §679; 中民 §174 Ⅱ; 또한 西民 §1894 Ⅰ). 우리 법에서도 이와 같이 새기는 것이 타당할 것이다. 정

63) 奧民 §1037은 입법적으로 이미 이러한 태도를 취한다.

64) 同旨 日東京地判 昭 38. 3. 29(下民集 14-3, 488, 判タ145, 148)(新·判例コンメンタール民法 [8], 1992/1995, 256): 제 3 자가 가해자의 意思에 反하여 私和(日: 示談)계약을 맺고 합의금(日: 示談金)을 지급한 경우에 있어서도 가해자는 합의금의 지급에 의하여 그 한도에 있어서 利益을 받고 있는 것이라고 할 수 있으므로 제 3 자가 피해자에 대하여 지급한 합의금의 상환청구에 응하지 않으면 안 된다.

당한 이유 없이 자신의 부양의무를 이행하지 않으면서 타인에 의한 代履行마저도 금지하는 것은 선량한 풍속 내지는 사회질서에 위반하여 의사의 자율을 존중받을 수 없는 反公益的 행태이기 때문이다. 이로써도 이미 지적했듯이 사무관리에서 말하는 본인의 利益이란 순전히 경제적인 개념이 아니라 어디까지나 法的인 규범적 개념임을 알 수 있다. 본인이 約定 또는 法定의 적법한 사유로 인하여 부담하는 義務의 이행은 그것이 일방적인 片務的 의무여서 아무리 경제적으로 불이익한 것일지라도 법적으로 의무를 면한다는 점에서 본인의 利益에 적합한 사무의 관리에 해당한다. 그러나 婚姻外의 출생자를 양육한 경우에는 그 實父에게 법률상의 부양의무가 없으므로 사무관리가 성립하지 않는다.[65]

(c) 違反의 效果 [35] 민법은 管理者가 본조 제1항 및 제2항의 規定에 違反하여 "事務의 性質에 좇아 가장 本人에게 利益되는 方法으로" 管理하지 않았거나, 또는 그가 알거나 알 수 있었던 本人의 "意思에 適合하도록" 管理하지 않은 경우에는 過失 없는 때에도 이로 因한 損害를 賠償할 責任이 있고, 그 管理行爲가 公共의 利益에 適合한 때에도 重大한 過失이 있으면 賠償할 責任이 있다고 규정한다. 사무관리의 인수가 유익한 것이었음에 대한 입증책임은 그러므로 자신의 개입행위가 정당한 것이었다고 주장하여 사무관리에 따른 자신의 권리를 행사하려는 사무관리자가 부담한다.

(i) 본조 제1항 위반의 효과 [36] 사무관리에 있어서 본인의 利益은 여러 모로 중요한 역할을 한다. 사무관리자는 본인에게 가장 이익이 되게 관리해야 하고, 일단 인수한 管理의 繼續이 本人에게 不利함이 明白한 때에는 관리를 중지하여야 한다(民 §737). 民 §734 Ⅲ은 일단 관리자의 책임을 아주 무겁게 인정함으로써 사무관리 자체를 타인의 자치영역에 대한 개입으로서 최대한 억제하겠다는 입법자의 정책적 의지가 반영된 것으로 이해될 수 있다. 그러나 우선, "가장" 이익이 되는 방법으로 관리하지 않으면 "과실이 없는 때에도" 손해배상책임을 부담시킨다는 것은 "타인을 위하여" 사무를 관리하는 자에 대하여 본인을 지나치게 보호하고, 실제로 사무관리를 불가능하게 만드는 규정이라 아니할 수 없다. 종래 무과실책임을 규정한 것에 대한 학설의 비판은 있었으나 "가장"이라는 요소에 대한 판단은 없이 이루어진 것이었다. 이러한 표현은 기본적으로 요건의 면에서는 가능한 삽입일 수 있으나, 그

65) 大判 81.5.26, 80다2515. 부당이득도 성립하지 않는다.

것이 단순히 선언적인 규정에 머무르는 것이 아니라 법률효과와 연계되는 때에는 이를 단순히 선언적인 것으로만 이해할 수 없는 체계적 문맥이 형성되므로, 이를 그저 간과한 채로 해석할 수는 없는 노릇이므로 이 점을 고찰하지 않은 종래의 학설은 비판받아야 할 것이다. 실제로 우리 민법이 답습한, 日民 §697 I (“最モ”)을 제외하고는[66] 외국의 입법례 중에 이러한 최상급의 표현을 채택한 예는 찾아볼 수 없다. 獨民 §677, 瑞債 §419, 中民 §172는 단순히 “본인의 이익이 요구하는”(wie das Interesse des Geschäftsherrn … es erfordert), “타인의 이익에 부합하는”(wie es dem Vorteile … des anderen entspricht) 또는 “본인에 유리한”(有利於本人)이라 규정할 뿐이고, 기껏해야 奧民 §§1037, 1038 처럼 “優勢한 이익”(überwiegende Vorteile)이라는 표현이 등장할 뿐이다. 우리 민법의 해석으로서 “가장” 이익이 되는 방법이 무엇인가는 한편으로는 사무의 주체인 본인 또는 관리자의 주관적 판단이 아니라, “사무의 성질”을 고려하여 객관적으로 사회통념에 따라 판단하되, 다른 한편으로는 본인에게 이익이 되는 방법인 한에는 그것이 “가장” 이익이 되지는 않더라도 유익한 관리로 인정해야 하며, 最大有益管理와 그렇지 못한 有益管理의 차이로 인해 발생할 수 있는 손해에 대한 배상은 “過失이 있는 때”에 한하여 물을 수 있다고 새기지 않으면 안 될 것이다. 남에게 이익을 주고도 그것이 가장 큰 이익이 아니라는 이유로 無過失責任을 부과하는 것은 사무관리를 적법한 행위로, 그것도 많은 경우에 利他的 동기에서 나온 적법행위로 法認한 취지를 무색하게 하는 것이기 때문이다. 이 문제는 앞으로 조문의 수정을 통하여 입법적으로 해결하는 것이 바람직하다고 하겠다. 더욱이 이러한 最大有益管理는 아니지만 일정한 有益管理行爲가 公共의 利益에 適合한 때에도, 비록 重大한 過失을 요구함으로써 상당한 정도로 책임을 경감시키고는 있지만, 賠償할 責任이 있다는 것은 손해배상법의 책임법리상 지나치다고 아니할 수 없다. 개인의 私的 자치영역을, 실제로는 전혀 손해가 발생하지 않았을 뿐더러 公益이 걸려 있는 경우까지 이처럼 두텁게 보호해야만 하는 이유를 찾기란 쉽지 않다. 이 점 역시 입법 당시 별로 대수롭게 생각하지 않은 “가장”이라는 문구를 수정해야 할 필요성을 잘 드러내 보여 준다.

(ii) 본조 제2항 위반의 효과 [37] 관리자는 “알거나 알 수

66) 일본민법의 해석론과 이에 영향을 받은 우리 민법의 학설은 이 문구에 대해서는 이것이 마치 없는 것처럼 아무런 언급도 없고, 또 실제로도 없는 것처럼 해석하는데, 이해할 수 없는 처사이다.

있었던 本人의 意思에 適合하도록" 管理하지 않은 경우에도 無過失의 損害賠償責任이 있고, 그 管理行爲가 公共의 利益에 適合한 때에도 重大한 過失이 있으면 賠償할 責任이 있다. 앞에서도 지적했듯이 사무관리에 있어서 본인의 意思는 여러 모로 중요한 역할을 한다. 사무관리자는 본인의 의사에 적합하게 관리해야 하고, 따라서 管理를 開始한 때에는 본인의 의사를 알기 위하여 遲滯 없이 本人에게 通知하여야 하며(民 §736), 일단 인수한 管理의 繼續이 本人의 意思에 反하는 때에는 관리를 중지하여야 하며(民 §737), 管理者가 本人의 意思에 反하여 管理한 때에는 그의 비용상환청구권은 本人의 現存利益의 限度로 제한된다(民 §739 Ⅲ). 이 때 본인의 의사는 관리자가 실제로 안 의사(獨民 "wirklicher Wille"; 瑞債 "der ausgesprochene Wille"; 中民 "明示意思")뿐 아니라, "알 수 있었던" 의사도 포함한다. 여기서 "알 수 있었던" 의사란 제반사정으로 미루어 짐작해 알 수 있는 推定的 의사(日民 "推知スルコトヲ得ベキトキハ其意思"; 中民 "可得推知之意思"; 獨民 "mutmaßlicher Wille"; 瑞債 "mutmassliche Absicht". "der sonst erkennbare Wille")를 말한다. 민법은 관리가 본인의 의사에 반하거나 적합하지 않은 경우에는——그 의사가 법질서의 판단에 의할 때 고려할 가치가 없는 의사가 아닌 한——관리자가 無過失인 경우에도 손해배상책임을 과하고 있다. 이것은 손해의 발생을 요건으로 하므로, 의사에 반했다 하더라도 유익한 관리인 때에는 관리자에게 책임을 물을 수 없다. 다만 예외적으로 관리행위 자체의 수행이 유익하였는가 하는 문제와는 별도로 본인의 의사에 반하는 사무관리의 引受로 인하여 본인에게 달리 손해가 발생하는 수가 있는데, 본조의 규정은 이러한 이른바 引受過責(Übernahmeverschulden)의 경우에도 적용된다. 그리고 그 관리행위가 공공의 이익에 적합한 경우라 하더라도 본인에게 손해가 발생했을 때에는 공익을 위한 행위인 점을 감안하여 관리자에게 중대한 과실이 있는 경우에 한하여 손해배상책임을 인정한다. 긴급사무관리(民 §735)의 경우에도 마찬가지이다.

2. 他人의 사무: "他人을 위하여 … 事務를"

(1) 事務의 他人性

[38] 事務는 반드시 他人의 것(negotium alterius, negotium alienum)이어야 한다. 그런데 관리된 사무가 누구의 것인가 하는 것은 일반적으로 다음과 같이 확인된다. 먼저, 누가 보아도 확실하게, 다시 말해서 객관적으로 귀속결정이 가능한 경우에는 그에 따라 결정하게 된다[객관적 타인사무의 경우]. 특히 절대권과 같이 법질서에 의하여 귀속주체가 정해진 영역(예컨대 소유권, 상속권, 친권 등)에 속하

는 사무가 이러한 유형에 속한다. 따라서 사무관리자에 의하여 객관적 타인사무로 인식된 행위의 경우에는 그에게 他人事務管理意思가 추정될 수 있다. 객관적으로 자기의 사무인 것은 주관적으로 타인의 것으로 잘못 생각해서 처리하더라도[誤想사무관리] 그 결과의 정산에 등장할 귀속주체는 자기밖에 없으므로 사무관리가 성립할 여지가 전혀 없다.[67]

다음으로, 사무의 성질이 예정된 귀속주체를 상정하고 있지 않은 경우, 다시 말해서 누구라도 수행할 수 있는 사무의 경우[객관적 중립사무의 경우]에는 사무처리의 외관만으로는 그 사무가 누구의 것인지 인식할 수가 없다(예컨대 어떤 자가 비상식량으로 라면을 사는 경우에 그가 자기를 위해서 사는 것인지, 아니면 이웃을 위해서 사는 것인지는 구매행위만으로는 인식할 수가 없다). 이 때에는 사무의 他人性의 확인은 관리자의 주관적인 他人事務管理意思(Fremdgeschäftsführungswille)를 확인해야 가능하다. 이러한 의사는 다시금 특별한 징표들을 통하여 그 존재가 확인되어야만 한다.

사무관리라 함은 의무 없이 타인을 위하여 그의 사무를 처리하는 행위를 말하는 것이므로, 만약 그 사무가 타인의 사무가 아니라거나 또는 사무를 처리한 자에게 타인을 위하여 처리한다는 관리의사가 없는 경우에는 사무관리가

67) 이미 同旨 Ulp. D.3.5.5.6: Si quis ita simpliciter versatus est, ut suum negotium in suis bonis quasi meum gesserit, nulla ex utroque latere nascitur actio, quia nec fides bona hoc patitur. 구체적인 예: 근로기준법에 의하여 근로자의 업무상 재해에 따른 요양비, 치료비 등을 부담하는 사용자가 그 금액을 보험금으로 지급하기로 하는 근로자재해보장책임보험을 체결한 경우에 사용자의 치료비 지급은 근로기준법에 따라 부담하는 자신의 채무를 이행하는 것으로 자신의 사무처리에 해당하고, 보험회사의 사무를 처리하는 것으로 볼 수 없다(大判 98. 5. 12, 97다54222, 公 98. 6. 15[60], 1610).

국내외의 학설 중에는 객관적 타인사무의 대비개념으로 이른바 '주관적 타인사무'라는 용어를 사용하는 경우가 있다. 그리고 이것은 사무 그 자체는 자기의 사무도 타인의 사무도 아닌 중립적인 사무이지만 관리자가 타인을 위하여 사무를 처리함으로써 타인사무가 되는 경우를 말한다고 하면서, 이 때에는 관리행위를 통하여 관리의사가 표시되거나 관리의사 그 자체가 직접 외부에 표시되어야 비로소 사무관리가 성립하게 된다고 설명한다. 林建勉, "事務管理에 있어서의 管理意思──사례를 중심으로──", 財産法硏究 XVI/1(1999), 149ff., 152. 그러나 이러한 용어표현과 설명은 적절하지 않다. 왜냐하면 객관적 타인사무 또는 중립사무를 논하는 것은 사무의 외관("객관")이 어떤 자의 행위를 사무관리로 파악하는 데 어떠한 역할을 할 수 있는가에 착안하여 살펴보려는 것으로서, 사무관리자의 주관("의사")은 이 단계에서 문제삼고 있지 않고, 이런 의미에서 어디까지나 잠정적인 성격의 도구에 불과할 뿐이기 때문이다. 따라서 객관적 중립사무라는 용어가 적합한 표현이다. 이 때 사무가 객관적으로 명백하게 타인의 사무이든 또는 중립적인 성격의 것이든 간에 타인사무관리의사가 요구되지만, 이 의사는 사후적으로 확인되면 되는 것이지, 행위의 단계에서 명시적 또는 묵시적으로 표현되어야 할 필요는 없다(후술 [46]).

원래 객관적 타인사무와 주관적 타인사무의 구별은 보통법상의 negotium re ipsa alienum(그 자체 타인사무)과 negotium contemplatione gestoris alienum(사무관리자의 관념상 타인사무) 구별을 추종한 것인데, 두 경우 모두 어차피 타인사무관리의사가 필요하므로 현실적인 입증의 측면을 제외한다면 큰 의미는 없다. 同旨 Jörg Schmid, Die Geschäftsführung ohne Auftrag(1992), 65ff.

성립될 수 없다는 판례의 설시는 바로 이러한 사정을 가리키는 것이다.[68]

(2) 他人의 正體性 인식 여부

[39] 타인의 正體性에 대한 정확한 인식은 사무의 他人性을 규정하는 요소가 아니다.[69] 따라서 사무본인에 관한 착오가 있는 경우에는 진정한 이해관계를 가진 자,[70] 즉 객관적으로 귀속주체가 될 자와의 사이에 사무관리의 법률관계가 성립한다.[71] 본인의 사무를 관리하기 위하여 본인의 대리인에게 貸金한 경우에 대리인으로부터 지급약속을 받더라도 본인에 대한 사무관리 관계에는 아무런 영향이 없음은 물론이다.[72] 그리고 甲이 乙에게 어떤 사무의 처리를 委任한 경우에 丙이 그 사무를 처리하였다면 丙이 누구를 위하여 사무관리를 할 의사였는지(qua mente)에 따라서 甲 또는 乙과의 사이에 사무관리 관계가 성립하지만,[73] 단순히 타인을 위하여 사무를 관리할 의사였다면 사무의 궁극적 귀속주체인 甲과의 사이에 사무관리 관계가 성립한다고 새길 것이다.[74] "타인을 위하여"라는 요건이 가지는 객관적·주관적 측면이 여기에서도 잘 드러난다고 하겠다. 본인이 사무가 처리되어야 할 곳에 부재하는 경우에 사무관

68) 大判 95. 9. 15, 94다59943(公 95. 10. 15, 1002(25)); 大判 94. 12. 22, 94다41072·41089(公 1995상, 628); 大判 95. 3. 3, 93다36332(公 1995상, 1551).

다수가 사무관리자의 행위에 대하여 이해관계가 있는 때(가령 인신 구조의 경우 구조된 자, 피구조자에 대한 보호의무자, 피구조자가 보험에 든 보험회사 등등)에는 누가 사무본인인가는 구체적인 경우에 개별적인 평가를 통해서 결정할 것이지만, 원칙적으로는 직접적으로 이해관계를 갖는 자만이 사무본인이며, 사무관리로부터 단순히 반사적 이익만을 얻는 제 3 자는 사무본인이 아니다. 예컨대 담보물의 보존을 위하여 비용을 지출한 사무관리의 경우 담보물의 소유자 내지 채무자가 사무본인이고 담보채권자가 아닌데, 왜냐하면 채권자는 비록 그러한 보존행위로 인하여 자신의 채권실행과 관련하여 이득이 있다 할지라도 그것은 단순한 반사적 이익에 불과한 것이기 때문이다. 同旨 Jörg Schmid, Die Geschäftsführung ohne Auftrag(1992), 80ff.; Erwin Jost, op. cit., 67.

69) 통설. 日大阪區判 大 9.4.5(新聞 1703, 17, 評論 9, 民 584)(新·判例コンメンタール 民法 [8], 1992/1995, 242).

70) 이미 同旨 Paul. D.3.5.46.pr: Actio negotiorum gestorum illi datur, cuius interest hoc iudicio experiri.

71) 이미 同旨 Ulp. D.3.5.5.1; Ulp.-Pomp. D.eod.5.10; Ulp.-Ped. D.eod.5.13; Pap. D.5.4.10; D.3.5.30.1; Paul. D.46.3.62; Mod. D.3.5.25; Pap. D.eod.30.1; Ulp. D.eod.44.2; Paul. D.10.3.14.1 i.f.; 프로이센일반란트법 I 13 §261; 獨民 §686; 林建勉, 財產法研究 XVI/1 (1999), 149ff., 151f. 다른 한편으로, 본인의 정체성에 대한 착오가 있다고 해서 사무관리자가 의사의 瑕疵를 원용할 수도 없고, 또 사무관리자가 자신이 사무본인으로 잘못 생각한 자를 위한 증여의 의사로 행위했다 하더라도 진정한 사무본인이 이를 원용할 수도 없다. Staudinger/Wittmann, BGB, §686, Rz. 3.

72) 이미 同旨 Ulp. D.3.5.5.3.

73) 이미 同旨 Afr. D.3.5.45(委任人 또는 受任人을 위한 사무관리); Cels. D.17.1.50.pr(보증인을 위해 채무를 변제하여 主債務者까지 채무를 면하게 한 경우).

74) 姜玹中, 71f. 이미 Ulp.-Iul. D.3.5.5.2는 후견인의 후견사무를 관리한 경우에 피후견인을 상대로 해서도 그가 이득을 본 한도로 사무관리 소권을 인정하는데, 단순委任의 경우보다도 사무의 歸屬上 直接性이 더욱 강하게 존재하는 경우이기 때문으로 풀이된다.

리의 필요성이 크겠지만, 본인이 반드시 不在者여야 하는 것은 물론 아니다. 본인이 사망하는 경우에는 상속인이 사무관리상의 권리와 의무를 승계한다.[75] 또 사무관리시에 아직 존재하지 않는 장래의 사무본인(가령 설립될 법인)을 위한 사무관리도 가능하다.

(3) 自他事務의 경우

[40] "타인을 위하여" 관리한다는 것은 관리행위의 전부가 "타인을 위하여" 하는 것이어야만 한다는 뜻은 아니고, 관리행위의 일부라도 "타인을 위하여" 하는 것임이 확정되면 된다는 의미이다. 따라서 동시에 자기를 위하여 ── 즉, 객관적 자기사무를 아울러 행하거나(대표적인 예: 共有者) 또는 주관적으로 동시에 자기를 위할 의사로── 관리하더라도 타인의 사무에 해당하는 부분에 대하여 사무관리가 성립한다(통설).[76] 현실적으로는 사무관리자가 오로지 타인을 위해서 행위하기보다는 자기자신의 이익도 함께 도모하는 경우(Auch-Gestion; Auch-fremdes Geschäft)가 더 빈번하고 더욱 문제가 된다. 후순위 담보권자가 선순위 담보권자에게 채무를 변제한 경우는 채무자뿐만 아니라 자신을 위해서도 행위한 것이지만,[77] 이 경우는 이해관계 있는 제 3 자의 변제(民 §469)에 관한 규정(民 §481)이 적용되는 외에는 사무관리법이 적용된다.[78] 그리고 회사채권자 중의 1인이 상법 §§396, 448 등의 규정에 터잡아 회사에 대하여 소송절차를 거쳐 승소한 결과 정관, 재무제표 등의 서류 일체를 인도받아 보관하고 있으면서, 이것은

75) 이미 同旨 Ulp. D.3.5.3.7.

76) 同旨 日福岡高判 昭 36. 11. 29(下民集 12-11, 2891)(新・判例コンメンタール 民法 [8], 1992/1995, 243); Hk-BGB/Schulze(2001), §677 Rn 3. 운전자가 행인을 치지 않기 위해서 운전대를 조작한 결과 자기가 다친 경우에는 보통은 행인의 불법행위와 운전자의 공동과실이 문제되겠지만, 행인에게 불법행위책임을 물을 수 없는 특별한 경우도 있을 수 있으므로, 독일의 판례는 이런 경우의 운전자의 행동은 자신과 타인을 모두 위한 행동이었다고 평가하여 운전자를 행인을 위한 사무관리자로 인정한다. 林建勉, 財産法研究 XVI/1(1999), 149ff., 160f.

자타사무와 관련하여 로마법상 흥미있는 사례가 전해지므로 소개한다. 포로로 잡힌 세 사람이 그 중 한 사람을 몸값을 가져오도록 로마로 보냈으나 그가 약속을 어기고 돌아오지 않았기 때문에 계속 붙잡혀 있던 나머지 두 사람이 세 사람 몫의 몸값을 내고 석방되어 귀환한 경우(Serv.-Paul. D.3.5.20)가 바로 그것이다. 이 때에는(로마법과 달리 捕虜중의 행위의 유효성을 전제하더라도) 어쩔 수 없이, 말하자면 自意半 他意半으로 가외의 出財를 했지만 행위의 유일한 목적은 자신의 석방이라는 자기사무였을 뿐이며, 그 出財 또한 이미 도주한 사람의 意思나 利益에 부합하지도 않으므로 사무관리가 성립했다고 보기 어렵다. 그러나 信賴를 저버린 자를 상대로 그의 反信義行爲로 인하여 지출할 수밖에 없었던 費用의 상환을 청구할 수 있어야 합당하므로 세르비우스는 사무관리에 준하는 소권을 긍정하였다. 현행법이라면 채무불이행이나 불법행위가 성립할 것이다. 이 개소에 관해서는 일응 拙著, 로마法研究(I)(1995), 125 주 44 참조.

77) Cf. Marci. D.20.4.12.6 i.f.

78) 大判 94. 12. 9, 94다38106(公 95. 1. 15, 984(26)).

공통의 이해관계를 갖고 있는 위 회사의 회사채권자 전부를 위하여 스스로 한 것이라고 주장하고, 또 이를 이들 회사채권자 전부에게 알리고 위 서류 일체를 인도하고자 하는데, 이를 통지할 방도가 없어 위 채권자 전부를 상대로 한 公示送達을 신청한다고 한 사건에서 그러한 행위가 채권의 준공유에 관한 민법 §278나 불가분채권에 관한 민법 §409 소정의 보존행위에 해당된다는 주장을 배척한 후, 민법 §735 소정의 緊急事務管理로서 民 §736에 따라 관리자로서 통지하여야 한다는 주장 역시 그 주장 자체에 의하더라도 그가 상법상의 자기의 권리를 민사소송법 §§524-2, 524-3 등의 규정에 따라 스스로 행사한 것으로서 이에 의해 인도받아 보관중인 위와 같은 서류를 위 회사채권자들에게 인도하고자 하는 것이 이른바 타인의 사무를 처리하여 관리자에 의하여 이루어진 사무처리의 결과를 본인인 그 타인에게 귀속시키는 사무관리에 해당한다고 볼 수 없어 받아들일 수 없다고 판시한 하급심 판결이 있다.[79] 이 사안에서 단순히 동일인을 공통의 채무자로 하는 數人의 채권자들 사이에 채권의 準共同占有(民 §§210, 278)나 不可分債權(§409)관계가 성립하지 않는다고 본 점은 타당하고, 또 緊急事務管理에 해당하지 않는다는 설시도 수긍이 간다. 다만 판시는 자기 권리의 행사로써 인도받아 보관중인 서류를 다른 채권자들에게 인도하는 것은 관리자에 의하여 이루어진 사무처리의 결과를 본인인 그 타인에게 귀속시키는 사무관리에 해당한다고 볼 수 없다고 하는데, 아마도 서류를 인도받아 보관한다는 것을 관리한 것으로 보았기 때문이 아닌가 싶다. 이렇게 보면 이것은 자기 권리의 행사 결과이고, 이 결과는 타인에게 귀속시킬 수 없다는 논리에 따라서 사무관리가 부정되어야 하기 때문이다. 그러나 정작 사무관리는 그 다음 단계의 문제이므로 이것은 잘못이다. 즉 자기가 서류를 보관하고 있다는 사실의 통지와 그 서류를 다른 채권자들을 위하여 넘겨준다는 것이 이곳에서의 요점이기 때문이다. 그러나 이 판시는 결론적으로는 타당하다고 생각된다. 그 이유는 사무관리의 要物性(前述 [10] 이하)으로 인하여 관리자가 되려는 자와 다른 회사채권자들 사이에는 아직 아무런 법적인 관계가 성립하지 않은 까닭이다. 그러므로 그것이 행해져야만 비로소 사무관리가 성립하게 되는 통지나 서류의 인도가 현실적으로 이루어지지 않은 이상, 관리자가 되려는 자는 실행의 준비단계에 있을 뿐이며, 어느 누구에 대해서도 권리와 의무를 갖지 않는 것이고, 따라서 그가 스스로 알아서 처리해야만 하는 通知를 갈음하는

79) 大田地判 93. 6. 29, 92라102.

公示送達이라는 편법을 法의 이름으로 이용할 수 없는 것이다. 다시 말하면 위의 서류보관사실의 통지는 사무관리자가 관리를 개시한 후에 그 사실을 알리는 通知(民 §736)와는 전혀 다른 성질의 것이므로 民 §736에 따라 관리자로서 통지하여야 한다는 당사자의 주장은 받아들일 수 없는 것이다. 더욱이 民 §736의 通知는 公示送達로써는 할 수 없는 것이다. 의사표시의 통지와 달리 본인의 이익을 위하여 관리개시의 사실을 현실로 알게 하려는 취지에서 인정된 것이므로, 당사자들의 권리의무관계를 早期에 확정하기 위하여 현실적 通知에 갈음하여 인정된 公示送達에 의해서는 그 목적을 달성할 수 없기 때문이다(後述 §736 [3]).

[41] 共同關係에 있는 자들(가령 共有者, 공동상속인, 조합원 등) 사이에서 공동의 사무(negotium commune)를 처리한 경우에는 그것이 공동관계의 틀 속에서 행할 의무나 권리가 있는 사무이고 공동관계를 위한 의사로 행한 것인 때에는 일반적 보충법으로서의 사무관리법이 아니라 이보다 특별한 그 공동관계를 규율하는 법에 따른다.[80] 그러므로 예컨대 공동자금을 사용하여 자기를 위한 의사로 물건을 구입한 경우에는 다른 공동관계의 참여자는 손해배상은 별론으로 하더라도 그 물건에 대한 공동관계를 주장할 수는 없다.[81] 또 공동불법행위자의 일방이 피해자에게 손해배상금을 지급한 것은 자신의 (공동)불법행위로 인한 손해배상금의 지급이라 할 것이고,[82] 그 배상책임이 있는 다른 공동불법행위자를 위한

80) 프로이센일반란트법 I 13 §§258-261; Ulp. D.42.5.9.4; Paul. D.17.2.38.1 참조. 로마법에서는 공동관계의 訴權 외에 사무관리소권도 인정했는데, 그것은 공동관계의 訴權은 분할소권이므로 공동관계를 해체시키지 않으려는 배려 때문이었다. Afr. D.12.1.41; Pap. D.3.5.30.7; Paul. D.3.5.39; Ulp. D.3.3.31.pr; Sev.-Ant. C.2.18.3(a. 199); Diocl.-Max. C.3.36.18.1(a. 293) 참조. 異見: 日大判 大 8.6.26(民錄 25, 1154)(新·判例コンメンタール 民法 [8], 1992/1995, 244).

81) 이미 同旨 Diocl.-Max. C.3.38.4(a. 290).

82) 그리하여 제3자와 被用者의 共同不法行爲로 야기된 사고의 被害者에 대하여 共同不法行爲者 전원과 그 使用者는 連帶하여 損害를 賠償할 責任이 있고, 共同不法行爲者 상호간에는 어느 일방이 자신의 出財로 被害者에 대하여 부담하는 損害賠償責任을 共同免責시킨 때에는 타방에 대하여 共同免責額 중 타방의 過失程度에 따른 負擔比率에 해당하는 만큼 償還을 구할 수 있다. 그리고 이 경우 제3자가 자신의 出財로 배상하여 共同免責시킨 경우에 있어서의 제3자와 使用者 사이의 求償關係에 있어서는, 使用者責任이 使用者의 故意, 過失을 이유로 하는 것이 아니고 보상책임의 원리에 따라 被害者를 보호하기 위하여 법률상 인정된 제도인 점에 비추어 이것을 加害者 사이의 부담의 조정을 도모하기 위한 求償關係에 準用 내지 類推適用할 수 없고(제3자와 使用者 사이에는 共同不法行爲者 상호간과 같은 내부관계가 있다고 할 수 없다), 오직 不法行爲責任의 一般原則으로 돌아가 使用者가 사고발생에 過失이 있다든가 또는 使用者로서 被用者의 過失에 관하여 原因을 부여한 경우에 한하여 共同免責額 중 使用者의 過失程度 내지 寄與度에 상응하는 부분의 償還을 구할 수 있고, 이러한 경우 제3자에게 使用者가 사고발생에 過失이 있다든가 또는 被用者의 過失에 原因을 부여하였다는 점에 대한 主張立

사무관리라고 볼 수 없다.[83] 그러나 아직 共同關係가 성립하지 않은 상태에서 공동으로 행위하는 자들 사이에는 사무관리가 성립할 수 있음은 물론이다.[84] 連帶債務者가 자기의 부담부분을 초과하여 변제한 경우 다른 연대채무자에 대한 관계에서 사무관리가 성립한다는 견해가 있다.[85] 일응 타당하다. 연대채무자는 ──民 §427의 규정으로부터도 분명하듯이── 채무 전부를 각자 이행할 의무가 있지만, 이것은 어디까지나 채권자에 대한 관계에서 일뿐이고(民 §413) 그의 자기 부담부분을 초과한 변제행위는 다른 연대채무자에 대한 관계에서는 "의무 없이" 사무를 관리한 셈이기 때문이다. 그러나 연대채무관계는 그 목적 공동체적 성격으로 말미암아 사무관리관계와는 본질을 달리하고, 또 일반적 보충법으로서의 사무관리법의 성격상 민법의 특별한 규정(民 §§425ff.)이 우선하므로, 설령 이를 사무관리라고 보더라도 실익은 없다고 할 것이다.

3. 他人을 위하여 管理하는 意思

[42] 타인의 사무의 관리는 "타인을 위하여"(日民 "他人ノ爲メニ"; 中民 "爲他人"; 獨民, 瑞債 "für einen anderen") 하지 않으면 안 된다. 이 요건의 의미의 폭이 매우 넓다는 점은 이미 지적한 바와 같다("타인의 사무를", "타인을 위하는 의사로"; "타인을 대신하여", "타인의 이익이 되게"). 이제 이 요건의 가능한 내용 중 관리자가 주관적으로 "타인을 위하는 의사로" 관리하는 것이 다수설이 인정하듯이 사무관리의 성립요건인지를 좀더 상세히 살펴본다.

[43] 이미 지적했듯이 이와 관련해서는 객관설과 주관설이 대립한다(前述 §734 [24]). 主觀說은 사무관리가 성립하기 위해서는 타인을 위하여 관리하는 의사, 즉 관리로 인한 사실상의 이익을 궁극적으로 본인에게 귀속시키려는 의사가 필요하다고 한다(통설적 다수설).[86] 이 의사는 관리자 자신의 이익을 위한 의사와 병존할 수도 있고, 또 표시될 필요도 없으며, 사무를 관리할 당시에 확정되어 있을 필요도 없다고 한다.[87] 반면에 客觀說은 타인을 위한 사무의 관리란 타인의 사무가

證責任이 있다(서울高判 91. 4. 3, 90나34405).

83) 서울高判 80. 10. 14, 80나82.

84) 大判 62. 4. 4, 4294行上158(鑛業權 共同出願者間).

85) 姜玹中, 79(日大判 大 5. 3. 17(民錄 22, 476)[新・判例コンメンタール 民法 [8], 1992/1995, 245] 인용).

86) 大判 97. 10. 10, 97다26326(公 97. 11. 15, 3440); 大判 94. 12. 22, 94다41072, 41089(公 95. 2. 1, 985(20)): 사무관리가 성립하기 위하여는 우선 그 사무가 타인의 사무이고, 타인을 위하여 사무를 처리하는 의사, 즉 관리의 사실상의 이익을 타인에게 귀속시키려는 의사가 있어야 함은 물론, 나아가 그 사무의 처리가 본인에게 불리하거나 본인의 의사에 반한다는 것이 명백하지 않을 것을 요한다.

87) 李銀榮, 489 각주 1)〈664 각주 1)〉에서 인용한 법학자들.

처리되어 관리자의 관리행위가 궁극적으로 타인을 위하는 결과가 되는 것을 뜻하는 것일 뿐이며, 따라서 사무관리의 성립에는 사무가 객관적으로 타인의 사무이어서 그에게 귀속되어야 하는 것이면 족하고 그에 대한 인식이나 주관적 관리의사는 불필요하다고 새긴다.[88]

[44] 이러한 대립의 배경은 유럽의 법학을 거쳐서 로마법에까지 거슬러 올라간다. 독일법상 客觀說의 대표자는 Wollschläger이며, 일부 판덱텐법학자들(Vangerow, Arndts, Dernburg) 역시 객관설을 지지했는데, 객관설을 취했던 Josef Partsch는 이를 로마법에 투영하여 主觀化가 일어난 것은 비잔틴법에 와서의 일이었다고 이해하였다. 반면에 主觀說의 대표자는 Wittmann이며, 이는 주석학파 이래 보통법학(ius commune)의 지배설이었는데, 주관설을 취했던 Salvatore Riccobono는 이를 로마법에 투영하여 客觀化가 일어난 것은 유스티니아누스 황제법에서였다고 이해하였다. 이렇게 견해가 대립한 것은 이미 지적했듯이 意思의 요소에 큰 비중을 두지는 않았지만 필요한 경우에 他人事務 管理 意思(animus negotia aliena gerendi)를 고려했던 로마법의 교조적이지 않은 태도가 반영된 사료[89]를 어느 방향으로 해석하느냐에 따른 차이 때문이었다. 로마법에서 이 意思의 내용은 事務管理者로서의 意識 자체가 不在했음에도 불구하고 사무관리 訴權을 인정했던 특수한 사례[90]를 제외하고는 크게 두 방향으로 이해되었다. 하나는 자신의 이익을 위해서(sui lucri causa)가 아니라 본인의 이익을 위해 사무를 관리한다는 의사의 측면이었고, 다른 하나는 본인을 위해 지출한 비용을 추후 상환받겠다는 의사(animus repetendi, animus recipiendi)[91]의

88) 李銀榮, 489〈665〉; 姜玹中, 87. 大判 85.4.9, 84도300에 의하면 임차인이 이사하면서 그가 소유하거나 타인으로부터 위탁받아 보관중이던 물건들을 임대인의 방해로 옮기지 못하고 그 임차공장 내에 그대로 두었다면 임대인은 사무관리 또는 조리상 당연히 임차인을 위하여 위 물건들을 보관하는 지위에 있다 할 것이므로 임대인이 그 후 이를 임의로 매각하거나 반환을 거부하였다면 횡령죄를 구성한다고 한다. 이 판결은 말하자면 임차인이나 제3자를 위한 事務管理意思가 전혀 없는 경우임에도 불구하고 마치 사무관리를 인정한 듯한 인상을 준다. 그러나 이것은 어디까지나 형법상 횡령죄의 관점에서 판시한 것으로서 민법상의 사무관리에 대한 해석으로 확대하여 이해해서는 안 될 것이다. 왜냐하면 이 경우에는 임대인은 자신의 반출방해행위로 인하여 이미 반환의무를 부담하는 상태이고, 따라서 본인을 위한 관리행위가 있다면 그것은 반환이 될 것이지만, 반환을 하더라도 그것은 "義務 없이" 행한 것이 아니기 때문이다. 위 판결에서 거론한 "사무관리"란 민법상의 사무관리를 말하는 것이 아니다.

89) animus gerendi negotia Ulp. D.3.5.44.2; contemplatio alterius 또는 domini Ulp. D.3.5.5.3/5/8/11; D.15.3.10.5; affectio gerendi negotii Paul. D.3.5.18.2; Ant. C.2.18.13(a. 230).

90) 이른바 servus bona fide serviens(선의로 노예노릇을 하는 자)의 경우: Lab.-Paul. D.3.5.18.2; Ulp. D.3.5.5.7; Paul. D.3.5.35.

91) animus repetendi Paul. D.3.5.33, Alex. C.2.18.15(a. 239); animus recipiendi C.2.18.11(a. 227); 또한 animus obligandi alterum Paul. D.10.3.14.1.

측면이었다. 이런 의미에서 관리자가 타인을 위하여 지출한 비용을 상환받을 의사였는지, 또는 말하자면 증여의 의사(animus donandi)[92]로 관리했는지의 여부가 쟁점이 되었는데(§739 [11]), 많은 경우 친지 사이의 義務感(pietas, amicitia)에서 나온 부양이나 장례비 지출 등이 후자의 대표적인 사례유형이었다.[93] 사안의 성질상 이와 같은 경우에는 부양비 등의 상환을 구하는 관리자측의 주장에 대하여 이를 배척하는 논리로서 義務感에 따른 出費임이 내세워진 것이었으므로, 상환의사의 입증이 관건일 수밖에 없었다.[94] 그러나 이것은 이미 타인을 위한 사무관리의사의 문제와 법률상 의무의 認否의 臨界的 사안이라고 할 것이다. 어쨌든 이 양측면은 후대의 법전편찬시 "타인을 위하여"라는 일견 문제가 없어 보이지만 실상은 그 의미를 명료하게 포착하기 힘든 요건으로 응축되었다.

[45] 이상의 발전과정에 대한 개관으로부터 다음과 같은 결론을 내릴 수 있을 것이다. 우리는 他人事務管理意思의 要件性을 "他人을 위하여"라는 포괄적 요건 속에 집어넣어 읽을(hineinlesen) 수도 있지만, 逆으로 포함되지 않은 것으로 읽어낼(herauslesen) 수도 있는 것이다. 결국 이것은 사무관리 제도 자체의 목적과 취지 및 그에 따른 개념에 대한 근본적인 입장에 따라 달리 이해될 수밖에 없는 문제이다.[95] 어쨌든 객관설은 사무관리 제도의 취지 자체를

92) Alex. C.2.18.12(a.230).

93) Mod. D.3.5.26.1; Ulp. D.3.5.43; D.10.2.50; D.11.7.14.7; Paul. D.3.5.33; Sev.-Ant. C.2.18.1(a.196); C.eod.5(a.203); Alex. C.2.18.11(a.227); C.eod.13(a.230); C.eod.15(a.239). 이런 전통 선상에 선 입법례: 西民 §1.894 I(부양급부), II(장례비용).

94) Alex. C.2.18.11(a.227): Alimenta quidem, quae filiis tuis praestitisti, reddi tibi non iusta ratione postulas, cum id exigente materna pietate feceris. si quid autem in rebus eorum utiliter et probabili more impendisti, si non et hoc materna liberalitate, sed recipiendi animo fecisse ostenderis, id negotiorum gestorum actione consequi potes.

이러한 경우의 판단기준에 관해서는 18세기의 법학자들 사이에 논란이 있었다. Huber, Van Bynkershoek, Christinaeus, Zoesius, Pothier 등은 제반사정을 고려하여 판단한다는 설이었고, Menochius, Groenewegen, Voet 등은 償還意思 推定說을 취하였다. van Zyl, 343.

95) 李銀榮, 489f.〈665〉는 우리 민법은 管理意思에 따라 眞正사무관리(獨民 §677)와 不眞正사무관리(誤信사무관리; 無斷사무관리)를 구별하여 규정한 독일민법(§687 I, II)과 달리 이에 관하여 아무런 규정을 둔 바 없으므로[ex silentio 논거] 사무관리에서 모두 함께 포섭하여 규율하여야 한다고 객관설의 타당성을 주장한다. 그러나 民 §734가 獨民 §677와 동일한 내용이기 때문에, 우리 민법에 獨民 §687에 상응하는 조문이 없어서 처하게 된 해석상의 문맥에서 반드시 객관설적인 이해만이 유일하게 가능한 해석인가는 의문이다. 일반적으로 그렇듯이 "침묵으로부터의 추론"은 그 논증력이 매우 약한 것이다. 객관설의 이 논거는 법의 침묵을 독일민법과 같이 主觀說的으로 채울 수 있다고 믿고 또 그렇게 하려는(hineinlesen) 異見을 설득하기에는 역부족이다. 그러나 바로 살펴보듯이 객관설의 가장 큰 취약점은 "타인을 위하여" 요건에 담긴 주관적 의사의 含意를 전적으로 무시한다는 점에 있다.

한편, 객관설을 주장하는 李銀榮의 견해에는 모순이 엿보인다. 즉 李銀榮, 493〈670〉은 민법은 사무관리의 성립에 있어서 본인의 의사나 이익을 문제삼지 않는다고 전제하면서

주관설과 달리 계약 없는 他人事務處理로 생기는 당사자의 재산적 이익을 조정하는 제도로 이해한다.[96] 그러나 사무관리가 일반적으로 불법행위가 되는 타인의 생활영역에 대한 개입임에도 불구하고 이러한 행태를 적법행위로 轉換시킨 유일한 근거가 사무관리의 경우 손해가 발생하지 않는다는 객관적 고려가 아니라 다름아닌 "타인을 위하여" 개입했다는 점이고, 또 객관적으로 당사자의 재산적 이익을 조정하는 부당이득과 사무관리를 구별짓는 要諦가 사무를 관리했다는 객관적 사실이 아니라 "타인을 위하여" 관리했다는 점이고 보면(前述 前論 [7] 이하 참조), 이미 지적했듯이 "타인을 위하여"라는 요건의 주관적 含意를 전적으로 도외시할 수 없음도 분명하다. 그리고 실제로도 정당한 사무관리의 경우에는 대부분 타인을 위하여 한다는 의사가 비단 事後的으로뿐만 아니라, 사무관리의 全 과정에 걸쳐서 隨伴할 것이다. 이 의사는 관리과정 전체를 종합적으로 고려하여 판단할 것이다. 일반적으로 사실의 차원에서는 관리자가 사무관리를 종료하고 본인을 상대로 비용의 상환 등을 구하거나, 본인이 관리자를 상대로 취득물 등의 반환을 구하고 관리자가 그에 응하는 경우에는 "타인사무관리의사"의 존재를 시사한다고 할 수 있을 것이다. 반대로 본인의 청구에 대하여 관리자가 불응하는 경우에는 "타인사무관리의사"의 흠결에 대한 징표로 이해할 수 있을 것이다. 그러나 법적인 차원에서는 관리자가 사후적으로 관리의 결과를 본인에게 귀속시킬 용의가 있더라도 본인이 "타인사무관리의사"의 흠결을 주장·입증하여 사무관리법의 적용을 배제하고 관리자에게 자신의 권리영역에 대한 부당한 개입을 이유로 책임을 묻거나, 반대로 본인의 청구에 관리자가 불응하는 경우 이론상 "타인사무관리의사"의 존재를 주장·입증하여 사무관리법에 따른 訴求가 가능하다.

특히 논의의 실익이 있는 경우는 악의적으로 타인의 사무를 자기의 사무로 처리한 無斷·不法管理의 경우이다. 객관설에 의하면 이 때에도 사무관리법을 적용하는 것이 가능해진다. 주관설에 의하면 원칙적으로 사무관리법의 적

"물론 管理者가 本人의 利益을 해할 意思를 갖고 행위하거나 또는 不注意로 본인에게 손해를 입힌 경우에는 故意·過失로 인하여 不法行爲責任을 지게 되며, 그런 경우에까지 事務管理가 성립하지는 않는다. 그러나 이렇게 不法行爲責任이 발생하는 경우가 아니라면 폭넓게 事務管理를 성립"시키는 편이 옳다고 보고 있는데, 이러한 주장은 無斷管理의 경우에는 불법행위책임만이 발생한다는 논지에 다름아니어서 무단관리를 사무관리로 보는 李銀榮, 483f.〈659f.〉에 모순되고, 관리자의 意思를 기준으로 판단하고 있다는 점에서 타인사무 관리의사가 사무관리의 요건이 아니라고 보는 李銀榮, 488ff.〈664f.〉과 모순된다.

96) 李銀榮, 489〈665〉.

용은 배제되어야 할 것이다. 이 때 체계적 관점에서는 불법행위법을 적용하는 것이 더 整合的일 것이다. 불법행위는 특단의 사정이 없는 한 행위의 유형은 고려하지 않고 法益侵害, 違法性, 責任(고의·과실)이라는 일반적 시각에서 접근하기 때문이다. 그러므로 그것이 사무를 관리하는 유형의 행위라고 해서 굳이 불법행위로부터 배제되어야 할 이유는 찾아볼 수 없는 것이다. 그러나 현실적으로 문제가 되는 것은 불법관리자가 그 관리행위로써 통상의 손해범위를 넘어서는 이득을 달성한 경우에 사무관리법을 적용하여 전부를 반환시킬 것인지 아니면 불법행위법을 적용하여 통상의 손해배상으로 그치고 나머지 이득은 불법관리자가 보유하도록 할 것인지가 논란이 되는 경우이다. 이 문제는 특히 현대사회에 와서 無體財産權의 無斷管理와 관련하여 큰 쟁점이 되었다(後述 [後論]). 私見으로는 이득 전부를 본인에게 귀속시킬 수 있는 法構成이 그렇지 않은 구성보다 타당하다고 생각한다. 왜냐하면 통상 상대방에게 피해만을 발생시키는 불법행위의 일반유형과는 달리, 이 경우에는 적극적 관리행위를 통해 타인의 생활영역에 無斷으로 侵入함으로써 상대방에게 피해를 끼침은 물론이려니와 관리자 스스로가 우선적으로 이득하는 유형의 불법적 행위이므로, 그 일차적 규율의 목표를 피해자의 損害塡補에 둘 것이 아니라 가해자의 利得剝奪에 두고 이를 통하여 피해자를 두텁게 보호하는 것이 보다 더 正義의 관념에 부합하기 때문이다. 그러나 무엇보다도 이러한 규율은 위법행위를 한 불법관리자가 적법행위를 한 사무관리자보다 유리한 대우를 받아서는 안 된다는 法倫理的 比例性의 原則에 부합한다는 점에서 필요한 가치결단이다. 그렇다면 이러한 경우에 일반불법행위에 대한 특칙으로서 사무관리에 있어서와 마찬가지의 효과를 인정하면 되는 것이고, 현행법상으로도 著作權法 제93조가 저작재산권 등을 고의 또는 과실로 침해한 자에 대하여 손해배상을 청구하는 경우에 그 권리를 침해한 자가 침해행위에 의하여 이익을 받았을 때에는 그 이익의 액을 저작재산권자 등이 입은 손해액으로 추정함과 동시에 그 외에 그 권리의 행사로 통상 얻을 수 있는 금액에 상당하는 액을 손해액으로 하여 그 배상을 청구할 수 있다고 규정하는 등 입법적으로도 같은 방안을 강구하였다(同旨 반도체집적회로의배치설계에관한법률 §36; 商標法 §67; 意匠法 §64; 컴퓨터프로그램보호법 §27; 特許法 §128 등). 이러한 臨界的 사태를 설명하기 위하여 사무관리의 기본적 법률요건에 칼을 대는 것[97]은 방법론상으로 적절하지 않다고 생각된다.

[46] 私見을 결론적으로 정리하자면, 以上의 이유로 해서 사무관리의 기

97) 李銀榮, 490〈665〉.

본적 요건에는 타인을 위하여 그의 사무를 관리한다는 意思가 필요하다고 본다. 無斷관리의 경우에는 법적인 성질은 불법행위임에 틀림이 없으나, 그 사태의 구조가 사무관리법을 준용할 것을 요구하는 形局인 것이다. 그러나 효과면에서 사무관리법을 준용한다는 것이 바로 그 행위가 사무관리에 준하는 행위라는 의미는 아니다. 이런 의미에서 종래 많이 사용되어온 準事務管理 또는 不眞正事務管理라는 표현은 적절하지 못하다고 생각한다. 이것은 사태의 성질상 특수한 취급을 받는다는 점에서 특수한, 불법행위의 한 유형일 뿐이다(後論 [4]).

[47] 少數說 중에는 사무관리에 있어서 타인을 위한 의사가 점유에 있어서의 占有意思와 동일한 것이라는 납득하기 어려운 일본의 학설(我妻說)을 추종하면서 점유법에서의 발전이 주관주의로부터 객관주의로 나아갔듯이 사무관리법의 경우에도 주관설로부터 객관설로 나아가는 것이 사회발전의 추세에 맞는다는 이해하기 어려운 주장을 펴는 견해가 있다.98) 어쨌든 이런 논리로 객관설을 취하면서, 그 귀결로서 객관설의 입장에서만 타당한 결론이 나온다는 전제하에 예시하고 있는 사례들을 살펴보면 타인을 위한 관리의사라는 것을 심리적인 의미의 "主觀的인 利他的 意思"로 이해할 때에만 언필칭 객관설에 부합할 뿐으로, 이는 방금 지적했듯이 문제의 법적 핵심을 제대로 포착하지 못한 소견에 지나지 않아서 동의하기 어렵다.

4. "義務 없이": 기존事務管理 의무 또는 권한의 부존재

[48] 사무관리를 다른 유형의 사무처리, 특히 委任(民 §680)과 구별짓는 가장 중요한 요건이 바로 "義務 없이" 타인의 사무를 처리한다는 점이다. 이런 점 때문에 自發性이나 利他的 動機가 사무관리의 특징으로 거론되지만, 이것들이 바로 "義務 없음"과 같은 의미는 아니다. 우리 민법은 일본민법("義務ナクシテ")을 좇아서 그저 "義務 없이"라고 규정하는데(伊民도 같다: "senza esservi obbligato"), 다른 입법례를 보면 본인에 의해 "委任받은 바 없이"(中民 "未受委任"; 瑞債, 獨民 "ohne von ihm beauftragt zu sein"; 瑞債 佛文 "sans mandat"; 瑞債 伊文 "senza averne mandato"; 西民 §1.888 "sin mandato de éste") 또는 본인과의 관계에서 "義務 없이"(中民 "無義務") 내지는 "그 밖에 그러한 권한이 없이"(獨民 "ihm gegenüber sonst dazu berechtigt zu sein")라고 규정함으로써 委任과의 관계를 보다 명백히 표현한다.99) 이러한 비교를 통해서도 알 수 있듯이 "義務

98) 姜玹中, 87.

99) 이미 同旨 Ulp. D.17.1.6.1: Si cui fuerit mandatum, ut negotia administraret, hac[sc. mandati] actione erit conveniendus nec recte negotiorum gestorum cum eo agetur: nec enim ideo est obligatus, quod negotia gessit, verum idcirco quod mandatum susceperit: denique tenetur et si non gessisset.; Pap. D.3.5.31.pr-1, D.16.1.7(委任이 無效인 사안); Ulp. D.3.3.31.pr; Scaev. D.17.1.60; Gai. D.44.7.5.pr; Alex. C.2.18.14(a.234). 스페인의 판

없이"란 타인의 사무를 관리할 수 있는 법적 근거가 되는 約定 및 法定의 법률관계가 관리자에게 부재한다는 의미이다(同旨 蘭民 Art. 6:198).[100] 따라서 권리 내지 권한(예컨대 債權者代位權 또는 債權者取消權)의 행사로서 타인(채무자)의 사무를 관리하는 자체는 사무관리가 아니다.[101] 이처럼 자기의 권리를 행사하는 경우는 "타인을 위한" 것이 아니라 자기를 위한 것이라는 점에서도 이미 사무관리일 수 없다.

[49] 이 법의 근거가 되는 법률관계는 私法的인 것에 한하지 않고 公法的인 것이라도 무방하지만, 사무관리의 존부 판단에 있어서 "의무 없음"을 요구하는 이유가 의무 없이 出費한 관리자에게 그 비용을 상환하려는 데 그 취지가 있는 만큼, 의무의 판단에 있어서 중요한 것은 관리자에게 어떤 의무든 의무가 있다는 사실이 아니라 그가 그 의무로 인하여 비용상환을 청구할 수 없다는 점에 있으므로, 특히 공법적 의무가 문제되는 경우에는 그 의무의 이행과 그에 소요되는 비용의 부담이 법질서에 의하여 어떻게 규율되고 있는가 하는 점이 관건이 된다. 따라서 예컨대 의사의 경우 환자를 치료할 "법적인 의무"가 있지만, 그 존재가 사무관리의 성립을 방해하지 않는다. 반면에 화재를 진압한 소방관의 행위는 방화자나 실화자, 또는 화재가 난 건조물의 이해관계자를 위한 사무관리라고 볼 수 없고, 범죄자를 체포한 경찰관의 행위도 범죄피해자를 위한 사무관리라고 볼 수 없다. 이 때에는 소방관의 화재진압의무나 경찰관의 범죄자체포의무를 규정한 법질서의 정책이 공공비용[세금]으로 그에 소요되는 사회적 비용을 충당할 것을 결정하였다고 생각되기 때문이다. 물론 이러한 결정은 실정법규를 통하여 달리 규율될 수 있다. 따라서 公役務 제공자가 사무관리를 원인으로 하여 비용상환청구를 하는 경우에는 그 公役務 제공자의 법적 지위와 義務의 성질 등을 판단하여 결정할 것이다. 물론 公法人 또는 國家도 해당 직무행위에 속하지 않는 사무를 처리하는 경우에는 사무관리가 성립할 수 있다.[102] 法院이 선임한 不在者 財産管理人(民 §§22ff.)은 사무관리

결(S 9 abril 1987)이 D.17.1.6.1을 원문 그대로 인용하고 있는 것이 흥미롭다. José Luis Alabácar López/Jaime Santos Briz, Código Civil. Doctrina y jurisprudencia, VI/2(Cuarta edición 1995), 1323f.

100) 타인의 사무를 관리할 자격을 "의무"로 표현하는 입법과 "권리"로 표현하는 입법의 미묘한 시각차가 흥미롭다.

101) 姜玹中, 82f.

102) 同旨 姜玹中, 67. 반면에 林建勉, 財産法硏究 XVI/1(1999), 149ff., 152ff.는 독일판례법에 의거하여 "他人의 義務를 이행한 경우에는 항상 사무관리에 관한 규정이 적용되는 것이기 때문에, 공공기관이 관할권의 범위 내에서 행위하고 원인제공자에게 사무관리법을 근거로 청구권을 행사하는 것은 타인의 사무를 관리하는 것이 아니라는 주장은 설득력이 없다"고 한다. 이 견해를 뒷받침하는 논거로서는 원인제공자의 궁극적인 책임론,

자가 아니다. 이런 의미에서 사무관리는 다른 적법한 법률관계가 없는 경우에 한하여 적용되는, 넓은 의미에서 補充性이 있는 제도이다(前述 前論 [6]). 그러나 이 보충성은 부당이득의 보충성보다는 약한 보충성이다. 사무관리 자체가 부당이득법상으로는 "法律上 原因"(民 §741)이 되기 때문이다(前述 前論 [7]).

[50] 또 "義務 없이" 관리한다는 것은 사무관리자에게 타인의 사무에 개입할 법적인 정당한 근거가 없다는 의미이므로 관리자가 제 3 자의 위임 등을 받아서 사무를 처리하는 경우 관리자는 "義務 없이" 사무를 관리하는 것이 아니다.[103] 이 경우 사무관리의 存否는 위임인과 사무본인 사이에 위임인이 사무본인의 사무를 관리할 "義務"가 있는가의 여부에 따라서 결정된다.[104] 그러므로 예컨대 로마법에 따르면 嫁資설정 의무가 있는 여자의 지시로 그녀의 채무자 아닌 자가 채무 있는 것으로 착각하여 그녀의 남편될 자에게 嫁資의 지급을 약속한 경우에는 非債辨濟를 했거나 약속한 자는 夫될 자의 사무관리자

사무관리의 인정이 가져오는 일반예방적 효과 등이 거론된다. 그러나 이에 대한 독일에서의 논의에서도 드러나듯이 비용상환청구권이라는 목적을 달성하기 위하여 불법행위책임의 단기소멸시효를 무력화시킨다는 중대한 문제에 대해서는 충분한 해명이 없다. 이미 지적했듯이 공공기관의 행위가 문제되는 경우에 이를 거칠게 한 묶음으로 처리하는 것은 각 공공기관의 존재이유를 몰각하는 결과가 된다. 이러한 정황은 같은 필자가 162-164면에서는 공공기관의 경우 타인사무관리의사를 부인함으로써 앞에서의 주장과 모순되는 견해를 펴고 있는 데서도 그대로 드러난다. 또한 水路의 방해물 제거에서는 사무관리를 부인했던 필자가 陸路상의 위험물 제거에 관해서는 다른 견해를 피력하고 있는 것도 이 문제의 해결은 결국 일률적인 해답이 있다기보다는 각 법질서의 관련 공법규정과 관련기관의 위상과 특성을 다각적으로 고려할 수밖에 없음을 잘 보여준다. 다른 한편으로 이 견해는 사법적 의무가 문제되는 유사한 사안에 대해서도 전후 모순을 보이고 있다. 즉 甲이 乙을 신체적으로 침해하고 乙의 부양의무자인 丙이 치료비를 부담한 후 甲을 상대로 사무관리 비용상환청구를 하는 경우에 대하여 153-155면에서는 이를 긍정하고, 159-160면에서는 이를 부정하고 있다.

103) 관리자가 사무관리를 시작한 연후에 제 3 자로부터 위임을 받은 경우에는 어떻게 되는가? 로마의 법률가들은 처음부터 위임이 있었던 것과 같이 취급한 것이 다수설이고, 사무관리소권과 위임소권의 양자를 인정하는 것이 소수설이었던 것으로 추정된다. Ulp.-Marcell. D.3.5.3.11. 현행법에 관해서도 로마의 다수설과 같이 사무관리자가 일단 위임을 승낙한 이상 명시적 계약관계인 위임관계에 편입시켜 그 법리에 따르는 것이 타당할 것이다. 로마의 소수설과 같은 견해: 郭潤直, 544.

104) 同旨 郭潤直, 543; 姜玹中, 83. 이미 同旨 Iav. D.3.5.27: Si quis mandatu Titii negotia Seii gessit, Titio mandati tenetur lisque aestimari debet, quanto Seii et Titii interest: Titii autem interest, quantum is Seio praestare debet, cui vel mandati vel negotiorum gestorum nomine obligatus est. Titio autem actio competit cum eo, cui mandavit aliena negotia gerenda, et antequam ipse quicquam domino praestet, quia id ei abesse videtur in quo obligatus est. 이 개소에 관해서는 일응 拙著, 로마法硏究(I)(1995), 61 참조. 異見 프랑스의 판례와 학설(Erwin Jost, op.cit., 74), 독일의 판례와 통설(Hk-BGB/Schulze, §677, Rn.9). 수임인과 본인 사이에 사무관리관계를 인정하는 이 견해가 드는 하나의 예가 불법주차차량을 토지소유자의 위임을 받아서 견인한 것은 차량보유자를 위한 사무관리일 수 있나는 것인데, 이 사인은 당사자들의 의사를 고려할 때 다양한 해석이 가능한 臨界的인 사안에 속한다. 後述 각주 106), 107) 참조.

가 아니고, 夫될 자 역시 자신의 권리를 만족하려는 의사로 행위한 것일 뿐으로 妻될 자의 사무를 관리한 것이 아니다. 非債변제자는 자신에게 지급지시를 한 여자를 상대로 부당이득 소권을 가질 뿐이다.[105] 어느 경우든 受任人은 ── 義務 없이 본인을 위하여 행위한 것이 아니라, 자신이 의무를 부담하는 자를 위하여 義務의 이행으로(즉 또한 자신를 위하여) 행위한 것이므로, 다시 말해서 그의 행위의 1차적인 이유이자 근거는 委任 등의 旣存의 법률관계인 것이지 자기의 일방적 행위로써 비로소 성립하게 될 사무관리관계인 것이 아니므로── 본인에 대한 관계에서는 사무관리자가 아니며, 委任人의 이행보조자(民 §391) 내지 被用者(民 §756)에 지나지 않고, 그에 따른 법적인 책임이 따를 뿐이다.[106] 물론 제대로 된 위임인지 아니면 그에 못 미치는 단순한 요망인지는 구체적으로 판단할 사항이다.[107] 마찬가지로 보험회사가 보험계약에 기하여 보험급부를 한 경우는 자신의 채무를 이행하는 것일 뿐이고 보험사고를 일으킨 가해자를 위한 사무관리로서 행한 것이 아니다. 이 점은 보험약관상 면책규정에 해당하여 보험금 지급의무가 없다는 것을 알지 못하고 보험자로서 피해자에게 보험금을 지급한 경우에도 마찬가지이다. 보험회사는 자신의 채무를 이행한다는 의사 내지는 피보험자를 위한 사무관리를 한다는 의사로 보험금을 지급하였다고 할 것이고, 따라서 불법행위자와의 관계에서 사무관리가 성립할 여지는 없다.[108] 또

---

105) Paul. D.12.4.9.1.

106) 이미 同旨 Paul. D.3.5.20.3: Mandatu tuo negotia mea Lucius Titius gessit: quod is non recte gessit, tu mihi actione negotiorum gestorum teneris non in hoc tantum, ut actiones tuas praestes, sed etiam quod imprudenter eum elegeris, ut quidquid detrimenti neglegentia eius fecit, tu mihi praestes. 同旨 姜玹中, 63. 李銀榮, 492〈668〉의 반대설은 잘못이다. 경찰이 위임한 견인차량업자와 차량소유자 또는 운전자와의 관계에 대해서도 같은 법리가 적용된다. 林建勉, 財產法硏究 XVI/1(1999), 149ff., 164f.

107) 이미 同旨 Paul. D.3.5.41(rogatu, admonitus v. mandatu). 李銀榮, 492〈669〉의 〈사례 3〉은 바로 이러한 사태의 한 예이다. 경찰 B의 요청이 있으면 사고차량을 修理工場까지 견인하기로 한 A가 B의 통지를 받고 C의 차량을 견인한 후 그 비용을 청구한 사안에 있어서 B의 통지나 요청을 정식의 委任으로 볼 것인지 아니면 단순한 요망인지는 구체적 사실관계에서 밝혀질 문제이지만, 일반적으로는 委任이 아니라고 볼 것이다. 그렇다면 A는 C의 사무를 관리한 것인가? 李銀榮은 "C가 A로부터 취득한 것은 직접 A·C 사이에 행해진 勞務給付로서 그것은 法律上 原因 없는 不當利得이 되어 다시 A에게 返還되어야 한다. 그러므로 이 事例는 本質上 給付不當利得의 返還請求權에 의해서 처리됨이 타당하다"고 생각한다. 그러나 두 사람 사이에 직접 勞務급부가 행해지기만 하면 법률상 원인 없는 부당이득이 된다고 보는 것은 사무관리를 법률상 원인으로 法定한 민법과 정면으로 배치되는 주장으로, 사무관리의 사회적·제도적 존재이유를 처음부터 부인하고 들어가지 않는 한 이해할 수 없는 결론이 아닐 수 없다(→전술). 李銀榮이 이와 관련하여 인용하고 있는 독일의 판례가 부당이득이 아니라 사무관리를 인정한 것은 지극히 당연한 것이다.

108) 大判 95. 3. 3, 93다36332(公 95. 4. 15, 990(*2)).

사용자가 근로자의 업무상 부상에 대한 치료비를 지급한 경우 이것은 근로기준법에 따라 부담하는 사용자 자신의 채무를 이행하는 것으로 이는 자신의 사무처리라 할 것이고, 타인의 사무를 처리하는 것으로 볼 수 없으므로 근로자재해보장책임보험의 보험자인 보험회사와의 관계에서 사무관리가 성립하지 않는다.[109] 마찬가지로 하천변에 소재한 토지의 소유자들 중 일부로부터 제방축조공사를 도급받아 제방을 축조함으로써 堤內地의 土地地價가 급상승하게 되었다고 할지라도 동 제방축조자는 어디까지나 위 계약상의 자기 의무를 이행한 것일 뿐 위 도급인 외의 他土地所有者들을 위하여 사무관리를 한 것이 아니다.[110] 반면에 부동산인도집행의 과정에서 밖으로 끌어낸 피신청인 소유의 동산들을 보관하는 업무는 피신청인의 사무이고, 집달관이나 신청인에게 지워진 의무라고 할 수 없으나, 피신청인의 수령거절로 신청인이 집달관으로부터 그 동산을 인도받아 그 보관업무를 개시하면 신청인은 사무관리자로서의 지위를 가지는 것으로 인정된다.[111] 義務의 存否의 판단시점은 관리를 開始한 때이다.

[51] 통설에 의하면 "義務 없이"란 처음부터 의무가 없는 경우[112]는 물론, 무효나 취소 등의 사유로 인하여 소급적으로 義務 없는 것으로 확정되는 경우[113]도 포함한다. 이는 특히 委任·고용·도급 등의 사무처리계약이 실효한 경우에 의미가 있다고 한다.[114] 판례도 가령 몰수할 수 있는 압수물에 대한, 국가기관의 환가처분은 그 물건을 몰수하지 않게 되는 경우 사무관리가 성립한다고 본다.[115]

109) 大判 98. 5. 12, 97다54222(公 98. 6. 15[60], 1610).

110) 서울高判 81. 3. 16, 80나2922. 또 농 토지소유자들이 부당이득을 한 것도 아니다. 수급인이 손해를 입은 바도 없고, 또 그가 이들에게 급부한 바도 없기 때문이다(民 §741). 이 地價上昇은 반사적 이익에 불과하다. James Gordley, "The Principle Against Unjustified Enrichment." Gedächnisschrift für Alexander Lüderitz(2000). 213ff., 220; 225f.

111) 全州群山地判 84. 12. 6, 84가합24(하집 84, 4, 411).

112) 로마법상의 한 예를 들어보면, 被相續人 A의 未成年者 相續人 B의 後見人 b가 피상속인 A가 후견사무를 맡았었던 被後見人 a의 사무를 처리한 경우 b—a 사이에 후견소권이 아니라 사무관리소권이 인정된 예를 들 수 있다(Pap. D.3.5.30.5). 후견인의 의무자체가 상속되지 않았기 때문이다.

113) 로마법상의 한 예: Call. D.3.5.28(指定後見人이 胎兒의 사무를 처리했으나, 태아가 출생하지 않은 경우. 출생하였다면 후견소권이 인정되었을 것이지만, 이 때에는 사무관리소권이 인정되었다). 프랑스 판례상의 한 예: 매수한 토지상의 건물을 화재보험에 附保한 매수인을 매매계약이 해소된 후 사무관리자로 취급함(Erwin Jost, op.cit., 74). 그러나 이 문제에 관한 한 프랑스 판례는 상반된 입장을 보이고 있다. Erwin Jost, op.cit., 78. 독일의 경우에는 판례는 사무관리설이고, 학설은 부당이득설이 통설이다. Hk-BGB/Schulze(2001), §677 Rn.8.

114) 同旨 姜玹中, 36f.

115) 大判 57. 7. 25, 4290民上290(集 5(2민), 18).

이에 반하여 李銀榮[116]은 이러한 견해에 따르면 부당이득과 사무관리가 경합하게 되는데, 이것은 양 제도의 고유의 기능에 비추어 볼 때 문제가 있으며 부당이득으로 처리해야 할 것이라고 주장한다.[117] 그리고 사무관리자에게는 비용상환청구권만이 인정되므로 무효인 급부의 반환청구 역시 비용상환청구권에 의해야 하는데, 이것은 적당하지 못하다는 이유를 댄다. 결국 계약이 무효 등으로 失效한 경우에는 부당이득법을 적용하는 것이 타당하다고 보는 것이다. 나아가서 李銀榮은, 사무관리법을 적용하려는 학설이 그와 같이 한 것은 선의의 수익자의 반환범위를 현존이익의 한도로 제한한 民 §748 I 의 "근본적인 약점" 때문이라고 이해한다. 이미 지적했듯이 계약이 무효로 귀착한 경우에 유독 사무처리계약만을 우대하여 부당이득법이 아니라 사무관리법을 적용하는 것은 형평에 반하므로 사무처리라는 행위의 유형적 특성에도 불구하고 부당이득법을 적용하는 것이 옳다고 본다(前述 前論 [9]).

[52] 義務나 권한은 있으나 그 범위를 초과하는 경우에도 그 초과하는 부분에 관해서는 "義務 없이" 사무를 관리한 것이 된다.[118] 물론 어느 경우든 급부수령자를 위하여 그의 사무를 관리할 의사로써 급부하는 경우에 한한다.[119] 사무관리에 있어서 주관적 요건이 일정한 기능을 한다는 사실을 이로써도 잘 알 수 있다.

[53] 義務의 유무는 객관적으로 확정되는 것이므로 사무관리자가 관리행위의 법적 근거에 관하여 착오를 일으키더라도 이는 무의미하다.[120] 소극적

116) 李銀榮, 490f.〈667〉. 그러나 이러한 논리는 사무관리 긍정설이 법정책적 고려에서 추구하는 효과가 부당이득의 반환이 아니라 다름아닌 사무관리의 성립이라는 점에서 반론으로서는 강력하지 못하다고 할 것이다.

117) 이미 李銀榮, 478f.〈652ff.〉; 同旨 林建勉, 財産法硏究 XVI/1(1999), 149ff., 161.

118) 同旨 大判 55. 4. 7, 4288民上3(자동차 임대인의 피용자인 운전수의 과실로 인하여 발생한 자동차의 수리비를 임차인이 지출한 경우). 이 때에는 자동차임대차계약상의 임차인의 의무범위를 넘어서는 出費이므로 民 §626가 아니라 사무관리법이 적용된 것이다. 이미 同旨 Pap. D.3.5.31(보증인이 위임받은 보증채무 범위를 초과하는 채무를 변제한 경우). 越權代理의 예: 日大判 大 6.3.31(民錄 23, 619)(新·判例コンメンタール 民法 [8], 1992/1995, 244). 이상의 예에서도 알 수 있듯이 의무범위를 벗어나는 것이 의무한계의 本旨에 반하는 것이 아니어야 한다(praeter obligationem). 예컨대 계약상 의무가 있는 경우에 그 의무범위를 초과하는 것이 계약의무 위반(contra obligationem)인 때에는 사무관리가 성립하는 것이 아니라 오히려 그로 인한 책임을 져야만 한다. 同旨 Hk-BGB/Schulze(2001), §677 Rn 10. 이탈리아의 판례는 위임 초과가 전자에 해당하는 경우에도 사무관리를 부인하며, 이에 대해서는 비판설이 있다. Pietro Rescigno/Donato Carusi, Codice civile(Terza edizione 1997), §2028 n. 1.

119) 同旨 大判 81. 10. 24, 81다563(公有水面埋立免許 失效後의 매립공사件).

120) Ulp. D.3.5.5.pr(委任의 誤信); 또한 Afr. D.12.1.41; Pap. D.5.4.10 참조. 同旨 스위스의 학설과 독일의 판례. 반면에 스위스의 판례와 독일의 다수설은 사무관리자에게 의무 없음에 대한 인식("자발성")을 요구한다 Jörg Schmid, Die Geschäftsführung ohne Auftrag

요건으로서의 의무 없음에 관한 입증책임은 사무관리의 효과를 부인하려는 자가 부담한다.

Ⅳ. 追　認

1. 追認의 意義

[54] 사무관리는 흔히 사무본인이 不知한 상태에서 이루어진다.[121] 따라서 법은 관리자로 하여금 사무본인에게 지체없이 사무관리 사실을 통지하도록 규정한다(民 §736 본문). 사무관리 사실을 알았거나(民 §736 단서) 알게 된 본인은 적법한 사무관리를 부인하면서 관리자를 상대로 책임을 추궁하거나, 또는 사무관리를 묵인하여 그로 인한 효과를 주장하거나[사무관리의 일반적인 경우], 아니면 적극적이고 명시적으로 사무관리행위를 승인(ratihabitio)할 수가 있다. 사무관리를 적극적으로 否認하는 경우를 제외한, 사무관리에 대한 묵시적·명시적 승인의 모든 경우에는 관리상의 瑕疵를 이유로 배상이나 상환액의 감액 등을 청구하더라도 일단 사무관리 자체에 대해서는 사후적으로 승인한 것이고, 사무관리에서 문제되는 追認은 바로 이러한 넓은 의미의 사후적인 승인을 말한다. 일반적으로 사무본인에게는 행위능력이 요구되지 않는다(§734 [5]). 그러나 추인은 법률행위적 의사표시이므로 행위능력이 요구된다.

2. 追認行爲

[55] 본인은 관리자를 상대로 사무관리를 追認할 수 있다. 추인은 특별한 형식을 요구하지 않는다. 追認은 사무관리 사실을 안 즉시 해야만 하는 것[122]은 아니고 사무관리의 진행중에는 물론, 종료한 후에라도 사무관리관계를 정산하기까지는 언제라도 가능하다.[123] 진정한 사무본인이 아닌 자의 추인은 추인으로서의 효력이 없다.[124] 제대로 된 사무처리가 아니더라

(1992), 85ff. 오스트리아의 판례도 이 후자의 입장이다. Das Allgemeine bürgerliche Gesetzbuch, 35. völlig neu bearbeitete Auflage, herausgegeben von Robert Dittrich und Helmuth Tades(1999), §1035 E3.

121) Cf. Gai. D.3.5.2; Pomp. D.3.5.10; Paul. D.3.5.40.

122) 로마법에서는 원칙적으로 즉시 추인할 것을 요한다: Iul. D.46.3.13; Ulp.-Iul. D.46.8.12.2.

123) 물건매각의 추인: Alex. C.3.32.3(a. 222); Diocl.-Max. C.2.18.19(a. 294); C.3.36.20(a. 294).

124) 예컨대 관리자가 상속인으로 誤信한 非相續人이 상속재산에 속하는 건물의 補修를 추인한 경우 이 추인은 아무런 효과가 없고 사무의 진정한 귀속자인 眞正相續人과의 사이

도[125] 추인할 수 있고, 추인이 있는 한 사무관리관계가 성립한다.[126] 추인은 본인의 자유이며 의무가 아니다.[127] 본인은 追認時에 시간적으로나 양적으로 범위를 정하여 추인할 수 있다. 특단의 의사표시가 없는 한 追認은 사무관리의 開始時로부터 이루어진 全部의 관리사무에 미치는 것으로 새길 것이다. 그러나 객관적으로 사무관리인 것이 追認이 없다고 해서 사무관리가 아닌 것이 되는 것은 아니므로, 추인은 사무관리의 존재를 분쟁의 여지 없이 확실하게 한다는 1차적 기능보다는 오히려 본인이 관리자의 책임에 돌아갈 사유로 발생한 불이익을 一定程度 감수하겠다는 의사표시로서의 의미가 더욱 중요하다(後述 §734 [57]).

추인은 관리자의 상대방인 제3자를 상대로도 할 수 있는가? 관리행위가 본인에 대한 관계에서 無權代理行爲에 해당하는 경우(後述 §734 [59])는 물론이고, 그 밖의 경우에도 관리자에 대한 추인의 의사가 표명된 것으로 볼 수 있는 때에는 이를 추인으로 보아도 무방할 것이다. 추인은 관리자와 상대방 모두에게 아무런 손해가 되지 않는 행위이기 때문이다(後述 §734 [57], [58]).

3. 追認의 效果

(1) 本人과 管理者 사이의 對內的 效果

[56] 追認은 사무관리관계에 어떤 효과를 초래하는가? 고전로마법은 追認이 있다고 해서 사무관리관계가 委任관계로 轉化된다고는 보지 않았다.[128] 그러나 오늘날 단순한 類比로 이해되고 있는 "追認은 委任과 同視된다"

에서 사무관리가 성립한다(Ulp. D.3.5.5.13). 그러나 추인을 해야만 비로소 변제를 한 채무자가 유효하게 채무를 면하게 되는 債權推尋의 경우(民 §472)에는 이러한 추인의 적극적 기능으로 인하여 현실적으로 추인의 의사표시를 한 자와의 사이에서 사무관리관계가 성립한다(→후술). 따라서 예컨대 피상속인의 채권을 추심한 경우 관리자가 상속인으로 誤信한 참칭상속인이 추인하면 진정상속인이 아니라 그와의 사이에 사무관리관계가 성립한다. 그리고 참칭상속인이 사무관리자를 상대로 갖는 권리는 상속회복의 대상이 된다(同旨 Ulp. D.3.5.5.12).

125) 예컨대 채권자의 無權代理人에게 변제한 경우(Pap. D.47.2.81.7; Ulp. D.46.3.12.4.) 또는 공유자의 1인이 同意 없이 타인의 지분까지 매각한 경우(日大判 大 7.12.19(民錄 24, 2367)[新·判例コンメンタ-ル 民法 [8], 1992/1995, 249]). 그러나 不眞正事務管理의 경우에는 이를 추인하더라도 당사자 사이에 사무관리 관계를 발생시킬 수 없다. 同旨 Jörg Schmid, Die Geschäftsführung ohne Auftrag(1992), 360f. 異見 伊民 §2032(誤信事務管理의 경우에는 추인 인정).

126) 姜玹中, 42f.

127) 추인의 의무를 규정한 유일한 사료는 비잔틴법에서 발견된다. B.17.1.8: Tò *χρησίμως διοικηθὲν ἀναγκάζεται δεκτὸν ἡγεῖσθαι ὁ δεσπότης*(Quod utiliter gestum est, dominus ratum habere compellitur). H. H. Seiler, op. cit., 72.

128) 특히 Diocl.-Max. C.3.36.20(a. 294).

(Ratihabitio mandato comparatur)[129]는 로마법상의 法理則(regula iuris)이 전해지는 관계로 로마-화란법상 논란이 있었다. Voet는 사무본인의 의사에 따른다는 설을, Van Bynkershoek, Van der Keessel은 위임설을, Van der Linden은 예외를 인정하되 사무관리소권 적용설을, Ulrich Huber는 효과가 동일하다는 이유로 소권구별무익설을 취한 바 있다.[130] 외국의 입법례 중에는 追認이 있으면 委任法을 적용하는 것들이 있다(伊民 §2032; 瑞債§424; 西民 §1.892; 中民 §178).[131] 追認과 관련하여 특히 문제가 되는 사안은 債權推尋 및 無權代理의 사례군이다. 전자의 경우에는 追認해야만 채무자에게 免債의 효과가 발생하므로(民 §472)[132] 추인하지 않거나 추인을 거부하는 한 채무자와 채권자에 대한 관계에서 유효한 사무관리가 문제될 수 없고,[133] 追認하면 비로소 사무관리관계가 성립한다.[134] 이러한 법리는 非債를 추심한 경우에도 마찬가지이다.[135] 無權代理의 경우에 관해서는 다음 項에서 살펴본다(後述 § 734 [59]).

[57] 追認의 의사표시는 사무관리를 사무관리로서 인정하겠다는 취지이므로, 追認이 있다고 해서 사무관리가 委任으로 轉換되지는 않는다.[136] 그러나 부당한 사무관리("Fehlkontakt")를 정당한 사무관리("Normalkontakt")로 전환시키고(同旨 §684 獨民 S. 2), 정당한 사무관리의 경우에도 사무관리자의 책임범위를 제한하거

129) Ulp. D.46.3.12.4; D.43.16.1.14; D.50.17.60; D.eod.152.2; Iust. C.4.28.7.pr(a.530): … Necesse est enim patris ratihabitionem principali patris mandato vel consensui non esse absimilem, cum nostra novella lege et generaliter omnis ratihabitio prorsus trahitur et confirmat ea ab initio quae subsecuta sunt. et haec quidem de privatis hominibus sancienda sunt.

130) 상세는 C. F. Glück, Ausführliche Erläuterung der Pandecten, V/1(1798), 333ff.

131) 프랑스의 판례도 같다. Ferid/Sonnenberger, op.cit., [2 K 330], p. 325.

132) 이미 同旨 Ulp.-Iul. D.46.3.58.pr; Paul. D.3.5.23.

133) 이미 同旨 Paul. D.46.3.62. 따라서 채무자는 推尋者를 상대로 非債辨濟의 부당이득 소권을 가진다(Ulp.-Iul. D.46.3.58.pr).

134) 이미 同旨 Ant. C.2.18.9(a.217). 그 이유를 Gai. D.3.5.38은 다음과 같이 설명한다: Solvendo quisque pro alio licet invito et ignorante liberat eum: quod autem alicui debetur, alius sine voluntate eius non potest iure exigere. Naturalis enim simul et civilis ratio suasit alienam condicionem meliorem quidem etiam ignorantis et inviti nos facere posse, deteriorem non posse(누구든 타인을 위하여 변제함으로써 비록 그가 不願하거나 不知한 상태이더라도 그를 채무면제시킨다. 그러나 타인이 가진 채권은 다른 사람은 그의 意思가 없이는 적법하게 추심할 수 없다. 왜냐하면 타인의 법적인 지위는 不知하거나 不願하는 자의 경우에도 우리가 이를 良好하게 만들 수는 있지만 惡化되게 할 수는 없다는 것은 자연적 理致와 시민법의 理致가 함께 납득시키는 바이기 때문이다).

135) 이미 同旨 Ulp. D.3.5.5.11: sic ratihabitio constituet tuum negotium, quod ab initio tuum non erat, sed tua contemplatione gestum; D.eod.5.12; Pap. D.47.2.81.5.

136) 同旨 郭潤直, 545.; Hk-BGB/Schulze(2001), §684 Rn 2. 따라서 원칙적으로 추인이 있다고 해서 有償委任에 준하는 보수청구권이 생기지는 않는다.

나 권리를 확대시키는 효과(예컨대 사치비의 상환. cf. §739)가 있을 수 있다.[137] 이것은 意思解釋의 문제이다.[138]

(2) 本人과 제3자 사이의 對外的 效果

[58] 사무관리행위에 대한 본인의 추인이란 본인이 관리자를 상대로 관리자가 제3자와의 사이에서 관리를 위하여 행한 사실행위나 법률행위의 결과를 그 제3자에 대한 관계에서 자기의 것으로 인정하겠다는 의사의 표명이고, 또 追認으로 인하여 그 제3자에게 불이익이 돌아가서는 안 되므로, 추인을 한 本人은 그 제3자에 대하여 직접 權利를 행사하지는 못하지만(관리자를 경유하는 代位행사는 가능하다), 관리행위로 인한 責任은 부담하게 된다. 경제적인 효과면에서 보자면 법률행위의 상대방인 제3자로서는 채무자를 추가적으로 얻은 셈이 된다. 그러나 추인은 어디까지나 관리자와 본인 사이의 대내적 의사표시일 뿐이므로 추인이 있더라도 제3자는 직접 본인을 상대로 청구할 수 없다.

[59] 예외적으로 관리자가 본인의 이름으로 제3자와 법률행위를 체결한 경우에는 본인이 사무관리를 追認하거나 그 법률행위를 추인하면 각 추인의 의사표시에는 그 無權代理 행위(前述 [3] 前論 이하)에 대한 추인(民 §133) 또는 사무관리에 대한 추인이 포함된 것으로 해석되므로[139] 이 때에는 그 법률행위의 효과가 직

137) 姜玹中, 42. 이미 同旨 Scaev. D.3.5.8: Pomponius scribit, si negotium a te quamvis male gestum probavero, negotiorum tamen gestorum te mihi non teneri. videndum ergo ne in dubio hoc, an ratum habeam, actio negotiorum gestorum pendeat: nam quomodo, cum semel coeperit, nuda voluntate tolletur? sed superius ita verum se putare, si dolus malus a te absit. Scaevola: immo puto et si comprobem, adhuc negotiorum gestorum actionem esse, sed eo dictum te mihi non teneri, quod reprobare non possim semel probatum: et quemadmodum quod utiliter gestum est necesse est apud iudicem pro rato haberi, ita omne quod ab ipso probatum est. ceterum si ubi probavi, non est negotiorum actio: quid fiet, si a debitore meo exegerit et probaverim? quemadmodum recipiam? item si vendiderit? ipse denique si quid impendit, quemadmodum recipiet? nam utique mandatum non est. Erit igitur et post ratihabitionem negotiorum gestorum actio.

국내의 학설은 이 점을 분명히 인식하고 있지 못하다. 李銀榮, 493〈670〉 각주 2) 참조. 姜玹中, 42f.는 일방 사무관리를 추인하더라도 특별한 효과가 생기는 것은 아니라고 하면서, 타방 책임면제의 가능성을 인정하고, 나아가 추인으로 관리자의 부담이 무거워지는 결과가 가능한 것으로 서술하는 등 일관성이 부족하다. 그러나 추인으로 관리자의 부담이 가중되는 일은 있을 수 없다. 추인이 없는 경우 본인에게 이익이 된 경우라면 부당이득이 적용될 터인데 이는 사무관리보다 관리자에게 불리하고, 손해가 발생한 경우에는 불법행위가 될 터인데, 후술하듯이 사무관리의 경우 관리자의 책임기준이 이보다 더 가중되는 경우는 없기 때문이다.

138) 同旨 Jörg Schmid, Die Geschäftsführung ohne Auftrag(1992), 226f. 이와 달리 추인의 효과를 법정하는 입법례도 있다. 사무관리자가 합리적인 근거 없이 관리를 인수했거나 본인의 이익을 제대로 도모하지 못한 경우(pseudo-zaakwaarnemer)에 추인을 관리의 하자로 인한 관리자의 책임을 추궁하는 권리의 포기로 규정하는 네덜란드민법이 그 예이다(蘭民 Art. 6:202).

139) 姜玹中, 88f.

접 본인에게 귀속하고, 따라서 본인은 責任을 부담할 뿐만 아니라 權利도 행사할 수 있다.[140]

V. 正當한 事務管理의 效果

1. 總 說

(1) 法定債權關係의 성립

[60] 정당한 사무관리가 이루어지면 관리자와 사무본인 사이에 法定의 채권채무관계가 성립한다. 이 법률관계상의 권리와 의무는, 성질상 사무관리를 인수한 자에 의해서만 수행될 수 있고 그래서 상속이 불가능한 관리행위란 사실상 거의 생각할 수 없으므로, 거의 항상 양 당사자측에 있어 상속될 수 있다(民 §737 본문 참조).[141] 이 법률관계의 핵심은 委任에 버금가는 有益管理義務와 對內的 精算關係이며, 이에 따르는 다양한 부수적 의무에는 사무관리자가 사무관리 과정에서 취득한 사무본인의 각종 비밀을 보호할 의무도 포함된다. 추인한 경우에 대해서는 §734 [57] 참조.

(2) 當事者가 數人인 경우

(가) 관리자가 數人인 경우 [61] 관리자와 본인의 數에는 제한이 없으므로 이처럼 당사자가 數人인 경우 그들 사이의 관계가 문제가 된다. 먼저, 管理者가 여럿인 경우 그들 사이의 관계는 관리하는 사무가 어떠한 성질을 갖느냐에 따라 다르다. 사실행위인 경우에는 원칙적으로 그들 사이에는 관리행위를 우연히 함께 수행하는 관계 이상은 아니고, 따라서 각 관리자는 개별적으로 자신이 관리한 몫에 대하여 사무관리를 한 것이 된다. 그러나 數人이 공동으로 하지 않으면 실행할 수 없는 성질의 행위인 때에는 관리자들은 일단 개시한 관리행위를 공동으로 수행하지 않으면 안 된다. 따라서 어느 관리자가 不適時에 그만둠으로써 다른 관리자들의 관리까지 불가능하게 한 때에는 그로 인한 책임을 져야만 한다. 그러나 이들 사이에 법적인 共同關係가 성립하는 것은 아니므로,[142] 사무관리로 인한 권리와 의무에 관한 한, 각 관리자

140) 同旨 日大判 大 7.7.10(民錄 24, 1432)(新·判例コンメンタール 民法 [8], 1992/1995, 247)[계약해제].

141) 이미 同旨 Ulp. D.3.5.3.7; Paul. D.eod.20.2.

142) 異見 姜玹中, 69. 스페인민법은 관리자가 數人인 경우 일반적으로 연대책임을 규정한

는 개별적으로 사무를 관리한 것일 뿐이다. 관리자들 사이에서 특별한 정함이 있는 경우에도 본인에 대한 관계에서는 사정은 마찬가지이다. 그것은 그들 사이의 내부적인 문제일 뿐 본인에 대한 구속력이 있는 것은 아니기 때문이다. 관리하는 사무가 법률행위인 경우에는 그것이 성질상 可分이면 분할된 義務分에 대해 개별적으로 본인에게 비용상환 등을 청구할 수 있고, 不可分이면 각 관리자는 법률행위의 상대방에 대하여 不可分債務(民 §411)를 부담하므로, 본인에 대해서는 不可分債權者(民 §409)의 지위를 가진다.

(나) 본인이 數人인 경우 [62] 사무관리의 결과가 귀속하는 본인이 數人인 때에는 원칙적으로 이들 사이의 관계가 어떠한가에 따라서 사무관리관계상의 권리와 의무의 귀속도 결정된다. 이들 사이에 아무런 법률적 관계가 없는 單純複數인 때에는 각자가 자신에게 귀속할 몫에 대해 본인이 된다. 그러므로 예컨대 複數의 공해배출업소를 위하여 공해제거나 피해자 구제 등의 사무를 처리한 자는 이들 업소에 대해 그 배출공해의 비율에 따라 비용상환 등을 청구할 수 있다.[143] 이들 사이에 共同關係가 존재할 때에는 그 공동관계의 내부적 법리에 따라서 귀속할 몫은 배분된다.

2. 事務管理者의 의무: actio neg. gest. directa

(1) 事務의 有益管理義務

[63] 사무관리자는 본인의 의사를 고려하여 그에게 가장 이익이 되는 방법으로 사무를 관리할 의무가 있다(民 §734. 前述 §734 [18] 이하 참조). 따라서 하나의 사무를 관리하기 시작한 관리자는 불가분적으로 견련된 사무까지도 함께 관리하지 않으면 안 된다(前述 §734 [8]). 또 管理者는 本人, 그 相續人이나 法定代理人이 그 事務를 管理하는 때까지 管理를 繼續하여야 한다. 그러나 管理의 繼續이 本人의 意思에 反하거나 本人에게 不利함이 明白한 때에는 관리를 중지하여야 한다(民 §737). 예컨대 경작권 확인을 구하는 소송에서 피고인 국가의 보조참가인이 원고인 경작자들에게 금원을 지급하고 경작자들은 訴를 취하하기로 法廷和解를 한 경우에 국가가 그 토지를 참가인에게 제공해야 할 법률상 의무가 있는 특별한 사유가 있다면 몰라도 참가인이 경작자들로부터 경작권을 포기시키고 訴取下를

다(西民 §1.890 Ⅱ).

143) 姜玹中, 73 참조. 사무관리로 인하여 다수의 사무본인 사이에 이해가 충돌할 때에는 이를 통지하고 사무관리를 중시해야 하며, 이러한 조치가 가능하지 않을 때에는 사무본인들을 평등하게 취급해야 한다. Jörg Schmid, Die Geschäftsführung ohne Auftrag(1992), 185f.

시키는 對價로서 權利金條로 和解金額을 지급한 것이라면 국가가 訴取下에 동의했을지라도 국가의 이익에 반하는 처사로서 국가의 사무를 관리한 것이라고 할 수 없다.[144] 관리자가 관리중에 사망한 경우의 관리의무의 相續 여부에 관해서는 後述한다(§737 後述[4]). 사무관리는 형법상 배임죄[145]와 횡령죄[146]의 발생근거가 되므로 사무관리자는 배임·횡령죄의 행위주체가 될 수 있다.

(2) 報告義務

[64] 관리자는 본인의 請求가 있는 때에는 事務의 處理狀況을 報告하고 관리가 終了한 때에는 遲滯없이 그 顚末을 報告하여야 한다(民 §§738, 683).

(3) 取得物等의 引渡, 移轉義務

[65] 관리자는 事務의 處理로 인하여 받은 金錢 其他의 物件 및 그 收取한 果實을 본인에게 引渡하여야 한다. 또 관리자가 본인을 위하여 自己의 名義로 取得한 權利는 본인에게 移轉하여야 한다(民 §§738, 684).

(4) 損害賠償責任

[66] 관리자가 민법이 정하는 자신의 法定義務를 해태하고, 그로 인하여 본인에게 손해가 발생한 경우에는 그는 일반적 법리에 따라서 손해배상책임을 진다. 특히 民 §734 Ⅰ, Ⅱ의 規定에 違反하여 事務를 管理한 경우(§739 [13])에는 過失 없는 때에도 이로 인한 損害를 賠償할 責任이 있다(vgl. 獨民 §678; 瑞債 §420 Ⅲ). 그러나 그 管理行爲가 公共의 利益에 適合한 때에는 重大한 過失이 없으면 賠償할 責任이 없다(民 §734 Ⅲ)(vgl. 獨民 §680). 그 밖에 특히 관리자가 본인에게 引渡할 金錢 또는 본인의 利益을 위하여 使用할 金錢을 自己를 위하여 消費한 때에는 消費한 날 以後의 利子를 支給하여야 하며 그 外에 損害가 있으면 賠償하여야 한다(民 §738, 685).

[67] 사무관리자의 책임정도를 판단하는 기준은 원칙적으로 相馳되는 두 가지 관점으로부터 나올 수 있다. 하나는 利益基準(utilitas)원칙[147]으로서 "타인을 위한" 任意的인 관리라는 사실로부터 관리자의 책임을 경감하는 방향으로 작용하는 원리이고,[148] 다른 하나는 타인의 자율적 생활영역에 대한 개입(前述 前論 [1])이라는 사실에서 연유하는 信託的 지위로부터 관리자의 책임을 가중하는 방향

144) 大判 71.12.22, 71다803, 864.

145) 大判 99.6.22, 99도1095(公 99.8.1.[87], 1546]

146) 大判 99.4.15, 97도666(公 99.5.15.[82], 978]

147) 일응 拙著, 로마法硏究(I)(1995), 438f.

148) 이에 따라 受任人의 선량한 관리자로서의 注意義務보다 경감된 정도를 요구하는 견해로는 李銀榮, 494〈671〉.

으로 작용하는 원리이다.[149] 이미 살펴보았듯이 이 두 원리 중 어느 쪽에 얼마만큼의 비중을 두느냐 하는 것은 일차적으로 입법정책의 문제이지만(前述 §734 [22], [36] 참조), 현행법의 解釋論 차원에서 보자면 우리 민법은 본인의 이익과 의사에 반하는 경우에 책임을 加重시켜 無過失責任을 과하고(民 §734 Ⅲ), 긴박한 상황에서 본인의 손해를 저지하기 위하여 사무를 관리하는 경우에는 ―일찍이 로마법에서부터 인정되었듯이[150]― 故意(및 이와 동일시되는 重過失)에 대한 책임만을 인정하는 責任輕減을 하고 있으며(民 §735), 管理者가 事務管理를 함에 있어서 過失 없이 損害를 받은 때에 한하여 損害補償請求를 인정하고 있으므로(民 §740), 통상의 경우에는 관리자가 일반적인 過失責任을 지는 것임을 전제하고 있는 것으로 이해된다.[151] 이미 로마법에서도 관리자의 책임기준은 법률가들 사이에 논란의 대상이었지만, 통설은 고의·과실책임이었고,[152] 그에 따르는 注意(diligentia)가 요구되었다.[153] 로마-화란법에서는 제반사정에 따라 법관이 재량으로 결정한다는 견해(Groenewegen, Van Leeuwen, Voet)가 통설이었다.[154]

[68] 사무관리자가 行爲無能力者인 경우에는 사무관리자로서의 전적인 책임 대신에 불법행위나 부당이득의 법리에 의해서만 책임을 진다고 새기는 것이 통설이다(同旨 獨民 §682; 瑞債 §421; 伊民 §2029. 前述 前論 [10]; §734 [13]).[155]

3. 事務本人의 義務: actio neg. gest. contraria

(1) 管理者가 지출한 費用에 대한 償還義務

[69] 管理者가 本人을 위하여 必要費 또는 有益費를 支出한 때에는 本人

149) 다수설은 이에 따라 受任人과 같은 정도의 주의의무를 요구한다. 李銀榮, 494⟨671⟩ 각주 1)의 문헌. 유스티니아누스법과 같이 受任人의 경우보다 가중된 책임을 요구하는 견해는 보이지 않는다(→후술).

150) Ulp.-Lab. D.3.5.3.9-10(강제집행 저지).

151) 同旨 大判 95. 9. 29, 94다13008(公 95. 11. 15, 1004(＊5)); 大判 87. 12. 8, 87다카898(公 1988, 264); 大判 94. 1. 28, 93다43590(公 1994상, 824); 姜玹中, 90f.; 瑞債 §420 Ⅰ; 佛民 §1374 Ⅰ.

152) Paul. D.3.5.20.3; Ulp. D.50.17.23; D.16.3.1.35; Diocl.-Max. C.2.18.20.1(a.294): Secundum quae super his quidem, quae nec tutor nec curator constitutus ultro quis administravit, cum non tantum dolum et latam culpam, sed et levem praestare necesse habeat, a te conveniri potest et ea, quae tibi ab eo deberi patuerit, cum usuris compelletur reddere. 반면에 Proculus는 경우에 따라서는 事變(casus)에 대해서도 책임을 인정하였다(Pomp.-Proc. D.3.5.10: 본인이 하지 않던 新種事務를 한 경우).

153) 반면에 Inst. 3.27.1는 극히 綿密한 注意(exactissima diligentia)를 요구하였다.

154) Van Zyl 353ff. 법관에 의한 손해배상액의 감경 가능성을 규정한 佛民 §1374 Ⅱ, 伊民 §2030 Ⅱ, 西民 §1889 Ⅱ 등은 이러한 전통에 서 있는 입법례이다.

155) 姜玹中, 34ff.

은 그 비용을 償還해야 하고, 또 管理者가 本人을 위하여 必要 또는 有益한 債務를 負擔한 때에는 본인은 관리자에 갈음하여 이를 辨濟하여야 하고 그 債務가 辨濟期에 있지 아니한 때에는 相當한 擔保를 提供해야 한다(民 §§739 Ⅱ, 688 Ⅱ). 이러한 비용상환 및 채무변제 내지 담보제공의 의무는 管理者가 本人의 意思에 反하여 管理한 때에는 本人의 現存利益의 限度에서 이행하면 된다(民 §739).

(2) 報酬 지급의 문제

(가) 民法上의 사무관리의 경우 [70] 사무관리자는 자신이 수행한 관리 勞力의 對價, 즉 報酬를 청구할 수 있는가? 이 문제에 관한 한, 로마법적 전통은 無償의 원칙을 엄수했다. 본인의 부탁을 받고 이를 수락하여 사무를 처리하는 委任의 경우에도 철저히 無償의 원칙을 고수했던 만큼 아무런 본인의 의사 없이 사무처리를 인수하는 사무관리의 경우에 이러한 결론은 지극히 당연한 것이었다고 할 수 있다. 로마-화란법은 사무관리의 본질상 사무관리자는 손실도 이득도 보아서는 안 된다는 이유로 海難救助의 경우 救助의 對價(bergloon)를 제외하고는 사무관리는 無償이라는 견해가 다수설(Grotius, Schorer, Van der Keessel 등)이었고, 有償의 사무관리를 인정하는 견해가 소수설(Van Leeuwen, Van Bynkershoek)이었다.[156] 독일 민법의 경우 立法者의 意思는 有償의 사무관리를 인정하는 것이었으나, 사무관리에 委任法을 준용하면서 이 문제를 간과하는 "편집상의 과오"로 인하여 사무관리는 無償이어야 한다는 외관을 작출했던 것으로 알려져 있다.[157] 현재 독일의 판례와 학설은 사무관리행위가 관리자의 영업적 또는 직업적 활동영역에 속하는 경우 통상의 報酬 청구를 인정한다.[158] 日本에서도 近時에 사회통념상 당해 상황하의 사무관리의 인수가 有償으로밖에 기대할 수 없는 경우에는 報酬請求權을 인정하는 것이 공평하다는 유력설이 있다.[159]

[71] 우리 나라의 경우에는 민법에 명문의 규정이 없다는 점을 들어서 報酬請求權을 부정하는 것이 통설이다.[160] 그 결과 본인이 스스로 사례금을 지급한 때에는 증여가 되고, 착오로 보수지급의무가 있는 것으로 믿고 지급한

156) Van Zyl 359f.
157) H. H. Seiler, "Über die Vergütung von Dienstleistungen des Geschäftsführers ohne Auftrag", Festschrift für Heinz Hübner(1984), 239ff.
158) R. Zimmermann, op. cit., 444f.
159) 遠藤 浩/德本 鎭, 基本法コンメンタール[第三版]債權各論(1988), §702, 204(이하 德本 鎭으로 인용).
160) 郭潤直, 539; 李銀榮, 476f., 479, 494, 499〈650, 653, 671, 675〉.

때에는 道義觀念에 적합한 非債辨濟(民 §744)가 되어 반환을 청구할 수 없다고 본다. 그러나 우리 민법은 로마법적 전통이 無償을 고수해 온 委任에 있어서도 有償의 형태를 정면에서 인정한 점(民 §686 I), 우리 사회경제의 자본주의적 발전과 더불어 일반인의 사회적 관념이 ──이것이 바람직한가 아닌가는 별개의 문제이다── 有償性의 원칙을 모든 생활영역에 있어서 두루 인정하게 된 점 등을 고려할 때, 어차피 지급한 보수의 반환청구를 부인할 것이라면 오히려 적극적으로 그에 해당하는 권리를 인정하는 것이 당사자들 사이의 분쟁의 가능성을 미연에 방지하는 것이 될 것이다.[161] 보수청구의 인정범위와 관련해서는 적어도 독일의 통설과 같이 사무관리자의 관리행위가 관리자의 營業 내지 職業 영역의 활동인 경우에는 통상의 보수에 상당한 報酬請求權을 인정하는 것이 타당할 것이다.[162] 이러한 현대의 추세를 반영하여 가장 최근의 민법전인 네덜란드민법전은 관리행위가 관리자의 職業 내지 營業 활동에 해당하는 경우에 대하여 관리 당시의 통상수준의 보수청구권을 명문으로 규정하였다(蘭民 Art. 6:200 lid 2).

(나) 特別法上의 사무관리의 경우 [72] 특별법에서는 민법으로 치자면 緊急事務管理(民 §735)에 상당한 경우에 명문으로 보수청구 내지 보상금을 규정하는 것들이 있다. 遺失物의 습득자는 遺失物 가액의 5/100-20/100 범위 내의 보상금(遺失物法 §4); 水難으로 인한 漂流物 또는 沈沒品의 습득자는 木材인 경우에는 그 가격의 1/15, 목재 이외의 표류물인 경우에는 1/10, 침몰품인 경우에는 1/3 상당액의 보상금(水難救護法 §§32, 30 I); 航海船, 內水航行船, 그 積荷 기타의 물건을 海難에서 구조한 자(단 商 §§855, 857의 경우는 예외이다)는 상당한 報酬(商 §§849ff.)를 청구할 수 있다(2년의 除斥期間. 商 §860).

[73] 職務外의 행위로써 타인의 생명, 신체 또는 재산의 급박한 危害를 구제하다가 사망하거나 부상당한 義死傷者에 대해서는 義死傷者保護法에 의

161) 실제로 일정한 보수청구권[補償金]을 인정한 遺失物法 §4의 운용실태를 보면 보상금의 액을 물건가액의 5%-20%로 융통성 있게 정한 결과 보상금액을 둘러싸고 당사자간에 협의(遺失物法施行令 §4)가 잘 되지 않고 잦은 분쟁이 발생하여 유실물보관소의 직원들에 의한 居中조정이 행해지는 경우가 다반사라고 한다.

162) 비교법적으로 살펴보면 보수청구권을 근거지우는 논리는 크게 3가지가 주장된다. 사무관리자가 관리행위를 하지 않았더라면 달리 상응하는 수익을 얻었을 것이므로, 그 逸失收益만큼을 관리를 위하여 出財한 것이라는 설(同旨 姜玹中 61; 125), 사무관리자가 보수를 지급하고 이용해야 할 노동력을 스스로 제공한 것이라는 설, 직업적인 사무관리자의 경우 有償委任에 준하여 급부된 행위에 통상적인 보수를 인정해야 한다는 설이 그것이다. Jörg Schmid, Die Geschäftsführung ohne Auftrag(1992), 177ff.; Erwin Jost, op. cit., 120f. 입증책임과 관련하여 사무관리자에게 가장 유리한 제3설이 가장 타당한 것으로 생각된다.

한 일정한 補償金이 지급되지만, 이것은 구제된 자가 구제행위에 대한 對價로서 지급하는 것이 아니라 國家가 사회정책적 차원(同法 §1)에서 지원하는 것이므로(同法 §§7f.) 그 성질이 다르다(3년의 신청기간. 同法 §14). 또 災難管理法 §22 Ⅱ, 同法施行令 §26에 의한 민간 긴급구조구난 참여자에 대한 보상 역시 국가가 요청한 구조활동에 대한 국가에 의한 보상으로서 구조받은 자가 사무관리로서의 구조활동에 대한 對價인 報酬를 지급한 것이 아니므로 그 성질이 다름은 물론이다.

[74] 遺失物, 漂流物, 埋藏物, 占有離脫物을 권리자를 위하여 습득하는 사무관리행위를 하지 않고 자기의 이익을 위하여 횡령하는 때에는 占有離脫物橫領罪로 형사적 제재를 받는다(刑 §360).

(3) **管理者의 無過失損害에 대한 본인의 補償義務**

[75] 管理者가 事務管理를 함에 있어서 過失 없이 損害를 받은 때에는 본인은 자신의 現存利益의 限度에서 그 損害를 補償하여야 한다(民 §740).

[崔 秉 祚]

第 735 條(緊急事務管理)

管理者가 他人의 生命, 身體, 名譽 또는 財產에 對한 急迫한 危害를 免하게 하기 爲하여 그 事務를 管理한 때에는 故意나 重大한 過失이 없으면 이로 因한 損害를 賠償할 責任이 없다.

차 례

Ⅰ. 緊急事務管理

1. 本條의 趣旨

[1] 사무관리자는 사무를 관리함에 있어 통상의 注意義務를 부담하며, 故

意 및 過失에 대하여 책임을 진다[1](前述 §734 [67]). 이것은 타인의 생활영역에 대한, 부탁받지 않은 개입이라는 데에서 오는 불가피한 책임이다. 그러나 이러한 책임은 사무관리 자체가 긴급을 요하는 경우여서 통상의 주의의무를 요구하는 것이 관리자 자신에게도 기대가능하지 않고, 또 이로 인해 관리 자체를 회피함으로써 본인의 이익에도 부합하지 않는 사태가 초래될 수 있는 때에는 관리자의 책임을 경감시켜 줄 필요가 있을 것이다.[2] 본조는 이처럼 긴급을 요하는 경우로서 본인의 生命, 身體, 名譽 또는 財産에 대한 급박한 危害를 구제해야만 하는 경우를 들고, 이러한 때에는 관리자에게 故意나 重大한 過失이 없으면 이로 인한 損害를 賠償할 責任을 부인함으로써[3] 쌍방 당사자의 이익을 동시에 고려한 책임기준을 정하였다. 이 기준은 管理行爲가 公共의 利益에 適合한 때(民Ⅲ §734 단서)와 같은 것으로서, 긴급사무관리가 공익의 요청에도 부합함을 보여 주는 것이다. 따라서 긴급사무관리의 경우에는 본인의 爲重한 利益이 공익의 차원에서 우선시되므로 이에 반하는 본인의 意思는 非合理的인 意思로서 관리자를 구속하지 않는다.[4] 본조는 사무관리의 引受와 遂行에 모두 관계된다.

2. 要　件

(1) 緊急事務管理의 意思

[2] 긴급사무관리가 성립하기 위해서는 관리자가 "본인의 生命, 身體, 名譽 또는 財産에 대한 급박한 危害를 免하게 하기 위하여" 관리했어야 한다. 실제로 그러한 긴급사태가 객관적으로 존재함에도 불구하고 관리자가 주관적으로 그것을 모르는 채로 관리에 들어간다는 것은 상상하기 어려우므로, 객관적으로 긴급상황이 존재하는 경우에는 언제나 그의 중대한 法益이 직접 급박한 危害의 위기상황에 처한 본인을 위한 긴급사무관리의 의사로 관리했다고 인정할 수 있다. 逆으로 관리자는 주관적으로 긴급상황이라고 믿어서 관리에 들어갔는데 객관적으로는 긴급사태가 아닐 수가 있다. 그러므로 법이 객관적 긴급사태의 존재를 긴급사무관리의 요건으로 삼을 생각이었다면 굳이 危害를 "免하게 하기 爲하여"라고 규정하지는 않았을 것이다. 그러므로 관리자가 긴

1) 同旨 瑞債 §420 Ⅰ.
2) 同旨 瑞債 §420 Ⅱ.
3) 同旨 中民 §175; 獨民 §680; 이미 프로이센일반란트법 Ⅰ 3 §237.
4) 프로이센일반란트법 Ⅰ 13 §234는 본인 意思의 합리성을 전제하고서 긴급사무관리자는 본인이 "追認할 것을 기대할 권리가 있다"고 明定한다.

급사태의 존재를 믿었음에도 불구하고 객관적으로 그러한 상황이 부존재한 때(誤想緊急事態)에도 긴급사무관리는 성립할 수 있다고 새기는 것이 타당할 것이다. 그러나 急迫한 危害狀況에 대한 판단상의 잘못은 개별적인 경우의 구체적인 사정에 따라서 重過失로 인정될 수도 있다.[5]

(2) 본인의 法益

[3] 身體에 대한 급박한 危害에는 傷害의 위험뿐만 아니라 신체의 自由에 대한 위험도 포함된다.[6] 財產에 대한 긴급사무관리는 生命이나 身體와 같은 絶對的 法益에 대한 것과 동등한 정도로 평가될 수 있는 중대한 危害가 급박한 경우에 한하여 인정될 수 있다.[7] 동시에 여러 法益이 걸려 있는 상황에서는 관리자는 그렇게 하는 것이 期待可能한 한, 重한 法益을 먼저 구제하여야 하지만, 그렇게 하지 않았다고 해서 긴급사무관리가 成立하지 않는 것은 아니다.[8]

3. 效 果

(1) 管理者와 本人 사이의 對內的 效果

[4] 긴급사무관리는 긴급상황을 면하기 위한 관리행위라는 요건과 그에 따른 관리자의 책임경감이라는 법률효과를 제외하고는 원칙적으로 일반사무관리와 마찬가지로 사무관리로서의 법률효과가 발생한다.

(가) 責任의 輕減

(a) 故意·重過失責任 [5] 본인의 生命, 身體, 名譽 또는 財產에 대한 급박한 危害를 구제하기 위하여 사무를 관리한 자는, 故意나 重大한 過失이 없는 한, 관리로 인한 損害를 賠償할 責任이 없다. 이처럼 책임을 경감하여 긴급사무관리자를 일반사무관리자보다 우대하는 이유는 관리행위가 그 目的이나 動機上 긴급한 상황에서 중대한 법익을 보호하려는 가치 있는 행동이

5) 결론적 同旨 姜玹中, 97; 日新瀉地判 昭 33.3.17(下民集 9-3, 415)(新·判例コンメンタール 民法 [8], 1992/1995, 250); Hk-BGB/Schulze(2001), §680 Rn 3. 異見인 독일 통설에 의하면 긴급사태에 대한 誤想이 무과실인 때에 한하여 긴급사무관리로서 인정되므로, 결국 본조가 사무관리의 引受에는 적용되지 않고 그 수행에만 적용된다는 결과가 된다. 그러나 이러한 결론은 특히 인수의 국면에 비중이 실릴 수밖에 없는 긴급사무관리의 생활상에 반할 뿐 아니라, 양 국면을 구별하지 않는 우리 민법의 규정(및 같은 내용인 독일민법의 규정)에도 반하는 것이다.

6) 同旨 姜玹中, 96.

7) 구체적인 예에 관해서는 姜玹中, 96f. 참조.

8) 同旨 姜玹中, 97.

기 때문이며,[9] 특히 본인의 생명이나 신체에 대한 危害가 있는 많은 경우는 관리자 자신에게도 위험한 상황이므로 통상의 行動擧止를 기대하기가 어렵기 때문이고, 관리자의 危害의 急迫事態에 관한 판단을 존중하기 때문이 아니다.[10] 긴급사무관리였음은, 즉 그 요건은 책임을 추궁당하는 관리자가 立證責任을 부담하며,[11] 그럼에도 불구하고 책임을 추궁하려는 본인은 중과실에 대한 입증책임이 있다.

[6] 醫師와 같이 전문적 지식과 기술을 가진 자가 그 직업의 내용[醫療行爲]을 이루는 사무관리를 하는 경우에도 고의·중과실에 대해서만 책임을 져야 하는가, 아니면 일반적인 의료인으로서의 과실책임을 부담해야 하는가는 문제이다. 전문적인 치료시설이 있는 곳에서 의료상의 권한을 가지고 의료행위를 하는 경우와 그렇지 못한 응급상황에서의 처치행위는 구별하여야 할 것이다. 전자의 경우에는 굳이 책임의 정도를 경감시킬 이유가 없으므로 환자의 상태에 따라 요구되는 일반적 기준의 과실책임을 부담한다고 할 것이다.[12]

(b) 保護法益과 損害의 均衡性 [7] 본인의 法益을 구제하기 위하여 관리행위를 하는 과정에서 본인의 더 重한 法益을 해친 경우에는 利害의 均衡性 문제로서 期待可能性에 의하여 해결해야 한다는 견해가 있다.[13] 본조가 故意·重過失로 책임을 제한한 것은 하나의 法益을 구하려다 그 법익에 손해를 가한 경우를 전제한 것이고, 하나의 법익을 구하려다 다른 법익에 손해를 가한 경우를 염두에 둔 것은 아닌 것으로 이해되므로, 이 때에는 重過失 기준보다는 期待可能性 기준이 타당한 것으로 생각된다.

(나) 通知義務 및 管理繼續義務上의 특색 [8] 긴급사무관리자도 사무관리자이므로 원칙적으로 일반사무관리자와 동일한 의무를 부담한다. 그러나 긴급상황이라는 사물의 본성상 일반적인 경우와 모든 것이 동일한 것은 물론 아니다.

(a) 通知義務(民 §736) [9] 특히 民 §736의 通知義務와 관련하여서

9) 로마의 법학자 울피아누스의 말을 빌리자면 "褒賞으로써 북돋워서 市民들로 하여금 善한 市民이 되게끔 하려는 것"(Ulp. D.1.1.1.1: bonos praemiorum quoque exhortatione efficere)이 법의 취지이다.

10) 후자의 견해 姜玹中, 97. 그러나 姜玹中, 98은 다시 그 이유를 무거운 주의의무를 부과한다면 관리자가 그 책임을 면하기 위하여 타인의 급박한 危害를 방조하는 폐해가 생길 우려가 크기 때문이라고 설명하기도 한다.

11) 同旨 姜玹中, 99; Jörg Schmid, Die Geschäftsführung ohne Auftrag(1992), 159.

12) 水原地判 85. 11. 14, 84가합917도 同旨인 것으로 이해된다.

13) 姜玹中, 101.

"遲滯없이"는 본인의 급박한 危害가 소멸한 후 지체없이라는 뜻으로 새겨야 한다는 견해가 있다.[14] 그러나 본인의 生命 또는 身體가 급박한 관리의 대상인 경우에는 본인과 관리자는 필연적으로 함께 있으므로 본인이 관리자의 관리행위를 의식한 때에는 民 §736 단서의 규정에 따라서 通知義務 자체가 없는 것이고, 또 본인이 의식불명이어서 관리자의 관리행위를 알아채지 못한 때에도 추후의 통지는 기존의 긴급사무관리에 아무런 의미가 없으므로 이 때에도 通知義務 자체가 없다고 보아야 할 것이므로, 결국 通知義務는 관리자와 본인이 한 곳에 함께 있지 않았던 경우(이것은 실질적으로 명예나 재산이 문제되는 경우에 한한다)에만 의미가 있다고 할 것이고, 긴급사태의 소멸로 경우에 따라서 일반사무관리로 이행하게 되는 상황에서 본인의 意思를 확인하기 위한 수단으로서 필요하다고 하겠다.

(b) 管理繼續義務(民 §737)　　[10] 民 §737의 관리계속의무도 원칙적으로 긴급사무관리라고 하여 배제되지는 않는다. 그러나 긴급상황이 본인의 법익보다 重한 관리자의 법익에 급박한 危害를 줄 수 있는 위험이 있는 때에는 관리자는 언제라도 관리를 중지할 수 있다고 보지 않으면 안 된다. 이 경우에도 고의 또는 중과실이 있으면 책임이 따른다는 견해가 있으나,[15] 타당하지 않다. 이 때에는 관리자로서는 責任을 따지기 이전에 違法性이 阻却되는 緊急避難(民 § 761 Ⅱ)의 상황에 처한 것이기 때문이다. 또 民 §737 本文의 경우 문제가 된 法益이 生命이나 身體인 때에는 그 적용이 없다고 보아야 한다. 이들 法益은 단순히 私益으로만 머무는 것이 아니라 公益으로서의 의미도 갖추고 있기 때문이다. 그러므로 본인측에서 직접 사무관리에 들어가더라도 관리자는 관리를 적법하게 계속할 수 있다.[16] 民 §737 但書와 관련해서는 우선 본인의 意思에 반하는 것이 명백하더라도 생명·신체가 문제되는 한, 이 意思는 추종할 수 없는 의사이므로 역시 관리를 계속할 수 있다. 다음으로 본인의 利益에 反하는 것이 명백한 때에는 관리를 계속해서는 안 된다.[17]

(2) 管理者와 제 3 자 사이의 관계

[11] 관리자가 본인의 법익이 급박한 危害에 처한 긴급사태하에서 관리행위를 함으로써 제 3 자에게 손해를 가한 경우에는 그 제 3 자에 대한 관계는 경우를 나누어 살펴볼 필요가 있다.

---

14) 姜玹中, 101f.
15) 姜玹中, 102.
16) 異見 姜玹中, 102.
17) 異見 姜玹中, 103.

먼저, 본조에서 말하는 "急迫한 危害"의 상황이 정당방위의 상황에 해당하는 경우에는 불법한 침해를 한 제3자로부터 본인을 보호하기 위한 관리행위는 대내적으로는 본조의 요건을 충족시키고, 대외적으로는 民 §761 I 의 요건을 충족시키므로, 관리자가 제3자의 不法行爲에 대하여 본인의 利益을 防衛하기 위하여 不得已 그 불법행위자에게 損害를 가한 때에는 正當防衛로서 賠償할 責任이 없다(民 §761 I).

다음으로, 본조에서 말하는 "急迫한 危害"의 상황이 "急迫한 危難"하에서 인정되는 긴급피난의 상황에 해당하는 경우에는 ──후자가 범위 면에서 전자보다 넓은 것으로 생각되며, 따라서 전자는 거의 언제나 후자에 포섭될 것이다── 관리자가 본인의 急迫한 危難을 避하기 위하여 不得已 제3자에게 損害를 가한 행위에 대하여 緊急避難이 인정되므로 역시 배상책임이 없다(民 §761 II). 피해를 본 제3자는 물론 그가 받은 손해에 대하여 위난의 원인이 된 자에게 손해배상을 청구할 수 있다(民 §761 I 단서).

그러나 극히 예외적으로 본조에서 말하는 "急迫한 危害"의 상황이 긴급피난에서 말하는 "急迫한 危難"의 상황에 해당하지 않는 경우가 있다고 가정해보면, 民 §761에 의한 免責이 인정되지 않을 것인데, 이 경우 本條에 의한 免責이 가능한지 여부가 문제될 수 있다. 一說은 이를 긍정하면서 因果關係의 문제로 이해한다.[18] 그러나 이것은 잘못된 견해이다. 본조의 면책은 사무관리자가 본인에 대한 관계에서 본인에게 발생시킨 손해에 대해 면책된다는 것이지, 제3자의 입장에서 볼 때 긴급피난이 인정되지 않는 상황에서 행위한 사무관리자가 제3자에게 입힌 손해에 대해서 면책된다는 것이 아니기 때문이다. 이에 대하여 姜玹中은 제3자는 희생될 이유가 없으므로 그 제3자의 손해는 본인이 부담하는 것이 公平에 맞고, 그에 따라 본인에게 일종의 無過失責任이 부과되는 것이라고 새긴다. 그러나 양 법역의 논리를 무리없이 따른다면 사무관리자가 부담하는 제3자에 대한 손해배상채무는 본조의 긴급사무관리가 인정되는 한, 民 §739 II 에 의하여 "필요한 채무"로서 본인에게 상환 청구할 수 있다고 볼 것이다.[19]

[12] 사무관리자가 제3자의 급박한 위난을 피하기 위하여 부득이 본인에게 손해를 가한 경우에도 긴급피난이 성립하면 본인에 대한 관계에서 배상책

18) 姜玹中, 99f. 그러나 논의 자체가 현실성 없는 상황을 전제한 것이다보니 해결책으로 제시한 방안("公平"에 기한 "一種의 無過失責任")도 상궤를 벗어나는 것이 되고 말았다.
19) 따라서 姜玹中, 99f.의 기타의 사례들에 관한 장황한 고찰은 필요가 없다.

임이 없다(民 §761 Ⅱ). 사무관리자로서의 일반적 유익관리의무보다는 긴급피난의 급박함이 우선적으로 고려되어야만 하기 때문이다. 그러나 이 경우 사무관리자는 유익관리의무에 속하는 사후조치로서 원인자에 대하여 손해배상을 청구하여야 한다(民 §761 I 단서).

Ⅱ. 特別法規

[13] 特別法 중에는 본조의 緊急事務管理에 해당하는 상황에서 그 救難行爲를 규정한 것들이 있다. 현행법상 일반인은 危難에서의 구조의무는 지지 않지만,[20] 災難管理法上 재난의 발생을 발견하거나 그 징후를 발견한 자는 지체 없이 그 사실을 관계기관에 신고해야 하며(同法 §28 I), 水難救護法上 海上 또는 하천에서 遭難事實을 발견하거나, 또는 조난된 선박이나 항공기로부터 조난신호나 조난통신을 수신한 경우에는 즉시 관계부서에 그 사실을 신고할 의무가 있다(同法 §12 I ii, iii). 그리고 海事慣習法의 전통을 따라 船長에게는 선박과 항공기의 海難時 구조의무가 부과되어 있다(船員法 §13; 同施行規則 §5). 또 醫師 등 의료인에게는 응급처치의 의무가 있다(醫療法 §16 ii; 同施行規則 §10; 應急醫療에 관한 法律 §§4, 6).

[14] 이러한 구조작업은 해당 개인의 이익뿐만 아니라 공공의 안녕과 이익을 위해서 매우 필요한 활동이므로 자신의 생명이나 신체를 희생하여 타인의 危難을 구제하는 데에 "殺身成仁의 숭고한 희생정신과 용기"(義死傷者保護法 §6)를 발휘한 의로운 사무관리자 내지는 그의 遺族에게는 "사회정의의 구현"(同法 §1) 차원에서 義死傷者保護法에 의한 정책적인 법의 보호가 부여된다(同法 §§6ff.). 특별법상의 보상금에 관해서는 이미 살펴보았다(前述 §734 [72]).

[崔 秉 祚]

20) 郭潤直, 539.

第736條(管理者의 通知義務)

管理者가 管理를 開始한 때에는 遲滯없이 本人에게 通知하여야 한다. 그러나 本人이 이미 이를 안 때에는 그러하지 아니하다.

차 례

Ⅰ. 管理者의 通知義務

[1] 본조는 본인의 의사에 적합하게 관리해야 할 의무를 부담하는(民 § 734 Ⅱ) 사무관리자로 하여금 본인의 의사를 확인할 수 있도록 관리를 개시한 때에는 지체없이 그 사실을 본인에게 통지하도록 附隨義務를 규정하였다. 이 義務는 法定義務로서 본인의 요청의 有無와는 무관하게 부담한다.[1] 본인이 이미 그 사실을 알고 있는 때에는 그러한 필요성이 없으므로 본조의 단서는 주의적인 규정이다. 본인이 현실적으로 알고 있어야 하며, "알 수 있었던" 것만으로는 관리자의 통지의무가 면제되지 않는다.[2] 통지의 필요성 유무가 문제이지, 본인의 책임을 따지자는 것이 아니기 때문이다.

[2] 통지를 받을 본인이 不明 또는 所在不明 등의 사유로 통지를 받을 수 없는 사정이 있는 때에는 물론 通知義務의 위반이란 생각될 수 없다.[3] 따라서 "遲滯없이"란 獨民 §681, 中民 §173 I의 규정처럼 관리의 개시 후 (가령 본인의 신원이 알려져서) "통지가 가능해진("tunlich"; "以能通知爲限") 시점으로부터 가능한 한 신속하게"란 뜻이고, 逐字的으로 언제나 "관리 개시 후 지체없이"란 의미가 아니라고 볼 것이고, 또 본인에의 통지의무를 규정한 취지로 보아서 역시 獨民 §681, 中民 §173 I의 규정처럼 본인의 결정을 기다리는 것이 관리상 아무런 위험이 따르지 않는 경우에는 본인의 결정을 기다리도록 요구하는 것으로 새

1) 姜玹中, 104.
2) 姜玹中, 108.
3) 姜玹中, 108, 105.

겨야 할 것이다.[4]

[3] 通知할 사항은 관리개시의 사실로서 어느 사무를 어떻게 관리하기 시작했는지를 본인이 알 수 있어야 한다. 통지의 방식에는 제한이 없고, 본인이 알 수 있는 방법이면 족하지만, 본인에게 도달해야만 효력이 생긴다.[5] 따라서 公示送達의 방법은 인정되지 않는다. 民 §736의 通知는 의사표시의 통지와 달리 본인의 이익을 위하여 관리개시의 사실을 현실로 알게 하려는 취지에서 인정된 것이어서, 당사자들의 권리의무관계를 早期에 확정하기 위하여 현실적 通知에 갈음하여 인정된 公示送達에 의해서는 그 목적을 달성할 수 없기 때문이다(前述 §734 [40]). 事前의 管理豫告義務는 없다.[6]

Ⅱ. 效 果

1. 違反의 效果: 관리자에 대한 효과

[4] 통지를 받은 본인이 관리의 與否나 관리방법에 관하여 意思를 밝히는 때에는 관리자는 원칙적으로 그에 따라야 한다. 본인의 명시적 意思 표명이 없는 경우에는 추측할 수 있는 본인의 意思를 따라야 한다. 관리자가 본인의 意思에 따라 관리한 때에는 책임이 없다(民 §734 Ⅲ, Ⅱ).

[5] 본조에 위반하여 통지를 해태하고 그로 인하여 본인에게 손해가 발생했을 때에는 손해배상책임이 있다(民 §734 Ⅲ). 그러나 이 부수의무의 위반으로 사무관리 자체가 부정되는 것은 아니므로 관리자가 사무관리로 인한 비용의 상환 등을 청구할 수 없게 되는 것은 아니다. 그러므로 통지의무에 위반했더라도 손해가 발생하지 않았다면 손해배상책임이 없음은 물론이다.[7]

2. 通知의 效果: 본인에 대한 효과

[6] 通知는 통지를 받은 본인에 대하여 어떠한 효과가 있는가? 일반적으로 본인은 通知에 대하여 침묵하거나, 일정한 범위의 지시를 하거나, 아니면 스스로 관리할 것임을 관리자에게 알리거나 또는 사무의 관리를 금지할 것이

4) 同旨 姜玹中, 107.
5) 姜玹中, 106f.
6) 姜玹中, 106.
7) 大判 75. 2. 25, 73다1326.

다. 본인이 관리를 禁止하는 때에는 관리자는 즉시 사무의 처리를 중지해야 한다(民 §737 단서). 본인이 스스로 관리할 의향을 표명한 경우에도 民 §737에 의하여 관리자는 관리사무로부터 벗어난다. 본인이 일정한 指示를 한 경우에는 관리자는 그에 따라야 하지만(民 §734 Ⅱ), 당사자들의 意思에 따라서는 委任關係가 성립하는 수가 많을 것이다. 委任關係가 성립하지 않은 때에는 指示에 따른 사무관리는 追認(前述 [54] §734 이하)하겠다는 본인의 意思가 표명된 것으로서, 指示위반시에는 民 §734 Ⅲ의 책임이 따른다. 본인이 통지를 받고도 아무런 조치를 취하지 않고 방치하는 경우에는 어떠한가? 우선, 관리자가 본인측에서 관리를 인수하기까지(民 §737 본문) 無限定 기다리면서 관리를 계속하도록 강요되는 것은 불합리하므로 沈默은 反對意思로 해석해서 바로 관리를 중지해야 하는 것으로 해석할 수도 있을 것이지만, 양 당사자의 利害를 조화롭게 조정한다는 관점에서 보자면 無權代理의 경우에 본인의 追認與否를 催告하는 것(民 §131; 또한 §§381, 384, 455, 540, 544, 552, 564 참조)을 유추하여 관리자는 기간을 정하거나 정하지 않고 관리의 인수를 催告할 수 있고, 그 기간이 지난 때에는 관리를 중지할 수 있음은 물론, 催告 없이도 相當한 期間이 지난 때에는(民 §§288, 529 참조) 관리에서 벗어날 수 있다고 새기는 것이 타당할 것이다. 이에 반하여 이 문제에 대한 答은 본인의 사무가 어떠한 성질의 것이고, 그 처리에 관하여 본인이 어떠한 위치에 있는가에 따라 달리 보아야 한다는 견해가 있다. 이 견해에 따르면 관리사무에 公共性이 있을 때에는 본인 스스로 적극적으로 관리를 승계할 의무를 부담하며, 따라서 적절한 지시를 하는 것으로 그쳐서는 안 되고 신속하게 스스로 당해 사무를 관리할 의무가 있는 반면에, 본인의 개인적인 利害에 국한되어 社會公共性이 없는 사무인 때에는 그러한 의무가 없다고 한다.[8] 그러나 타인의 사무를 관리하는 관리자로서는 社會通念에 따라 판단할 수밖에 없다는 사무의 公共性을 분명하게 인식하기 어려울 뿐 아니라, 이른바 公共性이 없는 사무라고 해서 (비록 관리의 결과는 본인에게 돌아간다고 하지만) 무한정 관리를 계속해야만 하는 것인지도 의문이므로 이 견해는 타당하지 못하다.

Ⅲ. 緊急事務管理의 경우(前述 §735 [9])

[崔 秉 祚]

8) 姜玹中, 116.

第 737 條(管理者의 管理繼續義務)

管理者는 本人, 그 相續人이나 法定代理人이 그 事務를 管理하는 때까지 管理를 繼續하여야 한다. 그러나 管理의 繼續이 本人의 意思에 反하거나 本人에게 不利함이 明白한 때에는 그러하지 아니하다.

차 례

Ⅰ. 管理者의 管理繼續義務

1. 管理者의 管理繼續義務

(1) 本條의 趣旨 및 要件

[1] 계약관계인 위임의 경우 수임인은 부득이한 사유 없이 不適時에 중지함으로써 야기된 위임인의 손해를 배상하기만 하면(民 § 689 Ⅱ) 언제라도 위임사무의 처리를 일방적으로 중단할 수 있으며(民 § 689 Ⅰ), 긴박한 사정이 있을 때에 한하여 위임사무의 처리를 계속할 의무가 있을 뿐, 원칙적으로 위임사무처리 계속의무가 없다(民 § 691). 이에 반하여 법정관계인 사무관리의 경우 일방적으로 본인의 사무처리를 인수한 사무관리자는 원칙적으로 관리계속의무를 부담한다. 사무관리자는 본인에게 가장 이익이 되는 방법으로 사무를 관리해야 하므로(民 § 734 Ⅰ), 일단 인수한 관리를 不適時에 중단함으로써 본인에게 불이익이 발생하게 해서는 안 된다. 특히 관리자의 관리행위로 인하여 다른 사람에 의한 관리가 방해되었다고 볼 수 있는 상황에서 恣意的으로 관리행위를 중단하는 것은 다른 사람에 의한 계속적인 관리가능성을 침해한 행위로서 관리자가 책임질 행태에 속한다. 그러므로 본조는 관리자의 附隨義務 중 하나로서 管理者가 本人이나 그 相續人 또는 法定代理人이 그 事務를 管理하는 때까지 管理를 繼續하도록 규정하였다. 그러므로 一回로 종료하는 사무관리[1]는 물론 본조의 적

1) 日大判 大 8.6.26(民錄 25, 1154)(新·判例コンメンタール 民法 [8], 1992/1995, 306).

용범위 밖에 있고, 또 관리를 중지하여도 본인의 不利益이 되지 않는 때에는 당연히 본조의 적용은 없다. 우리 민법은 그 원형인 일본민법[2]과 달리 본인 등이 관리를 "할 수 있을 때까지"가 아니라 관리를 "하는 때까지"로 규정하였다.[3] 그러므로 본인측이 관리할 수 있음에도 불구하고 관리를 하지 않는 때에도 관리자는 바로 관리를 중지해서는 안 된다고 할 것이다. 즉 본인이 사무관리의 사실을 알고도 달리 결정하지 않는 한(民 §736) 계속적인 관리가 필요한 사무를 관리하는 관리자는 원칙적으로 사무를 완성할 때까지 계속 관리해야 한다.[4] 그러나 본인측이 관리할 수 있음에도 불구하고 관리의 인수를 부당하게 계속 지연시키는 경우에는 관리자는 관리의 인수를 최고한 후 관리를 그만 둘 수 있다고 보아야 한다. 관리의 계속은 相當性이 있는 경우에 한하여 요구할 수 있기 때문이다(同旨 蘭民 Art. 6:199 lid 1, tweede gedeelte).

[2] 본조는 일부 학설이 주장하듯이 본인측의 관점에서 본인측의 법적인 管理承繼適格을 정한 것이 아니라, 관리자의 관점에서 관리자가 그 때까지 관리를 계속해야 하는 종료시점(terminus ad quem)을 정한 규정이다.[5] 그러므로 그 시점은 원칙적으로 진정한 본인측에 의하여 事實上의 管理가 引受된 시점이지만, 본인이 아닌 자가 본인임을 주장하여 관리를 인수한 경우에도 관리자에게 過失이 없는 한 관리자는 관리계속의 의무를 면한다(後述 §737 [5]).

[3] 본인이 직접 관리하려는 경우 관리자에게 관리를 종료하여 줄 것을 내용으로 하는 의사표시를 하여야 하는 것은 아니고, 그 의사가 외부적으로 명백히 표현되기만 하면 된다.[6]

(2) **管理繼續義務의 相續與否**

[4] 관리자가 관리중에 사망하여 相續이 일어난 경우에 관리의무는 상속되는가? 경우를 나누어 살펴보아야 한다.

---

2) 日民 §700 本文: "本人, 其相續人又ハ法定代理人ガ管理ヲ爲スコトヲ得ルニ至ルマデ". 同旨 伊民 §2028 I, II; 佛民 §1372 I; 西民 §1.888.

3) 이러한 字句 변경이 의식적인 입법자의 의도였는지는 의심스럽지만, 객관화된 조문의 文句해석은 이와는 별개의 문제이다.

4) 同旨 프로이센일반란트법 I 13 §257; 또한 奧民 §1039. S. 1. 異見 스위스법에 대하여 Jörg Schmid, Die Geschäftsführung ohne Auftrag(1992), 145ff.

5) 예컨대 日大判 大 15. 9. 28(刑集 5, 387)(新・判例コンメンタール 民法 [8], 1992/1995, 252)에 의하면 의무 없이 病者를 끌어들여 동거시킨 이상 病者가 보호를 받을 필요가 없어지든가, 또는 보호하는 자가 있기까지는 계속하여 보호할 법률상의 의무가 있다고 論定하는 것은 민법 사무관리의 법리에 비추어 정당하다고 하는데, 이것은 관리자의 시각에서 비로소 가능한 논법인 것이다.

6) 大判 75. 4. 8, 75다254(公 513, 8413(9); 集 23(1민), 212).

관리중에 관리자가 사망한 때에는 관리행위가 事實行爲라면 상속의 대상이 되지 않고, 따라서 관리자의 상속인은 관리계속의무도 부담하지 않는다.[7] 물론 사실적인 상황에 따라서 실질적으로 같은 사무의 관리를 상속인이 계속할 수는 있으나, 이것은 상속인에 의한 독자적인 관리인 것이지 피상속인의 관리를 상속한 것은 아니다. 관리행위가 法律行爲라면 그 법률행위의 내용에 따라서 결정된다. 그리하여 예컨대 피상속인이 본인을 위하여 사무를 처리할 것을 제 3 자에게 委任한 경우에는 委任은 委任人의 사망으로 종료하므로 相續人은 그 위임으로 인한 권리와 의무를 승계하지 않고, 따라서 사무관리도 종료한다. 그러나 당사자의 사망으로 종료하지 않고 상속되는 법률행위를 피상속인이 체결한 때에는 그 권리와 의무는 피상속인에게 상속되고, 일단 그 한도 내에서는 본인을 위한 사무관리가 상속되었다고 볼 수 있다.[8] 그러나 피상속인이 이미 개시하여 그 권리와 의무가 상속된 사무처리 이외의 다른 사무관리행위를 할 管理繼續義務는 상속인에게 없다. 왜냐하면 의무 없이 타인의 사무를 처리하는 자는 적극적인 作爲로써 일단 관리를 인수함과 동시에 자기의 개입행위에 대하여 책임을 지는 것이고,[9] 바로 그렇기 때문에 법이 일정한 관리계속의무를 부과한 관리자를 제외하고는 누구에게도 (勸奬될 수는 있을지언정) 強要될 수는 없는 것이기 때문이다. 상속인은 이처럼 스스로 다시 관리를 개시함으로써 관리자가 되기 전에는 단순히 상속만으로 관리를 계속할 의무가 있는 관리자가 아니므로, 상속인은 피상속인의 사망을 본인에게 通知할 의무도 없다.[10]

7) 同旨 姜玹中, 117f. 그러나 관리계속의무가 부인되는 이유가 受任人의 경우 그 위임사무처리의무가 상속되지 않는다는 점(民 §690)에 비추어 委任 없이 임의로 타인의 사무를 처리하는 사무관리의 경우에는 더욱더 그러하다는 a fortiori 논법의 주장은 문제가 있다. 왜냐하면 이해하기에 따라서는 委任의 경우에는 委任人이 자신의 意思的 信賴에 기하여 다른 사람이 아닌 受任人이 사무를 처리해 줄 것을 위탁한 것이므로 사무처리의 一身專屬性이 강한 반면에, 그러한 意思的 信賴基礎가 없는 사무관리의 경우에는 본인의 意思나 利益은 관리의 계속 자체에 있는 것이지 어느 특정한 자에 의한 관리에 있는 것이 아니라고 볼 수 있기 때문이다.

8) 同旨 姜玹中, 118.

9) 형법학에서 말하는 소위 Ingerenz에 의한 保證人的 지위. 일응 拙編譯, "不作爲犯에 있어서의 保證人的 地位—Eberhard Schmidhäuser의 理論—", FIDES 19/1(서울대학교 법과대학, 1974. 11), 126ff., 특히 130 참조.

10) 결과적 同旨 姜玹中, 118. 그러나 자기의 사무는 원래 자기가 관리하여야 하므로 관리자의 사망에 관한 "注意義務"는 본인이 부담하게 된다는 논리에는 문제가 있다고 보인다. 이미 본인에게 사무관리의 사실이 通知된 경우라면 혹시 그러한 주장이 가능할지 모르지만, 그렇지 않은 경우에는 타인에 의한 사무관리의 사실을 알지도 못하는 본인으로서는 그의 사망에 대해 "注意"할래야 할 수가 없기 때문이다. 관리자의 사망으로 인한 危險은 상속인이 아니라 본인이 부담한다는 것을 부적절하게 표현한 것으로 생각된다.

2. 管理를 引受할 수 있는 자

(1) 本 人

[5] 본인이 관리자가 관리하고 있는 자기의 사무를 스스로 처리하기 위하여 인수할 수 있는 것은 당연하다.[11] 본조에서 말하는 本人은 自然人에 한한다는 견해가 있으나,[12] 의문이다. 法人이라 하더라도 사무본인이 될 수 있기 때문이다(前述 §734 [5]). 구체적으로 法人의 사무를 어느 自然人이 담당하느냐 하는 것은 법인 내부조직의 문제로서 法人의 사무관리의 본인으로서의 適格과는 별개의 문제이다. 본인이 무능력자인 경우에도 본인측에서 어느 자연인이 사무를 처리하느냐 하는 것은 사무의 성질이 무엇인가(사실행위인가 법률행위인가 등등)에 따라서 정해질 본인측의 내부문제로서 관리자가 사무를 계속할 것인지를 결정하는 데에 아무런 영향이 없다.[13] 본조를 당해 관리사무에 관한 法律上의 管理能力 내지 權限이라는 의미의 管理承繼適格의 문제로 이해하여 가령 意思無能力者, 禁治産者인 본인은 자기의 사무에 관한 管理能力이 없기 때문에 承繼適格이 없고, 法定代理人이 승계적격자라고 하고, 아울러 不在者의 경우에는 사무관리가 행해지는 장소에 돌아왔을 때 비로소 승계적격이 있고, 所在不明의 본인은 당연히 승계적격을 갖지 않는다고 보는 견해가 있다.[14] 그러나 본조는 본인 등이 "그 事務를 管理하는 때"까지 관리할 것을 규정하고 있을 뿐, 본인 등이 그 사무를 관리할 適格이 있는 때까지 관리할 것을 규정하고 있지 않다. 따라서 본인이 所在不明인 경우에는 본인이 사실상 관리를 할 수 없는 것이지 그에게 관리승계적격이 없는 것이 아니다. 단순한 不在者의 경우에도 마찬가지이다. 따라서 不在者가 스스로 관리할 意思를 표명했을 때에는 그가 "管理하는" 것이고, 그가 관리사무의 소재지에 있느냐 아니냐 하는 사정은 전혀 중요한 것이 아니다.[15] 이 견해가 本編의 다른 조문들과 달리 본조에서만 本人의 의미

---

11) 同旨 佛民 §1372 I; 伊民 §2028 I. 미성년이던 본인이 성년이 된 후, 또는 미성년의 본인에게 후견인이 선임된 후 관리를 인수하고자 한 사례: 日函館地判 昭 31. 5. 30(下民集 7-5, 1412)(新·判例コンメンタール 民法 [8], 1992/1995, 252).

12) 姜玹中, 111, 114.

13) 姜玹中, 111f. 참조.

14) 姜玹中, 111ff.

15) 姜玹中, 115가 본인측이 "管理하는 때"를 그 자가 "現在 管理를 할 수 있는 情況"에 있는 때를 의미하며, 이 정황이 있는 이상 "관리에 現實的으로 着手하였느냐는 묻지 않는다"고 하는 것이 이런 의미에서라면 타당하다고 하겠다. 그러나 이에 대한 예로서 관리자가 관리개시를 본인에게 통지하고 본인이 관리방법을 지시하고도 관리를 인수하지 않는 경우를 들고 있는 점으로 미루어 볼 때, 우리 民法의 규정을 일본민법과 같은 것

를 사무의 궁극적 귀속자(前述 §734 [3])로 이해하지 않고 법률상의 관리능력으로 이해하는 이유는 本人의 보호에 있는 것으로 추측된다. 그러나 이 때의 보호란 사무관리자에 대한 관계에서의 보호가 아니라, 본인측이 스스로 관리하는 때부터 그와 관련하여 사실상 또는 법률상의 관계를 맺게 되는 제3자에 대한 관계에서의 보호이다. 그렇다면 이 문제는 사무관리법의 규율대상이 아니다. 그러므로 본인이 幼兒인 경우처럼 본인의 의사를 따르는 것이 불합리한 경우가 아니라면 본인측의 관리행위가 있으면 관리자는 더 이상 관리를 계속하지 않아도 된다고 보지 않으면 안 될 것이다. 가령 禁治産者인 본인이 자신이 관리를 하겠다고 의사를 표명하였거나 실제로 사무를 인수한 때에는 관리자는 그 사무가 성질상 법률적인 사무라 하더라도 故意·過失이 없는 한 관리를 그만둘 수 있다고 보아야 한다.[16] 善意 · 無過失을 요구하는 것은 禁治産者임을 알면서도 그냥 관리를 인계하는 것은 有益管理에 반하기 때문이다. 그리고 過失 없이 관리를 인계한 경우에 금치산자의 보호는 법정대리인 제도를 통한 항구적인 방식으로 일반법리에 따라 도모해야 하는 것이고, 禁治産者에게 관리승계적격을 부인함으로써 통상 일시적인 성격의 사무관리자의 일방적 부담으로 도모할 것이 아니기 때문이다. 본조는 본인측의 관점에서 본인측의 법적인 管理承繼適格을 정한 것이 아니라 관리자의 관점에서 관리종료의 시점을 정한 규정이다. 그러므로 본인이 아닌 자가 본인임을 주장하여 관리를 인수한 경우에도 관리자에게 過失이 없는 한 진정한 본인측의 관리인수가 있는 때와 마찬가지로 관리자는 관리계속의무를 면한다. 이 때에 그 引受者는 타인의 사무를 자신의 것으로 관리하므로 無斷管理者이다. 본인이 失踪宣告를 받은 때에는 그 相續人(民 §§28, 997)이 사무의 본인이다. 본인이 所在不明인 경우에는 관리자는 그 法定代理人이 관리를 인수할 때까지 관리를 계속해야 하지만, 法定代理人이나 財産管理人(民 §22 참조)이 없는 경우에는 利害關係人으로서 法院에 不在者의 재산관리에 관한 처분을 할 것을 청구할 수 있고, 그에 따라 관리를 그만둘 수 있다.[17]

(2) 相 續 人

[6] 相續人이 관리를 인수할 수 있는 것은, 당사자 사이의 계약적 신뢰를

으로 전제하고 이와 같은 경우에 관리자에게 관리계속의무를 부담시키는 것이 부당하다는 견해를 취하는 것으로 짐작되는데, 이미 지적했듯이 우리 민법의 규정은 일본민법의 규정과 미묘한 차이가 있다. 본인측이 指示만 하고 스스로 관리를 인수하지 않았더라도 우리 민법상 관리계속의무는 지속될 수 있다(→ 전술).

16) 이 점에 있어서는 姜玹中, 114f.는 출발점이 다름에도 불구하고 결론은 同旨이다.

17) 同旨 姜玹中, 113.

기초로 하기 때문에 원칙적으로 당사자 일방의 사망으로 종료하는 委任(民 §690)과 달리, 사무의 관리라는 사실에 기하여 법이 인정하는 관계이므로 그 사무가 객관적으로 귀속하는 주체이기만 하면 本人이 될 수 있기 때문이다.[18] 따라서 상속될 수 없는 一身專屬的인 성질의 사무를 관리한 때에는 본인의 사망으로 사무관리는 종료한다. 관리비용의 상속은 별개의 문제이다.[19] 본조를 管理承繼適格의 문제로 보는 견해에서는 상속인이라 하더라도 상속재산에 관한 관리능력 내지 관리권한이 없는 자는 관리승계적격이 없다고 주장한다.[20] 그러나 이 때에도 관리자가 過失 없이 상속인의 권한에 대해 알지 못했다면 관리자는 관리를 중단한 데에 대해 책임이 없다고 할 것이다(前述 §737 [2] 참조).

(3) 法定代理人

[7] 法定代理人이 관리하는 때에도 관리자는 관리를 종료하여야 한다. 그러나 본조의 규정은 그 취지가 본인측에 일정한 권한 있는 자의 관리가 있을 때까지 관리인에게 관리를 계속할 의무를 부과한 것일 뿐, 그 권한 있는 자를 굳이 본인 및 그 상속인과 법정대리인으로 제한할 이유는 없으므로, 좁은 의미의 법정대리인뿐만 아니라, 본인의 財産에 관하여 어떤 형태로든 관리권한을 가진 자가 관리하는 때에는 본조가 적용된다고 보지 않으면 안 된다. 이에는 무능력자의 法定代理人(民 §§916, 949), 부재자의 財産管理人(民 §25), 解散法人의 淸算人(民 §87), 遺言執行者(民 §1103), 상속인 없는 相續財産의 管理人(民 §1053), 破産管財人(破産法 §7) 등의 法定 또는 指定 관리권자가 포함됨은 물론, 본인이 관리권을 부여한 모든 자(任意代理人, 受任人 등)가 해당된다.[21]

3. 本條 違反의 效果

[8] 관리자가 계속해야 할 관리를 중단함으로써 본인에게 손해가 발생한 때에는 故意·過失이 있는 한 그에 대한 배상책임을 진다(民 §§734 Ⅲ, Ⅱ, Ⅰ, 737). 관리를 인수할 수 있는 자가 아닌 자에게 인계한 경우에 그 引受者가 本人임을 주장했던 때에는 이후 진정한 본인과의 사이에 그 자의 無斷管理가 성립하고(後述 [後論]; 前述 §734 [38], [45], §737 [5] 참조), 그가 代理人이라고 주장했던 때에는 無權代理에 의한 사무관

18) 同旨 佛民 §1373; 伊民 §2028 Ⅱ. 본인측의 상속으로 사무관리가 종료하거나 사무관리를 중지해야 하는 것이 아니라는 점에 관해서 이미 同旨 Paul. D.3.5.20.2; Ulp. D.3.5.3.pr/6.

19) 同旨 姜玹中, 113f.

20) 姜玹中, 114.

21) 同旨 姜玹中, 114.

리가 성립한다(前述 [3] 前論 참조).

관리자가 부적시에 관리를 중단한 경우에도 그 중단시까지의 관리비용에 대한 상환청구(民 §739)는 인정된다.

Ⅱ. 例 外

[9] 관리계속의무는 어디까지나 본인을 위한 조처이므로 管理의 繼續이 本人의 意思에 反하거나 本人에게 不利함이 明白한 때에는 관리자는 관리를 중지해야 한다. 이에 위반하여 본인에게 損害가 발생하는 때에는 손해배상책임을 진다(民 §734 Ⅲ).[22] 여기서 먼저 構文的으로만 보자면 "本人의 意思에 反하거나 本人에게 不利함이 明白한 때"란 "本人의 意思에 反하는 때 또는 本人에게 不利함이 明白한 때"를 의미할 수도, 또 "本人의 意思에 反함이 明白한 때 또는 本人에게 不利함이 明白한 때"를 의미할 수도 있어서 어느 쪽인지 분명하지 않다. 그러나 민법은 본인의 意思와 利益을 同列에 놓고 있는 점과 우리 민법의 원형인 일본민법의 해당 규정[23]을 보면 후자임이 분명하다. 본인을 위하여 개시한 관리를 본인측이 인수할 때까지 계속하는 것 자체가 본인의 이익이 되는 점에 비추어 관리를 중지함에는 명백한 사유가 있을 것을 요구한 것이다.

[10] 이 때 管理中止義務에 위반한 이후의 법률관계는, 그 위반으로 사무관계는 종료하므로, 불법행위의 문제가 된다고 보는 견해가 있다.[24] 그러나 위반의 시점을 용이하게 확정하기 어려운 점과 위반 이후의 사정의 변경으로 다시 본인의 이익이나 의사에 합치하는 관리가 될 수도 있다는 점 등을 고려할 때, 사무관리관계가 존속한다고 새기는 편이 오히려 실용적일 것이다. 따라서 위반으로 인한 손해의 배상은 사무관리관계의 틀 속에서 정산하면 될 것이다. 또 본인의 意思에 반하여 管理한 결과 본인에게 利益이 생긴 때에는 本人의 現存利益의 限度에서 관리자는 지출한 비용의 상환이나 부담한 채무의 면제를 청구할 수 있다(民 §739 Ⅲ).

[11] 본인의 意思가 합리적이지 않아서 관리자가 이를 무시하고 관리를

22) 이미 同旨 Ulp. D.3.5.5.14.
23) 日民 §700: "本人ノ意思ニ反シ又ハ本人ノ爲メニ不利ナルコト明カナルトキ."
24) 姜玹中, 122.

계속한 때에는 本規定의 위반이 있는 것이 아니며, 적법한 사무관리이다.[25] 그러나 관리자가 본인측의 不合理한 意思를 좇아서 관리를 중지하더라도, 본인측의 意思形成이 정상적인 것으로 믿는 데에 過失이 없는 한, 관리자는 그로 인한 책임을 지지는 않는다. 자기의 사무에 관하여 불합리한 결정을 내리더라도 그것은 각자의 자유이고, 그 결과에 대하여는 그같은 결정을 내린 자 자신이 책임져야 하기 때문이다. 관리자는 본인의 alter ego가 아니다. 본조 本文의 규정에 따라 관리를 종료한 후에는 관리했던 자는 더 이상 본인의 사무처리에 간섭할 아무런 이유도 없으므로, 본인의 意思가 법률상 허용되지 않는가의 여부를 따질 필요도, 또 관리계속의무를 운운할 필요도 전혀 없다.[26]

[12] 본인에게 불리함이 명백한 경우란 관리계속의 사실 자체가 불리한 때를 말하고 관리의 방법이 불리한 것을 의미하지 않는다.[27] 그러나 관리방법이 나빠서 관리의 계속이 불리한 경우가 이에 포함됨은 물론이다.[28]

[13] 또 아직 관리로 인해 상태에 변화가 야기되지 않은 한, 로마법상의 표현을 빌리면: "원상태인 한"(re integra), 관리를 인수했던 자는 언제라도 관리의 인수를 포기할 수 있다고 보는 견해가 있다.[29] 본인에게 아무런 불이익이 없는 한 이를 不許할 이유는 없다. 일반적으로는 이런 경우에는 아직 사무관리가 개시된 것이 아니므로(前述 §734 [10]) 관리를 중단했다고 할 수조차 없을 것이다. 그러나 가령 빈 집을 그 주인을 위하여 감시해 준 경우에는 그 동안 아무 일이 없었더라도 관리를 개시하여 관리행위를 계속해 온 것으로 보아야 할 것이다. 따라서 관리를 중단할 시점에서 현상적으로 아무런 변화가 없었다면 re integra의 경우에 준하여 임의로 감시를 중단할 수 있다고 보아야 할 것이다. 하지만 이 경우에도 예외적으로 그의 감시행위로 인하여 다른 자의 감시행위가 이루어지지 않았다는 등의 사유가 있을 때에는 管理繼續의 不作爲로 인한 책임을 질 수도 있을 것이다. 다만 통상의 경우에는 그러한 특별한 사정을 알지 못한 데에 대하여 過失을 인정하기가 어려울 것이다.

25) 姜玹中, 120f.
26) 異見 姜玹中, 121f.
27) 관리의 방법이 불리한 것은 民 §734의 문제이다. 同旨 姜玹中, 120, 122.
28) 李銀榮, 496〈672〉.
29) 同旨 Grotius, Inleidinge Ⅲ.27.4.

Ⅲ. 緊急事務管理의 경우(前述 §735 [10])

[崔 秉 祚]

第 738 條(準用規定)

第683條 乃至 第685條의 規定은 事務管理에 準用한다.

차 례

Ⅰ. 總 說

[1] 사무관리는 관리자가 관리행위를 할 법적인 義務가 없다(民 §734 Ⅰ. 前述 §734 [48] 이하)는 점에서 委任과 본질적으로 다를 뿐, 그 밖의 점에서는 사무처리 계약인 委任과 다를 바가 없다. 따라서 위임관계에서 적용되는 법리는 사무관리의 경우에도 그 본질에 반하지 않는 한 적용가능하다고 할 수 있다. 법은 이러한 사정을 고려하여 事務管理編에서 委任과 달리 규정한 것들을 제외하고 受任人의 諸義務에 관한 委任編의 규정들(民 §§683-685)을 사무관리에 준용한다.[1]

Ⅱ. 제683조(受任人의 報告義務)의 準用

[2] 사무관리자는 본인의 請求가 있는 때에는 管理事務의 處理狀況을 報告하고 사무관리가 終了한 때에는 遲滯없이 그 顚末을 報告하여야 한다. 顚末의 報告에는 특히 會計報告가 포함된다.[2] 또 會計報告는 늦어도 비용상환청구

1) 同旨 佛民 §1372 Ⅱ; 伊民 §2030 I.

2) 이미 同旨 Gai. D.3.5.2; Inst. 3.27.1; 또한 Ulp. D.3.5.44.1(rationes reddere); 奧民 §1039 S. 2; 蘭民 Art. 6:199 lid 2.

(民 §739)와 동시에 하여야 한다. 그래야만 상환해야 할 비용에 대한 판단이 가능하기 때문이다.

Ⅲ. 제684조(受任人의 取得物等의 引渡, 移轉義務)의 準用

[3] 사무관리의 理念型的 출발점은 관리자가 사회연대적 동기에서 자신의 사무를 직접 관리할 수 없는 不在者를 위하여 그의 사무를 관리하되 마치 사무본인이 그 사무를 처리한 것과 같은 효과가 발생하여 관리자 자신은 得도 失도 얻지 않는 상태를 작출하는 것이다. 그리하여 민법은 한편으로는 사무관리자에게 사무관리로 인한 취득물 등의 이전의무를 부과하여 사무관리로 인한 得을 배제하고(民 §§738, 684), 또 사무관리로 인한 비용 등의 出財가 있는 경우에는 그 償還을 명함으로써(民 §739) 失을 배제하고 있다.

[4] 이러한 취지에 따라서 사무관리자는 管理事務의 處理로 인하여 받은 金錢 其他의 物件 및 그 收取한 果實[3]을 본인에게 引渡하여야 한다.[4] 또 관리자가 본인을 위하여 自己의 名義로 取得한 權利는 본인에게 移轉하여야 한다. 취득물 등의 인도청구권은 본인의 주된 권리이다. 이 의무를 不當利得返還義務로 이해하는 소수설이 있으나 명백히 부당하다.[5] 본인은 사무관리관계의 당사자일 뿐, 관리자가 사무관리의 범위 내에서 제3자와 맺은 관계의 당사자는 아니므로, 관리자가 사무관리의 결과로서 취득하거나 부담한 일체의 재산적 가치는 본인에게 이전되지 않으면 안 된다. 본조는 이러한 사실을 전제한 후 그 이전되어야 할 것의 내용과 범위를 규정한 것이다.

[5] 관리자에게 본인으로부터 상환을 청구할 수 있는 비용이 발생한 경우(民 §739)에는 그 비용을 공제한 금액과 그 이자를 반환하면 된다.[6] 사무관리자가

3) 이미 同旨 Paul. D.3.5.18.4; D.3.5.36.1; Ulp. D.15.3.10.5.

4) 이미 同旨 Gai. D.3.5.2(reliqua praestare); Ulp.-Pap. D.17.1.10.3: Si procurator meus pecuniam meam habeat, ex mora utique usuras mihi pendet. sed et si pecuniam meam faenori dedit usurasque consecutus est, consequenter dicemus debere eum praestare quantumcumque emolumentum sensit, sive ei mandavi sive non, quia bonae fidei hoc congruit, ne de alieno lucrum sentiat: quod si non exercuit pecuniam, sed ad usus suos convertit, in usuras convenietur, quae legitimo modo in regionibus frequentantur. denique Papinianus ait etiam si usuras exegerit procurator et in usus suos convertit, usuras eum praestare debere. 과다취득한 경우(Pomp. D.3.5.10)에도, 심지어는 非債를 추심한 경우(Paul. D.3.5.22)에도 전부를 본인에게 급부해야 한다.

5) 李太載의 소수설에 대한 비판은 李銀榮, 496f.〈673〉.

6) 이미 同旨 Pap. D.3.5.30.3.

본인에 대해 사무관리로 인한 비용상환청구권 이외의 채권을 가진 경우에 사무관리로 인하여 취득한 금전 등으로 자신의 채권의 만족을 받을 수 있는가? 相計適狀(民 §492)에 있으면 相計할 수 있다(또한 [4] 後述 §739 참조). 관리사무가 채무의 변제를 포함하고, 관리자 자신의 채권이 아직 이행기가 도래하지 않았다거나 하는 이유로 相計適狀에 있지 않은 때에는, 본인에게 가장 유리한 변제충당의 방법을 취하는 것이 사무관리의 本旨에 따르는 관리가 된다(民 §477 참조). 사무관리자가 數個의 사무를 관리한 경우에 일부에서는 손실이, 나머지에서는 이득이 발생하였다면 이 본인의 損益은 상쇄하여 남는 것을 인도하여야 한다고 새기는 것이 합당할 것이다.[7] 왜냐하면 단일한 사무를 관리하여 손실이 발생한 때에는 관리자의 부담으로 돌아가고, 반면에 이득이 발생한 때에는 모두 본인에게 돌아가는 것이 원칙이지만, 동일한 관리자가 동일한 본인의 數個의 사무를 처리한 경우를 총괄적으로 판단하지 않고 이와 같이 사무별로 고립시켜 고찰한다면 사무관리자의 부담을 지나치게 과중하게 하여 형평에 맞지 않는다고 생각되기 때문이다. 관리자가 本人의 이름으로 취득한 權利는 無權代理行爲에 의한 것으로서 본인의 追認 여부에 따라서 본인에의 귀속이 결정되므로 본조의 적용대상이 아니다(前述 §734 [3] 이하, [59] 참조).

Ⅳ. 제685조(受任人의 金錢消費의 責任)의 準用

[6] 사무관리자가 본인에게 引渡할 金錢 또는 본인의 利益을 위하여 使用할 金錢을 自己를 위하여 消費한 때에는 消費한 날 이후의 利子를 支給하여야 하며 그 外에 損害가 있으면 賠償하여야 한다. 이것은 사무관리의 本旨에 어긋나는 背任·横領行爲에 대하여 금전채무의 불이행에 따르는 법률효과(民 §§397, 390ff.)를 明言한 것이다. 본조의 민사책임과는 별도로 背任·横領으로 인한 형사적 제재(刑 §355 I, II)도 가능하다.[8]

[崔 秉 祚]

7) 同旨 Pomp. D.3.5.10.

8) 大判 87.10.13, 87도1778(公 813, 1751(46)); 大判 85.4.9, 84도300(公 753, 771(66가)); 大判 83.9.13, 82도75; 大判 68.7.24, 66도1705.

第739條(管理者의 費用償還請求權)

① 管理者가 本人을 爲하여 必要費 또는 有益費를 支出한 때에는 本人에 대하여 그 償還을 請求할 수 있다.

② 管理者가 本人을 爲하여 必要 또는 有益한 債務를 負擔한 때에는 第688條 第2項의 規定을 準用한다.

③ 管理者가 本人의 意思에 反하여 管理한 때에는 本人의 現存利益의 限度에서 前2項의 規定을 準用한다.

차 례

Ⅰ. 管理者의 費用償還請求權

[1] 사무관리자가 자신의 出財로써, 즉 비용의 지출이나 제3자에 대한 채무의 부담을 통하여 사무를 관리한 때에는 그가 특별히 본인을 위하여 그러한 재산상의 부담을 인수할 용의가 있지 않은 한, 사무관리 덕분에 자신의 이익을 도모한 본인이 관리자의 비용 등을 상환해 주어야 하는 것은 당연한 처사이다.1) 오히려 더 나아가 사무관리자에게 勞力의 일정한 對價, 즉 報酬를 지급해야 하는가가 문제됨은 이미 살펴본 바와 같다(前述 §734 [70] 이하; 後述 §739 [5]). 비용상환청구권은 관리자의 주된 권리이다.2)

1) 이미 同旨 Gai. D.3.5.2: … iustum est, si utiliter gessit, praestari ei (sc. gestori), quidquid eo nomine vel abest ei vel afuturum est; Inst. 3.27.1.

2) 그리하여 모든 입법례는 어떤 형식으로든지 본인의 비용상환의무를 규정한다. 佛民 §1375; 伊民 §2031 I; 프로이센일반란트법 I 13 §§253-256; 獨民 §683; 瑞債 §422; 中民 §176. 네덜란드민법은 우리 민법 §739 I과 Ⅱ을 합친 형태로 "損害 補塡"(de schade te vergoeden)에 관한 조문을 두었다(蘭民 Art. 6:200 lid 1). J.H. Nieuwenhuis/C.J.J.M. Stolker/W.I. Valk(red.), Burgerlijk Wetboek. Tekst & Commentaar(Derde druk 1998), Art. 6:200 n.2.

Ⅱ. 要　　件

[2] 사무관리자가 사무관리로 인한 자신의 出財를 補塡받기 위해서는 정당한 사무관리(民 §734 I, II)가 행해졌어야만 한다. 정당한 사무관리란 有用하고 有益한 사무관리(utiliter gessisse)를 뜻하므로[3] 지출한 비용이 有益費(impensae utiles) 또는 그보다 더 요긴한 必要費(impensae necessariae)일 때에야 비로소 有益管理의 요건을 충족시킨다고 할 수 있다.[4] 이를 소극적으로 표현하자면 지출한 비용이 奢侈費가 아니어야 하는 것이다.[5] 민법은 비용을 로마법(D.25.1; Paul. D.50.16.79; D.5.3.38-39) 이래의 전통을 좇아서 이처럼 3種으로 분류하여 그에 따라 법률효과를 달리 규율한다. 일본의 判決例 중에는 利子制限法을 초과하는 이자의 代身支給은 채무자로서는 有益費라고 할 수 없다는 것도 있고,[6] 立替한 遊興費가 유익비에 해당한다는 것도 있다.[7]

Ⅲ. 效　　果

1. 費用償還請求 등

(1) 費用償還請求

(가) 民 §739　　[3] 管理者가 本人을 위하여 必要費 또는 有益費를 支出한 때에는 本人에 대하여 ──본인의 이득 여부를 떠나서── 그 償還을 請求할 수 있다(民 §739 I). 그러나 管理者가 本人의 意思에 反하여 管理한 때에는 本人의 現存利益의 限度에서 그 상환을 청구할 수 있다(民 §739 III). 원하지 않던 이득을 보았다는 점에서 不當利得의 善意의 受益者와 동일한 평가를 할 수 있으므로 이와 동일한 효과(民 §748 I)를 규정한 것이다. 본인의 의사에 반하는 여부

---

3) Gai. D.3.5.2; Ulp. D.3.5.9.1; D.eod.11.2.

4) 이미 同旨 Ulp. D.3.5.44.pr; Pap. D.3.5.30.3. 日本民法 §702는 "有益ナル費用"이라는 표현만을 사용하지만, 여기에 必要費가 포함된다는 데에 의문이 없다. 日大判 昭 10.7.12 判決全集(20)24頁(新·判例コンメンタール 民法 [8], 1992/1995, 254)(馬飼料費 등).

5) 이미 同旨 Mod. D.3.5.26.pr.

6) 日大阪地判 昭 28.2.19(下民集 4-2, 232, 判タ 29, 66, 金法 22, 17)(新·判例コンメンタール 民法 [8], 1992/1995, 254).

7) 日東京控判 大 8.11.12(新聞 1642, 13), 評論 8 民 1147)(新·判例コンメンタール 民法 [8], 1992/1995, 255).

의 기준시점은 사무관리의 인수시점이다(§739 [13]). 現存利益을 한도로 한다는 것은 비용이 이보다 적을 때에는 당연히 현실적으로 지출한 비용액만을 상환한다는 의미이다. 비용을 초과하는 이득액이 부당이득이 아님은 물론이다.[8)]

奢侈費를 지출했을 때에는 일반 부당이득법에 따라서 청구할 수 있다. 이 때 본인은 특별한 사정이 없는 한 선의의 수익자에 해당하므로 그 받은 이익이 현존한 한도에서 책임이 있고(民 §748 I), 결국 반환범위가 본인의 의사에 반한 사무관리의 경우와 같게 된다. 사치비의 지출은 통상 본인의 의사에 반하는 관리에 해당할 것이므로(§734 [41]) 이러한 규율은 정합적인 것이다.

[4] 사무관리자가 비용의 상환을 청구하는 경우 그 비용에는 出財한 금액의 出財時로부터[9)] 상환받기까지의 통상의 利子도 포함된다.[10)] 利子에 관해서는 民 §688 I과 달리 利子에 관하여 규정하지 않은 法文의 文理解釋上 이를 청구할 수 없는 것 아닌가 하는 의문이 제기되지만,[11)] 단순히 침묵하고 있다는 것으로부터 그 禁止를 추론해내는 것은 문리해석 자체에 문제가 있다고 생각된다. 오히려 금전채권의 일반적 효력을 부인하자면 이를 明文化해야만 하기 때문이다. 有益費 성격의 비용이라도 과다하게 지출한 경우에는 상당액만이 진정한 有益費로서 청구할 수 있다. 이를 인정하지 않는 경우 본인은 부당하게 부담을 지게 되기 때문이다.[12)] 본조는 진정한 有益費는 전액 청구할 수 있다는 취지이다(통설). 사무관리자가 본인에게 인도해야 할 금액(民 §§738, 684)과 본인에게서 상환받을 비용은 相計할 수 있다(前述 §738 [5] 참조).[13)] 그러면 본인이 관리자에 대해 다른 금전채권을 가진 경우에 본인은 비용채무와 이 채권을 相計할 수 있는가? 또 관리자가 본인에 대해 다른 금전채무가 있는 경우에 관리자는 비용채권과 이 채무를 상계할 수 있는가? 委任에 관한 일본의 판례를 좇아서 두

---

8) 李銀榮, 498〈674〉.

9) 로마-화란법상 이자의 기산점에 관하여 논란이 있었다. 로마법에서처럼 出費時說을 취한 것은 Hof van Holland, Hof van Utrecht, Van der Keessel, Van der Linden 등이었고, 爭點決定(litis contestatio)時說을 취한 것은 Groenewegen, Voet, Schorer 등이었다. van Zyl 358f. 프랑스의 학설과 판례도 訴提起時說과 費用支出時說이 갈리지만 후자가 통설이다. Erwin Jost, op. cit., 119.

10) 同旨 瑞債 §422 I; 伊民 §2031 I. 이미 同旨 Paul. D.3.5.18.4 후단; Diocl.-Max. C.2.18.18(a.293); 또 民 §688 I 참조.

11) 姜玹中, 124. 일본의 경우 판례(日大判 明 41. 6. 15(民錄 14, 723)[新·判例コンメンタール 民法 [8], 1992/1995, 255])는 否定說을 취하지만, 이에 대해서는 유력한 반대설이 있다. 德本 鎭, 204.

12) 同旨 瑞債 §422 I ("den Verhältnissen angemessen"). 이미 同旨 Paul. D.3.5.24; Cf. Pap. D.3.5.30.4.

13) 이미 同旨 Paul.-Iul. D.3.5.12; Pap. D.3.5.30.3.

문제 모두 부정하는 견해가 있다.[14] 전자의 문제의 경우 그 이유는 사무처리의 경우에는 통상의 금전채권과는 다른 목적을 가졌기 때문이라고 한다. 그러나 이러한 이유는 결국은 관리자의 비용상환청구권 등을 보장하겠다는 정책적 배려에서 나온 것으로서 상계를 배제하면서까지 사무관리자를 보호해야 할 필연성이 있는지는 의심스럽다. 또 후자의 문제의 경우 본인이 채무소멸의 방법을 선택할 수 있어야 한다는 이유를 들어서 관리자의 相計를 부인하는데, 이것은 相計 제도 자체를 부정하는 논리이며, 사무관리의 경우에 相計가 왜 부인되어야 하는지 설득력이 있다고는 생각되지 않는다. 따라서 이 견해는 부당하다.

[5] 관리자의 직업 내지 영업적 활동의 범위 내에서 관리자가 有償으로 제공하는 서비스의 내용에 해당하는 관리행위에 대한 報酬는 그가 관리행위를 하지 않았더라면 달리 상응하는 報酬를 얻었을 것이므로, 그 逸失한 報酬만큼을 관리를 위하여 出財한 것에 해당되므로 본조의 費用으로서 청구할 수 있다(前述 §734 [70] 이하).

㈏ 特 則 들 [6] 민법은 그 밖에 사무관리에 해당하는 경우들에 비용상환과 관련한 特則을 두고 있다.[15] 이 때에는 특별법우선의 원칙에 따라 사무관리 관련 조항의 적용이 배제된다. 우선, 主債務者의 付託 없이 保證人이 된 者가 辨濟 其他 自己의 出財로 主債務를 消滅하게 한 때에는 결국 사무관리자로서 필요비나 유익비를 지출한 셈이므로 主債務者는 "그 當時에 利益을 받은 限度"에서, 즉 채무변제액을 賠償하여야 한다(民 §444 I). 사무관리자 일반에 관한 본조와 동일한 규정을 둔 것은 타당한 입법이다. 또 主債務者의 意思에 反하여 保證人이 된 者가 辨濟 其他 自己의 出財로 主債務를 消滅하게 한 때에 主債務者가 現存利益의 限度에서 賠償하도록 규정한 民 §444 Ⅱ 역시 사무관리자 일반에 관한 본조와 동일하게 규정한 것이다. 이런 점에서 民 §444 I, Ⅱ은 엄밀한 의미에서는 特則이 아니다. 다만 民 §444 Ⅲ이 主債務者의 意思에 反하여 保證人이 된 者가 求償한 날 以前에 主債務者에게 相計原因이 있는 때에는 그 相計로 消滅할 債權이 保證人에게 移轉된다고 규정함으로써 상계로 소멸할 채권을 가졌던 주채무자가 자기 의사에 반하여 보증인이 된 자의 채무변

14) 姜玹中, 127f.(日最判 昭 47. 12. 22 인용).

15) 民 §203의 점유자의 회복자에 대한 비용상환청구권은 점유자가 회복자를 위하여 사무를 관리한 것이 아니라 자기의 사무를 관리할 의사로 지출한 것이므로 사무관리의 비용상환이 아니라 부당이득반환의 성질을 갖는다.

제로 인한 求償에 강제적으로 응해야만 하면서도 정작 자신의 자동채권이 상대방의 무자력으로 인하여 무위로 돌아갈 위험을 부담해서는 아니 되므로 주채무자를 보호하기 위하여 法定代位(cessio legis)를 인정한 것은 保證의 특수한 상황을 고려한 특칙이라고 할 수 있다.

[7] 留置權者나 賃借人이 留置物이나 賃借物에 관하여 필요비를 지출한 때에는 소유자나 임대인에게 그 상환을 청구할 수 있고(民 §325 I, §626 I), 傳貰權者(전세권자의 경우에는 民 §309에 의하여 필요비는 스스로 부담한다)·留置權者·賃借人이 목적물에 관하여 有益費를 지출한 때에는 그 價額의 增加가 現存한 경우에 한하여 所有者 내지 임대인의 選擇에 좇아 그 支出額이나 增加額의 償還을 請求할 수 있다(民 §310 I 1문, §325 II, §626 II 1문). 이 경우에 法院은 所有者 등의 請求에 의하여 相當한 償還期間을 許與할 수 있다(民 §310 II 2문, §325 II, §626 II 2문). 有益費에 관하여 일반 사무관리의 경우와 달리[16] 사무본인에 해당하는 소유자 등의 意思에 反했는지를 묻지 않고 그 지출액이나 증가액 중 선택하여, 즉 현존이익을 한도로 상환하게 한 것은 이들 경우에는 사무의 관리가 순전히 "타인을 위하여" 이루어진 것이 아니라, 목적물을 점유·이용하고 있는 자신의 이익을 아울러 도모한(tua et mea gratia) 것이라는 사정을 평가하여 비용과 관련한 利害의 조정을 꾀한 입법적 결단인 것이다. 필요비와 유익비를 구별하여 필요비의 경우에는 이러한 제한을 두지 않은 것은 어차피 누구라도 지출할 수밖에 없었던 비용이라면 소유자 등의 사무본인에 해당하는 자들에게 귀속시키는 것이 타당하다는 논리에 따른 것이다.

(2) **債務免除請求**

[8] 管理者가 本人을 위하여 必要 또는 有益한 債務를 負擔한 때에는 第688條 第2項의 規定을 準用하므로, 본인에게 自己에 갈음하여 이를 辨濟하게 할 수 있고 그 債務가 辨濟期에 있지 아니한 때에는 相當한 擔保를 提供하게 할 수 있다. 그러나 管理者가 本人의 意思에 反하여 管理한 때에는 본인은 本人의 現存利益의 限度에서 변제 내지 담보제공의 의무가 있다(民 §739 III). 현실적으로 비용이 지출된 경우와 달리 단순히 채무만을 부담한 경우에는 바로 채무부담액을 비용으로 보아서 상환을 청구하게 하는 것은 당사자들의 이해관계상 부적당하므로 그에 적합한 관리자 補塡方案을 마련한 것이다. 변제 및 담보의 제공은 債權者에게 해야 하며, 관리자는 자신에게 변제자금을 지급할 것을 청

16) 異見 姜玹中, 37.

구할 수 없다.[17] 그러나 본인이 변제자금을 관리자에게 임의로 교부한 경우에는 물론 본인은 관리자에 대한 관계에서 면책된다. 이 때에도 본인이 책임져야 할 채무액에는 그 이자도 포함됨은 물론이다.[18] 그 밖의 점에서는 직접적 비용상환의 경우와 마찬가지이다.

[9] 그런데 一說에 의하면 본조의 이 규정은 부당하다고 한다. 그 이유는 사무관리자로서는 부담할 채무에서 면책될 필요가 있더라도 그에 관한 방법(변제, 면책적 채무인수 등)은 본인의 선택에 맡기는 것이 상당하기 때문이고, 그래서 또 채무변제기가 도래하지 않은 경우의 담보의 供與도 이를 사무처리자가 訴求할 수 있도록 할 것이 아니라, 담보를 제공하지 않으면 본인은 면책되지 않는다는 정도로 풀이해야 한다고 주장한다.[19] 그러나 이 견해는 이미 채무를 부담한 관리자가 사무관리를 종료하고 이제 그 관계를 정산하려는 마당에 관련당사자들 모두의 利害를 적절히 조정하는 방법이 무엇인가를 고려하지 않고 있는 것으로 생각된다. 우선 관리자를 면책시키는 방법에 관한 한, 본조에서 "辨濟"라고 일컫는 채무소멸방법이 글자 그대로 좁은 의미의 辨濟(民 §§460ff.)만을 의미하는 것으로 새겨야 할 이유는 없다. 오히려 체계적이고 목적론적인 해석을 하자면 협의의 辨濟 및 그와 동일한 효과를 가지는 모든 채무소멸방법을 凡稱하는 것으로 이해하는 것이 타당할 것이다. 따라서 예컨대 民 §466의 요건을 갖춘 代物辨濟도 본조에서 말하는 辨濟에 포함된다. 또 적극적으로 채권자에게 담보를 제공할 것을 청구하는 대신에 담보를 제공하지 않으면 본인은 면책되지 않는다는 식으로 이해하자고 하지만, 관리자가 원하는 것은 자신이 채권자에 대한 관계에서 免責되는 것이지 본인이 자신에 대한 관계에서 免責되지 않는 것이 아니므로(관리자를 免責시켜 주지 않는 한 어차피 본인은 관리자에 대한 관계에서는 免責되지 않는다) 관리자의 免責利益을 부당하게 해치는 결과가 되기 때문이다.

(3) 事務管理者의 擔保權

[10] 사무관리자는 본인에 대한 자신의 채권을 담보하기 위하여 본인에게 인도해야 할 물건 등에 관하여 留置權(民 §§320ff.)을 행사할 수 있다.

2. 例外: 管理者의 贈與意思

[11] 관리자에게 비용 등의 求償을 할 의사가 없는 경우에는 본조는 적용되지 않는다(同旨 獨民 §685 I; 西民 §1894 I). 사무관리자의 이러한 求償權 抛棄의 의사를 법이 금지할 이유가 없기 때문이다. 로마법상 일정한 경우에, 특히 扶養義務 있는 경우에 비용상환을 부인하는 논거로서 이른바 "증여의 의사"(animus donandi; in-

17) 同旨 姜玹中, 126.
18) 이미 同旨 Ulp. D.22.1.37.
19) 姜玹中, 126.

tention libérale)가 거론된 사례들이 있지만, 엄격히 말하자면 "義務 없음"의 요건에 해당하지 않는 사례이기 때문에 사무관리 자체가 부인되는 까닭인 것이지 관리자의 의사가 抛棄의 意思이기 때문인 것은 아니다(前述 [44] §734 참조). 독일민법 §685 Ⅱ은 부모·자식 또는 조부모·孫子女 사이에서 扶養급부를 한 경우에는 의심스러운 경우에는 증여의 의사가 있었던 것으로 추정하는데, 우리 법의 경우 부양의무가 있다면 처음부터 사무관리가 아닐 것이고, 부양의무가 없다면 당사자의 의사해석을 통하여 밝힐 일이지 일률적으로 추정할 것은 아니라고 생각된다.[20] 증여의 의사는 관리자의 비용 등의 상환청구를 배척하려는 사무본인이 입증하여야 한다. 그러므로 굳이 이러한 의사가 사무관리 인수시에 존재해야 한다든가, 외부적으로 인식할 수 있었어야 한다고 볼 필요는 없다(異見 독일통설).

3. 消滅時效

[12] 비용상환청구권은 법률에 의하여 인정된 채권으로서 그 관리를 위하여 비용이 지출된 사무의 내용을 이루는 채권채무와는 별개의 것이므로[21] 그 채권채무에 어떤 소멸시효기간이 적용되는가와 무관하게 비용지출시로부터 기산하여 10년의 一般消滅時效(民 §162 Ⅰ)가 적용된다. 그러나 사무관리자가 계약에 의할 경우 단기의 소멸시효에 걸리는 급부를 한 경우에는 이 단기소멸시효가 그의 사무관리에 기한 청구권에도 적용되며, 이 점은 사무본인이 추인한 경우에도 마찬가지이다. 왜냐하면 사무관리자가 계약에 기하여 행위한 경우보다 더 우대받아서는 안 되기 때문이다.[22] 따라서 관리자가 商人인 때에는 관리행위가 그 상인의 商行爲에 해당하면 商法 §47의 적용을 받고, 따라서 反證이 없는 한 상행위로서 5년의 商事時效期間(商 §64)이 적용된다.[23]

---

20) 同旨 日大判 大 5.2.29(民錄 22, 172)(新·判例コンメンタール 民法 [8], 1992/1995, 243): 次順位의 부양의무자가 부양한 경우에도 親子의 애정에 기하여 양육한 것이고 先順位 부양의무자를 위하여 하는 의사로 부양의무를 이행한 것이 아닌 경우에는 양육비의 상환을 청구하지 못한다. 독일민법의 해석론도 獨民 §685 Ⅱ의 추정을 급부수령자와의 관계에서만 인정할 뿐, 선순위 부양의무자에 대한 관계에 적용하지는 않는다. Hk-BGB/Schulze(2001), §685 Rn 3.

21) 同旨 日最判 昭 43.7.9(民集 91, 683, 判時 530, 34)(新·判例コンメンタール 民法 [8], 1992/1995, 255); Jörg Schmid, Die Geschäftsführung ohne Auftrag(1992), 199; Hk-BGB/Schulze(2001), §677 Rn 14.

22) Jörg Schmid, Die Geschäftsführung ohne Auftrag(1992), 200.

23) 同旨 姜玹中, 125. 참고로 大判 2001.3.23, 2001다6145(公 2001.5.15. [130], 986)에 의하면 채권자가 동일한 목적을 달성하기 위하여 복수의 채권을 갖고 있는 경우에 채권자가 그 중 어느 하나의 청구를 한 것만으로는 다른 채권 자체를 행사한 것으로 볼 수 없으므로, 특별한 사정이 없는 한 그 다른 채권에 대한 소멸시효 중단의 효력은 없고,

Ⅳ. 本人意思에 反하는 事務管理의 경우

[13] 管理者가 本人의 意思에 反하여 管理한 때에는 本人의 現存利益의 限度에서 비용상환 또는 채무면제를 청구할 수 있다(民 §739 Ⅲ). 관리자는 本人의 意思를 알거나 알 수 있는 때에는 그 意思에 適合하도록 管理하여야 하므로(民 §734 Ⅱ), 본인의 意思에 反하는 사무관리로 인하여 본인에게 손해가 발생한 때에는 관리자는 원칙적으로 손해배상책임을 진다(民 §734 Ⅲ). 그러나 본인의 意思에는 반하였지만 유익한 사무처리도 가능하다. 民 §739 Ⅲ은 이런 경우에 비록 본인의 뜻을 거역한 관리였지만 그 有益을 고려하여 관리에 들어간 費用과 관리를 위하여 부담한 債務의 면제를 본인에게 청구할 수 있도록 하되, 본인은 善意의 不當利得者와 유사한 지위에 있는 것이므로 民 §748 Ⅰ과 유사한 법률효과를 규정한 것이다.

본조에서 본인의 의사에 반한다고 함은 民 §734 Ⅲ의 경우와 달리 사무관리의 引受가 본인의 의사에 반하는 것을 의미한다(獨民 §683는 이를 明定한다). 즉 사무처리가 처음부터 본인의 意思에 반하는 것이어야 한다. 관리 수행중에 비로소 본인의 意思에 반하게 된 때에는 民 §739 Ⅰ, Ⅱ이 적용된다. 왜냐하면 일반적으로 필요비나 유익비의 지출은 본인의 이익과 의사에 합치하는 것으로서 사무관리가 일단 정당하게 인수된 이상 본인이 그것을 부담하는 것이 합당하기 때문이다. 관리수행이 본인의 의사에 반하는 경우 관리자의 책임은 民 §734 Ⅲ에 의하여 물으면 된다. 본인의 意思에 반하게 된 시점부터 事務管理는 종료하고 이후 불법행위나 부당이득의 문제만이 남는다는 견해도 있으나, 私見으로는 위와 같이 해석함이 타당하다. 이미 지적했듯이 가급적 적법한 사무관리의 성립을 널리 인정하고 책임문제는 사무관리관계의 틀 속에서 해결하는 것이 당사자들의 관계를 簡明하게 精算하는 것이며(前述 [18] §734 이하), 이런 의미에서 民 §739 Ⅲ은 우리 법이 본인의 의사에 반하는 경우에도 사무관리관계를 인정하고 있다는 증거로 이해된다. 왜냐하면 본인의 意思에 反하는 관리행위로 사무관리가 終了하는 것이라고 한다면, 그 이후의 법률관계의 정산은 不當利得의 법리에 따라서 관리자가 얼마의 비용을 지출했는가를 不問하고 본인의 이득이 (현존하는

따라서 원고가 피고를 상대로 공동불법행위자에 대한 구상금 청구의 소를 제기하였다고 해서 원고의 사무관리로 인한 비용상환청구권의 소멸시효가 중단될 수는 없다고 한다.

한) 반환되어야 하는 것인데, 民 §739 Ⅲ은 이와 같이 규정하지 않고 관리자의 出財에 초점을 두어 그 비용을 청구할 수 있도록 하되, 다만 법률효과 면에서 그 한도를 선의의 이득자인 본인의 現存利益으로 제한한 것일 뿐이기 때문이다.[24)]

[14] 一說[25)]은 일본의 不當利得說(平田春三)을 비판하면서, 의무 없는 것을 알면서 타인을 위하여 出捐한 자는 보호하지 않는 것이 부당이득법의 원칙(民 §742)인데, 이 곳에서는 의무 없는 것을 알면서 타인을 위하여 出捐한 자를 보호하고 있으므로 不當利得일 수 없다는 주장을 펴고 있다. 그러나 이것은 의무 없는 행위라는 점만을 피상적으로 비교한 것이다. 왜냐하면 民 §742의 非債辨濟의 경우에는 債務 없음을 알고 이를 변제하는 것으로서 자신의 出財의 경제적 가치를 궁극적으로 상대방에게 귀속시키려는 意思(이른바 贈與意思. 前述 §739 [11])를 인정할 수 있는 데 반하여, 사무관리의 경우에는 원칙적으로 그러한 意思가 존재하지 않으므로, 이 양자는 요건상 서로 비교할 수 있는 것이 아니기 때문이다. 사무관리와 비교가능한 것은 기껏해야 일반부당이득이지만, 이미 지적했듯이 사무관리가 성립하는 한 그것이 설사 본인의 意思에 反하는 것이라 하더라도 부당이득제도의 적용을 배제하며, 民 §739 Ⅲ은 이러한 사실을 웅변으로 증명하는 것이다.

[15] 형사 본안사건에서 무죄가 선고되어 확정되었다면 검사가 몰수할 수 있는 물건으로 보고 압수한 물건이 멸실, 손괴 또는 부패의 염려가 있거나 보관하기 불편하여 이를 매각하는 환가처분을 한 경우 그 매각대금은 압수물과 동일시할 수 있는 것으로서 그 전액을 압수물의 소유자에게 반환해야 되며, 이 때 그 환가처분은 그 물건 소유자를 위한 사무관리에 준하는 행위로서 검사는 환가처분에 소요된 비용의 상환을 구할 수 있는데, 압수는 물건의 소유자 등의 점유를 배제하고 수사기관 등이 그 점유를 취득하는 강제처분이고, 환가처분도 수사기관 등이 그 권한과 책임하에 본인의 의사 여하를 불문하고 행하는 것이므로, 사무관리자가 본인의 의사에 반하여 관리한 때의 관리비용 상환 범위에 준하여 수사기관 등이 환가처분을 함으로써 압수물 소유자가 지출하지 않아도 되게 된 그 물건의 매각비용을 한도로, 즉 현존이익의 한도 내에서 환가처분 비용

24) 결과적 同旨 姜玹中, 128. 독일의 경우에는 獨民 §684 S. 1가 사무본인으로 하여금 사무관리자에게 사무관리로 얻은 모든 것을 부당이득의 반환에 관한 규정에 따라 반환하도록 규정하고 있으므로 부당이득설을 주장할 법률적 근거가 있어서 우리와는 사정이 다르다. 스위스민법의 경우에는 §423 I, Ⅱ이 관련조문일 수 있는데, 사무본인의 意思에 반하는 사무처리에 관한 우리 민법과 달리 "사무본인의 利益을 고려하지 않은 사무처리"에 관한 이 조문의 해석을 둘러싸고 不當한 眞正事務管理에 적용된다는 설과 不眞正事務管理에 적용된다는 설로 견해의 대립이 있으며, 후자를 취하는 다수설에 의하면 사무본인의 의사에 반하는 사무관리의 경우 同條는 배제되므로 당연히 부당이득에 의한다고 보고, 전자를 취하는 경우(판례)에도 同條 제2항을 부당이득 규정으로 이해하므로 결국 부당이득설이 주류이다. Jörg Schmid, Die Geschäftsführung ohne Auftrag(1992), 209ff.

25) 姜玹中, 128.

의 상환을 구할 수 있다는 판결례가 있다.[26] 형사소송법상의 공무집행과 관련된 특수성을 고려하여 사무관리법을 준용한 예이다.

[16] 본인의 의사에 반하는 사무관리를 추인한 경우의 효과에 관해서는 §734 [57] 참조.

[崔 秉 祚]

第 740 條(管理者의 無過失損害補償請求權)

管理者가 事務管理를 함에 있어서 過失 없이 損害를 받은 때에는 本人의 現存利益의 限度에서 그 損害의 補償을 請求할 수 있다.

차 례

Ⅰ. 總　說

[1] 사무관리의 理念型的 출발점은 관리자가 사회연대적 동기에서 자신의 사무를 직접 처리할 수 없는 不在者를 위하여 그의 사무를 관리하되 이에 마치 사무본인이 그 사무를 처리한 것과 같은 효과를 주고 관리자 자신은 得도 失도 얻지 않는 상태를 작출하는 것이다. 그리하여 법은 한편으로는 사무관리자에게 사무관리로 인한 취득물 등의 이전의무를 부과하여 사무관리로 인한 得을 배제하고(民 §§738, 684), 또 사무관리로 인한 비용 등의 出財가 있는 경우에는 그 償還을 명함으로써(民 §739) 失을 배제하고 있음은 이미 살펴보았다. 더 나아가 본인을 위한 사무관리의 本旨에 충실하려면 본인에게 관리자의 책임에 돌아갈 사유로 인하여 손해가 발생했을 때에는 사무관리자에게 손해배상책임을 지움으로써 그 손해를 補塡시키지 않으면 안 되고, 반대로 사무관리자가 관리를

26) 大判 2000. 1. 21, 97다58507(公 2000. 3. 1. [101], 467).

함에 있어서 손해를 받았을 때에는 그것이 관리자에게 귀책시킬 사유로 인한 것이 아닌 한 그 손해를 補塡해 주지 않으면 안 될 것이다. 전자의 손해배상 책임에 관해서는 이미 살펴보았다. 본조는 후자의 無過失損害補償에 관하여 규정한다. 본조는 舊民法에는 없던 규정을 신설한 것이다.

Ⅱ. 無過失損害補償請求權

1. 要件 및 效果(1): 일반적인 경우

[2] 管理者가 事務管理를 함에 있어서 過失 없이 損害를 받은 때에는 本人의 現存利益의 限度에서 그 損害의 補償을 請求할 수 있다. 賠償이 아니라 補償이라고 한 것은 본인의 歸責事由 없이 塡補의무를 규정했기 때문이다. 이처럼 본인이 補償하도록 한 것은 사무관리로 인하여 입은 손해인만큼 그로 인하여 이득을 본 본인이 이를 塡補하는 것이 마땅하다는 데에서 연유하는 것이고, 그 범위를 현존이익을 한도로 정한 것은 본인은 결코 사무관리로 인하여 손해를 보아서는 안 된다는 大原則[1]으로부터 나오는 귀결이다. 이 점이 바로 委任契約에 기하여 위임사무를 관리한 受任人의 경우 아무런 제한 없이 그 補償[2]을 청구할 수 있는 것과 다른 점이다(民 §688 Ⅲ). 명문의 규정이 없는 독일법에서도 판례와 학설은 이와 같은 내용의 損害補償請求權을 인정한다.[3] "損害"란 民 §739에서 말하는 비용이나 채무의 부담과 같이 사무의 관리 자체와 관련하여 발생하여서 종국적으로는 본인에게 귀속시킬 수 있는 것이 아닌 일체의 손실을 말한다. 一說[4]은 溺死 위험에 처한 자를 구한 경우 그로 인해 汚損된 의복과 같이 관리자가 관리목적을 위하여 의식적으로 出捐한 재산적 손실도 포함한다고 주장하지만, 이것은 管理費用이고(民 §739) 본조의 損害가 아니다. "過失"이 없다는 것은 관리자가 사무관리를 함에 있어서 過失이 없다는 것으로 이해하는 견해가 있다.[5] 그리하여 본조의 過失이란 본인의 意思와 利益에 적합한 방법으로 관리하지 않은 것을 의미한다고 한다. 그러나 法文의 구문으로

1) Gai. D.3.5.38: … Naturalis enim simul et civilis ratio suasit alienam condicionem meliorem quidem etiam ignorantis et inviti nos facere posse, deteriorem non posse.
2) 民 §688 Ⅲ은 "賠償"이라고 표현하지만, 委任人측에 아무런 귀책사유가 없다는 점에서 보자면 民 §740에서 사용한 "補償"이 정확한 용어이다.
3) BGHZ 38, 270(도로교통상 자기희생 사건). 프랑스의 판례와 학설도 같다. Erwin Jost, op. cit., 121f.
4) 姜玹中, 134.
5) 姜玹中, 133.

부터도 분명하듯이 이 때 過失이란 사무관리와 관련한 過失이 아니라, 損害를 받은 데에 있어서의 過失을 말한다. 피해의 발생이 관리자 스스로에게 歸責할 것인 때에는 본인에게 보상청구를 할 수 없음은 분명하다. 따라서 손해의 발생이 관리행위와 相當因果關係에 있고, 그 피해에 대하여 관리자에게 過失이 없을 때에는 관리자는 본인에게 그 보상을 청구할 수 있다. 관리자를 더욱 보호하기 위하여 입법론으로서 無過失 요건을 無重過失로, 또 現存利益의 한도를 그냥 利益의 한도로 개정하는 것이 바람직하다는 견해가 있다.[6]

2. 要件 및 效果(2): 관리자가 死亡한 경우

[3] 관리자가 관리행위와 관련하여 사망한 경우에는 어떻게 되는가? 一說은 이 문제를 民 §737와 관련시켜서 다음과 같이 설명한다.[7] 즉, 이것은 管理費用의 상환청구 문제로서, 民 §740의 규정에 따라서 통상의 사무관리중에 관리자가 사망하였다면 관리자는 善良한 管理者의 注意義務가 있기 때문에 그 주의의무를 怠慢히 하였을 때에는 사망한 관리자에게 책임이 있어 본인에게 보상을 청구할 수 없고, 緊急事務管理의 경우에는 관리자에게 注意義務가 경감되기 때문에(民 §735) 관리자에게 故意 또는 重過失이 없는 한 본인에게 손해의 보상을 청구할 수 있다고 하면서, 특히 救命 사무관리의 경우 본인이 생존한 때에는 관리자에게 過失이 없다면 관리자의 사망으로 인한 손해는 본인이 부담해야 하는데, 본인이 生命을 유지하였다는 이익은 관리자의 처리행위에 근거한 것이기 때문이고, 손해의 범위는 관리자의 사망으로 인한 積極的 損害·消極的 損害·慰藉料를 모두 포함하며, 본인도 사망한 경우에는 본인에게 아무런 現存利益이 없기 때문에 사망한 관리자의 손해보상을 본인측에게 청구할 수 없고 관리자측이 부담해야 한다고 한다.

[4] 그러나 이 견해에는 모순이 보인다. 우선 관리자의 사망으로 인한 손해는 어떤 경우에도 "管理費用"(民 §739)의 문제가 아니라, 民 §740의 손해보상의 문제일 뿐이다. 이 견해가 결과적으로는 同旨인 것은 다행이다. 그러나 이 견해는 이미 지적했듯이(前述 §740 [2]) 사무관리상의 注意義務와 본조의 손해발생에 관련된 注意義務를 혼동하고 있다. 예컨대 주의깊게 사무를 관리하는 관리자가 관리를 위하여 길을 가다가 자신의 過失 없이 사고를 당하였다면 그로 인

6) 李銀榮, 499〈675〉. 실제로 네덜란드민법은 이런저런 제한 없이 단순하게 "관리자가 관리행위로 인하여 입은 손해를 보상"하도록 규정하고 있다(蘭民 Art. 6:200 lid 1).

7) 姜玹中, 119.

한 손해는 관리상의 過失과는 무관한 것이다. 緊急事務管理의 경우에도 경감되는 注意義務는 관리상의 것이지, 자신의 생명과 신체에 대한 注意義務가 아니다. 다만 이 때에는 正當防衛나 緊急避難의 상황이므로 행위에 위법성이 없어서 그 행위로 인한 책임이 배제되는 것이다.[8] 그러므로 긴급사무관리로 사망하거나 상해를 입은 관리자는 그러한 긴급상황을 작출한 불법행위자가 있는 경우에는 그 자를 상대로 손해배상을 청구할 수 있고(民 §761), 궁극적 책임자를 상대로 한 이 손해배상청구권이 있는 한 손해는 없는 것이므로 본인에 대한 現存利益 범위 내의 보상청구는 이 불법행위자가 無資力인 때에 한하여 인정된다고 새기는 것이 타당할 것이다. 이런 의미에서 본조의 補償請求權은 補充的인 성격이 있는 것이다. 달리 손해를 塡補받지 못하는 경우에 이익을 본 본인으로 하여금 그 이득이 현존하는 한도 내에서 보상하도록 정한 것이기 때문이다. 그러한 불법행위자가 없는 경우에는 관리자는 부득이 본인에게 보상만을 청구할 수밖에 없게 된다. 그러나 이 보상은 현존이익으로 제한되어 있으므로 死亡이나 傷害와 같은 관리자의 중대한 法益이 침해된 데에 대한 보상으로서는 매우 미흡할 수밖에 없다. 이러한 민법상의 미비점을 보완하기 위한 사회정책적인 救護措置가 義死傷者保護法에 의하여 부여된다(前述 §734 [73]; §735 [13]). 이러한 보상청구는 救命事務管理의 경우 본인이 구제되어 생명을 건진 때에는 그 현존이익이 生命이므로 일단 價額上 제한이 없다고 할 것이며, 다만 관리자의 손해는 불법행위로 인한 손해배상의 경우와는 달리[9] 死亡 그 자체만을 손해로 보아야 할 것이고, 그로 인한 재산적 가치의 증감 등은 고려해서는 안 될 것이다. 결국 死亡에 대한 慰藉料 성격의 보상만이 이루어진다고 할 것이다. 그리고 본인도 사망한 경우에는 현존이익은 없는 것이므로 보상을 청구할 수 없다.

[崔 秉 祚]

---

8) 타인에게 입힌 손해에 대한 책임이 배제된다면(民 §761) 자기가 입은 손해에 대한 책임이 배제되는 것은 당연하다.

9) 위 견해는 私見과 달리 결과적으로 불법행위의 손해배상방식을 염두에 두고 접근하는 것 같다.

後論: 不眞正事務管理

차 례

Ⅰ. 總　說

[1] 이미 지적했듯이 어떤 사무를 처리하는 경우에는 사무의 객관적 성질과 처리자의 주관적 인식 여하에 따라서 여러 가지 상황이 가능하다(前論 [12]). 타인의 사무를 그 타인의 사무로서 처리하는 경우에는 眞正한 사무관리가 성립한다. 객관적 自己事務를 錯誤로 他人의 事務인 줄로 알고 처리하더라도[誤想事務管理] 그로써 事務管理가 성립하지는 않는다(前述 §734 [11]). 이 경우는 특히 문제될 것이 없다. 문제는 반대로 객관적 他人事務를 錯誤로 自己事務로서 처리하거나[誤信事務管理], 또는 惡意로 自己事務로서 처리하는 경우[無斷·不法管理]이다[不眞正事務管理].

Ⅱ. 不眞正事務管理

1. 槪念 및 問題의 所在

[2] 不眞正事務管理란 眞正事務管理에 對比되는 개념이다. 즉 他人의 事務인 것을 自己事務로서 관리하는 경우를 말한다. 民法은 이러한 경우에 관한 규정을 두고 있지 않기 때문에, 과연 이런 경우를 어떻게 규율하는 것이 합당할 것인지 논란의 여지가 존재한다. 이미 지적했듯이 주로 다투어지는 경우는 不眞正事務管理 중에서도 사무처리자가 故意的으로 행동했을 때이다. 이 때 일차적으로 문제되는 것은 본인은 과연 얼마만큼 사무처리자가 그 無斷處理로 인하여 획득한 이득을 자신의 것으로 삼을 수가 있는가 하는 점이다. 이러한 문제가 제기되는 것은, 적법한 사무관리가 아닌 것이 확실한 만큼, 이를 불법

행위법이나 부당이득법으로 규율하는 것이 일단은 법리에 부합할 터이지만, 이렇게 되면 (유능한 사무처리의 경우) 사무처리로 인한 이득의 一定分이 관리자에게 귀속하는 결과가 생길 수 있어서 사무처리로 인한 모든 이득을 본인에게 인도해야만 하는(民 §§738, 684) 眞正한 사무관리의 경우와 비교할 때 正義觀念上 不均衡한 사태가 초래될 수 있기 때문이다. 이에 대한 구제방법으로 사무관리에 준하는 법적 규율, 즉 이른바 準事務管理의 인정이 오히려 바람직하지 않은가 하는 견해가 피력되기에 이르렀고, 명문의 규정을 두어 해결한 입법례도 발견된다.[1)]

2. 誤信事務管理

[3] 타인의 사무를 錯誤로 자기사무로 誤信하여 처리한 경우에는 순수한 客觀說을 취하지 않는 한(前述 §734 [43]), 事務管理意思(前述 [42] §734 이하)의 흠결로 인하여 진정한 사무관리가 성립하지 않는다(同旨 獨民 §687 I : vermeintliche Geschäftsführung). 우리 나라 민법은 誤信사무관리에 관한 명문의 규정이 없으므로 학설상 다툼이 없는 그 개념을 제외하고는 어떠한 규율을 하는 것이 합리적일지 문제가 된다.

(1) 요　건

誤信사무관리는 관리자가 객관적 타인사무를 자기의 사무로 처리하되, 객관적 타인사무임을 모른 채 善意로 자기사무를 처리하는 의사로, 따라서 자기계산으로 자신의 이익을 위하여 관리한다는 점을 제외하고는 그 밖에는 진정한 사무관리의 요건을 갖춘 경우이다. 관리자가 過失로 타인사무에 위법하게 개입함을 모른 경우에는 일반법리에 따라 惡意와 같이 취급하여 誤信사무관리가 아니라 無斷管理가 성립한다고 보아야 할 것이다. 타인사무에 개입한다는 사실은 인식했으나 자기이익을 위하여 개입할 정당한 사유가 있다고 믿은 데 충분한 이유가 있는 경우에도 善意이다.[2)]

(2) 효　과

誤信사무관리의 경우에 어떠한 법률효과를 인정할 것인가? 독일민법은 사무관리법의 적용을 배제한다는 소극적 규정을 두고 있는데(獨民 §687 I), 우리 법의 경우에도 이 점을 달리 보아야 할 이유는 없고, 따라서 계약 외적 관계에 적용되는 일반법리에 따라서 처리해야 할 것이다. 따라서 원칙적으로 不當利得法이 적용되고, 그 밖에 사무처리의 양태에 따라서 기타의 규범들(添附의 법리, 占有法 등)이

1) 獨民 §687 ii; 瑞債 §423 참조.

2) 同旨 Jörg Schmid, Die Geschäftsführung ohne Auftrag(1992), 358.

적용될 수 있다. 이 경우에 사무관리법에 준하여 이득 전부를 반환토록 하는 것(Gewinnabschöpfung)은 선의자 보호의 법정신에 어긋나는 지나치게 가혹한 제재가 될 것이다. 다만 무체재산권과 같은 타인의 배타적 권리를 선의로 침해한 경우에는 이득의 반환이나(통상 현존이익에 한한다) 손해의 배상보다는, 독일의 판례와 같이 대가 없이 그 권리를 이용할 수 있었기 때문에 얻을 수 있었던 재산적 이익, 즉 적정한 이용료의 지급을 명하는 것이 생활관계의 특성을 고려하여 당사자 사이의 이익조정을 합리적인 선에서 간명하게 해결할 수 있는 방법일 것이다.[3] 誤信사무관리자는 필요한 한도에서 정보를 제공하고 회계보고를 할 의무를 부담한다(民 §2).

誤信사무관리는 타인의 사무를 타인을 위하여 처리한다는 의사가 결여되어 진정한 사무관리가 아니므로 추인할 수 없다.[4] 본인이 자신의 개별적인 권리를 포기하는 것은 물론 자유이다.

3. 無斷管理

[4] 타인의 사무임을 알면서도 이를 故意的으로 자기의 사무로 처리하는 것이 無斷·不法管理(Geschäftsanmassung[5])이다. 이 때에는 타인의 생활영역에 대한 부당한 개입으로서 진정한 사무관리에 인정되는 違法性阻却의 효과가 인정될 수 없음은 물론이다. 따라서 이 경우에 이타적 요소를 지시하는 "사무관리"라는 표현은 아무리 앞에 "不眞正한"이라는 수식어를 붙이더라도 적절하지 못하다는 지적이 있고, 이 곳에서도 "무단사무관리"가 아니라 "무단관리"라는 용어를 선호하였다(前論 주26 참조).

(1) 요 건: 惡意

무단관리는 관리자가 객관적 타인사무를 자기의 사무로 처리하되, 객관적 타인사무임을 알면서 惡意로 자신의 이익을 위하여 관리하는 것이다. 誤信사무관리와는 관리자가 惡意라는 점에서 큰 차이가 있다. 입법례 중에는 이 경우를 明定하는 것들이 있으나(獨民 §687 Ⅱ; 瑞債 §423) 우리 민법은 규정을 두지 않았다. 그

3) 同旨 Jörg Schmid, Die Geschäftsführung ohne Auftrag(1992), 359f.

4) Jörg Schmid, Die Geschäftsführung ohne Auftrag(1992), 360f; Hk-BGB/Schulze(2001), Vor §§677-687 Rn 8; §684 Rn 3; §687 Rn 2. 異見 伊民 §2032 및 Pietro Rescigno/Donato Carusi, Codice civile(Terza edizione 1997), §2032 n.1.

5) 이 용어는 1929/30년 Reichel이 제안한 것으로 unechte Geschäftsführung(不眞正事務管理)보다 적확한 표현이라 하겠다. Hans Peter Friedrich, "Die Voraussetzungen der unechten Geschäftsführung ohne Auftrag(Art. 423 OR)", Zeitschrift für Schweizerisches Recht 64 (1945), 9ff., 23 mit Anm. 25.

러나 무단관리가 위법하다는 것은 분명하며, 이러한 위법성은 본인의 위임 기타의 약정 또는 법정의 정당화 사유 없이 관리자 자신의 이익을 위하여 타인의 법역에 개입하기 때문이다. 제3자의 위임에 의한 개입도 본인에 대한 관계에서는 위법한 무단관리이다. 또 비록 타인의 법역에 개입할 의무가 있는 경우라도(예컨대 受託者) 그 의무에 위반하여 이기적 목적에서 개입하는 경우에는 위법하다.[6] 善意이지만 過失이 있는 경우에도 惡意와 같이 취급된다.[7] 악의이면 족하고 加害意圖까지 필요한 것은 아니다. 객관적 타인사무를 자기사무로 관리한 자가 자신의 책임을 경감하기 위하여 선의였음을 입증하여야 한다.[8]

(2) 효 과

(가) 본인의 권리: 이득반환청구권

(a) 법률적 성질 이 경우를 법적으로 사무관리에 준하여 취급할 것인가 하는 것은 그 문제의식의 발단으로 볼 때 결국은 사무관리법을 적용하는 것과 불법행위법을 적용하는 것 중 어느 쪽이 더 타당한가 하는 기준[ex effectu 논법]에서 판단할 수밖에 없을 것이다. 이미 로마법에서도 논란이 있었다. 라베오는 타인의 사무를 관리했음을 부인하였으나, 울피아누스는 사무관리소권을 인정하였다.[9] 스위스법과 독일법은 무단관리로 인한 이득을 본인이 자기의 것으로 할 수 있다(Gewinnabschöpfung)는 명문의 규정을 두고 있으나(獨民 §687 Ⅱ; 瑞債 §423) 그 법적 성질에 관해서는 불법행위설(다수설)과 부당이득설의 논란이 있다. 우리 민법에 관한 한, 체계적 관점에서 보자면 불법행위법을 적용하는 것이 더 整合的일 것이다. 불법행위는 특단의 사정이 없는 한 행위의 유형은 고려하지 않고 法益侵害, 違法性, 責任(고의·과실)이라는 일반적 시각에서 접근하기 때문이다. 그러므로 그것이 사무를 처리하는 행위라고 해서 굳이 불법행위로부터 배제되어야 할 이유는 찾아볼 수 없는 것이다. 그러나 현실적으로 문제가 제기되는 것은 無斷管理者가 그 관리행위로써 통상의 손해범위를

6) Jörg Schmid, Die Geschäftsführung ohne Auftrag(1992), 250f. 前述 §734 [52].

7) 同旨 Jörg Schmid, Die Geschäftsführung ohne Auftrag(1992), 258f.; 358. 異見: 독일법은 善意이기만 하면 過失이 있더라도 故意의 경우와 달리 취급한다. Hk-BGB/Schulze (2001), §687 Rn 2/3.

8) 異見 Jörg Schmid, Die Geschäftsführung ohne Auftrag(1992), 259.

9) D.3.5.5.5 Ulp. 10 ad ed.: Sed et si quis negotia mea gessit non mei contemplatione, sed sui lucri causa, Labeo scripsit suum eum potius quam meum negotium gessisse(qui enim depraedandi causa accedit, suo lucro, non meo commodo studet): sed nihilo minus, immo magis et is tenebitur negotiorum gestorum actione. ipse tamen si circa res meas aliquid impenderit, non in id quod ei abest, quia improbe ad negotia mea accessit, sed in quod ego locupletior factus sum habet contra me actionem.

넘어서는 이득을 달성한 경우에 사무관리법을 적용하여 전부를 반환시킬 것인지 아니면 불법행위법을 적용하여 통상의 손해배상으로 그치고 나머지 이득은 불법관리자가 보유하도록 할 것인지가 논란이 되기 때문이다.[10] 이 문제는 특히 현대사회에 와서 無體財産權의 無斷管理와 관련하여 큰 쟁점이 되었다. 이 문제에 대해서 우리 나라와 일본에서는 이미 準事務管理 肯定說, 不當利得/不法行爲說, 事務管理說, 介入權說, 制裁說 등 다양한 견해가 표명되었지만, 모두 문제점이 있다고 생각된다.[11] 私見으로는 이득 전부를 본인에게 귀속시킬 수 있는 法構成이 그렇지 않은 구성보다 타당하다고 생각한다. 왜냐하면 통상 상대방에게 피해만을 발생시키는 불법행위의 일반유형과는 달리, 이 경우에는 적극적 관리행위를 통해 타인의 생활영역에 無斷으로 侵入함으로써 상대방에게 피해를 끼침은 물론이려니와 관리자 스스로가 우선적으로 이득하는 유형의 불법적 행위이므로, 그 일차적 규율의 목표를 피해자의 損害塡補에 둘 것이 아니라 가해자의 利得剝奪에 두고 이를 통하여 피해자를 두텁게 보호하는 것이 보다 더 正義의 관념에 부합하기 때문이다. 그러나 무엇보다도 이러한 규율이 정당화되는 것은 위법행위를 한 무단관리자가 적법행위를 한 사무관리자보다 유리한 대우를 받아서는 안 된다는 法倫理的 比例性의 原則에 입각해서이다.[12] 동시에 이를 통하여 손해의 입증 곤란에 대처하고 불법을 예방하는 효과를 도모할 수 있다. 그렇다면 이러한 경우에는 특단의 사유가 없는 한 無斷管理者의 違法한 利得(lucrum ex aliena re)이 바로 피해자의 損害라고 보아서[13] 사무관리에 있어서와 마찬가지의 효과를 인정하면 될 것이고, 無斷管理者의 특별한 기여(lucrum ex occasione rei)가 고려될 수 있는 경우에는 이를 평가하여

---

10) 그 밖의 대안으로는 침해자의 이득을 국가가 몰수하는 방안, 당사자들 사이에 일정한 기준에 의해 배분하는 방안 등을 생각해 볼 수 있으나, 모두 불법행위로 인한 이득의 처리방법으로서는 부적절하다.

11) 각 학설의 내용 및 그에 대한 비판의 상세는 姜玹中, 135ff.; 谷口知平 · 甲斐道太郎/平田春二, 新版注釋民法(18) 債權(9)(1991), 後注(§§697-702), 320ff.

12) Cf. Volker Beuthien, "Die unberechtigte Geschäftsführung ohne Auftrag im bürgerlich-rechtlichen Anspruchssystem", Europas universale rechtsordnungspolitische Aufgabe im Recht des dritten Jahrtausends. Festschrift für Alfred Söllner zum 70. Geburtstag(2000), 125ff., 126ff.; 131f.

13) 통상 이득반환이 손해배상보다 본인에게 여러 점에서 유리하다. 손해액에 제한되지 않음은 물론, 어려운 손해입증의 부담이 없고, 그래서 원고측의 내부사정(기업정보)을 드러내야 할 필요가 없기 때문이다. 그러나 이러한 조치는 어디까지나 본인의 이익을 위한 것이므로 본인에게 강요될 성질의 것은 아니라고 보아야 한다. 즉 본인은 이득반환을 청구할 권리는 있으나 청구해야만 하는 의무가 있는 것은 아니라고 새긴다. 그가 이득반환을 선택하지 않은 때에는 불법행위로 인한 손해배상이 그의 몫이다.

按分比例에 의하여 손해액을 산정하면 될 것이다.[14] 따라서 이러한 臨界的 사태를 설명하기 위하여 기본적 법률요건에 칼을 대는 것[15]은 방법론상으로 적절하지 않다고 생각된다. 그러므로 이러한 경우는 원칙에 충실하게 불법행위로 처리하되, 그 손해의 산정상 약간의 특칙을 적용하여 타당한 결론을 내는 것으로 족하다고 할 것이다. 이상은 결과적으로는 이른바 制裁說[16]과 비슷하지만, 制裁說이 準事務管理的 收益의 인도를 긍정하는 근거를 불법행위적 침해에 대한 特殊한 制裁的 성격에서 구하는 것에는 찬성하지 않는다. 無體財產權의 침해와 같이 배타적·독점적으로 보호되는 권리영역을 악의로 침해한 자에 대하여 그 취득한 수익의 인도를 구할 수 있다고 보는 것은 그 침해된 法益의 성질상 손해산정의 방식이 특수하다면 특수한 것일 뿐이지, 불법행위로 인한 손해배상청구권을 뛰어넘는 특수한 制裁를 과하기 때문이 아닌 것이다. 無斷管理의 경우 법적인 성질은 불법행위임에 틀림이 없으나, 많은 경우 그 사태의 구조가 사무관리법을 준용한 것과 같은 결과를 요구하는 形局인 것이다. 그러나 효과면에서 유사하다고 해서 바로 그 행위가 사무관리에 준하는 행위라고 보아야 할 필연성은 없다. 이런 의미에서 이미 지적했듯이 종래 많이 사용되어온 準事務管理 또는 不眞正事務管理라는 표현은 적절하지 못하다고 생각한다. 이것은 사태의 성질상 특수한 취급을 받을 수 있다는 의미에서 특수한, 불법행위의 한 유형일 뿐이다.

그러나 이상의 논의는 현행법상 더 이상 크게 실익이 있는 논의는 아니다. 왜냐하면 주요한 무체재산권과 관련하여 각각의 특별법에서 침해자가 얻은 이익의 반환을 원칙적으로 손해배상액에 포함시키고 있기 때문이다. 그리하여 著作權法 제93조는 저작재산권 등을 고의 또는 과실로 침해한 자에 대하여 손해배상을 청구하는 경우에 그 권리를 침해한 자가 침해행위에 의하여 이익을 받았을 때에는 그 이익의 액을 저작재산권자 등이 입은 손해액으로 추정함과 동시에 그 외에 그 권리의 행사로 통상 얻을 수 있는 금액에 상당하는 액을 손해액으로 하여 그 배상을 청구할 수 있다고 규정하고 있으며, 半導體集積回路의配置設計에관한法律 §36; 商標法 §67; 意匠法 §64; 컴퓨터프로그

14) 그러나 타인의 권리영역에 대한 침해 없이도 동일한 이득을 얻을 수 있었을 것이라는 무단관리자의 주장은 받아들여질 수 없다. Jörg Schmid, Die Geschäftsführung ohne Auftrag(1992), 271.
15) 李銀榮, 490.〈665〉; 483f.〈659f.〉.
16) 好美清光의 說(姜玹中, 137f., 139f.).

램保護法 §27; 特許法 §128; 不正競爭防止및營業秘密保護에관한法律 §14-2 등도 같은 취지의 규정을 두고 있다.

(b) 이득반환의 내용　　반환할 이득은 무단관리의 종료시에 현실로 존재하는 이득에 한한다. 우연에 의한 이득의 증가가 본인의 이익으로 돌아가듯이 우연에 의한 이득의 감소도 그의 불이익으로 돌아간다. 무단관리자는 진정한 사무관리자와 달리 有益管理義務가 없으므로 주의깊게 관리했더라면 얻었을 가상적 이득의 반환은 처음부터 구할 수 없다.[17] 관리가 손실로 마감된 경우에는 침해 덕분에 줄어든 손실액이 이득액이다.[18]

(나) 무단관리자의 권리　　이득을 반환하는 무단관리자는 관리에 들어간 비용의 상환을 청구할 수 있는가? 스위스법은 본인의 현존이득의 한도 내에서 이를 긍정한다(瑞債 §423 Ⅱ). 그러나 그와 같은 명문의 규정이 없는 현행법상으로는 이를 긍정하기 어렵다. 이를 인정하는 경우 무단관리자를 부당한 眞正事務管理者(民 §739 Ⅲ)와 동일하게 처우하게 되는 결과가 되는데, 이는 평가상 받아들일 수 없기 때문이다. 무단관리자는 보수청구권은 말할 것도 없고 비용상환청구권이 없다고 새겨야 할 것이다.

(다) 입증책임　　일응의 이득액과 이득이 침해행위에 기인하는 것임은 본인이, 이득이 다른 원인에 기인하는 것이라는 사실이나 그 밖에 본인이 주장하는 이득액을 감소시키는 요소들은 무단관리자가 입증해야 하지만, 이득의 원인이 불확실한 때에는 그 불이익은 무단관리자가 부담한다.[19]

(라) 소멸시효　　무단관리는 불법행위이므로 기본적으로 불법행위법에 의한 소멸시효가 적용된다. 따라서 무단관리로 인한 손해배상의 청구권은 피해자나 그 법정대리인이 그 손해 및 가해자를 안 날로부터 3년간 이를 행사하지 아니하거나 무단관리를 한 날로부터 10년을 경과하면 시효로 인하여 소멸한다(民 §766).

17) 같은 논리에서 본인은 무단관리자에게 관리의 계속 또는 완료를 청구할 수 없다고 보아야 한다. 무단관리자는 원래 무단관리를 즉시 중지해야 할 의무가 있을 뿐이기 때문이다.
18) Jörg Schmid, Die Geschäftsführung ohne Auftrag(1992), 271f.
19) 同旨 Jörg Schmid, Die Geschäftsführung ohne Auftrag(1992), 277f.

Ⅲ. 誤想事務管理

[5] 진정한 사무관리가 성립하기 위해서는 관리한 것이 반드시 他人의 사무이지 않으면 안 된다. 이 때 사무의 他人性(alienità)은 사후적으로 객관적으로 확인되는 사항이며(前述 §734 [11]), 따라서 객관적으로 자기의 사무인 것을 주관적으로 타인의 것으로 잘못 생각해서 처리하더라도[誤想事務管理] 그 결과의 정산에 등장할 귀속주체는 자기밖에 없으므로 사무관리가 성립할 여지는 전혀 없다.

[崔 秉 祚]

第 4 章　不當利得

前　　論

차　례

Ⅰ. 本章의 概要

1. 本章의 規定內容

(1) 本章은 민법전 제 3 편 채권의 한 章을 이룬다. 제 3 편은 제 1 장 總

則에 이어서, 각칙으로 제 2 장부터 제 5 장까지 債權의 발생원인을 정한다. 그 중에서 제 2 장의 계약과 제 5 장의 불법행위는 전통적으로 채권의 발생원인으로 인정되어 왔다. 그러나 本章의 「不當利得」이 독자적이면서 통일적인 채권 발생원인으로 인정된 것은 장기간에 걸친 역사적 발전의 결과이고, 특히 계약과 불법행위와 어깨를 나란히 하여 독자적인 채권발생원인으로 민법전에 규정된 것은 유럽대륙의 獨逸法系에 고유한 것으로서 비교적 근자의 일이다.

(2) 本章은 부당이득을 원인으로 발생하는 권리, 즉 不當利得返還請求權(또는 그에 대응하는 부당이득반환의무)에 대하여 그 要件과 效果를 정한다.

本章은 民 § 741에서 民 § 749까지 9개조로 되어 있다. 冒頭의 民 § 741이 부당이득반환청구권의 일반적 요건과 효과를 정하는 기준적 규정이다. 이에 이어 民 §§ 742 내지 746이 그 요건을 補充하거나 修正한다. 특히 民 § 742는 非債辨濟라는 역사적으로 중요한 의미가 있는 부당이득유형에 관하여 별도로 정하고 있으며, 民 § 746은 이 규정이 없었으면 民 § 741에 의하여 인정되었을 이득반환의무의 발생을 특별히 배제하는 사유로서 역시 중요한 不法原因給與에 대하여 정한다. 이 두 규정 사이에서 § 743은 변제기 전에 채무이행이 행하여진 경우에 대하여, 民 § 744는 비록 법률상 원인은 없어도 도의관념에 적합한 급부가 행하여진 경우에 대하여, 民 § 745는 소위 「타인 채무의 착오변제」, 즉 타인이 실제로 부담하고 있는 채무를 자신의 채무라고 알고 이행한 경우에 대하여 각각 정한다. 이들은 부당이득제도의 틀 안에서 개별적으로 제기되는 법문제에 대하여 대응하는 것이다.

나아가 民 §§ 747 내지 749는 부당이득반환의무의 내용을 具體化한다. 부당이득반환의무의 성립 그 자체에 대하여는 이미 民 § 741에서 선언되고 있다. 이들 규정은 이를 받아서 그 범위 및 방식 등을 정한다.[1] 반환의무의 범위는 民 § 748에서 보는 대로 반환의무자, 즉 「受益者」가 선의인가 악의인가에 의하여 달라지는데, 民 § 749는 수익자의 악의가 인정되는 경우를 정한다.

2. 不當利得制度의 法的 性質

(1) 부당이득제도는 채권관계를 발생시키는 원인으로 법정되어 있다. 그

1) 그 중에서 民 § 747 Ⅱ는 예외적으로 반환의무의 내용에 관한 것이라기보다는, 반환의무자의 범위를 일정한 요건 아래서 확장하는 특이한 규정이다. 그 의미나 법적 성격 등에 대하여는 同條 注解 참조.

러므로 채권편 총칙의 규정(제3편 제1장)은 원칙적으로 부당이득반환의무에도 적용된다. 즉 일단 本章에 따라 일정한 내용으로 성립한 반환의무는 당연히 채권총칙의 규정에 의하여 규율되는 것이다. 물론 「채권의 목적」에 관한 규정(제1장 제1절)은 반환의무의 내용이 본장의 규정을 적용한 결과로 정하여지므로 적용의 여지가 없는 경우가 많을 것이나, 履行 기타의 消滅事由(同章 제6절), 不履行責任이나[2] 債權者遲滯, 債權者代位權 등의 채권의 효력(同章 제2절), 債權讓渡나 債務引受(同章 제4절, 제5절) 등은 부당이득반환의무에도 적용된다.

(2) 부당이득제도는 불법행위·사무관리와 함께 法定債權關係의 발생원인이다. 따라서 契約關係에 관한 법리, 예를 들면 계약의 효력에 관한 규정(제2장 제1절 제2관)이나 법률행위에 관한 규정(제1편 제5장)은 원칙적으로 부당이득에는 적용되지 아니한다. 그러나 뒤에서 보는 대로 계약의 청산관계에서 기능하는 급부이득반환청구권에 대하여는 계약관계의 말하자면 餘後效(Nachwirkung)로서 특히 쌍무계약에 관한 규정(동시이행의 항변권에 관한 民 § 536이나 위험부담에 관한 民 § 537 등)이 적용될 수 있다. 따라서 부당이득이 법정채권의 발생원인이라고 하는 것으로부터 곧바로 계약관계에 관한 법리를 배척하는 것에는 일정한 유보가 필요하다.

3. 不當利得에 관한 民法 기타의 規定

(1) 부당이득을 규율하는 법규정이 本章에만 있는 것은 아니다. 民法典에서도 예를 들면 행위무능력을 이유로 법률행위가 취소된 경우에 무능력자의 반환의무의 범위를 그 선의·악의를 불문하고 現存利益에 한정하는 民 § 141 但書는 民 § 748의 특칙으로서 부당이득에 관한 규정이다. 나아가 실종선고가 취소된 경우에 "실종의 선고를 직접 원인으로 재산을 취득한 자"의 이득반환의무를 정하는 民 § 29 Ⅱ도 마찬가지라고 할 것이다.[3] 나아가 物件의 添附(부합·혼화·가공)로 인하여 자신의 소유권을 상실한 자에게 "부당이득에 관한 규정에 의"한 補償請求權을 부여하는 民 § 261도, 비록 그 규정이 없어도 民

2) 다만 原物返還이 불능인 경우("수익자가 그 받은 目的物을 반환할 수 없는 때")에는 그 가액을 반환하도록 정하는 民 § 747 Ⅰ에 비추어 履行不能에 관한 법리가 바로 이에 적용되는가의 문제는 신중한 검토를 요한다.

3) 그 외에 소유자에 대하여 점유물의 반환의무를 부담하는 점유자가 수취한 또는 수취하지 아니한 과실의 반환의무에 관한 民 § 201, 특히 그 제1항에 대하여는 論議가 있다. 그러나 이는 단지 부당이득반환의무를 면제하는 데 그치지 아니하고, 점유자에게 일정한 범위에서 적극적으로 과실수취권을 부여하는 규정이라고 할 것이다. 이에 대하여는 우선 民法注解[Ⅳ], 392 이하(梁彰洙 집필) 참조.

§741에 의하여 같은 결과를 얻을 수 있겠지만, 역시 부당이득반환청구권의 발생을 정하고 있다.

(2) 부당이득 또는 부당이득반환의무는 민법 이외의 실정법률에서도 규정되어 있다.

예를 들어 國稅基本法 §51 I 은 "세무서장은 납세의무자가 국세·가산금 또는 체납처분비로서 납부한 금액 중 過誤納付한 금액이 있거나 세법에 의하여 환급하여야 할 환급세액…이 있는 때에는 즉시 그 오납액 또는 초과납부액 또는 환급세액을 國稅還給金으로 결정하여야 한다"고 정한다(關稅法 §24 I 도 같으며, 地方稅法 §45 I 도 유사한 취지를 정한다).[4] 이와 같이 국가 등이 부담하는 過誤納金返還義務의 성질에 대하여, 大判(全) 89.6.15, 88누6436(集 37-2, 行 460)은 "[이들 규정]에서 오납액이라 함은 납부 또는 징수의 기초가 된 신고(신고납세의 경우) 또는 부과처분(부과과세의 경우)이 부존재하거나 당연 무효임에도 불구하고 납부 또는 징수된 세액을 말하고, 초과납부액은 신고 또는 부과처분이 당연 무효는 아니나 그 후 취소 또는 갱정됨으로써 그 전부 또는 일부가 감소된 세액을 말하며, 환급세액은 적법히 납부 또는 징수되었으나 그 후 국가가 보유할 정당한 이유가 없게 되어 각 개별세법에서 환부하기로 정한 세액을 말하므로, 위 오납액과 초과납부액 및 환급세액은 모두 조세채무가 처음부터 존재하지 않거나 그 후 소멸되었음에도 불구하고 국가가 법률상 원인 없이 수령하거나 보유하고 있는 부당이득에 해당한다"고 판시하여,[5] 이를 公法上의 不當利得返還義務로 이해하고 있다.[6] 이러한 「公法上의 不當利得」에 대하여는 뒤의 民 §741 注解 B.Ⅱ.2 참조.

---

4) 나아가 國稅基本法 §52는 국세환급금에 가산되어 환급되어야 할 「國稅還給加算金」에 대하여 정하고 있다(地方稅法 §46은 이를 「還付利子」라고 부른다). 조세환급금에 따르는 果實의 반환 등 부수적 이해조정문제는 이들 규정에 의하여 처리되고, 민법상의 부당이득법리는 적용의 여지가 없다고 할 것이다.

5) 그러한 입장에 서서 이 大法院判決은, 국세기본법 제51조 및 제52조에서 정하는 국세환급금 등의 결정에 관한 규정은 이미 확정된 납세의무자의 환급청구권에 대한 내부적 환급절차를 정함에 지나지 않는 것이어서 세무서장의 환급금결정 등은 항고소송의 대상이 되지 않는다고 判示한다.

6) 그 후의 大判 90.2.13, 88누6610(公 869, 680); 大判 97.10.10, 97다26432(公 1997하, 3442) 등도 同旨. 조세환급청구권의 법적 성질에 대하여는 우선 蘇淳茂, 租稅還給請求權과 그 訴訟構造에 관한 硏究, 1999년 경희대학교 법학박사 학위논문, 17 이하 참조.

Ⅱ. 不當利得制度의 歷史的 發展과 立法例

1. 槪 觀

(1) 어느 나라의 법에서나 또 어느 시대에나 현저한 지위를 차지하는 계약이나 불법행위와는 달리, 이들과 대등한 통일적 법제도로서의 부당이득은 19세기 후반에 독일 후기보통법학에 이르러 그 성과로 비로소 명확하게 관념되어 법의 세계에서 시민권을 얻었다. 그리고 1883년의 스위스 舊채무법,[7] 그리고 1900년의 독일민법전(그 규정은 뒤의 4.(1) 참조)에 이르러서야 비로소 부당이득에 대하여 포괄적인 규정을 두게 되었다. 우리 민법상의 부당이득도 ── 의용민법을 거쳐── 그 맥을 이어받은 것이다(이에 대하여는 뒤의 Ⅲ. 참조).

(2) 발달된 법을 가진 나라에서는 어디서나 일군의 私法的 請求權이 계약 아니면 불법행위를 원인으로 하여 발생되고 있다. 문외한이라도 잠시 생각해 보면, 이 두 법영역에서 다루어지고 있는 사례들이 어떠한 종류의 것인가를 어렵지 않게 알 수 있다. 그러나 그 외에 어느 나라에서나 계약도 불법행위도 아니고 「부당이득」 또는 프랑스에서 말하는 「無原因利得(enrichissement sans cause)」을 원인으로 하여 인정되는 청구권이 중요한 역할을 한다는 말을 들으면, 사정이 달라진다. 문외한이 이러한 말을 잘 이해하지 못한다고 해서 나무랄 수는 없는 일이다. 오히려 이로써 법률가들이 스스로 다음과 같은 물음을 자기에게 제기해 볼 기회가 된다고 하겠다. 즉 「부당이득」이라는 말이 잘 이해되지 않는 것은 그 개념으로써 단지 계약도 불법행위도 아니라는 소극적인 점에서만 일치할 뿐 성질상으로는 서로 극히 다른 일련의 생활사실들을 억지로 통합하고 있기 때문이 아닌가 하는 것이다. 실제로 영미의 법률가라면 이러한 견해에 기울어질 것이다. 그들도 역시, 착오로 금전이 지급되거나 타인의 저작권을 권한 없이 이용한 경우에는, 그들 사이에 아무런 계약도 존재하지 아니하고 또한 상대방을 불법행위에 의하여 해한 것이 아니라도, 그 받은 금전이나 이용의 가액을 반환하여야 한다는 점에는 역시 같은 의견일 것이다. 그러나 이 두 경우를 가령 「부당이득의 원리(principle of unjust enrichment)」와 같은 단일한 원리에 기한 것이라고 하면, 그들은 이러한 설명의 타당성을 다

7) 同法 § 70: "적법한 원인 없이 타인의 재산으로부터 이득한 사람은 이를 반환할 의무를 부담한다(Wer ohne rechtmässigen Grund aus dem Vermögen eines Anderen bereichert wurde, ist zur Rückerstattung verpflichtet)."

투거나 아니면 무익한 思考놀음이라고 무시할 것이다. 이에 반하여 가령 독일법에서 「부당이득(ungerechtfertigte Bereicherung)」에 기한 청구권의 통일적인 원리가 보다 강하게 강조되는 것은, 로마법과 궤를 같이 하는 것이다. 로마법은 「이득반환소권(condictio)」이라는 독창적이고도 중요한 제도를 발전시켰는데, 그 제도가 현대의 대륙법에 대하여 가지는 의미가 얼마나 큰가는 영미법에서 이 법영역이 어떻게 발전되어 왔나와 대비할 때 비로소 제대로 인식할 수 있게 된다.

(3) 기르케는 부당이득제도의 역사적 발전을 다음과 같이 간략하게 정리하고 있다.

> "로마법은 condictio(부당이득반환소권)의 형태로, 계약에 기하지 아니한 일련의 채권을 형성하여 갔다. 그 채권들은 정당한 원인 없이 재산이동이 이루어진 경우에 취득자를 상대로 하여 손실자에게 인정되는 것으로서, 원인 없이 얻은 재산적 이익의 반환을 내용으로 하였다. 非債를 착오로 변제한 경우에는 수령자에 대하여 '비채변제의 부당이득반환소권(condictio indebiti)'이, 목적이나 수단의 비도덕성 때문에 그 취득이 비난받을 만한 것인 경우에는 '불법원인급여의 부당이득반환소권(condictio ob turpem vel iniustam causam)'이, 마지막으로 그 외에 원인 없는 취득의 경우에는, 그것이 애초 적절한 원인을 결여한 것이든 후에 그 원인이 소멸한 것이든(終止한 原因 causa finita), '무원인의 부당이득반환소권(condictio sine causa)'이 인정되었다. 古게르만법에는 이러한 로마법에 유사한 것이 없었으나 그렇다고 이와 모순되는 명제가 있는 것도 아니었는데, 위와 같은 로마법의 체계는 普通法에 받아들여져서, 점차 일반적 부당이득소권의 발현형태들이라는 의미를 가지는 것으로 발전되어 갔다.
>
> 그와 아울러, 원래는 家子의 거래로 家父의 이익이 존속하는 경우에 인정되던 부가적 소권이라는 제한적 의미밖에 없었던 로마의 轉用物訴權(actio de in rem verso)은, 準轉用物訴權의 확장을 통하여 점차 일반적 부당이득반환청구권의 기능을 획득하였다. 有益的 利用을 원인으로 하는 이 소권──고게르만법도 이와 유사한 제도를 다수 가지고 있었다──의 도움을 받아, 자연법학설의 영향 아래, 타인의 손실을 일으키는 이득은 어떠한 것이라도 허용되어서는 안 되며 그것은 반환의무를 발생시킨다는 명제에 도달하게 되었다.
>
> 근대의 여러 민법전들 중에서 프로이센의 일반란트법은 유익적 이용을 원인으로 하는 청구권을 일반적 구제수단으로 인정하였고, 그와 아울러 로마법의 특수한 부당이득반환소권들을 별도로 규정하였다. 오스트리아민법도 이와 유사한 태도를 취하였다. 그 외의 여러 민법전은 전용물소권을 규정하지 아니하고, 로마의 부당이득반환소권의 체계에 좇았다. 독일민법전도 그리하였는데, 다른 한편으로 스위스채무법과 같이 부당이득에 관한 통일적 청구권을 인정하였고

그 개별적인 적용례에 대하여는 몇 개의 특별규정을 둘 뿐이다.[8]

기르케가 말하는 바와 같이, 근대의 여러 민법전에 있어서 부당한 재산이동을 교정하는 제도로서의 부당이득법은 두 개의 뿌리를 가지는 것이다. 그것들은 어느 것이나 로마법에 연유하는 것으로서 condictio와 actio de in rem verso가 그것이다. 그런데 독일민법은 근대의 다른 민법전, 가령 프로이센일반란트법이나 오스트리아일반민법전과는 달리 轉用物訴權을 부당이득제도의 출발점으로 하거나 이를 그 제도 중에 수용하기를 거부하였다. 그리고 우리 민법은 그 점에서 독일민법의 계보에 속하는 것으로 이해된다. 이와 같은 거부가 부당이득제도의 역사적 발전에 있어서 가지는 의미를 확정하기 위하여는, 전용물소권이 로마법 이래로 어떠한 역사적 전개과정을 거쳤으며, 그 의미는 무엇인가를 탐색하지 않으면 안 될 것이다. 그러나 전용물소권 자체가 독자적인 문제영역을 형성하고 있고, 따라서 이에 대한 연구도 부당이득제도에 대한 것과는 별도의 관점에서 이루어져야 한다고 생각되므로, 이에 관하여는 이하에서 民 § 741 이하의 규정을 이해하는 데 전제가 되는 한도에서만 간략히 언급하는 것에 그치기로 한다.

2. 로 마 法[9]

(1) 부당이득의 반환에 관한 고전로마법의 condictio[10]는 원칙적으로 급

---

8) Otto von Gierke, Deutsches Privatrecht, Bd. 3(1917), § 218 I (S. 993ff.).

9) 이하의 서술은 주로 Kaser, Das Römische Privatrecht, 1.Abschn., 2.Aufl.(1971), § 139 (S. 593ff.); Schulz, Classical Roman Law(1951), p. 610ff.에 의하였다.

10) 원래 condictio(이득반환청구소권 또는 부당이득반환청구소권)은 古로마의 法律訴訟(legis actio)에 있어서의 특별한 종류의 절차, 즉 소위 통고에 의한 법률소송(legis actio per condictionem)의 형태로 맹아적 모습을 가지고 있었다. 그리고 고전기의 方式書訴訟에 있어서는, 이는 엄격법적 시민법상의 對人訴權을 의미하였다. 이 소권은 3개의 방식서와 결합되어 있다. (i) 확정금액반환청구소권(condictio certae pecuniae), (ii) 확정물반환청구소권(condictio certae rei), (iii) 확정량반환청구소권(condictio certae quantitatis)이 그것이다. 이들 방식서의 구체적 내용에 대하여는 Schulz(註 9), p. 476ff. 참조. 이 방식서의 특징은, 그 청구표시(intentio)가 추상적으로, 즉 의무발생원인을 지시함이 없이 작성된다는 것이다. 따라서 그것은 확정금액 또는 확정물의 공여에 관한 모든 시민법상의 채무에 이용될 수 있어서, 소비대차(condictio ex mutuo), 문답계약(actio ex stipulatione), 나아가서는 盜를 이유로 하는 경우(condictio furtiva) 등에도 이용될 수 있었다. 이러한 소송형식을, 로마인들은 부당이득적 재산이동을 원상회복할 필요가 있는 경우에도 인정하였던 것이다. 부당이득의 반환을 청구할 수 있는 訴權이 condictio의 형태로 인정되었다는 것은 그 후의 不當利得法의 발전에 있어서 큰 의미가 있다. condictio는 비단 부당이득의 반환과 관련하여서뿐만 아니라, 앞서 본 대로 소비대차의 경우 貸主의 반환청구에 대하여도 인정된 것이다. condictio를 통일적으로 이해하려는 後代의 努力은 부당이득법의 독자적 발전을 저해하였다고도 말할 수 있을는지 모른다.

부 또는 공여(datio)의 존재를 원칙적으로 요구하였다.[11] 즉 수령자가 소유권을 취득함으로써 이미 물건의 반환을 위하여 소유물반환소권(rei vindicatio)을 행사하는 것이 불가능하게 된 때에는 그 반환청구에 condictio가 경우에 따라 인정될 수가 있었다. 가령 갑과 을이 모두 갑이 을에게 100세레스타의 채무를 지고 있다고 잘못 믿은 결과 갑이 을에게 그만큼의 돈을 지급하였다고 하자. 을은 인도(traditio)에 의하여 금전의 소유권을 취득한다.[12] 왜냐하면 인도는 원인에 기하여(cum causa) 이루어졌기 때문이다. 引渡原因(causa traditionis)이란 인도의 법적 목적에 대한 당사자의 합의인데, 위의 경우 양 당사자는 변제가 변제원인(solutionis causa)에 의하여 이루어진 것으로 합의하고 있다. 그러나 을의 소유권취득은 갑과 을 사이에서는 부당하다.[13] 그 결과 갑은 지급한 돈을 확정금반환청구소권(condictio certae pecuniae)으로써 요구할 수 있는 것이다. 그러나 어떠한 경우에 그와 같은 공여가 있었는가는 역시 개별사안에 따라 판단되었다.

이와 같이 고전로마법에 있어서 부당이득의 반환에 관한 condictio는 원칙적으로 재산출연자의 의사행위가 존재하는 경우에만 인정되었다.[14] 그 예외는 소위 '절도원인에 기한 반환청구소권(condictio ex causa furtiva)'의 경우가 유일한 것이었다. 즉 이 경우에는 반환청구소권을 가지는 자가 여전히 물건의 소유자인 것이며 따라서 소유물반환소권도 가진다. 그러나 이 예외적인 condictio는 물건이 멸실되었을 때 효용을 발휘하는 것으로서, 오히려 불법행위소권을 보충하는 것으로 이해되고 있다. 그리고 후에 점유의 반환청구소권을 인정하는 출발점이 된 경우, 가령 토지로부터의 축출이나 소위 寄洲(alluvio)와 같은 예는 이 절도원인에 기한 반환청구소권의 확장으로 이해되고 있다.[15]

11) Jakobs, Eingriffserwerb und Vermögensverschiebung in der Lehre von der ungerechtfertigten Bereicherung(1964), S. 43f.("고전로마법의 condictio의 법형상은 급부이득에 대한 대비로서의 '기타의 방법에 의한' 이득을 포함하지 않는다") 참조.

12) traditio가 정당원인에 기하여(ex iusta causa) 이루어진 경우에는 소유권의 이전이 이루어진다. Kaser(註 9), S. 416f. 참조. 이 때의 「정당한 원인」과 후에 '무원인으로 인한 반환청구소권(condictio sine causa)'이 문제될 때의 causa와는 구별되어야 한다. 소위 causa traditionis와 causa condictionis의 구별에 관하여는 Kaser(註 9), S. 596 참조("소유권 취득을 유지하기에는 충분하나, 물건의 보유를 정당화하기에는 불충분한 때…").

13) 이상은 Schulz(註 9)의 예이다.

14) 후에 독일민법학상 침해이득반환청구권으로 인정되는 경우, 예를 들면 타인의 금전을 선의로 소비한 경우 등에 어떠한 구제수단이 주어졌는가, 특히 condictio가 인정되었는가에 대하여는 논의가 있다.

15) Kaser(註 9), S. 595 참조.

(2) 나아가 이와 같은 공여(또는 이와 동일한 것으로 평가되는 것)에 의하여 재산적으로 가치 있는 것을 취득한 자가 이것을 원인 없이(sine causa) 보유하고 있어야 한다. 타인에게 무엇인가를 출연하는 자는 그 출연의 목적에 대하여 상대방과 합의하는 것이 보통이다. 그리고 이 목적은 그것이 법적으로 승인되어 있는 한, 수령자가 그것을 보유하는 것을 정당화한다.

그런데 만일 이러한 목적에 관한 합의[16]가 유효하게 성립하지 않든가 또는 그 목적이 출연자의 생각에 반하여 출연에 의하여 실현되지 못할 것임이 명확하게 된 경우에는, 수령자는 그 재산가치를 원인 없이 보유하고 있는 것이 된다.[17] 이러한 목적불성취는 여러 가지 방식으로 생겨날 수 있다. 가령 출연 당시에 이미 수령자가 이를 보유할 원인이 존재하지 아니한 경우도 있고, 원인이 당초는 미정상태이었다가 후에 수령자에게 불리하게 결정될 수도 있으며, 나아가서는 애초는 존재하였다가 나중에 소멸한 경우('종료원인으로 인한 반환청구소권' condictio ob causam finitam) 등이 그것이다.

(3) condictio에 의하여 부당이득의 반환을 구할 수 있는 경우는 이미 고전기에 다음의 몇 가지로 유형화되어 있었다.[18]

(가) 채무를 부담하고 있다고 잘못 알고 비채를 변제한 경우(소위 非債辨濟 indebitum solutum), 그 급부는 반환되어야 한다. 이 때 채무의 부존재에 관한 선의는 단지 수령자에게만 요구되는 것은 아니며,[19] 공여자에게도 존재하여야 한다. 즉 그가 비채인 사실을 알면서 그 급부를 하였다면 이것은 증여

16) 이 때의 causa 개념의 의미를 생각함에 있어서는, 개별적으로 이루어진 구체적인 출연목적, 즉 변제목적·증여목적·대여목적(causa solvendi, donandi, credendi) 등을 고려하여야 하고, 추상적으로 형평(aequitas)이라는 "내용불명확한 개념"에 비추어 부당하게 보이는 때라는 식으로 이해되어서는 안 된다고 함에 대하여는 Kaser(註 9) S. 596 N. 32 (gegen Wunner) 참조.

17) Kaser(註 9) S. 596f. 참조. 이에 관하여는 또한 Schwarz, Die Grundlage der condictio im klassischen römischen Recht(1952), S. 219ff. 참조.

18) 어떠한 경우에 이러한 소권이 주어지는가에 대하여는 매우 엄격한 제한이 있었다. 이 점이 매우 중요하다. Schulz(註 9), p. 610f.에 의하면, "이들 소권은 … 명확히 특정된 범위의 사례에 엄격히 제한되었다. 그렇게 하지 않으면, 이들은 소권의 전체계를 혼란시키고 뒤흔들 우려가 있기 때문이다. … 요컨대 고전법에는, 부당이득은 반환되어야 한다는 일반원칙은 없고, 부당이득의 관념은 어떠한 일련의 사례에만 한정됨에 불과하다. 이들 사례를 제외하고는, 소권은 인정되지 않으며, 부당이득의 반환을 위한 보조적인 수단조차 없었다"는 것이다. 어쨌거나 이와 같이 condictio를 통한 부당이득적 구제수단의 인정은, Kaser(註 9), S. 592에 의하면, "로마인의 독창적이고도 중요한 창조물"이라고 평가되고 있다.

19) 만일 그가 비채인 사실을 알면서 그 변제를 수령하였다면 그는 절도(furtum)를 범한 것으로 취급된다. 따라서 급부물의 소유권을 취득하지 못한다. Kaser(註 9), S. 615; Schulz(註 9), p. 576 참조.

그 자체는 아니나 이와 유사한 것으로 취급되어 그 반환청구는 거부되는 것이다.[20]

(나) 또 당사자들은 공여의 목적에 관한 합의를, 수령자가 그렇게 할 의무가 있는 것은 아니지만 어쨌든 어떠한 일을 한다(또는 하지 않는다)는 것에 결합시킬 수도 있고, 또는 기타의 기대되는 사정의 발생(또는 불발생)에 결합시킬 수도 있다. 이와 같은 경우의 공여를 법문은 물건(res)을 위한 공여(datio ob rem) 또는 원인을 발생시키기 위한 공여(datio ob causam)라고 한다. 가령 死因贈與에서 수증자가 증여자보다 더 오래 생존해 있을 것이라고 기대하고 증여목적물이 교부된 경우나 장차 혼인이 성립되리라는 기대 아래 嫁資(dos)가 설정되는 경우가 그것이다.[21] 이러한 경우에 기대된 수령자의 행태나 사정이 제대로 발생하지 않은 때에는 합의된 공여목적이 달성되지 않는 것이 되고 따라서 급부를 수령자가 계속 보유하는 것은 부당하게 된다. 이와 같은 경우는 후에 '목적부도달로 인한 반환청구소권'(condictio ob rem 또는 condictio ob causam datorum)이라고 불렸다.[22]

(다) 풍속에 위반하는 목적합의는 효력이 없다. 그 결과 수령자는 치욕적인 원인에 기하여(ob turpem causam) 수령한 것이 되어 이를 반환하지 않으면 안 된다. 그러나 치욕적 사정(turpitudo)이 공여자에게도 존재하는 경우에는 그는 반환청구를 하지 못한다. 불법적인 출연의 어떤 경우에는 부정한 원인에 기하여(ob iniustam causam) 취득한 것으로서 반환되어야 한다.[23]

(4) 반환청구의 대상은 수령자가 취득한 확정물 또는 확정금액이고, 오늘날 인정되는 바와 같은 재산차액설적인 의미의 「이득」이 아니다. 만일 물건이 멸실한 경우에도, 반환의무는 채무의 영구화(perpetuatio obligationis)에[24] 해당되는 한 여전히 물건 그 자체의 반환을 내용으로 한다. 즉 반환의무자의 의

20) 이에 관한 논의는 Kaser(註 9), S. 596 a.E; Schulz(註 9), p. 616(그는 중세의 격언을 인용하여, "누구도 자신이 한 것에 반하여 반환을 청구할 수 없다"고 한다) 참조.

21) 또한 낙성계약(contractus consensus)에 해당하지 않는 계약의 무방식의 합의, 따라서 법적 구속력이 없는 합의에 기하여 그 내용대로의 급부를 하였으나, 반대급부에 대한 소권이 발생하지 않는 경우에는, 자신이 한 급부의 반환청구를 condictio ob causam datorum에 기하여 할 수 있다. 이에 관하여는 Schulz(註 9), p. 523 참조.

22) 이 소권의 유형을 성문화한 것이 獨民 § 812 I 제 2 문 후단("법률행위의 내용에 따라 급부로써 목적한 결과"가 발생하지 않은 경우)이다. 그러나 이 유형에 관하여는 그 의미와 성질이 매우 다투어지고 있다.

23) 그 외에 학설휘찬 제12권 제 7 절의 표제 및 칙법휘찬 제 4 권 제 9 절 표제에 나타나는, 무원인으로 인한 반환청구소권(condictio sine causa [specialis])과 법률에 기한 반환청구소권(condictio ex lege)은 고전법에서는 인정되지 않았다. Schulz(註 9), p. 617 참조.

24) 이에 관하여는 Kaser(註 9), § 119 I 2(S. 513f.) 참조.

식 있는 행위로 말미암아 물건의 반환이 불가능하게 되거나 그가 그 반환을 의식적으로 지체한 경우가 그러하다.[25] 또한 반환의무자가 반환하여야 할 물건을 제 3 자에게 처분한 경우에는 대가의 반환청구소권(condictio pretii)이 발생한다.[26]

그러나 이러한 확정물에의 제한은 이미 고전기에 불확정적인 것(incertum)으로서만 청구될 수 있는 급부가 이루어진 경우와 관련하여 해소되기 시작하였다.[27] 예를 들어 법원인 없이 어떠한 급부를 하기로 무인적으로 문답계약한 경우에는 해방(liberatio)을 청구할 수 있었다(condictio liberationis).

(5) 이와 같은 부당이득의 반환에 관련한 이득반환청구소권 외에도 오늘날 부당이득의 법리로써 다루어지는 약간의 경우가 법무관법에 의하여 事實訴權(actiones in factum)으로 처리되었다.[28] 특히 의무자측의 상속이 인정되지 않는 벌금소권 및 기한부 벌금소권이 이에 속한다. 즉 불법행위자의 상속인을 상대로 하여서는, 또는 1년의 제소기간이 경과하고 난 후에는 불법행위를 이유로 하는 청구는 불가능하다. 그러나 이 경우에도 법무관은 "그들에게 귀속한 것에 대하여(in id quod ad eum pervenit)"는 소권을 부여하는 것이다. 이는 家子 또는 노예의 불법행위의 경우 가부 또는 노예의 소유자가 그로 인하여 얻은 것에 대하여도 마찬가지이다. 또 후견인의 조성 없이 어떠한 행위를 한 피후견인을 상대로 하여서도 "그가 이익을 얻은 한도에서는(quanto locupletior factus est)"에 의하여 소권이 부여되는 것이다.

(6) 한편 전용물소권(actio de in rem verso)에 대하여 간단히 살펴보기로 한다.[29]

---

25) Schulz(註 9), p. 615는, 금전의 경우에는 수령자가 선의인가 악의인가에 관계 없이, 또 쟁점결정(litis contestatio)의 시점에서 이미 금전이 소비되었는가 여부에 관계 없이 그 금액을 반환할 의무를 부담한다고 한다.

26) 이에 대하여는 논의가 있다. Kaser(註 9), S. 598 N. 53의 문헌 참조. 카저 자신은 이 소권은 율리아누스가 새로이 도입한 것이라고 한다.

27) Schulz(註 9), p. 614는, 불확정반환청구소권(condictio incerti)은 고전법상 인정되지 않았다고 강력하게 주장하고 있고, 또 이러한 견해는 학설 중에도 유력하다. Kaser(註 9), S. 599 N. 61의 문헌 참조. 슐츠는, 그에 관한 방식서가 法務官告示에 포함되어 있지 않으며, 가령 불확정문답계약에 기한 소권(actio ex stipulatione incerta)을 위하여 사용된 방식서도 문답계약상의 소권에 대하여만 인정되었다고 하면서, "고전기 법학자에 있어서 condictio incerti는 용어상 모순이었을 것"이라고 한다. 그러나 Kaser(註 9) S. 599f.는 이미 고전기에 불확정물에 대한 condictio가 존재하였음을 '추정'할 수 있다고 한다.

28) Kaser(註 9), S. 600 참조.

29) 이하의 서술은 Kupisch, Die Versionsklage. Ihre Entwicklung von der gemeinrechtlichen Theorie des 17. Jahrhunderts bis zum österreichischen ABGB(1965), S. 11-14에 의거하였다.

로마법에서는 대리제도가 원칙적으로 인정되지 않았다. 즉 대리권을 가지는 자가 일정한 행위를 하면 그 효과가 바로 본인에게 미친다는 법형식은 일반적인 형식으로는 인정되지 않았고, 법적 행위는 그것을 행한 자에 대하여만 효력을 미쳤던 것이다. 그러나 일정한 예외적인 경우에는 실제로 대리와 같은 효과가 인정되기도 하였는데 그 중의 하나가 바로 actio de in rem verso의 경우이다. 로마시민법상 家子(노예의 경우도 마찬가지이다)는 家父(pater familias)의 권력에 예속되어 있어서, 고유한 재산을 소유할 수 없었고, 따라서 그가 취득한 재산은 모두 가부에게 귀속되었다. 다른 한편 가부는 가자의 행위에 의하여 채무를 부담하지 않았다. 가자의 채권자는 그를 상대로 소송을 제기하고 승소판결을 얻을 수 있으나(노예에 대하여는 이것마저 불가능하였다), 그의 인격이나 재산에 대한 강제집행은 가부의 권력이 소멸하여 재산능력을 가지게 된 후에만 가능하였다.

이러한 상태는 채권자에게 불리할 뿐 아니라, 가자나 나아가서는 가부의 신용을 위하여도 유리할 것이 없기 때문에, 법무관은 일정한 경우에는 가자에 대한 소권과 아울러 가부에 대하여도 부가적인 소권을[30] 부여하였다. 즉 가자나 노예가 그의 의무부담행위에 기하여 얻은 것을 가부나 주인의 고유재산에 이익되게 이용한 경우(in rem versum), 채권자는 그에 대하여 그가 이익을 얻은 한도 내에서(eatenus, quatenus versum) 책임을 물을 수 있는 것이다.[31] 이 때 이익을 얻었다고 하기 위하여는, 가부의 가족을 위하여 생활필수품을 샀다거나 그의 채무를 변제한 경우와 같이 필요한 또는 유익한 사용을 하여야 하며, 그것이 유익하지 않은 경우에는 책임이 발생하지 않았다. 이러한 소권을 actio de in rem verso라고 한다.

이미 고전기에 「부가적 성질의 소권」의 일부는 가자나 노예처럼 재산능력이 없는 자가 한 의무부담행위에 대하여서뿐만 아니라 그 능력을 가지는 자, 즉 自權者(homo sui iuris)가 한 행위에 대하여도 인정되었다. 가령 선장이 행한

30) Paul. D. 14.1.5.1에 좇아 註釋學派 이래로 이러한 종류의 소권은 actiones adiecticiae qualitatis(부가적 성질의 소권)이라고 불렸다.

31) 그러나 그와 같은 가부 등의 이익의 존재만으로 위 소권이 발생하는가에 대하여는 다툼이 있다. 학자에 따라서는, 위 소권이 발생하기 위하여는 이미 고전기부터 그 이외에도 가부와 가자 사이에 사무처리관계, 즉 위탁된 것이면 mandatum(위임)이, 위탁되지 않은 것이면 negotiorum gestio(사무관리)의 존재가 요구되었다고 주장하기도 한다. 이러한 주장에 따르면 전용물소권의 기초는 가자가 위임이나 사무관리에 기하여 가부에 대하여 비용상환청구권의 일환으로서 가지는 자신의 채권자에 대하여 부담하는 채무의 변제청구권(우리의 民 § 688 Ⅱ 참조)에 있다는 셈이 된다.

행위에 대한 선주의 책임에 관한 actio exercitoria(선주소권)나, 피용자가 행한 행위에 대한 고용주의 책임에 관한 actio institoria(지배인소권)이 그것이다.

(7) 후대의 유스티니아누스帝法은[32] 이미 고전기의 소권체계에 얽매이지 않았고, 또 고전기에 이용된 소송방식서에 관련한 엄격한 해석원칙도 이미 그 효력을 잃고 있었다. 이것은 고전기에 부당이득의 반환에 condictio가 주로 이용된 이유가 그 청구표시에 있어서 의무원인을 지시할 필요가 없었다는 것과 관련하여 심중한 의미를 가진다. 즉 유스티니아누스제법에 있어서는 방식서의 형식적 문언보다도 그 배후에 있는 각종의 실질적인 부당이득 유형이 전면에 등장하게 되는 것이다. 그것은 외형적으로 단일한 형태를 유지하여 오던 이득반환청구소송이 점차 각각의 발생원인과 결합되어 사고되는 경향을 띠어서, 소비대차나 문답계약을 원인으로 성립하는 condictio 외에, 예를 들면 절도를 이유로 하여, 비채변제를 이유로 하여, 불법한 또는 치욕의 원인을 이유로 하여 인정되는 condictio가 별개의 것으로 의식되고, 나아가서는 점차 이들 종류의 반환청구소권이 공통되는 특징을 가지는 것으로 다루어지게 되는 결과를 낳는 것이다.

그러한 진행의 결과 고전로마법이 통일적 단일체로 이해하고 있었던 condictio를 동로마의 학교이론은 독립한 여러 종류의 청구권의 집단으로 해소시켰다.[33] 이와 동시에, 고전기법학자도 알고 있던 일련의 유형이 더욱 세련되게 가공되어 독자적인 명칭을 가진 소권으로 인정되었다(학설휘찬 제12권 제4절의 표제 참조). 즉, (a) 비채의 이득반환청구소권(condictio indebiti), (b) 치욕적인(또는 불법한) 원인에 기한 이득반환청구소권(condictio ob turpem vel iniustam causam), (c) 원인을 위하여 공여된 것의 이득반환청구소권(condictio ob causam datorum) 또는 원인이 부여되었으나 발생하지 않음에 기한 이득반환청구소권(condictio causa data non secuta), (d) 그리고 그 이외의 개별적인 부당이득적 사안에 관한 원인 없음으로 인한 이득반환청구소권(condictio sine causa),[34] (e) 절도의 이득반환청구소권(condictio furtiva) 등이 그것이다. 그리고 그 외에 유스티니아누스제법은, (f) 의무발생원인을 제시함이 없이 새로운 법률이 어떠한 채무를 부담시키는 경우

32) 이하의 서술은 주로 Kaser, Das Römische Privatrecht, 2.Abschn., 2.Aufl.(1975), § 270 (S. 421ff.)에 의하였다.

33) Jakobs(註 11), S. 44f.는, 이 시기에 condictio가 datio를 전제로 한다는 구성은 폐기되고, "기타의 방법"에 의한 이득도 condictio의 대상이 되었다고 한다.

34) 다른 모든 유형에 있어서도 원인(causa)이 결여되어 있다는 점에서는 공통되므로 이 유형은 다른 유형과 경합된다고도 할 수 있다. 그러나 이 유형은 다른 condictio 유형에 의하여 포섭되지 않는 경우, 가령 원인이 급부 당시에는 존재하였으나 후에 소멸하였으므로 급부가 반환되어야 할 경우 등에 의미가 있다고 한다. Kaser(註 32), S. 423 참조.

에 대한 법률에 기한 이득반환청구소권(condictio ex lege) 및 (g) 마지막으로 확정물이 의무의 내용인 경우에는 어떠한 계약, 준계약 또는 불법행위에 기해서든 인정되는 일반적 반환청구소권(후대의 표현으로 condictio generalis)을 새로이 인정하였다.[35] 이 뒤의 둘은 condictio의 출발점이 된 사례와는 아무런 관계가 없는 것으로서[36] 이는 단지 유스티니아누스제법이 일정한 사안에 대한 법적 규제장치의 흠결을 극력 피하려 하였음을 나타낼 뿐이다.[37]

한편 유스티니아누스제법에 있어서 반환청구는 불확정물에도 인정되었다. '불확정물의 반환청구소권(condictio incerti)'은 하나의 독립한 유형으로 인정되었다. 그러나 반환의무의 내용은 수령자의 '이익'에 한정되는 것은 아니고 여전히 수령한 물건 기타 재산적 이익 그 자체의 반환을 꾀하는 것이었다.

또한 이와 같은 내용의 개별적인 부당이득반환청구소권에 대하여 공통적인 기초를 부여 또는 발견하려는 노력이 이루어졌다. 그 중심사상은, 기독교의 영향을 받은 東로마의 學校理論에 따라서 衡平(aequitas)에 구하여졌다.[38] 그리

35) 이 condictio generalis의 인정에는, "확정물반환청구소권은, 어떠한 원인에 의하여서도 ―그것이 확정물의 공여를 내용으로 하는 것이면 어떠한 채무에 기하여서도― 성립한다. 그것은 특정의 또는 불특정의 계약으로부터 청구될 수 있다"는 Ulp. D.12.1.9 pr.이 결정적인 역할을 하였다. 즉, 이러한 condictio generalis의 긍정은, condictio 자체를 對人訴權(actio in personam)과 동일시하는 경향을 낳고(그 뒤의 주석학파나 후기주석학파에서처럼), 이러한 일반적 성격규정의 그늘에서 각각의 condictio의 특성을 파악하려는 지향을 저지하는 방향으로 작용하였다. 뒤에서 보는 대로 condictio가 準契約으로 분류된 것과 아울러, 유스티니아누스제법상의 condictio 체계를 이와 같이 이해하는 태도는 부당이득제도의 독자적 형성이라는 관점에서 반드시 극복되어야 할 것이었다. 獨民 § 812 I 제1문의 형성에 이르는 과정은 바로 이러한 극복의 과정이라고 할 수 있을 것이다.

36) 이러한 소권의 확장은, 고전법 그 자체를 단지 전개시킨 것뿐이라고 생각되었다고 한다. Kaser(註 32), S. 424 참조.

37) 유스티니아누스帝法上의 부당이득법에 대하여, Schulz(註 9), p. 611은 다음과 같이 평가하고 있다. "편찬자들은 고전법을 완전히 파괴하였다. 그들은 현명치 못하게도 이들 소권의 범위를 확대하고, 비잔틴법에 대한 명확한 설명을 하는 일도 없이 고전법을 애매하게 하고 혼란시킨 수많은 interpolatio에 의하여 유감스럽게도 그 내용을 변경하였다. 이 법은 유스티니아누스제법에서 가장 나쁜 부분의 하나이다. 그것은 여러 세기에 걸쳐 법률가를 혼란시켰으며, 또 대륙의 편찬에 나쁜 영향을 미쳐 우리 시대에까지 이르고 있다. 독일 민법전은 하나의 경고적인 예(warning example)이다."

38) 佐藤篤士, "aequitas考", 早稲田法學 57-3(1982), 181 이하는, 특히 공화정기의 로마법학자들은 이 개념을 거의 사용하지 않았다고 하면서(그 예외는 Paul D.3.5.21; Alfenus D.44.1.14뿐이나, 이 경우에도 aequum이라는 형용사가 사용되었지 aequitas라는 명사는 사용되지 않았다), 키케로를 전거로 삼아서(Rhetorica ad Herennium 2.13.19: "법(ius)은 다음과 같은 부분으로 구성된다. 즉 자연, 법률, 관습, 판결, 형평과 선 및 무방식의 합의가 그것이다." 또 그의 Topica 5. 28 등) 형평을 법형성의 지도원리라든가, 법, 특히 시민법(ius civile)을 보충하고 수정하는 규범으로서의 기능을 영위하였다는 理解에 대하여 반대하고 있다. 또한 법률의 해석에 있어서의 aequitas의 기능에 관하여, 崔秉祚, "로마법상의 법률이해와 법률해석―서론적 고찰", 서울대 法學 27-1(1986), 196 참조("scriptum을 무시한 채 voluntas나 aequitas만을 일방적으로 지향하는 데는 결코 이르지 아니하였다"). 나아가 Schulz(註 9), p. 75 및 Watson, Law Making in the Later Roman

고 폼포니우스의 유명한 "자연의 형평상 누구도 타인의 불이익으로써 이익을 얻어서는 아니된다"(D.12.6.14; D.50.17.206)는 명제는 이를 뒷받침하는 자료로서 극히 중시되었다.[39] 또한 이와 같은 중심사상에 의하여 이해된 부당이득청구소권은 준계약(obligatio quasi ex contractu)의 일종으로 편입되기에 이르렀다(Ins. 3.27.6).

3. 18世紀 및 19世紀 初의 여러 民法典에 있어서의 不當利得法

(1) 17세기로부터 프로이센일반란트법, 오스트리아일반민법전 등의 근대초기의 여러 입법까지의 보통법학 이론의 주된 흐름은 대개 다음과 같이 요약할 수 있다. 즉, "누구도 타인의 손실에 의하여 이익을 얻어서는 안 된다"라고 하는 부당이득원리가 로마법원(D. 12.6.14; 50.17.206)을 배경으로 하여, 또한 아리스토텔레스의 윤리학의 영향 아래서, 자연적 형평에 기한 법원리로서 강조되어 많은 법제도의 지배원리로서의 의의를 가지게 되었다. 그 원리가 직접적·간접적으로 그 형성 내지 발전에 영향을 미친 법제도로서는 부당이득반환청구소권(condictio sine causa), 사무관리(negotiorum gestio) 그리고 전용물소권(actio de in rem verso)을 들 수 있다.

한편 구체적인 법제도의 형성이라는 관점에서 논의를 condictio에 한정시켜 본다면, 그것을 독자적인 부당이득제도로 이해하는 입장은 주석학파 이래로 반드시 큰 힘을 얻지 못하고 있었다. 오히려 準契約 내지 踐成契約(要物契約)이라는 관점과[40] 衡平理論이[41] 불명료하게 이합집산을 거듭하고 있었다.

Republic(1974), p. 172("aequitas는 법을 발견하기 위한 실제상의 수단을 가지지 않는다. … 법은 모두 aequitas에 기하여야 할 것이나, 실정법의 에센스는 형평과는 별개의 것이다. [키케로와 같은] 변론가가 법정에서 그 의뢰인의 주장이 aequitas에 근거하고 있다고 주장하는 것은 쉬운 일이나, 심판인이나 법학자가 자신의 견해를 그러한 근거에 의하여 정당화하는 것은 곤란할 것이다") 참조. 그러나 고전기 말기 이후 이러한 양상은 점차 변화하여 간다. aequitas는 법(ius), 특히 종래에 형성되어 온 법과 대립적으로 파악되고, 아리스토텔레스적 형평의 관념(이에 대하여는 車河淳, 衡平의 硏究(1983), 42 이하 참조)이 나타나게 되었다. 이는 서기 313년에 기독교도가 된 콘스탄티누스 황제의 칙령이 이를 웅변한다. 즉, "모든 사항에 있어서 엄격한 법리보다는 정의와 형평이 우선한다고 정하였노라(Placuit in omnibus rebus praecipuam esse iustitiae aequitatisque quam stricti iuris rationem)."

39) Dawson, Unjust Enrichment. A Comparative Analysis(1951), p. 48 및 p. 159 n. 13 참조. 도슨은, 이 법문은 순전히 그리스인 편찬자들의 소산으로 돌리는 견해(가령 Mayr)에 반대하고, condictio의 확장이 부당이득원리에 연결된 도덕적 사고에의 의식적인 호소에 의하여 가장 잘 설명될 수 있다고 한다.

40) 이렇게 하여서는 다른 법제도, 가령 사무관리와의 한계가 모호하게 될 수밖에 없다.

41) 여기서는 내용이 불명확한 일반원리만이 주장될 뿐 제도의 구체적인 내용을 획득하기 힘들다.

또 이와 아울러 condictio와는 별개로, 단지 이익을 얻었다는 사실에 기한 일반적 보충적 사실소권(actio in factum)이 인정되어야 한다는 주장까지 등장하였다. 이와 같이 준계약사상이 여전히 강한 영향력을 가지고 있었으나, condictio의 기초를 이득원리에 둔다고 하는 기본방향은 움직일 수 없는 공통재산이 되었다고 할 수 있을 것이다.

(2) 프로이센일반란트법

㈎ 1794년 6월 1일부터 시행된 프로이센 일반란트법에서 condictio는 "변제에 관하여(Von der Zahlung)"라는 표제를 단 절(제1편 제16장 제2절)에 규정되어 있다.[42] 그 내용은 비채변제(§166 이하)를 중심으로 하여, 목적부도달로 인한 반환청구권(§199 이하) 및 불법원인으로 인한 반환청구권(§205 이하)를 포함하는 급부반환청구에 한정되어 있다. 변제라는 절에서 규정됨으로 인하여 이미 준계약적인 이해는 후퇴하지 않을 수 없다. 반환의 범위도 수령자의 선의·악의에 따라 소유물반환의무(Vindikationshaftung)에 있어서의 그것을 준용하고 있으며(§§189, 190) 선의점유자라고 하여 그것을 현존하는 이익에 한정하지 않는다. 다만 금전이 반환의 목적물인 경우에는 소비대차에 준하여 다루어진다(§193). 당시의 보통법이론에 있어서 부당이득원리의 침투가 지배적이었음에도 불구하고 condictio에 관하여서는 그러한 이해가 드러나지 않은 것은 역시 전용물소권의 일반적인 확장과 밀접한 관련이 있다고 할 것이다.

㈏ 한편 뒤에 "타인의 재화로부터의 이득"라고 불리우는 경우에 해당되는 예를 보면, 동법은, 선의의 점유자는 소유자에 대하여 원칙적으로 가액반환의 책임을 부담하였다. 자신의 토지 위에 선의로 타인의 종자를 파종하거나 타인 소유의 식물을 식재한 자, 그리고 타인의 재료를 가공하거나 자신의 것과 혼화 또는 부합시킨 자는, 소유자에 대하여, 그러한 행위를 한 당시의 "최고의 가액"을 배상할 의무가 있었다(제1편 제9장 §§283, 305). 그러나 선의의 점유자가 그 점유를 취득함에 있어서 매도인에게 지급한 매매대금은 그 배상액에서 공제를 할 수 있었다(제1편 제15장 §26). 또한 선의로 타인의 물건을 보유하게 된 자가 역시 선의로 그 물건을 제3자에게 처분한 때에는 소유자에게 그 받은 대금을 반환하

42) 그러나 급부반환청구라고 하여도, 급부자가 급부이행행위를 함에 있어서 일방적으로 착오를 일으킨 경우, 가령 이중급부나 초과급부 또는 채권자 아닌 자에의 변제 등의 경우가 중심을 이루고 있고, 하자가 채무발생원인인 계약 자체에 존재하고 있기 때문에 그 계약에 기하여 이루어진 급부를 반환하여야 한다는 경우에 관하여는 제1편 제16장 §167("변제자가 수령자에 의하여 사기적으로 착오에 빠지게 된 때에는 변제자는 반환청구를 할 수 있다")이 있을 뿐이다.

여야 한다(同章 § 28).[43] 이와 같이, 소유물반환청구권에 갈음하는 가액배상청구권과, 위에서 본 급부의 반환청구권이 전혀 관련 없이 규정되어 있다는 것은, 부당이득제도에 관한 일반적 규율을 두지 않고 있는 마당에는 오히려 당연한 것이라고 하겠다.

(다) 사무관리와 전용물소권은 위임(Vollmachtsauftrag)과 아울러 "제3자에 의한 물건 및 권리의 소유권의 취득"이라는 표제를 단 章(제1편 제13장)에서 규정되고 있다. 즉, 사무관리는 그 제2절에서, 전용물소권은 "유익한 사용"(Von nützlichen Verwendungen)이라는 표제를 단 제3절에서 각기 규율되고 있는 것이다. 사무관리에 관한 절의 冒頭에서 § 228은 "원칙적으로 누구도 타인의 위임 또는 특히 명시적인 법에 의하여 부여되는 권리에 의하지 아니하고 타인의 사무에 관여할 권한이 없다"고 하여 사무관리의 원칙적 금지를 선언한다. 그리고 그 반면으로서 사무관리가 성립하는 경우의 본인의 책임을 부당이득원리에 기하여 설명한다. 즉 § 230은 "그러나 누구도 별도의 권리 없이 타인의 물건이나 행위에 의하여 이익(Vorteile)을 취하여서는 아니된다. 즉 타인의 손실에 기하여 이득하여서는 아니된다"고 하고, § 231은 "따라서 위임 없이 타인에 의하여 처리된 사무로부터 실제적인 이익을 누린 자는 그 이익의 한도 내에서 타인에게 배상을 하여야 한다"고 정하는 것이다.

한편 전용물소권에 관하여는 그 절의 모두에 매우 포괄적이고 객관적인 규정을 내세운다.[44] 즉 "자신의 재산으로부터 어떤 것을(etwas) 타인에 유익하게(in den Nutzen eines anderen) 사용한 자는 그것을 원상태로 반환청구하거나 또는 그 가액의 배상을 청구할 권한이 있다." 원래 편찬위원회의 생각은 사무관리와 전용물소권을 동일한 절에서 모두어 규정한다는 것이었다. 이러한 구상은 비록 실현되지는 않았지만(수아레츠가 분리를 주장하였다),[45] 양자가 동일

43) Koch, Kommentar zum ALR, 1. Teil 2. Bd.(1853), § 28 I 15(S. 357) N. 34는 이를 부당이득의 소로 이해하고, 이는 "성질상 부가적"이라고 한다.

44) § 262. 그러나 이 규정을 전용물소권을 받아들인 것이라고 이해하는 데에는 약간의 반론이 제기될 수 있다. 왜냐하면, 동 규정은 당시 일반적으로 인정되었던 전용물소권의 범위를 훨씬 뛰어넘고 있기 때문이다. 즉, 당시 보통법학의 통설은 전용물소권의 성립에 중간자의 출연에 의한 매개를 요구하고 있었다. 그런데 동 규정은 이 요건을 채택하지 않고 "단지 자신의 재산이 타인에게 유익하게 사용된 것"만을 요구하고 있는 것이다. 그런데 ALR 제정 이후의 실무는 그 규정의 문언에도 불구하고 전용물소권의 인정에 통설과 같은 요건을 요구하고 있다. 이에 대하여는 Eccius, Preussisches Privatrecht, Bd. 2, 7.Aufl.(1886), § 148(S. 452ff.) 참조.

45) "유익한 사용"에 대하여 사무관리와 동등한 "독자적" 지위를 부여하고, 이것을 "특수한" 법제도로 하려는 것이 수아레츠의 의도였다고 한다. Eccius(前註), S. 453 참조.

한 원리 즉 위의 § 230에서 본 부당이득원리에 기초를 둠에는 의문의 여지가 없었다(수아레츠: "이 장은 원래 2종의 재료, 즉 사무관리와 전용물소권을 포함한다. 양자는 누구도 타인의 손해에 의하여 이익을 얻어서는 아니된다는 공통의 원리로부터 발생하였다는 점에서 일치한다").

(3) 오스트리아민법[46]

오스트리아민법의 태도도 프로이센법과 유사하다. 우선 비채변제에 관하여는 "변제를 통한" 권리와 채무의 소멸에 관하여 규정하는 부분에서 다루어지고 있다(제3부 제3장 제1절의 § 1431 이하). 반환의 범위에 관하여 선의와 악의에 따라 점유자의 책임과 동일하게 취급하는 것(§ 1437)도 프로이센법과 동일하다. 반환의 목적물이 금전인 경우에 대하여는 프로이센법과 같은 명문의 규정은 없으나 학설은 그와 마찬가지로 해석하고 있다(이에 관하여는 독일 민법과 같이 선의 수령자의 책임을 현존이익에 한정하는 소수설이 있기는 하다). 그러나 오스트리아민법은 기타의 condictio유형에 관하여서는 별도의 규정을 두지 않고 있다.

사무관리와 전용물소권에 관하여도 오스트리아민법은 "위임과 다른 종류의 사무처리"라는 장(제2편 제22장)에 위임(§ 1002 이하), 사무관리(§ 1035 이하) 및 전용물소권(§§ 1041 내지 1044)을 모두어 규정하고 있다. 사무관리에 관하여는 프로이센법과 마찬가지로 그 원칙적 금지를 정하고 있다(§ 1035: "명시 또는 묵시의 계약이나 법원 내지 법에 의하여 권한이 없는 자는 원칙으로 타인의 사무에 관여하여서는 아니된다. 이것을 감히 한 자는 그 일체의 결과에 대하여 책임을 진다"). 전용물소권도 "타인에 유익한 물건사용(Verwendung einer Sache zum Nutzen des Anderen)"이라는 공식으로 규정되고 있다. 전용물소권은 § 1041에서 적어도 그 文言上 무제한하게 인정하고 있다. 즉, 소유자는 그 소유의 물건이 "사무처리[에 관한 계약] 없이 타인에게 유익하게 이용된 경우"에는 그 타인으로부터 原物返還이나 價額返還을 청구할 수 있다는 것이다. 그러나 오스트리아의 확고한 판례는 墺民 § 1041에 기한 전용물소권은 단지 "그 권리관계의 판단과 관련하여 그 원고와 제3자 사이의 계약 또는 계약 유사의 관계가 원용될 수 없는 경우에 한하여 적용되는 보충적인 수단"이라고 한다.[47] 가령 건축업자가 임차인의 위탁을 받아 임대인 소유의 집을 改修하였다면 그 소유자에 대하여 그 주택가치의 증가액을 청구할

46) 이하의 서술은 기본적으로 Swoboda, Bereicherung, Geschäftsführung ohne Auftrag, versio in rem nach österreichischem Recht mit Ausblicken in das deutsche Recht(1919), S. 10-32에 의거하고 있다.

47) OGH 1952.1.16, SZ XXV 13.

수 없다. 또한 소유자의 위탁을 받아 난방장치를 설치한 업자는 그 사이에 이 주택을 매수, 취득한 자에 대하여 그 대금을 청구할 수 없다.[48] 판례는 제 3 자가 원고와 계약을 체결한 경우에도 그 제 3 자가 "경제적으로 독립한 지위를 가지고 있지 않고, 피고를 위하여 행위하였으며, 또 경제적으로 하나의 通過驛인 때"에는[49] 전용물소권을 인정한다.

그러나 어느 경우에나 부당이득원리를 그 제도의 기초로서 직접 원용하는 표현은 프로이센법과는 달리 쓰지 않고 있다.[50]

4. 독일 · 스위스

(1) 一般規定

독일민법[51]과 스위스채무법은 「부당이득」으로 인한 반환청구권을 별도의 節에서 규정하고 있다. 그 序頭에는 포괄적인 一般條項이 있다.

> 獨民 § 812 I : "타인의 급부에 의하여 또는 기타의 방법으로 그 타인의 손실로(auf dessen Kosten) 법적 원인 없이 어떠한 것을 얻은 자는 그 타인에게 이를 반환할 의무가 있다. 이 의무는, 그 법적 원인이 후에 소멸한 때 또는 그 급부에 의하여 법률행위의 내용상 목적한 결과가 발생하지 아니한 때에도 성립한다."
>
> 瑞債 § 62: "부당한 방법으로(in ungerechtfertigter Weise) 타인의 재산으로부터 이득한 자는 그 이득을 반환하여야 한다. 특히 이 의무는 아무런 유효한

48) 전자에 대하여 OGH 1930.1.7, SZ XII 7 및 OGH 1955. 5. 1, JBl. 1956, 17(Gschnitzer의 포괄적 판례개관과 비판적 평석이 붙어 있다), 후자에 대하여 OGH 1934. 4. 11, SZ XVI 73 참조.

49) OGH 1952. 1. 16, SZ XXV 13.

50) 현재 오스트리아에서는, 이러한 규정의 분산에도 불구하고, 이를 모두어 "법정채권관계"의 하나인 "부당이득법(Bereicherungsrecht)" 아래 설명하고 있다. 가령 Koziol/Welser, Grundriss des bürgerlichen Rechts, Bd. 1, 6.Aufl.(1983), S. 310ff. 참조. 이에 의하면, 비채변제에 관한 규정인 § 1431 이하는 일반적으로 급부이득반환청구권(Leistungskondiktion)을 규정하는 것으로, "유익한 사용"에 관한 § 1041 이하는 "기타의 방법"에 의한 부당이득에 관하여 정하는 것으로 이해하고, 특히 후자는 Verwendungsanspruch(이는 통상 비용상환청구권이라고 번역되나, 여기서는 적절치 아니할 것이다)라고 하여, 독일 민법학상의 통설인 부당이득유형론과 거의 동일한 설명을 하고 있다. 한편 전용물소권에 대하여는, § 1041의 문언 자체는 그 인정을 원칙적으로 인정하고 있음에도 불구하고, 판례는 그 적용을 엄격히 제한하여, "제 3 자가 원고의 사이에 그 자신의 이름으로 계약하였으나, 경제적으로 아무런 독립적 역할을 하지 않으며 또 피고의 이익으로 행위하여 단지 '통과역'에 불과한 경우"에 한하여 그 성립을 인정한다고 한다. 이에 대하여는 Zweigert/Kötz, Einführung in die Rechtsvergleichung auf dem Gebiet des Privatrechts, Bd. 2, 2.Aufl.(1984), S. 270 참조.

51) 독일민법의 제정 후 독일부당이득이론의 역사적 모습에 대하여는 梁彰洙, "獨逸不當利得理論의 歷史的 展開", 郭潤直 교수 화갑기념논문집(1985. 12), 582 이하 참조.

원인 없이 또는 실현되지 아니하거나 후에 소멸한 원인에 기하여 出捐을 얻은 경우에 성립한다."

특히 독일에서 현재의 지배적인 학설에 의하면, 위의 일반규정으로부터 "타인의 급부에 의한" 이득의 경우, 즉 급부이득반환청구권과 "기타의 방법으로 인한" 이득의 경우, 즉 비급부이득반환청구권이 구별된다(소위 非統一說). 그리고 후자에는 다시 그 주요한 유형으로 침해이득반환청구권과 비용이득반환청구권 등이 인정된다.[52] 이하에서는 급부이득반환청구권과 침해이득반환청구권에 대하여만 설명하기로 한다.

(2) 給付利得返還請求權

(a) 獨民 § 812는, 法原因 없는 재산이동이 「타인의 급부에 의하여」 이루어졌는가 아니면 「기타의 방법으로」 이루어졌는가에 따라 구별을 두고 있다. 前者의 소위 給付利得返還請求權(Leistungskondiktion)은, 청구권자의 「급부」, 즉 그가 의식적으로 그리고 의욕하여 행한 타인의 재산을 증가시킨 것(bewußte, zweckgerichtete Mehrung fremden Vermögens)이 「법적 원인 없이」 행하여졌음을 이유로 그 타인에 대하여 그 반환을 청구하는 경우를 말한다.

그러한 급부의 주요한 예를 들어 보면, 금전 기타 물건의 소유권 양도, 채권양도, 점유의 許容, 영수증이나 채무증서 또는 어음의 교부 등이 있고, 나아가서는 勞務(고용이나 도급에 기한)도 이로써 수령자가 하였을 지출을 절약한 때에는 이에 해당한다. 또한 제 3 자에 대하여 이행하여야 하는 의무를 타인의 희생으로 면하게 된 경우도 여기서 말하는 「급부」에 해당한다. 이 모든 경우에 결정적인 문제는 그 급부에 의하여 이루어진 재산이동이 「법적 원인 없는(ohne rechtlichen Grund)」 것인가, 즉 수령자가 급부자에 대한 관계에서 유효한 債權關係나 기타 수령자의 保有를 정당화하는 약정을 주장할 수 있는가 하는 점이다. 가령 1천 마르크가 지급된 경우에, 그것이 매수인이 매도인에게 매매대금의 지급을 위하여, 또는 은행이 그 고객에게 신용을 주기 위하여, 또는 신부의 아버지가 사위될 사람에게 장래의 혼인을 생각해서 한 것이라면, 그 지급은 「정당」하다. 그러나 그 매매계약이 처음부터 강행법규에 위반하여 무효이거나, 은행이 그 지급 후에 그 소비대차계약을 사기를 이유로 취소하거나,

52) 최근의 체계적 문헌으로 예를 들면 Larenz/Canaris, Lehrbuch des Schuldrechts, Ⅱ/2, 13.Aufl.(1994), § 69(S. 167ff.)는 비급부이득반환청구권을, 일반적 침해이득반환청구권, 獨民 § 816상의 침해이득반환청구권, 비용이득반환청구권, "기타의 비급부이득반환청구권"으로 나누어 설명하고 있다.

혼인이 이루어지지 않았다면, 그 수령자가 그 돈을 계속 보유하는 것을 정당화하는 법원인은 애초부터 없든 후에 소멸하였든 간에 존재하지 않는 것이다.

(b) 독일에서만 부당이득반환청구권에 의하여 처리되는 특수한 경우가 있다. 소위 「無因主義」에 의하여, 소유권양도나 채권양도의 원인이 되는 채권계약이 효력이 없어도 그 물건의 소유자나 채권자가 될 수 있다. 가령 1매의 그림을 팔고 그 소유권을 양도하였다고 하면, 이 경우 독일법은 매매계약과 소유권이전에 관한 합의를 엄밀히 구분하여, 매매계약이 가령 不合意 또는 錯誤를 이유로 하는 취소로 인하여 무효임에도 불구하고 원칙적으로 매수인이 그 그림의 소유자라는 태도를 취한다. 이 경우에 獨民 § 812가 개입하여, 매도인은 이득의 반환(이 경우에는 所有權의 再讓渡)을 청구할 수 있는 것이다. 이에 반하여 스위스법은 부동산의 경우(瑞民 § 974 II)뿐만 아니라 동산의 경우(판례로서 BGE 55 II 302 참조)에도 원인행위의 유효를 소유권이전의 요건으로 하고 있으므로, 매도인은 여전히 그림의 소유자로서 소유권에 기한 물권적 청구권을 가진다. 이 청구권은 매수인에 대하여 파산절차가 개시된 경우에도 그 그림을 반환받을 수 있다는 점에서 부당이득에 기한 청구권과 차이가 난다. 물론 스위스법상으로도 매수인이 그림을 이미 다시 양도하고 그 양수인이 이를 선의취득한 경우(瑞民 §§ 714, 933)에는 매도인은 부당이득반환청구권만을 행사할 수 있다. 이 경우에는 매도인은 매수인이 제 3 자로부터 반대급부로서 수령한 것의 반환을 청구할 수 있다.

(c) 獨民 § 812 I 제 2 문, 瑞債 § 62 II 의 규정은 별다른 실제적 의미가 없는 로마법대전의 낡은 이득반환소권유형을 정하고 있다. 이들은 모두 "무원인으로(sine causa)" 급부가 이루어진 경우에 관한 것이다. 주목할 것은, 부당이득의 반환에 관한 규정이 그 채권관계가 유효하게 성립하지 않거나 후에 소멸한 이유에 대하여는 별다른 구별을 하지 않고 있다는 점이다. 예를 들면 그것이 強行法規나 良俗의 위반이든, 원시적·객관적 불능으로 인하여 무효이든, 나아가 착오·강박 또는 사기를 이유로 하는 소급효 있는 취소에 의하여 무효가 되었든, 이러한 이유들은 모두 계약의 유효한 성립에 관한 것으로서 법률의 각각 다른 곳에서 다루어지고 있다. 그러므로 부당이득반환청구권은, 이미 다른 규정에 의하여 기초가 되는 채권관계가 효력 없음이 확정된 경우에, 비로소 적용된다.

(d) 나아가 급부가 도덕적 의무의 이행으로 또는 소멸시효가 완성되

거나 항변권이 부착된 채무의 이행으로 행하여졌을 때에도 返還請求는 허용되지 않는다. 이러한 경우에 채무자가 이행청구를 소구당하였다면 적법하게 자신을 방어할 수 있을 것이다. 그러나 그 급부를 자의에 기하여 행한 경우에는 후에 그 반환을 청구할 수 없다(獨民 §§ 813, 814; 瑞債 § 63).

(e) 독일법에 의하면, 給付利得返還請求權은 항상 원고가 「원인 없이」 급부한 그 상대방에 대하여서만 취득되며, 그 급부가 간접적으로 이익을 준 사람을 상대로 하여서는 발생하지 않는다. 가령 금전을 대여받은 자가 그 돈을 그 妻 소유의 주택의 개축에 사용한 경우에 차용자 본인이 무자력이 되거나 소비대차계약이 무효라고 해도 그 처에 대하여 반환을 청구할 수는 없다. 또한 부분공사업자가 건축업자와의 계약에 기하여 資材를 그 건축업자가 공사중인 주택에 부합시킨 경우도 마찬가지이다. 그는 계약을 원인으로 하여 또는 계약이 무효이면 부당이득을 이유로 하여 계약의 상대방인 건축업자에 대하여만 권리를 주장할 수 있고, 설사 그 부합으로 인하여 주택의 가치가 증가하였더라도 그 소유자인 제 3 자에 대하여는 권리를 주장할 수 없다. 독일의 판례는 이를 「財産移動의 直接性(Unmittelbarkeit der Vermögensverschiebung)」이 요구되는 것이라고 칭한다. 즉, 동일한 하나의 과정이 원고의 손실과 피고의 이득을 동시에 초래하여야 한다는 것이다.

이러한 제한의 의미는 명백하게, 급부자는 자신과 계약한 급부수령자만을 상대로 하여야 하며, 그 급부물들이 제 3 자의 재산에 다시 옮겨졌다는 우연한 사정으로 말미암아 급부자가 그의 계약상대방과 아울러 제 3 자를 채무자로 할 수 있는 이익을 얻어서는 안 된다는 것이다. 또한 급부자는 자신의 계약상대방에 대하여서만 계약상의 권리 또는 부당이득상의 권리를 가진다는 것은 공평하기도 하다. 즉, 그는 계약체결에 있어서 계약상대방을 신뢰하였다. 그런데 급부수령자가 재정적 어려움에 빠짐으로써 그 신뢰가 배반당하였다면 그 불이익을 감수하여야 하고, 그것이 계약이 유효인지(이 경우에 급부수령자는 계약상 합의된 반대급부를 이행하지 못한다), 무효인지(이 경우에 급부수령자는 그 받은 급부 또는 그 가액을 반환하지 못한다)에 따라 달라져서는 안 된다.

(f) 그런데 보통법학에서나 프로이센법에서 아직 인정되고 있던[53] 「轉用物訴權」은 현행 독일법에서는 인정되지 않는다.[54] 스위스법도 같은 태도

53) RGZ 1, 143; 1, 159; ROHG 3, 377 등 참조.

54) 이미 독일민법의 기초자들의 전용물소권에 대한 否定的 態度에 대하여는 Motive Ⅱ, S. 872 참조.

를 취한다. 예를 들면 스위스의 한 판결은,[55] 금치산선고를 받은 아버지의 농장을 운영하던 아들이 자신의 이름으로 원고로부터 2마리의 소를 매수하여 아버지의 농장에서 부린 사건에 관한 것이다. 매도인은 직접 아버지를 상대로 하여 그 매매대금의 지급을 청구하는 소송을 제기하였다. 스위스연방대법원은 이 청구를 기각하였다. 그 이유는, 피고는 소의 소유권을 원고의 손실에 기하여서가 아니라, 애초 소를 자신의 이름으로 원고로부터 매수하여 스스로 소유권을 취득한 아들의 손실에 기하여서 취득하였다는 것이다.

이와 같이 수급인이 도급인에게 속하지 않는 물건을 개량하거나 수선한 경우에 그 도급인이 후에 무자력하게 되었어도 수급인은 그 물건의 소유자에 대하여 獨民 § 812에 기하여 그 물건의 가치상승분의 반환을 청구할 수는 없다. 그러나 수급인은 그 급부에 대한 대가를 얻을 때까지 그 물건을 유치할 권리가 있고, 이는 소유자에 대하여도 행사할 수 있다는 것이 어느 나라에서나 인정되고 있다.[56]

(3) 侵害利得返還請求權

(a) 지금까지 본 급부이득반환청구권은 항상「급부」, 즉 급부자에 의하여 의욕된 재산이동을 전제로 한다. 이 재산이동은 그 원인이 되는 채권관계가 애초부터 효력이 없거나 후에 소멸하였기 때문에 原狀으로 돌아가야 하는 것이다. 그런데 이하에서 살펴보는「기타의 방법에 의한」이득의 가장 중요한 예는, 타인의 물건이나 권리를, 그 소유자 또는 권리자와의 관계에서 그렇게 할 권한이 없으면서, 사용하거나 이용하거나 소비한 경우이다. 이러한 타인의 권리에의 침해(Eingriff)가 유책하게 행하여지면, 그 권리자는 불법행위를 이유로 하는 손해배상청구권을 가지게 된다. 그러나 無責한 侵害의 경우에도 그 침해자는 獨民 § 812 I 제 1 문에 따라 그 이용의 가액을 권리자에게 반환하여야 한다. 독일에서는 이를 침해이득반환청구권(Eingriffskondiktion)이라고 부른다.

예를 들면, 자신의 가축으로 하여금 타인의 풀밭에 들어가서 풀을 뜯어 먹도록 한 사람, 타인의 석탄을 착오로 소비한 사람이나 타인의 선로를 사용

55) BGE 42 Ⅱ 467.
56) 수급인에 대한 이러한 보호는 나라마다 다른 방법을 통하여 주어지고 있다. 독일에서는 獨民 § 994 이하의 [점유자의] 비용상환청구권(BGHZ 34, 122 참조), 스위스에서는 瑞民 § 895의 留置權(Retentionsrecht), 오스트리아에서는 墺民 § 471의 유치권(Zurückbehaltungsrecht)(OGH 1959. 4. 1, ZVR 1960 Nr. 45 참조)에 각각 의한다.

한 사람은[57] 이렇게 하여 자신의 재산에 유입된 利益(Nutzungen)의 가액을, 그 침해가 有責하게 이루어졌는지 여부를 불문하고, 그 타인에게 보상하여야 한다. 독일에서 많이 논의된 바 있는, 타인의 주차장에 차를 몰고 들어가서 ── 그의 의견으로는 公路에 대하여 주차료를 징수할 권리는 인정될 수 없는 것이어서── 주차료를 지급할 의사가 없음을 표시한 자는, 그 의견이 부당한 경우에는, 그 주차상 사용의 가치를 지급할 의무가 있다. 그 의무는 주차료를 내야 한다는 표지가 있는 주차장에 차를 몰고 들어감으로써 「사실적 계약관계」가 성립되기 때문이[58] 아니라, 주차공간을 代價를 받고 使用許諾하는 타인의 권리를 그 타인에 대하여 그럴 권한이 없으면서 침해하였기 때문이다.

(b) 타인의 권리를 권한 없이 용한 자가 그 이용의 가액을 그 권리자에게 보상하여야 하는 것은, 그 자가 그 권리자 스스로 그것을 이용하지 않았을 것이라거나 이용할 수 없었음을 증명한 경우에도 다름이 없다. 부당이득반환청구권의 목적은 불이익을 입는 자의 재산에 생긴 부족상태를 메워 주는 데 있는 것(그렇다면 그것은 손해배상의 이행이 된다)이 아니라, 이득을 얻은 자의 재산에 생긴 剩餘狀態를 그 관계인 중에서 보다 우월한 권리를 가지는 자에게 귀속시키는 데 있다. 소유권이 바로 그러한 우월한 권리이다. 법은 오직 그에게만 그 재산을 자신이 옳다고 생각하는 방법으로 이용하고 또는 그 이용을 ──대가를 받고── 타인에게 허용하는 권능을 주고 있다.

(c) 어떤 사람이 타인의 물건을 讓渡하여 그 상대방이 그 물건의 소유권을 취득하게 되는 경우에도 侵害利得返還請求權이 인정된다. 그 처분으로 말미암아 자신의 소유권을 상실한 자는 그 처분자에 대하여 그가 제3자로부터 반대급부로 받은 것을 청구할 수 있다. 獨民 § 816 I 은 이를 명문으로 정하나,[59] 스위스와 오스트리아에서도 그러하다.[60] 獨民 § 816 I 제2문이 정하는

---

57) RGZ 97, 310의 事案.

58) BGHZ 21, 319, 333ff.는 그렇다고 한다.

59) 獨民 § 816 I: "무권리자가 목적물에 관하여 권리자에 대하여 효력 있는 처분을 하는 때에는, 그는 권리자에 대하여 처분으로 인하여 취득한 것을 반환할 의무를 진다. 처분이 무상으로 행하여진 때에는, 처분에 기하여 직접 법적 이익을 취득한 사람이 동일한 의무를 진다." 한편 同條 Ⅱ는 "권리자에 대하여 효력 있는 급부가 무권리자에게 실행되는 때에는, 무권리자는 권리자에 대하여 급부받은 것을 반환할 의무를 진다"고 정하여, 가령 채권자 아닌 자에의 이행이 채권을 소멸시키는 경우에도 마찬가지로 정하고 있다.

60) 오스트리아에 대하여는 Ehrenzweig, System des österreichen allgemeinen Privatrecht, Bd. 2, 2.Aufl.(1928), S. 726; 스위스에 대하여는 Bucher, Schweizerisches Obligationenrecht, 5.Aufl.(1979), S. 618 및 BGE 87 Ⅱ 20 참조.

바와 같이 제 3 자가 그 물건을 무상으로 취득한 경우에는 예외적으로 그에 대하여 부당이득의 반환을 청구할 수 있다는 법리가 스위스에서도 인정되고 있는지는 의심스럽다.[61] 타인의 물건이 제 3 자에게 이전되었으나 그 제 3 자가 그 소유권을 취득하지 못하는 경우(가령 그 물건이 盜品인 경우. 獨民 § 935, 瑞民 § 934 참조)에는 어떠한가는 다투어지고 있다. 이 경우에 가령 소유자가 그 제 3 자의 신원이나 소재를 알지 못하거나 또는 알고 있어도 소유권에 기한 반환청구를 하는 것이 실제적이지 못한 경우에는 소유자는 제 3 자에 대하여 소유물반환청구를 하는 대신에 처분자에 대하여 그가 제 3 자로부터 수령한 것의 반환을 청구할 수 있는가? 독일의 실무는 소유자가 가령 무권리자의 처분을 추인함으로써 제 3 자에의 이전을 유효한 것으로 만들어 자신의 소유권을 상실한 경우에는 이를 실제로 인정하고 있다.[62] 그러나 스위스의 연방대법원은 다른 태도를 취한다.[63]

(d) 소위 侵害利得返還請求權은 소유권이 아니라 다른 절대권이 침해된 경우에도 큰 의미가 있다.

먼저 타인의 特許權이나 實用新案權, 商標權을 침해한 경우에는 비록 그 침해자에게 과책이 없는 경우라도 獨民 § 812에 기하여 적절한 통상의 實施料(Lizenzgebühr)를 지급하여야 한다. 원래 그 침해가 무책하게 이루어진 경우에 관하여, 판례는 부당이득반환청구권이 인정되지 않는다는 견해를 취하였었다. 그 이유는 특별규정이 유책한 침해의 경우에 한정하여 권리자에 대하여 배상청구권만을 부여하고 있어서 그 외에 민법의 일반규정은 적용될 여지가 없다는 것이다. 그러나 그 후 판례는 이 견해를 수정하여, 이들 권리를 무책하게 침해한 자도 부당이득의 반환의무가 있다고 하였다.[64] 그러나 침해자는 그 권리의 ──권한 없는── 사용의 객관적 가치라고 할 수 있는 적절한 통상의 실시료(소위 로얄티)를 지급하여야 함으로써 족하고, 그 침해행위로 얻은 收益을 반환할 필요는 없다고 한다.[65]

---

61) v. Büren, Schweizerisches Obligationenrecht(1964), S. 310 참조.
62) RGZ 105, 84; 106, 44; 150, 31 참조.
63) BGE 71 Ⅱ 90.
64) BGHZ 68, 90.
65) BGHZ 92, 299; BGHZ 99, 244 참조. 이는 통설이기도 하다. 그러나 그 수익도 반환되어야 하지 않는가 하는 소위 收益返還責任(Gewinnhaftung)에 관하여는 論議가 없지 않다. 확고한 판례는 침해행위의 有責性이 인정되는 경우에는 이를 긍정한다(BGHZ 60, 168 참조). 그것은 준사무관리에 관한 獨民 § 687 Ⅱ("자신이 사무처리에 관한 권한이 없음을 알면서 타인의 사무를 자기의 사무로 처리하는 때")를 근거로 한다고 설명되기도 한다.

이상은 타인의 肖像이나 姓名이 침해된 경우에도 마찬가지이다. 예를 들면 유명한 배우의 肖像이나 이름 있는 기업의 이름을 그 동의 없이 자기 제품을 宣傳할 목적으로 이용한 경우에는, 그 배우 또는 기업으로부터 그 초상이나 이름을 상업적으로 이용하는 데 대한 동의를 얻음에 있어서 통상 지급되는 대가를 부당이득으로 지급하여야 한다.[66]

5. 프 랑 스

(1) 프랑스民法典의 規定

(a) 독일이나 스위스와는 달리 佛民은 부당이득의 반환에 관하여 일반 규정을 두지 않고 있다. 이는 프랑스민법전의 債權法에 결정적인 영향을 미친 포띠에가 부당이득반환청구권을 종합적으로 다루지 아니하고, 문제가 되는 여러 경우들 중에서 단지 非債辨濟로 인한 부당이득(condictio indebiti)만을 상세히 설명한 데 원인이 있다고 설명되고 있다. 그 외에 포띠에는 事務管理制度에 광범위한 적용을 인정하여, 원인 없이 이루어진 재산이동의 많은 경우들을 필요한 경우에는 사무관리(negotiorum gestio)의 법리에 의하여 해결할 수 있게 하였다. 프랑스민법전의 여기저기에 흩어져 위치하고 있는 부당이득법적 성격의 규정들 중에서 가장 중요한 것은 非債辨濟(paiement de l'indu)에 관한 것과 사무관리(gestion d'affaires)에 관한 것을 들 수 있다. 佛民은 이 두 제도를 「準契約에 관하여(Des quasi-contrats)」라는 절에서 함께 규정하고 있다(§ 1371 이하).

(b) 여기서는 먼저 佛民 § 1376 이하에서 명시적으로 규율된 非債辨濟의 返還(répetition de l'indu)에 대하여 살펴보기로 한다.

佛民은 이미 변제에 관한 규정에서 "모든 변제는 債務를 전제로 한다. 채무 없이 이루어진 변제는 반환되어야 한다(ce qui a été payé sans être dû est sujet à répétition)"고 정하고 있다(§ 1235). 이 반환청구권에 관하여는 § 1376 이하에서 상세히 규정되어 있는데, 佛民은 이를 準契約에 기한 請求權으로 위치시키고 있다. 그에 의하면, 우선 수령자가 「변제(payement)」에 의하여 이득할 것이 요구된다. 「변제」란 금전의 지급은 물론이고, 물건의 급부도 포함된다. 또 가령 計座에의 帳簿入金과 같이 이와 유사한 사실도 마찬가지이다. 그러나 勞務는 이에 포함되지 않는다. 노무급부가 원인 없이 행하여진 경우에 대하여는 일반적 부당이득반환청구권이 문제된다.

66) BGHZ 20, 345; BGHZ 81, 75; BGH NJW 1992, 2084 참조.

나아가 그 급부가 실제로는 성립하지 아니한 또는 더 이상 존재하지 아니하는 채무에 대하여 행하여졌을 것이 요구된다. 이에는 급부가 타인의 채무를 자신의 채무인 줄 잘못 알고 이행한 경우도 포함된다. 이 경우에 급부자는 채권자에 대하여 그 반환을 청구할 수 있는데, 다만 채권자가 그 급부로써 채권이 소멸된 것으로 믿고 채무증서를 훼멸한 경우(§1377 Ⅱ) 또는 담보를 소멸시킨 경우는[67] 예외이다. 소멸시효가 완성한 채무가 이행된 경우에는 비록 급부가가 시효완성의 사실을 몰랐다고 하더라도 그 급부의 반환을 청구하지 못한다.[68]

마지막으로, 그 급부가 급부의무가 존재한다는 錯誤에 의하여 이루어져야 한다는 것이 반환청구권의 발생요건이다. 이러한 착오의 존재에 대한 立證責任은 급부자가 부담한다.[69] 그러나 급부자가 자신의 급부의무에 관하여 잘못 생각한 것이 그의 過失에 기한 것이고 또 수령자가 급부자 이외의 제3자에 대하여 그 급부에 관한 債權을 가지고 있었을 경우에는 그 반환청구권은 인정되지 않는다.[70] 그러나 수령자가 누구에 대하여도 그 급부에 관한 채권을 가지고 있지 아니한 경우에는 그렇지 않다. 예를 들면 保險會社가 被保險者에게 비채변제를 하였다면 비록 그 의무가 있다고 생각한 것이 보험회사의 중대하지 아니한 과실에 의한 것이더라도 그 급부는 반환되어야 한다. 다만 그 반환의무가 피보험자를 해하는 결과를 가져온다면, 그 의무는 이에 상응하여 감액된다.[71] 반환청구권은 급부자가 의무가 없음을 알았더라도 제반 사정의 압박으로 말미암아 非自意的으로 급부를 한 경우에는 긍정된다. 그러므로 채무를 변제하였으나 그 領收證을 어디에 두었는지 잊어 버린 채무자가 소송을 당할 처지에 놓이게 되어 다시 채권자에게 변제를 하였는데, 후에 그 영수증을 다시 찾은 경우에는 반환청구를 할 수 있다.[72]

(c) 윤리적·도덕적 의무의 이행을 위하여 自意로 한 급부의 반환청구는 프랑스에서도 인정되지 않는다. 이는 자연채무가 자의로 이행된 경우(obligations naturelles qui ont été volontairement acauittées)에 대하여 그 반환청구를

67) Civ. 1912. 11. 27, D.P. 1913. 1. 96. 伊民 § 2036도 같다.
68) Req. 1938. 1. 17, D.P. 1940. 1. 57(Chevallier 평석). 또한 伊民 § 2940도 같다.
69) Civ. 1938. 5. 1, Gaz.Pal. 1938. 1. 667.
70) Com. 1976. 4. 23, D.S. 1977, 562(Vermelle 평석); Com. 1977. 11. 22, J.C.P. 1978. Ⅱ. 18997(Gégout 평석) 참조.
71) Soc. 1972. 11. 3, J.C.P. 1974. Ⅱ. 17692(Ghestin 평석) 참조.
72) Civ. 1890. 4. 2, D.P. 1891. 1. 182 참조.

금지하는 一般規定(佛民 § 1235 Ⅱ)에 기한 것이다.

(2) 判例에 의한 다른 不當利得事案의 處理

(a) 이와 같이 프랑스법은 非債辨濟에 관한 규정으로써 독일법에서 말하는 급부이득반환청구권에 많은 부분을 처리하고 있다. 그러나 오늘날 프랑스에서는 이 법제도 의하여 처리될 수 없는 많은 事例가 존재한다는 것이 인정되고 있다. 그러한 사례 중에는, 원인 없이 급부된 노무의 가액반환청구, 목적한 결과의 불발생으로 인한 반환청구, 侵害利得의 경우, 그리고 무엇보다도 원고가 애초에는 중간자에게 급부하였고 그 중간자에 의하여 그것이 피고에까지 이른 소위 「轉用事例」가 포함된다.

(b) 佛民이 1804년에 시행된 후 프랑스의 판례는 부당이득적 사안들을 그 법률에 있는 규정들에 의하여 해결하려고 시도하였다. 특히 포띠에에 좇아서, 사무관리자가 자신의 이익과 목적만을 도모하기 위하여 사무를 처리한 경우에도 사무관리를 인정할 수 있다는 태도를 취하였다(소위 不眞正事務管理 gestion d'affaires "anomale").[73]

그러나 19세기 후반에 프랑스의 법원은 佛民상의 명문의 규정들, 특히 사무관리에 관한 규정만으로는 부당이득적 사안을 처리하기에 부족하다는 것을 점점 명확하게 인식하게 되었다. 일반적인 부당이득반환청구권을 발전시킴에 있어 지도적인 역할을 한 것은 오브리와 로(Aubry/Rau)의 민법교과서이었는데, 여기서는 최초로 부당이득소권이 사무관리의 성립요건과 명확하게 분리되어 다루어졌다.

(c) 破棄院은 그 유명한 부디에(Boudier) 판결에서[74] 오브리와 로의 학설에 좇았다. 이 판결은 다음의 사안에 대한 것이다. 원고 부디에는 農地의 用益賃借人에게 비료를 팔았다. 비료가 인도되고 임차인이 이를 施肥한 다음에 임대차계약이 合意解止되었다. 임차인과 임대인은, 아직 수확 전의 농작물은 이를 임대인이 인수하되 그 가액은 감정인의 평가에 좇아 미지급된 임료에 충당하기로 합의하였다. 원고는 이 합의를 알고 자력이 없는 임차인에 대하여가 아니라 직접 임대인에 대하여 비료 가액의 지급을 청구하였다. 결국 이 청구는 인용되었는데, 이미 유사한 사건들에서 앞서 본 「부진정사무관리」를 이

73) Req. 1877. 12. 19, D.P. 1878. 1. 204 참조. 원고는 매매계약에 기하여 피고 보르도市에 경찰제복을 인도하였는데, 그 계약은 후에 무효임이 밝혀졌다. 그 대금청구는 事務管理의 法理를 적용하여 認容되었다. 또한 Req. 1890. 7. 16, D.P. 1891. 1. 49(Planiol 평석) 참조.
74) Req. 1892. 6. 15, D.P. 1892. 1. 596, S. 1893. 1. 281(Labbé 평석).

유로 동일한 결론이 내려졌었다. 그러므로 여기서 주목할 것은 결론이 아니라 그 판결의 理由인데, 거기서 법률의 규정에 기하여서가 아니라 직접 衡平에 기하여서 일반적 부당이득반환청구권이 轉用物訴權(action de in rem verso)의 이름으로 최초로 인정되었던 것이다.[75)]

(d) 그러나 부디에 판결은 부당이득반환청구권의 요건으로 단지 원고가 그 손실로 피고에게 무엇을 얻게 하였다는 것만을 들고 있어서, 지나치게 완화된 형태로 이를 인정하였음이 곧 밝혀졌다. 오브리와 로는 그 외에 권리발생의 요건으로, 피고의 이득이 「정당한 원인 없이(sans cause légitime)」 발생하였다는 것, 그리고 원고가 자신의 재산감소를 전보할 수 있는 다른 계약상 또는 불법행위상의 권리를 가지지 못할 것을 요구하였었다. 파기원은 그 후 바로 이들 요건을 거의 동일한 형태로 인정하였다.

또한 「전용물소권」이라는 표현은 일반적 부당이득반환청구권이 적용되는 일부의 예만을 파악하는 것일 뿐이라는 점이 인식되었다. 그리하여 오늘날 학설에는 살레이유(Saleilles)가 獨逸法으로부터 받아들인 「不當利得(enrichssement sans cause)」이라는 표현이 통용되고 있다.

(3) 一般的 不當利得返還請求權의 要件

(a) 오늘날 판례가 발전시킨 법리에 의하면, 일반적인 부당이득반환청구권이 인정되기 위한 一次的 要件은, 財產移動, 즉 원고의 손실("appauvrissement")과 그 결과로서의 피고의 이득("enrichessement")이 발생하였다는 것이다.

프랑스법은 여기서 그 재산이동이 원고의 급부에 의하여 일어났는가, 아니면 「기타의 방법」으로 일어났는가에 대한 구별을 두지 않는다. 대부분의 給付利得返還의 경우들은 佛民에 규정되어 있는 바의 非債辨濟에 해당된다. 그리고 勞務給付가 제공된 경우와 같이 그에 해당되지 않는 경우에 비로소 일반적 부당이득반환청구권이 개입하게 된다. 장래 혼인이 이루어질 것으로 믿고 약혼자의 상점에서 노무급부를 제공한 자는, 후에 혼인이 이루어지지 않으면, 그 급부가 당사자들의 의사에 비추어 무상으로 제공되었던 것이 아닌 한, 그

75) 판결문의 관련 부분을 그대로 인용하면 다음과 같다. 즉 "전용물소권의 원칙을 잘못 적용하였다는 제 3 점에 대하여. 우리의 법의 어떠한 규정에도 명확하게 정하여져 있지는 않으나, 타인의 손실로 이득을 얻는 것을 막고자 하는 형평(équité)의 원리에 기하여 인정되는 이 권리는 어떠한 확정된 요건에 따라 발생하는 것이 아니다. 그것이 인정되기 위하여는, 단지 원고가 자신의 희생 또는 행위에 의하여 상대방에게 이득이 발생되었음(l'existence d'un avantage qu'il aurait, par un sacrifice ou un fait personnel, procuré à celui contre laquel il agit)을 주장하고 입증하면 족하다."

노무의 가액을 보상청구할 수 있다.[76]

또 侵害利得의 경우도 이에 해당한다. 예를 들면 족보연구가가 아무도 몰랐던 사람에게 그가 어떤 사람과 친족관계가 있어서 그 상속재산에 대하여 권리가 있음을 가르쳐 주면서, 이 정보에 대하여 일정한 대가를 줄 것을 제안하였는데, 상속인은 그 제안은 이를 거부하면서도 상속인으로서의 권리를 행사한 경우에는, 족보연구가는 그 상속인에 대하여 제공된 정보의 가액을 청구할 수 있다.[77] 水道業者가 고객에의 물 공급을 위하여 원고의 소유인 導管을 이용한 경우에는 원고에게 가액보상을 하여야 한다. 破棄院은 그 특유의 간결한 이유설시에서 그 근거로 "누구도 정당한 원인 없이 타인의 희생으로 이득을 얻어서는 안 된다는 형평의 원리"를[78] 들고 있다.

또 음악출판사가 오페라작품에 대한 저작권을 그 저작자와의 계약에 의하여 약정된 기간을 넘어서 사용하는 경우에는 그 초과기간 동안에 취한 대가를 저작자에게 반환하여야 한다.[79] 그러나 판례는 특허권이 침해된 경우에 대하여는 이와 같은 태도를 취하지 않는 것처럼 보인다.[80]

또한 파기원은 盜品을 범인으로부터 선의로 매수하여 다시 유상으로 양도한 사람에 대한 소유자의 부당이득반환청구를 기각하였다. 그러나 파산자가 파산절차의 개시 전에 발행한 환어음을 지급하기 위하여 어떠한 채권을 원고에게 양도하였는데 그 후 破産管財人이 채무자로부터 그 채권의 만족을 얻은 경우에 원고는 관재인이 추심한 금액을 부당이득으로서 파산재단으로부터 반환받을 수 있다.[81] 그러므로 프랑스에서는 자신의 것이 아닌 채권을 유효하게 추심한 자는 부당이득반환의무를 부담하나, 자기의 소유가 아닌 물건을 양도한 자는 그렇지 아니한 것으로 생각된다.

(b) 일반적 부당이득반환청구권의 또 하나의 성립요건은 그 재산이동

76) Dijon 1928. 2. 7, Gaz.Pal. 1928. 1. 501.
77) Poitiers 1907. 12. 2, D.P. 1908. 2. 332; Riom 1950. 6. 20, Gaz.Pal. 1950. 2. 221.
78) Req. 1928. 12. 11, D.H. 1929, 18("principe d'équité que nul ne peut sans juste cause s'enrichir aux dépens d'autrui"). 앞의 2.(7)에서 본 로마법의 D.12.6.14; D.50.17.206("누구도 타인의 손실로 불법으로 이익을 얻어서는 안 된다는 것이 자연법적 형평이다")을 바로 연상하게 된다.
79) Civ. 1927. 7. 6, S. 1928. 1. 19.
80) 파리抗訴法院은 특허권자의 부당이득반환청구를 기각하였는데, 그 이유는 그 청구권은 특별법률에 의하여 인정된 特許權侵害("contrefaçon")로 인한 청구권(이 사건에는 시효소멸하였다)이 성립하지 않는 경우에만 인정되는 補助的인 것이라는 데 있다(Paris 1922. 3. 8, Gaz.Trib. 1922. 2. 344).
81) Civ. 1937. 1. 18, D.H. 1937, 145.

이「정당한 원인 없이(sans cause légitime)」일어나야 한다는 것이다.

우선 재산이동의 원인으로 有效한 契約이 존재하지 않는 경우가 이에 해당한다. 프랑스의 판례는 이를 원고가 유효한 계약에 기하여 급부하였는가에 따라 판단하지 않고, 피고가 그러한 계약에 기하여 급부를 수령하였는가에 따라 판단한다. 이 차이는, 독일의「직접성」요건이 요구하는 것처럼 재산이동이 직접 원고와 피고 사이에서 일어난 경우에만 부당이득반환청구권이 인정된다면, 무의미할 것이다. 그러나 프랑스에서는 부디에 판결의 사안에서 보는 것처럼 급부가 피고에게 間接的으로, 즉 제3자의 재산을 거친 후에 이익을 준 경우에도 부당이득반환청구권의 성립을 인정한다. 이러한「轉用事例」의 경우에, 피고가 급부가 자신과 제3자와의 契約 또는 法定債權關係에 기하여 자신에게 행하여진 것임을 주장·입증한 때에는, 원고의 부당이득반환청구권이 부인된다. 그러한 계약이나 법정채권관계가 피고와 제3자 사이에 존재하지 않으면, 이로써 피고의 재산증가를 정당화하는「정당한 원인」은 없는 것이 된다. 그 경우에 피고의 가액반환의무는 원고가 제3자와의 사이에 유효한 계약을 맺었고 이 계약에 기하여 제3자에 대하여 그 급부의 이행을 청구할 수 있었더라도 이와 상관 없이 긍정되는 것이다.

이러한 원칙은 다수의 파기원판결에서 인정되었다. 특히 Req. 1939. 2. 22. 판결과 Civ. 1939. 2. 28. 판결에서[82] 명확하게 나타난다. 이 사건에서 원고는 어떤 영업의 용익임차인으로부터 修繕作業을 위탁받았다. 그 임차인이 무자력함이 밝혀졌기 때문에, 원고는 소유자인 임대인에게 수선작업의 가액을 청구하였다. 파기원은 위의 두 판결에서, 임차인이 임대차계약상 계약종료시에 그 영업을 수선된 상태로 반환하도록 되어 있다면 원고의 청구는 기각되어야 한다고 판단하였다. 원고의 수선작업에 의하여 피고의 재산이 증가되기는 하였지만, 이 재산증가에 대하여는 임대인(피고)이 제3자인 임차인과 맺은 위 합의가「정당한 원인」이 된다는 것이다.[83]

한편 피고가 그 수령한 것을 보유할 권리가 있음을 제3자와의 계약 등에 기하여 주장하지 못한 사례들에서는 달리 판결되었다. 파기원이 판결한 어떤 사건에서,[84] 피고는 제3자에게 토지를 매도하였다. 그 매수인이 원고에게 건

82) 공히 D.P. 1940. 1. 5.(Ripert 평석).
83) 同旨: Civ. 1896. 7. 7, D.P. 1898. 1. 18; Civ. 1898. 10. 18, D.P. 1899. 1. 105; Civ. 1909. 11. 9, D.P. 1911. 1. 169; Req. 1923. 2. 12, D.P. 1923. 1. 64.
84) Req. 1940. 9. 11., S. 1941. 1. 121(Esmein 평석).

축공사를 위탁하였다. 공사가 끝난 후 매수인은 무자력이 되었고, 이에 피고는 매매계약을 해제하고 그 토지를 반환받았다. 원고는 도급계약을 원인으로 하여 매수인에 대하여 소송을 제기하지 아니하고, 피고를 상대로 부당이득반환청구소송을 제기하였다. 破棄院은 이 청구를 인용하였다. 이 사안에서는, 피고가 토지를 건축공사에 의하여 가치증가된 상태로 대가 없이 보유한다는 그 利得을 매수인에 대한 관계에서 정당화하는 유효한 계약관계가 존재하지 않기 때문에, 피고의 이득은 「정당한 원인」이 없다는 것이다.

(c) 프랑스의 판례는 「정당한 원인」의 요건 외에, 일반적 부당이득반환청구권의 적용범위를 제한하는 일련의 요건들을 발전시켰다. 학설은 이 요건들 또는 그 중의 몇몇을 「부당이득반환청구권(또는 전용물소권)의 補充性(subsidiarité)」이라는 표제 아래 종합하여, 부당이득반환청구권은 원고가 다른 법적 원인에 기하여 가지는 청구권에 대하여 원칙적으로 劣位에 있다고 한다.[85]

얼핏 보면 「전용사례」에 있어어 부당이득소송은 이 補助性의 原則에 의하여 허용되지 아니한다고 할 수도 있을 것이다. 왜냐하면 피고가 얻은 이득은 제3자의 재산을 통하여 피고에게 이르게 되는데, 원고는 통상 그 제3자와의 유효한 계약에 기하여 그에게 청구권을 가지기 때문이다. 그러나 파기원은 이러한 귀결을 도출하지 않고, 오히려 제3자에 대한 계약상의 청구권이 채무자의 無資力으로 말미암아 사실상 실현불가능한 것인 때에는 그러한 청구권의 존재는 「보충성」을 부인하게 하지 아니한다는 태도를 취한다.[86] 그런데 전용사례에 있어서는 거의 언제나 그러한 요건이 충족되는 것이다.

그러므로 보충성의 원칙은, 원고가 계약 기타 다른 원인에 기하여 피고에 대하여 청구권을 가지나 그 권리가 시효소멸하였거나 제척기간의 도과 기타의 이유로 이미 실현불가능하게 되었으므로 이제는 전용물소권에 의거하여 청구를 하여 보려는 경우에 이를 인정하지 못하도록 하는 데 특히 실제적인 의미가 있다. 그리하여 원고가 먼저 消費貸借契約을 이유로 소구하였으나 그에 관하여 佛民 § 1341에 의하여 요구되는 書證을 제출할 수 없어서 패소한 다음, 기타의 점에서는 동일한 사실관계를 주장하면서 이제는 부당이득에 기하여 청

85) 伊民 § 2042는, 손실자가 다른 청구원인에 기하여 손실의 전보를 얻을 수 있는 경우에는 부당이득소송을 제기할 수 없다고 명시적으로 규정하고 있다.

86) Req. 1940. 9. 11, S. 1941. 1. 121.

구하여도, 이는 인용될 수 없다.[87] 또한 건축업자가 확정가격으로 주택을 건립하는 계약을 체결하였는데 이는 소요예산을 잘못 산정한 것이고 결국 그 이상의 비용을 지출한 경우에, 그는 그 초과비용을 전용물소권에 기하여 청구할 수 없다. 왜냐하면 그렇게 하지 않으면, 그러한 경우에 그 초과지출을 원칙적으로 수급인에게 부담하도록 하는 佛民 § 1793의 규정을 면탈하게 되기 때문이다.[88]

6. 英美法

(1) 英美法上의 救濟手段의 分散的 樣相

유럽대륙의 나라들의 법과는 반대로, 영국에서는 법원도 입법자도 부당이득의 반환을 내용으로 하는 일반적 청구권을 발전시키지 않았다. 유럽대륙에서 부당이득반환청구권이 인정되는 사례의 대부분에 대하여 영국법도 역시 일정한 救濟手段을 부여한다. 그러나 그 구제수단은 일반적이고 포괄적인 부당이득반환청구권의 발생요건이 구체적인 사안에서 충족되기 때문에 인정되는 것이 아니라, 그 사안이 다수의 극히 異質的인 청구권들 중의 하나를 충족하는가를 심사함으로써 주어진다. 이들 청구권 중 일부는 衡平法判例에서 연원하는 것이고, 또 보다 많은 부분은 普通法上으로 발전되어서 그 한도에서 영국에서는 통상 "준계약(quasi-contracts)"이라는 표현 아래 통괄되는 것이다. 영미법이 부당이득반환청구권을 통일적인 문제로 파악하여 그러한 관점에서 개별적인 부당이득사례들을 정리하지 아니한 이유는, 그 救濟體系가 소송상 訴權 단위로 서로 分界되어 있어서 영국법이 전반적으로, 그리고 특히 대륙법에서 부당이득법이라고 부르는 영역에 있어서는 더욱이나 개별적인 訴權形式의 기반 위에 발전되어 왔다는 사실에 있다. 이러한 소권형식들이 통일적인 원리, 즉「부당이득의 반환(restitution of unjust enrichment)」의 원리 위에 서 있다는 생각은 이러한 訴權法的 思考方式이 약화되면서 비로소 오늘날에 이르러 영미법에서 ―미국에서는 영국보다 훨씬 뚜렷하게― 관철되기 시작하였다.

(2) 多樣한 救濟手段의 展開

(a) 영국의 法史에서 처음으로 부당이득법적 기능을 영위한 소권형식들은 로마법에서와 같이 그와 동시에 계약상 청구권의 실현에도 이용되었던

87) 클레예뜨(Clayette) 판결. Civ. 1914. 5. 12, S. 1918. 1. 41.
88) Civ. 1915. 3. 2, D.P. 1920. 1. 102.

것이었다.

로마법의 이득반환소권(condictio)이 ——그 원인이 소비대차이든 문답계약이든 비채변제이든 상관없이—— 確定物(certum)의 반환을 내용으로 했던 것과 유사하게, 영국에서는 14세기와 15세기에 金錢債務訴權(action of debt)에 기하여 액이 특정된 금전을 청구할 수 있었다. 이는, 청구된 금전이 대여금이든, 벌금이든, 판결상의 勝訴金이든 무관하였고, 또 애초 계약의 이행을 위하여 원고가 피고에게 지급한 것이었는데 후에 「約因의 소멸(failure of consideration)」로 말미암아 계약이 효력을 상실하여서 그 반환이 청구된 경우에도 통용되었다. 計算訴權(action of account)도 부당이득적 사안의 해결을 위한 단서를 제공하였다. 이는 업무처리와 관련한 계산을 할 것을 내용으로 하는 소권인데, 착오로 또는 약인의 흠결로 말미암아 무효인 계약에 기하여 급부를 한 원고에게도 인정되었다.

(b) 금전채무소권이나 계산소권은 극도로 느리고 비용이 드는 절차에서 행사되어야 했고, 특히 피고는 보조선서자와 공동하여 免責宣誓(wager of law)를 함으로써 소송에서 벗어날 수 있었기 때문에, 영국의 법원은 16세기와 17세기에 보다 원할하게 진행되는 引受訴權(action of assumpsit)을 위의 두 소권의 경우에도 적용하게 되었다. 이 인수소권은 불법행위에서 발전한 것으로서 원래는 일방당사자가 계약에서 특정한 급부를 할 것을 명시적으로 인수한 경우("assumpsit")에만 인정되었다. 이 경우 피고가 불완전하게 이행하거나 아예 이행하지 않는 때에는 원고는 인수소권으로 손해배상을 청구할 수 있었다. 이 소권은 점차로, 애초부터 일정액의 금전을 지급할 의무가 있어서 금전채무소권으로써만 소구할 수 있는 경우에도 적용되어 갔다. 즉, 채무가 일단 성립한 후에 채무자가 이를 이행할 것을 명시적으로 인수하는 것도 허용된다고 인정되었던 것이다. 그리고 이로부터 채권자가 가지게 되는 소권은 債務履行引受訴權(indebitatus assumpsit)이라고 불렸다. 1602년의 유명한 슬레이드 판결(Slade's Case) 이래, 어떠한 채무라도 그것이 어떠한 원인에 의하여 발생한 것이든 상관 없이 인수소권에 기하여 소구될 수 있고, 또 이행약속이 明示的으로 인수되지 아니하더라도 단지 제반 사정으로부터 순전히 擬制的으로 그러한 이행약속의 인수를 추론할 수 있으면 충분하다고 인정되었다. 이로써 부당이득법적 청구권들도 채무이행인수소권의 형식을 취할 수 있는 길이 열렸는데, 물론 이 때 채무자가 이미 다른 원인에 기하여 성립한 채무의 이행을 「약속」

하였다고 의제되어야 할 필요는 尙存하였다.

(c) 영국법에 특유한 그 類型的 思考方式에 따라, 이러한 채무이행인 수소권의 내부에서 점차로 일련의 사안유형들이 발전되어 갔다. 원고가 착오나 강박에 의하여 또는 효력이 없는 계약의 이행으로 금전을 지급한 경우에는 不當利得金錢返還訴權(action for money had received)으로 그 반환을 청구할 수 있었다. 피고가 원고의 노무나 물건급부를 이에 대하여 약정된 대가 없이 취한 경우에는 원고는 勞務相當金錢請求訴權(action for quantum meruit) 또는 物件相當金錢請求訴權(action for quantum valevat)을 가졌다. 끝으로, 원고가 피고를 위하여 제 3 자에게 금전을 지급한 경우에는 법원은 원고에게 支給金錢請求訴權(action for money paid[laid out and expended for the use of another])을 부여하였다. "1750년 경까지에는 우리가 현재의 법에서 인정하고 있는 청구원인들의 사실상 전부에 대하여 피고로 하여금 그 이득을 반환하도록 개별적인 사례에서 강제되고 있었다."[89]

(3) **統一的 基礎의 摸索**

(a) 영국에서는 이 시기까지 이와 같이 다양한 사안유형들을 하나의 통일적인 기초 위에 세워 보려는 노력이 전혀 보이지 않았다. 맨스필드卿이 Moses v. Macferlan(1760), 2 Burr. 1005, 97 Eng.Rep. 676 판결에서 비로소 이러한 방향을 지향하는 유명한 시도를 하였다.

피고는 어음의 배서인인 원고에 대하여 그에게 訴求하지 않겠다는 약속을 서면으로 하였다. 그러나 그는 법원에 소송을 제기하였는데, 법원은 어음 자체에 비추어 그러한 부수약정은 고려되지 않는다고 판결하였다. 원고는 피고에게 패소금을 지급하고 나서, 다른 법원, 즉 王座法院(Court of King's Bench)에 그 반환을 소구하였다. 맨스필드는 이 청구를 不當利得金錢返還訴權에 기초하여 인용하고, 그 소권의 기초를 다음과 같이 설명하였다. "만일 자연적 정의(natural justice)가 피고에게 반환할 의무를 명한다면, 법은 채무(debt)를 인정하고, 원고의 사정에 있어서의 형평에 기하여 이 소권을 계약에서 나오는 것과 같이(로마법이 표현하는 대로, 계약에 준하여[quasi ex contractu]) 부여한다. … 이러한 소권의 요점은 피고가 사안의 제반 사정에 비추어 자연적 정의와 형평에 따라 그 금전을 반환하여야 한다는 것이다."

(b) 이 판결은 그 때까지 발전하였던 부당이득법적 청구권들이 역사

89) Dawson(註 39), p. 11.

적인 제약에 의하여 계약법과 연계되어 있었던 것을 떨쳐 버릴 수 있는 가능성을 내포하는 것이었다. 그러나 그 후의 발전은 그와는 다른 오히려 반대의 방향으로 진행되었다.

그 때까지 의제적으로 반환지급약속을 인정하는 것은 단지 부당이득법적 소권을 引受訴權에 의하여 실현하기 위한 하나의 절차상의 인위적 조작이라고 생각해 왔는데, 판례는 19세기 중반부터 「默示的 契約(implied contracts)」이라고 불리우는 그 의제적인 約束 자체에 부당이득법적 청구권들의 기초가 있다고 하는 태도로 나아갔다. 맨스필드卿이 제안한 바와 같이 이들 청구권을 「자연적 정의와 형평」으로부터 도출하는 것은, 기술적 의미에서 형평법과의 경계를 어지럽히는 것으로 생각되었고, 나아가 당시의 영국의 법관들이 취하였던 엄격하게 선례에 구속되는 實證主義的 態度에도 맞지 않았다.[90)]

이러한 경향의 판례는 貴族院의 Sinclaire v. Brougham, [1914] A.C. 398 사건에서 절정에 달하였다. 어느 주택금융금고가 정관에서 정하여진 목적을 넘는("目的踰越[ultra vires]") 금융업무를 하였다. 그 금고가 청산절차에 들어간 후에 출자자의 한 사람이 자기 구좌의 환급을 청구하면서, 그 계약이 정관상 목적을 넘는 것이어서 영국법상 무효였으므로 不當利得金錢返還訴權을 주장하였다. 그러나 귀족원은 이 소권을 인정하지 않았다. 그 소권의 기초는 법에 의하여 의제된 반환지급약속인데, 이 사건에서는 만일 그 약속이 명시적으로 이루어졌다고 하더라도 이는 정관상의 목적을 넘는 것이어서 효력이 없을 것이다. "법은, 만일 실제로 행하여졌다면 분명히 효력을 인정하지 아니할 반환약속을, 부당이득금전으로서든 기타의 원인으로서든 법에 의하여 유효하게 존재하는 것으로 할 수 없다"는 것이다.[91)]

90) 맨스필드경의 견해는 많은 비판에 부딪쳤다. 그것은 "가끔은 '사람과 사람 사이의 정의'라는 매력적인 외양을 갖추는 애매한 법학"(Baylis v. Bishop of London, [1913] 1Ch. 127, 140에서의 섬너卿[Lord Sumner]), "思考의 선의적 혼란"(Holt v. Markham, [1923] 1 K.B. 504, 513에서의 스크러튼卿[Lord Justice Scruton])이라고 불렸다. 한베리는 맨스필드경이 Moses v. Macferlan 판결에서 "묵시적 계약이라는 굳건한 땅에서 자연적 형평이라는 모래밭으로 가는" 다리를 건너가 버렸다고 평하였다(Hanbury, L.Q.Rev. 40[1924] 31, 35).

91) 이미 그 전에 Cowern v. Nield, [1912] 2 K.B. 419 사건에서도 유사하게 판단되었다. 이 사건에서 미성년자가 일정한 물건을 인도하기로 약속하고 대금을 미리 받았다. 그 후 목적물의 일부가 제공되었으나 이는 低質이어서 수령이 거절되었는데, 결국 그 미성년자는 나머지도 인도하지 않을 것임이 밝혀졌다. 원고는 그 대금의 반환을 청구하였다. 청구가 계약위반을 원인으로 한다면, 이는 계약이 미성년자의 행위로서 유효하지 않기 때문에 허용될 수 없었다. 나아가 부당이득금전반환소권도 인정할 수 없다. 법원은, 그 소권도 역시 계약으로부터 나온 것인데 이 역시 미성년을 이유로 무효라는 의견이었다. R. Leslie Ltd. v. Sheill, [1914] 3 K.B. 607 판결에서도 마찬가지이다.

(c) 근자에 영국에서는, 準契約의 이름 아래 다루어지던 권리들의 기초를 의제적인 약정에 두어서는 안 된다는 견해가 대두되고 있다. "우리의 생각으로는, 묵시적 계약(implied contract)의 개념은 이 맥락에서는 무의미하고 무관하며 誤導的인 시대착오이다."[92] 그리하여 학설이나 판례도 점차로, 영국의 판례법이 인정하고 있는 부당이득법적 성격을 가지는 일련의 권리들은 다음과 같은 원리에 기초하고 있음을 인정하고 있다. 즉 원고의 손실로 피고가 취득한 이익은 그것이 피고의 재산에 속하는 것이 「부당한 이득(unjust enrichment)」이라고 평가될 때에는 반환되어야 한다는 원리이다.

최근 영국의 고프와 존스는 "부당이득의 원리는 3개의 요건을 전제로 한다. 첫째로 피고가 이익을 수령함으로써 이득하였다는 것. 둘째로 그가 이와 같이 이득한 것이 원고의 손실에 기하였다는 것. 셋째로 그가 이익을 취하도록 허용하는 것은 부당하다는 것"이라고 한다.[93]

(d) 한편 美國의 부당이득법은 영국에서 맨스필드경이 도달한 곳에서 시작되었고, 그 후에 영국에서처럼 수익자의 반환의무의 근거를 「묵시적 계약」에서 찾는 시도는 행하여지지 않았다. 가령 1913년에 우드워드(Woodward)는 「준계약적」 권리들을 "법상 의제된 계약(contract implied in law)"으로부터 도출하는 것을 강력하게 반대하고, 이들을 "보유하는 것이 부당한 이익을 수령함으로써 의무자의 동의와는 무관하게 발생하고 또한 그 의무자로 하여금 원상회복할 것을 요구하는 법적 의무(legal obligations arising, without reference to the assent of the obligor, from the receipt of a benefit the retention of which is unjust, and requiring the obligor to make restitution)"라고 정의하였다.[94]

1937년의 原狀回復法 리스테이트먼트(Restatement of the Law of Restitution)(이하 단지 「리스테이트먼트」라고 한다)는 시비(Seavey)와 스코트(Scott)의 두 교수에 의하여 편찬되었다. 이는 미국의 부당이득법에 있어서 중요한 진전으로 평가될 수 있는데, 여기서 부당한 재산이동의 교정에 관하여 판례에서 발전된 규율들이 이에서 종합되었다. 먼저 "타인의 손실로 부당하게 이득한 자는 원상회복을 할 의무가 있다(a person who has been unjustly enriched at the expence

92) Goff/Jones, The Law of Restitution, 4th ed.(1993), p. 10. 또한 Birks, An Introduction to the Law of Restitution(1989), p. 39도 참조: "오늘날 원상회복법과 준계약과의 관계에 대하여 말할 수 있는 가장 중요한 사항은, 「준계약」이라는 용어가 포기되어야 한다는 것이다.…준계약이란 단순히 부당이득으로부터 발생하는 보통법상의 채무들일 뿐이다."
93) Goff/Jones(前註), p. 16.
94) F.C. Woodward, The Law of Quasi-Contracts(1913), p. 4.

of another is required to make restitution)"는 一般命題가 설정되었다(제1조). 그리고 형평법판례에 의하여 발전된 권리들도 그것이 부당이득법적 기능을 수행하는 한 함께 다루어졌다.

(4) 英美法上 不當利得法(原狀回復法)의 具體的 展開

(a) 영미법에서 부당이득적 사실관계에 대하여 어떠한 구제수단을 인정하는가를 체계적으로 서술하는 일은 쉬운 일은 아닐 것이다. 그러나 최근 「원상회복법"(Law of Restitution)」 등의 이름 아래 이루어진 학자들의 작업은 어느 정도 위와 같은 체계적 이해에 대한 요구를 만족시킨다.

그에 따르면 원상회복을 청구할 권리는 다음의 세 경우로 나누어 생각해 볼 수 있다.[95] 첫째, 피고가 원고의 행위에 의하여 또는 원고의 행위로부터(from or by the act of the plaintiff) 이익을 얻은 경우.[96] 둘째, 피고 자신의 위법한 행위(wrongful act)에 의하여 이익을 얻은 경우. 셋째, 피고가 제 3 자로부터 이익을 얻은 경우. 그러나 우리는 여기에 미국의 원상회복법리스테이트먼트에서 같이 다루고 있는 형평법상의 구제수단, 즉 擬制信託(constructive trust) 및 형평법상의 先取特權(equitable lien)을 가할 수 있을 것이다.

(b) 우선 원고의 적극적 행위에 의한 이득에 관하여 본다. 이는 주로 원고의 급부행위에 의하여 피고가 이익을 얻은 경우에 문제된다. 가장 중요한 사안유형은 채무가 없음에도 채무가 있다고 잘못 알고 이행을 한 경우이다(「착오에 의한 지급」 payment under mistake. 리스테이트먼트 제 6 조 내지 제69조). 또 강제(compulsion 또는 coersion), 강박(duress) 또는 기타 원고의 의사형성에 관한 부당한 영향력(undue influence)에 의하여 이루어진 급부도 그 원상회복을 청구할 수 있다. 그런데 리스테이트먼트(제81조 내지 제85조)나 고프/존스는 「強制」와 관련하여 복수의 공동채무자(co-obligors) 중의 한 사람이 채무를 이행하여 다른 채무자들을 면책시킴으로써 ―대륙법의 개념으로 하면― 求償이 문제되는 경우도 원상회복의 문제로 다루고 있다("기여의 원칙" doctrine of contribution).[97]

또 다른 중요한 유형은, 원고가 계약에 기하여 급부를 하였으나 그 계약

95) 이는 기본적으로 Goff/Jones(註 91)에 따른 것이다.

96) 미국의 G.E.Palmer, Mistake and Unjust Enrichment(1962)는 이를 "실제의 또는 가정상의 계약에 기하여 제공된 이익"이라고 요약한다.

97) 영미법에서 이러한 구상권은 判例의 소산인데, 法院은 그 기초를 공동채무자들 사이의 계약이 아니라 직접 「正義의 原則(principle of justice)」에서 찾고 있다. 우리 민법이 기본적으로 따르고 있는 유럽대륙법에서의 求償法理(가령 연대채무자 사이, 공동보증인 사이, 물상보증인과 보증인 사이 등)는 특히 18세기와 19세기에 오랜 理論的 探究를 거쳐 비로소 結晶된 바이다.

이 착오, 행위무능력·사정변경·채무불이행·법규위반·양속위반 등의 이유로 애초부터 효력이 없거나 사후적으로 효력을 상실한 경우 그 급부의 반환에 관하여 발생하는 문제이다. 그러나 영미법에서 이와 같은 유형을 총괄하는 단일한 명칭(가령 독일에서의 급부이득반환청구권과 같은)이 사용된 일은 지나간 역사속에서도 또 현재에도 없다. 그리고 그 모든 경우에 공통된 일반적 법리도 알려지지 않고 있다. 오히려 중요한 것은 계약의 효력발생을 저지하는 事由의 特性이다. 즉 그 사유에 따라 급부의 반환에 관한 법리도 그 사실관계의 특수성에 적합하게 다양한 모습으로 형성되어 있다.[98] 이것은 유럽대륙법, 특히 독일법과 비교하여 볼 때 독자적이고 통일적인 부당이득법의 형성이 부진함으로 말미암아 계약의 효력상실사유(독일법에서 이는 부당이득법이 아니라 계약법에 속하는 것이다)와 그 효과가 각각 별도로 처리되지 못한 데서 연유한다고 할 수 있을 것이다.

(c) 피고가 원고의 급부행위에 의하여서가 아니라, 자신의 「부당한 행위(wrongful act)」에 의하여 이익을 얻은 경우, 다시 말하면 피고가 권한 없이 타인의 물건이나 권리를 사용·소비·처분한 경우는 영미법상 중요한 실제적 의미가 있다.

(i) 이러한 경우에 커먼 로는 소위 불법행위소권의 포기(waiver of tort)라는 장치를 통하여 부당이득적 구제수단을 피해자에게 부여하고 있다. 즉 위와 같은 「부당한 행위」는 불법행위(tort)를 의미하는데 침해당한 권리를 가지는 자는 그가 취득한 손해배상청구권을 포기하고, 상대방에 대하여 그가 그 행위에 의하여 취득한 이익의 양도를 청구할 수 있다는 것이다. 예를 들면 피고가 자기 소유가 아닌 동산을 처분하거나 가공한 경우 그는 선의인지를 불문하고 불법행위의 일종인 動產橫領(conversion) 또는 動產侵害(trespass to chattels)를 범한 것이 된다. 또 土地侵害(trespass to land)는 타인의 토지 위에 자신의 가축을 방목하거나 건축물을 세우거나 광물을 채굴하거나 가스나 액체를 그 위로 흐르게 하거나 기타 방법으로 그의 점유를 방해한 경우에 성립한다. 이 모든 경우에 원고는 불법행위에 기한 손해배상청구권을 포기하고, 피고로부터 목적물의 대가나 그가 제 3 자로부터 받은 대금 또는 사용대가를 청구할 수 있다.

그런데 자신의 권리를 침해당한 자가 그 침해에 의하여 아무런 손해를 입

98) 우리 민법에서 이러한 처리는 예외적으로 양속위반·법규위반의 경우에 인정되는 不法原因給與의 법리(民 § 746)나 행위무능력을 이유로 하는 취소로 인한 無能力者의 급부반환의무를 現存利益에 한정하는 규정(民 § 141 但書) 등에 한하여 인정되고 있다.

지 않았고 침해자가 사용이익을 얻었을 뿐임이 입증된 경우에 역시 피고가 價額賠償을 하여야 하는가 하는 문제에 관하여는 견해가 나뉜다. 영국에서 판례는[99] 이를 부정적으로 판시하였으나("그[피고]는 그의 비용을 절약하였으나, 이로써 타인에게 속하는 재산이나 가치가 거기에 가하여진 것은 아니다"), 이러한 태도는 학설에 의하여 비판되고 있다.[100] 미국에서는 경우에 따라 다르다. 즉 動產에 관하여 리스테이트먼트 제128조 제1항은 "타인의 동산을 불법하게 사용한 사람은, 비록 소유자가 그것을 사용하지 않았을 것이고 또 그 사용에 의하여 가치가 손상되지 않았을지라도 소유자에게 그 사용의 가치(the value of the use)를 회복할 의무가 있다"고 정하고, 판례도 같은 태도를 취한다.[101] 그러나 부동산에 관하여 리스테이트먼트는 일률적으로 정하지 아니하며 그 의무가 토지 소유자에게 손해가 발생하였는지 여부와 어떠한 관계에 있는지에 대하여는 밝히고 있지 않으나,[102] 판례는 부동산의 가치가 불법이용에 의하여 감소하지 아니하였고 피고가 그로써 단지 비용을 절약하였을 뿐인 경우에도 원고의 청구를 인용하였다.[103]

(ii) 영미법상의「불법행위소권의 포기」에 관한 법리는 물건소유권이 침해된 경우뿐만 아니라, 무체재산권, 예를 들면 특허권·저작권·상표권·영업비밀 등이 침해된 경우에도 인정된다. 법원은 이러한 경우에 가해자가 그 권리를 이용하여 얻은 收益(단순한 사용의 객관적인 대가가 아닌)의 반환을 인정한다.

한편 미국에서는 일찍부터 肖像과 같은 인격권의 침해의 경우에도 손해배

99) Philips vs. Homfray(1883), 24 Ch.D. 439. 이 사건에서 갑은 자신의 광산에서 채굴한 광석의 운반을 위하여 원고의 坑道를 이용하였다. 갑은 그 직후 사망하였으므로, 당시 효력을 발휘하고 있던 "個人訴權은 그 개인과 함께 소멸한다"(actio personalis moritur cum persona)라는 법리에 따라 불법행위, 즉 토지침해를 이유로 하는 손해배상청구권은 행사할 수 없게 되었다. 그리하여 원고는 갑의 상속인인 피고를 상대로 하여, 갑이 원고의 갱도를 이용함으로써 얻은 이익의 반환을 구하여 소송을 제기하였던 것이다. 그러나 청구는 棄却되었다. 또한 Stoke-on-Trent City Council vs. W. & J. Wass Ltd. [1988] 3 All E.R. 394도 同旨. 이 사건에서 피고는 원고 市의 영역 안에 원고만이 가지는 시장개설권을 무시하고 시장을 개설하였다. 원고의 상당한 許可料請求는 그가 피고의 행위로 손해를 입었다는 입증이 없다는 이유로 기각되었다.

100) Goff/Jones(註 91), p. 717ff. 이미 Street, Principle of the Law of Damages(1962), p. 255ff. 참조.

101) Olwell vs. Nye & Nissen Co., 26 Wash. 2d 282, 173 P.2d 652(1946) 참조. 이 사건에서 피고는 원고가 사용하지 않고 창고 안에 보관중이었던 기계를 사용하였다.

102) 토지의 점유침탈이나 기타 방해의 경우와 토지상의 물건을 분리·점유한 경우를 나누어 전자의 경우에는 원칙적으로 원상회복의무가 없으며, 후자의 경우에는 항상 원상회복의 의무를 부담하는 것으로 한다(제129조).

103) Raven Red Ash Coal Co. vs. Ball, 185 Va. 534, 39 S.E. 2d 231(1946); Edwards vs. Lee's Administrator, 265 Ky. 418, 96 S.W. 2d 1028(1936) 등.

상 대신에 피고가 그러한 법익을 商業的 目的에 사용(commercialize)함으로써 얻은 수익 자체의 반환을 인정할 것인지의 문제가 다루어져 왔다. 대체로 이는 긍정되고 있다.[104]

(d) 또한 가령 원고가 피고의 제 3 자에 대한 채무를 이행하였다든가 또는 피고의 재산을 의무 없이 보존하거나 개량한 경우와 같이 피고가 요청하지 않은(unsolicited) 이익을 얻은 경우도 원상회복의 한 유형으로 파악되고 있다. 이와 같은 경우에 대하여는 ──여기서도 독자적인 부당이득의 법리가 완전하게 수립되어 있지는 않은 것을 반영하여── 대륙법에서라면 변제자의 대위 등의 법리로 처리될 내용이 원상회복의 이름 아래 행하여지고 있다. 가령 리스테이트먼트 제162조는 제 3 자의 채무를 변제한 자는 그 변제 이전에 채권자가 채무자에 대하여 가지는 모든 권리를 행사할 수 있다고 한다(소위 "대위의 원리" doctrine of subrogation). 그리고 이러한 유형은 부당이득원리가 작용하여 법리를 형성한 좋은 예로 예시되고 있는 것이다.

(e) 이상에서 말한 부당이득적 법리는 대체로 普通法院에 의하여 발전된 것이다. 그러나 衡平法院도 부당이득적 사실관계를 처리하는 일정한 구제수단을 발전시켰으며, 이는 리스테이트먼트뿐만 아니라 최근의 원상회복법에 관한 저작에도 수용되었다. 이러한 법적 장치에는 앞의 (d)에서 언급한 「대위의 원칙」 외에 擬制信託(constuctive trust)과 衡平法上의 先取特權(equitable lien) 등이 있다.

(i) 信託(trust)이란 어떤 사람(수탁자)이 권리를 보유하고 있기는 하지만 이를 형평법으로 발전한 일정한 법리에 좇아 타인(수익자)을 위하여 관리할 의무를 부담하는 관계를 말한다. 동상 이러한 관계는 당사자 사이의 합의에 의하여 성립하는데(明示信託 express trust), 擬制信託은 법률에 의하여 특정한 재산에 관하여 일정한 사람을 위한 신탁으로 간주되는 관계를 말한다. 어느 경우에나 수익자는 신탁의 목적물에 대하여 물권에 유사한 권리를 가지게 되어, 특히 수탁자가 파산하더라도 또 그가 목적물을 제 3 자에게 처분하더라도(이 경우에는 그 제 3 자가 선의의 유상양수인이 아닌 한) 그 목적물을 還取할 수 있다. 따라서 피고가 무자력한 경우 원고에게 의제신탁이 성립하는가 여부는 관계인에게 중대한 이해관계의 차이를 초래한다.

104) Hart vs. E.P. Dutton & Co., 197 Misc. 274, 93 N.Y.S. 2d 871(1949) 참조. 그러나 원고에 대하여 허위의 모욕적 사실을 전파한 경우나 人格像 왜곡의 경우에 수이반환책임을 인정할 것인가에 대하여는 否定的이라고 한다.

의제신탁이 성립하는 요건은 영국과 미국에서 각각 다르다. 영국에서는 당사자 사이에 특별한 信頼關係("fiduciary relationship")가 존재하는 경우에만 의제신탁의 성립이 인정된다. 가령 변호사와 그의 의뢰인 사이, 유산관리인과 상속인 사이, 자본회사의 임원과 그 회사 사이 그리고 일정한 요건이 충족되는 경우에는 대리인과 본인 사이 등. 이러한 관계가 있는 경우에만 합의에 의하여 설정된 신탁의 법리를 적용할 이유가 있다는 것이다. 미국에서는 이러한 신뢰관계의 존재를 요구하지 않는다. 오히려 의제신탁은, 피고가 그 재산 안에 구분될 수 있는 목적물을 가지고 있지만, 만일 그로 하여금 이를 보유하게 한다면 이는 원고의 손실로 부당하게 이익을 얻은 것이 되는 경우에는 항상 동원될 수 있는 하나의 法技術的 裝置라고 해도 무방하다. 가령 리스테이트먼트 제160조는 "어떠한 목적물에 대하여 권원(title)을 가지는 사람이, 만일 그에게 이를 보유하는 것을 허용한다면 그가 부당하게 이익을 얻는 것이 되기 때문에 이를 타인에게 이전할 형평상의 의무를 부담하는 경우에는, 의제신탁이 성립한다"고 한다. 이와 유사한 표현은 판례에서도 채택되고 있다.[105] 미국에서 구체적으로 어떠한 경우에 의제신탁이 인정되는가 하는 것도 사안유형별로 제시할 수밖에 없다. 가령 원고가 착오로 목적물을 피고에게 인도한 경우(리스테이트먼트 제163조)[106] 또는 원고의 급부가 피고 또는 제3자의 사기·강박 기타 의사형성에의 부당한 영향력 행사에 의하여 이루어진 경우(리스테이트먼트 제166조 이하) 등이 그러하다. 이들이 대륙법에서라면 非債辨濟에 해당하는 경우라는 것은 흥미롭다.

(ii) 그런데 擬制信託, 따라서 원고의 물권적 권리가 인정되려면 목적물이 수탁자의 다른 재산과 구분될 수 있어야 한다. 이러한 요건의 충족을 인정하기 위하여 형평법원은 일련의 의제적 수단을 발전시켰다. 가령 신탁목적물인 금전이 수탁자의 계좌에 입금되어 그의 다른 금전과 구별할 수 없게 된 경우나 수탁자가 이에 자신의 돈을 합하여 토지를 구입한 경우에 있어서는 은행의 계좌액이나 토지에 대하여 신탁금액만큼의 담보권, 즉 형평법상의 선취특권의 성립을 인정하였다.

105) Beatty vs. Guggenheim Exploration Co., 225 N.Y. 380, 122 N.E. 378(1919); Knight Newspapers vs. Commissioners of Internal Revenue, 143 F. 2d 1007(6th Cir. 1944) 등.

106) Re Berry, 147 F. 208(2nd Cir. 1906) 참조. 원고가 부담하지 않는 채무의 변제를 위하여 착오로 1,500달라의 수표를 피고에게 보냈다. 피고는 이를 자기의 計座에 입금시켜 결제를 받았는데 그 후 그는 破產하였다. 법원은 이 수표결제와 파산 사이에 피고 계좌의 殘高가 1,500달라를 밑돈 일은 없음을 인정한 후 의제신탁을 긍정하고, 원고에게 다른 破產債權者보다 우선변제를 받을 권리를 확인하였다.

Ⅲ. 우리 民法上의 不當利得規定의 成立過程—§ 741을 中心으로[107]

1. 民法案의 成立

(1) 民 § 741는 1954년 10월 정부안으로 국회(당시의 명칭은 민의원이었다)에 제출된 民法案 § 734에 약간의 자구수정을 가한 것이다. 즉 同案의 위 규정이 "… 손해를 가한 때에는 …" 이라고 한 것을, 국회의 심의과정에서 "… 손해를 가한 자는…"이라고 하였을 뿐[108] 그 내용에는 아무런 변경이 가하여지지 않았다.

위 초안 작성 당시 의용되고 있던 민법, 즉 日民 § 703은 "법률상의 원인 없이 타인의 재산 또는 노무로 인하여 이익을 얻고 이 때문에 타인에게 손실을 끼친 자는 그 이익이 있는 한도에서 이를 반환할 의무를 진다"고 정하고 있었다. 民法案 § 734는 그 중에서 "그 이익이 있는 한도에서"라는 구절을 삭제하는 한편, "손실"이라는 말을 "손해"로 바꾸었다.

(2) 이와 같이 부당이득의 일반규정에 관하여 의용민법에 변경을 가한 두 가지 점 중 앞의 것, 즉 선의수익자의 반환의무의 범위를 현존이익에 한정하는 것은, 民法案 § 741 I (현행의 民 § 748 I 과 전적으로 동일하다)에서 별도로 규정하였으므로, 규정의 체제만이 달라졌을 뿐 그 규정의 내용에는 달라진 것이 없다고 할 것이다.[109] 민법안이 위와 같이 규정체제를 변경한 것에는 주로

107) 그 이외의 부당이득규정의 성립과정에 대하여는 그 각 규정의 주해에 맡긴다.

108) 심의의 어느 단계에서 이와 같이 수정되었는지는 분명하지 않다. 아마도 본회의에서의 제 2 독회의 마지막 날에 의결된 바("민법안을 제 3 독회를 생략하고 字句修正 각 조문의 제목 부치는 것 또 조문의 배열 정리 또 제763조에 누락되는 점 이런 것을 법제사법위원회에 일임하고 여기서 전문 통과시키자는 것." 제 3 대 국회 제26회 국회정기회의 속기록, 제62호(1957), 11 참조)에 따라 법제사법위원회에서 「조문의 정리」를 하는 단계에서 이루어졌을 것이라고 추측된다.

109) 그러나 관점 여하에 따라서는 부당이득 반환의 범위에 관한 이러한 규정방식의 변경은, 부당이득제도 전체의 이해에 중요한 의미를 가지는 것일 수도 있다. 그것은, 현존이익의 반환을 부당이득책임의 원칙적인 내용으로 볼 것이냐, 아니면 단지 "선의"의 수익자에 대한 특별한 혜택(Begünstigung)으로 볼 것이냐 하는 문제와 관련된다. 즉 의용민법과 같은 규정방식에 있어서는 전자로 해석될 여지가 있으며, 우리 민법과 같은 규정 방식 아래서는 후자로 해석하는 것이 솔직한 태도일 것이다. 그런데 이 문제에 대한 태도결정은 비단 선의수익자에게 반환청구를 함에 있어서 이익의 현존을 누가 입증할 것인가 하는 실제적 문제의 해결에 대한 하나의 단서를 제공할 뿐만 아니라, 나아가서 부당이득 성립의 요건으로 요구되고 있는 반환의무자측의 재산증가(이것은 동시에 반환의 대상 내지 범위를 이룬다)를 총체재산적 입장에서 파악할 것이냐("Bereicherung"), 아니면 수익자가 애초에 취득한 구체적인 대상("etwas Erlangtes")으로 볼 것이냐 하는 문제와도 직결된다. 이는 주로 부당이득의 효과에 관한 문제이므로 상론하지는 않기로 하나, 독일에서는 W. Flume, Der Wegfall der Bereicherung in der Entwicklung vom römischen zum geltenden Recht, in: Festschrift für H. Niedermeyer(1953), S. 145ff.; E. von Caem-

만주국민법의 영향이 작용한 것으로 추측된다. 부당이득에 대한 일반규정인 同法 § 724도 초안과 같이 "그 이익이 있는 한도에서"라는 구절이 삭제되는 대신, 부당이득 반환의 범위에 관한 § 730 I 이 선의수익자의 반환범위는 현존 이익에 한정된다고 규정하고 있는 것이다.

그러나 의용민법 § 703에서 정하는 "손실"이라는 용어를 "손해"라는 말로 변경한 이유에 대하여는 이를 명시적으로 밝혀주는 자료를 찾을 수 없다.[110] 만주국민법 § 724도 "손실"이라는 말을 쓰고 있다.

2. 依用民法 § 703의 淵源

(1) 그러면 의용민법, 즉 日民 § 703은 어떠한 연혁에 기한 것일까? 일본 구민법 재산편은 제 2 부("人權[111] 및 義務")의 제 1 장에서 "의무" 발생의 원인으로서 합의(제1절), 부정한 손해, 즉 범죄 및 준범죄(제3절), 법률의 규정(제4절)과 함께 "부당한 이득"(제2절)에 관하여 규정하고 있다. 그 冒頭의 § 361 I 은, "누구라도 유의인가 무의인가, 또 착오인가 고의인가를 불문하고 정당한 원인 없이 타인의 재산에 대하여 이를 얻은 자는 그 부당한 이득을 반환하여야 한다"고 정하고 있었다. 그러나 위 일본 구민법[112]은 시행되지 못하고 결국 새로이 마련된 민법이 시행되었다.[113]

이 새로운 민법을 기초한 사람들에 의하면, 위 일본 구민법의 부당이득규정은 "종래 보통으로 행하여지던 자연법상의 원칙, 즉 누구라도 타인의 손해로 인하여 자리를 취할 수 없다고 하는 공평주의"에 기한 것이라고 이해되었다.[114] 그러나 새로운 법 ―그들은 위의 일본 구민법을 "기성법전"이라고 부르고,

---

merer, Bereicherung und unerlaubte Handlung, in: Festschrift für Ernst Rabel, Bd. 1 (1954), S. 333ff. 이후로, 종래의 통설의 지위에 있던 전자의 입장은 극복되었다는 것만을 지적해 두기로 한다. 이에 관하여는 우선 梁彰洙, "獨逸民法上 利得槪念의 形成과 그 具體的 適用", 法曹 34-3(1985), 39 이하 참조.

110) 의용민법에 있어서 "손실"이라는 용어가 사용된 다른 예 중 첨부로 인하여 소유권 등 권리를 상실한 자의 부당이득반환청구권에 관하여 정하는 § 248은 우리 민법 § 261(民法案 § 251과 완전히 동일하다)에 대응하고 있는데, 이 § 261에서도 "손실" 대신 "손해"라는 용어가 채택되고 있다. 그러나 조합원의 손익분배에 관한 § 711 이하에서는 "손실"이라는 용어가 의용민법과 마찬가지로 사용되고 있다.

111) 프랑스법상의 droit personnel을 번역한 말이다.

112) 일본 구민법의 편찬과정에 대하여는, 向井健, "民法典の編纂", 福島正夫 編, 日本近代法體系の形成, 下巻(1982), 313 이하 참조.

113) 일본 민법의 제정과정에 대하여는 우선 星野英一, "日本民法典(1)", 法學敎室 1981년 1월호, 21 이하; 福島正夫 編, 明治民法の制定と穗積文書(1956) 참조.

114) 未定稿本, 民法修正案理由書, 自第一編至第三編(출판사항 미상, 서울대학교 도서관 소장본. 이 이유서에 대하여는 星野英一, "日本民法典に與えたフランス民法の影響", 民法論集 第1巻(1970), 78 및 83 註 15 참조), 602.

이에 대하여 이 새로운 법을 "민법 수정안"이라고 칭하였다── 은 "부당이득의 관한 입법의 기초"에 관하여 위의 "기성법전과는 전적으로 그 소견을 달리한다고 말하지 않을 수 없다"고 한다. 즉 "민법 수정안"은 "근세 일반에 시인되는 이론에 기하여 부당이득 반환의 의무는 법률의 규정에 기한 것으로서, 법률상 원인 없이 취득한 이익은 모두 반환되어야 하는 것"으로 하였기 때문이라는 것이다.[115)]

(2) 이와 같이 부당이득제도의 기초는, 타인의 손실로 이익을 얻어서는 안 된다는 자연법적인 원칙에서 법률상 원인 없는 이익은 반환되어야 한다는 "근세의 이론"으로 전환되었던 것이다. 이러한 전환은 부당이득의 일반규정을 "법률상 원인 없이 타인의 재산 또는 노무로부터 이익을 얻은 자는 그 이익이 현존하는 한도에서 이를 반환할 의무를 진다"고 정하는 「민법수정안」 § 702로서 구체적인 형태를 획득하게 되었다.[116)] 그리고 여기서 "법률상 원인"은 "기성법전"의 "정당한 원인"과 대비된다. 즉 "정당한 원인이라는 용어는 덕의상 또는 사교상의 의의도 포함하여서, 가령 법률상 정당하여도 덕의상 또는 사교상 정당하지 않은 원인에 의하여 이익을 받은 경우에라도 역시 법률의 힘에 의하여 반환하지 않을 수 없는 것이 아닌가 하는 의문이 생긴다"는 것이다.[117)] 그러므로 "민법 수정안"은 "법률상 원인 없이 이득을 받은 경우에 한정함으로써 부당이득의 원인의 범위를 명확하게 하려는 것"이라고 한다.[118)]

이와 같이 자연법적 원칙 대신에 "법률상 원인의 흠결"을 부당이득제도의

115) 民法修正案理由書(前註), 602.

116) 加藤雅信, "類型化による一般不當利得の再構成(1)", 法學協會雜誌 90-7(1973), 981 註 2 참조. 그 후 심의과정에서 (i) "타인의 재산으로부터"가 "타인의 재산 또는 노무로부터"로 추가되고, (ii) 손실 요건이 더 가하여졌다. 그 변경의 이유를 四宮和夫, 事務管理·不當利得·不法行爲(上)(1981), 63 註 2는 다음과 같이 설명하고 있다.
우선, "노무"를 부가한 것은, 이것을 "재산"과 마찬가지로 재산적 이익의 원천이라고 본 것이다. 다음 손실 요건을 부가한 목적은 두 가지이다. 첫째, 위의 "노무"를 가치 있는 것에 한정한다("당시 놀고 있던 자"의 노무를 배제한다고 한다). 둘째, 피고가 받은 이익이 원래 원고에게 귀속할 것이 아닌 경우를 제외하려 하는 것이다. 가령 갑이 을에게 최고가를 지정하여 매각을 위임하였는데 을이 교묘하게 그 지정최고가격 이상으로 매각하고 그 나머지를 착복한 경우는 갑이 그 부분 부당이득의 반환을 청구할 수 없다는 것이다.
그러나 "노무"를 부가한 것은, 당시 일본 민법학에 많은 영향력을 가지고 있던 프랑스에 있어서, 프랑스민법전상에 존재하는 부당이득규정인 비채변제에 관한 § 1376 이하의 해석으로 동조의 적용을 받는 반환대상은 물건 또는 금전뿐이고 노무와 같은 작위나 부작위는 포함되지 않는 것과 관련되는 것이라고 생각된다. 프民 § 1376의 이러한 해석에 관하여는 Ferid, Das Französische Zivilrecht, Bd. 1, 1971, S. 807 참조. 따라서 "노무"도 부당이득의 대상이 됨을 분명히 해 둘 필요가 있었던 것이 아닐까?

117) 民法修正案理由書(註 113), 603.

118) 民法修正案理由書(註 113), 603. 이러한 "부당이득의 원인의 범위를 명확히 한다"는 지향은, 부당이득제도의 역사적 발선과정에 비추어 지극히 타당한 것이다.

중심적 위치에 놓는 태도(일본 민법의 기초자들은 위에서 본 대로 이러한 태도를 "근세 일반에 시인되는 이론"이라고 이해하였다)는, 뒤에서 보는 대로 바로 독일의 후기 보통법학의 성과이고, 또 독일 민법 제1초안, 그리고 보다 명확한 형태로는 그 제2초안에 채택된 것이기도 하였다. 그리고 일본 민법의 위와 같은 태도는 이에 의하여 규정된 것이라고 하지 않을 수 없다.[119)]

3. 獨逸系 規定에의 遡及──沿革의 要約

(1) 여기서 우리는 독일의 후기 보통법학에 주목하게 되기에 이른다. 또 후기 보통법학의 성과를 법문화한 것이 독일민법전이라고 할 수 있으므로, 民 § 741은 독일민법상의 부당이득에 관한 일반규정, 즉 § 812 I 제1문을 日民 § 703을 거쳐 조술한 것이라고 할 수 있을 것이다.

(2) 이상에서 본 대로, 우리 민법의 부당이득에 관한 일반규정은 독일민법을 본받은 것이고, 또 그 규정의 해석에 있어서도 뒤에서 보는 바와 같이 독일 민법학의 영향을 결정적으로 받았다고 할 수 있다. 그러나 여기서 앞서 본 프랑스나 영미에 있어서의 일반부당이득법의 전개에 대하여 간략하게 다시 개관하여 본다.

1804년의 프랑스민법전은, 비채변제에 관한 규정과 약간의 비용상환에 관한 규정을 마련하고 있을 뿐이다. 물론 파기원은, 1892년의 부디에 사건에서 일반적 부당이득반환청구권을 action de in rem verso(전용물소권)이라는 형식으로 인정하는 판결을 하였다.[120)] 그러나 최근의 판례나 이론의 경향[121)]을 살

119) 여기서는 日民 § 703의 형성과 관련하여서 몇 가지 지적을 하기로 한다. 日民 제703조의 "타인의 재산 … 으로부터"라는 표현은 獨民 제1초안 § 748을 참고한 것이라고 한다. 加藤(註 115), 981 註 2; 四宮(註 115), 63 註 2 참조. 우선 獨民 제1초안 § 748는 손실요건을 따로 정하지 않고 다만 "타인이 그 재산으로부터(aus dessen Vermögen) 이득한 때"라고만 하고 있다. 다음 위 표현은 그 제2초안에서 부당이득에 관한 일반규정(§ 737 I 제1문)을 마련함에 있어서 채택되지 아니하였고, 이는 "타인의 손실"(auf Kosten eines anderen)이라는 표현으로 변경되었다. 그 이유는, 주로, "타인의 재산으로부터"라고 하면 이득한 것이 반드시 그 전에 원고의 재산에 속하는 것임을 요구하는데 그렇지 않은 경우에도 부당이득을 인정하여야 할 경우가 있으므로 이를 포괄하는 표현을 할 필요가 있다는 것이다. Mugdan, Die gesamten Materialien zum BGB, Bd. 2(1899), S. 1171 참조. "손실"이라는 표현이 손해배상규정에서의 손해(Schaden)와는 확연히 구분됨에 유의하라.

120) 사건의 경과는 다음과 같다. 피고는 그 소유 농지를 갑에게 연 55,000프랑에 임대하였다. 약 3년 후 이 임대차의 계약은 갑의 채무불이행으로 말미암아 종료하였다. 종료 당시 갑은 피고에 대하여 미불차임 및 비품파손배상금 등을 합하여 약 15,000프랑의 채무를 부담하고 있었다. 그는 그 채무의 변제조로 자신이 경작한 농작물을 아직 거두어 들이지 않은 상태로 피고에게 양도하였다. 이 때 두 사람은 비료가격을 공제하고 그 농작물을 평가하였다. 그런데 그 이전에 원고가 갑에게 비료를 팔았는데 갑은 이를 위 토지

피면, 이러한 일반적 부당이득(enrichessement sans cause)을 원인으로 하는 청구권에 대한 관심은 점점 축소되고 있다고 할 수 있다.[122] 타인의 재화에 대한 침해의 유형에 대하여는 불법행위에 관한 일반규정(§1382)에 의한 구제를 구하며, 구상의 경우에 대하여는 사무관리나 법률의 규정에 의한 채권이전에 관한 규정(§§ 1251 내지 1253)의 적용을 인정한다는 것이다.[123] 그러므로, 현재 일반적 부당이득의 법리가 의미를 가지는 것은, 원고가 제 3 자와 맺은 계약에 기하여 계약상 급부를 이행하였고 그 급부가 피고에게 이득을 가져다 준 반면 계약상대방의 무자력 기타의 이유로 반대급부의 이행을 사실상 확보할 수 없는 경우에, 피고를 상대로[124] 그 이득의 반환청구를 인정할 수 있다는 데 있을 뿐이다.

다른 한편, 영미법에 관하여 보면, 계약법이나 불법행위법과는 달리,[125]

에 시비하였었다. 원고는 피고를 상대로 비료 잔대금 324프랑의 지급을 청구하였다.원심(Tribunal civil de Châteauroux)은 원고의 청구를 인용하였다. 동 법원은 우선, 피고와 갑 사이에 갑의 경작물로써 그의 채무를 변제하면서 그 가액을 평가함에 있어서 비료대금을 공제한 것은 묵시적으로 피고가 원고를 위하여 갑의 비료대금채무를 이행하기로 한 것이므로 원고의 청구는 정당하다고 하였다. 그리고는 부가적으로 원고의 청구는 전용물소권의 법리에 의하여서도 이유 있는 것이라고 설명하였다. 이에 대하여 피고는 이 두 가지 이유가 모두 부당하다고 주장하여 상고하였다.

파기원은 원심의 판결은 두 번째 이유에 의하여서도 정당하다고 설시하였다. 즉, "이 [전용물] 소권은, 타인의 손실로 이익을 얻는 것을 금지하는 형평의 원리로부터 파생하는 것이고, 우리의 법의 어디에도 규정되어 있지 않은 것이며 그 행사에 관하여 무슨 조건에 따르는 것도 아니다. 청구가 인용되기 위하여는 원고는 그 희생 또는 개인적 행위에 의하여 상대방으로 하여금 취득하게 한 이익의 존재를 주장하고 증거의 신청을 하는 것으로 충분하다."

위 사건에 대하여는 D. König, Der Bereicherungsanspruch gegen den Drittempfänger einer Vertragsleistung nach französischem Recht(1967), S. 26ff. 참조. 위와 같은 일반적 보충적 부당이득소권의 법리는 오브리와 로의 프랑스민법강의(Aubry et Rau, Cours de droit civil français d'après la méthode de Zachariae, 4ᵉ éd., t.Ⅳ(1873))에 의하여 최초로 주장되었다고 한다(König, 同書, S. 20ff.; 稲本洋之助, "フランス法における不當利得制度", 谷口知平還暦記念論文集 第一卷(1970), 80 이하 참조.

121) 프랑스의 현재의 일반적 부당이득법리에 대하여는 Zweigert/Kötz(註 50), S. 273; Ferid(註 116), S. 811 참조. 판례에 대하여는 König(註 118) 참조.

122) D. König, Ungerechtfertigte Bereicherung: Tatbestände und Ordnungsproblome in rechtsvergleichender Sicht(1985), S.17f. 참조. Carbonnier, Droit civil, t. 4: Les obligations, 12ᵉ éd.(1985), p. 524는 "1892년[의 부디에 사건] 이후 인용된 actio de in rem verso의 숫자는 실로 미미한 것"이라고 한다.

123) König(前註), S. 18 참조. 또 계약의 무효 취소의 경우에는 도마(Domat)와 포띠에(Pothier)에 의하여 창출된 독특한 원인(causa)이론이 프랑스민법에 채택되어, 로마법의 condictiones 체계를 수용할 여지가 없다. 이에 대하여는 Ferid(註 116), S. 804; 金旭坤, "佛·獨民法上 原因論의 考察(上)(下)", 崇田大學校 論文集 제 3 집(1971), 405 이하; 同 제 4 집(1973), 334 이하 참조.

124) 한편 일반적 부당이득의 성립요건으로 「정당한 원인의 흠결(sans cause légitime)」이 요구되고 있는데, 만일 피고가 그 제 3 자에 대하여 계약 기타의 원인에 기하여 그 이익을 수취할 권한이 있는 경우에는 부당이득은 성립하지 않는다. Zweigert/Kötz(註 50), S. 278; König(註 120), S. 31ff. 참조.

125) 이 분야는 19세기에 특히 폴록(F. Pollock)에 의하여 광범한 법적 소재로부터 정리되

부당이득법(unjust enrichment; the law of restitution)을 체계적으로 파악하는 작업은 이제 막 시작한 형편이다. 이제야 겨우, 이 분야가 하나의 독자적인 법영역을 형성한다는 견해가 자리잡아 가고 있는 것이다. 커먼 로 법원과 형평법원에 의하여 수 세기에 걸쳐 형성되어 간 부당이득적 법제도[126]는 역사적인 우연성에 의하여 잡다한 형태를 이루고 있다. 미국에서는 1937년에 "원상회복법 리스테이트먼트"가 간행되었으나,[127] 현재의 법상태를 반영하고 있다고 부르기에는 주저를 느끼지 않을 수 없으며,[128] 다른 한편 극히 최근에야 원상회복법에 관한 체계적인 저술이 최초로 간행되었다.[129] 영국에서의 부당이득법의 발전은 미국보다도 훨씬 뒤떨어져 있다.[130] 1966년에 고프와 존스가 위의 리스테이트먼트의 체계에 좇아 영국의 여러 판례들을 정리한 교과서를 출간하였으나,[131] 아직 일반적인 실체규정 내지 체계적 서술은 아직 나오지 않고 있다.

[梁 彰 洙]

고 체계화되었다고 일컬어지고 있다.

126) 그 내용에 대하여는 Zweigert/Kötz(註 50), S. 281-293; Dawson(註 39), pp. 9-40 참조.

127) The American Law Institute, Restatement of the Law of Restitution. Quasi-Contracts & Constructive Trusts(1937). 그 제 1 조는 "기초원리"(underlying principles)로서 "타인의 손실로 부당하게 이득한 자는 그 타인이게 원상회복(Restitution)을 하여야 한다고 정하나(p. 12)" 그것은 법규칙(rule)이라고 부를 수는 없다. 왜냐하면, 구체적인 경우에 효과적으로 적용되기에는 너무 불명확하고, 또는 역사적 기타의 원인으로 보편적으로 적용되지는 않기 때문이다"(p. 11)라고 한다.

128) Dawson(註 39), p. 111은 이를 황야(wilderness)라고 부른다.

129) Palmer, The Law of Restitution, 1978, 4 vols.

130) 미국이 영국보다 이 점에서 앞서 있는 것은, 미국이 영국에서 개별적 소송형태에 의하여 구제가 인정되는 각종의 부당이득적 사안에 대하여 최초로 공통적 기초를 찾으려는 노력이 대두된 시점, 즉 맨스필드경의 Moses vs. Macferlan 사건(2 Burr. 1005, 97 Eng. Rep. 676) 판결이 나온 시기에서 독자적인 출발을 하였기 때문이다. Zweigert/Kötz(註 50), S. 285 참조.

1760년 선고된 위 사건에서, 피고는 어음에 배서를 한 원고에게 그에 대하여 구상권을 행사하지 않겠다고 서면으로 약속하였다. 그러나 그 약속에 반하여 피고는 원고에 대하여 구상권을 행사하는 소송을 제기하였고, 법원은 어음의 문면에 비추어 위의 서면약속을 참작할 여지가 없다고 하여 그 사건의 원고를 승소시켰다. 원고는 그 판결상의 채무를 이행하고 다른 법원(왕좌법원 Court of Kings Bench)에 그 반환을 구하는 소송을 제기하였다. 맨스필드경은 action for money had & received의 관점에서 청구를 인용하고, 다음과 같이 그 청구의 기초를 설명하였다. "만일 피고가 자연적 정의의 요구에 비추어 반환할 의무를 부담한다면, 법은 채무를 승인하고, 원고의 사정상의 형평에 기초하여 그것이 마치 계약에 기하는 것과 같이(로마법에서 말하듯이 준계약) 이 소송을 인정하여야 한다 … 이러한 종류의 소송의 실체는 피고가 사건의 정황에 따라 자연적 정의의 요구와 형평에 의하여 금전을 반환할 의무를 부담한다는 것이다."

이러한 맨스필드경의 착안은, 다른 법률가들의 찬성을 얻지 못하여, 더 이상 발전되지 않았다. 즉, 종래의 법원이, 부당이득적 권리구제청구를 인정하는 데 사용한 "묵시적 계약(implied contract)"이라는 관점에 여전히 집착하였던 것이다. 이에 대하여는 Zweigert/Kötz(註 50), S. 283f. 참조.

131) Goff & Jones, The Law of Restitution, 1st. ed., 1966(2nd. ed., 1978).

第 741 條(不當利得의 內容)

法律上 原因 없이 他人의 財産 또는 勞務로 因하여 利益을 얻고 이로 因하여 他人에게 損害를 加한 者는 그 利益을 返還하여야 한다.

차 례

A. 一般不當利得의 要件

I. 一般不當利得의 要件에 관한 우리 나라의 學說

1. 從來의 學說 槪觀

우리 나라의 학설은 일반부당이득의 요건으로 一致하여 다음의 넷을 요구한다.[1] 첫째, 타인의 재산 또는 노무에 의하여 이익을 얻을 것(이득요건), 둘째, 그 이득으로 말미암아 그 타인에게 損害를 주었을 것("손해" 요건), 셋째, 위의 이득과 "손해" 사이에 因果關係가 있을 것(인과관계 요건), 그리고 마지막으로 그 이득에 법률상의 원인이 없을 것("法律上의 原因의 欠缺" 요건)이 그것이다. 이들은 결국, "부당이득반환청구권자의 "손해"에 기한 이득" 및 "법률상의 원인의 흠결"의 둘로 요약될 수 있다.

이러한 견해에 따른다면, 위의 4개의 요건 중 하나라도 充足되지 아니하면, 논리적으로 부당이득반환청구권의 성립은 否認되어야 한다.[2] 이와 같이 부당이득의 모든 경우에 대하여 劃一的으로 위와 같은 요건들 모두의 충족을 요구한다는 점에서 이러한 견해는 소위 "統一說"에 속하는 것이라고 할 수 있다. 이하에서 그 내용을 보다 상세히 살펴보기로 한다.

2. 他人의 "損害"에 의한 利得

(1) 우선 利得은, 일정한 사실, 즉 不當利得의 原因事實이 있은 후에 현실적으로 존재하는 재산의 총액이 그 사실이 없었다고 假定하는 경우에 있었을 것으로 예상되는 재산의 총액보다 많은 경우 그 差額(Saldo)을 말하는 것으

---

1) 郭潤直, 債權各論, 新訂(修正)版(2000), 428 이하; 金曾漢·安二濬 編著, 新債權各論(下)(1965), 690 이하; 李銀榮, 債權各論, 제3판(1999), 686 이하 참조. 다만 金相容, 債權各論(下)(1998), 32 이하는 유형론에 입각하여 설명하고 있으며, 金疇洙, 債權各論(1992), 536 이하는 "전통적 이론", 즉 통일성과 "유형론에 입각한 검토"를 병치하고 있다. 이상의 문헌은 이하에서 저자명만으로 인용한다.

2) 만일 그렇지 않다고 한다면, 이들을 "요건"이라고 부를 수는 없을 것이다. 동시에 위 4개의 요건을 모두 충족하는 경우에는, 民 § 742 이하에서 다른 내용이 마련되어 있지 않는 한, 부당이득반환청구권의 성립이 인정되어야 한다. 통설이 요구하는 이러한 의미에서의 "요건"에 의한 부당이득 성립 여부의 판단이 적절한 결과를 보장하는가, 말하자면 그 요건들이 부당이득반환청구권의 성립 여부를 적절하게 콘트롤할 수 있는가를 검증하는 것이 이하의 논의의 초점을 이룬다.

로 이해되고 있다.[3] 말하자면, 이 때 이득이란, 不當利得過程에서 受益者가 구체적으로 取得한 것(獨民 § 812 I 제1문은 이를「취득한 어떤 것(etwas Erlangtes)」이라고 표현하여, 가령 善意受益者의 반환범위에 관한 同法 § 818 Ⅲ에서「이득(Bereicherung)」이라고 하는 것과 구별되고 있다)을 의미하는 것이 아니라, 그러한 구체적 취득물이 수익자의 재산 전체에 미치는 積極的인 效果를 의미하는 것으로 이해하는 것이다.[4]

이와 같이 全體財産(Gesamtvermögen)의 觀點에서 보아서 그에 일어난 가치의 변동, 즉 재산가치의 差額을 이득 혹은 손해라고 파악하는 입장은 대개 財産差額說 또는 差額說(Saldotheorie)이라고 불리움은 주지하는 대로이다. 통설은 부당이득의 요건으로서의 이득을 이러한 차액설적 입장에서 이해하고 있는 것이다.

이러한 차액설적 이득 개념은 부당이득과정에서 수익자의 재산에 발생한 事情을 매우 廣範圍하게 포괄할 수 있는 이점을 가진다.[5] 따라서 학설이 이득 개념에 극히 다양한 사정을 포함시킴은 당연한 일이다. 재산이 적극적으로 增加한 경우뿐만 아니라, 소극적 증가의 경우, 즉, 당연히 발생하였을 財産의 減少를 免한 경우도 이득에 속하는 것으로 이해된다.[6] 이러한 이해는 여러 가지 문제를 안고 있는 소위 "지출의 절약(Aufwendungsersprarnis)"의 경우도 이득이 있는 것으로 파악하여 부당이득의 성립을 긍정하는 길을 豫備하는 것이다.[7]

3) 이득 개념을 이와 같이 파악하는 것은, 반환의 대상, 따라서 반환의무의 범위가 원칙적으로 "현존이익"에 한정된다는 입장과 관련이 있다. 이에 대하여는 우선 梁彰洙, "獨逸民法上 利得槪念의 形成과 그 具體的 適用", 法曹 34-3(1985), 39 이하 참조.

4) 가령 무효인 계약에 의하여 취득한 금전을 제3자에게 대여하였으나 그 사용인이 무자력으로 인하여 그에 대한 채권이 가치가 없는 것일 때에는 금전취득자에게는 이득이 없다는 결론이 된다.

5) 이와 같은 의미에서의 차액설은, 쌍무계약의 무효 또는 취소를 이유로 계약의 양당사자가 모두 수령한 급부의 반환의무를 부담하는 경우 그 일방의 반환의무에 대하여 "이득의 소멸(Wegfall der Bereicherung)"을 주장할 수 있는가. 즉 반환의무의 현존이익에의 한정을 주장할 수 있는가 하는 문제와 관련하여, 그 주장을 부인하는 법적 구성으로서 중대한 의미를 가지게 된다. 이에 대하여는 金龍潭, "雙務契約의 無效·取消와 不當利得(上)(中)(下)", 司行 1983년 2월호, 4 이하; 동 3월호, 20 이하; 동 4월호, 23 이하 참조.

6) 郭潤直, 429; 金曾漢·安二濬, 690 이하; 金疇洙, 545 등 참조.

7) "지출의 절약"을 재산의 '소극적' 증가로 일반적으로 인정하는 입장은 이 개념이 부당이득의 유형에 따라 별도의 기능을 담당하는 점을 간과하게 된다. 즉, 뒤에서 보는 대로(제4장 제4관 참조), 이용이득의 경우에는 부당이득을 성립시키는 요건으로서의 "이득" 자체가 "지출의 절약"으로 이루어져 있다고 파악되고, 따라서 "이득의 소멸"은 문제되지 아니함에 반하여, 기타의 유형, 즉 급부이득이나 침해이득 등에 있어서는 "지출의 절약" 개념은 선의수익자의 이득 소멸 주장을 거부하기 위한 도구개념으로 기능하는 것이다. 가령 수익자가 애초 취득한 금전(이것이 부당이득반환청구권의 성립을 뒷받침

(2) 利得要件과 관련하여 주목되는 것은 民 § 741의 다른 구절과는 달리 "타인의 財產 또는 노무로 인하여"라는 귀절에는 독립한 요건으로서의 지위가 주어지지 않는다는 것이다. 그 귀절에는 단지 이득이 타인의 재산 또는 노무로 인한 것임으로 요한다고 하여, 이득 요건을 일정하게 制限하는 役割밖에 인정되지 않고 있다. 그러나 이러한 理解는 民 § 741의 沿革과 관련하여 매우 흥미로운 문제를 제기한다. 그 연혁에 관하여는 앞에서 본 바이나(前論 Ⅱ.7. 참조), 거기서 발생하는 問題를 要約하면, 우리 民 § 741의 형성에 日民 § 703을 통하여 결정적인 영향을 미친 독일민법 제 1 초안 § 748 Ⅰ은 "타인의 재산으로 인하여(aus dessen Vermögen)"라는 句節을 포함하고 있고, 우리 민법의 위 귀절도 여기에서 유래하는 것으로 推測되는데, 동 초안 규정에는 우리 民 § 741의 "이로 인하여 타인에게 손해를 가한 자"라는 구절에 해당하는 부분이 없다는 것이다. 이러한 사정을 뒤에서 보는 대로 우리 부당이득학설에서 "손해"개념의 내용이 극히 稀釋된 것이고, 차라리 내용이 없다고까지 할 수 있는 것이어서 실제로 부당이득의 성립 여부를 결정하는 요건으로서 제대로 기능하지 못하고 있는 事情과 아울러 생각하면, 오히려 "손해" 요건보다는 위의 "타인의 재산 또는 노무로 인하여"라는 구절에 보다 意味를 부여할 수는 없는 것인가 생각해 보게 되는 것이다.

(3) 한편 「損害」要件도 매우 광범위한 내용을 가지는 것으로 이해되고 있다. 이 개념도 이득 개념과 "表裏關係에 서는" 것으로서 차액설적으로 파악된다. 그리하여 이에는 기존의 재산가치가 감소하는 경우는 물론이고, 당연히 증가하였을 재산가치가 증가하지 않은 경우도 포함된다.

그러나 이에 한정되는 것은 아니다. 중요한 것은 "그 사실이 없었더라면 확실히 재산이 증가하였으리라는 것이 증명된 경우"뿐만 아니라, "그 사실이 없었더라면 그만큼 재산적 증가가 있는 것이 보통이라고 인정되는 경우"도 포함된다는 것이다. 가령 타인 소유의 住宅을 使用한 자는, 그 주택 소유자가 과연 스스로 그 주택을 이용하거나 제 3 자에게 임대할 수 있었는데 이를 하지 못하게 되었는지 여부를 엄격히 따질 필요 없이, 住宅은 "소유자에게 일정한 收益을 주는 것으로 보아서 그것이 저지되는 때에는 그만한 손해를 입는 것이 原則"이라고 보아, 借賃에 상당하는 손해가 있었다고 하여야 한다는 것이다.[8]

하는 "이득" 바로 그것이다)을 소비하였다고 하여 이득의 소멸을 주장하더라도, 그 소비로 인하여 다른 지출을 면하였다면 이득의 소멸주장은 이유가 없다는 식으로.

8) 郭潤直, 債權各論, 再全訂版(1984), 568; 金曾漢·安二濬, 693 참조.

그러나 위와 같은 경우에 주택 소유자가 스스로 주택을 사용하거나 제3자에게 임대하는 등으로 이용할 可能性이 없었다고 한다면 타인이 이를 사용했다고 해도 ──주택의 가치가 하락하지 않는 한── 그의 全體財産에 무슨 減少가 있었다고 말할 수 없다.[9] 다시 말하면 위와 같은 경우에 주택 소유자에게 "손해"가 있다고 하면, 그것은 이미 差額說的으로 파악된 손해는 아닌 것이다. 이와 같은「손해」개념의 내용을 무한정 擴張함으로써 이 요건은 실제의 사건에 부딪혀 不當利得의 成立 여부를 決定하는 기능을 하지 못하는 결과에 이르게 된다. 즉 "손해"가 없다고 하여 부당이득의 성립이 否定되는 경우란 있을 수 없게 되며, 따라서 이 요건은 있으나마나 한 것이 된다.

부당이득의 요건으로서의「손해」개념을 이와 같이 特殊하게 理解하는 이유에 대하여는, "普通의 事情하에서는 그 이익이 손실자에게 귀속하는 것으로 一般的으로 인정되는 경우에는 이득자로 하여금 이를 償還케 하는 것이 공평의 이념에 부합하기 때문"이라는 설명이 가하여지고 있다.[10] 그러나 이러한 說明은, 오히려「손해」요건이「공평의 이념」의 발현을 실정법의 차원에서 통제하여야 한다는 機能을 제대로 하지 못함을 단적으로 보여 주는 것이라고 생각된다. 萬事의 主宰者는 실정제도로서의 부당이득에 있어서도「公平의 理念」이며,「손해」개념은 장식물일 따름인 것이다.

이와 같이 이득개념과「손해」개념은 반드시 對稱을 이루고 있는 것은 아니다. 이러한 불대칭성은, 부당이득의 반환 범위에 관한 重複基準說의 등장을 예비하고 있다. 즉, 수익자는 그 이득을 반환하되, 반환청구권자의 「손해」가 이보다 적을 때에는 그 損害額의 限度 내에서만 반환하면 족하다는 것이다.[11] 이러한 중복기준설은, 부당이득의 제도목적을 불투명하게 하는 결과를 낳는다고 생각된다. 예를 들면, 전적으로 배상청구자가 입은 손해에만 착안하고 불법행위자가 얻은 이익을 고려하지 않는 不法行爲制度와 대비할 때, 부당이득제도는 그만큼 이득반환제도로서의 특색을 상실하게 되는 것이다.

9) 손해개념에 대한 차액설의 모국이라고 할 수 있는 독일에 있어서, 이와 같은 '추상적' 사용가능성 상실의 경우, 손해배상청구권 인정의 전제로 요구되는 재산적 손해(Vermögensschaden)가 있다고 할 것이냐에 관한 판례의 태도에 대하여는 우선, MünchKomm/Grunsky, Vor § 249 Rn. 18(3. Aufl., 1994, S. 350f.) 참조. 판례는 목적물에 따라 일관하고 있었다고는 할 수 없으나, 적어도 피해자의 이용의사와 이용가능성(Nutzen-wollen und Nutzen-können)을 요구하고 있다. 이에 대하여는 또한 Lange, Schdensersatz, Handbuch des Schuldrechts, Bd.1(1979), S. 188f. 참조.

10) 郭潤直(註 8), 568; 金曾漢·安二濬, 693 이하 참조.

11) 郭潤直, 451; 金曾漢·安二濬, 728 이하 참조.

(4) 나아가 學說은, 위와 같은 의미의 이득과「손해」사이에「因果關係」가 존재할 것을 요구한다. 이때 인과관계란, 同一한 事實過程이 반환청구자에게는「손해」를 발생시키는 동시에 수익자에게는 이득을 발생시킨다는 의미의 "직접적 인과관계"일 필요는 반드시 없으며, 그보다 넓게 社會觀念上 兩者 사이에 연관을 인정할 수 있으면 족하다고 설명된다. 그 이유는 인과관계를 직접적인 것에 한정하는 것은 公平을 理念으로 하는 부당이득제도를 운용함에 있어서 탄력성을 잃게 할 우려가 있기 때문이라고 한다.[12] 이러한 의미의「인과관계」는 통상의 인과관계 개념과는 다른 것이다. 통상의 의미에서의 인과관계란, 시간적으로 先後關係를 가지고 발생한 두 개의 사실 사이에 原因·結果의 관계, 즉 conditio sine qua non의 관계가 존재하는 것을 말하고,[13] 소위 법적인 인과관계를 논하는 경우에도 적어도 그러한 條件關係를 전제로 한다. 그러나 부당이득의 요건으로서의「인과관계」는 그러한 조건관계를 말하는 것이 아니다. 그것은 위의 直接的 因果關係에 대한 설명에서 극명하게 드러난다.[14] 즉, 그 경우「인과관계」란 단지 하나의 사실을 수익자와 손실자가 각자의 시점에서 바라 본 것일 뿐이다. 가령 계약의 이행을 위하여 급부를 하였으나 그 계약이 無效로 판명되어서 그 급부를 반환하여야 할 경우, 給付者의「손해」라는 사실과 이와는 별도로 給付受領者의 이득이라는 사실 사이에 원인·결과의 관계가 있는 것은 아니다. 그것은 단지 給付라는 하나의 사실을 급부자와 급부수령자의 입장에서 각기 파악한 것에 불과하다.

이와 같이 不當利得에 특유한「인과관계」은 어떠한 經過에 의하여, 또 어떠한 問題의 解決을 위하여 도입된 것일까? 그것은 부당이득제도의 역사적 전개과정을 전면적으로 검토하여야만 해답이 가능할 것으로 생각된다.[15] 왜냐하

12) 郭潤直, 432; 金曾漢·安二濬, 694 이하; 李銀榮, 693 등 참조.

13) 가령 金曾漢 책임편집, 法律學辭典, 增補版(1966)의 "因果關係"의 項(732) 참조. 또한 H. L. A. Hart and T. Honoré, Causation in the Law, 2nd ed.(1985), p. 28ff. 참조.

14) 부당이득의 요건으로서 이득과「손해」사이의 인과관계를 요구하는 견해는, 그 인과관계의 내용을 여하히 파악하더라도, 소위 "직접적 인과관계"가 인정되는 경우에는 그러한 이득과「손해」사이의 인과관계가 성립한다는 데 일치하고 있다. 그리고 이 때 "직접적 인과관계"란 "같은 사실이 한편으로는, 즉 부당이득반환청구자에게는 손실을 발생시키는 동시에 다른 한편으로는, 즉 부당이득반환의무자에게는 이득을 생기게 하였으면" 그 존재가 긍정된다고 설명된다. 즉 여기서는 이미 선행사실과 후행사실 사이의 조건관계가 문제되지 않고 있는 것이다.

15) 이와 관련하여, 대륙법에서의 부당이득법의 전개를 역사적으로 관찰한 도슨의 견해는 우리에게 많은 시사를 준다. Dawson, Unjust Enrichment. A Comparative Analysis(1951), p. 120f.: "'직접' 이득의 요건은 독일의 체계에 있어서의 불가결의 안전판이다. 전용물소권에 의하여 제 3 자의 계약으로 인한 이득의 경우에까지, 그리고 그 이상에까지 부당이득의 성립을 긍정하는 과오를 피할 수 있었던 것은 이 요건에 의하여서이다. … 사실

면, 공평의 이념에 기하여 부당한 재산이동을 교정한다는 것이 부당이득적인 여러 제도의 출발점이기는 하였으나, 그 不當性의 內容을 確定하고 그에 限界를 부여하여 가는 過程이 부당이득제도의 발전과정의 내용이라고 한다면, 「인과관계」개념의 意義는 그러한 過程에서만 명백히 드러나기 때문이다.

3. 法律上 原因의 欠缺

(1) 부당이득이 성립하기 위하여는, 수익자의 이득에 관한 법률상 원인이 없어야 한다. 이 때 법률상 원인이란, 利益의 取得을 법률상 事由 내지 이득을 保有할 權限을 의미한다고 이해되고 있다. 어떠한 경우에 이득의 보유가 정당화되는가?

이에 대하여 학설은 일치하여 다음과 같이 설명하고 있다. 즉, 이 문제는 부당이득제도의 기초와 관련되는 매우 어려운 것이나, "법률상 원인 없이"란 "一般의 제 3 자에 대한 관계에 있어서는 形式的 法律的으로 일응 수익자에게 귀속하는 것으로 되는 이익을, 損失者에 대한 關係에 있어서도 그대로 보유하게 하는 것이 공평이나 정의의 이상에 반하는 것을 의미한다"는 것이다.[16] 그러나 이러한 "형식적 일반적" 정당성과 "실질적 구체적" 부당성의 대립이 실은 內容空虛한 것이어서, 실제의 분쟁에 있어서 부당이득의 성립 여부를 가리는 基準이 될 수 있는지는 극히 의문이다.

(2) 그리고 이러한 점은 위와 같이 「법률상 원인의 흠결」에 관하여 통일적인 설명을 부여하고 있는 입장에서도 의식되어, 다른 한편으로 공평이나 정의란 漠然한 것이므로 무엇이 「법률상 원인」이 되느냐는 具體的으로 각개의 類型에 따라 음미되어야 한다고 한다. 그리고 이러한 유형은 이를 크게 이득이 返還請求者의 給付行爲에 의하는 경우와 其他의 事由에 의하는 경우로 나누어지고, 後者는 다시 細分되는 것이 보통이다.

㈎ 이득이 손실자의 급부행위에 의하는 경우 이 경우 법률상 원

'직접' 이득과 '간접' 이득을 구분하는 것은 실무에 있어서 이를 유지하기 힘들었다. … 그러나 그것이 없었다면, 독일민법전의 부당이득규정은 18세기 독일, 그리고 19세기 말 프랑스에서 인정되었던 보편적인 구제수단(universal remedies)으로서의 부당이득제도를 다시 인정하는 결과가 되었을 것이다. 만일 그렇게 되었다면, '법률상 원인 없는 보유'라는 공식은, 모든 경우의 이득에 적용되어 다시금 독일의 법률가를 제약 없이 날뛰게 하고, 사람을 홀리는 도깨비불을 쫓게 하였을 것이다."

16) 郭潤直, 433 이하; 金曾漢·安二濬, 701; 金曾漢, "不當利得에 있어서의 法律上 原因", 黃山德 박사 화갑기념논문집(1979), 445 이하; 金基善, "不當利得의 要件", 考試界 1973년 6월호, 21 참조.

인은 출연행위의 原因(causa), 즉 출연의 經濟的 目的을 의미한다고 설명된다. 그리고 이 때에도 법률상 원인의 흠결 여부를 가리는 최종적인 판정자는 "공평의 이상"이다. 즉, "출연은 반드시 目的 내지 原因이 있어서 행하여지는 것이므로 출연행위가 있을 때에, 그 원인이 존재하지 않음에도 불구하고 급부의 수령자로 하여금 그 급부를 그대로 보유케 하는 것은 어느 모로 보나 공평의 이상에 반한다."[17] 이 때 출연행위의 原因이 給付者가 그 급부를 하는 主觀的 理由를 의미하는 것인지, 아니면 급부로써 소멸시키고자 하는 義務關係, 즉 客觀的 法律關係를 의미하는 것인지는 반드시 명백하지 않다.

이는 다시 (i) 처음부터 目的이 없는 경우(계약의 무효·취소·해제 등), (ii) 목적부도달의 경우, (iii) 목적 소멸의 경우로 나누어 설명된다.

(나) 이득이 기타의 사유에 의하는 경우 이는 "어떤 統一的인 基準을 세울 수 없기 때문에", 공평의 관념을 고려하여 각 경우에 관하여 이를 정할 수밖에 없다고 한다. 그 각 경우란 대개 이득이 어떠한 사유에 의하여 발생하느냐를 기준으로, 다시 (i) 이득자의 事實行爲에 의하는 경우, (ii) 이득자의 法律行爲에 의하는 경우, (iii) 이득자의 執行行爲에 의하는 경우, (iv) 손실자의 非意思的 行爲에 의하는 경우, (v) 제3자의 행위로 생기는 경우, (vi) "事件"의 사실적 결과로서 생기는 경우, (vii) 직접 法律의 規定에 의해 생기는 경우로 나누어진다.

우선 주목되는 것은, 이러한 分類가, 이득이 반환청구자의 급부행위에 의한 경우 이외에 부당이득이 문제되는 경우를 平面的으로 網羅하고 있을 뿐이고, 그 경우를 분석하여 그 사이의 일정한 聯關이나 類似性에 좇은 類型化作業(Typisierung)을[18] 행하지 않고 있다는 것이다. 가령 (i), (ii), (iii)은 수익자가 타인의 권리를 客觀的으로, 즉 歸責事由의 有無와는 상관 없이 侵害하는 行爲를 하였다는 점에서는 일치한다. 도대체 타인의 음식물을 먹어버린 경우((i)의 경우)와 제3자에게 팔아 그로 하여금 선의취득하게 한 경우((ii)의 경우) 사이

17) 郭潤直, 434; 金曾漢·安二濬, 702 참조.

18) 이에 대하여는 Larenz, Methodenlehre der Rechtwissenschaft, 5. Aufl.(1983), S. 276ff. 참조. 또한 그러한 구성요건을 구체화하는 하나의 방법으로서의 유형화(Typisierung)에 관하여는, 同書, S. 279ff. 참조. "그것[일반적 법원리]을 '명백한' 사례에 비추어 설명함으로써, 그리고 나아가 그 원리에 의해 판단을 받은 다른 사례와 비교함으로써, 또한 그러한 사례들의 법적인 분석에 기하여 보다 구체화된 법사고를 도출해 냄으로써, 판례는 비교적 '불명확한' 요건을 내용적으로 풍부하게 하고, 일정한 사례 및 사안유형과 관련하여 구체화하며, 이에 의하여 마지막으로, 새로이 판단할 사례의 대부분을 포섭할 수 있는 決定模型(Entscheidungsmuster)의 틀을 획득할 수 있게 되는 것이다."(S. 279f.)

에는 부당이득법적으로 어떠한 차이를 둘 수 있을까? 또 학설이 (v)의 예로 들고 있는 債權의 準占有者에 대한 변제의 경우도, 그 준점유자가 변제를 수령함으로써 원래의 채권자의 채권을 소멸시켰다는 점에서 마찬가지라고 할 수 있다. 그리고 이와 같이 타인의 권리를 객관적으로 침해하는 여러 경우에 있어서는 그 침해자 쪽에서 이러한 침해로 인한 이익 취득을 정당화할 권한이 있음을 들어 主張 立證하도록 하여야 한다는 점에서도 공통된다.

또한 위의 學說도 인정하는 대로 법률상 원인의 흠결 여부를 最終的으로는 "공평의 이념"에 맡기고 있기 때문에, 실질적으로는 부당이득의 성립 여부에 대한 아무런 기준도 제시되지 못하고 있는 경우가 많다. 그리하여 위 (vii)의 "이득이 직접 법률의 규정에 의하여 생기는 경우"로 들고 있는 첨부와 시효취득으로 인한 권리 취득에 있어서도, 兩者가 區別되는 점이 어떠한 것이기에 前者의 경우에는 부당이득의 성립이 긍정되고(民 § 261 참조), 後者의 경우에는 그것이 부정되는가에 대하여 아무런 실질적인 기준이 제시되지 못하고 있다. 그 외에도 占有의 不當利得를 인정할 것인가라는 重要한 問題의 解決도 공평의 이상에 따라야 하는 것으로 미루어지고 있다.

Ⅱ. 類型論의 採擇

1. 實務와의 乖離

이상에서 본 바와 같이 「공평의 이념」을 내세워 부당이득제도를 통일적으로 설명하려고 하는 시도는 실제로는 부당이득의 성립 여부를 판단하는 실질적·구체적 기준을 설득력 있게 제시하는 데 성공하였다고는 말하기 어렵다고 생각된다(뒤의 (2)도 참조).

나아가 實務가 구체적인 부당이득사건을 처리하는 실제를 살피면, 뒤에서 보는 바와 같이 통설이 요구하는 위의 여러 가지 要件 중 一部에 대하여는 그 충족에 대한 아무런 판단 없이 부당이득의 성립을 긍정하는 예가 있다. 또 그 요건 전부가 충족되었다는 說示가 있다고 하더라도, 그것은 부당이득의 성립이 긍정된다는 판단에 理由를 부여하기 위하여 형식적 장식적으로 § 741의 文言을 그대로 反復할 뿐이고, 그 각각의 요건의 충족에 대한 實質的인 判斷이 있다고는 여겨지지 않는 예도 흔하다. 이러한 일들이 일어나는 것은 실무가 통설, 나아가서는 §741이 부당이득의 성립이 인정되기 위하여 요구하고 있는 요건들의 판단을 소홀히 하고 있는 데 原因이 있을 뿐이라고 주장할 수도 있을 것이다. 그러나 통설이 법률에 충실한 해석을 하고 있는 것이고 위와 같은 실무의 태도는 "법률에 반하는 해석 적용"의 결과라고밖에 할 수 없을 것인가를 판단하기 이전에, 우선 부당이득에 관하여 통설이 요구하는 위와 같은 要件들이 실무의 判斷基準과는 거리가 있음을 확인하여 둘 필요가 있다. 이러한 "理論"과 "實務"와의 괴리의 확인은 民法解釋學에 대하여 일정한 課題를 제기한다. 민법해석학은 "현재 있는 法"을 정확하게 認識하고 記述하는 것을 기본적인 任務의 하나로 한다.[19] 그것은 법률분쟁이 공권적인 기관, 특히 법원의 재판에서 어떻게 해결될 것인가를 豫測하게 함으로써 시민의 법률생활에 安定性을 부여하는 실천적인 機能을 수행한다. 그러한 의미에서 위와 같은 괴리는 부당이득 요건에 관한 설명의 틀을 再檢討할 것을 요구하는 것이다.

2. 公平說의 難點

위에서 본 대로 우리 민법은 不當利得을 하나의 自足的 統一的인 제도로 규정하고 있다. 그런데 부당이득을 이와 같은 통일적 제도로 統合하는 基礎는 무엇인가? 다시 말하면 부당이득법의 규율을 받는 생활관계는 어떠한 構成的 要素를 공통으로 가지기에, "부당이득"이라는 하나의 이름 내지 하나의 제도 아래 포괄될 수 있는 것일까? 이러한 물음에 대하여 통설은 "제도의 기초"의 문제로서 접근하여 뒤에서 보는 대로 대개 一致하여 다음과 같이 이해하고 있다. 즉, 부당이득제도는 公平의 理想을 기초로 하는 것으로서, 일정한 財産的 價値의 이동이 형식적 일반적으로는 정당하나 실질적 상대적으로는 공평의 이상에 反하여 정당하지 않는 경우에 그 재산적 가치를 返還시키는 데 그 本質이 있다는 것이다.[20] 그리고 이러한 이해는 부당이득의 法的 構成에도 반영되

19) "있는 법(what the law is)"과 "있어야 할 법(what it ought to be)"과의 대비는 벤덤에 의하여 최초로 이루졌다. J. Bentham, An Introduction to the Principles of Morals and Legislation, ed. by J. H. Burns and H.L.A. Hart(1970), p.293f. 참조. 이러한 대비를, 가령 郭潤直, "한국민법학의 현대적 과제", 법과 사회 연구 제3집(1984), 59는 민법학의 임무와 관련하여 인용하고 있다. 즉, "민법학의 임무는 기본적으로는 제정법·관습법·판례 등의 여러 존재형식으로 잡다하게 존재하는 법의 타당한 의미 내용을 확정하고 정리해서 정확한 법을 인식할 수 있도록 하는 데 있습니다. 그러나 사견으로는 민법학의 임무는 그러한 해석을 통한 현행법의 인식에 그치지 않으며, 해석을 통하여 확정된 형식적인 법과 실질적 정의와의 사이에 있게 되는 모순을 어떻게 조절하느냐의 문제, 즉 현재의 법에 대한 비판적 검토를 통하여 '있어야 할 법'을 찾는 것도 그 사명이라고 생각합니다."

20) 郭潤直, 421 이하; 金曾漢·安二濬, 682 참조.

어, 부당이득의 요건의 하나인 "법률상 원인의 흠결"이란 앞의 I. 3. (1)에서 본 대로 위와 같이 형식적 일반적으로 정당한 재산이동이 실질적 상대적으로는 공평이나 정의의 이상에 어긋나 부당한 것을 말한다고 설명되고 있다. 그리고 부당이득제도의 기초에 대한 이러한 관점에 이끌리어 실무가 부당이득사건의 처리에 있어서 약간의 혼란을 보이고 있음은 특히 뒤의 B.의 제5.에서도 확인되는 바와 같다.

(1) 그러나 이와 같은 理解가 과연 구체적인 사건의 해결에 있어서 不當利得의 성립 여부를 결정하는 基準을 제공할 수 있는가, 다시 말하면 통상 法律要件에 부여되고 있는 機能을 다할 수 있는지는 매우 의문이다.

부당이득제도의 본질 내지 기초, 나아가서는 "법률상 원인의 흠결"의 의미에 관한 위와 같은 견해를 최초로 제시한 학자가[21] 들고 있는 動産의 善意取得의 예를 들어 보기로 하자. 그에 따르면, 동산의 선의취득에 있어서 선의취득자의 소유권 취득은 "動産 去來의 安全이라는 理想이 요청하는 바로서 是認되는 것인데, 그 무권한의 처분자가 處分行爲에 의하여 취득한 代價 등도 자기의 소득으로서 보유하여 동산의 본래의 소유자가 전연 손실은 입는 것은 公平의 理想에 반하는 것"이기 때문에, 그 대가 등은 부당이득으로서 원소유자에게 반환되어야 한다고 설명한다.[22]

그러나 선의취득의 경우에는 財産的 價値의 移動이 하나만이 있는 것이 아니다. 즉, 한편 동산의 所有權은 원래의 소유자가 이를 상실하고 선의취득자가 이를 취득하며, 무권한의 처분자와 선의취득자 사이에는 가령 점유의 이전과 대금의 교부와 같은 또 다른 財産移動이 일어난다. 이와 같은 여러 개의 재산이동 중에서 어느 것이 "형식적 일반적"으로는 정당한데 "실질적 구체적"으로는 공평의 이상에 비추어 부당하다는 것인가? 위의 견해는 아마도 소유권에 관한 재산이동은 정당하나, 가령 교부된 대금에 관한 재산이동은 부당하다는 취지일 것이다. 그렇다면 이는 전혀 별개의 재산이동에 대하여 "형식

21) 我妻榮을 말한다. 이에 관하여는 加藤雅信, "類型化による一般不當利得法の再構成(3)", 法學協會雜誌 91-1(1974), 91 이하 참조. 즉 我妻는 공평이념에 부당이득제도의 기초를 발견하는, 종래로부터 유력한 전통적 입장(통상의 공평설)과, 독일에서 물권행위의 무인성을 전제로 채권계약의 무효·취소의 사례를 염두에 두고 주장된 형식법(formelles Recht)과 '사회적 정의라는 의미에서의 실질법(Materielles Recht im Sinne der sozialen Gerechtigkeit)' 간의 조정을 부당이득제도의 기초로 이해하는 입장(가령 Gierke, Deutsches Privatrecht, Bd. 3(1917), § 218 I(S. 995) 참조)의 이원론적인 발상을 결합시켰던 것이다. 이러한 의미에서 我妻의 입장은 이원론적 공평설이라고 부를 수 있을 것이다.

22) 我妻榮, 事務管理·不當利得·不法行爲, 新法學全集 第10卷(1937), 30.

적 일반적” 또는 “실질적 구체적” 정당성 유무를 따지고 있는 것이 아닌가? 여기서 문제삼고자 하는 것은 선의취득에 있어서 무권한의 처분자가 취득한 대가 등을 원소유자에게 부당이득으로서 반환하여야 한다는 結論의[23] 當否가 아니라, 위와 같이 “형식적 일반적” 정당성과 공평의 이상에 비춘 “실질적 구체적” 부당성을 對比하는 것이, 그 자체로서는 타당하다고 생각되는 위와 같은 부당이득반환청구권의 부여의 결론을 뒷받침하는 데에 적절한 理由를 부여할 수 있느냐 하는 것이다. 이와 같은 指摘은 위의 학자가 드는 다른 例, 즉 債權의 準占有者에 대한 辨濟가 유효한 경우(民§470 참조)에 원채권자가 변제수령자, 즉 채권의 준점유자에 대하여 가지는 부당이득반환청구권의 설명에 대하여도 마찬가지로 타당하다. 즉 債權의 消滅에 관한 재산이동의 당사자와 辨濟目的物에 관한 재산이동의 당사자가 서로 다르므로, 위의 학자가 말하는 “형식적 일반적”으로 정당한 재산이동의 당사자 사이에는 “실질적 구체적”으로 부당한 재산이동은 일어나지 않았던 것이다.

또한 형식적 일반적 正當性과 실질적 구체적 不當性의 對立으로써 부당이득의 요건, 특히 「법률상 원인의 흠결」을 설명하고자 하는 見解가 실제로는 아무런 內容이 없는(inhaltleer) 것임은 가령 소위 “이득이 직접 法律의 規定에 의하여 생기는 경우”로서 예시되고 있는 경우들을 보아도 알 수 있다. 위의 견해는 그 경우에 “만일에 法規가 便宜上의 理由로 형식상 그 權利를 이득자에게 귀속시킨 데 지나지 않는 때에는 不當利得이 되지만, 終局的으로 실질적인 가치의 이동을 認定하는 것이면 부당이득은 성립하지 않는다”고 하고, 가령 添附로 인하여 권리를 상실한 자에 대하여는 그 권리취득자에 대한 부당이득반환청구권을 인정하면서, 時效取得의 경우에는 이를 부인한다.[24] 그러나 어떠한 理由가 있으면 법률이 종국적으로 실질적 가치의 이동을 인정하는 것으로 판단되는지에 대하여 그 기준을 제시하지 않는 한, 이러한 견해는 하나의 문제를 다른 문제로 置換하였을 뿐이고, 구체적인 사안에 부딪혀 과연 부당이득이 성립하느냐 여부를 판단하는 基準은 아무 것도 제시한 것이 없다고 할 것이다.

그러므로 앞서와 같이 부당이득제도의 本質을 이해하는 입장에서도, “본래 公平이니 正義니 하는 관념은 매우 抽象的인 막연한 것이어서, 각종의 부

23) 이러한 결론 자체에는 의문이 없다.
24) 郭潤直, 438; 金曾漢·安二濬, 709 참조.

당이득에 있어서 과연 그 法律上의 原因이 구체적으로 무엇이냐를 밝혀 준다고는 할 수 없다. 즉 그것은 구체적인 문제해결에 있어서는 거의 無力하다"고 인정하고 있다.[25] 이러한 인정은 사실상 위와 같은 圖式을 포기하는 것이라고 할 수 있다. 왜냐하면, 적어도 民法解釋學의 입장에서는 구체적인 문제의 해결에 있어서 무력한 법이론은 價值가 없기 때문이다.

그렇다면 위와 같은 實質的 形式的 正義 對 形式的 一般的 法律이라는 무내용한 圖式은 淸算되지 않으면 안 된다. 이러한 인식을 전제로 할 때에는, 과연 부당이득제도의 공통된 기초, 부당이득적 생활관계에 보편적으로 존재하는 구성적 요소는 과연 무엇인가, 그러한 것이 존재하기는 하는가 하는 문제가 제기되지 않을 수 없다.

(2) 물론 實定制度의 형성발전에는 일정한 法理念 내지 法原理가 크게 작용함에는 아무런 異論이 있을 수 없다. 부당이득법에 관하여 보면, "누구도 타인의 손실에 의하여 이득하여서는 안 된다"(D.12.6.14; D.50.17.206)는 공평 내지 형평의 원리가 근대의 여러 민법에 있어서 부당이득적 諸制度의 전개에 중대한 역할을 하였음에 대하여는 의견이 일치하는 바이다.[26] 그러나 부당이득제도의 역사적 발전과정을 살펴보면, 이미 普通法學에 있어서 그 제도의 기초로서 위와 같은 공평의 원리를 내세우는 입장은 그 無限定性 등을 이유로 적극적으로 否定되고(Erxleben, Witte, Jakob 등) 그 대신 등장한 것이 "法律上 原因 없는 利得"의 思想(D.12.6.66; D.12.7.1.3)임을 확인할 수 있다.[27] 그리고 독일 민법의 부당이득규정이 이러한 普通法學說을 이어 받아 法文化한 것이며, 우리 민법은 일본 민법을 통하여 위와 같은 독일 민법의 규정태도를 이어

25) 郭潤直, 433 이하; 金曾漢·安二濬, 684 및 701 참조.

26) 前論 Ⅱ. 2. (7)에서 보는 대로, 부당이득제도뿐만 아니라 사무관리제도 및 전용물소권제도 등의 전개에 있어서 형평(aequitas)의 원리는 극히 중대한 기능을 수행하였다. 이와 같이 원리(principle) 그 자체가 구체적 법제도 내지 법규칙(rule) 의 형성에 직접 영향을 미친 예는 결코 흔한 일은 아니다. 그러나 로마법의 계수 이후 로마법원 자체를 가공하여 '현행법(geltendes Recht)'을 제공하는 것을 임무로 한 유럽 여러 나라의 법학에 있어서는 로마법원의 단편성 내지 개별사안해결적인(kasuistisch) 성격으로 말미암아, 보다 현실에 맞는 법규칙을 체계 있게 인식함에 있어서 일반적 원리의 도움을 얻는 것은 유력한 하나의 방법이 될 수 있는 것이었음은 쉽사리 추측할 수 있다.

27) 이러한 사고의 전환을 대표적으로 보여 주는 것이 다음과 같은 빈트샤이트의 진술이다. Bernhard Windscheid, Lehrbuch des Pandektenrechts, Bd. 2, 9. Aufl.(1904), § 421 Anm.1(S. 866): "'누구도 타인의 손실에 의하여 이익을 얻어서는 안 되는 것이 형평한 자연이다'라고 법원(D.12.6.14; D.50.17.206)이 실제로 교시하는 것이라면, 이는 法源 내에 발견되는 많은 잘못된 추상화(falsche Abstraktionen)의 하나이다. 오히려 D.12.7.1.3의 '어떤 사람이 정당한 원인에 기하지 않고 얻은 것이나 불법원인에 기하여 얻은 것만을 반환청구할 수 있다'는 법문이 올바른 원치을 보여주고 있다."

받은 것이다.

그렇게 보면 위와 같이 부당이득의 기초를 공평의 이상에서 찾는 것은 歷史的인 觀點에서 보면 적어도 위와 같은 보통법학설 이전으로 돌아가는 것이라고 할 수 있다. 이러한 回歸를 바로 "退步"라고 부르는 것은 역사의 직선적인 발전을 믿는, 지나치게 단순한 진화론이라고 할 수도 있겠으나, 적어도 보통법학설에서 공평의 이상이 부당이득제도의 기초로서 否認된 이유를 엄밀하게 吟味할 필요가 있을 것이다. 그것을 要約하면, "법률상 원인의 흠결"이라는 것이 본래의 이득의 부당성을 표현하는 것이고, 또 부당성이 궁극적으로는 공평 내지 정의에 비추어 판단된다고 하더라도, 공평이나 정의와 같은 絶對槪念은 그 자체가 實定法制度의 내용을 구성할 수 없으며, 부당이득제도 역시 일체의 불공평한 결과를 조정하는 萬能手段이 아니므로 다른 법제도와의 상대적 관계에 있는 하나의 技術的 法制度로서 자신의 구체적 제도 내용을 취득하지 않으면 안 된다는 것이다.

이러한 주장이 首肯할만한 것이라고 한다면, 우리는 부당이득제도에서 공평의 이상이 차지하는 지위를 過大評價하여서는 안 되며, 오히려 공평의 이상에 의한 "이득의 부당성"의 矯正이 그에 따라 이루어지는 법률수단으로서의 부당이득제도가 다른 법제도(이들도 역시 정의, 공평, 합목적성 또는 법적 안정성 등의 법이념을 구체적으로 실현하는 것이다)와의 關聯 아래서 가지는 實定的 構造에 초점을 맞추어야 할 것이다.

3. 다른 法制度와의 關係의 不透明함

이와 같이 현재 있는 법으로서의 不當利得法에 대한 설명의 틀을 재검토하고, "이득의 부당성"의 구체적 실정적 構造를 천착하는 것은, 결국 부당이득제도가 우리 민법이 규정하고 있는 여러 가지의 救濟手段(remedies)의 체계 중에서 차지하는 位置를 명확하게 인식하여 그 固有한 機能과 制度目的을 파악하는 데로 귀착된다고 생각된다. 모든 부당이득유형에 동일하게 위의 4가지의 요건을 요구하고, 다른 한편 부당이득제도의 공통된 기초로 "공평의 이상"을 인정하는 태도는 그 제도가 機能할 領域을 애매하게 하여 그 제도목적의 이해를 극히 불투명하게 하였다. 이러한 불투명함은 특히 다른 구제수단과 부당이득반환청구권과의 관계라는 문제에서 잘 드러난다.

(1) 우선 契約上 請求權과 부당이득반환청구권과의 관계를 살펴보면, 實

務는 뒤에서 보는 바와 같이 계약상 의무의 불이행이라고 볼 사실관계를 부당이득법에 의하여 처리한 예가 적지 않다. 또 이미 극복된 外國의 學說이기는 하나,[28] 계약상 의무를 부담하는 자가 그 의무를 이행하지 않고 있는 경우에 그는 타인, 즉 계약상대방의 손실에 의하여 이득하고 있는 것이라고 하여 부당이득의 成立을 긍정하는 主張도 있다. 특히 문제가 되는 것은 契約에 기한 급부가 제3자에게 이득이 된 경우 계약상대방에 대한 반대급부청구권(물론 그 계약에 기한)과 제3자에 대한 부당이득반환청구권과의 관계이다. 예를 들면, 타인의 토지를 자신의 토지로 잘못 알고 건설업자에게 土地改良工事를 도급준 경우 그 공사 완료 후 도급인이 사실을 알고 都給報酬의 지급을 拒絶하는 경우 수급인은 도급인에 대한 보수청구권 이외에 토지소유자에 대하여 부당이득반환청구권을 취득하는가 하는 문제이다. 이와 같은 경우 제3자에 대한 부당이득반환청구권은 소위 轉用物訴權(actio de in rem verso)으로서 그 인정 여부가 논하여지고 있다. 대법원은 위와 같은 사실관계에 대하여 수급인의 부당이득반환청구를 認容하고 있으나, 이러한 법리는 계약법적 원칙에 반하여, 가령 계약 상대방의 無資力危險을 제3자에게 轉嫁하는 결과가 된다든가 또는 계약에 기한 對抗事由의 주장이 이유 없이 불가능하게 된다든가 하는 불합리를 낳는다.

이러한 여러 가지 문제는 부당이득제도의 기초를 "공평의 이상"에서 구함으로 말미암아 그 고유한 機能範圍 내지 制度目的이 명확하게 인식되지 아니한 데에서 오는 결과라고 생각된다.

(2) 또한 점유권의 효력, 특히 占有者와 回復者와의 관계에 관한 규정(民 §§201 내지 203)과 부당이득반환청구권과의 관계에 대하여도 의문이 없지 않다.[29] 예

28) R. Plessen, Die Grundlagen der modernen condictio(1904), S. 60f. 참조.

29) 주지하는 대로 이 문제에 대하여는 물권행위의 무인성을 인정할 것인가 하는 문제와도 관련하여 복잡한 양상이 노출되고 있다. 그에 관한 개관은 우선 郭潤直, 425 이하 및 453 이하 참조. 지배적 학설은, 원물반환의 경우에는 소유권이전의 유무와 상관 없이 물권적 청구권이라는 특수한 제도(民 §§201 내지 203)에 의하여 규율할 것이라고 한다. 그렇게 하지 않고, 소유권이 이전된 경우에는 부당이득법이 적용되고, 소유권이 이전되지 않은 경우에는 위의 점유자와 회복자와의 관계에 관한 규정(이것은 기본적으로 물권적 청구권의 효력에 관한 규정이라고 할 것이다. 同旨: 李銀榮, "所有物返還請求權", 考試界 1986년 11월호, 51 이하 참조)에 의한다고 하면, 소유권을 취득한 쪽이 오히려 불리하게 되어 불합리하다는 것이다. 왜냐하면 부당이득법에 의하면 선의의 피고라도 이득이 현존하는 한 이를 반환하여야 함에 반하여, 후자의 규정에 의한다면 선의의 피고는 民 §201 I 에 의하여 수취한 과실을 반환할 필요가 없기 때문이다. 이러한 문제제기는 我妻榮, "法律行爲の無效取消の結果に關する一考察 — 民法における所有物返還請求權と不當利得との關係", 春木先生還曆紀念論文集(1931)(후에 同, 民法研究 Ⅱ: 總則

를 들면, 판례나 통설은 뒤에서 보는 대로 선의 점유자가 권한 없이 타인의 소유물을 사용·수익한 경우에 대하여 선의점유자의 果實取得權(民 §201 I)에 기하여 그는 그 사용·수익에 대한 "법률상 원인"이 있다고 하여 부당이득의 성립을 부정한다. 그러나 어떤 사람이 유체물이 아닌 권리, 가령 특허권을 권한 없이, 그러나 선의로 사용·수익한 경우에도, 과연 특허권자의 그에 대한 부당이득반환청구권을 否認하여야 할 것인지는 극히 의문이다.[30] 만일 그렇다면 有體物과 가령 無體財產權을 구별하여 선의침해자의 부당이득반환의무의 성립 여부가 달리 판단되어야 할 이유는 무엇일까? 이러한 문제의 해결은, 민법이 정하는 여러 가지 구제수단간의 체계 내에서 부당이득제도가 차지하는 역할에 대한 새로운 접근에 의하여야서야 가능할 것으로 생각된다.

(3) 또 부당이득법과 契約解除法의 관계에도 불분명한 점이 있다. 예를 들면 계약이 무효이거나 또는 사후적으로 취소된 경우에 그 계약에 기하여 이루어진 급부의 청산(Abwicklung)에 관하여는 부당이득법이 적용됨에는 의문이 없다. 한편, 계약 해제로 인한 原狀回復義務(民 §548 I 참조)도 그 성질이 부당이득반환청구권이라고 이해되고 있다.[31] 그렇다면 해제의 경우에는 원상회복의무자의 善意·惡意에 관계 없이 동일한 내용의 원상회복의 의무"를 부담함에 대하여, 무효 또는 취소로 인한 부당이득반환의 경우에는 그 의무자의 선의·악의에 따라 그 義務의 內容이 달라지는 이유(民 §748 I 과 II 참조)는 무엇일까? 특히 解除는 취소와 마찬가지로 계약의 효력을 소급적으로 소멸시킨다고 이해되고 있으므로, 양자를 구별할 이유는 더욱 찾기 어려워진다.[32] 이러한 의문은 부당이득법

(1966), 165 이하에 再錄)에 의하여 이루어졌고, 동 논문이 제시한 해결방향이 바로 원물반환의 경우에는 소유권이전의 유무에 상관 없이 물권적 청구권에 관한 규정에 의하여야 할 것이라는 ——후에 우리의 지배적 학설에 의하여 채택된—— 입장이다. 필자가 의문을 느끼는 것은, 위와 같은 "불합리"는 분명히 제거되지 않으면 안 된다고 하더라도, 그 제거의 방향이 民 §201 이하의 규정의 적용을 확대하는 쪽이어야 하는가 하는 점이다. 오히려 民 §201이 정하는, 선의취득자의 과실취득권은 현존이익의 반환도 배제하는 것으로서 입법론적으로 그 근거가 희박하다고 생각되고(이에 대하여는 우선 川島武宜, 所有權法の理論(1949), 134; H. Wieling, Grund und Umfang des Besitzschutzes, FS Lüstow(1980), S. 565ff. 참조), 또 계약의 무효 취소로 인하여 그 계약에 기하여 이루어진 급부의 원상회복이 이루어져야 할 경우에는 급부물로부터 생긴 이익도 원칙으로 그대로 반환하는 것이 "공평"에 맞는다고 생각된다.

30) 종전의 特許法 §156 Ⅱ는 그와 같은 경우 부당이득반환청구를 할 수 있음을 전제로 하여, 특별히 선의무과실로 특허권을 침해한 자에 대하여는 이득반환을 청구할 수 없다고 규정하고 있었다고 해석하여야 할 것이다. 同條는 實用新案法 §29에 의하여 실용신안에 관하여 준용되고, 意匠法 §32 Ⅱ는 동조와 동일한 내용을 규정하고 있었다.

31) 郭潤直, 125 참조.

32) 해제의 경우나 취소의 경우 모두 그 계약에 기하여 이루어진 급부의 반환이라는 관점에서 보면 "실행된 계약의 원상회복" 내지——Leser, Der Rücktritt vom Vertrag(1975),

의 여러 규정들, 특히 民 § 748의 적용범위를 재검토할 것을 요구하는데, 그 재검토에 있어서는 부당이득법의 적용을 받는 生活關係에 거의 유사성이 없는 유형들이 혼재하고 있다는 사실에 주목하게 된다. 그리고 이러한 부당이득 유형들에 내재하는 고유한 논리와 부당이득법 이외의 구제수단 간의 연관이 특히 흥미롭다.

(4) 나아가 부당이득반환청구권과 不法行爲로 인한 손해배상청구권과의 관계에 대하여는 통설이 竝存 내지 競合을 인정하고 있다. 그러나 民 § 748 Ⅱ는, 악의 수익자는 이득의 반환 이외에도 "損害가 있으면 이를 배상하여야 한다"고 규정한다, 그렇다면 부당이득자가 악의인 경우 상대방은 부당이득으로 인한 손해배상청구권 이외에 불법행위로 인한 손해배상청구권을 ──물론 그 요건을 충족하는 것을 전제로 한다. 그러나 적어도 타인의 권리를 침해하여 이득한 경우에는 많은 경우에 불법행위가 성립할 것이다── 취득한다고 하여야 할 것인가? 이에 관하여는 학설이 뚜렷이 설명하지 않는다. 이러한 문제도 부당이득제도가 정하는 구제수단의 위치가 선명하지 못함을 傍證하여 주는 것이다.

이와 관련하여 注目할 것은 "損害" 개념이 부당이득법에서도 중요한 役割을 하고 있다는 것이다.[33] 즉, 우선, 부당이득의 요건으로서도 부당이득청구권에게 "손해"가 발생하였을 것이 요구되고 있을 뿐만 아니라, 통설과 판례는, 부당이득반환의무의 내용에 관하여도 受益者가 얻는 이득을 어느 경우에나 그대로 全部 返還하는 것이 아니라, 부당이득청구권의 손해가 수익자의 "이득"보다 적은 경우에는 그 損害의 範圍 안에서 반환하면 족하다고 해석하고 있다.[34] 이와 같은 「손해」의 개념이 부당이득법에서 중요한 위치를 차지하는 것

S. 94ff.의 표현을 빌면──"계약청산(Vertragsabwicklung)"이 문제되는 것이므로, 양자를 통합하는 계약청산에 관한 일반법의 형성이 바람직하고, 그에까지는 이르지 않더라도 적어도 해제의 효과로서의 원상회복의무와 뒤에서 보는 바와 같은 계약의 청산에 관한 부당이득반환의무, 즉 급부이득반환의무(Leistungskodiktion)와의 유연성을 분명히 인식할 필요가 있다고 생각된다. 위에서 본 책에서 Leser는, 계약해제법에 관하여, 최근에 독일의 부당이득법에 일어난 일련의 새로운 움직임, 특히 유형론의 일 내용으로서 급부이득에 대하여 인정되는 새로운 법리에 비추어 종래의 해제에 관한 소급적 물권적 효과설을 비판하려고 한다.

33) 그러나 실질적으로는 「손해」의 개념은 그 내용이 매우 희석되어 있어서, 부당이득의 성립 여부를 좌우하는 하나의 요건으로서 기능하지 못함은 뒤에서 보는 바와 같다. 그러므로 「손해」개념이 본래의 의미에서의 "요건"으로 기능하는 것은, 전용물소권을 부인하는 경우, 즉 원고가 제 3 자에 대한 계약상 채권을 가지므로 「손해」가 없다고 하여 부당이득의 성립을 부인할 때뿐이다.

34) 그러나 이 때에도 「손해」개념이 반환의무의 범위를 제한하는 역할을 하는 예는 실무

도 부당이득제도의 목적을 불투명하게 하는 原因의 하나라고 할 수 있을 것이다. 또는 오히려 그와 같은 해석은 부당이득제도의 고유한 기능이나 제도목적에 대한 이해가 불충분함으로 말미암은 結果라고 하는 것이 더 옳은 말일지도 모른다.

4. 不當利得制度의 機能 및 그 歷史로부터의 示唆

이러한 여러 가지 문제에도 불구하고, 지금까지 우리의 부당이득이론은 이러한 의문을 解消하는 데 지금까지 별로 노력을 기울이지 않은 것으로 생각된다.

(1) 오히려 위에서 본 바와 같이 이미 우리 부당이득 규정의 母國이라고 할 수 있는 나라, 즉 독일에서는 극복된 見解를 이어받아 부당이득제도의 기초를 公平에서 찾고, 부당이득의 요건에 있어서 중심적 위치를 차지하는 「法律上 原因의 欠缺」의 이해에 막연한 개념을 도입함으로써 부당이득법의 투명한 이해를 막는 帳幕은 더욱 굳어져 갔다고도 말할 수 있을 것이다. 또한 구체적인 紛爭의 타당한 해결을 제 1 차적인 任務로 하는 실무, 특히 재판실무는, 한편으로 救濟의 부여 또는 거부라는 당면의 문제를 눈 앞에 두고 그 적정한 解決에 유념하면서도, 다른 한편으로 다른 구제수단과의 관계에 대한 선명한 이해를 가지지 못하거나 때로는 막연한 正義槪念 내지는 衡平감상에 의존함으로써 부당한 결론을 도출하거나 또는 그 이유 부여에 있어서 부적절한 論理構成에 의존하는 경우가 없지 않았다.

이러한 부당이득법을 둘러싼 混亂 내지 疑問들은 부당이득제도의 기능과 제도목적을 명확하게 인식하여 그에 분명한 妥當範圍를 부여하고 동시에 限界를 부여할 것을 요구하는 것이다.

(2) 전론에서 살펴본 부당이득제도의 역사적 발전 및 입법례와 이상에서 본 통설에 대한 의문으로부터 우리는 부당이득반환청구권의 요건에 관하여 다음과 같은 시사를 얻을 수 있다.

첫째, 모든 부당이득의 경우에 대하여 통일적인 요건을 정하려는 노력은,

에서 찾아볼 수 없고, 단지 원물반환이 불가능하여 가액반환을 하여야 할 경우(民 § 747 I 참조) 그 가액 산정의 기준시를 정하는 기능을 할 뿐이다. 가령 공사로 인한 목적물의 가액 증가의 경우에 있어서 현존증가액(즉 변론 종결시)이 아니라 애초의 공사 당시의 현가(대개는 공사액)로 반환범위를 축소하기 위하여 「손해」개념이 동원된다. 뒤의 § 747 주해 참조.

독일 민법이 부당이득의 일반조항을 채택한 것을 받아 그 규정형식에 맞는 해석을 부여하려고 했던 20세기 초 독일 민법학의 시대적 제약이라는 관점에서만 설명될 수 있다. 부당이득제도의 전개과정에 있어서 위와 같은 노력은 특정한 나라 독일의 특정한 시기에만 존재하는 것이다.

그러나 이러한 노력은 성공하였다고는 할 수 없다. 그 노력의 결과 제시된 명제들은 정의 내지 공평의 이념을 다른 말로 바꾸어 놓는 데 불과하여, 구체적인 분쟁해결에 당하여 부당이득의 성립 여부를 판단할 수 있는 실질적인 기준을 제공하여 주지 못하는 것으로 입증되었다. 특히, 우리 나라의 통설과 같이, "법률상 원인의 흠결"을 일반적 형식적 법률과 구체적 개별적 정의와의 모순으로써 설명하는 것은, 결국 모든 부당이득 성립 여부의 판단을 "법관의 그때그때의 형평감각"에 맡기는 결과가 된다. 따라서, "국가기관에 의한 분쟁처리로서의 재판에 대하여 평가, 비판, 지도"하는 임무를 가지는 민법해석학에 있어서는,[35] 위와 같은 태도는 법관에의 백지위임을 의미하는 것이고, 스스로의 임무를 저버리는 것이라고 하지 않을 수 없다. 그러므로, 문제는 부당이득법적 분쟁을 처리함에 있어서 직접 의거할 수 있는, "개별적 법률관계를 확실하게 규율하는 특정한 법규범"을 제시하는 것이다.[36]

둘째, 이러한 시각에서 볼 때, 우리는 우리 나라의 부당이득 판례의 분석과 특히 독일의 학설의 전재로부터, 그러한 법규범을 제시할 가능성이 있는 틀로서 "내재적 유형론"에 주목하게 된다.[37] 그 유형론은, 부당이득법이 처리하여야 하는 여러 종류의 분쟁 사이에 존재하는 실질적인 내용의 차이를 분명하게 의식하게 하고, 따라서 이에 상응하여 구체적으로 타당한 해결을 가능하게 한다.[38]

이렇게 보면, 이하 본조의 주해에서는 우선 판례의 이해라는 관점에서라도 不當利得을 (i) 급부관계의 청산을 내용으로 하는 경우(급부이득반환의무),

35) 廣中俊雄, "現代の法解釋學に關する一つのおぼえがき", 民法論集(1971), 386.
36) Detlef König, Ungerechtfertighte Bereicherung, in: Bundesminister der Justiz(Hrsg.), Gutachten und Vorschiäge zur Überarbeitng des Schuldrechts, Bd. 2(1981), S. 1519는, "실무로 하여금 부당이득법적인 일상문제를 신속하고 마찰 없이 처리할 수 있도록 하는 단순하고 명확한 규정"이 현재 독일의 법상황 아래서도 필요하다고 한다. 이 점은 우리 실정에서는 특히 긴절한 것이라고 생각된다.
37) 이러한 유형론은 동시에「이론과 실무의 괴리」를 결정적으로 좁힐 수 있으리라고 생각된다. 또한 König(前註), S. 1521에 의하면, 이러한 유형론은 비교법적으로도 시인된다.
38) 여기서 "내재적" 유형론이라고 함은 그 독자성이 내적으로 정당화되는 유형에 관한 이론이라는 의미이다.

(ii) 타인의 권리를 객관적으로 침해하는 행위가 있었던 경우(침해이득반환의무), (iii) 의무 없이 넓은 의미에서 객관적으로 타인에 속하는 사무를 자신의 비용으로 처리한 경우(구상이득반환의무)의 셋으로 나누어 고찰하는 것이 유용할 것이다.[39]

B. 給付利得의 返還을 내용으로 하는 不當利得返還請求權

I. 一般論

1. 契約法의 補充規範으로서의 給付不當利得法

급부부당이득법은 주로[40] 契約法의 補充規範으로 기능한다.

(1) 우리 민법은 법률행위가 무효가 되는 요건에 대하여는 여러 곳에 규정을 두고 있다. 가령 선량한 풍속 기타 사회질서에 위반하는 사항을 내용으로 하는 법률행위에 대하여 民 § 103, 불공정한 폭리행위에 대하여 民 § 104, 진의 아닌 의사표시에 있어서 상대방이 진의 아님을 알았거나 알 수 있었을 경우에 대하여 民 § 107 Ⅰ 단서, 상대방과 통정한 허위표시에 대하여 民 § 108 Ⅰ 등은 각 규정에 정하여진 사유가 있으면 그 의사표시 또는 법률행위는 "무효로 한다"고 정하고 있다. 그러나 그와 같은 법률행위에 기하여 이루어진 급부는 그 법률행위의 무효로 인하여 어떠한 영향을 받았느냐에 대하여는 직접적으로 규정하지 않고 있다.

이는 일반적으로 법률행위의 취소에 대하여도 마찬가지이다. 즉 민법은 일정한 사유가 있을 때에는 법률행위가 취소될 수 있다고 정한다. 가령 民 §§ 5 Ⅱ, 10, 13은 행위무능력자의 법률행위에 대하여, 民 § 109는 착오로 인한

39) 그러나 여기서 제시하는 유형들은 부당이득의 모든 사안을 다 망라하는 것을 예정하는 것은 아니다. 물론 이 유형들이 현재 발생하는 사안을 거의 빠짐 없이 포섭하는 것이라고는 하여도, 장래에 발생할 수 있는 사안에 대하여 구제를 개방해 놓아야 할 것이다. 이들 유형들의 구축은 법학방법론에서 말하는 「구체화(Konkretisierung)」의 작업에 속하는 것이다. 이미 Ernst von Caemmerer, Bereicherung und unerlaubte Handlung, in: Festschrift für Ernst Rabel, Bd.1(1954), S. 337 참조.

40) 여기서 "주로"라고 하는 단서를 붙이는 것은, 급부가 이루어지는 이유는 계약에만 한정되는 것은 아니기 때문이다. 우선 계약과는 상관 없이 일방적인 착오에 기하여 이중급부, 채권자 아닌 자에의 급부 또는 초과급부 등을 하는 경우, 즉 협의의 비채변제의 경우 ——역사적으로는 이것이 부당이득제도의 발달에 있어서 심중한 의미가 있다—— 가 그러하다. 그러나 이 경우는 이미 사회경제적으로 그 중요성을 상실하였다고 하겠다.

의사표시에 대하여, 民 § 110은 사기나 강박에 의한 의사표시에 대하여 그와 같이 정하고 있다. 그러나 취소의 효과에 대하여는 民 § 141 본문이 "취소한 법률행위는 처음부터 무효인 것으로 본다"고 하여 소급적으로 무효가 된다고 할 뿐이므로, 무효에 대하여 앞서 말한 바가 취소의 경우에도 그대로 타당하다고 할 것이다. 물론 이에 대하여는 民 § 141 단서가 "그러나 무능력자는 그 행위로 인하여 받은 이익이 현존하는 한도에서 상환할 책임이 있다"고 정하고 있으므로, 취소할 수 있는 법률행위에 기하여 이루어진 급부가 취소의 의사표시에 의하여 어떤 영향을 받는가 하는 점에 대하여 실정법의 규정이 전혀 없다고는 할 수 없을 것이다. 그러나 위의 단서는 행위무능력자의 법률행위가 취소된 경우에 한하여 정하고 있는 것이므로, 적어도 취소의 일반적 효과라는 관점에서 이와 같은 점에 대하여 정면으로 정하는 규정은 발견되지 않는다.

이는 계약의 해제의 효과의 경우와는 현저한 대조를 이루는 바이다. 즉 民 § 548 I 본문은 "당사자 일방이 계약을 해제한 때에는 각 당사자는 그 상대방에 대하여 원상회복의 의무가 있다"고 정한다. 이 때 "원상회복의 의무"의 내용을 어떻게 볼 것인가에 대하여는 주지하는 대로 학설의 대립이 있다.[41] 그러나 적어도 계약의 해제가 그 계약에 의하여 이루어진 급부에 어떠한 영향을 미치는가에 대하여 위 규정이 정면에서 정하고 있다는 사실은 누구도 부정할 수 없을 것이다. 그러면 그 점에 관련하여 법률행위의 무효와 취소의 경우에 있어서는 "법률의 흠결"이 존재하는 것일까? 이를 시인하는 견해는 현재까지 보이지 않으며 또 시인할 수도 없을 것이다. 왜냐하면 법률행위가 무효이거나 취소된 경우 그 법률행위에 기하여 이루어진 급부의 운명에 대하여 우리 민법은 "법률상 원인"(本條 참조)이라는 개념을 매개로 하여 부당이득법으로서 정한다는 체계를 취하고 있기 때문이다. 즉 법률행위에 기하여, 보다 정확하게 말하자면 그 법률행위의 효과로 발생하는 의무이행을 위하여 급부가 이루어진 경우에 그 법률행위는 그 급부의 "법률상 원인"이 되는 것이다. 그러므로 그 법률행위가 무효이거나 취소되어 버리면 즉 법률적인 효과가 발생하지 않는 것이면 또는 발생하지 않게 되면 그 급부는 "법률상 원인"이 없는 것이 된다. 따라서 그와 같은 경우에 그 급부를 받은 사람은 본조가 정하는 바대로 이를

41) 이에 대하여는 金龍潭, "解除의 效果에 관한 一考察", 民事法學 4·5합병호(1985), 118 이하 참조.

"반환하여야 한다."

(2) 이상과 같이 채무의 이행을 위하여 급부가 이루어졌을 때, 법은 일정한 요건이 있는 경우에는 그 계약관계가 청산될 것을 요구한다. 가령 계약의 무효·취소된 경우가 그 대표적인 예이다. 그러나 법은 이러한 경우 계약의 효력이 없어졌다고만 정할 뿐이고, 계약관계를 어떠한 법적인 수단에 의하여 청산하리라고는 명백히 규정하지 않고 있다. 그러나 부당이득법은 '법률상 원인'이라는 중간항을 통하여 이러한 계약관계의 청산을 위한 구체적인 장치로서의 기능을 수행한다. 계약관계의 청산, 즉 급부의 반환에 관하여는, 급부와 법률상 원인이라는 두 가지 요건에 의하여 정하여지는 부당이득반환청구권, 즉 급부부당이득반환청구권이 그 작업도구로 등장하는 것이다.

이를 부당이득법 쪽에서 파악하면, 계약관계의 청산이 요구되는 실질적인 이유, 예를 들면 의사무능력, 행위무능력, 형식의 흠결, 강행법규 또는 공서양속 위반, 의사표시의 하자 등은 부당이득법에서 문제로 삼을 필요가 없음을 의미한다.[42] 이러한 이유에 대해서는 계약법 내지 법률행위법에서 다루게 되는 것이다. 이와 같이 부당이득법은 급부반환 그 자체만을 다루면 되는 만큼 부담을 덜게 된다.[43]

법률행위가 무효이거나 취소된 경우 그 법률행위에 기하여 이루어진 급부의 원상회복관계(Rückabwicklungsverhältnis)에 관한 우리 민법의 규정체계는 이와 같이 이해하는 것이 간단하고 또 명료할 것이다. 또 앞의 A. I. 3. (2) (가)에서 본 바와 같이 우리의 학설도 적어도 「법률상 원인」의 해석에 관련하여서는 위와 같이 이해하는 것으로 생각된다.

(3) 그러나 급부를 원상회복하여야 할 필요가 있는 것은, 비단 계약의 무효·취소의 경우뿐만이 아니다. 예를 들면 이미 소멸한 채무를 착오로 다시 이행하는 경우나, 보험사고가 발생하지 아니하였음에도 보험금을 지급한 경우나, 봉급을 계산의 잘못으로 또는 급여규정의 오해로 과도지급한 경우나 채권자의 신원을 혼동하여 전혀 엉뚱한 사람에게 채무 변제를 한 경우 등에도 급

42) Dawson(註 15), p. 113ff.는, 이러한 계약법과 부당이득법의 "기술적" 경계설정을 높이 평가한다.

43) König(註 36), S. 1526은 ―이미 케머러에 의하여 지적된 것이나― 급부이득을 급부와 법률상 원인의 흠결이라는 두 요건으로만 규정하는 것은 다른 법제(가령 착오에 의한 급부에 있어서 그 착오의 태양을 세분하는 작업이 중심적인 위치를 차지하는 미국의 원상회복법(law of restitution) 등)에 비하여 "중요하고도 타당한 진보를 의미하는 추상화"라고 한다. 따라서 목적적 급부개념에 대한 비난이 있음에도 불구하고, 이러한 추상화의 정당성 그 자체에 대하여는 의문의 여지가 없다고 한다.

부를 받은 사람은 이를 반환하여야 함은 명백하다. 이와 같은 소위 협의의 비채변제와[44] 계약의 무효 또는 취소의 경우는 모두 (i) 일정한 채무의 이행을 위한 급부가 이루어졌지만 (ii) 그 채무가 성립하지 아니하였거나 후에 부존재하게 되었다는 점에서 공통된다.

(4) 뿐만 아니라 반드시 채무의 이행을 위하여 급부가 행하여진 것이 아니라도 어쨌거나 상호 요해된 일정한 목적을 위하여 급부가 행하여졌으나(예를 들면 채권자로 하여금 주채무에 관하여 기한유예를 하도록 하기 위하여 현재의 채무에 대하여 한 보증 등) 그 목적의 달성이 객관적으로 좌절된 경우에 상대방이 그 급부를 계속 보유하는 것이 그 급부의 사회적 의미에 반하는 때에는 그 급부는 반환되어야 할 것이다.

이상은 모두 상대방의 재산을 일정한 목적을 위하여 의식적으로 증가시켰으나 그 목적이 달성되지 아니하였다는 점에서 공통된다.

2. 給付不當利得法의 特質

(1) 급부이득의 경우에는, 이득, 「손해」 및 양자간의 인과관계는 전혀 논의의 여지가 없다. 이러한 요건들은 오히려 혼란만을 불러일으킬 뿐이다. 가령 급부로서 수령한 것은 아무런 재산적 가치가 없는 것이라 하더라도, "법률상 원인", 전형적으로는 그 급부를 내용으로 하는 채권이 없는 한 반환되어야 한다. 그 급부가 급부수령자 또는 급부자의 총체재산의 입장에서 어떠한 의미를 가지는가 하는 것은 문제가 되지 않는다. 그러므로 단순한 기회의 제공도 급부이득의 내용을 이룰 수 있다.

(2) 문제는 일정한 경우에는 누구와 누구 사이에서 급부의 반환이 이루어져야 하는가가 분명하지 않은 경우가 있다는 것이다(소위 삼각관계의 경우). 즉, '법적으로' 누구를 급부자로 보고, 또 누구를 급부수령자로 볼 것인가는 항상 명백한 것은 아니다. 이에 대하여는 뒤에서 별도로 논하기로 하는데(Ⅱ. 3. 참조), 결론적으로 말하면 이 문제는, 케머러가 말한 대로, 부당이득적 급부개념을 도입하여 도식적인 해결을 꾀할 것은 아니며, 사안의 개별적인 특수성에 착안하여야 할 것이다. 그 때에는 카나리스가 내세운 3가지의 평가요소들(뒤의 Ⅱ. 3. (2) ㈑ 참조)이 고려되어야 할 것이다.

44) 로마법의 비채변제반환소권(condictio indebiti)은 이러한 변제의 경우에 대한 것이며, 계약의 무효 취소의 경우는 적어도 보통법학에 있어서는 condictio sine causa(specialis)로 다루어졌음은 앞의 A. Ⅱ. 2.에서 본 바와 같다.

그렇다면, 우리는 소위 삼각관계의 경우에 대하여도, 급부의 반환은 원래의 계약당사자들 사이에서, 즉 보상관계나 대가관계의 각 당사자 사이에서 이루어져야 하는 것이 원칙이고, 다만 원인관계의 당사자가 상대방의 제3자에 대한 출연에 대하여 아무런 연유(Veranlassung)를 제공하지 않은 경우에만 예외적으로 제3자에 대한 직접반환청구가 가능하다고 해야 할 것이다.

(3) 기타 급부이득과 관련하여서는 통설[45]이 「目的不到達」 또는 「目的消滅」로 논하고 있는 경우가 문제된다.

그러나 「목적소멸」의 경우에 대하여는 민법이 명문으로 규정을 두거나[46] 또는 계약 그 자체의 법리에 의하여 해결되리라고 생각된다.[47]

또 「목적부도달」의 경우는 로마법의 condictio ob rem(前論 Ⅱ. 2. ⑶ ⑷ 참조)에서 유래하는 것이나, 현재의 이론상황 아래서는 법률행위의 조건이나 착오, 나아가서는 사정변경의 법리에 의하여 해결될 수 있을 것이다.[48]

Ⅱ. 給付不當利得에 관한 裁判例와 法理

1. 契約의 「故障」으로 인한 給付返還義務

(1) 계약 또는 법정채권관계에 기하여 그 이행으로 급부한 것은 그 급부의 원인관계가 불성립하거나 무효이거나 취소되는 등으로 그 소멸의 사유가 없는 한 급부관계의 당사자 사이에서는 그 급부를 부당이득이라고 할 수 없다.

㈎ 예를 들어 大判 92. 6. 26, 92다10425(公 1992, 2273)도 그러한 觀點에서 이해될 수 있다. 원고는 피고가 원고 소유의 대지를 권원 없이 점유·사용하였다고 주장하면서 제기한 그에 대한 임료 상당액의 부당이득반환소송에서 원고 승소의 확정판결을 받아 피고로부터 그 認容金額을 수령하고, 또 피고와 위 대지에 대한 임대차계약을 체결하여 차임을 지급받았다. 그 후 원고는 이 사

45) 가령 郭潤直, 債權各論, 再全訂版(1984), 575; 金曾漢·安二濬, 704 이하 참조.

46) 民 § 475의 채권증서반환청구권 등이 그것이다.

47) 가령 金曾漢·安二濬, 704가 들고 있는 차임이 先給된 후 임대차가 해제된 경우를 본다면, 그 선지급된 차임의 반환은 해제로 인한 원상회복의무의 내용이 된다고 할 것이다.

48) 독일에서의 이에 관한 논의에 대하여는 MünchKomm/Lieb, § 812 BGB Rn. 158ff.(3. Aufl., 1997, S. 1240ff.) 참조. 그에 의하면, 독일의 법이론에서도 이를 계약법에 해소하려는 움직임이 강하다고 한다.

건 소송으로 다시 피고에 대하여 위 대지의 점유·사용 등을 이유로 부당이득반환청구를 하였는데, 여기서 문제의 대지 중에는 피고 소유의 415평도 포함되어 있음이 확인되었다. 그러자 피고는 원고가 이미 차임 등으로 받은 돈 중에서 위 415평에 해당하는 2천6백여만원은 부당이득하였으므로 그에 기한 채권으로 원고의 청구채권과 상계한다고 항변하였다. 대법원은, 다른 이유와[49] 아울러, 원고와 피고 사이의 임대차계약에 기하여 지급된 차임은 그 계약이 무효이거나 취소되지 않은 이상[50] 그 지급이 법률상 원인 없이 이루어진 것이 아니라고 하여 피고의 상계항변을 배척하였다.

나아가 부동산매매계약이 문제된 大判 96. 6. 25, 95다12682(公 1996하, 2299)는, 甲이 부동산을 이미 사용하고 있는 상태에서 소유자 乙과 매매계약을 체결한 후, 乙의 도움을 받아 매매목적물인 부동산에 저당권을 설정하여 대출을 받아 매매대금의 일부에 충당하기로 하였으나, 乙이 담보권설정에 필요한 서류를 교부하지 않던 중 오랜 시간이 경과하였다. 甲이 乙을 상대로 소유권이전등기청구소송을 제기하자 乙이 甲이 목적부동산의 점유사용으로 원인 없는 이득을 얻었다고 주장하여 그 반환을 구하는 반소를 제기하였다. 대법원은, "매수인이 아직 소유권이전등기를 경료받지 아니하였다고 하더라도 매매계약의 이행으로 그 부동산을 인도받은 때에는 매매계약의 효력으로서 이를 점유·사용할 권리가 생기는 것으로 보아야 할 것이고, 특별한 약정이 없는 한 매수인은 그 매매계약을 이행하는 과정에서 이를 점유·사용할 권리를 가"지므로, 위 매매계약 후의 甲의 목적부동산에 대한 점유·사용을 부당이득이라고 하여 그 반환청구를 할 수는 없다고 판단하였다.

이는 결국 매수인의 점유 및 용익이 매도인의 계약상의 채무의 이행에 따른 것이므로 그것을 부당이득이라고 할 수 없다는 데 귀착된다. 다만 매매계약에 있어서는 목적물의 果實 및 판례·통설상 이에 준하는 것으로 처리되는 使用利益의 보유에 대하여는 그 收取의 권한을 대금지급과 연결시키는 民 § 587(이는 기타의 유상계약에 준용된다. 民 § 567 참조)이 있으므로, 주의를 요한

49) 이는 확정판결에서 명하여진 금전지급이 법률상 원인이 없는 것인지에 관한 것이다. 이 점에 대하여는 後述한다(뒤의 C. 제4.의 2. 참조).

50) 임대인에게 속하지 않는 물건에 대한 임대차계약라고 해서 무효라고 할 이유가 없으며, 大判 92. 6. 26, 92다10425(公 1992, 2273); 大判 96. 9. 6, 94다54641(公 1996하, 3095) 등 判例도 이를 확인한다. 그런데 그 물건이 다름 아닌 임차인의 것인 경우에도 그렇다고 할 것인지는 논의를 요한다. 本文의 재판례는 적어도 목적물의 일부가 애초 임차인에 속하는 경우에 대하여 이를 부정한 것으로도 이해될 수 있다.

다(同條 注解 참조).

(나) 有效한 契約에 기하여 그 계약상 의무의 이행으로 급부한 것은 설사 경제적으로 볼 때 그 급부가 과다한 것이라고 하여 또는 그 반대급부가 과소한 것이라고 하여 이를 부당이득이라고 할 수 없다. 여기서는 문제의 급부가 계약에서 유효하게 약정된 바인가가 결정적이다.

(a) 예를 들면 大判 91. 3. 27, 90다13888(公 896, 1265)은, 아파트분양계약에서 실제의 면적이 분양계약서상에 기재된 분양면적보다 다소 넓다고 해도 그 계약이 특정한 아파트 1동을 목적물로 한 것이라면 그 초과면적에 대하여 부당이득이 성립하지 아니한다고 판시하였다.[51] 다시 말하면, 분양계약에서 정한 목적물이 바로 그 아파트인 이상 그 급부는 계약대로의 이행이고, 그것이 계약서상의 기재보다 넓은 면적을 가졌다고 해서 이를 초과급부라고 할 수 없다는 취지로서, 이는 곧 계약상의 급부의무가 계약서상의 면적기재만에 의하여 좌우되지 않음을 의미한다.[52]

반대로 급부가 과소하다고 주장된 경우에 대하여 예를 들면 大判 77. 6. 28, 77다579(公 565, 10172)는 원고가 피고(농업협동조합)로부터 원고는 3필지의 토지 및 건물을 公賣入札을 통하여 매수하고 매매대금 전액을 지급하였는데 그 토지 중 1필지가 30평이 부족하여, 이 사건 소송으로 그 부족평수에 대한 대금을 부당이득으로 반환청구한 사안에 대한 것이다. 대법원은 이 사건 매매계약에서 대지의 평수 표시는 토지등기부상의 평수에 맞추어 목적물 특정을 위한 것이고 또 매매대금도 평당 얼마씩의 비율로 정한 것이 아니어서 그 계약이 民 § 574의 수량지정매매로 볼 수 없고, 또 원고의 위 금전 지급이 매매계약에 의하여 이루어졌으므로 부당이득이 성립될 수도 없다고 한다.

(b) 나아가 大判 95. 2. 10, 94다44774(公 1995상, 1313)는 수급인 甲은 乙과 미리 실공사비를 추산하여 그 견적액에 이윤을 더하여 공사대금을 확정하는 이른바 定額都給契約을 체결한 사안에 대하여 판단하였다. 그 견적액에는 공사현장감리비 명목의 1천2백만원이 포함되어 있었는데, 갑은 실제로는 유자격 건설기술자를 공사감리자로 배치하지 않아서 甲이 그 감리비를 지출하지 않은 것이 부당이득이 되는지가 문제되었다. 이를 긍정한 원심판결을 大法院은 파기하였는데, 우선 공사의 완성 결과 실공사비가 당초의 공사도급금액의 견적

51) 뒤의 (2)(라)(c)(i)에서 보는 大判 77. 6. 28, 77다579(公 565, 10172)도 참조.
52) 이와 관련하여서는 분양목적물의 면적의 부족과 관련한 뒤의 (2)(라)(c)의 서술도 참조.

당시 예상하였던 것보다 적게 소요되었다고 하여 도급인이 그 도급금액의 감액을 주장할 수 없고 나아가 그 차액분이 수급인의 부당이득이 된다고 볼 수도 없다고 전제하고, 문제의 현장감리비도 공사도급금액의 견적액 추산과정에서 그 하나의 비용항목으로 포함시킨 것에 지나지 않으며 甲이 그 공사의 시공과정에서 그 금액을 실제로 지출사용한 바 없다 하더라도 위 공사감리비 책정금액을 법률상 원인 없이 이득한 것은 아니라고 하였다.

또 大判 96. 1. 26, 94다36919(公 1996상, 721)는 동업관계의 청산을 위하여 각자의 지분가액을 정함에 있어서 일부 자산이 이중 계산된 사안에 대하여도, 대법원은 이 사건에서는 작성된 계산서에 기재된 개별항목의 가액 평가나 계산에 부정확하거나 잘못된 점이 있다고 하더라도 이를 일일이 문제삼지는 아니하고 위 계산서에 의한 산출의 결과로 나타난 피고의 지분가액의 총액이 정산대금으로 적절하다고 보아 그 금액의 수수로써 동업관계를 청산·종결한다는 의사가 있었다고 봄이 합당하므로, 설사 위 계산서의 기재 내용에 계산의 착오가 있어 일부 과다계상된 부분이 있다고 하더라도, 피고가 이를 알면서 정산대금을 수령하였고, 또 그 과다계상된 부분을 피고가 그대로 보유케 하는 것이 신의성실의 원칙에 위배된다고 볼 만한 사정이 없는 이 사건에 있어서 피고가 甲에게 이를 반환할 의무가 있다고 볼 수 없다고 판단하였다. 요컨대 그러한 계산상의 흠이 동업관계의 청산에 관한 당사자들의 합의의 효력을 좌우할 만한 것이 아니므로, 그 합의에 기하여 지급된 금전을 부당이득이라고 할 수 없다는 취지일 것이다.

(c) 한편 맥락은 달리하나, 公競賣에서 매각예정가격을 잘못 정하였다고 하더라도 그것만으로 시가와의 차액이 부당이득이 되지는 않는다. 公競賣에서는 그 절차의 안정이 도모되어야 하는 점도 있으나, 결국은 계약의 이행으로 행하여진 급부에 대하여 그 약정된 대가가 과소하다는 것만으로는 그 차액을 부당이득이라고 할 수 없다는 점에 귀착된다고 할 것이다.

예를 들면 大判 97. 4. 8, 96다52915(公 1997상, 1384)는 과세관청이 滯納處分으로 하는 公賣에 있어서 공매재산에 대한 감정평가나 매각예정가격의 결정이 잘못되었다고 하더라도 그 매수인이 공매절차에서 취득한 공매재산의 시가와 감정평가액과의 차액 상당은 이를 부당이득한 것이라고 할 수 없고, 이는 公賣財産에 附合된 물건이 있는데도 이를 간과한 채 부합된 물건의 가액을 제외하고 감정평가를 함으로써 공매재산의 매각예정가격이 낮게 결정된 경우에 있어서

도 마찬가지라고 판단하였다.[53]

반대로 경락인이 過多한 대금을 지급하였더라도 마찬가지이다. 大判 96. 7. 12, 96다7106(公 1996하, 2478)은, 경매의 목적물에 대항력 있는 임대차가 존재함에도 불구하고 경락인이 이를 모르고 경락받음으로써 임대보증금을 지급하게 되자, 경락인이 경매신청채권자 및 배당채권자를 상대로 임대차보증금 상당액을 부당이득으로 반환청구한 사안에 대하여, 대법원은, 이와 같은 경우에는 경매에서의 담보책임에 관한 民 § 578에서 정하는 구제수단을 주장하는 것은 별론으로 하고, 그에 의하지 않고 곧바로 경매신청채권자 및 배당채권자에게 부당이득반환청구를 할 수 없다고 판단하였다. 이 판결에 대하여는 民 §§ 578, 575 Ⅱ를 경매에서의 매수인의 부당이득주장을 배척하는 규정으로 이해한 것으로 볼 수도 있을 것이지만, 다른 한편 경매절차에서 경락인이 납입한 경락대금은 매매대금과 같은 성질을 가지므로, 경락인이 경매목적물을 과대평가하였다는 사실만으로는 배당채권자들이 부당이득한 것은 아니라고 할 것이다.[54][55]

(2) 한편 불성립하거나 또는 무효나 취소 등으로 소멸된 채권관계에 기하여 급부한 것은 부당이득으로서 그 급부를 한 사람에게 반환되어야 한다.

그런데 실무는 물권변동에 관하여 소위 有因主義를 취하므로, 예를 들어 그 계약상 의무가 물건의 소유권의 이전을 내용으로 한 것인 때에는, 급부자는 여전히 소유자로서 급부수령자에 대하여 소유물반환청구권 등의 물권적 청구권도 행사할 수 있음에는 異論이 없다.[56] 그런데 이 경우의 물권적 청구권은 消滅時效에 걸리지 않는 등 채권적 부당이득반환청구권보다 유리한 점이

53) 그에 덧붙여 "그로 인하여 공매재산이 부당하게 저렴한 가격으로 공매됨으로써 공매처분이 위법하다고 볼 수 있는 경우에 공매재산의 소유자 등이 이를 이유로 적법한 절차에 따라 공매처분의 취소를 구하거나 공매처분이 확정된 경우에는 위법한 재산권의 침해로서 불법행위의 요건을 충족하는 경우에 국가 등을 상대로 불법행위로 인한 손해배상을 청구할 수"는 있다고 한다.

54) 大判 93. 7. 16, 93다17324(公 1993, 2293); 大判 89. 10. 24, 88다카13172(公 1989, 1746)도 同旨.

55) 한편 이와 같은 경우에 임차인에게 보증금을 반환한 목적물양수인이 그 양도인에 대하여 求償金請求를 할 수 있는지에 대하여는 논의가 있다. 大判 85. 5. 28, 84다카1890(公 756, 904)에 대하여 이를 긍정한 것으로 이해하는 견해도 없지 않으나(閔日榮, "賃貸住宅의 讓渡人에 대한 賃借保證金의 返還請求", 民判硏 9(1987), 110 이하; 民法注解[Ⅵ], 190(朴炳大 집필부분) 등)도 있으나, 의문이다.

56) 大判(全) 79.11.13, 79다483(集 27-3, 140)은 주지하는 대로 民 § 746에 의하여 불법원인급여를 이유로 부당이득반환청구권이 배제는 경우에 급부자가 물권적 청구권에 기하여는 그 반환청구를 할 수 있는가에 대하여 판단하고 있는데, 이는 이 경우 양자의 반환청구권이 병존함을 당연한 전제로 하는 것이다.

있다. 이러한 이유로 계약이 무효이거나 취소되거나 기타 효력이 없는 경우에는 그 계약상 급부의 반환에 관하여 부당이득법을 적용하는 것이 결코 일반적이라고는 할 수 없다.

그런데 이 경우에 부당이득법리를 적용함에 있어서 실무는 통상 (i) 채권관계에 기하여 일정한 급부가 행하여졌고, (ii) 그 채권관계가 무효나 취소 등의 이유로 존재하지 아니함을 설시하고, 바로 그 급부의 반환을 명하며, 별도로 과연 무엇이 반환되어야 할 「이득」이고, 무엇이 급부자가 입은 「손실」이며, 그 「이득」과 「손실」 사이에 과연 어떠한 내용의 인과관계가 존재하는지, 또 어떠한 의미에서 그 「이득」이 법률상 원인 없는 것인지를 전혀 논의하지 않는다.[57]

(가) 계약상 급부로 행하여진 것이 등기이거나 점유이전인 경우에는 부당이득을 이유로 그 등기의 말소나 인도를 부당이득으로 청구할 수 있다.

예를 들면 大判 74.6.25, 74다128(集 22-2, 125)은, 원고 회사가 피고 회사와의 사이에 체결한 영업양도계약의 이행의 일부로 부동산에 관하여 피고 앞으로 소유권이전등기를 하였는데 원고는 그 영업양도에 있어서 주주총회의 특별결의를 얻지 아니하였음을 들어 그것이 무효라고 주장하고 그 등기의 말소 등을 청구한 사안에 대하여, 原審이 "무효인 계약에 기하여 피고 회사에 이전된 본건 부동산에 대한 소유권은 법률상 원인 없이 피고 회사가 이득한 것으로서 피고들은 이를 원고에게 반환하여 줄 의무(본건 부동산에 대한 피고들 명의의 각 소유권이전등기의 말소를 이행하고 본건 부동산을 원고에게 명도할 의무)가 있다"고 하여 원고의 이 부분은 청구를 인용하였다. 대법원은 이에 대한 상고를 기각하여 원심판결을 유지하였다.[58]

(나) 계약에 기하여 이행한 것이 金錢인 경우에는 당연히 부당이득으로 같은 액의 반환을 청구할 수 있다. 이 때에는 금전은 그것이 價値의 表象으로서 유통되고 있는 보통의 경우에는 그 취득원인의 유무를 불문하고 그 소유권이 직접점유자에게 있다는 통설에[59] 의하면 더 이상 소유권이 급부자에게 있지 않고 급부수령자에게 있으므로, 급부자가 물권적 반환청구권을 가지지 못

57) 예를 들면 임차권을 포함한 영업양도계약이 사기를 이유로 취소된 사안에 대한 大判 97.12.26, 97다42892(公 1998상, 505).

58) 그 외에 大判 73.7.24, 73다114(集 21-2, 150)은, 매매대금의 일부에 관하여 매수인이 대물변제조로 매도인에게 부동산을 양도하고 또 이를 인도한 경우에 그 매매계약이 취소되면 매도인은 "그 원상회복의 방법으로" 부동산을 매수인에게 반환하여야 한다고 판단하였다.

59) 金曾漢, 物權法(1980), 116 등 참조.

하며 부당이득을 이유로 하는 채권적 반환청구권을 가질 뿐이다.

예를 들면 大判 80. 12. 23, 79다2156(公33 650,)에서는 피고(증권회사)의 영업부장이 원고로부터 증권매매위탁을 받으면서 그에게 예탁금에 대하여 월 4푼의 이익금을 지급하기로 약정하고 실제로 그러한 이익금을 지급한 사안에서 피고가 그 지급한 이익금이 부당이득이라고 주장하여 한 相計抗辯이 문제되었다. 원심은,[60] 그 이익금지급약정이 강행법규인 당시의 증권거래법 § 52 i 에 반하여 무효라고 하고, 나아가 "이러한 무효한 약정에 기하여 원고가 받은 위 이득은 피고의 손실에 기한 법률상 원인 없는 부당이득"이라고 판시하였는데, 대법원도 이러한 판단을 시인하였다.[61]

(다) 급부의 원인이 된 債權關係 기타 給付關係가 효력이 없는 사유는 묻지 아니한다.

(a) 그러므로 일단 성립된 계약이 무효이거나 취소된 경우는 물론이고 처음부터 계약이 不成立한 경우에도 그 이행을 위하여 이루어진 급부는 반환되어야 한다.

그 예로는 大判 95. 6. 16, 95다9754등(公1995, 2508)을 들 수 있다. 원고가 피고은행의 갑 지점에 개설된 원고의 저축예금계좌에 "다른 점포에서 지급될 당좌수표"를 입금한 경우에 그 수표가 이미 부도된 것이었음에도 그 추심을 의뢰받았던 다른 지점이 갑 지점에 부도통지를 하지 아니함으로써 정상적으로 결제된 것으로 입금처리되어 이를 원고가 현금 및 자기앞수표로 찾아간 사안에서 그 수표가 부당이득된 것으로 피고에게 반환되어야 할 것이 아닌지가 문제되었다. 원심은 부도통지가 없어서 위 수표가 정상 결제된 것으로 처리됨과 동

60) 서울高判 79. 11. 1, 78나2880(月報 119, 55).

61) 이 판결에는 생각하여야 할 점이 없지 않다. 이는, 위 利益金支給約定이 원고와 피고회사 사이가 아니라, 원고와 문제의 영업부장 개인과의 사이에 체결되었다고 하는 원심의 사실인정과 관련된다. 그렇다면 원고가 이익금 명목으로 지급받은 돈을 그 약정의 무효를 이유로 반환하여야 한다면, 그 반환의 相對方은 위 약정의 당사자로서 그 돈을 자신의 채무이행으로 지급한 그 營業部長 個人이어야 할 것이다. 위 판결을 급부관계의 청산에 부당이득법이 적용된 예라고 이해한다면, 마땅히 그렇게 되어야 한다. 그런데 위 소송에서는 위 영업부장이 아니라 피고 회사가 원고에 대한 부당이득반환청구권을 주장하였고, 대법원은 이를 肯定하였다. 원심판결은 그 돈이 피고 회사의 돈을 "횡령"하여 지급한 것이어서 원고가 피고 회사의 재산으로 위 이익금 상당의 이익을 얻었다는 점을 설시하고 있다. 그러한 점에서 위 判決은, 부당이득법적인 관점에서 보면, 契約上 義務者가 타인 소유의 금전을 횡령하여 그 의무를 이행한 경우 그 금전의 元所有者가 이로써 만족을 얻은 契約上 權利者에 대하여 부당이득을 이유로 그 금전의 반환을 청구할 수 있느냐 하는 종전부터 논의된 문제(本稿의 분류에 의하면, 이는 侵害不當利得의 유형에 속한다)에 대하여 판단한 것으로서 위치가 부여되어야 할 것이다.

시에 위 수표의 입금에 의한 원고와 피고은행 사이의 예금계약이 성립되었고, 그 후 피고가 위 수표에 의한 원고의 입금을 취소하였어도 효력이 없다고 하여 원고의 수표금지급청구를 인용하고, 피고의 반소청구(수표반환청구)를 배척하였다. 그러나 대법원은, 이 사건 저축예금계약에 적용되는 은행수신거래기본약관 제1항 소정의 "거래처가 증권으로 입금하는 경우에는 은행이 그 증권을 교환에 돌려 부도반환시한이 지나고 결제를 확인한 때에 예금계약이 성립한다"는 규정은, 다른 점포에서 지급될 당좌수표 등 증권으로 입금하는 경우에는 이를 교환에 돌려 지급지 점포에서 액면금을 추심하여 그 결제를 확인한 때에 예금계약이 체결된 것으로 본다는 의미이지, 지급지 점포에서 정상적으로 추심되었는지 여부에 관계없이 추심의뢰점포에 위 약관 소정의 부도반환시한까지 부도통지가 없으면 무조건 예금계약이 성립된 것으로 본다는 취지는 아니라고 판시한 다음, 원고가 지급받은 현금 및 자기앞수표는 법률상 원인 없는 이득이라고 결론지었다.[62]

(b) 公競賣라고 하여도 그것이 無效인 경우에는 경락인은 자신이 납입한 경매대금에 대하여 부당이득으로 그 반환을 청구할 수 있다. 이 경우에 그 반환의무자가 집행채무자가 될 것인지, 아니면 배당을 받은 채권자가 될 것인지가 문제될 수 있다. 大判 91. 10. 11, 91다21640(公 1990, 2709)은 배당채권자에 대한 부당이득반환청구를 인정한다. 이 판결은 강제집행의 채무명의가 된 약속어음공정증서가 위조된 것이어서 경매가 무효된 사안에 대한 것인데, 대법원은 경매절차 자체가 무효인 경우에는 民 § 578 Ⅰ, Ⅱ에 의한 경매의 채무자나 채권자의 담보책임은 인정될 수 없다고 하고, 그러므로 집행채무자의 무자력 여부를 불문하고 배당채권자가 부당이득반환의무를 부담한다고 판시하였다. 그리고 이와 같이 배당채권자가 배당금의 반환의무를 부담하는 경우에는 그의 채무자에 대한 채권은 소멸하지 않고 여전히 존속한다.[63]

다만 경매의 무효가 예를 들면 집행채무자 소유자 아닌 재산에 대하여 이루어진 것을 이유로 하는 경우와 같이 民 § 578에서 정하는 담보책임이 발생하는 때에는 同條에 의하여 처리되고, 일반의 부당이득은 문제되지 않는다고

62) 그리하여 원고는 피고에게 이 수표를 반환할 의무가 있고, 따라서 원고는 위 자기앞수표의 소지인으로서 그 수표금의 지급을 청구할 수는 없다고 판단하였다. 이와 같이 이 裁判例는 獨民 § 821이 정하는 대로 "법률상 원인 없이 채무를 부담한 자는 … 그 이행을 거절할 수 있다"는 소위 「不當利得의 對抗事由(Einrede der Bereicherung)」를 인정한 점에서도 의미 있다.

63) 大判 88. 12. 6, 87다카2787(公 1989, 85) 참조.

할 것이다.[64)]

(c) 그리고 다음의 경우에도 給付는 返還되어야 한다. 즉 雙務契約이 체결된 경우에 일방당사자의 이행의무가 쌍방의 귀책사유 없이 履行不能이 된 때에는 그는 그 이행의무를 면하고(民 § 390 단서), 다른 한편 相對方에 대하여 그 계약상 의무의 이행을 청구하지 못한다(民 § 537). 이 때 상대방이 이미 그 급부의 전부 또는 일부를 이행하였다면, 그는 그 급부의 반환을 청구할 수 있을까?

獨民 § 323 Ⅲ은 그와 같은 경우에 대하여, "급부된 것은 부당이득의 반환에 관한 규정에 따라 반환받을 수 있다"고 정한다. 독일의 學說은 이 규정은 소위 法律要件準用이 아니라 法律效果準用(Rechtsfolgeverweisung)이라고 해석하여, 급부수령자의 반환의무는 부당이득의 요건을 갖추었는지를 따질 필요가 없이 인정된다고 한다.[65)] 그리고 이러한 경우의 반환청구권은 실질에 있어서 原因消滅로 인한 부당이득반환청구권(condictio ob causam finitam)의 일종이라고 한다. 왜냐하면, 자신의 의무이행이 쌍방의 귀책사유 없이 불능이 됨으로 말미암아 사후적으로 급부수령자의 이행청구권이 사후적으로 소멸하였기 때문이다. 이러한 결과는 우리 民法上으로도 당연히 인정되어야 할 것이다. 通說은 물론, 大判 75. 8. 29, 75다765(公 522, 8631)도 같은 태도를 취한다.[66)]

(d) 한편 서울民地判 71. 5. 7, 71가1250(月報 10, 53)도 「원인소멸로 인한 부당이득반환청구권」의 한 사안을 다루는 것으로 생각된다. 이 사건에서 원고 회사는 세무서로부터 5억여원의 법인세를 추징당하고 이를 납부한 후, 피고를 대리인으로 하여 감사원에 심사청구를 하였다. 그 심사청구서는 당시의 규정에 의하면 국세청을 경유하여 제출되는데, 심사청구서를 경유기관으로서 수리한 국세청은 심사청구가 이유 있다고 인정하여 위 납부세금을 환부조치하였다. 이에 원고는 피고에 대하여 성공보수금으로 도합 5천여만원을 지급하였다. 그런데 나중에 감사원은 원고의 심사청구가 이유 없다고 하여 기각하였고, 이에 원고는 다시 위 세금을 납부하였다. 원고는 피고가 받은 성공보수금이 부

64) 梁彰洙, "他人 所有 物件의 競賣와 物上保證人의 擔保責任", 民法硏究 제2권(1991), 231 이하, 특히 238 이하 및 同所 인용의 裁判例 참조.

65) 우선 MünchKomm/Emmerich, § 323 BGB Rdnr.41. m.w.N. 참조.

66) 立木을 벌채하여 매도하는 계약이 체결된 후 영림계획이 사후적으로 변경되어 입목의 벌채가 불가능하게 된 경우에, 원심은, "피고의 입목인도의무가 … 결국 당사자 쌍방의 책임 없는 사유로 이행불능으로 되어 피고는 위 입목인도의무를 면하는 동시에 갑으로부터 받은 금 50만원을 부당이득한 것이 되므로 이를 원고들에게 반환하여야 할 의무가 있다"고 하여 원고의 청구를 인용하였다. 대법원도 같은 견해로서, 피고의 상고를 배척하였다.

당이득한 것이라고 하여 그 반환을 청구하였는데, 위 법원은, "위와 같은 감사원에의 심사청구를 세무사 등에게 위임함에 있어서의 당사자의 의사는 통상의 경우 경유기관의 잠정적인 조치뿐만이 아니라 감사원의 심사결정에 의한 종국적인 시정조치를 얻을 때 비로소 성공자금을 지급할 의사였다"고 하고, "피고가 경유기관에서의 시정조치만으로 위 심사청구가 성공하였다 하여 원고로부터 성공보수금으로서 5천여만원을 수령한 것은 법률상 원인이 없는 부당한 이득을 얻은 것"이라고 하여 원고의 청구를 인용하였다.

말하자면 원고 회사의 성공보수금 지급은 감사원의 기각결정으로 인하여 그의 지급의무가 없음이 확정됨으로써 사후적으로 그 원인이 없게 된 것이다.

(e) 그 외에 채무가 이미 변제되거나 그와 동시되는 다른 사유(가령 대물변제·상계·공탁 등)나 면제 등 기타의 소멸사유가 있어 더 이상 채무가 존재하지 않는 경우에도 마찬가지이다. 이 경우에는 특히 非債辨濟, 즉 채무의 소멸을 알면서 다시 이행한 것이 아닌지가 문제된다(뒤의 民 § 742 注解 참조).

㈑ 부존재 또는 무효인 채무에 기하여 급부한 것이라 하더라도, 그 급부가 확정판결에 기하여 이루어진 것이라면 부당이득이라고 할 수는 없다는 것이 확고한 판례이다. 이 문제에 대하여는 뒤의 C. 제 4 의 Ⅱ. 2.를 보라.

㈒ 계약상 채무의 이행을 위하여 행하여진 급부가 그 계약의 「고장」을 이유로 원상회복되어야 하는 경우에 그 의무의 내용은 기본적으로 계약상 채무의 성질에 의하여 규정된다.

(a) 大判 97. 5. 16, 97다7356(公 1997상, 1840)은 피고들이 토지를 원고에게 매도하였는데 그 계약이 무효이어서 이 사건에서 원고가 피고들에게 지급한 계약금 및 중도금의 반환을 청구하는 사안에서 "피고들은 이 사건 매매계약 당시 특약사항으로 분묘의 이장과 같은 여러 가지 불가분채무를 부담하였을 뿐만 아니라 피고들 상호간에 밀접한 신분관계를 가지고 있어 그 계약 이행에 관하여 전원의 의사나 능력이 일체로서 고려되었다고 할 것이므로, 이 사건 매매계약이 확정적으로 무효로 되면서 발생한 피고들의 원고에 대한 부당이득반환채무도 성질상 불가분채무라고 봄이 상당"하다고 판시하였다.

이 판결은 매매계약상의 채무가 불가분적이라면 그 청산관계에서의 부당이득반환의무도 불가분채무라는 태도를 취한 것으로 이해된다. 이는 계약의 청산관계의 내용에 그 계약이 유효하였을 경우의 법률계약의 내용이 그대로 영향을 미치는 하나의 예라고 할 수 있을 것이다.

(b) 한편 大判 93. 8. 14, 91다41316(公 1993, 2740)은 피고를 포함한 4인의 매도인이 원고를 포함한 4인의 매수인에게 임야를 매도하기로 하였으나, 원고가 그 매매계약의 무효를 원인으로 부당이득으로서 계약금의 반환을 구하였는데, 그 매도인 중의 1인인 피고를 상대로 하여 계약금 전부의 반환을 청구하였다. 원심은 이를 인용하였다. 그러나 대법원은 채권자나 채무자가 여러 사람인 경우에 특별한 의사표시가 없으면 각 채권자 또는 각 채무자는 균등한 비율로 권리가 있고 의무를 부담한다고 할 것인데, 그 채권이 어떠한 특별한 사정으로 인하여 불가분채권채무관계가 되었는가에 대하여 아무런 설시도 없는 것은 심리를 다하지 아니하였거나 다수당사자 사이의 채권채무관계에 관한 법리를 오해하여 판결결과에 영향을 미친 위법이 있다고 하여 이를 파기환송하였다.

결국 대법원은 계약의 당사자가 다수인 경우에도 기본적으로 분할채무의 원칙이 관철되고 이는 계약의 원상회복관계에서도 다를 바 없다는 태도를 취하고 있다고 할 것이다. 그러므로 앞의 (a)에 본 판결의 사안은 그 예외로서 파악할 것이다.

이러한 태도는 "공유자들의 공유물에 관한 부당이득반환채무는 불가분채무"라는 추상적 법리를 앞세워 數人이 공동으로 법률상 원인 없이 타인의 물건을 사용한 경우의 침해부당이득반환의무는 특별한 사정이 없는 한 불가분채무라는 대법원의 태도(이에 대하여는 뒤의 C. 제3. V. 2. (7) 참조)와 현저한 대조를 이룬다. 이것이 일관된 것이라고 할 수 있는지에는 의문이 없지 않다.

(3) 이상과 같이 계약상 또는 법정채권관계상의 의무의 이행을 위하여 급부를 하였는데 그 계약이 무효이거나 또는 취소되는 등으로 그 義務가 不成立 또는 消滅한 경우와 같은 차원에서 논의할 수 있는 것은, 계약은 有效하게 存續하나 의무자가 그 義務의 內容 이상으로 給付(즉 초과이행)한 경우이다. 이는 전형적으로 非債辨濟(民 § 742)의 문제로 다루어지는 경우이다.

(가) 예를 들면 大判 77. 9. 13, 77다1366등(月報 92, 19)은, 타인의 토지 위에 권한 없이 건물을 짓고 이를 소유하는 피고가 그 대지의 공유자 중 1인에 불과한 원고에게 대지 사용료 전액을 지급하였다면 그의 공유지분비율을 초과한 대지 사용료 부분이 부당이득이 되지 않는가가 다투어진 사안에 대한 것이다. 원심이 "원고는 이 사건 대지에 대한 공유자로서 대지 사용료를 수령하였으므로 법률상 원인이 없다고 할 수 없고 다만 원고를 비롯한 공유자들 사이에 지분비율에 따른 정산의 문제만 남을 것"이라고 하여 피고의 반소청구를 기각하

였다. 그러나 대법원은 "공유자가 공유지분에 따른 임료 상당 청구권은 각자의 지분에 대응한 비율의 한도에서만 행사할 수 있고, 다른 공유자의 지분에 대하여는 청구권이 없다"고 하여[67] 원심판결을 파기하였다.

(나) 나아가 大判 95. 7. 14, 94다38342(公 1995, 2792)는 임대차계약에서 월 차임 등을 공칭의 임대차면적을 기준으로 계산하여 지급하였는데, 실제의 면적은 이보다 적었던 사안에서 그 차액이 부당이득이 되는지를 다루고 있다. 대법원은 결국 이를 긍정하였다. 이는 월 차임을 실제의 임대차면적에 따라 정하기로 약정하였다거나 원심과 같이 문제의 임대차가 '수량을 지정한' 것이라고 하고 民 §§ 567, 574에 따라 감액청구가 행하여졌음을 전제로 하는 판단이라고 생각된다. 즉 어떠한 法構成에 의하든 임차인은 종국적으로는 실제의 면적에 따라 정하여진 차임 등을 지급할 의무만을 부담하는 것이므로, 이를 넘는 이행은 부당이득에 해당한다.

(다) 이와 유사한 紛爭은 특히 토지나 건물(통상 아파트 기타 집합건물)의 분양계약에서 그 대금산정의 기준이 된 목적물의 면적이 부족한 경우에 드물지 않게 발생한다. 이는 우선 분양계약에서 정하여진 계약상 의무의 내용 여하에 의하여, 나아가 그 의무의 실현을 방해하는 사유의 성질 여하에 의하여 좌우된다. 實務는 많은 경우에 民 § 574에서 정하는 '수량을 지정한 매매'인지 여부라는 관점에서 접근하나, 그것이 반드시 적절하지 아니한지 의문인 경우도 적지 않다.

(a) 예를 들면 大判 90. 3. 27, 89다카17676(公 1990, 957)은 다음과 같은 사안에 대한 것이다. 즉 피고(지방자치단체)는 소유 임야를 택지로 조성하여 여러 구획으로 나눈 다음 이 사건 대지를 포함한 그 일부를 평당 5천원에 원고에게 매도하면서, 후의 세부측량에 의하여 구체적으로 위 부분의 지번·지목·지적 등이 확정될 때에 그 면적에 상응하는 대금을 지급받음과 동시에 등기를 마쳐 주기로 약정하였다. 그 후 이 사건 대지가 따로 분필되었는데 이 때 지적은 535평방미터로 정하여져서 원고는 그에 따른 대금을 지급하고 소유권이전등기를 경료받았다. 그러나 실제의 면적은 294평방미터였다. 원고는 부족분 241평방미터의 시가에 상당하는 손해의 배상을 구하였다. 원심이나 대법원은 그 매매가 民 § 574에서 정하는 수량지정매매임을 전제로 하여 民 § 573에서 정하는 제척기간의 도과 여부에 중점을 두어 판단하고 있다.

---

67) 大判 79. 1. 30, 78다2088(公 609, 11789)도 동일한 취지로 판시하고 있다.

그러나 매매대금이 구체적으로 확정되지 않더라도 당사자 사이에 대금결정방법 등이 합의되어 있다면 매매계약의 유효한 성립에는 영향을 미치지 않는다. 위 사안에서는 세부측량에 의하여 구체적인 지번·지목·지적 등이 확정되면 그에 따라 자동적으로 매매대금이 정하여지는 것으로 이미 합의한 것이다. 그런데 그 구체적인 대금지급이 地積을 잘못 계산함으로써 과다하게 이루어졌더라도, 원고가 지급의무를 부담하는 대금은 이미 객관적으로 정하여진 것이고, 과다부분에 대하여서는 매매대금지급의무가 없다고 할 것이다. 따라서 과다지급된 금전은 당연히 부당이득으로 반환되어야 하며, 이는 民 §§ 574, 573에서 정하여진 담보책임 및 그 권리행사기간과는 무관하게 인정되어야 할 것이다.[68)]

(b) 또 大判 96. 12. 10, 94다56098(公 1997상, 288)은, 아파트분양계약에서 분양자들에게 이전된 대지공유지분이 도시계획도로·공원 등 공공시설용지(지방자치단체에 기부채납되었다)의 확대로 분양공고나 분양계약 당시보다 감소되자 분양자들이 그 감소부분에 상응하는 분양대금을 부당이득으로서 반환청구한 사안에 대한 것이다. 원심은 그 분양계약이 民 § 574에서 정하는 수량지정매매이므로 그 부족분의 비율로 대금감액을 구할 수 있다고 판단하였다. 그런데 대법원은, 우선 아파트의 대지면적이 애초부터 부족하였던 것이 아니므로 民 § 574에 의한 담보책임을 물을 수는 없다고 하고, 나아가 분양계약에서 발생하는 피고의 대지공유지분이전의무는 위 감소된 범위에서 이행불능이 되었고 원고가 이를 이유로 분양계약을 적법하게 해제하였으므로 피고는 원상회복으로 위 감소된 지분에 상당하는 대금을 반환할 의무가 있다고 결론지었다. 이 판단은, 분양계약이 원래의 대지지분을 수분양자에게 이전하는 것을 내용으로 하였음을 전제로 하는 것으로서, 원시적으로 수량이 부족한 경우에 관한 民 § 574의 적용을 거부하였다는 점에서도 이행불능을 인정하고 그로 인한 계약의 일부해제를 인정한 점에서도 타당한 것으로 생각된다.

(c) 한편 大判 71. 4. 20, 71다389(集 19-1, 367)에서는, 원고가 피고(나라)와 사이에 체결한 生立木買受契約에 기하여 입목을 벌채하여 이를 반출하려 하자 피고가 위 입목에서 쳐낸 잔가지의 대금을 납부할 것을 요구하여 원고는 이를 지급하여 반출허가를 얻었는데, 이 사건 소송에서 원고는 위 잔가지 대금의 반환을 구하였다. 원심은, "위의 잔가지를 생산하게 된 생입목은 원고가 피고

68) 이상에 대하여는 梁彰洙, "數量指定賣買와 買受人의 權利行使期間", 民法硏究 제 2 권 (1992), 288 참조.

로부터 매수하여 그 매매대금 전부를 지급하고 입목마다 극인 표시를 하여 특정한 다음 그 인도를 받은 것이므로 … 이 사건 잔가지는 … 위의 생입목 소유자인 원고의 소유에 속한다"고 하고, 따라서 원고는 이 사건 초두목의 대금을 또다시 지급하여야 할 법률상 의무가 없다고 하여 피고가 받은 잔가지대금의 반환을 명하였다. 그리고 대법원도 원판결을 지지하였다.

아마도 그 결론은 ——소유권의 귀속을 논하는 원심판결의 설시에 비추어 보면—— 이미 매수인의 소유인 물건(잔가지)에 대한 제 2 의 매매계약이 무효라거나,[69] 아니면 원래의 생입목매매계약의 효력이 元物로부터의 果實 기타 산출물에도 미친다는 법리(民 § 102 I)에 의하여 설명될 수 있을 것이다.

(4) 계약이 불성립하거나 무효 또는 취소된 경우에 그 계약의 이행으로 행하여진 급부가 부당이득으로 반환되어야 한다는 法理는, 설사 그 급부자, 즉 반환청구권자가 종국적으로 이를 보유할 권리를 가지지 아니하는 경우, 예를 들면 그가 그 목적물을 소유자 기타의 사람에게 다시 반환하여야 하는 경우라고 하여 다를 바가 없다.

(가) 이는 특히 계약이 清算段階에 들어가서 당사자 각자가 받은 급부를 반환하여야 하는 경우에 당사자들은 자신이 행한 급부를 회복함으로써 자신의 이익을 관철할 기회가 주어져야 한다는 당연한 이치에 의하여 정당화된다. 예를 들면 타인의 물건의 매매의 경우에 선의의 매수인은 그 계약을 해제할 수 있고(民 § 570), 그로써 그는 매도인에 대하여 자신이 지급한 매매대금의 반환을 청구할 수 있게 되는데, 그 매도인으로서는 자신이 받은 것은 반환하여야 하면서 준 것(예를 들면 물건의 점유나 소유권등기 등)은 전혀 받을 수 없다는 것은 ——특히 그 역시 선의인 경우를 상정하여 보면—— 그에게 가혹한 일이고,[70] 또 그 경우 진정한 소유자가 매수인에 대하여 권리를 행사하여 점유나 등기를 회복하는 것이 해제의 요건도 아닌 바에야 매수인이 이미 해제된 계약에 기하여 받은 급부를 계속 보유하여야 할 이유도 없는 것이다. 한편 매도인으로서는 자신이 매수인에게 급부한 바를 회복하여야 그 前者, 즉 자신에의 매도인에 대한 권리 행사에 차질이 없게 될 것이다.[71] 이상은 예를 들면 타인의 물

69) 이는 전형적으로 원시적·객관적 불능에 속하는 경우이다.

70) 그 경우에 매도인은 그 반환청구권에 기하여 매수인에 대하여 동시이행의 항변을 함으로써 자신이 행한 급부의 반환을 간접적으로 확보할 수 있어야 할 것이다. 뒤의 (나)에서 보는 大判 93. 4. 9. 참조.

71) 이러한 利益衡量에 대하여는 우선 Claus-Wilhelm Canaris, Der Bereicherungsausgleich im Dreipersonenverhältnis, in: Festschrift für Karl Larenz(1973), S. 799ff. 참조.

건의 임대차의 경우에 그 임대차관계가 종료됨으로써 임대인이 가지는 채권적 반환청구권(이 권리는 부당이득이 아니라 계약상 권리이다)이나 담보계약에서 피담보채권이 변제 기타의 이유로 소멸하여 담보제공자가 가지는 채권적 원상회복청구권(이 역시 담보계약으로부터 발생하는 권리이다)[72] 등에 대한 법리와 궤를 같이하는 것이다.

(나) 判例도 대체로 이러한 법리를 긍정하는 것으로 보인다.

(a) 大判 93. 4. 9, 92다25946(公 1993, 1358)은, 제3자 소유의 부동산(국가의 귀속재산)이 전전 매도·양도되었으나 결국 국가가 제기한 소유권이전등기말소소송에서 패소판결이 확정되어 최종 매수인(실제로는 그 매도인을 대위하여)이 그 매도인을 상대로 손해배상청구를 제기한 사안에서, 民 § 571 I 에 기하여 선의의 매도인(피고)이 매매계약을 해제하면 각 당사자가 어떠한 의무를 부담하는가를 판단하고 있다. 원심은, 피고의 해제는 적법하나, 이를 원인으로 한 원고(정확하게는 乙)의 대지인도의무와 피고의 손해배상의무는 그 발생원인이 다르고, 그 대지를 종국적으로 점유할 자는 소유자인 국가이므로 피고로서는 인도를 받더라도 국가에 다시 인도하여 주어야 하므로 인도받을 실익이 없는 것 등을 감안하여, 이들 의무는 동시이행의 관계에 있는 것이 아니라고 판단하였다. 그러나 대법원은, 民 § 571에 따라 매매계약이 해제되면 매도인은 매수인에게 손해배상의무를 부담하는 반면에, 매수인은 매도인에게 목적물을 반환할 의무는 물론 목적물을 사용하였으면 그 사용이익을 반환할 의무도 부담하는 것이고, 이러한 목적물반환의무 등과 피고의 손해배상채무도 동시이행의 관계에 있다고 판시하여, 원심판결을 파기하였다.[73]

---

72) 예를 들면 大判 88. 9. 13, 86다카1332(公 834, 1267)은, 명의신탁자가 신탁부동산을 자신의 채권자에게 양도담보로 제공하고 그 피담보채무를 변제하고 가등기 및 그에 기한 소유권이전등기의 말소를 청구한 사안에서, "채무자는 담보설정계약의 당사자로서 담보권 소멸에 따른 원상회복으로 담보권자에게 담보물의 반환을 구할 수 있는 계약상 권리가 있으므로, 이러한 계약상 권리에 터잡아 채권자에게 위 가등기 등 담보권등기의 말소를 청구할 수 있고, 반드시 명의수탁자를 대위하여 말소등기청구를 해야 하는 것은 아니다"라고 판시한다. 나아가 大判 93. 9. 14, 92다1353(公 1993, 2743)이나 특히 大判(全) 94. 1. 25, 93다16338(集 42-1, 90)(주지하는 대로 제한물권이 설정된 후에 그 소유권등기가 제3자에게 이전된 경우에, 그 제한물권의 말소등기에서 등기절차법상의 등기의무자는 제3취득자인가 아니면 종래의 소유자(제한물권설정자)인가를 다룬다) 등 참조.

73) 그 외에도 계약의 취소로 인한 부당이득반환의무와 관련하여 同時履行關係의 유무가 문제된 재판례로 大判 94. 9. 9, 93다31191(公 1994, 2598)이 있다. 이 판결은 근저당권설정계약이 그 피담보채권의 발생원인인 소비대차계약과는 별도로 제3자의 사기를 이유로 취소된 경우에 근저당권설정등기말소의무와 그를 담보로 대여된 금전의 반환의무 사이에 동시이행관계가 있는지가 문제되었는데, 대법원은 "위 근저당권설정계약은 그 자

이 판결은 매도인이 처분권한 없는 무권리자이었더라도 그 매매계약이 해제되면 매수인은 그로부터 급부받은 매매목적물 및 그 사용수익을 매도인에게 반환하여야 한다는 것을 ——비록 그것이 정면에서 쟁점이 되었는지 검토를 요하기는 하지만—— 인정하였다는 점에서 주목할 만하다. 계약해제로 인한 원상회복의무가 부당이득반환의 성격을 갖기 때문에,[74] 이런 법리는 가령 처분권한 없는 무권리자로부터 목적물을 매수하였으나 그 매매계약이 무효이거나 취소된 경우에도 그대로 적용될 것이다. 매도인이 결국 그 부동산을 소유자에게 반환하여야 한다는 사정은 급부부당이득에서는 전혀 고려될 여지가 없다는 것이다.[75]

한편 이 경우 原物의 반환과 아울러 그에 附隨한 이익, 전형적으로는 그 使用利益도 계약상 상대방에게 반환하여야 하는지의 문제에 대하여는 별도로 논하기로 한다(뒤의 → 참조).

(b) 大判 96. 9. 6, 94다54641(公 1996하, 3095)[76]은 원고가 자기 소유가 아니라 국유인 건물을 피고에게 임대하여 이를 인도하고 애초의 계약기간이 경과한 후에도 그 계약을 묵시적으로 갱신하여 왔는데 피고가 차임을 상당한 액에 걸쳐 연체하자 이를 이유로 계약을 해지한 사안에 대한 것이다. 원고는 이 사건에서 위 건물의 인도 및 연체차임의 지급과 아울러 위 계약 해지 후의 사용에 관한 차임 상당액의 부당이득의 반환을 청구하였다. 대법원은 원심법원과 마찬가지로 이 청구를 모두 인용하였는데, 그 이유로 "임대인이 그 목적물에 대

체로서 독자적으로 존재하는 것이 아니라 그 피담보채권의 발생원인이 된 금전소비대차계약과 결합하여 그 전체가 경제적·사실적으로 일체로서 행하여진 것으로 그 하나가 다른 하나의 조건이 되어 어느 하나의 존재 없이는 당사자가 다른 하나를 의욕하지 않았을 것으로 보이고, 또한 이 사건 근저당권설정계약의 체결원인이 되었던 제 3 자의 기망행위는 금전소비대차계약에도 미쳤다 할 것이므로 원고의 이 사건 근저당권설정계약에 대한 취소의 의사표시는 법률행위의 일부무효이론과 궤를 같이 하는 법률행위 일부취소의 법리에 따라 소비대차계약을 포함하는 전체에 대한 취소의 효력이 있다 할 것이고, 그 결과 피고가 원고에 대하여 부담하게 될 근저당권설정등기말소의무는 원고가 피고에 대하여 부담하게 될 부당이득반환의무와 동시이행관계에 있다"고 판시하였다.

74) 가령 大判 96. 4. 12, 95다28892(公 1996, 1504) 참조.

75) 이 판결의 이론적 타당성을 긍정하는 것으로, 예를 들면 梁彰洙, "1993년 民法判例 槪觀", 民法硏究 제 3 권(1995), 508; 諸哲雄, "所有物返還請求權者 및 그 밖의 返還請求權者에 대한 權原 없는 占有者의 責任", 民判硏 21(2000), 318 및 同所 註 25 등 참조.

76) 이 판결에 대한 찬성평석으로 諸哲雄(前註), 306 이하가 있다. 또한 이 판결에 대한 평석인 金泰佑, "타인의 물건을 임대한 임대인이 임대차계약 종료 후에 임차인에 대하여 차임상당액의 부당이득반환을 청구할 수 있는가", 判例硏究(부산판례연구회) 7(1997), 79 이하, 특히 88 및 93은 위 대법원판결에 찬성하여 임대인에게 손해가 있으므로 부당이득반환청구를 긍정할 수 있다고 하면서도, 임차인은 임대인에게 임대권한 없음을 안 때부터는 소유자에 대해 과실반환의무가 있으므로 이중지급의 위험이 있고, 따라서 임대인에 대한 차임지급거절권을 행사할 수 있다고 한다.

한 소유권 기타 이를 임대할 권한이 없다고 하더라도 임대차계약은 유효하게 성립하고, 따라서 임대인은 임차인으로 하여금 그 목적물을 완전하게 사용·수익케 할 의무가 있고, 임차인은 임차목적물을 임대인에게 반환하여야 할 계약상의 의무가 있다"고 한 다음, "이 사건 부동산이 원고의 소유가 아니라 국가의 소유라고 하더라도 사실관계가 원심이 확정한 바와 같이 원고와 피고 사이의 이 사건 부동산에 관한 임대차계약이 피고의 차임 연체로 인하여 해지되었다면, 특별한 사정이 없는 한 피고는 원고에게 이 사건 부동산을 명도하고 해지로 인한 임대차 종료시까지의 연체차임 및 그 이후부터 위 명도완료일까지 이 사건 부동산의 점유·사용에 따른 차임 상당의 부당이득금을 반환할 의무가 있다"고 판시하였다.

(c) 한편 大判 94.12.9, 94다27809(公1995, 451)는 건물의 소유를 위하여 제3자 갑 소유의 대지를 갑으로부터 임차한 원고가 피고에게 그 지상에 있는 원고 소유의 건물을 임차하였는데 피고가 이 건물임대차계약이 종료된 후에도 이를 원고에게 반환하지 않고 그대로 계속 점유·사용하였지만 다른 한편 원고와 갑 사이의 위 토지임대차계약은 임대인의 해지로 인하여 이미 종료됨으로써 원고는 위 토지에 관한 사용수익권한을 잃은 사안에 대한 것이다. 이 사건에서 원고가 피고에 대해 그 기간 동안에 관하여 위 건물의 차임 상당액을 부당이득으로 반환할 것을 청구한 사안에 대한 것이다.

대법원은, 원고는 갑과의 관계에서 그 지상 건물의 소유자로서 그 전체 대지를 불법으로 점유하고 있어서 갑에 대하여 그로 인한 차임 상당액 전부의 부당이득반환의무를 부담하며, 건물의 일부를 점유하는 피고가 그 한도 내에서 갑에 대하여 대지의 점유자로서 부당이득반환의무를 지지 아니하므로, 원고는 위와 같은 채무의 부담한도에서 피고의 건물 불법점유에 상응하는 대지부분의 사용·수익에 따른 차임 상당의 손실이 생긴 것이고, 따라서 피고는 원고에 대한 관계에 있어서 건물대지의 사용·수익으로 인한 이득이 포함된 건물임료 상당의 부당이득을 하였다고 보아야 할 것이라고 판시하였다.

그러나 이 사건에서 원고와 피고가 체결한 임대차의 목적물은 건물로서 그 임대인인 원고는 그 목적건물의 소유자이므로, 그 사안은 앞의 (a)나 (b)에서 본 경우와 구별되어야 한다. 그러므로 그 임대차의 종료로 인한 청산관계에서 임차인인 피고가 원고에 대하여 건물의 계속 점용으로 인한 부당이득반환의무를 부담하는 것은 당연하고, 원고가 대지의 이용권을 후에 상실하였다는 사정을 피고의 위와 같은 의무의 존부 및 범위를 판단함에 있어서 고려할 것은 아니라고 생각된다. 원고가 대지를 불법점용함으로 인하여 발생하는 법률문제는 그와는 별도로 대지소유자인 갑과 원고 사이에 해결하면 족한 것이다.[77]

(5) 계약이 효력 없는 경우에 계약상 급부를 부당이득으로 반환할 의무를 인정하는 경우에는, 실제로는 계약이 효력을 가지는 것과 동일한 결과가 되는 경우가 있다. 다시 말하면, 그 급부반환의무가 그 급부에 대한 대가지급의무와 크게 다를 바 없는 경우가 그러하다.

㈎ 예를 들면 大判 2000. 9. 5, 2000다2344(公 2000하, 2090)는 사립학교법인과의 사이에 체결된 학교시설공사도급계약을 들어 그 공사대금의 지급을 청구하는 소송에서 그 계약이 舊 사립학교법 § 28 I 에 위반하는 의무부담행위이어서 무효라는 이유로 공사대금지급의 主請求는 기각하면서도 예비적으로 부당이득을 이유로 그 공사로 완성된 연구관 건물의 가액의 지급을 구하는 청구는 이를 인용하였다. 이러한 결과는 경제적으로는 원래의 공사계약이 유효한 것과 같은 것이다.

또한 이는 사찰이 구 불교재산관리법에 위반하여 약속어음이 발행된 사안에 대한 大判 91. 9. 13, 91다21909(公 1990, 2536) 등에 대하여도 적용된다. 이 사건에서 피고(사찰)는 원고 및 甲과 사찰진입로 공사에 관한 도급계약을 체결하면서 그 전에 원고로부터 수령한 공사보증금 1천만원의 반환채무를 전환시켰고 그 후에도 원고로부터 여러 차례에 걸쳐 금원을 차용하여 피고 사찰의 공사비 등의 채무변제에 충당하였는데, 원고에 대한 채무가 합계금 3,340만원에 달하자 위 금액을 액면금으로 하여 원고에게 약속어음 1매를 발행하였다. 그러나 위 약속어음채무는 피고사찰이 당해 회계연도 내의 수입으로 상환할 수 있는 금액의 범위를 초과하는 것임에도 불구하고 그 부담행위에 대하여 주무관청의 허가를 받지 아니하여 강행법규인 불교재산관리법에 위배되어 무효였다. 원고가 피고에게 부당이득반환청구를 한 사안이다. 원심은 피고가 원고로부터 합계 금 3,340만원을 차용하여 피고사찰의 공사비 등 채무변제에 충당하였으니 이는 이 사건 약속어음의 발행행위가 강행법규에 위반하여 무효로 되어 어음상의 채무를 면하게 된 원고의 손해로써 재산상 이득을 얻은 것이니 이를 반환할 의무가 있다고 하였고, 대법원도 원심의 판결이 정당하다고 한다.

77) 결론적으로 同旨: 諸哲雄(註 75), 306 이하 참조.

그 외에도 이미 그 전에 大判 64. 12. 29, 64다953(集 12-2, 229)[78]; 大判 67. 11. 21, 67다2072(集 15-3, 307); 大判 71. 11. 30, 71다1166(集 19-3, 22) 등도 동일한 결과를 인정하고 있었다.[79]

(나) 이상과 같이 효력 없는 계약에 기하여 행하여진 급부가 계약당사자 본인에게 이익을 준 경우와 관련하여서는, 예를 들어 무권대리인이 본인의 이름으로 체결한 계약으로부터 이익을 얻은 본인에 대하여 계약상대방이 반대급부 또는 그 상당의 가액을 청구할 수 있느냐 하는 문제 등을 포함하여, 그 계약 명의에 상관 없이 자기에게 효력이 미치지 않는 계약의 이행을 위하여 이루어진 급부로부터 이익을 얻은 경우에 대하여는 「타인 간의 계약으로부터의 이득」, 즉 전용물소권(뒤의 4. 참조)의 한 適用例로 다루어져 왔음을 지적해 둘 필요가 있겠다.[80]

거기서 보는 대로 전용물소권 일반에 대하여는 이를 부정함이 타당하다. 그러나 위와 같은 사안유형에서는 기본적으로 본인의 부당이득책임을 긍정하여야 할 것이다. 이는 무엇보다도 우리 민법이 원래는 변제가 무효이더라도 그것이 「본인에게 이익이 되는 한도에서는」 그 변제의 효력이 인정된다고 하

78) 이 판결의 사실관계에서 원고는 전주사범학교 지출관 갑과 그 학교의 교장인 재무관 을에게 10만원을 대여하였다. 아마도 갑과 을은 나라(피고) 이름으로 위 차용행위를 하였던 듯하다(이 점에 관하여 대법원의 판결은 명백히 설시하는 바가 없다). 하여튼 갑과 을은 이 돈을 차용함에 있어서 당시 시행되던 여러 법규정, 가령 국가는 전쟁사변수습비 등의 자원으로 사용할 때 이외에는 채무부담행위를 해서는 안 된다는 내용의 법규정에 위반하였다. 그들은 이 돈을 이 학교의 교사를 증축하는데 사용하였다. 원고는 주청구로서 대여금의 반환을, 예비적으로 부당이득의 반환을 구하였다. 원심은 이를 모두 기각하였다. 전자의 청구에 대하여는 위 차용행위는 강행법규인 재정법의 규정에 반하여 무효이므로 그 효력이 피고에게 미칠 수 없다고 하고, 후자의 청구에 대하여는 위 대차관계로 원고와 피고 사이에 법률관계가 생길 수 없다고 하였다. 대법원은 후자에 관하여 원심판결을 파기 하였다. "만일 위 차용금으로써 영조물인 전주사범학교 교사를 증축하는 데 사용하였다면 결국 국가인 피고는 법률상 원인 없이 타인의 손해로서 재산상 이득을 얻었다"는 것이다.

79) 하급심 레벨에도 동일한 결론을 내린 예가 있다. 예를 들면 서울高判 79. 8. 17, 79나1054(月報 115, 50)는 원고가 학교법인인 피고에게 동 법인이 운영하는 중고등학교의 교장을 통하여 금전을 대여하였다. 피고 법인은 이 차용에 관하여 이사회결의를 거치거나 감독관청의 허가를 받지 않았다. 그런데 피고 법인은 위 차용금을 위 중고교의 운영자금과 학교 증축비로 사용하였다. 원고는 피고 법인을 상대로 주청구로서 대여를 이유로, 예비적 청구로서 부당이득을 이유로 위 금전의 반환을 청구하였다. 위 판결은 주청구에 대하여는 피고 법인의 차용행위가 당시의 사립학교법 제16조, 제28조에 위반하여 무효라고 하여 이를 기각하고, 예비적 청구에 대하여는 "피고는 위 차금행위가 무효로 돌아감으로써 법률상 원인 없이 위 금전 상당의 이익을 얻고 이로 인하여 원고에게 동액의 손해를 가하였다"고 하여 이를 인용하였다.

80) 이에 관하여는 Wilburg, Die Lehre von der ungerechtfertigten Bereicherung nach österreichischem und deutschem Recht(1934), S. 55 참조. 또한 磯村哲, "直接利得の要求に就いて", 法學論叢 47-4(1942), 85도 참조.

는 규정(우선 民 § 472: "前 2 條의 경우 외에 辨濟받을 權限 없는 者에 대한 辨濟는 債權者가 利益을 받은 限度에서 效力이 있다." 또한 民 § 465 I 도 참조)에서 행하여진 평가를 위의 사안에 연장하여 적용하는 것이 타당하기 때문이다. 물론 위 규정은 채권이 적법하게 존재하고 단지 변제가 변제수령권한 없는 사람에게 행하여진 경우에 대한 것으로, 애초 계약이 「무효」이어서 채권이 발생하지 아니하거나 나중에 소멸한 경우와는 다른 점이 없지 않다. 그러나 행하여진 급부가 원래대로라면 반환되어야 할 것이었다는 점에는 차이가 없으며, 그와 같이 효력 없는 변제가 채권자에게 이익을 주었다면 급부의 원상회복에 나가지 아니하고 채권자와 변제수령자 사이의 내부관계에서 재화이동의 「형평」이 달성되도록 법문제를 해결할 필요가 있다는 점에서는 위의 경우에도 다를 바 없는 것이다. 그러므로 위 民 §§ 472, 465 I 의 유추적용을 인정해도 좋을 것이다.

(6) 계약이 성립하기는 하였으나 아직 그 유효요건을 다 갖춘 것이 아닌 경우에 당사자가 장차 계약이 유효하게 되어 그로부터 법적인 의무가 발생할 것을 기대하여 그 의무의 이행으로 미리 급부를 하였다면 그 급부에는 법률상 원인이 없다고 할 수 없다. 그러므로 이러한 경우에는 그 계약이 기대에 반하여 효력을 가지지 못함이 확정된 때에 비로소 그 급부는 부당이득으로 반환되어야 한다. 이에 관한 상세에 대하여는 民 § 742 注解 Ⅱ. 3. (3) 참조.

(가) 정지조건부 계약에서 아직 조건이 성취되지 아니하여 계약의 효력이 발생하지 않았으나 장차 유효한 계약이 성립할 것으로 기대하고 급부하는 경우에는 급부수령자가 급부를 계속 보유할 법률상 원인에 관한 합의가 명시적 또는 묵시적으로 있다고 해석할 여지가 있다. 그 경우 급부수령자는 당사자가 합의한 목적이 실현될 때까지 그것을 보유할 법률상 원인이 있다고 평가하는 것이 적절할 것이다.[81)]

(나) 나아가 예를 들면 大判 93. 9. 14, 91다41316(公 1993, 2740)은,[82)] 국토이용관리법상의 토지거래허가를 받지 아니한 채 토지매매계약을 체결하고 契約金

81) 이 점은 독일의 학설도 긍정하고 있다. 가령 Larenz/Canaris, Lehrbuch des Schuldrechts, Bd. Ⅱ, 2. Hbbd., 13. Aufl.(1994), S. 150-152 참조.

82) 이미 그 전에 大判 93. 6. 22, 91다21435(公 1993, 2092)은, 아직 토지거래허가를 받지 못하여 流動的 無效의 상태에 있는 동안에는 "계약금을 교부한 상태에 있는 계약당사자 일방이 언제든지 계약의 무효를 주장하여 부당이득으로써 계약금의 반환을 구할 수 있다고 할 수는 없다"는 설시부분을 담고 있었다. 그런데 이 판결은 결론적으로는 토지매매계약이 확정적으로 무효가 되었다고 하여 계약금반환청구를 認容하고 있어서, 위 설시부분이 先例로서의 의미를 가지는지는 검토의 여지가 있었다.

을 지급한 사안에서, 原審이 허가 없는 토지매매는 무효이므로 계약금을 반환할 의무가 있다고 판단한 데 대하여, "매수인이 임의로 지급한 계약금은 그 계약이 유동적 무효상태로 있는 한 이를 부당이득으로 반환을 구할 수는 없고 유동적 무효상태가 확정적으로 무효로 되었을 때 비로소 부당이득으로 그 반환을 구할 수 있다"는 이유로 이를 파기환송하였다. 그리고 그 후에도 이러한 입장은 반복되고 있다.[83] 이와 같이 당사자들이 장차 거래허가를 받을 것을 전제로 하여 토지에 관한 매매 등 거래계약을 체결한 경우에는[84] 그 계약은 무효이기는 하나 장차 거래허가를 받으면 계약이 소급적으로 효력을 가지게 되는 소위 流動的 無效의 상태에 있게 되는데, 그와 같은 경우에 토지매수인이 매도인에게 대금의 일부를 가령 계약금 등의 명목으로 지급하는 경우에는 통상 장차 계약이 유효하게 되는 것을 기대하여 그 의무의 이행으로 지급하였다고 보아야 할 것이므로, 이를 법률상 원인 없는 지급이라고 할 것이 아니다.[85] 한편 그 계약이 거래허가를 얻지 못하여 확정적으로 무효가 되거나[86] 다른 사유로 무효이거나 취소된 경우에는[87] 그 반환을 청구할 수 있음은 물론이다.

그러나 소위 유동적 무효의 계약에 해당한다고 해도, 그 이행이 장차 계약이 유효하게 될 것을 기대하여 이루어진 것이라고 할 수 없는 경우에는, 그렇게 말할 수 없다. 예를 들어 無權代理行爲는 무효이나, 본인의 추인이 있으면 그 효력이 소급적으로 발생하게 되며(民§133 참조), 따라서 그것은 추인이 있기

83) 大判 95.4.28, 93다26397(公 1995, 1950); 大判 95.6.9, 95다2487(公 1995, 2381); 大判 96.6.28, 95다54501(公 1996하, 2340); 大判 96.11.22, 96다31703(公 1997상, 28) 등.

84) 그렇지 아니하고 그 계약에 애초부터 허가를 배제하거나 그 제도목적을 잠탈하는 내용이 포함되어 있으면, 이는 처음부터 절대적이고 확정적으로 무효라는 것이 확정적인 판례의 태도이었음은 주지하는 대로이다.

85) 同旨: 朴海成, "국토이용관리법상의 허가 없이 체결한 매매계약과 부당이득", 民判硏 16(1994), 109 이하; 諸哲雄, "유동적 무효인 매매계약이 확정적 무효로 된 경우의 부당이득반환의무", 판례월보 1997년 5월호, 14 이하. 필자도 종전에 판례에 대하여 개진하였던 반대견해(우선 梁彰洙, "1993년 民法判例 槪觀", 民法硏究 제3권(1995), 499 이하 참조)를 수정한다. 반대: 民法注解[XII], 148(李宙興 집필).

86) 大判 97.9.26, 96다54997(公 1997하, 3225) 등.

87) 大判 96.11.8, 96다35309(公 1996하, 3555)는, "국토이용관리법상 규제구역 내에 속하는 토지에 관하여, 계약당사자의 표시와 불일치한 의사(비진의표시, 허위표시 또는 착오) 또는 사기, 강박과 같은 하자 있는 의사에 의하여 토지거래 등이 이루어진 경우에 있어서, 이들 사유에 기하여 그 거래의 무효 또는 취소를 주장할 수 있는 당사자는 그러한 거래허가를 신청하기 전 단계에서 이러한 사유를 주장하여 거래허가 신청협력에 거절의사를 일방적으로 명백히 함으로써 그 계약을 확정적으로 무효화시키고 자신의 거래허가절차에 협력할 의무를 면함은 물론 기왕에 지급된 계약금 등의 반환도 구할 수 있다"고 한다.

전까지는 유동적 무효의 상태에 있다고 할 것이다. 그런데 무권대리행위의 이행으로 이루어진 급부는 추인이 있기 전이라면 부당이득을 이유로 그 반환을 청구할 수 있다고 할 것이다.[88] 그 경우에는 통상 장차의 추인을 기대하여 급부하였다고는 할 수 없기 때문이다.

(다) 한편 약혼에 부수하여 행하여진 禮物의 授受에 대하여,[89] 大判 96. 5. 14, 96다5506(公1996, 1858) 등 판례는 "약혼 예물의 수수는 약혼의 성립을 증명하고 혼인이 성립한 경우 당사자 내지 양가의 情理를 두텁게 할 목적으로 수수되는 것으로 혼인의 불성립을 해제조건으로 하는 증여와 유사한 성질을 가진다"고 하므로, 이를 앞서 본 법리에 의하여 설명하기에는 거리가 있다.

한편 大判 76. 12. 28, 76므41등(公553, 9835)은, 약혼예물의 수수는 혼인불성립을 해제조건으로 하는 증여와 유사한 성질의 것이기는 하나 약혼의 해제에 관하여 과실이 있는 유책자로서는 그가 제공한 약혼예물의 반환을 적극적으로 청구할 권리는 없다고 판시하였다. 이에 대하여 비판적인 견해도 있으나,[90] 유책당사자는 그의 유책행위에 기하여 혼인불성립이라는 조건을 성취한 것이라고 평가할 수 있으므로, 그에게는 조건이 성취하지 않은 것으로 취급할 수 있을 것이어서(民§150 I), 위 판시는 정당한 것으로 생각된다.[91]

2. 公法上의 給付에 대한 不當利得返還請求

(1) 이상의 설명은 공법상의 급부에 대하여도 그대로 타당하다. 즉 공법상의 처분에 기하여 행하여진 급부는 그 처분이 불성립하거나 무효이거나 취소된 경우에는 급부자는 그 급부에 대하여 부당이득을 이유로 그 반환을 청구할 수 있는 것이다. 이미 大判 62. 3. 29, 4294民上1429(集10-1, 281)는, 피고(나라)가 원고에게 농지분배를 하여 원고로부터 償還穀을 받았는데 그 후 피고가 농지분배를 취소하자 부당이득을 이유로 상환곡의 반환이 청구된 사안에서, 原審

88) 독일의 통설로서 MünchKomm/Thiele, § 177 BGB, Rn. 16(Bd.1, 2. Aufl., 1984, S. 1353); Erman/Brox, § 177 Rn. 12(Bd. 11, 8. Aufl., 1989, S. 400) 참조.

89) 독일에서는 약혼예물의 반환을 獨民 § 812 I 제 2 문 제 2 경우에서 정하는 「결과불발생으로 인한 부당이득(condictio ob rem)」의 한 예로 파악한다.

90) 吳宗根, "約婚禮物의 返還에 관한 一考察", 월보 232(1990. 1), 27 이하; 朴泳珪, "約婚(婚姻)禮物返還請求權", 民判硏 20(1998), 370 이하 참조.

91) 독일의 통설도 신의성실에 반하여 약혼을 파기한 당사자(유책자)는 獨民 § 815 제 2 사안("급부자가 결과의 발생을 신의성실에 반하여 방해하였을 때")을 적용 또는 유추적용하여 부당이득으로 예물반환을 청구할 수 없다고 한다. 가령 MünchKomm/Wacke, § 1301 BGB, Rn. 6 참조.

이 "부당이득의 문제가 私法에 고유한 문제만은 아니며 공법의 분야에서도 법률상 원인 없는 이득문제가 얼마든지 생길 수 있다"고 하면서 그 청구를 인용한 것을[92] 대법원도 시인하였던 것이다.

(2) 이러한 반환청구는 비단 처분의 상대방이 된 국민뿐만 아니라, 그 처분을 한 국가나 지방자치단체 등과 같은 행정주체도 할 수 있다. 즉 국가 등에 공법상의 급부의무가 없음에도 불구하고 급부가 행하여졌다면 이 역시 부당이득으로 반환되어야 한다. 예를 들어 大判 98. 11. 12, 97다58453(公 1998하, 2858)은, 하천구역으로 편입된 토지에 대하여 보상금을 지급할 의무가 없음에도 피고 앞으로 보상금을 변제공탁하여 피고가 이를 출급하여 간 사안에서 원고의 피고에 대한 부당이득반환청구를 긍정하고 있다. 그리고 이 경우에 원고가 그 보상의무 없음을 알지 못한 데에 과실이 있다 하더라도 마찬가지라고 하였다.

(3) 무효이거나 취소된 행정처분에 기하여 행하여진 급부는 부당이득으로 반환청구할 수 있다. 여기서는 과세처분이 무효이거나 취소된 경우에 한정하여 보기로 한다. 이에 관하여는 상당한 裁判例가 축적되어 있다.

㈎ 우선 민사소송에 의하여 과오납세금을 부당이득으로 반환청구하는 권리("국세환급청구권")와 과오납세금에 대한 세무서장의 국세환급금 결정에 관하여 정하는 국세기본법 § 51 Ⅰ의 관계가 문제된다.

이에 대하여 大判(全) 89. 6. 15, 88누6436(公 1989, 1096)은,[93] 그 규정에서 정하는 '오납액'과 '초과납부액' 및 '환급세액'은 모두 조세채무가 처음부터 존재하지 않거나 그 후 소멸되었음에도 불구하고 국가가 법률상 원인 없이 수령하거나 보유하고 있는 부당이득에 해당하는데 "이러한 부당이득의 반환을 구하는 납세의무자의 국세환급청구권은 오납액의 경우에는 처음부터 법률상 원인이 없으므로 납부 또는 징수시에 이미 확정되어 있고, 초과납부액의 경우에는 신고 또는 부과처분의 취소 또는 경정에 의하여 조세채무의 전부 또는 일부가 소멸한 때에 확정되며, 환급세액의 경우에는 각 개별 세법에서 규정한 환급요건에 따라 확정된다"고 전제한 다음, 국세기본법 § 51 등의 규정은 이미 확정된 납세의무자의 환급청구권에 대하여 내부적 사무처리절차로서 과세관청의

92) 마찬가지로 大判 69. 9. 30, 69다1093(법원공보 불게재)은 농지분배가 무효인 사안에서 상환이 金錢으로 행하여진 경우에는 그 돈이 반환되어야 한다고 한다.

93) 그 외에 大判 91. 7. 9, 91다13342(公 1991, 1331); 大判 96. 4. 12, 94다34005(公 1996상, 1489) 등도 同旨.

환급절차를 규정한 것에 지나지 않는다고 판시하였다.

(나) 나아가 賦課課稅의 경우에 과세처분이 그 하자가 현저하고도 중대하여 무효이면 그 납부한 세금은 부당이득으로 반환되어야 한다.[94] 예를 들면 과세처분이 법령의 근거 없이 행하여지거나,[95] 자유의사에 반하여 작성된 과세자료에 기초하여 행하여지거나,[96] 납세의무자 아닌 자에게 과세한 경우[97] 등이 그러하다.

그리고 과세처분이 위법하나 당연 무효가 아닌 경우에는 그 사유만으로 그 납부된 세금이 법률상 원인 없는 것이라고 할 수 없다.[98] 그러나 그 처분이 행정쟁송 등을 통하여 취소된 경우에는 역시 부당이득으로 반환되어야 한다.[99]

(다) 申告納付方式의 조세의 경우도 기본적으로 부과과세와 다를 바 없다. 즉 납세의무자의 신고행위에 중대하고 명백한 하자가 있어 그것이 무효인 경우에는 부당이득으로 반환되어야 한다. 예를 들면 大判 1999. 7. 27. 99다23284(公 1999하, 1778)는 "취득세나 등록세와 같은 신고납세방식의 조세에 있어서는 원칙적으로 납세의무자가 스스로 과세표준과 세액을 정하여 신고하는 행위에 의하여 조세채무가 구체적으로 확정되고, 그 납부행위는 신고에 의하여 확정된 구체적 조세채무의 이행으로 하는 것이며, 국가나 지방자치단체는 그와 같이 확정된 조세채권에 기하여 납부된 세액을 보유하는 것이므로, 납세의무자의 신고행위가 중대하고 명백한 하자로 인하여 당연 무효로 되지 아니하는 한 그것이 바로 부당이득에 해당한다고 할 수 없"다고 한다.

위 裁判例는 나아가 "여기에서 신고행위의 하자가 중대하고 명백하여 당연 무효에 해당하는지 여부에 대하여는 신고행위의 근거가 되는 법규의 목적,

94) 이미 大判 70. 2. 10, 69다1536(集 18-1, 66) 등 참조.

95) 大判 77. 4. 26, 76다1979(公 561, 10062); 大判 81. 6. 9, 81다400(集 29-2, 119); 大判 81. 11. 10, 81다916(公 1982, 47) 등.

96) 예를 들면 大判 85. 11. 12, 84누250(公 1982, 40); 특히 大判 92. 3. 31, 91다32053(公 1992, 1406)("과세처분의 근거가 된 확인서, 명세서, 자술서, 각서 등은 과세관청 내지 그 상급관청이나 수사기관의 일방적이고 억압적인 강요로 작성자의 자유로운 의사에 반하여 별다른 합리적이고 타당한 근거도 없이 작성된 것으로서 이러한 자료들은 그 작성 경위에 비추어 내용이 진정한 과세자료라고 볼 수 없으므로, 이러한 과세자료에 터잡은 각 과세처분의 하자는 중대한 하자임은 물론 위와 같은 과세자료의 성립과정에 직접 관여하여 그 경위를 잘 아는 과세관청에 대한 관계에 있어서 객관적으로 명백한 하자"라고 한다) 등.

97) 大判 98. 5. 8, 95다30390(公 1998상, 1569)(주택조합이 개발부담금 납부의무자임에도 그 조합원에게 과세한 사안).

98) 大判 95. 4. 28, 94다55019(公 1995, 1967) 등 참조.

99) 大判 94. 11. 11, 94다28000(公 1994, 3266) 등 참조.

의미, 기능 및 하자 있는 신고행위에 대한 법적 구제수단 등을 목적론적으로 고찰함과 동시에 신고행위에 이르게 된 구체적 사정을 개별적으로 파악하여 합리적으로 판단하여야 한다"고 판시한다. 그러나 구체적으로 신고납세에 있어서 어떠한 경우에 그 하자의 중대·명백성을 인정할 것인가는 그 판단이 반드시 쉽지 않다.

(a) 납세의무자의 신고행위가 중대하고 명백한 하자로 인하여 당연무효가 된다고 한 재판례로는, 취득세 면세대상임에도 불구하고 조세징수관청의 종용이 있었고 이에 가산세의 불이익을 피하기 위해 부득이 자진 신고·납부에 응한 경우,[100] 취득세 및 등록세 면제대상임이 법령상 명백함에도 관할청 담당 직원들의 잘못된 자진신고의 유도와 면세대상이 아니라는 그릇된 확인으로 말미암아 자진신고 납부 해태에 따른 가산금 부과 회피 및 신속한 소유권보존등기를 마치기 위해 부득이 위 세금을 자진 신고·납부하였다가 그 후 면제대상이 된다는 사실을 알아내고 그 환급을 신청한 경우,[101] 취득세가 조례에 기하여 면제대상이어서 원고가 피고에 대해 면제신청을 하였으나 이를 거부함에 따라 자진 신고 해태에 따른 부가세의 부담회피와 신속한 소유권보존등기의 필요성에 의해 자진 납부한 경우,[102] 국토이용관리법상의 토지거래허가구역 안에 있는 토지에 관한 매매계약은 유동적으로 무효이어서 취득세를 납부할 의무가 없음에도 불구하고 자진 신고·납부 해태에 따른 부가세의 부담 등을 염려하여 취득세를 납부하였으나 그 후 관할청으로부터 토지거래허가신청에 대하여 불허가처분을 받은 경우[103] 등이 그것이다.

이와 같이 實務는, 우선 신고 등의 과정에 조세관청이 어떠한 방식으로든 개입하여 신고 등에 이른 사정, 나아가 납세자가 의무 없는 납세를 할 이유 등을 고려하고 있다. 그러나 무효인 조례규정에 기초한 행정지도에 따라 원고가 스스로 납세의무자로 믿고 자진 신고·납부한 경우에도 당연 무효는 아니라고 한 예가 있고,[104] 특히 단순히 자진 납부하지 아니함으로 인한 불이익을 피하기 위하여 납부하였다는 것을 고려하는 데에는 의문이 없지 않다.

(b) 그러나 그러한 사정이 없는 경우에 대부분의 재판례는 납세의무

100) 大判 96. 8. 23, 95다44917(公 1996하, 2829); 大判 1999. 7. 27. 99다23284(公 1999하, 1778) 등.
101) 大判 97. 12. 12, 97다20373(公 1998상, 264).
102) 大判 95. 2. 28, 94다31419(公 1995, 1455).
103) 大判 97. 11. 11, 97다8427(公 1997하, 3758).
104) 大判 95. 11. 28, 95다18185(公 1996상, 160).

자의 신고행위가 중대하고 명백한 하자로 인하여 당연 무효라고 볼 수 없다고 한다. 특히 납세의무가 없는데도 있는 것으로 단순히 誤認하여 납부한 사안에서[105] 그러하다.[106]

이와 관련하여서는 국세기본법상에 마련되어 있는 修正申告의 효력과 과오납조세의 반환청구의 관계가 문제된다. 이에 대하여 예를 들면 大判 97. 10. 10, 97다26432(公 1997, 3442)는 다음과 같이 판시한다.[107]

> "납세자가 당초에 신고한 과세표준 또는 납부세액이나 환급세액에 누락·오류가 있음을 발견하여 구 국세기본법(1994. 12. 22. 법률 제4810호로 개정되기 전의 것) § 45 Ⅰ, Ⅱ, 같은 법 시행령 § 25 Ⅱ(1994. 12. 31. 대통령령 제14475호로 삭제되기 전의 것)에 의하여 법정신고기한 경과 후 6월 내에 과세표준 또는 납부세액이나 환급세액의 감액 수정신고를 한 경우에는 그 수정신고만에 의하여 곧바로 당초의 신고로 인한 과세표준 또는 납부세액이나 환급세액의 존재 및 범위가 확정되는 것은 아니고, 과세관청이 그 수정신고의 내용을 받아들여 환급세액 등을 결정하여야만 그로 인한 납세의무 확정의 효력이 생기게 된다. 그러므로 만일 과세권자가 이러한 수정신고에 따른 경정을 거부하는 경우에는 납세자로서는 행정쟁송의 절차에 따라 그 거부처분을 취소받음으로써 비로소 수정신고에 따른 납세의무를 확정지울 수 있게 되는 것이므로 납세자가 수정신고를 하였는데도 과세권자가 이를 수리하여 환급세액을 증액하여 주기를 거부한 경우에는, 가사 당초의 위 신고가 잘못된 것이고 그 수정신고에 따른 경정을 거부하는 것이 위법한 것이라 하더라도 그 경정 거부행위는 사실의 통지가 아니라 행정처분에 해당한다고 볼 것이고, 과세권자의 위 거부처분이 행정쟁송에 의하여 이미 적법하게 취소되었다거나 당연 무효가 아닌 한 가사 당초의 신고가 잘못된 것이고 정부가 그 수정신고에 따른 경정을 거부하는 것이 위법하다고 하더라도, 납세자가 수정신고를 하였다는 사정만으로는 당초의 신고분과 수정신고분과의 차액에 해당하는 기납부세액이나 환급세액을 국가에 대하여 법률

105) 大判 95. 6. 30, 94다50212(公 1995, 2554); 大判 95. 12. 5, 94다60363(公 1996상, 192); 大判 96. 4. 12, 96다3807(公 1996상, 1531); 大判 98. 3. 10, 97다52486(公 1998상, 989) 등. 그런데 大判 84. 6. 26, 83다카1659(集 32-3, 117)에서는 지방세법상의 취득세는 건물을 준공하여 이를 원시취득한 자가 부담하여야 하는데, 원시취득자가 아닌 원고가 건축허가명의의 변경이 거부되어 부득이 자신의 이름으로 소유권보존등기를 경료하고 취득세를 자진 납부한 사안에서 피고(국가)의 부당이득반환의무를 인정하였다. 이 사안에서는 원시취득자 甲이 원고를 상대로 소유권보존등기말소청구소송을 제기하여 그 보존등기를 말소하게 하였다는 사정이 있다.

106) 그 외에 大判 95. 9. 29, 94다40420(公 1995, 3956)에서와 같이, 부동산을 무상취득한 원고가 스스로 등기원인을 매매로 기재하고 그 부속서류로서 검인받은 부동산매매계약서까지 제출한 경우에 등록세의 자진신고행위에 있어 그 신고세율의 차액(1000분의 15)에 해당하는 부분에 대하여 당연무효라고 볼 수 없다는 재판례가 있다.

107) 가령 大判 96. 9. 6, 95다4063(公 1996, 2964)에서는 과오납한 부가가치세에 대해, 大判 94. 5. 13, 93다54767(公 1994, 1671)에서는 과오납한 법인세에 대해 각각 이렇게 판단하고 있다. 그 밖에 많은 판결이 있다.

상 원인 없이 수령한 과오납금이나 환급세액이라고 주장하여 부당이득반환의 법리에 따라 민사소송으로 그 환급을 청구할 수는 없다."

㈑ 그 부당이득반환의무자가 누구인지도 문제될 수 있다.

(a) 법률에 의하여 부과금 또는 조세의 부과, 징수 권한이 다른 관청에 위임되었다고 해서 징수관청이 곧바로 부당이득반환채무자는 아니다. 채권자 아닌 자도 그로부터 채무의 수령권한을 부여받을 수 있지만, 그 경우에도 급부수령자는 채권자인 것과 전적으로 동일한 이치라 할 것이다.

예를 들어 大判 98. 2. 10, 95다20256(公 1998상, 650)[108]은, 舊 산림법 §§ 5, 20의 3, 같은 법 시행령 § 4 I ii에 의하여 5만m^2 미만의 보전임지 전용에 관한 산림청장의 전용부담금부과·징수권은 서울특별시장, 직할시장, 도지사 또는 영림서장에게 위임되어 있고, 그 위임에 따라 징수하는 전용부담금은 농어촌구조개선특별회계법에 의한 농어촌구조개선특별회계에 납입하도록 되어 있는 경우라면, 서울특별시장이 원고에 대하여 이 사건 산림전용부담금의 부과·징수를 하였어도 이는 위임에 의한 국가사무의 처리에 불과하고, 또한 그 부담금이 국고에 납입된 이상, 원고가 피고 시장을 상대로 이 사건 산림전용부담금 부과처분의 취소를 구하는 소송을 제기하여 승소하였다고 해도 그 납부된 산림전용부담금에 관한 부당이득의 반환청구는 이득의 주체가 되는 국고에 대하여 하여야 한다고 판시하고 있다.

또한 大判 97. 11. 11, 97다8427(公 1997하, 3758)은 구 지방세법(1991. 12. 14. 법률 제4415호로 개정되기 이전의 것)에 따라 시·군이 취득세를 자진 신고 납부받아 도에 납입하는 것은 도의 사무 처리에 불과하여 시·군이 취득세를 신고 납부받았다고 하더라도 이로 인하여 이득을 얻는 주체는 도이고 시·군은 아니라고 할 것이라고 한다. 따라서 원고의 취득세 자진 신고 납부로 인하여 이득을 얻은 지방자치단체는 도이지 시·군인 피고라고는 할 수 없다고 한다.

그 밖에 시장, 군수 또는 그 위임을 받은 공무원이 부과징수하지만 국고에 납입하게 되는 교육세의 경우,[109] 1990. 12. 31. 법률 제4280호로 폐지되기 전의 방위세의 경우[110] 등에는 국고가 부당이득반환의무자가 된다.

(b) 그러나 단순히 국가의 사무처리를 위임받은 것이 아니라, 징수관

108) 大判 89. 2. 14, 87다카3177(公 1989, 415); 大判 95. 2. 28, 94다31419(公 1995, 1455); 大判 95. 12. 22, 94다51253(公 1996상, 577) 등 참조.
109) 大判 89. 2. 14, 87다카3177(公 1989, 415); 大判 94. 9. 27, 94다10740(公 1994, 2084); 大判 95. 2. 28, 94다31419(公 1995, 1455) 등도 참조.
110) 大判 89. 2. 14, 87다카3177(公 1989, 415); 大判 94. 9. 27, 94다10740(公 1994, 2804) 등도 참조.

할청에게도 그 징수금액이 직접 귀속되는 경우에는 그 한도에서 부당이득반환 의무가 있다는 것이 판례이다.

가령 大判 98. 5. 8, 95다30390(公 1998상, 1569)[111]은, "부당이득반환청구의 상대방이 되는 수익자는 실질적으로 그 이익이 귀속된 주체이어야" 한다고 전제한 다음, 구 개발이익환수에관한법률(1993. 6. 11. 법률 제4563호로 개정되기 전의 것) §§ 3 Ⅰ, 5, 14, 같은 법 시행령(1993. 8. 12. 대통령령 제13956호로 개정되기 전의 것) § 21 Ⅰ의 각 규정에 의하면 이 사건 부과 관청인 은평구청장이 원고들에 대하여 한 개발부담금의 부과·징수는 건설부장관의 위임에 의하여 피고의 사무를 처리한 것에 불과하지만 그 징수된 개발부담금의 50%에 해당하는 금액이 개발이익 발생 토지가 속한 지방자치단체에 속하도록 규정하고 있고, 그에 따라 이 사건 개발부담금 중 50%에 해당하는 금액만이 실질적으로 국고에 귀속한 이상 그 부분에 한하여 피고에게 부당이득이 발생하였다고 한다.

(마) 국가 또는 지방자치단체를 상대로 한 부당이득반환청구권은 법률의 규정에 의하여 그 소멸시효기간이 단축될 수 있음은 물론이다. 예를 들어 대판 96. 11. 22, 96다29878(公 1996하, 3566)은 구 지방세법 § 48 Ⅱ(1994. 12. 22. 법률 제4794호로 개정되기 전의 것)가 "지방자치단체의 징수금의 과오납으로 인하여 생긴 지방자치단체에 대한 청구권은 그 권리를 행사할 수 있는 때로부터 5년간 행사하지 아니할 때에는 시효로 인하여 소멸한다"고 규정하고 있는바, 위 규정에 따른 5년의 소멸시효기간이 적용되는 징수금의 오납에는 납부 또는 징수의 기초가 된 신고(신고납세의 경우) 또는 부과처분(부과과세의 경우)에 단순히 취소할 수 있는 위법사유가 있는 경우뿐만 아니라, 그 위법이 중대하고도 명백하여 당연 무효이거나 신고 또는 부과처분이 부존재하여 그로 인한 부당이득반환청구권을 바로 행사할 수 있는 경우도 포함된다고 할 것이므로, 같은 취지에서 원심이 이 사건 원고의 피고에 대한 부당이득반환청구권의 소멸시효기간이 위 규정에 따라 5년이라고 판단하고, 소멸시효기간에 관한 일반 규정인 § 162조 Ⅰ을 적용하여 그 소멸시효기간을 10년으로 보아야 한다는 원고의 주장을 배척한 조치는 정당하다.

3. 소위 三角關係에서의 給付不當利得

(1) 大判 2003. 12. 26, 2001다46730(公 2004상, 207)은 다음과 같은 사안에 대한

---

111) 그 외에 大判 95. 12. 22, 94다51253(公 1996상, 477)도 참조.

판결이다. 피고는 이 사건 상가를 신축한 후 1994년 1월에 A회사에게 이를 대금 230억원에 매도하는 매매계약을 체결하고, A회사는 그 때부터 이 사건 상가를 호수별로 분할하여 분양하는 업무를 시작하였다. 그리하여 원고(원래는 여러 사람이다)는 A회사로부터 그 중 일정의 상가점포를 분양받는 계약을 체결하고, 그 분양대금 중 일부를 A회사에 지급하거나 그의 지시에 따라 무통장입금의 방법으로 피고가 개설한 은행계좌로 송금하였고, 후자의 경우에는 무통장입금표를 A회사에 제시하여 그로부터 다시 입금표를 교부받았다. 그런데 A회사는 피고에게 지급하여야 할 매매대금 중 중도금의 극히 일부만을 지급하고 나머지는 전혀 지급하지 못하였다. 이 사건에서 원고는 피고를 상대로 하여 자신이 위와 같이 상가분양대금으로 지급한 금전의 반환을 청구하였다. 원심법원은 "피고가 원고에 대하여 계약이행책임을 부인하고 있는 이상 위 상가분양대금의 수령권자는 A회사이고 피고는 이를 수령할 권한이 없으므로, 피고는 법률상 원인 없이 동액 상당의 이득을 얻고 원고는 동액 상당의 손실을 입었다고 할 것이어서 특별한 사정이 없는 한 피고는 원고들에게 각 그 지급받은 대금을 부당이득으로 반환할 의무가 있다"고 판단하였다.

그러나 대법원은 원심판결을 파기하였다. 우선 다음과 같이 抽象論이 전개된다.

> "계약의 일방 당사자가 계약상대방의 지시 등으로 급부과정을 단축하여 계약상대방과 또 다른 계약관계를 맺고 있는 제3자에게 직접 급부한 경우, 그 급부로써 급부를 한 계약당사자의 상대방에 대한 급부가 이루어질 뿐 아니라 그 상대방의 제3자에 대한 급부로도 이루어지는 것이므로 계약의 일방 당사자는 제3자를 상대로 법률상 원인 없이 급부를 수령하였다는 이유로 부당이득반환청구를 할 수 없다."

그런데 원심이 인정한 사실관계에 의하면, "이 사건에서 사실상의 급부관계는 원고들과 피고 사이에 발생하였지만, 그것은 위의 법리에 따라 원고의 A회사에 대한 급부와 A회사의 피고에 대한 급부가 아울러 이루어진 것으로 볼 수 있으므로, 그렇다면 피고가 원고로부터 분양대금을 수령한 것은 A회사와의 계약관계에 의한 것으로서 정당하게 수령한 것이 되고, 따라서 원고는 피고에게 부당이득반환청구를 할 수 없다"는 것이다.

그리고 나아가 원고가 A회사와의 분양계약이 적법하게 해제되었다고 가정한다면 그 원상회복관계가 어떻게 되는지에 대하여 부가적으로 다음과 같이 판단한다.

> "가사 원고가 위 분양계약을 적법하게 해제하였다고 하더라도 그 계약관계의 청산은 계약의 상대방인 A회사와 사이에 이루어져야 하고, 피고를 상대로 분양대금을 지급한 것이 부당이득이라는 이유로 그 반환을 구할 수 없다. 왜냐하면, 원고가 제3자인 피고에 대하여 직접 부당이득반환청구를 할 수 있다고 보면, 자기 책임하에 체결된 계약에 따른 위험부담을 제3자에게 전가시키는 것이 되어 계약법의 기본원리에 반하는 결과를 초래할 뿐만 아니라 수익자인 제3자가 계약상대방에 대하여 가지는 항변권 등을 침해하게 되어 부당하기 때문이다."

이 판결은 뒤에서 보는 대로 주로 독일에서 전개된 소위「삼각관계에서의 급부부당이득」의 법리를 받아들인 것으로, 극히 의미 깊은 것으로 여겨진다.

첫째, 위 판결은 채무의 이행이 실제의 과정으로서는 A로부터 C에게로 행하여진 경우라도 그것이 A에 대한 채권자 B의 지시 등으로「급부과정을 단축하여」B에 대한 채권자 C에게 행하여진 것이라면, 그것은 적어도 부당이득법적 관점에서 보면 이는 A의 B에 대한 급부와 B의 C에 대한 급부라는 二重의 의미를 가지는 것이므로, 설사 A와 B 사이의 계약이 해제되었다고 하더라도 C는 그 급부를 B와의 유효한 계약상의 채권의 실현이라는 유효한 법원인에 기하여 수령·보유하는 것이 된다고 한다. 이러한 설시는 독일민법학상의「부당이득법적 급부개념」을 바로 연상시킨다. 따라서 A는 급부의 사실상 수령자라고 하여 직접 C에 대하여 급부의 반환을 청구할 수 없다고 결론짓는다. 이는 소위 短縮給付(gekürzte Leistung)에 있어서 그 원인관계상의「고장」으로 인하여 발생하는 부당이득을 이유로 하는 급부의 반환이 각 채권관계의 당사자 사이에서 행하여져야 함을 명확하게 밝힌 것이다.

둘째, 위 판결은 이와 같이 급부의 원상회복이 각 채권관계의 당사자 사이에서 행하여져야 하는 이유로, (i) 계약에는 항상 따르기 마련인 일정한 위험(전형적으로는 계약상대방의 무자력위험)의 부담이 제3자에게 전가되어서는 안 된다는 것과 (ii) 계약당사자들이 각기 그 상대방에 대하여 가지는 계약상의 대항사유를 행사할 수 있도록 할 필요가 있음을 들고 있다. 이러한 이유제시는 뒤의 (2)㈑에서 보는 대로 독일에서 삼각관계상의 급부부당이득의 문제에서 전형적으로 행하여지는 것이다.

(2) 여기서는 우선 독일에서의 위 법리의 전개를 간략하게 개관하기로

한다.

㈎ 독일에서 급부이득반환청구권(Leistungskondiktion)에서 「급부」란, "타인의 재산을 의식적으로 또 일정한 목적을 위하여 증대시키는 것"으로 정의된다. 이러한 독자적인 급부개념의 설정에 대하여는 가령 부당이득법상의 급부란 무엇인가 하는 문제는 "규범의 목적에 좇아 해결되어야 한다"든가,[112] "학설사상 그 독자의 전통으로 인하여 일반채권법상의 급부개념과 구별되어야 한다"는 주장[113]이 있다. 물론 그와 같은 견해는 일반론적인 차원에서 독자적인 개념 이해를 정당화할 수 있을 것이나, 보다 주목하여야 할 것은 부당이득법 내부에서 이러한 개념을 형성하기에 이른 동력이 무엇인가 하는 것이다. 그것은 한 마디로 소위 삼각관계(Dreiecksverhältnis 또는 Dreipersonenverhältnis. Dreipersonenbeziehung), 특히 소위 「지시(Anweisung)관계」에 있어서의 부당이득 문제를 해결하기 위한 필요에서 우러나온 것이고, 학설사적으로는 종래의 「재산이동의 직접성」의 요건에 대한 불만을 이로써 해소하려는 사명을 가지는 것이라고 할 수 있을 것이다.

가령 갑이 을에게 물건을 100마르크에 팔았다고 해 보자. 그런데 갑은 병에 대하여서 100마르크를 차용한 일이 있고, 따라서 그로 인한 채무를 부담하고 있다. 이때, 갑이 을에게 매매대금을 병에게 바로 지급하라고 지시하는 일은 흔히 있을 수 있다. 을이 그 지시에 좇아 병에게 100마르크를 지불하였는데, 갑과 을 또는 갑과 병 사이의 계약이 무효이거나 취소되는 등으로 그 효력이 발생하지 않았다고 하면, 누가 누구를 상대로 반환청구를 할 것인가?

부당이득법상 급부개념을 인정하는 자는 위와 같은 경우에 있어서 부당이득관계의 당사자가 누구인가를 누구와 누구 사이에서 급부목적이 설정되어 있는가를 고려함으로써 해결한다. 즉 위 설례에서 갑과 을 사이에는 채권법상의 원인행위(매매)가 있고, 그로 인하여 을은 갑에 대한 채무의 변제를 목적으로 하여 갑의 지시에 좇아 병에게 100마르크를 지불한다. 이러한 급부목적(을의 갑에 대한 채무의 변제)의 설정에 의하여 갑과 을 사이에는 부당이득법상의 급부관계가 인정된다. 다른 한편 갑과 병 사이에도 채권법상의 원인행위(소비대차)가 있고, 그로 인하여 갑은 병에 대한 채무의 변제를 목적으로 을에 대하여

112) Esser/Weyers, Schuldrecht, Bd. 2, 6. Aufl.(1984), S. 373 참조.
113) Franz Wieacker, Leistungshandlung und Leistungserfolg im bürgerlichen Schuldrecht, in: Festschrift für Nipperdey, Bd. 1(1965), S. 785 Fn. 5 참조.

병에게 100마르크를 지불할 것을 지시한다. 이 지시에 좇아 을은 병에게 100마르크를 지불하였다. 여기서도 급부목적(갑의 병에 대한 채무의 변제)의 설정에 의하여 갑과 병 사이에 부당이득법상의 급부관계가 인정된다.

그러면 급부의 반환은 어떻게 이루어지는가?

(a) 보상관계에 고장이 있는 경우 　보상관계(위의 예에서는 갑과 을 간의 매매계약)가 무효(여기서는 대표적인 故障事由로 무효를 들어 살펴보기로 한다)인 경우에는 을의 갑에 대한 채무의 이행이라는 급부목적은 달성될 수 없다. 따라서 을의 갑에 대한 부당이득법상의 급부는 급부이득반환청구권에 기하여 반환되어야 한다. 이 경우 갑이 「취득한 것」, 즉 반환의 대상이 되는 것이 무엇이냐에 대하여는 견해가 나뉜다. 하나는 갑의 병에 대한 채무의 소멸이라고 한다.[114] 이렇게 보면 이는 채무의 성질상 원물반환이 불가능한 것이기 때문에 그 가액, 즉 채무액 상당을 반환하여야 하는 결과가 된다. 다른 하나는 을이 병에게 출연한 것 그 자체(위 예에서는 100마르크)를 갑이 이득했다고 하는 것이다.[115] 이러한 견해의 대립은 뒤에서 보는 소위 이중흠결의 경우에 있어서 반환의 대상을 판단함에 있어서 중요한 의미가 있다.

(b) 대가관계에 고장이 있는 경우 　대가관계(위의 예에서는 갑과 병 사이의 소비대차계약)가 무효인 경우에는 갑의 병에 대한 채무의 이행이라는 급부목적이 달성될 수 없기 때문에 갑의 병에 대한 부당이득법상의 급부는 급부이득반환청구권에 의하여 반환되어야 한다. 이 경우 병이 「취득한 것」이 을의 출연 그 자체임에는 이론이 없다.

(c) 소위 二重欠缺의 경우 　보상관계도 대가관계도 무효인 소위 이중흠결(Doppelmangel)의 경우에도 위의 두 경우와 마찬가지로 판단된다. 즉 을의 갑에 대한 급부목적도, 갑의 병에 대한 급부목적도 달성될 수 없기 때문에 을의 갑에 대한 부당이득법상의 급부도, 갑의 병에 대한 부당이득법상의 급부도 반환되어야 한다. 따라서 을은 갑에 대하여, 갑은 병에 대하여 각각 급부이득반환청구권을 취득한다. 그러나 금전 지급의 직접 당사자인 을과 병 사이에는 급부목적이 설정되지 않고 있기 때문에 부당이득법상의 급부관계는 없고, 따라서 그들 사이에서의 급부이득관계(이는 통상 직접반환청구권(Durchgriffskondiktion)이라고 불리운다)는 인정될 여지가 없다.

114) Koppensteiner/Kramer, Ungerechtfertigte Bereicherung(1975), § 6 I 2(S. 39f.) 참조.
115) Dieter Medicus, Bürgerliches Recht, 19. Aufl(2002), Rn. 673(S. 466f.) 참조.

이 때 갑이「취득한 것」은 무엇인가? 갑이 병에 대하여 부담하는 채무의 소멸이라고 볼 여지는 없다. 대가관계가 무효이어서 갑은 병에 대하여 원래부터 아무런 채무를 부담하지 않기 때문이다. 그리하여 위에서 본 바와 같이 보상관계만이 무효인 경우에 관하여 갑의 이득을 병에 대한 채무의 소멸이라고 이해하는 견해는 이 경우 갑의 이득은 병에 대한 부당이득반환청구권이라고 해석한다. 그리하여 을은 갑에 대하여 그 부당이득반환청구권의 반환(소위 Kondiktion der Kondiktion)을 청구하게 되는 것이라고 설명한다.[116] 그러나 이에 대하여는 반대의 학설이 많고 이 반대설은 갑의 이득은 을이 그에게 직접 급부하였더라면 수령하였을 것, 즉 을이 병에게 출연한 것 자체라고 하여야 한다고 주장한다.

(나) 지시관계로 인한 삼각관계가 존재하는 경우 부당이득이 문제되어야 한다면 그 당사자는 위와 같이 각 원인관계의 당사자이어야 하며, 소위 직접 반환청구가 인정되어서는 안 된다는 점에 대하여는 학설에 다툼이 없다.[117]

종전의 통설대로 위와 같은 경우에도「재산이동의 직접성(Unmittelbarkeit der Vermögensverschiebung)이 요구된다고 하면, 위와 같은 결론을 도출하는 데에 무리를 범하지 않을 수 없다. 위의 경우 재산이동의 직접 당사자는 을과 병이기 때문이다. 그리하여 그러한 견해를 유지하려면, 위의 예에서 가령 대가관계의 무효를 이유로 하는 갑의 병에 대한 반환청구권을 긍정하기 위하여, 을을 중간자로 하는「간접적인 출연」에 의하여서도 갑과 병 사이에「직접적 재산이동」이 발생한다고 하지 않으면 안 되었다. 그러나 이렇게 되면 직접성 요건은 그 내용의 명료성을 전적으로 상실하게 되는 것이다.[118]

그런데 위와 같은 부당이득법상의 목적적 급부개념(finaler Leistungsbegriff)은 급부목적의 설정에 있어서 당사자들의 관념이 일치하고, 특히 그러한 복수의 급부목적의 설정이 A → B → C로 연쇄하는 경우에는 타당한 결과를 보장하는 법률구성을 제공할 수 있었다. 그리고 그 개념은 적어도 지시관계의 어떤 경우를 훌륭하게 해결하였다.

그러나 그렇다고 해서 다른 한편으로 위와 같은 부당이득법상의 급부개념에 '너무 많은 것을 기대하여서는 안 됨'은 그러한 목적적 급부개념이 많은 학

116) Koppensteiner/Kramer(註 114), § 6 Ⅱ (S. 42) 참조.
117) O. Mühl, Zur Frage Durchgriffs beim Doppelmangel im Bereicherungsrecht, NJW 1968, S. 1868.
118) 이에 대하여는 König(註 36), S. 1578 참조.

자의 지지를 얻어 갈수록 분명하여졌다. 부당이득법적 급부개념은 유형론을 지지하는 학자들 스스로에 의하여서도 완전히 관철되는 것은 아니고, 그 한계가 의식되고 있다.[119] 이미 부당이득유형론의 내용을 확고하게 한 케머러 자신이 부당이득에 관한 그의 애초의 논문에서, "급부이득반환청구권은 항상 급부자에게 부여되며, 또 급부수령자에 대하여만 행사할 수 있다. 다만, 개별적인 경우에 법적으로 누구를 급부자로, 또 급부수령자로 볼 것인가를 분명히 하는 것만이 남은 문제이다"라고 하여, 「급부관계」의 당사자를 누구로 할 것인가는 당사자들의 사실적 의사의 문제가 아니라, 「법적으로(rechtlich)」 평가하여 결정되어야 할 것이라고 하였던 것이다.[120] 문제는 이러한 법적 평가를 급부목적이라고 하는 주관적 사정에 전적으로 또는 주로 매달리게 하는 것이 타당한가에 있다고 보여진다.[121]

부당이득적 급부개념 내지 목적적 급부개념의 한계를 보여주는 몇 가지 예를 들어 보기로 하자.

(a) 제 3 자를 위한 계약의 경우 獨民 § 328 I 에 의하면, 제 3 자를 위한 계약에 있어서 수익자는 낙약자에 대하여 직접 계약상의 권리를 취득한다. 그 때 낙약자는 역시 요약자에 대하여도 수익자에게 급부를 하여야 할 채무를 부담한다.[122] 다시 말하면 그 경우에 낙약자가 수익자에게 이행을 하는 것은 동시에 요약자에 대한 위와 같은 채무의 이행이 된다. 여기서 낙약

119) Medicus(註 115), Rdnr. 686(S. 477f.)은 「급부개념의 효용성」에 관하여 다음과 같이 주장하고 있다: "나는 이것을 조심스럽게 긍정하고자 한다. 거의 대부분의 경우에 급부개념으로부터의 귀결은 구제적으로도 타당하다. 이것은 특히 급부목적물의 물권법적 운명이 아니라 목적설정(Zwecksetzung)에 부당이득의 성립 여부를 걸리게 하는 데서 나타난다. … 그러나 급부개념의 요약공식(Kurzformel)으로서의 제한된 기능을 항상 염두에 두어야 한다. 그것은 그 개념형성에 있어서 고려되었던 경우들에 대하여 해결을 부여할 수 있다." 뒤의 (4)에서 보는 대로 Canaris(註 70), S. 799ff., insb. S. 857ff.는 「급부개념과의 訣別」을 주장하고 있고, MünchKomm/Lieb, § 812 BGB Rdnr. 25ff.(Bd. 5, 3. Aufl., 1997, S. 1187ff.)도 「급부개념」의 수용에 소극적이다.

120) von Caemmerer(註 39), S. 351.

121) 특히 「부당이득법적 급부개념」, 즉 「목적적 급부개념」은 독일민법에서의 물권변동이 소위 無因主義를 취하는 결과 급부목적과 급부결과가 불일치하게 되는 일이 보통이므로(즉 원인행위의 무효에도 불구하고 소유권이 이전되는 것이다), 물권의 이전에 관한 의사와 구별되는 급부에 관한 의사로서 급부목적(Leistungszweck)이라는 개념을 설정하여 그 목적의 실패(Verfehlung)가 있으면 반환청구가 인정된다는 식으로 그러한 사정을 부당이득 성립의 요건으로 삼아야 할 필요가 있는 것이다. 그러나 우리 나라에서는 물권변동에 관하여 소위 有因主義를 취하므로, 급부의 내용을 이루는 물권의 변동에 관한 의사와는 별도로 이와는 상치될 경우도 있는 별도의 심소(animus)를 설정할 필요가 어느 만큼 있는지 熟考를 요한다.

122) 우리 민법상의 제 3 자를 위한 계약에 있어서, 수익자가 수익의 의사표시를 하고 난 후의 법률관계를 생각해 보라. 民 § 539 Ⅱ 참조.

자의 급부는 2개의 급부목적을 가진다고 하지 않을 수 없다.[123] 그러면 이러한 경우에 누가 부당이득반환의무를 부담하는 「급부수령자」가 되어야 하는가? 이에 대하여는 학설이 매우 착잡하게 나뉘고 있는데, 이 사실이 바로 「목적적 급부개념」의 한계를 반증하여 주는 것이다.

예를 들어 갑은 병에게 물건을 매도하는 계약을 체결하고, 그 이행을 위하여 을로부터 물건을 매입하면서 직접 병에게 인도한다는 내용의 병을 위한 계약도 체결하였다. 그리하여 병이 을로부터 물건을 인도한 후에 갑과 을 사이의 위 매매계약이 취소되었다. 이 경우 을은 누구를 상대로 어떠한 내용의 급부이득반환청구권을 행사할 수 있는가?

(i) 병을 상대로 반환청구권을 가진다고 하는 입장이 있다.[124] 이 입장에서는 다음과 같이 주장한다. 제3자를 위한 계약에 의하여 낙약자가 제3자에게 급부를 하는 것은 낙약자가 요약자에 대한 관계(보상관계)에서 급부해야 할 지위에 있음을 전제로 한다. 그렇기 때문에 보상관계가 제3자를 위한 계약의 내용을 이룬다고 하여야 하며, 낙약자가 제3자를 위한 계약으로부터 발생하는 대항사유를 제3자에게 대항할 수 있다고 하는 것(獨民 § 334. 民 § 542와 같은 내용이다)은 그 계약의 내용을 이루는 보상관계의 하자도 제3자에게 대항할 수 있다는 것을 의미한다. 그러므로 보상관계가 무효이면 바로 낙약자의 제3자에 대한 급부가 법률상 원인을 결하는 것으로 평가될 수 있다는 것이다.

(ii) 제3자를 위한 계약의 경우에도 지시관계의 경우와 마찬가지라고 이해하는 입장이 있다.[125] 제3자를 위한 계약이나 「인수된 지시」의 경우에도 모두 제3자(또는 지시수익자)가 낙약자(또는 피지시자)에 대하여 고유한 급부청구권을 취득하게 함으로써 제3자(또는 지시수익자)의 입장을 강화한 점에 특색이 있을 뿐 그 이외에는 광의의 지시관계의 경우와 다를 것이 없다고 한다. 그러므로 위의 예에서는 을은 갑으로부터 목적물의 가액의 반환을(원물

123) 이러한 문제는 獨民 § 784 I 제1문에서 정하는 「인수된 지시(angenommene Anweisung)」의 경우에도 발생한다.

124) Beuthien, Zuwender und Leistender, JZ 1968, S. 323f.; Lorenz, Gläubiger, Schuldner, Dritte und Bereicherungsausgleich, AcP 168(1968) S. 286; Wilhelm, Das Merkmal "auf Kosten" als notwendiges Kriterium der Leistungskondiktion, JuS 1973, S. 7; Kupisch, Gesetzespositivismus im Bereicherungsrecht zur Leistungskondiktion im Drei-Personen-Verhältnis(1978), S. 100ff. 등.

125) Esser/Weyers(註 112), S. 379; Koppensteiner/Kramer(註 114), S. 61; Larenz, Lehrbuch des Schuldrecht, Bd. 2, 12. Aufl.(1981), § 68 Ⅲ g u. h(S. 546ff.) 등.

의 반환은 불가능하게 되었다) 구할 수 있다고 한다.

그런데 기본적으로는 이와 같은 입장을 취하면서, 다만 보상관계가 무효라고 하더라도 대가관계가 무상이거나 또는 요약자가 낙약자에게 제 3 자에의 급부를 청구할 수 있는 권한을 가지지 않는 경우에는 예외적으로 낙약자는 제 3 자에 대하여 직접 반환청구를 할 수 있다고 하는 견해도 있다.[126] 왜냐하면 전자의 경우에는 요약자는 아무런 이득도 얻은 것이 없고, 후자의 경우에는 낙약자와 요약자 사이에는 아무런 급부목적이 설정되어 있지 않아서 부당이득법상의 급부관계는 낙약자와 제 3 자 사이에서만 발생하기 때문이라고 한다.

(iii) 경제적인 관점에서 낙약자의 제 3 자에 대한 급부의 경제적 효과가 낙약자와 요약자의 관계 또는 낙약자와 제 3 자와의 관계 중의 어느 것에서 발생하고 있는가 하는 평가에 기하여 급부이득반환청구의 당사자를 결정하는 견해가 있다.[127] 학자에 따라 법률구성에는 차이가 있으나, 제 3 자에의 고유한 급부청구권의 부여가 제 3 자의 법적 지위을 강화한다고 하더라도 이로써 제 3 자 또는 요약자의 부당이득법상의 지위를 악화시켜서는 안 된다는 관점에서, 제 3 자를 위한 계약의 경제적 기능에 착안하여 낙약자의 급부에 의하여 그 경제적 효과는 특히 누구와 누구 사이에서 발생하는가를 객관적으로 평가하여 부당이득의 당사자를 결정한다. 그런데 그 경제적 기능을 유형적으로 파악하면, 결국 단축된 급부와 같은 중간의 급부의 생략, 즉 급부과정의 간략화라는 것, 아니면 보험에 있어서와 같이 제 3 자(수익자)에 대한 扶助라는 점에 요약될 수 있다. 전자의 경우에는 광의의 지시관계에 있어서와 같이 각 원인관계의 당사자 사이에서 부당이득관계가 형성된다고 보아야 한다. 왜냐하면 제 3 자는 대가관계로부터 발생하는 대항사유를 낙약자에게 주장할 수 없기 때문에 낙약자에게 제 3 자에 대한 부당이득반환청구를 인정하는 것은 위험할당의 관점에서 부당하기 때문이다. 그러나 후자의 경우에는 낙약자는 제 3 자에게 직접 반환청구를 할 수 있다고 할 것이다. 이 경우에는 요약자가 제 3 자에게 무상으로 급부한 경우와 마찬가지로 요약자는 낙약자가 제 3 자에게 급부한 것에 의하여 아무런 이득을 얻은 것이 없으므로 獨民 § 822가 상정하는 이익상황이 발생하였기 때문이다. 이렇게 보면 위의 예에서는 중간의 급부의 생략

126) Brox, Besonderes Schuldrecht, 8. Aufl.(1981), Rdnr. 394(S. 246).

127) von Caemmerer, Bereicherungsansprüche und Drittbeziehungen, in: Gesammelte Schriften, Bd. 1(1968), S. 327; Canaris(註 70), S. 828ff.; Medicus(註 115), Rn. 681ff.(S. 472f.) 등.

의 경우에 해당하기 때문에 을은 갑에 대하여 부당이득의 반환을 청구할 수 있는 것이다.

(b) 급부당사자 등에 관한 이해에 차이가 있는 경우 다음과 같은 경우를 생각해 보자.[128] 갑 회사의 직원 병은 을에 대하여, 자신은 독립한 업자로서 연료를 보다 싼 값에 팔 수 있다고 말하였고, 이에 을은 연료를 병에게 주문하였다. 연료가 인도된 후 을은 병에게 대금을 지불하였다. 그런데 실제로는 갑 회사가 을로부터 주문이 있다고 생각하고 연료를 공급한 것이었다. 갑은 을에 대하여 법률상 원인 없는 급부라고 하여 연료의 반환을 청구한다고 하자.

위의 예에서 갑 회사는 을을 매매계약의 상대방으로 알고 자기 채무의 이행을 위하여 급부한 것이고, 을은 병을 매매계약의 상대방으로 하여 거래를 하였고 갑은 단지 병의 이행보조자라고 알고 있었다. 즉 갑 회사로서는 자신과 을 사이에 급부목적이 설정되고 따라서 그 사이에서 부당이득법상의 급부관계가 형성됨에 반하여, 을로서는 자신과 병 사이에 급부목적 그리고 부당이득법상의 급부관계가 설정되는 것이다. 이와 같이 급부목적에 관하여 당사자 사이에 서로 불일치가 존재하는 경우에도 이에 관한 학자들의 논의에서도 보는 대로 위 개념은 명백한 결과를 보장하지 않는 것이다.

(i) 급부자의사설[129] 부당이득법상의 급부관계가 누구와의 사이에서 발생하는가는 급부자의 의사에 의한다고 하는 입장이다. 변제충당에 관하여 정하는 獨民 § 366 I 은 원칙적으로 이행을 하는 채무자의 의사가 출연의 방향을 결정함을 밝히고 있다. 이러한 이치는 부당이득법에도 적용되어야 한다. 따라서 위의 예에서는 갑 회사의 의사대로 결국 갑 회사와 을 사이에 급부목적이 설정되고, 결국 갑 회사는 을에 대하여 급부이득반환청구권을 가지게 된다고 한다.

이렇게 보면 수령자, 즉 을의 신뢰보호가 문제된다. 급부자의사설에 의하면, 이는 선의수익자의 반환범위를 현존이득에 제한한 獨民 § 818 Ⅲ으로써 충분하다고 한다. 즉 수령자가 무권리자에게 반대급부를 하였다면 차액설의 관점에서 수령자의 이득에서 반대급부를 공제하여 남는 것이 있어야 「이익」이 인정되어 반환의무를 부담한다는 것이다. 이에 대하여는, 수령자가 급부자 이

128) Mehrtens, Bereicherungsrecht, 2. Aufl.(1982), S. 13의 設例이다.
129) Köndgen, Wandlungen im Bereicherungsrecht, in: Festgabe für J. Esser(1975), S. 71; Meyer, Der Bereicherungsausgleich im Dreiecksverhältnis(1979), S. 69ff. 참조.

외의 제3자에게 한 반대급부는 위 § 818 Ⅲ의 판단에 있어서 고려되어서는 안 된다고 하여, 급부자의사설이 수령자의 신뢰보호에 미흡하다고 비판하는 견해도 있다.

(ii) 수령자관점설[130] 이는 부당이득법상의 급부관계의 당사자를 판단함에 있어서는 통상의 관찰자로서의 급부수령자의 관념이 중요하다는 입장이다. 이 견해는 수령자의 신뢰 보호에 중점을 두어, 법률행위의 해석에 관한 표시주의와도 통하는 점이 있다. 즉, 출연자의 의사는 수령자에게 표시된 때에만 법률적으로 의미를 획득하며, 단순히 그의 내심에 두고 있는 한 이를 고려할 필요가 없다. 오히려 객관적으로 보아 수령자의 입장에서 누가 부당이득법상의 급부자로 판단되는가가 중요하다는 것이다. 위의 예에서, 갑 회사의 내심의 의사 자체는 부당이득법상 중요한 의미가 없고, 을과 병 사이에 존재하는 매매계약를 고려하거나 갑 회사가 을에게 연료를 인도하면서 갑 회사의 채무의 이행임을 밝히지 않은 사실을 고려할 때 객관적으로 을의 입장에 보면 부당이득법상의 급부자는 병이라고 판단된다. 그렇다면 부당이득법상의 급부관계가 을과 병 사이에 존재함을 이유로 갑 회사의 반환청구는 거부될 것이다. 이러한 수령자관점설은 주로 목적적 급부개념을 채택하는 입장에서 당사자들 사이에 당해급부의 급부목적에 관하여 관념의 차이가 있을 때 문제를 해결하는 보조수단으로 동원되었다. 그러나 이에 따르더라도 이미 급부목적이라는 주관적 요소는 비중을 잃고, 오히려 당사자들의 이익상황을 고려한 객관적 평가기준이 실질적으로 판단을 좌우하고 있음은 숨길 수 없다.

(iii) 보호가치설[131] 이 견해는 개별적인 구체적 사정에 비추어 급부자와 수령자 중에서 누구를 보호하여야 할 것인가를 검토하여야 한다는 견해이다. 급부목적의 설정을 포함하는 모든 객관적 사정을 고려하여 누가 보다 더 보호를 받아야 하는가 라는 이익평가에 따라 급부이득반환의 당사자를 결정하여야 한다고 주장한다. 따라서 이 입장에서는 이미 부당이득법 특유의 급부개념과 같은 것은 유효한 판단기준으로 기능할 수 없다. 이러한 이익평가는 개별적인 사정에 따라 다른 결론이 내려지기 때문에 일반화된 명제를 도출할 수는 없다. 그러나 위의 예에서 을이 병에게 반대급부를 하였다면, 을은 보호가치가 있다고 평가되어 갑 회사의 을에 대한 부당이득반환청구권은 인정되

130) Hadding, Der Bereicherungsausgleich beim Vertrag zu Rechten Dritter(1970), S. 99f.; Koppensteiner/Kramer(註 114), S. 48; MünchKomm/Lieb, § 812 BGB Rn. 48 등.
131) Canaris(註 70), S. 823ff.; Medicus(註 115), Rn. 688(S. 480f.) 등.

지 않게 된다고 한다.

(다) 몇 개의 두드러진 독일연방대법원(BGH)의 판결을 통하여, 서독의 실무가 부당이득의 문제를 어떠한 법률구성으로 어떻게 해결하고 있는지 살펴보기로 한다.

(a) BGH 1963년 10월 31일 판결(BGHZ 40, 272)[132]은 독일의 최고법원이 최초로 부당이득유형론을 채택한 것으로서[133] 독일 부당이득법의 역사적 전개에서 중요한 의미를 가진다.

피고는 갑에 대하여 건축중인 건물에 전기기구를 설치해 주도록 위임하였다. 갑은 원고에게 전기기구를 주문하였다. 원고는 갑의 중개로 피고와 당해 전기기구에 관한 매매계약을 체결하였다고 믿고 피고에게 受注確認書를 송부하였다. 이에 대하여 피고는 원고에게 이 서면을 반송함과 동시에 원고에게 주문하지 않았음을 통지하였다. 원고는 이에 답함이 없이(그의 주장에 따르면 실수로 이 반답을 보지 못했다고 한다) 전기기구를 건축중인 피고의 건물에 송부하였고 갑의 종업원은 이를 건물에 설치하였다. 원고는 피고에 대하여 우선 매매대금을 청구하고, 만약 매매계약이 성립하지 않았다면 전기기구는 이미 피고의 건물에 부합하였으므로 피고가 부당이득하였다고 하여(獨民 §§ 946, 94 I, 95 I, 951[134] 참조) 그 상환을 청구하였다.

독일연방대법원은 원고의 청구를 인용한 원심판결을 파기하고 이를 기각하였는데, 그 이유는 다음과 같다.

> "최근의 학설은 독일민법 제812조 제1항에서 말하는 급부를 의식적이고 목적적인 타인 재산의 증가라고 이해한다. … 급부자가 누구에게 자신의 급부를 하려 하였는가에 일방적으로 따를 수는 없다. 건축주의 계약상대방이 건물 축조에 있어서 제3자를 끌어들인 경우에는 건축주의 보호를 위하여, 객관적으로 관찰할 때 그 출연이 건축주의 눈에 누구의 급부로 보이는가에 의하여야만 할 것이다. 급부자의 내면적인 의사가 아니라, '출연수령자의 관점에서' 급부자가 누구인가를 인식할 수 있었는가가 문제되는 것이다. … 출연이 자신의 계약상대방의 급부로 인식된다면 수령자는 급부이득반환청구권에 의하여서만, 다시 말하면

132) NJW 1964, S. 399(Anm. Berg NJW 1964, S. 720); Baur/Wolf, JuS 1966, S. 393ff.도 참조.

133) 유형론의 채택 자체보다는 그 채택에서 오는 법률기술상의 귀결, 특히 급부이득반환의 당사자를 급부관계의 당사자에 의하여 정한다든지, 급부된 것에 대하여는 급부이득반환청구권에 의하여서만, 따라서 급부관계의 당사자에 의하여서만 반환청구를 할 수 있다는 급부이득반환청구권의 우위(Vorrang)의 인정 등이 구체적 사건 해결의 논리로 사용되었다는 측면이 더 의미가 있다고 할 수 있을는지도 모른다.

134) 우리 민법 § 261 참조. 특히 독일민법에서는 건물을 독자적인 부동산으로 인정하지 않으므로, 개별 동산(건축자재나 건물설비 등)의 토지에의 부합이 문제된다.

자신의 계약상대방에 의하여서만 반환청구를 받을 뿐이다. … 가령 하수급인과 같이 계약 상대방에 의하여 계약의 이행을 위하여 끌여들여진 자는 수령자에 대하여 급부이득반환청구권도, 또 독일민법 제812조 제1항 제1문에서 말하는 「기타의 방법으로 인한」 이득을 이유로 하는 청구권도 취득하지 못한다. 기타의 방법으로 인한 이득을 이유로 하는 청구권 ―이는 자주 침해이득반환청구권이라고 불리운다― 은 최근의 학설에 의하면 이득대상이 수령자에 대하여 애초부터 누구에 의하여서도 급부된 것이 아닌 경우에만 성립할 수 있는 것이다." (원문의 괄호 안의 문헌 인용 생략)

(i) 독일연방대법원은 위 판결의 사실관계와 거의 유사한 사건에 대하여 동일한 결론을 이미 내린 바 있었다. 同法院 1961년 10월 5일 판결(BGHZ 36, 30)[135]은 다음과 같은 사실관계에 대한 것이다. 토지를 소유하는 피고는 갑 회사에 대하여 그 위에 일정한 가격으로 주택을 건설할 것을 도급주었다. 갑 회사는 다른 건축회사인 원고에게 건물의 신축을 도급주었다. 주택이 완공된 후에 원고는, 자신이 갑 회사와 체결한 계약이 의사불일치(Dissens)로 말미암아 효력이 없거나 아니면 갑 회사는 원고의 무권대리인이었다고 하면서 피고가 부합으로 인하여 위 주택의 소유권을 취득하였으니 그 가액 상당을 부당이득으로서 반환하라고 청구하였다. 동 법원은, 원고와 피고 사이에 부당이득반환청구권의 발생요건인 재산이동의 직접성이 결여되어 있다고 하여 원고의 청구를 기각하였다. 피고에게 있어서 건물의 신축으로 인한 토지의 가치 상승은 원고의 출연에 의한 것이 아니라 피고의 계약 상대방인 갑 회사의 출연에 의한 것이라는 것이다.

(ii) 그러나 이제 독일연방대법원은 위와 같이 재산이동의 과정에 여러 당사자가 관여하는 부당이득적 사실관계를 다룸에 있어서 「재산이동의 직접성」이라는 요건을 동원하지 않는다. 부당이득반환청구권은 급부이득반환청구권과 "기타의 방법으로 인한 이득"의 반환청구권으로 명확히 구분되고, 후자의 청구권은 오직 이득의 대상이 급부된 것이 아닌 경우에만 인정된다. 다시 말하면 급부이득반환청구권은 "기타의 방법으로 인한 이득"의 반환청구권에 대하여 우월적 지위가 인정되는 것이다.[136] 왜냐하면 이득대상이 급부된 것임이 확인되는 한 그 급부의 원상회복은 오직 급부이득반환청구권에 의하여서만, 즉 급부자와 급부수령자 사이에서만 일어나며 그 이외의 자는 그로 인

135) NJW 1961, S. 2551(Anm. Berg NJW 1962, S. 181)에도 수록되어 있다.
136) 「급부이득반환청구권의 우위(Vorrang der Leistungskondiltion)」라는 공식의 내용이해 자체에 학자 간에 차이가 있음에 대하여는 Medicus(註 115), Rn. 727ff.(S. 506ff.) 참조.

하여 손실을 입었다고 하더라도 그 반환을 급부수령자로부터 요구할 수는 없기 때문이다.

(iii) 그리고 위 판결은 급부자와 급부수령자의 결정[137]에 있어서 앞의 (나)(b)(ii)에서 본 受領者觀點說을 취함을 명백히 하였다. 그리고 이러한 태도를 취함에 있어서는, 목적적 급부개념이 가지는 지나치게 주관적인 지향을 완화할 수 있을 것으로 기대되었을 것이다. 이러한 태도는 독일연방대법원의 1978년 10월 26일 판결(BGHZ 72, 247)[138] 등에서도 유지되고 있다.

(b) BGH 1973년 10월 18일 판결(BGHZ 61, 289)은 부당이득법적 급부개념의 한계를 여실히 보여준 예라고 할 것이다.

갑은 피고에 대한 매매대금채무의 이행을 위하여 원고 은행을 지급인으로 하는 수표를 발행하여 피고에게 교부하였다. 피고가 이를 현금화하기 전에 갑과 피고 사이에 분쟁이 발생하여, 갑은 원고 은행에 대하여 위 수표대금의 지급정지를 구하였고, 원고 은행은 이를 확인하였다. 갑은 피고에 대하여 위 수표의 반환을 요구하고 있었는데 피고는 이를 원고 은행에 제시하였다. 그런데

---

137) 이 사건에서, 원고는 피고에게 급부할 의도를 가지고 있었고, 피고는 갑으로부터의 급부라고 생각하고 이를 수령하였으므로, 앞의 (나)(b)에서 본 "급부당사자의 이해에 차이가 생긴 경우"가 발생한 것이다. 따라서 누구와 누구 사이에 「급부관계」(물론 부당이득법적 의미의)가 있다고 볼 것이냐가 문제된다.

138) 이 판결은 또, 부당이득적 급부개념이 실제의 부당이득사건의 해결에서 어떻게 기능하는가를 잘 보여 주는 예라고 생각된다. 이 사건에서 원고는 갑으로부터 호텔을 160만 마르크에 매수하는 계약을 체결하였는데, 그 계약서의 제3조는, 매수인인 원고가 위 토지에 설정되어 있는 피고 은행을 위한 100만 마르크의 증권토지채무(Briefgrundschuld)를 인수하고 이를 매매대금에 충당하기로 하는 내용이었다. 동시에 원고는 피고에 대하여 갑의 토지채무액의 지급에 관한 인적 채무도 인수하였다. 그리고 원고는 피고에게 그 이자로서 46,875마르크를 지급하였다. 그러나 후에 피고는 채무인수에 대하여 승낙을 하지 않았다. 원고는 위 매매계약을 해제하고, 피고에 대하여 위 이자의 반환을 청구하였다. 독일연방대법원은 원고의 청구를 인용한 원심판결을 파기하고, 원고의 청구를 기각하였다.

동 법원은, 원고가 피고에게 자신의 그에 대한 채무를 이행하였다고 볼 수 없고, 원고는 다만 갑의 피고에 대한 채무를 이행하고, 또 이와 동시에 자신의 갑에 대한 채무를 이행한 것뿐이라고 판시하였다. 그 이유로 동 법원은 부당이득법적 급부개념에 특유한 목적성(Zweckgerichtetheit)에 관련하여, 목적에 대한 관념이 출연자와 출연수령자 사이에서 서로 상이할 때에 "확고한 판례"에 따르면 출연수령자의 관점에 기하여 객관적으로 판단해야 함을 든다. 그런데 이러한 관점에서 보면, 일반적으로 타인의 채무변제를 인수한 사람이 그 채권자에게 변제하는 것은 자신의 채무(즉 채무자에 대하여 부담하는, 그 채무를 변제할 의무)를 이행하는 것이고, 그 이상의 목적을 추구하려면 이를 명백히 밝히지 않으면 안 되는데, 위 사건에 있어서 원고는 그러한 추가적 목적을 밝히지 않았다는 것이다.

그러므로 원고가 피고 은행에 이자를 지급한 것은 부당이득법적으로 보면 갑의 피고에 대한 급부가 되는 것이어서, 원고가 피고에 대하여 그 이자의 반환을 구할 수는 없다고 한다. 또한 이러한 판단에는 원고가 피고에 대하여 갑의 채무에 대한 인적 책임을 부담한다는 사정은 중요한 것이 되지 못한다고 한다.

원고 은행의 직원의 실수로 위 수표에 대한 지급이 이루어졌다. 원고 은행은 피고에 대하여 지급액의 반환을 구하였다.

BGH는 원고의 청구를 기각한 원심 판결을 지지하였다. 同法院은 우선 다음과 같은 일반론을 전개하고 있다. "판례와 학설의 일반적 견해에 의하면 지시(Anweisung)로 인한 급부가 이루어진 경우 부당이득구제는 원칙적으로 각각의 급부관계 내부에서, 즉 소위 보상관계에 있어서 지시자와 피지시자 사이에서, 그리고 소위 대가관계에 있어서 지시자와 지시수익자 사이에서 이루어진다. 이는 부당이득법적인 급부개념으로부터 도출되는 것으로서 그 개념은 이제 확고한 판례로서 당 재판부(Senat)에 의하여서도 채택된 바 있다. … 그러나 이러한 원칙에 대한 예외가 어떠한 범위에서 인정되어야 하는가에 대하여는 다툼이 있다. 이미 당 재판부가 케머러의 의견에 좇아 여러 차례 밝힌 대로 셋 이상의 당사자가 관여한 사실관계를 부당이득법적으로 다룸에 있어서는 어떠한 도식적 해결(schematische Lösung)도 허용되지 않는다. 그것은 개별적인 사안의 특수성에 달려 있다."[139]

이러한 일반론에 기하여 위 판결은 위 사실관계의 특수성을, 일단 유효한 지시가 사후적으로 철회된 점, 그리고 특히 지시수익자가 지시의 철회에 대하여 전혀 인식하지 못하고 있는 점에서 찾는다. 그리고 이러한 경우에는 원고 은행(피지시자)이 지급위탁의 철회를 간과한 잘못은 전적으로 그와 그의 고객(갑)의 법률관계에 근원을 두고 있으므로, 그 잘못도 그들 사이에서 교정되어야 한다고 설시한다. 또 그와 같이 하는 것이 무현금지불거래의 원활한 소통이라는 일반적인 이익에도 적합하다고 한다.

위 판결은 하설에 의하여 일반적으로 지지되었다.[140] 그러나 이는 부당이득법적 급부개념의 한계를 단적으로 드런낸 것이라고 평가할 수 있다. 위 판결 자체가 「원칙/예외」라는 구성을 구사하여 부당이득법적 급부개념의 적용범위를 한정하고 있다. 그 한정은 단순한 예외의 범위를 벗어나 특히 빈번하게 문제되는 영역, 바꾸어 말하면 부당이득법적 급부개념의 활약이 기대되는 바로 그 영역인 소위 삼각관계에 있어서의 부당이득당사자의 확정이 요구되는 경우에 일반적으로 위 개념의 적용을 거부하고 "개별적인 사안의 특수성"에 의하고 있는 것이다. 즉 소위 삼각관계 일반에 대하여는 "원칙적으로" 부당이

139) von Caemmerer(註 127), S. 321ff.(판결에 인용된 부분은 S. 325) 참조.

140) Medicus(註 115), Rn. 676(S. 468ff.) m.w.N.; MünchKomm/Lieb(註 130), § 812 BGB Rn. 66(S. 1202f.) 참조.

득법적 급부개념이 적용된다고 하면서, 삼각관계의 대표적인 예라고 하는 지시관계가 존재하는 경우에 관하여 이를 「도식적인 해결」이라고 하여 적용하기를 거부하고, "개별적 사안의 특수성"을 전면에 내세우고 있는 것이다.

(c) BGH 1976년 5월 31일 판결(BGHZ 66, 362)은 앞의 (b)에서 본 BGH 1973년 10월 18일 판결과의 ―영미법상의 판례이론에서 흔히 문제되는 바의― 「구별(distinguish)」이 문제되는 사안에 대한 것이다.

갑은 원고 은행을 지급인으로 하는 수표를 발행하여 피고에게 교부하였다. 그러나 위 수표의 발행인란에는 갑이 경영하는 영업소의 영업인만이 찍혀 있고, 갑의 서명은 없었다. 서명이 없는 수표는 독일 수표법 §§ 1 vi, 2 I 에 의하여 무효인데, 피고는 위 수표에 서명이 없음을 알면서 이를 원고 은행에 제시하였다. 원고 은행은 실수로 이를 지급하고 갑의 구좌에서 그 액 상당을 차감하였다. 나중에 원고 은행은 갑의 요구에 의하여 이 차감을 취소하고, 피고에 대하여 위 지급액의 반환을 구하였다. BGH는 원고의 청구를 인용한 원심 판결을 지지하였다.

위 판결도 역시 삼각관계에 있어서의 부당이득문제는 "개별적인 사안의 특수성"에 따라 해결됨을 전제한 다음, 앞서의 BGH 1973년 10월 18일 판결의 사안과의 차이점을 지적한다. 즉 앞선 판결은 유효한 지급위탁(이는 소위 지시의 일종으로 파악된다)이 있다가 사후적으로 철회된 경우임에 대하여, 이 사건에서는 애초부터 유효한 지시가 존재하지 않는 경우이다. 이러한 경우 지시수익자에 해당하는 사람(이 사건에서는 피고)이 그러한 사실을 알고 있다면, 그는 신뢰보호를 받을 가치가 없다. 또 은행에 구좌를 가지고 있는 사람은 자신의 서명이 없는 수표에 대하여 지급이 이루어지지 않을 것이라고 믿어도 좋다. 그럼에도 은행이 지급을 하였다면 이를 은행이 고객에 대하여 ―보상관계에 있어서― 급부를 한 것으로 평가할 수는 없다는 것이다. 따라서 이러한 경우에는 은행은 수표금 수령자에 대하여 직접 부당이득반환청구를 할 수 있다고 하여야 한다고 결론짓는다.

(d) BGH 1977년 6월 20일 판결(BGHZ 69, 186)은 어음이나 수표의 추심, 계좌이체, 출금기입위탁[141] 등에 의한 소위 무현금지불거래(bargeldloser Zahlungs-

141) 이 방식을 현재 우리 사회에서 가장 잘 체현하고 있는 것은 크레디트카드에 의한 거래이다. 즉 크레디트카드를 이용하여 거래를 하면, 카드이용자의 은행계좌로부터 출금이 행하여지는데, 이것은 바로 크레디트카드계약에 포함되어 있는 출금기입위탁에 기한 것이다.

verkehr)[142]에 있어서 부당이득법리가 담당하는 중요한 역할을 인식시키기에 족하다.

이 사건에서 피고 은행은 그 고객 갑으로부터 을 은행에 있는 원고의 지로계좌에서 일정금을 출금할 수 있도록 하는 출금기입위탁(Lastschrift)을 받았다. 그에 따라 피고는 갑의 계좌에 위 금액을 입금기입하고, 실제로 갑에게 출금권한이 있는지 조사하지 않은 채 위 출금기입위탁을 을 은행에 돌렸다. 을 은행은 원고의 계좌에서 위 금액을 출금기입하였다. 그 후 갑에 대하여는 파산절차가 개시되었다. 원고는 자신이 갑에게 출금권한을 수여한 바 없다고 주장하고 피고를 상대로 부당이득의 반환을 청구하였다. BGH는 원고의 청구를 인용한 원심판결을 파기하고 원고의 청구를 기각하였다.

同法院은 우선, 위와 같은 출금기입위탁절차(Lastschriftverfahren)에 의한 지급에 있어서도 부당이득법적으로는 계좌이체(Kontoüberweisung)의 경우와 마찬가지의 원칙이 적용됨을 확인한다. 즉 출금기입위탁절차에 있어서 채무자의 은행이 지급을 하는 것(이는 채권자의 거래은행이 행하는 통지에 따라 기입위탁된 금액을 채무자의 계좌에서 출금하는 식으로 행하여진다)은 그 은행이 채무자와 사이에 맺은 계약, 즉 계좌계약(Girovertrag. 보상관계)에 기하여 채무자에 대하여 부담하는 채무를 이행하는 것임과 동시에 채무자와 채권자 사이의 관계, 즉 대가관계에 있어서는 채무자가 채권자에 대하여 채무를 이행하는 것이기도 하다. 비록 위와 같은 지급이 이루어지게 되는 것이, 계좌이체의 경우와는 달리 채무자가 아니라 채권자가 자신의 거래은행에 위와 같은 절차의 실행을 위탁하는 데서 발단하는 것이기는 하나, 출금기입위탁절차에 있어서도 채무자의 은행이 위와 같은 방식으로 지급하는 것은 동시에 그 은행과 채무자 사이의 관계에 기한 것이라는 것이다. 따라서 위 사건에서 채권자(갑)의 거래은행에 불과하여 채무자와는 아무런 계약관계가 없는 피고 은행으로서는 채무자(원고)와의 사이에 부당이득법적 의미의 "급부관계"가 성립할 여지가 없는 것이다. 피고 은행은 을 은행이 위와 같은 방식의 지급을 함에 있어서 단지 지급장소로서의 의미를 가질 뿐이라고 한다.

원심은 피고 은행이 "기타의 방법에 의하여" 이득을 얻은 것으로 판시하였다. 그러나 BGH의 확고한 판례대로, "기타의 방법에 의한" 이득은 이득대

142) 이에 관하여는 Canaris, Grosskommentar zum HGB, Bd. 3, 3. Teil: Bankvertragsrecht, 2. Bearb.(1981), S. 151ff. 참조.

상이 누구에 의하여서도 「급부된 것」이 아닌 때에만 성립할 수 있는 것이다(앞의 (a)에서 본 BGH 판결의 원문 인용부분 말미 참조). 그런데 피고 은행에의 재산이동은, 은행 사이에 존재하는 지로계약에 기하여 피고 은행이 한 지시, 즉 원고의 구좌에서 차변기입위탁된 금액을 출금하라는 내용의 지시에 따른 을 은행의 이행으로서 이루어진 것이므로, 이는 「급부」에 의한 것이라고 한다. 따라서 원고의 피고 은행에 대한 부당이득반환청구는 기각되어야 한다고 한다.

(e) 한편 BGH 1972년 2월 24일 판결(BGHZ 58, 184)은 앞의 (2)에서 본 제3자를 위한 계약에서의 부당이득문제를 다루고 있다.

이 사건에서 원고는 갑 회사로부터 동 회사가 건축한 주택을 매수하는 계약을 체결하였다. 피고는 갑 회사의 사원으로 그 계약의 교섭을 담당하였다. 그 계약에 관하여 3통의 계약서가 작성되었는데, 그 중 2통에는 을 회사(피고가 그 배후에 있는 유령회사)에 매매대금의 3%의 부동산중개료를 지급하기로 하는 내용의 조항이 포함되어 있었다. 원고와 피고가 이 2통의 계약서를 나누어 보관하고, 위와 같은 조항을 포함하지 않는 나머지 1통이 갑 회사에 제출되었다. 원고는 피고의 지시에 좇아 을 회사 명의의 은행계좌(실제로는 피고의 계좌이었다)에 3%의 중개료를 입금시켰다. 후에 원고는 사기를 이유로 하여 중개료에 관한 계약조항을 취소하고(獨民 § 123), 피고에 대하여 위 지급액의 반환을 청구하였다. 원심판결은 원고의 청구를 기각하였지만, BGH는 원고의 상고를 받아들여 그 청구를 인용하였다.

위 판결은 우선 두 당사자보다 많은 사람이 관여하는 이득과정을 부당이득법적으로 타당하게 판단하려면, 일차적으로 개별적인 사안의 특수성에 착안하여야 함을 강조한다. 그러나 그에 있어서는 당사자들의 표현된 의사에 의할 때 그들이 어떠한 목적을 추구하였는가가 기준이 된다고 한다. 따라서 부당이득법적으로 누가 급부자이고, 또 누가 급부수령자이냐에 따라 부당이득관계가 결정된다. 왜냐하면, "독일민법 제812조 제1항에서 정하는 급부란 의식적이고 목적지향적인 타인 재산의 증가를 의미한다는 것이 이제 확고해진 판결"이기 때문이다.

나아가 위 판결은 문제된 중개료조항이 진정한 「제3자를 위한 계약」에 해당한다고 전제하였다. 그리고 가령 소위 단축된 급부를 위한 제3자를 위한 계약[143]인 경우에는 지시관계에 있어서와 같이 부당이득반환의무가 하자 있는

143) 즉 계약관계의 연쇄가 있는 경우 등에서 최종적으로 급부물을 수령할 사람에게 최초

법률관계의 당사자 사이에서만 일어난다고 할 수 있다고 한다. 그러나 "낙약자의 제 3 자에 대한 출연을, 부당이득법적인 의미에서 볼 때 제 3 자에의 급부(이는 오직 보상관계의 유효한 존재 여부에 의존하는 것이다)로 평가하게 하는 제 3 자에 관련된 목적지향(Zweckrichtung)을 부여하는 것이 유의미하고 또 ——경제적으로 볼 때에도—— 이익상황에 적합할 수도 있다."(S. 188) 그리고 위 사건이 바로 이러한 경우이다. 중개료 조항은 요약자인 갑 회사에 보관된 계약서에 포함되지 않음으로써 "독자성을 획득"하였다는 것이다. 또 원고는 을 회사에의 중개료 지급에 있어서 자신을 위하여 이루어진 어떠한 노무에 대한 보상을 하는 것으로 생각하였을 것이므로, 경제적으로도 원고와 을 회사 그리고 그 배후에 있는 피고와의 관계에 중점이 있다는 것이다.

결국 이 판결은 제 3 자를 위한 계약에서, 급부의 반환이 누구 사이에서 일어나는가 하는 문제는 급부의 경제적 효과가 누구 사이에서 발생하는가에 따라 정하여진다는 입장(앞의 (나)(a)(iii)의 견해)을 취한 것이라고 하겠다.

(라) 이상에서 우리는 독일의 實務가 소위 삼각관계에서의 급부부당이득 문제에 관하여 한편으로 소위 목적적 급부개념에 기본적으로 의존하고 있으면서도 다른 한편으로 「도식적인 해결」을 지양하고 「개별사안의 특수성」에 착안하여 그 개념에 의하지 아니한 결론을 내리는 경우가 적지 않음을 알 수 있다.

그리하여 가령 「부당이득법적 급부개념으로부터의 결별(Abscheid vom Leistungsbegriff)」을 주장하는 카나리스는 위와 같은 목적적 급부개념에 의하지 않고 다음과 같은 3개의 법적 평가요소가 부당이득 당사자의 판단에 있어서도 관철되어야 한다는 것을 이유로 위와 동일한 결론에 도달하고 있다.[144] 즉 (i) 하자 있는 원인관계에 있어서 당사자들이 취득하는 대항사유(Einwendungen)를 상대방 당사자에게 주장할 수 있어야 하며 제 3 자가 부당이득관계의 상대방이 됨으로써 그것을 주장할 기회를 박탈하여서는 안 된다. (ii) 다른 한편 원인관계의 각 당사자는 상대방 당사자가 제 3 자와의 관계에서 취득하는 대항사유로부터 보호되어야 한다. (iii) 무자력위험(Konkursrisiko)은 정당하게 분배되어야 한다. 즉 계약 당사자는 스스로 상대방을 선택하였고 그에 있어서 상대방의 자력을 신뢰한 것이다. 따라서 그가 원칙적으로 그 신뢰의 결과, 즉 상대방의 무자력위험을 부담하여야 하며, 이를 제 3 자에게 전가하여서는 안 된다는 것

의 의무자에 대한 직접적 급부청구권을 부여하는 것을 주요한 목적으로 하는 「제 3 자를 위한 계약」을 말한다.

144) Canaris(註 70), S. 802f. 이에 대하여는 König(註 36), S. 1578도 참조.

이다.

(3) 앞의 (1)에서 본 大判 2003. 12. 26, 2001다46730(公 2004상, 207)에서 다룬 계약상대방의 지시에 의한 단축급부의 사안 외에도 우리 나라의 재판례 중에는 삼각관계에서의 급부부당이득의 문제로 파악할 수 있는 사안을 다룬 경우가 없지 않다.

(가) 大判 96. 12. 10, 95다51281(公 1997상, 300)[145]은 전형적인 삼각관계에서의 부당이득의 문제를 다룬 것이다.

(a) 이 판결의 사실관계와 소송경과는 다음과 같다.

원고 은행은 어음發行人 갑과 당좌거래약정을 체결하고 그 내용인 지급위탁약정에 기하여 적법한 어음소지인에게 어음금을 지급하여 왔었다. 피고는 이 사건에서 문제된 액면 금 3,795만원의 약속어음을 적법하게 취득·소지하고 있었는데, 그 후 1993년 8월 초에 갑은 부도를 냈다. 피고는 적법한 어음소지인으로서 갑을 상대로 어음금청구소송을 제기하여 1994년 4월에 승소판결을 받고, 이 판결을 원고 은행의 A 지점에 제시하여 위의 어음금을 지급받았다. 그런데 원고 은행이 이와 같이 피고에게 지급한 資金은 갑의 별단예금계좌에 있는 돈이었는데, 을 및 병은 피고에게 위와 같이 지급되기 전에 이미 갑의 위 예금(보다 정확하게는 별단예금반환청구권)에 대하여 압류 또는 가압류를 하여 둔 상태이었다.

원고 은행은 피고가 위 어음금을 지급받기 전에 갑의 예금에 대하여 가압류 및 압류가 이루어졌으므로 원고 은행으로서는 그 예금으로부터 위 어음금을 지급할 수 없었는데, 실수로 인하여 이를 지급한 결과 위 어음금 상당의 손해를 입게 된 한편 피고는 이를 알면서도 위 어음금을 지급받아 동액 상당의 이득을 취하였으므로 피고에게 위 어음금 상당의 부당이득반환을 구한다고 주장하여 이 사건 소송을 제기하였다.

결국 이 청구는 기각되었다. 원심법원도 원고 패소의 판결을 내렸고, 대법원은 원고의 상고를 기각하였던 것이다.

(b) 대법원은, 첫째, 피고는 적법하게 취득한 갑 발행의 약속어음을 그 지급인인 원고 은행에 제시하여 어음금을 지급받았으므로 그의 어음금 수령에는 법률상 원인이 있고, 둘째, 지급인인 은행이 가압류 또는 압류가 행하

145) 이 판결에 대한 평석으로 金敎昌, "銀行이 押留競合의 預金을 引出하여 준 경우", 판례월보 1997년 9월호(통권 324호), 17 이하(서울지방변호사회 판례연구 제11집(1998), 315 이하)가 있다.

여진 예금계좌에서 인출한 금전으로 어음금을 지급했다고 해도 마찬가지로 법률상의 원인이 없다고는 할 수 없으며, 셋째, 설사 원고의 주장과 같이 원고와 갑 사이의 당좌거래약정이 해지되었다고 가정하더라도 갑이 이 사건 약속어음에 대한 지급위탁을 취소하지 않은 이상 원고 은행은 어음발행인인 갑의 계산으로 약속어음의 적법한 소지인인 피고에게 약속어음금을 지급할 권한이 있고 또 피고는 자신의 어음금채권을 행사하여 수령한 약속어음금을 적법하게 보유할 수 있다고 판시하였다.

(c) 이 판결은 다음과 같이 삼각관계에서의 부당이득문제라는 관점에서 설명될 수 있다.

(i) 우선 이 사건에서는 한편으로 어음의 소지인, 즉 어음채권자인 피고와 어음의 발행인으로서 어음채무를 부담하는 갑과의 사이에는 어음상의 채무관계가 존재하고, 다른 한편으로 갑과 그로부터 지급위탁약정을 맺은 원고 은행 사이에는 원고 은행이 갑의 지시에 좇아 어음의 소지인에게 어음금을 지급할 의무를 부담하는 지급위탁관계가 존재한다. 그런데 이 사건에서 어음금의 지급, 즉 금전의 出捐은 직접적으로는 피고와 원고 사이에 일어났지만, 그 원인은 피고와 갑 및 갑과 원고 사이에 각각 존재하는 별도의 채권관계이다. 다시 말하면 원고의 어음금지급은 한편으로 갑에 대한 의무이행인 동시에, 다른 한편으로 갑의 피고에 대한 의무이행인 것이다. 즉 피고와 갑 사이의 어음관계가 補償關係가 되고, 갑과 원고 은행 사이의 지급위탁관계가 對價關係가 되는 것이다.

그리고 이 사건은 삼각관계에 전형적인 이익충돌이 드러나는 사안이라고 할 수 있다. 즉 갑의 무자력위험(갑은 이미 부도가 났다)을 누가 부담하여야 할 것인가의 문제가 그것이다.

(ii) 앞서 본 대법원의 판단은 다음과 같은 의미를 가진다고 할 수 있다.

첫째, 피고(어음채권자)가 어음금채권을 가지는 이상, 그것이 그가 어음채무자(갑) 또는 그의 지급수탁자(원고 은행)로부터 수령한 어음금의 법률상 원인이 된다.

둘째, 어음채무자와 원고 사이의 지급위탁관계상의 「하자」는 어음금 수령에 법률상 원인 있음을 좌우하지 못한다. 그 「하자」에는 원고의 위탁사무(지급)의 거부사유로서의 자금부족, 나아가 지급위탁관계(이 사건에서는 당좌거래약정)의 소멸 등이 포함된다.

셋째, 지급위탁관계 자체가 해지되었어도 개별적으로 어음발행인이 지급위탁을 취소하지 아니한 이상 은행은 지급위탁사무를 처리할 권한을 가진다. 이는 곧 지급위탁관계에 기하여 그 사무의 처리에 필요한 비용의 상환청구권을 가진다는 의미이다.

(iii) 결론적으로 이 판결은 정당하다고 생각된다. 요컨대, 원고의 지급위탁사무처리상의 잘못은 원고의 부담으로 갑과의 사이에 결산되어야 한다. 즉 갑의 무자력위험을 부담하여야 하는 것이다. 이 판결은 앞의 (2)(다)(b)에서 본 BGH 1973년 10월 18일 판결(BGHZ 61, 289)에도 대응한다고 할 수 있다. 그 독일연방대법원의 판결은 거기서의 사실관계의 특수성에 기하여 지급은행의 반환청구를 기각하면서, 이러한 경우에는 원고 은행(피지시자)이 지급위탁의 철회를 간과한 잘못은 전적으로 그와 그의 고객(갑)의 법률관계에 근원을 두고 있으므로, 그 잘못도 그들 사이에서 교정되어야 한다고 설시하는데, 이는 바로 이 판결의 사안에 대하여도 말하여질 수 있다고 생각된다.

(나) 그 전의 大判 90. 9. 23, 88다카33657등(公 1990, 732)도 資金이 없이 수표금이 수표의 소지인에게 지급되기에 이른 사안에 대한 것이다.

피고가 갑 은행 A 지점에 개설된 자신의 예금계좌에 을 발행의 이 사건 수표를 예입하고, 갑 은행은 원고 은행을 통하여 지급제시를 하였다. 그런데 이 사건 수표가 을의 예금부족으로 지급거절이 되었음에도 불구하고 원고 은행 직원의 사무착오로 갑 은행에 未決濟通報를 하지 아니함으로써 피고는 갑 은행 A 지점으로부터 이 사건 수표 액면금을 지급받았다는 것이다. 이 사건에서 원고 은행은 자신의 한국은행 기준예치금구좌에서 위 수표금 상당액이 갑 은행에게 인출됨으로써 동액 상당의 손해를 입었으므로 피고는 원고에게 그 금전의 반환을 구한다고 주장하였다.

원심법원은 원고의 청구를 기각하였다. 그 이유는, 피고는 부도된 이 사건 수표를 반환받지 아니한 이상 피고가 지급받은 수표금 상당액이 법률상 원인 없는 이득이라 할 수 없고, 원고도 이 사건 수표의 권리자로서 발행인에게 수표금상환청구를 할 수 있고 또 피고에게 수표를 반환하고 갑 은행이 지급한 금원의 반환을 청구할 수도 있으므로 원고가 그 금액 상당의 손해를 입었다고 할 수 없다는 것이다. 대법원은 상고를 기각하였는데, 그 이유는 상고인이 그 위반을 주장하는 판례는 이 사건 사안과는 관련이 없다는 것으로서, 원심법원의 위와 같은 판시의 當否에 대하여는 판단하지 않았다.

위와 같은 사안에 접근하는 法技術的 관점(가령 「손해」의 부인 등과 같은)이 적절한지는 별론으로 하고, 앞의 (가)(c)(iii)에서 보는 대로 위와 같은 부당이득 청구가 부인되어야 함은 물론이다.

(다) 한편 大判 96. 9. 20, 96다1610(公 1996하, 3118)도 앞의 (가)에서 본 大判 90. 9. 23.과 마찬가지로 은행 고객의 계좌에 예입된 수표의 추심과정상에 잘못이 발생한 경우에 대한 것이다.

(a) 이 판결의 사실관계와 소송경과는 다음과 같다.

피고 은행(실제로는 그 A 지점)은 1994년 1월 29일에 갑으로부터 을 회사 발행의 액면 2억5천만원의 당좌수표를 갑의 저축예금계좌로 입금받았는데, 그 수표의 지급인은 원고 은행의 B 지점으로 되어 있었다. 피고는 동월 31일에 서울어음교환소를 통하여 원고 은행에 지급제시하였는데, 다른 한편 갑은 피고 은행에 대하여 동일 14시 35분경 위 당좌수표금의 지급을 청구하였다. 위 당좌수표금이 지급되지 아니하고 있던 중 피고 은행의 담당 직원은 원고 은행의 담당 직원으로부터 위 수표발행인이 자금을 입금하지 않고 있으니 결제시간을 동일 17시로 연장하여 달라는 요청을 받았으나, 원고 은행에 대하여 원고 은행이 어음교환소규약상의 미결제어음 통보시각인 동일 14시 30분이 도과된 후에야 비로소 결제시간 연장요청을 하였으므로 위 당좌수표의 지급요청에 응하겠다는 통보를 한 후, 갑의 저축예금계좌로부터 위 당좌수표 액면금을 인출하여 갑에게 지급하였다. 그 후 당일에 원고 은행은 이 사건 당좌수표에 대하여 어음교환소에 부도신고를 하였으나, 피고 은행은 원고 은행의 한국은행 계좌로부터 이 사건 당좌수표 액면금액을 지급받았다. 원고 은행은 다른 청구원인과 함께 피고 은행이 위 수표금 상당의 부당이득을 하였으므로 그 반환을 청구하였다.

그러나 결국 이 청구는 기각되었다. 즉 원심법원은 원고의 청구를 받아들이지 않았고, 대법원도 원고의 상고를 기각하였던 것이다.

(b) 대법원은 다음과 같은 취지로 판결하였다.

(i) 우선 대법원은 당좌수표을 예금계좌에 입금한 경우에 그 수표금에 대하여 예금계약이 성립하는 시기에 대하여 판단하였는데, 그에 의하면 은행수신거래기본약관 §5 I ii에서 "거래처가 증권으로 입금하는 경우에는 은행이 그 증권을 교환에 돌려 부도반환시한이 시나고 결제를 확인한 때"를

예금이 되는 시기로 규정하고 있는데, 이는 다른 점포에서 지급될 당좌수표 등 증권으로 예입하는 경우에는 이를 교환에 돌려 지급지 점포에서 액면금을 추심하여 그 결제를 확인한 때에 예금계약이 체결된 것으로 본다는 의미이지, 지급지 점포에서 당해 증권이 정상적으로 추심되었는지 또는 부도처리되어 추심이 이루어지지 않았는지 여부에 관계없이 추심을 의뢰한 점포에 부도반환시한까지 부도통지가 없으면 바로 예금계약이 성립된 것으로 본다는 취지가 아니라고 하였다.[146] 그러므로 이 사건에서 갑은 후에 부도로 처리되는 당좌수표를 입금하였으므로 그 액면금에 대하여는 예금계약이 성립하지 아니하였고, 따라서 그 수표금을 수령한 것은 법률상 원인 없이 이익을 얻은 것이라고 판단하였다.

(ii) 그런데 문제는 그 부당이득반환청구권이 누구에게 발생하는가의 점이다. 이에 대하여 대법원은 다음과 같이 판시하였다.

> "예금을 당좌수표로 입금받은 은행이 어음교환소의 어음교환과정을 통하여 위 수표를 지급제시하였는데 지급은행이 그 부도사실을 어음교환소규약에 정한 미결제어음 통보시각까지 통보하지 않음으로써 위 수표를 제시은행에게 부도반환할 수 없게 된 결과 위 수표가 자금화하였으므로 위 수표로 예입한 예금자의 예금인출청구에 응하여 위 수표금 상당의 금원을 지급한 경우, 위 금전지급행위는 당좌수표를 예입받아 위 수표의 추심의뢰를 받은 제시은행이 어음교환소규약 및 은행수신거래기본약관의 규정에 따른 위 수표의 추심 및 교환결제 결과에 의하여 한 업무집행으로서 적법성이 보장되고 그 금원 지급은 지급은행의 출연에 기한 것이어서 제시은행으로서는 아무 손해도 입은 바 없으므로, 제시은행이 예금자에 대하여 그 수표금 상당의 부당이득반환채권을 갖게 되었다고 할 수는 없다.
>
> 이에 반하여 지급은행으로서는 위 당좌수표가 현실적으로 추심되지 않았는데도 불구하고 이를 부도어음으로 반환할 수 없게 되어 그 결제자금 상당의 손해를 입었으나, 제시은행과의 관계에 있어서는 제시은행이 예금자에 대한 부당이득반환채권을 갖지 않는 이상 제시은행을 상대로 그 부당이득반환채권의 반환을 구할 수는 없고, 다만 예금자와의 관계에 있어서는 예금자가 제시은행에 입금한 위 수표가 현실적으로 추심되지 않아 예금계약이 성립하지 않았음에도

146) 그 점에 대하여는 이 판결에서도 인용되고 있는 大判 95. 6. 16, 95다9754등(公 1995하, 2508)이 이미 같은 취지로 판시하고 있다(다만 이 판결은 제시은행과 지급은행이 동일한 사안에 대한 것이다). 이 大判 95. 6. 16.에 대한 평석으로, 朴海成, "당좌수표로 입금한 경우 예금의 성립시기", 법원행정처, 대법원판례해설 23호(1995년 하반기)(1995. 12), 86 이하; 姜永壽, "타점권 입금의 경우 예금계약의 성립시기", 商事判例研究[Ⅲ](편집대표 崔基元, 1996), 375 이하가 있다.

> 불구하고 어음교환소규약에 의하여 위 부도수표의 지급인인 지급은행이 이를 제시은행에게 반환할 수 없게 됨으로써 그 결제자금을 회수하지 못하게 된 결과 위 수표가 자금화하여 예금자가 제시은행으로부터 그 수표금을 지급받은 것인 이상, 예금자가 얻은 법률상 원인 없는 위 수표금 상당의 이익은 사회통념상 지급은행의 결제자금 상당의 손해로 인한 것이므로 예금자를 상대로 그 이익의 반환을 구할 수 있다."

그리하여 원고 은행은 피고 은행에 대하여는 부당이득반환청구권을 가지지 못하고 다만 갑에 대하여 부당이득반환청구권을 가지게 된다는 것이다. 또한 갑의 관점에서 보더라도 그가 부당이득금을 반환하여야 할 상대방은 지급은행인 원고 은행이고 피고 은행이 아니라는 것이다.

㈑ 나아가 大判 95. 3. 3, 93다36332(集 43-1, 107)는 보험금의 지급을 둘러싼 삼각관계상의 부당이득문제를 다룬다.

(a) 이 사건에서 보험회사인 원고는 갑과의 사이에 그 소유의 자동차에 관하여 자동차종합보험계약을 체결하였다. 그 약관 중에는 요금이나 대가를 목적으로 계속적·반복적으로 피보험자동차를 사용하거나 대여한 때(소위 유상운송)에 생긴 사고로 인한 손해에 대하여는 보험자가 면책되도록 정하여져 있었다. 갑은 그 피보험차량을 유상운송행위에 제공하여 운행하다가 길에 흙더미를 쌓아둔 피고의 잘못으로 사고를 일으켜 그 차에 탔던 을(원래는 複數이다)이 상해를 입었다. 그런데 원고는 유상운송사실을 알지 못하고 피보험자인 갑을 대위하여 피해자 을에게 보험금을 지급하였다. 원고는 이 사건에서 피고를 상대로 위 보험금 상당액을 부당이득이라고 하여 그 반환을 청구하였다.

결국 원고의 청구는 기각되었다. 대법원은, 원고는 위 사고가 면책규정에 해당하여 보험금지급의무가 없다는 것을 알지 못하고 보험자로서 피해자 을에게 보험금을 지급하였으니 그에게 그 반환을 구할 수 있고, 따라서 을은 피고에 대하여 손해배상채권을 여전히 가지므로 피고가 원고의 보험금 지급으로 이득을 본 것이 없다고 하여 원고의 부당이득반환청구를 배척하였다.

(b) 보험계약은 전형적인 제 3 자를 위한 계약의 하나로서, 보험자가 보험수익자에게 보험금을 지급하는 것은 보험수익자에 대한 의무일 뿐 아니라 보험계약자에 대한 의무이기도 한 것이다.[147] 또한 이 사건에서와 같은 자동차종합보험계약의 경우에는 갑은 보험계약자 겸 피보험자로서, 그 보험사고로

147) 독일에서의 논의에 대하여는 앞의 (2)㈏(a)도 참조.

말미암아 손해를 입은 피해자 을에 대하여 손해배상책임을 질 것이다(아마도 자동차손해배상보장법 §3에 기하여). 이와 같이 하여 전형적인 부당이득법상의 의미에서의 「삼각관계」가 형성된다고 하겠다.

이 판결에서 주목되는 것은, 보험계약상의 면책규정으로 인하여 보험금지급의무가 발생하지 아니하였음에도 자동차보험자가 피해자에게 보험금을 지급한 경우에는 바로 보험금을 수령한 그 피해자에 대하여 보험금의 반환을 ── 물론 부당이득을 이유로── 청구할 수 있다고 판시한 부분이다. 이 판단은 수긍할 수 있다고 생각된다. 물론 피해자 을의 관점에서 보면, 원고가 행한 보험금의 지급은 단순히 손해배상의무자 갑의 채무를 대위하여 이행한 것으로 볼 경우가 있을는지도 모른다. 그러나 보험자의 입장에서는 물론이고, 오늘날 특히 자동차와 관련하여 보험이 遍在하고 있는 점을 생각하면 피해자로서도 자신에게 손해의 전보를 위하여 금전을 지급하는 것이 보험자인 경우이면 이는 역시 보험자의 고유한 이행으로 이해하여야 할 것이다. 그러므로 보험계약상 면책사유에 해당하는 경우임에도 이루어진 보험금의 지급은 원래의 의미의 非債辨濟이며, 따라서 보험자는 피해자에 대하여 그 수령한 보험금의 반환을 청구할 수 있으며, 피보험자는 물론이고 특히 가해자를 상대로 청산을 구할 것이 아니다.

(c) 참고로 大判 95.9.29, 94다4912(公 1995하, 3584); 大判 95.10.13, 94다55385(公 1995하, 3769) 등은 구체적으로 보증보험계약을 체결하는 사람 갑이 제3자 을의 명의를 모용함으로써 결국 그 보험계약의 당사자는 갑이 아니라 을이어서 갑과의 사이에는 보험계약이 체결되지 아니하였다고 할 것임에도 갑의 채무불이행에 대하여 보험자가 피고에게 지급한 보험금은 부당이득으로 반환되어야 한다고 판단하였다. 이는 民 §542에 비추어서도 타당한 것으로 생각된다.

4. 他人 사이의 契約上 給付로부터의 利得──轉用物訴權의 문제

(1) 쌍무계약의 당사자인 갑이 그가 부담하는 계약상 의무를 전부 또는 일부 이행하였으나, 상대방 당사자인 을이 그에 상응하는 반대급부를 이행하지 않는다고 가정하여 보자. 이 때 제3자인 병이 갑의 급부로부터 넓은 의미에서 이익을 얻었다고 하면, 갑은 병을 상대로 부당이득을 이유로 하여 적어도 을이 이행하여야 할 반대급부의 범위 내에서 그 이익의 반환을 구할 수 있는가? 이러한 문제는 로마법 이래 역사적으로 통상 「타인 사이의 계약으로부

터의 이득(Bereicherung ex alieno contractu)」이 반환되어야 할 부당이득을 구성하는가 하는 관점에서 다루어져 왔다. 轉用物訴權 내지 準轉用物訴權은, 위와 같은 경우 제 3 자에 대하여 계약상 반대급부를 청구할 수 있는 권리로서 인정되어 온 것이다.

계약과 불법행위와 아울러 그에 버금가는 일반적 채무발생원인으로서의 부당이득제도가 역사적으로 발전해 오는 데 있어서 전용물소권이 중요한 역할을 수행하였음은 앞의 前論 Ⅱ., 특히 그 1.(2), 2.(6)(로마법) 및 3.(2)(프로이센일반란트법), 3.(3)(오스트리아민법) 및 5.(2)(c)(프랑스민법) 등에서 살펴본 대로이다. 그런데 독일이나 스위스에서는 그 민법의 입법과정에서 전용물소권을 정면에서 부인하였다. 이는 입법적 선택으로 적절하였다고 평가되며,[148] 뒤의 (5)㈑에서 보는 대로 우리의 大判 2002.8.23, 99다66564등(公 2002하, 2174)은 상세한 이유설시와 함께 이를 원칙적으로 부인하기에 이르렀다.

이하에서는 우선 독일민법의 제정과정에서 그것을 부인한 입법자의 의사를 간략하게 검토하고, 나아가 이와 관련한 우리 나라의 재판례를 살펴보기로 한다.

(2) 독일민법전의 제정과정에서, 기초자들은 전용물소권을 그 민법에서 규정하는 것을 명시적으로 거부하고, 단지 부당이득과 사무관리에 대하여만 규정을 두었다. 제 1 초안의 이유서는 특별히 「전용물소권」에 관하여 별도의 항목을 두어 이를 검토하고 있는데, 그 요지는 다음과 같다.[149]

우선, 특히 다음과 같은 경우, 즉 사무관리인이 본인을 위하여 본인의 이름으로 제 3 자와 법률행위를 하였으나, 본인이 추인하기를 거부한 경우에는 전용물소권을 인정할 필요가 없다고 한다. 왜냐하면 본인이 제 3 자의 급부를 직접 또는 사무관리인을 통하여 받았다면, 목적부도달로 인한 반환청구권(condictio ob rem)이나 무원인으로 인한 반환청구권(condictio sine causa)에 의하여 제 3 자가 직접 본인에 대하여 부당이득의 반환을 청구할 수 있기 때문이다.

다음으로, 수임인, 법정대리인 또는 사무관리인이 자신의 이름으로 제 3 자

148) 한편 Fritz Pringsheim, Ersatz der früheren Klage aus nützlicher Verwendung durch die heutige Rechtsprechung, in: Reichsgerichtspraxis Ⅲ(1929), S. 114ff.는 이러한 초안의 태도를, 전용물소권을 인정할 현실적 필요가 있음에도 불구하고 지나치게 경직된 개념화에 집착하였기 때문에 이를 무시한 것이라고 하여 소극적으로 평가한다. 그러나 이는 독일에서도 극히 예외적인 견해에 불과하다.

149) Motive Ⅱ, S. 871ff.=Mugdan Ⅱ, S. 487f.(「전용물소권: 유익한 비용지출으로 인한 소권(Versionsklage. Klage aus nützlicher Verwendungen)」)을 보라. 여기서 후자의 命名은 가령 프로이센일반란트법에서 전용물소권에 대하여 규정하는 제 1 편 제13장 제 3 질의 表題 등에서 사용되던 것이다. 앞의 前論 Ⅱ. 3.(2)㈐ 참조.

와 법률행위를 하고, 그러한 법률행위로부터 본인이 이득한 경우에 대하여, 이유서는 제3자의 본인에 대한 특수한 부당이득반환청구권, 즉 準轉用物訴權(actio de in rem verso utilis)을 인정하기를 거부한다. 이러한 경우에는, 제3자가 대리인에 대하여 권리를 가지며, 또한 대리인에게 의도되지 않은 손해가 발생하였다고 할 수 없는 것이다.

이유서는 이에 관하여 보다 상세히 논한다. 우선, 대리인의 소재가 분명하고 자력이 있으면 별도의 권리를 제3자에게 인정할 필요가 없다. 나아가 대리인의 소재가 불분명하거나 자력이 없는 경우에도 전용물소권을 인정하는 데 대하여는 부정적으로 기울게 하는 이유가 많다. 가령 대리인이 제3자로부터 받은 급부를 본인의 이익으로 출연하였다고 하더라도, 본인이 대리인에 대하여 가령 위임계약이나 사무관리에 기한 비용상환의무를 부담하는 경우가 대부분일 것이다. 만일 본인이 대리인에 대하여 이를 이행했다면, 본인에게 무슨 "이득"(Bereicherung)이 없음은 명백하여, 제3자의 본인에 대한 전용물소권을 인정할 여지가 없다. 만일 본인이 이 의무를 이행하지 않는 경우는 어떠한가? 바이에른민법초안 § 750은, 그 경우에는 제3자가 대리인의 본인에 대한 위와 같은 권리의 양도를 청구할 수 있다고 규정한다. 그러나 이러한 이전청구권은 대리인이 무자력상태에 빠진 경우에는 제3자의 대리인에 대한 계약상 청구권보다 더 나을 것이 없다. 가능한 유일한 방도는 아마도, 채권양도 등이 없어도 제3자가 자신의 청구권의 한도에서 대리인의 권리를 행사할 수 있다고 규정하는 것이다(드레스덴초안 § 90 Ⅱ 참조). 그러나 그러한 권리를 인정하면, 당사자 사이에 "극히 착종되고 불명확한 관계(ein äusserst verwickeltes und unklares Verhältnis)"[150]가 발생한다.[151] 따라서 초안은 부당이득의 요건과 무관계한 별도의 청구권을 인정하지 않는다는 것이다.

(3) 전용물소권의 문제를 정면에서 의식하면서 그 허용의 문제를 논의한 우리 나라의 학설은 잘 보이지 않는다.

그런데 이와 관련하여서는 다음과 같은 견해가 있다.[152] "부당이득제도는, 실질적으로 부당한 재산적 가치의 이동의 조정을 꾀함을 목적으로 하는 제도이므로, 손해의 유무를 결정함에 있어서도, 단지 형식적으로서가 아니라, 이를

150) Motive Ⅱ, S. 872＝Mugdan Ⅱ, S. 488.

151) 이러한 복잡한 관계에 대하여는, 鈴木祿彌, "いわゆる直接請求權の承認をめぐる利益衡量", 末川博追悼論文集 第1卷(1978), 322 이하도 여실히 묘사하고 있다.

152) 金曾漢·安二濬, 694.

형식적으로 판단하여야 할 것이며, 따라서 사실적인 것, 경제적인 것이 경시되어서는 안 된다. 일반적으로, 을의 가옥에 거주하는 임차인 병이 갑과의 계약으로 매수한 재료를 사용하여 을의 가옥을 수리한 경우에는 갑은 병에 대하여 대금청구권이 있고, 이 청구권은 병이 무자력으로 되더라도 소멸하는 것이 아니므로 갑에게는 아무런 손해도 없고, 따라서 갑은 을에 대하여 부당이득반환청구권이 없다고 解하여진다. 그러나 이러한 논법은 대금청구권과 매매목적물 자체가 전혀 동가치라고 하는 전제 위에 서는 것이고, 실제로 경제적 가치 있는 것을 지나치게 낮게 평가하고 반대로 단순한 권리(특히 이행되지 아니한 채권)를 지나치게 높게 평가하는 것으로, 과연 부당이득제도의 취지에 맞겠는지 의문이다. 채권을 가지는 경우에도 채무자의 자력 기타 그 실현의 가능성을 고려에 넣어서 손해의 유무를 판단하여야 할 것이다."

(4) 그러나 전용물소권은 이를 부인함이 타당하다.[153]

(가) 역사적으로 전용물소권이 인정되려면, 본인과 중개자 사이에 사무관리관계가 존재할 것이 요구되었다.[154] 즉 중개자가 본인의 사무를 처리할 의사로, 그러나 자신의 이름으로 제 3 자와 계약을 체결하여야 하였던 것이다. 이러한 관계를 전제로 할 때 그 제 3 자가 자신의 계약당사자(이는 본인의 사무관리인이다)가 아닌 본인을 상대로 계약에 따른 반대급부를 청구할 수 있다고 하는 것은, 그의 계약상 채권에 일정한 「우월적 지위」가 인정된다는 것을 의미한다. 왜냐하면 중개자가 무자력 상태가 된 경우, 그 제 3 자는 본인에 대한 전용물소권으로 인하여 중개자의 다른 채권자들보다 우선하여 만족을 얻을 수 있기 때문이다.

가령 갑이 을에 대하여, 또 을이 병에 대하여 각각 금전채권을 가진다고 가정해 보자. 이 때 을이 파산하면, 갑은 원칙으로 을의 파산채권자의 한 사람으로서 을의 병에 대한 채권을 포함하는 파산재단으로부터 을에 대한 다른 채권자들과 평등하게 안분비율에 따른 변제를 받을 수 있을 뿐이고(파산법 § 15). 갑이 병에 대하여 직접 청구할 수 없음은 물론이다. 그런데 만일 갑이 을과 사이에 있는 법률행위(가령 매매)로 인하여 을에 대하여 채권(매매대금채권)을 취득하고, 을이 그 법률행위로 인하여 얻은 급부를 병을 위하여 출연하여서 을이 병에 대하여 사무관리에 기하여 비용상환청구권을 가진다고 하는 경우는 어떠한

153) 이에 대하여는 梁彰洙, 一般不當利得法의 硏究(1987년 서울대학교 법학박사학위논문), 270 이하 참조.

154) Kupisch, Die Versionsklage(1965), S. 54 참조.

가? 이 경우에 을이 무자력하게 되었다고 하면, 갑은 을의 병에 대한 위 비용상환청구권을 포함하는 책임재산으로부터 다른 채권자들과 평등하게 만족을 얻을 수밖에 없다고 하는 것이 원칙일 것이다.

그런데 그 경우 갑이 자기의 계약상 반대급부채권의 만족을 병에게 구할 수 있는 전용물소권을 가진다면, 이것은 갑이 을의 병에 대한 위의 비용상환청구권을 독점적으로, 즉 을에 대한 다른 채권자보다 우월한 지위에서 행사하는 것을 인정하는 것을 의미한다. 왜냐하면 갑이 전용물소권을 행사하여 병으로부터 만족을 얻으면 을의 병에 대한 위의 권리는 그 한도에서 당연히 소멸한다고 하지 않을 수 없고 ──병이 이중으로 변제하여야 할 이유는 도대체 없다── 따라서 결국 을의 책임재산을 이루는 그의 병에 대한 권리는 갑의 권리의 만족에만 충당된 결과가 되기 때문이다. 전용물소권이라는 특수한 부당이득반환청구권의 유형을 인정할 것이냐 하는 문제는 이러한 우월적 지위를 갑에게 인정할 것이냐 하는 문제와 불가분하게 관련되어 있다.

(나) 전용물소권을 인정할 경우, 그 권리자에게 보장되는 이러한 「우월적 지위」가 어떻게 하여 "극히 복잡한 관계"를 낳는가?

(a) 위의 설례를 두고 볼 때, 병은 한편으로 을에 대하여 비용상환청구권을 부담하고, 다른 한편으로 갑에 대하여 전용물소권으로 인한 부당이득반환의무를 부담하게 된다. 그런데 양자의 의무 사이에 어떠한 우열관계, 즉 가령 병은 우선적으로 갑에게 그 의무를 이행하여야 한다는 관계를 인정할 수는 없을 것이다. 그렇다면 병은, 자신의 의사에 따라 갑 또는 을 중 누구에라도 채무이행을 할 수 있고, 그 중 한 사람에게 이행하면 다른 사람에 대한 의무도 면하게 된다. 이러한 결과는 바꾸어 말하면, 전용물소권에 의하여 갑에게 주어지는 「우월적 지위」라는 것이 병의 의사에 따라 좌우되는 극히 약한 것임을 의미한다. 그리고 이와 같이 병의 의사에 좌우되는 법적 지위는 不透明한 것일 수밖에 없다.

(b) 나아가서, 위와 같은 극히 약한 「우월적 지위」의 인정은 법률관계를 극히 복잡하게 한다. 우선, 갑의 을에 대한 계약상 채권과 갑의 병에 대한 전용물소권은 내용적으로 반드시 일치한다고 볼 수 없다. 왜냐하면, 병의 전용물로 인한 반환의무는 그의 이득에 한정되기 때문이다. 또 병이 선의인 경우에는 그의 반환의무는 현존이익에 한정된다. 그렇다면 나아가 병의 입장에서 볼 때, 을에 대한 비용상환의무와 갑에 대한 이득반환의무가 일치한다고

할 수도 없음은 분명하다. 이와 같은 경우 가령 병이 갑에게 전용물로 인한 현존이익을 반환하였다고 하면, 기타의 권리, 즉 갑의 을에 대한 채권과 을의 병에 대한 채권은 그 일부가 여전히 남는 경우가 있을 것이다. 그렇다면 무슨 근거로 가령 병은 다시 을로부터 2중으로 제소당하지 않으면 안 되는가?

또 갑은 병과의 사이에 계약관계가 없으므로, 갑은 그 계약관계로부터 발생하는 항변사유 ―을에 대한 청구에서는 당연히 을이 주장할 수 있는― 를 대항받지 아니하고 병으로부터 반대급부채권의 만족을 얻을 수 있다. 그러한 특혜는 어떠한 근거에 기하는 것일까?

이와 같이 전용물소권의 인정으로 인한 "복잡한 관계"는 한이 없다.

(다) 위와 같이 특수한 내용의 권리를 인정하기 위하여는 법률의 명문규정이 있어야 하지 않을까?

(a) 가령 민법은, 임대차에 관하여 임차인이 임대인의 동의를 얻어 전대한 경우에는, 전차인은 직접 임대인에 대하여 의무를 부담한다고 정하고 있다(民 § 630 I 본문). 그리고 이러한 경우에는 임대인과 임차인 사이에는 여전히 임대차관계가 존재하므로, 임대인은 임차인에 대하여도, 또 전차인에 대하여도 차임의 지급을 구할 수 있음은 물론이다. 또 전차인도 전대인뿐만 아니라 임대인에 대하여도 차임지급의무를 부담한다. 그런데 이 경우에는 임대인의 지위는 전차인의 의사에 전적으로 의존하지 않는다. 즉, 전차인은 전대인에 대한 차임의 지급으로써 임대인에게 대항하지 못하는 것이다(民 § 630 I 단서). 이러한 명문의 규정이 없는 이상, 위와 같이 극히 부동적인 "우월적 지위"를 인정하는 것에는 주저를 느끼지 않을 수 없다.

(b) 위와 같은 직접소권(action directe)의 경우가 아니더라도, 민법은 타인의 권리를 자기의 이름으로 행사할 수 있는 권리를 인정하고 있다. 다름 아닌 채권자대위권(民 § 404)이 그것이다.

채권자대위권의 해석으로, 채무자가 가지는 권리가 금전 기타의 물건의 급부를 목적으로 하는 채권과 같이 "변제의 수령"을 요하는 경우에는 채권자는 그 물건을 직접 자기에게 인도할 것을 청구할 수 있는 것이 통설 판례이다.[155)]

155) 郭潤直, 債權總論, 再全訂版(1983), 224; 金勇漢, 債權法總論(1983), 249; 金曾漢, 債權總論(1979), 99 참조. 또한 大判 80. 7. 8, 79다1928(集 28-2, 101)도, "원고가 미등기건물을 매수하였으나 소유권이전등기를 하지 못한 경우에는 위 건물이 소유권을 원시취득한 매도인을 대위하여 불법점유자에 대하여 명도청구를 할 수 있고, 이 때 원고는 불법점유자에 대하여 직접 자기에게 명도할 것을 청구할 수도 있다"고 한다.

또 그 물건이 채권자의 채권의 목적물과 동종의 것이고, 상계적상에 있는 때에는 상계함으로써 우선변제를 받은 것과 같은 결과를 얻을 수 있다고 이해되고 있다.

우리 법제 아래서는, 이러한 채권자대위권제도의 운용에 의하여, 전용물소권의 인정으로 노리는 효과는 대부분의 경우 달성될 수 있는 것이 아닐까 생각한다.

(c) 이와 같이 현행의 규정의 운용에 의하여 우선변제의 실을 거둠은 별론으로 하고(그것 자체 바람직하다고는 할 수 없을 것이다), 부당이득이라는 별개의 목적과 기능을 가지는 제도의 일 내용으로서 위에서 본 바와 같이 원칙인 채권자평등주의의 예외를 인정하는 것은 바람직하지 않다.

㈑ 다른 한편, 전용물소권의 인정은 계약법의 대원칙에 반하는 것이라고 할 것이다. 계약적 권리의무는 계약당사자 사이에서만 발생한다는 것은 민법의 기본적 법리에 속하는 것이다. 이러한 법리의 배경에는 극히 합리적인 위험분배의 사상이 있다.

계약을 체결한다는 것은 즉석에서 급부의 교환이 이루어지는 현실매매 등의 경우를 제외하고는, 계약상대방을 신뢰하는 것을 기초로 하여 이루어진다. 이러한 신뢰는 그 자체 위험을 동반한다. 계약에 있어서의 신뢰는 상대방의 "장래의" 행태에 대한 것이고, 장래는 누구에게나 불투명하기 때문이다. 이러한 불투명한 장래의 일에 대하여, 현재 이루어지는 "계약"(말뜻대로 스스로를 묶는 행위)은 당연히 일정한 위험을 인수하는 것이라고 평가할 수 있다.

가령 상대방의 자력에 대한 위험도 이와 같은 계약내재적 위험에 속한다. 스스로 부담한 위험이 현실화함으로써 발생한 불이익을 제 3 자에게 전가하여서는 안 된다. 전용물소권을 인정하는 것은 바로 이러한 전가를 시인하는 결과가 된다.

특히 전용물소권을 주장하는 자는 대부분 자신의 급부를 선이행한 것이다. 이러한 선이행은 가령 쌍무계약에 있어서의 급부의 견련성으로 인하여 발생하는 여러 가지 법적 수단, 가령 동시이행의 항변권을 포기하였음을 의미한다. 그러한 자가 사후에 반대급부를 얻기 위하여 제 3 자에게 권리를 주장한다는 것은 그 행태의 평가상으로 타당하다고 생각되지 않는 것이다.

(5) 그런데 우리 나라의 재판례 중에는 위와 같은 권리를 부당이득반환청구권으로서 인정하였다고 이해될 수 있는 것이 없지 않다.

㈎ 전용물소권의 문제를 의식하였는지 여부와는 상관없이 객관적으로 그 권리가 긍정되었다고 생각되는 재판례를 들어 보기로 한다.

(a) 우선 大判 66. 10. 4, 66다1441(總覽 4-1(A), 862-1)가 있다. 이 사건에서 원고는 광업권자인 갑으로부터 그 광산의 운영권을 설정받고, 갑과의 광산관리계약에 따라 노임 및 시설자재비를 지출하여 왔다. 그 후 피고는 갑으로부터 광업권이전등록을 받았고, 그로부터 약 보름 후 원고로부터 광산을 인도받았다. 원고는 피고를 상대로 부당이득을 원인으로 하여, 위 이전등록 후 광산인도까지 자신이 지출한 비용의 지급을 구하였다.

원심은 광산인도와 그 이전의 비용지출과는 "인과관계"가 없다고 하여 청구를 기각하였다. 그러나 대법원은 "특별한 사정이 없는 한 피고가 본건 광업권의 이전등록을 마친 후 원고의 위 지급으로 인하여 원고가 이익을 얻었을 때에는 피고의 손해와 원고의 이익 간에는 인과관계가 있는 것"이라고 판시하고, 원심판결을 파기 환송하였다.

이 판결에서는 원고와 갑 사이의 광산관리계약의 내용을 알 수 있는 자료가 없어서, 원고가 피고에 대하여 지급을 구하는 지출비용이 그 관리계약상 갑으로부터 상환을 청구할 수 있는 것인지 분명하지 않다. 그리고 그 판결은 「인과관계」의 유무를 직접적인 판단대상으로 하고 있을 뿐이다. 그러나 적어도 그 사실관계를 전체적으로 볼 때는, "관리계약상 이루어진" 비용지출을 부당이득을 이유로 그 계약의 당사자 아닌 자에게 부담하도록 하는 판결이라고 이해할 수 있을 것이다.

(b) 또한 大判 74. 7. 26, 73다1637(公 498, 8029)도 그러하다. 그 사실관계는 다음과 같다. 갑은 을로부터 토지를 매수하고, 원고에게 그에 대한 성토공사와 석축공사 등을 도급주었다. 원고는 1개월 이상 공사를 시행하여 당시의 가격으로 모두 180여만원 상당의 기성고를 올렸다. 그런데 갑과 을 사이의 위 매매 당시 그 토지에 대한 소유권등기는 이미 피고에게 넘어간 상태이었다. 원고들은 피고를 상대로 부당이득을 원인으로 위 도급보수 상당액의 반환을 구하였다.

원심은 그 청구를 인용하였는데, 대법원도 피고의 상고를 기각하여 원심판결을 지지하였다. "무릇 토지의 이용가치를 증대시키기 위하여 그 토지의 사용목적에 부응하는 성토 매립 석축 등 공사를 한 것이라면 그 공사 결과가 남아 있는 한 그 공사량에 비례하여 그 토지이용가치가 증대되고 따라서 소유자에게 있어서 적어도 그 공사량만큼의 이득을 보는 것이라 추정함이 상당"하다고 한 원심의 판시는 정당하다는 것이다.[156)]

이 판결은 아마도 전용물소권의 문제를 정면에서 의식하지는 못하는 것이 아닌가 하는 생각도 든다. 그러나 종래의 일반적인 부당이득법리에 의하더라도, 원고가 갑에 대하여 도급계약상의 보수청구권을 가진다는 사정이 적어도 원고에게 「손해」가 있어야 한다는 요건의 판단에 어떠한 영향을 준다고 할 수는 없었던 것일까?

이상의 두 대법원판결은 모두, 일정한 재산의 권리자와 사이에 맺은 계약에 기하여 비용을 지출하였으나 그 사이에 그 재산권이 제 3 자에게 이전된 경우에 대한 것이다. 이러한 사실관계를 기초로, 법원은 출연자에게 새로운 권리자에 대한 부당이득반환청구권을 인정하는 방향으로 판결하고 있다.

(c) 이와 같이 애초에는 대법원은 적어도 객관적으로는 전용물소권을 긍정하는 흐름이 적어도 일부의 경향으로 의연히 존재하였었다는 것이 솔직한 이해일 것이다. 이러한 사정이 배경이 되어서인지 하급심재판 중에도 마찬가지의 해결을 준 경우가 없지 않다.

예를 들면 大邱高判 85. 1. 17, 84나1105(下集 85-1, 32)가 그러하다. 이 사건에서 피고는 그 소유의 상가 건물을 분양 또는 임대하는 용역을 갑에게 도급주면서, 갑으로 하여금 실내장식 등의 시설을 하도록 하였다. 원고는 갑으로부터 실내장식 등의 공사를 하도급받아 약 4개월간 공사를 하였다. 그러나 갑이 행방불명되었으므로 원고는 공사를 중지하였고, 이에 피고는 다른 사람으로 하여금 실내장식 등의 공사를 마무리짓게 하여서 점포분양을 마쳤다. 원고는 ―다른 청구와 아울러 예비적으로― 부당이득을 이유로 자신이 한 공사비 상당액의 지급을 청구하였다.

위 판결은 다음과 같이 원고의 청구를 인용하였다. "원고가 공사비를 출연하고 용역을 제공한 것은 갑과의 하도급계약에 기인한 것으로 원고는 그 출연의 대가로 공사금 지급청구권을 얻고 있으니 형식적으로는 원고가 위 공사로 인하여 어떤 손해를 입었다고는 말할 수 없는 것이지만, 이 사건에서는 앞에서 본 바와 같이 갑이 도주하여 원고는 그 공사금채권을 전혀 추심할 수 없

156) 이 판결은 그 외에도 반환할 이득의 범위는, 토지 소유자의 이득이 공사자의 "손실, 즉 공사비"에 비하여 많은 경우에는 공사자의 공사 당시의 손실액이라고 봄이 상당하다고 하여, 공사의 그 후 증가한 가치인 230여만원이 아닌 원래의 공사비 상당의 반환을 명하고 있다.

게 됨으로써 그 채권이 무가치하게 되어 그만큼의 손해를 입은 반면, 피고는 갑과의 분양 및 임대용역계약이 끝까지 이행되었더라면 당연히 갑이 차지하게 될 각 점포의 실내장식공사로 인한 교환가치 증가부분의 이익을 위 계약이 중도에 해제됨으로써 자신이 차지하게 되는 이득을 얻게 되었고, 이는 피고에 있어서 법률상 아무런 원인 없이 취득한 이득인 반면에 원고의 위 손해와 상당인과관계가 있다고 아니할 수 없으므로, 피고가 그 이득 상당을 원고에게 반환함이 신의형평의 원칙에서 보아 타당하다."

요컨대 원고가 그 계약 상대방에 대하여 가지는 채권이 채무자의 무자력·소재불명 등으로 말미암아 현실적으로 실현불가능한 것이 되었을 때에는, 자신의 급부로 인하여 이익을 얻은 자에 대하여 반대급부 상당을 부당이득으로 청구할 수 있다는 것이다. 이 판결의 사안에서는 피고도 갑과의 사이에 계약을 맺고 있어서 갑에 대하여 일정한 계약상 청구권이 있고, 원고는 피고의 입장에서 보면 갑의 그러한 의무를 사실상 이행하는 이행보조자의 지위에 있다는 점이다.[157] 이러한 점에서 피고와 그 중간자 사이에 원고가 한 급부에 관하여 아무런 계약관계가 존재하지 않았던 앞서의 (a), (b)에서 본 판결과는 다른 점이 없지 않다.

이 판결에서는 앞서 인용한 판결이유에서 보듯이 종래의 통설이 요구하는 부당이득의 요건, 즉 이득, 「손해」, 이들 양자간의 인과관계의 각각에 대하여 이에 대응하는 구체적인 판단이 이루어지고 있다. 그런데 설사 "타인 사이의 계약으로부터의 이득"에 대하여도 부당이득의 성립을 인정할 수 있다는 태도를 취한다고 하더라도, 그러한 결론을 종래의 통설이 요구한 요건들이 충족되었다는 것으로부터 도출할 수 있는지에 대하여는 보다 면밀한 고찰을 요한다.

무엇보다 피고에게 이득이 있다고 할 수 있는가를 따져 볼 필요가 있다. 위 판결은 실내장식공사가 중도에서 해제됨으로써 피고가 그 공사로 인한 교환가치 증가의 이익을 얻게 되었다고 하여 피고의 이득을 긍정하였다. 그러나 도급공사가 중도 해제된 경우에 설사 그것이 도급인의 귀책사유로 인한 것이라고 하더라도 기성공사의 이익을 아무런 보상 없이 수급인이 차지할 수 있다고는 단정할 수 없다. 주지하는 대로 大判 86. 9. 9, 85다카1751(集 34-3, 12)이 "건축도급계약에 있어서 미완성부분이 있는 경우라도 공사가 상당한 정도로 진척되

157) 일반적으로 하수급인은 수급인의 도급인에 대하여 부담하는 채무에 관하여 이행보조자의 지위에 있다는 점에 대하여는, 民法注解[IX], 423 이하(梁彰洙 집필); 大判 97. 12. 12, 97다5060(公 1998상, 256); 大判 2000. 9. 7, 97다29264(公 2000하, 1870) 등 참조.

어 그 원상회복이 중대한 사회적, 경제적 손실을 초래하게 되고 완성된 부분이 도급인에게 이익이 되는 경우에, 수급인의 채무불이행을 이유로 도급인이 그 도급계약을 해제한 때는 그 미완성부분에 대하여서만 도급계약이 실효된다고 보아야 할 것이고, 따라서 이 경우 수급인은 해제한 때의 상태 그대로 그 건물을 도급인에게 인도하고 도급인은 그 건물의 완성도 등을 참작하여 인도받은 건물에 상당한 보수를 지급하여야 할 의무가 있다"고 판시한 이래, 이러한 태도가 유지되고 있다. 만일 이 사건이 위의 대법원판결이 말하는「상당한 보수」를 지급하여야 할 피고의 의무가 긍정되는 사안에 해당한다면, 과연 피고에게 위 공사로 인한 가치증가의 이익을 얻었다고 단정할 수는 없지 않을까?

이러한 판단이 필요하게 되는 것 자체가 앞의 (2) 말미에서 본 대로 독일 민법의 입법자들이 전용물소권을 부인하는 이유로 드는 "당사자 사이에 극히 착종되고 불명확한 관계가 발생한다"는 언명의 한 구체적인 내용일 것이다. 그리고 나아가 무엇보다도 문제는 원고의 피고에 대한 부당이득반환청구권이 인정되면 이것은 원고가 갑에 대하여 가지는 계약상의 대가청구권과 어떠한 관계가 있는가 하는 점이다.

(나) 그러나 앞의 (가)(c)에서 본 大邱高判 85. 1. 17.에서와 같이 계약관계의 연쇄가 존재하는 경우에 대하여 부당이득의 성립을 부인하는 판결도 없지 않다.

(a) 우선 釜山地判 84. 5. 4, 84가합77(下集 84-2, 226)을 들 수 있다.[158)]

(i) 이 사건에서 피고 소유의 선박을 피고로부터 임차한 갑이 원고에게 그 수리를 의뢰하여, 원고는 수리를 마치고 갑에게 인도하였다. 갑은 이를 피고에게 반환하였고, 피고는 위 선박을 제 3 자에게 매도하였다. 갑으로부터 선박수리비를 받지 못한 원고는, 피고가 원고의 수리로 인하여 가치가 증대된 선박을 제 3 자에게 팔아서 그 매매대금 중 수리대금 상당의 부당이득을 하였다고 주장하여, 그 지급을 청구하였다.

위 판결은 청구를 기각하였다. 그 이유가 매우 흥미롭다.

> "원고가 위 선박수리를 위한 용역과 비용을 지출하였다 하더라도 원고는 갑과의 도급계약에 따라 수리비 채권을 얻은 것인즉 위 출연으로 인하여 손해를 입었다고는 할 수 없고, 그 후 갑의 도산으로 인하여 수리비채권은 추심할

158) 이 판결을 한 재판부의 재판장이 후에 전용물소권을 정면에서 부인한 大判 2002. 8. 23, 99다66564등(公 2002하, 2174)의 주심대법관임은 우연이 아닐 것이다.

수 없게 되었다 한들 그로 인한 손해가 직접 피고의 이득으로 인한 것이라고는 할 수 없을 뿐만 아니라 … 피고와 갑 간의 위 선박 임대차계약상 계약기간중의 수리비는 갑이 부담하기로 약정되어 있는 사실을 엿볼 수 있으므로 피고로서는 위 계약에 의해 임대차계약이 종료되면 수리가 되어 있는 선박을 반환받을 권리가 있다고 할 것인즉 피고가 법률상 원인 없이 이득을 얻었다고 할 수도 없다. … 단순히 도급자인 갑의 도산으로 원고의 갑에 대한 수리비채권이 무가치하게 되었다는 사정만을 들어 피고가 보유하는 수리비 상당의 이득이 부당이득으로 원고에게 반환되어야 한다는 원고 주장의 견해는 받아들일 바 못된다고 할 것이다. 만약 원고의 주장을 고집한다면, 갑의 도산으로 인한 손실을 자기 채권의 확보를 게을리한 원고를 대신하여 피고가 부담하여야 한다는 결론에 이르게 되는바, 이러한 결론은 형평상 도저히 납득될 수 없다고 할 것이다."

이 판결도 앞서 본 ㈎(c)에서 본 大邱高判 85. 1. 17.과 마찬가지로 자신의 계약상대방에 대하여 계약상 청구권을 가지는 원고에게 「손해」가 있다고 보아야 할 것이냐의 문제를 논의의 출발점으로 삼는다. 그리고 이에 부정적으로 판단한다. 그 부정의 실질적인 이유는 다음과 같은 점이다. 즉 피고가 원고에게 부당이득책임을 부담한다고 하면, 피고는 그 책임을 이행한 후 갑에게 구상할 수밖에 없게 된다(위 사건에는, 임대차계약에 수리비를 임차인이 부담한다는 약정이 있다는 특별한 사정이 있다). 그런데 이 구상은 갑의 무자력으로 말미암아 현실적으로 거의 불가능하다. 그렇다면 갑의 무자력으로 인한 불이익을 그 신용을 믿고 그와 계약을 체결한 원고가 아니라 그와는 상관이 없는 피고가 부담하는 결과가 되어 「형평」에 맞지 않는다는 것이다.

이러한 평가는 지극히 타당한 것이라고 생각된다. 일반적으로 부당이득의 요건으로 미리 이득, 「손해」, 그 사이의 「인과관계」 등의 실제로 별로 통제력이 없는 징표들을 내세우고 자신의 주관적인 정의감각에 의하여 이미 내린 결론에 맞추어 그러한 요건들에 내용을 부어 넣는 것보다는, 위와 같은 실질적인 가치판단이 훨씬 설득력이 있는 것으로 생각된다.

(ii) 참고로 위 부산지법의 거의 동일한 사안에 대하여 日最判 1970(昭和 45). 7. 16(日民集 24-7, 909)은 반대로 부당이득의 성립을 긍정하는 판결을 내린 바 있다. 그 사안은 다음과 같다. 피고 소유의 불도저를 임차하여 사용중이던 갑은 그 수리를 피고에게 맡겼다. 그 임대차계약에는 임대차기간 동안의 수리비는 임차인이 부담하기로 한다는 약정이 있었던 것이다. 그런데 수리를 마친 불도저를 인도받은 갑은 수리비를 지급하기 전에 무자력상태에 빠졌다. 원고

는 불도저를 회수해 간 피고를 상대로 부당이득을 이유로 수리비 상당액을 청구하였다.

원심은 원고와 갑 사이에 수리도급계약이 있으므로 원고의 손실과 피고의 이득 사이에는「인과관계」가 없다고 하여 청구를 기각하였다. 最高裁는 원심을 파기하였다. 그 이유는, 원고와 갑 사이의 수리계약의 존재는「인과관계」의 성립에 영향을 미치지 않으며, 갑의 무자력으로 인하여 원고의 수리대금채권이 무가치하게 된 한도에서 피고의 이득은 원고의 재산 또는 노무로 인한 것으로 보아야 한다는 것이다.[159)]

그러나 일본의 학설은 대부분 위 최고재판소 판결에 반대하고 있다.[160)] 그 이유는 대개 위의 부산지법 판결이 들고 있는 바와 같다.

(b) 또한 서울高判 72. 12. 31, 72나1552(月報 28, 65)는 약간 관점을 달리하여 계약관계의 연쇄가 존재하는 경우에 대하여 부당이득의 성립을 부인하고 있다. 이 사건에서 피고는 갑에게 자기 소유의 임야를 택지로 조성하는 공사를 도급주었고, 갑은 원고에게 그 중 일부를 하도급주었다. 원고는 그 공사의 일부를 시행하였으나 갑으로부터 도급보수를 받지 못하였다. 원고는 자신의 공사로 인하여 위 토지의 가치가 상승하였다고 하여, 부당이득을 이유로 피고를 상대로 공사비 상당액을 청구하였다.

위 판결은 원고의 청구를 기각하였다. 그 이유는 "원고가 피고 소유의 위 임야에 공사비를 투입하여 택지조성공사를 시행하고 이로 인하여 피고가 이익을 얻은 것은, 피고와 갑 간의 위 공사도급계약과, 갑과 원고 간의 위 공사하도급계약에 기인한 것이고, 그 반면 특단의 다른 사정이 없는 한 피고는 원고가 완성한 기성고까지 포함한 모든 기성고에 대하여 원수급인인 갑에게 그 보수지급의무를 부담하고 갑은 또 원고에게 원고가 완성한 기성고에 대하여 위 하도급계약 내용에 따른 보수금지급의무를 부담하게 될 것이므로, 피고는 법률상 원인 없이 원고의 재산이나 노무로 인하여 이익을 얻고 그로 인하여 원고에게 손해를 입혔다고 볼 수 없음이 명백"하다는 것이다.

이 판결은, 앞 (가)(c)의 大邱高判 85. 1. 17.이나 앞의 (a)의 釜山地判 84. 5.

---

159) 그 후 東京地判 1981(昭和 56). 4. 8(判例時報 1019, 101)도 이러한 태도에 따랐다고 한다. 土田哲野, "轉用物訴權", 民法の爭點 Ⅱ(1985), 156 참조.

160) 加藤雅信, "因果關係の直接性", 民事判例百選 Ⅱ: 債權(1975), 156 이하; 山田幸二, "受益と損失の因果關係", 民事判例百選 Ⅱ: 債權, 제 2 판(1982), 154 이하; 廣中俊雄, 債權各論講義, 제 5 판(1979), 385 이하; 土田哲也(前註), 157 등.

4.와는 달리, 피고에게 이득이 있느냐(갑에의 보수금 지급의무를 설시하고 있는 부분) 또는 이득이 있다고 치더라도 그 「법률상 원인」이 없다고 할 수 있느냐(계약관계의 연쇄를 설시하고 있는 부분) 하는 입장에서 논의를 전개하고 있다. 그러므로, 이 판결의 입장은, 갑의 무자력으로 인하여 원고의 그에 대한 하도급 보수청구권이 무가치하게 되었다는 사정이 설사 있었다고 하더라도, 또 이러한 사정이 「손해」의 요건을 충족하는 것이라고 하더라도, 그 외에 「법률상 원인 없는 이득」의 요건의 불충족에 의하여 부당이득의 성립은 부정될 수밖에 없는 논리적인 구조를 가지고 있다.

(다) 그 외에도 전용물소권의 경우에 해당함에도 부당이득반환청구를 부인한 예도 있다.

가령 大判 70. 11. 24, 70다1012(集 18-3, 276)의 사실관계에서 원고는 경기도 고양군수 갑과 같은 군 벽제면장 을로부터 수해 복구를 위한 제방공사를 도급받고, 위 공사를 모두 마쳤다. 원고는 위 제방의 관리청인 피고(경기도)를 상대로 아직 받지 못한 위 공사의 보수 잔액의 지급을 부당이득을 이유로 청구하였다. 원심은 원고의 청구를 인용하였다. 대법원 판결에 인용된 원심 판결의 이유에 의하면, "위 제방이 관리청이 피고이므로 위 공사는 당연히 피고가 실시하였어야 할 것이었으며 따라서 원고의 위 공사의 준공으로 인한 이익은 피고가 아무런 법률상의 원인 없이 이득하게 되었던 것이라 할 것인즉, 피고는 원고에 대하여 원고가 위 공사를 준공하고 아직 지급받지 못한 위 보수금 잔액을 부당이득으로서 반환할 의무가 있다"는 것이다.

그러나 대법원은 원심판결을 파기하였다. "원고는 … 갑 및 을과의 본건 제방공사에 관한 위 도급계약에 의하여 그 공사를 준공하고 동인들로부터 그 보수금의 일부를 지급 받았던 것인즉, 특단의 사정이 없는 한 그 보수금의 잔액에 관하여 도급인인 위 사람들에 대하여 그 지급을 구할 권리를 가지고 있는 것이라고 할 것이니만큼 원고에게는 그 공사의 준공으로 인하여 아무런 손해도 있었다고 할 수 없을 것"이라는 것이다. 여기서도 「손해」의 存否를 판단의 근거로 삼았다는 점이 주목된다.

(라) 전용물소권의 문제를 정면으로 의식하면서 이를 부정적으로 판단하여 이에 관한 한 대법원의 태도를 결정적으로 천명한 것으로 大判 2002. 8. 23, 99다66564등(公 2002하, 2174)이 있다. 이로써 이 문제는 최종적으로 結末을 보았다고 하여야 할 것이다.

(a) 그 사안은 다음과 같다. 이 사건 건물을 원고가 갑 및 을과 공유하고 있었는데(그 지분은 2분의 1), 갑이 공유자인 원고의 동의 없이 피고에게 위 건물의 窓戶工事를 2억5천만원에 도급하는 계약을 체결하였다. 피고는 약정 기간 내에 위 공사를 완료하였으나 피고에게 공사대금을 지급하지 않았는데, 위 공사로 위 건물의 가치가 1억5천만원 가량 증가하였다. 이 사건에서 원고는 피고에 대하여 위 공사로 인하여 이 사건 건물의 가치가 증가한 부분 중 원고 지분에 상응하는 7천5백만원 상당을 부당이득으로 반환할 것을 청구하였다.

원심판결은 이를 인용하였는데, 대법원은 이를 파기환송하였다.

(b) 그 이유는 다음과 같다. 계약상의 급부가 계약의 상대방뿐만 아니라 제3자의 이익으로 된 경우에 급부를 한 계약당사자가 계약 상대방에 대하여 계약상의 반대급부를 청구할 수 있는 이외에 그 제3자에 대하여 직접 부당이득반환청구를 할 수 있다고 보면, 자기 책임하에 체결된 계약에 따른 위험부담을 제3자에게 전가시키는 것이 되어 계약법의 기본원리에 반하는 결과를 초래할 뿐만 아니라, 채권자인 계약당사자가 채무자인 계약 상대방의 일반채권자에 비하여 우대받는 결과가 되어 일반채권자의 이익을 해치게 되고, 수익자인 제3자가 계약 상대방에 대하여 가지는 항변권 등을 침해하게 되어 부당하므로, 위와 같은 경우 계약상의 급부를 한 계약당사자는 이익의 귀속주체인 제3자에 대하여 직접 부당이득반환을 청구할 수는 없다고 보아야 한다는 것이다.[161]

결국 앞의 (4)에서 제시한 이유와 같은 내용이다.

(마) 한편 이상에서 살펴본 바는 계약이 유효하게 체결된 경우 그 계약상 급부가 제3자에게 이익을 준 경우에 관한 것이다. 그러나 역사적으로 보면 효력 없는 계약에 기하여 행하여진 급부가 계약당사자 본인에게 이익을 준 경우와 관련하여서는, 예를 들어 무권대리인이 본인의 이름으로 체결한 계약으로부터 이익을 얻은 본인에 대하여 계약상대방이 반대급부 또는 그 상당의

161) 그 외에 원고는 民 § 203에 기한 유익비상환청구도 하고 있는데, 위 판결은 이 청구도 부인하는 판단을 하고 있다. 즉 "유효한 도급계약에 기하여 수급인이 도급인으로부터 제3자 소유 물건의 점유를 이전받아 이를 수리한 결과 그 물건의 가치가 증가한 경우, 도급인이 그 물건을 간접점유하면서 궁극적으로 자신의 계산으로 비용지출과정을 관리한 것이므로, 도급인만이 소유자에 대한 관계에 있어서 民 § 203에 의한 비용상환청구권을 행사할 수 있는 비용지출자라고 할 것이고, 수급인은 그러한 비용지출자에 해당하지 않는다고 보아야 한다"는 것이다.

가액을 청구할 수 있느냐 하는 문제 등을 포함하여, 그 계약 명의에 상관 없이 자기에게 효력이 미치지 않는 계약의 이행을 위하여 이루어진 급부로부터 이익을 얻은 경우에 대하여는 「타인 간의 계약으로부터의 이득」, 즉 전용물소권의 한 適用例로 다루어져 왔다.[162]

앞서 본 대로 전용물소권 일반에 대하여는 이를 부정함이 타당하나, 위와 같은 사안유형에서는 기본적으로 본인의 부당이득책임이 긍정되어야 할 것임에 대하여 는 앞의 Ⅱ. 1. (5) ㈏ 참조. 즉 民 §§ 472, 465 Ⅰ 의 법적 평가를 이 경우에도 연장하여 적용하여야 하는 것이다.

C. 侵害不當利得

제1. 序　論

Ⅰ. 他人의 排他的 權利가 侵害된 경우 權利者의 不當利得返還請求權

1. 獨自的 類型으로서의 侵害不當利得

급부부당이득법이 주로 계약법의 보충규범인 것처럼, 침해부당이득법은 불법행위법에 대한 보충규범이다.

(1) 급부부당이득법이 급부의 반환을 그 중심적인 내용으로 하는 것으로서 소위 재화운동법(Recht der Güterbewegung)에 속한다면 침해부당이득법은 재화보호(Güterschutz)에 봉사한다. 이는 타인의 재화를 권한 없이 사용, 소비, 처분한 경우 재화의 소유자에게 주어지는 법적 구제수단으로서 불법행위법을 보충하는 것이다.[163] 그 재화를 침해당한 권리자가 침해자의 고의·과실을 입증할 수 없거나, 또는 특히 단순한 사용의 경우에 있어서와 같이 손해가 발생하지 않았을 경우에도 권리자는 침해부당이득반환청구권을 주장하여 이득을 반환받을 수 있는 것이다.

(2) 급부이득의 경우에는 반환청구자가 스스로 채무의 이행을 위하여 그

162) 이에 관하여는 Wilburg, Die Lehre von der ungerechtfertigten Bereicherung nach österreichischem und deutschem Recht(1934), S. 55 참조. 또한 磯村哲, "直接利得の要求に就いて", 法學論叢 47-4(1942), 85도 참조.

163) Wilburg(前註), S. 35 참조.

채무의 목적인 급부를 하였음에 반하여, 침해이득의 경우에는 주로 반환의무자의 행위, 즉 소비·처분·사용·부합·혼화·가공 또는 기타의 방법에 의하여 반환청구자의 권리내용이 침해되었다는 점에 특징이 있다. 따라서 이 유형에서 중요한 것은, 타인의 권리가 객관적으로, 즉 주관적인 귀책사유와는 관계없이 침해되었다는 것이다. 즉 권리자에게 부여되는 일정한 배타적 이익이 그의 동의 없이 다른 사람에게 귀속되어 있는 것이다.

여기서 말하는 "배타적 이익"은 주로 물권에 있어서는 명백하다. 가령 소유권에 관하여 民 § 211은 "사용, 수익, 처분"을 들고 있으나, 반드시 이에 한정된다고는 볼 수 없을 것이다. 그러나 물권 이외의 권리, 가령 특허권 등의 무체재산권이나 초상 등의 인격적인 여러 가지 권리에 관하여도 법은 이러한 "배타적 이익"을 인정하고 있다고 할 것이다. 예를 들면 特許法 § 94 제1문은 "특허권자는 업으로서 그 특허발명을 실시할 권리를 독점한다"라고 규정하며, 그 외에도 실용신안법 § 37 본문, 의장법 § 41, 상표법 § 50 등도 그러하다.

(3) 그러나 채권의 경우에는 그 귀속 자체를 제외하고는 그와 같은 "배타적 이익"이 ―케머러의 표현을 빌면― "할당"(zuweisen)되어 있지 않으므로, 이를 침해한다고 하여도 부당이득반환청구권이 발생하지는 않는다고 할 것이다. 이는 점유권과 같이 사실상의 지배상태 자체에 권리가 인정되어 있고, "배타적 이익"의 할당이 있다고 할 수 없는 권리에 대하여도 마찬가지로 말할 수 있을 것이다. 그러나 가령 영업권이나 경제활동 등과 같이 현재 「생성 중인 권리」에 대하여는 보다 신중한 고려를 요구한다고 하겠다.

2. 侵害不當利得의 特質

(1) 위와 같은 "배타적 이익"의 내용이 타인에게 돌아간 경우에는, 그 타인이 그 이익을 "이용"하여 어느 만큼의 수익을 얻었느냐에 상관없이 그 "이용"에 대한 객관적 대가를 부당이득으로 보상하여야 한다.[164] 그런데 그와 같은 침해 또는 "이용"으로 인하여 권리자가 「손해」를 입었느냐 하는 것은

164) 그러므로 무권리자의 처분이 유효한 경우(가령 선의취득의 경우)에 있어서 처분자가 얻은 대가가 물건의 객관적 가액을 넘는 때에도 원칙적으로는 객관적 가액의 반환만을 구할 수 있고, 그 대가 전부를 구할 수 없다고 할 것이다. 가령 獨民 § 816 I 의 해석으로 Esser, Schuldrecht, 2. Aufl.(1960), S. 787(§ 190, 6); Larenz, Schuldrecht, Bd. 2, 8. Aufl.(1967), S. 378 A, 1(§ 62) 참조. 日民 § 703에서 「수익자의 손실」을 요건으로 규정한 취지의 하나가 이에 있다고 함에 대하여는 앞의 前論 Ⅱ. 7. 註 116 참조.

부당이득의 성립 여부를 좌우하지 못한다.[165][166] 이러한 요건을 침해이득에 대하여 요구하는 것은, 결과적으로 "손해"의 의미를 무한정 확장하여 어떠한 경우에도 "손해"가 있다는 무의미한 결론에 도달하기에 이르는 것이다. 오히려, 타인의 권리로부터 그 권리내용을 자기의 것으로 하였다는 의미에서 "타인의 재산 …[으]로 인하여"라는 문언이 훨씬 중요한 의미를 차지하여야 할 것으로 생각된다.

(2) 이와 같이 보면, 우리는 위와 같은 권리의 객관적 침해로 인한 부당이득반환청구권은 물권적 청구권과 논리적 구조를 같이하는 것이다. 양자는 모두 원만한 "배타적 이익"의 지배를 목적으로 하며, 또 주관적 귀책사유와는 관계 없이 인정된다. 다만, 물권적 청구권은 장래에 대하여 "배타적 이익"의 상태 그 자체를 실현하는 것을 내용으로 함에 대하여, 침해이득반환청구권은 과거에 일어난 "배타적 이익" 지배의 교란에 대하여, 그 교란이 일어나지 않은 것과 같은 경제적 상태를 달성하려는 것이다.

이러한 침해는 침해이득의 경우에 요구되는 "법률상 원인의 흠결"을 어떻게 구성할 것이냐 하는 문제에 대하여도 일정한 조명을 가능하게 한다. 과거에 일어난 「배타적 이익」에 대한 지배의 교란은 그 자체가 이미 교정되어야 할 상태를 의미한다. 그 상태를 정당화하는 것은 오로지 침해자에게 그렇게 할 권리가 있을 때문이다. 따라서 침해이득의 반환을 주장하는 자는, (i) 자신에게 "배타적 이익"을 보장하는 권리가 있는데, (ii) 상대방이 이를 침해하여 그 이익을 보유하고 있다거나 보유하고 있었다는 「상태」만을 주장 입증하면

165) Wilburg(註 162), S. 97ff.가 이를 탁월하게 논증한다. 빌부르크는 손해를 부당이득의 요건으로 요구하는 당시에는 아직 유력하던 견해(그 당시에도 이미 가령 라벨, 지버, 헤크, 슐츠와 같은 학자들은 이 견해에 따르지 않았다)에 반대하여, 우선 예를 들면 무체재산권에 대한 침해로 인한 부당이득반환청구나 물건의 사용이나 노무제공으로 인한 부당이득반환청구의 경우에 「실제 있는 법(tatsächliches Recht)」이 반환청구자의 손해를 요구하지 않음을 밝히고, 다음으로 손해배상과 이득반환이 전혀 다른 목표를 추구하는 것으로서 후자는 손해의 발생과는 무관한 「가치조정(Wertausgleich)」을 내용으로 하는 것이라고 논하고 있다. 또한 근자에는 또한 Günther H. Roth, Vorteil, Schaden und Wert im Bereicherungsrecht, in: Festschrift für Günther Küchenhoff(1972), S. 371ff.도 참조.

166) 예를 들면 독일의 부당이득이론에 있어서 부당이득의 성립에 원래의 의미의 손해(Schaden)를 요구하는 학자는 적어도 현재는 없다. 이 점은 근자에는 독일연방대법원의 1971년 1월 7일 판결(소위 비행기여행사건. JZ 1971, S. 566=NJW 1971, S. 609)을 계기로 다시 한 번 확인되었다. 이 사건에서는 미성년자가 항공권을 구입하지 아니한 채로 민간항공사의 노선여객기에 별다른 목적 없이 단지 재미를 위하여 탑승하여 독일로부터 외국까지 날아갔다. 그 여객기에는 空席이 적지 않았으므로, 그 항공사에 과연 무슨 손해가 있다고는 하기 어려운 것이었다. 오히려 이 사건에서는 과연 부당이득반환청구를 現存利益에 한정할 것인가가 주된 쟁점이었다.

족하다. 마치 소유물반환청구에 있어서 소유자는 자신의 물건에 대한 소유권과 상대방이 그 물건을 점유하고 있음을 주장 입증하면 족하듯이. 그러면, 상대방은 자신에게 그러한 이익 보유의 권리가 있음을 주장 입증하여야 한다.[167] 마치 소유물반환청구의 경우에 상대방이 "점유할 권리"를 가짐을 항변하여야 하듯이(民 § 213 단서 참조).

말하자면 침해이득의 경우 "법률상 원인"은 이러한 항변사유 이상의 의미를 가지지 않는다. 이것은 급부이득에 있어서 반환청구자가 급부 사실과 아울러 "법률상 원인의 흠결"도 주장 입증하여야 하는 것과는 본질적으로 다른 것이라고 하지 않을 수 없다.

(3) 여기서 하나 주의하지 않으면 안 될 것은, 통설이 소위 "법률의 규정에 의한 이득"이라고 분류하고 있는 경우에 대하여서이다. 결론적으로 말하면, "법률의 규정에 의한 이득"의 모든 경우는 "법률상 원인"이 있다고 하지 않으면 안 된다. 가령, 소멸시효의 완성으로 채무를 면한 경우, 취득시효의 완성으로 권리를 취득한 경우 등에는 부당이득이 성립할 여지가 없다. 만일 부당이득법이 "서열이 높은법"이 아니라고 한다면, 다른 법률규정에 의하여 권리의 변동이 일어난 것을 부당이득의 이름으로 부인할 수는 없는 것이다. 그러나 부합, 혼화, 가공 등의 첨부의 경우에는 부당이득이 성립한다. 그러나 그것은 民 § 261에 의하여 명문으로 규정하고 있는 바이어서 당연한 것이라고 할 것이다.

Ⅱ. 侵害不當利得의 事案類型들

이하에서는 침해부당이득을 다시 타인의 권리의 귀속 자체가 침해된 경우(아래 제2.)와 타인의 권리를 권원 없이 「이용」한 경우(아래 제3.)로 나누어 살펴보기로 한다.

그리고 침해부당이득의 특수한 형태로, 첫째, 그 침해가 강제집행절차와 관련하여 행하여진 경우(아래 제4.), 둘째, 타인의 금전을 불법취득한 자가 이를 자신의 채무변제 등에 이용한 경우(아래 제5.)는 이를 별도로 검토하기로 한다.

167) 四宮和夫, 事務管理 · 不當利得 · 不法行爲, 上卷(1981), 72도 같다.

전자의 경우는, 우선 그 절차가 다수의 이해관계인이 관여하여 이들 사이의 이익을 적절히 고려하는 관점이 특히 강제집행절차가 채권자들이 자기 채권의 만족을 확보하느냐 아니면 실제로는 그 채권이 무가치한 것으로 돌아가느냐 하는 크리티칼한 국면인 점을 생각하면 더욱 중요할 뿐만 아니라, 그 절차 자체의 형식적 안정성도 문제되어서, 부당이득법리의 형성 및 관철에 있어서 여러 가지 특성을 드러내기 때문이다. 그리고 이 부분의 서술을 함에 있어서는, 예를 들면 실제적 권리의 뒷받침 없이 그러나 적법한 집행권원에 기하여 강제집행이 행하여진 경우와 같이 엄밀한 의미에서는 침해부당이득이라고 할 수 없는 사안유형도 서술의 편이상 이 곳에서 함께 다루기로 한다.

또한 후자의 경우는 이 문제가 특히 우리 나라의 학설에 특히 많은 영향을 미친 我妻榮의「공평설적」부당이득법 이해의 한계를 극명하게 드러내 준다고 생각되기 때문이다. 그 논의의 각종의 결정적 난점에도 불구하고 뒤의 제5.의 4.에서 보는 대로 大判 2003. 6. 13, 2003다8862(公 2003하, 1533)가 我妻說 및 그에 좇고 있는 일본판례의 태도를 그대로 답습한 것은 유감천만이라고 하지 않을 수 없다.

제2. 他人의 權利歸屬이 侵害된 경우

I. 一 般 論

타인의 권리를 위법하게 침해함으로써 그 권리를 상실시키고 그 침해로 인하여 이득을 얻은 사람은 그 이득을 원래의 권리자에게 부당이득으로 반환하여야 한다. 이 유형은 원래의 권리자가 권리를 상실하여 그 권리의「귀속」이 침해된 경우로서, 권리자가 권리 자체를 상실하지는 아니하고 단지 그 권리로부터 유출되는 이익을 타인이 위법하게 취득한 경우, 말하자면 권리의「내용」이 침해된 경우와 구분될 수 있다. 이러한 귀속침해의 대상이 되는 것에는 利益의 排他的 割當을 내용으로 하는, 소유권을 전형으로 하는 물권적 성질의 권리뿐만 아니라, 채권과 같은 상대적 권리도 포함된다.

이러한 귀속침해에 있어서는 권리의 상실을 일으키는 침해행위로 인하여 원래의 권리자가 자신의 권리를 상실하는 것 자체가 바로「손실」이 되고, 또 그 침해행위자가 그 침해행위에 기하여 취득한 것이 있으면, 그것이 그의 「이득」이 된다. 그리고 이 兩者는 통상 하나의 행위과정 내에서 일어나므로, 그 사이의 소위 「인과관계」의 존재도 특히 문제되지 아니하고 긍정된다.

이러한 귀속침해는 침해행위자가 그 침해를 정당화하는 권리를 주장·입증하지 아니하는 한 위법한 것으로 평가된다. 다시 말하면 그러한 정당화권리가 바로 부당이득의 성립요건으로서의 「법률상 원인」이 된다.

Ⅱ. 物權의 歸屬侵害

우선 物權의 歸屬侵害에 해당하는 경우에 대하여 살펴본다. 이는 民 §214의 소유물방해배제청구권에 있어서 그 방해의 양상이 소유권의 사실적 침해와 법적 침해로 나누어질 수 있는 것과 마찬가지로,[168] 여기서도 사실적 귀속침해(아래 1.에서 보기로 한다)와 법적 귀속침해(아래 2.에서 보기로 한다)로 나눌 수 있다.

1. 事實的 侵害

소유권 기타의 물권이 물건을 소비하거나 멸실시키는 등의 **사실적 행위**에 의하여 위법하게 소멸된 경우에, 그 행위자가 그로 인하여 이익을 얻었다면, 그 침해행위자는 원래의 소유자 기타 권리자에 대하여 그 이익을 부당이득으로 반환하여야 한다. 예를 들어 타인 소유의 식품이나 음료를 음식하는 등으로 물건을 그 용도에 따라서 소비한 경우, 물건을 다른 물건과 부합시키거나 혼화하거나 또는 이를 가공함으로써 이들 添附에 의하여 그 소유권이 상실된 경우 등이 그것이다. 이 중에서 添附로 인하여 권리를 상실하는 사람이 부당이득반환청구권에 기하여 그 권리상실에 대한 「보상」을 얻을 수 있음에 대하여는 민법에 명문의 규정이 있다(民 §261).[169] 이에 대하여는 同條 注解를 참조하라.

재판례로서는 大判 95.5.12, 94다25551(集 43-1, 268)을 들 수 있을 것이다. 피고는 정당한 권원 없이 원고 소유의 임야에서 중장비를 이용하여 토석을 굴취

168) 우선 民法注解[V], 242 이하(梁彰洙 집필) 참조.

169) 예를 들어 大判 80.7.22, 80다649(公 640, 13031)는 원고들 공유의 임야에 피고가 果樹木을 식재하였는데, 이는 附合에 의하여 원고들에게 귀속하게 된 사안에서 원고들의 부당이득반환의무가 불가분채무인지 가분채무인지에 대하여 판단하고 있다.

하여 이를 간척지 제방 성토 작업장에 운반하여 사용하고 간척사업자로부터 그 토석성토대금을 받았다. 이 사건에서 원고는 그 대금이 부당이득이라고 하여 반환청구를 하였다. 대법원은 이 판결에서 주로 부당이득으로 반환되어야 할 범위를 논하여서, 그 대금 전부를 부당이득이라고 할 수는 없고, "수익자가 그 법률상 원인 없는 이득을 얻기 위하여 지출한 비용"이나 "수익자가 자신의 노력 등으로 부당이득한 재산을 이용하여 남긴 이른바 운용이익" 등은 반환되어야 할 이익에서 공제되어야 한다고 판시하고 있다. 그런데 이 판결의 事案은 타인의 토지의 構成部分인 토석을 제 3 자를 위한 공사에 소비한 것으로서, 그것이 附合에 해당하든 아니든 여기서 보는 유형에 해당하는 것으로 보인다.

2. 法的 侵害

소비 등으로 물건의 實體(Substanz)가 소멸되는 것이 아니라도, 그 권리자가 법률의 규정 기타의 사유에 의하여 추상적으로 권리를 상실하는 경우에, 그를 위하여 부당이득반환청구권이 부여되는 경우가 있다.

(1) 動產의 善意取得

동산의 선의취득이 인정되는 경우에, 원래의 소유자는 무권리의 양도인의 처분으로 인하여 권리를 상실하게 된다(民 § 249). 그러므로 원래의 소유자는 양도인이 그 처분과정에서 취득한 것, 즉 그 양도의 대가로 취득한 것을 부당이득으로 반환청구할 수 있다.[170] 獨民 § 816 I 제 1 문은 이를 별도의 명문으로 규정하고 있는데,[171] 우리 민법상으로는 부당이득에 관한 일반규정인 本條의 해석으로 이를 인정할 수 있다는 데 異論이 없다. 그러므로 예를 들어 양도의 원인이 매매인 경우에 양도인이 매매대금을 이미 수령하였으면 그 매매대금의 반환을 청구할 수 있고, 아직 수령하기 전이면 양도인에 대하여 매매대금채권의 양도를 청구할 수 있다.[172]

---

170) 郭潤直, 債權各論, 新訂版(1995), 627; 李英俊, 物權法(1990), 236; 民法注解[V](1992), 460(李仁宰 집필) 등.

171) 獨民 § 816 I 제 1 문: "무권리자가 목적물에 관하여 권리자에 대하여 효력 있는 처분을 한 경우에는 그는 권리자에게 처분으로 인하여 취득한 것(das durch die Verfügung Erlangten)을 반환할 의무를 진다."

172) 양도인이 취득한, 양도원인행위에 기한 채권도 不當利得의 반환대상이 됨은 물론이다. 大判 84. 2. 14, 83다카1645(集 32-1, 69)는, 가등기담보에서 담보권자가 담보권의 실행을 위하여 소유권이전등기를 받고 이를 제 3 자에게 매도하였으나 그 대금 중 일부만을 수령한 事案에서, 원심이 담보제공자의 담보권자에 대한 부당이득청구에 관하여 잔금채권에 대하여는 부당이득의 성립을 부인한 것을, "잔금채권의 취득 역시 반환하여야 할 부당이득이 됨은 당연한 법리"라고 하여 破棄한 바 있다.

한편 동산의 선의취득에 관하여 통설은 처분행위가 무상으로 행하여졌다는 사정은 선의취득의 성립에 영향을 미치지 않는다고 한다.[173] 이를 전제로 하는 한, 무상의 처분행위에 기하여 양수인이 동산소유권을 선의취득한 경우에 원래의 소유자는 부당이득을 이유로 반환청구할 처분대가라는 것이 없게 된다. 그러나 이는 원래의 소유자가 다른 原因에 기하여 처분자를 상대로 하여 가지는 救濟手段, 예를 들면 점유위탁관계상의 채무불이행책임이나 소유권의 침해를 이유로 하는 불법행위책임 등을 주장하는 것에는 영향을 미치지 않는다.[174]

또한 양도인이 그 處分對價로 목적물의 객관적 가액보다 더 많은 것을 취득한 경우에 그 반환범위에 대하여는 논의가 있을 수 있다. 독일에서는 앞서 본 獨民 § 816 I 제1문의 해석상으로도 논란이 있고,[175] 근자에는 취득한 것 전부를 반환하여야 한다는 견해가 유력하다고 한다. 그러나 반환청구권자의 「손실」로 반환의무의 범위를 제한하는 우리 민법상의 판례·통설에 의하는 한, 이는 목적물의 객관적 가액의 범위 내로 제한되어야 할 것이다.

집행소유자의 소유가 아닌 동산이 경매되어 競落人이 이를 선의취득한 경우는 어떠한가? 이 경우에는 「양도인」에 해당하는 사람을 쉽사리 정할 수 없는데, 大判 97. 6. 27, 96다51332(公 1997하, 2328)는 원래의 소유자는[176] 그 매각대금을 배당받은 채권자에 대하여 그 각 배당금을 부당이득으로 반환청구할 수 있다는 태도를 취한다(이에 대하여는 後術 제4.의 Ⅲ. 2.도 참조). 그 후 大判 98. 3. 27, 97다32680(公 1998상, 1175)은 제3자 소유의 기계·기구가 그의 동의 없이 공장저당법 § 7의 목록에 기재되는 바람에 동법 §§ 4 및 5의 규정에 의한 저당권의 목적이 되어 공장에 속하는 토지 또는 건물과 함께 일괄경매되어 경락됨으로써 경락인이 이를 선의취득한 사안에 대하여 원래의 소유자는 배당채권자에게 그 배당금을 부당이득으로 반환청구할 수 있다고 판시하여, 같은 태도를 취하였다. 나아가 大判 98. 6. 12, 98다6800(公 1998하, 1882)은 유사한 사안에서 집행채권자(피고)가 공장저당법에 의한 경매절차에서 원고 소유의 기계를 경락받아 선의취득한 자의 지위와 그 경매대금에서 배당을 받은 채권자의 지위를 兼有하고

173) 우선 民法注解[V], 447(李仁宰 집필) 참조. 이 점에 대하여는 더욱 論議를 요한다고 생각된다.

174) 이 점은 처분이 有償으로 행하여진 경우에도 다를 바 없다.

175) 이에 대하여는 우선 MünchKom/Lieb, § 816 Rn. 28(3. Aufl., S. 1316f.) 참조.

176) 이 판결 및 바로 후에 인용하는 판결들은 모두 경락인이 "다른 특별한 사정이 없는 한" 경매의 목적이 된 동산을 선의취득한다는 태도를 밝히고 있다.

있는 경우에 대하여 판단하고 있다. 원고가 배당금에 관하여 부당이득반환청구한 데 대하여, 피고는 선의취득의 효과를 받기를 거부하고 동산 자체를 반환받아 갈 것을 주장하였는데, 대법원은 피고의 주장을 배척하면서 "피고가 법률상 원인 없이 이득을 한 것은 배당액이지 선의취득한 동산이 아니므로, 원고가 임의로 그 기계를 반환받아 가지 아니하는 이상 원고에게 기계를 반환받아 갈 것을 요구할 수 없고, 배당금을 부당이득으로 반환할 수밖에 없다"고 판시하였다.[177]

(2) 質權의 善意取得

물권의 선의취득은 그 외에도 質權에서 인정된다(民 §§ 343, 249). 그러나 질권은 制限物權 또는 他物權으로서, 그 선의취득은 그 설정의 대상이 되는 물건의 소유권 자체를 상실시키지는 않는다. 그러므로 이는 엄밀한 의미에서 귀속침해가 아니라 타인의 권리의 권원 없는 「이용」에 해당된다고 할 것이다. 그러므로 그에 관한 敍述은 뒤로 미루기로 한다(제3.의 Ⅲ. 2. (1) (다)). 이 경우 반환되어야 할 것은 그 「이용」의 이익으로서, 타인의 물건에 질권을 설정하는 경우 지급되는 통상의 대가가 그 내용이 될 것이다.

(3) 無權利者의 處分의 追認

처분자의 무권리를 이유로 그 처분이 무효인 원칙적인 경우에도, 권리자는 이를 사후적으로 추인함으로써 그 처분을 유효한 것으로 할 수 있다. 이 경우에도 원래의 권리자는 무권리자가 그 처분의 대가로 취득한 것을 부당이득으로 반환청구할 수 있다.

大判 92. 9. 8, 92다15550(公 1992, 2842)도 결론적으로 같은 취지를 밝히고 있다. 이 판결은, 사실은 원고와 공동상속인으로 지분을 취득하였음에도 그 진정한 持分 이상의 지분권자로 등기부에 기재되기에 이른 피고가 자신의 등기부상 지분 전부를 제 3 자에게 매도하여 그 대금을 수령한 후 매수인 갑 앞으로 持分移轉登記를 경료한 事案에 대한 것이다. 피고가 처분한 지분의 일부를 가지고 있었던 원고는 이 사건에서 피고가 위 持分 전부를 처분하여 "그 대금을 모두 착복하였음을 이유로 불법행위로 인한 손해배상 또는 부당이득의 반환을 구한다"고 주장하여 피고에 대하여 금전의 지급을 청구하였다. 원심은, 피고 명의의 지분등기, 나아가 갑 앞으로의 지분이전등기에 의하여서도 원고의 이

177) 그리고 그에 앞서서 양수인이 善意取得의 효과를 받지 아니할 것을 임의로 주장할 수 없다는, 이론적으로 매우 중요한 판시를 하고 있다.

사건 부동산에 대한 持分權은 상실되지 아니하였으므로, 원고가 그 지분권의 상실을 전제로 하여 그 손해의 배상 또는 부당이득의 반환을 구하는 이 사건 청구는 "더 나아가 살펴볼 필요도 없이" 이유 없다는 것이다. 그러나 대법원은 "피고는 위의 매매대금 중 원고의 共有持分權에 관한 부분은 법률상 원인 없이 취득한 것으로서 원고들이 원고들의 공유지분권매매의 **추인을 전제로 하여 반환을 청구하는 경우에는 이를 반환하여야 할 것이다.** … 원고가 피고와 갑을 상대로 하여 위와 같은 등기의 말소를 청구하는 경우라면 원고들은 피고가 수령한 매매대금의 반환을 청구할 수 없는 것임은 당연하다고 하겠으나, 원고들이 이와 같은 말소등기청구권을 행사하지 아니하고 **피고가 수령한 매매대금 중 원고들의 지분에 해당하는 돈의 반환을 청구한다면 피고는 이를 지급하는 것이 옳고, 이렇게 하여 원고들이 피고로부터 원고들의 지분에 해당하는 매매대금을 반환받게 되면 피고의 처분행위를 인정하는 것이 되어 그 효력은 원고에게 미치고 원고들은 피고의 처분행위의 효력을 다툴 수 없게 된다**고 보는 것이 상당하다"(고딕체에 의한 강조는 인용자가 가한 것이다)고 판시하였다.

이 판결은 한편으로 "소유자가 무권리처분의 추인을 전제로 하여 반환을 청구하는 경우"에는 매매대금이 반환되어야 한다고 하여 追認이 있어야 매매대금의 返還義務가 발생한다고 하면서, 다른 한편으로 "소유자가 매매대금을 반환받게 되면" 무권리자의 처분행위를 인정하는 것이 된다고 하여 매매대금을 반환받아야 추인이 있게 된다고 말하는 것처럼 보이기도 한다. 그러나 일견 모순되는 것처럼 보이는 이러한 설시는, 소유자가 매매대금을 현실적으로도 반환받지 못한 채로 자신의 권리를 상실하게 되는 危險에 정당하게 배려한 것으로서, 그 의미는 매매대금을 받지 못할 것을 해제조건으로 하여 추인한 것이라고 이해할 것이다.[178]

(4) 善意第三者 保護規定이 적용되는 境遇

선의 제3자의 보호규정(民 §§ 107 Ⅱ, 108 Ⅱ, 109 Ⅱ, 110 Ⅲ 등)에 의하여 원래의 권리자가 권리를 상실하게 되는 경우도 앞서 본 선의취득에서와 같이 다루어질 수 있다. 예를 들면 假裝讓渡(民 § 108)의 경우에 양수인은 양도대상이 된 권리를 취득하지 못하며, 그 권리는 여전히 양도인에 속한다. 그런데 가장양수인이 이를 선의의 제3자에게 양도하면 그 제3자는 이제 그 권리자가 된다. 이 경우에 원래의 권

178) 이 판결에 대한 硏究로서, 梁彰洙, "無權利者의 處分에서 權利者의 物權的 請求權과 不當利得返還請求權의 緊張關係", 서울대 法學 42-2(2001. 7), 209 이하(同, 民法硏究, 제7권(2003), 105 이하에 所載) 참조.

리자=가장양도인은 가장양수인에 대하여 그 제3자로부터 그 처분의 대가로 수령한 것을 부당이득으로 반환청구할 수 있다고 할 것이다. 이는 이 경우 선의의 제3자의 권리취득이 선의취득에서와 같이 「무권리자의 처분」이 예외적으로 유효한 경우에 해당하는가, 다시 말하면 권리는 원래의 권리자로부터 양수인으로 직접 이전된 것인가, 아니면 소위 對抗不能(inopposabilité)의 법리의 이해 여하에 따라서는 양수인의 「순간적인(소위 juristische Sekunde)」 권리취득을 통하여 제3자에게 이전된 것인가의 法律構成의 문제와는 별도로, 양자를 실질적으로 달리 취급할 이유는 없는 것이다.

(5) 其他의 境遇

그 외에도 권리자의 의사에 기하지 아니한 권리의 상실 또는 그에 준하는 사유가 있는 경우에 대하여 법률이 이를 「보상」하기 위하여 특별히 일정한 내용의 청구권을 정하는 일이 있다. 예를 들면 상속재산 분할 후의 被認知者 등이 다른 공동상속인에 대하여 "그 相續分에 상당한 價額의 支給을 請求할 權利"를 정하는 民 § 1014 등이 그것이다. 인지는 피인지자의 출생시에 소급하여 효력을 가진다는 원칙(民 § 860 本文)을 그대로 관철한다면, 인지의 효력발생 후에는 다른 공동상속인의 상속재산분할 기타 처분은 피인지자의 상속권을 해하는 것으로서, 그 한도에서 원칙적으로 무효가 될 것이다. 그러나 민법은 그 소급효를 제한하여, 「제3자가 취득한 권리」는 인지에 의하여 영향을 받지 아니한다고 정한다(民 § 860 但書). 그러므로 피인지자는 애초 상속상의 권리취득 자체가 그 한도에서 제한되어 엄밀하게 말하면 권리의 상실을 운위할 수 없는 것이어서, 위 民 § 1014에서 정한 請求權은 물권의 귀속침해의 경우의 원래 권리자의 부당이득반환청구권과는 성질을 달리하는 것이다. 따라서 大判 93. 8. 24, 93다12(集 41-2, 330)가 그 청구권의 내용에 대하여 부당이득의 반환범위에 관한 民 § 748의 유추적용을 부인하고(따라서 그 처분 당시 피인지자의 존재를 알았는지 여부에 따라 반환범위가 달라지지 않는다고 한다), 피인지자가 청구할 수 있는 것은 처분의 대가나 그 당시의 시가가 아니며, 위 규정에서 정하는 "상속분에 상당한 가액"이란 일률적으로 「피인지자 등이 상속분을 청구하는 때의 시가」를 의미한다고 판시한 것은 정당하다고 할 것이다.

(6) 法律의 規定에 의한 權利喪失

법률의 규정에 기하여 권리를 상실하게 되는 경우, 예를 들면 消滅時效(民 §§ 162ff.) 또는 除斥期間, 取得時效(民 §§ 245ff.), 遺失物取得(民 § 253), 埋藏物發見(民 § 254) 등

에서는 일반적으로 그 권리상실자에게 부당이득청구권에 의한 구제가 인정되지 않는다. 이들 경우에 만일 침해행위자에 해당하는 사람이 있는지도 문제거니와, 이를 굳이 찾을 수 있다고 하여도 이는 그 규정상의 권리취득자가 이에 해당할 것인데, 그 권리취득에 대하여는 그 각각의 법률규정이 「법률상 원인」이 되기 때문이다.

나아가 예를 들어 甲 소유의 부동산에 대하여 乙이 民 § 245 Ⅱ에서 정하는 단기취득시효를 완성시킨 경우에, 그 전에 乙의 소유권이전등기가 丙의 乙에 대한 매도에 기하여 이루어졌고 丙이 乙로부터 매매대금을 수령하였다고 해도, 丙이 甲에 대하여 그 매매대금에 관하여 부당이득반환책임을 지는 것은 아니라고 할 것이다. 이 경우 丙이 乙에게 甲의 소유물을 매도하고 대금을 수령한 것으로는, 甲이 여전히 소유권을 가지는 이상 甲에게 무슨 「손실」이 있다고 할 수 없어서 甲에 대하여 그 매매대금에 관하여 부당이득반환책임을 지게 된다고 할 수 없는데, 나아가 나중에 甲이 소유권을 상실한 것이 乙의 시효취득으로 인한 것인 이상, 丙이 그를 이유로 돌연 그 매매대금 취득이 부당이득이 된다고 할 수는 없는 것이다.

이상은 공법상의 처분의 경우에도 다를 바 없다. 예를 들어 大判 91. 6. 14, 90다카22575(集 39-3, 53)는 토지구획정리사업에 의한 환지처분에 있어서 사업시행자가 減步率을 잘못 적용한 사안에 있어서, 그로 인하여 원래의 감보율을 적용하는 경우보다 더욱 많은 토지를 환지받은 사람의 부당이득반환의무를 부인하고 있다. 원고는 "토지구획정리사업시행자가 환지처분을 하면서 원고 및 피고의 토지에 대하여 각각 적용하여야 할 감보율을 적용하지 않 … [음]으로써 원고는 그 소유의 토지에 관하여 실제 감보되어야 할 면적보다 더 감보된 토지를 환지받은 반면 피고는 그 소유의 토지에 관하여 감보되어 실제 받을 수 있는 면적보다 더 많은 면적의 토지를 환지받아 원고는 피고에게 감보되어야 할 면적에 따른 지분소유권이전등기를 구하는 주위적 청구와 아울러 부당감보된 면적 상당의 이득이 부당이득이라고 하여 반환을 구하는 예비적 청구를 하였"던 것이다. 原審은 피고가 환지처분으로 취득한 토지소유권에는 어떠한 하자가 있다고는 보기 어렵다고 하여 주위적 청구를 기각하는 한편, 원고의 부당이득반환청구를 인용하여 원고에게 있어서 부당감보된 부분에 대한 시가 상당의 금원을 부당이득으로 반환하라고 하였다. 그러나 대법원은 "피고의 이득은 토지구획정리사업법의 규정에 의하여 취득한 것이어서 법률상 원인 없이 취득

한 것이라고 보기 어렵다"고 하여 원심판결을 파기하였다.[179)]

Ⅲ. 債權의 歸屬侵害

나아가 債權의 歸屬이 침해된 경우에 대하여 살펴보기로 한다.

1. 無權利者에 대한 有效한 辨濟

채권의 귀속침해로서 우선 문제되는 것은, **무권리자에 대한 변제가 유효**하여 채권자가 그 권리를 상실하게 되는 경우이다. 민법상으로는 채권의 준점유자에 대한 변제(民 § 470) 및 영수증소지자에 대한 변제(民 § 471)가 유효하게 행하여지는 경우가 그것이다. 이들 경우에 원래의 채권자는 변제수령자, 즉 채권의 준점유자 또는 영수증소지자에 대하여 그가 변제로 수령한 급부를 부당이득으로 반환할 것을 청구할 수 있다. 이에 대하여도 獨民 § 816 Ⅱ 제 1 문은 이를 별도의 명문으로 규정하는데, 우리 민법상으로는 부당이득에 관한 일반규정인 本條의 해석으로 이를 인정할 수 있다는 데 異論이 없다.

2. 株主名簿上의 株主에의 辨濟

그 외에도 예를 들어 **주식회사의 주주명부**에는 免責的 效力이 인정되어, 회사는 주주명부에 주주로 기재된 사람을 주주로 보고, 그에게 배당금을 지급하거나 신주인수권을 부여·실행시키면 면책된다.[180)] 그러나 주주명부에 창설적 효력이 있는 것은 아니고 주주명부상의 주주라도 실질적으로 주식을 취득하지 아니하였으면 이는 주주가 아니다.[181)] 그러므로 실제로 주주인 사람은 자신이 주주임을 증명하여 주주명부상 주주로 기재되어 배당금 등의 이익을 얻은 사람에 대하여 이를 부당이득으로 반환청구할 수 있다.[182)]

179) 그리고 "원고와 피고 사이의 손익의 조정문제는 청산금제도와 당해 사업자에 대한 불법행위로 인한 손해배상청구제도 등에 의하여 해결되어야 한다"고 덧붙이고 있다.

180) 우선 李泰魯·李哲松, 會社法講義, 제 7 판(1999), 264 이하; 鄭東潤, 會社法, 제 5 판(1999), 224 참조.

181) 우선 大判 89. 7. 11, 89다카5345(公 1989, 1229) 참조.

182) 大判 76. 8. 24, 76다407(공보 불게재. LX 검색)은, 주주 아닌 사람(원래는 주주이었다)이 수령한 배당금에 대하여 진정한 주주가 부당이득반환청구를 한 事案에 대한 것이나, 그 배당금 지급의 구체적인 경위를 판결문으로부터는 알 수 없다.

3. 無權利者에 대한 辨濟의 追認

앞의 Ⅱ. 2. (3)에서 설명한 무권리자의 처분에 있어서와 마찬가지로, 무권리자에 대한 변제이어서 채무소멸의 효과를 가지지 못하는 원칙적인 경우에 있어서도, 채권자는 이를 **추인하여** 적법한 변제로 할 수 있다고 할 것이다. 물론 변제 또는 그 수령이 엄밀한 의미의 처분행위, 나아가 법률행위가 아니고 따라서 엄밀한 의미의 「추인」도 있을 수 없다. 그러나 무권리자의 처분의 추인에서와 마찬가지로, 이 경우에도 권리자가 자기 권리의 운명을 스스로 정할 수 있음은 다를 바 없다.[183)]

그리고 이 경우에도 역시 앞의 Ⅱ. 2. (3)에서 본 바와 같이 이제 채권을 상실하게 된 원래의 채권자는 변제수령자에 대하여 그가 받은 급부를 부당이득으로 반환청구할 수 있다고 할 것이다. 한편 채권자가 그와 같은 부당이득반환청구를 하는 것 자체를 默示的 追認으로 해석하여야 할 경우가 많을 것이다.[184)]

4. 債權讓渡의 無效 등의 경우

한편 채권양도의 통지가 행하여졌으나 실제로는 讓渡가 없거나 무효이면 채권의 귀속에는 아무런 변동이 없다. 그런데 그 때 채권양도의 통지를 받아서 양도가 유효하게 행하여졌다고 믿은 債務者가 讓受人에게 辨濟 등을 한 경우에 대하여, 민법은 채무자를 보호하기 위하여, 채무자가 「양도인」, 즉 진정한 債權者에 대하여 그 채무의 소멸을 주장할 수 있다고 정하고 있다(民 § 452 Ⅰ). 이 경우에 있어서도 이로써 채권을 상실한 원래의 채권자는 채무자로부터 변제 등을 받은 양수인에 대하여 그 받은 급부를 부당이득으로 반환청구할 수 있다고 할 것이다.

5. 其他의 境遇

그 외에도 민법은 원래는 효력이 없는 변제가 일정한 요건 아래서 유효가 되는 경우를 정하고 있다. 예를 들어, 民 §§ 463, 464는, 채무자가 변제로 타

183) 독일민법의 해석으로도 判例와 多數說은 이러한 태도를 취한다. 우선 MünchKomm/Lieb, § 816 Rn. 63 m.w.N.(Bd. 5, 3. Aufl., 1997, S. 1325) 참조.

184) 독일의 경우에 대하여 우선 前註의 문헌 참조.

인의 물건을[185] 인도한 경우에는 채권자가 이를 선의취득 등으로 유효하게 취득하지 아니하는 한 변제로서의 효력이 없으며, 또 양도할 능력 없는 소유자가 물건을 인도한 경우에 그 "변제를 취소"하면 그 변제는 효력이 없게 됨을 전제로 한 규정이다. 그런데 그 경우에도 "채권자가 변제로 받은 물건을 善意로 消費하거나 他人에게 讓渡한 때에는 그 변제는 효력이 있다"(民 § 465 I). 그런데 이 규정은 채권자와 채무자 사이에 대한 것으로서, 원래의 소유자 또는 양수인 등의 第三者는 이에 영향을 받지 아니하고 채권자에 대하여 불법행위나 부당이득 또는 타인의 물건의 매도를 이유로 하여 책임을 물을 수 있는 경우가 있다. 이와 같이 「賠償의 請求」를 당한 채권자를 구제하기 위하여, 民 § 465 II는 채무자에 대하여 求償權을 행사할 수 있다고 정한다. 이 규정에서의 「求償權」은 부당이득반환청구권의 성질을 가지는 것으로 이해되고 있다.[186]

또한 어떠한 채무에 대하여 자신이 채무자가 아님에도 불구하고 채무자라고 잘못 알고 그 변제를 한 경우(소위 「他人債務의 錯誤辨濟」)에는 非債辨濟로서 그 급부의 반환을 청구할 수 있음이 원칙이다. 그러나 민법은 예외적으로 "채권자가 선의로 증서를 훼멸하거나 담보를 포기하거나 시효로 인하여 그 채권을 잃은 때"에는 변제자가 그 반환을 청구하지 못한다고 하여(民 § 745 I), 결국 그 변제가 유효하게 됨을 정한다. 이 경우에 변제자는 진정한 채무자에 대하여 求償權을 행사할 수 있다(同條 II). 이 때의 「구상권」도 부당이득반환청구권의 성질을 가진다고 이해되고 있다(同條 注解 참조).

이상의 경우에는 앞의 (1)이나 (2)와는 달리, 채무자의 변제 자체가 곧바로 채권의 귀속을 침해하였다고 할 수 없고, 채권자에게 사후적으로 발생한 일정한 事由가 부가됨으로써 비로소 그가 채권을 상실하게 된다. 따라서 이를 侵害不當利得의 한 예로서 들기는 어렵고 오히려 法이 특별히 정하는 不當利得返還請求權이라고 할 것이다.

6. 強制執行上의 債權喪失

(1) 한편 辨濟行爲에 의하여서가 아니라 強制執行에 의하여 채권자가 법률상 원인 없이 자신의 채권을 상실하게 되는 경우가 있다. 집행채무자가 가지는 채권에 대한 압류 및 전부명령은 유효한 執行權原에 기하여 행하여지는

185) 통설은 이들 규정은 種類物에 한하여 적용되며, 특정물에 대하여는 적용이 없다고 한다. 우선 民法注解[XI], 57, 62(金大彙 집필) 참조.

186) 우선 民法注解[XI], 65(金大彙 집필) 참조.

이상 유효하여 집행채무자는 피전부채권을 상실하게 된다. 그리고 그 때 집행채권이 변제나 화해 등으로 전부명령 당시에 이미 또는 그 후에 소멸하였다는 사정 또는 집행권원이 가집행선고부 판결이었는데 후에 가집행선고가 실효된 것 등의 사정이 있어도 이는 그 효력에 영향을 미치지 못한다는 것이 확고한 판례의 태도이다.187) 그러나 이 경우에 집행채무자는 집행채권자에 대하여 그가 轉付·取得한 채권을 부당이득으로 반환청구할 수 있고, 집행채권자가 제3채무자로부터 그 채무의 이행으로 수령한 것이 있으면 그것에 대하여도 마찬가지이다. 이러한 類型 역시 채권의 귀속침해의 한 예로 이해하여도 좋을 것이다.

(2) 예를 들어 大判 91.8.13, 89다카27420(公1991, 2323)은 다음과 같은 事案에 대한 것이다. 피고가 甲을 상대로 약속어음금청구소송을 제기하여 제1심 법원에서 가집행선고부 판결을 받고, 이를 채무명의로 하여 甲의 乙에 대한 채권 중 일부에 관하여 채권압류 및 전부명령의 결정을 받았다. 그런데 피고는 위 약속어음금청구사건이 항소심에 계속중 甲과의 사이에 甲으로부터 일정금을 지급받고 위 약속어음을 甲에게 반환하며 위 소송은 백지화하기로 합의하였다. 항소심 법원은 이 합의를 抗訴取下의 합의로 보고 항소 각하의 판결을 선고하여, 위 판결이 확정되었다. 그런데 그 후 피고는 乙을 상대로 전부금청구 소송을 제기하여 전부금 및 그 지연손해금을 지급받았다. 甲은 원고가 乙로부터 지급받은 돈 중 위 합의금액을 초과하는 부분에 대한 부당이득반환청구권을 원고에게 양도하였고, 이 사건에서 이 권리를 행사하였다. 그 부당이득반환청구권이 인정되어 원고는 결국 승소하였는데, 위 판결은 ──事案과는 거리가 있기는 하나── "채권에 대한 압류 및 전부명령이 집행법상 적법하게 발부되어 채무자 및 제3채무자에게 송달되면 집행채권에 관하여 변제의 효과가 발생하고 강제집행절차는 종료하나, 채권압류 및 전부명령의 기초가 된 가집행선고부 판결이 상급심 판결에 의하여 그 전부 또는 일부가 취소된 경우에는 그로 인하여 위 채권압류 및 전부명령에 의한 강제집행이 이미 종료된 것 자체에는 아무런 변동을 가져오지 아니하면서도 그 취소된 부분에 관하여는 집행채권자가 부당이득을 한 것이 되어 이를 반환할 의무를 진다"는 抽象論을 덧붙이고 있다.

---

187) 大判 83.1.26, 82마854(集 31-1, 23) 및 바로 뒤에서 보는 대법원판결들 및 法院行政處, 改正增補 法院實務提要 強制執行(下)(1993), 290 참조.

나아가 大判 93. 1. 15, 92다38812(公1993, 705)는, 가집행선고부 제 1 심판결에 기하여 예금채권에 대하여 압류 및 전부명령을 받고 그 예금을 실제로 반환받은 사안에 대하여 같은 결론을 취하고 있다. 이 사건에서는 가집행선고의 취소로 인한 가지급물반환의 범위가 다투어졌는데, 原審은 가집행선고로 인한 지급물은 가집행선고의 결과로서 채무자가 채권자에게 이행한 물건만을 의미하는 것으로서, 집행채권자가 제 3 채무자로부터 지급받은 위의 전부금과 같은 것은 가집행선고로 인한 지급물이라고는 볼 수 없다고 판단하여, 집행채무자의 가지급물반환신청을 배척하였었다. 그러나 대법원은, 가집행선고부 판결을 채무명의로 하여 전부명령을 얻어 그 전부금을 수령한 후 그 가집행선고가 실효되었다면, 그 전부금의 취득은 채무자가 이행한 급부와 마찬가지로 보아야 하고, 따라서 채권자는 그로 인하여 위 전부채권액에 상당하는 부당이득을 얻은 결과가 되어 원상회복되어야 한다고 판시하였다.

한편 大判 95. 12. 5, 95다22061(公1996상, 200)은, 피고가 원고를 상대로 구상금청구소송을 제기하여 확정판결을 얻은 다음 원고로부터 승소채권액의 일부를 변제받고 나머지 잔액에 대해서는 이를 포기하였음에도 위 확정판결에 기하여 원고의 甲에 대한 임대보증금반환채권에 대하여 압류 및 전부명령을 받은 사안(나아가 피고는 갑을 상대로 전부금청구소송을 제기하여 甲은 원고로부터 건물부분을 인도받음과 동시에 보증금을 피고에게 지급하라는 판결을 선고받았다)에 대한 것이다. 원고의 부당이득반환청구에 대하여 原審은 피고가 甲으로부터 금전을 지급받았다는 점에 대한 원고의 주장·입증이 없는 이상 피고가 현실적으로 어떤 이득을 얻었다고 볼 수 없으므로 부당이득은 성립되지 않는다는 취지로 판시하였다. 그러나 대법원은, 이득이 제 3 자에 대한 채권의 취득인 경우에 그 채권을 이미 변제받았으면 그 급부를, 아직 현실적으로 추심하지 못하였으면 그 채권의 반환을 구하여야 하고 그 채권 가액에 해당하는 금전의 반환을 구할 수는 없다고 하면서, 後者의 경우 채권의 양도와 아울러 그 채권양도의 통지를 그 채무자에게 할 것을 청구하는 형태가 된다고 한다.

제3. 他人의 物件 또는 權利의 權限 없는「이용」

I. 論議의 範圍

이하에서는 일단 타인의 물건을 권원 없이 사실적으로 사용한 것과 관련한 부당이득문제를 살펴보기로 한다(이하 II. 내지 V.). 그리고 이어서 특허권이나 저작권과 같은 타인의 권리가 무단으로 이용된 경우나, 타인의 물건을 제3자에게 양도하거나 그 위에 제한물권 등을 설정한 것과 같이 말하자면 추상적인 권리상으로 침해가 있었던 경우에 대하여 검토한다(이하 VII.). 비록 타인의 물건이 권원 없이 사실적으로 이용된 경우에 대한 재판례만을 소재로 하였다고 해도, 그로부터 얻어지는 기준은 그 이외의 침해부당이득의 경우에도 대체로 타당하다고 생각되는 것이다.

그리고 논의의 편의를 위하여 국가 또는 지방자치단체가 타인의 토지 위에 도로 기타 이와 유사한 시설물을 개설 또는 보수·유지하는 사안유형에 대하여는 별도의 항을 마련하여 보기로 한다.[188]

II. 受益者의「法律上 原因」

1. 序

타인의 소유에 속하는 물건의 실체(Substanz)를 손괴하지 아니하면서 권한 없이 사용하는 것은 그 자체로 소유자에 대하여 그 사용이익을 부당이득하는 것이 된다. 어떠한 물건을「使用」또는「收益」하는 이익은 원래 그 소유자에게 속하여야 하는 것으로 그에게 割當되었다(民 § 211 참조: "所有者는 … 그 所有物을 使用, 受益, 處分할 權利가 있다"). 그러므로 소유자 이외의 사람이 그 물건으로부터 사용 또는 수익의 이익을 얻는 것은, 그에게 당해 이익의 수취를 내용으로 하는 권리가 없는 한, 그「법률상 원인」이 없는 것이다.

---

188) 뒤의 VI. 참조.

2. 受益者의 「占有할 權利」

(1) 수익자가 지상권이나 전세권 기타의 用益物權이나 소유자와의 사이에 체결한 임대차, 사용대차 등의 계약에 기하여 그 권한범위 내에서 당해 물건을 사용하는 경우에는 그 용익에 관한 「법률상 원인」이 존재하는 것임은 물론이다. 또한 民 § 201 I 에서 정하는 善意占有者의 과실수취권도 그 한도에서 마찬가지이다. 同項에서 정하는 「果實」은 엄격한 의미의 과실뿐만 아니라 사용이익에도 미친다는 것이 확고한 판례이고, 통설이다.[189)]

그런데 사용자에게 물건을 「점유할 권리」(民 § 213 但書 참조)가 있어서 그 물건을 반환 또는 인도하지 아니하여도 된다거나 기타 그 물건과 관련한 어떠한 권리가 있다고 하여도, 문제가 되는 그의 사용이 그 권리의 적법한 범위를 넘는 경우에는, 역시 그 범위를 넘는 한도에서 그의 사용이익은 「법률상 원인」이 없는 것이다. 이와 관련하여서는 裁判例도 상당수 축적되어 있다. 이하 차례로 살펴보기로 한다.

(2) **유치권자**는 자신이 점유하는 "물건에 관하여" 가지는 일정한 채권의 만족을 얻을 때까지 그 물건을 留置할 권리가 있다(民 § 320 I 참조). 그리고 그는 그 유치물의 果實을 수취하여 자기 채권의 변제에 충당할 수 있다(民 § 323 I 참조). 그러나 그는 채무자 기타 소유자의 승낙 없이는[190)] 유치물을 使用하거나 貸與하거나 擔保로 提供할 수 없다(民 § 324 II).[191)] 따라서 유치권자가 유치물을 사용한 경우에는 그 이익이 소유자에게 부당이득으로 반환되어야 한다. 그리고 이 경우의 사용이익은 통상과는 달리 이를 果實에 준하는 것으로 취급할 수 없으며,[192)] 따라서 앞서 본 대로 과실에 대하여 인정되는 優先辨濟權能이 인정되지 않는다. 그러므로 예를 들어 주택 기타 건물의 점유자가 그에 필요비 등을 지출하

189) 이에 대하여는 우선 民法注解[Ⅳ], 391 이하(梁彰洙 집필) 참조.

190) 법문은 "債務者의 承諾"을 요하는 것으로 규정하고 있다. 그러나 이는 목적물의 소유자가 동시에 피담보채무의 채무자인 경우만을 염두에 두고 그렇게 규정하였을 뿐이고, 목적물의 소유자가 그 채무자가 아닌 경우에는 채무자가 아니라 소유자의 승낙을 얻어야 한다는 데 異論이 없다. 우선 民法注解[Ⅵ], 320(胡文赫 집필) 참조.

191) 최근의 大決 2002. 11. 27, 2002마3516(公 2003상, 220)은, 이러한 법리에 기하여, 유치권자로부터 유치물소유자의 승낙 없이 유치물을 임차한 자는 그 임대차의 효력을 소유자에게 주장할 수 없으며, 따라서 그 임차인의 점유는 전면개정 전 민사소송법 제647조 제 1 항 단서에서 정하는 "경락인에게 대항할 수 있는 권원"에 기한 것이 아니라고 판시하였다.

192) 우리 민법에서 使用利益은 **통상적으로는** 果實에 준하여 처리하는 것이 적절하다. 이에 대하여는 우선 民法注解[Ⅳ], 391(梁彰洙 집필) 참조.

여 비용상환청구권에 기하여 그 건물에 대하여 유치권을 가진다고 하여도, 그가 소유자의 승낙 없이 그에 住居하거나 거기서 營業을 함으로써 이를 사용한 경우에는 그 사용이익을 부당이득으로 반환하여야 한다.[193]

한편 유치권자가 소유자의 승낙 없이 留置物을 임대한 경우에 관하여, 그 임차인은 차임을 지급하고 목적물을 용익하는 것이므로 소유자에 대한 관계에서도 「법률상 원인」 없이 목적물을 사용한다고 할 수 없고, 다만 임대인, 즉 유치권자가 그 받은 借賃을 부당이득으로 소유자에게 반환하여야 한다는 견해가 주장되고 있다.[194] 그러나 위와 같은 경우의 임차인이 善意의 占有者로서 가지는 「果實收取權」(民 § 201 I 참조)에 기하여 사용이익의 반환의무를 부담하지 않음은 별론으로 하고, 또는 혹 그가 선의의 수익자인 경우에 그 차임의 지급으로 인하여 목적물 사용으로 인한 現存의 利益이 없게 되는 것(民 § 748 I 참조)은 별론으로 하고, 그가 유치권자에게 차임을 지급하고 목적물을 용익한다고 해서 당연히 그의 사용이 소유자에 대하여 「법률상 원인」이 있는 것이라고는 할 수 없을 것이다.

그런데 民 § 324 Ⅱ 단서는 유치권자가 유치물에 대하여 "보존을 위한 사용"을 할 권리를 가진다고 정한다. 이는 유치물의 보존을 위하여 補修工事 등을 하여야 할 경우와 같이 부득이 일시적으로 유치물을 사용하여야 하는 경우를 염두에 둔 것으로 보이는데, 관련 재판례 중에는 "유치 중에 있는 건물의 일부인 큰 홀을 40일간 타인에게 빌려주어 그 곳에서 영화를 상영하게 하였다는 정도는 유치물의 보존에 필요한 사용이라고 못볼 바 아니"라는 것이 있으나,[195] 의문이 없지 않다.

(3) 民 § 343은 動產質權에 대하여 앞의 (2)에서 본 民 § 324를 준용한다. 그러므로 그 곳에서 설명한 바는 동산질권자가 소유자의 승낙 없이 질물을 사용·임대·담보제공한 경우에도 그 성질에 반하지 아니하는 한 타당하다.

한편 大判 86. 2. 11, 85다카119(公 1986, 441)는 원고 소유의 重機가 그의 피고에 대한 채무를 담보하기 위하여 피고에게 인도되었는데 피고가 이를 "수시로 사용"한 사안에 대하여 판단하고 있다. 원심은 피고의 이득액을 인정할 자료가

193) 大判 60. 9. 15, 4292民上553(要集 I-1, 583); 大判 63. 7. 11, 63다235(集 11-2, 45); 大判 77. 1. 25, 76다2096(要集 I-2, 1099) 등.

194) 民法注解[Ⅵ], 321(胡文赫 집필). 한편 日注民(8), 57(田中整爾 집필)도 그러한 뜻을 주장한다.

195) 大判 65. 3. 9, 64다1797(要集 I-1, 583).

없다고 하여 원고의 부당이득반환청구를 기각하였는데, 대법원은 "피고가 이 사건 중기를 담보로 제공받은 이후에 수시로 이를 사용한 사실을 인정하고 있는 이상에는 특별한 사정이 없는 한 피고는 위 중기를 사용한 만큼의 이득을 얻었다고 아니할 수 없으므로 원심으로서는 그 이득액에 관하여 좀더 심리하고 그로 인하여 원고가 얼마만큼의 손해를 입게 되었는지 등을 따져 피고가 반환해야 할 부당이득액의 존부 및 범위를 확정하였어야" 했다는 이유로 이를 파기하였다. 과연 이 사건 중기에 어떠한 담보권이 설정되었다는 것인지 判然하지 아니하나, 적어도 그 권리를 넘는 사용이 있는 경우에는 그 사용 자체가 「이득」에 해당하여 그 이익이 반환되어야 함을 당연한 전제로 한다고 評價할 수 있을 것이다.

(4) 한편 **건물의 소유를 위한 법정지상권**이 존재하는 경우에는 토지소유자는 법정지상권자, 즉 건물소유자에 대하여 地料를 청구할 수 있다. 그런데 이 지료청구권은 법정지상권에 수반되는 일종의 법정채권관계로서, 부당이득반환청구권과는 그 성질을 달리한다. 물론 이 때 지료는 당사자 간에 합의로 정할 수 있지만, 그 합의가 없으면 법원에 그 지료결정을 청구할 수 있다(民 § 366 但書 참조). 이 때 소유자는 당연히 법정지상권이 성립한 이후의 기간에 대한 지료의 지급을 청구할 수 있고, 위 지료결정청구 이후의 시점에 한정되는 것은 아니다.[196] 나아가 大判 66. 9. 6, 65다2587(集 14-3, 4); 大判 75. 12. 23, 75다2066(集 23-3, 164); 大判 89. 8. 8, 88다카18504(公 1989, 1346) 등은 법정지상권자가 지급할 지료를 정함에 있어서 법정지상권 설정 당시의 제반사정을 참작하여야 하나, 그 건물로 토지소유권이 제한을 받는 사정을 고려하여서는 안 되며, 그러한 제한 없이 타인의 토지를 이용하는 것으로 평가하여야 한다고 한다.

위와 같이 법정지상권이 있는 건물을 양수한 사람이 건물에 관하여서만 소유권이전등기를 받고 법정지상권의 이전등기를 경료받지 아니한 경우는 어

196) 大判 93. 3. 12, 92다44749(公 1993, 1164)는 직접 이 문제가 판단된 것은 아니지만, 법정지상권 성립 이후의 지료지급을 전제하고 있다. 한편 大判 94. 12. 2, 93다52297(公 1995, 424); 大判 96. 4. 26, 95다52864(公 1996상, 1702) 등은 법정지상권의 지료가 결정된 바 없다면 법정지상권자가 이를 지급하지 아니하였어도 지료지급의무에 관하여 이행지체에 빠졌다고는 할 수 없다고 한다. 또한 최근의 大判 2003. 12. 26, 2002다61934(公 2004상, 209)는, ① 법정지상권 또는 관습상의 법정지상권에서 토지소유자는 지상권자를 상대로 반드시 지료의 확정 자체를 청구하여야 하는 것은 아니고, 지료의 확정을 전제로 그 금액의 지급을 바로 訴求할 수 있고, 그 경우에는 판결이유에서 행하여진 지료결정은 소송당사자 사이에서 지료결정으로서의 효력이 있으며, ② 일정한 기간에 관한 법원의 지료결정은 지료증감청구를 하는 등의 특별한 사정이 없는 한 그 후의 기간에 내하여도 같은 액으로 결정된 것으로 보아야 한다고 판시하였다.

떠한가? 이 경우에 건물양수인은 비록 지상권이전등기를 경료받지 아니하여 법정지상권 자체를 취득하지는 못하였다고 해도(民§186 참조) 일반적으로 그 垈地의 소유자에 대하여 건물을 철거하고 그 대지를 인도할 의무가 없다. 大判(全) 85.4.9, 84다카1131등(集 33-1, 174)은 종전의 판례를 변경하여 이러한 태도를 취하면서, "지상권의 부담을 容認하고 그 설정등기절차를 이행할 의무 있는" 토지소유자가 그러한 청구를 하는 것은 信義則에 반한다는 이유를 제시하였다.[197] 그러나 그러한 結論은 우원하게 신의칙을 끌어들일 것도 없이, 民§213 단서에서 말하는「점유할 권리」를 점유를 내용으로 하는 무슨 구체적인 권리라고 한정적으로 해석할 필요는 없고 널리 소유자의 소유물반환청구를 거절할 수 있는 法的 地位라고 이해하고서, 나아가 위의 경우 지상건물의 양수인은 그러한「점유할 권리」를 가진다고 하면 족하였을 것이다.[198] 그런데 그 때 그 건물양수인이 건물의 소유로 대지를 사용하는 이익은 不當利得으로 대지소유자에게 반환되어야 한다. 왜냐하면 그가 地上權 기타 대지용익권을 가지지 아니하는 이상, 점유를 넘어선 다름아닌 그「사용」은 법률상 원인 없는 것이기 때문이다. 大判 88.10.24, 87다카1604(公 1988, 1463); 大判 92.6.23, 91다40177(公 1992, 1547); 大判 95.9.15, 94다61144(公 1995, 3389); 大判 97.12.26, 96다14665(公 1998상, 387) 등도 같은 態度를 취한다. 그리고 大判 95.9.1, 94다61144(公 1995, 3389)는 그 때 토지의 사용이익의 가액은 아무런 제한 없이 원고 소유의 토지를 사용함으로써 얻는 이익에 상당하는 대가로 산정되어야 하므로, 원심이 대지소유권이 지상 건물의 소유를 위한 법정지상권에 의하여 제한되는 사정을 참작하여 감액한 차임 상당액을 반환할 의무가 있다고 판단한 것은 잘못이라고 판시하였다.

결국 이상은 토지사용의「대가」의 지급관계를 부당이득의 법리를 통하여 토지소유자와 법정지상권자 사이와 같이 처리하려는 것이라고 할 수 있다. 그리고 이와 같이「법률상 원인」이 존재하다가 소멸한 경우에도 그 소멸 후에도 사용 등「이득」의 現狀이 종전과 다를 바 없다면, 이제는 부당이득의 법리를 통하여 실제로는 종전과 같은 대가의 지급이 인정되는 결과는, 예를 들면 뒤의 3.에서 보는 임대차보증금 또는 전세금이 지급된 경우에서도 관찰된다. 이와 같은 법적 처리는 혹 지상권이나 임대차 등 물건용익관계의「餘後效(Nachwirkung)」로서의 부당이득관계라고 일반화할 수 있을는지도 모른다.

---

197) 그 후의 大判 85.9.10, 85다카607(公 1985, 1329); 大判 88.9.27, 87다카279(集 36-2, 154) 등도 同旨이다.

198) 이에 대하여는 民法注解[V], 226 이하(梁彰洙 집필) 참조.

(5) 또한 物件의 양도담보에 있어서는 양도담보설정자가 여전히 목적물을 용익할 권리를 가지는 것이 통상이다. 그리고 양도담보권자의 양도담보권은 어디까지나 담보를 목적으로 하는 것으로서 그에 의한 채권적 제약을 받는 것이다. 그러므로 양도담보설정자가 목적물을 제 3 자에게 임대하여 인도하더라도, 그 임차인의 점유 및 사용은 양도담보권자에 대한 관계에서 적법한 것으로서, 양도담보권자는 그 양도담보권의 실행 전에는 그 반환을 청구할 수 없고, 나아가 부당이득을 이유로 사용이익의 반환을 청구할 수 없다. 이는 양도담보의 법률구성에 관하여 신탁적 양도설을 취하든, 소위 담보권설을 취하든 관계없이 인정되는 바이고, 또 부동산양도담보 중에 「가등기담보 등에 관한 법률」의 적용범위(同法 § 1, 民 § 607 참조)에 속하여 同法 § 4 Ⅱ의 적용을 받는 것에 있어서도 다를 바 없다. 또한 양도담보설정자가 목적물을 제 3 자에게 매도하여 이를 인도한 경우에도, 그 매수인은 비록 소유권을 취득하지 못한다고 하더라도, 그 점유와 사용에 관한 한 앞서 본 임대의 경우와 마찬가지라고 할 것이다.

大判 79. 10. 30, 79다1545(集 27-3, 127)는, "양도담보권자는 담보권 실행의 일환으로, 목적물을 담보채무자로부터 임차하여 점유하는 제 3 자에 대하여도 명도를 구할 수 있고, 명도를 거부하는 경우에는 담보권 실행의 방해를 이유로 하는 손해배상도 아울러 구할 수 있"다고 하면서도, 나아가 "그러한 경우에도 양도담보권자에게는 목적물에 대한 사용수익권이 없으므로 일반의 소유권자가 그 소유의 부동산을 불법점유하는 제 3 자에 대하여 소유권에 기한 사용수익을 하지 못한 것을 이유로 하여 청구하는 임료 상당의 **손해배상**을 구할 수는 없다"(강조는 인용자가 가한 것이다. 이하 같다)고 판시하였다.[199] 그 취지는 양도담보권자는 담보설정자로부터의 목적물을 임차한 사람에 대하여 물건의 사용으로 인한 부당이득책임을 물을 수 없다는 것에도 미칠 것이었다. 그리하여 大判 88. 11. 22, 87다카2555(公 1989, 21)는 甲에 대한 채권의 담보로 그 대지의 소유권을 이전받은 원고가 甲이 신축한 건물을 그 대지와 함께 분양받아 사용하는 피고에 대하여 부당이득반환청구를 한 사건에서, 原審이 "양도담보권자는 제 3 자에 대한 관계에서는 담보물의 소유자로서 담보물을 점용하는 제 3 자에 대하여 부당이득의 반환을 구할 수 있고 피고가 이 사건 토지를 적법하게 매수하였다 하여도 소유권이전등기를 마치지 아니한 이상 이로써 담보권자인 원고

199) 이미 大判 66. 9. 27, 66다1330(集 14-3, 108)은, 양도담보권자는 담보부동산의 처분을 위하여 그 인도를 구할 수 있지만 사용수익권은 없으므로 그것을 전제로 한 손해배상청구는 할 수 없다고 판시한 바 있다.

에게 대항할 수도 없다"고 하여 그 청구를 인용한 것을, "양도담보권자는 목적물을 사용수익할 수 있는 정당한 권한이 있는 채무자나 채무자로부터 그 사용수익할 수 있는 권한을 승계한 자에 대하여 차임 상당의 부당이득의 반환청구를 할 수 없다"고 판시하여 破棄還送하였다.

그러므로 양도담보권자는 그 담보권의 실행으로 스스로 목적물을 취득한 이후에야 비로소 그러한 부당이득반환청구를 할 수 있을 것이다.

3. 受益者가 同時履行의 抗辯權을 가지는 경우

(1) 소유자에 대하여 물건의 반환의무(그 성질이 계약상 반환의무이든 부당이득 기타 법률상의 반환의무이든 불문한다)를 부담하는 사람이 자신이 소유자에 대하여 가지는 반대채권에 기하여 동시이행의 항변을 할 수 있는 경우는 어떠한가? 즉 그 반환의무자가 자신이 반환하여야 할 그 물건을 동시이행항변권에 기하여 반환하지 아니하여도 되는 경우에 그가 나아가 이를 사용한다면 그 사용이익을 소유자에게 부당이득으로 반환하여야 할 것인가?

이는 아직 만족을 얻지 못하여서 그 동시이행항변권을 발생시키는 기초가 되고 있는 물건사용자의 반대채권이 어떠한 내용의 것인지, 다시 말하면 그 반대채권이 그로써 당해 물건를 현재 문제되고 있는 모습으로 사용하는 것을 정당화할 수 있는 내용의 것인지에 달려 있다고 할 것이다. 그리고 그 경우에 그 반대채권이 현재의 「사용」을 전적으로 정당화하는 데까지는 미치지 못한다고 하면,[200] 그 不足한 部分에 대하여는 「법률상 원인」이 없는 것이므로 그 부분의 가액(民 I §747 참조)을 부당이득으로 반환하여야 한다.

(2) 예를 들면 임대차의 종료로 인하여 임차인이 부담하는 목적물반환의무와 임대인의 보증금반환의무 또는 전세금반환의무는, 大判(全) 77.9.28, 77다1241(集 25-3, 121) 이래의 확고한 판례의 태도 및 民 §317에 의하면 서로 동시이행관계에 있다. 만일 임차인이 별도의 차임 없이 전세금만을 지급한 경우에, 임대인이 그 전세금을 전혀 반환하지 않고 있다면, 임차인은 임대차의 종료 후 목적물을 계속 사용하여도 그 사용이익을 부당이득으로 반환할 의무를 지지 않는다.[201] 그리고 이 점에 관한 한 傳貰入者가 단지 채권적 전세계약을 체결한

200) 이 점에 대하여는 뒤의 (2)에서 보는 大判 2002.2.5, 2001다62091(公 2002상, 635)도 참조.

201) 大判 2002.11.22, 2002다38828(公 2003상, 154)은, 임대차에서 임차인이 그 임대차로 인하여 임대인이 납부하여야 할 부가가치세를 임대인에게 별도로 지급하기로 약정한 경

것에 불과한지 아니면 물권적 전세권자인지는 문제되지 않는다.

大判 62. 10. 18, 62다299(集 10-4, 102)는 당사자 사이에 "원고는 피고로부터 가옥의 명도를 받을 때까지 위의 금 170만환의 지급을 거부할 수 있고 피고는 원고로부터 위의 금 170만환의 지급을 받을 때까지 그 가옥 명도를 거부하고 사용할 수 있다는 내용의 계약 즉 소위 전세와 유사한 계약내용"을 체결한 사안에서 피고의 부당이득을 긍정한 원심판결을 파기·환송하였다. 이 판결은 당사자 사이의 계약 자체에서 일정한 금전의 지급이 있기까지는 가옥의 사용이 허용되는 것으로 정하여진 事案에 대한 것이기는 하나, 그 취지는 전세계약이 종료된 후의 기간에 관하여 전세임차인이 목적물의 사용이익의 반환의무를 지지 않는다는 취지를 판시한 것으로 일반화하여 이해하여도 무방할 것이다. 그리고 大判 79. 9. 25, 79다762(公 621, 12260)는 채권적 전세계약이 체결되고 그 계약이 종료된 사안에서 그 후 임대인(원고)이 실제로 전세금을 반환한 경우에 그 반환시까지의 임차인(피고)의 수익은 특별한 사유가 없는 한 원고에서 손해를 끼쳤다고 할 수 없다고 판시하여 임대인의 부당이득반환청구를 부인하고 있다.[202] 이러한 경우는 임대인의 「손실」을 부인하기보다 임차인에게 목적물 사용의 「법률상 원인」이 있다고 하는 것이 더욱 적절하다고 생각되는데,[203] 여하간 위와 같은 趣旨를 정면에서 긍정한 것으로 볼 것이다.

이와 관련하여 大判 2002. 2. 5, 2001다62091(公 2002상, 635)은 물권적 전세권관계가 종료되었으나 목적물을 인도하였지만 아직 전세권설정등기를 말소하지 아니하고 있는 전세권자가 아직 전세금을 반환하지 아니하는 전세권설정자에 대하여 그 전세금액의 이자 상당액을 부당이득으로 청구할 수 있는가 하는 문제에 대하여 이 경우 "전세권설정자는 전세금의 반환을 거절할 수 있고, 따라서 다른 특별한 사정이 없는 한 그가 전세금에 대한 이자 상당액을 법률상 원인 없이 이득하고 있다고 볼 수 없다"고 판시하였다. 이는 물권적 전세권의 경우

우에, 임대차계약의 해지 후에도 임차인이 같은 용익을 계속하고 보증금이 반환되지 않았으면, 그 용익관계는 부가가치세의 부과대상인 「용역의 공급」에 해당하고, 나아가 위 약정에 의한 부가가치세 상당액 지급의무는 이에도 미친다고 판시하였다. 물론 이는 위와 같은 약정의 해석에 관련된 문제이나, 계약의 존속 중과 같은 법률관계가 유지된다는 점에서, 본문에서 서술한 경우에 부당이득이 성립하지 않는 것과 궤를 같이 한다고도 볼 수 있다.

202) 위 판결은 "가령 원고에게 전세금의 반환시까지 손해가 있었다고 해도 전세금 전액을 반환한 원고의 의사는 특별한 사정이 없는 한 그 때까지의 피고에 대한 부당이득반환청구권은 포기한 것으로 볼 여지도 있다 할 것"이라고 덧붙이고 있다.

203) 바로 뒤에서 보는 大判 2002. 2. 5, 2001다62091(公 2002상, 635) 참조.

에는, 民 §317에서 明文으로 정하여진 것처럼, 목적물반환의무뿐만 아니라 전세권등기말소의무가 전세금반환의무와 대등하게 대립하고 있으므로, 그 어느 일방의 不履行은 상대방 권리자의 전세금 또는 목적물의 보유 및「이용」을 정당화한다는 法理를 전제로 하는 것으로 이해할 수 있을 것이다.

(3) 한편 임차인이 별도의 차임 없이 전세금만을 지급한 경우에, 임대인이 임대차관계의 종료 후 그 전세금의 일부만을 반환하였다면 어떠한가? 임차인이 그 목적물을 계속 사용하더라도 임대인에 대하여 사용이익을 전혀 반환하지 않아도 되는가? 大判 98. 7. 10, 98다15545(公 1998하, 2093)는, 주택임대차에서 주택임대차보호법상의 대항력과 우선변제권을 겸유하는 임차인이 그 후 행하여진 주택에 대한 경매절차에서 우선변제권을 행사하였으나 전세금의 일부만을 배당받은 경우에도 대항력을 잃지 않아서 경락인에 대하여 나머지 전세금의 반환청구권에 기하여 동시이행의 항변을 할 수 있다고 하면서, 그러나 임차인은 그 사용이익 중 "전세보증금 잔액에 해당하는 부분을 제외한 나머지 보증금에 해당하는 부분"은 부당이득으로 반환하여야 한다고 판시하였다.[204] 이 裁判例도 역시, 동시이행의 항변권을 가지는 사용자의 사용이익에 관하여 그 법률상 원인의 유무는 그 동시이행관계의 바탕을 이루는 그의 채권의 내용에 상응하여 정하여짐을 말하여 준다고 평가할 수 있다.[205]

(4) 그러나 위와 같은 전세의 경우가 아니라 임차인이 보증금과는 별도의 借賃을 지급하는 경우에는 이와 같이 취급될 수 없다. 대법원은 일찍이 大判 57. 7. 11, 4290民上183(要集 I-2, 987)에서 임대차가 종료된 경우에 임차인이 보증금을 반환받지 못하더라도 "그는 임차목적물의 인도의무 이행을 거부할 수 있을 뿐이고 이로 인하여 사용권을 취득하지는 않는다"고 전제하고, "임차인이 목적물을 사용한 경우에는 임료 상당액을 부당이득으로 반환하여야 한다"고 판시한 바 있다. 그리고 이러한 태도는 그 후 大判 63. 7. 11, 63다235(集 11-2, 45); 大判 79. 3. 13, 78다2500등(集 27-1, 194); 大判 81. 1. 13, 80다1201(公 625, 13629) 등에서도 확인되고 있다. 한편 이 경우에 종전의 임차인이 부당이득으로 반환하여야 할 사용이익의 가액을 산정함에 있어서는 아직 반환되지 아니한 보증금의 존재를 고려하여야 하는 것이다.

(5) 특히 앞의 (2) 내지 (4)에서 설명한 바는, 쌍무계약이 무효이거나 취

204) 原審은 그 임대차가 傳貰契約에 기한 것으로서 정기적으로 지급되는 借賃은 없는 것이었다고 하여 부당이득반환청구를 기각하였었다.

205) 한편 그 경우의 구체적인 반환의무액의 문제에 대하여는 뒤의 V. 2. (1) (b)를 참조하라.

소되거나 그 해제조건이 성취됨으로써 각 당사자가 상대방에 대하여 자신이 수취한 계약상 급부를 반환할 의무를 부담하는 경우에 대하여도 다를 바 없다고 할 것이다. 그 경우 쌍방 당사자의 각 원상회복의무(그 법적 성질은 역시 부당이득반환의무이다.[206])는 동시이행관계에 있다는 것이 大判 76. 4. 27, 75다1242(集24-1, 73); 大判 68. 4. 23, 68다36(集16-1, 277); 大判 95. 9. 15, 94다55071(公1995, 3380) 등 확고한 판례의 태도이다. 그리고 이는 사기 또는 강박을 이유로 하는 취소의 경우에 詐欺者 또는 強迫者 자신의 원상회복의무에 대하여도 마찬가지이어서, 그는 그가 행한 계약상 급부를 被詐欺者 등으로부터 반환받을 때까지 자신의 원상회복의무의 이행을 거절할 수 있다고 할 것이다.[207]

그러므로 만일 매매계약이 위와 같이 효력이 없는 경우에 그 매수인이 매도인으로부터 인도받은 물건을 계속 사용하였다고 해도 매도인은 자신이 수령한 매매대금을 반환하지 아니한 한 매수인에 대하여 부당이득에 기하여 그 사용이익의 반환을 청구할 수 없다고 할 것이다.

(6) 동시이행관계는 그 외에도 다양한 대립적 의무자 사이에 인정된다.

예를 들어 大判 69. 12. 30, 69다1934(集17-4, 273); 大判 85. 11. 26, 85다카848(公1986, 119) 등 판례, 그리고 확고한 통설에 의하면, 금전채무의 지급을 위하여 또는 그 채무의 담보로 어음 또는 수표가 채권자에게 교부된 경우에는 그 어음 등의 반환과 상환으로 채무를 이행할 것을 항변할 수 있다. 이 경우에 채무자의 이행지체책임과 관련하여 어음 등의 반환이 있어야 비로소 그 책임이 있다고 할 것인가의 문제에 대하여, 大判 93.11.9, 93다11203(集41-3, 230)은 "채권자로부터 어음·수표의 반환을 받지 아니하였다 하더라도 이 어음·수표를 반환하지 않음을 이유로 위와 같은 항변권을 행사하여 그 지급을 거절하고 있는 것이 아닌 한 이행지체의 책임을 면할 수 없다"라고 판시한 바 있다.[208] 이와

206) 이 경우에 賣渡人 등 계약의 일방당사자가 원인계약의 무효 등으로 物權變動이 일어나지 않았으므로 자신이 여전히 가지고 있는 所有權에 기하여 반환청구를 하더라도(民 § 213 참조), 그에 대하여 상대방은 동시이행의 항변권에 기하여 「점유할 권리」를 가진다고 할 것이다. 이에 대하여는 民法注解[V], 227(梁彰洙 집필) 참조.

207) 사기자 등에 동시이행의 항변권을 인정할 것인가의 문제에 관한 일본의 견해에 대하여는, 우선 四宮和夫(註 167), 100 註 1 및 127 註 2 참조.

208) 그 이유는, "채무자가 어음·수표의 반환이 없음을 이유로 원인채무의 변제를 거절할 수 있는 것은 채무자로 하여금 무조건적인 원인채무의 이행으로 인한 이중지급의 위험을 면하게 하려는 데 그 목적이 있는 것이지 기존의 원인채권에 터잡은 이행청구권과 상대방의 어음·수표의 반환청구권이 民 § 536에 정하는 쌍무계약상의 채권채무관계나 그와 유사한 대가관계가 있어서 그러는 것은 아니므로, 원인채무의 이행과 어음·수표의 반환이 동시이행의 관계에 있다 하더라도 이는 어음·수표의 반환과 상환으로 하지

같이 이행지체책임의 요건이 어떠한가의 문제와는 별도로, 그 경우에 채무자가 어음 등의 반환을 받을 때까지 금전채무를 이행하지 않는 것을 들어 채권자가 다름아닌 不當利得을 이유로 하여 가령 법정이자 상당액의 반환을 청구할 수는 없을 것이다. 무엇보다도, 채무자가 그 금전채무의 불이행으로 어떠한 이득을 얻는다고 하더라도, 이는 자기 소유의 금전으로부터 얻어진 것으로서 타인의 물건을 권한 없이 이용한 것이라고 할 수 없기 때문이다.[209)]

그런데 通說에 의하면 채무자는 채권자에 대한 領收證請求權(民 § 474)에 기하여 동시이행관계를 주장하여 자신의 채무의 이행을 거절할 수 있다. 그러나 이 경우에도 그 이행거절권은 나아가 물건용익을 정당화하지는 않는다. 예를 들어 動産任置에서 그 계약의 종료로 목적물반환의무를 부담하는 受置人이 任置人이 영수증(「인수증」 등의 용어가 쓰이기도 한다)을 교부하지 아니한다는 이유로 목적물의 반환을 거절하면서(이 이행거절 자체는 정당하다) 그 목적물을 사용하고 있다면, 목적물의 소유자인 임치인은, 임치관계의 존속중에 수치인이 이를 사용하는 경우와 마찬가지로, 그 사용이익의 반환을 청구할 수 있다고 할 것이다.

요컨대 동시이행의 항변권에 기하여 물건의 반환을 거절할 수 있다는 것 자체로 당연히 그 물건에 대한 사용에 「법률상 원인」이 있다고는 말할 수 없는 것이다.

4. 共有者 간의 不當利得關係

(1) 공유자 중 1인이 다른 공유자의 동의 없이 공유물을 「이용」하는 경

아니하면 지급을 할 필요가 없으므로 이를 거절할 수 있음을 의미하는 데 지나지 아니한다"는 데 있다. 그 후 大判 99.7.9, 98다47542(公 1999하, 1587)도 同旨. 日最判 1965(昭 40).8.24(民集 19-6, 1435)도 같은 태도를 취한다. 한편 쌍무계약에 기한 동시이행관계(民 § 536)에 있어서는 판례는 大判 88.9.27, 87다카1029(集 36-2, 164) 이래 大判 97.7.25, 97다5541(公 1997하, 2687); 大判 99.7.9, 98다13754(公 1999하, 1579) 등에서 보는 대로 동시이행항변권의 행사가 없어도 이행지체책임은 발생하지 않는다는 태도를 취하는 것이다. 위의 대법원 1993년 판결에 대한 재판연구관의 판례해설로 洪性戊, "既存債務의 履行에 관하여 어음이 交付된 경우 既存債務에 대한 遲滯責任의 成立과 어음의 返還 要否", 法曹 1994년 9월호, 138 이하가 있다. 이 解說은, 이 판결은 "원인채무의 이행과 어음 등의 반환이 동시이행의 관계에 있다는 것과 민법 제536조에 의한 同時履行이 다른 것을 명백히 하고 있다"고 이해한다. 이와 같은 區別을 받아들여 이론적으로 설명하려는 것이 南孝淳, "同時履行關係의 本質 및 內容", 民法學論叢 Ⅱ: 郭潤直 선생 고희 기념논문집(1995), 325 이하이다.

209) 일반적으로 채무불이행책임과 부당이득반환책임과의 관계에 대하여는 다각적인 논의가 필요하다. 그러나 여기서 다루고 있는 침해부당이득 중에서 타인 물건의 권한 없는 이용과 관련하여서는 최소한 本文에서와 같은 설명이 가능할 것이다.

우는 어떠한가? 物件의 共有者는 "공유물 전부를 지분의 비율로 사용, 수익할 수 있다"(民§263 後段). 물론 공유물의 管理에 대하여는 공유자의 지분의 과반수로 정하는데(民§265 本文), 공유물을 타인에게 賃貸하는 등으로 이를 사용·수익하는 구체적인 방법을 정하는 것은 공유물의 「관리」에 속하는 사항이다.[210] 그러므로 예를 들어 과반수 이상의 지분을 가지는 공유자는 공유물을 단독으로 제3자에게 유효하게 임대할 수 있고,[211] 그 경우 다른 공유자는 임차인으로부터 물건의 반환 등을 청구하지 못한다. 그러나 그것이 공유물로부터 얻어지는 利益이 공유자의 지분의 과반수를 가지는 자에게 속함을 의미하는 것은 아니다. 앞의 民 §263 後段에서 보는 대로 공유자는 원칙적으로 공유물의 사용·수익으로 인한 이익에 대하여도 「지분의 비율로」 권리를 가지는 것이고, 이러한 권리는 공유물의 전부에 미치는 것이다.

(2) 구체적으로 보면 다음과 같다.

㈎ 우선 공유자 중 1인 또는 일부가 위와 같은 지분 과반수의 동의 없이 恣意로 공유물의 전부 또는 일부를 독점적·배타적으로 사용·수익하는 경우에는, 그로 말미암아 그 용익을 배제당한 다른 공유자는 그에 대하여 각자의 지분비율에 좇아 그 용익으로 인한 이익의 반환을 부당이득으로 청구할 수 있다.[212] 그리고 이는 그 공유자가 공유물의 특정부분을 독점적으로 사용하는 경우에 그 부분의 전체 면적에 대한 비율이 그 공유자의 지분비율보다 적은 경우는 물론이고 그 사용부분이 그 지분비율에 상당하는 면적의 범위 내인 경우라도 다른 공유자의 지분한도에서는 마찬가지이다.[213] 앞서 말한 대로 모든 공유자는 공유물 전부를 지분의 비율로 용익할 권리가 있기 때문이다.

㈏ 나아가 공유자 중 1인 또는 일부가 지분 과반수의 동의를 얻어 공유물의 전부 또는 일부에 대하여 「관리」를 행한 경우에도, 그로 인한 이익을 그 지분 과반수의 공유자가 다른 공유자를 배제하고 독점적으로 향유할 수 있는 것은 아니다. 그러므로 당사자들 사이에 別途의 約定이 없는 한, 임대 등 위의 「관리」로 인하여 실제로 이익을 얻은 공유자에 대하여 다른 공유자는 자

210) 大判 62.4.4, 62다1(集 10-2, 61); 大判 66.2.28, 65다2348(要集 民 I-1, 523); 大判 66.4.19, 65다2033(集 14-1, 205); 大判 70.12.29, 70다2337(集 18-3, 426); 大判 79.6.12, 79다647(集 27-2, 88) 등 다수의 재판례가 있다.

211) 大判 68.11.26, 68다1675(集 16-3, 244); 大判 91.9.24, 88다카33855(公 1991, 2590) 등.

212) 同旨: 大判 95.7.14, 94다15318(公 1995, 2772). 또한 뒤의 Ⅳ.1.⑷에서 보는 大判 92.6.23, 91다40177(公 1992, 2242)도 참조하라.

213) 同旨: 大判 72.12.12, 72다1814(集 20-3, 194); 大判 91.9.24, 88다카33855(公 1991, 2590); 大判 2001.12.11, 2000다13948(公 2002상, 251).

신의 지분비율에 따라 그 이익의 반환을 부당이득으로 청구할 수 있다.[214)]

Ⅲ. 物件의 使用과 「利得」

1. 地上物로 인한 土地의 使用

문제되는 타인의 물건의 권한 없는 「이용」이 보다 구체적으로 건물, 수목 기타 지상물의 존립으로 인한 그 대지의 사용이라는 모습으로 행하여지는 경우에 대하여는 별도로 살펴볼 필요가 있는 몇 가지 문제가 제기된다. 이하에서는 실제에서 주로 문제되는 건물의 경우에 한정하여 살펴보기로 한다.

(1) 大判 62.5.31, 62다80(集 10-2, 401); 大判 98.5.8, 98다2389(公 1998상, 1593) 등 판례는 종전부터 建物의 存在 자체로써 그 소유자는 그 대지를 점유하고 나아가 이를 사용하는 것이며, 나아가 이는 그 건물이 실제로 그 소유자에 의하여 용익되고 있지 아니한 경우에도, 또한 그 건물의 취득이 양도담보나 명의신탁을 원인으로 하는 경우에도 다를 바 없다는 태도를 취하고 있다.[215)] 그러므로 건물이 그 대지를 「점유할 권리」 없이 존립하는 경우에는 건물의 소유자는 그 소유기간에 대하여 대지소유자에 대하여 그 사용이익(통상은 차임 상당액)을 부당이득으로 반환하여야 한다.

이는 처음부터 건물이 대지사용권 없이 건립된 경우뿐만 아니라, 위의 大判 98.5.8.의 사안에서와 같이 그 대지에 대한 임대차관계가 해지 등으로 종료한 경우("이 사건 대지에 관한 임대차계약이 적법하게 해지되었다면 피고는 권원 없이 원고의 소유인 이 사건 대지 위에 건물을 소유하고 있는 것이 되어 그 자체로서 특별한 사정이 없는 한 법률상 원인 없이 원고들의 재산으로 인하여 토지의 차임에 상당하는 이익을 얻고, 이로 인하여 원고에게 동액 상당의 손해를 주고 있다고 보아야"한다)에도 타당하다.

(2) 건물의 소유를 위하여 대지임대차계약이 있거나 지상권이 설정되었으나 그 관계의 종료로 건물소유자, 즉 종전의 임차인 또는 지상권자가 建物

214) 同旨: 民法注解[V], 560 註 24(閔日榮 집필); 金容晉, "不動産共有者間의 使用·收益權과 保存行爲", 現代民法學의 諸問題(金曾漢 華甲紀念論文集)(1981), 294; 李敦明, "共有物 使用管理의 法理에 관한 檢討", 法律實務硏究(서울변호사회) 2(1981), 21 등.

215) 이에 대하여는 우선 梁彰洙, "建物의 所有와 敷地占有", 同, 民法硏究, 제 5 권(1999), 379 이하, 387 이하(원래는, 재판의 한길. 金容俊 憲法裁判所長 華甲紀念論文集(1998), 692 이하 所載) 참조.

買受請求權(民 §§ 643, 283 Ⅱ)을 가지게 되어 그가 이를 행사한 경우는 어떠한가? 이로써 당사자 사이에는 건물의 매매계약이 성립하여, 건물소유자는 건물인도의무 및 소유권이전등기의무를, 대지소유자는 대금지급의무를 각각 상대방에 대하여 부담하게 되는데, 大判 91. 4. 9, 91다3260(集 39-2, 38) 등에 의하면, 이들 의무 사이에는 동시이행관계가 있다. 그렇다고 하면 역시 이 경우에 건물소유자의 대지사용에는 법률상 원인이 있다고 할 것인가? 그러나 大判 97. 3. 14, 95다15728(公 1997상, 1073)은 이를 否定하여, 이 경우에도 건물소유자는 여전히 그 사용이익을 부당이득으로 반환하여야 한다고 판시하였다. 건물에 대하여 매수청구권이 행사되었다고 해서, 그 대지의 사용을 정당한 것으로 하는 어떠한 법률관계가 아울러 성립하는 것은 아니므로, 위 판시는 타당하다고 하겠다.

이 경우 매수청구의 대상이 된 건물은 대지소유자에게 인도되었으나 아직 이전등기는 그 앞으로 경료되지 아니하여 임차인 등이 여전히 건물의 소유권을 가지는 경우에, 대지소유자가 여전히 그 건물소유로 인한 대지사용을 이유로 부당이득반환청구를 할 수 있는가? 앞의 (1)에서 말한 대로 건물소유자가 그 건물을 사용하지 않는 경우에도 대지소유자에 대하여 건물소유로 인한 대지사용에 관하여 그 사용이익을 부당이득으로 반환하여야 한다는 判例法理를 그대로 적용하면, 이를 긍정하여야 한다는 결론이 될는지 모른다. 그러나 건물매수인, 즉 대지소유자는 매매목적물인 건물의 인도를 받은 때로부터 그 대금의 利子를 지급할 의무를 부담한다(民 § 587 제 2 문). 목적물의 인도가 있는 때부터 매수인이 果實收取權을 가지므로, 그가 대금을 지급하지 아니하고 있는 동안에 대하여는 그 利子의 支給義務를 부과함으로써 균형을 잡고자 하는 취지이다.[216] 그리고 이는 아직 건물에 대하여 소유권이전등기를 경료받지 못한 경우에도 마찬가지이고, 오히려 이 경우에 위 규정의 本領이 발휘된다고 할 것이다. 이와 같이 한편으로 대지소유자에게 건물매매대금의 이자를 지급할 의무를 지우면서 다른 한편으로 그가 건물소유자에 대하여 대지의 사용이익을 부당이득으로 청구할 수 있다고 하는 것은, 위 규정의 취지에 적어도 간접적으로 반하는 것으로 여겨진다.

(3) 건물신축도급계약의 해석상 수급인은 그 공사가 진행되는 동안 도급인 소유의 토지를 점용할 권리가 있다고 할 것이다. 수급인이 자신의 노력과 자재로 건물을 완공하여 이를 원시취득한 후에도, 공사대금을 다 받을 때까지

216) 우선 民法注解[XIV], 601(南孝淳 집필) 참조.

는 당해 건물의 인도를 거절할 수 있으므로(民§665 I 본문 참조), 수급인이 당해 건물을 스스로 사용하는 것이 아닌 한, 도급인이 건물을 소유한다는 것만으로 그 대지의 부당점용을 이유로 하는 부당이득책임을 긍정할 것은 아니라고 생각된다.

그런데 대지의 소유권이 그 사이에 수급인으로부터 제 3 자에게 이전된 경우는 어떠한가? 앞에서 본 大判 92. 12. 24, 92다22114(集 40-3, 274)는, 이러한 경우 수급인은 도급인 이외의 제 3 자에 대한 관계에서는 대지를 무상으로 사용할 권능을 가진다고 볼 수 없다고 한다. 그 판결에서는 나아가 그 경우 수급인이 民 § 201조 I 의 「선의의 점유자」에 해당하는지도 판단되었는데, 대법원은 부정적인 태도를 보였다.

(4) 드문 일이나, 大判 92. 6. 23, 91다40177(公 1992, 2242)은 아파트 2개동 30가구가 서 있는 토지 1,560평방미터에서 27가구의 아파트를 위하여는 그 중 지분 도합 1560분의 1404에 대지권이 등기되어 있으나, 피고 소유인 나머지 3가구에는 대지권이 없고 원고가 토지의 나머지 지분 1560의 156을 가지는 사안을 다루었다. 위 판결은 원고의 피고에 대한 부당이득반환청구를 인용하였는데, 그 경우 반환되어야 할 피고의 이익은 그 토지가 아파트의 존재로 사용이 제한된다는 사정을 고려하지 아니하고 산정된다고 판단하였다.

(5) 이상에서 본 바와 같이 건물 등 시설물의 소유자가 그 대지를 사용하는 것이 되어 그 사용이익을 부당이익으로 반환하여야 하는데, 반환의무자는 반드시 그 건물 등의 소유자에 한정되지는 않는다. 그 외에도 그 대지를 「사용」한다고 평가될 수 있는 사람이 있으면 그 역시 반환의무를 부담할 것이다.

大判 86. 8. 19, 86다카363(公 1986, 1218)은, 서울특별시가 "무허가건물 철거민들에 대한 이주대책의 일환으로 타인 소유의 토지 위에 임의로 도로를 개설하고 구획을 정리한 후 철거민들에게 목재·철근·시멘트 등 각종 건축자재를 무상으로 대여하여 동인들로 하여금 주택을 건립하여 거주"한 事案에 대하여, "비록 위 토지상에 건립된 건물을 직접 점유하고 있는 것은 철거민들이라 할지라도 위 시 역시 그 지상에 도로를 개설하고 구획을 정리한 뒤 철거민들에게 집단거주지로 제공함으로써 철거민들과 함께 공동으로 이를 점유사용함으로써 이익을 얻고 있다"고 판시한 바 있다. 그러나 이 판결의 결론에 대하여는 현재의 시점에서도 과연 피고 서울특별시가 여전히 이익을 얻고 있다고 볼 것인지 등의 점에 대하여 전혀 의문이 없지는 않다.

2. 「使用利益」의 存否가 문제되는 예

(1) 타인의 물건의 권한 없는 이용에 해당하는 것으로서 재판실무에서 주로 다루어지는 것은 수익자 스스로가 타인의 물건을 권한 없이 실제로 사용한 경우이다. 그런데 넓은 의미에서의 「사용」은 거기에 그치지 않는다.

(개) 수익자 스스로 타인의 물건을 사용하는 것이 아니라 타인의 물건을 권한 없이 임대하는 등으로 제 3 자로 하여금 사용하도록 하는 것도, 그로 인하여 차임을 실제로 수령하였거나 차임채권을 취득하는 등으로[217] 이익이 있으면 이를 부당이득으로 반환하여야 할 책임을 발생시킴은 물론이다.

한편 소유자와의 임대차계약을 맺고 목적물을 용익하는 임차인이 소유자의 동의를 얻지 않고 목적물을 제 3 자에게 轉貸한 경우(民 § 629 참조)에 대하여는, 독일에서 논의가 있다.[218] 독일의 애초의 판례(BGH NJW 1964, 1853 등)는, 소유자가 임대차계약에 의하여 이미 자신의 용익권능을 임차인에게 부여한 것이므로, 소유자의 부당이득반환청구를 부인한다.[219] 일부의 학설은 결론적으로 이러한 태도에 찬성하기도 하고, 최근의 다른 독일판례(BGHZ 131, 297)도 종전의 태도를 유지한다. 그러나 다른 학설은, 한번 임대를 하였다고 해서 전대차를 승인할 권능이 상실되는 것은 아닌데, 임차인은 무단전대로 이 권능을 침해한 것이므로, 그는 적어도 전대가능성을 무단으로 이용한 것의 가액(이는 실제로는 전대에 동의하는 임대차를 맺는 경우에 받을 수 있었을 차임으로 산정될 것이다)을 반환하여야 한다고 한다.[220] 후자의 견해가 타당한 것으로 생각된다.

(나) 한편 앞에서 본 대로 물건의 사용은 반드시 점유를 수반하는 것이 아니다. 大判 95. 8. 25, 94다27069(公 1995, 3256); 大判 95. 11. 7, 94다31914(公 1995, 3897); 大判 96. 5. 14, 94다54283(公 1996하, 1835) 등에서 보는 대로 타인의 토지 위로 高壓架

217) 大判 84. 2. 14, 83다카1645(集 32-1, 69); 大判 95. 12. 5, 99다22061(公 1996상, 201) 등도 채권이 부당이득의 대상이 될 수 있어 그 수익자에게 채권의 양도와 양도통지를 명하여야 함을 인정한다. 전자의 판결에 대한 찬성평석으로, 權光重, "債權의 不當利得과 그 返還義務의 履行方法", 民判硏 12(1990), 145 이하 참조.

218) 이 문제에 대하여는 梁彰洙, "賃借人의 無斷轉貸를 이유로 하는 賃貸人의 權利", 考試界 1987년 6월호, 97 이하(同, 民法散考(1998), 189 이하 所載)도 참조.

219) 그러나 독일의 연방재정대법원(Bundesfinanzhof)의 판결(BFH NJW 1996, 838)은 이를 부인한다.

220) 이상에 대하여는 우선 Larenz/Canaris(註 81), § 69 Ⅰ 2 a(S. 173); MünchKomm/Lieb, § 812 Rn. 220ff.(3. Aufl., 1997, S. 1262) m.w.N. 참조.

空送電線을 설치·유지하는 것이 그 적절한 예가 된다.

(다) 또한 타인의 물건을 권한 없이 **담보로 제공**하는 것도 이에 해당한다. 그러므로 채권자가 담보권을 유효하게 취득한 경우(예를 들면 동산질권의 선의취득. 民 §§ 343, 249 참조)에 담보제공자가 소유자에게 그로 인한 이익을 반환하여야 함은 물론이다. 그러나 大判 81. 1. 13, 80다979(公 651, 13580)는 타인의 부동산을 권한 없이 담보로 제공한 경우에 대하여 "현실적인 점유를 수반하지 아니하는 價値權의 이용만으로써는 어떠한 현실적인 이익이 있었다고 할 수 없다"고 하여 이를 부정한다. 만일 그 취지가 담보제공에서의 부당이득의 발생을 일반적으로 부정하는 것이라면, 이는 의문이라고 하지 않을 수 없다. 담보의 제공이 가지는 그야말로 현실적인 경제적 중요성에 비추어 보아도, 또 오늘날 예를 들어 보증과 같은 人的 擔保에 대하여는 신용보증기금 등의 機關保證 또는 保證保險에서 보는 대로 담보의 제공을 얻기 위하여 일정한 대가를 지급하여야 한다는 사정(物的 擔保가 채무자의 신용강화의 면에서 인적 담보보다 가치가 없다고 말할 사람은 없을 것이다)에 비추어 보아도, 그것이 부당이득의 요건으로서의 「이익」에 해당하지 않는다고는 할 수 없다. 이러한 경우에 그 이득은 물건의 진정한 소유자와의 사이에 담보제공계약을 체결한다고 가정하는 경우에 통상 그 대가로 합의되는 액이 기준이 된다고 할 것이다.

한편 타인의 물건을 담보로 제공하여 금융을 얻었으나 그 담보설정이 효력이 없는 경우는 문제이다. 이 때 소유자는 자신의 소유권에 기하여 담보권 등기의 말소나 담보물의 반환을 청구할 수 있고(民 §§ 213, 214 참조), 또 담보권자의 담보권실행에 대하여는 제3자이의의 소로써 대응할 수 있다(民執 §§ 48, 275). 그러므로 담보권자는 이익이라고 할 만한 것을 얻지 못한다고 생각할 수도 있다. 또 여기서 부당이득청구의 상대방으로 문제삼고 있는 담보제공자에 관하여 보아도, 과연 소유자의 「손실」로 담보제공자가 무슨 「이익」을 얻었다고 할 수 있는지 의문일는지도 모른다. 그러나 담보의 제공으로 얻을 수 있는 금융상의 이익은 거래의 실제에 비추어 무시할 수 있는 것이 아니다. 그러므로 담보를 제공할 수 있었다는 이익 자체의 「가액」(民 § 747 I 참조)을 평가하여 이를 소유자에게 반환하여야 할 것이다. 그리고 그 가액은 예를 들면 당해 담보가 제공되지 아니하였을 경우에 통상 합의되었을 이율과 담보제공 아래 합의된 실제 이율과의 차이로 산정될 수 있을 것이다. 다만 담보제공이 효력 없음을 이유로 금융계약이 착오·사기로 인한 취소 등으로 조기에 실효될 경우에는 그 계약이 유효한 기간에 한정하여 위 이익을 산정하면 족할 것이다. 한편 담보제공자가 타인의 채무를 담보한 경우, 즉 物上保證人인 경우에는, 그것이 채무자와의 담보제공계약의 적법한 이행이 되는 등의 특별한 사정이 없는 한 별다른 이익이 있다고 하기 어렵지 않을까?

(2) 한편 과연 타인의 물건에 기하여 「이익」을 얻었는지가 의심스러운 경우가 있다.

㈎ 적어도 여기서 다루고 있는 침해부당이득에 관한 한 단순한 **물건의 점유**는 부당이득에 의하여 보호될 수 없다. 점유는 점유자 개인에게 어떠한 이익이 독점적으로 할당되는 것을 법적으로 보장하는 것이 아니라, 단지 사실상 지배라는 사실에 기하여 사회의 평화라는 일반적 법익을 위하여 보호되는 것이다. 따라서 점유자에게는 침해부당이득의 전제가 되는 부당이득반환청구권자의 「할당내용」이 인정되지 아니한다. 진정한 권리자가 권한 없는 점유자에 대하여 점유의 반환을 청구하는 것은 기본적으로 民 § 213의 소유물반환청구권으로 처리됨으로써 족하다. 大判 79. 3. 13, 78다2500등(集 27-1, 194); 大判 81. 10. 11, 81다378(集 29-3, 192); 大判 84. 5. 15, 84다카108(集 32-3, 31); 大判 90. 12. 21, 90다카24076(公 1991, 590) 등은 일관하여, "법률상의 원인 없이 이득하였음을 이유로 한 부당이득의 반환에 있어서 이득이라 함은 실질적인 이익을 가리키는 것이므로, 법률상 원인 없이 건물을 점유하고 있다고 하여도 이를 사용수익하지 않았다면 이익을 얻는 것이라고 볼 수 없는 것"이라고 판시하여 왔다. 이는 적어도 위와 같은 취지를 포함하는 것으로 이해될 수 있다고 할 것이다.

그런데 이들 재판례는 모두 부동산임대차의 종료 후에도 임차인이 임대차목적물을 계속 점유하는 사안에 내한 것이다. 이들 사건에서 임차인은 목적물을 계속 점유하여 임대인에게 반환하지 않고 있으면서도 실제로 그 목적물을 임대차의 목적대로 사용하지는 않고 있었던 것이다. 이러한 경우에 위의 판례에서와 같이 일률적으로 임차인의 부당이득반환청구권을 부정하는 것에는 의문이 없지 않다.[221] 위의 판례와 같은 태도는 임차인이 보증금반환청구권에 기한 동시이행의 항변권이나 비용상환청구권에 기한 유치권 등과 같이 그 물건의 반환을 거절할 수 있는 권리를 가지는 경우에 한정하여 앞의 Ⅱ. 2.에서 본 범위에서 관철되어야 할 것이고,[222] 임차인이 목적물을 바로 반환하여야

221) 이에 대하여는 梁彰洙, "賃貸借終了 後 賃借人의 目的物 繼續占有와 不當利得", 서울대 法學 27-1(1986), 197 이하(同, 民法研究, 제 2 권(1991), 329 이하 所載) 참조.

222) 이 경우에 대하여는 梁彰洙(前註. 民法研究), 346 이하 참조.

할 의무를 지는 경우에는 그에게 계약상 급부로서 주어진 使用可能性(Nutzungsmöglichkeit)이 계약상대방인 임대인에게 반환되지 않고 있으므로, 임차인은 그 사용가능성의 가액, 즉 「차임 상당액」을 급부부당이득으로 반환하여야 할 것이다(이에 대한 상세는 뒤의 (다) 참조).

(나) 이와 관련하여 大判 91. 10. 8, 91다22018, 22025(集 39-4, 1)는 특이한 事案을 다루고 있다. 특수화물자동차운송사업자인 갑은 트랙터 등을 피고에게 매도하고 인도하였는데, 피고가 중도금을 지급하지 않으므로 매매계약을 해제하였다. 그 후 갑은 원고에게 자동차운송사업과 위의 자동차를 양도하고, 자동차에 관하여 원고 앞으로 소유권이전등록을 경료하였다. 원고는 피고로부터 차를 인도받지 아니한 상태에서 그 차량등록을 말소하여 위 차를 소위 無籍車輛으로 만들었다. 원고는 이 사건에서 자동차의 반환과 아울러 차임 상당액의 부당이득반환청구를 하였다. 原審은 위 차량의 등록이 말소된 상태에서는 차량을 운행할 수 없으므로, 특단의 사정이 없는 한 피고가 위 차량을 타에 임대하여 수익을 올릴 가능성은 거의 없고, 따라서 등록말소 이후에는 「실질적 이익」이 없다고 하여 부당이득을 인정하지 않았다. 대법원은 이러한 판단을 긍정하고, 나아가 차량등록이 말소되었다면 원고로서도 이를 운행하여 수익을 올릴 수 없는 것이니 원고에게 차량의 차임 상당의 손실이 있었다고 할 수는 없다고 판단하여, 원고의 상고를 기각하였다.

(3) 이와 관련하여 判例는 임대차계약이 기간 만료나 해지 등으로 종료한 후에도 임차인이 임대차목적물을 계속하여 점유하기는 하지만 이를 「사용」한다고 할 수 없는 경우에는 그 임차인에게는 「이득」이 있다고 할 수 없어서 그는 부당이득반환책임을 지지 않는다는 태도를 취하고 있다. 이러한 태도는 앞의 Ⅱ.의 3.이나 그 앞의 2.(2)에서 본 임대차의 종료로 인하여 임차인이 임대인에 대하여 가지는 보증금반환채권이나 비용상환청구권 등에 기하여 동시이행의 항변권이나 유치권을 가지는 경우에 임차인의 계속 占用이 「법률상 원인」이 있는가 하는 문제와는 차원을 달리하는 것이다.

그러나 판례의 이러한 태도에 대하여는 뒤의 (라)에서 보는 대로 일정한 범위에서 의문이 있다.

(가) 애초에 그러한 판단은 임대인측에서 임차인의 용익을 방해한 사안에 대한 것이었다.

우선 大判 79. 3. 13, 78다2500등(集 27-1, 194)은, "법률상 원인 없이 이득하였음

을 이유로 한 부당이득의 반환에 있어 이득이라 함은 실질적인 이익을 가리”킨다고 전제한 다음, 원고(임대인)의 처와 아들이 합동하여 영업 중인 피고의 점포에 이틀에 걸쳐 침입하여 영업용 탁자와 도구를 한데 모으고 손님들에 대하여 오늘부터 장사를 하지 않으니 나가 달라고 하여 내 보내고, 출입구에 오늘부터 휴업한다고 방을 써 붙이는 등 영업을 방해하므로, 피고는 그러한 분위기에서는 영업을 할 수 없어서 그 때부터 영업도구는 2층 객실에 모아서 문을 잠그고 아래층은 피고는 사용하지 아니하고 3층에 세들어 사는 사람들이 출입구로 사용하고 있었던 것이라면, “그 기간 동안은 피고가 이 사건 방실을 점거하였다고 하더라도 그 점거로 인하여 원·피고 간의 임대차계약상의 목적에 따른 실질적 이익은 얻은 바 없다고 보아야 할 것이요, 따라서 부당이득을 한 바도 있을 수 없다고 보아야 한다”고 판시하였던 것이다.

나아가 大判 81. 11. 10, 81다378(集 29-3, 192)은 임대차목적물 내에서 하던 피고(임차인)의 싸롱영업이 그 허가 명의가 임대인 앞으로 되어 있어서 원고의 진정으로 관할 구청장으로부터 영업정지처분을 받았기 때문에 그 후부터 피고는 영업을 하지 못하고 폐문하여 관리조차 하지 아니하였다는 피고의 주장은 피고가 이 사건 건물을 점유하였으되 사용 수익하지 아니하여 실질적 이익을 얻은 바 없다는 취지의 주장이라고 보아야 하는데 원심이 이를 충분히 심리하지 아니하였다는 이유로 원심판결을 파기한 것이다.

또 大判 84. 5. 15, 84다카108(公 1984, 1021)도 유사하게, 임대차계약의 합의해지 후 피고가 임대차목적물인 다방의 점유를 반환하지 않고 있었는데 원고가 위 지하실다방에 관한 휴업신고를 관할 세무서장에게 제출하여서 피고는 그 이후 위 지하실에서의 다방영업을 중단하고 출입문에 시정을 한 채 사용수익을 하지 아니하였다는 사안에 대하여, 원심은 피고가 위 지하실을 점유한 사실만으로 차임 상당의 이익을 얻은 것이라고 인정하여 그 이득의 반환을 명하였는데, 대법원은 앞의 大判 79. 3. 13.에서와 같은 抽象論을 반복한 다음 법률상 원인 없이 건물을 점유하고 있다고 하여도 이를 사용수익하지 못하였다면 실질적인 이익을 얻었다고 볼 수 없다고 하고, 이 사안에서도 마찬가지로 피고가 실질적 이득을 얻었는지 여부를 더 살펴보아야 한다고 하여 원심판결을 파기환송하였다.

또한 大判 86. 3. 25, 85다422등(公 1986, 691)은, 임대차계약이 합의해제된 후에도 임대인인 원고가 보증금반환의무를 아직 이행하지 않고 있었고 피고도 이 사건 건물을 명도하지 아니한 채 이를 점유하고 있었는데, 원고가 전기료를 납부하지 아니하여 단전되어 임대차목적물에서 영위하던 공장가동을 중단하고 미싱기계 등을 하청공장으로 옮기고 공장을 폐쇄하였으며 한전과의 전기공급계약마저 해지된 상태인 사안에 대하여, 原審은 피고로 하여금 원고에게 해제 후 이 사건 건물점유로 인한 약정임료 상당인 월 132만원의 부당이득을 반환할 의무가 있다고 판시하였다. 그러나 대법원은 원고의 전기료체납 때문에 공장가동을 중단하고 경비원 1명만을 남겨두고 있었고, 피고의 구체적인 사용수익방법과 그로 인하여 얻은 실질적인 수익에 관하여는 심리·판단함이 없이 피고가 이 사건 건물을 점유하고 있다는 사실만으로서 공장 및 사무실로서의 사용을 위한 임대료상당의 이익을 얻은 것이라고 인정하여 그 이득의 반환의무를 인정하였음은 부당이득반환의 법리를 오해하고 주장사실에 대한 심리를 다하지 아니한 위법이 있다고 하였다.

(나) 한편 임대차 종료 후 임차인이 가지는 보증금 등의 반환청구권에 기하여 임대인의 인도청구에 대하여 동시이행의 항변을 할 수 있는 경우에 이를 행사하기 위한 방편으로 목적물을 계속 점유한 것이라면 임차인은 목적물로부터 이득한 것이 없다고 하여야 한다는 일련의 재판례가 있다.

예를 들어 大判 92. 4. 14, 91다45202등(公 1992, 1589)은, "임대차관계가 종료될 때 피고의 연체차임 총액이 임차보증금에 미달하여 임대인인 원고로서는 피고에 대하여 그 때까지의 연체차임을 공제한 나머지 보증금의 반환의무가 있었던 경우, 피고가 원고에 대하여 임차보증금 등의 반환채무와 동시이행의 항변을 하기 위한 방편으로 임차한 점포의 명도를 거부하면서 점포를 폐쇄하였으니 임대보증금 등을 반환하고 그 점포를 인수하라는 내용의 통고를 하였다면, 피고가 식당영업에 필요한 집기를 그대로 둔 채 점포의 문을 폐쇄하였다는 것으로는 임대차계약상의 목적에 따른 사용, 수익을 한 것이 아니어서 실질적인 이득을 얻은 바가 없다"고 판시하였다.

그리고 大判 93. 11. 23, 92다38980(公 1994, 162)도, 임차인인 피고가 임차건물부분에 관하여 동시이행의 항변권을 가지고 있음을 인정하고 피고는 적어도 임대차종료 후에는 위 임차건물부분을 임차 목적인 공인중개사의 사무실로는 전혀 사용치 아니하고 다만 자신의 동시이행항변권의 실효성을 확보하기 위하여 최소한의 점유사용만 하고 있을 뿐이라고 인정한 다음 이를 가지고 부당이득을 하였다고는 볼 수 없다고 판단하였다.

(다) 그리고 임대차목적물이 당사자들이 공히 요해한 바의 임대차의 목적에 제공될 수 없는 장애사유를 가지는 경우에는 비록 임차인이 임대차의 종료 후에도 그 목적물을 여전히 점유하고 있다고 해서 그에게 임대인에게 반환되어야 할 무슨 이득이 있다고 할 수 없다는 裁判例도 없지 않다.

예를 들면 大判 92. 11. 24, 92다25830(公1993, 232)은 원고와 피고가 이 사건 건물의 용도를 공장으로 정하여 임대차계약을 체결하여 임차인인 피고는 위 건물을 비닐생산공장으로 사용하려고 하였으나 위 건물 소재 지역은 구 공업배치법에 의하여 공장신설허가가 나지 않는 지역이어서 이를 공장으로 사용, 수익할 수 없었던 사안에 대한 것이다. 대법원은 피고가 임대차계약기간 종료 후에 위 건물을 점유하고 있다고 하더라도 특별한 사정이 없는 한 이 사건 임대차계약상의 목적에 따른 사용·수익을 전제로 한 약정차임상당의 실질적인 이익을 얻었다고 볼 수 없을 것이라고 한다.

또한 大判 95. 3. 28, 94다50526(公1995, 1747)은 호텔의 오락실에서 투전기영업허가를 얻어 투전기영업을 개시하기 위하여 임대차계약을 체결하였으나 「사행행위 등 규제법」의 시행령의 규정이 1등급 이상의 관광호텔에만 투전기업영업허가를 해줄 수 있도록 개정됨에 따라 이 사건 호텔이 2등급 관광호텔이어서 투전기영업허가를 받지 못하여 투전기영업을 개시하지 못한 사안에 대한 것이다. 대법원은 위와 같은 법리에 좇아 임차인의 부당이득반환의무는 성립되지 않는다고 판시하였다.

(라) 그러나 근자에는 임차인이 용익하지 못한 것에 위의 (가) 내지 (다)와 같은 사정이 없고 그것이 전적으로 임차인 자신에게 책임을 돌릴 수 있는 사유로 인한 경우에도 부당이득책임을 부인하기에 이르렀다.

이를 전형적으로 보여 주는 것은 大判 98. 7. 10, 98다8554(公1998하, 2090)이다. 이 판결은 우선 前提的으로 "법률상의 원인 없이 이득하였음을 이유로 한 부당이득의 반환에 있어 이득이라 함은 실질적인 이익을 의미하므로, 임차인이 임대차계약관계가 소멸된 이후에 임차건물 부분을 계속 점유하기는 하였으나 이를 본래의 임대차계약상의 목적에 따라 사용·수익하지 아니하여 실질적인 이득을 얻은 바 없는 경우에는 그로 인하여 임대인에게 손해가 발생하였다고 하더라도 임차인의 부당이득반환의무는 성립하지 아니하는 것"이라고 추상론을 전개한다.[223] 그리고 중요한 것으로 이에 바로 이어서 "이는 임차인의 사정으로

223) 그리고 同旨의 선행판결로서 앞의 (나)에서 본 大判 92. 4. 14, 앞의 (다)에서 본 大判 95.

인하여 임차건물부분을 사용·수익을 하지 못하였거나 임차인이 자신의 시설물을 반출하지 아니하였다고 하더라도 마찬가지"라고 하면서 위의 (가)의 말미에서 본 大判 84. 5. 15.를 인용한다. 그리고 이 사건의 사실관계에서 피고가 임대차가 종료한 후에 이 사건 볼링장의 문을 닫고 더 이상 경영하지 아니하였다면, 피고는 그 다음날부터는 그것을 이 사건 임대차계약상의 목적에 따라 사용·수익하지 아니하여 실질적인 이득을 얻은 바 없으므로 원고는 이 사건 볼링장의 사용·수익을 종료한 날까지의 부당이득을 청구할 수 있을 뿐이라고 결론지었다.

그러나 임대차계약에서 임대인이 임차인에게 급부한 것은 목적물의 일시적인 이용허용 또는 이용가능성이다. 임차인이 이 이용가능성을 살려 실제로 경제적 효과를 얻을 것 등을 임대인이 책임져야 하는 것은 아니다. 즉 현실적인 이용에 관련된 위험(소위 Verwendungszweckrisiko)은 임차인이 부담하여야 한다. 이러한 위험분배는 임대차 관계가 종료되었다고 달라질 이유가 없다고 생각된다. 즉 임차인은 임대차관계가 종료되었다고 하더라도 임대차관계가 존속하는 동안과 마찬가지로 이용가능성을 가지는 한 적어도 그에 대한 통상의 대가를 부당이득으로 임대인에게 지급하여야 한다. 왜냐하면 그는 그가 보유하는 급부, 즉 이용가능성을 아직 반환하지 않고 있기 때문이다. 따라서 이 경우 부당이득의 성립 여부는 임차인이 목적물을 사실적으로 사용하였느냐에 달려 있는 것이 아니다. 임대차관계 종료 후 목적물을 반환할 의무를 부담하는 임차인이 스스로 그 사용을 그만 둔 경우에 임대차가 존속 중인 경우에 있어서와는 달리 임대인이 이로 인하여 불이익을 입어야 할 이유는 없는 것이다.[224] 다만 앞의 (가) 내지 (다)에서와 같이 임대인측에서 임차인의 용익을 적극적으로 방해하거나, 임대인측이 자신의 반대의무를 이행하지 않고 있어서 부득이 목적물을 유치함으로써 그 의무의 이행을 간접적으로 강제할 필요가 있거나, 아

---

3. 28, 그리고 大判 95. 7. 25, 95다14664등(公 1995, 2951)을 인용한다. 이 大判 95. 7. 25.은 전세계약이 종료한 후 임차인인 피고가 전세금반환청구권에 기하여 동시이행의 항변권을 가지는 사안에 대한 것으로서, 앞의 Ⅲ. 3. (2)에서 본 바에 의하면 이러한 경우에 전세금을 반환받지 못한 피고의 목적물 사용은 「법률상 원인」이 있다고 할 것이고, 따라서 종전 임대인의 사용이득반환청구는 당연히 기각되어야 할 것이 아니었나 생각된다. 그런데 이 판결은 굳이 "피고가 전세계약의 목적물인 이 사건 건물에서 사무실 집기와 비품의 철거 및 반출을 완료하고 그 이후에는 이 사건 건물을 전혀 사용한 바가 없"다는 사실(그러나 피고는 이 사건 건물의 출입구를 시정하고 그 열쇠의 반환을 하지는 아니하였다)을 인정하고, 그렇다면 그 용익을 종료한 때 이후의 기간에 대하여는 부당이득의 반환을 구할 수 없다고 한다.

224) 梁彰洙(註 221) 참조.

니면 당사자들 쌍방이 요해한 임대차계약의 목적이 실현될 수 없는 장애사유가 임대차목적물에 존재하여 애초 임대차관계가 유지되고 있다고 하더라도 임차인에게 그 계약상 의무의 이행을 제대로 구할 수 없는 사정이 있는 경우에는 달리 볼 것이다.

(마) 한편 건물의 소유를 위한 대지임대차의 경우에는 건물의 존재 그 자체가 바로 대지의 사용이 됨은 물론이다. 그러므로 大判 98.5.8, 98다2389(公 1998상, 1593)는 대지임대차계약이 적법하게 해지되었다면 피고는 권원 없이 원고들의 소유인 이 사건 대지 위에 건물을 소유하고 있는 것이 되어 그 자체로 특별한 사정이 없는 한 법률상 원인 없이 원고들의 재산으로 인하여 토지의 차임에 상당하는 이익을 얻고 있고, 이로 인하여 원고들에게 동액 상당의 손해를 주고 있다고 보아야 한다고 판시하였다.

이는 大判 97.3.14, 95다15728(公 1997상, 1073)에서 보는 대로 대지임차인이 그 지상건물 등에 대하여 民 § 643 소정의 매수청구권을 행사한 경우에도 마찬가지이다. 즉 임대인인 토지소유자로부터 매수대금을 지급받을 때까지 그 지상건물 등의 인도를 거부할 수 있다고 하여도, 지상건물 등의 점유·사용을 통하여 그 부지를 계속하여 점유·사용하는 한 그로 인한 부당이득으로서 부지의 임료 상당액을 반환하여야 할 의무가 있다고 할 것이다.

Ⅳ. 不當利得返還請求權者

1. 所有者

(1) 타인의 물건을 권한 없이 사용한 경우에 그 수익자는 원칙적으로 그 소유자에게 그 사용이익을 반환하여야 한다. 소유자는 그 소유물을 사용, 수익할 권리를 배타적·독점적으로 가지기 때문이다(民 § 211 참조). 다시 말하면, 이 경우 무권한사용자는 소유자에게 배타적으로 귀속되는 用益權能을 침해하고 있으므로, 「소유자의 손실」로 이익을 얻고 있는 것이다.

(2) 한편 피고가 타인의 물건을 사용하고 있음에도 불구하고 그 소유자에게 「손실」이 없음을 이유로 그의 부당이득반환청구를 부인하는 예외적인 재판례도 존재한다.

예를 들면 大判 88.4.25, 87다카1073(公 1988, 885)은, 원고 소유 토지가 그 地目

이 1922년 이래 溝渠이고 그 훨씬 전부터 자연히 成川化되어 그 위로 항상 물이 흐르게 됨으로써 농경지나 대지로 회복될 가능성이 없는데, 피고가 그 지상에 교량 2개를 가설하여 공중의 통행에 제공하고 또 일부는 피고(지방자치단체) 산하의 학교의 부지로 사용한 事案에 대한 것이다. 대법원은, 불법점유를 당한 부동산의 소유자로서는 불법점유자에 대하여 그로 인한 임료상당 손해의 배상이나 부당이득의 반환을 구할 수 있다고 일반적으로 설시하면서도, "불법점유라는 사실이 발생하지 않았어도 부동산소유자에게 임료 상당 이익이나 기타 소득이 발생할 여지가 없는 특별한 사정이 있는 때에는 손해배상이나 부당이득반환을 청구할 수 없다"고 판시하고, 원고의 부당이득반환청구를 기각하였다. 이는 얼핏 보면 청구상대방의 이익과 청구권자의 손실 사이에 인과관계의 존재를 요구하는 것으로 이해될 여지도 있을지 모르나, 그에 앞서서 부당이득의 일반적 발생요건으로 요구되는 청구권자의 「손실」을 이 사건의 사안에서 부정한 것이라고 봄이 더욱 적절할 것이다.[225]

그리고 大判 97. 7. 22, 96다14227(公 1997하, 2618)은, 동일한 토지의 지상은 自治區가 도로로 사용하고, 지하에는 서울특별시가 하수도 암거를 설치·유지하고 있는 事案에서, 서울특별시의 부당이득책임을 긍정하면서, "불법점유의 사실이 발생하지 않았더라도 토지소유자에게 차임 상당 이익이나 기타 소득이 발생할 여지가 없다는 등의 특별한 사정을 서울특별시가 주장·입증하지 못하는 한" 토지소유자는 그에 상응하는 손실을 입고 있다고 보아야 할 것이라고 판시하여, 앞의 大判 88. 4. 25.에서 제시된 부당이득책임의 예외적 배제사유에 관한 법리는 여전히 살아 있음을 보여주고 있다. 그러나 이 판결의 事案과 앞의 판결의 각 사안은 그 결론이 결국 그 이용가능성의 제한의 정도의 차이에 좇아 달라지고 있음을 보여 준다고 생각된다.

또한 근자의 大判 2002. 12. 6, 2000다57375(公 2003상, 299)도 지방자치단체가 농

225) 위 판결은 大判 85. 10. 22, 85다카689(集 33-3, 87)를 참조판결로 인용하고 있는데, 이 판결은 결론적으로 불법행위로 인한 손해배상청구를 부인한 것이다(한편 원고의 시설물 철거청구는 인용하고 있다). 이 사건에서 피고는 석회암 천연동굴을 관광장소로 개발하여 영업하고 있는데 그 동굴에는 원고 소유 임야의 지하동굴 55평도 포함되어 있다는 것이다. 대법원에 의하면, 원고가 자기 소유 임야에서 그 지하에 있는 동굴부분에 출입할 수 있는 출입구를 별도로 개설하는 것이 가능하지 않거나, 가능하더라도 원고 소유의 동굴 55평만으로써 관광장소로 개발하여 차임 상당 이익이나 기타 소득을 얻을 만한 가치가 없으므로, 피고가 자기 소유 동굴에 연결된 원고 소유의 동굴부분을 불법점유하고 있다고 해도 그로 말미암아 원고에게 차임 상당 이익을 상실한 손해가 발생하였다고 볼 수 없다고 판단하였던 것이다.

업용 수로로 사용되던 구거의 일부를 복개한 결과 인근 주민들이 그 위를 통행로와 주차장소 등으로 이용하고 있는 사안에서 같은 추상론을 내걸고 결론적으로 구거 소유자의 부당이득반환청구를 부정하였다. 그런데 이 사건의 원심은, “타인의 토지를 아무런 권원 없이 점유함으로써 그 임료 상당의 부당이득을 얻고 있다고 하기 위하여는, 점유자가 그와 같이 점유함으로써 이득을 얻고 이로 인하여 소유자가 그 토지에 대하여 가지는 본래의 사용목적을 방해함으로써 소유자에게 손해를 끼치는 경우”이어야 한다고 해서 원고의 청구를 기각하였는데, 대법원은 이러한 일반적 논의는 수긍하지 않으면서도 “이 사건 구거는 원래 농업용 수로로만 사용되던 토지로서 구거의 소유자인 원고가 이 사건 구거의 원상태 그대로 또는 그 상단을 복개하여 농업용 수로 이외의 다른 용도로 활용할 상황은 아니었으며 피고에 의한 상단 복개 후에도 농업용 수로로서의 이용은 계속되고 있는 사정을 알 수 있는바, 이런 상태에서 피고가 이 사건 구거 중 일부를 복개하여 주민들의 편의를 위하여 제공하였다고 하더라도, 이로 인하여 구거의 소유자인 원고가 위 구거 부분을 사용·수익하지 못함으로 인한 손해를 입었다고 보기 어렵다”고 판단한 다음, 그러므로 원고의 임료 상당 부당이득반환청구를 배척한 원심의 조치는 결론에 있어 정당하다고 판시하였다.

그런데 이상과 같이 소유자의 이용가능성이 실제로 현저히 제한되어 있다고 해서, 또 소유자가 침해자의 실제의 이용양태로 이용할 가능성이 매우 적다고 해서, 그의 부당이득반환청구를 전적으로 부인하는 것은 부당하다. 부당이득의 일반적 요건으로서의 청구권자의 「손실」은, 침해부당이득에 관한 한, 수익자의 이익이 청구권자의 「재산」으로부터 얻어진 것이면 충족되며, 청구권자가 그 재산으로부터 현실적으로 이익을 얻을 가능성이 있는지는 문제삼을 것이 아니다. 그러한 사정은 그 사용이익의 「가액」(民 I § 747 참조)을 산정함에 있어서 고려하면 충분하다고 할 것이다. 재판실무에서는 일반적으로 청구권자의 「손실」요건은 매우 형식적으로 판단되고 있다고 여겨진다. 예를 들어 大判 96. 5. 14, 94다54283(公 1996하, 1835)은, 피고가 이 사건 토지의 상공에 이 사건 송전선을 가설하여 소유하고 있는데, 그 토지에는 아파트 기타의 고층건물을 지을 수 없고, 그 동안 농지로만 사용되어 왔으므로 그 상공에 송전선이 가설되었다고 해서 농사에 아무런 지장이 없더라도, “원고가 그 소유권을 행사함에 있어 아무런 장애를 받지 않았다고 할 수 없고, 그가 피고의 송전선의 가설로 인하여 이 사건 토지의 상공에 대한 구분지상권에 상응하는 임료 상당의 손해를 입었다고 할 것"이라고 하여 원고의 부당이득반환청구를 인용하고 있는 것이다.[226]

2. 制限物權者

그러나 침해부당이득이라고 해도 언제나 소유자가 그 반환청구권자가 되는 것은 아니다. 특히 소유자가 제3자에게 그 이득반환이 청구되고 있는 문제의 사용의 권능을 이전한 경우, 즉 그에게 그 사용을 내용으로 하는 **용익물권, 특히 지상권이나 전세권을 설정**해 준 경우에는, 이미 그 사용이익은 그 용익물권자에게 「割當」된 것으로서, 그 사용이 소유자의 손실로 행하여졌다고는 할 수 없다. 그 때에는 오히려 그 용익물권자가 부당이득반환청구권을 가진다고 할 것이다.

V. 返還義務의 內容

1. 原　則

(1) 수익자가 타인의 물건을 권한 없이 스스로 사용한 경우에[227] 그 반환의무의 원래의 내용은 그 사용이익 자체이다. 그런데 이는 성질상 原狀대로 반환될 수 없는 것이므로, 그 價額이 반환되어야 한다(民 § 747 I). 판례준칙에 의하면, 사용이익의 「가액」은 그 물건이 **당해 사용에 관한 유상의 권리**가 당사자간의 합의로 설정된다고 가정하였을 때 약정되었을 대가(주로 문제되는 물건의 임대차에 있어서 우리 민법의 용어는 民 § 618 이하에서 보는 대로 借賃이다. 그럼에도 법원실무는 대체로 이 맥락에서는 일본민법의 용어인 「임료」를 사용하기도 한다)에 의하여 산정된다. 구체적으로 말하면 이 경우에 부당이득반환의무의 내용은 일정한 기간단위로 정하여졌을 차임에 상당하는 금액에 그 권한 없는 사용의 기간을 곱하여 산정되는 것이다.

(2) 여기서 주의할 것은, 물건의 사용 그 자체가 반환되어야 할 「이익」이 된다는 점이다. 그러므로 무권리자의 그 사용이 종국적으로는 그의 재산에

226) 한편 이 경우의 반환액 산정에 대하여는 뒤의 V. 2. (3) 및 (5)도 참조.
227) 타인의 물건을 수익자가 스스로 사용한 것이 아니라 임대 등으로 제3자에게 유상으로 사용하도록 한 경우에는 그 대가로 취득한 것이 부당이득반환의무의 내용이 될 것이다.

손해를 입혔다고 하여도, 이로써 그 사용자에게 民 § 741의 의미에서의 「이익」이 없다고 할 수 없다. 예를 들면 타인의 건물을 무단으로 점유하여 영업점포로 사용하는 사람이 그 영업의 부진으로 오히려 손해를 보았다고 해도 그는 부당이득반환의무를 부담한다. 大判 97. 12. 9, 96다47586(公 1998상, 213)도, "부동산을 점유·사용함으로써 받은 이익은 특별한 사정이 없는 한 임료 상당액이라 할 것이므로, 매수인이 부동산을 인도받아 그 용도대로 사용한 경우, 매수인은 임료 상당의 이익을 받았다고 할 것이고, 가사 그 부동산을 사용하여 영위한 영업이 전체적으로 적자였다고 하더라도 사용으로 인한 이익 자체를 부정할 수는 없다"고 판시하여 같은 태도를 밝히고 있다.

이하에서는 차임 상당액의 구체적 산정과 관련된 문제를 다루기로 한다

2. 具體的인 算定例

(1) 예를 들어 임대차 종료 후에 임차인이 임대차목적물을 권한 없이 사용함으로 인하여 그 이익을 부당이득으로 반환하여야 하는 경우에 그 반환의무는 구체적으로 어떻게 정하여지는가?

(개) 이 경우에는 당해 임대차계약에서 정하여진 借賃額이 일단 기준이 된다. 다시 말하면, 당사자들이 약정한 차임액은 특별한 사정이 없는 한 목적물의 객관적인 사용이익의 가액을 반영하고 있다고 보아도 좋을 것이다. 뿐만 아니라 임대차관계의 종료 후에도 그 목적물의 용익이 그 관계의 존속시와 다를 바 없이 이루어지고 있다면, 당사자들이 이에 관한 합의를 가급적 존중하여 그대로 연장하여 적용하는 것이 바람직하다는, 「契約法의 優位」 또는 「契約의 餘後效」라는 관점에서도 이는 정당화될 수 있다. 그리고 이는, 예를 들어 부동산의 이중양도에서 제 1 양수인에 대한 양도인의 소유권이전채무의 이행불능으로 인한 손해배상액을 정함에 있어서 기준이 되는 이행불능 당시의 목적물의 시가를,[228] 양도인이 제 2 양도인과 약정한 매매대금액을 일응의 기준으로 하여 산정하는 것에[229] 준하는 것이다.

그런데 엄밀하게 생각하여 보면, 매매로 인한 이행불능의 경우와는 달리

228) 이 점에 대하여는 大判 70. 7. 28, 70다784(集 18-2, 233) 등 다수의 裁判例가 있다.

229) 예를 들면 大判 67. 11. 21, 67다2158(集 15-3, 312)은, "채무자가 부동산을 타인에게 매각함으로써 소유권이전등기의무가 이행불능이 된 경우 통상의 손해는 매각대금액(당시의 시가액으로 추정) 상당이라 할 것이고, 부동산의 현재의 시가 상당액은 물가등귀라는 특별사정으로 인한 손해액이라 할 것"이라고 한다.

타인의 물건의 사용으로 인한 부당이득책임은 장기간에 걸쳐 발생할 수 있다. 그러므로, 위와 같이 약정상의 借賃을 일응의 기준으로 하는 것도 임대차 종료 후 상당한 기간에 한정되며, 그 기간이 경과된 후에 대하여는 별도의 「차임 상당액」을 산정하여야 할 것이다.

(나) 그런데 임차인이 임대인에게 가령 월 단위로 정하여진 차임 외에 保證金을 지급한 경우[230]에는 그 보증금액은 문제의 「차임 상당액」의 산정에 어떻게 반영될 것인가? 이 때에는 보증금의 이자 상당액이 위 차임액에 보태진다는 것이 大判 95. 7. 14, 94다15318(集 43-2, 27) 등 판례의 태도이다. 그리고 이는 보증금이 한편으로 임대차관계에서 임차인이 부담하는 차임채무나 손해배상채무 등을 담보하려는 목적 외에 다른 한편으로 그 이자로써 목적물 용익의 대가에 충당하려는 것이니만큼, 당연하다고 하겠다.

문제는 그 利率을 어떻게 정하는가에 있다. 이에 대하여는 2004년 1월 현재의 所得稅法 § 25 Ⅰ, 동법 시행령 § 53 Ⅲ, 동법 시행규칙 § 23 Ⅰ에서 정하는 소위 「간주임대료」의 내용을 적용 또는 유추적용할 수 있는가가 논의될 수 있다. 그 규정에 의하면, 所得稅 부과의 대상이 되는 부동산임대소득금액을 산정함에 있어서 보증금·전세금 또는 이와 유사한 성질의 금전이 수수된 경우에는 "과세기간 종료일 현재 은행법에 의하여 인가를 받은 은행으로서 서울특별시에 본점을 둔 은행의 계약기간 1년의 정기예금 이자율의 평균을 감안하여 국세청장이 정하는 이자율"에 의하여 계산된 액을 산입하도록 정하고 있다. 그런데 위의 大判 95. 7. 14.는, 당시의 「간주임대료」에 관한 규정을 적용하거나 준용할 수는 없다고 하면서도, "임대차기간이 1년 이상인 경우에는 임대인의 특별한 재능이나 노력이 없더라도 시중은행의 계약기간 1년의 정기예금 이자율에 의한 금액 정도는 당연히 취득할 수 있을 것"이라고 전제하고 그러므로 "위 세법의 규정과 같이 계약기간 1년의 정기예금 이자율에 의하여 이자를 산정하여도 위법한 것은 아니라"는 결론을 내렸다. 이러한 판단은 현재의 사회사정에 비추어 타당하다고 생각된다.

이상은 전세금이 지급된 경우에 전세금의 일부만이 임차인에게 반환된 경우[231]에 대하여도 마찬가지라고 할 것이다.

(2) 한편 토지 위에 건물 기타 시설물이 있는 경우에는 부당이득액의 구체

---

230) 이 경우 임차인의 부당이득반환의무에 대하여는 앞의 Ⅱ. 3. (2) 내지 (4) 참조.
231) 이 경우의 임차인의 부당이득반환의무에 대하여는 앞의 Ⅱ. 3. (3) 참조.

적 산정에 있어서 몇 가지 문제가 제기된다.

(가) 타인의 건물을 권한 없이 점유사용한 사람이 반환하여야 할 차임 상당액을 산정함에 있어서는 건물의 차임 외에 대지부분의 차임도 포함되어야 하는가? 大判 94. 12. 9, 94다27809(公 1995, 451); 大判 95. 8. 22, 95다11955(公 1995, 3245) 등은, "통상적으로 건물을 임대하는 경우는 대지부분의 차임(地代)도 포함하는 것"이라는 이유를 들어 이를 긍정한다. 이 중에서 후자의 大判 95. 8. 22.는, 토지소유자인 피고가 자기 토지 위에 건축되어 있는 원고의 건물을 권한 없이 점용한 사안에 대한 것으로, 원고의 부당이득반환청구에 대하여 피고는 대지 점용으로 인한 부당이득반환청구권으로 相計抗辯을 하였는데, 대법원은 原審判決이 건물점용으로 인한 피고의 부당이득액을 평가함에 있어서 그 대지의 사용에 관한 이익을 포함하지 않았다고 하여 이를 파기환송하였던 것이다.

(나) 앞에서 본 대로 타인의 토지 위에 권한 없이 건물을 소유하는 사람은 실제로 그 건물을 사용하는지 여부에 관계 없이 그 토지의 사용이익을 부당이득으로 반환하여야 한다. 그 경우 차임 상당액의 산정에 있어서는 지상에 존재하는 건물로 인하여 토지의 사용이 제한되고 있다는 사정은 고려할 필요가 없다는 것이 大判 95. 9. 15, 94다61144(公 1995, 3389) 등의 태도이다.

또한 타인의 토지 위에 권한 없이 건물을 소유하는 사람이 건물을 제 3 자에게 임대하여 사용시키고 있다는 사정은 건물소유자의 부당이득책임에 영향을 미치지 않으며, 그는 토지의 차임 상당액 전부에 대하여 반환의무를 진다고 할 것이다. 이는 앞의 (a)에서 든 大判 94. 12. 9.도 확인하는 바이다. 그런데 이 판결은 나아가 그 경우 건물임차인은 대지소유자에 대하여 부당이득반환의무를 부담하지 않는다고 판시한다. 이러한 태도는, 民 § 213의 소유물반환청구와 관련하여서, 건물소유자에게 대지사용권이 없는 경우에도 건물점유자가 건물소유자에 대하여 주장할 수 있는 건물을 「점유할 권리」를 가지는 한 대지소유자에 대한 관계에서 소유물반환청구의 피고가 되지 아니한다(그러나 대지소유자는 건물점유자에 대하여 방해배제로서 그 건물로부터의 退去를 구할 수 있다)는 立場과[232] 통하는 것으로서 찬성할 만하다.

(3) 반환되어야 할 「차임 상당액」은 타인의 물건에 수익자의 당해 사용을 위하여 필요하고 또 그에 충분한 권리를 유상으로 설정받을 경우의 통상의 대가로 정하여진다. 그러므로 양적으로 또는 질적으로 물건의 전부를 사용하는

232) 民法注解[V], 220(梁彰洙 집필) 참소.

것이 아닌 경우에는 그에 상응한 「차임 상당액」이 산정되어야 한다.

그러므로 예를 들면 앞의 Ⅲ. 2. (1) (나)에서 보았던 고압가공송전선이 타인의 토지 위에 가설된 경우라면, 大判 95. 8. 25, 94다27069(公 1995, 3256); 大判 96. 5. 14, 94다54283(公 1996하, 1835) 등에서 보는 대로, 이를 위한 區分地上權의 지료를 기준으로 할 수 있다. 그 지료의 구체적 산정에 관하여 위의 大判 96. 5. 14.는 "문제의 토지에 대한 고압선이 없는 상태에서의 정상임료에 공중공간에 대한 입체이용의 제한 정도에 상응하는 비율인 입체이용저해율을 곱하여 토지의 입체적 이용권을 제한하는 송전선의 구분지상권에 상응하는 차임을 산정"하는 방식을 수긍하고 있다. '입체이용저해율'이란 원래 토지수용 기타로 인한 보상금을 산정함에 있어서 그 산정기준의 하나로 예를 들면 「공익사업을 위한 토지 등의 취득 및 보상에 관한 법률 시행규칙」 § 31이나 도시철도법 시행법 § 5 등에 규정되어 있는 것이다. 우리는 여기서 구체적인 반환액의 산정에 있어서는 공법상의 보상 관련 규정들도 참고의 여지가 있음을 알 수 있다.

또 지하에 고압송유관이 매설된 事案에서 大判 96. 12. 23, 96다7984(公 1997상, 499)는, 그 부분 토지 전체에 대한 차임 상당액에서 송유관이 매설된 상태에서 토지를 이용하는 경우의 차임 상당액을 공제하는 소극적 방법으로도 부당이득액을 산정할 수 있다고 판시하였다.

(4) 大判 92. 6. 23, 92다12933(公 1992, 2265)은 자연녹지지역으로 지정된 임야 위에 건물을 권한 없이 신축한 사안에 대한 것으로, 쟁점은 대지로서의 차임 상당액을 산정한 것이 정당한가에 있었다. 대법원은 이 사건 토지가 자연녹지구역으로 지정될 당시 이미 사실상으로는 대지로 조성되어 있었으므로 그 이용상태 그대로 임대하는 경우의 차임 상당액을 부당이득으로 반환하여야 한다고 판시하여, 피고의 상고를 기각하였다.

(5) 또한 「차임 상당액」이 산정되어야 할 目的物의 範圍가 문제되기도 한다. 예를 들어 앞의 (3)에서 본 大判 95. 8. 25.는, 타인의 토지 일부분 위에 권한 없이 高壓架空送電線을 설치함으로써 그 송전선과의 법정이격거리로 말미암아 다른 토지부분도 이용의 제한을 받게 되고, 그 나머지는 도시계획 관련 법규상 건물 등을 축조할 수 없는 소위 「과소토지부분」이 된 사안에서, 그 토지 전체를 사용한다고 평가할 수 있다고 하여 그 전부에 대하여 이를 산정하는 것을 긍인하였다. 또 大判 96. 6. 11, 95다43686(公 1996하, 2118)은 "밀집된 주택 또는 점포구역을 통과하는 도로로서 연변에 인도의 설치가 필요불가결한 상황이라

면" 인도로서 필요한 한도에서 도로 연변의 토지를 사실상 도로의 일부로 보아 이를 포함한 토지에 대하여「차임 상당액」을 산정하여야 한다고 판시하였다.

(6) 국가 소유의 물건을 타인이 권한 없이 점용하는 경우에 반환하여야 할 가액의 평가와 관련하여서는 國有財産法上의 辨償金에 관한 규정(동법 § 51, 동법 시행령 § 56 등 참조)에서 정하여진 바[233]가 기준이 될 수 있는가 하는 문제가 제기된다. 그러나 大判 92. 4. 14, 91다42197(公 1992, 1581)은, 정당하게도 이를 부인한다. 즉 위 규정상의 변상금징수권은 국세징수법에 좇아 강제실현되는 공법상의 권리로서, 국가가 민사소송을 제기하여 이행을 구하는 부당이득반환청구와는 성질을 달리한다는 것이다.

이미 大判 88. 2. 23, 87누1046등(公 1988, 616) 등은 그 변상금 부과의 법적 성질에 대하여, "국유재산법 제51조 제 1 항은 국유재산의 무단점유자에 대하여는 대부 또는 사용·수익허가 등을 받은 경우에 납부하여야 할 대부료 또는 사용료 상당액 외에도 그 징벌적 의미에서 국가측이 일방적으로 그 2할 상당액을 추가하여 변상금을 징수토록 하고 있으며, 동조 제 2 항은 변상금의 체납시 국세징수법에 의하여 강제징수토록 하고 있는 점 등에 비추어 보면, 국유재산의 관리청이 그 무단점유자에 대하여 하는 변상금부과처분은 순전히 私經濟主體로서 행하는 私法上의 法律行爲라 할 수 없고, 이는 관리청이 공권력을 가진 우월적 지위에서 행한 것으로서 행정소송의 대상이 되는 行政處分이라고 보아야 한다"고 판시한 바 있다. 위와 같은 태도는 이와 맥락을 같이하는 것이라고 하겠다.

(7) 大判 81. 8. 20, 80다2587(集 29-2, 271); 大判 91. 10. 8, 91다3901(公 1991, 2678) 등 확고한 판례는, 數人이 공동으로 법률상 원인 없이 타인의 물건을 사용한 경우의 부당이득반환의무는 특별한 사정이 없는 한 불가분적 이득의 반환을 그 내용으로 하는 것으로서 불가분채무라는 태도를 취한다.[234] 그리하여 예를 들면 大判 92. 9. 22, 92누2202(公 1992, 3016)는, 서울특별시의 公有財産인 토지를 공유재산

233) 이들 규정에 따르면, "이 법 또는 다른 법률에 의하여 국유재산의 대부 또는 사용·수익허가 등을 받지 아니하고 국유재산을 점유하거나 사용·수익한 자"에 대하여는 동법에서 정하여지는 貸付料 또는 使用料에 20%의 징벌적 의미의 금전을 부가하여 도합 그 120%를 변상금으로 징수하도록 되어 있다.

234) 한편 大判 80. 7. 22, 80다649(公 1980, 13031)는, 피고가 植栽한 과수목이 원고들 공유의 임야에 부합됨으로써 民 § 261에 의하여 원고들이 부당이득을 이유로 그 과수목의 시가를 반환하여야 하는 事案에서, 그 반환의무를 원고들의 공유지분에 대하여 분할채무라고 한 원심판결을 파기환송하면서, "공유자가 공유물에 대한 법률관계에서 법률상 원인 없이 이득을 하고 그로 인하여 제 3 자에게 손해를 입게 한 경우에는 공유지분권의

의 대부 또는 사용수익허가 등을 받지 아니한 채 원고 및 소외인들 도합 3인이 소유하는 건물의 주차장으로 점유·사용하여 왔다면 "공유자들의 공유물에 관한 부당이득반환채무는 불가분채무"라고 하여 공유자 1인인 원고에 대하여 한 변상금전액부과처분은 적법하다고 판단하고 있다. 따라서 그 각 채무자가 채무 전부를 이행할 의무가 있고, 1인의 채무이행으로 다른 채무자도 그 의무를 면하게 된다.

Ⅵ. 國家나 地方自治團體 등이 他人의 土地 위에 권원 없이 道路 등 施設物을 開設·維持하는 경우

1. 序

국가나 지방자치단체 등이 타인의 토지 위에 도로나[235] 하천[236] 기타의 일정한 공공시설물[237]을 이용권한 없이 개설 또는 유지하는 경우에 대하여, 토지

행사와는 달리 그 이득을 상환하는 의무는 불가분적 채무라고 봄이 상당하다"고 판단하고, 그러므로 시가 상당의 분할상환을 명한 것은 위법이라고 결론지었다. 그러나 공유물의 보존이나 이용을 위하여 공유자들이 공동으로 타인의 물건을 권원 없이 이용한 경우라면 또 혹 모르겠으나, 그와는 달리 위 판결의 사안에서와 같이 단지 제3자가 타인의 토지에 다른 물건을 부합시킴으로 말미암아 그 토지의 공유자들이 부당이득반환의무를 지게 되는 경우에는 그들에게 불가분채무를 지게 할 이유는 없다고 생각된다. 요컨대 實務는 "공유자가 공유물에 대한 법률관계에서 부당이득한 경우에는 그 반환의무는 불가분채무"라고 하는 公式 자체에 획일적·무비판적으로 의존하고 있다는 느낌을 지울 수 없다.

235) 도로의 개설과 관리운영에 관한 法理는, 기준적인 道路法을 위시하여 도시계획법, 도시재개발법 등 도로의 계획·구획·설치의 근거가 되는 行政法規 전반에 대한 이해를 필요로 한다. 이하에서는 부당이득의 성립 여부에 관련한 한도에서 언급하기로 한다.

236) 하천에 대하여도 前註에서 본 도로에 대해서와 같은 敍述을 할 수 있다. 大判 98.4.10, 97다58552(公 1998상, 1306)는 지방자치단체가 사유지를 하천부지로 점용한 사안에서 부당이득반환청구를 긍정한 것이다. 다른 한편 大判 98.3.10, 97누20175(公 1998상, 1071)는, 제방부지가 河川法에 의하여 당연히 國有로 된 후의 기간에 대하여는 同法 §74에 따른 토지가액에 대한 손실보상을 청구할 수 있을 뿐이고 자신의 소유를 전제로 하는 부당이득반환청구 등은 이를 할 수 없다고 한다.

237) 주로 道路가 문제되나, 서울高判 80.11.14, 80나3380(月報 134, 61)에서와 같이 어린이놀이터가 다루어진 경우도 있다. 나아가 大判 97.7.22, 96다14227(公 1997하, 2618)에서는 타인의 토지에 대하여 그 지상은 自治區가 도로로서, 지하는 서울시가 하수도 암거로 각각 사용하는 사안에서 토지소유자의 서울시에 대한 부당이득반환청구를 인용하였다. 또한 大判 96.12.23, 96다7984(公 1997상, 499)는 국가가 타인의 토지에 권한 없이 軍作戰用의 고압송유관을 매설한 사안에 대한 것이다(이 경우의 반환되어야 할 이득액의 산정에 대하여는 뒤의 (바)(b)(iii) 참조). 물론 大判 89.10.13, 88다카33039(集 37-3, 178) 등에서 보는 대로 국가 등이 건물(위 사건의 경우는 파출소 건물)을 무단으로 건축·소유하고 있는 경우도 있다.

소유자에게 부당이득반환청구권을 부여하는 판결례는 극히 많다.[238] 이는 우리 나라에 독특한 不當利得類型의 하나를 형성하고 있는데,[239] 이하에서는 도로를 중심으로 서술하여 가기로 한다.

2. 道路의 開設 또는 維持로 인한 受益者

(1) 타인의 토지를 도로로 이용하는 것이 부당이득의 요건으로서의 「이득」에 해당함에는 의문이 없다. 따라서 그 부지의 소유자에 대하여 주장할 수 있는 그러한 이용의 권원이 없이 도로가 개설된 경우에는 그 소유자가 이를 이유로 부당이득의 반환을 청구할 수 있을 것이다.

문제는 도로를 실제로 이용하는 자는 不特定多數의 公衆인데 토지소유자가 이들 개별이용자를 상대로 하여 부당이득의 반환을 구하는 것은 법리적으로 허용되는 것인지 의문이 없지 않을 뿐만 아니라(하루에 한두번 타인의 토지 위를 통행하는 것을 이유로 어떠한 법적 추급이 가능할 것인가?), 설령 그것이 경우에 따라 허용될 수 있다고 하여도 실제로 당사자를 특정하여 권리를 행사하기는 어렵고 또 경제적으로도 큰 의미가 없다. 그러므로 토지소유자로서는 도로가 공중의 통행에 공용된 公共營造物이므로, 자신의 토지가 권한 없이 도로로 이용됨으로 인한 사용이득의 반환문제를 국가 또는 지방자치단체를 상대로 하여 말하자면 일괄적으로 처리함으로써 권리행사의 편의와 경제적 수익성을 도모할 수 없는지를 모색하게 된다.

그리고 재판실무 역시 이러한 관점에서 국가 등의 부당이득책임을 인정할 수 있는 徵表가 무엇인지를 모색하고 있다. 이러한 문제는 특히 공중의 빈번한 통행으로 타인의 토지 위에 소위 사실상 도로가 개설된 상태인 경우에 어떠한 국가 등의 관여가 있으면 그의 부당이득책임을 지울 것일까를 다루는 국

238) 이에 대한 文獻은 주로 실무가들에 의한 것인데, 우선 李昌均, "私有地上의 道路開設과 損害의 塡補", 司論 4(1973), 671 이하; 權南赫, "地方自治團體가 私有土地를 事實上 道路로 사용하고 있음을 원인으로 한 不當利得請求", 대법원판례해설 1987년 하반기(통권 제8호)(1988), 121 이하; 趙武濟, "地方自治團體가 私人의 土地를 道路로 使用함으로 인한 不當利得", 判例硏究(부산판례연구회) 1(1990), 228 이하; 黃亨模, "道路敷地의 占用에 따른 將來의 不當利得返還請求", 判例硏究(부산판례연구회) 5(1995), 194 이하; 朴敏秀, "地方自治團體가 私有地를 事實上의 道路로 占有使用하는 경우 不當利得返還義務의 範圍", 判例硏究(부산판례연구회) 9(1998), 131 이하 등 참조.

239) 독일은 물론 가까운 일본에서도 이러한 유형의 不當利得爭訟은 거의 찾아볼 수 없다. 趙武濟(前註), 229 註 4는 그 이유에 대하여, 1960년 후반 이후에 "당시의 경제개발의 급박한 필요에서 違法 여부를 돌볼 겨를 없이 강행한 行政方針에 연유하는 것으로 판단된다"고 한다. 필자가 검사한 바로 이 유형에 속하는 것으로서 최초로 부당이득반환청구가 긍정된 것은 大判 70.11.30, 70다2171(月報 5, 38)이다.

면에서 현저하게 드러난다. 다시 말하면, 재판실무는 이러한 사안에서 특히 국가 등의 부당이득책임을 인정하기 위한 보다 구체적인 징표를 획득하는 데 고심하고 있는 것이다.

㈎ 도로가 관련법규에 따라 적법하게 개설 또는 유지되는 경우에는 그 敷地의 소유권은 그 한도에서 제한된다. 道路法 § 5는 "道路를 構成하는 敷地, 擁壁 기타의 物件에 대하여서는 私權을 行使할 수 없다. 다만, 所有權을 이전하거나 抵當權을 설정함은 그러하지 아니하다"고 정하는데, 여기서 말하는 「사권을 행사할 수 없다」는 것은 도로의 존속·유지 등에 필요한 한도에서는 所有權을 비롯한 사적 권리는 제한된다는 의미이다.

한편 大判 79. 4. 10, 79다161(集 27-1, 272); 大判 92. 12. 8, 92다22725(公 1993, 423); 大判 99. 11. 26, 99다40807(公 2000상, 46) 등의 확고한 판례는, 위 규정에 의하여 부당이득반환청구가 배제되는 바의 「도로」란 적어도 도로법에 의한 노선인정(동법 § 13 이하)과 도로구역결정(동법 § 25) 또는 이에 준하는 도시계획법 소정 절차를 거친 도로를 말한다고 해석하고 있다.[240] 그러므로 위와 같은 의미의 「도로」에 대하여는 부지의 소유자라도 그 이용에 의하여 權利의 違法한 侵害가 있다고 할 수 없으므로, 부당이득의 문제는 제기될 여지가 없다고 하겠다.[241]

예를 들면 大判 74. 2. 26, 73다528(公 485, 7759)이 "피고[서울특별시]가 시설한 도로가 도로법상의 도로이거나 도시계획법에 의한 도시계획사업으로 설치된 도로라면 피고 市는 도로시설한 토지를 사용할 법률상 원인이 있는 것이므로 그에 대한 부당이득청구는 인용될 여지가 없"다고 판시하는 것은 이러한 입장에 선 것이라고 하겠다. 이미 일찍이 大判 71. 7. 27, 70다2664(要集 민 I-2, 1096)가 "원고 소유의 본건 토지가 도로법 소정의 노선의 인정과 구역결정이 있는 도로법 소정의 도로예정지로 인정될 수 있고 도로법 시행령 제 7 조에 의한 공고가 있어 도로법 제40조 등의 준용이 있을 경우에는 특별한 사정이 없는 한 손실보상은 몰라도 불법점유를 이유로 부당이득의 반환청구를 할 수는 없다"고 판시한 것

240) 한편 도로법 § 7은 "새로이 道路 또는 接道區域이 될 것"에도 대통령령이 정하는 바에 따라 동법상의 도로 또는 접도구역에 관한 규정의 일부가 準用된다고 정한다. 그런데 이를 받아 준용규정을 정하는 동법 시행령 § 7는 私權의 制限에 관한 동법 § 5를 준용규정에서 제외하고 있다.

241) 한편 大判 68. 10. 22, 68다1317(集 16-3, 97); 大判 68. 11. 5, 68다1770(集 16-3, 157); 大判 99. 11. 26, 99다40807(公 2000상, 46) 등은, 국가 등이 도로부지에 대하여 소유권을 취득하는 등 적법한 권한 없이 도로로 사용하고 있다고 하여도 도로법 § 5의 적용이 전적으로 배제되는 것은 아니라고 하면서, 부지소유자의 引渡請求를 인정하지 아니하는 태도를 취한다.

도[242] 결국 일정한 단계의 적법절차에 의하여 개설된 도로에 대하여는 부당이득반환청구가 허용되지 않는다는 취지를 말한 것이다. 또한 大判 74.11.26, 74다1670(要集 민 I-2, 1097)이 지방자치단체가 토지구획정리사업법 시행자로서 도로를 개설한 경우에는 부당이득은 인정되지 않다고 한 것도 마찬가지로 이해될 수 있을지 모른다.

그러므로 부당이득이 논의될 가능성이 있는 것은 위와 같은 적법절차를 밟지 아니하고 개설 또는 유지되지 아니하는 경우에 한정된다.

(나) 재판실무는 국가 등이 타인의 토지를 권한 없이 도로로 「점유」하고 있으면 그 부지의 소유자에 대하여 부당이득책임을 진다는 입장에 서서, 과연 그러한 도로의 「점유」가 인정되기 위한 징표를 모색하고 있는 것으로 보인다.

(a) 이와 관련하여서는 많은 裁判例가 있으나, 많은 우여곡절 끝에 종국적으로 그 입장을 선명하게 정리한 것으로 보여지는 대표적인 것으로 大判 91.3.12, 90다5795(集 39-1, 240)를 들 수 있을 것이다. 이 판결은, "국가나 지방자치단체가 도로법 또는 도시계획법에 의한 수용절차 등 적법한 보상절차를 거치지 아니하고 타인의 토지를 도로로 **점유**하고 있다면 그 토지소유자와의 사이에서는 법률상 원인 없이 이를 **점유사용**하고 있는 것이므로 도로법 등의 적용을 받는 도로인 여부에 관계없이 국가나 지방자치단체는 그 점유로 인한 부당이득반환의무를 면치 못한다"(강조는 인용자가 가한 것이다)고 한다. 위 판결은 이어서 도로의 「점유」 여부를 판단함에는 도로법 등의 적용을 받는 도로의 경우와 그 적용이 없는 사실상의 도로의 경우로 나누어서, 우선 전자의 경우는 "도로관리청인 국가나 지방자치단체의 점유관리 하에 있"는 것이지만 그 「점유」는 최소한 도로법 등의 적용을 받게 되는 시점, 즉 도로법에 의한 노선인정의 공고 및 도로구역결정이 된 때로부터라고 한다. 또 후자의 경우에는, (i) 국가 등이 그 도로를 시공하여 개설하거나, (ii) 기존의 도로에 대하여 확장, 도로포장 또는 하수도설치 등 도로의 改築 또는 維持補修工事를 시행하여 일반 공중의 교통에 공용한 때가 기준이 되어, 그 때로부터는 국가 등의 사실상 지배 하에 있다고 보아 그 점유관리하는 도로라고 보아야 한다고 설시한다.[243]

242) 그 외에 大判 72.11.14, 72다1144(要集 민 I-2, 1096)도 같은 취지로 판시하고 있다.
243) 이러한 추상론은 그 후에도 大判 93.8.27, 92다52023(公 1993, 2615); 大判 93.9.28, 92다17778(公 1993, 2940) 등에서도 그대로 이어받아져 왔다.

또 大判 91. 9. 24, 91다21206(公1991, 2607)은, 위의 두 경우 중 전자는「도로관리청으로서의 점유」, 후자는「사실상 지배주체로서의 점유」라고 나누어 부르면서, 그「점유」의 인정 여부에 대하여 일단 위의 大判 91. 3. 12.와 마찬가지의 기준을 설시하고 있다. 나아가 후자의 경우 중에서 현저한 하나의 유형, 즉 "국가 또는 지방자치단체 이외의 자, 예컨대 주민들이 自助事業으로 사실상 도로를 개설하거나 기존의 사실상 도로에 개축 또는 유지보수공사를 시행한 경우"에 대하여는 그것만으로는 국가 등의「점유」를 인정하기 어렵다고 하면서도, "다만 주민자조사업의 형태로 시공한 도로라고 할지라도 실지로는 국가나 지방자치단체에서 [i] 그 공사비의 **상당부분**을 부담하고, [ii] 공사 후에도 도로의 유지보수를 담당하면서 공중의 교통에 공용하고 있는 **등의 사정**이 인정된다면", 국가나 지방자치단체를 그 도로의「사실상 지배주체」로 인정하여 부당이득반환청구를 인용하여야 한다고 판단하였다. 그러면서도 다시 국가 등이 주민자조사업으로 시공한 도로의 공사비 일부를 부담한 사실이 있다는 것만으로 곧 그「점유」의 주체를 국가 등이라고 단정할 수 없다고 덧붙인다.

(b) 그 후의 재판례는 이상과 같은 기준에 沿하여 전개되어 갔다. 예를 들어 大判 94.9.9, 94다23951(公1994, 2623)은, 위와 같은 두 종류의 도로부지의「점유」와 그 인정기준을 반복하면서, 이에 덧붙여 "여기에서 기존의 사실상의 도로에 도로법에 의한 도로구역의 결정이 있는 때라 함은 도로관리청이 도로법에 의하여 행한 도로구역의 결정이 있는 때를 말하고 도시계획법에 의한 도시계획(도로시설)결정이 있는 때는 여기에 포함되지 아니한다"고 판시하였다. 그리하여 원심판결이 건설부장관의 도시계획결정고시가 있은 때로부터 시가 도로를「점유」한 것으로 본 원심판결을 파기하였다.

(c) 그런데 실제의 사건에서 주로 문제가 되는 것은, 어떠한 사정 아래서 앞의 (a)에서 본「사실상 지배주체로서의 점유」를 인정할 것일까, 즉 국가나 지방자치단체가 과연 도로부지를「이용」하는 주체인가, 다시 말하면 부당이득반환의무를 부담하여야 하는 受益者라고 할 것인가 하는 점이다.

지방자치단체 등이 처음부터 위와 같은 적법절차를 밟지 아니한 채 적극적으로 도로를 개설하는 경우에 부당이득반환의무를 인정할 수 있음에는 거의 의문이 없다.[244] 그런데 대부분의 경우에는 그것이 아니라, 公衆이 타인의 토

---

244) 趙武濟(註 238), 236도, "도로로서의 외형을 갖추고 있지 않은 … 토지에 있어서 무단히 地上物을 철거하여 인도, 차도를 區劃하고, 側溝施設을 하거나 道路擴張을 하면서 해

지를 별다른 권한 없이 상당한 기간 동안 통행에 이용하여서 사실상으로 도로(소위 「事實上 道路」)가 개설되어 있는 상태에서 지방자치단체 등이 일정한 형태로 그 이용에 개입한다는 事情이 있으므로, 위와 같은 문제가 제기되는 것이다. 문제된다는 점에서 앞의 (a)에서 본 적법절차에 의하여 개설·유지되는 도로의 경우와는 현격한 차이가 있는 것이다.

이 문제를 판단함에 있어서 고려되는 주요한 사정요소는 대체로 다음과 같다.[245)]

(i) 우선 地目變更 또는 도시계획법상의 地籍告示·道路開設豫定地指定 등이다. 이와 같은 행정절차상의 추상적·법적 행위만이 있고 실제로 도로의 유지·관리에 사실적으로 관여한 바 없다면 이것만으로는 국가나 지방자치단체의 도로부지 이용은 인정될 수 없다는 것이 실무의 태도인 것으로 여겨진다.[246)]

예를 들면, 사실상 도로로 인한 지방자치단체 등의 부당이득의 문제를 다룬 최초의 최상급심 판결이라고 생각되는 大判 70.8.31, 70다1288(集 18-2, 290)은 "시가지계획에 의하여 도로개설예정지로 계획되어 있을 뿐 아직 도로개설사업을 실시한 바 없는 토지를 일반인들이 자연발생적으로 통로로 사용하고 있다고 하더라도 피고[대전시]가 부당한 이득을 보고 있다거나 또는 이러한 경우 손실보상에 관하여 아무런 규정이 없는 이상 원고에 대하여 보상할 의무가 없다"고 판시하였다. 또한 大判 85.5.28, 85다110(公 1985, 917)은, "토지가 도시계획상 도시예정지로 지적고시가 되고 지목이 도로로 변경되기는 하였으나 피고[서울특별시]가 도로로 개설한 것은 아니며, 다만 위 토지소유자가 그 지상에 건축을 못하게 되이 인근 주민들이 자연발생적으로 대로에 이르는 도로로 이를 사용하고 있다면 피고 시가 현실적으로 점유, 관리하고 있다고 볼 수 없다"고 판시하고 있다. 이러한 태도는 大判 90.2.13, 88다카20514(公 1990, 622)가 "도시계획결정으로 토지가 도로예정지로 고시되고 그 후 도시계획법에 의한 지적고시가 되었다고 하여도, 아직 도시계획법에 의한 도시계획사업의 시행으로 설정

당 토지를 그 확장부분 속에 편입시킨 경우에는 점유의 성립에 거의 의문이 없다"라고 한다.

245) 이 부분의 설명에 대하여는 趙武濟(註 238), 230 이하에 힘입은 바 크다.

246) 趙武濟(註 238), 234는, "통상적으로 볼 때, 이 정도의 書面上에 그친 事由만으로는 타인의 토지를 도로로 사용하고 있다고 생각되지 않는다. 토지소유자측으로는 그로써 建築許可를 얻지 못하거나, 이미 났던 許可가 취소되는 등의 損失을 입을 수도 있을 것이나, 地方自治團體側에서 보나 도로예정지로 지정한 것만으로 利得하게 될 경우는 드문 것이기 때문이다"라고 한다.

된 도로로서 도로법에 의한 도로구역결정이 있은 도로와 같이 볼 수 없고, 또 위 지적고시를 도로로서 점유의 의사를 표시한 것으로 볼 수도 없으므로 국가나 지방자치단체가 위 토지를 점유하고 있다고 볼 수 없다"고 판시하는 것으로도 이어지고 있고, 그 후의 大判 98. 3. 13, 97다56167(公 1998상, 1056) 등에서도 이는 다를 바 없다.[247)]

그러나 위와 같은 행정상 행위는 사안에 따라서 지방자치단체 등이 도로부지의 이용으로 부당이득하였다고 인정될 수 있는 始期를 객관적으로 확인할 수 있는 자료로서 의미를 가질 수 있다. 예를 들면 大判 73. 3. 13, 73다72(集 21-1, 150)는, 지방자치단체가 일반인이 통행에 사용하고 있는 사실상 도로에 인도와 차도의 구획공사 및 하수도공사를 한 사안에서 그가 위 도로부지부분에 대하여 토지대장상 분할 및 지목변경을 한 날로부터 부당이득한 것으로 인정하고 있는 것이다.

(ii) 다음으로 도로의 포장이나 확장 등의 사실적 行爲가 문제된다. 이는 지방자치단체 등의 부당이득을 긍정하게 하는 중요한 사정이 되기도 한다. 예를 들면 大判 90. 4. 10, 89다카15182(公 1231)는 "국가나 지방자치단체가 종전부터 일반공중의 교통에 사실상 공용되던 사유지상에 도로법이나 도시계획법 등의 법상의 절차와는 별도로서의 필요한 공사를 하여 이를 정비한 다음 일반공중이나 차량의 통행이 가능한 상태로 제공하였고 그로 말미암아 소유자의 배타적인 사용수익이 침해되었다면, 토지소유자가 당해 토지를 매수한 경위나 보유기간, 통행로로 쓰이는 그 토지의 위치나 성상, 주위환경 등 여러 사정에 비추어 명백히 그 사용수익권을 포기하였다거나 인근주민에게 도로에 대한 통행권을 부여하였다고 볼 수 있는 등의 사정이 없는 한 지방자치단체 등은 그 토지를 도로로 개설하여 점유관리하고 있다고 보아야 한다"고 판시한다.[248)]

---

247) 이 판결의 事案에서는 "이미 사실상 도로로 사용되고 있는 토지에 대하여 국가나 지방자치단체가 주민자조사업의 비용 일부나 자재 등을 공급하여 포장공사나 하수도공사를 시행"하였다는 사실도 인정되었지만, 역시 국가나 지방자치단체의 부당이득은 否定되고 있다.

248) 그 외에 大判 90. 11. 27, 90다7067(公 1991, 202); 大判 90. 12. 21, 90다5528(公 1991, 581); 大判 91. 2. 22, 90다카25529(公 1991, 1063); 大判 91. 9. 24, 91다21206(公 1991, 2607) 등 무수히 많은 재판례가 있다. 이미 大判 76. 3. 9, 75다721(總覽 4-1(A), 862-120)에서는 "인근 주민이 통행로로 쓰고 있던 토지라 할지라도 피고가 도로포장, 배수공사 등을 실시하여 도로로 사용하였다면 그때부터 도로의 부지로 점유하고 있다고 봄이 상당"하다고 하여 부당이득반환의무를 긍정한 바 있다. 또 大判 81. 10. 24, 81다96(月報 141, 28)도, 원고 소유의 토지 일대에 동네가 형성되면서 그 주민들이 원고의 토지를 통행하여 간선도로의 부지가 된 후 피고 시가 기존 도로를 도로예정지로 고시하고 이와는 별도로 포장공사를 실시한 事案에 대하여, "포장공사를 완공한 이후부터는, 피고 시

그러나 大判 88. 1. 12, 87다카2387(公 1988, 406) 등 일련의 재판례는 그러한 사정만으로는 지방자치단체 등의 「점유관리」를 인정할 수 없다고 하여 그의 부당이득반환책임을 否認하기도 한다.

다른 한편 주민들이 자조사업(특히 1970년대의 소위 새마을사업)으로 도로의 포장이나 확장공사를 함에 있어서 지방자치단체 등이 이에 일정한 재정적 보조를 한 것이 문제되기도 한다. 그 경우에도 大判 87. 6. 23, 86다카1786(公 1987, 1215); 大判 88. 10. 25, 87다카2072(公 1988, 1478); 大判 90. 2. 13, 88다카20514(公 1990, 622) 등의 재판례에서 보는 대로 그러한 事情만으로는 부당이득반환의무를 인정하기 어렵다는 것이 실무의 경향인 듯하다. 그러나 大判 89. 7. 11, 88다카16997(集 37-2, 194)에서는 "그 재정보조가 전체 공사비의 상당부분을 차지"하였다는 등의 사정을 들어 이를 긍정하기도 한다.[249]

특이한 事案으로는 大判 93. 6. 25, 92다55558(公 1993, 2103)을 들 수 있다. 이 사건에서는 지방자치단체가 행한 도로확장공사로 인하여 토지가 45도 각도의 경사진 도로 옆면을 이루게 됨으로써 도로에의 토사유출의 방지 등을 위하여 수목을 식재한 후 관리하여 온 사안에 대하여 그 지방자치단체의 부당이득책임을 인정하였다.

(iii) 그 외에도 公衆運送手段(특히 버스)이 그 사실상 도로 위로 運行하는 것을 허가하였다든가, 버스路線으로 지정하였다든가 하는 사정 등도 이 문제를 판단함에 있어서 고려될 수 있다.

(iv) 한편 재판실무는, 위와 같은 도로의 점유관리로 인한 부당이득책임의 귀속은 행정법적으로 정하여지는 도로의 관리유지책임의 귀속과 연동하는 것으로 파악하는 듯하다.[250] 종전에 大判 91. 11. 12, 91다22148(公 1992, 98); 大判 96. 11. 8, 96다21331(公 1996하, 3543) 등은, 공공영조물의 하자로 인한 국가배상과 관련하여, "도로의 유지·관리에 관한 상위 지방자치단체의 행정권한이 행

는 원고의 토지를 법률상 원인 없이 도로의 부지로서 점유 관리하고 있고 이로 인하여 임대료 상당의 부당이득을 하고 있다"고 판시하였었다.

249) 그 후의 大判 93. 9. 28, 93다17041(公 1993, 2958)도 참조. 그러나 그 전의 大判 81. 12. 9, 80다1865(公 649, 46)는 포장공사를 새마을운동추진위원회가 주관하되, 피고 시가 공사비의 3분의 2를 지원한 사안에서 피고 시가 원고의 토지를 점유 관리하고 있다고 볼 수 없다고 하여, 원고의 부당이득반환청구를 기각한 바 있었다.

250) 그 전에 大判 89. 10. 13, 88다카33039(集 37-3, 178)는, 파출소 건물이 私人 소유의 토지 위에 무단 건축된 사안에서, "관계 법령에 의하면 경찰서 및 그 산하 파출소는 지방행정기관이 아니고 국가사무를 시행하기 위하여 설치된 특별지방행정기관"이라고 하여, 지방자치단체가 아니라 국가에 대하여 부당이득반환을 명하여야 한다고 판시한 바 있다.

정권한위임조례에 의하여 하위 지방자치단체장에게 위임되었다면 그것은 기관위임이지 단순한 내부위임이 아니고, 그 권한을 위임받은 하위 지방자치단체장은 도로의 관리청이 되며 위임관청은 사무처리의 권한을 잃는다"는 태도를 취하여 왔다. 그 연장선상에서 大判 99.4.23, 98다61562(公 1999상, 1016)는, 그러므로 그 경우 타인의 토지 위에 권한 없이 도로를 개설·유지함으로 인한 부당이득책임에 대하여도, "도로 관리청이 속하는 하위 지방자치단체는 그 도로부지의 소유자에게 이를 점유·사용함으로써 얻은 부당이득의 반환을 거절할 수 없다"고 판시하고 있다.

그러면 이 경우에 그 권한을 위임한 상위 지방자치단체가 부당이득책임을 면하는가는 명확하지 아니하다. 국가배상과 관련하여 大判 93.1.26, 92다2684(公 1993, 848); 大判 96.11.8, 96다21331(公 1996하, 3543) 등은, 위와 같은 관리청의 변동에도 불구하고, "그와 같은 기관위임의 경우에 위임받은 하위 지방자치단체장은 상위지방자치단체 산하 행정기관의 지위에서 그 사무를 처리하는 것이므로 사무귀속의 주체가 달라진다고 할 수 없"으므로, "하위 지방자치단체장을 보조하는 그 지방자치단체 소속 공무원이 위임사무처리에 있어 고의 또는 과실로 타인에게 손해를 가하였더라도 상위 지방자치단체가 그 손해배상책임을 진다"는 태도를 취하고 있는 것이다. 이를 전제로 한다면, 상급 지방자치단체도 아마도 간접점유자의 지위에서 도로의 점용으로 이익을 얻고 있다고 보아 하급 지방자치단체와 같이 책임을 져야 할 것이다.

(2) 그런데 이상에서 본 바와 같이 국가나 지방자치단체 등의 도로부지의 無斷占用이 인정된다고 하더라도, 그 토지의 소유자가 그 토지의 **독점적·배타적 사용수익권을 포기하거나 일반공중에서 그 사용수익을 용인**한 것이라면, 그의 부당이득반환청구권을 인정할 수 없음은 물론이다. 지방자치단체 등의 도로 점용으로 인한 부당이득책임에 관한 판단기준이 일단 정립된 것으로 보이는 1990년대 초반 이후에는 소송에서의 쟁점은 이제 이 문제로, 그리고 이득액의 구체적 산정의 문제로(뒤의 3. 참조) 옮겨진 느낌이 들 정도이다.

㈎ 재판실무에 나타난 전형적인 예는, 주택건설업자나 택지개발업자 등(이 항목에 관한 한 이들을 합하여 단지 「분양업자」라고 부르기로 한다)이 자기 소유의 토지 위에 다수의 주택을 건설하거나 다수의 택지를 개발한 후 이를 여러 사람에게 分讓하고 이들 受分讓者의 교통 및 주거의 편의를 위하여 ──예를 들면 公路로의 통행로로서── 자기 소유의 토지를 도로로 제공한 경우이

다. 나아가 그 토지를 적극적으로 「제공」하였다고까지는 말할 수 없다고 하더라도, 분양업자가 분양되고 남은 토지가 "통행로로 사용되도록 방치"한 경우(大判 94. 9. 30, 94다20013 (公 1994, 2850)의 표현)도 마찬가지라고 할 것이다.

일찍이 大判 74. 5. 28, 73다399(月報 50, 8)는, 토지소유자 甲이 그 소유의 토지를 택지로 개발하여 여러 사람에게 분양하면서, 이 사건에서 문제된 토지를 그 택지로부터 공로로의 통행로로 제공한 사안에 대한 것인데, 피고 시는 이 도로를 포장하였고, 또 위 토지는 도시계획법 내지 도로법에 의하여 사권(私權)의 제한을 받게 되었다. 원고는 이 사건 토지의 소유권을 갑으로부터 양도받고, 피고 시를 상대로 임료 상당의 부당이득금을 청구하였다. 대법원은, 그 청구를 인용한 원심판결을 파기하면서, "甲은 … 그 택지의 매수인 기타 그 주택지 안에 거주하게 될 모든 사람들에 대하여 그 주택지에 접한 이 사건 대지들을 무상으로 통행할 수 있는 권한을 부여하였다고 볼 수 있기 때문에 이 토지의 소유자들은 위의 토지에 대한 독점적이고 배타적인 사용수익권을 행사할 수 없다고 보아야 한다. 그렇다면 … 위의 토지소유자들에게 어떠한 손실이 생긴다고 할 수 없다"고 판단하였다. 그 후에도 大判 79. 10. 16, 78다2086(總覽 4-1(A), 862-165); 大判 81. 6. 9, 80다1962(月報 135, 31); 大判 85. 8. 13, 85다카421(集 33-2, 164); 大判 93. 5. 14, 93다2315(公 1993, 1702) 등에서 대법원은 이러한 태도에 입각하여, 토지의 소유자가 택지분양을 하면서 그 토지 일부를 공로로의 통로로 남겨 둔 사안에 대하여는, 그 후에 지방자치단체 등이 그 위에 포장공사 등을 하였다고 하는 경우에도, 토지소유자에게 부당이득의 요건으로서의 「손해」가 없었다는 이유로 그의 부당이득청구를 부인하고 있다.

그러나 大判 97. 6. 27, 97다11829(公 1997하, 2355)에서와 같이, 위와 같은 토지분양이 있기 전에 이미 사실상 도로가 형성되어 있었기 때문에 그 부분을 별도로 분할하고 나머지 토지만을 분양한 경우에는 쉽사리 위와 같은 「사용수익권의 포기」를 인정하기 어려울 것이다.

(나) 그러나 토지의 분할 및 분양이 있고 그 중 분양되지 아니하고 남은 토지에 사실상 도로가 형성되었다고 하여 당연히 그 토지소유자가 그 도로 부지에 대한 사용수익권의 포기가 긍정되는 것은 아니다. 이와 관련하여 大判 90. 3. 23, 89다카25240(公 1990, 947)은, 일반적인 기준으로 "어느 사유자가 도로예정지로 편입되어 사실상 일반의 통행로로 사용되고 있는 경우, 토지소유자가 그 사용수익권을 포기하였다거나 도로로서의 사용을 승낙한 것으로 보려면, 그가

당해 토지를 소유하게 된 경위나 보유기간, 나머지 토지를 도시계획선에 맞추어 분할매각한 경우와 그 규모, 통행로로 쓰이는 당해 토지와 다른 토지들과의 위치와 주위환경 등을 고찰하여 분할된 다른 토지들의 효용증대를 위하여 당해 토지가 얼마나 기여하고 있는가 등을 종합적으로 고찰하여 판단하여야 한다"고 설시하고, 이 사건의 具體的인 事案, 즉 지방자치단체가 이 사건 토지를 도시계획상 도로예정지로 지정하여 놓았기 때문에 소유자가 위 토지 부분이 포함된 1필지의 토지를 4필지로 분할하여 3필지는 타에 처분하고 이 사건 토지는 그 지목을 도로로 변경하여 방치하여 둠으로써 일반인이 도로로 사용하여 온 경우에는 소유자가 사용수익권을 포기하고 스스로 도로로 제공하였다고 볼 수 없다고 판단하였다. 위의 일반적 기준에 관한 설시는 그 후에도 大判 95.11.21, 95다36268(公 1996상, 48); 大判 2000.5.12, 98다59262(公 2000하, 1383) 등 많은 재판례에서 반복되었다. 그리고 그와 유사한 事案에 대하여 그 후의 大判 93.4.13, 92다11930(公 1993, 1372); 大判 97.6.27, 97다11829(公 1997하, 2355) 등도 동일한 판단을 하고 있다.

(다) 위와 같이 판례의 확고한 태도에 의하면, 자기 토지의 일부를 수분양자들의 편의를 위하여 제공한 分讓業者 자신은 지방자치단체 등에 대하여 부당이득반환청구를 하지 못한다. 그런데 그로부터 문제의 토지를 매수 등으로 **특정승계한 사람**의 경우는 어떠한가? 일반적으로 위와 같이 토지소유자가 무상통행권을 부여하였다고 하더라도, 그것이 對世的인 效力을 가지기 위하여는 상대방이 지역권 등 용익물권이나 소유자에게 대항할 수 있는 임차권 등의 권리를 가지지 않으면 안 될 것이다. 또 위의 사안유형에 대한 재판례에서 흔히 설시되고 있는 「사용수익권의 포기」도 그것이 제3자, 특히 토지소유권의 특정승계인에 대하여도 주장될 수 있으려면, 예를 들면 원래의 소유자와의 계약으로 이러한 「포기」를 그대로 특정승계인이 인수한다는 특별한 약정이 행하여지지 않으면 안 될 것이다.

그런데 大判 92.7.24, 92다15970(公 1992, 2535)은, 토지의 매수인이 "위 매수 당시 위 토지상에 위와 같은 부담이 있었던 사실을 알고 매수하였다면" 그는 위 토지에 관하여 「독점적이고 배타적인 사용수익권을 행사할 수 없」고, 따라서 그에게는 피고의 도로점용으로 무슨 「손해」가 있을 수 없다고 하여, 그 부당이득반환청구를 배척하였다.[251] 그리고 나아가 大判 94.9.30, 94다20013(公 1994, 2850)

251) 그 전의 大判 91.4.9, 90다카26317(公 1991, 1354)에서 原審은 위와 같이 통행권을 부

은, "일반적으로 경락이나 매매 또는 대물변제에 의하여 토지의 소유권을 취득하려는 자는 토지대장, 등기부, 도시계획확인원, 관계토지의 지적도면, 특히 경매의 경우에는 경매기일의 공고내용이나 법원에 비치된 경매물건명세서 또는 집행기록의 열람 등의 방법에 의하여 당해 토지의 위치, 현황과 부근 토지의 상황 등을 미리 점검해 볼 것이라는 점은 경험칙상 당연히 예상되는 바이고, 따라서 토지의 원소유자가 그 토지를 인근주민들의 통행로로 제공함으로써 이에 대한 독점적이고 배타적인 사용수익권을 포기하고 이에 따라 인근주민들이 그 토지를 무상으로 통행하게 된 이후에 그 토지의 소유권을 특정승계한 자는 그 토지상에 위와 같은 사용수익의 제한이라는 부담이 있다는 사정을 용인하거나 적어도 그러한 사정이 있음을 알고서 그 토지의 소유권을 취득하였다고 봄이 상당하다"이라고 설시하였다. 그 취지는, 위와 같이 객관적으로 도로가 개설·유지되고 있는 토지를 앞의 (i)에서 본 분양업자 등으로부터 승계취득한 사람은 일반적으로, 즉 도로의 존재 등의 사정을 구체적으로 알지 못하였다는 점에 대한 입증이 없는 한은, 부당이득반환청구를 할 수 없다는 것으로도 읽힌다.[252]

그리고 이러한 태도는 가령 최근의 大判 2002. 11. 8, 2002다40982(公 2003상, 43) 등에 이르기까지 계속 이어지고 있다. 이것이 아마도 主流的인 실무의 태도인 것으로 여겨진다. 그리고 이상의 설명은, 위와 같은 분양업자로부터 직접으로 승계를 받은 사람뿐만 아니라, 그로부터 다시 전전하여 승계된 경우의 각 승

여한 원래의 소유자로부터 이를 경락받은 원고의 부당이득반환청구를 부인하였는데, 大法院은 "토지를 경락으로 취득하는 사람은 특별한 사정이 없는 한 제한이나 부담이 없는 소유권을 취득하는 것이 원칙이라 할 것이고, … 그 토지의 경락인에게 특별한 사정이 없어도 당연히 그리고 무조건 피고 시나 통행인의 무상점유나 무상사용을 수인하여야 할 의무가 승계된다고 할 수는 없"다고 일반적으로 설시하고, 원심판결에는 원고가 독점적·배타적 사용수익권을 행사할 수 없는 근거나 이유에 대한 설시가 없다는 이유로 이를 파기환송하였었다. 아마도 본문에서 본 大判 92. 7. 24.에서는 승계인이 도로의 존재 등을 알았다는 점이 강조되고 있으므로, 이 두 판결이 서로 저촉된다고는 할 수 없을 것이다.

252) 한편 大判 99. 5. 11, 99다11557(公 1999상, 1140)은, 지방자치단체가 전소유자로부터 매수하여 그 위에 도로를 개설하여 유지하고 있는 토지를 그로부터 약 20년 후에 전소유자로부터 이중으로 매수하여 소유권을 이전받은 甲이 위 地自體를 상대로 부당이득반환청구를 한 事案에 대하여 판단하고 있다. 위 판결은 토지에 대한 사용수익권이 없음을 용인하였거나 적어도 그러한 사실을 알면서 매수하였다고 볼 여지가 있으므로 그 청구를 기각하는 방향으로 결론을 내리고 있는데, 그와 같은 용인 등을 인정하기에 이르는 이유로, (i) 甲은 특별한 사정이 없는 한 위 토지가 도로부지로 사용되고 있음을 알면서 매수했을 것이다, (ii) 그렇다면 매수인은 지방자치단체에 대하여 부당이득금이나 손실보상금 등을 청구할 목적으로 매수하였을 것이다, (iii) 그렇다면 매수인은 이 토지가 도로부지에 편입된 경위나 그 보상관계 등에 대하여도 살펴보고 매수하였다고 봄이 경험칙에 부합한다는 것을 들고 있다.

계인에 대하여도 마찬가지로 관철될 수 있을 것이다.

사실 대법원은 그 전에 다른 사안유형에서 유사한 태도를 취한 바 있다. 즉 이미 大判 71. 4. 20, 71다265(集 19-1, 361)는, 高壓線鐵塔이 건립되어 있는 토지를 매수한 원고가 철탑의 철거를 구하는 사건에서, 대법원은 원고가 고압선철탑이 건립되어 있는 사실을 알고 토지소유권을 취득함으로써 그러한 소유권의 제한을 용인한 것으로 볼 수 있다고 하여, 원고의 청구를 기각하였다. 또한 大判 89. 5. 9, 88다카9418(公 1989, 899)은, 한국전력공사가 甲 소유의 토지를 관리하던 점유자 乙에게 용지사용료로 일정액의 금전을 지급하고 그 지상에 철탑 및 전선을 설치하였는데 원고가 그 후 토지소유권을 취득하고 부당이득반환청구를 한 사안에서, 原審이 韓電이 취득한 철탑부지 및 상공의 점용에 대한 권리는 이를 등기하지 않았으면 물권이라고 할 수 없지만 위 용지사용료가 구 전기사업법 제12조의 규정에 따른 손실보상조로 지급된 이상 이는 특별한 사정이 없는 한 철탑 및 전선의 존치시까지의 위 토지사용에 대한 대가(보상)라고 보아야 할 것이고, 따라서 당시의 소유자는 위 철탑 및 전선을 한전이 사용하는 범위에서는 토지소유권이 제한되는 것이고, 그 후 철탑 및 전선이 설치되어 있는 사정을 알고 위 토지를 매수한 사람은 한전의 용익을 용인하여야 할 의무를 그대로 승계하였다고 보아야 한다고 판단한 것을, 대법원은 긍인하면서, 위와 같은 토지소유권의 승계취득자는 다시 손실의 보상을 청구하거나 나아가 부당이득의 반환이나 손해배상을 청구할 수도 없다고 보아야 한다고 판시하였다.

㈑ 앞서 본 대로 일반적으로 권리의 승계인이 그 前者가 제 3 자에 대한 관계에서 가지는 「부담」(가장 넓은 의미의)의 존재를 알았다는 것만으로는 그 부담까지 승계하는 것은 아니다. 그것은 매매목적물이 제 3 자에게 임대되어 그가 이를 점유하고 있음을 매수인이 알았다고 해서 그 임차권의 부담을 매수인이 승계하지 아니한다는 것("매매는 임대차를 깨뜨린다")에서도 명백하다. 이렇게 보면 위와 같은 실무의 태도를 現行法 아래서 어떠한 法律構成으로 설명할 수 있는가는 쉽지 아니한 문제이다. 위의 경우에 대한 법률구성의 문제와 관련하여서는 종전의 재판례보다 한 걸음 앞서 간 것으로 평가될 수 있는[253]

253) 그것은 종전의 재판례는 토지의 승계인이 악의라는 것에서 별다른 설명 없이 바로 배타적 사용수익권을 주장하지 못한다는 결론지었는데, 이 판결에서는 승계인이 악의이면 「사용수익권을 주장할 정당한 이익」이 없다는 中間項을 제시하고 있는 것이다.

大判 98. 3. 10, 97다47118(公1998상, 983)이, 그 악의의 승계인은 "특별한 사정이 없는 한 원칙적으로 그 토지에 대한 독점적·배타적 사용수익을 주장할 만한 정당한 이익을 가지지 않는다고 할 것이어서 원소유자와 마찬가지로 분할토지의 소유자들의 무상통행을 수인하여야 할 의무를 진다"라는 설시도, 위와 같은 일반적 법리를 배경으로 해서 생각해 보면, 정작 중요한 바, 즉 그 경우 그와 같이 「정당한 이익」이 부인되는 이유를 별달리 제시하지 못하고 있는 것으로 여겨지는 것이다.

물론 이미 공중의 통행에 공용되는 도로의 부지가 되어 있는 토지를 그 사정을 알면서 매수 또는 경락·낙찰 등을 통하여 양수하는 사람은 이를 그러한 사실상의 용도제한이 없는 상태의 토지보다 훨씬 낮은 가격 혹은 거의 명목적인 가격만을 지급하는 것이 통상일 것이다. 그리고 그 취득의 목적도 오로지 그 도로를 「점유·관리」하는 지방자치단체 등을 상대로 부당이득반환청구를 함으로써 利益을 얻으려고 하는 데 있는지도 모른다. 그 경우의 부당이득반환청구권은 소유권에 기한 것으로, 부당이득반환청구권자가 소유권을 보유하는 한 그 소유권 취득시부터 장래를 향하여 無限定의 期間에 대하여 뒤의 3. (3)에서 보는 기준으로 정하여지는 임료 상당액을 내용으로 하는 것으로서, 실제로 그가 소유권의 취득을 위하여 지급한 위의 「명목적 대가」를 훨씬 넘을 가능성이 적지 않다. 이러한 결과를 법적으로 승인하는 것은 부당하다는 것이 위와 같이 부당이득반환청구권을 부정하는 실무태도를 배후에서 뒷받침하고 가치판단이라고 推測된다. 그리고 위와 같은 경우의 承繼人에게는 도로의 부지가 된 토지에 대하여 주어지는 行政法上의 補償請求權에 한정하는 것이 타당하다는 것이다. 이와 같은 부당이득반환청구자측의 사정 외에도, 나아가 그 청구의 상대방, 즉 지방자치단체 등은 이미 개설되어 있는 사실상의 도로에 그 주민 기타 공중의 편의를 한층 드높이기 위하여 도로 포장 등의 일정한 用役을 실시한 경우가 대부분으로서, 크게 비난받을 만한 행위를 한 것이라고 하기도 어렵다. 그리고 무엇보다도 그 토지의 용도는 그야말로 공중에게 일반적 이익이 된다고 할 수 있는 도로의 개설·유지인 것이다.

이상의 평가를 전제로 한다면, 위와 같은 악의의 승계인의 부당이득반환청구를 일반적으로 權利濫用에 해당한다고 하여 금지하는 것도 하나의 가능한 방도라고 할 것이다. 그리고 이와 같은 法律構成이 구체적인 사안의 개별적인 사정들을 평가하여 경우에 따라서는 그 반환청구를 인정하는 경우도 가능하게 한다는 점에서 우월할는지도 모른다. 예를 들어 大判 97. 4. 11, 95다18017(公1997상, 1401)이 "도로의 부지나 유지 등의 용도 이외에는 달리 다른 용도로 사용·수익함이 불가능한 토지를 그러한 현황을 알면서 이를 용인한 채 시의 취득시효기간이 완성된 후에 다른 토지와 함께 일괄 매수하였다 하더라도" 그러한 사실만으로는 매수인이 그 토지에 대한 사용수익권을 포기하였다는 사실이 인정되지 않는다고 판시하는 것이다.

3. 道路의 開設 등으로 인한 返還義務의 範圍

(1) 타인의 토지 위에 위법하게 도로가 개설됨으로 인하여 부당이득반환청구가 인정되는 사안유형에 있어서는, 일찍부터 그 반환의무의 내용을 어떠한 기준에 의하여 산정할 것인가가 문제되었다. 그리고 그와 관련한 실무의 태도는 점점 상세한 내용을 획득하여 왔다. 이는 타인의 물건의 권한 없는 「이용」의 유형에서 그 반환의무의 내용을 정하는 데 결정적인 역할을 하는 「임료 상당액」(이에 대하여는 前述 제3.의 V. 1. 참조)을 산정하는 기준(달리 말하면, 법원이 그에 관한 감정을 명함에 있어서 감정의 내용으로 지정하여야 할 바)을 보다 구체적으로 모색하는 과정이라고도 할 수 있다. 鑑定實務上 그러한 「임료 상당액」은 통상 산정의 기초가 되는 토지가격(소위 「기초가격」)에 일정한 백분율(소위 「기대이율」)을 곱하여 정하여지는 것(이를 「積算法」이라고 부른다)이 통상이므로, 그 기준의 문제도 결국 그 기초가격 및 기대이율을 각각 어떻게 정할 것인가에 집중하여 논의된다.

(2) 처음에는, 도로의 개설은 통상 그 인근 토지의 가격을 상승시키므로, 이러한 소위 開發利益도 반환되어야 하는가 하는 것이 문제되었다. 大判 74. 3. 26, 73다929(集22-1, 109); 大判 75. 11. 11, 75다1729(公527, 8764) 등 판례는 일찍부터 이를 부인하는 태도를 취하여, "도로개통으로 가격이 상승된 부근 토지의 시가를 유추하여 그 시가에 의하여 임료를 산출한 감정서 기재를 기준으로 임료 상당 부당이득을 산정"하여서는 안 된다고 판시하였다. 그리하여 근자의 大判 91. 3. 12, 90다19251(公1991, 1176); 大判 92. 9. 22, 92다22343(公1992, 2978) 등은, 상당액에서 개발이익을 공제한 액을 산정하여야 한다고 설시하면서, 나아가 "토지를 사용하는 경우의 토지수용법이나 「공공용지의 취득 및 손실보상에 관한 특례법」 및 동 시행규칙에 따라 그 사용료 상당의 손해액을 산정하여야 하는 것은 아니"라는 태도를 밝히고 있다. 또 大判 97. 11. 28, 96다15398(公1998상, 33)은 더욱

적극적으로 동법 시행규칙 소정의 평가방법에 의하여서는 안 된다고 판시하였다.

(3) 그 후 大判 93. 8. 24, 92다19804(公1993, 2572)는, 보다 구체적으로 "토지의 적산임료를 산정하기 위한 기대이율은 국공채이율, 은행의 장기대출금리, 일반 시중의 금리, 정상적인 부동산거래이윤율, 국유재산법과 지방재정법 등이 정하는 대부료율 등을 고려하여 결정하여야 한다"는 기준을 제시하였다. 그리고 앞의 大判 91. 3. 12. 등과 마찬가지로, 「공공용지의 취득 및 손실보상에 관한 특례법」 시행규칙 § 6의 2에서 규정하는 私道 등과 같이 보아 인근 토지의 정상거래가격의 5분의 1 범위 내에서 추정거래가격을 구하여 이를 기준으로 하여 임료 상당의 손해액을 산정하여야 하는 것은 아니라고 덧붙였다.

한편 최근의 大判 2000. 6. 23, 2000다12020(公2000하, 1751)은 "기대이율이란 임대할 부동산을 취득함에 있어 소요되는 비용에 대한 기대되는 이익의 비율을 뜻하는 것으로서 원칙적으로 개개 토지의 所在地, 種類, 品等 등에 따라 달라지는 것이 아"니라고 한 다음(그리고 위 大判 93. 8. 24.에서 제시된 기대이율의 산정 기준을 반복하여 설시하고 있다), 그러므로 "이미 기초가격이 구체적인 개개의 부동산의 실제 이용상황이 참작되어 평가·결정된 이상 그 기대이율을 산정함에 있어서 다시 위 실제의 이용상황을 참작할 필요는 없다"고 밝힌다.

(4) 앞의 (3)에서 본 大判 93. 8. 24.는, 소위 기초가격에 대하여도 언급한다. 즉 "부당이득액을 산정하기 위한 토지의 기초가격은 그 토지가 도로로 편입된 사정을 고려하지 않고 그 편입될 당시의 현실적 이용상황에 따라 감정평가하여야" 한다는 것이다. 그런데 그 후에 나온 大判 94. 9. 30, 94다32085(公1994, 2860); 大判 99. 4. 27, 98다56232(公1999상, 1037) 등은 정당하게도 그 기준이 적용되는 것은 지방자치단체 등이 새로이 도로를 권한 없이 개설한 경우에만 적용되고, 이미 공중의 교통에 공용된 사실상 도로를 지자체 등이 「점유관리」하게 된 경우에는 "도로로 제한된 상태, 즉 도로인 현황대로 감정"하여야 한다고 판시하고 있다.

Ⅶ. 他人의 權利를 權限 없이 利用하는 境遇

1. 序

타인의 물건이 아니라 권리를 권한 없이 이용함으로써 침해하는 경우에도, 그 권리가 타인에게 일정한 이익을 배타적으로 할당하는 것인 한, 그 이용으로 인한 이익은 침해부당이득으로 반환되어야 한다. 재판실무에서 이 유형에 해당하는 부당이득사건은 극히 드물게밖에 문제되지 않는다. 그러나 이 유형에 대하여는 선의점유자의 과실수취권을 정하는 民 § 201 Ⅰ이 적용될 여지가 없고 또한 이를 권리침해의 경우에 유추적용할 수도 없다고 할 것이기[254] 때문에, 권리침해자가 동조항의 의미에서 선의라고 해도, 그는 자신이 취한 이익을 그 현존하는 한도에서 반환하여야 한다. 그러한 의미에서 물건의 무단이용의 부당이득책임의 경우보다 권리자에게 더욱 유리하다고 할 수 있다.

이하에서는 주로 문제되는 권리를 살펴보기로 한다.

2. 知的財產權의 권한 없는 利用

저작권, 그리고 특허권, 의장권, 실용신안권, 상표권과[255] 같은 소위 산업재산권 등의 **지적 재산권**을 권한 없이 이용함으로써 침해한 경우에는 이를 부당이득으로 반환하여야 한다.[256]

(1) 이 때 침해자에게 고의·과실이 없더라도 관계없으며, 오히려 그 경우에야말로 권리자의 부당이득반환청구권이 현실적으로 중요한 의미를 가지게 된다. 1990년 1월 13일의 법률 제4207호로 전문개정되기 전의 特許法 § 156 Ⅱ는 "특허권자는 선의무과실로 자기의 특허권을 침해한 자에 대하여는 **이득반환** 또는 손해배상을 청구할 수 없다. 다만 그 행위를 금지할 것을 청구할 수 있다"고 정하여(이 규정은 意匠法 § 56의2, 實用新案法 § 29에 의하여 의장권, 실용신안권에 준용된다), 침해자에게 고의과실이 없는 경우에는 불법행위는 물론 부당이득반환청구권도 부정하였다. 한편 저작권에 대하여는 그와 반대로, 1986년

254) 이는 무엇보다도 民 § 201 Ⅰ에 대한 입법론적 의문과 관련이 있다. 그에 대하여는 民法注解[Ⅳ], 375 이하(梁彰洙 집필) 참조.

255) 독일에서는 상표권의 침해로 인한 부당이득의 성립 여부에 관하여 다툼이 있었으나, BGHZ 99, 244에 의하여 이를 긍정하는 방향으로 정리되었다.

256) 이에 대한 독일의 법상태에 대하여는 Reuter/Martinek, Ungerechtfertigte Bereicherung (1983), § 7 Ⅳ 2 c u. d(S. 270ff.) 참조.

12월 31일의 법률 제3916호로 전문개정되기 전의 著作權法 § 66이 "선의이며 또한 과실 없이 저작권을 침해하여 이익을 받음으로써 타인에게 손실을 가한 자는 그 이익이 현존하는 한도에 있어서 이를 반환하여야 한다"고 정하고 있었다. 이 규정은 선의의 수익자의 반환의무는 현존이익에 한정된다는 민법의 원칙(民 748 I §)을 수정하여, 단지 반환의무가 그와 같이 제한되는 요건을 단지 선의일 뿐만 아니라 무과실이어야 하는 것을 더욱 엄격하는 취지로서, 그 밖에 민법상의 부당이득법리를 수정하는 내용은 포함하지 않고 있다고 일단 해석된다.

그러나 위의 법률들은 이러한 예외조항들을 모두 삭제하였다. 그 취지는, 종전의 규정에 의한 예외를 부인하여서, 부당이득에 관하여 민법의 일반규정에 따르도록 하는 데 있다고 여겨진다.[257)]

(2) 지적재산권의 무단이용으로 인한 반환의무의 내용은 그 이용의 객관적인 가액, 즉 通常의 實施料(licence fee) 상당액이 된다.[258)] 이는 저작권법 § 93 Ⅱ, 특허법 § 128 Ⅲ(이는 실용신안법 § 46에 의하여 실용신안권에 준용된다), 의장법 § 64 Ⅲ, 상표법 § 67 Ⅱ 등에서 그 권리의 침해를 이유로 손해배상청구를 하는 경우에 관하여 그 배상의 내용으로 정하고 있는 "당해 권리의 실시 또는 행사에 대하여 통상 받을 수 있는 금액"과 같은 의미라고 하겠다. 한편 저작권법 § 93 Ⅰ이나 특허법 § 128 Ⅱ(이 역시 실용신안법 § 46에 의하여 실용신안권에 준용된다), 의장법 § 64 Ⅱ, 상표법 § 67 Ⅱ 등에는 그 권리의 침해를 이유로 손해배상청구를 하는 경우에 관하여, 침해자가 "그 침해행위에 의하여 이익을 받은 때"에는 그 이익의 액을 그 권리자가 받은 손해의 액으로 推定한다고 규정하고 있다. 이들 규정에서 말하는 「침해행위로 인하여 받은 이익」이란, 저작권은 침해하는 복제 등 행위를 통하여 얻은 영업이익을 포함하는 것으로서, 여기서 논의하는 반환의무의 내용이 되는 이익과는 다른 개념이라고 할 것이다(앞의 V. 1. (2)도 참조).

3. 人格的 法益의 권한 없는 利用

(1) 인격적 성질을 가지는 권리, 즉 **인격권**도 이를 권한 없이 침해하여 이익을 얻은 경우에는 그 이익을 부당이득으로 반환하여야 한다.[259)] 그런데

257) 이에 대하여는 우선 梁彰洙, "民法의 觀點에서 본 知的財産權法", 丁相朝 編, 知的財産權法講義(1997), 49 이하(梁彰洙, 民法散考(1998), 329 이하 所載) 참조.
258) 독일에서도 같다. 우선 Larenz/Canaris(註 81), § 69 I 2 b(S. 173) 참조.
259) 이에 대한 독일의 법상태에 대하여는 우선 Reuter/Martinek(註 256), § 7 Ⅳ 2 a(S. 266ff.) 참조.

「인격권」이란 경우에 따라서는 그 한계가 모호하기 때문에, 과연 어떠한 인격권에 대하여 침해부당이득이 긍정될 것인가가 문제된다.

(2) 보다 확고한 내용을 가지는 개별적 인격권 중에서 예를 들면 肖像·姓名 등이 이에 해당함은 물론이다. 특히 타인의 肖像이나 姓名을 권한 없이 광고 또는 선전에 사용한 경우가[260] 이에 해당한다.[261] 이는 그 사람이 「公人」인지, 소위 「時代史的 人物」인지 또는 有名人인지 여부와는 무관하며, 소위 「시장성」이 없는 인물이라고 해서 부당이득법상의 보호가 부인되어야 한다고는 할 수 없고, 이는 단지 그 「가액」을 평가하는 차원에서 고려될 뿐이다.[262] 이러한 개별적 인격권에 있어서는, 마치 물건의 권한 없는 이용에서와 마찬가지로, 당해 권리에 애초 「할당」된 바의 일정한 이익 자체가 그 침해로 인하여 침해자에게 위법하게 귀속되게 되고, 부당이득제도는 이 이익을 원래의 권리자에게 환원하는 기능을 하는 것이다.

한편 예를 들어 유명연예인이 매니저契約 또는 專屬契約 등을 통하여 상대방에게 자신의 초상이나 성명 등의 「상업화」를 위탁하였는데 제3자가 위의 권리를 침해한 경우에 그 매니저 또는 전속사가 침해자에 대하여 부당이득책임을 물을 수 있는가 하는 문제도 논의된다. 그러나 당사자 사이의 그러한 위탁관계에 어떠한 대세적 효력을 인정할 근거를 찾기 어려우므로, 역시 부정되어야 할 것이다.

(3) 이에 반하여 名譽가 침해되었다고 해서 그 명예상의 이익이 침해자에게 귀속되는 일은 생각하기 어렵다. 그러므로 명예의 침해로 인한 부당이득책임이 시인될 수는 없을 것이다.

한편 타인의 사생활 또는 私的인 사항을 잡지·신문 등에서 기사로 공표하거나 문학작품의 소재로 삼는 경우, 타인의 주거 등과 같은 사적 영역에 무단으로 침입(가장 넓은 의미에서)하여 사진촬영·녹음 등을 한 경우와 같은 프라이버시의 침해의 경우에는 논의의 여지가 있을 수 있다. 오늘날 「정보」가 가지는 재산적·금전적 의미에 비추어 보면,[263] 이러한 경우는 자기결정권에

260) 독일의 BGHZ 20, 346 판결은 배우의 사진을 광고 목적으로 사용한 사안에 대한 것이고, 또 BGHZ 81, 75은 타인의 성명을 사용한 사안에 대한 것이다.

261) 同旨: Larenz/Canaris(註 81), § 69 I 2 c)(S. 173f.).

262) 이 점을 강조하는 독일의 학설로, Larenz/Canaris(註 81), § 69 I 2 c(S. 174) 및 1 d (S. 172) 참조.

263) 1999년의 독일연방대법원의 획기적인 「마를렌 디트리히 판결」(BGH NJW 2000, 2195=JZ 2000, 1056)은, 유명한 여자배우 마를렌 디트리히의 사망 후 그의 상속인이 디트리히의 생애에 대한 뮤지칼을 제작·공연한 피고에 대한 손해배상소송에서, “인격권은 단

복종하는 정보의 횡취라는 관점에서 침해부당이득을 긍정하여야 하지 않을까 생각된다.[264)]

(4) 또한 **영업비밀**은, 적어도 그것이 「부정경쟁 방지 및 영업비밀 보호에 관한 법률」에 의하여 보호되는 한에서는, 이를 권한 없이 이용함으로써 침해한 경우에는 이를 부당이득으로 반환하여야 한다. 영업비밀이 그 보유자에게 물권적 성질을 가지는 법익임은 그 침해행위에 대하여 물권적 청구권에 상응하는 금지청구권 등(同法 § 10 이하 참조)이 부여되는 것으로부터도 명확하다.

그런데 더 나아가 위 법률에 의하여 정하여진 부정경쟁행위(同法 § 2 i 참조), 예를 들면 국내에 널리 인식된 타인의 성명·상호·상표·상품의 용기·포장 기타 타인의 상품임을 표시한 標識와 동일하거나 유사한 것을 사용하거나 이러한 것을 사용한 상품을 판매하는 행위(同號 가目)가 그 타인을 위하여 부당이득책임을 발생시키는가에 대하여는 논의가 있을 수 있다. 독일의 예를 보면 일반적으로 이에 대하여 견해대립이 있는데,[265)] 위와 같은 혼동행위로 인하여 성명 등을 오용당한 사람이 「영업상의 이익」을 침해당하였다면, 위 법률에 의하여 보호를 받는 법적 지위에 그 한도에서 배타적 이익의 지배가 할당되었다고 보아, 그 사람에게 부당이득적 보호를 주어도 무방할 것이 아닌가 생각된다(그 경우에 금지청구권을 정하는 同法 § 4 I 도 참조).[266)]

그 외에 「영업」 또는 「영업자유」의 단순한 침해만으로는 침해부당이득을 인정하기 어려울 것이다.[267)] 독일의 다수설과 BGHZ 71, 86 등 판례도 이를 부정하는데, 그 판결은 피고가 원고의 영업이 자신의 특허권을 침해한다고 주

지 인격의 정신적 측면은 물론이고, 나아가 그 재산적·상업적 가치도 보호한다"고 하고, 그 침해에 있어서는 단지 비재산적 손해뿐만 아니라 재산적 손해의 배상도 청구할 수 있다고 선언하였다.

264) 독일의 학설로 Peter Schlechtriem, Bereicherung aus fremdem Persönlichkeitsrecht, in: Festschrift für Wolfgang Hefermehl(1976), S. 453, 457f.("거래의 대상이 될 수 있는 인격적 細目들(verkehrsfähige Persönlichkeitsdetails)"); Larenz/Canaris(註 81), § 69 I 2 c (S. 174)도 대체로 같은 태도를 취한다. 이에 반하여 Medicus(註 115), Rn. 07(S. 495)은, 유명한 배우의 家庭醫가 회고록에서 그 배우의 病歷에 대하여 밝힌 경우를 논하면서, 그가 취하는 침해부당이득에 관한 소위 「割當內容(Zuweisungsgehalt)의 이론」에 의하면 그 경우에 침해부당이득을 부정하여야 한다고 설명한다.

265) 이 문제에 대한 독일에서의 논의에 대하여는 우선 Reuter/Martinek(註 256), § 7 Ⅳ 2 f(S. 279ff.) 참조.

266) 同旨: Larenz/Canaris(註 81), § 69 I 2 f(S. 175f.); Koppensteiner/Kramer, Ungerechtfertigte Bereicherung, 2. Aufl.(1988), § 9 I 4 c(S. 81). 한편 Reuter/Martinek(註 256), § 7 Ⅳ 2 f(S. 280f.)는 유보적이다.

267) 이에 대한 독일의 법상태에 대하여는 우선 Reuter/Martinek(註 256), § 7 Ⅳ 2 b(S. 268ff.) 참조.

장하여 이를 중단할 것을 요구하였는데 사실은 피고의 특허권 침해는 객관적으로 인정될 수 없었던 사안에 대한 것이었다. 연방대법원은, 법으로 보호되는 영업자유에 의하여 "영업자에게 절대권과 같이 확고한 기회와 수익기대를 가진 특정한 행위영역이 할당된다고 할 수 없고, 오히려 모든 영업자는 수익행위를 할 수 있는 평등한 권리를 가진다"고 하면서, 만일 그 자유가 위법하게 침해된다면 이는 단지 불법행위의 문제이므로 귀책사유를 전제로 손해배상청구를 할 수 있을 뿐이라고 하였다.

제4. 競賣節次 등 複合的 權利實現過程에서 權利가 侵害된 경우 ──不適法·不當한 執行節次와 不當利得返還請求

I. 序

넓은 의미의 강제집행, 즉 민사집행법상의 경매절차나 국세징수법상의 공매절차 등에서는 다양한 권리자 또는 이해관계인이 관여하여 자신의 권리 또는 이익의 만족을 도모한다. 그런데 그러한 절차에서 자기 권리의 만족을 도모하여야 하는 이해당사자들이 충분한 만족을 얻지 못한 채로 그 절차가 일단 종료된 후에, 그 절차가 부적법하게 개시·진행되었다거나 그 절차에서 자신이 얻었어야 했을 권리의 실현을 얻지 못한 경우에 부적법 또는 부당하게 만족을 얻은 상대방에 대하여 자신의 권리가 침해되었음을 이유로 부당이득의 반환을 청구하는 경우는 흔히 관찰된다. 그런데 그와 같은 절차에서는 절차적 안정성을 도모하지 않을 수 없어서, 다수 당사자의 이해관계가 서로 복잡하게 얽혀 있는 형편에서 누구와 누구 사이에서 어떠한 구제수단을 부여하는 것이 가장 간명하고 효율적인 해결책이 되는가라는 것이 중요한 관심사항이 된다(뒤의 Ⅳ. 1. (2)도 참조).

이하에서는 위와 같이 넓은 의미에서의 강제집행에 초점을 맞추되, 첫째, 존재하지 아니하는 채권에 기하여 강제집행이 행하여진 경우(이하 Ⅱ.), 둘째, 채무자 아닌 제3자의 재산에 대하여 강제집행이 행하여진 경우(이하 Ⅲ.), 셋째, 배당이 「부당하게」 행하여진 경우(이하 Ⅳ.)로 나누어 살펴보기로 한다.

Ⅱ. 存在하지 아니하는 債權에 기한 強制執行

1. 序

강제집행의 기초가 된 채권이 아예 성립하지 아니하거나 소멸하였음에도 그 권리를 표시하는 ──사실에 반하는── 執行權原에 기하여 강제집행이 실행되는 경우에 대하여는 다시 이를 (i) 집행권원의 성립 당시에 실체법상의 권리가 존재하지 아니하였던 경우(아래 2. 참조)와 (ii) 채무명의의 성립 후에 실체상 권리에 변동이 생긴 경우(아래 3. 참조)로 나누어 살펴볼 필요가 있다.

2. 執行權原의 成立 당시 實體法的 權利가 없었던 경우

(1) 판결이 일단 확정된 후에, 그 판결의 효력을 정하는 기준시점인 事實審辯論終結 전에 그 판결에서 존재가 선언된 청구권이 부존재하였다거나 소멸하였다는 이유로(예를 들면 변제하였으나 채무증서를 회수하지 아니하여 변제의 입증을 하지 못하여 패소한 경우 등) 위 확정판결에 기한 강제집행으로 얻은 급부가 부당이득에 해당한다고 하여 법적으로 공격하는 것이 허용되는가? 이러한 문제는 확정판결에서 명하여진 채무의 이행을 위하여 채무자가 임의로 지급한 경우에도 다를 바 없을 것이다.

(2) 判例는 이 경우 부당이득의 성립을 원칙적으로 부정하는 태도를 취한다.

㈎ 예를 들면 大判 77. 12. 13, 77다1753(集 25-3, 365)은 다음과 같은 사안에 대한 것이다. 원고(서울특별시 농업협동조합)는 이 사건 약속어음의 최종소지인인 피고로부터 그 어음의 推尋依賴를 받고 그 어음을 교부받았으나 추심하기 전에 이를 분실하였다. 前訴에서 피고는 원고를 상대로 원고의 귀책사유로 어음상 권리를 행사하지 못하게 됨으로 인한 손해의 배상을 청구하여, 勝訴의 確定判決을 받았다. 그리고 이에 기하여 강제집행을 하였다. 그런데 원고는 이 사건에서, 위 어음이 애초 僞造된 것이므로 원고가 이를 분실하지 않았더라도 그 어음상의 권리를 실현할 수 없었을 것이고 따라서 피고는 아무런 손해를 입지 않아서 원고에 대한 손해배상청구권이 없었다고 주장하고, 피고가 위 판결에 기하여 집행해 간 돈은 不當利得이라고 하여 그 반환을 청구하였다.

대법원은 "확정판결은 재심의 소 등으로 취소되지 않는 한 위 소송[前訴

를 말한다]의 당사자인 원·피고를 기속하므로 설사 확정된 뒤에 기초가 된 약속어음이 위조로 된 것으로 밝혀졌다 하더라도 그 사유만으로써는 피고가 위 판결의 강제집행으로서 교부받은 돈이 바로 법률상 원인 없이 지급된 것이라 단정할 수 없"다고 판시하여, 원고의 청구를 기각하였다.

(나) 그 후의 大判 91.2.26, 90다6576(公 1991, 1070)에서는, 원고의 피고에 대한 물품대금채무를 甲과 乙이 보증하였는데, 그 후 피고가 甲과 乙을 상대로 각각 제기한 별개의 소송에서 제기된 丙이 위 채무를 면책적으로 인수하였는가 하는 핵심적 쟁점에 대하여, 甲에 대한 소송에서는 이것이 부인되어 피고의 승소판결이 확정되고, 乙에 대한 소송에서는 그것이 긍정되어 피고가 패소한 사안에서, 과연 피고가 甲에 대한 위 확정판결에 기하여 집행하여 얻은 금전이 부당이득이 아닌가가 문제되었다.

대법원은 위의 大判 77.12.13에서와 마찬가지로, "확정판결은 재심의 소 등으로 취소되지 않는 한 그 소송당사자를 기속하는 것이므로 비록 그 뒤 관련소송에서 그 확정판결에 반하는 내용의 판결이 선고되어 확정되었다 하더라도 그러한 사정만으로 위 확정판결에 기한 강제집행으로서 교부받은 금원이 바로 법률상 원인 없이 지급된 것이라 단정할 수 없"다고 판시하여, 不當利得을 否定하였다.[268)]

이상의 두 판결은, 확정판결의 내용이 객관적으로 실체적 권리관계에 반한다는 사정만으로는 그에 기한 이행이나 강제집행에 기한 만족이 不當利得에 해당하지 않는다는 것을 밝히고 있다. 그러나 그 외에 다른 사정이 부가되면 부당이득이 성립할 수도 있다는 것을 全的으로 排斥하는 취지는 아니라고 생각된다.

(다) 그런데 大判 95.6.29, 94다41430(公 1995, 2526)은, 원고가 대여금의 일부를 변제하였음에도 피고가 全額의 반환청구소송을 제기하고 법원을 기망하여 승소판결을 얻어 이에 기하여 강제집행을 하였다는 이유로 불법행위 또는 부당이득을 주장한 事案에 대한 것이다. 원심은 부당이득과 불법행위의 성립 여부를 나누어 판단하여, 前者에 대하여는 "위 변제주장은 전소의 확정판결 전

268) 이 판결은 원고가 아울러 주장한 被告의 不法行爲責任도 다음과 같이 판시하여 부정하였다. 즉 "그에 따른 집행이 불법행위를 구성하기 위하여는 그 소송당사자가 상대방의 권리를 해할 의사로 상대방의 소송관여를 방해하거나 허위의 주장으로 법원을 기망하는 등 부정한 방법으로 실제와 다른 내용의 확정판결을 취득하고, 그 집행을 하는 것과 같은 특별한 사정이 있어야 하는 것"인데, 이 사건의 事案에서는 이러한 사정을 인정할 수 없다는 것이다.

의 사유로서 위 판결이 재심의 소 등으로 취소되지 아니하는 한 위 판결의 기판력에 저촉되어 원고가 이를 주장할 수 없으므로, 위 확정판결의 강제집행으로 교부받은 금원을 법률상 원인 없는 이득이라고 할 수 없"다고 하여 이를 배척하고, 後者에 대하여는 원고의 일부변제주장을 인정할 증거가 없다고 하여 배척하였다. 대법원은 "전소의 확정판결의 기판력이 이 사건 부당이득반환청구에 미친다고 본 원심의 판단은 정당"하다고 하면서 결국 원고의 상고를 기각하였다.

이 판단은, 설사 피고가 법원을 기망하여 승소의 확정판결을 얻은 경우에도, 부당이득의 成否는 형식적으로 판단되어, 그 판결 자체가 효력을 잃지 않는 한은 그가 그 판결에 기하여 받은 급부는 언제나 부당이득이 되지 않는 반면, 不法行爲의 成否는 보다 실질적으로 판단되어야 한다는 趣旨로도 읽힌다. 그러나 뒤의 (3)에서도 보는 대로 확정판결상의 급부가 부당이득이 되는지는 기본적으로 旣判力의 문제이고, 소위 詐僞判決 또는 「確定判決의 濫用」에서의 기판력 주장의 제한이 불법행위이든 부당이득의 문제이든 신의칙과 같은 일반조항에 기하여 행하여지는 것이라면, 역시 부당이득을 불법행위과 달리 취급할 이유는 없다고 생각할 수도 있을 것이다.

㈑ 그러한 관점에서 보면 大判 99. 6. 8, 99다10516등(公 1999하, 1339)은 종전의 입장으로 돌아간 것으로 이해되기도 한다. 이는 원고가 토지에 관한 소유권이전등기절차의 이행을 구하는 前訴에서 명의신탁의 해지나 양도약정 등의 원인을 주장하였는데 결국 청구기각의 판결이 확정되었다. 원고는 이번에는 그 토지의 가액에 상당하는 부당이득의 반환을 청구하는 소송을 제기하였다. 대법원은 "설령 위 토지 지분이 위 확정판결의 이유에서 판단된 내용과 달리 실제로는 원고가 명의신탁하거나 양수받은 것이 맞고 다른 관련 사건 확정판결의 이유에서도 그러한 사실이 밝혀진 바 있다 하더라도 그러한 사정만으로는 피고가 법률상 원인 없이 원고의 재산으로 이익을 얻고 이로 인하여 원고에게 손해를 가하였다고 볼 수 없다"고 하여, 이 청구를 기각하였다.

(3) 위와 같이 확정판결에 기하여 강제집행 또는 임의의 이행으로 얻은 급부가 원칙적으로 부당이득에 해당하지 않는다는 判例의 態度는 정당하다.

만일 일단 확정된 판결에 기하여 행하여진 강제집행으로 얻은 급부에 대하여, 실제로는 그에 관한 실체적 권리가 없었음을 내세워 부당이득반환청구가 가능하다면, 기판력을 인정한 취지는 공허하게 될 것이다. 즉, 그 부당이득소송에서는 다시 前訴에서 소송의 대상을 이루었던 법률관계의 존재 여부가 다투어질 것이고, 따라서 法的 安定性의 요구를 기초로 하는 기판력제도는 부당이득의 이름으로 무실하게 될 것이다. 그리고 위와 같은 경우에 패소자의 부당이득반환청구가 인정되지 않는 것은, 확정판결 그 자체가 그 급부의 "法律上 原因"이기 때문이라고 하여서는 안 될 것이다. 판결은 단지 실체적 권리의 존재 또는 부존재를 선언하는 공적인 행위에 불과하며, 그러한 내용의 행위가 존재하지 않는다고 해서 실체적 의무를 객관적으로 실현하는 채무자의 급부가 "법률상 원인"이 없는 것은 아닌 것이다. 위와 같은 경우 부당이득반환청구가 부인되는 것은 확정판결의 효력, 즉 기판력으로 인하여 패소자가 그 판결의 내용과 정면으로 모순되는 反對의 權利關係를 주장할 수 없기 때문이다. 즉 그와 같은 기판력으로 인하여 패소자는 뒤의 부당이득반환청구소송에서, 앞의 소송에서 이미 그 존재가 확정된 권리관계의 부존재를 주장할 수 없게 된다(소위「遮斷效」). 따라서 승소자가 얻은 급부에 "법률상 원인"이 없다고 하는 주장, 즉 실체적 권리가 없다고 하는 주장은 허용되지 않는 결과로, 부당이득반환청구를 할 수 없게 되는 것이다. 이것은 어디까지나 판결의 기판력에 관련되는 訴訟法的 問題이다.

이와 같이 보면, 소위 詐僞判決에 대한 救濟手段의 문제에[269] 대하여, 判例가 예외적으로나마 불법행위의 성립을 긍정하고 있는데, 이것이 신의칙에 의한 기판력의 제한이라고 설명된다면, 이를 전제로 하는 한은, 부당이득에 관하여도 같은 立論을 생각하여 보지 못할 것은 아니라고 하겠다.[270]

그리고 確定判決에 준하는 事由가 있는 경우에도 위와 같이 보아도 좋을 것이다. 예를 들면 裁判上 和解나 認諾(民訴 § 220. 개정 전 § 206), 민사조정법상의 調停(同法 § 29) 등이 그러하다.

(4) 이와 같이 보면, 강제집행으로 얻어진 급부라도 그것이 기판력이 인정되지 아니하는 집행권원, 예를 들면 民執 § 56 iv(개정전民訴 § 519 iv)의 強制執行承諾公正證書에 기하여 행하여졌다면 그 기초가 되는 권리가 존재하지 아니하는 경

---

269) 이에 대하여는 우선 尹眞秀, "確定判決의 不正利用에 대한 救濟의 要件과 方法", 二十一世紀 民事訴訟法의 展望(鄭東潤 교수 華甲紀念論文集)(1999), 343 이하 및 同所에서 든 文獻·裁判例 참조.

270) 일본에서는 판결에 극히 중대한 하자가 있고 누구도 효력을 의심할 것인 경우에는 변제를 거절하여야 하나, 다만 집행에 의한 중대한 손해를 피하기 위하여 하는 수 없이 변제한 때에는 부당이득을 인정할 것이라는 주장이 있다. 우선 新版 日注民(18)(1991), 741(谷口知平 집필) 참조.

우에는 不當利得이 성립된다.[271] 그러므로 부존재하는 채권에 관하여 작성된 위 公正證書에 기하여 채무자의 제 3 자에 대한 채권을 압류·전부받은 경우에는,[272] 그 받은 변제금이 부당이득이 되고,[273] 아직 변제받기 전이면 전부된 채권을 부당이득으로 반환하여야 한다.[274]

한편 1990년 1월 13일 개정 후의 민사소송법에서 정하여진 支給命令에 대하여는 그 전과는 달리 "確定判決과 同一한 效力"(개정 전民訴 § 445)이 인정되지 아니하고,[275] 단지 집행력이 있을 뿐이다.[276] 그러므로 이 경우에는 지급명령의 확정만으로 부당이득이 원칙적으로 배제된다고는 할 수 없을 것이다.[277]

(5) 한편 假執行宣告 있는 判決(民執 § 56 ii(개정 전 民訴 § 519 ii) 참조)에 기하여 강제집행이 행하여진 경우는 어떠한가?

㈎ 大判 71. 6. 22, 71다982(集 19-2, 164)는 가집행선고 있는 판결이 취소 또는 변경된 경우에 대하여 판시한다.

前訴에서 원고가 발행한 白地약속어음의 소지인인 피고가 원고를 상대로 어음금을 청구하였다. 제 1 심법원은 피고(前訴의 원고) 승소판결을 내리고 가집행선고를 붙였다. 피고는 이에 기하여 강제집행을 하여 채권의 만족을 얻었다. 그런데 제 2 심은, 위 어음이 적법하게 보충되지 않았다는 이유로 제 1 심판결을 취소하고 피고의 청구를 기각하였는데, 이 판결은 대법원에서 확정되었다. 이 사건에서 원고는 피고를 상대로 위 執行金의 返還을 부당이득으로서 청구하였다. 原審은 "원고는 위 어음을 양도한 발행인으로서 위 판결 결과만으로는 위 어음상의 모든 채무를 면하였다고 볼 수 없는 바이니 위 가집행으로 인하여 원고에게 손해가 있었다고 볼 수 없다"는 이유로 원고의 청구를 기각하였다. 그러나 대법원은, "제 1 심에서 한 가집행선고는 항소심의 변경판결로 실효되었다고 할 것이므로 위 제 1 심판결로 한 집행은 법률상 원인이 없게

271) 同旨: 日大判 1933(昭 8). 6. 28(新聞 3581, 8).

272) 압류·전부명령의 기초가 된 집행증서상의 채권의 부존재나 소멸 등과 같은 실체적 사유는 그 명령에 대한 항고사유가 되지 아니한다는 것이, 大決 96. 11. 25, 95마601등(公 1997상, 42); 大決 97. 4. 28, 97마360등(公 1997상, 1612); 大決 98. 8. 31, 98마1535등(公 1998하, 2497); 大決 99. 8. 13, 99마2198등(公 1999하, 2155) 등 확고한 判例의 態度이다.

273) 日大判 1924(大 13). 2. 15(民集 3, 10); 日大判 1932(昭 7). 10. 26(民集 11, 2043).

274) 日大判 1040(昭 15). 12. 20(民集 19, 2215).

275) 한편 개정 전 民訴 § 445와 같이 "확정판결과 동일한 효력"이 인정되는 日本 舊民訴 § 443(1996년 개정 후의 日民訴 § 396)상의「支拂命令」에 기한 강제집행의 경우에 不當利得을 부정한 日大判 1900(明 33). 3. 10(民錄 3, 51) 참조.

276) 鄭東潤, 民事訴訟法, 제 4 전정판(1995), 986 참조.

277) 反對: 郭潤直, 628; 金疇洙, 540.

되"었다고 하고, "피고가 후일 위 어음의 백지를 보충하여 원고에게 소구권 또는 이득상환청구권을 행사할 수 있다는 법률상 가능[성]이 있다고 하여 피고가 그런 항변을 한 일 없는 이 사건에서 원고의 주장을 배척한 것은 위법"이라고 하여 원심판결을 파기하였다.

假執行宣告는 아직 확정되지 않은 판결에 집행력을 부여하는 재판으로서, 그 기본되는 본안판결이 그대로 유지확정될 것을 조건으로 채권자의 이익을 위하여 그 내용을 실현할 수 있게 하는 임시적 조치이다.[278] 그런데 가집행선고에 기하여 일단 집행을 하였으나 후에 가집행선고가 실효된 경우에 그 집행으로 얻은 것을 그대로 보유할 수 있는가? 이에 대하여 民訴 § 215 Ⅱ(개정전民訴 § 201 Ⅱ)는 "본안판결을 바꾸는 경우에는 법원은 피고의 신청에 따라 그 판결에서 가집행의 선고에 따라 지급한 물건을 돌려 줄 것과, 가집행으로 말미암은 손해 또는 그 면제를 받기 위하여 입은 손해를 배상할 것을 원고에게 명하여야 한다"고 정하여, 피고가 당해 訴訟節次 내에서 신청할 것을 전제로 지급물의 반환을 의무적으로 명하여야 함을 정한다. 이와 관련하여서는 그렇다면 피고가 위 규정 외의 절차에서 가집행선고로 인한 지급물의 반환을 청구할 수 있는가 하는 문제가 제기된다. 위의 大判 71.6.22.는 이러한 청구가 가능하다는 태도를 밝히는 것으로 이해할 수 있으며, 이와 별도로 판결에 가집행선고가 붙었다는 사정이 그로 인한 지급물의 「法律上 原因」을 이룬다는 취지의 판결은 아니라고 생각된다.

(나) 이러한 이해는 大判 76.3.23, 75다2209(集 24-1, 187)에 의하여서도 뒷받침된다.

원고는 귀속재산인 農地를 약 30년 전부터 경작하여 왔는데, 前訴에서 피고가 원고를 상대로 토지인도 등을 청구하였다. 제1심 법원은 피고(그 사건의 원고)에 승소판결을 선고하고 이에 가집행선고를 붙였다. 피고는 1972년 4월경 가집행선고에 기한 강제집행으로 농지를 인도받았다. 원고(그 사건의 피고)는 항소하면서, 동시에 개정 전의 民訴 § 201 Ⅱ에 기한 지급물반환신청을 하였다. 제2심에서 원판결이 취소되고 위 신청도 인용되었으며, 이 판결은 상고심에서 그대로 확정되었다. 원고는 1973년 4월경 농지를 다시 반환받았다. 원고는 이 사건 소송에서, 농지를 반환받기까지 1년 동안 이를 경작하지 못하여 손해를 본 반면, 피고들은 이를 경작하여 그만큼의 이득을 보았다는 이유로

278) 金祥源 외 編, 註釋 民事訴訟法(Ⅱ)(1991), 115(金祥源 집필) 참조.

위 이득의 반환 또는 손해배상을 청구하였다. 제 1 심판결을 그대로 인용한 原審은, 이 소송의 소송물이 부당이득반환이라고 보고, 다음과 같이 판시하여 원고들의 청구를 기각하였다. 즉, "이 건 농지가 원고의 소유가 아님은 그 주장 자체에서 명백하고 … 원고가 이 건 농지에 대하여 경작권이나 혹은 점유할 수 있는 권원을 가지고 있다고 인정할만한 아무런 자료가 없고 단순히 원고들은 오래 전부터 이를 사실상 경작해 오고 있었다는 것뿐이므로 이러한 사유만으로는 피고들이 원고들의 재산 또는 노무로 인하여 이익을 얻었다고 볼 수는 없는 것"이라는 것이다. 대법원은, 우선 원고들의 청구가 위 개정 전의 民訴 § 201 Ⅱ를 근거로 한다고 한 다음, 다음과 같은 이유로 원심판결을 파기하였다.

> "민사소송법 제201조 제 2 항에서 가집행선고부 본안판결이 변경되어 그 가집행의 선고가 실효될 경우 가집행채권자로 하여금 가집행으로 인하여 지급받은 물건을 반환토록 하고 아울러 그 집행으로 인한 손해를 배상토록 규정하고 있는 것은 본래부터 가집행이 없었던 것과 같은 원상으로 회복시키려는 공평의 관념에서 나온 것이고, 이 조항에 의한 원상회복과 손해배상청구는 가집행선고가 있었던 당해 사건이 아닌 별도의 소송에 의하여서도 가능하다 할 것이다. 그렇다면 이 사건에 있어서 원고들이 주장하는 원고의 손해나 피고의 이익이 바로 위 가집행선고부 판결의 집행으로 인하여 이루어진 것이라고 인정된다면 다른 특별한 사정이 보이지 않는 한 비록 원고가 이 사건 토지를 점유 경작할 권원은 없다 하더라도 피고는 원고에게 그 이득을 반환하거나 손해를 배상하여 가집행이 없었던 원래의 상태로 회복시킬 의무가 있다."

이 사건에서 원고의 청구가 不當利得을 이유로 하는 것이라면, 원고에게는 위 사건 토지를 사실상 경작해 왔다는 것 이상의 아무런 권리도 없으므로 원심의 태도대로 그 청구를 기각하여야 한다고 생각된다. 즉 원고에게는 농지에 대한 아무런 실체적 권리가 없으므로, 피고가 이를 경작하였다고 해도 「原告의 財產에 의한」 이득은 부정되는 것이다.[279] 그런데 대법원은, 원고들의 청구가 부당이득을 이유로 하는 것이 아니라, 위 民訴 § 201 Ⅱ를 이유로 하는 것이라고 한 다음, 그렇다면 원고들에게 위 토지에 대한 아무런 권리가 없어도 위 규정에 의한 지급물반환청구로써, 피고들이 얻은 이익의 반환을 구할 수

279) 이와 같은 경우에는 소위 침해이득반환청구권이 문제되는데, 이 유형의 부당이득은 앞의 제1.의 1.(2)에서 보는 대로 부당이득반환청구지의 絶對權 기타 이와 유사한 「財貨割當」을 수반하는 權利가 침해되었음을 전제로 한다.

있다는 취지로 판단하였다. 그렇다면 民訴 § 201 Ⅱ에서 정하는 지급물반환 등의 권리는 원래의 부당이득반환청구권과는 다른 성질을 가진다고 할 것이다.[280)]

(다) 한편 가집행선고가 취소된 경우에는 반드시 民訴 § 215 Ⅱ(개정 전의 § 201 Ⅱ)에 의한 지급물의 반환과는 무관하게 부당이득이 문제될 수 있는 경우도 있다. 그것은 가집행선고 있는 판결에 기하여 채권의 압류 및 전부명령이 행하여짐으로써 강제집행이 종료된 후[281)]에 그 판결이 전부 또는 일부 취소된 경우에 그 전부된 채권 또는 그 채권의 만족으로 얻은 급부가 그러하다.

(a) 예를 들어 大判 91. 8. 13, 89다카27420(公 1990, 2323)은 다음과 같은 事案에 대한 것이다. 피고가 甲을 상대로 약속어음금청구소송을 제기하여 제1심 법원에서 가집행선고부 판결을 받고, 이를 채무명의로 하여 甲의 乙에 대한 채권 중 일부에 관하여 채권압류 및 전부명령의 결정을 받았다. 그런데 피고는 위 약속어음금청구사건이 항소심에 계속 중 甲과의 사이에 甲으로부터 일정금을 지급받고 위 약속어음을 甲에게 반환하며 위 소송은 백지화하기로 합의하였다. 항소심 법원은 이 합의를 抗訴取下의 합의로 보고 항소 각하의 판결을 선고하여, 위 판결이 확정되었다. 그런데 그 후 피고는 乙을 상대로 전부금청구 소송을 제기하여 전부금 및 그 지연손해금을 지급받았다. 甲은 원고가 乙로부터 지급받은 돈 중 위 합의금액을 초과하는 부분에 대한 부당이득반환청구권을 원고에게 양도하였고, 이 사건에서 이 권리를 행사하였다. 그 부당이득반환청구권이 인정되어 원고는 결국 승소하였는데, 위 판결은 ―事案과는 거리가 있기는 하나― "채권에 대한 압류 및 전부명령이 집행법상 적법하게 발부되어 채무자 및 제3채무자에게 송달되면 집행채권에 관하여 변제의 효과가 발생하고 강제집행절차는 종료하나, 채권압류 및 전부명령의 기초가 된 가집행선고부 판결이 상급심 판결에 의하여 그 전부 또는 일부가 취소된 경우에는 그로 인하여 위 채권압류 및 전부명령에 의한 강제집행이 이미 종료된 것 자체에는 아무런 변동을 가져오지 아니하면서도 그 취소된 부분에 관하여는 집행채권자가 부당이득을 한 것이 되어 이를 반환할 의무를 진다"는 抽象論을 덧붙이고 있다.

(b) 나아가 大判 93. 1. 15, 92다38812(公 1993, 705)는, 가집행선고부 제1심

280) 民訴 § 201 Ⅱ에서 정하는 返還義務 등의 성질에 대하여는 우선 金祥源 등 編, 註釋 民事訴訟法(Ⅱ)(1991), 473 이하(金祥源 집필) 참조.

281) 大決 83. 1. 26, 82마854(集 31-1, 23); 大決 84. 2. 13, 84그4등(集 32-1, 32); 大決 84. 9. 28, 84그36(公 1984, 1792) 등 참조.

판결에 기하여 예금채권에 대하여 압류 및 전부명령을 받고 그 예금을 실제로 반환받은 사안에 대하여 같은 결론을 취하고 있다. 이 사건에서는 가집행선고의 취소로 인한 가지급물반환의 범위가 다투어졌는데, 原審은 가집행선고로 인한 지급물은 가집행선고의 결과로서 채무자가 채권자에게 이행한 물건만을 의미하는 것으로서, 집행채권자가 제 3 채무자로부터 지급받은 위의 전부금과 같은 것은 가집행선고로 인한 지급물이라고는 볼 수 없다고 판단하여, 집행채무자의 가지급물반환신청을 배척하였었다. 그러나 대법원은, 가집행선고부 판결을 채무명의로 하여 전부명령을 얻어 그 전부금을 수령한 후 그 가집행선고가 실효되었다면, 그 전부금의 취득은 채무자가 이행한 급부와 마찬가지로 보아야 하고, 따라서 채권자는 그로 인하여 위 전부채권액에 상당하는 부당이득을 얻은 결과가 되어 원상회복되어야 한다고 판시하였다.

(c) 한편 大判 95. 12. 5, 95다22061(公1996, 200)은, 피고가 원고를 상대로 구상금청구소송을 제기하여 확정판결을 얻은 다음 원고로부터 승소채권액의 일부를 변제받고 나머지 잔액에 대해서는 이를 포기하였음에도 위 확정판결에 기하여 원고의 甲에 대한 임대보증금반환채권에 대하여 압류 및 전부명령을 받은 사안(나아가 피고는 갑을 상대로 전부금청구소송을 제기하여 甲은 원고로부터 건물부분을 인도받음과 동시에 보증금을 피고에게 지급하라는 판결을 선고받았다)에 대한 것이다. 원고의 부당이득반환청구에 대하여 原審은 피고가 甲으로부터 금전을 지급받았다는 점에 대한 원고의 주장·입증이 없는 이상 피고가 현실적으로 어떤 이득을 얻었다고 볼 수 없으므로 부당이득은 성립되지 않는다는 취지로 판시하였다. 그러나 대법원은, 이득이 제 3 자에 대한 채권의 취득인 경우에 그 채권을 이미 변제받았으면 그 급부를, 아직 현실적으로 추심하지 못하였으면 그 채권의 반환을 구하여야 하고 그 채권 가액에 해당하는 금전의 반환을 구할 수는 없다고 하면서, 後者의 경우 채권의 양도와 아울러 그 채권양도의 통지를 그 채무자에게 할 것을 청구하는 형태가 된다고 한다.

3. 執行權原의 成立 후에 實體上 權利에 變動이 생긴 경우

집행권원이 성립한 후에 實體法上의 權利에 변동이 생긴 경우는 어떠한가?

예를 들어, 집행권원의 성립 후 전부 또는 일부의 변제나 채무면제 등이 있어 채권이 소멸하였음에도 그에 기하여 강제집행이 행하여졌다면, 그 채무명의가 확정판결인지 아닌지를 불문하고, 또 그에 대하여 請求異議의 訴(民執 § 44, 개정 전 民訴 § 505)가 제기되지 아니하였던 경우에도, 부당이득이 성립한다. 이에 대한 우리 나라의 裁判例는 찾을 수 없으나 通說이며,[282] 또한 독일의 통설이고 판례이기도 하다.[283]

그러므로 예를 들어 확정판결이 있거나 강제집행승낙공정증서가 작성된 후 채권의 소멸시효가 완성되거나 변제가 있었음에도 압류·전부명령을 얻은 경우[284] 등에는 집행채권자의 채권취득은 원인이 없는 것이다.

4. 執行權原이 僞造된 경우 또는 担保權이 無效인 경우

(1) 大判 91. 10. 11, 91다21640(集 39-4, 27)은, 강제경매의 채무명의가 된 약속어음공정증서가 위조된 것이어서 그 절차에서의 경락인 앞으로 경료된 소유권이전등기의 말소를 명하는 판결이 확정된 사안에 대한 것이다. 위와 같은 사유가 있으면 경락인이 경매목적물의 소유권을 취득할 수 없음은 물론인데, 이러한 경우는 民 § 578 및 §§ 570 내지 577에서 정하고 있는 담보책임의 발생요건의 어디에도 해당하지 않는다. 그러므로 이 경우에 원고를 위한 구제수단은 담보책임 외에서 찾을 수밖에 없다.

그리하여 위 판결은 "경락인은 경매채권자에게 경매대금 중 그가 배당받은 금액에 대하여 일반 부당이득의 법리에 따라 반환을 청구할 수 있을뿐, 민법 제578조 제 2 항에 의한 담보책임을 물을 수는 없다"고 판시한다.

(2) 나아가 大判 93. 5. 25, 92다15574(公 1993, 1836)는, "구건물 멸실 후에 신건물이 신축되었고 구건물과 신건물 사이에 동일성이 없는 경우에는 멸실된 구건물에 대한 근저당권설정등기는 무효이며 이에 기하여 진행된 임의경매절차에서 신건물을 경락받았다 하더라도 그 소유권을 취득할 수 없다"고 한 다음, 경락인이 경매절차에서 배당을 받은 채권자에 대한 배당금액에 관한 부당이득반환청구를 인용하고 있다. 이는 담보권이 무효인데도 그에 기하여 任意競賣

282) 郭潤直, 628; 金疇洙, 540; 尹眞秀(註 269), 349. 앞의 두 사람은, "執行行爲는 確定判決과 달라서 實體關係를 확정하는 효력이 없기 때문"이라고 한다.

283) 독일의 학설에 대하여는 우선 Rosenberg/Gaul/Schilken, Zwangsvollstreckungsrecht, 10. Aufl.(1989), § 40 XIV 7(S. 489f.) m.w.N. 참조. 그리하여 獨民訴 § 767에서 정하는 請求異議의 訴(Vollstreckungsgegenklage)는 민법상의 不當利得訴訟으로 「존속(fortsetzen)」한다고 일컬어진다. 한편 독일의 재판례로서는 무엇보다도 BGHZ 83, 278, 280 참조.

284) 시효소멸의 경우에 관하여 확정판결에 대하여 日大判 1924(大 13). 2. 15(民集 3, 10); 집행조서에 대하여 日大判 1940(昭 15). 12. 20(民集 19, 2215). 또한 변제의 경우에 관하여는 日大判 1932(昭 7). 10. 26(民集 11, 2043).

가 행하여져서 이와 같이 경매의 무효로 말미암아 소유권을 취득하지 못한 競落人은 배당채권자를 상대로 부당이득의 반환을 청구할 수 있음을 천명한 것이라고 하겠다. 그러한 의미에서 앞의 (1)에서 본 大判 91. 10. 11.과 궤를 같이 하는 것이다.

그런데 大判 2004. 6. 24, 2003다59259(公 2004하, 1205)는, 채무자 소유가 아닌 부동산에 대하여 강제경매가 실시되어 경락인이 경매목적물을 취득하지 못한 사안에서 "이와 같은 강제경매는 무효라고 할 것이므로 경락인은 경매채권자에게 경매대금 중 그가 배당받은 금액에 대하여 일반 부당이득의 법리에 따라 반환을 청구할 수 있고, 민법 제578조 제 1 항, 제 2 항에 따른 경매의 채무자나 채권자의 담보책임은 인정될 여지가 없다"고 판시하면서, 위의 두 대법원판결을 선행판결로 들고 있다. 그러나 이 판결의 사안은 民 §§ 578 Ⅰ, 570이 적용되어야 하는 것으로서, 뒤의 Ⅲ. 2. (다)에서 보는 대로 그 판시에는 도저히 찬성할 수 없다.

Ⅲ. 第三者의 財産에 대한 強制執行

1. 序

채무자 또는 담보권설정자의 소유가 아닌 재산에 대하여 강제집행이 행하여진 경우에 대하여는 누가 누구를 상대로 하여 어떠한 요건 아래서 부당이득의 반환을 청구할 수 있는가 하는 복잡한 문제가 제기된다. 이는 다시 (i) 경락인이 善意取得 등의 규정에 기하여 경매목적물을 취득하는 경우(아래 2. 참조)와 (ii) 경락인이 이를 취득하지 못하는 경우(아래 3. 참조)로 나누어 살펴보는 것이 합리적이다. 그리고 임의경매와 관련한 약간의 특수문제를 따로 다루도록 한다(아래 4. 참조).

2. 競落人이 競賣目的物을 取得하는 경우

(1) 競落人이 善意取得(民 § 249 이하)이나 第三者保護規定(民 §§ 107 Ⅱ, 108 Ⅱ, 109 Ⅱ, 110 Ⅲ, 548 Ⅰ 但書 등) 등에 의하여 경매목적물을 적법하게 취득하면, 이로써 자신의 권리를 상실한 원래의 권리자는 그 賣得金을 배당받은 집행채권자 또는 배당수령자(배당하고 남은 剩餘金을 취득한 집행채무자를 포함한다)를 상대로 그 취득금의 반환을 부당

이득으로 청구할 수 있다.[285] 그리고 이 경우 부당이득반환의무를 부담하는 채권자들은 그가 배당금을 현실로 반환하였는지를 불문하고[286] 채무자에 대한 채권을 상실하지 아니한다고 할 것이다. 民執 § 208 本文(개정 전 民訴 § 542 本文)은 "집행관이 매각대금을 영수한 때에는 채무자가 지급한 것으로 본다"고 정하나, 이는 주로 집행관이 매득금을 영수한 후에는 그 紛失 등으로 채권자에게 교부할 수 없는 사정이 발생하여도 자신의 재산을 집행당한 채무자로서는 여전히 채무를 면한다는 취지이고, 제3자의 재산을 집행한 경우에도 「채무자의 지급」이 있다고 보아 채무로부터 벗어난다는 것은 아니다.

(2) 물론 위와 같은 경우에는 채무자의 채무 소멸을 인정하고 원래의 권리자는 그로부터 부당이득의 반환을 구할 수 있다는 見解도 있을 수 있으나,[287] 역시 그에 앞서서 賣却代金의 수령으로 직접 이득을 얻은 것은 채권자 기타 배당수령자이므로 소유자와의 관계에서는 그가 부당이득의 반환의무를 부담한다고 하여야 할 것이다.

마찬가지로 日最判 1988(昭 63). 7. 1(民集 42-6, 477)도, 제3자 소유의 부동산에 권원 없이 설정된 저당권이 실행되어 채권자가 매득금의 교부를 받은 事案에 있어서, 民事執行法(1979년 3월 30일 공포, 1980년 10월 1일 시행)에서 신설된 同法 § 184를[288] 적용하여 競落人의 소유권 취득을 인정하면서, 원래의 소유자의 不當利得返還請求에 대하여, 原審法院이 채무자의 채권자에 대한 피담보채권은 소멸하고 부당이득반환의무자는 채권자가 아니라 채무자라고 판단하였던 것을 破棄하면서, "경락인이 선의취득하고 소유자가 경매에 의하여 소유권을 상실한 경우와 마찬가지로, 소유자는 채권자로부터 그 수령한 배당금에 대하여 부당이득으로서 반환청구를 할 수 있다"고 판시하였다.

285) 日大判 1919(大 8). 5. 26(民錄 25, 900): "채권자가 채무자에 대하여 強制執行을 함에 있어서 제3자의 소유재산을 경매하여 그 대금을 변제로서 수령하는 때에는 제3자와의 관계에서 부당이득을 구성한다 … 무릇 채권자는 제3자로부터 변제를 받을 하등의 법률상 관계가 없는 것이다." 그 후의 日大判 1932(昭 7). 10. 24(民集 11, 2187); 日大判 1934(昭 9). 7. 5(新聞 3728, 11); 日大判 1934(昭 9). 7. 25(新聞 3728, 9) 등도 同旨.

286) 채권자는 배당금의 반환을 현실로 하지 아니하더라도 부당이득반환의무를 부담하는 것만으로 채권을 그대로 보유한다고 해석하여야 한다는 점에 대하여는 日大判 1932. 10. 24(民集 11, 2187)에 대한 評釋인 菊井維大, 判例民事法 昭和七年度(1934), 601 참조.

287) 뒤의 ㈑에서 보는 大判 88. 12. 6, 87다카2787(集 36-3, 71)의 原審判決(서울高判 87. 10. 22, 86나4596)은 이러한 견해를 전제하였다고 이해할 수 있다.

288) 日本 民事執行法 § 184: "대금의 납부에 의한 매수인의 부동산의 취득은 담보권의 부존재 또는 소멸에 의하여 방해받지 아니한다."

3. 競落人이 競賣目的物을 取得하지 못하는 경우

(1) 한편 不動産競賣에서 흔히 그러하듯이, 제 3 자 소유의 목적물, 즉 채무자 또는 담보권설정자의 소유가 아닌 목적물이 경매되어 경락인이 그 권리를 취득할 수 없는 경우에는, 원래의 권리자는 그 권리를 상실하지 않으므로, 그는 「자신의 재산에 의하여」 타인에게 이득을 준 바가 없고, 따라서 부당이득반환청구권을 가지지 않는다.[289] 이 경우에는 競落人이 경매대금을 출연하였음에도 그에 상응이득을 얻지 못하였으므로, 그가 부당이득반환청구권자가 된다.

(2) 문제는 이 경우 누가 返還義務者가 되는가이다.

㈎ 종전의 判例는 요컨대 목적물이 제 3 자에 속하기 때문에 경락인이 경락대금을 납부하고도 경매목적물을 취득하지 못하는 경우에는 경락인은 경락대금을 배당(또는 교부)받은 채권자에 대하여 바로 부당이득으로 그 배당금의 반환청구를 할 수는 없으며, 民 § 578에서 정하는 바에 따라야 한다는 것이다.

예를 들면 大判 86. 9. 23, 86다카560(公 788, 2946)은 경매개시결정이 있기 전에 경료된 제 3 자 명의의 가등기에 기하여 경락허가결정의 확정 후 본등기가 경료되어 경락인이 경매목적물을 취득할 수 없게 된 事案에서 그 사유만으로 경락허가결정이 무효가 되지는 않으므로 契約의 解除 없이는 채권자가 받은 배당금이 부당이득이라고 할 수 없다는 취지로 판시하였다. 또한 大判 96. 7. 12, 96다7106(公 1996下, 2478)이 "경매의 목적물에 대항력 있는 임차권이 존재하는 경우에 경락인이 이를 알지 못한 때에는 경락인은 이로 인하여 계약의 목적을 달성할 수 없는 경우에 한하여 계약을 해제하고 채무자 또는 채무자에게 자력이 없는 때에는 배당을 받은 채권자에게 그 대금의 전부나 일부의 반환을 구 … 할 수 있을 뿐[이고], 계약을 해제함이 없이 채무자나 경락대금을 배당받은 채권자들을 상대로 … 임대차보증금에 상당하는 경락대금의 전부나 일부를 부당이득하였다고 하여 바로 그 반환을 구할 수 있는 것은 아니다"라고 판시하는 것도 같은 취지라고 이해된다.

그 전에 이미 서울高判 78. 11. 22, 78나1248(月報 102, 52)은 제 3 자 소유의 부동산이 경매된 경우에 대하여 "위와 같은 경우 형식상 적법한 경매절차에 의하

289) 同旨: 日大判 1939(昭 14). 9. 8(民集 18, 1059).

여 경락된 이상 근저당권설정자와 경락인 사이는 제3자 소유의 부동산이 매매한 것과 같은 관계에 있음에 불과하므로 경락인은 그 사유만으로 채권자가 교부받은 경락대금을 부당이득이라고 주장하여 반환을 구할 수 없다"고 하면서, 나아가 위와 같은 경우에는 "民法 제578조에 의하여 근저당권설정자에 대하여 경매절차에 의한 매매계약을 해제하고 근저당권설정자가 대금을 반환할 능력이 없는 경우에 한하여 경락대금을 교부받은 채권자에 대하여 그 대금의 반환을 구할 수밖에 없다"고 판시하여, 같은 태도를 취하고 있다.[290)]

물론 이들 판결은 任意競賣가 행하여진 사안에 대한 것이나, 強制競賣의 경우도 다를 바 없을 것이다.

(나) 이러한 태도는 수긍되어야 할 것으로 생각된다. 위의 판결들은 위와 같은 경우 不當利得返還請求權이 부정되는 이유에 대하여, 그러한 사유가 있어도 "경락허가결정이 무효가 되는 것이 아니다"라고 하거나 "형식상 적법한 경매절차에 의하여 경락되었다"라고 說示하고 있다. 그러나 일반적으로 부당이득의 성립요건인 「法律上 原因의 欠缺」이라는 것이 매우 탄력성 있게 운용되고 있는 실무에 비추어 보면, 또 그것을 "形式的·抽象的으로는 적법하나 實質的·具體的으로 보면 衡平에 맞지 않는 財產移動이 있는 경우"라고 설명하는 학설들을 배경으로 하고 보면, 가령 경락허가결정이 유효라고 해서(그 의미도 반드시 명확한 것은 아니다),[291)] 또 형식적으로 適法한 경락절차에 의하여 경락이 이루어졌다고 해서 채권자가 배당 내지 교부받은 금전이 반드시 부당이득이 되지 않는다고 단정할 수는 없을 것이다. 말하자면, 그러한 "論理"는 위와 같은 경우에 競落人의 配當債權者에 대한 不當利得返還請求權을 부인하는 충분한 이유가 될 수 없다는 것이다.

그 실질적인 이유는 오히려 競賣目的物의 所有權이 제3자에게 속함으로 인하여 競落人이 그 소유권을 취득하지 못한 경우, 競落人이 가지는 구제수단에 대하여 명문으로 정하고 있는 民 §§578, 570 등이 일반적인 부당이득반환청구권(§741)의 적용을 배제하기 때문이라고 할 것이다. 물론 부당이득반환청구권과 민법상의 다른 일반적 구제수단, 가령 物權的 請求權이나 契約上의 請求

290) 일본의 판례도 같은 태도를 취한다. 日大判 1919(大 8).5.3(民錄 25, 729); 日大判 1934(昭 9).5.16(民集 13, 894) 등 참조. 學說도 대체로 이를 지지한다. 日注民(14)(1966), 165(柚木馨 집필); 菊井維大, 判例民事法 昭和九年度(1941), 221 이하 참조.

291) 아마도 競落許可決定은 이에 대한 抗告 등에 의하여 그 競賣節次內에서 취소되지 않는 한 여전히 효력을 가진다는 취지일 것이다. 또 競賣는 競落許可決定에 의하여 "成立"한다고 하는 설명도 보인다. 가령 菊井維大(前註), 221.

權과 어떠한 관계에 있느냐 하는 것 자체가 어려운 문제이다. 그러나 이 점에 관하여 어떠한 입장을 취하든지 간에, § 578이 적용되는 한도에서는 § 741은 적용될 여지가 없다고 해야 할 것이다. 특히 절차의 안정성이 요구되며 또한 國家의 執行機關에 의한 강제적인 처분의 성격을 가지는 競賣節次에 대하여 法이 民事執行法 또는 기타의 競賣關係法에 의하지 아니하고 實體法에 의하여 특별한 救濟手段을 마련하고 있으므로, 그 규정에 의하여 당사자들의 법률관계를 규율하려는 법의 취지를 가능하면 살리는 것이 바람직하다고 생각된다. 말하자면, 그와 같은 절차에 관련하여 발생하는 "公平" 내지 "正義"에 부합하지 아니하는 여러 경우에 대하여는 그 규정이 관계당사자들 사이의 여러 가지 이익을 고려하여 배타적으로 규율하고 있다고 할 것이고, 그 이외에 일반적인 救濟制度, 특히 그 구체적인 내용과 한계의 모호성이 문제되고 있는 不當利得制度로써 당사자 사이의 언필칭 "正義"를 도모하는 것은 오히려 절차의 안정을 해치고 당사자간의 법률관계를 복잡하게 할 우려가 있는 것이다.

위와 같은 경우에 競落人이 구제수단을 행사할 여지가 있는 關係人으로서는 ① 執行債務者, ② 기타 그 집행으로 인하여 債務를 免한 者, ③ 執行債權者, ④ 配當(교부)을 받은 채권자, ⑤ 기타 그로 인하여 채권의 만족을 얻은 者(가령 連帶債權者 등), ⑥ 物上保證人이 있는 경우에는 物上保證人 등을 상정할 수 있다. 이러한 者들 중 어떠한 者에 대하여 競落人이 그 얻은 "利益"의 반환을 구할 수 있는가를 정하는 것은 그 자체 번거롭고 어려운 일일 뿐 아니라, 그들의 法律上 地位가 서로 복잡하게 맞물려 있기 때문에 救濟手段 賦與의 여부 및 그 내용에 따라서는 극히 錯綜된 법률관계가 발생될 수 있다. 이러한 어려운 문제의 해결을 배타적으로 시도하는 것이 民 § 578의 의미라고 판단된다.

(다) 그런데 돌연 大判 2004. 6. 24, 2003다59259(公 2004하, 1205)는, 채무자 소유가 아닌 부동산에 대하여 강제경매가 실시되어 경락인이 경매목적물을 취득하지 못한 사안에서 "이와 같은 강제경매는 무효라고 할 것이므로 경락인은 경매 채권자에게 경매대금 중 그가 배당받은 금액에 대하여 일반 부당이득의 법리에 따라 반환을 청구할 수 있고, 民 § 578 Ⅰ, Ⅱ에 따른 경매의 채무자나 채권자의 담보책임은 인정될 여지가 없다"고 판시하였다.

그러나 이 판결은 民 §§ 578, 570의 명문에 반하고, 또한 앞의 (가)에서 본 종전의 판례에도 어긋난다고 여겨지므로, 찬성할 수 없다.

(a) 이 판결의 사안은 다음과 같다. 이 사건 건물 및 그 대지는 A 회사 앞으로 소유권이전등기가 되어 있었는데, 그 회사에 대한 채권자의 신청으로 이들에 대하여 강제경매가 실시되었다. 원고는 거기서 이들을 경락받아 경락대금을 완납하였고, 이에 따라 원고 앞으로 소유권이전등기가 경료되었다. 피고는 이 경매절차에서 근저당권자로서 9억원을 배당받을 것이었지만, 그에 관한 이의가 제기됨에 따라 그 금액은 공탁되었다. 그런데 그 후 제3자 甲이 이 사건 건물은 애초 A 회사가 아니라 甲의 소유로서 A 회사의 소유권보존등기는 물론 원고의 위 소유권이전등기도 무효라는 이유로 원고를 상대로 위 소유권이전등기의 말소를 청구하는 소송을 제기하여 甲의 승소판결이 확정되었다. 이 사건에서 원고는 위 공탁된 배당금에 대한 피고의 출급청구권은 피고가 원인 없이 이득한 것이라고 하여 그 양도를 청구하는 소를 제기한 것으로 보인다. 원고는 그 후 이 부당이득반환청구권을 원고승계참가인에게 양도하였다.[292)]

위의 사건은 이와 같이 채무자 앞으로 소유권등기가 된 부동산에 대하여 경매가 행하여져서 경락인이 경락대금을 납부하고 그에 관하여 소유권이전등기를 경료받았으나 원래 그 경매목적물이 채무자가 아닌 제3자의 소유이어서 경락인이 그 소유권을 취득하지 못하는 것으로 확정된 事案에 대한 것이다. 즉 이 사건은 원심판결이 정면에서 설시하는 대로 경매의 목적물이 채무자 아닌 타인에게 속한 경우로서 채무자가 이를 취득하여 경락인에게 이전할 수 없는 때에 해당한다. 大判 76.4.27, 75다2322(要集 민 I-2, 940); 大判 82.12.28, 80다2750(集 30-4, 171) 등 판례는 타인 소유의 부동산이 매매된 경우에 진정한 소유자가 매수인 또는 매도인을 상대로 그 명의의 소유권등기의 말소를 청구하는 소송을 제기하여 그 승소의 확정판결을 받은 경우에는 民 § 570에서 정하는 "매도인이 그 권리를 취득하여 매수인에게 이전할 수 없는 때"에 해당한다는 태도를 취하여 왔다.[293)] 다른 한편 民 § 578 I 은 "競賣와 賣渡人의 擔保責任"이라는 표제 아래 "競賣의 境遇에는 競落人은 前8條의 規定에 의하여 債務者에게 契約의 解除 또는 代金減額의 請求를 할 수 있다"고 정한다. 거기서 정하는 「전

292) 原審(大邱高判 2003.9.25, 2002나9203)은 원고측의 청구를 인용하였다. 그 이유는 "이 사건 건물에 대한 강제경매절차는 그 개시 당시부터 채무자 소유가 아닌 타인 소유의 부동산을 대상으로 한 것이어서 무효이므로, 강제경매절차에서 배당받은 피고는 법률상 원인 없이 이득을 얻었다고 할 것"이고, 따라서 피고는 원고에게 위 공탁된 배당금 중 이 사건 건물에 관한 8억9천여만원의 청구권을 양도할 의무가 있다는 것이다.

293) 우선 民法注解[IX], 282 이하(梁彰洙 집필) 참조.

8조의 규정」 중에 民 § 570이 포함됨은 그야말로 계산상으로도 명백하다. 따라서 위의 사실관계에서 民 §§ 578, 570의 담보책임이 문제되어야 함은 논의의 여지가 없다. 대상판결이 "강제경매절차의 기초가 된 채무자 명의의 소유권이전등기가 원인무효의 등기이어서 경매 부동산에 대한 소유권을 취득하지 못하게 된 경우"라고 설시하고 있다고 해서, 이것이 경매목적물이 채무자 아닌 타인의 소유에 속한 경우와는 별개임을 의미하지는 않을 것이다.

(b) 위의 판결은 두 개의 대법원판결(이들에 대하여는 앞의 Ⅱ. 4. 도 참조)을 대상판결로 들고 있으나, 이들은 대상판결과 사실관계를 달리하여서, 구속력 있는 선례가 될 수 없다.

(i) 그 중 大判 91. 10. 11, 91다21640(集 39-4, 27)은, 앞의 Ⅱ. 4. (1)에서도 본 대로, 강제경매의 채무명의가 된 약속어음공정증서가 위조된 것이어서 그 절차에서의 경락인 앞으로 경료된 소유권이전등기의 말소를 명하는 판결이 확정된 사안에 대한 것이다. 위와 같은 사유가 있으면 경락인이 경매목적물의 소유권을 취득할 수 없음은 물론인데, 이러한 경우는 民 § 578 및 §§ 570 내지 577에서 정하고 있는 담보책임의 발생요건의 어디에도 해당하지 않는다. 그러므로 이 경우에 원고를 위한 구제수단은 담보책임 외에서 찾을 수밖에 없다.

한편 위의 大判 2004. 6. 24.와의 관련에서 의미 있는 것은, 그 판결이 "민법 제578조 제 1 항, 제 2 항에서의 담보책임은 매매의 경우와 마찬가지로 경매절차는 유효하게 이루어졌으나 경매의 목적이 된 권리의 전부 또는 일부가 타인에게 속하는 등의 하자로 경락인이 완전한 소유권을 취득할 수 없거나 이를 잃게 되는 경우에 인정되는 것이고, 경매절차 자체가 무효인 경우에는 경매의 채무자나 채권자의 담보책임은 인정될 여지가 없다"고 설시하여서, 명확하게 「경매의 목적이 된 권리의 전부가 타인에게 속하는 하자로 경락인이 소유권을 취득할 수 없는 경우」에는 民 § 578에서 정하는 담보책임이 발생한다는 태도를 밝히고 있는 점이다. 물론 이 판시도 경매의 무효 여부를 기준으로 한다고 이해하지 못할 것도 없으나, 역시 보다 구체적으로 경매목적물이 타인에게 속하는 경우를 지칭하면서 그 경우에는 담보책임이 인정된다고 설시하고 있는 것을 중시하여야 할 것이다. 또 그렇게 보면 이 판결에서 「경매절차 자체」의 무효를 운운하는 것은, 그 사실관계에서 문제된 대로 그 절차를 시동시키는 출발점이 되는 채무명의가 무효인 경우와 같이 경매의 절차적 추행과 관련된 하자가 있는 경우에만 관련된 것이고, 경매목적물이 채무자 아닌 제 3 자에게 속하는 것과 같이 말하자면 경매에 「공신적 효과」가 없다는 그 실체적 효력과 관련되는 것은 아니라고 이해되지 못할 바 없다.

(ii) 또한 大判 93. 5. 25, 92다15574(公 1993, 1386)는, 근저당권의 설정자가 목적물인 건물을 헐고 새로 건물을 지었는데 이에 대하여 소유권보존등기를 하지 않고 있던 중 원래의 근저당권자인 피고가 그에 기하여 新建物에 대하여 임의경매를 신청하여 그 경매절차에서 원고가 목적물을 경락받고 경락대금을 납부한 사안에 대한 것이다. 이 경우 피고의 근저당권은 원래의 목적물과는 동일성이 없는 신건물에는 효력이 없고, 나아가 무효인 근저당권에 기한 임의경매절차에서 물론 경락인은 목적물의 소유권을 취득하지 못한다. 이러한 경우에도 민법의 규정 어디를 보아도 그로부터 담보책임이 발생한다는 규정을 찾을 수 없다. 한편 이 大判 93. 5. 25.도 앞의 (i)에서 인용한 大判 91. 10. 11.의 설시를 그대로 반복하여, 「경매의 목적이 된 권리의 전부가 타인에게 속하는 하자로 경락인이 소유권을 취득할 수 없는 경우」에는 民 § 578의 담보책임이 인정된다는 태도를 확인하고 있다.

(c) 이와 같이 대상판결이 참조판결로 인용하는 종전의 재판례들은 오히려 대상판결과는 반대로 경매목적물이 강제경매의 채무자 아닌 제 3 자에게 속하는 경우에는 民 § 578의 담보책임이 인정된다는 태도를 밝혔다고 보는 것이 솔직한 이해일 것이다. 이들 외에도 위와 같은 경우에 담보책임을 긍정한다고 보아야 할 재판례가 없지 않다.

무엇보다도 大判 88. 4. 12, 87다카2641(集 36-1, 153)이 중요하다. 이 판결은, 甲 앞으로 등기되어 있는 甲 소유의 부동산에 관하여 乙이 서류를 위조하여 자기 앞으로 소유권등기를 이전하고 다시 피고 앞으로 소유권이전등기를 경료하였는데, 피고가 丙을 위하여 원고 앞으로 근저당권을 설정하여 준바, 위 근저당권에 기하여 행하여진 임의경매에서 원고 자신이 경락을 받은 사안에 대한 것이다. 이 사건에서 결국 경매목적물을 취득하지 못한 원고는 民 §§ 578, 570의 담보책임에 기하여 피고를 상대로 계약해제에 따르는 원상회복으로서 경락대금 상당액의 반환을 청구하였다. 쟁점은 오히려, 피고와 같은 物上保證人이 民 § 578 I 에서 1차적으로 담보책임을 진다고 정하여진 「채무자」에 해당하는가 하는 것이었다. 대법원은 원심판결을 파기하면서 물상보증인이 동조상의 채무자에 해당함을 긍정하고, "경락인이 그에게 계약해제권을 행사하였으면 물상

보증인은 경락인에 대하여 원상회복의 의무를 진다"고 판시하였던 것이다.[294)]

만일 對象判決이 판시하는 대로 언필칭 "경매가 무효"라고 하여서 경락인은 경매채권자에 대하여 그가 배당받은 금액의 반환을 일반 부당이득의 법리에 따라서 청구할 수 있을 뿐이고, 民 § 578에 따른 경매의 채무자나 채권자의 담보책임은 인정될 여지가 없다면, 위의 大判 88. 4. 12.와 같이 물상보증인, 즉 民 § 578 Ⅰ의 법문으로 말하면 「경매채무자」의 책임을 인정하는 판결은 결코 나올 수 없는 것이다.

(d) 경매목적물이 채무자 아닌 제 3 자의 소유에 속하는 경우에 대하여 담보책임을 인정하더라도 실제 사건의 해결로서는 대상판결의 결론과 같이 배당채권자에 대하여 일반부당이득의 책임을 인정하는 것과 다르지 않은 경우가 많을 것이다. 1차적인 담보책임자로서의 「채무자」는 특히 그에 대하여 강제경매절차가 진행된 상황이라면 이미 무자력할 것이고, 따라서 결국은 民 § 578 Ⅱ에 의하여 「대금의 배당을 받은 채권자」로부터 그가 배당받은 금전의 반환을 청구하여야 할 것이기 때문이다. 그렇다면 더욱이나 對象判決과 같은 태도에 찬성하기 어렵다.

혹 문제의 핵심이 여러 사람의 이해관계가 착잡하게 뒤엉키는 「경매의 무효」(사실 그 의미도 명확한 것은 아니다)의 다양한 경우들에 있어서 이를 간명하고 형평에 맡게 처리할 방도를 어디서 찾을 것인가에 있다고 한다면, 이는 보다 근원적인 論究를 필요로 할 것이다. 그러나 이 문제에 대하여 절차의 안정성을 중시하여 경매절차의 효력을 가능한 한 유지하려는 입장[295)]에서도 경매목적물이 타인에게 속하는 경우에 民 §§ 578, 570의 담보책임이 아예 인정되지 않는다는 주장은 한 일이 없다. 그리고 이에 대하여 어떠한 입장을 취하든 명문의 규정에 반하는 해석은 쉽사리 취할 것이 아니며, 또 앞의 (나)에서 본 대로 民 § 578이 立法論的으로 크게 문제가 있다고 하기도 어려운 것이다.

(라) 이와 같이 하여 배당금을 수령한 채권자가 이를 경락인에게 반환할 의무를 부담하는 경우에는 채무자에 대한 그의 채권은 처음부터 소멸하지 아니한다고 할 것이다. 大判 88. 12. 6, 87다카2787(集 36-3, 71)은, 채무자가 제공한 담보물을 경락받고 소유권등기를 이전받았으나 그 등기를 말소당한 경락인이 계

294) 이에 대한 찬성평석으로 梁彰洙, "他人 所有 物件의 競賣와 物上保證人의 擔保責任", 판례월보 216(1988. 9), 38 이하(同, 民法硏究, 제 2 권(1991), 231 이하에 再錄) 참조.
295) 예를 들면 閔日榮, "競賣와 擔保責任의 法理 ―임차주택의 경매를 중심으로", 法曹 568(2004. 1), 5 이하 참조.

약을 해제하고 채무자가 無資力이어서 배당채권자로부터 배당금을 반환받은 事案에서 "배당으로 인한 대여금채권의 변제가 효력이 없어지게 됨에 따라 당초의 대여금채권이 변제되지 않고 남아 있다고 보아야 할 것"이라고 판단하였다.[296] 이 事案에서는 배당채권자가 실제로 배당금을 반환하였으나, 앞의 (나)에서도 본 대로, 배당금반환의무를 부담한다는 것 자체로 채권은 소멸되지 않는다고 해석할 것이다.

4. 任意競賣의 경우에 관한 特殊問題

(1) 任意競賣, 즉 民執 § 264 이하(종전의 民訴 § 724 이하)에서 정하는 擔保權實行競賣에서도 위의 2.나 3.에서 본 것과 유사한 문제가 제기될 수 있다. 그 중에서 담보권이 애초 설정자에 속하지 아니하는 목적물에 설정되어 무효인 경우에 관하여는 앞의 3.에서 살펴본 바 있다.

(2) 나아가 담보권이 무권대리인에 의하여 설정되는 등의 이유로 애초부터 효력이 없었던 경우나 일단 유효하게 성립한 담보권이 경매개시 전에 피담보채권의 변제 등으로 소멸한 경우에는, 경락인은 경매목적물을 취득하지 못한다. 民執 § 267(개정 전 民訴 § 727)은 "매수인의 부동산 취득은 담보권 소멸로 영향을 받지 아니한다"고 하여 소위 「競賣의 公信的 效果」에 대하여 정하나, 이는 유효하게 성립한 담보권이 경매개시 후에 소멸한 경우에 대한 것이고, 앞서 말한 같은 경우들에는 이러한 공신적 효과는 인정되지 않는 것이다.[297] 따라서 원래의 소유자는 경매목적물에 대한 소유권을 상실하지 아니하고, 따라서 경매목적물인 권리를 취득하지 못하는 競落人은 부당이득반환청구권을 가지게 된다.

이 경우에 競落人은 그 賣得金을 배당받은 집행채권자 또는 배당수령자(배당하고 남은 剩餘金을 취득한 집행채무자를 포함한다)를 상대로 그 취득금의 반환을 부당이득으로 청구할 수 있다. 그리고 이 경우에도 부당이득반환의무를 부담하는 채권자들은 그가 배당금을 현실로 반환하였는지를 불문하고 처음부터 채무자에 대한 채권을 상실하지 아니한다. 앞의 3.(2)에서 본 대로 채무자의

296) 이 사건에서는 피담보채권인 貸與金債權이 時效消滅하였는지가 쟁점이 되었다. 原審法院은 채권자의 배당금 수령으로 그 채권은 이미 소멸하였고 다만 이를 경락인에게 반환함으로써 채무자에 대하여 부당이득반환청구권을 가지게 되었다는 전제에 서서 時效消滅主張을 배척하였던 것이다.

297) 大判 76.10.26, 75다2211(集 24-3, 236); 大判 93.5.25, 92다15574(公 1993, 1836) 등.

채무 소멸을 인정하고 원래의 권리자는 채무자로부터 부당이득의 반환을 구할 수 있다는 見解도 있을 수 있겠지만, 역시 그에 앞서서 賣得金의 수령으로 직접 이득을 얻은 것은 채권자 기타 배당수령자이므로 경락인과의 관계에서는 그가 부당이득의 반환의무를 부담한다고 하여야 할 것이다.

앞의 Ⅱ. 4. (2)에서 본 大判 93. 5. 25, 92다15574(公 1993, 1386)는, 근저당권의 설정자가 목적물인 건물을 헐고 새로 건물을 지었는데 이에 대하여 소유권보존등기를 하지 않고 있던 중 원래의 근저당권자인 피고가 그에 기하여 新建物에 대하여 임의경매를 신청하여 그 경매절차에서 원고가 목적물을 경락받고 경락대금을 납부한 사안에 대한 것이다. 이 경우 피고의 근저당권은 원래의 목적물과는 동일성이 없는 신건물에는 효력이 없고, 나아가 무효인 근저당권에 기한 임의경매절차에서 물론 경락인은 목적물의 소유권을 취득하지 못한다. 이러한 경우에 대하여 위의 대법원판결은 "경매의 채무자나 채권자의 담보책임은 인정될 여지가 없다"고 한다. 이는 결국 경매절차에게 매각대금을 교부받은 채권자들을 상대로 부당이득의 반환을 구하여야 한다는 취지로 이해된다.[298]

(3) 한편 일단 유효하게 설정된 담보권이 경매개시 후에 피담보채권의 변제 등으로 소멸한 경우에는 앞서 본 民執 § 267(종전의 民訴 § 727)에 의하여 競落人은 목적물의 소유권을 취득한다.[299] 위 규정은 그 경우에 피담보채무의 소멸을 위하여 일정한 出捐을 한 담보목적물의 소유자나 채무자 등이 매득금을 배당받은 債權者들에 대하여 그 반환을 청구하는 것도 배제하는 취지라고 할 것이다. 다만 그는 자신의 피담보채권이 소멸되었음에도 다시 배당금 등으로 이익을 얻은 저당권자에 대하여 그 이득의 반환을 청구할 수 있을 뿐이라고 할 것이다.

298) 이상은 大判 2004. 6. 24, 2003다59259(公 2004하, 1205)에서도 확인된다.

299) 1990년 민사소송법 개정 전부터 大判(全) 64. 10. 13, 64다588(集 12-2, 139)("實體上 存在하는 根抵當權에 의하여 경매개시결정이 있었다면 그 후에 근저당권설정계약이 해지되어 그 設定登記가 抹消된 경우에도 그 경매절차의 진행으로 경락허가결정이 확정되고 경매대금을 완납한 競落人은 경매부동산의 소유권을 적법하게 취득한다")이 舊競賣法에 관하여 이러한 취지를 밝혔고, 그 후 大判 80. 10. 14, 80다475(公 646, 13317) 등도 同旨이다. 한편 大決 92. 11. 11, 92마719(公 1993, 406)는 개정 후 민사소송법을 적용한 것으로 보이는데, 역시 마찬가지로 판시하고 있다.

Ⅳ. 不當配當

1. 「不當配當」을 이유로 하는 不當利得返還請求

경매절차가 실체적으로 흠 없는 집행권원 또는 담보권에 기하여 채무자 또는 담보권설정자 소유의 목적물에 대하여 추행된 경우에도 「不當配當」을 이유로 하는 부당이득의 성립 여부가 문제되는 일이 빈번하게 존재한다. 즉 경매절차에서 자신의 권리가 제대로 실현되었더라면 배당을 받을 수 있었음을 주장하는 채권자 또는 담보채권자가 당해 절차에서 배당금을 수령한 채권자(이하 「配當受領者」라고 한다)에 대하여, 만일 배당이 적법하게 행하여졌더라면 자신이 수령하였을 금액의 범위에서, 배당수령자가 수령한 배당금의 전부 또는 일부의 반환을 부당이득을 이유로 청구하는 경우가 드물지 않은 것이다.

(1) 이러한 부당이득반환청구는 당사자 사이에 행하여진 급부에 법률상 원인이 없음을 주장하는 것(즉 給付利得返還請求)이 아니고 결국 배당수령자가 자신의 권리를 객관적으로 위법하게 침해하여 이익을 얻었음을 주장하는 것(따라서 원고의 「손실」은 독자적인 요건으로서 논할 필요가 없다)에 귀착되어, 侵害利得返還請求에 해당한다.

(2) 이와 같이 넓은 의미에서의 「부당배당」이 주장되어 부당이득반환청구를 하는 경우에 그 청구를 허용하게 되면, 이해관계가 서로 착종하는 다수의 이해관계인이 참여하여 행하여진 절차에서 일단 「종결」된 것으로 여겨지는 사항에 대하여 다시 문제를 제기하는 것을 허용하는 결과가 된다고도 생각되며, 이는 節次의 安定性을 해하지 않는가 하는 의문이 들 수 있다. 특히 이제 부당이득반환청구를 하려는 원고가 당해 절차 내에서 넓은 의미에서의 異議를 제기할 가능성(예를 들면 配當表에 대한 異議 또는 配當異議의 訴 등)이 있었던 경우에는 더욱 그러하다.

그러나 다른 한편으로는 다음과 같이 말할 수도 있을지 모른다. 그 절차가 주로 당사자의 실체적 권리를 실현하는 手段으로서의 의미를 가지는 경우에도 그러할까? 그러한 수단적 절차에서 당사자가 「있어야 할 상태」를 달성하지 못하였다고 하면, 法은 다시 그러한 狀態가 실현을 위하여 조력하여야 하지 않을까? 적어도 그 절차가 終局的 性質을 가지고 있어서, 그 절차가 종결됨으로써 이제 실체적 권리의 실현요청은 봉쇄되어야 하는 것이 아닌 한은 말이다. 앞의 Ⅱ. 3.에서 본 대로 집행권원의 성립 후 채무명의상의 권리가 소멸하였음에도 請求異議의 訴가 제기되지 아니한 결과 만족을 얻은 집행채권자에 대하여 채무자가 부당이득의 반환을 청구할 수 있다고 한다면, 이는 배당에 대한 이의에 대하여도 마찬가지로 말할 수 있지 않을까?

(3) 이와 같이 충돌하는 이익의 구체적인 조정을 위하여, 구체적으로는 위와 같은 不當配當의 사안은, (i) 적법한 배당요구가 아예 행하여지지 아니한 경우(아래 (2)에서 본다), (ii) 배당요구는 적법하게 행하여졌으나 그 후의 배당절차에서 배제되었음에도 불구하고 配當異議를 하지 아니하여 그를 배제한 배당표가 확정되어 이에 따라 배당이 행하여진 경우(아래 (3)에서 본다)로 나누어 살펴볼 수 있다.

그 외에 배당이의소송을 제기하였으나 패소한 경우도 문제된다. 이는 기본적으로 배당이의소송의 성질론에 걸린 소송법학상의 문제이다.[300] 그러므로 여기서는 大判 2000. 1. 21, 99다3501(公2000상, 477)이 배당이의소송의 본안판결이 확정되면, 그로써 실체적 배당수령권에 관한 기판력이 인정되므로, 그 판결에서 확정된 배당액에 관하여 별도의 부당이득소송에서 배당수령권의 존부에 관하여 다른 판단을 할 수 없다고 판시하였음을 지적하는 것에 그치고자 한다.

2. 債權者가 아예 配當要求를 하지 아니한 境遇

(1) 우선 아예 배당요구를 하지 아니한 채권자 또는 담보채권자가 후에 배당수령자를 상대로 부당배당을 이유로 부당이득반환청구를 할 수 있는지에 대하여 판단한 대법원판결로는 大判 96. 12. 20, 95다28304(公1997상, 342); 大判 97. 2. 25, 96다10263(公1997상, 865); 大判 98. 10. 13, 98다12379(公1998하, 2660) 등이 있다.

(2) 처음의 大判 96. 12. 20.[301]은 "민사소송법 제728조에 의하여 준용되는 제605조 제 1 항에서 규정하는 배당요구채권자는 경락기일까지 배당요구를 한 경우에 한하여 비로소 배당을 받을 수 있고, 적법한 배당요구를 하지 아니한 경우에는 이 사건 원고들의 채권인 임금채권과 같이 실체법상 우선변제청

300) 그에 관하여는 閔日榮, 住宅競賣에 있어서 賃借人 保護에 관한 研究, 2004년 서울대학교 법학박사학위논문, 233 이하 참조.

301) 이 판결에 대한 評釋으로 金賢錫, "不動産競賣節次에서 配當要求를 하지 아니한 賃金債權者의 地位", 民判研 20(1998), 216 이하; 徐基錫, "配當節次 終了 後 債權者의 不當利得返還請求", 대법원판례해설 27(1996), 146 이하; 曺南大, "配當節次 終了 後의 不當利得返還請求", 淸州法律論壇(忠北法律實務研究會) 1(1999), 263 이하; 趙哲皓, "配當節次 終了 後 債權者의 不當利得返還請求, 裁判과 判例(大邱判例研究會) 7(1998), 347 이하 등이 있다.

구권이 있는 채권자라 하더라도 그 경락대금으로부터 배당을 받을 수는 없을 것이므로, 이러한 배당요구 채권자가 적법한 배당요구를 하지 아니하여 그를 배당에서 제외하는 것으로 배당표가 작성·확정되고 그 확정된 배당표에 따라 배당이 실시되었다면, 집행목적물의 교환가치에 대하여서만 우선변제권을 가지고 있는 법정담보물권자의 경우와는 달리 그가 적법한 배당요구를 한 경우에 배당받을 수 있었던 금액 상당의 금원이 후순위채권자에게 배당되었다 하여 이를 법률상 원인이 없는 것이라고 할 수 없다"고 판시하였다.

이는 우선 당시의 民訴 § 605 I (후의 民執 § 88[302])에서 정하는 「배당요구 채권자」("집행력 있는 정본을 가진 채권자, 경매개시결정이 등기된 뒤에 가압류를 한 채권자, 민법·상법, 그 밖의 법률에 의하여 우선변제청구권이 있는 채권자")는 배당요구를 하여야 비로소 배당받을 수 있으며, 그가 적법한 배당요구를 하지 아니함으로써 그를 배제하여 배당표가 작성·확정되고 배당이 실시되었다면, 그는 사후적으로 부당이득반환청구를 할 수 없음을 밝히고 있다. 이는 그 후의 大判 97. 2. 25.나 大判 98. 10. 13.에서도 그대로 유지되고 있다.

(3) 그런데 앞의 大判 96. 12. 20.은 위의 인용부분에서 본 대로 "집행목적물의 교환가치에 대하여서만 우선변제권을 가지고 있는 법정담보물권자의 경우"에는 배당요구를 하지 않았어도 후에 부당이득반환청구를 할 수 있는 것으로 설시하고 있다. 그러나 그 후에 나온 위의 두 대법원판결에서는 위와 같은 설시는 보이지 아니하고, 예를 들면 위의 大判 98. 10. 13.에서는 그와 같이 배당요구를 하지 아니하더라도 부당이득반환청구를 할 수 있는 것은 "압류의 효력발생 전에 등기한 가압류채권자, 경락으로 인하여 소멸하는 저당권자 및 전세권자로서 압류의 효력발생 전에 등기한 자 등 **당연히 배당을 받을 수 있는 채권자**의 경우"로 못박고 있다.

이 두 대법원판결이 서로 다른 態度를 취하는 것이라고 보는 듯한 견해도 있다.[303] 그러나 前者의 大判 96. 12. 20.에서 말하는 「법정담보물권자」라고 하는 것을 보다 구체적으로 지적한 것이 後者의 大判 98. 10. 13.의 설시라고 보면, 양자를 그와 같이 이해할 것은 아니라고 생각된다.

(4) 한편 구체적으로 民執 § 88(종전의 民訴 § 605 I)에서 정하는 「배당요구채권자」로서는 근로기준법상 우선변제권이 있는 임금채권자,[304] 주택임대차보호법상

302) 이 규정은 民執 § 268(종전의 民訴 § 728)에 의하여 擔保權實行競賣에 준용된다
303) 閔日榮(註 300), 237 註 345.
304) 大判 96. 12. 20, 95다28304(公 1997상, 342); 大判 97. 2. 25, 96다10263(公 1997상, 865).

우선변제청구권이 인정되는 보증금반환채권자[305] 등이 그에 해당한다. 그러므로 그들은 배당요구를 하여야 비로소 배당받을 수 있으며, 따라서 그들이 적법한 배당요구를 하지 아니함으로써 그를 배제하여 배당표가 작성·확정되고 배당이 실시되었다면, 그들은 사후적으로 부당이득반환청구를 할 수 없다.

그리고 위의 여러 대법원판결에서 보는 대로 "압류의 효력발생 전에 등기한 가압류채권자, 경락으로 인하여 소멸하는 저당권자 및 전세권자로서 압류의 효력발생 전에 등기한 자 등 **당연히 배당을 받을 수 있는 채권자**의 경우"는 배당요구를 하지 아니하였더라도 그 권리에 상응하는 배당을 받지 못한 경우에는 배당수령자를 상대로 부당이득반환청구를 할 수 있다. 그는 나아가 배당이의를 하였는지 여부를 묻지 않고 위와 같은 청구를 할 수 있음은 물론이다.

3. 配當要求債權者가 配當異議를 하지 아니한 경우

(1) 한편 민사집행법은 이해관계인 및 배당요구채권자는 배당기일에 출석하여 배당표에 대한 異議를 진술함으로써 위법한 배당표의 시정을 구하여 자기의 권리를 관철할 수 있는 제도적 장치(民執 § 152 이하. 종전의 民訴 § 590 이하)를 마련하고 있다. 그렇다면 앞의 (2)에서 본 배당요구채권자가 배당요구는 적법하게 하였으나, 그 후의 배당절차에서 배제되었음에도 불구하고 配當異議를 하지 아니하여 배당표가 확정되고 후순위채권자가 배당액을 수령한 후에 비로소 그 후순위채권자를 상대로 부당이득반환청구를 하는 것은 어떤가 하는 문제가 있다.[306]

이 문제에 관하여는 民執 § 155(종전의 民訴 § 593)와 관련하여 논의가 분분하다. 즉, 同條에 의하면 배당이의를 한 채권자가 배당이의소송의 제기기간을 해태하여 동소를 제기하지 못한 경우에 배당표에 의한 배당을 받은 후순위채권자에 대하여 별소로 부당이득반환청구("소로 우선권 및 그 밖의 권리를 행사하는 것")를 할 수 있다고 정한다. 그러나 배당기일에 출석하지 아니하여 배당표를 승인한 것으로 간주되는 채권자(民執 § 153 Ⅰ. 종전의 民訴 § 591 Ⅰ) 또는 배당기일에 출석하고도 이의를 진술하지 않았거나 배당기일에 이의를 진술하였다가 그 이의를 철회한 채권자(이들은 모두 위의 民執 § 155에서 정하는 「배당표에 대한 이의」를 하지 아니한 자에 해당한다)에게 배당절차의 종료 후에 실체법상의 부당이득반환청구권을 인정할

305) 大判 98.10.20, 98다12379(公 1998하, 2660).
306) 이 항목의 서술에 있어서는 閔日榮(註 300), 238 이하에 전적으로 의존하고 있다.

것인가는 위 규정의 문언만으로는 명확하지 아니하다.

결국 이는 民執 § 155의 취지를 어떻게 이해할 것인가와 아울러, 한편으로 배당절차가 실체적 권리를 확정하거나 그 관철을 배제하는 성질을 가지는 것인가의 문제와 다른 한편으로 부당배당을 이유로 부당이득의 반환을 주장하는 당사자가 가지는 권리의 내용이 채권자 등의 배당금 수령에 의하여「침해」되었다고 볼 수 있는 성질의 것인가, 즉 그 배당금 수령이 반환청구자의「재산에 의하여」얻어진 이익인가에 달려 있다고 하겠다.

(2) 먼저 學說을 보기로 한다.

㈎ 肯 定 說　　부당이득반환청구가 권리남용에 해당하지 않는 한 배당기일에 배당이의를 하였는지 여부를 불문하고 이를 허용하여야 한다는 견해이다.[307)]

그 이유로는, 무엇보다도 配當表의 確定 및 그 實施는 집행절차의 종료를 의미할 뿐이고 실체적인 권리관계의 존부 및 내용까지 확정하는 것은 아니므로 배당금을 부당하게 수령한 채권자에게 그 반환을 청구할 수 있다고 한다. 즉 채권자가 배당기일에 출석하지 아니하여 배당표에 동의한 것으로 간주되거나, 출석하였어도 배당이의를 하지 아니한 경우에도, 이는 배당절차에서 배당표에 따른 배당의 실시에 동의한 것으로 의제되는 것에 불과하고, 다른 채권자의 실체법상의 권리를 승인하거나 자신의 실체법상 권리를 포기하는 것은 아니라는 것이다.

나아가 沿革的으로 보더라도, 民執 § 155는 종전의 民訴 § 593("이의를 신청한 채권자가 제592조의 기간을 해태한 경우에도 배당표에 의한 배당을 받은 채권자에 대하여 訴로 優先權 기타를 주장하는 권리는 영향을 받지 아니한다")을 통하여[308)] 독

307) 金祥源 外 編, 註釋 強制執行法 Ⅱ(1993), 519(李宙興 집필); 同 Ⅲ(1993), 598(朴禹東 집필); 朴斗煥, 新強制執行法, 增補改訂版(1993), 312 이하; 蔡永洙, "配當異議와 不當利得返還請求", 대법원판례해설 1988년 하반기(통권 제10호)(1988), 100 이하; 金敎昌, "任意競賣節次上 請求金額의 確定時期", 民事裁判의 諸問題 8(1994), 885 이하; 李宙興, "配當節次와 관련된 不當利得返還請求", 判例實務硏究 Ⅰ(1997), 579 이하 등.

308) 民訴 § 593는 1963년 12월 13일에 개정되었는데, 그 개정 전에는 단지 "優先權을 주장하는 권리는 영향을 받지 아니한다"는 것이었다(이는 일본의 舊民訴 § 634와 일치한다). 그 개정에 의하여「優先權」의 다음에「기타」가 추가되었다. 이는 "平等主義를 채택하는 우리 法制下에서는 順位에 의한 優先權에만 한정할 이유가 없으므로, … [이와 같이 규정하여] 자기가 받아야 할 配當額을 상대방이 영수하여 버릴 모든 경우"(이에 대하여는 方順元, 民事訴訟法(下), 全訂改版(1987), 313 참조)를 명백하게 포함시키기 위한 것, 다시 말하면 우선변제권능이 있는 담보권 등에 한정하지 아니하고, 일정한 範圍의 一般債權者에게도 배당수령자에 대한 부당이득반환청구를 인정하기 위한 것이라고 추측된다.

일의 舊民訴(1898년의 全面改正 전) § 764 Ⅱ(現在의獨民訴 § 878 Ⅱ)[309]를 依用民訴 § 634를[310] 통하여 계수한 것이다. 여기서의 「訴」란 배당수령자에 대한 부당이득반환청구를 말함은 물론인데, 그 규정의 입법취지가 배당절차상의 취급이 실체법상의 권리에 대하여 영향을 주지 아니함을 注意的으로 확인하는 것에 불과함에는 의문의 여지가 없다.[311] 그리하여 독일에서의 압도적 다수설은 이의를 제기한 채권자가 제소기간을 해태한 경우뿐만 아니라 배당절차에 출석하였으나 이의를 제기하지 아니한 채권자나 배당기일에 전혀 출석하지 아니하여 배당표에 동의한 것으로 간주되는 채권자(獨逸民訴 § 877 Ⅰ 참조)에 대하여도 배당표에 의하여 부당이득을 얻은 다른 채권자에 대하여 그 반환청구를 할 수 있다는 입장을 취하고 있는 것이다.[312]

(나) 否 定 說　　이 견해에 따르면, 채권자가 적법한 소환을 받아 배당기일에 출석하여 자기의 의견을 진술할 기회를 부여받았음에도 이러한 기회를 이용하지 아니한 경우에는 후일 부당이득반환청구의 소로써 자신의 실체상 권리를 주장할 수 없다는 것이다.[313] 일단 배당표를 승인하고 나서 후일 그 배

309) 獨民訴 § 878 Ⅱ: "배당표에 이의한 채권자가 배당표에 의하여 배당받은 채권자에 대하여 소의 방법으로 우선적 권리를 행사할 권리는 [배당이의소송의 제기를 증명할] 기간의 도과와 배당표의 실시에 의하여 배제되지 아니한다(Die Befugnis des Gläubigers, der dem Plan widersprochen hat, ein besseres Recht gegen die Gläubiger, der einen Geldbetrag nach dem Plan erhalten hat, im Wege der Klage geltend zu machen, wird durch die Versäumung der Frist und durch die Ausführung des Planes nicht ausgeschlossen)."

310) 日本의 경우 종전의 民事訴訟法 § 634에서 우리 民訴 § 593와 동일하게 규정하고 있었다. 그러나 1979년 3월 30일 民事執行法을 새로이 制定하면서 위와 같은 규정을 두지 아니하였다. 따라서 일본에서의 그 후의 論議를 우리 법의 해석에서 참고함에 있어서는 이러한 立法的 變化에 주의할 필요가 있다.

311) 이 점에 대하여는 우선 梁彰洙, "不當配當과 不當利得返還請求", 判例實務硏究 Ⅰ (1997), 611 이하.

312) 이에 대하여는 우선 劉南碩, "독일법상 執行債權者의 請求金額 확장 여부와 強制執行節次에서의 배당 후 不當利得返還請求", 判例實務硏究 Ⅰ(1997), 616 이하 참조. 다만 이에 대하여 Harald Böhm, Ungerechtfertigte Zwangsvollstreckung und materiellrechtliche Ausgleichsansprüche(1971)은, 위와 같은 견해가 종전부터의 안정된 통설의 지위를 차지하여 별로 심도 있는 논의가 이루어지지 아니하던 위의 문제를 새로이 천착하면서, 집행절차의 「안정화기능(Stabilisierungsfunktion)」을 내세워 반대의 견해를 주장하였다. 그러나 이 논문은 그에 대한 書評을 겸한 Hans Friedhelm Gaul, Ungerechtfertigte Zwangsvollstreckung und materiellrechtliche Ausgleichsansprüche, in: AcP 173(1973), S. 323ff.; 그리고 그 후 이 문제를 정면에서 다룬 Johann W. Gerlach, Ungerechtfertigte Zwangsvollstreckung und ungerechtfertigte Bereicherung(1986)에 의하여 거의 괴멸적인 비판을 받았다. 그리하여 여전히 통설은 유지되고 있다.

313) 李英燮 編, 註釋 強制執行法 中(1982), 164(朴禹東 집필); 鄭鎬瑛, "配當異議의 訴", 強制執行·任意競賣에 관한 諸問題 下(裁判資料 36)(1987), 488 이하; 趙正來, "配當異議와 不當利得返還請求", 판례연구(부산판례연구회) 1(1991), 421 이하; 吳鍾潤, "配當異議와 不當利得返還請求", 司論 26(1995), 326; 徐基錫, "배당절차 종료 후 채권자의

당이 잘못되었다고 주장하는 것은 금반언의 원칙에 반하고, 배당표상의 배당 순위 또는 그 액수에 관하여 기판력이 인정되는 것은 아니지만 긍정설과 같이 부당이득반환청구권을 널리 인정하는 것은 배당표에 의한 배당의 결과를 불안정하게 할 뿐만 아니라 배당절차를 실질적으로 헛수고에 그치게 하며, 그로써 상대방에게 부당이득반환소송의 응소부담을 부담하게 하는 결과가 되어 부당하고, 본래 배당에 참가한 채권자 상호간의 배당관계는 채권자의 자주적인 태도 결정에 따라 변용의 여지가 부여되어 있기 때문에(협의배당이 인정된다) 배당의 순위나 액수에 관하여 실체관계와의 엄밀한 합치를 요구하는 것도 아니라고 한다. 다만, 채권자의 부당이득반환청구권을 부정하기 위하여는 그 채권자에게 배당이의의 신청 및 배당이의의 소를 제기할 기회가 부여되었을 것을 요하므로, 적법한 기일 소환을 받지 못한 채권자 등과 같이 귀책사유가 없는 채권자는 부당이득반환청구권을 상실하지 않는다고 한다.

㈐ 二 分 說 이는 기본적으로 일본에서 民事執行法이 시행되면서 同法에 일본의 舊民訴(즉 依用民訴) §634와 같은 규정을 두지 아니한 것을 계기로 주장된 것이다. 이에 의하면, 강제집행은 채무자의 일반재산을 담보로 하는 人的 請求權의 실현을 목적으로 하는 것이고 채권자는 특정의 재산으로부터 만족을 받는 권능을 실체적으로 가지고 있는 것은 아니므로, 채권자가 경합하는 경우에 특정재산을 어떻게 배당하여야 할 것인가를 절차상 확정함에 있어서는 그 절차에 관여하지 않아 자신의 권리를 주장하지 않은 자에게 당해 재산으로부터 만족받을 가능성을 배제시킬 필요가 있다고 한다. 따라서 一般債權者의 경우에는 목적부동산에 관하여 교환가치를 파악하고 있었던 것도 아니고 다른 책임재산으로부터 평등분배를 받을 권리가 여전히 남아 있으므로, 가사 정당하게 배당표가 작성되었다면 자기에게 배당되었을 금액을 다른 채권자가 부당하게 많이 배당받았다 하더라도 이로 인한 손해는 없다고 설명한다. 다만 擔保權者의 경우에는 집행목적물의 교환가치를 파악하고 있었으므로, 배당이의의 신청 없이 배당이 종료되어 담보권이 소멸되었다면 배당금을 수령한 채권자는 담보권자에 대한 관계에서 부당이득을 취득한 결과가 되고, 따라서

부당이득반환청구", 대법원판례해설 1996년 하반기(통권 제27호), 146 이하; 尹允秀, "優先辨濟請求權者의 不當利得返還請求", 판례연구(부산판례연구회) 5(1996), 582 이하; 閔日榮, "체납처분과 배당요구, 그리고 부당이득반환청구", 法曹 1997년 10월호, 165 이하 등. 이들은 기본적으로 일본에서 민사집행법이 시행된 후의 學說에 영향을 받은 것으로 추측된다.

이 경우에는 배당이의의 신청을 하지 않았다 하더라도 부당이득반환청구권을 인정하여야 한다고 한다.[314)]

㈑ 日本의 學說과 判例　참고로 위와 같은 견해대립의 배후에 있다고 추측되는 일본의 학설과 판례를 간단히 살피면, 일본의 舊民訴(依用民訴) § 634의 해석으로는 同條에서 「優先權을 주장하는 권리」란 담보권자뿐만 아니라 평등주의를 취하는 이상 「자신이 수령하였을 배당액을 타인이 수령한」 모든 경우를 포함하므로 일반채권자도 포함된다고 하였으며, 다만 同條의 해석상 부당이득반환청구에는 이의신청은 필요하다는 견해가 통설이고 판례이었다.[315)]

그러나 민사집행법이 제정·시행되면서는 학설은 일단 "否定說로 기울어지게 되었"었는데, 저당권자의 부당이득반환청구를 긍정하는 日最判 1991(平3). 3. 22(民集 45-3, 322)가[316)] 나온 후에는 "제한적 적극설[즉 二分說]의 증가가 현저하다"고 한다.[317)]

314) 기본적 문헌으로 原田和德/富越和厚, 執行關係訴訟に關する實務上の諸問題(1988), 295 이하 참조. 그 전에 浦野雄幸, 條解 民事執行法(1985), 415 이하가 이러한 입장을 밝혔었다.

315) 日大判 1897(明 30). 11. 26(民錄 3, 87). 학설에 대하여는 梶山玉香, "配當異議の申出をしなかった債權者による不當利得返還請求", 同志社法學 51-2(1999), 10 및 18 註 16 (松岡義正, 加藤正治, 雉本朗造 등의 초기 민사소송법학자 외에, 근래의 兼子一, 菊井維大 등을 들고 있다) 참조. 이러한 통설·판례에 대하여는 배당이의를 요하지 않는다는 반대견해로 宮脇幸彦, 強制執行法(各論)(1978), 496 이하의 "주목되는 문제제기"(中野貞一郎(뒤의 註 311), 154의 표현)가 있었다고 한다. 한편 方順元(註 302), 318이 "여기서 優先權 기타라 함은 피고인 채권자에 대한 관계에 있어서 원고되는 채권자의 배당액으로 배당표에 표시된 액보다도 다액의 배당을 받을 수 있는 지위(바꾸어 말하면 異議를 신청한 債權者가 우선적 지위의 담보권을 가진다거나, 이의신청을 당한 채권자의 채권의 부존재 또는 액이 부당하게 다액일 것)를 말하는 것"이라고 하는 것도 같은 趣旨인가?

316) 그 判決의 주요한 部分은 "저당권자는, 부동산경매사건의 배당기일에 배당이의의 신청을 하지 아니한 경우에도, 채권 또는 우선권을 가지지 아니함에도 불구하고 배당을 받은 채권자에 대하여, 그가 배당을 받음으로써 자신이 배당을 받을 수 없게 된 금전 상당액의 반환을 청구할 수 있다고 해함이 상당하다. 무릇 저당권자는 저당권의 효력으로 저당부동산의 대금으로부터 우선변제를 받는 권리를 가지는 것이므로, 다른 채권자가 채권 또는 우선권을 가지지 아니함에도 배당을 받았기 때문에 위 우선변제를 받을 권리가 침해된 때에는 위 채권자는 위 저당권자가 취득하여야 할 재산에 의하여 이익을 받고 위 저당권자에 손실을 가한 것이고, 배당기일에 배당이의의 신청이 이루어짐이 없이 배당표가 작성되고 이 배당표에 좇아 배당이 실시된 경우에 위 배당의 실시는 係爭配當金의 歸屬을 확정하는 것이 아니며, 따라서 위 이득에 법률상의 원인이 있다고 할 수 없기 때문이다"라는 것이다.

317) 日最判 1991. 3. 22.가 나오기 전의 학설에 대한 간략하면서 요령 있는 槪觀으로는 위 판결에 대한 評釋인 中野貞一郎, "債權または優先權を有しない配當を受けた債權者に對する抵當權者からの不當利得返還請求の可否", 私法判例リマークス 4(1992), 154 이하 참조. 또한 그 판결 후의 학설상황에 대하여는 同, 民事執行法, 新訂三版(1998), 473 註 27 참소.

(3) 우리 나라의 判例는 어떠한가?

㈎ 대법원은 과거 舊경매법(1990년 1월 13일의 법률 제4201호로 민사소송법에 담보권실행경매에 관한 규정을 새로 두는 개정을 하면서 폐지되었다)에 의한 임의경매절차에 있어서는 강제경매의 배당절차에서와 같은 채권자의 배당요구, 배당표의 확정 및 배당표에 대한 이의를 근거규정이 없음을 이유로 부정하였다.[318] 그리고 그 당연한 귀결로 경락대금교부(배당)절차에서 사실상 배당요구를 하였는지의 여부를 묻지 않고 부당이득반환청구권을 인정하였다.[319] 즉 배당표의 확정이나 그에 의한 배당실시(또는 舊競賣法 § 34에 의한 경매대금의 지급이나 교부 등)는 실체법상의 권리를 확정하는 것이 아니므로, "배당을 받아야 할 자가 배당을 받지 못하고 배당을 받지 못할 자가 배당을 받은 경우에는 배당에 관하여 이의를 한 여부 또는 형식상 배당절차가 확정되었는가의 여부에 관계 없이 [위와 같이] 배당을 받지 못한 사람은 부당이득반환청구권이 있다"고 판시하였던 것이다.

㈏ 강제경매의 경우 및 1990년 1월 13일의 민사소송법 개정 후의 임의경매의 경우를 본다.

(a) 먼저 우선변제권이 있는 채권자에 관하여 大判 88.11.8, 86다카2949(公 1988, 1522)[320] 및 大判 1994. 2. 22. 93다55241(公 1994상, 1083)[321] 등이 앞의 ㈎에서 본 바와 같은 추상론, 즉 "확정된 배당표에 의하여 배당을 실시하는 것은 실

318) 大判 68. 12. 17, 68다2080(集 16-3, 298); 大判 74. 11. 12, 74다1445(集 22-3, 75); 大決 75. 12. 30, 74마314(LX검색); 大判 76. 1. 13, 75마884(公 8896); 大判 77. 7. 12, 76다863(公 10215); 大判 79. 2. 27, 78다1689(公 11850) 등 判例는 민사소송법이 정하는 강제경매절차에서의 배당요구나 배당표의 확정 및 배당표에 대한 이의 등에 관한 규정은 성질상 임의경매절차에는 준용될 수 없다고 하며, 또한 경매채권자는 당초에 경매법원에 제출한 채권계산서를 경매신청 후에라도 변경하여 변제에 충당할 채권의 범위를 변경할 수 있다고 한다. 그리하여 예를 들면 大決 89. 9. 11, 89마580(公 867, 441)도, "부동산임의경매절차에 있어서 경락대금교부표를 작성하는 것은 실무상으로 경락대금 배분에 관한 계산관계를 명확히 하기 위한 목적을 위함일 뿐이고, 부동산강제경매절차에서와 같이 배당액 확정의 목적으로 작성하는 것이 아니"라고 판시한다(그러므로 그 교부표에 대하여 異議가 있으면 同表上의 "채권자들을 상대로 교부금수령금지가처분을 구하여 그 권리를 보전하고 부당이득반환의 본안소송을 제기할 수 있음은 별론으로 하고, 민사소송법상의 집행방법에 관한 이의신청으로써 다툴 수는 없다"고 한다).

319) 大判 64. 7. 14, 63다839(集 12-2, 15); 大判 72. 6. 13, 72다503(集 20-2, 110); 大決 89. 9. 11, 89마580(公 867, 441); 大判 90. 3. 27, 90다카315등(公 875, 1229); 大決 90. 3. 27, 90그8(公 875, 1228) 등.

320) 이 판결에 대한 평석으로 趙正來, "配當異議와 不當利得返還請求", 判例硏究(釜山判例硏究會) 1(1991), 413 이하; 蔡永洙, "配當異議와 不當利得返還請求", 대법원판례해설 10(1988), 93 이하 등이 있다.

321) 이 판결에 대한 評釋으로 閔日榮, "滯納處分과 配當要求, 그리고 不當利得返還請求", 法曹 1997년 10월호, 165 이하 등이 있다.

체법상의 권리를 확정하는 것이 아니므로 배당을 받아야 할 자가 배당을 받지 못하고 배당을 받지 못할 자가 배당을 받은 경우에는 배당에 관하여 이의를 한 여부 또는 형식상 배당절차가 확정되었는가의 여부에 관계없이 배당을 받지 못한 우선채권자는 부당이득반환청구권이 있다"는 설시를 그대로 인용하여 부당이득반환청구를 인용하였다.

前者의 판결은, 채권압류의 경합으로 제 3 채무자가 공탁하고 그 사유를 법원에 신고함으로써 배당절차가 개시되었는데, 압류채권자로서 우선권자인 임금채권자들이 배당기일에 출석하여 배당에 이의가 없다고 진술함으로써 후순위권자인 조세채권자가 배당을 받았고, 그 후 임금채권자들이 조세채권자를 상대로 부당이득반환청구를 한 事案에 대한 것이다.

後者의 판결은, 선순위확정일자를 갖춘 임차인이 배당요구를 한 후 배당기일에 불출석하자 경매법원이 그 임차인이 선순위확정일자를 갖춘 사실을 간과하여 소액보증금만 배당하고 후순위근저당권자에게 배당을 하였는바, 배당절차 종료 후 임차인이 후순위근저당권자를 상대로 부당이득반환청구를 한 것이다. 한편 大判 96. 11. 22, 96다34009(公 1997상, 32)[322]는, 근저당권자가 신청한 경매절차에서 假裝賃借人이 근저당권에 우선하는 확정일자부 임차권이라며 배당요구를 하였고 이에 대하여 근저당권자가 이의를 하지 않아 임차인에게 배당하는 배당표가 확정되었는데, 근저당권자가 뒤늦게 임차인의 배당금수령청구권을 가압류한 후 그를 상대로 부당이득반환청구를 한 사안에 대한 것이다. 위 판결은 "임차보증금채권이 존재하지 아니함에도 배당표에는 위 채권이 존재하는 것으로 확정되었다면 피고는 법률상 원인 없이 대한민국에 대한 위 금액 상당의 배당채권을 취득한 것이 되어 부당이득이 성립한다"고 判示함으로써 채권의 부당이득반환청구를 인정하였다.

(b) 이러한 태도는 우선변제권이 없는 일반채권자에 관하여도 마찬가지이다.

예를 들면 大判 93. 3. 26, 92다52773(公 1993상, 1298), 강제경매절차에서 우선변제권 있는 조세채권자가 낙찰기일까지 적법하게 교부청구(배당요구)를 하지 아니하였음에도 조세채권자에게 배당이 실시되자 配當異議를 하지 아니한 후순위 일반채권자인 경매신청채권자가 조세채권자를 상대로 부당이득의 반환을 청구

322) 이 판결에 대한 해설로 姜永虎, "경매절차에 있어서 임차보증금반환채권이 없는 자가 1순위 배당채권자로 된 배당표가 확정된 경우 정당한 권리자의 권리행사방법", 대법원판례해설 26(1996), 124 이하 참조.

한 事案에 대하여 판단한다. 위 판결은, 실체법상 우선권이 있는 채권자라 하더라도 낙찰기일까지 적법한 배당요구를 하지 아니한 이상 배당절차에서 배당금을 수령할 권한이 없다는 이유로 후순위 일반채권자인 경매신청채권자의 부당이득반환청구권을 인정하였다.

이러한 태도는 가령 大判 2001. 3. 13, 99다26948(公 2001상, 863) 등에서도 그대로 이어지고 있다.

(4) 민사집행법을 제정하는 과정에서 종전의 民訴 § 593과 같은 현행의 民執 § 155를 두는 데 대하여 앞의 (2)(가)(b)에서 본 바와 같은 논거 등[323]에 기하여 반대의견이 제기되었었다.[324] 그러나 이 의견에 대하여 대법원은 최종적으로 위와 같은 규정을 유지하자는 견해를 피력하였다.[325] 그 이유는 "배당표의 확정과 부당이득반환청구 可否의 문제에 대해서는 학설상 대립이 있고, 아직 어느 견해가 타당한지 의견일치가 이루어지지 않은 상태"이고, 또 "이 문제에 관하여 … 충분한 연구검토가 이루어진 바 없"으며, "일본의 예에서 보듯이, 개정안 제155조(현행법 제593조)가 삭제된다고 하여 … 학설이 부정설로 귀일되고, 판례와 실무도 그와 같이 바뀔 것으로 속단하기 어려우므로", 그러한 의견을 수용하는 것은 무리하는 것이다. 그러면서 "궁극적으로는 학설과 판례에 의해 해결될 문제"임을 지적하고 있다.

제5. 騙取金錢에 의한 債務辨濟의 不當利得問題

I. 序

1. 우리 學說上의 論議

郭潤直은 부당이득반환의무의 발생요건으로서의「受益과 損失과의 因果關係」에 대하여 다음과 같이 설명한다. "舊民法에서의 인과관계론으로서, 판례와 통설은 손실과 이득 사이에 직접적인 인과관계가 있어야 한다고 하였다. …

323) 일본에서 민사집행법이 제정되면서 종전의 우리 民訴 § 593과 같은 同國의 民訴規定 § 634가 삭제되었다는 점도 추가되었다.

324) 국회법제사법위원회, 민사집행법안에 대한 공청회자료(2001), 83; 閔日榮, "民事訴訟法中 強制執行編의 改正方向", 저스티스 34-3(2001. 6), 74 등.

325) 대법원, 민사소송법 개정안 및 민사집행법 제정안에 대한 대법원의 최종의견(2001년 10월 17일자), 182 이하.

위와 같은 통설에 대하여, 유력한 반대설(我妻 교수가 그 대표자임)은, 부당이득에 있어서의 수익과 손실 사이의 인과관계는, 사회관념상 그 연락을 인정할 수 있는 것이면 충분하며, 꼭 직접적인 것이어야 할 필요는 없다고 [한다.]… 생각건대, 이득과 손실 사이에 인과관계가 있어야 함은 물론이나, 그것을 직접적인 것에 한정할 법률상의 근거나 해석상의 필요는 없다. 인과관계를 직접적인 것에 한정함으로써, 오히려 공평을 이념으로 하는 부당이득제도의 운용에 있어서 탄력성을 잃게 한다. 이러한 점에서 인과관계를 좀더 넓게 인정하는 현재의 다수설, 즉 我妻說이 타당할 것이다."[326]

위와 같은 설명은, 해석법학상의 다른 많은 논의와 마찬가지로, 그것이 어떠한 구체적인 실제문제를 염두에 두고 행하여지는 것인가를 알지 못하면, 쉽사리 그 「의미」를 알 수 없다. 그래서 위의 설명에서도 그 논의의 구체적 적용으로 문제되는 중요한 例("인과관계[요건]의 [구체적] 적용에 있어서 가장 문제가 되는 [경우]")를 제시하는데, 그것은 "예컨대 제3자 M이 손실자 X를 속여서 그로부터 금전을 빼앗아서, Y의 Z에 대한 채무를 변제하여, 이득자 Y의 이익을 꾀하였다고 하는 경우"이다.[327]

위의 설명에서 제시된 具體例는 실제로는, 뒤의 Ⅱ. 1.에서 보는 대로, 일본에서 1920년을 전후하여 법원실무가 처리하여 온 실제 사건들 중 어느 하나의 분쟁유형에 대하여 그 사안을 간략하게 한 것이다. 일본에서는 그 후로 그와 같은 문제의 처리를 둘러싸고 상당한 논의가 행하여졌는데, 이 논의는 통상 「騙取金錢에 의한 辨濟」라는 이름 아래[328] 다루어지고 있다. 그러나 오늘날에 이르러서도 적어도 학설상으로는 문제가 해결을 보았다고 할 수 없다. 우리는 근자의 일본문헌에서도 이를 "大正年間으로부터 최근에 이르기까지 일본의 不當利得法學에서 판례, 학설을 혼란시키고 있는 問題의 하나"라거나[329] "대단

326) 郭潤直, 債權各論, 新訂版(1995), 619 내지 621. 인용문에서 점선은 인용자에 의하여 생략된 부분을 가리킨다. 별도의 지적이 없는 한 이하에서도 같다.

327) 郭潤直(前註), 620. 원문에서는 甲, 乙, 丙, 丁이라고 하고 있으나, 뒤의 Ⅱ. 1.에서 보는 일본의 재판례에 대한 설명에서의 關聯者의 指稱과 일치시키기 위하여, 이를 M, X, Y, Z로 바꾸었다. 이는 뒤의 2.에서 보는 인용문에서도 마찬가지이다. 한편 인용문의 꺾음괄호 안은 인용자가 이해의 편의를 위하여 부가한 것이다. 별도의 지적이 없는 한 이하에서도 같다.

328) 그런데 여기서 「편취」라고 하여도 원래의 의미대로 속여서 빼앗는 경우, 즉 詐取의 경우뿐만 아니라, 널리 절도·강도·횡령·배임 등을 포함하여 위법하게 취득한 것을 總稱하여 부르는 것이다. 이에 대하여는 清水誠, "騙取された金錢をめぐる法律關係——金錢債權研究の——素材として", 東京都立大學法學會雜誌 24-1(1983), 70 참조. 그러므로 이하에서는 때로 「불법취득」이라고 부르는 경우도 있다.

329) 加藤雅信, 事務管理·不當利得(1999), 166.

히 어려운 문제"라거나[330] "부당이득법상의 難問"이라고[331] 부르고 있는 것을 발견하는 것이다.

2. 「因果關係」와 法律上 原因의 交叉

郭潤直은, 위의 設例에 대하여 다음과 같이 설명한다. "종전의 판례는, 금전의 소유권의 귀속을 문제삼[는데] … 위와 같은 판례의 취지는, X의 손실과 Y의 이득과의 사이에 제3자 M의 행위가 개재하고, 더욱이 M은 X로부터의 편취와 Y의 채무의 변제라는 두 행위를 하고 있으므로, 이 점에서 인과관계는 간접적인 것이 되며, 다만 금전이 X의 소유로부터 ─M의 소유가 됨이 없이─ 직접 Y의 채무의 변제에 이용된 경우에만 Y는 X의 재산으로부터 이득을 얻은 것이 되고, 손실과 이득과의 사이에는 직접적인 인과관계가 있게 된다는 것이다. 이에 대하여 我妻 교수는 주장하기를, 편취한 금전의 소유권의 귀속을 문제삼는 것은 옳지 않다. 설사 M이 X로부터 편취한 금전의 소유권이 여전히 X에게 귀속한다고 하더라도, 만일에 M이 그 금전을 자기의 다른 금전과 혼합하면 그 소유권을 취득하게 될 것이고, 또는 일단 은행에 예금했다가 찾아 오면 당연히 M의 소유가 될 것이며, 그 후에 이를 Y를 위하여 이용한다면, X·Y 사이에는 부당이득관계가 전혀 성립하지 않게 될 것이다. 이러한 해석은 부당하다[는 것이다]. 이에 반하여, 我妻 교수의 표준에 의하면, M이 X로부터 편취한 금전을 그대로 Y의 채무의 변제에 충당하든 또는 일단 은행에 예금하든, 이를 묻지 않고서, **사회관념상** X의 금전으로 Y의 채무를 변제한 것이라고 인정될 만한 사실상의 연락이 있는 경우에는, 그 금전의 소유권의 귀속과 관계 없이, X의 손실과 Y의 이득과의 사이에는 인과관계가 있다는 것이 된다. 그러나 X의 Y에 대한 부당이득반환청구권을 인정할 것이냐의 문제는, 그 밖에 다시 Y에게 법률상의 원인이 있느냐의 여부에 의하여 결정하여야 한다고 한다. 그러할 때에, **Y는 법률상의 원인이 없는 것이 되어 부당이득을 하는 것이** 된다고 한다. 참고로, 이 때에 **Z는 채권의 변제로서 수령하였으므로 법률상의 원인이 있고, 따라서 부당이득이 되지 않는다는** 결과가 된다"는 것이다. 그리고 결국은 앞의 1.에서 본 대로 我妻榮의 주장에 찬동한다.[332]

330) 松岡久和, "債權的價値歸屬權についての豫備的考察 ── 金錢を騙取された者の保護を中心に", 社會科學硏究年報(龍谷大學 社會科學硏究所) 16(1986), 78.

331) 好美淸光, "騙取金錢による辨濟について ── 不當利得類型論の視點から", 一橋論叢 95-1(1986), 12.

332) 郭潤直(註 326), 620 내지 621. 인용문 중의 강조는 인용자가 가한 것이다. 이하 같다.

그 문면 자체에서 분명히 드러나듯이, 이상의 설명 또는 주장은, 「종전의 판례」에 대한 이해를 포함하여, 대체로 어떠한 시기의 我妻榮에 따른 것이다.

3. 公平說的 接近

그런데 뒤의 Ⅲ. 1.에서도 보는 대로 我妻榮은 그 논의를 항상 그 때까지의 일본의 재판례를 염두에 두면서 전개하고 있는데, 「편취금전에 의한 변제」와 관련한 일본의 裁判例는 위의 설명에서 문제삼고 있는 편취자 M이 타인이 제3자에게 부담하는 채무를 변제한 소위 第3者受益型 사안에 대한 것 외에도 M 자신의 Y에 대한 채무를 변제한 소위 自己債務辨濟型 사안에 대한 것 등 다양하게 존재한다. 그리고 무엇보다도 일본의 판례는 그 후 변화하여 이제는 금전소유권의 귀속을 문제삼지 않는다는 태도를 보이고 있는 것으로 이해되고, 이는 그 사이에 보다 일반적으로 금전소유권의 변동에 대한 통설 및 판례의 태도가 결정적으로 전환된 것과 깊은 관련을 가진다고 생각된다. 이렇게 보면 위의 설명은 시간적으로도 내용적으로도 한정적인 것으로서, 그 후의 추이에 의하여 이를 보충 내지는 수정하는 것이 필요하다고 여겨진다.

보다 중요한 것은, 我妻榮의 立論은 뒤의 Ⅲ.의 1. 및 2.에서 보는 대로 부당이득제도의 기초에 대하여 공평설적 입장, 즉 실정법상의 여러 법제도의 소위 경직성을 공평의 이념에 의하여 교정하는 超實定的 제도라는 것을 근거로 하고 있다는 점이다. 그러나 필자는, 부당이득도 다른 실정제도와 차원을 같이 하는 것이며, 「공평」을 내세워 부당이득반환청구권의 핵심적 요건인 「법률상 원인」의 유무를 판단하는 것을 결국 주관적인 正義感情에의 호소에 다름아닌 것으로 오히려 유해하다는 생각을 가지고 있다.[333] 그러므로 앞의 1. 및 2.에서 본 바와 같은 견해가 제기된 맥락를 검토하는 것은 동시에 부당이득의 기초에 대한 위와 같은 대립과 관련하여 그 實際的인 歸結의 차이를 확인하고 그 得失을 구체적으로 판단하는 資料를 얻는 셈이 된다.[334]

4. 論議의 順序

그리하여 이하에서는 「편취금전에 의한 변제와 부당이득」이라는 법문제를

333) 이에 대하여는 우선 梁彰洙, 一般不當利得法의 硏究, 1987년 서울대학교 법학박사 학위논문 참조.

334) 한편 「편취금전으로 인한 변제와 부당이득」의 문제는 소위 「三角關係에서의 부당이득」의 법리의 한 적용이라는 관점에서도 처리될 수 있다. 그런데 이 法理의 내용과 타당성 유무 또는 그 범위에 대하여는 별도의 검토를 요한다.

어떻게 해결하는 것이 타당한가 하는 시각에서가 아니라, 그러한 작업을 하기 위한 전제로서 위와 같은 공평설적 입장은 어떠한 역사적 맥락을 가지는가를 탐색하여 보려고 한다.

그리하여 우선「편취금전에 의한 변제」에서의 부당이득문제에 대한 일본에서의 재판례를 검토하고(Ⅱ.), 이어서 그에 관련하여 앞서 본 我妻榮의 견해를 포함하여 학설의 추이를 살펴본다(Ⅲ.). 그리고 마지막으로 위의 맥락문제에 대한 필자 나름의 생각을 간략하게 덧붙이기로 한다(Ⅳ.).

Ⅱ. 日本의 裁判例

1. 戰前의 裁判例

우선 戰前의 재판례를 살펴본다.[335] 이는 대체로, 첫째, 불법취득한 금전으로 제 3 자의 채무를 변제한 유형(제 3 자수익형), 둘째, 불법취득한 금전으로 자신의 채무를 변제한 유형(자기채무변제형), 셋째, 이중편취형으로 나눌 수 있다.[336] 그런데 앞의 I.의 1. 및 2.에서 본 대로, 우리 학설에 심대한 영향을 준 我妻榮의 견해는 주로 첫째의 유형을 다룬 재판례를 염두에 두고 형성된 것이다.

(1) 不當取得한 金錢으로 第3者의 債務를 辨濟한 事案類型

③ 日大判 1919(大 8).10.20(民錄 25, 1890)

M은 Y 명의의 위조문서를 사용하여 Y를 대리할 권한이 없으면서 Y의 대리인 자격으로 X로부터 금전을 차용하여 이로써 Y의 Z에 대한 별도의 차용금 채무를 변제하였다. 그런데 이 별개의 채무는 그 실질적인 借主가 M이고 Y는 M의 의뢰를 받고 형식상으로 차주가 되었다는 사정이 있다. X의 Y에 대한 부당이득반환청구에 대하여, 법원은, 부당이득반환의무가 발생하려면 타인의 손실과 수익자의 이득 사이에「직접의 인과관계」가 존재함을 요하는데, "중간의 사

335) 이 문제와 관련된 재판례의 종합연구로서, 松坂佐一, "不當利得における因果關係", "法律上の原因なきこと", 總合判例硏究叢書 民法(13)(1968), 3 이하; 谷口知平, 不當利得の硏究(1969), 212 이하 등이 있다. 이들 재판례는, 加藤雅信(註 329), 169에 의하면, 「昏迷狀況」에 빠져 있는 것으로 "판례의 결론은 착종되어 있고 통일적 이해는 거의 불가능하다"고 평가되고 있다.

336) 이 분류는 四宮和夫(註 167), 199 註 2; 加藤雅信, 財産法の體系と不當利得法の構造(1986), 654 이하; 磯村保, "騙取金錢による辨濟と不當利得", 金融法の課題と展望(石田喜久夫·西原道雄·高木多喜男 還曆記念論文集, 下卷)(1990), 253 이하를 참고로 한 것이다. 이하 원형 안의 숫자는 재판례가 나온 순서에 의하여 붙인 것으로, 이하 그 부호에 의하여 각 재판례를 특정하기로 한다.

실이 介在"하여 타인의 손실이 이 사실에 기인하는 때에는 수익자는 부당이득 반환의무를 지지 않는다고 판시하고, X의 청구를 기각한 원심을 유지하였다.

이 판결은, 부당이득의 요건으로서의 「인과관계」에 대하여 그 직접성을 요구하고 또 M의 개재를 그 요건의 충족을 저해하는 사정으로 인정한 점에서 주목된다. 당시의 통설도 ―아마도 당시 독일의 통설이었던 「재산이동의 직접성(Unmittelbarkeit der Vermögensverschiebung)」요건의 주장에[337] 영향을 받아서― 「직접의 인과관계」를 요구하고 있었다.[338] 그리고 이러한 견해를 취하는 입장에서는 이 판결의 태도에 찬성하는 평석을 발표하고 있다.[339]

그런데 이 판결은 선행판결로 ① 日大判 1911(明 44). 5. 24(民錄 17, 330)을 인용하고 있다. 그 사안은, M이 그 점유의 白米에 대하여 Y에 질권을 설정하였는데 X가 소유권을 주장하여 가처분을 하고 이에 기하여 집달리가 환가하여 매득금을 공탁하였다. 후에 가처분이 취소되자 M이 공탁금을 수령하여 Y에게 그 채권의 변제로 교부하였다는 것이다. 이에 X는 Y가 자신의 소유물로 인하여 부당한 이득을 얻었다고 주장하여 부당이득반환청구를 하였다. 그러므로 이 ① 판결은 그 사안이 오히려 뒤의 (2)에서 보는 자기채무변제형에 해당하는 것이다. 원심판결은 그 청구를 기각하였는데, 이 판결은 이를 파기·환송하였다. 大審院은 우선 일반론으로 부당이득이 인정되기 위하여는 손실과 이득 사이에 인과관계가 존재할 것이 요구되는데 이는 "거래상의 관념에 좇아 확인될 수 있는 한에서는" 긍정된다고 설시하고 있다. 따라서 오히려 「인과관계」 요건에 관한 한 위의 ③과는 그 취지를 달리하는 바 있고,[340] 따라서 이 ① 판결이 어떠한 의미에서 ③ 판결의 선행판결이 되는지 의문이 없지 않나. 이어서 이 판결은, 공탁된 환가금은 백미의 「대표물」로서 백미에 대한 X의 소유권이 증명되면 그의 소유에 돌아가야 하는 것인 이상, "그 환가금을 영수한 Y는 X의 손실로 이득을 얻었다"고 할 것이고, M이 공탁금의 수령으로 그 소유자가 되었어도 "Y가 수령한 금전이 사건의 관계상 X의 소유에 돌아가야 할

337) 이에 대하여는 우선 梁彰洙, "독일 不當利得理論의 歷史的 展開―類型論을 中心으로", 民法學論叢(郭潤直 교수 화갑기념논문집)(1986), 588 및 同所 註 28 참조.

338) 末弘嚴太郎, 債權各論(1918), 931; 鳩山秀夫, 日本債權法各論(1921), 791 등. 그 후의 岡村玄治, 債權法各論(1929), 595도 같다.

339) 鳩山秀夫, 民法研究, 제 4 권: 債權各論(1930), 252 이하. 즉 X의 손실은 M의 편취행위로, Y의 수익은 M의 변제행위로 인한 것이므로, 「직접의」 인과관계는 인정되지 않는다는 것이다.

340) 그러므로 我妻榮, 債權法(事務管理·不當利得)(現代法學全集 34권)(1930), 135 註 4는, 이 판결의 그 취지는 "극히 정당하다"고 평가한다.

백미의 대표물임이 인정되는 이상” 다를 바 없다고 판시하였다.

환송받은 원심은, 백미가 원래 X의 소유라고 인정하고 그의 청구를 인용하였다. 그런데 재상고심판결인 ② 日大判 1912(大 1). 10. 2(民錄 18, 772)는, Y가 선의취득에 관한 日民 § 192에 의하여 금전소유권을 취득한다면(“Y가 가령 채권의 실행으로 본건 금전을 수취한 것이라고 하여도 M에 대한 채권의 변제로서 그 교부를 받고 이를 점유하였음이 원심법원이 확정한 사실이라고 한다면, 그 금전에 대하여는 민법 제192조의 규정을 적용할 것을 요하고, Y가 변제수령 당시 평온·공연·선의·무과실로 이를 점유하였다고 하면 Y는 그 금전의 소유권을 취득하지 않을 수 없”다는 것이다), 유효한 변제로 Y의 채권은 소멸하고 부당이득반환의무는 발생하지 않는다고 판시하여, 다시 파기·환송하였다. 즉 ①은 「인과관계」의 존부를 문제삼아 이는 긍정된다고 하였는데, ②는 이제 「법률상 원인」의 유무를 따져 부당이득의 성립을 부정하였던 것이다.

④ 日大判 1920(大 9). 5. 12(民錄 26, 652)

M은 Y村의 촌장으로서, Y를 대리할 권한 없이 Y의 이름으로 X로부터 금전을 차용하여 이로써 Y의 Z에 대한 채무를 변제하였다. 大審院은 위의 ③ 판결을 인용하고, M이 사취한 금전을 일단 자기의 소유에 귀속시킨 후에 Y의 채무의 변제에 사용한 경우에는 중간사실이 개재하였으므로 X의 손실과 Y의 이득은 직접이라고 말할 수 없지만, 이 사건 소비대차는 무효이고 따라서 특별한 사정이 없는 한 당해 금전은 여전히 X의 소유이므로 직접의 인과관계가 있다고 하였다(“M이 X의 소유인 금전으로 Y가 제3자 Z에 대하여 부담하는 채무의 변제에 충당한다면, X가 입은 손실과 Y가 받은 이익은 직접의 인과관계를 가진다”). 그런데 위 판결은 금전이 混和에 의하여 M의 소유가 된 경우는 별도라고 덧붙이면서, 원심은 그러한 사실은 인정하지 않고 있다고 하였다. 그리하여 X의 부당이득반환청구를 인용하였다.

이 판결은, ③과 같이 「직접의 인과관계」를 요구하면서, 그 유무는 ②와 맥락을 같이하여 M이 금전의 소유권을 취득하였는지 여부를 기준으로 판단하고 있다. 그런데 M이 무권대리행위로 X의 금전을 부정취득한 ③의 사안에 대하여 이 판결의 논리를 적용한다면 금전소유권은 X에 남아 있다고 볼 여지가 있고, 그렇다면 그 사건에서도 「직접의 인과관계」를 긍정하여 X의 청구를 인용하였어야 하지 않았는가 하는 생각도 든다. 다시 말하면, 이들 두 판결이 과연 整合的인지는 검토의 여지가 있는 것이다.

⑤ 日大判 1920(大 9).11.24(民錄 26, 1862)

④에서와 같이 M과 Y 사이에 긴밀한 인적 관계가 있는지는 불명이나, 사안은 기본적으로 ④와 유사하고, 判旨도 ── 위와 같은 整合性에의 의문을 떨쳐버리기 위하여 확고한 입장을 보일 필요가 있다고 생각하기라도 한 듯이── ④의 취지를 더욱 상론하고 있다. 즉 한편으로 "대리권을 수여받은 일이 없는 M이 함부로 Y의 대리자격을 사칭하여 X로부터 금전을 차입하여 편취한 때에는, X는 Y와의 사이에 소비대차계약을 체결할 의사를 표시한 것으로서, M에 대하여 그 금전을 대여하고 그로 하여금 그 소유권을 취득시킬 의사를 가졌던 것이 아니므로, Y가 X와 M 사이의 행위를 추인한 것이 아닌 한 그 소비대차는 무효이고 그 무효인 계약에 기하여 X로부터 M에 교부한 금전은 달리 특별한 사실이 없는 한 여전히 X에게 있다. … 그리고 위 X의 소유인 금전으로써 M이 Y가 제 3 자에 대하여 부담하는 채무의 변제에 돌려 그 채무가 소멸되었다고 한다면 X가 입은 손실과 Y가 받은 이익은 직접 인과관계를 가진다고 할 것이므로, Y는 … 부당이득반환의 의무를 부담한다"고 한다. 그리고 채무의 소멸에 대하여는, "채무의 변제로서 타인의 물건을 인도한 때는 변제로서 그 효력이 없고, 이로 인하여 채무가 소멸하지 않음은 민법 제475조[우리 민법 제463조에 상응한다]가 규정하는 취지에 비추어 명백하나, 채권자가 동법 제192조에 좇아 또는 취득시효로 인하여 변제로 수령한 물건의 소유권을 취득한 때에는 원소유자에 대하여 그 물건의 반환을 할 필요가 없음과 동시에 변제자에 대하여도 역시 이를 반환할 것을 요하지 아니한다. 따라서 변제자는 다시 변제를 할 필요가 없으므로, 그 경우에는 채무는 유효한 변제로 인하여 소멸한다고 해함이 상당하다"고 한다.

이로써 「인과관계」 요건에 대하여, (i) 추상적으로는 직접의 인과관계를 요구하면서도, 구체적으로 제 3 자수익의 유형에서는, (ii-1) 편취자 M의 금전소유권 취득은 원칙적으로 부정되지만, (ii-2) Z가 Y에 대한 채권의 변제로 그 금전을 수령하여 선의취득규정에 기하여 그 소유권을 취득하는 경우에는 그 변제는 유효하게 되고, (ii-3) 그렇다면 X의 소유권 상실의 손실과 Y의 채무소멸의 이익 사이에 직접의 인과관계가 긍정된다는 논리가 일단 정립된 것으로 보인다. 여기서 (ii-3)은, 그 전에 「직접의 인과관계」를 요구하면서도 그것이 긍정된다는 것에 의문이 없었던, 채권의 준점유자에 대하여 채무자가 유효하게 변제하였던 경우(日民 § 47=우리 民 § 470 참조)와 같이, 여기서도 M의 채무변제라는 하나의 행위가 한편으로 Y의 채무소멸의 이익을, 다른 한편으로 X의 소유권 상실의 손실을 일으켰다는 파악이 작용하였는지도 모른다.[341)]

341) 그 외에 관련재판례로 ⑦ 日大判 1923(大 12).2.21(民集 2, 56)을 들 수 있을 것이다. 사실관계는 다음과 같다. Y村은 歲出에 쓰기 위하여 금전차용의 필요가 생기자, 그 村

한편「법률상 원인」의 요건에 대하여는, Y의 채무소멸의 이익(위의 (ii-2) 참조)에 대하여 별다른「법률상 원인」이 없는 것을 당연한 것으로 생각하는 듯하다.

여기서 주의할 것은, 제 3 자수익형에 대한 재판례는 대체로 1920년대 초반까지만 보이고, 그 후에는 별로 나오지 않았다는 점이다. 이상의 제 3 자수익형에 대한 재판례를 정리하여 보면 대체로 다음과 같이 말할 수 있을 것이다.

첫째,「인과관계」의 존부 판단에 직접성을 요구하는 것이 통상이다.

둘째, 실제로 그「직접의」 인과관계가 존재하는지 여부를 판단함에 있어서는 M이 그 금전의 소유권을 취득하였는지, 아니면 여전히 X의 소유에 속하는지가 매우 중요한 역할을 한다(뒤의 ⑥도 참조). 전자라면 그「인과관계」가 적어도 원칙적으로 부정될 것이나, 후자라면 M이 이 X의 금전으로 Y의 Z에 대한 채무를 적법하게 변제함으로써 Y가 채무소멸의 이익을 얻은 경우에는 X의 손실과 Y의 이익 사이에는 그「인과관계」가 긍정된다.

셋째, M의 변제로 Y가 채무소멸의 이익을 얻었다면, Y는 법률상 원인 없이 이득한 것이 된다.

넷째, 채권자=변제수령자 Z에게 부당이득반환의무가 있는지는 별로 다루어지지 아니하였는데, 그에 대한 변제가 적법하고 따라서 그 자신의 채권이 이로써 만족되는 이상 이를 부정하는 태도인 것으로 추측된다.

그러므로 앞의 I.의 1. 및 2.에서 본, 제 3 자수익형에 관하여「舊民法에서의 판례와 통설」에 대한 郭潤直(또는 我妻榮)의 설명은 적절한 것이라고 하겠다.

(2) 不當取得한 金錢으로 自身의 債務를 辨濟한 事案類型[342]

1920년 중반부터는 이 유형에 해당하는 재판례가 적지 않다.

會가 "A 또는 개인(은행은 제외)로부터 차입"한다는 결의를 하였다. Y촌의 촌장인 M은 그 결의내용을 허위로 기재한 촌회결의록을 제시하여 X은행으로부터 Y의 명의로 금전을 차용하고 이를 제 3 자 A로부터 차용했다고 속이고 Y에 교부하였다. Y촌은 이를 經常費로 지출하였고, 나중에 채권자라고 믿은 A에게 그 금액을 반환하였다는 것이다. 원심판결은, Y가 "이로써 당연히 지출하였을 비용을 절약하였고 X의 손실로 이익을 얻었다"고 하여, X의 부당이득반환청구를 인용하였다. Y는 A에 이미 반환하였으므로 現存利益이 없다는 이유로 상고하였는데, 大審院은 "Y가 A에 법률상 원인 없이 변제를 한 것으로서 그 반환을 청구할 수 있다고 한다면" 현존이익이 없다고 할 수 없다고 판시하여, 상고를 기각하였다. 이는 제 3 자수익형에서 적어도 상고심에서는 Y의 부당이득반환의무의 성립 여부는 별로 문제되지 않고 그 반환의무의 내용, 즉 이익의 현존 여부가 다투어진 것이다. 따라서 本稿의 관심에서 보면 별로 문제삼을 필요가 없다고 할 것이다.

342) 앞의 ① 및 ② 판결도 이 유형에 속하는데, 거기서도 X의 채권자 Y에 대한 부당이득반환청구는 결국 법률상 원인이 있다고 하여 기각되었다.

⑨ 日大判 1924(大 13).7.23(新聞 2297, 15)

M은 Y에 대하여 금전소비대차로 채무가 있었다. 그 변제를 위하여 그는 X를 기망하여 위조주식을 담보로 하여 금전을 차용하였는데, 금전은 X로부터 Y에게 직접 교부되었다. 판결은, 금전소유권은 X의 Y에 대한 교부에 의하여 Y에 이전하였고 Y는 이를 채무의 변제로 수령하여 법률상 원인이 있다고 하여, X의 부당이득반환청구를 기각하였다.

⑪ 日大判 1927(昭 2).7.4(新聞 2743, 15)

M은 Y로부터 토지의 매도를 의뢰받았는데, X와의 사이에 그 의뢰의 내용에 반하는 매매계약을 체결하고 X로부터 대금을 사취하였다. 그리고 그 일부는 Y의 토지를 매도하여 받은 대금으로, 나머지는 자신의 Y에 대한 채무의 변제로 Y에게 교부하였다. 대금부분에 대하여는 부당이득반환청구가 인정되었는데, 변제부분에 대하여, 판결은, M이 금전을 혼화하지 아니한 채로 Y에 교부하였다면 X의 금전이 Y에게 귀속한 것이므로, X의 손실과 Y의 이득 사이에 직접의 인과관계가 있고, M이 자신의 금전과 혼화하여 자기의 채무변제를 위하여 동액의 금전을 Y에게 교부한 것이라면 직접의 인과관계는 인정되지 않는다고 하여, 그 사실 여하의 심리를 위하여 파기·환송하였다.

⑫ 日大判 1935(昭 10).2.7(民集 14, 196)

M은 변조된 허무인 명의의 예금통장을 Y에 교부하고 이를 담보로 하여 금전을 차용하였다. Y는 그 통장에 의하여 나라 X로부터 예금을 반환받고 M에 대한 채권의 변제에 충당하였다. 원심은 부당이득반환청구를 인용하였는데, 위 판결은 이를 파기·환송하였다. 그에 의하면, 특별한 사정이 없는 한 Y에의 예금지급에 의하여 M이 소유권을 취득하고 Y는 M에 대한 채권에 기하여 채권을 취득하였으므로, M과 X의 관계는 별론으로 하고, Y가 부당이득하였다고는 할 수 없다는 것이다.

⑮ 日大判 1938(昭 13).11.12(民集 17, 2205)

M은 A의 차용증서를 위조하고 스스로 그 보증인이 되는 한편 무단으로 A의 부동산에 저당권을 설정하여 X로부터 금전을 차용하는 방법으로 이를 사취하였다. 그리고 그 돈을 M이 보증한 A의 Y에 대한 채무의 변제를 위하여 교부하였다. 판결은, M이 Y의 대리인으로 변제하였는지, 보증인으로 변제하였는지를 불문하고, Y가 日民 § 192에 의하여 변제금의 소유권을 취득한 이상, 변제는 유효하고 Y가 부당이득하였다고 말할 수 없다고 판시하였다.

이상에서는 Y가 채무의 변제로 금전을 수령하여 그의 채권이 소멸한 이상 그 금전을 계속 보유할 「법률상 원인」이 있고 따라서 Y는 부당이득반환의무를 지지 않는다는 것이 主流的인 態度라고 할 것이다.

(3) 二重騙取型

⑥ 日大判 1921(大 10). 6. 27(民錄 27, 1282)

M은 누이동생 A의 대리인을 사칭하고 위조된 A 명의의 차용증서를 Y에 교부하여 Y로부터 금전을 차용하였다. 그리고 이 차용금을, 동일한 수단을 써서 A 명의로 X로부터 차용한 금전으로 반환하였다. 그런데 X나 Y는 M이 A의 무권대리인이라는 사실을 모르고 금전을 대여하였고 또 그 반환을 받았다.[343)] 판결은, X와 Y 사이에 M의 행위가 개재하였다는 것만으로는 부당이득이 아니라고 할 수 없고, M이 금전의 소유권을 취득하였는지 여부를 판단하여야 한다고 판시하고, 직접의 인과관계가 없다는 이유로 청구를 기각한 원심판결을 파기·환송하였다.

환송 후의 원심은 부당이득반환청구를 인용하였다. 再上告審인 ⑧ 日大判 1924(大 13). 7. 18(新聞 2309, 18)은, Y가 수령한 금전이 X로부터 편취된 것이라도 Y가 선의·무과실이라면 日民 § 192에 의하여 그 금전의 소유권을 취득한 것이라고 하여, 다시 파기·환송하였다.

재환송 후 원심은 Y의 선의취득을 인정하고 X의 부당이득반환청구를 기각하였다. 이에 대하여 X는, M의 Y에 대한 금전지급 당시 Y는 아직 M의 무권대리사실을 알지 못하는 상태이었는데도, 원심이 이로써 M이 日民 § 117(우리 民 § 135에 상응한다)에 의하여 Y에 대하여 부담하는 무권대리인으로서의 채무를 변제하였으므로 그 변제는 유효하다고 하여 부당이득을 부정한 것은 잘못이라고 주장하여, 상고하였다. 再再上告審인 ⑩ 日大判 1927(昭 2). 4. 21(民集 6, 166)은, 원심이 위 제117조의 제 1 항에서 정하는 바의 「이행」을 한 것이라고 인정한 원심판결에 잘못이 없다고 하여 상고를 기각하였다.

일반적으로 무권대리의 상대방이 무권대리행위에 기하여 수령한 급부는 그 행위의 무효로 인하여 부당이득으로 반환되어야 하는데, 위 사건의 사실관계에서는 그 행위의 내용이 금전차용으로 상대방은 어디까지나 대여하였던 것을 돌려받은 것이므로 이러한 경우에도 그 반환의무를 부담하는가 하는 흥미로운 문제를 제기한다. ⑩은 법률상 정하여진 무권대리인책임이 이행된 것이라고 하여 그 반환의무를 부정하는 것이다. 그러나 Y의 반환의무를 부인하는 것에는 동의할 수 있다고 하여도,[344)] 이를 M에 의한 무권대리인책임의 이행으

343) 이 사실관계는 그 再再上告審判決인 ⑩에 의한 것이다. ⑥만으로는 사실관계를 거의 알 수 없다. ⑥에 대한 判例民法의 評釋者인 中川善之助도 "본판결로부터 사실을 추출하는 것은 거의 불가능하다. 추측까지도 至難하다"고 한다(判例民法 大正十年(1923), 349).

344) 무권대리인, 즉 편취자 M이 A의 대리인으로 칭하여 Y로부터 차용한 금전을 Y에게

로 설명하는 것은 변제에 관하여 기준이 되는 변제수령자의 관점에서 볼 때(Y는 어디까지나 A의 채무이행으로 이해하고 있었다)에는 의문이 없지도 않을 것이다(뒤의 註 345도 참조).

⑬ 日大判 1935(昭 10). 3. 12(民集 14, 467)

M은 허위의 서류로 A 소유의 부동산에 설정한 1번 저당권을 담보로 내연의 처 A의 대리인을 사칭하여 Y로부터 금전을 차용하였다. 그리고 이 차용금을, 동일한 수단(이번에는 같은 부동산에 2번저당권을 설정하였다)을 써서 A 명의로 X로부터 차용한 금전으로 반환하였다. 다만 금전은 M의 위탁으로 X로부터 Y에게 직접 교부되었다. 원심은 Y의 금전 선의취득을 이유로 부당이득을 부정하였다. 그런데 판결은 이번에는, Y가 금전을 원시취득하였다고 해서[345] 부당이득이 당연히 배제되지 않으며("무권원점유자에 대한 물권적 반환청구권과 부당이득반환청구권을 혼동하는 것에 다름아니다"), 오히려 소유권이 이전되었기에 이제 부당이득의 문제가 발생하는 것이라고 설시하였다.[346] 그리고 X가 어떠한 자격에서 변제하였는가, 즉 누구의 명의로 변제가 이루어졌다고 볼 것인가의 사실관계 여하에 따라서는 청구가 인정될 여지가 있다고 하여, 원심판결을 파기·환송하였다.

이 판결의 결론에 대하여는, M이 X를 통하여 Y에게 변제한 것이라고 보아야 하는데, Y는 M에 대하여 채권을 가지므로 ⑩에서와 마찬가지로 부당이득반환청구를 부정하여야 할 것이라는 반대입장과,[347] X가 A의 채무를 변제한 것인데 수령자 Y는 A에 대한 채권이 없어서 그 급부를 보유할 「법률상

반환하는 경우에, Y가 무권대리의 본인, 즉 A로부터 대여금을 반환받는 것으로 알았다고 하여도, Y의 그 금전수령에 「법률상 원인」이 없다고는 할 수 없다. 이미 이 점에 대하여는 앞의 B. Ⅱ. 1. (5) (나)도 참조. 그와는 별도로 여기서는 다음과 같은 立論도 해 볼 만하다. 무권대리인의 책임에 관한 民 § 135는 일정한 요건 아래 무권대리인에게 계약의 이행 또는 손해배상의 책임을 과하고 있는데, 이는 무권대리의 상대방에게 **그 계약이 유효한 것과 같은 결과**를 성취하여 주기 위한 것이다. 무권대리인 M이 원래의 계약이 유효한 것과 같은 내용으로 그 계약을 이행하였다면, 이는 民 § 135가 목적하는 바로 그 상태가 달성된 것이다. Y가 그 이행이 「A를 위하여」 행하여진 것으로 생각했다고 해서 그와 같이 객관적으로 정당한 상태가 달라져야 할 이유는 없다. 부당이득에서의 「법률상 원인」이란 이러한 「객관적 법상태」를 기준으로 정하여지는 것이다. 그리고 나아가 M이 지급한 금전이 X로부터 불법취득된 것인지 여부는 그 급부의 수령자인 Y가 당해 급부를 계속 보유할 원인이 있는가 하는 부당이득적 관점에서는 고려할 필요가 없다. 이에 대하여는 뒤의 Ⅳ.도 참조.

345) 금전의 소유권이 수령자측의 混和에 의하여 그에게 이전되었다고 해서 당연히 부당이득이 안 되는 것은 아닌 것과 마찬가지라고 덧붙인다.

346) 그리고 ⑩과는 달리, Y의 입장에서 보면 A에 대한 대금채권의 변제라고 여기고 있었는데 이것이 바로 M의 무권대리인으로서의 채무(日民 § 117상의 책임)의 변제라고 하는 것은 잘 이해되지 않는다고 덧붙이고 있다.

347) 末川博, "存在せざる債務の辨濟と不當利得返還請求", 民商法雜誌 2-3(1935), 483 이하; 我妻榮(註 22), 52 註 8 참조.

원인」이 없는데, 이 사건에서와 같이 실제로 행위한 M에게 A를 위하여 행위할 권한이 없는 경우에는 X와 A 사이에도 대리 또는 사자관계가 없으므로 이때 「손실자」는 X라고 해야 한다는 찬성입장으로[348] 견해가 나뉜다.

⑭ 日大判 1936(昭 11). 1. 17(民集 15, 101)

사실관계는 역시 ⑥과 유사하다. 다만 금전은, ⑬과는 또 달리, 먼저 X로부터 사법서사 B에게 교부되어, B가 Y 앞으로 경료되었던 저당권등기를 말소하고 또 X를 위한 저당권설정등기를 한 다음, Y에게 교부되었다. 원심판결은 Y는 금전의 소유권을 선의취득하였다고 하여 부당이득반환청구를 기각하였다. 大審院은, ⑬과 거의 동일하게, 선의취득에 의한 금전소유권의 취득은 당연히 부당이득을 배제하지 않는다고 하고, 또 이 사건에서 Y에의 지급이 누구의 이름으로 어떠한 경과를 거쳐 이루어졌는가에 따라 X에게 부당이득반환청구권이 있는가가 정하여진다고 판시하여,[349] 원심판결을 파기·환송하였다.[350]

1930년대의 중반에 나온 ⑬, ⑭는 금전소유권의 귀속이라는 관점에서 「인과관계」의 존부를 판단한다는 視角에서 벗어난 태도를 보여주고 있다는 점에서 매우 흥미롭다. 그리고 앞의 註 20에서도 말한 대로, 또 뒤의 Ⅳ.에서도 보는 대로, 필자는 “Y에의 지급이 누구의 이름으로 어떠한 경과를 거쳐 이루어졌는가에 따라” Y의 부당이득반환의무가 인정될 수 있다고는 생각하지 않는다.

(4) 이상의 재판례는 다음과 같이 정리될 수 있을 것이다.

첫째, 보다 초기의 재판례에는 「인과관계의 직접성」을 문제로 삼은 것이 많다(③, ④, ⑤, ⑥, ⑪). 그러나 그 후에는, 그 사이에 나온 我妻榮의 비판을 의식하여서인지, Y가 채권의 변제로서 금전을 수령하였다는 것으로 중점이 옮아간다. 사건해결의 결론이라는 관점에서 보면, ⑬, ⑭를 제외하면 채권자 Y

348) 判例民事法 昭和十年度(1936), 140 이하(川島武宜).

349) 그 抽象論은 다음과 같다. “甲이 乙이 丙의 대리인이라고 믿고 그에게 금전을 대여하였는데, 乙이 무권대리인에 불과한 경우에는, 甲과 丙 사이에 아무런 대차관계가 없음은 물론이다. [i] 이 경우 丁이 丙을 위하여 제3자의 변제로서 지급한 때에는 甲에 대하여 부당이득반환청구권을 가지는 것은 丁이고 丙이 아니다. [ii] 그런데 丁의 위 지급이, 미리 丙과의 사이에 교섭이 있어서 丁의 위 지급으로 인하여 丙과 丁 사이에 동액의 소비대차를 성립시키기로 하는 계약에 기한 경우에는, 그 청구권은 丙에 속하고 丁에는 속하지 않는다. 丁은 丙에 대하여 소비대차상의 채권을 가지기 때문이다. [iii] 그러므로 丙과 丁 사이의 위와 같은 계약이 무효인 경우, 예를 들면 丁이 丙의 대리인인 자와 위 계약을 체결하였는데 그가 무권대리인이었던 경우에는, 甲에 대하여 부당이득반환청구권을 가지는 것은 丁이고 丙이 아님은 물론이다.”

350) 이 판결의 결론에 대하여 川島武宜는 ⑬에 대하여서와는 달리 반대한다(判例民事法 昭和十一年度(1937), 27 이하 참조). 그 이유는, 이 사건의 사안에서는 M이 X, B를 통하여 Y에게 변제하였다고 보아야 한다는 것이다. 我妻榮(註 22), 52 註 8도, “결국 M이 지급하였다고 보아 Y에게 법률상 원인이 있다고 볼 것이다”라고 하여, 판결에 찬성한다.

또는 Z가 소유권을 취득하고 변제가 유효하다는 이유로 X의 청구를 기각하고 Y 또는 Z를 보호하는 경향에 있음은 명백하다. 다만 제 3 자수익형에서는 Y가 M에 대한 관계에서 이익을 받을 지위에 있지 않다는 것에서, 사안이 특수한 ③을 제외하고는, X의 청구를 인정한다(④, ⑤, ⑦).[351)]

둘째, 그런데 여기서 X의 청구가 인정된 실제의 사안은, M과 Y 사이에 특별한 관계가 있는 경우가 적지 않다. 즉 ④나 ⑦에서는, M이 Y촌의 村長인데 그가 Y의 무권대리인으로서 X로부터 금전을 차용하여 Y의 Z에 대한 채무를 변제하거나 Y의 경상비로 지출하였다는 것이다. 그러므로 이들 사안에서는 M의 행위가 비록 법률행위의 차원에서는 무권대리로서 그 효과가 Y에 귀속될 수 없다고 하더라도, 부당이득법적 관점에서는 이를 Y에 귀속시킬 수 있는 것이 아닌가 하는 관점에서 이해될 여지도 있다. 다시 말하자면 여기서는 무권대리행위에 기하여 상대방이 행한 급부는 그 행위의 무효로 인하여 본인에 대한 계약상 채무의 이행으로 평가될 수는 없겠으나, 상대방의 그 출연이 그 행위가 유효라고 가정하는 경우에 본인이 얻었을 것과 같은 이익을 실제로 준 경우(본인이 상대방의 계약상 급부를 실제로 취득하고 그로 인하여 이익을 얻은 경우)에는 이제 무권대리행위의 무효를 이유로 그 행위의 상대방인 대리인이 아니라 본인에 대하여 그 급부의 반환을 청구할 수 있다고 할 것이다. 그런데 그 상대방의 「급부」를 구체적으로는 본인이 아니라 무권대리인이 수취하였다고 하더라도, 위의 ④, ⑦의 사안에서와 같이 ──그 사후의 경과에 비추어 볼 때 ── 본인이 수취한 것과 다를 바 없다고 평가할 수 있다면,[352)] 이러한 사안도 마찬가지로 취급되어야 하지 않을까?[353)]

셋째, 1935년과 그 다음해에 나온 두 개의 판결, 즉 ⑬, ⑭에서는 선의취득이 성립하였다는 것만으로 부당이득이 성립하지 않는다고 단정할 수 없다고

351) 물론 이러한 결론은 M이 Y의 Z에 대한 채무를 변제한 것이 有效하다는 것, 특히 Y의 그 채무가 실제로 존재하였다는 것을 전제로 한다.

352) 我妻榮(註 340), 136이 "편취한 금전을 이득자에게 사용하게 한 경우에는 편취당한 자로부터 이득자에 대하여 부당이득의 청구가 성립한다"고 하는 것은, 同所 註 8에서 위의 ⑦을 인용하고 있는 데서도 알 수 있듯이, 바로 이러한 경우를 염두에 둔 것이다.

353) 따라서 M이 Y를 권한 없이 대리한 경우가 아니라 자기 자신의 채무로서 금전을 차용하고 이를 제 3 자를 위하여 사용한 경우와는 구별되어야 할 것이다. 我妻榮(註 340), 137 註 8도 "촌장이 개인의 사채로서 차입한 때에는 그 돈은 촌장의 재산이 되고 이를 사용한 촌은 단지 촌장의 재산으로 인하여 수익함에 불과하다. 따라서 이 私債에 대하여 연대채무자가 되어 변제한 자는 촌장에 대한 부당이득의 반환을 청구할 수 있어도 촌에 대하여는 그러한 청구를 할 수 없음은 물론이다"라고 하면서, 日大判 1917(大 6). 11. 3(民錄 23, 1945)을 인용한다.

판시하고 있으나, 그 때까지는 역시 금전소유권의 귀속, 특히 선의취득의 성립 여부는 부당이득 유무의 판단에 있어서 중요한 기능을 하고 있음은 명백하다. 그리고 1935년 이후에도 ⑮은 여전히 소유권의 귀속을 문제삼고 그에 좇아 부당이득반환의무의 성립 여부를 판단하고 있다.

2. 戰後의 裁判例

나아가 戰後의 裁判例를 살펴본다.

(1) 「편취금전에 의한 변제」에 직접 관련되는 재판례로서는 다음의 둘이 있다.

⑯ 日最判 1967(昭 42). 3. 31(民集 21-2, 475)

B는 A로부터 밀감 매수를 알선한다는 구실로 14만원을 사취하고, 이 돈으로 자신의 C에 대한 밀감대금채무를 변제하였다(자기채무변제형). B는 C에 대하여 그가 위 금액을 반환하기로 합의하였다고 주장하면서 주위적으로 합의금반환청구를 하였으나, 이는 그 합의의 사실이 인정되지 아니하여 기각되었다. 문제는 예비적으로 주장한 부당이득반환청구이다. 위 판결은 다음과 같이 판시한다.

"C는 자기에 대하여 B가 부담하는 채무의 변제로 본건 금전을 선의로 수령하였으므로, 법률상 원인에 기하여 이를 취득한 것이라고 할 것이고, 위 금전이 위와 같이 A에게서 B가 편취한 것이라고 해서 C에 대해서 어떠한 부당이득의 관계를 발생시키는 것은 아니라고 해할 것이다."

이 판결에 대하여는 判旨가 매우 간결하여, Y의 선의를 요건으로 법률상 원인을 인정한 것으로 이해할 것인지를 둘러싸고 논의가 있었다.[354] 그러나 이는 기본적으로 당시까지의 我妻榮의 견해(뒤의 Ⅲ. 1. 참조)를 답습한 것이라고 보는 견해가 유력하다.[355] 즉 이로써 이제 논의의 차원은 인과관계의 존부에서부터 법률상 원인의 유무로 옮겨졌고, 나아가 후자의 문제는 변제수령자, 즉 채권자를 일정한 주관적 요건 아래서 보호하는 방향으로 해결한다는 것이다. 그런데 我妻榮은 위 판결에 대하여, "편취한 금전으로 채무를 변제한 경우에 대한 착종한 판례이론에 종지부를 찍은 극히 중요·적절한 판결"이라고 하면서도, 그 「주관적 요건」에 대하여 "다만 나는 금전의 융통성에 비추어, 적극적으로 선의를 요구하지 아니하고, 악의 또는 중과실 없는 한 변제는 유효

354) 判例評釋으로 明石三郎, 民商法雜誌 57-4(1968), 586 이하; 谷口知平, 判例評論 106(1967), 23 이하; 星野英一, 法學協會雜誌 85-3(1968), 455 이하(同, 民事判例硏究 제2권 2: 債權(1972), 504 이하 所收) 등.

355) 好美淸光(註 331), 21.

하다고 해함이 더욱 타당하다고 생각한다"고 비판하고 있다.[356)]

(2) 이러한 비판은 그대로 다음의 판결에서 받아들여지고 있다.

⑰ 日最判 1974(昭 49).9.26(民集 28-6, 1243)

Y(나라)의 금전을 편취 또는 횡령하고 있던 M은 X의 직원과 공모하여 X의 금전을 편취 또는 횡령하고, M은 이를 Y에 반환하였다(「이중편취형」). 그 때 금전의 일부에 대하여는 X의 다른 직원이 직접 Y에게 수표로 교부하였는데, 나머지는 일단 M의 예금계좌에 넣어 M이 私用으로 유용하였는데 결국은 Y에게 반환된 것이었다. 원심은 Y가 받은 돈이 X의 금전에 유래한다고 볼 수 없다고 하여 X의 부당이득반환청구를 기각하였다. 위 판결은 이를 파기, 환송하였는데, 그 判旨는 다음과 같다.

"M이 A로부터 금전을 편취 또는 횡령하여 그 금전으로 자기의 채권자 Y에 대한 채무를 변제한 경우에 X의 Y에 대한 부당이득반환청구가 인정되는지 여부에 대하여 생각건대, 편취 또는 횡령된 금전의 소유권이 Y에게 이전되기까지의 사이에 그대로 X의 수중에 남아 있던 경우에만 X의 손실과 Y의 이득 사이에 인과관계가 있다고 할 것이 아니고, M이 편취 또는 횡령한 금전을 그대로 Y의 이익으로 사용하든, 그것을 자기의 금전과 혼동 또는 환전하거나, 은행에 예입하거나 일부를 다른 목적을 위하여 소비한 후 그 소비한 만큼을 따로 조달한 금전으로 보전하는 등 하여 Y를 위하여 사용하든, 사회통념상 X의 금전으로 Y의 이익을 도모하였다고 인정되는 정도의 연락이 있는 경우에는, 역시 부당이득의 성립에 필요한 인과관계가 있다고 볼 것이고, 또 Y가 M으로부터 위 금전을 수령함에 대하여 악의 또는 중대한 과실이 있는 경우에는 Y의 위 금전 취득은 피편취자 또는 피횡령자인 X에 대한 관계에서는 법률상 원인이 없고 부당이득이 된다고 해함이 상당하다."

여기서는 우선 「인과관계」의 문제에 대하여 「사회통념상의 연락」으로 족하다고 하고(그 전제로 금전의 물리적 동일성이 유지되지 아니한 경우도 같은 기준이 적용됨을 명확하게 하고 있다), 나아가 변제수령자의 악의 외에 중과실의 경우에도 법률상 원인이 없다고 하여 ⑯의 기준을 보다 세밀하게 하였다.

이 두 판결, 특히 뒤의 ⑰은 "[그 때까지의] 판례·학설의 혼미상황을 一變"시킨 것으로서[357)] 다수의 학설도 그 判旨에 찬의를 표시하였다.[358)]

---

356) 我妻榮, 債權各論 下卷 一(1972), 1023.

357) 加藤雅信(註 336), 660. 한편 磯村保(註 11), 262도, "議論의 混亂에 일응의 종지부를 찍은 것으로 보였다"고 한다.

358) 앞의 註 28의 문헌 외에, 谷口茂榮, 金融法務事情 494(1967), 30 이하; 井田友吉, 金融法務事情 739(1974), 32 이하; 中井美雄, "不當利得と因果關係", セミナー法學全集 11(民法 Ⅳ: 債權各論)(1974), 238 이하; 同, 昭和49年度重要判例解說(ジュリスト 590호)(1975), 71 이하; 衣斐成史, "騙取金員による辨濟と受領者の不當利得", 基本判例シリ

(3) 한편 위의 두 판결에서는 금전의 선의취득이라는 종전 재판례에서 항용 보이던 중요한 설시가 보이지 않는 것이 눈에 띈다. 그것은 그 사이에 금전소유권의 이전에 관하여 중요한 학설·판례의 변화가 있었기 때문이다. 즉 종전의 판례는 물론이고 학설도, 금전도 하나의 물건으로서 그 소유권의 변동은 기본적으로 動產物權變動에 관한 법리가 적용되는 것을 전제로 하여 논의하여 왔다. 이는 앞의 1.에서 본 재판례의 대부분이 금전이 선의취득의 대상이 된다는 태도를 전제로 하는 것에서 단적으로 드러난다. 그런데 1937년에 금전소유권에 대하여 기본적으로 다른 견해, 즉 그 가치로서의 측면을 강조하여 "금전은 이를 점유하는 자에게 속한다(Geld gehört demjenigen, der es besitzt)"는 원칙을 주장하는 학설이 새로이 주장되고,[359] 이 견해가 바로 압도적인 다수설이 되었던 것이다.[360] 그리고 이 견해는 곧바로 日最判 1954(昭 29). 11. 5(刑集 8, 1675)[361];

ーズ 5(判例民法 Ⅱ2: 債權各論)(1974), 114 등 참조.

359) 末川博, "貨幣とその所有權," 經濟學雜誌(大阪商科大學) 1-2(1937)(同, 物權·親族·相續(末川博法律論文集 Ⅳ)(1970), 263 이하 所收). 그 이전에 있었던 논의에 대하여는 淸水誠(註 3), 94 註 5 및 6 참조. 末川博의 위 논문은 기본적으로 Max Kaser, Das Geld in Sachenrecht, in: AcP 143(1936), S. 1ff.에 따른 것이다(위 論文集, 277 참조). 그런데 독일에서 카저의 위와 같은 견해, 또는 그 변형인 「금전가치의 물권적 반환청구권(Geldwertvindikation)」을 주장하는 베스터만의 견해(Harry Westermann, Sachenrecht, 5. Aufl.(1966), § 30 V 3(S. 137f.) 참조. 이에 찬동하는 입장으로는 Soergel/Mühl(12. Aufl.), § 985 Anm. 17가 있다. 우리 나라에서 이 견해를 간략하게 논의한 것으로, 民法注解[V](1992), 228 이하 참조)는 별로 찬동을 얻지 못하였고(한편 立法論的으로는 금전을 소유물반환청구권의 객체로부터 배제하는 것을 주장하는 학자도 적지 않다. 그에 관하여는 Staudinger/Gursky(1999), § 985 Rn. 78 소재의 문헌을 보라), 독일의 통설은 여전히 금전에 대하여도 동산으로 취급하여, 우선 목적물을 특정가능한 한에서 소유물반환청구권을 긍정하고(Baur/Stürner, § 11 C Ⅰ 2 a.E.(17. Aufl., S. 111); Wolf/Raiser, § 84 Ⅲ Fn. 6(S. 321); Wieling, Ⅰ § 12 Ⅰ 2 d(S. 524f.); Staudinger/Gursky(1999), § 985 Rn. 78f.; MünchKomm/Medicus(3. Aufl.), § 985 Rn. 16f.; Palandt/Bassenge(57. Aufl.), § 985 Anm. 10 등 참조. 한편 파산법의 해석으로 금전에 대한 還取權의 문제에 대하여는 우선 Kuhn/Uhlenbeck, Konkursordnung, 11. Aufl.(1994), § 43 Rn. 4 등 참조), 선의취득을 긍정한다(우리 民 § 250 단서에 대응하는 獨民 § 935 Ⅱ의 문언대로의 해석). 카저 또는 베스터만의 견해에 대한 상세한 비판으로서는 우선, Rudolf Reinhardt, Vom Wesen des Geldes und seiner Einfügung in die Güterordnung des Privatrechts, in: Festschrift für Gustav Boehmer(1954), S. 60ff., insb. S. 72ff.; Dieter Medicus, Ansprüche auf Geld, in: JuS 1983, S. 897ff., insb. S. 900f. 참조. 또한 W. Rainer Walz, Sachenrecht für Nicht-Sachen?, in: KritV 1986, S. 131ff., insb. S. 158f.도 참조.

360) 다만 末川博은 특정금전의 보관예탁의 경우와 의사무능력자에 의한 점유이전의 경우에는 금전소유권이 이전하지 않는다고 해서 예외를 인정하였다. 그런데 그 후의 학설은 기념주화 등을 물건으로 거래하는 경우를 제외하고는 위와 같은 예외를 인정하지 않는다. 그 端緖는 川島武宜, 所有權法の理論(1949), 198 이하에 있는데, 그 후 金山正信, "金錢の所有權", 判例演習 物權法, 增補版(1973), 111 이하; 鈴木祿彌, 物權法講義, 二訂版(1979), 282 등 참조.

361) 甲 신용조합의 이사 Y가 조합원이 아닌 P로부터 예금을 "조합의 이름으로 조합의 계산으로 받아서" 그 돈을 다른 사람에의 부정한 융자에 써서, 횡령배임의 죄로 기소되었다. Y는 위 예금계약은 무효이고 금전은 甲 조합에 속하지 않는다고 상고하였으나, 받아들여지지 않았다. 判旨는 다음과 같다.

日最判 1964(昭 39). 1. 24(判例時報 365, 26)에[362] 의하여 채택되었다.

그리하여 위의 ⑯, ⑰이 나올 당시에는 금전의 점유자가 곧 소유자이고 따라서 금전의 선의취득을 인정하지 않는다는 태도가 확고하였던 만큼, 종전의 재판례에서와 같은 설시는 등장할 여지가 없었던 것이다. 이러한 태도는 「편취금전에 의한 변제」라는 문제를 금전소유권 취득의 귀속 여하, 나아가 피편취자의 물권적 청구권 유무라는 物權的 次元에서 해결하는 방도를 종국적으로 봉쇄하고, 不當利得法의 판단틀을 유일한 해결책으로 남기는 결과를 낳았다.

Ⅲ. 日本의 學說

1. 我妻榮의 見解

我妻榮은 1930년에 발간된 부당이득에 관한 저술에서[363] 大審院의 재판례 중에서 제 3 자수익형, 따라서 M이 Y의 Z에 대한 채무를 변제한 경우만을, 그것도 1920년까지 나온 위의 ① 내지 ⑤의 5개의 재판례만을 염두에 두고 논의하고 있다.

우선 Y에 대한 부당이득청구에 대하여, 그는 문제를 부당이득의 요건으로서의 인과관계와 법률상 원인라는 두 가지 관점에서 접근한다. 우선 因果關係

"설사 위 저금이 조합원 이외의 자가 한 저금이어서 무효이고 조합에 대한 소비임치으로서의 법률상 효력이 발생하지 않음에 틀림없다고 하더라도, 위 저금의 목적이 된 금전의 소유권 자체는 일단 조합에 귀속하였다고 하여야 할 것이다. 무릇 금전은 통상 물건으로서의 개성을 가지지 못하고 단지 가치 그 자체로 생각하여야 할 것이고, 가치는 금전의 所在에 수반하는 것이므로, 금전의 소유권은 특단의 사정이 없는 한 금전의 점유의 이전과 같이 이전한다고 해할 것이다. 금전의 점유가 이전한 이상, 설사 그 점유 이전의 原由인 계약이 법률상 무효라고 하여도 그 금전의 소유권은 점유와 동시에 상대방에게 이전하는 것이고, 여기에 부당이득반환채권관계를 발생시킴에 불과하다고 해하는 것이 정당하다."

362) 사실관계는 반드시 명료하지 않다. A로부터 B에게 금전이 사기 또는 횡령에 의하여 이전되었다. B는 이들 금전을 합해서 ―아마도 B에 대한 금전가압류명령에 기하여 이를 집행하는― 집달관에게 제출·인도하였다. A는 본건에서 아마도 그 금전이 자신의 소유라고 주장하여 第3者異議의 訴를 제기한 듯하다. 判旨는 다음과 같다. "금전은 특별한 경우를 제외하고는 물건으로서의 개성을 가지지 못하고 단순한 가치 그 자체로 생각할 것이고, 가치는 금전의 所在에 수반하는 것이므로, 금전의 소유권자는 특단의 사정이 없는 한 그 점유자와 일치한다고 해할 것이다. 또 금전을 현실로 지배하여 점유하는 자는, 그것을 어떠한 이유에 의하여 취득하였는지 또 그 점유를 정당화하는 권리를 가지는지 여부에 불구하고, 가치의 귀속자 즉 금전의 소유자라고 보아야 할 것이다."

363) 我妻榮(註 340), 99 이하. 이 부분의 서술은 7년 후에 나온 앞의 註 22의 문헌에서도 기본적으로 달라진 바 없다.

에 대하여는 그 이전의 학설 및 판례가 「직접의 인과관계」를 요구하는 것을 비판하면서, 이와 같이 해석하는 것은 "공평에 기한 제도의 운용으로 하여금 심히 경직된 것으로 만들 우려가 있다"고 하고, 따라서 "사회관념상 이익의 원인으로 인정되는 손실을 입은 자가 있으면 이에 대하여 반환청구를 인정하는 것이 타당하다"고 한다. "물론 부당이득제도의 한계를 긋는 것은 해석론상 매우 필요한 것"이기는 하지만, 그 필요는 "전적으로 「법률상 원인」에 의해서 할 것이고 인과관계에 의하여 할 것은 아니"라는 것이다.[364] 나아가 法律上 原因에 대하여는, "이득자의 선의·악의, 편취자와 이득자 간에 존재하는 관계(변제하여야 할 채무를 지는지 여부) 등에 관계 없이 항상 법률상 원인 없는 것"으로 해석함이 옳다고 한다. 그 이유로 그가 제시하는 것은, "무릇 이것들은 이득자와 변제자 사이의 관계에 그치고, 이득자가 편취당한 자의 손실을 무시할 수 있는 이유는 되지 아니하기 때문이다"라는 것뿐이다.[365]

나아가 Z에 대한 부당이득반환청구에 관련하여, 먼저 因果關係에 대하여는 "나의 기준에 의하면 이 경우에도 역시 편취당한 자의 재산으로 인하여 이득하였다고 할 수 있다"고 한다. 그러나 法律上 原因에 대하여는, "Z가 선의무과실인 한 완전한 변제로 되고 법률상 원인을 갖추는 것이라고 해한다"고 한다.[366] 여기서 법률상 원인의 유무를 Z의 선의무과실에 걸리게 하는 것에 대하여 그는 다음과 같이 설명한다. "편취당한 금전이 법률의 형식에 있어서 편취당한 자의 소유에 속하는 경우에는 변제를 받은 자가 [선의무과실을 요건으로 하는 선의취득에 관한 일본민법] 제192조의 적용에 의하여 소유권을 취득함과 동시에 채권의 변제로서 是認받게 된다. … [한편] 법률의 형식에 있어서 편취자의 소유가 되는 경우에는 물론 [Z는 금전소유자 자신으로부터 변제를 받는 것이어서, 비권리자로부터의 취득에 관한 위] 제192조를 [바로] 적용할 수는 없다. 그러나 부당이득의 문제로서 재산의 귀속을 실질적으로 고찰하고 또한 법률상의 원인을 후술하는 바와 같이 공평의 관념에 좇아 결정한다고 하는 때에는 그러한 경우에도 제192조의 취지를 유추적용하[여, Z가 선의무과실이어야 「완전한」 변제가 되고, 따라서 피편취자의 부당이득의 공격으로부터 유효하게 방어할 수 있도록 하]는 것

364) 我妻榮(註 340), 135.
365) 我妻榮(註 340), 137.
366) 我妻榮(註 340), 138 이하. 여기서 변제의 「완전함」이란, 본문의 바로 뒤에서 인용하는 바에 비추어 보면, 일단 금전을 변제로 수령한 Z가 편취자 X로부터 부당이득의 공격에 굴복하지 아니하고 당해 금전을 계속 보유할 수 있는, 즉 부당이득으로 반환하지 않아도 되는 변제를 의미한다.

이 타당하다고 믿는다"는 것이다.[367)]

그 후 我妻榮의 이러한 견해는 다른 학자들의 지지를 얻어 점차 통설이 되었다.[368)]

2. 評 價

요컨대, 我妻榮은 「법률의 형식」에 있어서의 금전소유권의 귀속이 법률상 원인의 유무를 판단하는 차원에서는 여전히 적지 않은 의미가 있음을 인정하면서도, "공평의 관념을 실현하는" 제도로서의 부당이득제도를 해석·운용함에 있어서는 그 권리귀속을 **실질적으로** 고찰하여야 한다고 주장한다. 그리하여 실질적으로 피편취자의 재산에 속하였던 금전으로 다른 사람이 이익을 얻었다고 사회관념상 인정되는 경우라면, 그 수익자에게 이를 반환하지 않고 계속 보유할 수 있게 할 만한 특별한 사정("피편취자의 손실을 무시할 수 있어도" 되게 하는 사정)이 없는 한은 「법률상 원인」이 없는 것으로서 이를 반환할 의무를 부담한다는 것이다. 그리고 M이 Y의 Z에 대한 채무를 변제한 경우를 보면, Y에 대하여는 그러한 사정은 항상 부정되어야 하며, Z에 대하여는 ──선의취득규정으로부터의 유추에 기하여── 그가 선의·무과실로 변제를 수령한 경우에만 그것이 인정된다는 것이다.

결국 我妻榮은 이익형량의 면에서 피편취자의 보호의 필요를 극력 강조하면서, 법제도적으로는 이를 객관적·형식적 법질서를 교정하여 "공평을 실현하는 법적 수단"으로서의 부당이득제도에 의하여, 보다 구체적으로는 이해당사자들의 법률관계를 사회관념에 입각하여 「실질적」으로 파악한다는 방법을 통하여, 실현하려는 것이다. 我妻榮의 견해는 이와 같이 「實質的 公平主義(Prinzip der materiellen Billigkeit)」와 피편취자 보호의 강조와의 결합에서 나오는 것이다.

그리고 이러한 思考는 다른 학자들에게도 중대한 영향을 미쳤다. 예를 들면 川島武宜는 앞의 ⑭에 대한 평석에서, Y가 금전의 소유권을 취득함으로써 그의 채권이 유효한 변제에 의하여 소멸하는 경우에도, "구체적 형평을 목적으로 하는 부당이득의 정신 및 금전소유권의 이전의 위와 같은 특수성에 비추어, 상법상 유통이 보호되는 유가증권과 같은 정도의 표준에 의하여 적어도 수령자에

367) 我妻榮(註 340), 139 註 13. 그리고 ②의 판결을 "그러한 취지를 明言한" 것으로서 인용한다.

368) 예를 들면, 谷口知平, 不當利得の硏究(1969), 230 이하; 松坂佐一, 事務管理·不當利得, 新版(法律學全集 22-I)(1973), 84 이하 등.

게 악의 또는 중과실이 있는 경우에만 부당이득반환청구권을 인정할(환언하면, 형식적으로는 금전의 특수성에 기하여 소유권은 이전하여도 특히 구체적 형평에 봉사하는 부당이득의 사명에 기한 실질적 고려 아래서) 여지"가 있다고 하는 것이다.[369)]

3. 其他의 見解

앞의 Ⅱ. 2.에서 본 대로 ⑯, ⑰의 두 판결에 의하여 「편취금전에 의한 변제」의 문제는 「일응」 종결된 것처럼 보였다. 그러나 그 후에서도 적어도 학설상으로는 논의가 계속되고 있다. 특히 부당이득제도를 공평을 실현하는 초실정법적 수단으로 보는 입장을 비판하고 이를 다른 실정법적 제도와 同列에 위치시키는 소위 類型論의 입장에서 다양한 해결책이 제시되었다. 그러한 입장에서는 예를 들어 변제수령자의 금전소유권을 인정하면서 공평을 이유로 그 반환을 명하는 我妻榮의 해결은 쉽사리 받아들여질 수 없는 것이다.

그리하여 변제수령자에게 유효한 채권이 있었던 이상 법률상 원인이 있으므로 피편취자의 부당이득반환청구권을 부정하되, 피편취자는 채권자취소권(자기채무변제형, 이중편취형의 경우) 또는 채권자대위권(제3자수익형)를 통하여 문제를 해결하여야 하고 또 할 수 있다는 견해,[370)] 역시 부당이득반환청구권은 부정하되 피편취자에게 일정한 범위에서 물권적 청구권, 즉 「가치반환청구권」이 인정되어야 한다는 견해,[371)] 이상과는 달리 위의 문제를 「타인의 물건에 의한 이득」, 즉 침해부당이득(Eingriffskondiktion)의 한 예로 이해하면서, 종전 점유자(즉 피편취자)의 소유권상실의 근거로서 소유권의 채권적 연장

---

369) 川島武宜(註 24), 31.

370) 加藤雅信(註 336), 663 이하 참조. 그에 의하면 변제수령자의 주관적 사정에 따라 그 급부의 보유에 법률상 원인 유무가 결정된다는 것은 문제라고 하고, 원래 X는 M에 대하여 불법행위 또는 부당이득상의 청구권이 있는데 M에게 충분한 자력이 있는 한 설사 Y가 악의라도 그를 문제삼을 이유가 없다고 한다.

371) 四宮和夫, "物權的價値返還請求權について—金錢の物權法的一側面—", 私法學の新たな展開(我妻榮 追悼 論文集)(1975), 183 이하. 이는 기본적으로 독일의 베스터만의 「금전가치의 물권적 반환청구권(Geldwertvindikation)」의 견해(앞의 註 359 참조)에 의존하면서, 금전소유자가 그 가치의 귀속할당을 변경하는 의사 없이 그 점유를 상실한 경우에는 새로운 점유자는 물건의 소유권을 가지나 종전의 소유자는 여전히 가치의 소유권을 가지며, 비록 물건으로서의 동일성은 상실되었어도 가치로서의 동일성이 인정되는 한(그러므로 混和의 경우나 預金 기타 帳簿上 金錢(Buchgeld. Bargeld, 즉 現金과 대비된다)의 경우에도 가치의 동일성이 인정될 수 있다), 위의 價値所有權에 기하여 통상의 물권적 청구권이 인정되고(따라서 상대방의 파산의 경우에는 환취권을 가진다), 다만 점유가 악의 또는 중과실 없는 제3자에게 이전된 경우에는 그 권리가 차단된다고 한다. 好美淸光(註 331), 28; 廣中俊雄, 物權法, 下卷(1981), 260 이하도 기본적으로 동일한 발상을 하고 있다.

(Fortwirkung)으로서의 부당이득반환청구권, 즉 자신의 채무소멸을 위하여 원래 하였어야 할 지출을 면한 채무자 Y에 대한 부당이득반환청구권이 주어져야 한다는 견해,[372] 일반적으로 금전소유자가 그 점유를 그 의사의 뒷받침 없이 「상실」한 경우에는 그 가치의 배타적 귀속자로서의 측면이 고려되어야 할 것인데 이는 M에 대한 다른 一般債權者에 대한 관계에서 優位를 부여함으로써 충분하다는 견해[373] 등이 제창되고 있다.[374]

Ⅳ. 騙取金錢에 의한 債務辨濟에서의 不當利得關係

1. 自己債務辨濟型

필자는 「편취금전으로 인한 변제」의 사안 중에서 우선 **자기채무변제형**의 경우에는 기본적으로 Y가 M에 대하여 채권을 가지고 있는 한 X가 Y에 대하여 부당이득을 이유로 책임을 물을 수는 없으며, 이는 Y가 악의인 경우에도 다를 바 없다고 생각한다.[375] M이 Y에 대하여 금전지급으로써 한 채무의 이행은 유효하며, Y가 M에 대하여 가지는 채권이 그 금전을 계속 보유할 「법률상 원인」이 된다. 이는 채무의 이행으로 이루어진 급부에 대하여는 변제수령자가 그 급부를 청구할 권리가 있으면, 이로써 그 급부의 보유에 관한 「법률상 원인」을 갖추게 된다는 급부부당이득에 관한 일반적 법리의 적용이다.[376]

M이 X로부터 그 금전을 위법하게 취득하였다는 사정은, X에게 M에 대한 각종의 채권적 구제수단을 부여하는 근거가 된다. 그러나 금전은 그 소유권이 점유와 함께 이전한다는 법리를 전제로 한다면, 비록 X가 금전의 점유를 M의 위법행위로 상실하였다고 하더라도, 이제 X는 소유권을 상실하였으므로

---

372) 川村泰啓, "「所有」關係の場で機能する不當利得制度(1)-(13)", 判例評論 117 내지 144 (1969-71).

373) 松岡久和(註 330), 86 이하.

374) 이들 각 견해의 구체적인 내용, 특히 「편취금전에 의한 변제」의 문제에 대한 적용에 대하여는 상당한 차이가 있는데, 여기서 詳論하지 아니한다.

375) 구체적 사정에 따라서 Y가 악의인 경우에는 X에 대하여 M와 함께 공동불법행위책임을 져야 할 경우가 있을는지도 모른다. 그러나 이는 부당이득과는 전적으로 별개의 문제이다.

376) 앞의 Ⅰ. 2.에서 인용한 설명 자체에 의하더라도, Z는 자기 채권의 변제로 수령한 것이므로 그 「법률상 원인」이 있고, 따라서 부당이득이 되지 않는다고 한다. 그리고 앞의 Ⅱ. 1. (2)에서 본 대로 일본의 戰前의 판례도 자기채무변제형의 경우에 대하여 X의 Y에 대한 부당이득반환청구를 부정하고 있다.

M에 대하여 물권적 청구권을 행사할 수는 없다. 하물며 물건의 소유자 M으로부터 그 의사에 기하여 금전을 인도받은 Y에 대하여 물권적 청구권을 행사할 수는 없다. 이와 같이 Y는 금전에 대한 X의 「割當內容」으로부터 이득을 얻은 것이 전혀 없다. Y가 금전을 취득하기 전부터 이미 X는 그 소유자가 아니었던 것이다. 따라서 침해부당이득의 관점에서도 Y의 부당이득은 문제될 수 없다.

2. 第三者受益型

한편 제3자수익형의 경우에는, Y는 M에 대하여 급부를 자신에게 실현할 것을 청구할 권리를 가지지 않는다. 그렇다면 이 경우에 郭潤直(또는 我妻榮)과 마찬가지로 Y는 법률상의 원인이 없어서 부당이득을 한 것이 되어 그 반환의무를 부담한다고 할 것인가?

일반적으로 채무자가 아닌 M이 Y의 Z에 대한 채무를 변제하는 경우에, 이는 소위 「수령자관점(Empfängerhorizont)」을 기준으로 하여 볼 때 다음 셋 중의 하나로 평가된다. 즉 「제3자의 변제」(民 § 469)이거나, Y 자신의 채무이행(Y의 사자 또는 변제대행자를 통하여 하는 경우를 포함한다)이거나, M이 자신의 채무라고 잘못 생각하여 행한 「타인의 채무의 변제」(民 § 745: "채무자 아닌 자가 착오로 인하여 타인의 채무를 변제한 경우")이다. 그런데 일단 「제3자의 변제」에 한정하여 생각하여 보면,[377] 예를 들어 Y와 M 사이에 채무이행의 事務處理契約(통상 이 계약은 위임계약의 성질을 가질 것이다)이 체결되어 M이 그 계약의 이행으로 Z에게 변제한 경우라면, Y가 그 채무로부터의 해방이라는 이익을 얻는 것에 대하여는 위 계약이 바로 그 「법률상 원인」이라고 할 수 있지 않을까?[378] Y는 M에 대하여 위임계약에 기하여 비용상환의무를 부담하는데(民 § 688 참조), 그 외에 X에 대하여 부당이득반환의무를 부담하여야 할 이유는 무엇인가? 나아가 만일 Y와 M 사이에 위와 같은 사무처리계약이 없는 경우라고 하더라도, M의 채무이행이 事務管理의 요건을 갖춘다면(그리고 그것은 결코 예외적인 경우에 한정된다고는 할 수 없을 것이다), 따라서 M에 대하여 비용상환의무를 부담한

377) 이하의 서술은 Y 자신의 채무이행으로 평가되는 경우에도 달라질 것은 없다. Y와 M 사이의 내부적 법률관계는 M의 비용지출이 Z의 관점에서 Y 자신의 것으로 평가되든 M의 것으로 평가되든 마찬가지이기 때문이다.

378) 앞의 I. 2.에서 인용한 견해 자체에 의하더라도, Z는 자기 채권의 변제로서 수령하였으므로 「법률상 원인」이 있고 따라서 부당이득반환의무를 지지 않는다고 한다. 그렇다면 Y가 M과 계약을 체결하고 M이 행한 계약이행으로, 즉 Y의 입장에서 보면 그 계약상 채권의 만족을 얻음으로써 자신의 Z에 대한 채무로부터 벗어난 것이므로, 마찬가지로 그 채무소멸에는 「법률상 원인」이 있다고 하는 것이 首尾一貫한 태도가 아닐까?

다면(民法 § 739 I 참조),[379] 역시 이 사무관리의 성립 자체가 그 「법률상 원인」이라고 하여야 할 것이다. 이상의 경우에, M이 계약상 사무처리로서 또는 사무관리로서 Y의 채무를 변제함에 있어서, 그가 X로부터 편취한 금전을 이용하였다는 사정이 Y의 그 이익을 「법률상 원인」 없는 것으로 만들 수 있을까?

이에 대하여는 Y의 이익은 X와의 관계에 있어서는 「법률상 원인」이 없다고 하여야 한다고 주장할는지도 모른다. 그런데 이 경우에 말하자면 「법률상 원인의 關係的 分裂」이라고나 불러야 할 이러한 思考틀을 인정하여야 할까? Y의 이익이 X와의 관계에 있어서 돌연 「법률상 원인」이 없게 되는 이유는 무엇일까? 만일 그 진정한 이유가 그 금전이 원래 X의 소유인데 Y가 X의 어떠한 의사관여도 없이 그 금전으로 채무소멸의 이익을 얻는 것은 "부당하다"는 생각에 있다면, 반대로 이제 Y의 입장에서 위에서 본 대로 Y는 M에 대하여 비용상환의무를 부담하는데 그 외에 X에 대하여 별도로 부당이득반환의무를 부담하여야 한다는 것은 "부당하다"고 주장하는 것도 일리가 있다고 하여야 하지 않을까? 또 원래 X의 소유인 금전으로 Y의 채무를 소멸시켰다는 것이 X에 있어서 "부당하다"고 한다면, 예를 들어 M이 X로부터 차용하였으나 의무의 내용대로 반환하지 않은 금전을 가지고 Y의 Z에 대한 채무를 이행한 경우에도 역시 Y가 얻은 채무소멸의 이익은 "부당하다"고 해서 그에게 부당이득반환의무를 긍정하여야 하지 않을까? 앞의 設例에서 Y의 이익이 X에 대하여 「법률상 원인」이 없다고 주장하는 견해는 이 뒤의 예에 대하여도 과연 Y의 부당이득반환의무를 긍정할까? 이를 긍정한다면, 이는 금전대여자로 하여금 차용금의 용도를 추적하여 ―차용자에 대한 계약상의 차용금반환청구와는 별도로― 그 사용의 상대방인 제3자에 대한 부당이득반환청구를 할 수 있게 한다는 결과를 받아들여야 할 것이다. 그리하여 위의 물음에는 否定的으로 대답하지 않을 수 없다고 한다면, 이는 곧 「편취」와 「채무불이행」에 있어서 그 각 위법성의 정도의 차이가 부당이득의 요건으로서의 「법률상 원인」의 유무를 결정함을 의미하거나 아니면 원래의 금전소유자가 원래의 불법취득행위자에 대하여 물을 수 있는 것이 불법행위책임인지 아니면 계약책임인지에 따라 달라짐을 의미한다.

앞에서 본 대로 我妻榮은 우선 부당이득의 핵심적 요건인 「법률상 원인」

379) 또 계약도 없고 사무관리의 요건도 갖추지 못하는 경우에 Y는 그가 받은 채무소멸의 이익으로 인하여 M에 대하여 부당이득반환의무를 지게 될 것이다.

을 公平說的으로 把握한 다음, 나아가 이를 바탕으로 해서, M의 편취 기타 범죄행위의 희생자인 X를, 많은 경우에 자력이 없어서 X의 권리를 실효 있게 만족시킬 수 없는 그 행위자 M을 넘어서 보호해 주는 것이 「공평」하다는 感覺이 여기서 문제의 해결을 지배하고 있었던 것이 아닌가, 그리하여 Y의 부당이득반환의무를 당연히 긍정하게 되었던 것이 아닌가 생각된다. 여기서는 Y가 그 경우에 M에 대하여 일정한 비용상환의무를 부담한다는 점에는 전혀 주목하지 않고 있는 것이다.

3. 「因果關係」로부터의 接近의 虛失

한편 앞의 I. 1.에서 본 具體例의 해결과 관련하여 X의 손실과 Y의 이득 사이에 「인과관계」가 있다고 할 것인지 여부라는 관점에서 문제를 바라보는 한에서는, 我妻榮의 주장은 일단 그럴 듯하다고 여겨진다. M이 X에게서 편취한 금전을 그대로 Z에게 지급하면 「인과관계」가 긍정되어 Y의 부당이득반환의무가 인정되고, 그 돈을 은행에 넣었다가 찾아서 또는 M의 다른 돈과 섞어서 지급하면 「인과관계」, 나아가 Y의 부당이득반환의무가 부인된다는 것은, 아무래도 자연스럽지 못하다는 생각이 드는 것이다.

그런데 「종전의 일본판례」는 무슨 이유로 금전소유권의 귀속을 문제삼고 있는 것일까? 여기서 확인하여 둘 것은, 我妻는 「종전의 판례」가 편취자측, 즉 위의 설례에서 M이 금전소유권을 취득하였는지 여부만을 문제삼은 것처럼 설명하고 있지만, 뒤에서 보는 대로 일본의 戰前의 판례에서 금전소유권의 귀속을 문제삼는 경우에는 오히려 금전수령자측, Z 또는 특히 Y의 善意取得 여하를 따져서 그가 금전의 소유권을 취득한 것을 적어도 그 하나의 근거로 하여 그의 부당이득반환의무를 부인하는 것이 상당수에 이르는 것이다(앞의 Ⅱ.의 재판례 ⑧, ⑨, ⑫, ⑮ 참조). 그리고 이러한 판단은, 금전도 일반적으로 선의취득의 대상이 된다는 것을 전제로 한다면, 역시 타당하다고 하여야 할 것이다. 즉 부당이득반환청구의 상대방이 된 사람이 그 반환의 목적물을 선의취득하였다면, 이로써 그 목적물을 계속 보유할 「법률상 원인」을 가진다고 할 것이어서,[380] 부당이득반환청구는

380) 즉 선의취득은 거래안전을 도모하는 제도로서, 양수인측의 신뢰를 보호하기 위하여, 단지 물권적 차원에서 양수인이 무권리자와의 양도행위에 의한 소유권 취득을 긍정하는 것일 뿐만 아니라, 채권적 차원에서 그 계속적 보유도 인정하는 것이라고 이해할 것이다. 이는 독일의 확고한 통설이고 판례이다. 우선 Staudinger/Grunsky(1999), § 812 Rn. 28; § 816 Rn. 17f. 참조.

부인되어야 하는 것이다.[381] 이렇게 보면, 戰前의 일본판례는 금전도 일반적으로 선의취득의 대상이 됨을 전제로 하여, 선의취득의 요건이 충족되는 경우에는 금전수령자측에 이를 보유할 「법률상 원인」이 있는 것이라고 판단하였던 것이라고 이해될 수 있는 여지도 있다. 다시 말하면, 我妻가 애써 외친, 논의의 초점을 「인과관계」로부터 「법률상 원인」으로 이동하자는 주장은, 「종전의 판례」에 대한 이해 여하에 따라서는 이미 실현되었던 것이라고 볼 수도 있지 않을까?

4. 大判 2003. 6. 13, 2003다8862에 의한 日本判例의 受容

(1) 大判 2003. 6. 13, 2003다8862(公 2003하, 1533)는, 불법으로 취득한 금전에 의한 채무변제의 경우의 부당이득문제에 대하여 ── 아마도 최초로 ── 판단하고 있다. 그 판결은 "채무자가 피해자로부터 횡령한 금전을 그대로 채권자에 대한 채무변제에 사용하는 경우 피해자의 손실과 채권자의 이득 사이에 인과관계가 있음이 명백하고, 한편 채무자가 횡령한 금전으로 자신의 채권자에 대한 채무를 변제하는 경우 채권자가 그 변제를 수령함에 있어 악의 또는 중대한 과실이 있는 경우에는 채권자의 금전 취득은 피해자에 대한 관계에 있어서 법률상 원인을 결여한 것으로 봄이 상당하나, 채권자가 그 변제를 수령함에 있어 단순히 과실이 있는 경우에는 그 변제는 유효하고 채권자의 금전취득이 피해자에 대한 관계에 있어서 법률상 원인을 결여한 것이라고 할 수 없다"고 판시하였다. 이 판시는 본문의 Ⅱ. 2.에서 본 일본최고재판소 판결의 태도에 좇은 것임에는 의심의 여지가 없는 것으로 보이고, 이는 우리 민사재판실무에서 가지는 「일본의 무게」를 다시 한 번 생각하게 되는 것은 필자만의 所懷일까?

(2) 그런데 구체적인 사건의 해결이라는 관점에서 보면, 대법원은 위의 판결에서 결국 채권자들의 부당이득을 ── 적어도 그 결론으로서는 타당하게 ── 부인하고 있다. 이 판례의 구체적 사실관계는 다음과 같다. M은 대한석탄공사(원고)로부터 5,260만원을 횡령한 후(M은 주식투자의 실패 등으로 2000년 4월경부터 이미 7차례에 걸쳐 원고의 공금을 횡령하여 그 때까지의 횡령액이 7억원에 이르렀다), 이를 그 처인 피고 Y_1의 예금계좌로 송금하면서 그에게 원고로부터 퇴직금 중간정산금으로 받은 것이라고 거짓말을 하고 그 보관을 부탁하였다. Y_1은

---

381) 善意取得이 부당이득법상의 「법률상 원인」이 되는지에 관한 일본의 학설상황에 대하여는 우선 新版 注釋民法(18)(1991), 415 이하(田中整爾 집필) 참조.

송금받은 당일 M에게 그 돈의 처분용도를 문의하여 M의 지시에 따라 2회에 걸쳐 5,600만원은 M의 예금계좌로 송금하고, 그 후 나머지 20만원을 M에게 교부하였다. 한편 피고 Y_2는 M의 누나, 피고 Y_3는 고등학교 동기동창으로서 그 절친한 친구, 피고 Y_4은 피고의 주거래 금융기관인 농협 여의도지점의 과장으로서 모두 피고에게 거액의 돈을 차용하여 준 사람들로서, 각자의 예금계좌에 대한 송금 방식으로 M으로부터 위 돈으로부터 채무의 변제를 받았다. 우선 대법원은 송금 및 반환의 경위에 비추어 볼 때 Y_1이 그 돈을 자신의 계좌로 송금받았다고 하여 실질적으로 이익의 귀속자가 되었다고 보기는 어려우므로, Y_1의 부당이득은 이유 없다고 판단하였다. 또한 Y_2 내지 Y_4에 대한 부당이득 반환청구에 대하여는, 그들이 M이 원고의 출납 담당 과장으로 각종 자금의 출납업무를 담당하고 있다는 사실을 잘 알고 있었고, 또한 그들 피고에 대한 송금의뢰인이 M 개인이 아닌 대한석탄공사로 되어 있었고, 송금받는 사람도 그들 명의가 아닌 상호명이 기재되어 있었는데도 그들이 이에 대한 별다른 확인조치를 하지 아니한 사실은 인정할 수 있지만, 한편 M은 주식투자 실패로 경제적으로 곤란한 상황에 있었음에도 부족한 금원을 원고의 공금을 몰래 횡령하는 방법으로 보충하면서 송금당시를 비롯하여 그 전후로 그들에게 어려운 경제사정을 계속 숨겨왔고, 그들은 M으로부터 송금받은 돈의 전부 또는 일부를 주식에 투자하여 달라며 다시 M에게 맡긴 사실에 비추어 보면, 그들이 M과 가까운 사이라는 것만으로 M이 원고의 금원을 횡령한 사실을 알았다고 단정하기에 부족하고, 송금의뢰인 및 송금받는 자의 명의가 M 및 그들 피고의 실명이 아니라는 점을 가볍게 생각하고 이를 확인하여 보지 아니하였다고 하여 피고들이 위 돈을 송금받아 취득한 것에 중대한 과실이 있다고 보기 어렵다고 판단하였던 것이다.

그러나 부당이득의 문제가 이와 같이 미세한 過失判斷에 걸리게 되는 부담이야말로 위의 대법원판결도 전제적으로 설시하는 부당이득제도에 대한 公平說的 把握(“부당이득제도는 이득자의 재산상 이득이 법률상 원인을 결여하는 경우에 공평·정의의 이념에 근거하여 이득자에게 그 반환의무를 부담시키는 것”)에 근본적인 의문을 가지게 되는 가장 중요한 이유의 하나인 것이다.

D. 費用不當利得

I. 費用不當利得의 特質

비용부당이득법은 민법에서 독자적인 채무발생원인으로 규정되어 있는 사무관리법(民 §§ 734-740)의 보충규범으로 기능한다. 타인의 채무를 변제하거나 타인 소유의 물건에 비용을 지출하는 등의 사안에서 비용지출자가 사무관리의 요건을 충족하지 못하는 경우에는 그로 인하여 그 타인이 얻은 이득의 반환에 관하여 비용부당이득이 문제된다.

1. 費用償還請求權의 弱化된 形態로서의 費用不當利得

이미 19세기 중엽에 비테가 이 부당이득유형을 "손실자 자신에 의한 이익제공" 및 "당사자 간의 법률행위의 부존재"라는 징표로써 구별한 바 있다.[382] 비용부당이득에 있어서는 급부부당이득의 경우와 마찬가지로 손실자 자신의 의사에 기한 재산상 출연이 존재한다. 그러나 급부부당이득에 있어서는 일반적으로 그 출연이 채무의 이행을 목적으로 하여 이루어짐에 반하여, 비용부당이득의 경우에는 실재하는 또는 실재한다고 오인된 채무관계는 애초 문제되지 않으며, 따라서 출연은 출연자의 주관에 있어서도 그것을 할 아무런 의무 없이 이루어지는 것이다.

이와 같이 제3자가 의무도 없으면서 타인에게 재산상 이익을 가져다 주는 경우에는, 우선 사무관리(Geschäftsführung ohne Auftrag)의 성립 여부가 문제된다. 만일 사무관리의 요건(타인의 사무를 처리한다는 의사의 존재 및 본인의 이익과 의사에의 부합)이 충족되면, 비용지출자는 그 비용의 상환을 구할 수 있으므로 부당이득의 문제는 발생하지 않는다. 그러면 이러한 요건이 충족되지 아니할 경우, 본인은 타인의 행위로 인한 이득을 보유할 수 있는가? 보통법에 있어서는 이 경우 사무집행자에게 事務管理反對訴權(actio negotiorum gestorum contraria)을 부여하였으나, 그 소권은 본인이 얻은 이익에 한정되었다. 그리고 빈트샤이트는 이것을 무원인으로 인한 부당이득반환소권(condictio sine causa)의 한 형태라고 설명하였는데,[383] 이것이 비용부당이득유형의 일원천인 것이다.

382) Witte, Die Bereicherungsklagen des gemeinen Rechts(1859), S. 1ff. 참조.
383) Windscheid(註 27), § 431 Anm.18(S. 930) 참조.

한편, 「타인의 사무를 자신의 사무라고 믿고 처리하는 때」에는 사무관리의 규정이 적용되지 않는다. 따라서 이 경우에 본인이 얻은 이득의 반환 등은 전혀 부당이득법에 맡겨지게 되는 것이다.

이와 같이 비용부당이득반환청구권은 民 § 739에 기한 비용상환청구권의 약화된 형태라고 할 수 있다.

2. 다른 不當利得類型과의 區別

(1) 비용부당이득에 있어서, 재산이동은 지출자 자신의 행위에 의하여 일어난다. 이 점에서는 급부이득과 유사하다. 그러나 급부이득의 경우에 그 재산이동이 의무의 이행을 위하여 행하여짐에 반하여, 비용부당이득의 경우에는 혹은 자기 자신을 위하여 이루어지거나(자기의 사무로서 행한 경우) 혹은 착오로 (본인의 의사 또는 이익에 불합치하는 경우) 이루어진다.

(2) 다른 한편, 침해부당이득의 경우에는 타인에 의한 권리 침해에 대한 권리자의 보호가 주된 관심사를 이룬다. 이렇게 보면, 비용이득이 발생하였다는 것은 동시에, 본인의 생활영역에의 ──권리침해 이외의 형태로 행하여진── 간섭이 있는 경우라고 할 수 있다. 그러므로 비용부당이득의 경우에는, 항상 이득이 본인의 의사에 기하지 않고 얻어졌다고 할 수 있고, 이와 같이 이득을 일방적으로 주고 그 반환을 청구하는데 대하여 이득자를 어떻게 보호할 것이냐 하는 것이 그 주된 문제라고 할 수 있을 것이다.

Ⅱ. 他人의 債務를 辨濟한 경우

1. 第三者의 辨濟

(1) 일반적으로 민법은 채무자 아닌 제 3 자도 유효하게 변제를 할 수 있다는 원칙 위에 서 있다(民 § 469 참조). 이 때 채무가 소멸하면, 변제자는 법정대위(民 § 481) 또는 임의대위(民 § 480)에 의하여 채권자를 대위하여 "자기의 권리에 의하여 구상할 수 있는 범위에서 채권 및 그 담보에 관한 권리를 행사할 수 있다"(民 § 482 Ⅰ). 그런데 위와 같은 변제자대위에 기한 채권 등의 취득은 구상권 그 자체와는 별개의 권리로서 오히려 그 구상권의 효력을 담보하기 위한 것이라고 이해되고 있다.

㈎ 그러므로 타인의 채무를 변제한 제 3 자가 채무자에 대하여 구상권

을 가지는지는 이러한 관점에서도 문제될 수 있다. 일반적으로 그 제3자가 채무자로부터 자기 채무를 이행하도록 위임을 받은 경우에는 제3자의 구상권은 위임인에 대한 수임인의 비용상환청구권(民 § 688)으로 인정된다. 또한 그러한 위임이 없었다고 해도, 제3자의 변제로서 유효한 경우에는 통상은 사무관리가 성립할 것이다. 우선 그것이 채무자의 「사무」를 처리하는 것임에는 의문이 없고, 나아가 그 채무 변제가 채무자 자신에게 불리한 것이 명백한 경우란 쉽사리 상정할 수 없기 때문이다. 그렇다면 그 경우 변제자는 사무관리자로서의 비용상환청구권(民 § 739)에 기하여 채무자에 대하여 구상할 수 있다.

(나) 한편 大判 96.9.20, 96다22655(公報 1996, 3132)는, 제3자가 그의 변제행위로 주채무를 소멸시킨 경우에는 주채무의 소멸로 보증채무도 소멸하는데, 변제를 한 그 제3자가 이제 채무를 면한 보증인에 대하여 부당이득반환청구를 할 수 있는지의 문제에 대하여 판단하였다. 그에 의하면, 民 §§ 480, 481 소정의 변제자대위가 성립하지 아니하는 한 그 제3자는 보증인에 대하여 부당이득반환청구 등의 어떠한 청구도 할 수 없다고 한다. 그리고 이어서 위와 같이 제3자인 원고의 출재로 인하여 주채무가 소멸되면 변제자로서는 주채무자에 대하여 자신의 출재에 대한 구상권을 행사할 수 있어 원고에게 손해가 있다고 보기도 어렵다고 하고, 이 점으로도 그의 부당이득반환청구는 받아들일 수 없다고 설시하여 위와 같은 결론을 내린 이유를 보강한다.

(2) 그런데 예를 들면 그 제3자가 자기 고유의 채무인 줄 알고 채무의 변제에 나아간 경우에는 사무관리는 성립하지 않는다. 변제가 제3자의 변제인지, 자기 고유의 채무의 변제인지는 변제를 수령하는 자의 관점을 기준으로 정하여진다고 할 것이다(소위 수령자관점설).[384] 그러므로 비록 변제자가 자기 자신의 채무인 줄 알고 변제를 하였더라도 변제수령자(일반적으로는 채권자)의 입장에서 합리적으로 판단할 때 그것이 채무자의 채무를 제3자가 변제하는

384) 예를 들면 大判 82.1.19, 80다3075(公 1982, 259)는 원고(부산시) 소속 공무원 갑이 을 명의의 인감을 위조행사하는 등의 직무상 불법행위에 의하여 을 소유의 부동산을 병에게 매도하여 소유권이전등기를 마쳤고, 병은 정 은행에 대한 차용금채무의 담보로 위 부동산에 근저당권을 설정한 후 정 은행이 임의경매를 신청하여 이를 경락받아 대출금채권과 경락대금지급채무를 대등액에서 상계하였으나, 을의 訴求에 따라 위 소유권이전등기 등 일련의 등기의 무효임이 확정된 다음 원고가 국가배상법에 따라 정 은행의 손해(부동산경락대금 상당액)를 배상한 사안에서 "원고의 위 배상은 국가배상법상의 책임에 기하여 정 은행의 위 손해를 배상한 것이지 병의 정 은행에 대한 대출금채무를 제3자로서 변제한 것은 아니"라고 하고 그러므로 원고의 위 출재가 법률상 원인 없이 이루어진 것이라고 볼 수도 없다고 판단하였다. 원고의 위 배상이 제3자의 변제가 아니라고 한 판단은 본문에서 본 수령자관점설의 입장에서도 타당하다고 생각된다.

것으로 이해되는 경우라면 그것은 民 § 469에서 정하는 제 3 자의 변제에 해당하여 채무자는 채무를 면하게 된다. 그러나 이 경우에는 사무관리는 인정되지 않는다. 주지하는 대로 사무관리의 주관적 요건으로 타인을 위하여 하는 의사, 즉 事務管理意思가 요구되는데, 위의 경우에는 이것이 결여되기 때문이다. 따라서 이러한 경우에는 비록 유효한 제 3 자의 변제로서 채무자는 채무로부터 해방되는 이익을 받았음에도 변제자는 사무관리자로서의 비용상환청구권을 가질 수 없는 것이다. 이와 같은 경우에 변제자는 부당이득을 이유로 채무자로부터 그 이득의 반환을 청구할 수 있는 것이다.

또한 제 3 자가 채무자의 채무인 줄 알면서 그것을 변제한 경우에도 그것이 채무자의 의사에 반한다는 것이 명백한 것일 수도 있다. 예를 들어 消費借主가 반환시기의 약정 없이 금전을 차용하였는데 그것이 無利子이어서 차주에게 유리한 것이고 借主가 이를 조기에 반환할 계획이 전혀 없이 이를 계속 이용할 의사임에도 불구하고 제 3 자가 이를 반환하는 경우(民 § 603 Ⅱ에 의하면, 반환시기의 약정 없는 소비대차에 있어서 차주는 언제든지 반환할 수 있다)가 그러하다. 이와 같이 채무자의 의사에 명백히 반하는 채무변제이어서 사무관리가 성립하지 않는 경우에도 어쨌거나 채무자가 얻은 「이득」은 부당이득으로 반환되어야 하는 것이다. 다만 이와 같이 「강요된 이득(aufgedrängte Bereicherung)」에 해당하는 경우에는 그 이득의 구체적 평가와 관련하여 어려운 문제가 제기된다(뒤의 Ⅲ. 3. 참조).

2. 他人債務의 錯誤辨濟

타인의 채무를 자기의 채무로 오인하고 이를 변제한 경우에는 民 § 745의 반대해석상 변제수령자, 즉 채권자를 상대로 부당이득반환청구를 할 수 있으며, 이것은 오히려 급부이득의 경우에 해당한다고 할 것이다. 그리고 民 § 745 Ⅰ은, 채권자가 선의로 증서를 훼멸하거나 담보를 포기하거나 시효로 인하여 채권을 잃은 때에는 채권자에게 반환청구를 할 수 없다고 정한다. 그리고 그 경우에는 채무자에 대하여 구상권을 행사할 수 있다고 한다(同條 Ⅱ). 이 제 1 항의 의미는, 동조 Ⅰ의 사유가 발생하면, 그 변제가 유효한 것이 됨을 전제로 하여 따라서 채무자는 그 채무를 면하게 되므로 변제자는 채무자에게 구상을 할 수 있다는 취지라고 해석된다. 따라서 이 경우에 변제자가 취득하는 "구상권"은, 바로 비용이득반환청구권을 의미하는 것으로 보아야 할 것이다.

왜냐하면 그렇지 아니하고 가령 사무관리로 인한 구상권으로 본다면 애초에 채권자에 대하여 취득한 급부이득반환청구권이 위 조항에 의하여 갑자기 보다 유리한 권리로 轉化하는 것을 승인하는 결과가 되어 부당하기 때문이다.

3. 自己 債務의 履行과 그로 인한 제 3 자의 免責 등 利得

(1) 채무자가 자신의 채무를 변제한 경우에 그 변제로 인하여 제 3 자가 채무 등을 면하는 이득을 얻는 경우가 적지 않게 있다. 전형적으로는 연대채무자 중 1인이 변제를 한 경우가 그러하다. 이러한 경우에 변제자가 채무를 면한 다른 제 3 자에 대하여 구상을 할 수 있는지에 대하여 법률에 규정이 있으면 이에 의하여야 함은 물론이고(民 §§ 425 이하, 441 이하 등. 한편 물상보증인의 구상권에 관한 民 § 341은 보증인의 구상권에 관한 규정에 의하도록 정하고 있다), 그 구상을 부당이득으로 청구하는 것은 구상부당이득의 보충적 성질상 허용되지 않는다.

(2) 한편 그와 같은 多數人의 각 채무가 부진정연대채무의 성질을 가지는 경우에 대하여는 구상에 관한 명문의 정함이 없는 일이 적지 않다. 이는 결국 연대채무에 관한 앞서 본 民 §§ 425 이하의 규정을 유추적용할 만한 근거가 있는가에 달린 문제라고 할 것이다.

가령 共同不法行爲(民 § 760)에 있어서 각 행위자는 그들의 내부관계에 있어서 각자의 과실비율에 따라 구상의무를 부담한다는 것이 확고한 판례의 태도임은 주지하는 대로이다. 그러므로 大判 96. 2. 9, 95다47176(公 1996, 919)은 공동불법행위자 중 1인을 위하여 신원보증을 선 보증인이 그 신원본인을 위하여 손해배상채무를 변제한 경우에 대하여 신원본인이 아닌 다른 공동불법행위자에 대하여 그 부담부분에 한하여 구상권 내지 부당이득반환청구권을 행사할 수 있다고 판시하고, 그러나 신원본인의 내부적 부담부분이 전부이고 다른 공동불법행위자의 부담부분이 없는 경우에는 신원보증인은 다른 공동불법행위자에 대하여 구상 내지 부당이득반환청구를 할 수 없다고 판시한다. 여기서는 부진정연대채무자들 사이의 내부관계에서의 구상문제로 다루어져야 할 것을 「구상권 또는 부당이득반환청구권」이라고 하여 兩者를 병기하는 것이 흥미롭다. 이것은 부당이득법이 흔히 형평법적·만병통치적 구제수단으로 잘못 인식되고 있음을 반증하는 것이라고 할 수 있을는지 모른다.

다른 한편 손해 또는 손실의 보상에 관한 사회보장급부와 민법상 손해배상책임의 관계에 대하여는 가령 근로기준법 § 90이나 산업재해보상보험법 § 54 등의 해석과 관련하여 복잡한 논의가 있으므로 여기서는 상론하지 않는다.[385]

Ⅲ. 他人 所有 物件에의 費用支出

1. 他人 所有 物件에의 費用支出에 대한 民法의 規定

(1) 민법은 타인 소유의 물건에 대하여 비용이 지출된 경우에 지출자에게 그 비용의 상환청구를 인정하는 규정을 적지 않게 두고 있다. 이에 대하여는 이미 民 § 203의 주해에서 개관한 바 있는데,[386] 本條의 서술에 필요한 한도에서 그 내용을 간략하게 요약하기로 한다.

민법의 비용상환청구에 관한 규정은 주로 물건에의 비용지출이 전제되어 있는 규정과 앞의 Ⅱ.에서 본 바와 같은 채무변제와 같이 그 이외의 사무를 처리하기 위한 비용의 지출이 예정되어 있는 경우로 크게 나누어 볼 수 있다.

우선 후자의 대표적인 예로는 受任人의 비용상환청구권(民 § 688 Ⅰ)[387]이나 事務管理者의 비용상환청구권(民 § 739)을 들 수 있을 것이다.

나아가 전자의 경우는 그 규정의 내용에 좇아 다시 이를 둘로 나눌 수 있다. 어느 경우에나 유익비의 상환에 대하여는 그것이 "그 가액의 증가가 현존한 경우에 한하여" 허용되며, 또 상대방의 선택에 좇아 지출액 또는 증가액을 상환하는 것으로 일률적으로 정하여져 있다. 그러나 그 중 첫번째 종류는 「통상의 필요비」를 특별히 취급함이 없이 일반적으로 필요비 전부의 상환을 청구할 수 있다고 정하는 것이다. 留置權者(民 § 325)를 필두로 動産質權者(民 § 343), 賃借人(民 § 626) 및 遺贈義務者(民 § 1081) 등이 그러하다. 두번째 종류는 占有者(民 § 203), 환매의 경우에 買受人이나 轉得者(民 § 594 Ⅲ), 使用借主(民 § 611 Ⅰ) 및 傳貰權者(民 § 309) 등과 같이 「통상의 필요비」에 대한 상환청구권을 전적으로 또는 일정한 요건 아래 부인하는 것이다.

(2) 이상의 규정에는 몇 가지 공통점이 있다.[388]

첫째, 소위 奢侈費는 그 상환을 청구할 수 없다는 것, 둘째, 「통상의 필요

385) 우선 金亨培, 勤勞基準法, 제 8 판(增補新版)(2001), 594 이하 참조.

386) 民法注解[Ⅳ], 411 이하(梁彰洙 집필) 참조.

387) 이 규정은 물건의 보관에 관한 任置에 준용되고 있다(民 § 701). 그러나 이것이 立法論的으로 적절한지 의문이 없지 않다.

388) 民法注解[Ⅳ], 412 이하(梁彰洙 집필) 참조.

비」가 아닌 필요비는 그 전액의 상환을 청구할 수 있다는 점, 셋째, 유익비의 상환은 그로 인한 물건의 가치증가가 현존한 경우에 한정하여 상환의무자의 선택에 좇아 그 지출액 또는 증가액의 상환을 구할 수 있다는 점, 넷째, 위와 같이 유익비를 상환하여야 할 경우에는 법원이 상환의무자의 청구에 의하여 상당한 상환기간을 허여할 수 있다는 것이다.

그리고 이러한 내용은 일정한 채권적 또는 물권적 법률관계에 있는 사람들 사이에서 비용상환이 문제되는 경우에도 준용되어야 할 것이다. 예를 들면 민법에 비용지출에 관하여 별도의 규정이 없는 地上權者의 비용상환에 대하여서 그러하다.

2. 他人 所有 物件에의 費用支出

(1) 문제는 그러한 채권적 또는 물권적 법률관계가 없는 사람들 사이의 비용상환에 대해서도 점유자의 비용상환청구권에 관한 民 § 203이 일반적 준거가 될 수 있는가 하는 점이다. 이 점에 대하여는 民 § 203은 "보다 일반적인 의미를 가지고 있는 것이고, **물건반환관계가 있는 경우**에 그 의무자가 지출한 비용의 상환에 관하여 一般的인 法理를 선언하는 규정이라고 할 수 있다. 다만 同條를 적용함에 있어서 특히 [통상의 필요비에 관한] 同條 Ⅰ 단서의 적용과 관련하여서는 … 통상의 필요비와 과실취득과의 상쇄가 인정될 수 있는가를 엄밀하게 음미하여 보는 것이 요구된다"(강조는 引用者)고 할 것이다.[389)]

(2) 당사자들 사이에 물건반환관계가 존재하지 아니하면서도 타인 소유의 물건에 비용이 지출되어 물건소유자가 「이득」을 얻는 경우도 얼마든지 있을 수 있다. 이와 같은 경우에는 사무관리의 요건이 충족되면 앞서 본 대로 그에 기하여 사무관리자는 비용 그 자체의 상환을 청구할 수 있다(民 § 739). 그러나 그 비용지출이 사무관리의사 없이 자신의 사무의 처리를 위하여 행하여진 때(가령 자신의 주거부분에 난방을 하기 위하여 자기 소유의 석탄으로 집합주택의 난방시설을 가동함으로써 다른 부분에도 난방이 행하여진 경우 등) 등에는 비용지출자는 부당이득의 반환을 청구할 수 있다.

3. 「強要된 利得」 기타 返還義務의 範圍에 관한 特殊問題

(1) 위에서 본 타인 채무의 변제나 타인의 물건에의 비용지출 등이 사무

389) 民法注解[Ⅳ], 414(梁彰洙 참조).

관리에 해당하지 않는 경우에는 그 「이득」이 비록 객관적으로는 인정될 수 있다고 하여도 이득자 자신의 개인적인 관점에 의하면 그보다 적거나 아예 없는 일도 있을 수 있다. 즉 객관적으로는 필요비 또는 유익비였다고 하더라도 소유자의 재산적 계획에 따르면 전혀 무가치한 경우가 그것이다. 예를 들면, 낡은 건물의 난방시설을 개조하였으나, 소유자는 그 건물을 헐고 새로운 건물을 지으려는 계획을 진행중이었던 경우와 같이, 또 그러한 계획을 가지고 있지 않다고 하더라도, 위의 경우 지출자의 비용이득의 반환청구를 인정한다면, 소유자는 자기의 재산으로부터 자신의 결정과는 상관 없는, 의외의 지출을 강요받는 결과가 된다. 영미법에서는 이러한 「강요된 이득」의 경우에는 반환청구 자체를 인정하지 않는 태도를 취한다고 한다.[390)]

(2) 그러므로 이 경우의 부당이득법은 반환의무의 내용을 정함에 있어서 반환의무자의 주관적 이득을 기준으로 하여야 할 것이다.[391)] 또한 비용지출자는 그 비용출을 개시한 때에는 "지체 없이 본인에게 통지하여야 한다"(사무관리자의 통지의무에 관한 民 § 736의 유추적용). 그러한 통지를 유책하게 게을리한 때에는 그 이후에 행하여진 비용지출로 인한 부당이득반환의무는 배제된다고 할 것이다.

(3) 이와 같이 넓은 의미의 「타인의 사무」를 처리한 경우에 적용되는 부당이득법이 사무관리법의 보충규범이라고 하는 관점에서 보면, 그 이득의 반환은 우선 비용지출자가 현실적으로 지출한 액을 넘지 못하며, 또 부당이득소송이 계속되는 시점에서의 이득자의 현존이익에 한정하지 않으면 안 될 것이다.[392)] 이것은 이득자가 그 이득의 사실을 아는 경우, 즉 악의라도 마찬가지이다. 이는 사무관리에 관한 民 § 739 Ⅲ을 보아도 이해된다. 그 규정에 의하면, 사무관리가 성립하는 경우에라도 관리자가 본인의 의사에 반하여 관리한 때에는 "본인의 현존이익의 한도에서" 비용상환을 청구할 수 있도록 하고 있다. 그렇다면 사무관리가 성립하지 않는 비용지출의 경우에는 더욱이 그 의무는 현존이익에 한정되어야 하지 않을까?

[梁 彰 洙]

390) König(註 36), S. 1573 참조.
391) 이와 같이 예외적인 「가치개념의 주관화(Subjektivierung des Wertbegriffs)」는 독일의 법이론에서도 인정되고 있다. MünchKomm/Lieb, § 812 BGB Rn. 269 m. w. N. 참조.
392) 또 같은 취지에서 이득의 현존의 주장 입증도 비용지출자가 부담하도록 하여야 한다.

第 742 條(非債辨濟)

債務 없음을 알고 이를 辨濟한 때에는 그 返還을 請求하지 못한다.

차 례

Ⅰ. 本條의 沿革과 立法理由

1. 序

채무가 존재하지 아니함에도 불구하고 이를 이행하기 위하여 급부가 행하여지는 경우는 종종 관찰된다. 일상생활에서 늘상 발생하는 소액의 채무를 깜빡 잘못하여 이중으로 변제하거나 지나치게 많이 변제하는 일은 반드시 드물지만은 않다. 또 그러한 채무가 아니더라도 계약이 강행법규에 위반하는 등의 이유로 애초부터 무효임에도 당사자가 이를 알지 못하고 또는 이를 알면서도 그 계약상의 채무를 이행하기도 한다.

이와 같이 존재하지 않는 채무, 즉 非債(indebitum; indu; Nichtschuld)에 대한 辨濟로 급부가 행하여진 경우에 그 급부의 수령자가 원칙적으로 이를 변제자에게 반환할 의무를 진다는 法理는 어느 나라에서든 일찍부터 인정되어 왔다. 그것은 獨民 § 741이나 이를 본받은 本條에서 정하는 바와 같은 부당이득에 관한 일반법리가 인정되지 아니한 법체계에서 특히 그러하다. 예를 들면, 로마법은 그러한 일반법리는 이를 알지 못하였지만, 非債의 不當利得返還訴權(condictio indebiti)을 오래 전부터 인정하고 있었다. 또 우리 나라나 독일과는 달리 부당이득에 관한 일반규정을 두지 않는 프랑스민법에서도 비채변제의 반환에 관한 규정은 애초부터 마련되어 있었다. 나아가 부당이득에 관한 일반규정을 두는 나라들에서조차 비채변제에 관하여는 별도의 규정을 두는 것이 일반적이다(비채변제에 관한 입법례에 대하여는 뒤의 2.(1) 참조). 바로 本條도 부당이득에 관한 일반규정인 民 § 741에 바로 이어서 非債辨濟에 대하여 규율하고 있다.

2. 本條의 沿革과 立法例

(1) 非債辨濟에 관한 立法例

채무를 부담하지 아니하는 사람이 채무의 이행을 위하여 급부를 한 경우에 그가 일정한 요건 아래서 그 급부의 반환을 청구할 수 있다는 것은 일찍부터 어느 法體系에서도 인정되고 있었고, 이는 契約이나 不法行爲에 버금가는 체계적 지위를 가지는 「不當利得」이라는 통일적 법제도를 알지 못한다고 하여도 다름이 없었다.

(가) **로마법**에서는 非債辨濟(indebitum solutum)를 이유로 하여 condictio (利得返還訴權 또는 不當利得返還訴權)[1]가 인정되었다.[2] 이 소권이 인정되기 위하여는 변제자가 「선의로」, 즉 자신에게 채무가 없음을 알지 못하면서 非債(indebitum)를 변제하였을 것이 요구되었다고 이해되고 있다.[3] 그러나 이러한 善意는 변제자측은 물론 수령자측에서도 요구되었으니, 만일 상대방이 상응한 채권이 자신에게 없

1) 로마법에서 condictio는 반드시 우리 민법상의 不當利得에 해당하는 사안유형만을 포함하는 것이 아니었으므로(가령 무방식의 소비대차에 기한 차주의 채무 등), 이를 「부당이득반환소권」이라고 옮기는 것에는 誤解의 素地가 없지 않다.

2) 우선 Kaser, Das Römische Privatrecht, Bd. 1, 2. Aufl.(1971), § 139 Ⅲ (S. 596) 참조. 물론 후에 관용된 「非債의 不當利得返還訴權(condictio indebiti)」이라는 용어가 이미 古典期에 쓰여졌는가에 대하여는 논의가 있다. 同所, Anm. 34 참조.

3) 무엇보다 Ulp. D. 12, 6, 1: "비채를 착오로 변제한 사람은 이 소권으로 반환청구할 수 있다. 그러나 채무 없는 것을 알면서 변제한 경우에는 반환청구는 배제된다(Et quidem, si quis indebitum ignorans solvit, per hanc actionem condicere potest; sed si sciens se non debere solvit, cessat repetitio)."(大意)

음을 알면서 변제를 수령하면, 이는 「窃盜(furtum)」에 해당하여(Scaev. D. 13, 1, 18), 窃盜訴權(actio furti)이라는 별도의 구제수단에 의하여 처리되었다. 한편 비채의 부당이득반환소권은 처음부터 채무가 전혀 성립하지 아니한 경우뿐만 아니라 채무가 성립하였으나 무효이거나 나중에 소멸한 경우, 나아가 채무에 항변(exceptio)이 부착된 경우에도 인정되었다.

유스티니아누스帝法에서 非債辨濟返還訴權 또는 非債의 不當利得返還訴權(condictio indebiti)은 독자적 유형으로 인정되어 學說彙纂과 勅法集의 독립항목의 題目으로 등장하였다(D. 12, 6; C. 4, 5). 유帝法은 법률의 착오(error iuris)도 반환청구권을 배제하는 것으로 일반화하였고 또 「선의」의 입증책임을 일반적으로 반환청구를 하는 사람에게 부담시켰다고 한다. 또한 변제자가 채무의 존재에 대하여 확신하지 못하는 상태에서 변제한 경우에 대하여는 반환청구가 배제되지 아니하고 이를 인정하는 것으로 하였다(C. 4, 5, 11).[4)]

(나) **프랑스민법**도 非債辨濟에 대하여는 별도의 규정을 두고 있다. 同法은 초기 보통법학의 전통에 좇아서[5)] 「準契約(quasi-contrat)」의 하나로——事務管理(gestion d'affaires)와 함께——非債辨濟(répétition de l'indu)를 규정한다(프民 §§ 1376 내지 1381).[6)]

프랑스법상의 비채변제제도의 特徵을 들어보면 대체로 다음과 같다.[7)]

첫째, 「주는 채무」의 이행만이 이 제도로 처리되고, 「하는(또는 하지 않는) 채무」의 이행은 거기서 말하는 「변제(paiement)」로 인정되지 않아서, 사무관리 또는 후에 판례나 학설에 의하여 인정된 바의 「부당이득(enrichessement sans cause)」의 법리에 의하여 처리된다.

둘째, 프랑스민법의 규정은 변제자의 「착오」를 비채변제로 인한 반환청구권의 요건으로 明定하지 않는데,[8)] 판례나 학설은 이를 긍정한다. 그런데 그 경우의 「착오」란 물론 우리의 民 § 109에서 정하는 바와 같은 의사표시상의

4) 이상 Kaser, Das Römische Privatrecht, Bd. 2, 2. Aufl.(1975), § 270 Anm. 13(S. 422f.) 참조.

5) 이에 대하여는 우선 Helmut Coing, Europäisches Privatrecht, Bd. 1: Älteres Gemeines Recht(1985), § 78 Ⅱ(S. 394ff.) 참조.

6) 이미 프民 § 1235 Ⅰ은 辨濟(paiement)와 관련하여 "변제는 모두 負債를 전제로 한다: 의무 없이 변제된 것은 반환청구의 대상이 된다(Tout paiement suppose une dette: ce qui a été payé sans être dû est sujet à répétition)"고 정한다.

7) 이는 주로 Starck/Roland/Boyer, Obligations, T. 3: Régime général, 4ème éd.(1992), no. 237 et suiv.(p. 141 et suiv.); Ferid/Sonnenberger, Das Französische Zivilrecht, Bd. 2 (1986), 2 N 4ff.(S. 428ff)에 의하였다.

8) 다만 프民 § 1377 Ⅰ에서 정하는 他人 債務의 錯誤辨濟의 경우는 예외이다. 이에 대하여는 여기서 詳論하지 않는데, 우선 梁彰洙, "他人債務의 錯誤辨濟", 人權과 正義 324 (2003. 8), 107 참조.

錯誤와는 다른 것으로서, 예를 들면 일단 변제하여 채무를 부담하지 않는 사람이라도 영수증을 잃어버리고 이를 찾지 못하리라 생각하여 다시 변제하였는데 나중에 이를 다시 발견하여 二重給付의 반환을 청구하는 경우에는 여기의 「착오」가 긍정된다. 한편 변제자의 重過失 있는 「착오」는 반환청구권을 배제한다.[9] 또한 수령자측의 사기나 강박에 의하여 비채가 변제된 경우는 변제자에게 착오가 있는 것과 同視되어서, 비록 변제자가 비채의 사실을 알았어도 반환청구권이 발생한다.

셋째, 비채변제로 인한 반환청구권의 內容에 관하여 보면 선의자의 반환의무가 현존이익으로 감소된다는 법리(民 § 748 II 참조)를 알지 못한다.

(다) 부당이득에 관하여 일반적 규정을 가지는 法制들에서도 비채변제에 대하여는 별도의 규정을 두는 것이 통상이다. 그리하여 예를 들면 **독일**에서는 獨民 § 813 I 제1경우가 "채무이행의 목적으로 급부된 것은 급부자가 급부할 의무가 없음을 알고 있었던 때 … 에는 그 반환을 청구할 수 없다"고 하고 비채변제의 경우를 일반부당이득에 관한 同法 § 812 I 제1문과는 별도로 정하고 있다.

독일민법의 제정 전에는 事情이 달랐다. 사비니는, 비채변제의 경우에 반환청구권이 인정되는 근거를 채무의 존재에 관한 변제자의 착오에서 찾았다.[10] 그리하여 예를 들면 빈트샤이트는 그의 『판덱텐교과서』에서 변제자가 채무의 존재를 착오로 믿었어야 하고, 나아가 그 착오에 대하여 「과책 없어야(entschuldbar)」 한다고 설명하고 있다.[11]

독일민법의 起草過程에서는 이 점과 관련하여, "부당이득반환청구권이 발생하기 위하여는 그 변제가 행하여진 채무가 존재하지 않음에 대한 주장과 입증만으로 족한가, 아니면 급부가 채무의 존재에 관한 착오에 기하여 야기되었음을 특히 주장하고 입증하여야 하는가" 하는 문제가 다루어졌다. 제1위원회는 前者의 입장을 취하기로 하여, 반환청구자가 착오를 주장·입증하는 것은

---

9) 이태리민법에서도 비채변제를 이유로 하는 반환청구에서 "변명될 수 있는[과책 없는] 착오(errore scusabile)"를 요구한다(同法 § 2036 I).

10) Savigny, System des heutigen Römischen Rechts, Bd. 3(1840), S. 360f.; Bd. 4(1841), S. 34 Anm. C; 그리고 무엇보다 Bd. 5(1841), S. 521f. 참조.

11) Windscheid, Lehrbuch des Pandektenrechts, Bd. 2, 9. Aufl.(1906), § 426, 3(S. 896f.). 그리고 당시의 판례도 같은 태도를 취하였다고 한다. Staudinger/Lorenz(12. Aufl., 1986), § 814 Rn. 1 참조(RGZ 44, 136, 141을 인용한다). 그러나 빈트샤이트도, 단순한 의심은 착오와 동시되며, 채무의 부존재에 대한 積極的 認識(positives Wissen)만이 반환청구권을 배제한다고 한다.

불필요하며 상대방에게 채무의 부존재를 알았다는 점에 대한 입증책임을 지우는 것으로 결정하였다. 『理由書』는 우선 여기서 실질적으로 문제되는 것은 立證責任뿐이며, 요구되는 「착오」란 채무의 존재를 알지 못하였다는 것과 같은 의미임을 명확하게 한다.[12] 나아가 "반환청구자로 하여금 착오를 입증하도록 요구하는 法域에서의 경험에 의하면, 그러한 태도를 취하게 되면, 반환청구자가 실체적 권리에 반하여 구제를 받지 못하거나, 아니면 누구도 착오 없이는 비채를 변제하지 않는다는 추정에 기하여 그러한 입증을 사실상 요구하지 않는 결과가 된다." 그러므로 「實際上의 適切性과 合目的性의 관점에서」 보아 위와 같은 태도를 취하는 것이 정당하다는 것이다. 그리고 착오에 대하여 과책 없어야 된다거나("최근의 입법은 모두 이를 구분하지 않는다"), 사실착오와 법률착오를 구분하는 태도는 취하지 아니하기로 하였다.[13]

그 후의 입법과정에서도 이 立法的 選擇에는 異論이 없었고, 단지 字句나 位置와 같은 「편집상의 수정」에 그치고 있다.

(라) 또한 스위스에서도 債務法 § 63 I 은 "비채를 임의로 변제한 사람은 그가 채무에 대하여 착오에 빠졌음을 증명할 수 있는 경우에만 그 급부한 것의 반환을 청구할 수 있다"고 하여 同法 § 62 I 의 一般不當利得과는 별도로 정한다.

스위스의 학설은, 이 규정이 급부부당이득의 한 종류를 규정한 것으로 이해하면서, 채무의 이행이 自意로 행하여진 경우에는 통상의 부당이득요건 외에 특히 변제자의 錯誤가 별도로 요구된다는 것을 명확하게 정한 것이라고 설명한다.[14]

(2) 本條의 沿革

(가) 本條는 依用民法 § 705와 같은 내용을 정한다. 우리 민법의 제정과정에서 本條에 대하여는 별다른 논의가 없었다.[15] 그런데 依用民法 § 705가 "채무의 변제로서 급부를 한 자가 그 당시 채무의 존재를 알았던 때에는 그 급부한 것의 반환을 청구하지 못한다"고 하여 꽤나 번잡한 문언을 취하고 있

12) 이 점은 現今 독일의 학설에서도 다를 바 없다. 우선 MünchKomm/Lieb, § 814 BGB, Rn. 2(3. Aufl., 1997, S. 1304) 참조.

13) 이상 Motive, Bd. 2, S. 833f. = Mugdan, Bd. 2, S. 465f. 참조.

14) 예를 들면 Guhl/Merz/Koller, Das Schweizerische Obligationenrecht, 8. Aufl.(1991), § 27 Ⅳ(S. 208); Honsell/Vogt/Wiegand(Hrsg.), Obligationenrecht I(1992), Art. 63 Rn. 1 (S. 426)(Schulin 집필) 참조.

15) 가령 民法案審議錄, 上卷(1957), 435 下段: "現行法 제705조와 同一趣旨이다."

었던 것에 비하면, 우리 本條는 그야말로 간단명료하다.

(나) 日民 § 705의 입법과정에서 同條에 대한 입법이유와 관련하여 다음과 같은 설명이 행하여지고 있다.

> "本條는 不當辨濟 또는 非債償却의 반환청구에 관한 요건을 규정하는 것으로서, 채무의 변제로서 급부를 한 자는 어떤 사실을 증명하지 아니하면 그 급부한 것의 반환을 청구할 수 없음은 여러 나라의 입법례가 공히 인정하는 바이다. 그런데 변제자가 증명을 요하는 사실에 이르러서는 아직 歸一되지 않는다. 즉 旣成法典[일본 구민법을 말한다] 財産編 제365조 제 1 항은 프랑스민법 기타 이에 모방한 여러 나라의 입법례에 좇아 변제자는 채무가 존재하지 아니함은 물론 착오로 변제하였음을 증명하여야 한다고 함에 반하여, 작센민법 기타 두셋의 입법례는 단지 채무가 존재하지 아니함을 증명함으로써 족하고 착오는 법률상 이를 추정된다고 한다. 무릇 本條와 같은 경우에 변제자로 하여금 채무의 존재에 관한 착오를 증명하게 하는 것은 극히 곤란하고, 그로 말미암아 때때로 사실에 반하는 결과를 생기게 할 우려가 있을 뿐 아니라, 필경 수익자는 채무가 존재하지 않음에도 불구하고 변제를 받은 것이기 때문에, 本案[일본민법 초안]은 실제의 편의를 고려하여 변제자는 단지 채무가 존재하지 아니함을 증명할 것을 요하고 착오를 증명할 것까지에는 미치지 않도록 하고, 그러나 변제자가 채무가 존재하지 않음을 알고 급부를 한 때에는 물론 그 반환청구를 허용할 이유가 없으므로, 수익자가 그 사실을 증명하면 변제자는 급부의 반환을 청구할 수 없다고 하였다."[16] (꺾음괄호 안은 引用者가 부가한 것이다. 이하 같다.)

이로써 일본민법의 경우에는 앞서 본 スイス債 § 63 I 의 경우와는 명백하게 달리 변제자가 채무 없음을 알았다는 점에 대하여는 반환청구를 부인하는 상대방측에서 이를 입증하여야 한다는 것이 입법자의 의사임을 명확하게 알 수 있다.

3. 本條의 立法趣旨

(1) 이상의 입법례와 연혁에서도 알 수 있는 대로, 비채변제를 이유로 하는 반환청구권과 관련한 法問題의 要目이 되었던 것은, 비채변제로 인한 반환청구권이 제한 또는 부인되는 요건을 어떻게 정할 것인가 하는 점이다.

즉, 채무 없는 사람이 자의로 채무의 이행을 위하여 급부를 한 경우에는 통상은 그 급부의 「법률상 원인」이라고 이해되는 채무 그 자체 또는 변제목적(causa solvendi)이 없거나 달성될 수 없어서, 급부수령자에 초점을 맞추어 볼

16) 未定稿本 民法修正案理由書, 605 이하.

때, 그가 이를 계속 보유할(Behalten-dürfen) 근거가 없으므로 원래라면 그 반환청구권이 인정되는 것이 옳을 것이다. 그럼에도 불구하고 채무 없는 사람이 그 사실을 알면서 변제를 하는 때에는, 혹 변제의 당사자들 사이에 증여의 합의가 있는 경우도 있고, 혹 그것이 소위 自然債務의 이행인 경우도 있고, 혹 변제자가 채무를 추상적·무인적으로 승인하여 변제하는 경우 등도 있지 않을까. 나아가 이와 같이 변제에 「법률상 원인」이 있다고 하여야 할 경우에 해당하지 아니하는 때라도, 급부자에 초점을 두고 보면, 도대체 채무가 없음을 잘 알면서(또는 경우에 따라서는 일정한 過失에 기하여 그것을 잘 알아보지 아니하고서) 굳이 변제를 한 사람이 나중에 그 반환을 청구하는 것을 法秩序가 그대로 용납하여야 할 것인가, 그것은 사람의 일시적이고 무정형인 기분이나 감정에 따라 주었다가는 뺏고 하는 것을 법질서가 정당한 것으로 뒷받침하는 부당한 결과가 되지 않는가 하는 문제가 제기되는 것이다.

本條는 이러한 規律觀點에서, 비록 급부수령자에게 그 급부를 보유할 「법률상 원인」이 없는 경우에도, 급부자가 급부 당시 "債務 없음을 알"았던 때에는, 부당이득반환청구가 배제된다는 취지를 정한 것이다. 다시 말하면 本條는 그 앞의 民 § 741에서 일반부당이득과 관련하여 설정한 "法律上 原因 없이"라는 핵심적 요건을 보다 제한함으로써 부당이득반환청구권의 발생이 배제되는 경우를 추가적으로 규율하는 것이다.[17]

(2) 한편 本條의 입법이유와 관련하여 이를 단지 "변제자가 그 변제를 할 때에 「채무가 존재하지 않았음을 알고 있었던 경우」에는, 返還請求權을 주어서 이를 보호할 필요가 없다"고 설명하는 것[18]은 지나치게 단순하다고 여겨진다. 그 경우의 변제자를 보호할 필요가 없다고 할 이유가 보다구체적으로 제시되어야 할 것이다. 앞의 (1)에서도 시사한 바를 부연하여 보면 대체로 다음과 같다.

本條는 한편으로 비채변제의 사안에서의 效率的인 法的 解決의 추구라는 관점에 의하여 설명될 수 있다고 생각된다. 헤크가 말하는 대로 "급부자가 채무가 존재하지 않음을 안 경우에는 그는 실제로는 채무의 변제라는 효과가 아니라, 다른 무엇을 ——증여를 위해서든, 화해를 위해서든, 도의상 의무의 이행

17) 우선 MünchKomm/Lieb, § 814 BGB, Rn. 1(S. 1306) 참조.

18) 郭潤直, 債權各論, 제 6 판(2003), 360. Esser, Schuldrecht, Bd. 2, 4. Aufl.(1971), § 103 I 4 a(S. 353)도, 獨民 § 814 제 1 경우를 "급부자의 보호무가치(Schutzunwürdigkeit des Leistenden)라는 관점"에서 설명한다.

을 위해서든 또는 드러나지 않은 반대급부를 얻기 위해서든── 의욕한 것이다."[19] 이와 같이 채무가 존재하지 않음을 알면서 변제를 한 경우에는 그에 수반하여 흔히 수령자의 급부를 정당화할 만한「법률상 원인」이 생길 수 있다. 그런데도 사후에 변제자가 그것이 없음을 들어 반환을 구하는 경우에는 그 存否에 관한 분쟁의 원인을 제공하여 법 또는 법원에 무익한 부담을 제기한 변제자에게 불리한 법적 해결을 줌으로써 그 분쟁을 간명하게 해결하겠다는 것이 바로 本條의 취지인 것이다.

다른 한편으로 本條는 신의칙의 한 파생원칙인 선행행위에 반하는 행태(venire contra factum proprium)는 금지된다는 원칙에 의하여도 설명될 수 있을 것이다.[20] 그런데 同條는 수령자가 악의이면 변제자가 채무 없음을 알았어도 반환청구권이 인정된다고는 정하고 있지 아니하다. 그러므로 本條를 변제를 수령함으로써 변제수령자에게 발생한 信賴를 보호하려고 한다는 내용으로는[21] 위 원칙을 적용할 수 없을 것이다. 오히려 그 원칙을 동조의 입법이유로 끌어들임에 있어서 결정적인 사정은, "채무 없음을 알면서 급부한 자는 자기 보호의 훨씬 단순한 가능성, 즉 이행의 거절(또는 단지 이행하지 아니함)이라는 가능성을 스스로 포기하였는데도, 후에 매우 비용이 많이 들고 귀한「資源」인 법원의 보호를 받으려고 함으로써 스스로를 위와 같은 자신의 선행행태와 참을 수 없는 모순에 빠뜨렸다는 점"에 있는 것이다.[22] 그러므로 本條에서 작용하는 선행행위에 반하는 행위 금지의 원칙은 信賴原則에 의하여서가 아니라 比例原則에 의하여 구체화되는 바의 그것이라고 볼 것이다.[23]

(3) 결론적으로 本條가 변제자가 채무 없음을 알면서 변제가 행하여진 경우에 그 반환청구를 배제하는 이유는 다음과 같이 설명될 수 있으리라고 생각된다.

---

19) Heck, Grundriß des Schuldrechts(1929), § 142, 2 b(S. 424).

20) Larenz/Canaris, Lehrbuch des Schuldrechts, Bd. 2, Hbbd. 2, 13. Aufl.(1994), § 68 Ⅲ 1 a (S. 160f.); MünchKomm/Lieb, § 814 BGB, Rn. 2(S. 1303f.); Reuter/Martinek, Ungerechtfertigte Bereicherung(1983), § 6 Ⅰ 1(S. 183f.); Koppensteiner/Kramer, Ungerechtfertigte Bereicherung, 2. Aufl.(1988), § 7 Ⅰ 3(S. 54) 등 참조. 특히 독일의 판례(예를 들면 BGHZ 36, 232, 235; BGHZ 73, 202, 205 등)는 이러한 입장을 천명하고 있다고 한다.

21) 그러나 Reuter/Martinek(前註), 同所는 그와 같이 설명한다.

22) 헤크가 앞의 註 19의 본문에서 인용한 글에 바로 이어서, "이제에 와서 그 효과로는 충분치 않다고 생각한다고 하여도, 법질서는 이러한 그의 意思變更을 보호할 아무런 이익도 없다"고 하는 것도 이러한 설명과 무관하지 않을 것이다.

23) 이상 인용문을 포함하여 Larenz/Canaris(註 20), § 68 Ⅲ 1 a(S. 161). 여기서도 "매우 비용이 많이 들고 귀한「資源」인 법원의 보호"라는 문언에서 첫째 이유로 든「효율적인 법적 해결의 추구」라는 관점을 아울러 추출할 수도 있을 것이다.

첫째, 일정한 法政策的 考慮이다. 어떠한 先在의 채무가 없음을 스스로 알면서도 변제를 위하여 급부를 하는 경우에는, 통상 그 변제자에게 그럴 만한 상당한 이유가 있을 것이다. 그것은 증여 목적일 수도 있고, 도의상·의례상의 급부일 수도 있고, 반드시 합의된 것은 아니지만 상대방으로부터 변제자에게 유리한 어떠한 결정이나 태도 또는 나아가 어떠한 반대급부를 끌어내기 위한 것일 수도 있다. 이러한 경우들에서는 급부의 보유에 「법률상 원인」이 있는 것이므로, 단지 채무 없음을 이유로 하는 반환청구는 당연히 배제되어야 한다. 그러므로 변제자가 단지 채무 없이 변제하였다는 것만을 주장하여 이제 그 급부의 반환을 청구해 오더라도, 이 경우에 「법률상 원인」의 존부를 둘러싼 다툼의 원인을 제공한 것은 바로 변제자이므로(그는 애초 그러한 급부를 할 의무가 없었고, 또 이를 알고 있었다), 그 반환청구를 부정함으로써 그 다툼이 법원 등에 의하여 심리되어야 하는 부담을 지우지 않겠다는 것이다.

둘째, 변제자의 반환청구는 矛盾行爲禁止의 原則에 반한다는 것을 들 수 있다. 즉 "채무 없음을 알면서 급부한 자는 자기 보호의 훨씬 단순한 가능성, 즉 이행의 거절이라는 가능성을 스스로 포기하였는데도, 후에 매우 비용이 많이 들고 귀한 「資源」인 법원의 보호를 받으려고 함으로써 스스로를 위와 같은 자신의 선행행태와 참을 수 없는 모순에 빠뜨렸다"는 것이다.[24)]

이상을 종합하면, 本條는 한편으로 비채변제의 사안에서의 효율적인 法的解決의 추구에, 다른 한편으로 선행행위에 모순하는 변제자의 행태에 대한 제재에 그 입법이유가 있다고 할 것이다.

(4) 이러한 입법이유에 비추어, 本條의 해석에 관하여 일정한 구체적 귀결이 설명될 수 있다고 생각된다. 예를 들면, 변제자가 채무의 부존재를 적극적으로 인식하여야 하고 그 채무의 존재를 의심한 것만으로는 불충분하다거나(뒤의 Ⅱ. 3. (1) ㈎ 참조), 변제자가 채무 없음을 알면서도 변제하여야 할 만한 合理的 事情이 있었던 경우에도 동조는 적용되지 아니하여 반환청구를 할 수 있다거나(뒤의 Ⅱ. 3. (2) ㈏ 참조)하는 것이 그러하다. 또 장래 채권관계가 발생할 것을 기대하면서 그 채권관계의 내용이 되는 급부를 미리 행하는 경우도 엄밀한 의미에서는 非債의 변제에 해당하지만 후에 채권관계가 원래의 의도대로 발생하지 아니한 경우에는 그 반환을 청구할 수 있다거나 하는 것(뒤의 Ⅱ. 3. (3) 참조) 등도 마찬가지일 것이다.

24) 앞의 註 22 및 그 본문 참조.

4. 本條의 體系的 地位

(1) 本條는, 앞의 3.(1) 말미에서도 말한 대로, 부당이득반환청구권의 일반적 요건을 정하는 § 741을 전제로 하여 부당이득사안 중의 일정한 경우, 즉 非債辨濟의 事案에 대하여 반환청구권의 발생요건을 強化하는 것이다. 다시 말하면 변제수령자로서는 그가 받은 급부를 계속 보유할 「법률상 원인」이 없는 경우이지만 그래도 그는 변제자가 "채무 없음을 알고" 변제하였음을 주장하여 그 반환청구를 부인할 가능성을 열어 주는 것이 本條의 존재이유인 것이다. 그러므로 이러한 특별한 要件強化가 인정되는 이유(이에 대하여는 위의 3. 참조)은 물론이고, 이와 관련하여 本條가 적용되는 범위 및 요건이 특히 문제된다.

(2) 한편 민법은 § 742에 이어서 §§ 743 내지 745의 3개조에서 변제의 반환을 청구하지 못하는 경우를 규정하고 있다.

우선 § 743은 채무가 존재하기는 하나 아직 그 기한이 도래하기 전에 변제한 경우를 정하므로, 여기서는 애초 비채변제가 문제되지 않는다. 그러므로 이는 채무가 없음에도 변제가 행하여진 경우에 대하여 정하는 本條와는 일단 규율대상을 달리하나, 예를 들면 정지조건부·시기부 채무 기타 「장래」의 채무와 같이 말하자면 兩者의 경계에 놓여 있어 논의를 요하는 경우도 없지 않다.

나아가 § 744는 소위 「도의관념에 적합한 변제」에 대하여 규정하고 있다. 同條도 비채변제가 행하여진 것("債務 없는 자가 … 辨濟한 경우")을 전제로 하지만, 그것이 "錯誤로 인"한 경우, 즉 변제자가 채무가 있다고 잘못 알고 변제한 경우를 두고, 나아가 그 변제가 도의관념에 적합하면 반환청구를 하지 못한다고 규율하는 것이다. 그러므로 변제가 "채무 없음을 알"면서 행하여졌음을 이유로 반환청구를 배제하는 本條와는 규율영역을 달리하는 것이라고 하겠다.

또한 § 745는 "채무자 아닌 자가 착오로 인하여 타인의 채무를 변제한 경우"에 대하여 규율한다. 이 역시 변제자를 기준으로 보면 그가 부담하지 아니하는 채무를 변제하였다는 점에서 비채변제의 한 경우이기는 하나 그 특징은 ── 변제수령자의 입장에서 보면 변제자 아닌 다른 사람에 대하여는 채권을 가지고 있었다는 객관적 측면과 아울러 ── 주관적으로 역시 그 변제가 "錯誤로 인"하여 이루어졌다는 것이다. 그러므로 앞서 본 § 744에서와 마찬가지로 이 경우도 本條와는 규율영역이 같지 않다.

결국 §§ 744, 745는 本條에서 정하는 바의 반환청구배제의 요건을 충족하지 못하여 원칙적으로 급부를 반환하여야 할 터인 경우에 대하여 나아가 특별히 그 반환청구를 부정하는 별도의 사유를 정하는 규정이라고 할 수 있을 것이다.

Ⅱ. 本條의 適用要件

1. 債務履行을 위한 給付

(1) 먼저 債務를 履行하기 위하여 일정한 給付가 행하여져야 한다. 급부가 辨濟原因(causa solvendi)으로 행하여지지 아니한 경우, 예를 들면 贈與原因(causa donandi)이나 貸與原因(causa credendi)으로 행하여진 경우에는 本條는 적용되지 아니한다. 또한 예를 들면 약혼자의 영업소에서 노무를 제공하였는데 후에 약혼이 파기된 때 등과 같이 소위 「目的不到達로 인한 不當利得返還請求(condictio ob rem)」가 문제되는 경우에도 급부가 채무이행을 위하여 행하여진 것이 아니므로 本條에 의하여 반환청구가 배제될 여지가 없다.[25]

給付原因에 관한 合意의 유무는 의사표시의 해석에 준하여 객관적으로, 즉 수령자의 관점에서 합리적으로 평가한다면 이해되는 바대로 판단된다.[26] 또 給付 자체가 반드시 새로이 행하여질 것까지 요구되는 것은 아니며, 요컨대 채무이행의 사실이 있으면 족하다. 그러므로 채권자에게 미리 지급하여 두었던 證據金을 실제로는 존재하지 않는 損害賠償債務의 변제에 충당하기로 한 경우에도 이 요건을 충족한다.[27]

(2) 辨濟의 當事者와 관련하여 본다.

(가) 채무자가 아닌 제 3 자가 제 3 자로서 이행한 경우(民 § 469)라도 本條에 의하여 변제자의 반환청구가 부인될 수 있다. 예를 들면 제 3 자가 채무 없음을 알면서 제 3 자로서 변제한 경우가 그러하다(한편 이 경우 악의의 주체가 누구인가에 대하여는 뒤의 3.(4) 참조). 물론 그 경우 제 3 자의 변제로서 유효하면, 本條의 적용이 문제되기 전에 애초부터 반환청구권이 인정될 여지가 없다.

---

25) 독일의 학설로 우선 MünchKomm/Lieb, § 814 BGB, Rn. 4(S. 1304) 참조.

26) 郭潤直(註 18), 361이 "給付者만이 贈與意思를 가졌을 뿐이고, 辨濟의 受領者에게 그런 意思가 없었다면, 贈與契約은 성립하지 않고 不當利得이 된다"고 하는 것은, 이러한 취지라고 추측된다. 그 외에 註釋債各(Ⅲ), 182(金先錫 집필)도 참소.

27) 註釋債各(Ⅲ), 182(金先錫 집필). 日大判 1915(大 4). 4. 20(民錄 21, 547)의 사안이다.

(나) 채무자가 변제를 한 경우라도 이행의 상대방이 채권자(또는 변제수령권을 가지는 사람)가 아닌 사람이어서 변제의 효과를 가지지 못하는 때에는 本條가 적용된다. 예를 들면 채무자가 진정한 상속인이 아닌 사람에게 변제한 경우가 그러하다. 수령자가 스스로를 眞正한 權利者라고 믿었는지 여부는 영향이 없다. 물론 그 경우에 民 §§ 470, 471에 의하여 변제가 유효하면, 애초부터 반환청구권이 발생하지 아니한다.

(3) 변제자가 행한 급부가 그가 존재한다고 생각하였던 債務의 "內容에 좇은" 것이 아닌 경우, 예를 들면 일부급부나 불완전급부의 경우에도 本條가 적용된다.[28] 즉 채무의 내용에 좇지 아니한 급부라도 변제자가 그 채무가 존재하지 아니함을 알면서 이를 실행하였던 때에는 그 반환을 청구하지 못하는 것이다.

(4) 원래 의미의 *辨濟* 외에 *代物辨濟*·供託·相計와 같은 변제에 준하는 사유의 경우에는 어떠한가? *代物辨濟*에 대하여는 일반적으로 本條의 적용이 긍정되고 있다.[29] 나아가 供託이나 相計의 경우에도 이를 달리 볼 이유가 없다고 할 것이다. 그러므로 채무 없음을 알면서 공탁한 경우에는, 공탁자가 供託物回收權을 행사하는 것은 별론으로 하고, 공탁물을 수령한 채권자에 대하여 부당이득을 이유로 반환청구를 할 수는 없다. 또 자신에게 채무가 없음을 알면서 자신의 債權으로 非債와 상계하는 의사표시를 한 경우에는, 本條를 유추적용하여, 自動債權의 소멸을 인정할 것이다.

그런데 강제집행에 의한 채권 만족은 변제자의 의사에 기하지 아니하고 행하여지는 것으로서, 本條는 적용되지 아니한다.[30]

2. 債務의 不存在

변제자가 당해 급부에 의하여 이행하려고 한 債務가 존재하지 않아야 한다. 여기서는 그 주요내용을 요약하는 데 그치기로 한다.

(1) 채무가 전혀 존재하지 아니하였던 경우가 이에 해당함은 물론이다.

28) 同旨: 郭潤直(註 18), 361; 松坂佐一, 事務管理·不當利得, 新版(1973), 180.
29) 註釋債各(Ⅲ), 184(金先錫 집필).
30) 同旨: 註釋債各(Ⅲ), 183(金先錫 집필). 한편 大判 76. 12. 14, 76다2212(集 24-3, 453)는 "변제가 강제집행에 의하여 이루어졌을 경우에는 비채변제가 성립할 여지가 없다는 원심판시는 정당"하다고 설시한다. 그러나 이 판결은 압류·전부명령상의 제 3 채무자가 전부채권자에게 ── 원래의 채무액을 넘어 ── 임의로 변제한 事案에 대한 것이다. 따라서 이 사건에서 채권의 이전이 강제집행의 결과로 행하여졌을 뿐이므로, 위 설시는 先例로서 기능할 여지가 거의 없다고 생각된다.

예를 들면 피상속인이 채무를 부담하였었다고 생각하여 상속인이 이를 변제하는 경우가 그러하다.

뿐만 아니라 채무발생의 원인인 법률행위가 無效인 경우나[31] 채무가 일단 발생하였으나 후에 그 원인인 행위의 취소·해제 등으로 인하여 채무가 소멸한 경우도 마찬가지이다. 取消나 解除의 경우에 급부 당시에는 아직 취소 등의 의사표시가 행하여지지 않아서 채무가 유효하게 존재하였으나 그 후에 그 의사표시로 채무가 소급적으로 소멸한 경우에도 다를 바 없다(한편 그 때 取消權 등의 존재를 알면서 급부한 경우에 대하여는 뒤의 3. (1) (개) 말미 참조).[32]

또 하자 없이 성립한 채무가 변제·상계 등의 사유로 이미 소멸한 경우(소위 二重辨濟)도 이 요건을 충족한다. 나아가 채무가 존재하더라도 그 내용을 量的으로 초과한 급부가 행하여진 경우(소위 過剩辨濟)에 그 초과부분은 역시 이에 해당한다.

한편 채권의 소멸시효가 완성된 경우에 대하여, 채권이 바로 소멸한다는 소위 절대적 소멸설에 의하면 이 경우도 이에 해당하나, 시효소멸을 알면서 변제한 경우에는 時效利益을 포기하였다고 볼 것이고, 그 점을 모르고 변제하였어도 이는 "道義觀念에 適合한" 변제에 해당하여 그 반환을 청구할 수 없다고 할 것이므로, 결국 本條의 적용은 문제되지 아니한다.

(2) 停止條件附 또는 始期附 법률행위에서 아직 조건이 성취되지 아니하거나 기한이 도래하지 아니한 상태에서 당해 법률행위상의 채무를 이행한 경우는 일단 채무가 발생하지 아니하였으므로 적어도 「채무의 부존재」라는 本條의 適用要件은 이를 충족한다.[33] 그런데 아직 급부가 반환되지 아니한 상태에서 조건이 성취하거나 기한이 도래한 경우에는 이를 「기한전 변제」와 동시하여 民 § 743을 유추적용할 것이고, 이제 이는 非債辨濟에 해당하지 않는다고 할 것이다.[34] 한편 위 경우에 변제자가 조건의 성취 등이 확정되지 아니한 동

31) 그 법률행위가 民 § 103에 의하여 또는 強行法規에 반하여 무효인 경우에도 마찬가지이다. 다만 이 경우에는 별도로 民 § 746(不法原因給與)에 의하여 반환청구권의 배제가 문제될 수 있을 뿐이다(이들 경우 전부가 당연히 불법원인급여에 해당한다는 의미가 아니다).

32) 同旨: 郭潤直(註 18), 361.

33) Enneccerus/Lehmann, Recht der Schuldverhältnisse, 15.Bearbeitung(1958), § 223 I 2c (S. 894); 松坂佐一(註 28), 178. 다만 조건성취에 의하여 법률행위가 소급적으로 효력을 가지게 되는 경우에는 존재하는 채권에 대하여 변제가 행하여진 셈이 되어 애초 非債辨濟에 해당하지 아니하여 애초 本條의 문제가 제기될 여지가 없다. 이에 대하여는 四宮和夫, 事務管理·不當利得·不法行爲, 上卷(1981), 144 註 1 참조.

34) 스위스의 同旨의 견해로 우선 Andreas von Tuhr/Hans Peter, Allgmeiner Teil des

안에 대하여는 뒤의 3.(3) 참조.

3. 辨濟者가 債務 없음을 알았을 것

(1) 本條에 의한 반환청구권 배제를 위하여는 급부의무의 부존재 자체에 대한 積極的 認識이 요구된다. 이는 앞의 I. 3.에서 본 本條의 立法趣旨에 비추어 설명될 수 있다.

(가) 채무의 부존재를 법적으로 야기시키는 事實, 즉 채무의 부존재라는 법률효과를 발생시키는 要件事實을 알았다는 것만으로는 충분하지 아니하다.[35] 또 자신의 법률관계를 잘못 평가하여 채무가 존재하는 것으로 알고 변제한 경우는 물론이고, 채무의 존재에 대하여 의문을 가지거나 의심을 품었던 경우에도 本條는 적용되지 아니한다.[36] 그러므로 어떠한 법률행위가 객관적으로 무효라고 하여도, 또 그것을 무효로 하는 사유를 전부 인식하고 있었다고 하여도, 변제자가 그 행위가 무효인지 여부에 대하여 주관적으로 의심하거나 적어도 불명확한 점이 있었다고 한다면, 여기서 말하는 「채무 없음을 알았다」고는 할 수 없다. 한편 변제자가 자신의 法律關係의 내용 또는 채무의 存否를 잘못 안 것에 대하여 過責이 인정된다고 하더라도, 이는 結論에 영향을 미치지 아니한다.[37]

취소 또는 해제할 수 있는 법률행위로부터 발생한 채무가 이행된 경우에도 변제자가 취소권 또는 해제권의 존재를 안 것만으로는 本條의 要件이 충족된다고 할 수 없다. 다만 이러한 경우에 변제자가 취소권자 또는 해제권자라면, 그러한 변제행위는 法定追認事由(民 § 145 i)에 해당하거나 해제권의 拋棄로 해석될 경우가 있을 것이다.

(나) 독일에서는 채무의 존재에 대하여 의심을 품거나 분명한 인식이 없

Schweizerischen Obligationenrechts, Bd. 1, 3. Aufl.(1984), § 52 Ⅳ 2 u. Anm. 34(S. 479); 일본의 학설로 四宮和夫(前註), 144; 新版 日注民(18), 663(石田喜久夫 집필) 참조. 독일의 Enneccerus/Lehmann(前註), 同所는, 조건이 성취한 후에 반환청구를 하는 것에 대하여 惡意의 抗辯(exceptio doli)(우리 법으로 말하면 信義則을 기초로 할 것이다)을 할 수 있다고 한다.

35) 독일의 판례·통설이다. 우선 MünchKomm/Lieb, § 814 BGB, Rn. 10 m.w.N.(S. 1305) 참조. Staudinger/Lorenz, § 814 Rn. 3은 같은 취지에서, "채무 부존재의 법률효과가 발생하는 事實的 事情들(tatsächliche Umstände)을 안 경우에도, 변제자가 이로부터 아무런 채무가 없다는 귀결을 도출하지 아니하였던 한, 반환청구는 배제되지 아니한다"고 한다.

36) 同旨: 四宮和夫(註 33), 146.

37) 同旨: 郭潤直(註 18), 362; 大判 98. 11. 13, 97다57337(公 1998하, 2857). 日大判 1941(昭 16). 4. 19(新聞 4707, 11)도 同旨.

으면서도 "당사자 사이의 평화를 위하여(um des lieben Friedens willen)",[38] 즉 법적 또는 사실적 분쟁을 회피하기 위하여 채무를 이행한 경우에는 역시 나중에 그 반환을 청구하는 것은 허용되지 않는다고 해석되고 있다.[39] 우리 나라에서는 별로 논의되지 않고 있으나, 이러한 급부는 나중에 채무 없음이 명확하게 밝혀지는 경우를 포함하여 어떠한 경우에도 반환청구를 하지 않는다는 뜻에서 무조건적으로 행하여지는 것이다. 그러므로 이러한 의도는 本條에서 정하는「채무 없음의 적극적 인식」과 評價上으로 同視되는 사유로 보아, 위와 같은 경우에는 반환청구가 배제된다고 하여도 좋을 것이다.

(다) 뒤의 Ⅳ. 1.에서 보는 대로 여기의「적극적 인식」은 반환청구권을 부인하는 측에서 입증하여야 한다. 그런데 이러한 內心的 事實의 입증은 실제로는 쉽지 않으며, 많은 경우에 다양한 間接事實을 기초로 하여 推斷하게 될 것이다.

이와 관련하여 일본의 하급심에서는 強行法規에 반하는 법률행위에 기한 채무가 이행된 경우에는 事實上의 推定 등의 방도로 입증의 곤란을 완화하려는 경향이 있다는 지적이 있다.[40] 그러나 여기서「적극적 인식」의 대상은 채무의 부존재이고 채무의 발생원인인 법률행위를 무효로 하는 事情들이 아니며, 또 "법의 무지는 변명이 되지 아니한다"고 하더라도 이는 그 무지에 대한 非難을 가능하게는 할지언정 事實의 차원에서 무지를「인식」으로 전환시킬 수는 없다. 또 위와 같은 태도는 강행법규를 둔 취지를 몰각하여 급부수령자의 부당한 이익을 정당화하는 결과에 이어지기 쉽다. 그러므로 그 급부가 불법원인급여에 해당하는지 여부는 별론으로 하고, 위의 경우에 本條를 적용하여 반환청구를 쉽사리 배제할 것은 아니라고 생각된다(뒤의 (2)(나)(d)도 참조).

(2) 변제자가 채무 없음을 적극적으로 인식하고 있었다고 하더라도, 예외적으로 本條가 적용되지 아니하고 반환청구를 할 수 있는 경우가 있다.

(가) 변제자가 返還請求權을 留保한 경우이다. 大判 92. 2. 14, 91다17917 (公 1992, 1019)도 같은 태도를 취한다. 이 경우에는 후에 반환청구를 하는 것이 本條의 근거가 되는「선행행위에 반하는 행태」라고 할 수 없을 것이다.[41]

38) von Caemmerer, Leistungsrückgewähr bei gutgläubigem Erwerb, in: Festschrift für Gustav Boehmer(1954), S. 161의 표현.
39) 우선 Staudinger/Lorenz, § 814 Rn. 5.
40) 註釋債各(Ⅲ), 187(金先錫 집필).
41) 日最判 1960(昭 60). 5. 6(民集 12-7, 1127)은, 임대인으로부터 차임의 지급을 최고받고 그 액이 강행법규이 정하는 借賃의 범위를 넘는 사실을 알면서도 債務不履行責任이 발

(나) 변제자가 채무 없음을 알면서도 변제하여야 할 만한 合理的 事情이 있었던 경우에도 반환청구는 배제되지 않는다고 할 것이다.[42] 앞의 Ⅱ. 2.에서 본 대로, 本條의 입법취지가 우선 채무가 존재하지 않음을 알면서 변제를 하지 않으면 안 되는 아무런 사정도 없는데 변제한 경우에 나중에 그 반환청구를 인정하는 것은 법에 대한 무익한 부담이라는 데에 있으므로, 변제 당시에 이를 하여야 할 만한 합리적 사정이 있다면 나중에 반환청구를 하는 것을 원칙으로 돌아가 是認되어야 하는 것이다.

(a) 이 점에 관하여 基軸的인 지위에 있는 판결인 大判 88. 2. 9, 87다카432(集 36-1, 29)는, "本條 소정의 비채변제는 지급자가 채무 없음을 알면서도 임의로 지급한 경우에만 성립하고 변제를 강제당한 경우나 변제거절로 인한 사실상의 손해를 피하기 위하여 부득이 변제하게 된 경우 등 그 변제가 자기의 자유로운 의사에 반하여 이루어진 것으로 볼 수 있는 사정이 있는 때에는 지급자가 그 반환청구권을 상실하지 않는다고 하여야 할 것"이라고 판시하여, 辨濟에 있어서의 任意性 또는 「自由로운 意思」를 本條 적용의 기준으로 제시하고 있다.[43] 그런데 변제자가 예를 들면 "변제거절로 인한 사실상의 손해를 피하기 위하여" 변제를 決意한 경우에, 그 결의가 그러한 사실상 손해와 사후적인 반환청구로 인한 위험·비용·노력 사이의 비용/편익 계산에 기하여 행하여진 것이라면(많은 경우에는 그러할 것이다) 용어의 통상적 의미에서 이에 「임의성」이 없다고는 하기 어려울 것이다. 그러므로 「合理的 事情」이라는 표현이 보다 적절하다고 생각되나, 이는 판단의 실질적 기준을 달리하는 문제는 아니다.

(b) 이러한 本條의 「目的的 縮小解釋」은 이미 大判 60. 9. 29, 4293民上208(要集 民 I-2, 1115)이 "부득이한 사정으로 진의에 반하여 지급한 경우"에는 채무

생할 것을 두려워하여 "훗날 초과부분에 대하여는 반환청구를 할 것"을 유보하고 부득이하게 지급한 경우에 대하여, "任意로 행하여졌다고 할 수 없다"고 하여 本條에 해당하는 日民 § 705의 적용을 부정하였다. 이와 같은 일본의 재판례에 대하여는 "留保附로 변제하였다는 사정을 任意的 辨濟가 아님을 인정하는 ──중요하기는 하나── 하나의 자료로 보고 있다고도 생각된다"는 견해가 있다. 四宮和夫(註 33), 148 註 1 참조.

42) 四宮和夫(註 33), 146은 같은 취지에서 "알면서 변제한 것을 시인할 수 있는 사정"이라고 한다. 한편 郭潤直(註 18), 361은, "그 변제를 합리적인 것으로 인정할 만한 어떤 특별한 객관적인 사정이 있는 때에는, 不當利得의 返還請求를 인정하여도 本條의 입법취지에 어긋나는 것은 아니다"라고 한다. 대체로 本文과 같은 취지라고 이해되나, 다만 「객관적」 사정의 존재를 강조할 것은 아니라고 생각된다.

43) 독일에서도 급부가 예를 들면 강제집행이 임박하였다는 사정과 같이 「압박 아래서 (unter Druck)」 행하여진 경우에는 반환청구는 배제되지 않는다고 해석되고 있다. 우선 MünchKomm/Lieb, § 814 BGB, Rn. 11(S. 1305); Staudinger/Lorenz, § 814 Rn. 7 참조.

없음을 알았어도 반환청구가 배제되지 않는다고 판시한 이래 大判 67.9.26, 67다1683(同所) 등에서도 인정되었었다. 그런데 그 사이에 大判 79.11.27, 78다2487(總覽 4-1(A), 864-6)은, 고용주가 일정한 퇴직금을 수령한 퇴직근로자에 대하여 그 외에는 퇴직금채무가 없음을 주장하여 퇴직금채무부존재확인소송을 제기하였는데, 그 후에 추가로 퇴직금을 지급하지 않으면 依法措置하겠다는 勞動廳의 指示가 있어서 이에 따라 추가로 퇴직금을 지급한 事案에서 "반환청구할 의사로 [퇴직금의 지급을] 하였다고 볼 자료가 없으면" 그 반환을 구할 수 없다고 판단하여, 과연 앞의 (a)에서 본 바와 같은「任意性」기준 자체가 여전히 유지되고 있는지를 의심스럽게 하였다. 특히 大判 80.11.11, 80다71(公 648, 13392)은 "채무부존재확인소송을 제기한 자가 그 소송계속 중 그 채무로 인한 경매가 진행중이어서 부득이 그 채무를 변제하였다고 하더라도 이는 채무 없음을 알면서 채무를 변제한 것이 되어 그 반환을 구할 수 없다"고 판단함으로써 이제 변제의「不得已함」도 비채변제의 반환청구를 허용하는 징표가 될 수 없는 것으로 이해되었다.

그런데 위 大判 88.2.9.는 이와 같이 本條에 의하여 반환청구의 배제를 확장하는 방향의 판결들에 대하여, 앞의 大判 79.11.27.은 "노동청의 지시가 채무 없음을 알면서 임의변제를 하게 된 하나의 계기가 되었을 뿐이었던 사안에 관한 것"이며, 뒤의 大判 80.11.11.도 "경매가 진행 중이었다는 사정만으로 그 변제가 임의의 변제가 아니었던 것으로 단정할 수 없음을 밝힌 것에 불과"한 것이라고 ──아마도 통상 허용되는 이해와는 거리가 있는── 이해를 스스로 보이면서, 위와 같은 一般論을 전개하였던 것이다. 말하자면 위 大判 88.2.9.은, 이들 두 판결은 당해 사건의 개별적 특수사정에 규정되었던 것이어서,[44] 將來의 法適用에 방향을 제시하는 것이 아님을 명확하게 한 것이다.

(c) 그 후의 판결은 大判 92.2.14, 91다17917(公 1992, 1019); 大判 92.7.28, 92다18535(公 1992, 2650)[45]; 大判 96.12.20, 95다52222등(公 1997상, 347); 大判 97.7.25, 97다5541(公 1997하, 2687) 등에서 보는 것처럼, 위 大判 88.2.9.의 법리에 좇아 대체로 비채변제에 있어서의「自由로운 意思」를 부인하고, 변제자의 반환청구를 긍정하고 있다.

44) 註釋債各(Ⅲ), 184(金先錫 집필)는 이들 판결에 대하여 "사건에 관한 구체적인 해결로서는 正當할는지 모르나, 위와 같은 判示 자체에는 疑問이 있다"고 한다.

45) 자기의 배서가 위조된 약속어음에 대하여 이를 모르고 그 지급을 위하여 수표를 발행하였는데, 그 후 그 위조사실을 알게 되었으면서도 수표의 부도로 인한 형사책임을 우려하여 수표금을 지급한 사안.

(d) 이 制限法理를 실제에 적용함에 있어서는, 假執行宣告 있는 敗訴判決을 받은 사람이 그 판결에서 명하여진 채무를 임의로 이행한 경우,[46] "[소외 회사로부터 공장을 인수한] 피고가 독점 공급하고 있는 전기공급을 받기 위하여서는 다른 방도가 없어서 인수하지도 아니한 소외 회사의 [원고 韓電에 대한] 체납전기요금채무를 부득이하게 변제하게 된" 경우,[47] 근로자가 국내장기연수를 받은 후 의무복무기간 경과 전에 퇴직하여 연수기간 동안 받은 급여를 당시의 근로기준법 § 24(현재의 § 29)에 반하여 무효인 違約金約定에 따라 반환한 경우,[48] 주택공사로부터 토지를 매수하였으나 목적물을 원래의 용도대로 사용하지 못하게 하는 하자가 있어 분할납입금에 대하여 연체료납부채무가 없음에도 주공의 위약주장에 따라 연체료를 납부한 경우[49] 등과 같이 적어도 典型的인 「힘의 不均衡」이 존재하는 경우가 그 주된 대상이 되고 있다.

이렇게 보면 이와 같은 제한법리는 일정한 사람을 보호하기 위한 強行規定이 있는 경우에 그 보호의 대상에 해당하는 사람이 계약이 무효임을 알면서도 계약대로 이행한 경우에 특히 중요한 기능을 할 수 있다. 예를 들면 임차인의 보호를 위한 民 § 652나 중개수수료에 관한 不動產仲介業法 § 20[50] 등의 적용에 있어서 임차인 등이 무효인 약정내용대로 일정한 급부를 한 경우가 그러하다. 일본의 재판례에서 法定制限을 초과하는 利子나 借賃 등이 지급된 경우에 本條의 적용을 부정하고 반환청구를 인정한 것도[51] 이러한 입장에서 이

46) 大判 67.9.26, 67다1683(要集 民 I-2, 1115)의 사안.

47) 위 大判 88.2.9 및 大判 92.2.14, 91다17917(公 1992, 1019)의 사안. 특히 후자의 사안에서 원고는 "피고의 위와 같은 부당한 요구 때문에 원고의 피고에 대한 채무가 없음에도 지급하는 것을 명시하여 그 돈의 반환을 유보하고 피고에게 위 체납요금을 원고명의로 납부"하였다고 한다.

48) 大判 96.12.20, 95다52222등(公 1997상, 347).

49) 大判 97.7.25, 97다5541(公 1997하, 2687)의 사안.

50) 大判 2002.9.4, 2000다54406(公 2002하, 2308)이 판시한 대로, 동조 및 동법시행규칙 소정의 상한을 초과하는 부동산중개수수료의 약정은 강행법규 위반으로서 무효라고 할 것이다.

51) 우선 新版 日注民(18), 665 이하(石田喜久夫 집필) 참조. 일본의 裁判例로는 채권자가 효력 없는 공정증서로 강제집행한다고 위협하여서 변제한 경우에 대한 日大判 1917(大 6).12.11(民錄 23, 2075); 임대인이 내용증명우편으로 차임통제법규에 위반한 차임청구를 하자 채무불이행의 책임을 두려워 하여 임차인이 변제한 경우에 대한 日最判 1960(昭 35).5.6(民集 14-7, 1127); 주택소유자로부터 차임지급을 최고받고, 나중에 명도소송이 제기되는 경우의 방어방법으로 하기 위하여 이에 응한 경우에 대한 日最判 1965(昭 40).12.21(民集 19-9, 2221); 나아가 제한초과의 이자약정을 하였는데 "저당권의 실행이 두려워서" 초과이자를 지급한 경우에 대한 東京高判 1980(昭 55).11.25(判例タイムズ 435, 100); 채무정리를 위임받은 변호사가 사채업자의 "강경한 추심을 면하기 위하여" 초과이자를 지급한 경우에 대한 横浜地判 1987(昭 62).5.6(判例時報 1255, 30) 등이 있다.

해될 수 있다.

(e) 이 사안유형, 특히 강요된 급부와 관련하여서는, 이 때 급부자가 법률상 원인의 不存在를 입증할 필요가 없고 오히려 급부수령자, 즉 수익자가 급부를 보유할 수 있는 법률상의 원인을 입증하여야 한다는 견해가 있다. 그 근거는 그렇게 하는 것이 신의칙에 부합하기 때문이라는 것이다.[52] 그러나 이 경우에 특별히 원칙과 다른 입증책임을 인정하여야 할 필요는 없다고 생각된다.

(f) 한편 채무자가 ―영수증을 발견할 수 없는 등으로― 변제 당시 채무 없음을 證明하는 것이 困難하다고 생각하여 변제한 경우는 어떠한가에 대하여 독일에서는 논의가 있다.[53] 이러한 경우에는 「반환청구를 유보」(앞의 ㈎ 참조)하고 변제하였어야 한다고 해서 부정적인 견해도 있을 수 있겠으나, 통상은 역시 「변제하여야 할 만한 합리적 사정」이 있다고 해도 좋을 것이다.[54]

㈐ 大判 95. 2. 28, 94다31419(公 989, 1455)는 납세의무자와 과세관청 사이의 **조세법률관계**에서 발생한 부당이득에 대하여는 本條가 적용되지 않는다고 판시하는데, 그 이유에 대하여는 언급이 없다. 한편으로 국가 등의 공권력 작용은 법률에 기하여 적법하게 행하여져야 하는데 국민이 법률에 근거가 없이 또는 법률에 맞지 않게 조세를 과오납하였다면 국가로서는 항상 이를 반환하여야 하고 세금을 납부한 국민이 납세의무가 없음을 알았다고 해서 국가가 계속 이를 보유할 수 있다고 하여서는 안 된다는 취지라면 이해되지 못할 바도 없다. 그러나 그러한 결론은 국가가 조세의 징수 등을 위하여 여러 가지 강제장치를 보유하고 있음에 비추어 보면 앞의 ㈏에서 본 대로 채무 없음을 알면서도 변제하여야 할 만한 합리적 사정이 있다고 할 전형적인 경우라고 보면 족할 것이다. 위의 판결이 참조판결로 드는 大判 91. 1. 25, 87다카2569(公 892, 841)는 세무서장이 상속세 과세가액을 결정한 상태에서 납세의무자로부터 연부연납허가신청을 받아 이를 허가한 사안에 대하여 "부과납세방식의 조세에 있어서 그 부과처분이 있기 전에 납세의무자가 자진하여 세금을 과다 납부하게 되었다면 부당이득의 성립을 인정하여야 할 것이며 납세의무자가 세무서장의 인정가액에 따른 세금을 과세고지가 있기 전에 자진납부하였다 하여 거기에 비채변제의 법리가 적용된다 할 수 없다"고 판단한 것뿐으로서, 조세의 과오납을 이유

52) 金亨培, 事務管理·不當利得(2003), 99. 同所는 Bucher, Schweizerisches Obligationenrecht. Allgemeiner Teil, 2. Aufl.(1988), S. 651f.를 인용하는데, 거기에서는 信義則을 끌어들이지 않는다.

53) 우선 Staudinger/Lorenz, § 814 Rn. 7 참조.

54) 同旨: MünchKomm/Lieb, § 814 BGB, Rn. 12(S. 1305).

로 하는 부당이득반환청구에는 本條의 적용이 없다고 판시한 바도 없다.

㈑ 우리 나라에서는 별로 논의되지 않으나, 계약이 일정한 하자로 인하여 효력 없음에도 불구하고 계약이 원래의 內容대로 실행되리라고 믿고(따라서 상대방의 반대급부를 얻기 위하여는 當方의 이행이 필요하다고 믿고) 또는 그 하자가 치유되리라고 믿고 계약을 이행한 경우에는, 변제 당시 채무 없음을 알았다는 이유로 반환청구를 배제할 수 없다. 이러한 경우에 나중에 상대방이 급부를 하지 아니하거나(그에게 급부의무가 없으므로 이를 강제할 수도 없다) 하자가 종내 치유되지 아니하여, 결국 자신의 급부의 반환을 구하는 것을 「선행행위에 반하는 행태」라고 할 수 없으며, 만일 그 반환청구를 인정하지 않으면 많은 경우에 자신의 급부를 실행하지 아니한 당사자로 하여금 상대방의 급부를 그대로 보유하게 하는 부당한 결과가 되기 때문이다.[55]

예를 들면 비록 방식에 하자가 있어서 계약이 무효라고 하여도 일방 당사자가 이를 잘 알면서 상대방의 임의의 이행을 기대하거나 또는 이를 유도하기 위하여 자기의 채무를 이행한 경우가 그러하다. 이러한 경우에 후에 상대방이 가령 계약의 무효를 내세워 계약을 이행하지 아니함으로써 급부목적이 달성되지 아니한 때에는, 그 급부의 반환을 청구할 수 있으며, 급부 당시 급부자가 채무 없음을 알았다고 해서 그 반환청구를 배제할 수는 없다.

(3) 한편, 앞의 (2)㈑에서 본 경우와 유사하나 반드시 동일하지는 아니한 것으로서, 장래 채권관계가 발생할 것을 기대하면서 그 채권관계의 내용이 되는 급부를 미리 행하는 경우도 드물지 않게 존재한다.

㈎ 예를 들면 매매계약의 체결을 위한 교섭을 진행하고 있는 동안에 매수인이 매도인에게 대금의 일부로 일정액을 지급하는 경우 등이 그것이다. 이러한 경우는 엄밀한 의미에서는 非債의 변제에 해당한다. 그러나 그 채권관계의 成否가 未定인 동안에 그 반환청구를 하는 것은 장래의 채권관계에의 기대가 「법률상 원인」이 되는 것으로서 허용되지 아니한다. 이는 本條의 바탕에 있는 모순행위금지의 원리(이에 대하여는 앞의 Ⅱ. 2. (2) 참조)에 비추어도 정당화된다. 나아가 그 변제가 "채무 없음을 알"고 행하여졌다고 하여도 후에 채권관계가 원래의 의도대로 발생하지 아니한 경우(예를 들면 위의 예에서 매매계약이 결국 성립하지 아니한 경우)에는 그 반환을 청구할 수 있다고 할 것이다. 이러한 경우는 非債辨濟로 인한 부당이득반환청구(condictio indebiti)의 문제가 아니라,

55) 이상에 대하여 MünchKomm/Lieb, § 814 BGB, Rn. 4(S. 1304); Staudinger/Lorenz, § 814 Rn. 8 참조.

소위「목적부도달로 인한 부당이득반환청구권(condiction ob rem)」의 문제로 파악할 것이다.[56)]

(나) 앞의 2.(2)에서 본 대로 停止條件附 또는 始期附 법률행위에서 아직 조건이 성취되지 아니하거나 기한이 도래하지 아니한 상태에서 당해 법률행위상의 채무를 이행한 경우는 일단 채무가 발생하지 아니하였으므로, 적어도「채무의 부존재」라는 要件은 이를 충족된다.

그러나 다른 특별한 사정이 없는 한, 조건의 성취 등이 확정되지 아니한 단계에서 그 급부가 비채변제임을 이유로 하여 그 급부의 반환을 청구할 수는 없다고 할 것이다. 왜냐하면 그 급부는 통상 장차 채무가 유효하게 성립하면 그에 대한 변제로 충당할 취지로 미리 이행한 것으로 볼 것이기 때문이다. 말하자면 그 급부는 채무 없이 행하여졌어도 앞의 매매계약 교섭의 경우와 마찬가지로 당해 급부목적에 의하여「법률상 원인」이 있는 것이 된다.[57)] 그러나 이 경우에도 후에 조건의 미성취로 확정되면 원칙적으로 반환청구를 할 수 있을 것이다.[58)]

始期가 도래하지 아니한 債務를 변제한 경우도 이에 준하여 생각할 수 있다. 즉 그 경우 변제자는 장차 기한도래로 채무가 발생하면 그에 충당할 의사가 변제한 것이므로, 그 반환을 청구할 수 없는 것이다. 이에 대하여는 民 § 743의 類推適用을 인정하여도 좋을 것이다.

(다) 한편 大判 93.6.22, 91다21435(集 41-2, 123); 大判 93.9.14, 91다41316(集 41-3, 15); 大判 95.4.28, 93다26397(公 1995, 1950) 등은, 국토이용관리법에 기하여 토지거래허가를 받아야 하는 토지를 과할관청의 허가 없이 메매한 경우에 매수인이 매도인에게 지급한 계약금의 반환을 청구할 수 있는 권리를 가지는가에 대하여, "매수인이 임의로 지급한 계약금은 그 계약이 유동적 무효상태로 있는 한 이를 부당이득으로 반환을 구할 수는 없고 유동적 무효상태가 확정적으로 무효로 되었을 때 비로소 부당이득으로 그 반환을 구할 수 있다"고 하여 이를 부정하는 태도를 취한다.[59)]

56) 이상의 문제에 대한 독일에서의 논의에 대하여는 우선 Gerhard Welker, Bereicherungsausgleich wegen Zweckverfehlung?(1974), S. 103ff. 참조.

57) 同旨: 독일의 학설로 Enneccerus/Lehmann(註 33), § 224 I 1 b(S. 897); 일본의 학설로 末弘嚴太郎, 債權各論(1919), 972; 松坂佐一(註 28), 178.

58) Enneccerus/Lehmann(註 33), § 223 I 2 c(S. 894)(「원인이 주어졌으나 원인이 발생하지 아니함을 이유로 하는 부당이득반환청구권」condictio causa data, causa non secuta).

59) 朴海成, "國土利用管理法上의 許可 없이 체결한 賣買契約과 不當利得", 民判硏 14 (1994), 109 이하는 大判 93.7.27, 91다33766(공간되지 아니한 것으로 보인다)에 대한

종전에 필자는, 허가를 받지 아니한 토지거래행위는 나중에 허가를 받음으로써 소급적으로 유효가 되기까지는 무효이므로(소위 「유동적 무효」), 이와 같이 무효인 계약에 기하여 수령한 급부는 역시 존재하지 아니하는 채무에 대한 변제에 해당하여 부당이득으로 반환되어야 한다는 견해를[60] 표명한 바 있다. 그러나 앞의 ㈎에서 본 대로 장래에 유효한 변제원인이 성립할 것을 기대하여 미리 변제한 경우에는 그 변제목적의 성립 여부가 불명확한 동안에는 그 반환을 청구할 수 없다고 할 것이다. 그리고 위와 같은 사례에서 허가 없는 상태, 즉 부동적 무효의 상태에서 대금을 지급하는 것은 통상 그러한 경우에 해당한다고 할 것이므로, 그 반환을 청구할 수 없다고 할 것이다. 종전의 견해를 변경한다.

(4) 채무 없음을 알아야 하는 주체는 누구인가?

㈎ 本條는 원칙대로라면 인정되어야 하는 반환청구를 배제하는 것이므로, 그 반환청구의 주체(반환청구권자)가 되었을 사람이 채무 없음을 알아야 한다. 그러므로 제3자가 제3자로서 비채를 변제한 경우(民 § 469)에는 채무자가 아니라 그가 기준이 된다.[61]

한편 第三者가 채무자를 대리하여 변제한 경우에는 그 제3자가 기준이 된다. 그 채무의 내용이 법률행위를 실행하는 것인 경우는 물론이고, 그렇지 아니한 경우에도 民 § 116 Ⅰ을 類推適用할 것이다.[62] 法人을 數人이 각자 대표하는 경우에는 당해 급부에서 법인을 대표한 사람이 기준이 되므로, 그가 채무 없음을 몰랐던 경우에는 비록 다른 대표자가 악의인 경우에도 반환청구는 배제되지 아니한다.

㈏ 채무자 등의 지시를 받고 급부를 사실상 실행한 사람(履行補助者)이 채무 없음을 알았다고 하여도 그 인식이 채무자 등의 인식과 동일시될 수 있는 특별한 사정이 없는 한 이로써 반환청구가 배제된다고 할 수 없다(本條의 취지에 비추어 民 § 391의 유추적용은 인정되지 아니한다고 할 것이다).

한편 大判 92. 1. 21, 90다17576등(公 916, 868)은, 학교법인의 상호신용금고에 대

評釋으로 이 문제를 다루면서, 판례의 태도를 지지한다. 同旨: 諸哲雄, "流動的 無效인 賣買契約이 確定的 無效로 된 경우의 不當利得返還義務", 判例月報 1997년 5월호, 14 이하.

60) 民法注解[XII], 148(李宙興 집필)도 그러한 견해를 취한다.

61) 大判 90. 6. 8, 89다카20481(集 38-2, 48)은, 변제할 정당한 이익이 있는 제3자가 비채를 변제한 경우에 대하여 같은 취지로 판단하고 있다. 독일의 학설도 같다. 우선 MünchKomm/Lieb, § 814 BGB, Rn. 15(S. 1306) 참조.

62) 독일의 학설로 同旨: Staudinger/Lorenz, § 814 Rn. 4.

한 채무가 제 3 자에 의하여 면책적으로 인수됨으로써 학교법인이 더 이상 그 채무를 부담하지 않게 되었음에도 불구하고 그 후 법인의 이사장과 설립자가 대립하여 법정싸움을 벌리는 등 혼란상태에 빠져 있었던 관계로 담당자이던 서무과장이 채무소멸사실을 모르고 위 신용금고에 채무금의 일부를 지급한 사안에 대하여 부당이득반환청구권을 인정하였다. 그러나 이로써 판례의 태도를 이행보조자가 채무 없음을 몰랐던 경우에는 반환청구권이 배제되지 않는 것으로 일반화하기는 어려울 것이다. 이 판결은 정면에서 인식의 주체를 문제삼고 있지 않으며, 또 이 사건의 사실관계에는 특이한 점이 있어 함부로 추측할 수 없다.

(5) 채무 없음을 알았음을 판단하는 基準時期는 급부의 실행 당시이다.[63] 급부 후에 채무 없음을 알게 된 경우에는 당연히 반환청구를 할 수 있다. 취소나 해제를 할 수 있으나 취소 등의 의사표시가 행하여지지 아니한 동안에 급부를 실행한 경우에 本條의 적용이 없음(앞의 2.(1) 참조)은 이로부터도 추론된다.

Ⅲ. 本條上의 法律效果

1. 返還請求의 排除

本條에 의하여 반환청구는 배제된다. 따라서 급부수령자는 그 급부를 정당하게 보유할 수 있고, 辨濟原因의 缺如 내지 辨濟目的의 不到達를 이유로 한 법적 주장은 이제 허용되지 아니한다.

급부가 소유권의 이전 등 물권변동을 내용으로 하는 경우에는 반환청구가 배제되는 것의 「反射的 效果」로 물권변동 자체가 유효하게 된다고 할 것이다. 예를 들면 동산 매수인이 매매계약의 이행을 위하여 목적물을 이중으로 매도인에게 인도한 경우에 本條의 적용에 의하여 제 2 의 급부에 대한 반환청구가 배제되는 때에는 매도인은 제 2 의 급부물에 대하여도 소유권을 취득하게 된다. 이는 不法原因給與에 대한 民 § 746에 관하여 大判(全) 79. 11. 13, 79다483(集 27-3, 140)이 취하는 태도의 귀결로서 인정된다.

2. 本條의 適用範圍

(1) 앞의 Ⅱ. 3. (4)에서도 언급한 대로 소위 「목적부도달로 인한 부당이

63) 독일의 학설로 우선 MünchKomm/Lieb, § 814 BGB, Rn. 3(S. 1304) 참조.

득반환청구권(condictio ob rem)」이 문제되는 경우에는 本條는 적용되지 아니한다.[64] 즉 이 경우에는 급부자가 채무 없음을 알면서 급부를 실행한 때라도 반환청구가 배제되지 아니한다.

(2) 不法原因給與에서 民 §746 단서에 의하여 예외적으로 급부자의 반환청구가 인정되는 경우에는, 비록 급부자가 채무 없음을 알고 있었다고 하여도, 本條는 적용되지 아니하며, 반환청구를 할 수 있다.[65] 그 예외는 "不法原因이 受益者에게만 있는 경우"에 그에 대한 일종의 제재로서 인정되는 것이어서, 급부자의 주관적 용태 여하를 묻지 아니하여야 하는 것이다.

Ⅳ. 立證責任

1. 非債를 辨濟한 사람이 그 반환을 청구함에 있어서는, 먼저 반환청구의 대상인 급부가 채무변제를 위하여 행하여졌다는 사실과 당해 채무가 존재하지 아니한다는 사실을 입증하여야 한다.

이에 대하여 本條에서 정하는 반환청구의 배제사유, 즉 변제자가 채무 없음을 알았다는 사실은 반환청구권을 부인하는 사람이 입증하여야 한다.[66] 한편 그 입증에 대하여는 앞의 Ⅱ. 3. (1) (나)도 참조.

2. 한편 상대방이 변제자가 채무의 부존재를 알았음을 주장·입증한 경우에 반환청구자는 변제를 하여야 할 만한 合理的 事情(앞의 Ⅱ. 3. (2) (나) 참조)의 존재를 주장·입증하여야 할 것이다.[67] 반환청구를 유보하였다는 사정에 대하여는 논의가 있으나, 이러한 例外的 事情은 역시 반환청구자에게 그 입증책임을 부담시킴이 타당할 것이다.[68]

[梁 彰 洙]

---

64) 同旨: Enneccerus/Lehmann(註 33), § 223 I 3(S. 895); 四宮和夫(註 33), 148; 松坂佐一(註 28), 180.
65) Enneccerus/Lehmann(註 33), § 223 I 2 c(S. 895); 四宮和夫(註 33), 148.
66) 同旨: 大判 62. 6. 28, 4294民上1453(集 10-3, 118)("반환청구자가 채무가 존재하지 아니한 사실만 주장 입증하면 족한 것이고 그 채무가 존재하지 아니함을 알지 못하고 지급하였음을 주장 입증할 책임은 없다").
67) 同旨: 郭潤直(註 18), 362면; 註釋債各(Ⅲ), 186면(金先錫 집필).
68) 同旨: 註釋債各(Ⅲ), 186면(金先錫 집필).

第743條(期限前의 辨濟)

辨濟期에 있지 아니한 債務를 辨濟한 때에는 그 返還을 請求하지 못한다. 그러나 債務者가 錯誤로 因하여 辨濟한 때에는 債權者는 이로 因하여 얻은 利益을 返還하여야 한다.

차 례

Ⅰ. 本條의 立法趣旨과 沿革

1. 本條의 立法趣旨

(1) "債務의 內容에 좇"지 아니한 履行의 一般的 效力

실제로 채무를 부담하는 자가 채권자에 대하여 채무의 이행을 위하여 일정한 급부를 실행하였으나 그 급부가 "債務의 內容에 좇"은 것(民 §§ 390 本, 460 本 참조)이 아닌 경우에는 원칙적으로 채무는 소멸하지 아니한다. 그러므로 채권자가 급부를 일단 수령하였어도 그는 이를 계속 보유할「法律上 原因」이 없다고 할 것이고 따라서 이를 채무자에게 不當利得으로 반환하여야 한다. 예를 들면 사과 100상자를 인도할 채무를 부담하는 사람이 배 100상자를 인도하였다든가 하는 경우가 그러하다.

이에 대하여 예외를 정한 것이 民 §§463, 464이다. 이들 규정은 위와 같은 경우에 일정한 요건 아래 채권자에게 일종의「債權的 留置權」을 부여하여, 채무자가 "다시 有效한 辨濟를 하지 아니하면" 그 급부의 반환을 청구할 수 없다고 정한다.[1]

(2) **期限前 辨濟의 返還請求에 대한 立法態度**

그런데 채무자가 변제기가 되기 전에 채권자에게 채무의 내용에 좇은 급부를 한 경우는 어떠한가? 이에 대하여는 "辨濟期가 아직 到來하지 않았더라도, 債務는 이미 존재하므로, 債務者가 期限 전에 辨濟하여도, 그것은 法律上의 原因이 없는 것이라고는 할 수 없다. 그뿐만 아니라, 債務는 辨濟로 消滅하는 것이므로, 債權者에게 利得이 있다고도 할 수 없다. 따라서, 債務者가 給付의 返還을 청구할 수 없음은 당연하며, 第743條는 바로 이 당연한 事理를 규정한 데 지나지 않는다"고 하는 견해도 있다.[2] 그러나 기한전 변제로써도 채무가 소멸한다거나 나아가 채권자가 급부를 계속 보유할「법률상 원인」을 가진다는 것이 반드시 당연하다고는 할 수 없을 것이고 따라서 本條 本文이「당연한 사리」를 규정한 데 불과한 것인지는 의문이다. 이러한 경우에 일단 채권자가 급부를 변제자에게 반환하고 변제기가 되었을 때 다시 그 채무의 이행을 청구하도록 하여 문제를 처리하는 規律態度도 얼마든지 想定될 수 있는 것이다.

그렇지만 채무자는 어차피 이행의무를 부담하고 있고 언젠가는 이행하여야 하는 것이므로, 위와 같이 返還 후 再履行이라는 번거로움과 그에 따른 비용과 위험을 피하여 처음부터 그 변제를 유효한 것으로 하여 채무의 소멸을 인정하고 급부의 반환청구를 부인하는 方案도 생각될 수 있다. 그리고 후자의 경우에는 채무자에게 일정한 요건 아래서 변제기 전에 이행함으로 입은 손실을 전보받을 수 있는 가능성을 인정할 것인지도 문제될 수 있을 것이다.

1) 이들 규정에 대하여는 우선 民法注解[X], 56 이하(金大彙 집필) 참조.
2) 郭潤直, 634.

本條는 우선 本文에서 위의 문제에 대하여 입법적으로 後者의 태도를 취함을 명백하게 정하여, 기한전 변제가 本條의 바로 앞에 있는 民 § 742에서 규율하는 바의 「非債辨濟」에 해당하지 않음을 선언한 것이다. 그리고 나아가 但書에서 債務者의 損失塡補를 인정하면서 그 요건을 구체화하여, 채권자가 그의 기한전 변제로 "얻은 利益"이 있는 때에는 채무자가 "錯誤로" 미리 변제하였던 경우에 한하여 그 이익의 반환을 청구할 수 있다고 정한다.

(3) 任意規定性

本條는 任意規定이다.[3] 당사자는 기한 전에 행하여진 급부의 반환청구권을 긍정하는 특별한 약정을 할 수 있다. 그리고 묵시적으로 이러한 특약이 행하여진 것으로 해석되어야 할 경우도 있을 것이다. 독일의 학설 중에는 생명보험계약자가 전쟁중 사망하였다고 잘못 인정되어 보험자가 그 상속인에게 보험금을 지급하였으나 그 후 살아 있는 것으로 판명된 경우를 예로 들어, 이러한 경우에는, 獨民 § 157("계약은 신의성실이 거래관행을 고려하여 요구하는 대로 해석되어야 한다")에 의하여 이러한 特約을 인정하여 비록 언젠가는 지급하여야 할 것이지만 그 반환을 청구할 수 있다고 하는 견해도 있다.[4]

특히 본조 단서와는 달리 기한전 변제에 대하여 중간이자의 공제를 정하는 特約은 흔히 행하여진다.[5]

2. 本條의 沿革과 立法例

(1) 主要한 立法例

주요한 외국의 立法例도 대체로 기한전 변제를 유효하다고 하고 그 반환청구를 부인하는 태도를 취하고 있다.[6]

佛民은 § 1185 이하에서 「기한부 채무(obligations à terme)」에 대하여 정하면서, § 1186에서 "기한부로 의무가 부담된 것은 기한의 도래 전에는 이를 요구할 수 없다. 다만 미리 지급된 것은 반환을 청구할 수 없다(ce qui a été payé

3) 우리 나라에서는 명확하게 이를 지적하는 견해가 없으나, 독일에서는 가령 Heck, Grundriß des Schuldrechts(1929), § 142, 2 a(S. 424) 참조.
4) Heck(前註), 同所.
5) 이와 관련하여서는, 不安의 抗辯權에 기하여 履行拒絶權能을 가지는 매수인이 이를 행사하지 아니하고 자신의 매매대금채무를 그대로 이행한 경우에 그것이 계약에서 정한 대금감액사유인 「代金의 先納」에 해당하는지가 다투어진 예(결국 否定되었다)로서 大判 97. 7. 25, 97다5541(公 1997하, 2687)도 참조.
6) 이미 독일민법의 제정과정에서 이러한 태도를 취하는 立法例로 프랑스민법, 작센민법, 헤센民法草案, 바이에른民法草案, 드레스덴債權法草案, 그리고 스위스 舊채무法(§ 72)를 인용할 수 있었다. Motive, Bd. 2, S. 835=Mugdan, Bd. 2, S. 466 참조.

d'avance ne peut être répété)"고 정한다. 또한 獨民 § 813 Ⅱ 제1문도, "기한부의 채무가 기한 전에 변제된 때에는 반환청구를 할 수 없다"고 하여 마찬가지의 태도를 취한다. 同條 Ⅰ은 영구적 항변권이 붙은 채무가 이행된 경우에는 그 반환을 청구할 수 있다고 규정하는데, 이어서 同條 Ⅱ에서 변제기 미도래의 항변은 동조에서 말하는 「영구적 항변권」에 해당하지 않음을 明定한 것이다.[7)]

그 외에 中民 § 180 ii("채무자가 아직 기한이 도래하지 아니한 채무에 대하여 변제를 위하여 급부를 한 때"에는 반환청구를 할 수 없다)나 滿民 § 726도 같은 뜻을 정하고 있다.

(2) 日本民法 制定過程에서의 論議

本條는 依用民法 § 706과 같은 내용을 정하는 것이다.[8)]

원래 일본의 舊民法은 財産編 § 366에서 "진정한 채무자가 진정한 채권자에게 변제를 한 경우에는 채무자가 그 부담하는 물건과 다른 성질의 물건 또는 자기에 속하지 아니하는 물건을 착오로 인하여 변제로서 공여한 때가 아니면 그 반환청구를 허용하지 아니한다"라고 하고(제1항), 나아가 "기한에 앞서서 변제하거나 변제를 실행하여야 할 장소 외에서 변제하거나 諾約한 물건과 다른 품질·품격 또는 가격의 물건으로써 변제한 때에도 역시 반환청구를 허용하지 아니한다. 다만 당사자의 일방의 착오로 인한 때에는 그 일방은 그로 인하여 받은 손실을 다른 일방이 얻은 이익의 비율에 좇아 배상시키는 것은 무방하다"고 정하였다(제2항).

그런데 日本民法의 制定過程에서,[9)] 기한전 변제를 제외하고는 위 규정은 당연하다거나 "무리하게 일률적"이라고 하여 규정을 둘 필요가 없다는 태도가 취하여지고, 단지 "채무자가 착오로 인하여 변제기에 있지 아니한 채무를 변제한 때에는 채권자는 그 선택에 좇아 그 수취한 것을 반환하거나 변제기에 이르기까지의 법정이자를 지급할 것을 요한다"는 현행의 규정과는 상당한 거리가 있는 原案이 제안되었다. 이 原案에 대한 논의과정에서 위 原案과는 기본적으로 다른 입장이 취하여져서, 기한전 변제의 반환청구를 허용하지 않는 立法例(프랑스, 네델란드, 이태리, 오스트리아, 독일, 바이에른초안 등)와[10)] 착오에

7) 우선 MünchKomm/Lieb, § 813 Rn. 13(3. Aufl., 1997, S. 1303) 참조.
8) 우리 민법의 制定過程에서는 本條에 대하여 별다른 論議가 없으며, 단지 "現行法 제706조와 同旨이다"라는 이해가 표명되고 있을 뿐이다. 民法案審議錄, 上卷(1957), 436 上段 참조.
9) 이에 대하여는 우선 新版 日注民(18), 706 이하(石田喜久夫 집필) 참조.
10) 독일민법은 뒤의 Ⅳ.에서 보는 소위 中間利益의 반환청구도 명문으로 배제하고 있다

기한 기한전 변제의 경우에는 변제기까지의 이자·과실의 반환을 인정하는 立法例(벨기에, 스페인, 스위스 등) 사이에서 절충적 태도가 취하여졌다.

즉 우선 채무자의 반환청구는 이를 배제하기로 하였다. 그 理由는 "기한에 앞서 변제하였음을 이유로 이를 반환청구하는 것은 불필요하게 수고를 증가시킬 뿐만 아니라, 변제수령자는 통상 기한이 포기되었다고 인정하여 그 받을 것을 적의하게 처분하는 일이 많다. 특히 통상의 慣例에 의하면 본조와 같은 경우에는 급부의 반환을 청구하는 것을 허용하지 않는 것"이라는 데 있었다.[11] 그리고 이어서 "債務者는 왕왕 착오로 변제기에 있지 아니한 채무를 변제하는 일이 있고 한편 채권자는 그로 인하여 부당하게 이익을 받는 일이 있으므로, 本案도 역시 旣成法典[일본 구민법을 말한다]과 동일한 취지에 기하여 本條 但書의 규정을 마련하여, 채권자로 하여금 그 받은 부당한 이익을 반환할 것으로 하였다."[12]

이와 같이 보면 本條는, 한편으로 기한전 변제의 반환청구를 부인하는 主流的 立法例에 좇으면서도, 다른 한편으로 기한전 변제로 인하여 채권자가 利得한 것이 있는 경우에 한하여 채무자의 착오를 요건으로 이를 반환하면 족하고 언제나 辨濟期까지의 法定利子 등을 반환하지 않아도 됨을 정한 것이라고 할 수 있다. 그러한 의미에서 本條 但書는 채무자에게 기한전 변제의 권한을 인정하면서 동시에 그 경우에 "相對方의 損害"를 배상하도록 요구하는 民 § 468(또한 期限利益의 포기에 관한 民 § 153도 참조)과도 聯關이 있다고 하겠다.[13]

3. 民 § 468과의 關係

(1) 民 § 468 本文

民 § 468 本文은, "當事者의 特別한 意思表示가 없으면 辨濟期前이라도 債務者는 辨濟할 수 있다"고 정한다. 이는 채무자의 입장에서 그가 이행기의

(獨民 § 813 Ⅱ HS. 2). 그 배제의 이유는 그 이익의 「결정」 내지 「산정」이 매우 어렵다는 데 있었다. 즉 "그 경우에는 미리 이행된 목적물로부터 변제기까지의 기간까지에 이익을 얻을 단순한 가능성(bloße Möglichkeit)이 문제되기 때문이다"(Motive, Bd. 2, S. 835=Mugdan, Bd. 2, S. 466). 그리고 기본적으로 동일한 태도를 취하고 있다는 프로이센 일반란트법의 규정(ALR I §§ 168, 169)도 인용하고 있다. 그러나 예를 들면 빈트샤이트는 이 경우에 중간이익(interusurium)의 반환을 청구할 수 있다는 태도를 취하고 있다(Windscheid, Lehrbuch des Pandektenrechts, Bd. 2, 9. Aufl.(1906), § 426 N. 8(S. 895) 참조).

11) 未定稿本 民法修正案理由書, 607.

12) 未定稿本 民法修正案理由書, 607 이하.

13) 民 § 468은, 기한전 변제에 대하여 당연히 中間利子의 공제를 주장할 수는 없음을 규정하고 있는 것이라고도 할 수 있다.

도래 전이라도 유효하게 변제할 권한이 있음을 정하는 것이다. 다시 말하면 이는 기한전 변제라도 「채무의 내용에 좇은 이행」이 된다는 취지로서, 그러한 급부로 채무자는 채무로부터 해방된다는 것이다. 그리하여 채권자가 기한 전이라는 이유로 "債務의 內容에 좇은 履行"이 아님을 주장하여 受領을 拒絶하는 등의 경우에 그에 따른 責任을 그에게 과할 수 있게 된다.

반면 本條 本文은 이를 받아 채권자의 입장에서 볼 때 그가 기한 전의 급부를 계속 보유할 권원이 있으며 이를 반환청구당하지 아니함을 정하는 것이다.

(2) 民 § 468 但書

한편 民 § 468 但書는 비록 채무자에게 기한전 변제권이 있더라도 채권자가 그로 인하여 손해를 입는 경우에는 이를 배상하여야 함을 정하는 것이고, 本條 但書는 비록 채권자에게 급부를 계속 보유할 수 있더라도 이로 인하여 그가 얻은 이익은 채무자에게 반환되어야 함을 정한다. 이와 같이 本條는 民 § 468과 대응관계에 있다고 하겠다.

Ⅱ. 本條의 適用要件으로서의 「期限前 辨濟」

1. 債務의 發生

(1) 現在의 債務

本條는 이미 존재하는 채무에 관하여 그 변제기 전에 이행이 행하여진 경우에 대한 규정이다. 따라서 아직 발생하지 아니한 채무에 대하여는 본조의 적용이 없고, 이와 같은 경우는 원칙으로 돌아가 非債辨濟에 해당하게 되고, 民 § 742에 의하여 규율된다.[14)]

예를 들면 停止條件附 法律行爲에서 아직 조건이 성취되지 아니한 동안에 그 법률행위에 기하여 발생할 채무에 대하여 채무자가 이행을 한 경우가 그러하다. 한편 始期附 法律行爲에서 아직 기한이 도래하지 아니한 경우에 대하여는 조건부의 경우와는 달리 채무가 장래 발생할 것이 확정적이라는 점에서 논의의 여지가 있으나, 이와 같이 채무가 아직 발생하지 아니한 경우에는 그 이

14) 그 경우 변제자가 條件附 또한 期限附의 사실을 안 경우의 처리에 대하여는 앞의 § 742 注解 Ⅱ. 3. (3) (나) 참조.

행에 의하여 소멸될 어떠한 對象이 없으므로 역시 원칙대로 非債辨濟라고 하여야 할 것이다.[15] 그러므로 예를 들면 임대차관계가 9월 1일부터 시작되는 것으로 계약되었는데 임차인이 8월분 借賃을 지급한 경우 등에는 본조가 적용되지 아니한다. 그러나 이와 같이 비채변제로서 반환되어야 할 급부가 아직 실제로 반환되지 아니하고 있는 동안에 조건이 성취되거나 기한이 도래한 경우에는 이를 「기한전 변제」와 동시하여 本條를 유추적용할 것이다.[16]

(2) 「將來의 債務」

이상은 아직 발생하지 아니한 채무가 「將來의 債務」, 즉 채무 발생의 기초관계는 이미 성립하였으나 채무가 아직 현실적으로 발생하지 아니한 때에도 마찬가지이다.[17] 예를 들면 임대인이 임대차관계의 존속중에 임차인에게 보증금을 반환한 경우나 도급인이 계약의 대상인 일의 완성 전에 도급보수를 지급한 경우 또는 계약의 해제권이 발생하였으나 아직 해제의 의사표시가 행하여지지 아니한 동안에 계약급부를 반환한 경우 등이 그러하다. 즉 이들 경우도 본조에서 정하는 기한전 변제는 원칙적으로 문제되지 아니하나, 반환되지 아니하고 있는 동안에 채무가 발생한 경우에는 「기한전 변제」와 동시할 것이다.

한편 大判 91. 8. 13, 91다6856(公 905, 2336)은, 사용자가 勤續중인 피용자를 소위 중간퇴직처리하여(이는 효력이 없다) 그 때까지의 퇴직금("중간퇴직금")을 지급하였는데 그 후 피용자가 종국적으로 퇴직하여 퇴직금("최종퇴직금")을 지급하여야 하는 경우에 중간퇴직금에 대한 법정이자 상당액을 本條 但書에 의하여 不當利得으로 보아 최종퇴직금에서 공제하여야 할 것인가가 문제된 사건에서, 중간퇴직금의 지급이 本條에서 정하는 「期限前 辨濟」에 해당함을 전제로 하여 판단하면서, 그러나 착오로 인하여 변제한 것이 아니라고 하여 本條 但書의 적용을 부정하고 있다.[18] 근로관계가 존속중인 동안의 퇴직금채권의 성질에

---

15) 독일의 통설이기도 하다. 가령 MünchKomm/Lieb, § 813 Rn. 13(3. Aufl., 1997, S. 1303); Staudinger/Lorenz, § 813 Rn. 15, 16(12. Aufl., 1986); Erman/Westermann, § 813 Rn. 5, 6(Bd. 1, 8. Aufl., 1989, S. 2345) 참조. 일본에서도 마찬가지로 해석되고 있다. 四宮和夫, 事務管理·不當利得·不法行爲, 上卷(1981), 155 및 144; 新版 日注民(18), 675(石田喜久夫 집필); 林良平 編, 注解 判例民法 3: 債權法 Ⅱ(1989), 996 및 994 참조.

16) 스위스의 同旨의 견해로 우선 Andreas von Tuhr/Hans Peter, Allgmeiner Teil des Schweizerischen Obligationenrechts, Bd. 1, 3. Aufl.(1984), § 52 Ⅳ 2 u. Anm. 34(S. 479), 일본의 학설로 四宮和夫(前註), 144; 新版 日注民(18), 663(石田喜久夫 집필) 참조.

17) 「將來」의 債務(민법은 § 428 Ⅱ에서 이러한 용어를 채택하고 있다)의 의미에 대하여는 명확하지 아니한 점이 적지 않다. 정지조건부·시기부 채무도 「장래」의 채무의 일종으로 보는 입장도 존재한다.

18) 그 후의 大判 92. 5. 26, 91다38075(公 924, 2001); 大判 93. 5. 25, 92다31125(公 949, 1839); 大判 2001. 4. 24, 99다9370(公 2001상, 1191) 등도 참조.

대하여는 논의가 있다.[19] 그러나 大判 91. 6. 28, 90다14560(公 902, 2015) 등에서 보는 대로, 근로관계의 존속중 이미 발생하였으나 다만 퇴직이라는 不確定期限에 걸려 있는 것이라는 유력한 見解를 정면에서 배척하고 "근로계약이 존속하는 한 사업주의 퇴직금지급의무는 발생할 여지가 없고 계약이 종료하는 때 비로소 발생한다"는 입장을 취한다면(즉 그것을 일종의 「장래의 채권」으로 본다면),[20] 역시 本條의 적용은 인정될 수 없을 것이다.[21]

2. 債務의 辨濟期 전의 辨濟

(1) 債務의 辨濟期

채무의 변제기 또는 이행기라고 함은 具體的인 債務에 있어서 그 채무자가 債務를 履行하여야만 하는(Leisten-müssen) 시기, 즉 辨濟가 이루어져야 하는 時期를 말한다. 다시 말하면 이는 그 채권자가 債務의 履行을 請求할 수 있는(Fordern-dürfen) 시기를 가리킨다.

채무의 변제기 일반에 대하여는 앞의 民 § 387 注解 Ⅱ(民法注解[Ⅸ], 77 이하) 참조.

(2) 「期限前」의 辨濟

(가) 本條가 적용되려면 변제기 전에 이행이 행하여져야 하고, 이행기가 이미 도래한 채무에 대하여는 본조의 적용이 없다. 원칙적으로 채무는 그 성립과 동시에 이행기가 도래하고, 당사자의 의사표시로써 또는 법 규정에 특별한 정함이 있는 경우에만 채무 발생 후의 어떠한 시기에 비로소 이행기가 도래한다. 本條는 그러한 특별한 정함에 의하여 「履行의 期限」(民 § 387 참조)이 존재하는 경우에 비로소 적용의 여지가 있는 것이다.

그러한 「이행의 기한」은 確定期限인지 不確定期限인지를 불문한다. 그리고 불확정기한인 경우에, 채무자가 그 기한의 도래를 모르고 이행하였더라도 객관적으로 이행기가 도래한 후의 이행이라면, 本條는 적용되지 아니한다.

(나) 동시이행의 항변권이나 최고·검색의 항변권 등과 같이 履行拒絶權

---

19) 우선 金亨培, 勤勞基準法, 新訂第五版(1995), 294 이하 참조.

20) 이는 大判 73. 10. 10, 73다278(集 21-3, 57) 이래 일관된 판례의 입장이다.

21) 이에 대하여는 이미 梁彰洙, "1993년 민법 판례 개관", 民法硏究 제3권(1995), 512에서 지적한 바 있다. 한편 위 大法院判決의 사안에서 문제된 法定利子 상당의 不當利得은, 본문에서 주장하는 바와 같이 本條 但書의 적용을 부정하였더라도, 결국 피용자가 원래 반환되었어야 할 중간퇴직금으로부터 위와 같은 「이익」을 얻었다는 立證이 없었다는 이유로 배척되었어야 했을 것이다. 이에 대하여는 뒤의 Ⅳ. 2. (2) 참조.

能이 붙은 채무의 경우에 채무자가 이 권능을 행사하지 아니하고 원래대로 이행하였다고 하여도 이를「期限前」의 변제라고는 할 수 없다. 채무자가 그러한 권능을 가진다고 하여도 그것은 항변권의 성질을 가지는 것일 뿐 "약정된 변제기를 변경시키"는 것은 아니고[22] 그 변제는 원래의 내용대로 실현된 것이기 때문이다.

(3) 保證人이나 連帶債務者, 物上保證人 기타 제3자가 유효하게 변제할 수 있는 경우(民 § 369)에 제3자가 기한전에 변제를 한 때에 대하여도 本條의 適用이 있다.[23]

(4) 엄밀한 의미의 변제가 아니라도, 本條의 적용을 긍정할 수 있는 경우도 있을 것이다. 예를 들면 履行判決의 確定 후에 期限猶豫의 約定이 행하여졌는데 채권자가 그 판결에 기하여 채무자의 채권에 대하여 轉付命令을 얻은 경우[24] 등과 같이 강제집행에 의한 변제가 그러하다.[25]

(5) 채무자가 채무의 이행기가 아직 도래하지 아니하였음을 알면서 변제하였는지 여부는 本條의 적용에 영향을 미치지 아니하며, 단지 但書와 관련하여 의미를 가질 뿐이다. 채무자가 이행기가 도래하였다고 잘못 알고 변제한 경우에도 본조의 적용이 있음은 本條 但書의 文言("錯誤로 因하여 辨濟한 때")에 의하여 명백하다.

(6) 獨民 § 813 Ⅱ의 해석으로는 일치하여, 그 규정이 적용되려면 변제를 한 채무자가 行爲能力을 갖출 것이 요구되고 있다.[26] 이는 행위무능력자의 기한전 변제의 효과를 제한하는 취지로서 시인될 수 있을 것이다.

Ⅲ. 返還請求의 排除

1. 返還請求權의 不發生

(1) 「기한전 변제」가 있어도 변제자는 아직 이행기가 도래하지 아니하였

22) 同旨: 大判 97.7.25, 97다5541(公 1997하, 2687).
23) 連帶保證人에 대하여 同旨: 日大判 1914(大 3).6.15(民錄 20, 476). 한편 동 판결은 연대보증인이 期限前 辨濟를 하여 채무를 소멸시킨 경우에 바로 주채무자에 대하여 求償權을 가지는가의 문제에 대하여, 보증인은 주채무자가 가지는 기한의 이익을 해하여서는 안 된다는 이유로, 기한전 변제에 대하여 主債務者의 承諾을 얻은 경우에 한하여 구상할 수 있다고 한다.
24) 同旨: 日大判 1936(昭 13).7.1(民集 17, 1339).
25) 同旨: 我妻榮, 債權各論 下卷一(1972), 1121.
26) 우선 MünchKomm/Lieb, § 814 BGB, Rn. 15 m.w.N. 참조.

음을 이유로 그 급부의 반환을 청구하지 못한다. 本條는 이행기의 미도래를 이유로 한 반환청구만을 배제하는 취지이며, 다른 事由에 기한 返還請求(예를 들면 급부가 「債務의 內容」과는 다른 종류의 것이어서 채무가 소멸하지 아니하였음을 이유로 하는)까지 인정하지 않는 것은 아니다. 따라서 本條가 실제적 의미를 가지는 것은 채무자가 「채무의 내용」에 좇은 이행을 기한 전에 하였을 때일 것이다.

(2) 기한전 변제가 있어도 급부의 반환을 청구하지 못한다는 것은 그 급부가 변제로서 유효하여 원래의 債務가 消滅함을 당연한 전제로 하는 것이다.

2. 中間利子 控除의 排除

本條는 채권자에게 기한 전에 이행된 급부를 보유할 「法律上 原因」이 있음을 전제로 하는 것으로서, 채권자가 당연히 辨濟期까지의 中間利子를 예를 들면 法定 또는 約定의 利率에 따라 산정하여 채무자에게 지급하거나 그 相當을 자신의 채권액으로부터 공제하여야 하는 것은 아니다.

Ⅳ. 債權者의 利得返還義務——本條 但書

1. 利得返還義務의 發生要件

(1) 序

일반적으로 어떠한 給付의 受領者에게 이를 계속 보유할 「法律上 原因」이 있다면, 그가 그 給付로부터 얻는 利益에 대하여도 역시 「법률상 원인」이 있다고 할 것이다. 이는 채권자가 채무의 이행으로 급부를 수령한 경우를 생각하여 보면 바로 알 수 있다. 그런데 기한전 변제의 경우에는 앞의 I. 2. (2)에서 본 「折衷的 態度」에 기하여, 예외적으로 급부의 반환청구를 배제하면서도 일정한 요건 아래서 채권자가 급부로부터 얻은 利益에 대하여 특별히 반환의무를 긍정한 것이 本條 但書이다.

그 요건은, ① 변제자가 "錯誤로" 기한전 변제를 하였을 것, ② 채권자가 기한이 도래하기까지 그 급부로부터 利益을 얻었을 것의 둘이다.

(2) 변제자가 「錯誤로」 기한전 변제를 하였을 것

(가) 여기서 「錯誤」라 함은 이행기 도래 전임을 알지 못하는 것을 말한

다.[27] 한편 이행기가 아직 도래하지 아니하였음을 알면서 변제하는 사람은 기한의 이익을 포기하였다고 보아도 좋을 것이고, 따라서 채권자가 얻은「이익」의 반환을 청구할 수 없다.

변제자에게 이러한「착오」에 대하여 過失이 있는지 여부 및 중과실인지 여부 등은 영향을 미치지 아니한다. 앞의 Ⅱ. 1. (2)에서 본 大判 91. 8. 13, 91다6856(公 905, 2336)은, 대기업이 피용자를 중간퇴직처리한 후 중간퇴직금을 지급한 事案에 대하여 그것이 本條에서 정하는「착오로 인한 기한전 변제」라고 할 수 없다고 하면서, 그 이유로 "피고와 같은 대기업이 위와 같은 중간퇴직처리가 퇴직으로서 아무런 효과가 없다는 것을 모르고 있었다고 보기는 어렵다고 할 것이고 가사 이를 모르고 있었다고 하더라도 이는 중대한 과실에 의한 것일 뿐만 아니라 피고가 중간퇴직처리의 무효를 알고서도 피고의 필요에 의하여 강행한 것이라면 이는 변제기 전의 퇴직금에 대하여 기한의 이익을 포기하면서 이를 지급한 것과 같은 결과가 되었을 뿐이라고 보아야 하기 때문"이라고 說示하였다. 그러나 이 설시를 가지고 판례가 重過失 있는 경우에는 본조 단서가 적용되지 않는다는 태도를 취한다고는 할 수 없을 것이다.

(나) 법문에는「채무자」라고만 하고 있으나, 채무자 이외의 사람이 유효하게 변제한 경우에도 但書의 적용이 있다고 할 것이다(앞의 Ⅱ. 2. (3) 참조).

(다) 일본의 裁判例 중에는, 履行判決의 確定 후에 期限猶豫의 約定이 행하여졌는데 채권자가 그 판결에 기하여 채무자의 채권에 대하여 轉付命令을 얻은 事案에서, 이를「錯誤로 인한 期限前 辨濟」라고는 할 수 없으나 본조 단서를 類推適用하여 중간이자에 상당하는 이익의 반환을 긍정한 것이 있다.[28]

(3) 債權者가 期限이 到來하기까지 그 給付로부터 利益을 얻었을 것

(가) 여기서「이익」이란, 이행기 전에 급부된 것을 이행기까지 이용함으로써 사실상 얻은 이익(소위 中間利益)을 말한다.[29] 예를 들면 금전을 예금하여 얻은 利子, 물건을 임대하여 얻은 借賃 등이 이에 해당한다. 채권자가 이를 이용할 수 있었다는 것만으로는, 그 利用可能性 자체가 民 § 741에서 정하는「이익」으로 평가되지 않는 이상, 이 요건은 충족되지 아니한다. 또한 법문으로

27) 同旨: 大判 91. 8. 13, 91다6856(公 905, 2336)(이 판결은 本條 但書의「錯誤로 인하여」가 인정되는 것은 "변제기가 도래하였다고 오신하고서 변제한 경우에 한한다"고도 설시한다).
28) 同旨: 日大判 1936(昭 13). 7. 1(民集 17, 1339).
29) 四宮和夫(註 15), 156; 新版 日注民(18), 677 이하(石田喜久夫 집필).

부터는 명확하지 아니하나, 본조 단서의 취지에 비추어 채권자가 이행기 후의 기간에 관하여 급부로부터 얻은 이익에 대하여는 반환의무가 발생하지 아니한다.

㈏ 한편 民 § 468 但書는 채무자가 기한전 변제를 함에 있어서 "相對方의 損害를 賠償"할 것을 정한다. 이는 예를 들면 利子附 消費貸借 등의 경우에 원래의 약정기한 전에 원금을 반환하는 채무자는 그 기한까지의 약정이자 상당액을 손해배상하여야 한다는 의미로 해석되고 있다. 그렇다면 다음과 같은 문제가 제기된다. 위와 같은 경우에 채무자는 일단 위 규정에 좇아 약정기한까지의 이자 상당액을 배상하고나서, 반환받은 금전으로부터 후에 채권자가 얻은 「이익」이 있으면 이를 본조 단서에 의하여 부당이득으로 반환청구할 수 있는가? 이러한 번거로운 損益調整을 하여야 하는 것인가? 이러한 문제에 대하여는 별로 논의가 없으나, 民 § 203 Ⅰ 단서나 民 § 587과 같이 雙方의 부수적 이익을 서로 맞비기기로 하는 명문의 규정이 없는 한 이를 긍정할 수밖에 없지 않을까?

2. 利益返還義務의 內容

(1) 채권자는 위와 같이 기한전 급부로부터 얻은 이익을 변제자에게 반환하여야 한다. 이에 대하여는 채권자가 변제가 기한 전에 행하여졌음에 대하여 선의인지 악의인지에 따라 民 § 748 Ⅰ 또는 Ⅱ가 적용된다. 이 이익반환의무는 그 法的 性質이 부당이득반환의무이기 때문이다.[30]

(2) 본조 단서에 정하는 이익반환의무는, 채무자의 급부가 비채변제로서 반환되어야 할 경우에 급부수령자가 이를 반환하지 아니하고 있는 동안에 급부로부터 얻은 果實·使用利益 등 「이익」이 있어서 급부와 아울러 반환되어야 하는 「이익」과는 구별되어야 한다. 이는 부당이득의 일반법리에 의한 것이고 (이에 대하여는 뒤의 民 §§ 747-749 注解 前論 참조), 本條 但書와는 무관한 것이다. 앞의 Ⅱ. 1. ⑵에서 본 大判 91. 8. 13, 91다6856(公 905, 2336)은 사용자가 주장하였던 法定利子 상당의 不當利得을 부인하고 있는데, 동소 본문에서 본 바와 같이 本條 但書의 적용을 부정하더라도, 이는 결국 피용자가 원래 반환되었어야 할 중간퇴직금으로부터 위와 같은 「이익」을 얻었다는 立證이 없었다는 이유로 배척되었어야 했을 것이다. 특히 급부수령자가 商人이 아닌 경우에는, 그가 부

30) 同旨: 四宮和夫(註 15), 156; 新版 日注民(18), 678(石田喜久夫 집필).

당이득으로 반환하여야 할 원래의 급부가 金錢이라고 하여도, 그로부터 당연히 또는 통상 법정이자 상당의 「이익」을 얻는다고는 할 수 없고, 返還請求者가 그 「이익」을 구체적으로 주장·입증하여야 하는 것이다.

V. 立證責任

문제가 되는 것은 本條 但書에서 정하는 錯誤에 관하여 누가 입증책임을 지는가이다. 이에 대하여 일본에서는, 기한전 변제는 부당이득이 되지 않음이 원칙이므로 반환청구자, 즉 변제자가 그 청구권의 발생요건으로서의 「착오」를 적극적으로 입증할 것이라는 견해와 비채변제에 관한 民 § 742에서와 마찬가지로 주관적 요건에 관한 입증책임은 청구의 상대방에게 있다든가 채무자가 기한전 변제임을 알면서 이를 하는 것은 예외라는 등의 이유로 債權者 쪽에서 그 부존재를 입증하여야 한다는 견해가 대립된다고 한다.[31] 本條에서 정하는 이익반환의무의 성질이나 조문의 구성으로 보아 前說이 타당하다고 생각된다.

[梁 彰 洙]

31) 우선 新版 日注民(18), 676 이하(石田喜久夫 집필)(後說에 찬동한다).

第 744 條(道義觀念에 適合한 非債辨濟)

債務 없는 者가 錯誤로 因하여 辨濟한 境遇에 그 辨濟가 道義觀念에 適合한 때에는 그 返還을 請求하지 못한다.

차 례

Ⅰ. 本條의 沿革과 立法趣旨

1. 本條의 沿革과 立法例

(1) 本條는 의용민법에는 없던 규정을 우리 민법에서 새로이 채택한 것이다. 이미 「民法典編纂要綱」은 "給付가 道德上의 義務를 履行한 것이거나 또는 善良한 風俗에 適應한 것인 때에는 不當利得返還請求權이 없는 것으로 定할 것"이라는 항목을 두고 있었다(債權各論 제34항).[1] 이를 받아서 민법안 제737조는 본조와 같은 규정을 제안하였는데, 그 심의과정에서도 별다른 異議가 제기되지 않았다. 『民法案意見書』도 "사회공동생활에 있어서 미풍양속을 유지하고, 윤리적 의무를 가능한 한 소극적으로나마 실현케 하고자 하는 규정이므로 타당한 것"이라고 하여 이 규정에 찬성하고 있다.[2]

(2) 심의과정에서도 지적된 대로, 본조는 외국의 立法例에 좇은 것이다. 獨民 § 814는, "채무이행의 목적으로 급부된 것은, 급부자가 급부할 의무

1) 梁彰洙, "民法案의 成立過程에 관한 小考", 民法研究 제 1 권(1991), 110 참조.
2) 民事法研究會, 民法案意見書(1957), 198(玄勝鍾 담당).

가 없음을 알고 있었던 때 또는 급부가 윤리적 의무나 예의상의 고려에 상응하는 것이었던 때(wenn die Leistung einer sittlichen Pflicht oder einer auf den Anstand zu nehmenden Rücksicht entsprach)에는, 그 반환을 청구할 수 없다"고 하여, 非債辨濟의 경우와 함께 本條와 같은 취지를 정한다. 또한 瑞債 § 63 Ⅱ는, "급부가 시효완성된 채무에 대하여 행하여지거나 윤리적 의무의 이행으로(in Erfüllung einer sittlichen Pflicht) 행하여진 때"에는 반환청구가 배제된다고 정하고 있다. 그 외에 中民 § 180 i이나 滿民 § 727도 같은 뜻을 정한다.[3]

2. 本條의 立法趣旨

(1) 우리 민법의 제정과정에서 본조의 입법취지에 대하여 별다른 언급이 행하여지지 아니하였다. 참고로 獨逸民法의 제정과정에서의 論議를 살펴보면 다음과 같다.

원래 獨民 제 1 초안은 위와 같은 규정을 포함하고 있지 않았는데, 제 2 위원회에서 그것이 제안되어 결국 제 2 초안 § 739에 채택되었다. 이에 반대하는 입장에서는, 첫째, 이러한 규정이 역사적으로 사라져가고 있는 「自然債務의 制度(Institut des natürlichen Verbindlichkeit)」를 일반적으로 인정하는 결과가 된다는 점, 둘째, 법관의 주관적 판단에 지나치게 넓은 재량을 인정하게 된다는 점, 셋째, 법이 명하는 바를 무시하게 될 위험이 있다는 점(가령 方式違反으로 무효인 계약에 대하여 "약속은 지켜야 된다"는 등의 「도덕적 요청」을 내세우는 등으로), 넷째, 법률관계의 규율이라는 법 원래의 목적을 넘어서 윤리의 영역에 들어감으로써 법 자체에 모순을 포함하게 된다는 점(法義務 아닌 것에 일정한 범위에서 법적 유효성을 부여하게 되는 등으로)을 그 이유로 들고 있다.[4]

그러나 多數意見은 다음과 같은 이유로 이러한 주장을 배척하고 위와 같은 규정에 찬성하였다.

> "법은 국민의 윤리의식을 해치는 것에 조력하여서는 안 된다. 급부자에 의하여 윤리에 상응하는 상태가 창출된 경우에 이 상태를 법적 수단으로 原狀에 돌리는 것은 타당하지 아니하다. 그 한에서 법과 도덕은 조화되어야 한다. 법적으로 강제할 수 없는 윤리적 의무가 존재할 수 있어서, 그 경우에 의무자가 급부를 행할 것인가는 그의 양심과 도의감정에 맡겨지게 된다. 거래안전에 대한

3) 民法案審議錄, 上卷(1957), 436 하단 이하도 이들 외국법규정을 "外國立法例"로 인용하고 있다.

4) Protokolle, Bd. 2, S. 695 = Mugdan, Bd. 2, S. 1176f.

위험을 우려할 것은 없다. 특별한 위험은 없으며, 다른 경우, 예를 들면 불법한 급부수령(verwerflicher Empfang)[불법원인급여를 말한다]을 인정할 것인가의 문제에 대하여도 그 판단을 법관의 재량에 맡기고 있다. 방식규정에 관하여는, 법률이 무효를 피하려면 방식을 준수하여야 한다고 정하는 경우에는, 급부한 것을 그 무효를 이유로 하는 반환청구를, 도덕과 도의가 방식무효인 약속도 이행할 것을 요구한다거나 방식흠결을 주장하는 것이 도의에 반한다는 이유로 기각하여서는 아니된다는 점이 오해되어서는 안 된다."[5] (꺾음괄호 안은 引用者)

(2) 이러한 立法經過를 보면, 한편으로 법적 의무는 없더라도 윤리적 의무에 적합한 급부에 대하여 반환청구를 허용하는 것은 「국민의 윤리의식(sittliches Bewußtsein des Volkes)」에 반하여 인정될 수 없다는 태도, 즉 그 한도에서 법과 윤리는 일치되어야 한다는 태도는 堅持하면서도, 다른 한편으로 법과 윤리·도덕은 역시 명료하게 구별되어야 하고 윤리의 이름으로 함부로 법의 적극적 요청을 외면하여서는 아니된다는 태도(무엇보다 方式規定에 관한 설명에서 이를 간취할 수 있다)를 읽을 수 있다. 本條의 解釋的 作業에서도 이러한 緊張關係를 항상 시야에 두어야 할 것이다.

3. 소위 自然債務의 理論과의 관계

(1) 우리 민법전은 自然債務(naturalis obligatio)에 대하여 아무런 규정을 두고 있지 않으나, 학설은 예외 없이 이를 인정한다.[6] 그리고 자연채무는, 執行力 없는 債務, 즉 「책임 없는 채무」와 함께, 「불완전한 채무」에 속한다고 한다. 그러나 자연채무의 개념이 무엇이냐, 구체적으로 어떠한 채무를 자연채무로 볼 것인가에 대하여는 견해의 대립이 있다.

하나는, 어떠한 財産出捐을 한 자가 그 출연을 일정한 義務을 이행할 목적으로 행한 경우에, 그 의무가 원래 그것의 이행을 적극적으로 訴求할 수는 없는 것이지마는 다른 한편 그 出捐者가 그 이행한 것을 비채변제로서 반환청구할 수는 없는 것이면, 그 의무는 모두 自然債務에 속한다고 하는 견해이다.[7]

다른 하나는, 단순히 그 이행한 것의 반환청구를 할 수 없다는 것만으로

5) Protokolle, Bd. 2, S. 695f.=Mugdan, Bd. 2, S. 1177.
6) 自然債務에 대하여는 우선 梁彰洙, "自然債務·債務와 責任", 月刊考試 1992년 5월호, 60 이하 참조.
7) 특히 玄勝鍾, 債權總論(1982), 87 이하. 기타 黃迪仁, 現代民法論 Ⅲ[債權總論], 增補版(1987), 39 등.

는 자연채무라고 할 수 없으며, 나아가 비록 訴訟에 의하여 請求할 수는 없더라도 법적으로 의미 있는 채무가 존재하여야 한다는 견해이다.[8)]

(2) 만일 전자의 견해를 취한다면, 本條에서 정하는 바의 「도의관념에 적합한 변제」를 한 사람은 상대방에 대하여 自然債務를 가진다는 셈이 되고, 후자의 견해에 의하면 도의관념에 적합한 변제를 하였다고 하여도 그것이 어떠한 「법적으로 의미 있는 채무」를 이행하기 위하여 행하여진 것이라는 하기 어려우므로(보다 정확하게 말하면 「도의관념에 적합한 변제」의 返還請求가 부인된다는 것 외에 다른 법률효과가 인정되지 아니하므로) 이를 自然債務라고 할 수 없게 된다.

그러나 自然債務의 이름 아래 논의되고 있는 여러 가지의 事案들은 각기 다른 觀點(가령 계약자유의 원칙, 소송법상의 목적, 입법정책의 내용 여하 등)에서 그 특수성이 해명될 수 있는 성질의 것이다. 그러므로 이들 전부를 통틀어서 「자연채무」라는 개념을 부여하더라도, 이는 내용적으로 서로 異質的인 것을 집합적으로 부르는 衣裳에 불과하고 이들의 전부는 아니더라도 적어도 대부분에 동일하게 적용될 規範群을 발견할 수 없다. 따라서 自然債務의 개념은 법기술적으로 無意味하며 오히려 불필요하게 思考의 혼란을 가져 올 뿐이다.[9)] 따라서 自然債務라는 우리 민법에서 쓰이지 않고 있는 法概念을 사용할 필요는 없다고 하겠다.[10)]

그러므로 本條에 의하여 반환청구가 부인되는 경우에 그 급부의 당사자 사이에 自然債務가 존재하는지 여부를 논하는 것은 별다른 필요가 없다고 하겠다.

---

8) 郭潤直, 債權總論, 新訂(修正版)(1999), 67 이하; 金容漢, 債權法總論(1983), 93; 李銀榮, 債權總論, 改訂版(1999), 38 등.

9) Larenz, Lehrbuch des Schuldrechts, Bd. 1, 14. Aufl.(1987), § 2 Ⅲ(S. 21)도, 自然債務(Naturalobligationen)라는 표현은 학설에서, 訴求할 수 없는 급부의무라는 의미로 쓰이기도 하고, 부당이득의 성립을 배제하는 給付의 法的 原因으로 인정되는 倫理上이나 社交的 約束上의 의무라는 의미로 쓰이고 하고, 또는 이들을 모두 가리키는 말로 쓰이기도 하여서, "이러한 多義性을 피하기 위하여서도 이 말을 사용하지 않는 것이 나을 것"이라고 한다.

10) 이에 대하여는 우선 梁彰洙(註 6), 69 이하 참조. 尹喆洪, 要解 債權總論(1999), 74 이하도 "자연채무에 해당된다고 하는 개개의 제도들에 대한 특성을 고려한다면, 자연채무라는 개념을 사용해야 할 필요성은 거의 없다고 생각한다"고 한다.

Ⅱ. 本條 適用의 要件

1. "債務 없는 者가 錯誤로 因하여 辨濟한 境遇"

(1) 本條는 채무 없는 자가 채무의 이행을 위하여 급부를 실행한 경우, 즉 民 § 742에서 정하는 非債辨濟의 요건이 충족되는 경우에 적용된다. 따라서 채무자 아닌 사람이 民 § 469에 의하여 제3자로서 유효하게 변제하는 경우에는 적용되지 아니한다. 또한 民 § 743에서 정하는 대로 비채변제에 해당하지 않는 기한전 변제의 경우에도 적용의 여지가 없다.

(2) 그러한 변제가 「錯誤」로 행하여져야 한다. 여기서 「錯誤」라 함은 급부를 할 법적 의무가 없음을 알지 못하였음(또는 그러한 의무가 있다고 잘못 알았음)을 말한다.[11] 그러한 의무가 없음을 알면서 급부를 한 경우는 非債辨濟에 관한 民 § 742에 의하여 처리되고, 本條는 적용되지 아니한다. 그러므로 애초에 법적 의무가 없음을 알면서 윤리적·도의적 동기에 기하여 일정한 급부를 행한 경우는 民 § 742의 문제이고, 本條와는 무관하다.[12]

2. 道義觀念에 適合한 辨濟

(1) 여기서 「도의관념에 적합」하다는 것은 그 급부에 의하여 도덕적 의무가 이행되는 것이거나 기타 그 급부가 수령자에게 그대로 보유되는 것이 일반 사람의 도덕감정에 맞는 것을 의미한다. 이러한 도의관념에 적합한지 여부는 순수하게 客觀的으로 정하여지며,[13] 급부자가 도의관념에 적합하다고 생각하였는지 여부는 문제되지 아니한다.[14] 도의관념에의 적합 여부를 판단하는 基準時點에 대하여는 별로 논의가 없으나, 그 법률효과에 대응하여, 辨濟時가 아니라 반환청구시, 보다 구체적으로는 반환청구소송의 사실심변론 종결시라

---

11) MünchKomm/Lieb, § 814 BGB Rn. 17(3. Aufl., 1997, S. 1306); Staudinger/Lorenz, § 814 BGB Rn. 15(12. Aufl., 1986); Erman/Westermann, § 814 BGB Rn. 11(Bd. 1, 8. Aufl., 1989, S. 2348f.).

12) 同旨: 郭潤直, 634("辨濟者가 債務 없음을 알고 있었으나, 道義上 辨濟해야겠다고 생각하여 辨濟한 때에는, 제742조의 전형적인 非債辨濟에 지나지 않는다"); 李銀榮, 523("辨濟者가 채무 없음을 알았음에도 불구하고 辨濟하였는데, 그 辨濟가 道義觀念에 적합한 경우는 … 악의의 비채변제에 해당하여 返還請求가 금지된다"). 독일에서의 同旨의 학설로 우선 Erman/Westermann(註 11), § 814 Rn. 11(S. 2349) 참조.

13) 郭潤直, 634; 金疇洙, 566.

14) Erman/Westermann(註 11), § 814 Rn. 12(S. 2349) 참조.

고 할 것이다.

도의관념에의 적합 여부에 관한 包攝可能한 基準을 일반적으로 그리고 불가변의 것으로 설정하는 것은 불가능하다.[15] 법관은 개별적인 경우에 가치보충적으로 이를 구체화하여야 할 것이다. 한편 독일의 종전 裁判例는 「문제되는 사회계층」 또는 「사회적으로 동등한 위치에 있는 사람들」의 관념을 기준으로 내세우기도 하였으나, 그러한 階層 특유의 관점을 강조하는 입장은 ── 비록 구체적 사건에서 일응의 방향을 줄 경우가 있음은 인정된다고 하여도 ── 광범위한 동의를 얻지 못하고 있다고 한다.[16] 또한 本條에 의하여 강행법규의 취지가 몰각되는 결과가 되어서는 안 된다. 法이 禁壓하고자 하는 給付가 실제로 행하여졌다고 해서, 그것이 民 § 746의 不法原因給與에 해당하지 않은 한, 이를 「도의관념」의 이름으로 정당화할 수는 없기 때문이다.[17]

(2) 문제되는 事案類型으로는 다음과 같은 것을 들 수 있다.

(가) 法的인 扶養義務(民 § 974 참조) 없는 자가 불우한 近親(특히 生計를 같이하지 아니하는 親族이나 이혼 후의 配偶者 등)에 대하여 하는 扶養的 給付는 일반적으로 도의관념에 적합하다고 할 것이다.[18] 또한 부양의무 있는 경우에도 그 범위를 넘어서 행하여진 부양적 급부에 대하여도 마찬가지이다.[19] 이 때 당사자들이 전제로 한 근친관계가 실제로는 존재하지 않는 경우에는 도의관념에 적합하지 않다고 할 것이다.

(나) 消滅時效가 完成된 채무를 채무자가 이행한 경우에는 비록 채무자

---

15) BernKomm/Becker(1941), Art. 63 OR Rn. 18(S. 347)은 일반적으로, "윤리적으로 요청되는 것의 境界를 협소하게 그어서는 안 된다"고 한다.

16) Staudinger/Lorenz(註 11), § 814 Rn. 18 참조. 한편 BernKomm/Becker(前註), 同所는 "일정한 사회계층에 속한다는 사정은 [윤리적] 요청의 정도를 정함에 있어 유의미할 수 있다"고 한다.

17) 大判 96. 12. 20, 95다52222등(公 1997상, 347)이, 국내 장기연수자에 해당하는 근로자가 일정 기간 의무복무하지 않으면 연수기간 동안 지급한 급여를 반환하도록 약정한 것은 違約金約定을 禁止한 勤基 § 24에 반하여 무효라고 하면서, 나아가 근로자가 위 약정에 기하여 회사에 반환한 급여 상당액을 부당이득으로서 반환할 것을 구하는 청구를 인용함에 있어서, "위와 같은 강행법규에 위반한 무효의 약정에 기한 채무의 변제를 도의관념에 적합한 변제라고 할 수 없다"고 판시한 것도 같은 취지로 보인다.

18) 가령 ──독일의 RGZ 165, 358의 事案에서와 같이── 妻가 혼인 중 포태한 자에 대하여 夫가 親生否認의 訴를 제기할 수 있는 기간이 도과되어 법적으로 夫의 親生子로 인정되는 아이에 대하여 生物學的 父가 하는 부양적 급부를 하는 경우가 그러하다. 金亨培, 事務管理 · 不當利得(2003), 123은 인지하지 않은 자신의 婚外子에 대하여 實父가 생활비를 지급하는 것을 예로 든다.

19) 郭潤直, 634; 金疇洙, 565. 독일의 학설로는 MünchKomm/Lieb(註 11), § 813 Rn. 18(S. 1306); Staudinger/Lorenz(註 11), § 814 Rn. 19; Erman/Westermann(註 11), § 814 Rn. 12(S. 2349) 참조.

가 시효완성의 사실을 알지 못하여 그것이 時效利益의 抛棄로 인정될 수 없는 때에도 이는 도의관념에 적합한 변제라고 할 것이다. 소멸시효가 완성된 채무를 그 후 채무자가 승인한 경우에 대하여, 판례는[20] 시효완성의 인지, 나아가 시효이익의 포기를 「推定」하지 아니하는데, 그렇게 보지 아니하고 비록 채무자가 시효완성의 사실을 알지 못하였더라도 그가 그 후 시효완성을 주장하는 것은 信義則에 반하여 허용되지 않는다는 태도를[21] 취하더라도, 여전히 채권자가 채무의 이행을 청구할 수 있다는 결론에는 消長이 없다. 이와 궤를 같이 하여 일단 채무자가 시효완성된 채무를 이행한 경우에도, 本條에 기하여 채권자는 그 급부를 반환할 필요가 없다고 할 것이다.[22] 瑞債 § 63 Ⅱ는 앞의 I. 1. ⑵에서 본 대로 시효완성된 채무가 이행된 경우를 「윤리적 의무의 이행」과 별도로 명문의 규정을 두고 있으나,[23] 그러한 규정구조를 취하지 않는 우리 민법의 해석으로는 위와 같이 해석하여도 무방하다고 생각된다.

㈐ 無償으로 행하여진 중요한 財産的 出捐 또는 勞務에 대하여 응분의 대가 또는 포상금을 지급한 경우도 비록 그 법적 의무가 있다고 잘못 생각하여 행하여진 경우도 이를 도의관념에 적합한 변제로서 그 반환을 청구할 수 없다고 할 것이다.[24]

㈑ 구체적 사정에 따라서는, 過責이 없어 加害者가 법적으로는 불법행위책임을 지지 아니하는 경우에도 被害者에게 손해배상을 한 것은 도의관념에 적합하다고 하여 그 반환청구를 배제할 수도 있을 것이다. 특히 손해가 重大하고, 가해자·피해자의 財産狀態에 비추어 그 배상급부가 그 각 사람에 대하여 가지는 경제적 의미에 현격한 차이가 있는 경우 등에는 이를 고려하여 볼 수 있다.[25] 獨民 § 829는, 가해자는 책임무능력을 이유로 배상책임을 지지 않고 또 감독의무 있는 제3자로부터는 사실상 손해를 배상받을 수 없는 경우에

---

20) 大判 65. 11. 30, 65다1996(集 13-2, 261); 大判 67. 2. 7, 66다2173(集 15-1, 89) 등. 이에 대하여는 우선 梁彰洙, "時效利益의 抛棄와 保證關係", 民法硏究 제3권(1995), 364 이하 참조.

21) 이에 대하여는 民法注解[Ⅲ], 554 이하(尹眞秀 집필) 참조.

22) 소멸시효의 효과에 관하여 소위 絶對的 消滅說을 취하는 입장에서는 이러한 태도를 취한다. 가령 郭潤直, 民法總則, 新訂(修正版)(1998), 478; 李英俊, 民法總則, 全訂版(1995), 768; 李銀榮, 民法總則(1996), 777 이하 등 참조.

23) 瑞債의 해석으로도 채무자가 시효완성의 사실을 알지 못하고 이행한 경우에도 그 반환청구는 배제된다고 한다. 우선 Andreas von Tuhr/Hans Peter, Allgemeiner Teil des Schweizerischen Obligationenrechts, Bd. 1, 3. Aufl.(1979), § 52 Ⅳ 2(S. 482) 참조.

24) von Tuhr/Peter(前註), § 4 Ⅱ Anm. 7(S. 34) 참조. 李銀榮, 523은 "봉사료(팁)의 지급"이 本條의 변제에 해당한다고 하는데, 이는 現實贈與로 볼 것이다.

25) von Tuhr/Peter(註 23), 同所 참조.

는 "제반 사정, 특히 당사자들의 재산관계에 비추어 손해의 전보가 형평에 적합하고 또 그의 적절한 생계 또는 법률에 의하여 부담하는 부양의무의 이행에 필요한 자력이 박탈되지 아니하는 범위에서는" 책임무능력의 가해자가 그 손해를 배상하여야 한다고 정하는데, 이와 같은 「형평에 배려하는」 法의 趣旨는 우리 민법에서는 本條의 운용을 통하여 적절한 범위에서 달성될 수 있을 것이다.

한편 大判 87. 9. 29, 87다카1137(公 812, 1635)은, 甲 회사의 경리 담당 이사로 근무하던 원고가 하도급관계에 있는 乙 회사의 자금 융통을 돕기 위하여 그로부터 당좌수표를 교부받고 甲 회사 명의의 약속어음을 발행·교부하다가, 乙 회사의 당좌수표가 부도나는 바람에 甲 회사가 위와 같은 약속어음의 액면금 상당을 회수하여 못하여 손해를 입자, 甲 회사로부터 책임을 추궁당하여 자신에게 法的 責任이 있는 것으로 잘못 믿고 그 손해금의 일부조로 금전을 지급한 사안에 대한 것이다. 大法院은, 이 금전급부는 "非債辨濟에 해당하게 되므로 다른 특별한 사정이 없는 한 원고는 부당이득을 원인으로 그 반환을 청구할 수 있"으며, 나아가 "원고의 위 변제행위를 도의관념에 적합한 비채변제에 해당하는 것이라고도 速斷할 수 없다"고 판단하였다. 이러한 판단은 당해 사건의 사실관계에 비추어 정당하다고 생각된다.

(마) 破産節次에서 "면책을 받은 파산자는 파산절차에 의한 배당을 제외하고 파산채권자에 대한 채무의 전부에 관하여 그 책임이 면제"된다(破産 § 349). 이는 會社整理節次나 和議節次에서 면책된 채무의 경우에도 마찬가지이다(會社整理 § 241, 和議 § 61, 破産 § 297 이하). 이와 같이 면책된 채무를 채무자가 나중에 資力을 회복하여 「錯誤로」 이행한 경우에는, 이는 도의관념에 적합한 변제로서 그 반환을 청구하지 못한다고 할 것이다.[26]

이를 「自然債務」라고 하여 애초 그 이행은 비채변제에 해당하지 않는다는 견해도 있다.[27] 그러나 위와 같이 면제된 채무는 법적으로 소멸하였다고 보아야 하고, 그 경우에 면제의 효력이 파산자 등의 保證人이나 物上保證人에게 미치지 않는 것(破産 § 350, 會社整理 § 240 Ⅱ, 和議 § 61, 破産 § 298 Ⅱ)은 법이 政策的으로 보증채무 등의 附從性에 예외를 인정한 것이라고 이해하면 된다.[28]

---

26) Enneccerus/Lehmann, Recht der Schuldverhältnisse, 15. Bearbeitung(1958), § 223 Ⅰ 3 b (S. 895) 참조.

27) 郭潤直(註 8), 71; 金亨培, 債權總論, 제 2 판(1998), 125 등. 독일의 학설로 Staudinger/Lorenz(註 11), § 814 Rn. 22도 이러한 입장이다.

28) 이에 대하여는 梁彰洙(註 6), 68 이하 참조.

한편 相續을 限定承認한 상속인이 자신의 고유재산으로 상속채무를 변제한 경우에는, 애초 한정승인은 상속인의 「책임」만을 제한하고 상속채무 자체가 소멸하는 것은 아니므로, 이를 비채변제에 해당한다고 할 수 없어 本條와는 무관하다.

(바) 方式違反을 이유로 무효인 법률행위상의 의무를 이행한 경우는 그것이 도의관념에 적합한 변제라고 할 수 없다.[29] 가령 遺言이 방식을 준수하지 아니하여 무효인 경우에, 상속인이 그 유언이 유효인 것으로 믿고 상속재산을 제3자에게 공여하였다면, 그 반환청구를 本條에 기하여 배제할 수는 없다.[30] 그러나 상속인이 그 유언이 無效인 줄 알면서 유언에 나타난 상속인의 피상속인의 遺旨대로 상속재산을 처리한 것이라면, 이는 贈與로서 그 급부의 보유에 대하여 수령자에게 「법률상 원인」이 있거나 적어도 "債務 없음을 알고" 辨濟한 경우(民 § 742)로서, 그 반환을 청구할 수 없다고 할 것이다.

(사) 大判 98. 11. 13, 97다57337(公 1998하, 2857)은, 자신의 토지가 하천구역에 편입됨으로써 私權을 상실한 사람에 대한 補償規定이 사후에 시행되었는데 하천관할청이 그 시행 전에 사권을 상실한 사람에 대하여도 보상하여야 하는 것으로 잘못 믿고 補償金을 지급한 사안에서 비록 보상금 지급이 없으면 소유자가 보상 없이 소유권을 잃은 결과가 된다고 하여도 이를 「도의관념에 적합한 변제」라고 할 수 없다고 하여, 그 返還請求를 인용하였다. 公法上 給付는 일반적으로 도의관념에 의하여 처리되는 문제가 아니므로, 義務 없이 행하여진 공법상 급부에 대한 返還請求가 本條의 적용에 의하여 배제되는 것은 쉽사리 인정되기 어려울 것이다.

Ⅲ. 本條의 效果

本條의 要件이 갖추어지면, 非債를 辨濟한 사람은 그 급부의 반환을 청구하지 못한다. 이는 변제자가 "債務 없음을 알"지 못하였음에도, 따라서 원래

29) 앞의 註 5의 본문에서 본 Protokolle의 설명 참조. 그 외에 스위스의 학설로 von Tuhr/Peter(註 23), § 4 Ⅱ Anm. 7(S. 34)도 참조.

30) 한편 von Tuhr/Peter(註 23), § 4 Ⅱ Anm. 7(S. 34)은, 피상속인의 "無方式의 所望(formloser Wunsch)"을 이행할 윤리적 의무는 인정되지 않는다고 한 스위스의 裁判例(BGE 48 Ⅱ 314)를 들고 있다.

라면 반환청구를 할 수 있었을 것임에도 그 반환청구가 배제된다는 점에 의의가 있다.

本條에서 정하는 반환청구권의 배제에 대하여는 앞의 § 742 注解 Ⅲ. 1. 참조.

Ⅳ. 立證責任

1. 非債辨濟의 사실에 대하여는 반환청구권을 주장하는 자가 이를 입증할 것이다.

2. 그러나 그 변제가 도의관념에 적합하다는 점은 반환청구권을 否認하는 자가 이를 입증할 것이다.[31] 또한 변제자가 「錯誤로」 변제하였다는 점에 대하여는 民 § 742에서 그 反面인 "債務 없음을 알"았다는 점을 반환청구권을 부인하는 자가 이를 입증하여야 한다고 하는 이상(이에 대하여는 앞의 § 742 注解 Ⅳ. 1. 참조), 여기서도 역시 마찬가지라고 할 것이다.

[梁 彰 洙]

---

31) 同旨: Gottfried Baumgärtel/Strieder, Handbuch der Beweislast im Privatrecht, Bd. 1, 2. Aufl.(1991), § 814 BGB Rn. 7(S. 1290).

第 745 條(他人의 債務의 辨濟)

① 債務者 아닌 者가 錯誤로 因하여 他人의 債務를 辨濟한 境遇에 債權者가 善意로 證書를 毁滅하거나 擔保를 抛棄하거나 時效로 因하여 그 債權을 잃은 때에는 辨濟者는 그 返還을 請求하지 못한다.

② 前項의 境遇에 辨濟者는 債務者에 對하여 求償權을 行使할 수 있다.

차 례

Ⅰ. 本條의 沿革과 立法趣旨

1. 本條의 沿革과 立法例

(1) 本條의 沿革

本條는 依用民法 § 707과 동일한 규정이다.

日本의 舊民法 財産編 § 365는 「채권자에 대하여 채무자 아닌 사람이 변제를 한 경우」에 관하여 그 제 1 항에서 "변제자가 착오로 변제를 한 때가 아니면" 그 반환을 청구할 수 없다고 하고 이어서 제 2 항에서 "채권자가 변제를

받음으로 인하여 선의로 채권증서를 훼멸한 때에도" 반환청구를 할 수 없다고 정하고 있었다.[1)]

일본민법의 제정과정에서, 그 起草者들은 일본민법 § 707의 입법취지에 대하여, "채권자는 채무자 이외의 자로부터 변제를 받을 수 있음은 물론 법률이 인정하는 바이나, 채무자가 아닌 자가 착오로 채무의 변제를 하여 그로 인하여 채권자에 손해를 끼칠 수 없음은 당연한 일"이라고 하면서, 舊民法에서 정하여진 「증서 훼멸」의 경우와, ① "채권자가 변제를 받았기 때문에 그 후 그 채권을 행사하지 아니하여 시효에 걸린" 경우와 ② "담보가 필요없다고 하여 이를 포기한 경우"를 달리 볼 이유가 없으므로 "제365조 제 2 항의 경우에 위 두 개의 경우를 增補하여 본조 제 1 항의 규정을 마련하고 채권자의 보호에 만전을 기하려고 한다"는 의견을 제시하고 있다.[2)]

(2) 立 法 例

本條와 유사한 취지의 규정은 佛民 § 1377에서 찾을 수 있다.

우선 同條 I 은 우선 "착오로 자신이 채무자라고 믿은 자가 부채를 변제한 때에는 그는 채권자에 대하여 반환청구권을 가진다(Lorsqu'une personne qui, par erreur, se croyait débtrice, a acquitté une dette, elle a le droit de répétition contre le créancier)"고 전제하고, 나아가 同條 II에서 "그러나 그 권리는 채권자가 변제 후에 증서를 훼멸한 경우에는 종료한다. 다만 진정한 채무자에 대한 변제자의 구상에는 영향이 없다(Néanmoins, ce droit cesse dans cas où le créancier a supprimé son titre par suite du paiement, sauf le recours de celui qui a payé contre le véritable débiteur)"고 정한다.

同條 II는 변제의 유효를 믿은 채권자가 증서를 훼멸하여 자기 채권의 만족에 장애가 생긴 경우에 관한 것으로 이해되어 「선의의(de bonne foi)」 채권자만에 적용되는 것으로 해석되고 있으며, 나아가 판례는 이를 증서 훼멸의 경우뿐만 아니라 擔保喪失 등의 경우에도 확장적용하였다.[3)] 결국 日民 § 707은 佛民 § 1377의 해석상 결론을 충실하게 조문화한 것이라고 할 수 있다.

---

1) 그리고 同條 제 3 항은, 이와 같이 반환청구를 할 수 없다고 하여도 변제자가 "事務管理의 訴權에 기하여 또는 代位辨濟의 規則에 의하여 진정한 채무에 대하여 가지는 求償權"에는 영향이 없다고 정한다. 이 규정이 本條 II의 直接的 淵源이라고 하겠다.

2) 未定稿本 民法修正案理由書, 607.

3) 이에 대하여는 우선 Starck/Roland/Boyer, Obligations, T. 3: Régime général, 4ème éd. (1992), No. 249(p. 148 et suiv.) 참조.

2. 本條의 立法趣旨

(1) 본조의 입법취지에 대하여는 다음과 같이 설명되고 있다.[4)]

어떤 사람이 他人의 債務를 변제하는 경우는, 변제자가 그것이 타인의 채무라는 것을 알면서 변제하는 것과 그것이 자신의 채무라고 잘못 알고 변제하는 것의 둘로 나눌 수 있다. 前者의 경우는 소위 제 3 자의 변제로서 民 § 469에 의하여 유효하여 채무를 소멸시킨다. 따라서 변제자와 채권자 사이에서 부당이득이 문제될 여지가 없으며 단지 채무자에 대한 변제자의 求償이 문제될 뿐이다. 그런데 後者의 경우는 非債辨濟에 다름아니어서 변제가 효력을 가지지 못하므로, 채권자는 자신이 받은 급부를 변제자에게 부당이득으로 반환하여야 하고, 채권자는 여전히 진정한 채무자에 대하여 채무의 이행을 구할 수 있다. 그런데 이러한 原則을 관철한다면 채권자가 "有效한 辨濟를 받은 것으로 믿고서", 혹은 적극적으로 채권증서의 파기나 담보의 소멸 등 채권의 만족을 곤란하게 하는 행위를 하거나, 혹은 소극적으로 채권 행사를 게을리하여 소멸시효에 걸리게 될 수 있다.

이렇게 되면 채권자가 예측하지 않은 손해를 입을 蓋然性이 있으므로, 그러한 일이 실제로 행하여진 경우에는 "債權者를 보호"하기 위하여 本條를 둔 것이다. 즉 辨濟者의 返還請求權을 인정하지 아니하고 오히려 변제의 효력을 인정하여 채무 자체는 소멸시키되(本條 I), 변제자로 하여금 이제 채무를 자신의 출연 없이 면하게 된 채무자에 대하여 求償權을 인정한다는 것이다(本條 II).

한편 大判 92. 2. 14, 91다17917(公 917, 1019)은, "민법 제745조 소정의 비채변제는 채무자가 아닌 제 3 자가 타인의 채무를 자기의 채무로 오신하고 착오로 변제한 경우에 채권자가 선의로 증서를 훼멸하는 등으로 그 채권을 잃은 때에는 **채권자를 위하여 착오로 변제한 변제자의 부당이득반환청구권을 제한하는** 취지의 규정"(강조는 引用者)이라고 설시하여서 대체로 위와 같은 趣旨를 肯定한다. 다만 여기서 「그 채권을 잃은 때」 운운하는 것은 「잃을 위험이 생긴 때」를 의미할 것이다.

(2) **本條에 대한 立法論的 疑問**

이와 같이 本條에서 문제되는 「타인 채무의 착오 변제(irrtümliche Zahlung fremder Schuld)」의 사안에서는 典型的으로 다음과 같은 利益衝突이 문제된다.

㈎ 우선 本條가 적용되지 아니하는 경우, 즉 착오변제자의 반환청구권

4) 郭潤直, 635; 金疇洙, 566 이하; 李銀榮, 523.

이 인정되는 경우를 생각하여 보자.

이 경우 채권자는 자신이 받은 급부를 반환하고, 채무자로부터 다시 채권의 만족을 구하여야 한다. 그러므로 그는 채무자의 無資力危險을 부담하게 된다. 이 역시 원래 채권자가 부담하여야 하는 것이므로 별다른 문제는 없다.

나아가 착오변제자는 채권자=변제수령자로부터 그 급부의 반환을 청구할 권리가 있으나, 이로써 그는 변제수령자의 無資力危險을 부담하게 된다. 물론 이는 자신의 「錯誤」에 의하여 초래되었고 자신이 변제수령자로 택한 상대방에 대하여 부담하는 것으로서 그만한 이유가 있다고 하겠다.

(나) 그런데 本條가 적용되어 착오변제자의 반환청구권이 부인되는 경우를 보자.

채권자는 이제 착오변제자로부터 수령한 급부로써 현실적으로 채권의 만족을 얻고, 채무자의 무자력위험을 더 이상 부담하지 않게 된다. 이는 채무자 자신의 이행행위가 없는데도 「선의로 증서훼멸 등의 행위를 하였다」는 것에 기하여 얻어진 것으로서, 일종의 「굴러 들어 온 福」이다.

한편 착오변제자는 이제 원래 자신과 별다른 법률관계에 선 일이 없고 따라서 자신이 통상 잘 알지 못하는 채무자를 상대로 하여 「求償」하여 자신이 출연한 것에 대한 재산적 「보상」을 얻어야 한다. 그리하여 그는 그러한 채무자의 무자력위험을 안아야 한다. 이 위험은 자신의 「錯誤」와 함께 변제수령자가 「선의로 증서훼멸 등의 행위를 하였다」는 것에 기하여 안게 된 것으로서, 착오변제자로서는 意外의 負擔이다.

(다) 이와 같이 보면 本條는 과연 착오변제자의 「착오」와 채권자의 「신의의 증서훼멸 등 행위」가 위와 같은 채권자의 위와 같은 福運과 또한 채무자의 무자력위험의 轉置를 정당화할 만한가 하는 문제를 제기한다. 생각하여 보면, 채권자가 선의로 증서 훼멸이나 담보 포기의 행위를 하였다고 해도, 그것은 그의 채권 만족을 抽象的으로 危險하게 하는 데 그치는 것이 아닐까. 증서훼멸에 관하여 보면, 채권증서 등 서면이 소송상 입증을 위하여 반드시 요구되는 態度를 취하지 아니하는 이상에는[5] 그러하고, 또 담보 포기의 경우에도

5) 프랑스에서는 계약의 목적물이 데크레가 정하는 일정액을 넘는 경우에는 입증을 위하여 서면이 요구되는데(佛民 § 1341: "데크레에 의하여 정하는 금액 또는 가액을 넘는 것 전부에 대하여 … 公證人 앞에서 또는 私署에 의하여 證書가 작성되어야 한다"), 현재는 그 액은 5천 프랑으로 정하여져 있다(1980년 7월 15일의 데크레 제533호). 그러므로 다소라도 중요한 契約은 모두 간접적으로 要式主義를 취하고 있다고 할 수 있다.

일반적으로 채권의 만족을 믿고 그러한 행위를 하였다면 착오를 이유로 이를 취소할 수 있을 것이다(물론 이 경우에는 그 사이에 생긴 선의의 제3자(民 § 109 Ⅱ 참조)의 문제는 남는다). 그리고 시효소멸은 사실상 극히 드물게밖에 일어나지 않을 것이다. 또한 채권자가 증서 훼멸 등으로 인하여 채권의 만족을 얻지 못한 손해를 실제로 입은 ─아마도 드문─ 경우라면, 不法行爲를 이유로 착오변제자로부터 그 손해의 배상을 받을 수 있을지도 모른다. 특히 債權者는 위와 같은 손해 또는 손해 발생의 개연성을 내세워 이를 착오변제자에서 반환할 이익으로부터 控除할 것을 주장할 수 있을 것이다(民 § 748: "그 받은 利益이 現存한 限度에서").[6]

그렇다면 本條의 입법태도에는 입법론적으로 의문이 없다고 할 수 없다고 생각된다.

Ⅱ. 本條의 適用要件

1. 他人 債務의 錯誤 辨濟

(1) 他人 債務의 存在

채무가 존재하되 그것이 변제자 이외의 사람이 부담하는 것이어야 한다.

(가) 변제자가 실제로 그 채무를 부담하고 있는 경우는 물론이고, 채무가 전혀 존재하지 아니하는 경우에는[7] 本條는 적용되지 아니한다. 債務가 아예 존재하지 않는다면, 辨濟受領者는 급부를 보유할 「법률상 원인」이 처음부터 결여되어 있어서 이를 언제나 변제자에게 반환하여야 할 것이고, 그가 善意로 證書毁滅 등의 행위를 하였다고 하여도 이로써 채권 만족이 위협하게 되는 일은 객관적으로 있을 수 없으므로 마찬가지라고 할 것이다. 그러므로 예를 들면 火災保險의 保險者가 채무가 없음에도 채무 있다고 오신하여 당해 보험금상의 質權者에게 변제를 하자 질권자가 被保險者(질권설정자)에 대한 抵當

6) 本條와 같은 규정을 두지 않는 독일에서는 本條의 문제가 그와 같이 해결되고 있다. 우선 Staudinger/Lorenz, § 818 BGB Rn. 39(12. Aufl., 1986)("법률상 원인 없이 수령한 것[그리하여 부당이득반환의무의 목적이 된 것]에 의하여 자신의 채권이 만족되었다고 생각하는 채권자가 가령 제3자에 대한 권리를 포기하든가 소멸시효가 완성되도록 방치하여 불이익을 입는 경우") 참조.

7) A가 B에게 채무를 부담하고 있다고 잘못 믿고 C가 제3자로서 변제한 경우에 대하여 日大判 1901(明 34). 3. 28(民錄 7-3, 88)도 同旨.

權 등의 등기를 말소하고 또 채권증서를 반환한 경우[8] 등에 대하여는 本條의 적용이 없으며, 위와 같은 경우에 保險者는 質權者에 대하여 부당이득반환청구를 할 수 있다.

(나) 일본의 裁判例 중에는, 先代의 身元保證人으로서의 지위를 상속하였다고 잘못 안 相續人이[9] 신원보증채무를 변제하였고 이를 유효한 변제라고 믿고 수령한 채권자의 손해배상채권이 그 후 시효소멸한 사안에서 이상의 요건이 충족되는 것으로 하여 판단하는 것이 있다.[10] 이 事案은 보증채무가 존재하지 아니하는데도 보증인으로서 변제한 것이므로 이 「채무의 존재」라는 요건이 결여된 것으로 볼 수도 있을 것이나, 일본의 학설은 위 裁判例의 태도를 지지한다. 그 이유는, "形式的으로는 보증인은 자신의 채무로서 변제하는 자이므로, 보증채무가 존재하지 않은 경우에는 제705조[우리 민법 제742조에 해당한다]의 문제가 될 뿐인 것으로 생각된다. 그러나 實質的으로는 타인의 채무이고, 이것을 유효한 변제라고 오신하여 수령한 채권자를 보호하여야 한다는 점에서는 타인의 채무의 변제와 동일하므로, 역시 제707조[本條에 해당한다]를 적용하여야 한다는 판례이론은 정당하다"는 것이다.[11] 다시 말하면 이러한 경우에 본조의 적용이라는 관점에서는 主債務를 변제한 것과 같이 보아야 한다는 것이다.

우리 민법의 해석으로도 마찬가지로 해석하여도 한다는 견해도 있다.[12] 그리고 나아가 그렇다면 연대채무자 아닌 자가 연대채무자라고 믿고 그 채무를 이행한 경우나 제 3 자가 채무자로부터의 「지시」가 있다고 오신하여 채권자에게 변제를 한 경우에도 그와 같이 해석하여야 할 것이라고 한다.[13]

그러나 타인이 부담하는 채무에 기하여 자신이 보증인이라고 잘못 알고 자신의 보증채무를 이행한 때와 같이 「착오」의 대상이 어떠한 채무의 귀속주

8) 同旨: 일본의 大阪地判 1963(昭 38). 5. 24(判例時報 368, 60); 大阪高判 1965(昭 40). 6. 22(下民集 16-6, 1099).

9) 신원보증계약은 신원보증인의 사망으로 그 효력을 상실하며, 그 당사자의 지위가 상속되지 아니한다. 우리 身元保證法 § 7은 이를 明定하는데, 일본의 해석론으로서도 마찬가지이다. 우선 我妻榮, 債權各論 中卷二(1962), 576 참조.

10) 日大判 1931(昭 6). 4. 22(民集 10, 217).

11) 我妻榮, 債權各論, 下卷一(1972), 1128. 그 외에 松坂佐一, 事務管理 · 不當利得, 新版(1973), 187 등도 같다.

12) 註釋債各(Ⅲ), 193면(金先錫 집필).

13) 註釋債各(Ⅲ), 193면(金先錫 집필). 일본의 학설로 同旨: 我妻榮(註 11), 1128; 松坂佐一(註 11), 187; 四宮和夫, 事務管理 · 不當利得 · 不法行爲, 上卷(1981), 151; 廣中俊雄, 債權各論講義, 제 6 판(1994), 415 이하 등.

체 여하가 아니라 채무 자체의 동일성인 경우에는 本條를 유추적용할 것이 아니라고 생각된다. 물론 이와 같은 경우에도 채권자가 선의로 채권증서를 훼멸한 때 등에 채권자를 보호할 필요가 있을 수 있다는 점을 생각하면, 유추적용을 인정하여야 할는지도 모른다. 그러나 앞의 I. 2. (2)에서 설명한 바 있는 본조에 대한 입법론적 의문에 비추어 보면, 본조의 확장적용은 쉽사리 긍정할 것이 아니라고 할 것이다. 위와 같은 경우는 엄밀하게 보면 「타인의 채무를 자신의 채무로 잘못 알고 변제」하였다고는 말할 수 없고, 단지 자신에게 채무가 없음에도 채무가 있다고 잘못 알고 변제한 통상의 비채변제에 불과하다. 그러므로 이에 대하여는 民 § 742에 의하여 처리할 것이고, 본조를 유추적용하여서는 안 될 것이다.

(다) 이와 관련하여 大判 95. 3. 3, 93다36332(集 43-1, 107)는, 갑이 보험목적물인 자동차를 소위 유상운송(이는 자동차보험약관상 면책사유에 해당하였다)하다가 길에 흙더미를 쌓아둔 피고의 과실과 합하여 사고가 일어나 그 차에 탔던 사람이 부상하자 보험회사인 원고가 위 유상운송중의 사고가 자동차보험약관상 면책사유에 해당하여 보험금지급의무가 없음을 알지 못하고 "보험자로서 이 사건 피해자에게 보험금을 지급"한 사안에 대하여 판단하였다. 원고는 이 사건에서 피고에 대하여 위 보험금 상당액을 부당이득으로 반환청구하였는데, 그 이유는 위 보험금 지급으로 피고가 불법행위로 인한 손해배상채무를 면하였다는 데 있는 듯하다. 결국 대법원은 이 청구를 기각하였는데, 그 이유로 "원고는 위 사고가 면책규정에 해당하여 보험금지급의무가 없다는 것을 알지 못하고 보험자로서 피해자에게 보험금을 지급하였으니 그에게 그 반환을 구할 수 있고, 따라서 피해자는 피고에 대하여 손해배상채권을 여전히 가지므로 피고가 원고의 보험금 지급으로 이득을 본 것이 없다"라고 설시하고 있다.[14)]

이 판단은 타당하다고 생각된다. 그런데 원고는 상고이유의 하나로 "원고는 착오로 피해자에게 보험금을 지급함으로써 **갑 및 피고의 채무를 변제**한 것인데, 피해자의 갑 및 피고에 대한 손해배상청구권이 시효로 소멸된 이상 원고는 민법 제745조 제1항에 의하여 위 피해자에게 위 보험금의 반환을 청구할 수 없으므로 같은 조 제2항에 의하여 피고에 대하여 그 과실비율에 따라 구

14) 그 외에 원고는 事務管理를 주장하였는데, 대법원은 "원고의 위 보험금지급이 자신의 채무를 이행한다는 의사 내지는 갑을 위한 사무관리를 한다는 의사로 보험금을 지급하였다고 할 것이고, 따라서 피고와의 관계에서 사무관리가 성립할 여지가 없다"고 판단하여 이를 배척하였다.

상권을 행사할 수 있다"는 주장을 제기하였다. 대법원은 이 상고이유에 대하여 단지 "이는 원심에 이르기까지 주장한 바 없던 새로운 사실에 관한 것으로 적법한 상고이유가 될 수 없다"고 판시하여 배척하였다. 그런데 이 사건에서 원고의 보험금 지급이 「보험자로서」 행하여져서 자신에게 보험금지급채무가 있는지에 대한 착오에 기한 것이고 자신이 ―실제로는 갑 및 피고가 부담하는― 불법행위로 인한 손해배상채무를 진다고 잘못 알고 행하여진 것이 아니므로, 위에서 말한 바에 의하면 위와 같은 원고의 주장은 그 이유만으로써도 배척되어야 했을 것이었다.

㈑ 한편 정당한 채권자(또는 변제수령권자) 아닌 사람이 스스로를 채권자라고 믿으면서 채무자로부터 변제를 받은 경우에는 本條는 적용 또는 유추적용되지 아니한다. 일본의 裁判例 중에는 공탁물회수청구권에 대하여 무효의 전부명령을 얻은 사람에 대하여 공탁공무원이 이 명령을 유효라고 믿고 정당한 회수권 없는 그에게 공탁원리금을 지급하여서, 그 전부명령 취득자가 執行債權에 관하여 증서의 훼멸, 담보의 포기 등을 행한 사안에 대하여 "공탁원리금의 부당이득반환청구에 대하여 本條 제 1 항을 유추할 것이 아니"라고 판단한 것이 있는데,[15] 이러한 관점에서 理解될 수 있다.

(2) 錯誤辨濟

변제자가 타인의 채무를 「錯誤로」 변제하여야 한다. 여기서 「錯誤」라고 함은, 위와 같은 타인의 채무를 자신의 채무로 잘못 알고[16] 자기 채무의 이행을 위하여 변제하는 것을 말한다. 그러므로 자신에게 채무 없음을 알면서 변제한 경우는 본조가 적용될 여지가 없다.[17]

㈎ 타인의 채무를 제 3 자로서 한 변제는 民 § 469에 의하여 유효하여 채무를 소멸시키므로, 本條의 적용은 없다. 다만 제 3 자의 변제가 유효하지 아니한 경우, 예를 들면 利害關係 없는 제 3 자의 변제가 債務者의 意思에 반하여 무효인 경우(民 § 469 II 참조)에는 本條를 적용할 것이 아닌가에 대하여는 특히 일본에서 論議가 있다. 裁判例는 이러한 경우에는 제 3 자의 변제를 의욕하지 않는 채무자의 의사가 존중되어야 한다는 이유로 本條의 적용을 否定하는 것이 있는데,[18] 이에 대하여는 贊反이 갈린다.[19] 우리 민법의 해석으로 위와 같은 경

15) 日最判 1987(昭 62).4.16(判例時報 1242, 43).
16) 大判 92.2.14, 91다17917(公 917, 1019)도 참조.
17) 前註의 大判 92.2.14 참조.
18) 日大判 1942(昭 42).11.20(法律新聞 4815, 17).
19) 그 詳細에 대하여는 新版 日注民(18), 680 이하(石田喜久夫 집필) 참조.

우에 "本條 I과 같은 返還請求制限이 필요하다"는 견해가 있다.[20]

民 § 469 Ⅱ의 입법태도 자체에 입법론적으로 문제가 없지 아니한 점[21] 등에 비추어 보면, 위와 같은 경우에 "채무자의 의사를 존중하는 것은 거래계의 실정에 맞지 않아 合理性이 없"으며 "債權者를 존중하기 위하여"[22] 本條가 적용 또는 유추적용되어야 한다는 肯定說에도 일리가 있을는지도 모른다. 그러나 제3자의 변제를 제한하는 것에 대한 입법론적 문제점을 역시 입법론적으로 의문이 없지 않다고 할(이에 대하여는 앞의 I. 2. (2) 참조) 本條를 확장적용함으로써 해결하려는 것에는 주저를 느끼게 된다. 또 채무자 아닌 사람의 변제가 제3자로서 하는 변제인가, 즉 제3자변제의사(Drittleistungswillen) 있는 변제인가 아니면 채무자 자신으로서 하는 변제인가의 판단도 마치 의사표시의 해석에서와 같이 변제수령자=채권자의 입장에서 합리적으로 행하여져야 하는 것이다.[23] 그러한 기준에 좇아 채무자 아닌 자의 변제가 제3자의 변제로 해석될 만한 경우인데, 그것이 유효한 변제가 되기 위한 법률상의 요건을 객관적으로 갖추지 못하였다면, 채권자로서는 적어도 통상은 그것을 알 수 있었다고 보아야 하지 않을까? 그것이 아니라고 해도, 제3자의 변제로서 유효하지 아니할 수 있는 것에 관한 위험, 따라서 일단 수령한 급부를 계속 보유할 수 없을 수 있는 것에 관한 위험은 채권자 자신이 부담한다고 보아야 하지 않을까? 그러한 채권자가 후에 증서훼멸 등의 조치를 취함으로써 애초 무효인 변제가 유효화된다는 것은 이해하기 어렵다.[24] 그리고 § 745에서처럼 변제자에게 무슨 「착오」가 있는 것이 아니라 단지 채무자의 반대의사로 말미암아 자신의 변제목적을 달성하지 못하게 된 변제자에 대하여 "債權者를 존중하기 위하여" 반환청구를 부정하는 것은 가혹하다고 여겨진다. 그러므로 위와 같은 경우에 本條를 적용 또는 유추적용할 수 없다고 볼 것이다.

(나) 「착오로」 변제하였다고 인정되기 위하여는, 그 변제가 변제자의 容

---

20) 李銀榮, 523 註 1.

21) 타인의 채무를 유효하게 변제하고자 하는 「이해관계 없는 제3자」는 채무자의 의사에 반하여도 채권자와 보증계약을 맺어 보증인으로서 履行함으로써 자기의 목적을 달성할 수 있다. 또한 民 § 469 Ⅱ와 같이 제3자의 변제에 채무자의 의사를 존중하는 立法例는 거의 없다.

22) 我妻榮(註 11), 1131.

23) 이것이 이 문제에 관한 독일의 통설이고 판례이다. 우선 MünchKomm/Keller, § 267 BGB, Rn. 7 m.w.N.(3. Aufl., 1994, S. 596f.); Jauernig/Vollkommer, § 267 Rn. 5(10. Aufl., 2003, S. 226) 참조.

24) 가령 新版 日注民(18), 681(石田喜久夫 집필). 同所 인용의 同旨見解도 참조.

態(의사에 의한 지배가 가능한 행태·판단)에 基因할 것을 요구하는 취지이기도 하다고 이해할 것이다. 그리하여 心神喪失者가 변제한 경우에는 본조의 적용이 없다. 나아가 債權者의 強要나 그 밖의 詐欺·強迫에 의하여 타인의 채무를 변제한 때와 같이 "착오변제에 대하여 책임을 질 것이 아닌 경우"에는 本條의 적용이 부정된다는 견해도 있다.[25]

(3) "債務의 內容에 좇은" 辨濟

본조가 적용되기 위하여는 착오변제가 「타인의 채무를 자기 채무로 잘못 알고」 변제한 점을 제외하고는 "채무의 내용에 좇은"(民 §§ 390, 460) 것이어야 한다. 그렇지 아니하면 채권자에게 증서 훼멸 등의 요건이 있어도 그 변제에 의하여 채권의 소멸을 인정할 수 없을 것이다. 그러므로 가령 타인의 물건을 변제하였는데 채권자에게서 선의취득의 요건이 갖추어지지 못한 경우 등에는 本條는 적용되지 아니한다.

2. 善意의 債權者의 證書毁滅·擔保拋棄 또는 消滅時效의 完成

(1) 善意의 債權者

善意의 채권자에게 증서 훼멸 등의 일이 일어나야 한다. 여기서 「善意」란 유효한 변제를 받았다고 誤信하는 것을 말한다.[26] 그러한 오신은 변제자를 진정한 채무자로 믿었기 때문이든 제 3 자의 변제로 유효하다고 믿었기 때문이든 묻지 아니한다.

(2) 證書毁滅 등

채권자가 그러한 誤信으로 인하여 증서를 훼멸하거나 담보를 포기하는 행위를 하거나 또는 소멸시효를 중단시키는 조치를 취하지 아니하여 소멸시효가 완성되어야 한다. 위와 같은 사유가 있어도 그것이 그러한 誤信으로 인한 것이 아닌 경우, 즉 오신과의 사이에 인과관계가 없는 경우에는 本條는 적용되지 아니한다고 할 것이다.

(가) 여기서 「證書」란 채권의 존재를 증명하는 서면을 의미한다. 그러한 서면이면 그것이 帳簿이든 紙片(메모)이든 불문한다.[27] 일본의 裁判例 중에는

25) 註釋債各(Ⅲ), 193(金先錫 집필); 新版 日注民(18), 681(石田喜久夫 집필). 李銀榮, 523 이하도 참조.
26) 郭潤直, 635; 金疇洙, 567.
27) 註釋債各(Ⅲ), 193(金先錫 집필). 新版 日注民(18), 682(石田喜久夫 집필)은, 일본민법의 제정과정에서의 기초자의 同旨의 발언을 인용하고 있다.

이를 “채무자 스스로 또는 제 3 자가 채무자를 위하여 발행한 증서를 말한다”고 制限的으로 해석하는 것이 있다.[28] 이러한 물적 제한은 반드시 설득력 있는 것으로 생각되지 않으나, 本條의 趣旨(앞의 I. 2., 특히 그 (2) 참조)에 비추어 보면 여기서 증서란 그 훼멸로 인하여 채권자가 채권 만족을 얻는 것이 객관적으로 위태롭게 되는 성질의 것이어야 할 것이다(목적적 제한).

증서의 「毁滅」이란 반드시 물리적으로 파기하는 것에 그치지 아니하고, 요컨대 그것이 “채권자의 지배를 떠나 채권자가 이를 자유로 입증방법으로 사용할 수 없게 된 경우”를 의미한다.[29] 그러므로 채권자가 증서에 橫線을 긋거나 서면상의 채무자의 姓名과 印影을 塗抹하는 경우도 포함된다.[30] 그런데 채권자가 변제자에게 반환하였다는 것만으로 이에 해당하는가에는 의문이 있다.[31]

(나) 또한 擔保란 물적 담보뿐만 아니라 인적 담보도 포함한다.[32]

그런데 여기서 「포기」에 관하여는 문제가 있다. 채권자가 피담보채무를 변제받았다고 믿은 경우에 그가 별도로 담보 포기의 의사를 표시하는 일은 실제로는 거의 없을 것이다. 담보권은 일반적으로 附從性이 있어서 변제로 인한 피담보채무의 소멸로 당연히 소멸하기 때문이다. 통상 행하여지는 것은, 질권이나 저당권에서와 같이 담보권 자체가 실체적으로 소멸하여도 남는 外形, 즉 점유나 등기를 없애는 행위(引渡 또는 登記抹消)를 하는 것이다. 그런데 이들 행위에 있어서 채권자의 의사는 담보의 「포기」를 포함하지 않는다. 물론 채권자가 一部의 滿足만을 얻고 저당권 전부를 소멸시키거나 보증채무 전부를 면제하는 경우 등에는 엄밀한 의미에서의 「포기」가 행하여진다고 할 것이다. 그

28) 日大判 1933(昭 8). 10. 24(民集 12, 2580). 貨物船의 全部傭船契約者가 운송중 선원의 과실로 손상한 화물에 관하여 荷主에 대하여 손해배상의무를 지는 것은 자신이라고 믿고(사실은 船主이다) 변제하고 荷主로부터 貨物相換證 기타 관계서류를 교부받아 폐기한 후 本條 Ⅱ에 의하여 船主에게 求償한 사안에서, 위와 같이 판시하였다. 이에 찬성하는 견해도 있으나, 반대하는 학설이 유력하다. 이에 대하여는 우선 新版 日注民(18), 682 이하(石田喜久夫 집필) 참조.

29) 日大判 1904(明 37). 9. 27(民錄 10, 1181)의 判示.

30) 同旨: 註釋債各(Ⅲ), 193 이하(金先錫 집필); 日大判 1904. 9. 27(前註).

31) 日最判 1977(昭 52). 3. 25(判例時報 913, 87)는, 어음채권자가 어음금을 변제받고 어음을 변제자에게 인도한 경우에 대하여, 변제자가 부당이득으로 변제금의 반환을 청구함에 있어서 어음의 반환을 제의하여 그 이행을 제공하고 있는 경우에는, 그 반환의 제의가 時機에 늦었다는 입증이 없는 한 「증서 훼멸」에 해당하지 않는다고 판단하였다.

32) 我妻榮(註 11), 1129는 인적 담보에 대하여, 抽象論으로서는 本條의 「담보」에 포함시키는 것이 옳다고 하면서도, “유효한 변제를 받았다고 오신한 채권자가 특히 보증인의 책임을 면제하는 것은 실제상 드물 것”이고, 혹 일부의 변제를 유효하다고 오신하여 보증인의 책임을 전부 면제하였다는 등의 경우에도 면책행위는 錯誤로 무효가 되어서 결국 本條가 適用될 여지는 없다고 한다.

런데 위와 같은 引渡나 登記抹消의 경우에도 여기서 정하는 「담보 포기」를 긍정함이 타당하다고 생각된다.[33] 물론 이러한 경우에 채권자에게 점유나 등기를 회복할 法的 可能性이 없지 않다고 하더라도, 채권자가 채권의 만족을 얻지 못하게 될 위험이 있다는 점에는 다를 바 없는 것이다.

한편 채권자가 담보 중 일부만을 「포기」하여 나머지 담보로써도 채권의 만족을 얻을 수 있는 경우에는 本條는 적용되지 않는다고 할 것이다. 이는 그러한 담보의 「포기」에 의하여서는 채권 만족이 위험하게 되었다고 말할 수 없기 때문이다.

(다) "時效로 인하여 그 債權을 잃은 때"란 채권의 소멸시효(각종의 短期消滅時效를 포함한다)가 완성된 경우를 가리킨다. 本條의 취지에 비추어, 이는 채권자가 채권의 만족을 믿었기 때문에 청구 등 시효중단조치(民 § 168 참조)를 취하지 아니함으로 인하여 소멸시효가 완성된 경우에 한정된다고 할 것이다.

여기서 「채권을 잃」었다고 함은 채권자가 채권의 만족을 얻을 법적 가능성을 상실하였다는 의미로 이해할 것이다. 그러므로 하나의 채권이 시효소멸하였어도 채권자가 동일한 급부를 목적으로 하는 별도의 경합하는 채권을 경합여전히 가지는 경우에는 「채권을 잃」었다고 할 수 없다. 예를 들면 불법행위로 인한 손해배상채권이 시효소멸하였어도 여전히 채무불이행으로 인한 손해배상채권이나 부당이득을 이유로 하는 반환청구권을 가지는 경우 등이 그러하다.[34]

Ⅲ. 本條의 效果

1. 辨濟者의 不當利得返還請求權의 排除

(1) 不當利得返還請求權의 消滅

本條의 要件이 갖추어지면 변제자는 자신이 한 급부에 관하여 부당이득반환청구권을 가지지 못한다. 보다 정확하게 말하면, 당초의 변제에 의하여 발생

---

33) 同旨: 四宮和夫(註 13), 153 註 2.

34) 앞의 註 10에서 본 日大判 1931(昭 6).4.22.는 마찬가지의 입장을 취하여, 비록 채권자가 不法行爲로 인한 損害賠償債權이 시효소멸하였다고 하여도 그가 채무자에 대하여 不當利得返還請求權을 가지는 경우에는 "따로 채권자 구제의 필요가 없으므로" 本條는 적용되지 않으며, "경합하는 청구권 전부에 대하여 본조의 사유가 생긴 경우에 한하여" 본조가 적용된다고 한다. 일본의 학설도 대체로 이에 찬성한다.

한 변제자의 不當利得返還請求權이 위 Ⅱ. 2.에서 본 여러 事由 중 하나가 발생함으로써 그 요건이 사후적으로 缺落하여 소멸하게 된다.

이와 같이 채권자가 자신이 수령한 급부를 반환할 의무도 지지 않게 됨으로써 그의 채권도 소멸한다.[35] 이 경우 채권 소멸의 원인에 대하여 일본에서는 目的到達說과 辨濟有效說이 대립한다고 하나,[36] 우리 민법의 해석으로는 「목적도달(Zweckerreichung)」을 별도의 채무소멸원인으로 내세울 필연성 자체를 부인할 것이고,[37] 별다른 論議의 實益도 없는 터에[38] 변제가 유효하게 된다고 설명하는 것이 단순명료하다.

(2) 遡及效 有無

한편 이러한 부당이득반환청구권의 소멸이 遡及效를 가지는가, 다시 말하면 변제는 처음부터 유효하게 되는가. 이에 대한 정면의 論議는 잘 찾아볼 수 없다.[39] 이는 주로 증서 훼멸 등의 사유가 발생할 때까지 채권자가 그 수령한 급부로부터 얻은 果實 등 利益에 대하여 반환의무를 부담하는가 하는 문제와 관련된다. 그런데 本條의 취지는 채권자로 하여금 변제자에 대한 관계에서 일체의 부당이득문제가 제기되지 않도록 하려는 데 있다고도 이해된다. 그러므로 소급효가 인정된다고 하여도 무방하지 않을까 생각된다.

35) 반대로 李銀榮, 524는, 不當利得返還이 금지되더라도 이로써 錯誤辨濟가 유효하게 되는 것은 아니며, 債權者는 자신이 수령한 급부를 부당이득으로 제3자에게 유효하게 반환할 수 있고 또 채무자에게 債務履行을 청구할 수 있다고 한다. 이 견해는 채권자에게 자신이 수령한 급부는 계속 보유하면서도 채무자에 대한 원래의 채권도 행사할 수 있도록 하여 결국 채권자를 지나치게 優待하는 것으로서 실질적으로 부당하고 도저히 취할 바 못 된다. 또한 同所는 債權이 시효소멸한 경우에는 그렇지 않다고 하여 예외를 인정하는데, 그 사유만을 별도로 취급할 이유도 없다. 이와 같이 根據가 심히 貧弱한 「突出的 解釋」을 아무런 합당한 설명 없이 행하는 것은 언필칭 「敎科書」의 著者로서의 자격을 의심하게 한다.

36) 우선 新版 日注民(18), 685(石田喜久夫 집필) 참조. 日大判 1911(明 44). 11. 27(民錄 17, 719) 등 일본의 판례는 변제유효설을 취한다고 이해되고 있다.

37) 이 개념의 모국이라고 할 독일에서도 최근의 학설은 이러한 견해를 취하고 있다. 무엇보다도 Larenz, Lehrbuch des Schuldrechts, 14. Aufl.(1987), § 21 I c(S. 315)("오늘날은 이러한 [목적도달이론에 설명되었던] 경우들이 給付不能의 한 경우라고 거의 일반적으로 인정되고 있다"). 라렌츠는 그의 채권총론 교과서에서 9판까지는 Klein, Untergang der Obligation durch Zweckerreichung(1905)에 연유하여 한때 매우 유력하였던 이 법률구성을 채택하였었으나, 10판 이래 이를 포기하였다.

38) 新版 日注民(18), 685(石田喜久夫 집필)은, 앞의 Ⅱ. 2. ⑵ ㈐ 말미와 같은 결론을 내기에는 目的到達說이 낫다고 하나, 거기에서 본 대로 이는 本條에서 정하는 「채권을 잃」었다는 요건의 해석문제라고 하면 족하다.

39) 郭潤直, 636이 "그 [債權] 消滅의 時期는, 辨濟를 한 때가 아니라, 제745조 I 항의 요건이 갖추어진 때임을 주의"라고 註記한 것은, 소급효를 부인하는 취지인가?

2. 辨濟者의 債務者에 대한 求償權

(1) 求 償 權

本條에 의하여 비채변제가 유효하게 되면 채무자는 자신의 出捐 없이 자신의 채무를 면하게 된다. 그러므로 일반적으로 변제자는 채무자에 대하여 求償權을 가지게 된다. 本條 Ⅱ는, 변제자의 이러한 구상권이 그대로 인정됨을 정하는 것이고, 本條 Ⅱ에 의하여 별도의 구상권이 변제자에게 새롭게 부여된다는 의미는 아니다. 이는 依用民法 § 707 Ⅱ가 "前項의 規定은 辨濟者로부터 債務者에 대한 求償權의 行使를 방해하지 아니한다(妨ケス)"고 정하는 데서 명백하게 드러난다.

(2) 求償權의 性質

이와 같은 경우의 구상권은 통상 부당이득반환청구권의 성질을 가진다(通說). 사무관리로 인한 비용상환청구권의 성질이 인정되지 않는 것은, 본조의 경우에는 타인의 채무를 자기 채무로 오인하여 변제한 것으로서 主觀的으로는 자기 사무를 처리할 의사로써 행위하였기 때문이다.

Ⅳ. 立證責任

부당이득반환청구권을 주장하는 사람(변제자)이 변제의 사실과 자신에게 이를 이행할 채무가 없음을 입증하고, 상대방(채권자)은 자신이 변제자가 이행한 급부를 목적으로 하는 채권을 가진다는 사실과 자신이 선의로 증서의 멸또는 담보의 「포기」를 하였거나 그 채권의 소멸시효가 완성되었다는 사실을 입증하여야 할 것이다.

문제는 錯誤辨濟의 점, 즉 타인의 채무를 자신의 채무로 잘못 알고 변제하였다는 점에 대한 입증책임인데, 이는 역시 제 3 자로서 변제한 것이 아님을 주장하는 변제자가 입증하여야 할 것이다.[40]

[梁 彰 洙]

40) 同旨: 註釋債各(Ⅲ), 195(金先錫 집필).

第 746 條(不法原因給與)

不法의 原因으로 因하여 財產을 給與하거나 勞務를 提供한 때에는 그 利益의 返還을 請求하지 못한다. 그러나 그 不法原因이 受益者에게만 있는 때에는 그러하지 아니하다.

차 례

Ⅰ. 意 義

善良한 風俗 기타 社會秩序에 위반한 사항을 내용으로 하는 법률행위는 民 § 103에 위반하여 무효이다. 따라서 그러한 행위에 의하여 이루어진 급부는 無效原因에 기초한 것이므로, 본래대로라면 그 반환이 인정되어야 한다. 그러나 그 반환청구를 인정하는 것은 스스로 법률의 이상에 배치되는 행위를 한 자가 같은 이유로 자기 행위가 무효라고 주장하면서 권리 보호를 요청하는 것을 수용하는 결과가 된다. 이는 民 § 103가 사회적 타당성이 없는 행위에 대하여 법적 보호의 테두리 밖에 두려고 하는 법취지에 정면으로 배치된다. 다시 말해 불법의 원인행위에 대해서는 民 § 103가 그 이행청구를 허용하지 않는 것과 마찬가지로, 그러한 원인행위에 기초하여 이미 급부가 이루어진 경우에는 그 반환청구 역시 허용되지 않아야만 법논리의 일관성이 유지된다. 바로 그러한 이유로 불법원인에 의한 급부에 대해서는 비록 급부수령자가 부당한 이득을 그대로 보유하게 되는 불만스런 결과가 생길지라도 급부자의 반환청구권을 인정하지 아니함으로써 대국적인 견지에서 불법을 억제하고자 하는 법의 이념을 선언한 것이 바로 本條가 정한 불법원인급여제도라고 설명되고 있다.[1)]

Ⅱ. 沿革 및 立法例

로마법에서는 급부의 원인이 不法이거나 不道德한 경우에는 그 반환을 청구할 수 있는 별도의 訴權(condictio)을 인정하였는데,[2)] 그 중 不道德의 경우에는 급여자에게도 不道德性이 있으면 반환청구를 허용하지 않는 예외가 있었다고 한다.[3)] 그리고 이 例外는 "누구도 자신의 不道德함을 원용하여 주장하는 것은 허용되지 않는다(Nemo auditur propriam turpitudinem allegans)"는 것과 "쌍방의 反道德性이 동일한 경우에는 占有하고 있는 자의 지위가 우월하다(In

1) 大判(全) 79. 11. 13, 79다483(集 27-3, 140; 公 1980, 12338); 郭潤直, 債權各論, 636 (1995).

2) "不法原因에 의한 利得의 返還訴權(condictio ob iniustam causam)"과 "不道德한 原因에 의한 利得의 返還訴權(condictio ob turpem causam)"이 그것이다.

3) 崔錦淑, "不法原因給與返還의 擴大에 관한 考察", 韓國民法理論의 發展(李英俊 博士華甲紀念論文集)(1999), 934.

pari turpitudine melior est causa possidentis)"는 法命題에 의하여 뒷받침되었는데, 오늘날의 불법원인급여 제도는 바로 여기에 그 沿革的 뿌리가 닿아 있는 것으로 설명되고 있다.[4)]

이 제도를 규정한 立法例로는, 獨民 § 817,[5)] 瑞債 § 66,[6)] 伊民 § 2035,[7)] 日民 § 708[8)]가 대표적이지만, 그 규정방식은 나라마다 상당한 차이가 있다.[9)] 특히 반환청구를 배제하는 不法原因의 범주에 관하여 독일민법은 良俗違反과 禁止法規違反을 함께 규정하고 있는 데 비해, 이탈리아민법은 良俗違反만을 규정하고 있고, 우리 민법과 일본민법은 "不法의 原因"이라는 포괄적 개념을 사용하고 있는 점에 유의할 필요가 있다.

명문의 규정을 두고 있지 않은 나라에서도 불법원인급여 제도는 일반적으로 인정되어 있다. 예컨대 기본적으로 成文法 國家이면서도 따로 明文規定이 없는 프랑스에서도 이 法理는 판례에 의하여 수용되어 있고,[10)] 英美法에서도 普通法上의 "不道德한 원인에 의한 반환청구 배척의 원리(ex turpi causa non oritur actio)" 또는 衡平法上의 "깨끗한 손(clean hands)의 원칙"[11)]에 근거하여

4) 崔秉祚, "로마법상의 不法原因給與", 法學 30-3·4, 156 이하(특히 183-5); 崔錦淑(註 3), 935 참조.

5) "급부가 수령자가 이를 수령함으로써 법률상의 금지 또는 선량한 풍속에 위반하게 되는 목적을 가지는 때에는, 수령자는 반환의 의무를 진다. 급부자도 역시 이러한 위반을 범하게 되는 때에는 반환청구를 할 수 없다. 그러나 급부가 채무의 부담을 내용으로 하는 경우에는 그러하지 아니하다; 그러한 채무의 변제를 위하여 급부된 것은 그 반환을 청구할 수 없다"[梁彰洙, 독일민법전(2001), 443의 번역].

6) "法律 또는 道德에 위반하는 결과를 발생시킬 목적으로써 供與한 물건은 그 반환을 청구할 수 없다"[법무자료 2 중 瑞西債務法典 편, 17의 번역].

7) "누구든지 자기에 대한 경우에도, 선량한 풍속에 반하는 목적으로 이행을 한 자는 그 지급한 것의 반환을 청구하지 못한다"[이탈리아 民法典(法制資料 141)의 번역].

8) "불법의 원인을 위하여 급부를 한 자는 그 급부한 것의 반환을 청구할 수 없다. 단 불법의 원인이 수익자에게만 있는 때에는 그러하지 아니하다."

9) 독일민법은 不法原因給與라도 반환하는 것이 원칙이고, 예외적으로 급부자에게도 불법원인이 있는 경우에는 반환을 허용하지 않는다는 규정형식을 취하고 있는 데 반해, 우리 민법이나 일본민법은 不法原因給與는 返還不許가 원칙이고 수익자에게만 불법원인이 있는 경우에 예외를 인정하는 구조로 되어 있어서, 독일과 대비하여 原則(本文)과 例外(但書)가 정반대로 되어 있다. 우리 민법의 규정은 일본민법을 繼受한 것인데, 일본민법 제정 당시 不法目的의 給付行爲를 억제하는 데 어느 방식이 더 효과적인가를 두고 논의를 한 결과 獨逸法과 반대의 구성을 취하였다고 한다. 상세는 谷口知平, 民法論 第3卷(不當利得·知的財産權等の硏究), 25-35(1990) 참조.

10) 鄭相鉉, "民法 第746條의 立法史 再檢討", 比較私法 6-1, 276 이하; 谷口知平, 不法原因給付の硏究, 15(1960). 프랑스에서는 不當利得 일반에 대해서도 별도의 명문규정이 없이 학설·판례에 의하여 인정·확립되어 있으나, 不法原因給與 제도는 부당이득의 일반이론과 무관하게, 不道德의 援用禁止에 관한 法諺의 적용 문제로 다루어지고 있다고 한다. 谷口知平(註 9), 51 참조.

11) 英國의 Holman v. Johnson, 1 Cowp. 341, 98 Eng. Rep. 1120(K.B. 1775) 사건에서 맨스필드卿이 "He who comes into equity must come with clean hands"라고 한 이유 설시에

判例法으로 확립되어 있다.[12)]

Ⅲ. 立法趣旨 내지 本質論

1. 모순과 갈등

불법원인급여에 대하여 반환청구를 거부하는 발상은 기본적으로 스스로에게 불법원인이 있는 자가 바로 그 사유를 들어 법의 보호를 요청하는 것은 正義觀念에 어긋난다는 데 있다. 그러나 그 거부의 결과는 수익자에게 귀속되어 있는 불법적 이익상태를 묵인·방치하는 不合理와 연결되고, 특히 당사자 쌍방에게 불법원인이 있는 雙務契約의 경우에는 어느 일방이 급부를 먼저 수령하기만 하면 그 반환을 강제당하지 않으면서도 자기의 反對給付는 이행하지 않아도 되는 모순이 발생하여 이 역시 正義觀念에 배치된다는 문제가 생긴다.[13)14)]

이러한 딜레마는 과연 불법원인급여를 제도로서 유지할 필요가 있느냐라고 하는 근본적인 의문을 낳고, 여기에 불법원인급여 廢止論의 근거가 있다.[15)]

서 유래한다. 그러나 法院에 의하여 이 원칙이 실제 수용된 것은 Biggs v. Lawrence, 3 T.R. 454, 100 Eng. Rep. 673(K.B. 1789) 사건에서이다. Clean Hands Doctrine에 관한 상세한 논의는 Zechariah Chafee Jr., "Coming into equity with clean hands", 47 Michigan Law Review 877; 咸秉春, "Clean Hands와 不當利得", 法政 62. 5. 47 참조.

12) 다만, 구체적 적용방식에 있어서는 英美法系 國家와 成文法系 國家는 상당한 차이가 있는 것으로 보인다. Restatement, Contracts 2nd §§ 197-199; 27 Am Jur 2nd Equity §§ 136-144; 66 Am Jur 2nd Restitution and Implied Contracts § 9 등 참조.

13) 田中 實, "民法708條における不法原因", 不當利得·事務管理の研究(2)(谷口知平 還曆紀念論文集), 23에서는 이를 "正義의 딜레마"라고 표현하고 있다.

14) 이와 같은 正義의 충돌을 피하기 위하여 不法原因給與를 國家가 沒收하도록 규정한 立法例도 있다고 한다. 프러시아 Landrecht ALR:1, 16 §§ 2052-11, 포르투갈 민법 § 671, § 692 등. 文興洙, "不法原因給與制度의 새로운 解釋(上)", 司行 82. 8, 33 참조. 獨逸에서도 같은 취지의 立法論 주장이 있다. Reeb, Grundprobleme des Bereicherungsrechts, S. 67(1975) 참조.

15) 비교적 최근의 독일 債權法 개정에 대한 감정의견서에서도 폐지론이 주장된 바 있다. Detlef König, Ungerechtfertigte Bereicherung, Gutachten und Vorschläge zur Überarbeitung des Schuldrechts, Bd. Ⅱ, 1981, S. 1527-33. 그러나 2002. 1. 1.부터 시행된 개정법에서 채택되지는 않았다(독일어 원문과 영문 번역은 www.iuscomp.org/gla/statutes/BGB.htm 참조).

19세기 말의 日本民法 制定科程에서도 격렬한 논쟁의 대상이 되었던 主題로 보고되어 있다. 谷口知平(註 9), 24 이하(廢止論者 사이에도, 不法原因給與에 관한 규정을 삭제하는 것으로 족하다는 견해가 있는가 반면, 규정을 삭제만 하고 부당이득반환의 일반이론에 맡겨 두면 "누구도 자신의 不道德함을 援用하여 주장하는 것은 허용되지 않는다"는 논리를 근거로 반환청구가 거부될 가능성이 있으므로 보다 적극적으로 불법원인급여라고 하더라도 반환청구가 허용된다는 명문의 규정을 두어 그 취지를 분명하게 관철하여야 한다는 견해가 있었다).

즉, 不法原因給與라고 하더라도 不當利得返還의 일반논리에 따라 반환청구를 인정하는 것이 오히려 公平의 관념과 法感情에 부합하고 法政策的 측면에서도 타당하므로, 民 § 746와 같은 규정은 삭제되어야 한다는 것이다.[16)]

그러나 이와 같은 廢止論의 주장에도 불구하고 불법원인급여의 이론은 오늘날 세계 각국에서 일반적인 法原理로 수용되어 있는바, 그로 인해 생기는 모순과 갈등을 어떻게 합리적으로 이해할 것인가를 두고 다시 논의가 많다. 불법원인급여의 立法趣旨 내지 本質論의 문제이다.

2. 學 說

(1) 制 裁 說

불법한 행위를 하고도 이것을 이유로 법률의 구제를 구하는 給付者의 비난받을 心情과 性格에 대하여 制裁 내지 罰을 가한다는 데 입법취지가 있으며,[17)] 民 § 746 본문은 급여자에 대한 일종의 民事法的 刑罰規定이라고 보는 견해이다.[18)]

이에 대한 비판론은, 첫째 民事法의 영역, 특히 객관적으로 부당한 財産의 移動을 조정하는 不當利得法에 倫理的 내지 刑罰的 思想은 어울리지 않는다는 것이고, 둘째 급여자와 수령자 쌍방에 불법원인이 존재하는 경우 급여자만을 제재하는 것은 결국 똑같이 가치 없는 두 사람 가운데 한 사람만을 처벌하고 그 한 사람의 刑罰을 상대방에게 報酬로서 주는 결과가 되어 형벌로서는 극히 불합리하고, 셋째 급여자의 잘못의 輕重을 불문하고 그에 대한 비난은 수익 전부의 반환청구 不可라는 동일한 결과가 되어 처벌의 정도가 당사자의 불법성의 정도, 즉 책임에 상응하지 못하고, 넷째 처벌의 유무가 先給付라는 우연

16) 대표적으로 독일의 Reeb(註 14), S. 64; 미국의 Wigmore, "A Summary of Quasi-Contracts", 25 American Law Review 712(1981); 우리 나라의 鄭相鉉, "이른바「反射的 所有權取得論」의 再檢討", 법조 2002. 9, 118 등 참조.

17) 註釋 債權各則 Ⅲ, 197(金先錫 執筆部分)(1986); 金疇洙, 債權各論, 568(1992); 金錫宇, "民法 제746조의 解釋·適用理論의 一般에 관한 小考", 韓國民法學의 現代的 展開(裵慶淑敎授 華甲紀念論文集), 620. 이 견해를 2분하여 ① 급여자에게 불법성이 있는 한 수령자에게 불법성이 있더라도 제재적 의미에서 반환청구는 거부되어야 한다는 絶對的 制裁說과 ② 급여자와 수령자의 불법성의 강도와 급여이익의 많고 적음을 비교·검토하여야 한다는 相對的 制裁說로 구분하는 견해는 林正平, "民法 第746條에 관한 再檢討", 심태식박사 華甲記念論文集, 304 참조. 獨逸 聯邦大法院의 1963. 1. 31. 판결(BGHZ 39, 87, 91)이 "채권자는 법에 의해 비난받는 그의 행위와 관련하여 그의 청구권의 상실을 통해 처벌을 받아야 할 것"이라고 한 것도 같은 취지로 이해될 수 있을 것이다.

18) 선량한 풍속과 공공질서의 이익을 위하여 불법적 행위에 대한 一般豫防思想에 입법근거가 있다고 하는 독일의 Canaris 교수의 주장도 같은 범주로 분류될 수 있을 것이다. 嚴東燮, "不法原因給與의 任意返還約定", 民判硏 19, 242 참조.

적 사정에 따라 달라지게 되어 부당하다는 점이 지적된다.[19]

(2) 法的 保護拒絶說

民 § 103가 사회적 타당성이 없는 행위를 한 자가 그 실현을 바랄 때 이에 협력할 것을 거절하는 것과 마찬가지로 民 § 746는 그 행위로 인한 결과를 복구하려고 꾀하는 자에 대해서 협력을 거절하려는 것이 입법목적이라고 설명하는 견해이다. 즉, 法秩序의 범주에서 벗어난 거래를 하는 자는 스스로의 위험부담 아래 행동하는 것이므로 급부의 목적이 달성되지 않았다 하여 법질서의 보호와 助力을 청구할 수는 없고, 이는 행위자에 대한 형벌이나 비난이 아니라 행위자 자신이 취한 행동의 당연한 歸結에 불과하다는 것이다. 그리고 반환이 거부되어 결과적으로 급부를 보유할 자격이 없는 상대방이 급부를 유지하게 됨으로써 정의에 부합하지 않게 되는 문제에 대해서는, 설령 반환청구를 인용한다고 하더라도 그 目的物이 불법인 점은 제거되지 않으며 단지 여전히 불법한 재산이 수령자로부터 급부자로 옮겨지는 데 불과하므로 근원적인 정의의 실현은 안 되는 것이라고 하면서, 반환청구의 거부로 인한 현상의 유지는 법질서가 개입을 포기한 결과로서 감수할 수밖에 없는 것이라고 설명한다.[20]

이에 대한 비판은 다음과 같다. 첫째, 法秩序의 범주를 벗어난 것이라고 하여 그 모두를 법률의 규제 밖에 두는 것은 지나치게 규율범위를 축소하는 것이고 따라서 私人의 訴權을 부당하게 제한하는 결과를 가져온다.[21] 둘째, 급

19) 宋德洙, "不法原因給與", 民法學論叢 2(郭潤直先生 古稀紀念論文集), 428; 嚴東燮(註 17), 241; 磯村 保, "不法原因給付に關する一つの覺書", 神戶法學年報 2, 109. 美國 判例중, The courts apply the "Clean Hands" maxim "not by way of punishment for extraneous transgressions, but upon considerations that make for the advancement of right and justice"라고 한 Keystone Driller Co. v General Excavator Co. 290US240도 制裁說을 배척한 취지로 이해된다.

20) 우리 나라와 독일의 다수설이다. 郭潤直(註 1), 636; 金曾漢, 債權各論, 432(1988); 金基善, 韓國債權各論, 383(1988); 李太載, 債權各論, 434(1985); 宋德洙(註 19), 429; 林正平(註 17), 304; Larenz/Canaris, Schuldrecht Ⅱ/2(13. Auflage, 1994), 162 등.

英美法에서 先例의 하나로 자주 인용되는 Holman v. Johnson, 1 Cowper 341(1775) 사건에서 Lord Mansfield의 다음 判示도 法的 保護拒絶說과 같은 맥락에서 이해될 수 있다. "If from the plaintiff's own stating or otherwise the cause of action appears to arise ex turpi causa, or the transgression of a positive law of this country, there the court says he has no right to be assisted. It is upon that the ground the court goes; not for the sake of the defendant, but because they will not lend their aid to such a plaintiff."

制裁說과 法保護拒絶說을 결합하여 급부자의 심정에 대한 비난과 법적 보호의 거절이 모두 불법원인급여제도의 타당근거라고 설명하는 견해로는 黃迪仁, 現代民法論 Ⅳ, 339(1987); 李銀榮, 債權各論, 524(1992)가 있다.

21) 文興洙(註 14), 47.

여자와 수령자가 불법원인급여와 관련하여 각각 法保護의 요청을 하는 경우에 있어 어느 당사자의 요청을 거절할 것인가 하는 실제 문제의 해결에 대하여 法的 保護拒絶說은 충분한 도움이 되지 못한다.[22]

(3) 信義衡平則說

불법원인급여 제도는 민법상 신의성실의 원칙의 한 표현으로서, 스스로의 중대한 불법을 근거로 하여 권리를 주장하는 것은 信義則에 반하므로 허용되지 않는다는 것이고, 궁극적으로는 實體法上의 문제이기보다는 信義則에 반하는 訴訟行爲를 배척하는 訴訟法上의 문제로 이해하여야 한다는 주장이다.[23]

이에 대해서는 급부자 이상으로 불법한 수령자에게 급부를 보유하게 하는 것이 결코 신의성실의 원칙에 합당할 수 없다거나,[24] 民 § 746가 實體法의 규정임을 생각하면 불법원인급여 제도가 訴訟法上의 문제라는 주장은 애당초 성립할 수 없다는 비판이 있다.[25]

(4) 均衡思想說

불법원인급여의 반환불가를 정한 규정은 "쌍방의 반도덕성이 동일한 경우에는 점유하고 있는 자의 지위가 보다 우월하다"는 로마법상의 원칙, 즉 양 당사자가 비난받을 행동을 한 경우에는 기존의 점유상태가 그대로 유지되어야 한다는 사상, 그리고 현존의 점유관계를 변경하고자 하는 자는 자신의 지위가 공격적 우위(ein eingriffsweises Vorgehen)를 차지하기에 충분하다는 점을 제시하여야 한다는 均衡思想에 기초하고 있다는 주장이다.[26]

(5) 法的 調整理論

불법원인급여 제도는 급여물을 급여자와 수령자 중 누구에게 두는 것이 타당한 것인가를 구체적 상황에서 판단하여 法的 調整을 해 주는 제도, 즉 '財

22) 嚴東燮(註 18), 247: 불법원인급여를 한 피고가 수령자인 원고로부터 그 급여의 반환을 약속받고 약속어음 공정증서를 발행받아 그에 기하여 강제집행을 신청하자, 원고가 불법원인급여를 주장하면서 청구이의의 소를 제기한 경우, 피고의 강제집행신청이나 원고의 청구이의의 소는 양쪽 모두가 법보호의 요청인데 법원은 과연 어느 쪽의 보호요청을 거부하여야 하는가 하는 의문을 제기한다.

23) 文興洙(上)(註 14), 47 및 같은 논문(下), 司行 82. 9, 35-6.

24) 宋德洙(註 19), 429

25) 嚴東燮(註 18), 246.

26) 독일의 Honsell에 의하여 주창된 견해로서, 嚴東燮(註 18), 244-8에서 지지되고 있다. 로마법에 소급한 연혁적 배경에는 충실한 해석으로 보이지만, 쌍방의 反道德性이 차이 나는 경우가 오히려 대부분인 현실에서 불법원인급여의 적용범위를 가늠하기 어렵다는 점, 그리고 현실적으로 어떤 경우에 급여자의 지위가 공격적 優位에 서는가에 대한 기준의 제시가 없이는 문제해결을 위한 實用性도 문제이다.

貨割當의 法的 調整' 제도라는 견해이다.[27]

3. 判 例

판례는, "불법원인급여에 관한 민법 제746조의 규정취지는 민법 제103조와 함께 사법의 기본이념으로 사회적 타당성이 없는 행위를 한 사람은 그 형식 여하를 불문하고 스스로 한 불법행위의 무효를 주장하여 그 복구를 소구할 수 없다는 법의 이상을 표현하는 것"이라고 하면서,[28] "민법 제746조가 불법의 원인으로 인하여 재산을 급여하거나 노무를 제공한 때에 그 이익의 반환을 청구하지 못하도록 규정한 것은, 그에 대한 법적 보호를 거절함으로써 소극적으로 법적 정의를 유지하려고 하는 취지"라고 한다.[29] 결국, 法的 保護拒絶說의 입장을 취하고 있는 것으로 이해된다.

4. 檢 討

民 § 746의 본문과 단서를 文理的 表現 그대로 해석하면, 급여의 제공과정에 급여자에게 불법원인이 있기만 하면, 그 불법성의 內容이나 大小·強弱, 그리고 수익자에게도 불법성이 있는지 여부와 상관없이 반환청구는 인정되지 아니하고, 불법원인이 개재되어 있음에도 불구하고 반환청구가 인정되는 유일한 예외는 불법원인이 급여자에게는 전혀 없고 오로지 수익자에게만 있을 경우에 한정되는 것처럼 보인다. 그러나 불법원인이 오로지 급여자 또는 수익자 중 어느 일방에게만 있고 상대방에게는 전혀 비난할만한 점이 없는 경우라면 불법원인급여 제도의 본질을 어떻게 파악하든 실제 문제의 해결에 있어서는 별 차이도 없고 어려움도 없을 것이다. 문제는 당사자 쌍방이 모두 어느 정도씩 불법원인의 형성에 관여되어 있을 때, 어떤 경우에 반환청구가 거부되어야 하고 어떤 경우에 반환청구가 긍정될 수 있는가 하는 점에 있다. 말하자면 불법원인급여로 인한 반환청구 차단의 인정범위에 관한 문제가 오늘날 이 제도의 본질에 관한 논의의 핵심이다.[30] 따라서 그 입법취지나 본질을 둘러싸고

27) 崔錦淑(註 3), 945.
28) 大判 92.12.11, 92다33169(公 1993, 457). 同旨 大判 98.10.20, 98다34669(공보불게재); 大判 96.12.6, 96므479(공보불게재); 大判 91.3.22, 91다520(公 1991, 1249); 大判 89.9.29, 89다카5994(公 1989, 1578); 大判(全) 1979.11.13, 79다483(集 27-3, 140; 公 1980, 12338).
29) 大判 94.12.22, 93다55234(公 1995, 618).
30) 崔秉祚(註 4), 183

전개되는 논의는 이러한 실제적 문제의 해결에 도움이 되는 한에서 有用性이 인정될 수 있고, 각 견해의 타당성 역시 같은 관점에서 접근하여 평가함이 마땅할 것이다.

생각건대, 불법원인급여 제도가 廢止論의 끈질긴 도전에도 불구하고 오늘날 세계 각국에서 일반적인 法原理로 수용되어 있는 데에는 대체로 두 가지 관점이 고려되어 있는 것으로 보인다. 그 첫째는 불법의 원인행위를 한 자가 스스로 그 불법을 근거로 법적 보호를 요구하는 것은 二律背反의 자기모순이며, 국가가 이러한 요구에 대하여 법적 보호막을 제공하는 것은 規範體系와 裁判制度를 유지하는 근본목적에 배치되는 것이므로 허용되어서는 안 된다는 것이다.[31] 그리고 둘째는 불법적인 原因行爲의 억제라는 目的論的·政策的 고려이다. 原因行爲가 不法·無效라고 하여 급부의 반환을 무조건적으로 인정하게 되면, 급부자로 하여금 일종의 투기적 심리로 불법의 원인행위를 감행하게 하는 요인이 되어 결과적으로 불법이 조장되는 역작용이 생길 수 있다는 점이다.[32] 民 § 746는 바로 이와 같은 복합적인 입법목적을 가진 규정으로 이해될 수 있고, 이러한 규정취지는 그 解釋論을 전개함에 있어서도 고려되어 마땅하다. 그러므로 不道德한 권리주장에 대하여 法的 保護를 거절함으로써 規範秩序의 순수성을 유지할 필요가 있는 경우에도, 궁극적으로 급부의 반환을 거절함으로써 그 保護價値를 부정하는 것이 과연 不法原因의 억제라고 하는 목적론적 관점에서 볼 때도 합당한지를 다시 살필 필요가 있다.[33]

31) 民 § 746의 제정과정에서의 提案理由나 審議經過에 관하여 따로 기술되어 있는 것은 없고, 다만 獨民 § 817, 瑞債 § 66, 中國民法 § 180 및 滿洲民法 § 728가 외국입법례로 인용되어 있을 뿐이다. 民法案審議錄(上), 437. 그런데, 滿洲民法 § 728는 현행 民 § 746 및 日民 § 708와 그 내용이 완전히 동일한바, 滿洲民法은 위 조항의 입법취지에 대하여 "급부의 원인이 불법일 때는 법률상 원인으로서의 효력은 발생하지 않는다. 그러므로 그 급부는 법률상 원인 없는 것이 되며, 급부자는 부당이득의 원칙에 의해, 급부한 것의 반환을 청구할 수 있는 것이 된다. 그러나 자기의 불법한 행위를 근거로 해서 법률상의 보호를 구하는 것은 법률이 권리를 인정한 근본목적에 반하므로 민법은 불법의 원인으로 급부한 자는 그 급부한 것의 반환을 청구할 수 없다고 규정한 것"이라고 기술하고 있다. 石田文次郎·岩井萬龜, 滿洲民法 債權各論, 204(1941) 참조.

32) 예컨대, 부정한 청탁을 하면서 대가를 교부한 경우 그 원인행위가 무효이므로 지급한 대가는 언제나 반환을 청구할 수 있다고 하면, 청탁자로서는 상대방이 청탁대로 불법행위를 자행하여 반대급부를 이행하면 당초 기도한 목적이 달성되는 것이고, 설사 실패하더라도 지급한 대가를 반환받을 권리가 있게 되므로 그만큼 위험부담이 적어지고, 다른 한편 급부 수령자의 입장에서도 청탁내용을 실행하지 못하면 급부의 반환을 당할 수 있으므로 급부를 보유하기 위해서는 그 청탁에 따른 불법행위를 강행하려 할 것이어서, 결국 불법원인급여의 반환을 인정하는 것은 불법의 억제에 배치되는 규율구도를 형성하게 된다는 것이다. 宋德洙(註 19), 424, 450 참조.

33) 朴炳大, "不法原因給與의 判斷基準에 관한 構造分析", 저스티스 2003.12, 86-90 및 後述 V의 1 참조

따라서 급여의 제공과정에 급여자의 불법원인이 개재되어 있기만 하면 무조건 급여자에 대한 법적 보호, 즉 반환청구가 거절된다고 단선적으로 해석할 것은 아니고, 또한 반대로 民 § 746 단서의 표현 그대로 불법원인이 급여자에게는 전혀 없고 오로지 수익자에게만 있을 때로 한정하여 반환청구가 인정된다고 엄격하게 해석할 것도 아니다. 말하자면 民 § 746는 본문과 단서를 관통하여, 급여자의 反道德性 내지 不法性으로 인하여 法的 保護價値가 없다고 판단되면 반환청구는 인정될 수 없다는 一般條項的인 法原理를 선언한 규정으로서, 反社會的·反道德的 行爲를 억제하고자 하는 데 입법목적이 있다고 해석할 것이다.[34] 그리고 법적 보호가치가 없다고 인정되어 반환청구가 거절될 경우 수익자에 의한 급여의 보유는 급여자의 청구가 배척됨으로 인한 불가피한 反射的 利益에 불과한 것이지 반환청구의 거절이 곧 수익자에 의한 利益保有의 正當性을 적극적으로 긍정하는 것은 아니라고 할 것이다.

Ⅳ. 民 § 746의 適用對象

1. 不法原因給與制度의 民法體系上의 位置

民 § 746는 法典 편제상으로는 債權編 不當利得의 章에 규정되어 있다. 따라서 부당이득반환청구 사건에 불법원인급여규정이 적용되는 것은 법률이 당연히 예정하고 있는 바이다. 문제는 위 법전 편제대로 불법원인급여제도는 오로지 부당이득반환청구사건에서만 작동하는 것이고, 다른 권원에 의한 급부청구에서는 적용되지 않는 것인가 하는 점이다. 곧 적용대상의 문제이다.

大法院 全員合議體 判決은 다음과 같이 판시하여 이를 부정한다. "민법 제746조는 … 선량한 풍속, 기타 사회질서에 위반한 사항을 내용으로 하는 법률행위를 무효로 하는 민법 제103조와 표리를 이루어, 사회적 타당성이 없는 행위를 한 사람을 보호할 수 없다는 법의 이념을 실현하려고 하는 것이다. 이리하여 민법 제746조는 민법 제103조와 함께 사법의 기저를 이루는 하나의 큰 이상의 표현으로서 이것이 비록 민법 채권편 부당이득의 장에 규정되어 있기는 하나, 이는 일반적으로 사회적 타당성이 없는 행위의 복구가 부당이득의 반환청구라는 형식으로 주장되는 일이 많기 때문이고, 그 근본에 있어서는 단

34) 後述 Ⅳ의 3 참조.

지 부당이득제도만을 제한하는 이론으로 그치는 것이 아니라, 보다 큰 사법의 기본이념으로 군림하여, 결국 사회적 타당성이 없는 행위를 한 사람은 그 스스로 불법한 행위를 주장하여, 복구를 그 형식 여하에 불구하고 소구할 수 없다는 이상을 표현하고 있는 것이라고 할 것이다." 따라서 불법원인급여의 경우에는 그 청구권원을 부당이득반환청구뿐 아니라 소유권에 기한 반환청구 기타 어떠한 권리로 구성하든 반환청구는 허용될 수 없다고 한다.[35]

위 판례와 같이 民 § 746의 적용대상을 단순히 부당이득반환청구를 배제하는 규정에 그치는 것이 아니라 우리 민법이 터잡고 있는 私法의 一般原理에 속한다고 보는 데 대하여는 학설도 대부분 찬성하는 취지로 보인다.[36] 앞서 불법원인급여제도의 입법취지에 관하여 살펴본 것처럼, 民 § 746는 급여자의 反道德性 내지 不法性으로 인하여 法的 保護價値가 부정되는 경우에 그 청구를 배척함으로써 불법행위를 억제하기 위한 제도적 장치로 마련된 것이므로, 이를 부당이득반환청구의 경우에만 한정하여 적용되는 원리로 제한할 필요는 없다고 본다. 말하자면 民 § 746는 民 § 103와 마찬가지로 社會的 妥當性이 없는 행위를 한 자를 법적 보호대상에서 배제하는 一般條項的 法原理를 선언한 것이므로, 현행 민법상의 규정위치에 상관없이, 그 요건이 충족되는 한, 급부의 반환을 구하는 請求權原이 不當利得이든 物權的 請求權이든, 損害賠償請求權이든 적용가능한 원리로 해석할 것이다.[37]

2. 不當利得 一般 및 非債辨濟와 不法原因給與

(1) 民 § 741와 民 § 746

불법원인급여에 대하여, 급부의 원인이 불법·무효이면 수익자는 법률상

35) 大判 79. 11. 13, 79다483(集 27-3, 140; 公 1980, 12338). 판례에 찬성하는 評釋으로는, 최신섭, "불법원인급여와 물권적 청구권", 法學硏究 3(仁荷大, 2000. 12), 1 이하 참조. 대법원판사 세 분의 反對意見의 요지는 다음과 같다. "민법 746조는 부당이득의 장에 규정되어 있는 부당이득의 반환청구권에 관한 조문인바, 채권적 청구권인 부당이득반환청구권을 제한하는 위 법조가 채권적 청구권과는 전연 그 근거를 달리하는 물권적 청구권까지를 제한하는 효력이 있다 함은 논리의 비약을 넘어서 법의 규정을 떠난 해석이라고 아니할 수 없다. 원래 민법 746조의 규정을 둔 것은 자기가 불법행위를 하였다는 것을 이유로 하여 권리의 주장을 한다는 것은 우리의 정의감에 반하는 것이므로 동 규정을 두어 다만 청구자가 자기의 불법행위를 청구의 근거로 삼는 것만을 막아 보자는 것 뿐이므로 동 조문이 있다 하여 법률상 이를 저지할 아무런 이유가 없는 다른 청구권까지를 모조리 봉쇄할 수 있다는 해석은 나올 도리가 없다 할 것이다."

36) 반대하는 견해로는 鄭相鉉(註 16), 115가 있다.

37) 前述 Ⅲ의 4 참조. 다만, 판례의 표현처럼 民 § 746가 民 § 103와 表裏關係를 이루는 규정으로 이해함으로써, 民 § 746의 不法性을 民 § 103의 公序良俗위반과 직접적으로 연계시켜서 개념규정을 하는 데 대해서는 재고할 점이 있다고 본다. 後述 Ⅳ의 3 및 Ⅵ의 1 참조.

원인 없이 이득을 보유하고 그로 인하여 급부자에게 손해를 가한 것이 되어 원칙적으로 民 § 741에 의하여 그 이득을 반환하여야 하지만 民 § 746 본문에 해당하는 사유가 있으면 예외적으로 반환청구가 부정되고, 그 단서가 적용되는 때에는 다시 부당이득반환의 일반원칙으로 돌아가 民 § 741에 의하여 반환의무가 인정된다는 구조로 설명하는 견해, 즉 불법원인급여는 부당이득반환청구를 제한하는 特則이라고 해석하는 입장이 있다.[38] 이에 의하면 民 § 746가 적용되기 위해서는 그 전제로서 수익자에 의한 급부의 보유가 民 § 741의 부당이득반환의 일반요건을 갖추고 있어야 한다고 볼 여지가 있다.

그러나 불법원인급여제도는 부당이득과 무관하게 독자적 존재의의를 가지는 제도이고, 따라서 부당이득반환청구 이외의 어떤 청구원인으로 급부의 반환을 구하든 적용될 수 있음은 앞서 본 바와 같다. 그러므로 불법원인급여는 부당이득반환의 거부문제만으로 한정할 것은 아니고, 따라서 民 § 746의 적용여부를 판단함에 있어 民 § 741의 적용요건, 즉 법률상 원인의 흠결 여부 등을 전제요건으로 따질 필요는 없다.[39]

(2) 民 § 742와 民 § 746

계약이 불법·무효이기 때문에 채무가 존재하지 않는다는 사실을 알면서 급부를 하였다면, 그 급부는 民 § 746의 불법원인급여가 되는 동시에 民 § 742의 非債辨濟가 되기도 한다. 이러한 경우에 民 § 742와 民 § 746 중 어느 규정이 우선적으로 적용된다고 볼 것인가? 民 § 746의 우선적용설이 통설이다.[40] 民 § 746는 民 § 742보다 고도의 이념을 담고 있는 중요규정이므로 그 적용범위를 넓게 새겨야 한다거나,[41] 강행법규위반으로 자기에게 법적 의무가 없다는 것을 알면서도 급부한 경우에도 불법원인이 수익자에게만 있는 때에는 民 § 742를 적용하여 반환청구를 부인하는 것보다 民 § 746 단서를 적용하여 반환청구를 허용하는 것이 옳으며, 또한 불법원인으로 채무가 존재하지 않는 경

38) 好美清光, “不當利得法の新しい動向について(上)”, 判例タイムズ 386, 24. 우리 나라의 학설 중에도 “不當利得返還請求禁止의 特例”에 ‘道義觀念에 적합한 非債辨濟’ 등과 함께 不法原因給與를 포함시켜 설명하는 견해가 있다. 李銀榮(註 20), 524 참조.

39) 로마법의 淵源에 비추어 보아도 불법원인급여가 부당이득을 전제한 것은 아니라는 분석은 谷口知平(註 9), 44-7 참조.

40) 郭潤直(註 1), 644; 李銀榮(註 20), 534; 金先錫(註 17), 212; 宋德洙(註 19), 452. 獨逸에서도 통설이다. Münchener-Lieb, a.a.O., § 817 Rn. 7; 일본에서는 ① § 746 우선적용설, ② § 742 우선적용설, ③ 경합적용설의 대립이 있으나 통설은 ①설이다. 학설 비교의 상세는 石外克喜, “民法708條と民法705條”, 不當利得·事務管理の研究(2)(谷口知平 還暦記念論文集), 41-6 참조.

41) 郭潤直(註 1), 644; 宋德洙(註 19), 452.

우는 그냥 채무의 부존재보다 특수한 경우이므로 民 § 746는 民 § 742의 특칙으로 해석되기 때문이라고 설명한다.[42]

생각건대, 民 § 742와 民 § 746의 관계는 경우를 나누어 검토하는 것이 이해하기 쉽다. 그 첫째는 民 § 746에는 해당하면서 民 § 742에는 해당하지 않는 경우가 있다. 채권자의 강제집행을 면할 의사로 제3자 앞으로 假裝讓渡를 한 경우처럼 채무의 변제와 상관없는 불법원인에 의하여 급부를 한 경우가 이에 속한다. 이 때는 오로지 民 § 746의 적용 여부만이 문제되고 民 § 742는 고려의 여지가 없다. 둘째는 民 § 746는 해당이 없고 民 § 742의 적용 여부만이 문제되는 경우이다. 불법원인 이외의 채무부존재의 경우에 한 변제가 모두 이에 해당할 것이나, 특히 民 § 746와의 관계에서는 民 § 746의 "불법"의 의미해석과도 연계된 문제이다. 民 § 746의 "불법"을 공서양속위반으로 제한하고 단순한 강행법규위반은 제외되는 것으로 보는 다수설의 견해에 의하면, 강행법규위반으로 무효인 원인에 의한 채무의 변제는 民 § 742에는 해당할 것이나 民 § 746에는 해당하지 않는 것으로 보게 된다.[43][44] 이 때는 民 § 742의 적용 여부만이 문제되고, 따라서 설사 강행법규 위반의 원인이 수익자에게만 있다고 하더라도 民 § 746 단서는 적용될 수 없으므로 반환청구는 부정된다. 마지막으로 셋째는 民 § 742와 民 § 746가 중복하여 적용될 수 있는 경우이다. 채무의 변제로서 급부를 하였고, 그 급부의 원인에 관하여 불법이 존재하는 경우이다. 공서양속에 위반한 계약에 의한 채무의 변제로써 급부가 이루어진 경우가 전형적인 예이고, 이 때 비로소 民 § 742와 民 § 746의 적용 우선순위가 문제된다. 民 § 742는 부당이득반환청구에 대한 특례규정일 뿐이지만, 民 § 746는 부당이득 이외의 모든 청구원인에 적용되는 상위개념의 규정이고, 따라서 동일한 사실관계를 두고 부당이득반환청구로 권리구성을 하는 경우이든

42) 李銀榮(註 20), 534.

43) 예컨대, 부동산임대료의 제한을 규정한 地代家賃統制令에 위반하여 過拂된 賃料는 非債辨濟에 해당한다고 하여 반환을 청구할 수 없다고 한 日最判 昭 32(1957). 11. 15(民集 11-12, 1962)의 사례, 制限超過利子가 변제충당되어 원본이 완제된 후에 채무의 존재를 모르고 변제한 경우에는 반환청구를 할 수 있다고 하여, 그 反對解釋으로 殘存債務의 不存在를 알면서 변제한 경우에는 非債辨濟에 해당한다는 취지를 판시한 日最判 昭 43(1968). 11. 13(民集 22-12, 2526)의 경우가 있다. 이들 사례는 임료 및 이자제한규정 위반은 불법원인급여의 "불법" 사유에 해당하지 않는다고 본 것(즉 양 법조가 중복적용되는 경우가 아니라고 본 것)이거나, 民 § 742와 民 § 746가 경합될 때에는 民 § 742가 우선 적용된다는 견해를 전제한 것으로 해석된다.

44) 동일한 문제는 "불법"에 대한 주관적 인식의 필요 여부에 관한 견해 차이에 따라서도 생기게 된다.

그 외의 청구원인으로 급부의 회복을 꾀하는 경우이든 民 § 746의 취지는 관철되어야 할 것이므로 判例·通說처럼 民 § 746의 優先適用說이 타당할 것으로 본다.[45)46)]

3. 民 § 103 違反行爲와 不法原因給與

民 § 103와 民 § 746는 社會的 妥當性이 없는 행위에 대한 법적 보호의 거절이라는 私法의 理想을 한편에서는 이행청구의 거절로, 다른 한편에서는 복구의 거절이라는 형식으로 표현형태만을 달리하여 규정한 表裏關係에 있다고 하는 것이 일반적 설명이다.[47)] 실제로 民 § 746가 적용되는 분쟁은 대부분 급부가 이루어진 전단계에 民 § 103 위반행위가 개재되어 있다.[48)] 그러나 그렇다고 하여 民 § 746가 적용되는 모든 경우에 民 § 103에 의한 무효행위가 전제되는 것은 아니다. 民 § 103는 공서양속에 위반한 「法律行爲」의 무효를 규정하고 있을 뿐이지만, 民 § 746는 법률행위가 전제되지 않은 불법목적의 급부에 대해서도 적용될 수 있다.[49)] 뿐만 아니라, 民 § 103에 의한 무효의 작용범위와 民 § 746에 의한 반환거부의 작용범위는 동일한 법률행위를 기초로

45) 民 § 746를 적용하는 경우와 民 § 742를 적용하는 경우의 차이는 오직 불법원인급여가 民 § 746 단서에 해당하는 때뿐이라는 견해가 있다. 宋德洙(註 19), 452. 그러나 예컨대 甲이 乙에게 밀수자금을 제공하고 이득을 분배받기로 하였으나 밀수가 이루어지기 전에 甲이 동업의사를 철회한 경우에는 民 § 746가 우선적용된다면 반환청구가 인용될 여지가 있으나(영미법상 locus poenitentae, 이른바 '후회의 여지'에 의한 불법원인급여의 예외사례. 後述 V의 2 참조), 民 § 742가 우선적용된다면 반환청구는 인정될 수 없다. 따라서 오직 民 § 746 단서의 경우에만 民 § 742와의 충돌문제가 생긴다는 견해는 반드시 정확한 것은 아니다. 谷口知平(註 9), 49 참조.

46) 民 § 742와 民 § 746의 중복적용이 문제되는 경우를 도식화하면 다음과 같다.

		불 법 원 인	
		급부자 또는 쌍방 불법	오로지 수익자 불법
채무부존재	모르고 변제	(1) § 742 부적용(청구인용) § 746 본문 적용(청구기각)	(2) § 742 부적용(청구인용) § 746 단서 적용(청구인용)
	알고 변제	(3) § 742 적용(청구기각) § 746 본문 적용(청구기각)	(4) § 742 적용(청구기각) § 746 단서 적용(청구인용)

위 각 경우 중 § 746 優先適用說에 의하면 § 742의 적용결과와 상관없이 (1),(3)은 원고청구기각, (2),(4)는 원고청구인용이 될 것이다.

47) 대표적으로 郭潤直(註 1), 636 및 大判(全) 79.11.13, 79다483(集 27-3, 140); 大判 96.12.6, 96므479(공보불게재).

48) 大判 95.8.11, 94다54108(公 1995, 3123: 도박자금 차용의 담보로 한 근저당권설정계약); 大判 95.7.14, 94다51994(公 1995, 2799: 공무원에 대한 청탁알선의 대가 지급계약) 등.

49) 日注民(18), 696; 難波讓治, "公序良俗と不法原因給付", 椿壽夫·伊藤進 編 公序良俗違反の研究, 351.

한 경우에조차도 현격한 차이가 있을 수 있다. 「不法의 實現」을 위한 법적 도움의 요청(民 §103)과 이미 「실현된 不法의 還元」을 위한 법적 도움의 요청(民 §746)에서 적용되어야 할 각 불법의 기준은 제도적 기능 차이에 상응하여 당연히 달라져야 한다. 그러므로 民 §103의 공서양속위반 행위라 하여 모두가 民 §746의 불법성이 있다고 평가되어서는 아니 된다. 民 §103의 의미에서 공서양속위반 또는 강행법규위반에 해당하는 경우에도 民 §746의 불법성이 인정되기 위해서는 그 제도취지에 합당하도록 별도의 불법성 평가가 있어야만 한다. 民 §746가 적용되려면 당사자간의 利益歸屬의 不正義에도 불구하고 社會的 價値의 보전을 위하여 급부자에 대한 법의 보호를 거절할만한 강도의 불법성이 인정되어야 하는데 반해, 民 §103의 경우에는 契約未履行 상태에서 계약실현을 차단하는 것이므로 그로써 당사자 사이의 이익귀속의 不公平 문제는 생길 여지가 없기 때문이다.[50] 그러므로 民 §103에 위반하여 무효인 계약이라고 해서 반드시 그에 기한 급부가 民 §746 본문에 의하여 반환청구가 거부된다고 단언할 수는 없다.[51]

따라서 民 §746는 종래의 통설이나 일부 판례의 표현처럼 民 §103와 表裏關係를 이루어 그 反對側面으로 규정된 것이라거나, 동일한 法原理를 접근각도만을 달리하여 표현한 데 지나지 않는다고 볼 것이 아니다. 이는 그 자체 독자적인 존재가치를 가지는 규정으로 이해되어야 한다. 즉 불법원인급여 제도는 불법적인 원인행위의 발생을 억제하기 위한 정책적 목적에서 법적 보호가치가 없는 급부자의 권리회복을 부정하는 一般條項的 法原理를 선언한 규정이라고 할 수 있다.[52]

4. 物權的 請求權 및 給付物의 所有權歸屬과 不法原因給與

(1) 物權的 請求權과 民 §746

급부의 원인이 불법이기 때문에 民 §746에 의하여 부당이득반환청구가

---

50) 英美法에서도 계약이행청구에 있어서의 불법성의 범위보다 불법원인급여를 원인으로 하는 권리회복거부가 적용되는 불법성은 좁게 해석되고 있다. Restatement 2nd, Contracts, Introductory Note Ch. 8, Topic 5; Calamari & Perillo, The law of contracts. 4th ed. § 22-7(pp. 830-3)(1998); GMB Enterprises, Inc. v. B-3 Enterprises, Inc., 39 Wn. App. 678, 695 P. 2nd 145(1985) 등 참조.

51) 民 §103와 民 §746의 관계에서 종래부터 가장 치열한 논의의 대상이 된 주제인 民 §746의 "不法"과 民 §103의 "善良한 風俗 기타 社會秩序", 즉 公序良俗 違反의 관계에 대해서는 後述 Ⅵ의 1 참조.

52) 前述 Ⅲ의 4 참조.

부정된다고 할 때, 급부자가 급부의 원인행위가 무효이므로 그 목적물의 소유권은 여전히 급부자에게 남아 있다고 주장하여 소유권에 기한 물권적 청구권의 행사로써 급부의 반환을 구하는 것은 인정되는가?[53] 民 § 746의 적용대상에 물권적 청구권도 포함이 되는가 하는 문제이다. 民 § 746는 부당이득반환청구에만 적용되고 물권적 청구권에 대하여는 적용이 없다는 견해도 가능하나,[54] 현재의 判例·學說은 適用肯定說이 훨씬 우세하다. 그 논거는, 소유권에 의한 반환청구를 인정한다면 民 § 746는 가격반환의 경우를 제외하고는 거의 적용되는 일이 없어 입법목적을 달성하기 어렵다는 점, 급여자가 소유권이 자기에게 있다는 점을 주장하려면 불가피하게 원인행위의 무효, 즉 자신이 불법한 행위를 하였음을 주장하지 않을 수 없다는 점, 原物이 남아 있는 경우와 그렇지 않아서 價額을 반환하여야 하는 경우 사이의 균형유지를 위해서도 적용이 긍정되어야 한다는 점 등이 주장된다.[55][56]

53) 物權行爲의 有因性을 인정하면 원인행위의 무효로 物權行爲도 당연히 효력을 상실하므로 소유권은 여전히 급부자에게 남게 되고 따라서 소유권에 기한 반환청구에 民 § 746가 적용되느냐가 정면으로 문제된다. 그러나 無因性說을 취한다면 원인행위의 무효에 불구하고 物權行爲는 효력을 유지하므로 급부물의 소유권은 수익자에게 이전되고 따라서 물권적 청구권에 民 § 746가 적용되느냐는 문제는 발생될 여지는 전혀 없다는 지적이 있다. 郭潤直(註 1), 643. 이에 대하여 無因論에서도 폭리행위를 당한 자의 처분행위(物權行爲)는 폭리행위를 이유로 무효로 보고 사회질서 위반행위도 그 물권계약의 효과로서 일어나는 물권적 권리관계의 변동 그 자체가 사회질서에 반하는 경우에는 채권행위뿐 아니라 物權行爲도 무효가 된다는 것을 인정하므로 民 § 746의 적용이 문제될 수 있다는 반대론이 있다. 崔鐘吉, "民法第七四六條의 適用範圍－특히 當事者一方이 先履行한 경우를 中心으로－", 法政 20-12, 26; 宋德洙(註 19), 448.

54) 大判 79. 11. 13, 79다483(公 1980, 12338) 전원합의체 판결의 소수의견(대법원판사 양병호, 임항준, 김윤행): "민법 746조는 부당이득의 장에 규정되어 있는 부당이득의 반환청구권에 관한 조문인바, 채권적 청구권인 부당이득반환청구권을 제한하는 위 법조가 채권적 청구권과는 전연 그 근거를 달리하는 물권적 청구권까지를 제한하는 효력이 있다 함은 논리의 비약을 넘어서 법의 규정을 떠난 해석이라고 아니할 수 없다.… 물상청구권을 행사함에 있어서는 자기의 소유권만을 주장하면 족하고, 불법행위가 있었다는 것은 법률상의 청구원인으로 할 필요가 없을 것이니 이와 같이 자기에게 불법원인이 있다는 주장은 전연 없이 다만 소유권에 기하여 하는 청구가 어떠한 근거로 당사자가 주장도 하지도 않는 불법원인으로 인한 급부라 하여 이를 저지할 수 있을 것인가." 學說로는 鄭相鉉(註 16), 115가 適用否定說을 취하고 있고, 玄炳哲, "不法原因給與에 관한 硏究", 한양대 법학논총 11(1994), 17도 同旨로 보인다.

55) 前註의 全員合議體 判決 多數意見은 註 35의 본문 참조. 이 판결에 의하여 반대취지의 종전 대법원판결(大判 60. 9. 15, 4293민상57, 77. 6. 28, 77다728 등)은 모두 폐기되었다. 이후의 同旨 判決로는, 大判 96. 12. 6, 96므479(공보불게재); 大判 89. 9. 29, 89다카5994(公 1989, 1578) 등이 있고, 형사사건에서 수익자의 급부물처분에 관하여 橫領罪의 성립을 부정한 예는 大判 88. 9. 20, 86도628(公 1988, 1355); 大判 99. 6. 11, 99도275(公 1999하, 1451)가 있다.

56) 郭潤直(註 1), 636; 李銀榮(註 20), 533; 黃迪仁(註 20), 352; 金疇洙(註 17), 573; 金先錫(註 17), 206, 209; 宋德洙(註 19), 448; 金錫宇(註 17), 634; 최신섭, "불법원인급여와 물권적 청구권," 法學硏究 3(仁荷大, 2000. 12), 1 이하 등. 다만 物權行爲의 無因

(2) 給付物의 所有權 歸屬

物權行爲의 有因性을 인정하는 종래의 多數說과 判例에 의하면, 불법원인급여의 경우 원인행위가 무효이므로 급부물의 소유권은 처음부터 수령자에게 이전하지 않고 급부자에게 존속하는 것으로 된다. 그러나 소유권에 기한 급부물반환청구에 民 § 746의 적용을 긍정하는 판례·통설은 그 급부물의 소유권은 수익자에게 귀속된다는 데 견해가 일치되어 있다.[57)][58)] 판례는 그 근거로서, 불법원인급여의 규정은 民 § 103와 함께 私法의 이념을 표상하는 것이므로 그 급여자는 급여한 물건의 소유권에 기해서도 반환청구를 할 수 없다고 보아야 하고, 그 反射的 效果로서 급여한 물건의 소유권은 급여를 받은 상대방에게 귀속하게 된다는 것이다.[59)] 學說은 이에 덧붙여, 만약 수령자에 대한 소유권귀속을 인정하지 않게 되면 급부자는 소유권자이면서도 소유권을 행사하지 못하고, 반대로 점유자인 수령자는 반환청구를 당하지 않고 소유자처럼 이용은 할 수는 있어도 소유권은 없는 것이 되어 소유권의 귀속이 불명확해지고 법률관계를 복잡하게 만든다는 점을 논거로 제시하고 있다.[60)]

이에 대해서는 反射的 效果라는 개념으로 物權行爲의 有因性에 대한 예외를 쉽사리 인정할 수 있을 것인가 하는 점, 그리고 적법한 원인에 의하여 취득한 소유권과 동일한 효력을 인정할 수 있는지에 대하여 의문을 제기하는 비판론이 있고,[61)] 불법원인급여의 경우에는 급부자와 수익자 쌍방 모두 완전

性 때문에 원인행위가 불법·무효라도 物權行爲는 유효하므로 급부자에게 소유권이 없다는 이유로 반환청구를 부정하는 견해도 있다. 金基善(註 20), 387. 독일·일본에서도 적용긍정설이 통설이다. Münchner-Lieb, a.a.O., § 817 Rn. 20; 日注民(18), 697 등 참조.

57) 註 54의 79다483 판결, 註 55의 99도275 판결 및 前註의 學說.

58) 그러나 民 § 746는 기본적으로 불법원인급부의 반환청구를 저지하는 권리행사장애규정일 뿐 권리발생근거규정은 아니다. 따라서 물권적 청구권에 대한 民 § 746의 적용긍정설과 소유권의 수령자귀속론이 논리필연적으로 결합되어야만 하는 것은 아니다. 위 兩說을 결부시키지 않은 학설의 예로는, 예컨대 妾관계의 대가로 부동산을 증여한 경우, 受贈者의 이전등기청구도 贈與者의 점유반환청구도 인정될 수 없는 使用貸借 유사의 일시적 법률관계가 성립하고, 그 후 妾關係를 완전히 청산하고 반환을 구하는 경우와 같은 특별한 사정변화가 있을 때에는 贈與者의 소유권행사를 인정할 것이라는 견해를 들 수 있다. 川井 健, "民法708條にいう給付と既登記建物の贈與に基つく引渡", 判例タイムズ275, 74 참조.

59) 註 54의 全員合議體 判決. 日最判 昭 45(1970). 10. 21(民集 24-11, 15); 日最判 昭 46(1971). 10. 28(民集 25-7, 1069)도 같은 취지이다.

60) 徐 晟, "物權的 請求權의 行使에 있어 민법 第746條의 適用與否", 民判硏 3, 75. 同旨 金錫宇(註 17), 629; 金先錫(註 17), 206. 소유권에 대한 제한은 일시적이어야 하고 가능한 한 제한이 없는 원만한 상태로 회복되어야 한다는 "近代的 所有權의 圓滿性"을 이유로 하는 田山輝明, "所有權返還請求權と民法708條", 別冊ジュリスト 137, 159(1996)도 같은 취지로 보인다.

61) 石神兼文, "不法の原因より贈與した未登記建物の引渡と不法原因給付の成否およびその

한 소유권을 행사할 수 없는 동결상태가 유지된다는 相互制約說 등 반대설도 있다.[62]

(3) 檢　討

民 § 746의 입법취지와 그 일반조항적 성격에 비추어 물권적 청구권의 행사에 대해서도 民 § 746의 적용은 긍정되어야 할 것이고, 또한 법률관계의 명료한 정리와 수령자로부터 급부물을 轉得한 제 3 자의 보호 등 거래안전을 위하여 그 급부물의 소유권은 불법원인에 의한 급부가 이루어짐과 동시에 수령자에게 이전되는 것으로 봄이 상당하다.[63] 그런 점에서 위 두 문제에 대한 判例·通說의 결론에 대해서는 이의가 없다.

다만, 불법원인에 의한 급부물 반환청구소송의 실제과정에 있어서는 논리전개에 있어 유의할 부분이 있다. 즉, 物權的 請求權에 대한 民 § 746의 適用肯定說과 所有權의 受領者歸屬論은 불법원인급여의 반환청구 저지라는 목적을 위해서 병렬적으로 주장되는 것이 보통이지만, 다른 한편에서 보면 이 두 주장은 순환적 모순관계에 설 수도 있다. 왜냐하면 물권적 청구권에 대한 民 § 746의 適用否定說은 물론 適用肯定說도 논리적으로는 급부물의 소유권이 급부자에게 잔존하고 있다는 전제에서 출발한다고 볼 수 있다.[64] 그럼에도 불구하고 물권적 청구권에 대하여 民 § 746가 적용되기 때문에 소유권이 급부수령자에게 귀속한다고 하면, 이는 서로 상충되는 주장을 병렬적으로 결합한 것이 아닌가 하는 의문이 드는 것이다. 예컨대 妾관계를 위한 부동산증여계약에 의하여 소유권이전등기를 하였다가 증여자가 수증자를 상대로 위 증여계약은 民 § 103 위반으로 무효임을 주장하면서 소유권에 기하여 이전등기의 말소를 청구한 경우를 가정해 볼 수 있다. 이 때 부동산소유권이 증여자에게 잔존하고 있다고 보면 물권적 청구권의 행사에 대하여 民 § 746가 적용되는지 여부를 판단할 필요가 있지만, 수증자에 대한 급여, 즉 소유권이전등기와 동시에 그 목적물에 대한 소유권이 수증자에게 이전한다면 물권적 청구권의 발생 자체가 인정될 수 없는 것이다. 다시 말해 위와 같은 소송에 있어 제 1 차적인 판단대

建物所有權の歸屬", ジュリスト482, 58; 谷口知平(註 8), 196. 반사적으로 귀속된 소유권과 통상의 계약에 의하여 이전된 소유권을 동일하게 보는 견해는 田山輝明(註 60), 159가 있다(급부수령자인 占有者가 임의로 목적물을 반환한 경우에는 民 § 746를 유추적용하여 반환자는 이제는 목적물의 재급부를 청구할 수 없다고 해석할 것이라고 주장).

62) 相互制約說에 관하여는 後述 Ⅶ의 2 참조.

63) 급부의 내용이 所有權의 이전을 수반하는 때에 한정되고, 使用貸借關係의 설정 등 단순한 使用權의 부여에 그치는 경우는 물론 제외되어야 할 것이다.

64) 日注民(18), 710.

상은 원고의 소유권의 존부인데, 판례·통설처럼 불법원인급여의 경우 급부와 동시에 返還請求 不可의 반사적 효과로 급부물의 소유권이 수령자에게 귀속된다면 결국 원고청구의 기초가 되는 소유권이 부정되므로 더 나아가 소유권에 기한 반환청구권에 民 § 746가 적용되는지 여부를 논의할 필요조차 없이 원고청구는 기각된다. 결국 원고청구가 배척되는 이유는 물권적 청구권의 행사에 대하여 民 § 746가 적용되기 때문이 아니라 원고가 주장하는 물권적 청구권의 발생근거인 소유권 자체가 인정되지 않기 때문인 것이다. 그렇다면 물권적 청구권에 대한 民 § 746의 적용문제는 일반적으로 인식되는 것처럼 급부의 반환청구를 저지하기 위한 근거로서가 아니라 급부수령자에 의한 소유권취득 내지는 급여자의 소유권상실의 근거로 제시되는 데 지나지 않는다.

소송법적 구조로 보면, 이 경우 원고는 청구원인으로 民 § 103 위반을 이유로 피고명의의 登記의 무효를 주장하는 것이고, 이에 대하여 피고가 民 § 746 本文의 적용을 주장하는 것은 일종의 「抗辯」이기는 하지만, 이는 원고의 소유권을 인정하는 것을 전제로 한 「권리행사저지사유」의 주장이 아니라 원고의 소유권 보유 자체를 부정하는 것으로서 「권리발생장애사유」 내지 「권리소멸사유」를 주장하는 것이라고 할 수 있다.

그러므로 설령 反射的 效果說에 의하여 소유권변동의 이론을 구성하더라도 판례처럼 물권적 청구권의 행사에 대하여 民 § 746가 적용되기 때문이라고 근거를 대는 것은 그 전제가 되는 물권적 청구권 자체가 인정될 수 없는 이상, 그 자체로 논리적 모순이 있다. 오히려 民 § 746 본문이 적용되는 불법원인급여가 인정되면 不當利得, 契約關係, 不法行爲 기타 어떤 권리구성을 취하든 그 급부물의 반환청구는 인정되지 않는다는 것이 民 § 746의 본질적 내용이므로, 이러한 返還請求權의 絶對的 否定의 결과로 수익자의 반사적 소유권취득이 인정된다고 구성하여야 할 것이다. 이와 같이 급부와 동시에 소유권이 수령자에게 귀속한다고 보면, 급부자로서는 급여물의 반환청구는 물론 급부상대방이 아닌 제3자에 대해서도 방해배제청구나 불법점유로 인한 손해배상청구 등 소유권침해를 이유로 하는 일체의 청구를 할 수 없게 된다.[65)]

5. 不法行爲로 인한 損害賠償請求와 不法原因給與

불법의 원인으로 한 급여에 대하여 不當利得返還請求 대신 不法行爲를 원

65) 不法原因給與와 所有權歸屬에 관한 상세한 논의는 後述 Ⅶ의 2 참조.

인으로 損害賠償을 청구하는 것은 허용되는가? 지폐위조의 자금으로 금전을 편취당한 후 詐欺를 이유로 손해배상을 청구한 경우,[66] 本妻와 이혼절차를 진행중이라고 하면서 장차 이혼절차가 완료되면 정식으로 혼인해 주겠다는 말에 속아 貞操를 제공한 여자가 남자를 상대로 위자료를 청구한 경우가[67] 그 예이다. 본래의 불법행위 이론대로라면 손해배상책임의 유무는 청구상대방이 고의·과실에 의한 위법행위를 하였는지만이 문제되고, 청구자측에 어떤 잘못이 있느냐 하는 점은 다만 過失相計事由로서 문제가 될 뿐이다. 그러나 불법원인급여에 해당하는 원인행위는 동시에 불법행위를 구성하게 되는 경우가 많아서 만약 손해배상청구가 허용된다면 民 § 746의 규정은 그 실효성을 잃어버릴 가능성이 크다.

여기에서 學說은 일치하여 불법행위를 원인으로 한 손해배상청구에 대해서도 民 § 746가 준용된다는 견해를 취하고 있다.[68] 民 § 746의 취지가 불법한 행위를 한 자가 복구를 꾀하는 경우에 그것을 허용하지 않겠다는 것이므로, 비록 불법행위를 이유로 손해배상을 청구하더라도 허용하지 않아야 하고, 그렇게 함으로써 소극적으로 불법한 행위를 방지하는 효과를 가져올 수 있다는 것이 근거이다.[69]

判例가 불법행위를 원인으로 한 손해배상청구를 不法原因給與를 이유로 기각한 직접적인 예는 발견되지 않는다.[70] 다만 외국환관리법에 위반한 금전지급으로 인한 손해에 대하여 불법행위를 원인으로 한 손해배상을 청구한 데

66) 日大判 明 36(1903).12.22(刑錄 9, 1843)에서 청구기각된 사례이다.

67) 日大判 昭 15(1940).7.6(民集 19, 1142).

68) 郭潤直(註 1), 643; 金疇洙(註 17), 573; 李銀榮(註 20), 533; 金先錫(註 17), 210; 宋德洙(註 19), 449 등. 그러나 독일에서는, 부당이득반환청구권이 불법원인급여로서 부정되는 경우에도 가해자의 有責性과 違法性을 요건으로 하는 불법행위로 인한 손해배상청구권은 制度의 목적이 다르기 때문에 인정되어도 무방하다는 것이 多數說이라고 한다. 宋德洙(註 19), 449 참조. 또한 일반불법행위의 성립요건의 하나인 가해행위의 「違法性」을 판단할 때 피해자의 不法性을 참작하면 족한 것이므로, 불법행위로 인한 손해배상청구에 불법원인급여에 관한 규정을 준용할 필요는 없다는 주장도 있다. 好美淸光(註 38), 26.

69) 郭潤直(註 1), 643; 金疇洙(註 17), 573; 李銀榮(註 20), 533; 金先錫(註 17), 210; 宋德洙(註 19), 449; 金錫宇(註 17), 634.

70) 日最判 昭 45(1970).4.21(判例時報 593, 32)은 불법원인급여의 취지에 근거하여 손해배상청구를 배척한 예이다(Y가 N과 공모하여 X를 상대로 借地權確認의 訴를 제기하고 N이 위증을 하여 패소위기에 처한 X가 N에게 진실을 증언하면 대가를 지급해 주기로 약정한 후 N이 다시 진실의 증언을 함으로써 승소를 하자, Y를 상대로 부당제소로 인한 손해배상을 청구하면서 N에게 지급한 증언대가의 배상을 청구하였다. 이에 대하여 법원은, 證人이 진실을 진술하여야 하는 것은 법률상 당연한 의무이므로 진실 증언에 대하여 대가를 지급하기로 하는 약정은 증인에게 부당한 이익을 주는 것이어서 공서양속에 위반된다. 따라서 증인에게 위 약정의 대가를 지급하였더라도 그 出捐行爲는 공서양속에 반하는 것이므로, 그로써 입은 손해의 배상을 구하는 것은 허용될 수 없다).

대하여 강행법규에 위반하는 무효의 행위에 의하여 급부한 것이라 하여도 그 행위가 선량한 풍속 기타 사회질서를 해치는 것이라 볼 수 없는 때에는 民 § 746 소정의 불법원인에 의한 급여라고 할 수 없고, 이러한 경우에는 불법행위의 원칙에 의하여 손해배상을 구할 수 있다고 한 사례가 있는바,[71] 그 반대해석으로 만약 급여가 불법원인급여에 해당한다면 불법행위를 원인으로 한 손해배상청구도 인정될 수 없다고 하는 전제에 선 것으로 이해될 수도 있을 것이다.

한편 위 通說과 같이 불법행위로 인한 손해배상청구에 民 § 746가 준용된다는 견해를 취하면, 그 本文은 물론 但書의 취지도 함께 적용되어야 한다. 예컨대, 여성이 情交關係를 맺을 당시 상대방 남성이 배우자 있는 사실을 알았더라도 관계를 맺은 동기가 주로 남성의 사기적인 언동을 믿은 데 있고 그 사기적 언동의 내용, 여성의 인식 등 제반사정에 비추어 여성측의 동기의 불법정도에 비하여 남성측의 위법성이 현저히 크다는 이유로 民 § 746 단서의 법리를 준용하여 여성의 위자료청구를 인용한 사례는 그와 같은 범주에 속하는 것이다.[72]

6. 契約關係를 원인으로 한 청구와 不法原因給與

불법의 원인에 의한 급부가 계약에 기초하여 이루어진 경우, 그 계약에서 정한 반환사유의 발생 또는 그 계약의 解除를 원인으로 급부의 반환을 청구하는 것은 허용되는가? 부정한 청탁의 대가를 지급하면서 만약 청탁내용이 성사되지 않으면 지급금액을 반환받기로 약정하였다는 이유로 그 약정에 기한 반환청구를 하는 경우 또는 청탁교제금 지급계약의 해제를 원인으로 반환을 청구하는 경우이다.

먼저 前者, 즉 불법목적의 달성에 성공하면 급부는 수익자가 보유하고 실패하면 반환한다는 약정은 그 자체가 民 § 103 위반이 되어 약정의 효력이 인정될 수 없으므로, 불법원인급여의 규정을 거론할 필요도 없이 청구는 부정될

71) 大判 69.11.11, 69다925(集 17-4, 4).

72) 日最判 昭 44(1969).9.26(民集 23-9, 1727). 이 판례를 불법행위에 불법원인급여 규정을 준용한 것으로 이해하는 것은 오해이고, 단지 不法行爲의 成立要件 중「違法性」판단을 함에 있어 불법원인급여 규정의 정신을 고려한 데 지나지 않는다는 주장은 好美淸光(註 38), 25-6 참조. 그러나 雙方不法의 경우 청구자는 자신의 불법성 존부와 상관없이 상대방의 위법행위만 주장입증하면 손해배상청구는 가능한 것인데, 그 청구가 民 § 746의 취지에 어긋난다고 해도 不法行爲法의 논리만으로 청구를 배척하기는 어려울 것으로 보이고, 또한 불법행위법에서 청구자(급부자)의 위법성이 상대방(수익자)의 위법성에 비하여 현저히 크다는 것은 원칙적으로는 과실상계의 사유가 되는 데 그칠 것이다.

것이다.[73)]

原因契約의 解除 또는 解止를 원인으로 한 반환청구에 대해서는 논의의 여지가 있을 수 있다. 그러나 판례는 民 § 746의 규정을 준용하여 그 청구를 부정하고 있고,[74)] 학설도 판례에 찬성하는 견해만이 발견된다.[75)] 民 § 746의 규정은 법적 보호가치가 없는 당사자에 대한 법적 구제는 그 권리구성의 형식을 묻지 않고 허용될 수 없다는 일반원리를 선언한 것이고, 더구나 계약해제로 인한 원상회복청구는 본질적으로 부당이득반환의 성격을 가지는 점 등을 고려하면 타당한 견해로 생각된다.[76)]

다만, 英美法에서는 불법목적의 실행에 착수하기 이전에 급부자가 목적실행의사를 철회한 경우에는 일정 범위에서 급부의 상환을 허용하고 있는바, 이 法理는 우리 법의 해석론에서도 적용가능성을 적극 검토할 필요가 있다고 본다.[77)]

V. 不法原因給與의 適用制限

民 § 746의 민법상 위상을 판례·통설과 같이 民 § 103와 동일한 수준에서 私法의 基本原理를 선언한 一般規定으로 고양시키고, 그에 따라 그 적용영역을 부당이득반환청구뿐 아니라 물권적 청구권 또는 계약상 권리의 행사 및 불법행위에 기한 손해배상청구에까지 확장하게 되면, 불법을 자행한 행위자에 대한 법적 보호의 거절이라는 제도취지는 철저히 관철될 수 있다. 그러나 그

73) 大判 91.3.22, 91다520(集 39-1, 290). 同旨 宋德洙(註 19), 452.

74) ① 大判 92.12.11, 92다33169(公 1993, 457): 관세포탈을 위해 수입가격을 낮춰 신고하고 실제의 수입대금과 신고금액의 차액은 비밀송금을 하도록 무인가 환전상에게 위탁하였다가 그 송금위탁계약을 해제하고 교부한 금액의 반환을 구한 사건에서 그 송금위탁행위는 외국환관리법 및 관세법에 위반되는 관세포탈 등 범죄를 저지르기 위한 것이므로 민법 제746조 소정의 불법원인급여에 해당한다고 하면서, 그 금원의 교부가 송금위탁계약에 기한 것으로 이의 해제를 전제로 그 반환을 구하는 것도 허용되지 아니한다"고 한 사례이다.

② 大判 91.3.22, 91다520(公 1991, 1249): 도지사에게 청탁하여 택시운송사업면허를 받아 줄 것을 부탁하면서 청탁교제비조로 금원을 교부한 것이 단순한 임치라고 하여 반환을 구하는 것도 허용되지 않는다고 한 사례이다. 결국 임치계약의 해지를 전제로 임치금의 반환을 구하는 것도 民 § 746의 취지에 반한다는 취지로 이해된다.

75) 宋德洙(註 19), 448.

76) 그러나 급부의 원인된 계약을 合意解除하면서 그 급부의 반환에 관하여 事後的으로 返還約定을 한 경우는 사정이 다를 수 있다. 後述 X의 2 참조.

77) 後述 V의 2 참조.

반면 당사자들 상호간에 있어서는 수익자의 급부보유의 정당성이 결여되어 있어 그러한 상태의 유지가 오히려 구체적 정의와 공평의 관념에 배치되는 결과가 되기도 한다.

그 때문에 불법원인급여에 관하여 그 適用對象은 부당이득의 분야를 넘어 확장하는 것을 인정하더라도 구체적 사건에서의 適用範圍는 지나치게 넓어지지 않도록 적극 경계해야 한다는 데 이견이 없는 듯하다.[78] 그 구체적 방법으로는 우선 民 § 746의 法文上의 適用要件인「給付」,「不法」등의 개념을 엄격하게 해석하는 접근방법을 생각해 볼 수 있으나 이는 뒤에서 따로 살펴보기로 하고, 여기에서는 適用例外事由의 확대, 適用效果의 제한 등 다른 차원의 시각에서 제기되는 解釋論들을 종합하여 검토한다.

1. 規範目的의 相衝을 이유로 한 適用制限

급부의 원인이 된 행위를 무효로 하는 것은 그 행위 자체가 반도덕적이라는 등 행위의 성격상 용인될 수 없기 때문인 경우도 있지만,[79] 그러한 행위를 일반적으로 승인할 경우 그 거래와 관련된 공중에게 피해를 입힐 우려가 있기 때문에 그 행위를 무효로 함으로써 예상되는 피해자의 발생을 막고 그들을 보호하기 위한 경우도 많다. 이 後者의 경우 급부의 원인행위가 무효라고 하여 불법원인급여를 이유로 반환청구를 부정하게 되면 결과적으로 그 원인행위를 무효로 하는 규범의 보호대상이 법적 보호의 밖에 놓이게 되는 모순이 발생한다.

이러한 모순을 극복하기 위하여, 독일에서는, 무효원인에 의한 급부의 반환청구를 부정하는 것이 오히려 침해된 禁止規範의 保護目的에 어긋나는 경우에는 불법원인급여 규정의 적용은 배제되어야 한다는 주장이 제기되었고 학계에서 상당한 지지를 얻고 있다고 한다.[80] 美國法에서도 불법원인급여자의 반환청구는 일반적으로 부정되지만, 급여의 원인행위를 불법으로 규정한 법률의 보호대상인 당사자가 청구하는 권리회복은 예외적으로 인정하는 견해가 확립되어 있고,[81] 고리대금업자를 상대로 한 過拂利子의 반환청구, 증권발행이 금

78) 宋德洙(註 19), 425.

79) 도박당사자 사이의 도박자금의 대여계약, 부정한 청탁을 위한 뇌물전달계약과 같은 전형적인 불법계약이 그에 속한다.

80) 尹眞秀, 不動産의 二重讓渡에 관한 硏究(1993년 서울대 박사 논문), 95 및 磯村 保(註 19), 108.

81) Wade, Restitution of Benefits Acquired through Illegal Transactions, 95 U.Pa.L.Rev. 270-2

지된 금융기관에 지급한 不法證券代金의 반환청구, 獨寡占事業者에 대한 독점금지법 위반행위로 인한 급부의 반환청구, 消費者保護規定에 위반한 거래에 의한 급부의 반환청구 등이 그 범주에서 설명되고 있고, 같은 취지에서 나온 다수 판례가 축적되어 있다.[82)]

우리 판례는 위와 같은 범주의 문제를 대개는 民 § 746 본문의 "불법" 개념을 "선량한 풍속 기타 사회질서 위반"으로 한정하여 해석하고 강행법규나 단속법규위반은 위 규정의 "불법" 개념에 포함되지 아니한다는 이론을 취함으로써 결과적으로 동일한 결론을 도출하고 있는 것으로 보인다.[83)] 獨民 § 817가 불법원인급여를 "法律의 禁止 또는 良俗에 違反하는 것"으로 규정하고 있고, 英美判例에서도 권리회복청구가 부정되는 不法去來(illegal bargain)에는 일부 면허관련법규(Licensing Statute)[84)] 등 사소한 경우를 제외하고는 모든 법규위반이 포함된다고 보고 있으므로 해석론을 펴는 토대가 우리와는 상이한 측면이 있기는 하다. 그러나 우리 민법에서도 "불법"의 개념 제한이나 民 § 746 단서의 적용확대만으로는 법취지를 관철하기 어려운 경우가 발생할 수 있고, 이 때 위와 같은 「法規의 保護目的 相衝」을 이유로 불법원인급여의 해당성을 부정하는 접근방식을 적극 고려해 볼 수 있을 것이다.[85)]

(1947); Simpson on Contracts, Hornbook Series, 627("A party to an illegal contract may obtain restitution if he is one of the class for whose protection the contract was made illegal.") 등. 한편, Restatement(Second) of Contracts, § 198는 § 197가 규정한 불법원인급여의 일반원리에 대한 예외로서, "A party has a claim in restitution for performance that he has rendered under or in return for a promise that is unenforceable on grounds of public policy if … (b) he was not equally in the wrong with the promisor"라고 하여 이른바 "Not In Pari Delicto(Not equally in the wrong)"를 규정하고 있는바, 금지법률의 보호대상자가 구하는 원상회복청구가 바로 이 경우에 속하는 것으로 설명되고 있다. Restatement(Second) of Contracts Vol. 2 p. 75; Calamari & Perillo(註 50), pp. 900-1 참조.

82) Stenger v. Anderson, 66 Cal. 2d 970, 59 Cal. Rptr. 844(1967); Neil v. Pennsylvania Lifr Ins. Co., 474 P. 2d.(Okl. 1970); Perma Life Mufflers Inc. v. Int'l Parts Corp., 392 U.S. 134 (1968); Pearlstein v. Scudder & German, 429 F. 2d 1136(2d Cir. 1970) cert. denied 401 U.S. 1013(1971).

83) 예컨대, 무허가 직업알선업자에게 해외취업알선을 부탁하면서 그 보수로 금원을 지급한 경우 그 행위가 직업안정법에 위배된다 하더라도 선량한 풍속 기타 사회질서에 위반한 것이라고는 볼 수 없으므로 그 취업알선이 이루어지지 아니하였음을 이유로 이미 지급한 보수의 반환을 청구하는 것은 民 § 746에 해당하지 아니한다고 한 大判 83. 11. 22, 83다430(公 1984, 94).

84) 연방 또는 주정부의 수입증대를 목적으로 무면허거래행위를 금지하는 경우 등.

85) 同旨 尹眞秀(註 80), 95. 執行免脫을 위한 假裝讓渡가 된 이후에 진정한 권리자가 虛僞表示의 무효를 주장하여 반환청구를 하는 경우에 원용될 수 있다는 磯村 保(註 19), 108 및 後術 Ⅸ의 4, 5 참조.

2. 不法實行의 中斷에 의한 適用制限

미국 판례법상 인정되는 불법원인급여 적용의 예외사유에는 불법실행의사의 철회에 의한 원상회복청구(Restitution on withdrawal)의 경우가 있다.[86] 즉, 일방 당사자가 불법목적의 실현을 위하여 급부를 하였으나 그 목적한 불법이 실행되기 전에 상대방에 대하여 그 원인행위의 실행의사를 철회한 경우에는, 비록 불법성의 정도에 있어 쌍방이 동등하거나 급부자가 오히려 더 무겁다고 하더라도 급부의 반환청구는 인정된다는 것이다.[87] 이른바 "改悛의 餘地"를 부여함으로써 불법실현을 차단하는 효과를 얻기 위한 것이다.[88]

생각건대, 民 § 746는 불법원인급여의 회복을 부정함으로써 궁극적으로 불법의 실행을 방지하자는 데 입법목적이 있다. 그러나 불법의 방지라는 동일한 목적을 달성하기 위하여 취할 수 있는 입법태도는 완전히 상반된 두 가지가 있을 수 있다. 그 첫째는 현행법처럼 불법원인급여의 반환을 청구할 수 없도록 함으로써 급부자로 하여금 불법목적이 실현되지 못하더라도 급부를 반환받을 수 없다는 위험부담을 지게 하여 급부를 단념시키고 수익자는 급부의 반환을 면하려고 불법을 강행할 필요가 없도록 하는 방식이다. 둘째 방식은 이와는 정반대로 불법원인급여는 목적의 실행 여부와 상관없이 반드시 반환의무를 부담하는 것으로 하여 급부수령자로부터 불법실행의 이득에 대한 기대를 박탈하는 것이다. 어느 방식이 더 효과적인가에 대해서는 이견이 있을 수 있겠지만, 어쨌든 현행법처럼 급부의 반환을 차단하는 전자의 방식을 택한 이상, 일단 급부가 있은 다음에는 수익자가 불법을 실행하든 아니하든 그 반환을 청구할 수 없다는 원칙을 관철하여 불법의 실행 여부를 오로지 수익자의 처분에 맡겨두는 것보다는 급부자측에서 불법실행의 중단을 위한 적극적 행위를 하

86) 이른바 "The doctrine of locus poenitentiae"로 일컬어지는 것이다. Restatement(Second) of Contracts § 199(a)는 이 원칙을 "A party has a claim in restitution for performance that he has rendered under or in return for a promise that is unenforceable on grounds of public policy if he did not engage in serious misconduct and (a) he withdraws from the transaction before the improper purpose has been achieved…"로 기술하고 있다.

87) Cleveland C., C. & St. L. Ry. Co. v. Hiesch, 204 Fed. 849(6th Cir. 1913); Harrington v. Bochenski, 140 Md. 24, 116 A. 836(1922).

88) 불법목적이 실질적으로 실현되기 이전에 철회가 이루어졌을 것, 당초 목적한 불법이 중대한 사회적 위해를 가져오는 것이 아닐 것 등 부가적인 요건이 있으나, 반드시 도덕적·심정적 후회에 기초한 철회이어야만 하는 것은 아니라고 보는 것이 일반적이다. Calamara & Perillo(註 50), 902-4; Adams-Mitchell Co. v. Cambridge Distrib. Co., 189 F2d 913(2d Cir. 1951)사건에서의 Judge Augustus Hand와 Judge Jerome Frank의 논쟁 참조.

면 급부의 반환을 받을 수 있도록 함으로써 퇴로를 열어두는 것이 불법실행을 억제하는 데 유용할 수 있다. 요컨대 법적 보호의 거절을 통한 불법의 억제라는 관점에서 보면, 給付實行의 前段階에서는 만약 급부를 하면 返還請求는 不許된다는 構圖로 급부자에 대한 법적 보호의 거절을 선언함으로써 급부 자체를 억제하는 것이 타당하다. 그러나 일단 급부가 이루어진 이후의 단계에서는 給付目的의 실행 여부와 상관없이 수익자가 급부를 보유할 수 있도록 함으로써 구태여 불법실행을 감행할 이유가 없도록 함과 아울러 급부자로서도 불법목적의 실현의사를 중지하면 반환청구가 허용될 수 있다는 構圖를 취함으로써 다시 법의 보호막 안으로 들어올 수 있는 길을 열어줌과 동시에 급부수령자에게는 이제는 새삼스레 불법목적을 실현하더라도 어차피 급부를 반환할 의무를 지는 것으로 하여 급부보유에 대한 법적 보호의 기대를 박탈함으로써 결국 불법실행의 위험을 감행할 필요가 없도록 하는 방법으로 불법차단을 위한 이중의 제어장치를 구축할 수 있게 된다.

따라서 위에서 본 英美 判例法이 취하고 있는 不法實行中斷에 의한 불법원인급여의 적용제한의 법리는 우리 법의 해석론으로서도 수용을 적극 고려할 필요가 있다.[89] 그리하여 예컨대 甲에게 밀수를 위한 자금을 제공하고 이득을 분배받기로 약정한 乙이 밀수가 이루어지기 전에 동업의사를 철회한 경우에는,[90] 설사 그 후 甲이 밀수를 실행하더라도 乙에 대하여 동업자금 반환의무를 부담한다고 하면 甲의 밀수 감행은 억제될 수 있을 것이므로, 결국 이러한 해석론은 民 § 746의 궁극적인 입법목적을 관철하는 데 긍정적 역할을 하게 될 것으로 본다. 특히 구체적 사정에 따라 수익자인 甲보다 급부자인 乙의 불법성이 무거운 것으로 평가되는 경우에는 民 § 746 단서를 유추 적용할 여지도 없기 때문에 위와 같은 해석론의 유용성은 더욱 부각된다.

3. 不法性比較論

民 § 746를 條文의 표현 그대로 읽으면 급부자에게 불법성이 있기만 하면 수익자에게도 불법성이 있는지 여부를 불문하고 급부의 반환청구는 인정되지 않고, 그에 대한 유일한 예외는 오로지 수익자에게만 불법성이 있고 급부자에게는 전혀 불법성이 없어서 民 § 746 단서가 적용되는 경우로 한정되는 것처

89) 日注民(18), 704 참조.
90) 谷口知平(註 9), 49에 제시된 사례이다.

럼 보인다. 그러나 그와 같은 엄격한 문리해석을 고수하면 상대적으로 훨씬 더 큰 불법을 저지른 수익자가 급부자의 희생 위에 급부를 보유하게 되는 부당한 이익을 향유하게 되어 당사자 사이의 구체적 정의에 어긋나는 결과가 될 공산이 크다.

여기에서 종래 일본에서 급부자와 수익자의 불법성을 비교하여 수익자의 불법성이 상대적으로 또는 현저히 큰 경우에는 民 § 746 단서를 類推適用하여 급부의 반환청구를 인정하자는 견해가 제시되었고, 일본판례에 의하여 수용된 이후 우리 판례도 같은 이론을 받아들였다.[91] 不法性比較論의 당부에 관하여는 여러 견해가 있지만, 어쨌든 이 이론 역시 民 § 746 본문의 적용범위를 제한함으로써 수익자의 부당한 급부보유를 억제하고 당사자 사이의 상대적 공평을 도모하고자 하는 시도의 일환으로 이해될 수 있다.

4. 將來의 불법한 행위에 대한 適用限定說

불법원인급여를 이유로 한 반환청구의 배제는 살인에 대한 보수, 허위의 증언을 시키기 위한 금전제공, 공무원에 대한 뇌물 등 그 자체(per se) 良俗違反인 장래의 불법한 행위를 목적으로 한 급부의 경우에만 적용된다는 견해가 있다. 이에 의하면 매매, 임대차, 소비대차와 같이 그 자체 위법하지 않은 전형적 거래행위를 목적으로 한 경우 또는 과거의 불법한 행위를 원인으로 한 급부에 대해서는 불법원인급여 규정의 적용은 당초부터 배제된다는 것이다.[92]

이 견해는 불법원인급여제도가 유래한 로마법의 원형에 충실한 것이라고 한다. 그러나 현행법 규정을 기준으로 보면 위와 같은 해석론은 立法者의 意思나 規定文言에서 유리된 것이고, 이미 장기간에 걸쳐 독자적인 발전을 해 온 제도를 해석에 의하여 역사의 수레바퀴를 되돌리려는 것이라는 비판을 받아 독일에서도 별로 지지를 받지 못하고 있다.[93]

5. 雙務契約에 있어 先履行의 경우 適用制限說

불법의 원인으로 한 급여의 원인이 雙務契約인 경우 당사자 양쪽의 급부가 모두 이루어진 후에 어느 일방이 民 § 103 위반의 계약임을 주장하여 급부

91) 상세는 後述 Ⅷ의 2 참조.
92) 독일에서 Honsell에 의하여 제창된 이론으로서, 우리 나라에서는 許 釼, 不動産二重讓渡에 관한 判例理論의 考察(1987년 서울대 석사논문), 110 이하에서 지지되고 있다.
93) 尹眞秀(註 80), 96; 磯村 保(註 19), 129.

의 반환을 청구하는 것은 民 § 746에 의하여 인정될 수 없다는 데 대해서는 이견이 없다.[94] 그러나 그 계약상 의무를 당사자 일방만이 先履行한 경우에도 民 § 746 본문이 그대로 적용되는가에 대해서는 견해가 갈린다. 예컨대 民 § 103 위반의 매매계약에 기하여 매수인은 대금전액을 지불하였으나 매도인은 이전등기를 해 주지 않고 있는 경우, 매수인은 매매계약이 무효이므로 이전등기를 청구할 수도 없고 지급한 매매대금은 불법원인급여가 되어 民 § 746 본문이 적용됨으로써 반환받지도 못하게 되는가 하는 문제이다.

適用否定說은 위와 같은 경우에 民 § 746를 그대로 적용하면 당사자 사이의 공평을 심히 해치는 결과가 되므로, 쌍무계약에 있어 일방당사자가 先履行을 한 경우에는 信義誠實의 원칙상 불법원인급여의 규정은 적용이 배제되어야 한다는 것이다. 다함께 不德한 행위를 한 자들 사이에 있어서 단지 상대방보다 먼저 이행을 하였기 때문에 심히 불공평한 결과가 생기더라도 감수하라는 것은 공평의 이상을 기초로 하는 부당이득제도의 취지에 반하고, 先履行을 받은 자가 계약의 무효를 이유로 자기채무의 이행은 거절하면서 이미 수령한 반대급부에 대해서도 불법원인급여를 이유로 반환을 거부하는 것은 정의관념에 대한 조롱이며, 당사자가 不正을 행했거나 또는 이를 인용했다는 이유만으로 당사자간에 不正義가 실현되는 것을 법이 묵과·방치하여서는 아니 되고 오히려 당사자가 不正을 범했더라도 그들간에 공평과 정의를 실현시켜서 대립하는 이익을 올바르게 비교교량하는 것이 바로 법의 본래의 사명이라는 것이 입론의 근거이다. 따라서 쌍무계약의 일방당사자가 선이행을 한 경우에는 선이행자가 부당이득반환청구권, 물권적 청구권, 또는 불법행위로 인한 손해배상청구권 등 어떤 권리를 행사하더라도 급부수령자는 불법원인급여의 항변으로 대항할 수 없다고 한다.[95]

이에 대하여 適用肯定說은, 법질서 밖에 서 있는 자는 그가 先履行에 의하여 추가적인 위험을 감수하는 경우에도 보호를 요구할 수 없다고 보아야 하므로 先履行이 있은 경우에도 일관되게 반환청구는 거절되어야 한다고 하면서, 만약 適用否定說을 취하게 되면, ① 先履行의 경우에는 불법한 행위를 한 자에게 법적 보호를 허용하는 결과가 되어 民 § 746의 규정목적에

94) 결과적으로 계약이 유효인 경우와 별 차이가 없게 되나, 담보책임 등 계약의 유효를 전제로 한 법적 보호를 청구할 수는 없다는 점에서는 차이가 있다. 金先錫(註 17), 637.
95) 崔鍾吉(註 53), 23; 同旨 金先錫(註 17), 211; 金錫宇(註 17), 637; 松坂佐一, 總合判例研究叢書 民法(13), 136-7.

어긋나고, ② 불법한 목적으로 급부를 하였다가 상대방의 반대급부가 행하여지지 않으면 자신이 급부한 것을 반환받을 수 있게 되므로 불법한 행위를 보다 쉽게 결심하게 만들며, ③ 실제로 증여 이외의 경우에는 民 § 746가 적용될 여지가 없게 되어 그 적용범위가 지나치게 줄어든다는 비판을 제기한다.[96)]

생각건대, 불법원인급여제도는 어차피 당사자 일방이 정의롭지 못한 급부를 보유하게 되는 것을 감수하면서, 그것은 불법의 억지라는 입법목적의 달성을 위하여 불가피하다고 보는 데서 출발한다. 이 때 급부수령자의 결과적인 급부의 보유는 법적 보호 거절의 반사적 귀결일 뿐 그것이 정의관념에 합치하거나 당사자 사이의 형평에 맞기 때문은 아닌 것이다. 따라서 雙務契約에서 先履行이 있었다 하여 民 § 746의 적용을 부정하는 것은 그 제도의 존립근거를 간과한 것이고, 결과적으로 그 규정이 적용될 여지를 거의 소멸시킴으로써 법이 용납하기 어려운 부당한 결과를 야기하게 된다.[97)] 따라서 적용긍정설이 옳고, 당사자 사이의 실질적 불공평의 문제는 民 § 746의 적용요건을 보다 엄격하게 해석하거나 사안에 따라 民 § 746의 적용을 제한하는 다른 예외사유를 대응시키는 등 개별적 해결방안을 모색하여야지, 쌍무계약의 일방채무가 선이행되었다고 하여 무조건 民 § 746의 적용이 배제된다고 일반화하는 것은 적절한 방도가 아니다.[98)][99)]

96) 宋德洙(註 19), 450; 李銀榮(註 20), 529.

97) 일반적인 정의에 의하면 "雙務契約"은 消費貸借와 같이 先履行이 당연히 예정되어 있는 계약도 포함될 것인데, 適用否定說이 말하는 雙務契約에 그러한 계약까지 포함되는 것인지 의문이 있고, 설사 賣買나 交換처럼 同時履行關係의 채무에 있어 한 쪽 채무가 先履行된 경우만을 의미하는 것으로 善解한다고 하더라도, 李銀榮(註 20), 529에서 예로 들고 있는 것처럼, 마약매매와 같이 불법성이 명백한 쌍무계약에서 외상으로 마약을 공급하여 先履行을 한 매도인이 그 매매계약이 무효라고 하여 반환청구를 할 때 법이 그에 협력할 수는 없는 것이다.

98) 종중으로부터 명의신탁받은 재산의 배신적 처분에 적극 가담하여 명의수탁자(피고)와 매매계약을 체결하고 등기이전 및 대금지급을 상호이행하였으나, 그 매매계약이 § 103 위반이라고 하여 매수인(원고)이 종중에 패소하고 등기를 말소당하자 명의수탁자를 상대로 지급한 매매대금의 반환을 청구한 데 대하여 피고가 불법원인급여를 주장한 사건에서 大判 93.12.10, 93다12947(公 1994, 345)은 不法性比較論을 도입하여 民 § 746 단서를 준용하는 방식으로 원고청구를 인용하였다. 결과적으로 雙務契約에서 일방의 채무만이 이행된 상태에서 급부의 반환을 구한 사례라고 할 수 있는바, 과연 명의신탁재산의 배신적 처분에 적극가담한 매수인이 매도인에 비하여 현저히 불법성이 적다고 할 수 있느냐는 점 등 이론적용상의 난점이 없지 않음에도 불구하고 不法性比較論을 도입하여 당사자 사이의 형평을 도모하였다. 결국 개별사건의 사실관계에 따라 民 § 746의 적용여부를 결정하겠다는 태도를 취한 것으로 생각되고, 선이행의 경우 民 § 746의 적용부정이라는 추상적 선언으로부터 문제에 접근하지는 아니한 점에 주목하고자 한다.

99) 適用否定說은, 독일판례가 윤락행위에 제공되는 가옥, 이른바 娼家(Bordellinventar)를

6. 信賴關係者 사이 또는 給付의 一時保有者에 대한 適用制限說

給付를 주고받은 당사자 사이에 代理·委任·委託 같은 특별한 신뢰관계가 있어서 그 사이에서 급여의 반환을 거부하면 신의 내지 신뢰의 배반으로 되는 경우에는 불법원인급여 규정의 적용이 배제되는 예외를 인정하여야 한다고 하면서, 절도범의 장물중매인에 대한 장물반환청구, 노름꾼의 노름방주인에 대한 노름돈반환청구, 뇌물공여·투표매수·부정입학을 위하여 매개자나 운동원에게 맡긴 돈의 반환청구, 강제집행면탈 목적으로 가장양도한 재산의 반환청구, 본인·대리인 사이의 반환청구, 신탁자·수탁자 사이의 반환청구 등을 그 범주에서 설명하는 견해가 있다.[100] 이른바 信賴關係維持道德優先說이다. 이와는 약간 다른 접근이기는 하지만, 民 § 746는 수익자가 출연을 자기의 재산으로 보유하도록 되어 있는 경우에만 적용되고 잠정적으로 一時保有하도록 되어 있는 경우에는 적용되지 않는다고 하여, 불법적인 信託契約에 의하여 급부를 수취한 경우에는 반환청구를 인정할 것이라고 하는 견해도 있으나[101] 유사한 취지로 이해된다. 그러나 불법원인급여는 개별당사자 사이의 公平이 희생되더라도 社會秩序의 관점에서 불법한 행위의 발생을 억제하고자 하는 데 그 제도적 존재의의가 있는 것이므로, 불법한 행위를 자행한 장본인 사이의 신뢰관계를 우선시키는 위 학설에 대해서는 찬성하기 어렵다.

7. 返還拒否의 가혹성을 이유로 한 適用制限說

불법원인급여를 이유로 한 급부반환의 거부가 지나치게 가혹하다고 인정되는 경우에는 적용을 배제하여야 한다는 견해이다.[102] 영미 판례법 이론에

폭리를 붙여 매매한 경우에 관해서 당사자 일방이 그 이익을 위하여 매매의 무효와 동시에 이미 수령한 급부의 유효를 주장하는 것은 신의의 원칙에 반한다는 이유로 상대방에게 一般惡意의 抗辯(die Einrede der Arglist)을 인정한 사례를 근거로 원용하는 경우가 많다. 崔鐘吉(註 53), 25 등. 그러나 이러한 暴利的 賣買契約에 대해서는 一部無效의 법리에 의하여 폭리 부분에 한하여 무효로 보는 등 새로운 해석론이 제기되고 있다. 磯村保(註 19), 119 참조.

100) 日注民(18), 703-4. 同旨 安達三季生, "不法原因給付と所有權の歸屬", 新版 判例演習民法4. 債權各論, 278(1984).

101) 李英俊, 民法總則, 255-6(1987). 위법한 방법으로 韓貨를 外貨로 교환하여 주기로 하는 위인계약을 체결하고 韓貨를 교부받았는데 교환 전에 출연자가 위임계약을 해지하고 韓貨의 반환을 구하는 경우, 讓渡擔保의 경우 등을 예로 들고 있다.

102) 日注民(18), 705.

연유한 것으로 보이나,[103] 成文法體制를 취하고 있는 우리 민법의 해석론으로서는 무리일 것이다.

Ⅵ. 不法原因給與의 要件

民 § 746 본문은 "불법의 원인으로 인하여 재산을 급여하거나 노무를 제공한 때" 불법원인급여가 된다고 규정하고 있다. 따라서 불법원인급여가 성립하기 위해서는 3개의 요건, 즉 ① 「不法性」의 존재, ② 「給付原因」의 불법, ③ 재산의 급여 및 노무의 제공, 즉 「給付」의 실행이 있어야 한다. 이하 각 요건을 개별적으로 검토한다.

1. 不法性의 존재

(1) 「不法」의 意義

(개) 學 說 民 § 746의 「不法」의 의의에 관하여는 크게 나누어 3개의 학설이 대립한다.

(a) 公序良俗違反說 民 § 746는 民 § 103에 대응하는 규정이므로 民 § 746의 「不法」은 民 § 103의 「善良한 風俗 기타 社會秩序」에 위반하는 것을 의미하고, 強行法規 위반은 포함되지 않는다는 견해이다. 強行法規는 주로 국가의 정책적 견지에서 정해지는 것이고 시대의 윤리사상에 바탕을 두는 것은 아니기 때문에 이 제도의 입법취지에 비추어 강행법규위반은 포함되지 않는다고 새겨야 하고, 만약 民 § 746의 적용을 강행법규위반에까지 확대하면 법률이 강행법규에 의하여 그 실현을 금지하고 막으려고 한 결과가 사실상 행하여지고 인정되는 것이 되어 도리어 강행법규의 취지를 짓밟는 것이라고 한다.[104] 다만 당사자가 강행법규의 존재를 알면서 감히 그 위반행위를 하는 것이 사회질서위반으로 인정되는 경우에는 民 § 746가 적용

---

103) Restatement, Second, Contracts, § 197: "… a party has no claim in restitution for performance … or in return for a promise that is unenforceable on grounds of public policy unless denial of restitution would cause disproportionate forfeiture." 二重賣買에 있어 악의의 二重讓受人이 양도인을 상대로 선지급한 대가반환을 청구하는 경우 그 청구를 인용하는 근거로 이 이론이 동원되고 있다. 위 § 197의 Illustrations 3. 참조.

104) 郭潤直(註 1), 637; 金曾漢(註 20), 432; 金基善(註 20), 384; 李太載(註 20), 435; 黃迪仁(註 20), 346; 金疇洙(註 17), 570; 金錫宇(註 17), 621; 林正平(註 17), 306; 金文洙, "民法 제746조 本文의 適用制限에 관하여", 釜山判例研究會 判例研究 6, 188.

된다고 본다.[105)106)] 현재의 多數說이다.

(b) 強行法規違反 包含說 民 § 746의 불법은 民 § 103의 「善良한 風俗 기타 社會秩序」에 위반하는 것이지만, 강행법규는 국가의 사회질서를 정한 것이므로 그 위반은 곧 사회질서위반으로서 당연히 불법 개념에 포함된다는 견해이다.[107)108)] 民 § 103와 民 § 105의 해석상 강행법규는 선량한 풍속이나 사회질서에 관계되는 규정임이 명백하므로, 民 § 746의 불법을 善良한 風俗 기타 社會秩序에 위반하는 것에 한정하고 강행법규위반은 포함시키지 않는 견해는 자가당착이라고 한다.[109)] 또한 民 § 746의 불법에 강행법규위반까지 포함시키는 경우에는 법률이 강행법규를 통하여 실현을 막으려고 한 결과가 사실상 실현되는 것이 되어 부당하다는 다수설의 비판에 대해서는, 그러한 현상은 善良한 風俗 기타 社會秩序 위반의 경우에도 마찬가지로 나타나기 때문에 불법원인급여 제도 자체를 부인하지 않는 한 불필요한 우려라고 반박한다.[110)]

(c) 善良한 風俗違反說 民 § 746의 불법은 「善良한 風俗」을 위반한 경우에 한정된다는 견해이다. 民 § 746의 입법취지가 給付者의 人格에 대한 制裁 내지 刑罰에 있다는 전제에서 善良한 風俗違反 정도가 되어야 그러한 비난의 當罰性이 있고, 단순한 사회질서위반이나 강행법규위반은 非債辨濟 규정의 적용이 고려될 뿐 불법원인급여에 있어서의 불법성까지는 인정될 수 없다고 한다.[111)] 또한 民 § 103는 공서양속에 위반한 법률행위가 '이행되기 전에' 그것을 실현하려고 하는 경우에 관한 규정이므로 그에 의한 무효는 넓게

105) 일본의 松坂佐一, 事務管理·不當利得, 192(1973)에서 주장된 견해로서, 우리 나라에서도 郭潤直(註 1), 638 등에서도 지지되고 있다.

106) 기본적으로 公序良俗違反說을 취하되, 強行法規가 일반에 주지되어 公共의 秩序라고 인정될 정도이면 불법원인급여에 있어서의 불법성도 인정하는 我妻 榮, 債各(下)1, 1131(1972)도 참조.

107) 李銀榮(註 20), 527("善良한 風俗 기타 社會秩序에 위반하는 경우에는 동시에 제746조의 불법에 해당한다고 해석한다. 이 때 풍속 기타 사회질서의 위반의 모습이 강행법규위반으로 나타나든 그렇지 않든 모두 해당한다"). 權五乘, 民法特講, 573(1994)도 團束法規를 제외한 모든 강행법규위반을 포함하는 것으로 이해하고 있어 대체로 같은 견해로 보인다. 일본에서는 谷口知平(註 9), 178; 三島宗彦, "708條適用の要件", 不當利得·事務管理の研究(2)(谷口知平 還曆記念論文集), 1 등.

108) 獨民 § 817는 불법원인급여에 관하여 "급부가 수령자가 이를 수령함으로써 법률상의 금지 또는 선량한 풍속에 위반하게 되는 목적을 가지는 때에는…"(梁彰洙, 독일민법전(신판), 441)이라고 되어 있어서, 強行法規違反이 당연히 포함되는 것으로 규정되어 있다.

109) 李銀榮(註 20), 527.

110) 權五乘(註 107), 573.

111) 金先錫(註 17), 199; 有泉亨, "不法原因給付について(三·完), 法協 53-4, 690.

인정하더라도 당사자가 의무를 면하는 데 그치기 때문에 그다지 부당하지 않지만, 民 § 746는 불법한 원인으로 급부를 '이미 한' 자가 그 회복을 꾀하는 경우에 관한 규정이므로 그에 의한 반환청구의 부인은 그 범위가 넓으면 넓을수록 불법의 결과까지도 더 많이 방치하게 된다. 따라서 民 § 746에 있어서의 불법의 인정범위는 民 § 103에 있어서보다 좁아져야 하고, 결국 모든 국민에게 지킬 것이 요구되는 최소한도의 道德律인 善良한 風俗을 위반한 경우에만 民 § 746에 있어서의 불법성을 인정할 것이라고 한다.[112][113]

(나) 判　　例　　판례는 종래부터 民 § 746의 불법원인이라 함은 善良한 風俗 기타 社會秩序에 위반하는 것을 말한다고 하여 일견 多數說과 같은 태도를 취하고 있다.[114] 그리하여 強行法規 違反行爲에 대해서는 "선량한 풍속 기타 사회질서에 위반되는 경우도 있겠거니와 그렇지 않는 경우도 있을 것이므로 강행법규 위반행위를 가리켜 모두 위 법조에서 규정하는 불법원인의 행위라고 할 수 없는 것이다"고 하면서,[115] 담배사업법 및 물가안정에관한법률에 위반한 담배매매계약[116] 관광진흥법에 위반한 금전대여계약[117] 強制執行免脫 목적의 부동산 假裝讓渡[118] 또는 名義信託,[119] 建設業法에 위반한 면허양도계약,[120] 職業安定法에 위반한 취업알선 보수지급약정,[121] 鑛業法에 위반한 德大契約,[122] 外國換管理法에 위반한 금전지급계약,[123] 農地改革法에 위반한 분배농지의 양도계약은[124] 모두 강행법규위반으로서 무효이지만, 善良한 風俗 기타 社會秩序에 어긋나는 "반윤리적인 것은 아니어서" 그러한 원인에 의

112) 宋德洙(註 19), 433.
113) 高翔龍, 總則, 383-9(1990)는, 民 § 746의 「불법」은 급여자에게 그러한 불법의 원인이 있다면, 국민에게 재판의 문을 넓게 열어야 한다는 요구에 반하고 또한 당사자간의 공평을 해하더라도 더욱 급여자의 반환청구를 거부하는 것이 상당하다고 판단되는 정도로 강력한 비난을 받을 만한 불법, 즉 인격적 비난을 받아야만 하는 악에 한정시켜야 한다고 하는바, 선량한 풍속위반설에 가까운 견해로 이해된다.
114) 大判 65.11.30, 65다1837(集 13-2, 255); 大判 69.11.11, 69다925(集 17-4, 4); 大判 83.11.22, 83다430(公 1984, 94); 大判 94.4.15, 93다61307(公 1994, 1444); 大判 2001.5.29, 2001다1782(公 2001, 1469) 등.
115) 大判 65.11.30, 65다1837(集 13-2, 255).
116) 大判 2001.5.29, 2001다1782(公 2001, 1469).
117) 大判 98.10.20, 98다34669(공보불게재).
118) 大判 94.4.15, 93다61307(公 1994, 1444); 大判 91.3.12, 90다18524(公 1991, 1175).
119) 大判 80.4.8, 80다1(公 1980, 12777).
120) 大判 88.11.22, 88다카7306(公 1989, 23).
121) 大判 83.11.22, 83다430(公 1984, 94).
122) 大判 81.7.28, 81다145(公 1981, 14206).
123) 大判 69.11.11, 69다925(集 17-4, 4).
124) 大判 65.11.30, 65다1837(集 13-2, 255).

한 급부가 불법원인급여에 해당하는 것은 아니라고 하였다.[125] 그러나 緊急通貨措置法에 의한 通貨改革措置에 위반한 행위는 反社會性, 反倫理性이 뚜렷하므로 불법원인급여에 해당한다고 하였다.[126]

㈐ 私 見

(a) 民 § 746의 불법과 公序良俗 위반 民 § 746의 「불법」 개념에 관한 학설은 그 포섭범위에서는 차이가 있지만, 民 § 746의 존재의의를 民 § 103와 연관지어 이해하는 점에서는 동일하다. 즉, 민법 제103조와 제746조는 社會的 妥當性이 없는 행위에 대한 법적 보호의 거절이라는 私法의 理想을 한편에서는 이행청구의 거절로, 다른 한편에서는 복구의 거절이라는 형식으로 표현형태만을 달리하여 규정한 것이라는 이해의 바탕 위에서 출발하고 있고, 이 점은 판례도 마찬가지이다. 이처럼 民 § 746를 民 § 103조와 表裏關係를 이루는 규정으로 이해하게 되면 民 § 746의 不法의 의미 역시 民 § 103의 公序良俗違反과 연계하여 이해할 수밖에 없다.[127] 強行法規違反 包含說은 강행법규 위반도 공서양속 위반의 한 태양이라고 이해하는 전제에서 民 § 746의 불법은 곧 民 § 103의 공서양속 위반과 같은 의미라고 이해하는 견해이고, 公序良俗違反說은 그 중 강행법규 위반만은 제외된다는 것이고, 善良한 風俗 違反說은 거기에서 다시 社會秩序 위반을 제외시킨 것이 民 § 746의 불법이라고 이해하는 것이다.

그러나 私見으로는 民 § 746를 民 § 103조와 직접적으로 연결시켜 이해하는 것이 과연 타당한 것인지에 대해서 강한 의문을 가지고 있고,[128] 특히 民 § 746의 不法 개념을 民 § 103의 公序良俗 개념을 기초로 설명하는 것은 부적절하거나 불필요한 혼란을 야기하는 것으로 생각한다. 물론 民 § 103 위반이 되는 공서양속위반 사유가 民 § 746 위반이 되는 불법사유에도 해당하는 경우가 많기 때문에, 民 § 746의 불법개념을 설명하는 데 民 § 103 위반행위를 예로 드는 것이 이해를 쉽게 하는 측면은 있다. 그러나 앞에서 살펴본 것처럼

125) 反倫理性을 명시적으로 거론한 판례는 大判 88. 11. 22, 88다카7306(公 1989, 23); 大判 81. 7. 28, 81다145(公 1981, 14206); 大判 66. 2. 15, 65다2286(集 14-1, 79)이 있다.

126) 大判 66. 2. 15, 65다2286(集 14-1, 79). 不法原因給與에 있어 「不法」의 유형별·사례별 분석은 후술 Ⅸ 참조.

127) "民 § 103와 民 § 746는 社會的 妥當性이 없는 法律行爲의 출현을 방지하기 위한 表裏의 규정으로서 民 § 103에 해당하는 不法이면서 民 § 746의 不法에는 해당하지 아니하는 경우는 상정하기 어렵다"는 民法注解[Ⅱ], 226(閔日榮 집필부분)의 견해는 이러한 설명구조를 가장 직설적으로 표현한 것이라고 할 수 있다.

128) 崔錦淑(註 3), 951도 결론에서는 동일한 취지이다.

民 § 103와 民 § 746는 입법취지와 제도적 기능이 다르기 때문에 반드시 서로 연계하여 이해될 필요는 없는 것이고,[129] 따라서 民 § 746의 불법 개념 역시 民 § 746의 입법취지 등을 고려하여 독립적으로 해석되어야지 民 § 103와 연관시켜 '善良한 風俗 기타 社會秩序' 위반을 의미한다거나 '善良한 風俗' 위반만을 의미한다고 설명하는 것은 적절하지 못하다. 동일한 행위가 民 § 103의 적용장면에서는 '善良한 風俗 기타 社會秩序' 위반에 해당한다고 평가되다가 民 § 746의 적용장면에서는 그에 해당되지 않는다고 하는 것은 공연한 혼란만 초래할 것이기 때문이다. 예컨대, 판례는 強制執行免脫 목적의 부동산 假裝讓渡에 의한 급부를 善良한 風俗 기타 社會秩序에 위반한 것이 아니므로 불법원인급여가 아니라고 하고 있지만,[130] 과연 그러한 양도계약을 원인으로 소유권이전등기를 청구하는 등 民 § 103가 적용되는 장면에서도 公序良俗 위반이 아니라고 할 수 있을지는 의문이다. 그렇게 보면 판례 역시 표현상으로는 民 § 103의 공서양속 개념을 차용하여 民 § 746의 「불법」을 정의하고 있지만, 실질적 내용의 면에서는 民 § 746의 불법 개념을 훨씬 좁은 범위로 제한하여 그 포섭범위를 전혀 다르게 해석하고 있는 것으로 보인다. 그러나 실질내용이 다르면 개념규정이나 용어도 달리 함이 마땅하고, 그런 점에서 판례가 「民 § 746의 불법=民 § 103의 공서양속 위반」이라는 개념구도로 설명하는 것은 부적절한 것으로 본다.

(b) 強行法規 위반과의 관계 강행법규의 개념과 관련하여 이른바 團束法規가 여기에 포함되느냐에 대해서는 이견이 있지만, 적어도 민법상 개념으로서는 民 § 105의 규정내용에 비추어 '善良한 風俗 기타 社會秩序에 관계 있는 규정'이라는 기본관념에는 異論이 있을 수 없다.[131] 따라서 개념적으로 보면 강행법규 위반행위는 곧 공서양속 위반행위일 수밖에 없는데도, 판례나 다수설(公序良俗違反說)은 유독 民 § 746의 해석에 있어서는 강행법규 위반과 공서양속 위반이 개념영역을 전혀 달리하는 것처럼 보고 있다. 즉, 民 § 103나 民 § 105에서와 달리 民 § 746의 해석에서는 강행법규 위반이라도 공서양속 위반에 해당하지 않는 경우가 있고 이것은 民 § 746의 불법도 아니라고 보는 것이다.[132]

129) 前述 Ⅲ의 4 및 Ⅳ의 3 참조.
130) 大判 94. 4. 15, 93다61307(公 1994, 1444).
131) 民法注解[Ⅱ], 257-60(朴英植 집필부분).
132) 이 점에서 판례가 다수설, 즉 公序良俗違反說을 취하고 있다는 평가는 정확한 것이라

그러나 공서양속이나 강행법규라는 용어는 민법 전체를 관통하여 일관된 의미로 사용되어야 할 것이므로, 民 § 746의 해석에 있어서도 강행법규는 '善良한 風俗 기타 社會秩序에 관계 있는 규정'이라는 개념정의가 그대로 적용되어야 한다.[133] 그런 점에서 民 § 746의 불법은 공서양속 위반을 의미한다고 일반적 개념정의를 하면서도, 다수설처럼 강행법규 위반은 民 § 746의 불법에 해당하지 않는다고 하거나, 판례처럼 강행법규 위반 중에서 公序良俗違反이 되는 것도 있고 아닌 것도 있다고 하는 것은 이론적으로 모순이거나 아니면 적어도 용어의 부정확한 사용이라는 비판을 면할 수 없다.

(c) 民 § 746의 불법의 의미 　民 § 746의 불법을 民 § 103의 공서양속 위반보다 좁게 이해하는 대표적인 견해는 善良한 風俗 違反說이다. 그러나 民 § 746의 불법을 '善良한 風俗', 즉 良俗違反의 경우로 한정하는 것은 民 § 746의 적용범위를 지나치게 협소하게 함으로써 그 적용이 필요한 장면에서 입법취지가 관철되지 못하도록 할 우려가 있다. 선량한 풍속이란 "性生活 또는 家族生活의 영역에서 준수하여야 할 道德律(倫理)"[134] 또는 "사회의 일반적인 道德觀念, 즉 모든 국민이 지켜야 할 최소한의 道德律"이라고 정의되는바,[135] 民 § 746에 의하여 급부의 반환이 거부되어야 할 불법성이 있는 경우는 그러한 道德律 내지 倫理觀念에 위배되는 경우뿐 아니라 국가사회의 共同利益 내지 公共秩序의 측면에서 반환거부가 관철되어야 할 경우도 적지 않기 때문이다. 예컨대 긴급통화조치법에 의한 통화개혁조치에 위배된 행위,[136] 관세포탈 및 자금해외유출을 위한 송금위탁행위,[137] 공무원에 대한 청탁자금교부행위,[138] 명의수탁자의 배신적인 신탁재산처분행위[139] 등을 모두 "선량한 풍속"의 개념에 포함시켜 해석하는 것은 아무래도 무리가 따를 수밖에 없다.

고 할 수 없다. 公序良俗違反說은 강행법규는 공서양속과는 별개의 개념영역을 가지고 있음을 전제로 하면서, 강행법규 위반은 원칙적으로 공서양속 위반이 아니라고 보지만, 판례는 공서양속 위반과 강행법규 위반은 그 영역이 겹치는 부분이 있고, 따라서 강행법규 위반은 법규의 내용 등에 따라서는 동시에 공서양속 위반이 되는 경우도 있다고 하기 때문이다. 大判 66.2.15, 65다2286(集 14-1, 79) 등 참조.

133) 강행법규 위반과 법규가 없는 경우의 공서양속 위반은 모두 기본원리로서의 공서양속의 일부라고 하는 難波讓治(註 49), 97 참조.

134) 李銀榮(註 20), 527; 金疇洙, 總則, 246; 李英俊(註 101), 229

135) 民法注解[II], 217; 郭潤直(註 1), 總則, 368; 註釋總則(下), 103 등.

136) 大判 66.2.15, 65다2286(集 14-1, 79).

137) 大判 92.12.11, 92다33169(公 1993, 457).

138) 大判 95.7.14, 94다51994(公 1995, 2799).

139) 大判 96.12.6, 96므479(공보불게재).

다음으로는 強行法規 違反行爲의 문제인바, 私見으로는, 강행법규 위반도 民 § 105에 비추어 일반적인 공서양속 위반의 개념에 포함시켜 파악하는 것이 일관성을 유지하는 것이 된다고 보지만, 모든 공서양속 위반이 民 § 746의 불법에 해당하지 않는 것처럼 강행법규 위반이면 모두 民 § 746의 불법성이 있다고 평가할 것은 물론 아니다.[140)141)]

그렇다면 強行法規違反 내지 公序良俗違反으로 분류되는 급부의 원인 중 어떤 경우가 民 § 746의 불법성이 있다고 평가될 것인가 하는 판단기준이 문제이다. 궁극적으로 民 § 746의 입법취지와 관련된 개별법규의 規範目的 등을 고려하여 판단하여야 할 것이지만, 굳이 定義하자면, 강행법규 위반을 포함한 공서양속 위반 중 급부원인의 무효에도 불구하고 반환을 거부하는 것이 불법원인의 발생을 억제하는 데 合目的的이라고 할 만큼 反倫理性·反社會性이 현저한 경우를 의미한다고 할 수 있다.[142)] 그리고 구체적으로 그러한 의미의 불

140) 따라서 판례(大判 65.11.30, 65다1837)처럼 강행법규 위반행위 중 일부는 공서양속 위반이 되고 다른 일부는 그에 해당되지 않는 것도 있는 것이 아니라, 강행법규 위반은 모두 공서양속 위반에 해당되지만 民 § 746의 불법성이 인정되는 것은 그 중 일부에 한정된다는 구조로 이해되어야 할 것이다. 또한 強行法規를 公序良俗의 개념에 포함시키든 별개의 개념으로 보든, 強行法規包含說처럼 강행법규 위반을 모두 民 § 746의 불법에 포함시킬 수도 없고, 또 多數說(公序良俗違反說)처럼 의도적 위반이 아닌 한 民 § 746에는 해당되지 않는다고 일괄적으로 단정해 버리는 것도 곤란할 것이다.

141) 일본 판례에 있어서는 不法原因給與에 있어서의 不法을, 公序良俗違反이라고 한 것도 있지만(日最判 昭 37.6.12, 民集 16-7, 1305), "反道德的인 醜惡한 행위로 빈축받아 마땅한 정도의 反社會性"(日最判 昭 35.9.16, 民集 14-11, 2209), "진실로 윤리, 도덕에 반하는 醜惡한 것"(日最判 昭 37.3.8, 民集 16-3, 500)이라고 하여 公序良俗보다는 좁은 개념으로 이해되는 "醜惡"의 개념을 도입하여 설시한 예가 보인다. 前者에 대해서는 日民 § 708(우리 民 § 746)의 「불법」을 공서양속 위반이라고 하면 그 공서양속을 民 § 90(우리 民 § 103)의 의미에서의 개념, 즉 法律行爲自由의 원칙의 제한개념과 동일하게 위치시켜서는 아니 된다는 지적이 있고, 後者에 대해서는 統制法規違反行爲가 良俗違反은 아닐지라도 公序違反도 아니라고 하기는 어렵다는 점에서 그에 위반한 급부의 반환청구를 인정하는 판례이론을 구성하기 위하여 사용한 용어라고 설명되고 있다. 難波譲治(註 49), 97 및 最判解說 昭和 35年度 民事編, 339 참조. 일본 판례에 나타나는 "醜惡"이란 용어가 그 의미상 良俗違反에 편중된 느낌이 있어서 과연 적절한 것인지 하는 의문은 있지만, 불법원인급여에 있어서의 불법 개념을 반사회질서의 법률행위에 있어서의 공서양속 개념과는 실질내용에서 차이를 두고 파악하여야 한다는 것을 시사한 점에서는 평가되어야 할 것으로 본다.

142) 倫理的으로 無色한 技術的 行政團束規定 위반으로부터 政策實現을 위한 강행법규 위반, 犯罪로 되는 위법행위, 명백한 倫理違反行爲, 醜惡行爲에 이르기까지 위법성의 성격에 따른 뉘앙스의 차이를 고려하여 불법원인급여 규정의 적용여부를 판단하여야 한다는 日注民(18), 705의 견해, "個人的 利害를 커바할 만한 더 큰 社會性, 倫理性을 존중 실현하자는 데 제746조의 「不法」이 표준이 된다. 다시 말하면 제746조의 「不法」에 대한 의미는… 실질적으로는 부당이득제도의 구체적 당사자간의 正義·公平力을 저지, 배제할 만한 社會的 正義, 倫理性의 위배 여부에 있다"고 한 金基洙, "不法原因給與에 있어 不法性의 判斷," 法新 1376(1980.12.15), 12의 견해도 비슷한 맥락에서 이해될 수 있을 것이다.

법성이 있느냐의 여부는, 一般條項의 특성이 다 그렇듯이, 이를 一義的으로 정의하기는 어려울 것이다. 결국 행위의 性質·動機·內容 및 結果, 당사자의 意圖 및 惡性의 정도, 社會的 영향 및 파급효과, 倫理的 기준 및 道德律에 의한 평가 등 구체적 사정을 종합적으로 고려하여, 民 § 103의 公序良俗보다는 엄격하고, 단순한 '善良한 風俗 違反'보다는 넓은 범위에서 인정할 수밖에 없을 것이다.[143)]

(d) 團束法規違反의 문제 行政上의 目的에 의하여 일정한 행위를 금지하거나 제한하고 위반자에 대해서 형벌을 과하지만 그 행위의 私法上 效力은 부인되지 않는 규정을 강학상 團束法規라고 하는바, 이러한 단속법규를 위반한 급부가 民 § 746에 해당하느냐가 논의되고 있다.[144)] 현재의 다수설에 의하면 단속법규도 강행법규의 일종으로 보고 있지만, 그에 위반하더라도 행위의 私法上 效果에는 영향이 없으므로 이는 民 § 103의 공서양속위반도 아니고, 따라서 그러한 위반행위에 의한 급부가 불법원인급여가 될 까닭도 없다.[145)] 그러므로 일단 단속법규라고 인정이 되면 그것을 강행법규의 일종으로 보든 않든 그 위반행위에 대해서는 民 § 746의 불법성은 인정되지 않는다. 실제 문제의 해결에서 정작 어려운 문제는 과연 어떤 규정이 단순한 단속법규이고 어떤 규정이 效力規定인지, 그리고 後者라고 하더라도 그 위반이 民 § 103 위반을 넘어 民 § 746의 불법성까지 있다고 평가될 만한 反社會性·反倫理性이 있는 것인지를 구분하는 데 있다. 결국 개별규정의 입법취지, 위반행위의 사회경제적 영향 등을 고려하여 판단하는 도리밖에 없을 것이다.[146)]

143) 불법원인급여반환의 許否를 법원의 裁量判斷 조항으로 구성한 뉴질랜드의 立法例는 이런 점에서 상당한 시사점을 던져주고 있다. The Illegal Contracts Act 1970 § 7 등 참조(www.legislation.co.nz).

144) 일본에서는 불법원인급부에 團束法規違反이 포함된다는 설도 있고, 포함되지 않는다는 설도 있다. 松坂佐一(註 95), 155 이하 참조.

145) 사견으로는, 평면적으로 보면 團束法規도 「社會秩序에 관계있는 규정」이므로 民 § 105의 개념규정상 強行法規에 속한다고 볼 여지가 있겠지만, 民 § 105는 법규의 내용과 다른 의사표시의 효력이 인정되는 규정은 任意法規, 그 반대의 규정은 強行法規라는 구조를 취하고 있으므로, 위반하더라도 처벌대상은 될지언정 그 행위의 私法的 效力은 부인되지 않는 범주의 법규를 단속법규라고 정의하는 이상, 민법적인 개념구도상은 단속법규는 任意法規일 수밖에 없다. 다시 말해 민법상의 개념, 보다 구체적으로는 民 § 105의 任意規定에 대응하는 의미에서의 強行法規는 그 위반행위의 私法上 效力이 부인되는 이른바 效力規定만을 의미하는 것으로 보아야 하고, 이런 입장에서 보면 團束法規는 당초부터 강행법규도 아니고 그 위반행위의 私法上 效力이 부인되는 民 § 103의 公序良俗違反도 아니다.

146) 美國判例法에서도 免許法規(Licensing Statutes)에 위반하여 한 급부의 회복이 허용되느냐에 관한 판단기준으로, 立法者의 의도, 법규의 보호대상, 一般公衆에 대한 危害의

(2) 不法에 대한 認識의 필요 여부

불법원인급여가 성립하려면 급여자가 급부 당시에 불법을 인식하고 있어야 하는가? 主觀說(必要說)은 불법원인급여제도는 급여자의 비난받을 心情과 性格에 대한 制裁를 가한다는 데 입법취지가 있으므로 그러한 제재가 정당화되려면 급여자가 급여를 할 때에 불법임을 알고 있었거나 알 수 있었을 경우라야 하고,[147] 또 그와 같이 해석하는 것이 民 § 746 본문 적용을 좀더 제한할 수 있어서 옳다고 한다.[148] 이에 대하여 客觀說(不必要說)은 사람이면 누구나 道德律이나 社會秩序를 당연히 알고 있어야 하므로 따로 불법의 인식이라는 요건은 필요하지 않다거나,[149] 반환청구를 저지하려는 수익자에게 급여자의 불법의 인식까지 입증하도록 요구하는 것은 民 § 746의 기능을 지나치게 위축시키는 것이 되어 부당하다고 한다.[150] 또한 불법원인급여에 의한 이익귀속의 불공평을 줄이기 위해 그 인정범위를 축소하여야 한다는 목적론적 견지에서 급여자에게 불법의 인식이 없으면 民 § 746 단서에 해당하는 것으로 보아 급여의 반환을 인정하여야 한다는 견해도 분류하자면 客觀說에 속할 것이다.[151]

客觀說이 多數說이다. 民 § 746의 불법은 善良한 風俗 기타 社會秩序 위반사유 중 특히 반사회성, 반윤리성이 뚜렷한 경우에 한하여 인정된다고 보면, 그와 같은 불법사유는 객관적 사실에 대한 인식만 있으면 충분하고, 「不法」이라는 가치평가에 관해서는 따로 명백한 인식이 없더라도 불법원인급여가 성립

가능성, 급부반환이 거부될 경우의 가혹성의 정도, 수익자가 일반공중의 일원인지 아니면 급부자와 동일한 업계의 일원인지 등 여러 가지가 동원되고 있다. 특정 州의 변호사 자격 소지자가 다른 州에서 한 법률업무에 대한 보수청구, 무면허 직업소개업자의 급부, 무면허 주류판매업자의 급부 등 구체적 사례를 포함하여 Calamari & Perillo(註 50), 895-6; Restatement, Second, Contracts § 181 참조.

147) 黃迪仁(註 20), 348; 金錫宇(註 17), 625. 다만 도박을 위한 금전급부의 경우처럼 행위 자체가 도덕률에 반하는 경우이거나 강행법규의 준수가 일반에게 사회도덕으로까지 받아들여지는 경우에는 강행법규를 몰랐다는 등 불법에 대한 인식이 없이 위반한 경우에도 불법성은 인정된다는 주장도 있다. 金先錫(註 17), 201; 松坂佐一(註 95), 157 참조.

148) 金文洙(註 104), 190.

149) 郭潤直(註 1), 638; 宋德洙(註 19), 436; 金疇洙(註 17), 569; 李銀榮(註 20), 528, 林正平(註 17), 307 등.

150) 李銀榮(註 20), 527. 그러나 필요설에서도 불법인식의 부존재를 民 § 746 단서가 적용되는 경우로 해석하는 입장에서는 그 입증책임은 급여자에게 있다고 보게 될 것이므로 반드시 정확한 비판인지는 의문이다.

151) 谷口知平, "民法第708條の適用について(3·完)", 民商法雜誌 11-5, 67. 이 견해는 객관적 불법사유의 존재는 불법원인급여의 주장자인 수령자가 입증책임을 지지만, 불법인식의 부존재는 民 § 746 단서의 적용요건이므로 급여의 반환을 구하는 급여자가 부담하는 것으로 새길 것이다. 金疇洙(註 17), 569에서, 불법의 주관적 인식은 民 § 746 단서를 적용할 경우의 고려사항이 되어야 한다고 하는 것은 이런 취지로 이해된다.

된다고 보아야 할 것이다.[152] 불법원인급여제도의 취지가 社會的 妥當性이 없는 행위를 한 자에 대하여 행위결과의 복구를 거절함으로써 客觀的 法秩序를 유지하고자 하는 데 있기 때문이다.[153]

(3) 不法判斷의 基準時點

불법원인급여에 있어 불법성은 급부시에 있으면 족한가, 청구시에도 있어야 반환거절이 인정되는가? 급부 당시의 윤리도덕기준과 법규내용을 기준으로 불법성이 없다면 청구시에 불법으로 된 경우에도 불법원인급여가 될 수 없음은 社會的 妥當性이 없는 행위를 한 자에 대하여 行爲責任을 묻는 제도의 취지상 의문의 여지가 없을 것으로 본다. 문제는 급부시에는 불법이었으나 청구시에는 불법이 아니게 된 경우이다. 급부원인의 성립 당시 불법이었다면 가치기준이나 법률의 변동이 있다 하여 사후적으로 적법하게 되지는 않는 것이 원칙일 것이다.[154] 특히 사회질서유지의 차원에서 정한 강행법규가 사회경제적 사정변동으로 내용변경이 된 경우에는 반환청구시점이 그 강행법규의 폐지 이후라도 급부의 불법성은 사라지지 않는다고 할 것이다.

(4) 部分的 不法의 문제

1개 행위의 일부에만 불법요인이 있는 경우, 그에 의한 급부 전부를 불법

152) 불법으로 평가되는 객관적 사실의 존재조차도 인식이 없다면 錯誤에 의한 불법원인급여와 같은 상태가 될 것이므로, 이 때는 民 § 746 단서가 적용되어야 할 것이다. 불법의 인식은 불법성 자체가 아니라 그것을 근거지우는 사정의 인식으로 충분하다는 독일의 학설에 관하여는 宋德洙(註 19), 435 참조.

153) 일본의 학설 중에는, 不法性에 대한 主觀的 認識의 문제를 특히 給付者와 返還請求者가 다른 경우와 관련시켜 설명하는 예가 있다. 예컨대, 被相續人이 한 불법원인급여의 반환을 相續人이 청구하더라도 허용되지 않는다고 한 판례, 債權者代位權의 행사에 의한 급부반환청구를 기각한 판례 등은 결국 청구자에게는 불법성이 없음에도 불구하고 급부행위 자체가 불법임을 이유로 반환청구를 배척한 사례이므로 客觀說의 입장을 취한 것이고, 債權者詐害를 위하여 허위채권에 기해 배당을 받은 자에 대하여 반환채무를 인정한 판례, 破産管財人의 반환청구를 인용한 판례 등은 급부자에게는 불법원인급부이더라도 청구자에게는 비난성이 없다면 제재의 의의가 없기 때문에 반환청구를 인정한 것이니 主觀說의 입장을 취한 것이라고 한다. 日注民(18), 692-4. 그러나 불법에 대한 주관적 인식의 필요 여부에 관한 논의는 급부자 자신이 반환청구를 하는 경우에 불법의 인식이 불법원인급여의 성립요건인가 아닌가 하는 점에 중심이 있는 것이고, 위 주장처럼 급부자가 아닌 제3자가 하는 반환청구의 문제는 직접 관련이 없다고 할 것이다. 이는 청구자의 請求權原의 발생근거, 즉 상속인과 같은 包括承繼人인 경우, 代位債權者나 破産管財人과 같은 책임재산의 보전자로서 권리행사를 하는 경우 등 구체적 사정에 따라 불법원인급여의 성립요건과 별도의 견지에서 반환청구의 인정 여부를 결정할 것이지, 청구자에게 불법성의 인식이 없었음에도 반환을 인정할 수 있느냐의 문제로 다룰 것은 아니라고 본다. 後述 Ⅶ의 3 참조.

154) 宋德洙(註 19), 436. 同旨 Reno v. D'Javid, 42 N.Y. 2d 1040(1977). 이에 대하여 반환의 가부에 의한 제재가 장래의 불법급부의 억압에 효과적인가 아닌가를 고려하여 결정하여야 한다는 견해도 있다. 日注民(18), 700.

으로 볼 것인가, 아니면 부분적으로만 불법원인급여를 인정할 것인가? 數量的으로 可分이면 불법성이 있는 부분 또는 불법에 대한 제재로서 상당한 부분에 대해서만 반환거부를 인정함이 타당하다는 견해가 있다.155) 구체적으로는 高利貸와 같은 暴利的 消費貸借에 있어 대여원본 전부를 불법원인급여로 볼 것인가, 폭리로 인정되는 이자 부분에 대해서만 불법성이 있다고 보고 원본은 물론 상당가액의 이자반환의무까지 인정할 것인가 하는 문제,156) 價格統制法規에 위반한 급부는 그 전부가 불법원인급여인지 통제가격을 초과하는 부분만이 불법원인급여라고 볼 것인지 하는 등의 문제가 생길 수 있다.157)

2. 「給與原因」의 不法

불법원인급여가 성립하려면 급여가 불법의 「原因」으로 이루어져야 한다. 즉, 「給與原因」에 관하여 불법성이 있어야 하는바, 급여가 先行하는 어떤 法律行爲의 이행을 위하여 행하여진 경우에는 그 법률행위(예컨대 마약대금의 지급원인인 마약 밀매계약)가 급여원인이고, 선행하는 법률행위 없이 행하여진 경우에는 그 급여에 의하여 달성하려고 한 社會的 目的(예컨대 뇌물을 제공한 경우의 부정한 청탁내용)이 급여원인이라고 설명하는 것이 보통이다.158)

판례는 "법률행위의 목적인 권리의무의 내용이 선량한 풍속 기타 사회질서에 위반되는 경우뿐만 아니라, 그 내용 자체는 반사회적인 것이 아니라고 하여도 법률적으로 이를 강제하거나 그 법률행위에 반사회질서적인 조건 또는 금전적 대가가 결부됨으로써 반사회질서적 성질을 띠게 되는 경우 및 표시되거나 상대방에게 알려진 법률행위의 동기가 반사회질서적인 경우에도 불법원인급여에 해당될 수 있다"는 것으로 견해를 정리하고 있다.159)

이러한 판례 입장에 따라 불법인 「給與原因」을 세분하면, 급여의 내용 자체가 불법인 경우,160) 급여 자체는 불법이 아니지만 불법한 행위의 실행을 조건으로 하거나 그에 대한 대가나 비용으로 교부된 경우,161) 급여의 動機가 불

155) 日注民(18), 700; 金先錫(註 17), 202. 選擧運動資金과 投票買收費를 구분하여 후자에 대해서만 반환을 거부한 日大判 明 34(1901). 2. 12(民錄 7-2, 75)가 원용되고 있다.

156) 독일에서의 판례·학설 등 상세는 磯村 保(註 19), 110-5, 119-20 참조.

157) 朴英植(註 131), 263.

158) 郭潤直(註 1), 638; 金先錫(註 17), 202; 宋德洙(註 19), 436; 金疇洙(註 17), 570; 林正平(註 17), 309.

159) 대표적으로 大判 2001. 4. 10, 2000다49343(公 2001, 1105) 참조.

160) 賭博에서 건 돈의 지급(大判 59. 7. 23, 4291민상665, 666; 大判 59. 8. 27, 58民上561; 大判 66. 2. 1, 65다2286), 공무원에 대한 賂物의 교부(朝高判 1910. 12. 15.) 등.

161) 不倫의 同居關係에 대한 대가교부 계약에 따른 재산의 증여, 關稅法令의 회피를 위한

법인 경우[162] 등이 모두 포함된다고 할 것이지만, 급여원인을 지나치게 넓게 해석하는 것은 경계해야 할 것이다.[163]

3. 給　付

불법원인급여는 불법의 원인으로 「재산을 급여하거나 노무를 제공한 때」 성립한다. 즉, 불법원인급여는 급부가 실현되어 수령자에게 교부되어 있는 것을 전제로 하는바, 어떤 경우에 民 §746에서 말하는 급부가 실현되어 있다고 볼 것인가에 대하여는 몇 가지 검토할 점이 있다.

(1) 給付의 意義

民 §746의 「급부」는 상대방에게 재산적 가치가 있는 이익을 終局的으로 부여하는 것을 의미하고, 事實上의 利益을 享有하도록 하는 것도 포함된다.[164]

㈎ 給付者의 給付意思의 필요 여부　　多數說은 불법원인급여에서의 급부는 급부자의 의사에 의한 財産的 價値 있는 出捐을 의미한다고 정의한다.[165] 이에 대하여 반대설은 損失者 자신이 그 목적물을 引渡할 필요는 없고 손실자의 행위가 원인으로 되어 상대방에게 收益의 결과가 생긴 경우도 급부

탈법계약에 기한 계약금의 지급(大判 73. 1. 30, 72다2321), 밀수 등 犯罪行爲를 내용으로 하는 도급계약에 따른 보수의 지급, 제 3 자에 대한 위법한 청탁의 대가로 지급한 금전(大判 73. 1. 30, 72다2321; 大判 73. 10. 22, 74다624), 장차 不倫關係를 맺을 것을 조건으로 한 금전 급여 등이다.

162) 도박에 쓰이는 줄 알고 白米를 대여해 준 경우(大判 1962. 4. 4. 61다1296, 集 10-2, 27), 密航資金으로 사용된다는 것을 알면서 금전을 대여해 준 경우(日大判 1916. 6. 1, 新判例體系 民法 9, 316-6-2-1), 도박자금으로 빌린 借用金債務를 피담보채무로 하여 부동산을 譲渡擔保로 제공하여 이전등기를 해 준 경우(大判 89. 9. 29, 89다카5994, 公 1989, 1578; 大判 77. 6. 28, 77다728, 公 1977, 10173) 등에서 貸與白米나 貸與金 또는 譲渡擔保로 제공된 부동산 등이 그 例이다.

163) 불법으로 조성한 비자금의 임치 또는 증권거래법에 위반한 시세조종을 위하여 조성된 자금의 위탁과 같은 경우에 수치인 또는 수탁자가 수령한 급부의 불법원인급여 해당성을 부정한 大判 2001. 4. 10, 2000다49343(公 2001, 1105); 大判 2002. 4. 12, 2002도53(공보불게재) 등 참조. 그런 관점에서 볼 때, 日大判 大 14(1925). 2. 3.(民集 4, 51)이, 광업권자로부터 採掘權을 양수받은 원고가 석탄을 채굴하여 피고에게 매도한 경우, 採掘權의 양도는 鑛業法에 위반한 공서양속 위반의 계약이므로 원고가 채굴한 석탄을 피고에게 매도한 법률행위 역시 法禁行爲를 조장하는 것으로서 공서양속 위반으로 무효라는 이유로 원고의 매매대금청구를 배척한 것은 과연 타당한지 의문이다.

164) 民 §746의 이익에 「事實上의 利益」도 포함된다는 점은 大判 94. 12. 22, 93다55234(公 95, 618) 同旨. 「사실상의 이익」은 勞務의 제공에 의한 급부에서 자주 발생할 것인바, 宋德洙(註 15), 437은 '同棲의 이익'을 그 例로 들고 있다. 不倫의 同居를 한 여성이 상대 남성에 대하여 同棲의 이익에 상응한 부당이득으로서 價額返還을 청구하거나(民 § 747 I), 손해배상으로 위자료를 청구하는 경우를 상정해 볼 수 있을 것이다.

165) 郭潤直(註 1), 639; 金疇洙(註 17), 571; 金錫宇(註 17), 627; 林正平(註 17), 311; 宋德洙(註 19), 437; 金文洙(註 104), 192 등.

의 개념에 포함된다고 한다.[166]

이러한 견해 차이는, 예컨대 X가 자신의 부동산에 強制競賣節次가 개시되자 Y와 공모하여 허위의 채권증서를 작성교부하고, Y가 그 증서에 기하여 配當節次에 참가하여 배당을 받게 되자 X가 Y를 상대로 배당금 상당의 부당이득반환을 구한 경우에 Y의 배당금수령이 불법원인급여에 해당하느냐를 두고 결과의 차이를 가져온다. 다수설은 위 부당이득은 법원의 배당에 의하여 생긴 것이고 반환청구자인 X의 給與意思에 기하지 아니한 것이므로 불법원인급여에 있어서의 급여는 없다고 볼 것이나,[167] 반대설은 그러한 경우에도 손실자인 X의 행위가 원인이 되어 상대방인 Y에게 수익이 생겼으므로 급여가 있다고 본다.[168][169]

생각건대, 위의 경우처럼 給付提供者(법원)와 궁극적인 損失者(X)가 다른 경우에도 급부의 移轉에 불법성이 개재되어 있고 손실자에 대하여 법적 보호를 제공할 가치가 없다고 평가되는 경우는 얼마든지 발생할 수 있는 것인데, 그 모든 경우에 다수설처럼 급여 개념을 한정적으로 해석함으로써 불법원인급여 규정의 적용을 원천적으로 차단하는 것은 적절치가 않다.[170] 또한 급여자에게 급여의사가 있었느냐를 가지고 불법원인급여 규정의 적용여부를 결정지어야 할 필요도 없고 합리적 근거도 없다. 따라서 위 반대설이 타당할 것으로 본다.

(나) 給付의 終局性　　民 § 746의 급부는 수령자에게 終局的인 利益을 부여하는 것이어야 하고, 그 이득의 궁극적 향유를 위하여 다시 법의 도움

---

166) 金先錫(註 17), 203.

167) 위와 같은 사건에서 日大判 大 4(1915). 6. 12(民錄 21, 924)이 그 견해를 취하여 X의 청구를 인용하였고, 谷口知平(註 9), 197에서 지지되고 있다.

168) 谷口知平(註 9), 197; 三島宗彦(註 107), 14.

169) 위 日大判 사건에 대한 학자들의 견해는 다음과 같이 다양하게 나뉘어 있다. ① 위 판결과 같이 給付가 없다고 하여 不法原因給與에 해당하지 않는다는 견해(다수설), ② 급여자의 意思가 필요하다는 점은 다수설과 견해를 같이하면서도 위 사건의 경우에는 급여자의 의사가 근거가 되고 법원의 행위는 실현수단에 지나지 아니하므로 급여로 볼 수 있다는 견해. 我妻 榮(註 106), 1156; 金錫宇(註 17), 627. ③ 급여에는 해당하지만, 급여의 불법성에 대한 인식이 없어서 불법원인급여가 아니라는 견해. 谷口知平(註 9), 197; 金先錫(註 17), 203. ④ 급여에도 해당하고 불법성의 인식도 있다고 보아야 하지만, 債權者詐害를 위한 재산은닉 목적으로 이루어진 급부의 반환거부는 곧 이득자의 詐取 내지 騙取를 용인하는 결과가 되므로 반환거부에 의하여 유지되는 법익보다 큰 법익이 침해된다는 점, 즉 수익자의 불법성이 현저히 크기 때문에 불법원인급여가 안 된다고 보는 견해가 있다. 三島宗彦(註 107), 18 등이다.

170) 不當利得 분야에 한정하여 보면, 「타인의 재산 또는 노무로 인한 이익발생」(民 § 742)이 있으면 不法原因給與에 있어서의 給付도 원칙적으로 긍정되어야 할 것이다. 後述하는 「債務의 부담」이나 「抵當權의 설정」이 民 § 746에 있어서의 給付로 인정되지 않는 것은 給付의 適格이 없어서라기보다는 不法原因給與의 制度的 特性에 연유하는 것일 뿐이다.

을 받아야 하는 경우는 해당하지 않는다. 그러한 급여는 불법원인급여에서의 급부로서는 미완성이다. 불법원인급여의 반환을 불허하는 법의 취지가 社會的 妥當性이 없는 행위에 대해서는 법적 보호를 부여할 수 없다는 것이므로, 마찬가지 이유에서 수령자가 불법한 원인을 원용하여 미완성인 급부의 완결을 위하여 법의 도움을 청하는 것을 허용할 수는 없기 때문이다.[171)]

단순한 채무부담의 약속과 같은 것이 위와 같은 未完成給付의 대표적인 예이고, 독일 민법은 이를 불법원인급여의 적용제외를 인정하는 명문의 규정을 두고 있다(獨民 § 817). 불법원인에 의하여 발생한 채무를 피담보채무로 한 抵當權 등 擔保權의 취득, 不動產所有權을 목적으로 한 급부에 있어서의 단순한 引渡와 같은 것이 모두 이 범주에서 이해될 수 있을 것인바, 이에 대해서는 아래에서 따로 세부적 검토를 한다.

(2) 擔保權의「給付」해당 여부

㈎ 擔保物權　判例는, 民 § 746에서 불법의 원인으로 인하여 급여함으로써 그 반환을 청구하지 못하는 이익은 재산상 가치가 있는 終局的인 것을 말하고, 그것이 從屬的인 것에 불과하여 수령자가 그 이익을 향수하려면 競賣申請을 하는 것과 같이 별도의 조치를 취하여야 하는 것은 이에 해당하지 않는다고 한다. 도박자금으로 제공한 대여금의 담보로 설정한 근저당권설정등기는 소유권이전등기와 같은 종국적인 것이 아니므로 民 § 746에서 말하는 이익에 해당하지 아니하고, 따라서 담보제공자는 民 § 746와 상관없이 그 말소를 구할 수 있다는 것이다.[172)] 學說도 일치하여 판례와 같은 입장을 취하고 있다.[173)]

불법의 원인으로 취득한 債權은 무효이고 따라서 그 담보로 취득한 抵當權이나 質權 등 擔保物權도 무효일 수밖에 없어서 수령자에게는 아무런 利得이 없다. 설사 登記나 占有 자체를 어떤 이득으로 본다고 하더라도 擔保物權의 경우에 그 실행으로 종국적 이득을 취하기 위해서는 다시 법원의 협력을

171) 獨逸 학설에서는, 급부가 단순한 채무의 부담과 같이 後에 이루어질 급부의 前段階(Vorstufe)에 지나지 않는 경우라면 결국 비난받을 財產移轉이 未完成(unfertig)인 것이고, 그러한 경우에는 법은 그 실현을 방해하여야 하므로 그 強制可能性은 배제되어야 한다고 설명하거나(Esser, Schuldrecht, Ⅱ. 3. Aufl., S. 360), 主된 급부(Hauftleistungen)에 대한 補助的 給付(Nebenleistungen)에 대해서는 불법원인급여 규정의 적용은 인정될 수 없다고 설명한다(Enneccerus-Lehmann, Recht der Schuldverhaltnisse, 15. Bearbeitung, S. 95)(松坂佐一, "不法の原因により未登記建物を贈與した場合その引渡は民法七〇八條にいう給付にあたるか", 民商法雜誌 65-2, 153 참조).

172) 大判 95. 8. 11, 94다54108(公 1995, 3123); 大判 94. 12. 22, 93다55234(公 1995, 618).

173) 郭潤直(註 1), 640; 黃迪仁(註 20), 348; 金疇洙(註 17), 571; 金先錫(註 17), 203, 宋德洙(註 19), 438; 金錫宇(註 17), 627. 독일과 일본에서도 통설이다. 宋德洙(註 19), 437; 三島宗彥(註 107), 14 참조.

구해야 하는데, 스스로 법이 금지하는 행위를 한 자가 법적 보호를 청구하는 것은 民 § 746의 입법취지에 비추어 허용될 수 없다. 그 결과 擔保權은 존재하지도 않으면서 外觀上 존재하는 것처럼 보여 법률관계의 분규를 가져오고 거래의 안전을 해치며 물건의 이용을 저해하게 된다. 따라서 이러한 경우에는 質物의 返還請求 내지 抵當權設定登記의 抹消請求를 허용하여야 한다는 것이고,[174] 타당한 근거로 생각된다.

(나) 假登記擔保·讓渡擔保 불법한 계약에 의한 무효의 채권을 담보하기 위하여 假登記만 설정되어 있는 경우에는 위 抵當權의 경우와 마찬가지로 給付의 終局性이 없으므로 말소를 허용하여야 한다는 데는 학설상 반대가 없다.[175] 그러나 假登記에 기한 本登記까지 마친 경우 또는 당초부터 담보목적의 소유권이전등기를 하여 讓渡擔保로 제공한 경우에는 어떠한가? 民 § 746의 급부해당성을 전부부정하는 견해, 부분적으로 부정하는 견해, 전부긍정하는 견해로 나뉘어 있다.

全部否定說은, 위와 같은 경우에도 담보권자의 소유로 확정하기 위해서는 精算을 하여야 하는데 精算을 한다는 것은 결국 民 § 103 위반의 채권을 실현케 하는 것이므로 등기말소를 청구할 수 있다고 해석하여야 한다는 견해이다.[176][177]

部分否定說은 가등기담보등에관한법률의 적용을 받지 않는 담보목적의 소유권이전등기는[178] 담보목적의 제약을 받는 것이기는 하지만 소유권이 이전되는 것이고 담보권자에게 精算義務가 있다고 할지라도 국가의 助力을 받지 아니하고 스스로 담보권을 실행할 수 있을 뿐만 아니라 담보권자로부터 당해 부동산을 매수하여 소유권이전등기를 경료한 제3취득자는 적법하게 소유권을 취득한다는 종래의 판례이론에 비추어 담보권자에게 사실상 終局的인 利益을 주는 것이므로 本條의 급여에 해당한다고 할 것이나, 위 법률의 적용을 받는

174) 宋德洙(註 19), 438; 三島宗彦(註 107), 14 등.

175) 金先錫(註 17), 203; 宋德洙(註 19), 438.

176) 李容勳, "反社會的 二重讓渡와 不法原因給與", 方順元古稀記念論文集, 32.

177) 李英俊(註 101), 256은, 民 § 746는 수취자가 出捐을 자기의 재산으로 보유하도록 되어 있는 경우에 한하여 적용되고, 수취자가 잠정적으로 출연을 一時保有하도록 되어 있는 경우에는 적용되지 않으며, 讓渡擔保도 그와 같은 경우에 속한다고 한다. 따라서 讓渡擔保의 담보목적이 소멸하면 급부가 良俗秩序에 반하더라도 民 § 746의 적용대상이 되지 않으므로 擔保設定者는 급부의 반환을 구할 수 있다고 한다. 결론은 위 全部否定說과 같지만 이론적 근거가 다르다.

178) 가등기담보등에관한법률 시행 전에 성립한 담보계약, 원리금 합산액이 담보재산보다 많은 경우 등. 위 법률 § 1, 부칙 § 2 참조.

담보목적의 소유권이전등기에 대해서는 반대로 보아야 한다는 견해이다.[179]

마지막으로 全部肯定說은 가등기담보등에관한법률에 의한다고 하더라도 소유권이전등기를 이미 마친 경우에는 국가의 조력 없이 담보권을 실행하여 소유권을 취득할 수 있으므로 담보목적의 소유권이전등기가 된 경우는 언제나 民 § 746의 급부가 존재하는 것으로 새겨야 한다는 견해이다.[180]

判例는, 도박자금으로 빌린 차용금채무의 담보로 부동산을 讓渡擔保로 제공하여 所有權移轉登記를 해 준 경우 그 등기의 말소를 청구하는 것은 民 § 746에 의하여 허용되지 아니한다고 한다.[181][182] 담보의 실행을 위하여 국가의 助力을 받을 필요가 없다면 당사자 사이에 精算金의 지급같은 부수적인 법적 문제가 남아 있더라도 民 § 746의 급부해당성은 인정되어야 할 것이므로 위 全部肯定說과 判例의 입장이 타당한 것으로 생각한다.[183]

(3) 所有權의 移轉과 給付의 完成

(가) 登記 및 引渡 불법의 원인으로 소유권을 이전하는 경우에는 不動産이면 登記, 動産이면 引渡가 있어야 급부가 완성된다고 볼 것은 당연하다. 公示方法을 갖추기 위해 訴求를 하는 등 법의 조력을 구하는 것은 허용될 수 없으므로, 등기나 인도가 없는 상태라면 아직 급부 자체가 완성되었다고 할 수 없기 때문이다.[184] 判例도 같은 견해이다.[185]

179) 金先錫(註 17), 204.

180) 宋德洙(註 19), 439.

181) 大判 89. 9. 29, 89다카5994(公 1989, 1578). 이 사건의 原審은, 이 사건 이전등기로 인한 법률관계는 당사자간에 환가처분과 정산을 필요로 하는 약한 의미의 양도담보라고 하여야 할 것인데 재산의 급부가 종국적인 것이 아니고 종속적인 것이어서 그 급부의 본래의 목적을 달성하려면 환가처분 등 담보권실행이나 정산금의 지급 등 다시 수령자쪽의 법률적 주장을 기다려야 하는 담보권설정 등은 민법 제746조에서 말하는 급부는 아니라고 봄이 타당하므로 이러한 경우에는 위 조항의 적용이 배제되고 부당이득의 본칙에 돌아가 그 반환청구를 인정함이 옳다고 하면서, 피고가 이 사건 소유권이전등기를 경료함으로써 취득한 이 사건 부동산에 관한 양도담보권은 법률상 원인 없이 얻은 이익이라고 하여 원고승소판결을 하였으나 대법에서 파기환송한 것이다.

182) 物權的 請求權의 행사에 대해서는 民 § 746가 적용되지 않는다는 견해를 취하고 있을 당시의 판례는 假登記에 기한 本登記 또는 讓渡擔保로 한 소유권이전등기에 관하여 物權的 請求權의 행사로써 한 말소등기청구를 인용한 예가 있다. 大判 77. 6. 28, 77다728(公 1977, 10173); 大判 74. 11. 12, 74다960(公 1975, 8164). 그러나 그 후 全員合議體 判決로 물권적 청구권의 행사에 대해서도 民 § 746가 적용되는 것으로 견해변경이 된 이상 위 판례들의 결론도 유지될 수 없을 것이다.

183) 動産을 讓渡擔保로 引渡한 때에도 반환청구를 할 수 없다는 견해는 我妻 榮(註 106), 1161; 金先錫(註 17), 204; 宋德洙(註 19), 439.

184) 不動産物權變動에 관하여 成立要件主義를 취하고 있는 우리 민법의 해석상은 공시방법의 구비는 당연히 급부의 성립요건이 될 것이지만, 對抗要件主義를 취하고 있는 일본에서도 판례와 학설은, 일반적인 물권변동에서와 달리, 불법원인급여에서의 급부는 공시방법까지 구비되어야 하는 것으로 보고 있다. 이 점을 상고이유로 하였으나 받아들여지지 않은 예로 日最判 昭 46(1971). 10. 28.이 있다. 일본에서 부동산의 경우에도 「引渡」만

따라서 불법의 원인에 의하여 부동산을 증여하기로 하고 引渡까지 하였더라도 아직 登記移轉을 하지 않은 상태라면, 증여자의 수증자에 대한 소유권에 기한 명도청구는 인용될 것이나, 수증자의 증여자에 대한 이전등기청구는 허용될 수 없다.[186] 반면 登記移轉은 하고 引渡만 하지 않은 상태라면 증여자의 등기말소청구는 허용될 수 없고, 오히려 수증자의 명도청구가 인정될 것이다.[187]

未登記不動産의 경우에는 어떤가? 妾關係 유지의 대가로 건물을 신축하여 贈與하고 상대방 여자에게 인도하여 그 住居로 사용하도록 하고 있지만 登記는 所有權保存登記조차 되어 있지 않은 경우가 대표적인 예이다. 未登記不動産의 경우에는 引渡로써 증여자의 채무이행이 완료되므로 그 인도가 곧 불법원인급여에 있어서의 급여에 해당하고, 따라서 증여자는 그 부동산의 반환을 구할 수 없다고 한 예가 있다.[188] 그러나 우리 민법의 해석론으로서는 未登記不動産의 경우에도 등기된 부동산의 경우와 마찬가지로 단순한 引渡만으로는 「未完成의 給付」 내지 「補助的 給付」에 지나지 않는다고 보는 것이 오히려 합당할 것이다. 未登記 無許可建物의 양수인이라 할지라도 그 소유권이전등기를 경료받지 않는 한 건물에 대한 소유권을 취득할 수 없으므로 원소유자 명의로 소유권보존등기를 거친 후 소유권이전등기를 하여야 하고[189] 직접 자기 명의로 소유권보존등기를 신청할 수 없다는 것이 判例의 입장이고,[190] 이는 登記

으로 급부해당성을 인정하는 반대견해는 我妻 榮(註 106), 1167이 있다. 한편 動産의 경우 占有改定에 의한 引渡는 위 불법원인급여에서의 급여완성요건인 引渡에서는 제외된다는 것이 일본의 학설이다. 松坂佐一(註 171), 154 참조.

185) 大判 66.5.31, 66다531(集 14-2, 59). 同旨 日最判 昭 37(1962).6.12(民集 16-7, 1305); 日最判 昭 27(1952).3.18(民集 6-3, 325).

186) 日最判 昭 46(1971).10.28(判例タイムズ270, 230)이 그러한 사례이다. 贈與者의 明渡請求에 대해서는 不法原因給與의 항변이 배척되어 결국 원고청구가 인용될 것이고, 受贈者의 移轉登記請求는 民 § 103 위반의 약정을 원인으로 한 것이므로 허용될 수 없을 것이다.

187) 불법원인급여의 효과로 인정되는 反射的 所有權取得으로 소유권에 기한 明渡請求가 가능할 것이다. 後述 Ⅶ의 2 참조.

188) 日最判 昭 45(1970).10.21(民集 24-11, 1560). 이 때 受贈者는 급부물의 반환을 당하지 않는 반사적 효과로 그 소유권을 취득하므로, 그 후 증여자가 所有權保存登記를 하였더라도 이는 실체관계에 부합하지 않아 무효의 등기이고, 따라서 受贈者는 그 보존등기의 말소를 청구하고 나아가 자기소유라는 확인을 청구하여 受贈者 자신의 명의로 所有權保存登記를 할 수도 있으며, 그에 갈음하여 贈與者를 상대로 所有權移轉登記를 구할 수도 있다고 하였다. 學說은 대체로 판례를 지지하는 듯하고, 보존등기의 말소 대신 이전등기를 허용하는 것은, 時效取得의 경우 原始取得임에도 이전등기를 허용하는 것과 같은 구조로 설명될 수 있다고 한다. 石神兼文(註 61), 57 이하; 松坂佐一(註 171), 147 이하 각 참조.

189) 大判 96.6.14, 94다53006(公 1996하, 2144); 大判 73.7.24, 73다114(集 21-2, 150) 등.

190) 大決 85.12.16, 85마798(公 1986, 787). 이와 달리 日本에서는 未登記不動産의 讓受人은 양수로써 곧 소유권을 취득하고 등기는 대항요건에 불과하므로 판결에 의하여 자기의 소유권을 증명하면 양수인 명의로 소유권보존등기를 하는 것도 허용되는 것과 다르

를 物權變動의 成立要件으로 정한 民 § 186의 규정상 당연한 것이므로, 民 § 746의 해석적용에 있어서도 그 원칙은 지켜져야 할 것이기 때문이다.

(나) 假 登 記　　매매예약을 원인으로 한 소유권이전청구권의 假登記가 경료된 경우에도 아직 급부가 완성되었다고는 할 수 없으므로, 불법원인급여의 급부해당성은 없다고 본다.[191)]

(다) 原因無效인 登記　　판례는, 小室로 들어와 함께 사는 것을 조건으로 農地를 양도하고 이전등기를 마쳤으나, 농지개혁법 제19조 2항의 所在地 官署의 증명이 없이 등기가 경료되었음을 이유로 말소등기를 청구한 사건에서, "부동산을 급여의 대상으로 한 경우에는, … 등기를 이행한 경우라도 그 등기의 원인이 무효인 경우에는 민법 제746조 소정의 재산의 급여가 있었다고 볼 수 없다"고 하여 원고청구를 인용하였다.[192)] 學說도 반대견해는 발견되지 않는다.[193)] 給與가 「原因事由의 不法」 이외의 원인으로 무효인 경우, 예컨대 위 판례에서와 같은 農地所在地 官署의 證明이나 私立學校 基本財產의 처분에 있어 管轄廳의 허가 등 권리이전을 위한 별도의 有效要件이 있는 경우라면 그 요건을 구비하지 못한 상태에서는 설사 登記나 占有 등 公示方法을 갖추었더라도 급부는 미완성이라는 것으로 해석된다.[194)195)]

(4) 債務의 부담

급부가 단순한 채무의 부담에 그친 경우에는 불법원인급여에서의 급부가 있었다고는 볼 수 없다.[196)] 급부의 종국적 실현을 위해서는 다시 법의 도움을

다. 日本 不動產登記法 § 100 I ii.

191) 日最判 昭 46(1971). 10. 28(判例タイムズ270, 230)이 그러한 사례이다.

192) 大判 66. 5. 31, 66다531(集 14-2, 59).

193) 宋德洙(註 19), 439. 한편 李容勳, "反社會的 法律行爲로 인한 給付의 回收와 不法原因給與", 民判硏 6, 29는, "登記가 原因無效라고 하더라도 登記名義人은 그 登記가 抹消되지 않는 한 物權者로서의 外形을 갖추게 되는 것이므로 그 한도 내에서는 종국적인 이익이 귀속된 상태에 있음이 분명하다"고 하여 "이를 給付가 아니라고 도저히 볼 수 없다"고 하나, 이는 「原因事由의 不法」으로 인하여 등기가 原因無效인 경우에 한정하여 언급한 것으로 이해되고, 그 이외의 부가적 有效條件의 결여로 인한 등기의 원인무효에 대해서까지 같은 결론을 취한 것으로는 보이지 않는다.

194) 李英俊(註 101), 255는 불교재산관리법 § 11 위반행위 등에는 원천적으로 民 § 746의 적용이 배제된다는 입장이다.

195) 無能力者가 法定代理人의 동의 없이 한 급부의 경우에도 등기의 원인무효로 인한 급부의 미완성이라는 범주에 포함시켜 이해할 수도 있겠지만, 無能力者 保護의 規範目的上 급부의 반환, 즉 財產移轉의 차단이 요청되기 때문에 불법원인급여의 적용이 배제된다고 보거나[李英俊(註 101), 255], 意思表示의 瑕疵의 경우처럼 民 § 746 단서의 준용을 통하여 동일한 결론에 이르는 편이 오히려 순리적이 아닐까 생각된다. 椿 壽夫·右近健男, 注釋ドイツ不當利得·不法行爲法, 29(1990) 참조.

196) 獨民 § 817는 명문으로 규정하고 있다. 그러나 채무부담의 무효는 1차적으로는 民 § 103 위반의 문제이지 불법원인급여의 문제는 아니다.

구해야 하고 이는 결국 스스로의 불법을 원용하는 결과가 되기 때문이다. 따라서 도박 빚을 準消費貸借로 한 채무의 무효확인청구, 債務證書의 반환청구 등에 대하여 수익자는 불법원인급여의 항변으로 대항하지 못한다.

(5) 어음·手票의 교부

불법의 원인으로 또는 그로 인하여 부담한 채무의 대가로 어음·수표를 발행하거나 배서한 경우가 문제될 수 있다. 「급부」에는 해당하지만 그 이행을 강제하는 것은 불법원인행위의 강제를 인정하는 것과 동일한 결과가 되므로, 民 § 103의 취지에 비추어 강제를 부정하여야 한다는 구조로 설명하는 견해가 있다.197) 그러나 어음·수표의 無因證券性을 감안하더라도 그 교부는 결국 어음·수표금 채무부담의 성격을 갖는 것이고, 그 권리의 종국적 실현을 위해서는 다시 법의 도움을 구해야 하는 구조는 일반적인 채무부담의 경우와 다르지 않다. 따라서 어음·수표의 교부만으로는 그 수령자에게 종국적 이익을 부여하는 것이 못되므로 불법원인급여에 있어서의 급부가 완성된 것이라고는 볼 수 없다.198) 그러므로 어음·수표의 교부자는 소지인의 어음·수표금청구에 대하여 그 채무부담의 원인관계의 불법을 주장하여 대항할 수 있음은 물론,199) 증권 자체에 대해서도 그 반환을 청구할 수 있고200) 이 때 소지인은 불법원인급여를 이유로 증권의 반환을 거부하지 못한다고 할 것이다.201) 그리고 그 어음·수표를 배서 양도받은 제3의 소지인에 대해서까지 대항할 수 있느냐는 문제는 결국 증권교부의 원인관계의 불법에 관한 항변을 어음항변이론상 絶對的 抗辯(物的抗辯)으로 볼 것이냐 相對的 抗辯(害意의 항변 또는 惡意·重過失의 항변)으로 볼 것이냐에 따라 달라질 것이다.202)203)

197) 日注民(18), 701; 我妻 榮(註 106), 1156.

198) 李銀榮(註 20), 526도 同旨로 이해된다.

199) 同旨 大判 95. 7. 14, 94다51994(公 1995, 2799). 그러나 이 주장은 엄밀하게는 民 § 746의 항변이 아니라 民 § 103 위반의 항변일 뿐이다.

200) 山田幸二, "判例から見た民法708條における「不法」の類型", 森泉章 編 現代民法學の基本問題(中), 292.

201) 실질적 권리 없이 단순한 權利外觀만이 있는 종이쪽지(紙片)에 불과한 어음·수표의 반환은, 마치 불법원인에 의한 저당권설정등기의 경우 불법무효의 사유로 생성된 權利外觀을 제거하기 위하여 그 등기의 말소청구를 할 수 있다고 보는 것과 같은 구조로 이해될 수 있다. 다만 어음(수표)의 경우 證券返還을 구하는 權原이 문제이나 증권교부의 원인이 된 계약관계의 무효를 이유로 한 원상회복 등으로 구성하는 것도 한 방법이 될 것이다. 한편 A가 불법의 원인으로 B에 부담한 채무변제를 위하여 C발행 어음을 배서양도한 경우, C는 B의 어음금청구에 대하여 공서양속위반을 이유로 거절할 수 있고, 이미 지불한 경우에는 반환청구를 할 수도 있다는 山田幸二(註 200), 130 참조.

202) 상세는 朴炳大, "어음抗辯의 분류 및 遡求權保全義務와 損害賠償責任을 중심으로", 民判硏 20, 716 이하 참조. 어음발행행위 자체가 불법인 경우(예컨대 사립학교법에 위반한

(6) 賃貸借·使用貸借

妾關係 유지를 위한 가옥의 사용대차, 마약제조장소 또는 도박장으로 사용하기 위한 건물의 임대차 등 불법목적을 위한 賃貸借나 使用貸借와 같은 이른바 利用權設定契約의 경우 반환청구가 불허되는 「給付」는 무엇인가? 단적으로 貸借目的物인 原物의 반환이 인정될 수 있는가 하는 문제이다. 이에 대하여 제 1 설(利用利益給付說)은 利用權設定契約에 있어 급부는 일정기간 목적물을 사용수익시키는 것이므로 이미 경과된 기간 동안의 利用利益의 반환청구는 허용되지 않지만 原物의 반환청구는 인정된다고 한다.[204] 제 2 설(占有給付說)은 점유하여 사용수익할 수 있는 사실상태를 급부행위라고 해석하고 貸借目的物의 반환청구에도 일반적으로 불법원인급여 규정이 적용되므로 원칙적으로 原物의 반환은 인정될 수 없다고 한다.[205][206]

불법목적의 부동산 증여의 경우 목적물이 인도되어 수령자가 사용수익할 수 있는 사실상태가 되었더라도 등기가 이전되지 않는 한 급부가 없었다고 보는 것에 비추어 위와 같은 貸借型 給付의 경우에도 占有의 事實狀態를 급부라고 보기는 어렵고, 대차목적물 자체의 반환을 부정하게 되면 그 소유권의 귀

어음발행)에는 絶對的 抗辯이 될 것이나, 어음금채무의 부담 그 자체가 불법은 아니고 다만 어음授受의 原因關係의 불법만이 문제되는 경우라면 害意의 抗辯事由가 될 가능성이 높다. 大判 86. 6. 24, 86다133은 前者, 大判 95. 7. 14, 94다51994는 後者의 예이다.

203) 李銀榮(註 20), 526은 제 3 자에게 유통시킨 경우에는 어음의 無因證券性에 의해 불법원인이 차단된다고 하는 데 반하여, 日注民(18), 702는 善意의 제 3 자라도 가능한 한 청구가 배척되어야 한다고 주장한다.

204) 有泉亨(註 111), 86; 松坂佐一(註 105), 204 이하; 我妻 榮(註 106), 1161; 磯村 保(註 19), 101 등 일본에서 多數說이다. 다만, 原物返還請求가 인정되는 時期에 대해서는, 즉시반환을 긍정하는 견해(위 我妻 榮, 1161)와 합의된 기간이 경과한 이후에만 허용된다는 견해(위 松坂佐一, 206; 磯村 保, 132)로 나뉜다. 前說은 장래의 부분은 아직 급부가 이루어지지 않았다는 것이고, 後說은 地上權設定의 경우 존속기간 동안은 반환청구가 부정되는 것과 비교하여 형평에 맞고, 일정기간 利用利益을 향수할 수 있는 법적 지위를 이미 상대방에게 容認한 것으로 볼 수 있다는 것이 근거이다. 반환청구권의 근거에 대해서도, 소유권에 기한다는 설, 계약의 무효를 원인으로 한다는 설이 있다. 상세는 위 磯村 保, 132 참조.

205) 살인을 위하여 권총을 贈與·賣却하면 반환을 청구할 수 없고, 賃貸하면 가능하다는 결론은 찬성할 수 없다고 하여 다수설을 비판하는 谷口知平(註 9), 199가 대표적이고, 同旨는 三島宗彦(註 107), 15; 山田幸二, "不法原因給付", 星野英一 編 民法講座 6, 99이 있으나, 少數說이다. 判例로는 妾關係의 使用貸借에서 소유권에 기한 목적물반환청구를 기각한 日東京地判 昭 40(1965). 5. 10(判例時報 424, 41)이 同旨이다.

206) 消費貸借에 관해서도, 불법목적의 증여와 불법목적의 소비대차가 같을 수는 없다고 하여 소비대차의 경우는 「元本의 利用利益」이 급부내용이라고 보고 元本의 반환청구는 인정되어야 한다는 소수설이 있다. 磯村 保(註 19), 102-3 및 132 이하. 그러나 우리 나라와 일본, 독일의 판례와 절대다수설은 도박자금의 대여 등 代替物의 消費貸借에 있어서는 元本 자체의 반환청구를 부정하고 있다. 특히 독일에서 일반적인 불법소비대차의 경우와 달리 이른바 「暴利的 消費貸借」에 관하여 元本返還請求를 인정하고 있는 판례·학설에 대한 분석은 위 磯村 保, 110-5 참조.

속과 사실지배의 괴리 상태가 지속되어 거래의 안전을 해칠 우려가 있다는 점 등을 이유로 제 1 설을 지지하는 견해에[207] 찬성한다.

Ⅶ. 不法原因給與의 效果

1. 利益返還의 不許

재산의 급여, 노무의 제공 등 급부가 불법원인급여에 해당하면 급부자는 그 이익의 반환을 청구하지 못한다(民 § 746 본문). 原物은 물론 妾關係에 있어 同居의 利益과 같은 사실상의 이익에 갈음하는 價額의 返還 기타 어떤 형태의 반환도 不許된다. 그러나 立法論으로서는 不法性의 비교 등을 통한 一部返還의 길을 열어 주는 것도 고려해 볼 만할 것이다.[208]

2. 給付物의 所有權 歸屬

(1) 論議의 展開

金錢 이외의 有體物에 관하여 소유권의 이전을 내용으로 하는 급부가 있었으나 그것이 불법원인급여에 해당하는 경우 그 급부물의 소유권은 급부수령자에게 귀속되는가? 物權行爲의 有因性을 인정하면 원인행위가 무효이므로 物權行爲도 효력이 없어 물건의 소유권은 여전히 급부자에게 잔존한다고 보아야 할 것이다.[209] 과거 판례가 民 § 746는 소유권에 기한 반환청구에는 적용되지 않는다고 한 것은, 불법원인급여의 경우에도 급부물의 소유권은 여전히 급부자에게

---

207) 磯村 保(註 19), 100. 占有給付說은 貸借型給付에 대해서도 일반적으로 原物返還을 부정하되, 필요한 경우에는 民 § 746 단서를 탄력적으로 적용하여 반환청구를 인정할 것이라고 주장한다. 이에 대해서는, 위 단서규정이 적용되면 受益者는 일반적으로 惡意이므로 일반 부당이득규정에 의하여 目的物의 반환청구뿐 아니라 利用利益의 價額, 즉 임료상당액의 반환청구도 인정되어야 할 것인데, 공서양속의 계약에 그 정을 알면서 관여한 貸主에게 임료상당이익까지 반환받을 수 있도록 하는 것은 부당하다고 비판한다. 위 磯村 保, 101 참조. 또한 賣春行爲를 위한 이른바 娼家의 賃貸契約은 暴利的 賃料約定이 있는 경우 등 예외적인 상황에서만 무효로 된다는 독일 BGHZ 63, 365(1975. 1. 8. 판결)를 利用利益給付說의 입장에서 원용하는 위 磯村 保, 117도 참조.

208) 解釋論으로 일부반환의 인정을 주장하는 견해는 林正平(註 17), 321이 있고, 이에 대한 비판은 宋德洙(註 19), 445 참조. 사실상 일부반환을 인정한 사례로는, 독일의 BGH 1990. 1. 31, BGHZ 111, 308, 312; 일본의 大阪高判 昭 47(1972). 11. 9(判例時報 692, 27) 및 谷口知平(註 9), 290 이하의 評釋 참조.

209) 따라서 소유권에 기한 반환청구에 民 § 746가 적용되느냐에 대한 논의는 급부자에게 소유권이 잔존함을 전제로 할 때만 의미가 있다. 前述 Ⅳ. 4. (2) 참조.

잔존한다는 것을 논리적으로 전제하고 있었던 것이라고 할 수 있다.[210] 그러나 民 § 746는 民 § 103와 같은 반열에서 私法의 基本原理를 선언한 규정이고 따라서 그 입법취지는 부당이득반환청구와 같은 債權的 請求權에서뿐 아니라 物權的 請求權에서도 관철되어야 한다는 인식이 확산되면서, 논의의 초점은 물권적 청구권에 대하여 民 § 746가 적용되느냐 하는 데에서 더 근원적으로 들어가 불법원인급여가 성립하면 급부물의 소유권 자체가 변동되는 것은 아닌가 하는 점으로 이동되기에 이르렀다. 재판실무상으로는 불법원인급여 목적물, 특히 뇌물공여 또는 배임중재의 목적으로 전달을 부탁받은 금품을 임의소비한 경우에 횡령죄가 성립하느냐는 등 형사법 영역에서도 논의의 실익이 큰 문제이다.

(2) 學說 및 判例

(가) 反射的 效果說　　民 § 746의 입법취지에 비추어, 불법원인급여가 성립하면 급여자는 급여한 물건의 소유권에 기해서도 반환청구를 할 수 없다고 보아야 하므로, 그 反射的 效果로서 급부물의 소유권은 급부수령자에게 귀속된다는 견해이고, 判例도 같은 취지이다.[211] 物權行爲의 有因論을 관철하여 수령자에 대한 소유권귀속을 인정하지 않게 되면 급부자는 소유권자이면서도 소유권을 행사하지 못하고, 반대로 점유자인 수령자는 반환청구를 당하지 않고 소유자처럼 이용을 할 수는 있어도 소유권은 없는 것이 되어 權利歸屬이 불명확해지고, 특히 부동산에서는 登記名義와 所有權歸屬이 분리되어 법률관계를 복잡하게 하므로 거래의 안전을 해칠 우려가 있어 사회적으로도 바람직하지 않다는 것이 논거이다.[212][213]

(나) 相互制約說　　불법원인급여에 있어서의 「급부」의 개념에 관하여 상대방에게 교부된 것은 모두 독립한 「급부」에 해당한다고 보고, 그리하여

---

210) 대표적으로 大判 77.6.28, 77다728(公 1977, 10173) 참조. 지금도 物權的 請求權에 대한 民 § 746의 적용부정설을 전제로 給與者에게 소유권이 남아 있다고 보아야 한다는 견해는, 鄭相鉉(註 16), 115 참조.

211) 大判(全) 79.11.13, 79다483(公 1980, 12338); 大判 89.9.29, 89다카5994(公 1989, 1578); 大判 99.6.11, 99도275(公 1999, 1451). 日最判 昭 45(1970).10.21(民集 24-11, 15); 日最判 昭 46(1971).10.28(民集 25-7, 1069)도 같다.

212) 徐 晟(註 60), 75. 同旨 金錫宇(註 17), 629; 金先錫(註 17), 206. 高翔龍, "不法原因給與效力과 反射的 所有權取得", 法律新聞 1368호도 同旨로 이해된다. 日本에서는 有泉亨(註 111) 695-6; 谷口知平(註 9), 166; 安達三季生(註 100), 274-5; 田山輝明(註 60), 159 등 참조.

213) 일본에서, 所有權의 受益者歸屬論은 일본 민법 제정 당시 法典調査會의 논의과정에서 이미 제기된 바 있다. 谷口知平(註 9), 39 참조. 또한 判例上으로는 도박에서 패자가 승자에게 교부한 돈을 탈취한 것이 強盜罪를 구성하느냐에 대한 刑事事件에서 처음 채택되었다고 한다. 安達三季生(註 100), 274-5 참조.

예컨대 건물을 불법으로 증여하고 인도만 한 경우에도 그 인도만으로도 급부가 있었다고 보기 때문에, 증여자의 반환청구는 民 § 746에 의하여, 수증자의 이전등기청구는 民 § 103에 의하여 각각 부인되고, 그 결과 급부목적물의 소유권귀속은 一義的으로 정해지지 않고 급부자와 수령자가 相互制約關係에 서게 된다는 견해이다. 이렇게 보면 수령자의 時效取得 등 다른 사정이 생기기 전까지는 점유자와 등기명의인이 일치하지 않게 되어 법률관계가 명료하지 못하게 되지만, 不法當事者로부터의 청구를 거절하는 것이 民 § 746와 民 § 103의 논리적 귀결이라면 적어도 당사자간에서는 상호간 權利制約을 받는 동결상태를 유지하는 것이 타당하다고 한다.[214] 다만 제 3 자에 대한 관계에서는, 위와 같은 경우 수증자는 목적물을 사실상 사용하는 이익을 가지는 데 불과하므로 증여자로부터 목적물을 양수한 제 3 자는 항상 수증자에 우선한다는 견해가 있는 반면,[215] 그 제 3 자가 불법원인급여 사실에 대하여 惡意이거나, 善意이더라도 重過失이 있으면 제 3 자와 수증자 사이에서도 여전히 상호제약관계가 유지되고, 善意·無重過失인 때에만 완전한 소유권을 취득하게 되어 수증자를 상대로 목적물의 인도를 청구할 수 있으며, 이 때 수증자는 증여자를 상대로 사실상 사용이익의 침해를 이유로 손해배상을 청구할 수 있다는 견해도 있다.[216)]

㈐ 各說에 대한 비판과 검토 　　反射的 效果說은, 불법원인에 의한 수증자가 등기명의만 이전받으면 급부가 완성되어 수증자에게 소유권이 귀속된다고 보므로 목적물을 인도받지 못한 수증자가 소유권에 기한 인도청구를 하면 인용할 수밖에 없다고 하지만, 이렇게 보면 법률관계는 명확해질지 몰라도 결국은 民 § 103에 위반한 증여계약의 이행에 국가가 실질적으로 조력하는 셈이 되어 民 § 746와 民 § 103가 교차하는 법률관계에 있어 법취지를 관철시키는 데 실패하게 된다는 비판을 받고,[217] 또한 反射的 效果라는 개념으로 物權行爲의 有因性에 대한 예외를 쉽사리 인정할 수 있을 것인가 하는 점, 그리고 적법한 원인에 의하여 취득한 소유권과 동일한 효력을 인정할 수 있는지에 대하여 의문을 제기하는 견해도 있다.[218]

214) 寸田 彰, "不法原因給付と所有權の歸屬", 安達三季生 編, 債權法重要論点硏究(1988), 184-5; 川井 健(註 58), 181; 好美淸光(註 38), 25 등 일본에서 有力說로 등장한 이른바 "兩すくみ說"이다.

215) 能美, 判例批評, 法學協會雜誌 90-9, 1206[寸田 彰(註 214), 181에서 再引用].

216) 寸田 彰, "不法原因給付と所有權の歸屬", 安達三季生(註 214), 184-5.

217) 寸田 彰(註 214), 182; 石神兼文(註 61), 59.

218) 石神兼文(註 61), 58; 谷口知平(註 9), 196. 반사적으로 귀속된 소유권과 통상의 계약에 의하여 이전된 소유권을 동일하게 보는 견해는 田山輝明(註 60), 159가 있다. 註 61

반면 상호제약설은 반사적 효과설에 비해서는 현행법 규정에 보다 충실한 해석으로 보인다. 왜냐하면, 民 § 746는 반환청구권의 부존재만을 규정하고 있을 뿐이어서 소유권귀속의 근거규정으로 보는 것은 다분히 확장해석으로 보이는 점, 급부수령자가 불법인 원인행위를 근거로 이행청구를 하는 대신 반사적으로 취득한 소유권에 기하여 부동산의 명도 등을 청구하면 결국 인용될 수밖에 없을 것이나, 이는 결과적으로 民 § 103의 취지에 배치되는 것이 되기 때문이다.[219)]

그러나 상호제약설에 따라 民 § 746가 적용되더라도 所有權移轉의 효과는 생기지 않는다고 하면 목적물의 소유권은 급부자에게 잔존하지만 民 § 746의 적용결과 그 점유의 반환 또는 등기의 말소청구는 불가능하게 된다. 그 결과 급부목적물에 대한 處分權能은 급부자가 보유하고,[220)] 使用·收益의 權能은 수령자가 보유하는 복잡한 권리상태가 불가피하게 발생하게 되고, 이렇게 되면 예컨대 제 3 자의 占有侵奪에 대하여 급부자는 所有者로서, 수익자는 占有者로서 각각 방해배제를 청구할 경우 권리관계의 혼잡이 예상되고, 또한 登記와 占有가 함께 이전된 경우 급부수령자의 登記名義를 믿고 목적물을 양수하거나 담보권을 취득한 善意의 제 3 자가 피해를 입을 우려가 생긴다.[221)] 또한 「相互制約關係」를 어느 범위에서 인정할 것이냐도 문제이다. 예컨대, 불법원인에 의

부분 참조.

219) 雙方不法으로 급부자의 반환청구는 民 § 746에 의하여 不可이고 수익자의 이행청구도 民 § 103에 의하여 不可인 경우, 예컨대, 불법원인으로 移轉登記만 해 주고 占有의 이전은 않고 있는 상황이면, 증여자의 등기말소청구나 수익자의 명도청구는 모두 배척되어야 할 것인데, 유독 民 § 746만을 적용하여 수익자만 일방적으로 보호할 이유는 없지 않은가 하는 점, 그리고 법률관계의 명료한 정리는 적어도 불법원인급여의 당사자간에는 불필요한 것이고, 제 3 자가 개입되었을 때 비로소 보호가치 있는 제 3 자의 보호를 위한 논리를 적용하면 족한 것이 아닌가 하는 점이다. 好美清光(註 38), 24-5 참조.

220) 상호제약설에 의할 때, 점유 외에 소유권이전등기까지 넘겨 주었다면 소유권이 누구에게 귀속하느냐에 관하여 다소 불명확한 점이 있다. 상대방에게 교부된 것 자체를 독립한 「급부」로 본다면, 「이전등기」의 경우 불법원인에 의한 「급부」는 그 「등기명의」일 뿐인지, 아니면 그 등기명의에 의하여 표상되는 「권리」까지인지 하는 점이다. 부동산물권변동에 관하여 이른바 대항요건주의를 취하고 있는 일본의 학설이 불법적인 증여계약을 원인으로 점유를 이전한 경우에 관하여 소유권은 급부자에게 잔존하는 것으로 해석하는 것에 비추어, 우리 법의 해석론으로 상호제약설을 도입한다면, 소유권이전등기가 경료되었더라도 실체적 소유권은 급부자에게 잔존한다고 해석할 것으로 보인다. 그것이 民 § 103의 취지를 관철시키려는 위 학설의 취지에 부합하기 때문이다. 이렇게 보면 급부자에게 잔존하는 소유권은 결국 처분권능이 된다. 만약 處分權能까지 급부수령자가 가진다고 보면, 소유권이 급부자에게 잔존한다는 의미는 전혀 없으므로, 급부자의 소유권 보유를 인정하는 한 처분권능의 잔존은 최소한의 요건일 것이다.

221) 급부자와 급부수령자로부터 각각 양수한 善意의 제 3 자가 있을 때 등기를 신뢰한 수익자로부터의 양수인을 보호할 것인지, 실체관계에서 처분권능을 가진 급부자로부터의 양수인을 보호할 것인지 문제이고, 어느 쪽을 택하든 거래의 안전은 위협받을 수 있다.

한 채무담보 목적으로 된 抵當權設定登記에 대해서도 「급부해당성」을 인정하고, 그에 따라 급부자는 말소청구를 하지 못하고 수령자는 저당권실행을 할 수 없는 相互制約을 받게 된다고 볼 것인지, 만약 그렇게 본다면 공연히 법률관계만 복잡해지는 외에 수령자에게 어떤 이득이 있는 것인지 의문이다.[222] 그러므로 權利關係의 복잡성을 제거하고 給付受領者로부터 권리를 轉得한 제3자의 보호 등 去來의 安全을 도모하기 위해서는, 수령자가 소유권이전을 내용으로 하는 급부를 수령하고 民 §746에 의하여 그 급부의 반환의무를 부담하지 않는 것으로 인정되는 한, 그 목적물에 대한 使用·收益의 權能은 물론 處分權能까지도 수령자에게 이전하는 것으로 봄이 상당할 것이므로 反射的 效果說이 타당하다고 본다.[223]

다만, 반사적 효과설에 대해서는 급부자의 소유권상실과 수익자의 소유권취득, 즉 權利變動을 인정하는 實定法的 근거가 박약하다는 문제점이 지적되어야 할 것 같다. 즉, 근본적으로 民 §746는 權利行使障碍規定이지 權利發生根據規定은 아닐진대 반사적 효과설은 결과적으로 이 규정을 權利取得의 근거규정화함으로써 解釋論의 한계를 넘은 것이 아닌가 하는 점이다. 엄밀하게 보면 民 §746에 의한 반환청구의 부정이 반드시 소유권의 상실로 연결되어야 할 필연적인 이유는 없는 것이고,[224] 그런 점에서 반사적 효과설의 이론구성에는 어느 정도 논리적 비약이 있음을 부인하기 어렵다. 그러므로 이론적 측면에서 不法原因給與制度를 債權的 基礎 없이 소유권의 原始取得을 인정하는 善意取得이나 取得時效 제도와 같은 權利體系에 포섭시키는 노력이 필요하다는 지적은[225] 의미가 있다고 할 것이지만, 궁극적으로는 立法論的인 접근이 고려되어야 할 것이다.

㈑ 反射的 效果說에 의한 所有權取得의 性格 비록 적극적인 권리

222) 相互制約說을 주장하면서도 당사자의 형평, 거래의 안전보호 등을 고려하여 예외적으로 상호제약관계가 인정되지 않는 경우가 있을 수 있다는 견해가 있다. 寸田 彰(註 214), 183. 그러나 역시 그 한계는 불분명하다.

223) 安達三季生(註 100), 275.

224) 예컨대 불법원인에 의한 급부자라도 그 직접수령자에 대해서는 民 §746로 인하여 반환청구를 하지 못하지만, 그 목적물을 無斷占有하고 있는 제3자(불법원인으로 급부된 토지 위에 무단으로 건축을 한 제3자 등)에 대해서는 급부수령자의 사용수익을 방해하지 않는 한도에서 소유권에 기한 방해배제청구(건물철거청구 등)를 인정할 수도 있는 것이다. 또한 論理展開의 순서상, 판례이론처럼 급부자가 반환청구를 할 수 없으므로 수령자가 소유권을 취득하는 것이 아니라, 소유권이 급부수령자에게 귀속하므로 물권적인 반환청구권도 당연히 인정될 수 없다는 구조를 취하여야 순리이다.

225) 高翔龍, 民法總則(1990), 386-7.

취득 원인사실이 없이 반환거부의 반사적 효과로 소유권이 변동된다고 하더라도, 일단 급부수령자에게 소유권이 인정된 이상, 그 내용은 適法原因에 의하여 취득한 일반 소유권과 다름이 없다고 할 것이다. 따라서, 급부자는 급부의 반환청구는 물론 급부상대방이 아닌 제 3 자에 대해서도 妨害排除請求나 不法占有로 인한 損害賠償請求 등 所有權侵害를 이유로 하는 일체의 청구를 할 수 없다.

이 때 급부수령자의 소유권취득은 原始取得인가 承繼取得인가? 反射效에 의한 소유권취득은 이론상 時效取得에서처럼 原始取得으로 볼 수밖에 없다는 듯한 견해도 있으나,[226] 불법원인급여에 의한 권리변동은 급부 당시의 권리상태를 기준으로 하여 그 급부된 것의 반환이 차단됨으로써 생기는 것에 지나지 아니하므로, 급부목적물에 부착된 權利의 負擔이나 사실상의 결함은 反射效에 의한 소유권변동에도 불구하고 소멸되거나 치유됨이 없이 원래 부착된 상태 그대로 존속한다고 볼 것이며,[227] 이렇게 보아야만 불법원인급여 이전에 정당하게 권리를 취득한 제 3 자가 피해를 입는 부당한 결과가 방지될 수 있다.

㈐ 民 § 746 但書가 적용되는 경우의 所有權 問題 　오로지 수익자에게만 불법원인이 있거나 수익자의 불법이 현저히 커서 民 § 746 단서가 적용 또는 준용되어 부당이득반환청구가 인정되는 경우에, 소유권귀속은 어떻게 되는가? 불법의 원인에 의한 급부이므로 일단 수령자에게 소유권이 귀속되고 급부자는 債權的인 返還請求權만을 가진다고 볼 것인가, 아니면 위와 같은 경우에는 당초부터 所有權變動은 없고 급부자가 계속 소유권을 보유하는 것으로 볼 것인가 하는 문제이다. 급부수령자로부터 급부물을 양수하거나 저당권을 설정받은 제 3 자의 보호 여부에서 차이가 생기게 된다. 民 § 746를 근거로 한 권리변동은 반환청구가 부정되는 것을 전제로 한 反射效로서 인정되는 것이므로, 비록 급부과정에 불법의 원인이 개재되어 있다 하더라도 民 § 746 단서의 적용 등으로 반환청구가 인정되는 경우라면 위와 같은 反射效 자체가 생길 여지가 없다. 따라서 이 때는 物權行爲 有因論의 원칙으로 돌아가 당초부터 소유권변동은 없는 것으로 봄이 상당하고, 그 결과 급부수령자와의 법률행위로 이해관계를 맺은 제 3 자는 비록 善意라고 하더라도 보호받을 수 없다고 본다.[228]

226) 石神兼文(註 61), 59.
227) 松坂佐一(註 171), 333; 安達三季生(註 100), 276.
228) 李銀榮(註 20), 533이 "物權的 請求權에 의해서도 반환청구가 금지되는 것은 제746조

3. 給付者 以外의 者가 하는 返還請求

불법원인급여이기 때문에 급부자 본인은 반환청구를 할 수 없다고 할 때, 그 급부자의 지위에 법적 이해관계를 가지는 제3자가 하는 반환청구는 허용될 수 있느냐가 문제되는 몇 가지 경우가 있다.

(1) 代理人·包括承繼人·受贈者

급부자의 代理人, 相續人 등 包括承繼人, 受贈者와 같은 特定承繼人이 반환청구를 하는 경우에는 비록 청구자 본인에게는 아무런 불법원인이 없다고 하더라도, 代理人은 본인의 권리를 행사하는 것이며, 承繼人은 被承繼人의 권리의 하자도 동시에 승계하는 것이므로 수익자는 불법원인급여의 항변으로 대항할 수 있다.[229)]

(2) 債權讓受人

급부자로부터의 채권양수인에 대해서도 수령자는 그 債權讓渡에 대하여 異議를 보류하지 아니하고 승낙한 바가 없는 이상 불법원인급여의 항변으로 대항할 수 있다.[230)] 異議의 보류 없이 승낙한 경우에도 양수인이 惡意이거나 善意이지만 重過失이 있는 경우에는 대항이 가능하다.[231)]

(3) 代位債權者

불법원인급여에 대하여 그 급부자의 채권자가 債權者代位權을 행사하여 반환을 청구하는 것은 허용되는가. 이 문제는 주로 不動產 二重讓渡에서 제2의 양수인이 二重讓渡에 적극가담하는 등 사회질서 위반의 사정이 인정될 때 제1 양수인이 양도인을 대위하여 반환청구를 할 수 있다고 보는 판례이론을 어떻게 합리적으로 이해할 수 있는가를 둘러싸고 논의가 전개되고 있다.[232)]

本文에 해당하는 경우에 한정됨은 물론이다"고 한 것도 같은 취지로 이해된다. 大判 99.9.17, 98도2036(公 1999, 2267)이, 포주가 윤락녀가 받은 화대를 보관하다가 임의소비한 경우에, 포주의 불법성이 윤락녀의 그것보다 현저하게 크므로 "민법 제746조 본문의 적용은 배제되어 피해자가 피고인에게 보관한 화대의 소유권은 여전히 피해자에게 속하는 것"이라고 하여 횡령죄의 성립을 긍정한 것도 같은 취지라고 할 수 있다.

229) 金文洙(註 104), 194; 日注民(18), 695; 松坂佐一(註 95), 108.

230) 大判 62.4.4, 61다1296(集 10-2, 27). 반대설로는, 채권이 任意讓渡된 경우에는 양도인의 "더러운 손"이 인계되므로 讓受人도 반환을 청구할 수 없지만, 기존채무의 代物辨濟로 불법원인으로 한 급부의 不當利得返還請求權을 양수한 경우라면 양수인은 「오염된 손의 承繼者」는 아니므로 반환청구를 할 수 있다고 하는 주장이 있다. 本田純一, "破產管財人による步合報酬の返還請求と不法原因給付", 判例時報 1385(91.8.), 195.

231) 채권양도에 관한 이른바 公信說의 입장이다. 民法注解(10), 594(李尙勳 집필부분) 참조.

232) 일본에서 債權者代位權에 의한 반환청구 일반에 대하여, 返還請求不可說은 松坂佐一(註 105), 194; 我妻 榮(註 106), 1745; 四宮和夫, 事務管理·不當利得·不法行爲(上),

私見으로는, 대위채권자가 행사하는 채권은 결국 급부자의 수령자에 대한 불법원인급여의 반환청구권임에도 그 채권을 채권자대위의 방식으로 행사한다고 하여 民 § 746의 적용을 일반적으로 배제하는 것은 법리상으로 무리이고 실제상으로도 반드시 바람직한 것만은 아니다. 오히려 대위채권자의 청구에 대해서도 급부자와 수령자의 관계만을 기준으로 원칙적으로 民 § 746의 적용을 긍정함이 옳고,[233] 다만 한정된 범위에서 債權者代位權의 인정배경과 규범목적 등 구체적 사정을 고려하여 民 § 746의 적용을 제한하는 이론에 의하여 개별사건의 공평을 꾀함이 타당할 것이다.[234]

(4) 債權者取消權者

급부자의 채권자가 債權者取消權을 행사하여 급부의 반환을 구하는 것은 급부자의 수령자에 대한 권리를 전제하는 것이 아니므로, 급부가 不法原因給與에 해당하더라도 債權者取消權 행사의 요건을 갖추고 있기만 하면 급부의 原因行爲를 취소하고 반환을 청구할 수 있다.[235]

(5) 破產管財人

破產管財人이 破產者의 불법원인에 의한 급여의 반환청구권을 행사하는 경우에는 民 § 746의 적용이 배제되는가? 適用肯定說은 파산관재인도 파산채무자 이상의 권리를 갖지 못한다는 점을 근거로 하고,[236] 適用否定說은 파산관재인은 파산자의 권리를 행사하는 것이 아니고 독자의 입장에서 債權者 전원을 위하여 행동하는 것이라거나,[237] 급부자의 비난성에 대한 제재의 의미가 없는 경우에는 반환청구를 거부할 이유가 없다는 이유로 破產管財人의 반환청구는 인용되어야 한다고 주장한다.[238] 생각건대, 이 문제는 우선 破產管財人이 행사하는 권리가 破產法上의 否認權에 기한 것인지, 아니면 破產財團의 대표로서 그 재산에 대한 일반적 관리의 차원에서 반환청구를 하는 것인지를 구분하여야 한다. 否認權은 破產法에 발생요건 등에 대한 상세한 규정이 있고(破 § 64), 否認權의 행사에 따른 급부의 반환청구는 破產者의 권리를 기초로 하는 것이

179 이하; 山田幸二(註 205), 129. 返還請求肯定說은 日注民(18), 695; 谷口知平(註 9), 18; 中川毅, 不法原因給付と信義衡平則, 59; 本田純一(註 230), 195 참조.

233) 同旨 金文洙(註 104), 194.

234) 상세는 後述 Ⅸ의 5 참조.

235) 金錫宇(註 17), 630; 山田幸二(註 205), 129.

236) 宋德洙(註 19), 440.

237) 我妻 榮(註 106), 1162.

238) 日注民(18), 694.

아니므로 이 경우 受益者는 民 § 746의 항변으로 대항할 수 없다.[239] 그러나 否認權의 대상이 아닌 급부, 예컨대 給付受領者가 파산채권자를 해하게 되는 사실을 알지 못한 경우에는 否認權의 대상은 되지 않지만(破 § 64 i 但書), 이 때도 파산관재인은 破産財團의 재산에 대한 일반적인 管理權에 기하여 수익자를 상대로 부당이득반환 등 급부의 반환을 청구할 수 있을 것이나(破 § 175), 이 경우는 실질적으로 破産者의 권리를 행사하는 것이므로 수익자는 民 § 746의 항변으로 대항할 수 있다고 할 것이다.[240][241]

239) 否認權 행사의 경우 반환청구를 긍정하는 견해로는, 金錫宇(註 17), 630이 있고, 山田幸二(註 205), 129 등 일본에서도 통설이다. 日大判 昭 6(1931). 5. 15(民集 10, 327)도 同旨(이에 대한 評釋은, 福井勇二郞, "不法原因給付と否認權", 法學協會雜誌 52-1, 166 이하 참조).

240) 獨逸에서는, 破産管財人이 행사하는 破産者의 不當利得返還請求權에 관하여 불법원인급여에 관한 獨民 § 817 第2文의 적용을 부정하는 判例가 있었다(BGHZ 19, 338, 340; BGH NJW 1962, 438f.). 그러나 학설은 거의 일치하여 반대하면서, 破産管財人에게는 비난가능성이 없다거나 부당이득이 파산채권자들의 이익을 위하여 반환되어야 한다는 점만으로는 "누구도 자신이 가지는 것 이상의 권리를 다른 사람에게 양도할 수 없다"는 근본원칙의 예외를 인정하기에 부족하며, 破産債權者가 破産者보다 더 유리한 지위를 가질 수 있는 것은 破産法上의 否認權의 제도에 의하여만 가능하다고 주장하였고, 그 후 判例도 通說을 따르는 것으로 변경되었다(BGHZ 106, 169, 171ff.). 尹眞秀(註 80), 97-8에서 인용. 그러나 이 문제에 대한 독일에서의 논의는 형식적인 데 그치고 있고 일본만큼 진전되어 있지 못하다는 주장은 本田純一(註 235), 195 참조.

241) 이 문제는 파산관재인의 법률상 지위에 관한 입장차이와도 직결된 문제이기는 하나, "파산관재인 스스로 실체법상이나 소송법상의 효과를 받는 것은 아니고 어디까지나 타인의 권리를 기초로 하여 실질적으로 이를 대리 내지 대표하는 것"에 지나지 않는다고 한 大判 90. 11. 13, 88다카26987(公 1991, 57) 참조. 또한 日大判 昭 7(1932). 4. 5(判例本係 破産法 和議法 會社更生法(2), 1313-2)는, 破産者가 불법원인급부에 관하여 부당이득반환청구권이 없는 터에 파산관재인은 그 청구권을 갖는다는 법리는 없다고 하여 同旨. 이와 반대로 大阪地判 昭 62(1987). 4. 30(判例時報 1246, 36) 및 大阪地判 平 1(1988). 9. 14(判例タイムズ718, 139)는, 破産管財人이 破産者의 반환청구권을 직접행사한 사례임에도 否認權 행사의 경우와 마찬가지로 불법원인급여의 항변을 배척하였다. 파산자의 급부가 불법원인급여에 해당하더라도, 부당이득반환청구권 자체는 발생요건을 충족하는 한 당연히 발생하여 破産財團에 속하게 되고, 파산관재인은 破産法에 기한 고유의 권한을 가진 독립의 法主體이므로 그 권리행사도 파산자의 그것과는 별도 판단하여야 한다는 것이 근거이다. 上原敏夫, "管財人による步合報酬の返還請求", 新破産判例百選(別冊ジュリスト106), 235 및 本田純一(註 230), 194는 이 판결을 지지하면서, 불법원인급여의 반환을 불허하는 취지는 裁判上 救濟를 구하는 자는 「더러운 손」이어서는 안 된다는 클린핸드의 원칙에 있으므로, 破産財團에 속한 부당이득반환청구권을 클린핸드인 破産管財人이 행사하는 한 반환이 불허될 이유가 없다고 한다. 같은 논리의 연장선에서 급부자의 返還請求權의 押留債權者(推尋債權者 또는 轉付債權者를 뜻하는 것으로 이해된다), 債權讓受人, 代位債權者에 대해서도, 급부자의 「더러운 손」을 인계받은 것으로 인정되는 예외적인 사정이 없는 한, 반환청구가 인정되어야 한다고 주장한다. 또한 통정허위표시에 관하여 파산관재인의 제3자성을 인정한 大判 2003. 6. 24, 2002다48214(公 2003, 1581) 참조.

Ⅷ. 民 § 746 但書 및 不法性比較論

1. 民 § 746 但書의 취지

民 § 746는 본문에서 不法原因給與는 반환을 청구하지 못한다는 원칙을 선언하면서 但書에서 "그러나 그 불법원인이 수익자에게만 있는 때에는 그러하지 아니하다"고 하여 본문에 대한 例外를 규정하고 있다. 이를 문자적 표현 그대로 읽게 되면, 불법원인이 오로지 수익자에게만 있고 급부자에게는 전혀 불법성이 없는 경우를 규정한 것으로 보이지만, 이러한 경우라면 불법원인급여의 본질에 관하여 어떠한 견해를 취하든 그 반환청구를 부정하고 수익자로 하여금 급부를 보유하게 할 아무런 이유가 없다.[242] 따라서 民 § 746 단서를 법문 그대로 평면적으로 해석하는 한 당연한 법리를 확인한 규정에 지나지 않는다.

그러나 불법원인에 의한 급부가 전적으로 일방 당사자만의 불법에 의하여 이루어지는 경우는 지극히 드물고, 현실적으로는 급부의 제공자와 수령자 쌍방이 적극적이든 소극적이든 각각 어느 정도씩은 그 불법의 형성에 관여하고 있는 것이 보통이다. 그럼에도 불구하고 民 § 746의 본문과 단서를 문자적 표현 그대로 엄격하게 해석·적용하면, 급부자에게 조금이라도 불법성이 있으면 상대적으로 수익자의 불법성이 아무리 크더라도 반환청구는 부정될 수밖에 없다. 그러나 그와 같은 엄격한 文理解釋만으로는 구체적 타당성을 얻기 어렵기 때문에, 현재의 학설은 民 § 746 단서의 적용범위를 문자적 표현보다 넓혀서 해석·적용하거나, 수익자의 불법성이 상대적으로 큰 경우에는 본문 규정의 적용이 배제된다는 것을 일반론으로 전제하면서 단서 규정은 그 예시에 불과한 것으로 해석하는 등 단서의 적용 내지 유추적용에 의하여 본문의 적용범위를 좁히는 방향으로 해석론을 전개하고 있다. 예컨대, 한 쪽의 不法性이 다른 쪽보다 매우 큰 경우에는 다른 쪽의 不法性은 없다고 보더라도 무방하다고 하면서 수익자와 급부자의 불법성에 현저한 차이가 있는 경우는 일방의 불법으로 치부할 수 있어서 단서 규정이 직접 적용된다고 보는 견해는 단서의 적용범위 자체를 확장하여 해석하는 견해이다.[243] 반면 위 단서 규정은 연혁적으로 "平

242) 前述 Ⅲ의 4 부분 참조.
243) 宋德洙(註 19), 444.

等不法의 경우에는 占有者측이 優位에 있다"는 法諺에서[244] 유래하는 것이므로 쌍방의 불법성이 대등한 경우라면 반환청구가 부정되나 不法性이 輕한 측이 重한 측에 대하여 하는 반환청구는 인정하는 것이 형평에 맞고 본조 단서는 바로 이 경우에 해당한다고 하는 견해는 위 단서를 例示的 規定으로 보는 대표적 학설이라고 할 수 있다.[245]

2. 不法性比較論

民 § 746의 본문과 단서에 관하여 엄격한 文理解釋을 고수하면 상대적으로 훨씬 큰 불법을 저지른 수익자가 급부자의 희생 위에 급부를 보유하게 되는 부당한 이익을 향유하게 되어 당사자 사이의 具體的 正義에 어긋나는 결과가 될 공산이 크다. 여기에서 종래 일본에서 급부자와 수익자의 불법성을 비교하여 수익자의 불법성이 상대적으로 또는 현저히 큰 경우에는 民 § 746 단서를 類推適用하여 급부의 반환청구를 인정하자는 견해가 제시되어 通說·判例가 되었고,[246] 그 후 우리 나라에 도입되어 결국 判例도 이를 받아들여, "민법 제746조에 의하면 급여가 불법원인급여에 해당하고 급여자에게 불법원인이 있는 경우에는 수익자에게 불법원인이 있는지의 여부나 수익자의 불법원인의 정도 내지 불법성이 급여자의 그것보다 큰지의 여부를 막론하고 급여자는 그 불법원인급여의 반환을 구할 수 없는 것이 원칙이라 할 것이나, 수익자의 불법성이 급여자의 그것보다 현저히 크고 그에 비하면 급여자의 불법성은 미약한 경우에도 급여자의 반환청구가 허용되지 않는다고 하는 것은 공평에 반하고 신의성실의 원칙에도 어긋난다고 할 것이므로 이러한 경우에는 민법 제746조 본문의 적용이 배제되어 급여자의 반환청구는 허용된다고 해석함이 상당하다"고 하였다.[247]

다만, 학설상 급부자와 수익자의 不法性의 差異가 어느 정도일 때 반환청구가 긍정될 수 있는가에 관해서는 견해가 반드시 일치되어 있는 것 같지는

244) "쌍방의 반도덕성이 동일한 경우에는 점유하고 있는 자의 지위가 보다 우월하다(in pari turpitudine melior est causa possidentis)"는 로마법상의 원칙을 의미하는 것으로 보인다.

245) 日注民(18), 706.

246) 日注民(18), 706-8 등. 일본판례도 처음에는 불법성의 비교에 의한 但書適用論을 부정하였으나, 最判 昭 29(1954). 8. 31에 의하여 처음 수용된 이후 확고한 판례로 자리잡았다. 後述 註 267의 사례 참조.

247) 大判 93. 12. 10, 93다12947(公 1994, 345); 大判 97. 10. 24, 95다49530, 49547(公 1997 하, 3570); 大判 99. 9. 17, 98도2036(公 1999, 2267).

않다. 다수설은 판례와 같이 수익자의 불법성이 급부자의 불법성에 비하여 「顯著하게」 또는 「壓倒的으로」 커야 한다고 하는 데 비해,[248] 불법성 차이의 정도에 대해서는 따로 언급함이 없이 단순히 불법성이 약한 측에서 강한 측에 대하여 하는 반환청구는 인용함이 타당하다고 하여 大小·强弱의 단순비교만을 기준으로 하는 듯한 견해도 있고,[249] 나아가 不法性의 비교·형량에 의한 差額만큼의 반환청구를 인정함이 타당하다는 견해까지 있다.[250]

위와 같은 不法性比較論에 대해서는, 우선 民 § 746의 규정내용 자체를 수정하는 것이므로 지나친 것이고, 불법성의 판단이 자의적이 될 가능성이 있을 뿐 아니라 그 평가와 비교가 대단히 어렵다는 점, 불법성의 대소 비교에 의하여 반환청구를 넓게 인정하면 급부의 목적을 달성하지 못할 경우에는 급부의 반환을 받을 수 있고 심지어 목적이 달성된 경우에도 반환청구가 인용될 수 있어 투기의 목적으로 악용될 가능성조차 있다는 점 등을 지적하는 비판이 있다.[251]

3. 民 § 746 但書의 適用範圍와 不法性比較論에 대한 검토

생각건대, 民 § 746 단서가 표현 그대로 오로지 수익자에게만 불법성이 있고 급부자에게는 전혀 불법성이 없어야만 적용된다고 하면 그 규정은 실질적으로 존재할 이유가 없다. 왜냐하면 그러한 경우라면 급부자가 반환청구를 함에 있어 자신의 불법을 원용하는 것 자체가 성립하지 아니하므로 불법원인급여제도의 본질론으로부터 당연히 본문의 적용은 배제될 것이고, 시각에 따라서는 그러한 경우에는 행위전체가 불법성이 없는 것이어서 근본적으로 불법원인급여에 해당하지 않는다고 볼 수도 있다.[252] 따라서 民 § 746 단서는 오히려 급부자와 수익자 쌍방에 어느 정도씩의 불법성은 있지만 관련된 제반 사정에 비추어 볼 때 급부자의 반환청구를 부정하는 것이 당사자 사이의 구체적

248) 金先錫(註 17), 207; 李銀榮(註 20), 529 등. 특히 金文洙(註 104), 199은 民 § 746 단서는 급여 자체는 불법이라도 수익자의 불법원인과 비교한다면 급여자의 불법원인은 비난받아야 할 사정이 거의 없다고 볼 수 있는 경우를 예상한 것이므로, 불법성의 단순비교로써 본문에 대한 예외를 지나치게 확대시키는 것은 입법취지에 반하는 것이고 나아가 불법원인급여제도 자체의 존립마저 위태롭게 할 염려가 있다는 것을 논거로 한다. 三島宗彦(註 107), 11과 同旨.

249) 金疇洙(註 17), 574; 金錫宇(註 17), 639; 谷口知平(註 9), 174.

250) 林正平(註 17), 321.

251) 宋德洙(註 19), 444-6.

252) 金先錫(註 17), 207.

정의에 명백하게 배치되는 경우라면 본문의 적용이 배제된다는 법원리를 선언하고 있는 것으로 전환 해석할 때 비로소 그 존재의의가 인정될 수 있다. 그러므로 위 단서 규정은 直接適用이든 類推適用이든 어떤 형태로든 문자적 표현을 넘어서 그 적용범위가 확장되어야 할 법리적·현실적 필요가 있다.

不法性比較論도 바로 이러한 이해의 토대 위에서 위 단서 규정의 적용범위를 확장하는 기준의 하나로 불법성의 비교라는 분석도구를 도입한 것으로 보아도 무방할 것이다. 그에 대한 비판론이 지적하는 여러 문제점은 부분적으로 수긍이 가지만, 그렇다고 하여 당사자 사이의 구체적 정의가 현저하게 훼손되는 경우에조차 民 § 746의 문리적 해석만을 고집하는 것은 더욱 부당한 결과를 초래할 수 있다는 점에서 現實問題의 해결에 있어 이를 그대로 수용하기는 어렵다.[253] 결국 民 § 746 단서를 문자적 표현 이상으로 확대적용하는 것이 불가피하다고 한다면, 不法性比較論은 그러한 해석론의 전개에 있어 대단히 유용한 해석지표가 되는 것으로 평가되어도 좋을 것이다. 다만, 종래의 不法性比較論처럼 불법성의 大小·強弱의 計量的 比較만에 의하여 民 § 746 본문 적용의 배제 내지 단서의 유추적용 여부를 결정하는 것은 문제가 있다. 불법성의 정도만으로 보면 급부자가 수익자보다 약하더라도 불법성의 내용이 매우 중대한 反道德性이나 社會的 惡性을 반영하고 있는 경우에는 반환청구가 부정되어야 할 경우가 있는 반면,[254] 급부에 이른 경위에 있어 수익자의 欺罔·誘引 등이 개재되어 있거나 급부의 목적이나 동기 등 여러 정황에 비추어 급부자의 불법성이 큰 경우에도 반환청구가 인정되어야 할 경우는 얼마든지 있을 수 있다. 그러므로 不法性比較論은 일반규정으로서의 民 § 746의 본문과 단서를 적용하는 판단요소의 하나로 불법성의 비교가 중요한 고려요소가 된다는 정도의 의미로 제한적으로 보는 한 수긍할 수 있으나, 전적으로 불법성의 정도 비교만을 기준으로 반환청구의 가부를 결정하는 논리라면 받아들이기 어

253) 비판론에서도 한 쪽의 불법성이 다른 쪽보다 현저하게 큰 경우에는 다른 쪽의 불법성은 없는 것으로 보아도 무방하므로 단서 규정을 적용할 수 있다고 하지만[宋德洙(註 19), 444], 이 역시 법적 근거가 없기는 마찬가지이고 결국 단서 규정의 확대적용론에 의하여 구체적 정의를 도모하고자 하는 점에서는 不法性比較論과 차이가 없다.

254) 예컨대, 수익자가 공무원과의 친분관계를 과시하면서 부정한 청탁을 알선해 주겠다는 제의를 하는 등 급부자를 유인하여 청탁교제비를 지불받은 경우, 평가에 따라서는 수익자의 불법성이 급부자에 비하여 현저하게 클 수가 있으나, 뇌물 또는 부정한 청탁의 교제비로 제공한 급부는 그 성격상 급부자와 수익자의 불법성의 상대적 강약에 상관없이 반환이 거부되어야 할 것이다. 大判 91. 3. 22, 91다520(公 1991, 1249)도 같은 취지로 이해될 수 있다.

렵다.

결국 실제적인 문제의 핵심은 民 § 746 단서의 취지를 유추하여 확대적용함으로써 본문의 적용을 배제하고 반환청구를 인용하는 判斷基準의 설정에 귀착된다 할 것인바, 이는 궁극적으로 급부자의 反道德性 내지 不法性이 반환청구를 거부할 정도로 法的 保護價値가 없다고 인정될 정도에 이르렀느냐 하는 점에 달려 있다. 보다 구체적으로는 급부행위에 개재된 불법원인의 내용, 불법성의 정도, 쌍방의 불법성의 대소와 강약, 불법원인의 형성에 관여하게 된 동기와 경위 기타 여러 관련사정을 종합적으로 고려하여 판단할 수밖에 없을 것이다.[255)]

이러한 개별적 판단요소와 관련하여 英美 判例法의 태도는 부분적으로 참고가 될 수 있다. 英美法에서는 불법원인급부의 반환불가원칙에 대한 예외의 하나로 "不均等 不法"의 원리가 일반적으로 인정되어 있다.[256)] 이는 급부자에게 「重大한 道德的 결함(serious moral turpitude)」이 없고, 불법성이 수익자에 미치지 못한다는 두 가지의 요건이 충족되면 급부의 반환이 인정될 수 있다는 논리이다. 위 前者의 요건은 不法의 內容에 대한 고려로서, 예컨대 뇌물의 제공은 그 행위 자체가 「중대한 도덕적 결함」을 반영하는 것이므로 다른 특별한 사정이 없는 한 그 제공동기나 경위, 수령자와 비교한 불법성의 정도 등 다른 사정과 상관없이 반환청구가 인정되지 않는다.[257)] 後者의 요건은 개념적으로는 不法性比較論과 유사하게 보이지만 실제로는 불법성 정도의 단순비교에 의한 것은 아니고 그에 해당하는 몇 개의 典型的 類型이 인정되고 있다. 고리대금업자에게 지급한 暴利的 金利의 반환청구에서처럼 급부자가 그 급부행위를 불법으로 규정한 규범의 피보호대상인 경우, 급부에 이른 경위에 있어 欺罔이나 強迫이 있었거나 輕率·窮迫 등으로 인한 부당한 영향력의 행사가 개재된 경우가 그 대표적인 예이다.[258)]

255) 前述 Ⅲ의 4 부분 참조.

256) 「Not In Pari Delicto」, 즉 「Not in equal fault」의 이론이다. 자세한 내용은 Restatement, Second, Contracts § 198(b); 2 Palmer on Restitution § 8.6(1978); Note, The Doctrine of Illegality and Petty Offenders: Can Quasi-Contract Bring Justice?, 42 Nortre Dame Law. 46 (1966); 朴炳大(註 33), 100 참조.

257) 예컨대 State v. Strickland, 42 Md.App. 357, 400 A.2d 451(1979). 청탁교제비를 교부한 경우에 民 § 746 단서의 적용을 부정한 大判 91. 3. 22, 91다520(公 1991, 1249)도 같은 맥락에서 이해될 수 있을 것이다. 다른 특별사정이 인정된 경우로는 나치 치하에서 탈출하기 위하여 외국영사에게 뇌물로 제공한 보석의 반환청구를 인용한 사례가 있다. Calamari & Perillo(註 50), 900 참조.

258) Calamari & Perillo(註 50), 900-2 참조.

4. 事 例

(1) 民 § 746 但書 규정의 적용이 肯定된 사례

불법원인급여에 해당하기는 하지만 民 § 746 단서의 直接適用 또는 類推適用에 의하여 반환청구가 인정될 수 있는지 여부는 관련 요소들을 종합적으로 고려하여 결정할 것이나, 主要因子를 중심으로 구분하면 다음 몇 가지 類型으로 분류할 수 있다.

㈎ 窮迫·輕率·無經驗으로 인한 不公正行爲 民 § 104의 이른바 暴利行爲로서, 이는 무효이지만 그에 의하여 이미 급부가 이행된 경우에는 불법원인이 暴利行爲者에만 있으므로 그 피해자는 民 § 746 단서에 의하여 급부의 반환을 청구할 수 있고, 반면 暴利行爲者는 反對給付를 한 것이 있더라도 民 § 746 본문에 의하여 그 반환청구를 할 수 없다는 것이 통설이다.[259)]

㈏ 給付者가 規範의 保護對象者의 일원인 경우 前述 V의 1 참조. 이와 관련하여 制限超過利子를 任意支給한 경우 그 반환청구가 인정될 수 있느냐가 문제될 수 있는바, 학설은 긍정설과 부정설로 나뉘어 있으나[260)] 판례는 그 불법원인이 채권자와 채무자 쌍방에 있다고 하여 民 § 746 본문이 적용된다는 견해를 취하고 있다.[261)]

㈐ 수익자의 欺罔·強迫 등에 의한 급부 高收益이 보장되는 사업투자로 기망하여 밀수 등 범죄자금의 교부를 받은 경우, 급부자의 범죄행위에 대하여 형사고발을 하겠다는 위협을 하다가 그 단념의 대가로 금전을 교부받은 경우, 그린벨트 및 공원용지를 해제시켜 매수하게 해 줄 의사나 능력이 없음에도 공무원에게 교제를 하면 가능할 것처럼 속여 교제비 명목으로 돈을 편취한 경우[262)] 등이다.

㈑ 不法實行의 防止 또는 不法持續의 中斷을 위한 급부 犯罪行爲를 하지 않는 대가로 제공한 급부, 딸의 相姦者에 대하여 私通關係의 中斷 對價로 지급한 돈의 반환을 청구한 경우[263)] 등이다.

㈒ 受益者의 不法性이 현저히 큰 경우 詐欺性이 있는 내기바둑

259) 民法注解[Ⅱ], 253(閔日榮 집필부분).
260) 民法注解[Ⅷ], 209-10(李恭炫 집필부분).
261) 大判 61.7.20, 4293민상617(要集 민 Ⅱ, 66). 同旨 大判 88.9.27, 87다카422(公 1988, 1326); 大判 94.8.26, 94다20952(公 1994하, 2526).
262) 서울高判 95.1.19, 94나4525(종합법률정보 수록).
263) 日大判 大正 12(1923).12.12(民集 2, 668).

에 유인되어 도박자금을 대여받았다가 그 채무변제 대신 유일한 재산인 주택을 양도하였으나 그 대여 및 변제과정에 대여자의 暴利性, 喝取性이 개재되어 있었던 점 등에 비추어 급여자의 불법성이 수익자의 불법성보다 훨씬 크다는 이유로 위 주택에 관한 소유권이전등기의 말소청구를 인용한 사례[264] 명의수탁자(Y)가 신탁해지를 원인으로 한 소유권이전등기소송에서 패소한 이후에 다시 제3자(X)에게 그 부동산을 매도하고 이전등기를 마쳤으나 결국은 신탁자가 X를 상대로 그 이전등기의 말소청구소송을 제기하여 부동산을 추탈해 가자 Y를 상대로 지급한 매매대금의 반환을 청구한 사건에서, X가 Y의 배신적 처분행위를 권유한 바 있더라도 Y의 불법성이 X에 비하여 크다는 이유로 반환청구를 인정한 사례,[265] 택지개발예정지구의 가건물을 고시 이전부터 존재한 것으로 군청의 지장물 조사대장에 허위등재시켜 상가입주권을 받게 해 주겠다고 적극 권유·유인하여 가건물매매계약을 체결하고 매매대금을 지급받은 경우 수익자의 불법성이 급여자보다 훨씬 크다고 한 사례[266] 등이 있다.[267]

264) 大判 97. 10. 24, 95다49530,49547(公 1997하, 3570).

265) 大判 93. 12. 10, 93다12947(公 1994, 345): 이 경우 X의 매매대금 지급이 불법원인급여임을 이유로 그 반환을 거절하는 것은 신의칙에 위반되어 허용될 수 없다고 하였다.

266) 서울高判 94. 12. 20, 94나9438(종합법률정보 수록).

267) 日本 判例에 나타난 유사 사례로는 다음과 같은 것들이 있다.

① 매춘 화대를 포주와 창녀가 반씩 나누기로 한 약정에 따라 창녀가 포주에게 교부하여 맡겨 두었던 화대 중 절반의 반환청구를 인용한 日大判 昭 12(1937). 5. 26(民集 16, 881). [유사사건에서 포주의 불법성이 윤락녀의 불법성보다 현저히 크므로 화대의 소유권이 여전히 윤락녀에게 속한다는 이유로 횡령죄의 성립을 긍정한 우리 나라 大判 98도2036(註 247)도 同旨].

② Y가 X에게 밀수거래로 큰 이득을 볼 수 있다고 기망하여, X는 자금을 대고 Y는 배를 제공하여 남는 이익을 분배하기로 약속하였는데 X가 변심하여 약속취소를 요청하자, Y가 이미 밀수준비를 마쳤다는 핑계를 대어 1회분 항해경비의 대여를 요청하여 X가 금전을 대여한 경우 X의 불법성은 Y에 비하면 대단히 미약하여 문제되지 않을 정도이므로 불법원인급여 규정은 적용될 수 없다는 이유로 X의 대여금반환청구를 인용한 日最裁 昭 29(1954). 8. 31(民集 8-8, 1557).

③ 채무면탈을 위한 가장양도에 있어 양수인 Y가 주도적으로 提唱하고 양도인 X는 수동적으로 승낙만 하였고 양도 당시 급박한 강제집행의 위험도 없었던 경우 Y의 불법성은 강한 반면 X의 불법성은 미약하다고 하여 반환청구를 인용한 日最判 昭 37(1964). 6. 12(民集 16-7, 1305).

④ 本妻와 헤어지고 결혼하겠다는 등의 유혹에 넘어가 有婦男과 情交關係를 맺은 여자가 상대방 남자를 상대로 정조침해를 이유로 한 위자료를 청구한 사건에서 남자의 불법성이 현저히 큰 것으로 평가된다고 하여 청구를 인용한 日最判 昭 44(1969). 9. 26(民集 23-9, 1727).

⑤ X와 Y가 통모하여 허위의 채권증서를 작성한 다음 Y가 X의 재산에 대한 강제경매사건에 배당요구를 하여 배당을 받았으나 X에게 지급하지 아니하자 X가 Y를 상대로 그 배당금의 반환을 청구한 사건에서 日大判 大 4(1916). 6. 12(民錄 21, 924)는 Y의 부당이득 그 자체는 법원의 배당에 의하여 생긴 것이므로 부당이득규정의 「급부」에 해당

(2) 民 § 746 但書의 적용이 否定된 사례

도지사에게 청탁하여 택시운송사업면허를 받아 줄 것을 부탁하면서 청탁교제비조로 금원을 교부한 경우에는 그 불법원인이 수익자에게만 있는 때에 해당된다고 볼 수 없다고 한 것이 있고,[268] 이자제한법의 제한초과이자를 임의로 지급한 경우 그 반환청구를 인정할 수 없다고 한 판례들도 결국은 불법성이 쌍방 모두에게 있다는 것을 전제한 것으로 이해된다.[269][270]

Ⅸ. 不法原因給與의 類型[271]

1. 性道德 및 婚姻秩序에 위배되는 급부

妾契約이나 賣春行爲와 관련된 급부, 離婚請求權의 사전포기 또는 승낙을 조건으로 한 급부 등이 이 범주에 속한다. 不倫의 內緣關係를 맺고 그 대가로 임야를 증여하여 소유권이전등기를 해 준 경우에는 불법원인급여에 해당하므로 소유권에 기해서도 반환청구를 할 수 없다고 한 예,[272] 接待婦로 일하기로 하는 계약에 수반하여 金錢 消費貸借의 형식으로 금전이 교부된 경우 그 불법

하지 않는다고 하여 청구를 인용하였으나, 그 이론구성을 반대하면서 이 경우는 수익자인 Y의 불법성이 X의 불법성보다 훨씬 크기 때문에 반환청구가 인용되는 것으로 보아야 한다는 견해도 있다. 三島宗彦(註 107), 18의 註 20.

268) 大判 91. 3. 22. 91다520(公 1991, 1249).

269) 前述 註 261 참조.

270) 일본 판례의 사례로는, X가 Y에게 금전을 대여하면서 Y의 딸을 X가 경영하는 요식업소의 酌婦로 일하게 하고 그 보수 중 절반씩을 변제에 충당하기로 약정하였는데 Y의 딸이 약 6개월 만에 그 업소에서 도주하자 X가 Y에게 대여금반환을 구한 사안에서, 불법원인이 수익자인 Y에게만 있다고 할 수 없으므로 民 § 708(우리 민법 民 § 746) 본문에 따라 X의 반환청구는 인정될 수 없다고 한 日最判 昭 30(1955). 10. 7(民集 9-11, 1616)이 있다.

271) 不法原因給與를 類型化하려는 시도가 많이 보이고, 다음이 그 대표적인 예이다.

1) 山田幸二(註 200), 292 이하의 2分類: ① 당해 행위가 적정한 財貨去來秩序에 위반하는 경우, ② 財貨去來法 이외의 一般的 社會秩序에 위반하는 경우.

2) 梁慶承, "名義信託行爲가 不法原因給與에 해당하는지 여부와 그 判斷基準", 判例硏究(제주판례연구회) 1997년 1輯, 300에서의 3分類: ① 인륜도덕에 반하는 행위, ② 정의관념에 반하는 행위, ③ 공공질서에 반하는 행위.

3) 松坂佐一(註 95), 106 이하의 9分類: ① 權利株賣買에 기한 급부, ② 債權者詐害목적의 재산은닉행위, ③ 담보를 위한 恩給證書의 교부, ④ 제한초과이자의 지불, ⑤ 德大契約에 관한 급부, ⑥ 名義貸與契約에 관한 급부, ⑦ 私設 증권거래행위 등으로 인한 급부, ⑧ 외국인의 토지매매에 의한 급부, ⑨ 통제법규위반의 계약에 의한 급부.

4) 田中 實(註 13), 26의 10分類: 위 松坂佐一의 9분류에 ⑩ 倫理觀念에 반하는 계약에 기한 급부를 추가.

272) 大判(全) 79. 11. 13, 79다483(公 1980, 12338; 集 23-3, 140).

원인이 수익자에게만 있다고 할 수 없다고 한 예 등이 있다.[273]

2. 賭博 등 射倖行爲와 관련된 급부

도박자금의 貸與者 등 給付者 本人이 하는 반환청구가 허용되지 않음은 물론이고, 그 債權讓受人의 청구[274] 또는 借用者 대신 반환해 주기로 별도의 약정을 한 제 3 자를 상대로 한 청구도 모두 허용되지 않는다.[275]

도박채무의 담보로 根抵當權을 설정한 경우에는 급부의 終局性이 없으므로 民 § 746가 적용되지 않으나,[276] 讓渡擔保로 소유권이전등기를 한 경우에는 民 § 746가 적용되어 반환청구를 할 수 없다고 하고,[277] 반면 假登記 및 그에 기한 本登記의 말소등기청구는 인용될 수도 있다는 듯한 판례가 있다.[278] 그 밖에 내기바둑을 위한 도박자금의 대여에 관하여 貸與者의 不法性이 借用者의 不法性보다 훨씬 크다고 하여 民 § 746 단서 및 信義則을 근거로 반환청구를 인정한 사례도 보인다.[279]

3. 不正한 請託 등을 위한 급부

賂物이나 不正한 목적의 請託交際費, 또는 不法去來의 중개커미션 등으로 지급한 급부가 이에 해당한다. 도지사에게 청탁하여 택시운송사업면허를 받아 줄 것을 부탁하면서 청탁교제비조로 금원을 교부한 것은 변호사법 § 78 i에 해당되는 행위로서 民 § 746 소정의 불법원인급여에 해당하고 그 불법원인이 수익자에게만 있는 때에 해당된다고는 볼 수 없다고 한 예,[280] 항공기 구입과 관련한 販促活動費 및 관계공무원에 대한 뇌물 및 향응 접대비 등 명목으로 금전을 지급한 경우 불법원인은 쌍방에 있다고 하여 그 반환청구를

273) 日最判 昭 30(1955).10.7(民集 9-11, 1616). 그 밖에 이 범주로 분류할 수 있는 일본 판례의 사례로는, 妾契約과 불가분의 관계에서 소비대차에 의하여 교부한 금전 반환청구를 기각한 東京高判 昭 55(1980).6.26(判時 973, 93), 不貞行爲를 한 남편이 본처에게 離婚에 응할 것을 조건으로 증여한 금전반환청구가 기각된 横浜地判 昭 60(1985).10.14(判時 1174, 115) 등이 있다.

274) 大判 62.4.4, 4294민상1296(集 102, 27).

275) 大判 64.7.21, 64다389(集 12-2, 28): 도박자금 대여 이후 차용자의 연대보증하에 제 3 자가 대여자에게 그 금전을 반환하기로 약정한 경우에도 청구원인사실로서 도박자금의 대여사실을 주장하지 않을 수 없으므로 이는 불법원인급여의 반환청구에 해당한다고 한 사례이다.

276) 大判 95.8.11, 94다54108(公 1995, 3123); 大判 94.12.22, 93다55234(公 1995, 618).

277) 大判 89.9.29, 89다카5994(公 1989, 1578).

278) 大判 74.11.12, 74다960(公 1975, 8164).

279) 大判 97.10.24, 95다49530, 49547(公 1997하, 3570).

280) 大判 91.3.22, 91다520(公 1991, 1249). 同旨 大判 95.7.14, 94다51994(公 1995, 2799); 大判 73.1.20, 72다2321(공보불게재).

기각한 예,[281] 地方議會 議員 입후보 경쟁자가 다른 출마예정자에게 출마포기의 대가를 지급한 경우,[282] 군청의 지장물 조사대장에 무허가 가건물의 건축시기를 허위 등재시켜 택지개발사업이 시행되면 아파트나 상가입주권을 받게 해 주기로 하고 그 가건물에 대한 매매계약을 체결하고 지급한 매매대금의 반환청구를 부정한 사례,[283] 명의신탁자가 신탁부동산을 매각하고 그 등기이전을 수탁자로부터 직접 매수인 앞으로 경료하여 세금을 절감하는 데 협조하는 대가로 수탁자에게 지급한 사례금은 불법원인급여에 해당한다고 한 사례[284] 등이 있다.[285]

반면, 대한배구협회가 정한 운동선수 스카우트 지침을 위반하여 선수 개인에게 專屬金 및 激勵金을 지급한 것은 社會秩序違反의 정도에는 이르지 아니하므로 불법원인급여에 해당하지 않는다고 한 예가 있고,[286] 자연석채취허가를 받아 줄 능력이 없음에도 고위층에 부탁하여 허가를 받아 주겠다고 欺罔하여 사례비 내지 접대비 명목으로 금원을 騙取한 경우 이를 불법원인급여로서 반환을 청구할 수 없는 때에 해당한다고 볼 수 없다고 한 사례가 있다.[287]

4. 債權者 詐害的 行爲로 인한 급부

(1) 強制執行免脫 목적의 名義信託 및 假裝讓渡

판례는, "강제집행을 면탈하려는 의도에서 한 명의신탁이라 하더라도 원소유자가 신탁해지를 원인으로 그 반환을 구함에 있어서 원래 그와 같은 법률행위의 목적이 위법하다고 하여 그 청구를 거절할 이유는 되지 않는다"거나,[288] "민법 제746조 소정의 「불법의 원인」이라 함은 재산을 급여한 원인이 善良한

281) 서울東部地判 91.12.4, 87가합3599(下集 1991-3, 67).
282) 서울高判 95.10.24, 93나13669(종합법률정보 수록).
283) 서울高判 94.12.20, 94나9438(종합법률정보 수록).
284) 서울高判 94.3.31, 93나41497(종합법률정보 수록).
285) 不正入學을 시켜 주기로 하고 자금을 교부받고 성공하지 못하면 반환하기로 약정한 경우에도 불법원인급여 규정의 정신에 비추어 반환청구는 인정될 수 없고, 손해배상청구도 안 된다고 한 日東京地判 昭 56(1981).12.10(判例時報 1028, 67); 東京地判 昭 62(1987).8.28(判例時報 1277, 135)도 참고.
286) 서울高判 90.2.2, 89나23072(下集 1990-1, 96). 이 사건 상고심 판결인 大判 90.11.9, 90다카7262(公 1991, 39)는 위 전속금 및 격려금 지급약정의 효력을 인정하는 전제에서 그 손해배상예정액 감액의 당부를 판단하고 있는 점에 비추어 大法院도 위와 같은 운동선수 부당 스카우트 비용 지급계약에 기한 급부를 불법원인급여로 보지 않는 원심 입장을 지지하는 전제에 선 것으로 보인다.
287) 서울高判 85.4.11, 84나305(종합법률정보 수록).
288) 大判 80.4.8, 80다1(公 1980, 12777).

風俗 기타 社會秩序에 위반하는 경우를 가리키는 것으로서, 강제집행을 면할 목적으로 부동산의 소유자명의를 신탁하는 것이 위와 같은 불법원인급여에 해당한다고 볼 수 없을 것"이라고 하여[289] 반환청구를 인용하고 있다. 결론에 있어서는 타당한 것으로 생각되나, 刑法 § 327가 "強制執行을 면할 목적으로 재산을 隱匿, 損壞, 虛僞讓渡 또는 虛僞의 債務를 부담하여 채권자를 害한 자"를 強制執行免脫罪로 처벌하고 있고 이 규정을 단순한 단속법규라고 볼 수는 없는 이상 그 위반행위가 善良한 風俗 기타 社會秩序에 위배되지 않는다고 하는 판례의 이유구성에 대해서는 과연 적절한 것인지 의문이 있다.[290] 오히려 위와 같은 假裝讓渡 내지 名義信託行爲는 民 § 746의 불법원인급여에는 해당하는 것이지만, 만약 이를 이유로 반환청구를 부정하게 되면 급부자의 채권자도 그 재산에 대한 강제집행을 할 수 없게 됨으로써 형법이 보호하고자 한 채권자의 이익을 해치게 되고 나아가 假裝讓渡를 조장하는 결과가 될 수 있으므로 民 § 746의 적용은 배제된다고 해석함이 상당할 것이다.[291]

한편 租稅犯處罰法 § 12 I 은 滯納者가 租稅를 免脫할 목적으로 재산을 藏匿, 脫漏하거나 虛僞의 契約을 한 경우에는 처벌하도록 규정하고 있는바, 그와 같은 脫稅 목적의 假裝讓渡에 대해서도 위에서 본 強制執行免脫 목적의 假裝讓渡와 동일한 이유로 民 § 746의 적용이 배제된다고 볼 것이다.[292]

(2) **虛僞의 債務名義에 의한 配當參加**

채무자의 재산에 대한 강제집행이 실시되자 채무자가 제 3 자와 공모하여 허위의 채무명의를 만들고 그에 기하여 제 3 자가 경매절차에서 배당을 받게 되자 채무자가 그 배당수령자를 상대로 배당금의 지급을 청구한 것이 인용된

289) 大判 94. 4. 15, 93다61307(公 1994, 1444); 大判 91. 3. 12, 90다18524(公 1991, 1175).

290) 宇佐美初男, "詐害行爲と不法原因給付", 民法硏修 55, 59-60 참조. 梁慶承(註 276), 303은 위 판례의 결론에 대해서도 반대이다.

291) 이른바 保護目的 相衝을 이유로 한 民 § 746의 적용제한이론을 적용한 것이다. 前述 V의 1 및 朴炳大(註 33), 93 참조. 日最判 昭 41(1966). 7. 28(民集 20-6, 1265)도 같은 취지의 이유로 假裝讓渡된 부동산의 반환청구를 인용하고 있다. 그 밖에 寄託者와 受託者 등 신뢰관계자 사이의 信義를 문란시키는 공익침해가 기탁자의 반환청구를 거부함으로써 유지되는 불법억제의 이익보다 크다는 이유 또는 寄託者는 범죄로서 처벌도 받고 私法上의 구제도 거부당한다면 너무 가혹하다는 이유로 불법원인급여 규정의 적용이 배제된다고 해석하는 견해도 있다. 谷口知平, "刑法第九六條ノ二の強制執行を免れるために財産の假裝讓渡は不法原因給付か", 民商法雜誌 35-5, 110 및 前述 V의 6, 7 참조.

292) 日東京高判 昭 46(1971). 10. 19(新判例體系 民法 9, 316-6-2)도 同旨이다. 獨逸에서는 불법원인급여의 불법의 존부는 급부에 의하여 직접 추구되는 목적을 기준으로 판단되어야 하고 動機는 문제가 되지 아니하므로 稅務當局을 속이기 위하여 만든 虛僞契約에 기하여 한 급부에 대해서는 불법원인급여규정이 적용되지 않는 것으로 해석되고 있다고 한다. 椿 壽夫(註 195), 30 참조.

예가 있다.[293]

5. 不動產의 二重讓渡와 관련한 급부

(1) 問題點 및 學說

不動產의 二重讓渡를 권유·조장하는 등 양도인의 背任行爲에 제2양수인이 적극 가담한 경우 그 二重讓渡契約은 民 § 103에 위반하여 무효이고 이 때 제1양수인은 양도인을 대위하여 제2양수인 앞으로 된 소유권이전등기의 말소등기를 청구할 수 있다는 것이 확립된 判例이다.[294] 그러나 제2양도계약이 반사회적 행위라면 그 이전등기는 불법원인급여에 해당하여 양도인은 소유권에 기해서도 반환청구를 하지 못하는 것인데,[295] 제1양수인은 양도인의 어떤 권리를 대위하여 급부의 반환을 청구할 수 있다고 보는가 하는 문제가 제기된다.[296]

大法院判例가 이 의문에 직접 답한 것은 발견되지 않으나, 學說은 위와 같은 경우 제1양수인이 보호되어야 한다는 결론의 타당성에 대해서는 이견이 없지만 그 이론구성의 방법은 대단히 여러 갈래로 나뉘어 있다. 이를 불법원인급여의 문제를 중심으로 大別하면, ① 反社會的 二重賣買는 絶對的으로 또는 제1양수인에 대한 관계에서 相對的으로 불법원인급여에 해당하지 않는다는 견해,[297] ② 불법원인급여에 해당하지만 제1양수인이 債權者代位에 의하여 반환청구를 하는 경우에는 民 § 746가 적용되지 않는다는 견해,[298] ③ 불

293) 前述 Ⅵ. 3. (1) ㈎ 부분 참조.

294) 大判 72.4.28, 72다343(集 20-1, 261); 大判 96.10.25, 96다29151(公 1996하, 3430); 大判 2002.4.26, 2001다8097(公 2002, 1251) 등.

295) 大判(全) 79.11.13, 79다483(集 27-3, 140).

296) 李容勳(註 193), 24-6.

297) 民 § 103에는 저촉되지만 民 § 746의 「불법」에는 해당하지 않는다는 설(高翔龍, 民法總則, 389)은 絶對的으로 불법원인급여 해당성이 없다는 견해이고, 반면 反社會的 二重賣買를 무효로 보는 이유는 제1양수인을 보호하고자 하는 데 있으므로 다른 反社會的 法律行爲에서와 달리 그 무효를 주장할 수 있는 주체는 제1양수인에 한정되고, 제1양수인이 이중양도를 무효라고 주장하는 범위에서 제2양수인은 급부의 반환에 협력할 의무가 있고 그 반사적 효과로 양도인은 제1양수인에게 급부의 회수를 청구할 권리가 있으므로 그 한도 내에서 양도인의 제2양수인에 대한 급부는 불법원인급여에 해당하지 않는다는 설[李容勳(註 176), 33-35]은 相對的으로 불법원인급여 해당성이 없다는 견해이다.

298) 代位權者는 급여자의 반환청구권을 代位行使하더라도 그 자신의 불법을 주장하여 보호를 구하는 것이 아니므로 이를 인정하더라도 불법원인급여 제도의 취지에 배치되지 않고, 수익자에게 이득을 귀속시키는 것보다는 급여자의 채권자를 보호하는 것이 正義의 관념에 합치한다는 주장[金先錫(註 17), 205-6; 金錫宇(註 17), 629], 급부가 반환되더라도 급부자 아닌 제3자에게 그 출연이 자동적으로 귀속되는 경우에는 民 § 746가 적용되지 않는다는 주장[李英俊(註 101), 255-6; 金疇洙(註 17), 285-6]이 이에 속한다. 水原地判 95.2.24, 94나6151(下集 1995-1, 28)은 위 前者의 학설을 따른 예이다.

법원인급여에 해당하고 代位請求에도 民 § 746의 적용을 피할 수 없으므로, 제 1 양수인의 보호는 채권자대위권이 아닌 다른 방법으로 법리구성을 하여야 한다는 견해로 구분할 수 있다.[299]

(2) 檢討意見

㈎ 民 § 746의 적용 여부 반사회적 이중양도의 경우에 제 1 양수인의 반환청구에 民 § 746의 적용이 배제되어야 한다는 결론에 대해서는 반대가 없는 것으로 보인다. 다만, 그 이론구성을 두고 학설은 크게 두 갈래로 나뉘어 있다고 볼 수 있다. 그 첫째는 행위 자체의 불법성을 부정하는 것이고, 둘째는 청구의 주체가 제 1 양수인이기 때문에 불법성이 없다고 보는 것이다.

우선 행위 자체의 불법성 문제를 보면, 이중양도가 무효로 되는 것은 양수인이 양도인의 배임행위에 적극 가담하여 반사회성이 현저하게 드러난 경우로 엄격하게 제한된다는 점을 고려해 보면, 民 § 746의 적용장면이라고 해서 그 행위의 불법성을 부정하는 것은 무리라는 생각이 든다. 제 2 양도계약에 기한 이전등기가 이루어진 이후에 양도인이 스스로 이중양도임을 이유로 계약의 무효를 주장하면서 등기말소를 구한다면 불법원인급여를 이유로 청구가 배척되어야 합당할 것이기 때문이다.

청구의 주체가 제 1 양수인인 경우에 한하여 불법원인급여 해당성이 부정된다고 하는 견해 역시 난점이 있다. 이중양도의 불법성 여부는 그 행위의 직접당사자인 양도인과 제 2 양수인을 기준으로 판단하는 것이 당연한 원칙이고, 제 1 양수인이 청구 주체가 되는 경우에도 청구권원을 채권자대위의 법리에 의하여 구성하는 이상 불법성 판단의 기준은 동일할 수밖에 없기 때문이다. 비록 대위채권자인 제 1 양수인 자신은 불법이 없다고 하더라도 반환청구의 대상인 급부의 주체가 바로 被代位者인 양도인이고 그 양도인의 불법을 주장하는 것은 피할 수 없는 이상, 제 1 양수인이 대위청구를 한다고 해서 民 § 746의 적용이 배제된다는 것은 이론적 비약이 아닐 수 없다.

그러므로 제 1 양수인의 반환청구에 대해서 불법원인급여 해당성을 부정하

299) 부동산의 二重讓渡를 제 3 자의 채권침해에 의한 不法行爲로 구성하고 손해배상에 갈음한 원상회복으로 반환청구를 인정할 것이라는 견해(尹眞秀, "不動産의 二重讓渡와 原狀回復", 民事法學 6, 177-8), 債權者取消權 제도에 의할 것이라는 견해(洪春義, "不動産의 二重賣買와 第 1 買受人의 保護", 金基洙 華甲記念論文集, 245-7), 제 2 양수인 명의의 登記無效確認請求에 의할 것이라는 견해(金俊鎬, "反社會的 不動産二重賣買", 命疇洙 華甲記念論文集, 686; 金顯泰, "反社會的 二重賣買의 경우 展開될 수 있는 法律關係", 金容漢 華甲記念論文集, 150-1) 등이 있다.

려면 民 § 746의 적용요건을 따지는 것과는 다른 차원의 각도에서 접근할 필요가 있다. 제1양수인의 반환청구를 제3자에 의한 채권침해로 인한 원상회복청구라고 보는 학설 등이 대표적인 것이지만, 부동산 이중양도에 있어서의 반환청구를 채권자대위의 한 특수형태로 구성하여 인정한 것은 입법자가 예정하지 않은 것을 판례가 사실상 창출한 제도라는 연혁적 배경을 고려하면, 民 § 746의 문제 역시 그러한 판례이론의 토대 위에서 해결방안을 찾아보는 것이 우선 시도되어야 할 접근방식이라고 할 것이다.

생각건대, 제1양수인의 반환청구에 대해서도 급부자인 양도인과 수령자인 제2양수인의 관계만을 기준으로 民 § 746의 불법성 여부를 판단하여야 하고, 「반사회적」 이중양도행위는 民 § 746의 차원에서도 그 불법성을 부정할 수 없다고 할 것이지만, 궁극적으로 불법원인급여에 해당되는지 여부를 판단함에 있어서는 충돌되는 다른 제도의 規範目的을 고려하여 그 적용범위를 정하여야 하고 不動産 二重讓渡와 불법원인급여의 충돌 문제 역시 이러한 각도에서 해결방향을 찾아 볼 수 있다고 본다. 부동산 이중양도의 반환청구처럼 특정채권의 보전을 위한 債權者代位의 경우에는 판례가 그 제도를 창설한 본래 취지상 채무자의 無資力 여부와 상관없이 목적물에 대한 追及을 인정하고자 하는 것이다. 그런데 그 추급의 근거가 되는 배신행위의 불법성이 추급을 저지하는 불법원인급여의 항변사유가 된다고 하면 특정채권의 보전을 위한 채권자대위 제도의 규범목적에 정면으로 배치되는 결과가 된다. 이와 같이 불법원인급여 제도가 다른 제도의 규범목적과 상충되는 경우에는 형식상 불법원인급여의 적용요건이 충족되더라도 그 적용이 제한되어야만 한다. 그래야만 그 다른 제도의 규범목적이 실현될 수 있을 뿐 아니라 불법원인급여 제도 자체의 입법취지라고 할 수 있는 불법원인의 발생억제라는 관점에서도 타당한 결과를 얻을 수 있기 때문이다. 요컨대, 부동산 이중양도와 불법원인급여의 문제는 불법원인급여의 적용제한에 관한 일반이론의 하나인 규범목적 상충론에 의한 접근방식으로 풀어 가는 것도 한 방법이 된다는 생각이다.[300]

(나) 反射的 所有權歸屬論과 관련한 검토 부동산의 이중양도와 불법원인급여의 문제는 反射的 所有權歸屬 이론과 관련해서도 검토될 부분이 있다. 즉, 판례는 불법원인급여가 성립하면 그 반환청구가 부정되는 반사적 효과

300) 前述 V의 1 및 朴炳大(註 33), 94 참조. 金文洙(註 104), 195의 견해도 비슷한 취지로 이해된다.

로 그 목적물의 소유권은 수익자에게 귀속한다고 본다. 그렇다면 부동산 이중양도의 경우에도 급부와 동시에 소유권은 제 2 양수인에게 반사적으로 귀속되고 말 것이니, 제 1 양수인으로서는 양도인의 所有權에 기한 登記抹消請求權을 代位行使하는 것이 원천적으로 불가능한 것이 아닌가 하는 문제가 제기될 수 있다.[301] 그러나 特定債權 保全을 위한 代位權行使의 경우에는 民 § 746가 적용되지 않는다는 견해를 취하게 되면, 결국 반사회적 이중양도의 경우 제 1 양수인에 대한 관계에서는 民 § 746는 적용이 없고 民 § 103만이 적용되어 物權行爲有因論에 의하여 소유권은 급부자에게 잔존하는 것으로 되고, 따라서 제 1 양수인은 양도인의 「所有權」에 기한 妨害排除請求權을 代位行使하여 제 2 양수인 명의의 등기말소청구가 가능하게 되는 것으로 이론적 설명이 가능하다.

(다) 제 2 양수인의 代金返還請求　제 1 양수인의 채권자대위권 행사로 목적물을 追奪당한 제 2 양수인이 다시 양도인을 상대로 代金返還請求를 하는 것은 인정될 수 있는가. 判例는 이를 不法性比較論에 기초한 信義則을 이유로 청구를 인용한 예가 있지만,[302] 보통의 반사회적 이중양도는 제 2 양수인이 양도인의 배신적 처분행위를 조장·권유하여 이루어지게 되므로 수익자인 제 2 양수인의 불법성이 급부자인 양도인에 비하여 현저하게 미약하다고 보기 어려운 경우가 오히려 많다는 데 문제가 있다. 제 1 양수인의 채권자대위권 행사로 民 § 746의 적용이 배제되는 범위에서 그 반사적 효과로서 제 2 양수인의 양도인에 대한 급부반환청구에도 民 § 746의 적용이 배제된다고 해석할 수 있을 것이다.[303]

6. 名義信託과 관련한 급부

과거 名義信託이 특별한 제한 없이 허용되던 상황을 전제로 하면, 명의신탁받은 재산을 그 신탁목적에 위반하여 수탁자가 임의로 양도하는 背信行爲를 하는 데 대하여 양수인이 적극 가담한 경우는 反社會的 二重讓渡의 경우와 동일하게 民 § 103에 위반하여 무효가 되고, 양도인이 다시 그 반환을 청구하는

301) 民 § 746의 적용을 부정하는 전제에서 대위행사하는 권리를 양도인의 제 2 양수인에 대한 不當利得返還請求權으로 구성할 수도 있으나, 제 2 양수인으로부터 제 3, 제 4 의 전득자가 생긴 경우에는 그러한 구성으로 제 1 양수인이 권리회복을 하기는 어렵고, 결국 所有權에 기한 반환청구의 형식을 띨 수밖에 없다.

302) 大判 93. 12. 10, 93다12947(公 1994, 345): 명의수탁자의 배신적 처분행위를 양수인이 권유한 사례이다.

303) 英美法에서는 "disproportionate forfeiture"를 이유로 제 2 양수인의 原狀回復(代金返還)請求를 인정하고 있다. Restatement 2nd Contracts § 197 Illustration 3 참조.

것 역시 民 § 746 본문에 의하여 허용되지 않는다.[304] 그러나 명의신탁자가 명의수탁자를 대위하여 반환을 청구하는 것은 反社會的 二重讓渡에서와 마찬가지로 허용이 되고, 그 범위에서 목적물을 추탈당한 양수인은 명의수탁자를 상대로 대금반환청구를 하는 것도 인정이 된다.[305]

그런데 최근 名義信託行爲가 特別法에 의하여 강력히 규제됨으로써 이제는 명의신탁에 의한 급부 자체가 불법원인급여에 해당하여 신탁자 또는 신탁자에 대한 양도인인 原所有者가 수탁자를 상대로 原因無效나 不當利得返還을 이유로 말소등기청구 등의 방법으로 그 반환을 청구하는 것 역시 허용될 수 없게 된 것이 아닌가 하는 새로운 문제가 발생하였다. 한정된 범위에서 부동산의 명의신탁을 금지한 不動產登記特別措置法이 시행된 이후 하급심에서는 이미 그러한 취지의 판결이 나온 바 있으나,[306] 大法院은 위 法이 시행된 이후에도 "원고가 양도소득세를 회피하기 위한 방법으로 자신 앞으로 소유권이전등기를 하지 아니하고 미등기인 채로 피고와 매매계약을 체결하였고 또 그것이 투기의 목적으로 행하여진 것이라고 하여, 그것만으로 그 매매계약이 사회질서에 반하는 법률행위로서 무효로 된다고 할 수 없다"고 함으로써 그 법에 위반된 행위의 私法的 效力에 있어서는 民 § 103의 不法性조차 부정하는

304) 大判 96. 12. 6, 96므479(공보불게재, 종합법률정보 수록): 父가 매수하여 거주하는 아파트를 등기명의만 아들인 원고에게 명의신탁해 두었는데, 원고가 이혼을 하면서 위 아파트의 실질소유자인 아버지 몰래 함부로 처분하는 내용의 위자료약정을 한 경우, 원고가 위와 같은 불법 처분행위를 함에 있어 원고의 처였던 피고가 적극적으로 요청하거나 유도하는 등 사정이 인정되어 위 위자료 약정이 선량한 풍속 기타 사회질서에 반하는 행위로 무효라 하더라도 원고가 피고에게 위 약정을 원인으로 그 아파트의 소유권을 이전한 것은 불법원인으로 인한 급여에 해당하는 것이어서 원고는 그 이익의 반환으로서 위 소유권이전등기의 말소를 청구할 수 없다.

305) 大判 93. 12. 10, 93다12947(公 1994, 345): 양도인(명의수탁자)에 대한 양수인의 매매대금 지급이 不法原因給與에 해당하기는 하나 양도인의 不法性이 더 크다는 이유로 반환청구를 인용한 사례이다. 그러나 大判 92. 6. 9, 91다29842(公 1992, 2114)는 매매계약의 이행불능을 이유로 한 손해배상청구는 이를 배척하고 있다.

306) 「不動產實權利者名義登記에관한法律」이 시행되면서 삭제된 不動產登記特別措置法 § 7 Ⅰ은 租稅回避나 轉賣差益의 획득 등 투기를 목적으로 하는 명의신탁을 금지하고 있었고, 이 규정과 관련하여 釜山地判 92. 4. 9, 92가단2901(下集 1992-1, 24)은, 부동산등기특별조치법이 시행된 1991. 9. 1.부터는 조세회피 등을 목적으로 하는 명의신탁은 그 자체로서 범죄행위가 되고, 위 규정은 단순한 처벌규정(단속규정)으로 끝나는 것이 아니라 선량한 풍속 기타 사회질서에 관한 규정이라고 보아야 하므로, 위와 같은 불법적인 목적으로 한 명의신탁은 무효이고, 이는 처음부터 무효이기 때문에 해지나 해제의 대상이 될 수도 없어 명의신탁계약의 해지를 이유로 하는 이전등기청구는 성립될 수 없고, 社會的 妥當性이 없는 행위를 무효로 하는 것과 같은 취지에서, 국가는 스스로 그러한 행위를 한 자를 보호하지도 않는다는 것은 민법 제746조가 명시하고 있는 바이므로, 그러한 무효인 행위로 인하여 생긴 결과의 원상회복방법으로서 "무효이기 때문에 말소하라"는 등기나 그에 대신하는 이전등기의 청구도 허용되지 않는다고 하였다(확정).

견해를 취하고 있었고,[307] 이에 비추어 民 § 746의 不法性은 당연히 부정하는 입장이었던 것으로 보인다.

그러나 이른바 不動産實名法(不動産實權利者名義登記에관한法律)이 시행된 1995. 7. 1. 이후에는 문제가 달라졌다. 法이 명의신탁약정의 私法的 효력을 부정하고(§ 4 Ⅰ) 그 약정에 따라 행하여진 부동산물권변동 역시 무효라고 명문으로 규정하고 있기 때문이다(§ 4 Ⅱ).

생각건대, 不動産實名法은 "不動産登記制度를 악용한 投機·脫稅·脫法行爲 등 反社會的 行爲"를 방지하는 것을 입법목적의 하나로 규정하고 있지만, 그러한 목적 없이 명의신탁을 한 경우는 물론이고 그와 같은 목적으로 한 명의신탁이라도 그러한 사유만으로 불법원인급여에 해당한다고 단정할 수는 없다고 할 것이다. 부동산실명법 시행 이후의 명의신탁이라도, 오랜 기간 유효성이 인정되어 온 명의신탁에 관한 일반 국민들의 법생활 감정에 비추어 신탁재산의 반환을 부정하고 수탁자로 하여금 그 재산을 보유하게 할 만큼 反社會性·反倫理性이 뚜렷한 불법성, 즉 民 § 746의 不法性을 긍정하기는 어려운 면이 있고, 또한 그 반환의 부정은 "不動産에 관한 實體的 權利關係에 부합하는 登記"를 달성하고자 하는 위 法의 또 다른 規範目的에도 배치되기 때문이다.[308]

7. 각종 特別法 規定에 위반한 급부

각종 特別法이 일정한 행위를 금지하는 경우 그 위반행위에 대해서는 단순히 處罰規定만을 두는 예도 있고, 私法的 效力을 부인하는 별도 규정을 함께 두는 예도 있나. 어느 경우이든 그 금지규정이 善良한 風俗 기타 社會秩序

307) 大判 93. 5. 25, 93다296(公 1993, 1853).

308) 規範目的과 관련해서는 前述 V의 1 참조. 불법원인급여의 성립 여부에 관하여 같은 취지의 견해로는, 梁彰洙, "不動産實名法 제 4 조에 의한 名義信託의 效力", 法學 38-1, 81-6("수탁자가 不動産實名法의 기본취지에 좇아 소유권등기를 원소유자 앞으로 스스로 還元하였으면, 신탁자는 원소유자에의 청구에 기하여 소유권을 취득할 기회가 있는데, 반대로 그가 이를 거부하면서 불법원인급여를 주장하면 신탁자에게는 그와 같은 기회가 박탈되고 오히려 거의 모든 경우에 아무런 대가도 지급하지 아니하는 수탁자가 이를 획득하게 된다는 것은 균형이 맞지 않고, 나아가 법률목적의 실현을 위하여 감수할 수 있는 道德的 危險의 범위를 넘어선다고 생각한다"); 睦榮埈, "不動産實權利者名義登記에關한法律上 名義信託約定의 效力", 民判硏 21, 108 참조. 이에 비하여 좀더 폭넓게 民 § 746의 적용을 긍정하는 견해로는, 법률상 금지된 부동산취득 제한규정의 회피, 탈세, 부동산투기 등 불순한 목적으로 한 명의신탁은 불법원인급여에 해당한다고 하는 梁慶承(註 271), 303; 尹喆洪, "不動産實權利者名義登記에관한法律의 制定過程과 問題點", 숭실대 法學論叢 9(96. 2.), 169 등이 있고, 李銀榮, 民法學講義, 345는 보다 일반적으로 불법원인급여의 성립을 인정하는 견해이다. 判例도 2003. 11. 27, 선고 2003다41772에서 불법원인급여에 해당하지 않는다는 견해를 취하였다.

에 관계된 것이면 그 위반행위는 민법상 개념으로서의 強行法規(民 § 105) 위반이 된다. 그러나 강행법규에 위반한 행위를 원인으로 한 급부라고 하여 모두 불법원인급여가 되는 것은 물론 아니고, 그 중 특히 反社會性이나 反倫理性이 뚜렷하여 不法性의 強度가 높은 경우에만 民 § 746의 불법성이 있다고 평가된다.[309)]

判例는, 각종 특별법에 규정된 강행법규에 위반된 행위는 그 법률에서 따로 私法的 效力을 부인하는 규정을 두고 있지 않더라도 民 § 103 위반으로 무효로 보지만, 그에 의한 급부가 이미 이루어진 경우 이를 불법원인급여로 보고 반환청구를 부정한 사례는 오히려 드물고, 대부분의 경우 民 § 746의 불법성을 부정하고 있다.

(1) 不法原因給與로 認定된 사례

(가) 辯護士法에 위반한 급부 公務員에 대한 請託을 부탁하고 지급한 交際費,[310)] 辯護士가 아닌 사람에게 소송사건의 대리 기타 法律事務의 취급을 위임하고 지급한 보수는 모두 社會秩序違反의 불법원인에 의한 급부이므로 반환청구를 할 수 없다.[311)]

(나) 關稅逋脫 또는 密輸를 위한 급부 수입업자가 관세포탈을 위해 수입가격을 낮춰 신고하고 실제의 수입대금과 신고금액의 차액을 해외 수출업자에게 비밀송금을 하도록 무인가 환전상에게 위탁한 행위는 外國換管理法 및 關稅法에 위반되는 범죄를 저지르기 위한 것이므로 善良한 風俗 기타 社會秩序에 반하는 행위로서 民 § 746 소정의 불법원인급여에 해당하고, 따라서 그 送金委託契約의 解除를 이유로 반환을 구하는 것도 허용되지 않는다.[312)] 또한 密輸去來를 위한 급부는 불법원인급여에 해당하므로 황삼을 밀수출하고 그 대

309) 判例는 강행법규 위반행위가 善良한 風俗 기타 社會秩序에 위반되는지 여부를 기준으로 불법원인급여 해당성 여부를 판단한다는 구조로 설명하는 예가 많지만, 그 개념적 혼란에 대해서는 前述 Ⅵ. 1. (1) (다) 부분 참조.

310) 大判 73. 1. 30, 72다2321(要集 民 I-1, 1120); 大判 91. 3. 22, 91다520(公 1991, 1249).

311) 大判 74. 10. 22, 74다624(公 1974, 8074). 非辯護士의 法律事務取扱禁止에 위배한 委任報酬의 반환청구를 배척한 日和歌山地判 平 1(1989). 10. 18(交通民集 22-5, 1144)도 同旨.

312) 大判 92. 12. 11, 92다33169(公 1993, 457). 관세법에 위반하여 海外財產搬入 허가명의를 대여받아 해외에서 물품을 매수하여 국내에 반입할 수 있도록 해 준 데 대한 대가로 지급한 보수금을 불법원인급여로 인정한 大判 69. 9. 30, 69다1139(공보불게재, 종합법률정보 수록)도 같은 취지라 할 수 있다. 그러나 외환관리법상의 海外送金 액수제한의 회피 등을 위한 급부에 대해서 民 § 746의 적용을 부정하는 後述 註 328 참조. 外換管理法 위반의 급부에 대해 공서양속에 위반되는 불법이라고는 할 수 없다고 한 大判 69. 11. 11, 69다925(集 17-4, 4)도 사실관계가 분명치 않으나 그러한 유형의 사례로 추측된다.

가로 육신환을 밀수입해 주기로 한 거래에 있어 그 밀수입품이 가짜로 밝혀진 경우라도 그로 인한 손해의 배상을 구하는 것은 허용될 수 없다고 한 예가 있다.[313]

㈐ 選擧出馬 포기의 대가 地方議會 議員 입후보경쟁자가 다른 출마예정자에게 출마포기의 대가를 지급한 것은 불법원인급여에 해당한다.[314]

㈑ 貨幣改革措置 違反行爲 緊急通貨措置法의 공포시행으로 舊券과 新券의 교환이 엄격히 제한되자 그 제한조치를 면탈하고 新券과의 교환을 쉽게 할 목적으로 보관계약을 체결하고 舊券을 교부하여 그 수령자가 제 3 자 명의로 신고한 후 신권을 교부받자 그 보관금의 지급을 청구한 사건에서, "긴급통화조치법은 소위 통화개혁을 기도한 것으로 동법이 순조로이 시행되어 소기의 목적을 달성하느냐 못하느냐는 국민전반의 경제생활에 지대한 영향이 있는 것이었던바, 구권과 신권의 교환을 목적으로 한 보관계약에 의하여 구권을 교부한 행위는 그 자체가 위 법에서 형벌로서 금하고 있을 뿐만 아니라 통화개혁의 목적달성을 저해하는 것으로 개인의 이익을 위하여는 국민전체의 경제생활의 파탄 여부는 개의치 않은 행위라 아니할 수 없어 그 반사회성·반윤리성이 뚜렷하므로 불법원인급여에 해당한다"고 하였다.[315]

(2) 不法原因給與를 否定한 사례

㈎ 土地去來許可 규정에 위반한 급부 國土利用管理法에 의한 土地去來許可를 받지 아니하고 처음부터 이를 잠탈하기 위하여 증여를 원인으로 소유권이전등기를 하기로 약정한 경우 이는 확정적으로 무효이고 그에 터잡아 경료된 소유권이전등기는 원인이 없어 무효이나, 당사자 일방인 매도인이 적법한 허가신청을 하였더라면 법 소정의 허가기준에 적합하여 허가를 받을 수 있었음에도 이러한 절차를 회피하였다고 볼 만한 특별한 사정이 없는 한 매도인이 그 무효를 주장하고 원상회복으로서 이전등기의 말소를 구하는 것을 불법원인급여에 해당한다고 할 수는 없다.[316]

㈏ 建設業免許 貸與行爲 建設業法上 면허대여가 금지되어 있고 처벌대상으로 되어 있으며, 건설업 자체의 양도와 함께 하는 경우에만 면허이전이 허용되는 것으로 규정되어 있는 관계로 면허의 양도양수계약 형식으로

313) 大判 66.12.27, 66다2145(集 14-3, 374).
314) 서울高判 95.10.24, 93나13669(종합법률정보 수록).
315) 大判 66.2.15, 65다2286(集 14-1, 79).
316) 大判 93.12.24, 93다44319(公 1994, 505).

건설업면허를 대여한 후 그 약정에 정한 기간이 경과된 뒤 대여자가 상대방에 대하여 대여한 면허명의의 변경을 청구한 사건에서, 건설업면허의 대여계약은 건설업법에 위반하는 계약으로서 무효이고, 建設業免許貸與의 방편으로 체결되는 建設業讓渡讓受契約 또한 강행규정인 동법 규정들의 적용을 잠탈하기 위한 脫法行爲로서 무효이지만, 위 계약 자체가 善良한 風俗 기타 社會秩序에 어긋나는 반윤리적인 것은 아니어서 그 계약의 형식으로 이루어진 건설업면허의 대여가 불법원인급여에 해당하는 것은 아니므로, 건설업양도양수계약 형식으로 건설업면허를 대여받은 자가 이를 반환할 의무를 지는 것은 당연하고, 따라서 위와 같은 형식으로 대여된 건설업면허의 반환에 대한 약정까지 그 효력이 부인될 수는 없다.[317]

(다) 職業安定法에 위반한 무허가 직업알선의 보수 지급 무허가 직업알선업자에게 해외취업알선을 부탁하면서 그 보수로 금원을 지급한 경우 그 행위가 職業安定法에 위배된다 하더라도 善良한 風俗 기타 社會秩序에 위반한 것이라고는 볼 수 없으므로 그 취업알선이 이루어지지 아니하였음을 이유로 이미 지급한 보수의 반환을 청구하는 것은 民 § 746에 해당하지 아니한다.[318]

(라) 德大契約에 기한 급부 鑛業權者가 다른 제 3 자를 共同鑛業權者로 등록을 하되 실질적으로는 광업의 관리경영권을 전적으로 일임하는 이른바 德大契約은 鑛業法의 강행규정에 위반되어 무효이기는 하나, 당사자 쌍방이 그러한 법규위반 사실을 알고 계약을 체결하였다고 해서 그 행위가 반윤리적이고 반사회적인 것이라고는 할 수 없다고 하여 德大契約에 기한 鑛業權代表登錄의 말소청구를 인용한 사례,[319] 德大契約에 의거하여 광산을 인도받아 유익비를 출연한 경우, 덕대계약 및 그에 연유한 비용지출이 윤리적으로 비난받을 것은 아니라고 하여 그 비용상환청구권에 기한 留置權 주장을 인정한 사례가 있다.[320]

(마) 農地改革法 위반행위 分配農地를 상환완료 전에 그 경작권이나 소유권을 양도·양수하는 행위는 강행법규인 농지개혁법 제16조에 위반하여 무효이지만, 이를 善良한 風俗 기타 社會秩序에 위반하는 행위라고는 할 수 없다.[321]

317) 大判 88. 11. 22, 88다카7306(公 1989, 23).
318) 大判 83. 11. 22. 83다430(公 1984, 94).
319) 大判 81. 7. 28, 81다145(公 1981, 14206).
320) 大判 63. 10. 31, 63다466(要集 민 I-1, 576).
321) 大判 65. 11. 30, 65다1837(集 13-2, 255).

(바) 不法海外送金을 위한 급부　　外換管理法上의 해외송금액수 제한 규정을 잠탈하기 위하여 海外輸入商이 국내 수출회사에 지불할 수입대금을 해외에 거주하는 내국인에게 송금하고 대신 그 내국인의 친지가 국내 수출회사에게 같은 금액을 국내에서 원화로 지급하는 이른바 환치기를 하기 위하여 국내 수출회사에 돈을 지급하는 것은 강행법규 위반행위에 의하여 급부한 것이지만 불법원인급여에 있어서의 불법성은 없다.[322)]

(사) 名義借用에 의한 아파트 分讓　　다른 사람의 명의를 빌어서 주택조합아파트를 분양받도록 해 주기로 하고 분양대금을 교부받은 경우, 비록 借名에 의한 아파트 분양이 법률상 금지되어 있다 하더라도 그에 위반한 계약이 곧 善良한 風俗 기타 社會秩序에 반한다고 할 수는 없으므로 위 급부를 불법원인급여라고 할 수는 없다.[323)]

(아) 證券去來法에 위반한 投資收益保障約定에 의한 급부　　證券去來法은 증권회사가 유가증권의 매매거래에 있어 고객에 대하여 당해 거래에서 발생하는 손실의 전부 또는 일부를 부담할 것을 약속하는 행위를 금지하고 있는바(證券去來法 § 52 i), 이에 위반하여 손실발생 여부와 상관없이 고객의 예탁금에 대하여 금융기관의 금리보다 높은 비율에 의한 이익금의 지급을 보장하기로 한 약정은 강행법규인 위 규정에 위반하여 무효이고, 그 약정에 기하여 고객이 지급받은 이익금은 결국 증권회사의 손실에 기한 법률상 원인이 없는 부당이득이 된다고 하여 반환채무를 인정하는 것이 判例 태도이다.[324)] 이에 비추어 위 규정에 위반한 급부가 불법원인급여에는 해당하지 않는다고 보는 것으로 이해된다.

(자) 관광진흥법에 위반한 급부　　관광객 송객의 대가로 금전을 대여한 것이 관광사업의 경영 또는 사업계획을 추진함에 있어서 부당한 수수료나 금품을 수수하는 행위를 금지하고 있는 관광진흥법에 위배된다 하더라도 선량한 풍속 기타 사회질서에 위반한 것이라고 볼 수는 없으므로 불법원인급여에 해당하지 아니한다.[325)]

(차) 담배사재기를 위한 자금의 교부　　담배사업법은 한국담배인삼공사가 제조한 담배는 등록된 판매업자가 아니면 구입할 수 없도록 규정하고 있

322) 서울地判 97. 2. 28, 95가합87964(下集 1997-1, 246). 註 312의 大判도 참조.
323) 서울高判 96. 1. 25, 95나36376(종합법률정보 수록).
324) 大判 97. 2. 14, 95다19140(公 1997상, 736).
325) 大判 98. 10. 20, 98다34669(공보불게재).

고, 물가안정에관한법률은 물건사재기를 금지하고 있음에도 등록업자가 아닌 사람이 담배사재기를 위하여 담배구입대금을 교부하였더라도, 위 각 법률에 위반한 행위를 반윤리적이라거나 선량한 풍속 기타 사회질서에 반한다고 할 수는 없으므로 불법원인급여에는 해당하지 않는다.[326)]

㈎ 법정한도를 초과한 부동산 중개수수료 판례의 주류는 부동산 중개수수료를 제한하고 있는 관련법률의 규정을 효력규정으로 해석하면서도,[327)] 법정한도를 초과하여 지급한 수수료에 대한 부당이득반환청구를 인용하여야 한다는 입장을 취하고 있다.[328)]

X. 不法原因給與 返還約定의 效力

불법원인급여의 반환을 불허하는 것은 급부자에 대한 법적 보호의 가치가 없기 때문이지 수익자의 급부보유가 정당하기 때문이 아닌 것은 물론이다. 따라서 수익자가 스스로 수령한 급부 그 자체를 任意返還하거나 그에 갈음한 代價物이나 賠償金 등을 현실적으로 지불한 경우 그 효력을 부정할 이유는 없다.[329)] 그런데 給付 또는 代償의 반환에 관한 約定만을 하고 이를 이행하지 않는 경우 급부자가 그 약정의 이행을 청구하는 것은 인용될 수 있는가? 이 문제는 이른바 「事前型 約定」과 「事後型 約定」으로 나누어 설명하는 것이 보통이다.[330)]

1. 事前型 返還約定

불법원인급여의 원인행위 또는 급부를 하면서 장차 목적달성에 실패하면 급부를 반환하기로 약정하는 경우인바, 이러한 약정이 무효라고 하는 데 대해

326) 大判 2001. 5. 29, 2001다1782(公 2001, 1469).
327) 구 소개영업법상의 소개료에 관한 규정을 강행규정으로 본 大判 87. 5. 26, 85다카1146; 大判 76. 11. 23, 76다405, 부동산중개업법의 관련 규정에 관하여 같은 견해를 밝힌 2002. 9. 4, 2000다54406(公 2002. 10. 15, 2308) 등. 반면 부동산중개업법의 동일 규정을 단속규정이라고 본 예로는 大判 2001. 3. 23, 2000다70972(공보불게재)이 있다.
328) 前註의 2000다54406 판결. 다만, 이 사건에서는 불법원인급여의 항변이 명시적으로 제기되지는 않았던 듯하지만, 판례의 취지는 그 항변이 있었더라도 청구를 인용할 것이라는 취지로 읽힌다.
329) 大判 64. 10. 27, 64다798(要集 민 I-2, 1119).
330) 宋德洙(註 19), 452-4; 四宮和夫(註 232), 179; 松本克美, "裏口入學の工作資金の返還請求と不法原因給付", ジュリスト 1028(1993. 8. 1.), 198-9.

서는 異見이 없다.[331] 이를 유효하다고 하면 民 § 746의 적용을 얼마든지 회피할 수 있어 법취지에 어긋나고 목적달성에 실패하더라도 이익회복을 보장받을 수 있는 안전판을 제공하는 결과가 되어 불법을 조장할 수 있기 때문이다. 判例도 같은 입장이다.[332]

2. 事後型 返還約定

급부가 있은 후에 급부의 원인행위와 별도의 약정으로 급부 그 자체 또는 그에 갈음한 代價物의 반환 또는 損害賠償을 하기로 특약하거나, 급부의 원인된 계약을 합의에 의하여 解除하고 原狀回復의 특약을 하는 경우이다. 多數說은 任意返還의 경우와 동일한 이유로 그 약정의 효력을 긍정하지만,[333] 事後的約定이라 하여 일률적으로 효력을 긍정해서는 안 된다는 反對說도 있다.[334] 後者에 의하면, 이 문제는 返還約定이 社會秩序에 반하여 무효로 되느냐에 관한 것이므로 그것을 판단함에 있어서는 民 § 103에서와 마찬가지로 불법한 행위를 하지 않도록 하는 목적인가의 관점에서 결정되어야 한다. 그리하여 예컨대 범죄를 행하는 대가를 먼저 수수한 당사자가 그것을 하지 않고 반환하기로 약정한 경우에는 그 계약이 유효하다고 하여야 하지만, 이미 불법한 목적이 달성되었거나 목적달성이 불가능하기 때문에 어쩔 수 없이 반환하기로 한 경우에는 그 약정은 사회질서 위반으로 무효라고 한다.

생각건대, 기본적으로 위 반대설의 입장이 설득력이 있다고 보인다. 다만 약정의 有·無效를 판단하는 기준에 있어서는, 그 약정이 목적달성의 중단 내지 저지를 위한 것이냐는 점, 즉 반환약정 그 자체의 목적뿐만 아니라 당초의 불법원인급부가 이루어진 경위, 쌍방 당사자의 불법성의 정도, 반환약정의 체

331) 郭潤直(註 1), 645; 金先錫(註 17), 214; 宋德洙(註 19), 452.

332) 도박자금으로 돈을 빌려 주면서 그 代償으로 제 3 자로부터 벼로 반환받기로 약정하고 도박자금 차용자는 연대보증을 한 경우 그 제 3 자에 대하여 그 반환약정에 기한 벼의 지급을 청구한 것을 배척한 大判 64. 7. 21, 64다389(集 12-2, 28), 도지사에게 청탁하여 택시운송사업면허를 받아 줄 것을 부탁하면서 청탁교제비조로 금원을 교부할 당시에 그 면허를 취득하지 못하게 될 경우 금원을 반환하기로 약정하였더라도 그 약정은 결국 불법원인급여물의 반환을 구하는 범주에 속하는 것이므로 무효라고 한 大判 91. 3. 22, 91다520(公 1991, 1249) 등. 그러나 事前型 返還約定이기 때문에 무효로 인정되는 경우에도 다시 民 § 746 단서의 적용요건에 해당하는 사실이 있으면 그에 기하여 반환청구가 인용될 수 있음은 별개 문제이다. 예컨대, 서울高判 94. 12. 20, 94나9438(종합법률정보 수록) 참조.

333) 郭潤直(註 1), 645; 金疇洙(註 17), 574; 金基善(註 20), 387; 林正平(註 17), 322; 金錫宇(註 17), 630 등.

334) 宋德洙(註 17), 453.

결과정 등 民 § 103 위반 여부를 판단하기 위한 제반요소를 종합적으로 고려하여 社會的 相當性이 있는 것이냐에 따라 결정되어야 할 것이다.[335] 그러나 일단 약정이 성립되어 있는 이상 그 약정이 公序良俗에 반하는 것이라는 점에 대한 立證責任은 수익자가 부담한다는 점에서, 약정이 없이 반환청구를 하는 경우 급부자가 民 § 746 단서의 사정에 대한 입증책임을 부담하는 것과는 다르다고 할 수 있다. 또한 반환약정이 유효라고 인정되는 경우와 반환약정 자체는 무효이나 民 § 746 단서의 취지에 의하여 반환청구를 인용하는 경우 사이에는 約定遲延損害金의 지급의무가 인정될 수 있느냐는 점 등에서 차이가 생길 수 있다는 점도 유의하여야 할 것이다.

判例 중 事後的 返還約定의 효력을 부정한 것으로는, X가 Y에게 인삼을 교부하면서 외국에 밀수출하여 판 대금으로 약재를 밀수입해 줄 것을 부탁하여 교부받은 밀수약재가 가짜로 밝혀지자 Y가 X에게 손해배상금을 지급하기로 약정한 경우 그 손해배상금의 지급청구는 당초의 불법원인급여물의 대가의 반환을 구하는 범주에 속하는 것이므로 허용될 수 없다고 한 것,[336] 공무원에 대한 청탁을 부탁받고 청탁한 대로 성사되자 그에 대한 보수를 지급받은 후 그 사실이 발각되어 수익자가 구속되자 형사처벌을 가볍게 받을 목적으로 급여자가 지정한 제3자를 수취인으로 하여 수익자 명의의 약속어음을 발행한 경우 그 어음금채무의 존재를 부정한 예,[337] 도박채무의 변제를 독촉받고 급부자에게 수익자 소유의 부동산의 처분을 위임하면서 그 처분대금으로 변제에

335) 松本克美(註 330), 199는, 日民 § 708(우리 民 § 746) 但書의 반대해석으로, 事後的 返還約定이라도 급부자에게 상당한 불법성이 있는 경우에는 불법원인급여 규정의 訴權拒否의 취지를 잠탈하는 것이므로 무효라고 보아야 하므로, 「事後特約의 有效性의 원칙적 承認+당사자의 不法性比較에 의한 체크」라는 2중적 판단구조가 필요하다고 한다. 이러한 견지에서 보면, 입시문제의 유출 등의 방법으로 不正入學을 기도하기 위한 공작자금을 교부하였다가 다같이 목적달성에 실패한 경우라도, 급부자가 수익자(공작자)에게 먼저 제의를 하고 적극적으로 권유하여 부정입학 기도에 개입시켰다가 결국 실패하자 수익자가 敎師라는 약점을 이용, 위협을 하여 반환약정을 하게 한 경우에 그 약정의 효력을 부정한 日東京地判 昭 34(1959). 8. 11(判例時報 203, 17) 및 東京地判 昭 62(1987). 8. 28(判例時報 1028, 67)의 사례와, 거꾸로 공작자가 먼저 제의를 하고 성사의 능력도 의문이 있을 뿐 아니라 실제 부정입학을 위한 시도를 한 바도 없어 詐欺的 要素가 있는 경우에 한 사후적 반환약정의 효력을 긍정한 日東京地判 平 5(1993). 1. 25의 사례는 서로 모순되지 않는다는 취지로 설명하고 있다.

336) 大判 66. 12. 27, 66다2145(集 14-3, 374).

337) 大判 95. 7. 14, 94다51994(公 1995, 2799): 약속어음 소지인의 강제집행에 대하여 수익자가 청구이의를 한 사건이었다. 약속어음 발행행위 자체는 그 원인이 된 뇌물수수의 불법성과 무관하게 유효하다는 이유로 위 判例에 反對하는 견해는 嚴東燮(註 18), 248-51 참조.

충당하도록 한 약정을 무효라고 본 예[338] 등이 있다.

반면, 醫師試驗 합격을 위한 교제비 명목으로 금전을 교부한 계약을 해소시키고 그 금액을 소비대차의 목적으로 하는 새로운 계약이 체결된 경우 그 효력을 인정한 것은[339] 事後的 返還約定의 효력을 긍정한 사례라고 할 수 있고, 급부의 반환을 위하여 수익자의 재산을 처분하여 충당하기로 한 약정이 무효인 경우에도 그 약정에 부수하여 그 財産處分에 관한 代理權을 수여하는 행위는 유효하므로 급부자가 수익자를 대리하여 제 3 자와 사이에 체결한 처분계약은 유효하다고 한 판례도 주목할 만한 것이다.[340]

XI. 主張·立證責任

불법원인급여 사실은 民 § 746 본문이든 단서이든 당사자의 주장이 있어야만 적용 가능한 것은 아니고 변론에 나타난 사정에 의하여 법원이 職權으로 인정할 수 있다.[341] 그렇더라도 職權探知事項까지는 아니므로 證明責任은 당사자가 부담하게 되는바, 民 § 746 본문, 즉 불법원인급여에 해당한다는 주장은 급부자의 부당이득반환청구 또는 소유권에 기한 반환청구 등에 대한 「권리행사저지사유」 내지 「권리발생 장애사유」를 주장하여 항변하는 것이므로 返還義務者로 지목된 수익자가 입증책임을 부담하게 된다.[342] 그러나 民 § 746 단서는 불법원인급여에도 불구하고 반환청구권이 인정되는 예외적 사정에 대한 것으로서 일종의 權利根據規定으로 작용하므로 그 적용을 주장하는 급부자가 입증책임을 부담한다.[343] 불법원인급여의 반환약정이 있는 경우에는 約定이 請求權原으로 주장될 것이므로 수익자가 民 § 746 본문 취지를 근거로 약정의 무효를 주장하고자 하면 그에 해당하는 사실에 대한 입증책임도 수익자가 부담하게 될 것이다.

[朴 炳 大]

---

338) 大判 95. 7. 14, 94다40147(公 1995, 2793).

339) 大判 76. 11. 23, 76다2138(要集 민 I-1, 131).

340) 大判 95. 7. 14, 94다40147(公 1995, 2793)(이 사건의 경과에 관해서는, 朴禹東, 변호사실 안팎, 475-87 참조). 그러나 급부의 원인행위에 관한 附隨的 權限委任을 무효라고 한 大判 74. 10. 22, 74다624(公 1974, 8074) 참조.

341) 宋德洙(註 19), 424. 美國 판례법에서도 같다. 27 Am Jur 2d Equity § 136.

342) 前述 Ⅲ의 4 및 Ⅳ이 4. (3) 부분 참조.

343) 金先錫(註 17), 213.

第747條 내지 第749條 前論: 不當利得의 效果

차 례

Ⅰ. 序說——利得槪念의 展開

부당이득의 효과는 수익자가 손실자에 대하여 부당하게 취득한 이익의 반환의무를 부담하는 것이다.

1. 利得의 槪念

(1) 수익자가 반환하여야 할 목적으로서의 이득을 어떻게 파악하느냐에 대하여, 종래의 통설은 「이득」이란 "어떤 사실이 없었다고 가정하는 경우에 존재하였으리라고 예상되는 재산의 총액보다도 그 사실이 있은 후에 현실적으로 존재하는 재산의 총액이 증가하고 있는 것"을 의미하며, 그 사실에 의하여 재산이 적극적으로 증가하는 경우와 소극적으로 당연히 발생하였을 재산의 감소를 면한 경우를 포함한다고 한다.[1]

여기서 주목되는 것은 이득의 개념을 總體財産(Gesamzvermögen)의 변동과 연결시키는 태도이다. 이러한 태도가 손해배상법에 있어서 손해의 개념

1) 郭潤直, 債權各論, 再全訂版(1984), 565; 金曾漢·安二濬 編著, 新債權各論(下)(1965), 690: 金錫宇, 債權法各論(1978), 445; 金基善, 韓國債權法各論, 全訂第2版(1982), 354 등.

에 관한 소위 차액설(Differenzhypothese)[2]에서도 나타남은 주지하는 바와 같다.[3] 즉 차액설에 의하면 적어도 재산적 손해란 "만일에 가해원인이 없었다고 한다면 있었어야 할 이익상태와 가해가 이미 발생한 현재의 이익상태와의 차이"라고 한다.[4] 부당이득에 있어서 부당이득원인의 발생 전후로 전체재산에 어떠한 변화가 일어났느냐에 착안하고, 그 전후의 차액을 이득으로 파악하는 위와 같은 입장도 역시 總體財産差額說 내지 財産差額說이라고 부를 수 있을 것이다.

(2) 이러한 입장에 대하여는 여러 가지 疑問이 제기될 수 있다. 그 중 몇을 들어 본다면 다음과 같다.

(가) 첫째, 이러한 이득개념은 실제의 사안을 해결함에 있어서 유용한 도구가 못되지 않느냐 하는 것이다. 이 개념을 문자 그대로 엄격히 적용하면, 法院은 그 능력으로서는 해결할 수 없거나 지나친 노력을 요구하는 과제를 떠맡게 될 것으로 생각된다.

어떤 일정한 시점(그 시점이 언제인가 하는 것도 문제이지만)에 있어서 현실로 존재하는 부당이득자의 재산 총액을 개개의 재산품목 전부를 망라하여 산정한다는 것도 어려운 일이거니와, 특히 어떤 사실이 없었다고 가정한 경우에 예상되는 재산총액을 추산하는 것은 그것이 단순한 추측의 영역을 넘을 수 있을 것인가 하는 의문은 차치하고서라도 그 추측 자체가 매우 어려운 일이라고 하겠다. 또한 法院은 실제로 구체적인 사안을 다룸에 있어서 위와 같은 이득개념이 요구하는 작업을 수행하는 것 같지 않다. 법원은 우선은 당사자가 부당이득의 발생과정에서 구체적으로 이행받은 계약목적물(給付利得의 경우) 또는 부당하게 자기의 지배영역 내로 끌어들인 또는 그 안으로 들어 온 타인의

2) 損害槪念에 관한 差額說에 대하여는 Hermann Lange, Schadensersatz, Handbuch des Schuldrechts Bd. 1(1979), S. 18f. 및 S. 162f. 참조.

3) 손해배상법의 발전에 있어서의 소위 差額說의 의의에 대하여는 우선 平井宜雄, 損害賠償法の理論(1971), 26 이하 참조. 이에 의하면 객관적인 거래상의 가치, 즉 객관적 기준에 의하여 결정되는 物的 價値(Sachwert) 또는 通常價値(gemeimer Wert)와는 구별되는 주관적인 이익을 파악하고자 하는 차액설은, 첫째, 채권자의 주관적 이익도 법적인 보호를 받는다는 의미에서 보다 고차적인 사회경제생활의 진전에 대응하며, 둘째 채권자가 현실로 입은 손해를 塡補(Wiedergutmachung)한다는 의미에서 손해배상이 징벌적 색채를 가졌던 시대보다 진전한 것으로 이해된다고 한다. 이러한 뜻에서 차액설적인 손해개념은 독일민법이 손해배상에 관하여 채택한 소위 完全賠償의 原則(同法 § 249 I 참조)을 배경으로 하고 있다고 한다. 同所, 139 이하는, 재산상태의 차액이 그대로 배상되어야 할 손해라고 규정하는 차액설적 손해개념은 완전배상의 원칙을 부정하고 있는 일본의 손해배상법에 있어서는 "아무런 이론적 의미도 가지지 않는다"는 대담한 명기를 한다.

4) 우선 郭潤直, 債權總論, 再全訂版(1983), 177.

권리내용(침해이득 등 非給付利得의 경우) 등을 그리고 그것만을 문제삼는다.

또한 學說도 이득의 개념 자체는 위와 같이 차액설의 입장에서 설명하면서도 이득의 구체적 내용에 대하여는 "각종 재산권(소유권·제한물권 등)의 취득은 물론이고, 첨부나 제한물권의 소멸과 같은 기존의 재산권의 내용의 확장 등도 이에 속한다"고 하고,[5] 또 부당이득의 효과로서 반환할 이득의 내용에 대하여서는 原物返還의 原則을 내세워서 "원물이 그대로 남아 있으면 물론이고, 원물이 손상·파괴되어 있더라도 그 동일성을 인정할 수 있으면 그 물건을 현존상태대로 반환하여야 하고, 그것으로써 충분하다"고 하여 이득자의 전체 재산과의 연관성을 지시함이 없이 설명한다.[6]

이와 같이 부당이득에 있어서 문제되는 이득의 개념을 이득자가 취득한 구체적인 대상에 착안하여 파악하는 것이 보다 直截하고 平易한 설명이라면, 앞서와 같이 고답적이고 추상적인, 따라서 실제적인 유용성이 의심스러운 이득개념은 어떠한 필요에 대처하기 위하여 발생된 것일까.

(나) 둘째, 부당이득제도에 있어서 이득은 반환청구권의 발생요건인 동시에 반환청구권의 내용, 즉 이득자가 반환하여야 할 대상으로 파악되고 있다. 부당이득반환소송에 있어서 피고에게 이득이 있다는 것은 請求原因에 속한다. 그런데 이 때 「이득」을 앞서 본 바와 같이 해석한다면, 부당이득반환청구권의 발생요건으로서도 또한 그 내용으로서도, 현존하지 않는 이득이란 문제가 될 수 없다. 즉 반환청구권이 발생하려면 이득이 현존하여야 하며, 이 이득이 현존하지 않는다면 반환청구권은 존속할 수 없고, 또한 반환되어야 하는 이득이란 아예 없게 되는 것이다. 그렇다면 民 § 748 I 이 "그 받은 이익이 현존하는 한도에서" 그 이익을 반환할 책임이 있는 자를 굳이 善意의 利得者로 한정한 것은 어떠한 의미가 있는 것일까.

여기서 이러한 규정과 대비되는 것이 일본민법 및 독일민법의 부당이득반환청구에 관한 규정방식이다. 즉 일본민법에 있어서는 부당이득반환청구권에 대한 일반규정인 § 703에서 "법률상 원인 없이 … 이익을 얻고 이로 인하여 타인에게 손실을 끼친 자는 그 이익이 현존하는 한도에서 이를 반환할 의무를 진다"고 하여, 이득자는 원칙으로 현존이익만을 반환하는 것이라고 규정하고, 현존이득의 반환을 특히 「선의」의 이득자와 연결시키지 않는다.[7] 또 독일민법

5) 郭潤直, 565.
6) 郭潤直, 597.
7) 日本民法은 § 704에서 惡意의 利得者의 반환범위에 대해서만 규정한다.

에 있어서도 부당이득반환청구권의 범위에 관한 § 818 Ⅲ은 “반환 또는 가액배상의 의무는 수령자에게 이득이 없게 된 한도에서 배제된다(Die Verpflichtung zur Herausgabe oder zum Ersatze des Wertes ist ausgeschlossen, soweit der Empfänger nicht mehr bereichert ist)”고 규정하여 부당이득반환의 범위가 일반적으로 현존이득에 한정되는 것으로 규정하고 있다.[8)]

이에 비하여 우리 민법은 § 741에서 일반적으로 부당이득자는 그 이익(현존이익이 아니다)을 반환하여야 한다는 원칙을 밝힌 다음, § 748에 이르러 그 반환의 범위에 관하여 정하면서 선의의 이득자와 악의의 이득자를 나누어서 선의의 이득자에 대하여만 현존이익의 범위 내에서 반환할 것을 규정하고 있는 것이다(同條 I). 이 때 § 748 I 을 일정한 내용의 입법적 결단을 담은 유의미한 규정으로 이해하려 한다면 § 741에서 정하는 「이익」과 § 748 I 의 「이익」을 동일한 의미의 것이라고 해석하여서는 안되는 것이 아닐까. 왜냐하면 양자를 동일한 것으로 해석한다면 앞서 본 바와 같이 § 748 I 은 당연한 이치를 선언한 것에 불과한 것이 되기 때문이다.

(3) 이와 같은 의문은 결국 이득개념을 차액설의 입장에서 파악하고, 이를 부당이득의 요건·효과 등 제도의 전부문에 있어서 관철하려는 데에 그 연유가 있다고 생각된다. 그런데 손해개념에 대한 차액설과 마찬가지로,[9)] 이득개념에 관한 차액설적 입장도 19세기 독일보통법학설의 소산이다.[10)] 그리고 독일민법이 보통법이론에 그 기초를 두고 있음은 주지의 사실이다.

따라서 위와 같은 의문을 해명하고 우리 부당이득법의 타당한 해석을 도모하려면 특히 독일의 보통법학설에서의 이득개념과 그 후의 발전에 관하여 살펴볼 필요가 생긴다.

---

8) 다른 독일민법에서 부당이득에 관한 일반규정인 § 812 I 第1文은 “타인의 급부에 의하여 또는 기타의 방법으로 그 손실로 인하여 법률상 원인 없이 어떤 것을 취득한 자는 그에게 반환할 책임을 진다(Wer durch die leistung eines anderen oder in sonstiger Weise auf dessen Kosten etwas ohne rechtlichen Grund erlangt, ist ihm zur Herausgabe verpflichtet)”고 정하고 있다. 그러므로 적어도 法文上은 부당이득청구권의 발생은 利得(Bereicherung)의 유무에 달린 것이 아니라, “어떤 것을 취득하였는지” 여부에 달려 있으며, 반환할 대상도 “취득한 어떤 것(etwas Erlangtes)”이다. 이에 대한 종래 통설의 태도는 뒤의 4.(1) 참조.

9) 損害槪念에 관한 差額說은 주지하는 대로 Friedrich Mommsen, Beiträge zum Obligationenrecht, 2. Abt.: Zur Lehre von dem Interesse(1855)에서 始作된다. Lange(註 4), S. 18도 참조.

10) 무엇보다도 Werner Flume, Der Wegfall der Bereicherung in der Entwicklung vom römischen zum geltenden Recht, in: Festschrift für Hans Niemayer(1953), S. 145ff., 특히 S. 147 참조.

2. 獨逸普通法學說에서의 「利得」의 槪念

(1) 독일 보통법학상의 通說[11]은 부당이득반환범위의 문제를 이론적으로 반환청구권의 발생요건에 관한 문제의 한 측면으로 이해하였다.[12] 즉 반환청구권은 부당한 이득(Bereicherung)이 존재하여야 성립·존속하며, 그 반환의 대상, 나아가서는 반환의 범위도 그 이득에 한정된다. 부당이득반환청구권은 "[부당한] 이득으로부터 발생하여 그 이득을 대상으로 하는(aus der Bereicherung auf die Bereicherung)" 권리인 것이다.[13]

이 때 이득은 이득자가 부당이득이 문제되는 과정에서 취득하는 목적물(Gegenstand)[14] 그 자체가 아니라, 그 목적물이 이득자의 전체재산에 초래한 가치증가라고 이해되었다. 독일민법이 제정·공포된 직후에 부당이득의 범위 문제를 다룬 저서에서 쉬티베는 반환청구권의 대상을 "可變的인 抽象的 財産價値(variabler abstrakter Vermögenswert)"로서의 이득이라고 하고, 그러한 이득의 확정에 있어서는 재산가치의 증가를 야기하는 사실, 즉 애초 부당이득문제가 제기되는 연유가 된 사실(부당이득원인)과 관련 있는 모든 사정이 고려되어야 한다고 설명하였다.[15] 이 때 이득자가 구체적으로 취득한 목적물은 이러한 의미에서의 이득을 정하는 한 요소에 불과하며, 단지 그 목적물이 이득자의 지배 아래 현존하는 한 그 이득을 化體하고 있을 뿐이라는 것이다.[16]

마찬가지로 폰 마이르도 부당이득반환청구권이 부당이득원인으로 인하여 발생한 이익에서 그로 인한 손실을 빼고 남은 차액을 대상으로 한다는 것은 부당이득의 개념상 분명하다고 하고,[17] 따라서 이득이란 이득자의 구체적인 취득물과 반드시 일치하지 않으며 오히려 그 취득물의 전체재산에 대한 反射

11) 註釋學派 이래 17세기의 소위 「판덱텐의 現代的 慣用」에 이르기까지의 利得槪念, 특히 現存利益의 문제에 대하여는 우선 Flume(前註), S. 140ff. 참조.

12) Mandry, Zur Lehre vom Gegenstand der Condictionen, AcP 48(1865), S. 240에 의하면, 통설은 "現存하는 利得(fortdauernde Bereicherung)을 不當利得返還請求權의 基礎(Grundlage)인 동시에 그 返還範圍의 尺度(Maßstab)로 삼는다"고 한다.

13) von Mayr, Die Condictio des römischen Privatrechts(1900), S. 12(Flessner, Wegfall der Bereicherung(1970), S. 4에서 再引用).

14) 이 때 目的物이라고 해서 반드시 有體物만을 지칭하는 것은 아니다. 返還의 구체적인 對象(Gegenstand)이 되는 것을 통틀어서 표현할 말을 찾지 못하여 경우에 따라서 目的物, 取得物, 受領物 등으로 우선 사용하였다.

15) Stieve, Der Gegenstand des Bereicherungsanspruchs nach dem Bürgerlichen Gesetzbuch (1899), S. 28f.

16) Stieve(前註), S. 93.

17) von Mayr(註 13), S. 625.

效(Reflexwirkung)라고 이해한다.[18]

그 후 피셔에 이르러 이득개념에 대한 차액설적 파악은 완성되었다. 그는 이득개념을 재산손해의 개념과 완전히 병렬적으로 이해하였다. 즉 양자는 모두 동일한 원리에 따라 일정한 사태 전후에 있어서의 전체재산의 차액으로 산정된다. 다만 손해는 그 감소된 측면을, 이득은 증가된 측면을 파악할 뿐이다.[19] 부당이득의 경우에도 "id quod interest"[20]가 문제되는 것이다.[21]

(2) 학자들은 「이득」을 이와 같이 이해함으로써 애초의 취득물(das Erlangte)의 代償 및 이득자가 그로부터 수취한 과실 기타 이익 중 아직 남아 있는 것도 반환하여야 함을 어려움 없이 설명할 수 있었다.[22]

또한 이러한 이득개념에 기하여 선의의 이득자로 하여금 부당이득원인에도 불구하고 그의 재산이 실질적으로 증가하지 않았다고 주장하여 반환청구자에 대하여 방어할 수 있도록 하였다. 다시 말하면 선의의 이득자는 부당이득반환의 결과 부당이득반환이 발생하기 이전보다 그 재산이 감소되는 일이 있어서는 안 된다는 것이다. 이러한 고려는 衡平이 요구하고 바라는 바라고 이해되었다.[23] 선의의 이득자에 대하여는 부당이득의 반환으로 어떠한 불이익도

---

18) von Mayr(註 13), S. 590.

19) Hans Albrecht Fischer, Bereicherung und Schaden, in: Festschrift für Ernst Zitelmann (1913), S. 10f. 및 S. 37f.

20) Fischer(前註), S. 11. 직역하면, 「이해관계 있는 바」라는 뜻이다. 이 표현은 多義的이나 로마법에 있어서는 대체로 재판관의 평가에 의하여 정해질 손해배상액을 나타내기 위해 쓰여졌다. 로마법상 方式書訴訟方式에 의한 손해배상소송에 있어서는 방식서에 "quanti ea res est(그것이 존재하는 한에서)"라는 조항이 포함되면 재판관은 특히 특정물의 객관적 가치를 조사하여 그에 따라 배상을 명하여야 했음에 비하여, 불특정물의 경우에는 재판관은 사안의 구체적인 사정에 따라 채권자가 입은 손해를 개별적으로 평가하여("id quod interest") 물건의 객관적 가치 이상 또는 이하의 액의 배상을 명하였다. 이에 대하여는 Kaser, Das Römische Privatrecht, Bd. 1, 2. Aufl.(1971), S. 499f. 및 derselbe, Römische Privatrecht, Ein Studienbuch, 10.Aufl.(1977), S. 145 참조. 近代의 損害賠償法은 급부대상의 객관적 가치를 파악하는 태도에서부터, 채권자의 주관적 사정을 함께 고려할 수 있는 이익(Interesse)의 개념을 중심으로 하는 이론으로 이행하여 갔다고 말할 수도 있는데, 이를 표어적으로 "quanti ea res est로부터 id quod interest"라고 불리운다.

21) 주목되는 것은 앞서 본 獨民 § 812 I 제 1 문(앞의 註 8 참조)에 대한 피셔의 태도이다. 그에 의하면 그 조항을 엄격히 해석하여 이득자가 반환해야 할 것이 구체적으로 "취득한 것(etwas Erlangtes)"이라고 하는 것은 오류이다. 이득자는 그것이 아니라 이득(Bereicherung)을 반환하여야 한다. 위 규정은 그 절의 표제("부당이득 Ungerechtfertigte Bereicherung")와 앞의 1. (2) (나)에서 본 바 있는 同法 § 818 Ⅲ에 의하여 수정되어야 한다는 것이다. Fischer(註 19), S. 10f. 참조.

22) Flessner(註 13), S. 5 참조.

23) 예를 들면 Windscheid, Lehrbuch des Pandektenrechts, 5. Aufl.(1879), § 424 N. 3(S. 601) 참조. 이 책은 굳이 Flume(註 12), S. 146을 인용하지 않더라도 19세기 後半에 있어서의 「權威書(Book of Authority)」이다.

주어서는 안 된다는 이러한 형평의 명령은 이득의 취득과 관련 있는 이득자에게 불이익한 모든 사정을 그 반환할 이득의 산정에 있어서 고려할 것을 요구한다.[24] 그리고 이 때 "불이익한 사정"에는 선의의 이득자가 취득물을 고의 또는 부주의로 인하여 파손시킨 사실도 포함된다고 한다.[25]

(3) 보통법학자들은 이러한 이해가 로마법상의 규율과 일치한다고 믿었다. 그러나 근래의 연구에 의하면, 고전로마법에 있어서는 앞서 본 바와 같이 부당한 취득의 구체적 대상으로부터 추상된 이득개념을 생각하지 못하였었다. 이득반환청구소권(condictio)은 이득자가 원인 없이(sine causa) 취득한 물건 또는 금전 그 자체의 반환을 목적으로 하는 것이다.[26] 선의의 이득자가 이를 소비하거나 그의 책임없는 사유로 물건이 멸실한 경우에는 그는 면책되었다. 그러나 이는 특정물의 경우이고, 대체물이나 금전의 경우는 그렇지 않았다. 즉 그 경우에는 소비대차에 있어서와 마찬가지로 이득자는 언제나 동일한 금액 또는 동종의 물건을 반환하여야 하며, 그러한 물건이 멸실된 경우에도 그것이 이득자 자신의 행위를 포함하여 이득자에게 책임 있는 사유에 기한 것이거나 이득자가 이행지체상태에 있을 때에는 債務의 永久化(perpetuatio obligationis)의 법리에 의하여 이득자는 반환책임을 부담하였다. 이에 대한 예외는 혼인하는 부부간의 결혼선물의 경우나 미성숙자와의 거래의 경우에만 인정되었다.[27]

이와 같이 반환범위에 관하여 특정물과 기타의 물건 사이에 구별을 두는 태도는 주석학파 이래 18세기의 諸立法[28]에 이르기까지 유지되었었다.[29] 그러나 19세기 전반에 이르러서는 그와 같은 구별을 두지 않고 모든 경우에 선의의 이득자에 대한 책임감경을 인정하는 것이 보통법학상의 통설이 되었다.[30]

---

24) Fischer(註 19), S. 37f. 또한 同所, S. 11: "利得은 時間의 經過와 함께 늘어날 수도, 줄어 들 수도 있는 可變的인 量이다."

25) Motive Ⅱ, S. 836 = Mugdan Ⅱ, S. 467도 참조.

26) Kaser(註 20, 1971), S. 598.

27) 이상에 대해서는 Niederländer, Die Bereicherungshaftung im klassischen römischen Recht, 1953, S. 3; Kaser(註 20, 1971), S. 598; Siber, Römisches Recht Ⅱ (1928), S. 218f. 참조.

28) 예를 들면 프로이센일반란트법(ALR) 제1편 제16장의 § 193은 "일정한 금전 또는 기타 대체가능한 물건을 그 청구권한이 없으면서 변제로서 수령한 자는 그 반환에 관한 한 소비대차에 있어서와 같은 책임을 진다"고 규정하여, 특정물에 관한 규정(同章 § 190)이 선의점유자의 책임과 같은 반환책임을 정하고 있는 것과 대비된다.

29) Flume(註 10), S. 141-145 참조.

30) Flume(註 10), S. 145f.에 의하면 이러한 통설의 端初를 이룬 것은 Glück, Ausführliche Erläuterung der Pandekten, 13. Teil, 1. Abt.(1811), S. 152f.라고 한다. 19세기 중반에는 에르크스레벤(Erxleben)이나 비테(Witte)가 이미 통설이 된 이와 같은 태도에 반대하였는데, 그 논쟁과정에 있어서 이미 부당이득반환청구권을 「이득」의 개념에 입각하여 설

(4) 차액설적인 이익개념은 적어도 독일민법 제정 이전의 단계에서는 거의 위에서 본 두 개의 문제, 즉 이득자가 취득물을 고의 또는 부주의로 인하여 파손시킨 경우 그에게 가액배상의 책임을 인정할 것인가 및 특정물과 기타의 물건 사이에 구별을 두어 규율할 것인가의 두 문제를 논의하는 단계에서 이를 부정적으로 답하는 것을 정당화하기 위한 개념으로 동원되었다. 그리고 이러한 개념구성은 선의의 이득자에 대하여는 부당이득의 반환으로써 어떠한 불이익, 어떠한 재산감소도 주어서는 안 된다는 것이 형평의 요구라는 논리에 강하게 뒷받침된 것이다.

예를 들어 前者의 문제에 대하여 위와 같은 이득개념을 동원함이 없이 긍정적으로 해석하려는 견해는, 취득물을 파손한 이득자의 행위가 일반채권법상의 「우연한 사정(Zufall)」에 해당하므로[31] 이득자는 그에 대하여 책임을 지지 않는 것이라고 설명하였다. 그러나 이러한 설명에 무리가 있음은 일견하여 명백한 것으로 다수의 학자에게는 여겨졌다.

3. 獨逸民法 制定過程에서의 論議

(1) 독일민법을 제정하는 과정에서 소위 第一委員會는[32] 이득의 개념을 규정하지 않고, 장차의 학설과 실무에 맡긴다는 태도를 취하였다. "상정가능한 다양한 경우들을" 섣불리 미리 규정하는 것은 적당하지 않기 때문이다.[33] 그러나 다른 한편으로 이득이 현존하는가 여부를 판정함에 있어서는 "이득의 개념상(aus dem Begriffe der Bereicherung)" 구체적으로 이득자의 전체재산상태를 고려하여야 한다고 한다.[34] 또 이득자는 급부의 취득 및 보유와 인과관계 있는 재산감소를 주장할 수 있다. 그 예로는 급부목적물이 이득자에게 직접적으로 손해를 야기한 경우를 든다.[35] 그러나 이득자가 급부의 취득으로 말미암아

명하는 것 자체로부터 선의이득자의 반환의무 제한이 "개념상" 요구된다고 하는 관념이 이미 엿보인다고 한다.

31) 예를 들면 前註에서 본 에르크스레벤과 비테가 그렇게 구성한다고 한다. Vgl. Flessner(註 13), S. 7 참조.

32) 주지하는 대로 제 1 초안은 부당이득에 관한 통일적인 규정을 두지 않고, 비채변제 등 개별적인 부당이득요건을 규정하였을 뿐이다. 이에 대하여는 우선 梁彰洙, "독일 不當利得異論의 歷史的 展開", 郭潤直 교수 華甲紀念論文集(1985), 585 이하 참조. 이 때 반환의 범위에 관하여는 제 1 초안 § 739 이하에서 비채변제에 대하여 규정하고, 이를 다른 부당이득유형에 준용하고 있다. 선의의 이익자의 반환범위에 대하여는 제 1 초안 § 739 Ⅱ가 현행의 獨民 § 818 Ⅲ과 거의 동일하게 규정하고 있다.

33) Motive Ⅱ, S. 837 = Mugdan Ⅱ, S. 467f.

34) Motive Ⅱ, S. 837 = Mugdan Ⅱ, S. 467.

35) Motive Ⅱ, S. 837 = Mugdan Ⅱ, S. 468.

하게 된 지출이나 비용도 이에 속하는가에 대하여, 제 1 위원회는 "인과관계가 성립하는 한" 이를 긍정하였으나, 최종적인 판단은 학설·판례에 맡기고 있다.[36)]

전체적으로 제 1 위원회는 미리 주어진 이득개념으로부터 부당이득반환청구권의 대상이나 반환범위에 관한 귀결을 노출하는 태도를 취하고 있지는 않다.[37)] 그러나 선의의 이득자에 대하여 그 반환범위를 한정함에 있어서는 보통법이론상의 통설을 거의 그대로 수용하고 있다고 하겠다.

(2) 소위 第二委員會에서는 선의의 이득자에게 보다 광범위한 반환 책임을 인정하여야 한다는 反對提案이 있었다.[38)] 즉 선의의 이득자는 그 취득물이 유실되거나 멸실된 경우에만 그 반환의무를 면한다는 것이다. 그 이외의 경우, 즉 이득자가 취득물의 가치를 이용하거나(예를 들면 유용하게 소비하거나 매도하는 등으로) 개인적인 목적을 위하여 사용한(예를 들면 증여하는 등으로) 경우에는 然後의 재산상태 여하에 상관없이 가액을 배상하여야 한다. 또한 이득자가 수령물을 유효하게 취득하여 반환할 필요가 없는 것으로 믿고 기타의 재산에 일정한 처분을 할 경우도 마찬가지이어야 한다는 것이다.

이에 대하여는 다음과 같은 근거가 주장되었다. 첫째, 부당이득의 경우를 선의점유자의 소유자에 대한 관계와 달리 규율할 이유가 없다. 선의점유자의 경우는 그 점유물로 인하여 발생한 모든 불이익을 가지고 소유자에 대하여 방어할 수는 없도록 되어 있다. 둘째, 이득자가 자신의 수령물에 관하여 정당한 원인이 있는 것으로 잘못 믿었다고 해도 이러한 착오의 책임을 상대방에게 전가하여 그 착오에 기한 재산적 결단의 득실을 상대방으로 하여금 책임지도록 할 이유가 없다. 마지막으로, 이득자의 재산에 속하게 된 수령물에 관하여 그 運命을 끝없이 추적하여야 한다는 것은 증거법상 무리가 있다는 것이다.

그러나 제 2 위원회의 다수의견은 이 반대의견을 보통법상의 통설의 논리에 좇아 채택하지 않았다.[39)] 그에 따르면, 급부자가 애초 그 의사에 기하여 일단 급부한 것을 다시 그에게 회복시키도록 하는 것은 "전적으로 형평을 이유

36) Motive Ⅱ, S. 838=Mugdan Ⅱ, S. 468.
37) 예를 들면 Motive Ⅱ, S. 836=Mugdan Ⅱ, S. 467은 "利得者는 一次的으로(in erster Linie) 수령한 給付를 반환할 의무가 있다"고 한다. 또 Motive Ⅱ, S. 837=Mugdan Ⅱ, S. 467이 현존이익의 부재를 이득자가 항변으로 주장하고 입증해야 한다고 하는 것은 독일 민법의 입법자들이 부당이득반환청구권의 발생요건으로서의 「이득」의 개념에 내재하는 논리(이에 대하여는 앞의 註 14)의 Mandry의 설명 및 그 본문 부분 참조)를 반환범위의 획정에까지 철저히 관철하지 않았음(또는 관철할 수 없었음)을 시사하여 준다.
38) 그 내용 및 상세한 反對提案理由는 Mugdan Ⅱ, S. 1182f. 참조.
39) Mugdan Ⅱ, S. 1183f. 참조.

로"(ledglich aus Gründen der Billigkeit) 하는 것이다. 그런데 그 형평은 선의의 이득자가 이득의 반환으로 불이익을 입지 않는 한도 내에서만 그 반환청구를 인정하고 허용한다. 만일 선의의 이득자가 현재 이득하고 있는 것 이상으로 반환할 것을 강요당하면, 그는 그 결과 전체재산상 손해를 입지 않을 수 없다는 것이다. 그리고 앞서 살핀 예들의 경우에는 그러한 일이 벌어진다는 것이다.

4. 獨逸民法 制定 後의 學說과 判例

(1) 위와 같이 독일민법의 입법자들은 이득의 개념규정을 학설과 판례에 맡겼다. 그러나 독일민법 성립 직후부터 학설은 그 개념을 마치 당연한 것처럼 보통법학설에 따라 이해하였다.[40]

그리하여 늦어도 1920년경까지는 1950년대에 이르기까지 지배적이었던 이득개념이 완전히 학설과 판례에 정착되었다. 즉, 부당이득반환책임의 「최고원칙」은 선의의 이득자는 현존하는 이득보다 더 많은 것을 반환함으로써 불이익을 입어서는 안 된다는 것이다.[41] 이 원칙을 구체적으로 실현하는 것은 다음과 같은 이득개념이다. 즉 이득이란 이득자가 구체적으로 취득한 대상이나 그 가액이 아니고, 그 구체적인 취득과정의 결과로서 생긴 이득자의 전체재산의 증가이다. 이득자의 재산이 전체적으로 증가하였는가는 그 구체적인 취득으로 인한 이익이 그로 인한 불이익을 넘는 것이 있는가에 의하여 판정된다. 그리고 그 불이익의 인정에는 인과관계가 시인되는 한 시간적 제한도, 대상적 제한도 없다. 이득자의 재산에 영향을 미치는 개별적인 사실은 그러한 剩餘의 산정을 위한 非獨立的인 計定要素일 뿐이다. 그리고 구체적인 이익취득의 과정도 그 「개별적 사실」 중의 하나일 뿐이다.

(2) 독일의 판례는 앞의 2.에서 본 바와 같은 이득개념을 일찍부터 수용하였다. 이미 1905년에 帝國法院는 "獨民 § 812에서 [부당이득반환청구권의 발생요건으로 정하여진] '어떠한 것(etwas)'이란 개별적으로 이득자에게 귀속된 가치

40) 앞서 본 쉬티베, 폰 마이르 및 피셔의 설명 참조. Flessner(註 13), S. 10은 입법자가 이득개념에 그 발전적 형성의 여지를 남겼다는 것을 사람들이 의식하고 있었는지 의심스럽다고 한다. 그런데 설사 그것을 의식하고 있었다고 하더라도 당시의 압도적인 학설분포로 보아 달리 개념형성을 할 가능성은 거의 없었던 것으로 보인다.

41) 第2次世界大戰 후 최초로 出刊된 公式의 독일聯邦大法院 民事判決集("BGHZ")에 수록된 1951년 1월 9일의 判決(BGHZ 1, 75)도 바로 이와 같이 不當利得法의 最高原則(oberster Grundsatz)을 설시하고, "그러므로(daher)" 不當利得返還은 現存利益에 한정된다고 한다(同所, S. 81).

를 의미하는 것이 아니고, 그 가치와 그 취득으로 인한 부담을 동시에 고려함으로써 생기는 전체적인 가치증가이다"라고 판시하였다.[42] 판례는 "이득이 현존하는가의 문제는 법적인 관점에서 고찰할 것이 아니며, 그것은 경제적인 성질의 것이다. … 경제적인 전체성과를 고려하여야 한다"고 하며,[43] 그 때 고려할 구체적인 사정은 "부당이득반환청구권의 기초를 형성하는 사실"과 인과관계에 있는 사정이라고 한다.[44]

(3) 그러나 현재에는 뒤의 5.(1)에서 보는 「구체적 대상설」(독일에서는 「對象的 考察方式(gegenständliche Betrachtungsweise)」)이라고 불리우는 입장이 확고한 통설의 지위를 차지하고 있다.

최초의 획기적인 突破口는 폰 케머러에 의하여 열렸다.[45] 그에 의하면 "독일민법상의 부당이득반환청구권은 일차적으로 이득(Bereicherung)을 대상으로 하는 것이 아니라, §§ 818 Ⅰ·Ⅱ, 819 및 820에서 증명되는 바와 같이 취득물(das Erlangte) 또는 그 가액을 대상으로 한다. 그것이 정상적인 청구권내용이다. § 818 Ⅲ에 따라 현존이익의 가변적인 액에 [책임을] 제한하는 것은 선의의 이득자를 위한 예외적인 특혜(Begünstigung)이다"라고 말한다.[46]

5. 利得槪念에 관한 두 개의 立場

(1) 이상에 비추어 우리 나라에서는 이득개념에 관하여 두 개의 입장을 다음과 같이 정리해 볼 수 있다.

첫째, 이 경우 이득을 수익자가 취득한 구체적 대상이나 그 가액이 아니고 그 구체적인 취득과정의 결과로 생긴 수익자의 전체재산의 증가라고 이해하는 입장이다. 이 입장은 적어도 부당이득법에 관련한 이론구성이라는 면에서는 우리 나라의 통설이라고 할 수 있다.[47] 이에 따르면 이득이란 「어떤 사실(부당이득원인)이 없었다고 가정하는 경우에 존재하였으리라고 예상되는 재

42) RGZ 54, 137(141f).
43) RGZ 75, 361(362). BGH Betrieb 1955, 429도 利得槪念은 "經濟的 性質"의 것이라고 한다.
44) RGZ 139, 208(213). BGH WM 1961, 273(274)은 相當因果關係를 운운하나 그 判決의 主理由(ratio decidendi)와는 無關한 言及이다.
45) von Caemmerer, Bereicherung und unerlaubte Handlung, in: Festschrift für Ernst Rabel, Bd. 1(1954), S. 333ff.에 의해 열렸다.
46) von Caemmerer(前註), S. 368.
47) 金曾漢·安二濬, 債權各論, 下卷(1965), 690; 郭潤直, 債權各論, 再全訂版(1984), 565; 金基善, 韓國債權法各論, 全訂2版(1982), 354; 金錫宇, 債權法各論(1978), 445 등.

산의 총액보다도 그 사실이 있은 후에 현실적으로 존재하는 재산의 총액이 증가하고 있는 것」이라고 정의된다. 이는 재산총액의 차이에 착안한다는 점에서 총체재산차액설 또는 재산차액설이라고도 부를 수 있다.

둘째, 이 경우 이득이란 부당이득 여부가 문제되는 과정에서 수익자가 구체적으로 취득한 대상을 말한다고 하는 입장이다(이하에서는 「구체적 대상설」이라고 부르기로 한다[48]).

(2) 두 입장의 실제적 차이는, 선의수익자의 반환의무의 내용을 이루는 「현존이익」을 어떠한 관점에서 접근할 것인가에 관련하여 분명히 드러나고, 또 구체적으로 현존이익의 존부에 대하여 다른 입장을 취하기에 이른다.

재산차액설에서는, 선의의 수익자가 반환할 내용으로서의 이득을 결정함에 있어서 수익사실과 인과관계가 있는 수익자의 모든 불이익(「손해」)을 그 이득으로부터 공제하여야 하며 그 공제 후 남는 이득이 현존이익이라고 한다. 그러한 의미에서 부당이득으로 인한 반환의무는 그 내용이 어쩌면 논리필연적으로 현존이익에 한정된다. 그리고 예를 들어, 원인 없이 취득한 고양이가 수익자 소유의 값비싼 양탄자를 물어뜯어 못쓰게 한 경우에는 수익자가 선의라면 그에게는 이득이 현존하지 않게 된다. 왜냐하면 고양이 취득 후의 재산 총액이 그 전보다 증가하지 않고 감소하였기 때문이다.

이에 반하여 구체적 대상설에 있어서는 부당이득반환의무의 내용은 1차적으로 수익자가 구체적으로 취득한 대상 그 자체이다. 다만 선의수익자는 그 취득이 유효하고 확정적인 것이라고 믿고 취득한 대상을 자기 것처럼 처분 또는 소비하기 쉬우므로 나중에 그 대상의 객관적 가치를 전액 반환하여야 한다고 하면 가혹한 경우가 있다. 따라서 선의수익자에 대하여는 그 취득한 대상이 그대로 현존하거나 또는 변화 내지 변질된 모습으로 현존하는 경우에만 이를 반환하도록 하는 것이 공평에 맞는다. 이는 선의점유자의 보호에 관한 규정(民 §§ 201 Ⅰ, 특히 202 전단 등)과 궤를 같이 하는 것이다. 그러므로 선의수익자라고 하여 수익사실과 인과관계 있는 모든 손해를 자신이 반환할 이득으로부터 무조건 공제할 수 있는 것은 아니고, 위와 같은 선의수익자에 대한 특혜 부여의 취지에 따른 제한이 있다는 것이다.

48) 독일에서는 이러한 파악을 「對象的 考察方式(gegenständliche Betrachtungsweise)」라고 한다. 우선 MünchKomm/Lieb, § 812 BGB, Rd. 284(3. Aufl., S. 1282) 참조.

6. 具體的 對象說의 採擇

(1) 앞서 본 대로 원래 「이득」의 개념에 관한 재산총액설은 19세기 중기의 독일보통법학설에 연유하여 통설을 이루고, 독일민법 및 그 제정 후의 학설을 지배하였다.[49] 그에 따르면 급부자가 애초 그 의사에 기하여 일단 급부한 것을 다시 그에게 회복시키는 것은 전적으로 형평을 이유로 하는 것인데, 그 형평은 수익자가 이득의 반환에 의하여 어떠한 불이익도 입지 않을 것을 요구한다. 따라서 그가 현존하는 이득 이상을 반환하도록 하는 것은 인정되지 않는다고 한다. 이와 같이 재산차액설은 獨民 § 818 Ⅲ(우리 민법의 § 748 Ⅰ에 상응한다)이 정하는 「현존하는 이득(dauernde Bereicherung)」이 부당이득반환의무의 기본적 내용이라는 전제에서이다.

(2) 그러나 그러한 전제를 긍정할 이유는 추상적인 형평론을 제외하고는 아무 것도 없다. 특히 부당이득에 관한 일반조항인 民 § 741은 일반적으로 수익자는 그 받은 「이익」을 ― 현존하는 이익이 아니라 ― 반환하여야 한다고 하고, 나아가 부당이득반환청구권의 대상에 관한 § 747 Ⅰ("수익자가 그 받은 목적물을 반환할 수 없는 때에는 …")을 반대해석하면 수익자는 원칙적으로 「그 받은 목적물」 자체를 반환하여야 한다. 또한 독일에서도 케머러가 재산차액설을 비판한 이래,[50] 부당이득반환의무는 1차적으로 구체적으로 취득한 대상을 목적으로 하며 다만 선의수익자의 반환의무를 현존이익에 한정하는 것은 예외적인 특혜라는 이해가 보편화되었다.[51]

나아가 재산차액설은 선의수익자는 수익사실과 인과관계 있는 일체의 불이익을 자신의 이득으로부터 공제하여 남는 것이 있을 때에만 그 한도 내에서 반환책임을 진다고 하나, 이는 손실자에게는 지나치게 가혹한 결과가 된다. 예를 들면 수익자가 수취한 금전을 제3자에게 대여하였으나 그 제3자가 지급불능상태에 빠지거나 도주한 경우 수익자는 그 제3자에 대한 실제로는 거의 무가치한 대여금채권을 손실자에게 양도하면 수익자는 현존이익이 없다고 주장할 수 있다고 하나,[52] 그렇다면 수익자가 부담하여야 할 제3자의 지급무능

49) 이에 관하여는 梁彰洙, "獨逸民法上 利得概念의 形成과 그 具體的 適用", 法曹 34-3(1985), 39 이하 참조.
50) von Caemmerer, Bereicherung und unerlaubte Handlung, in: Festschrift für Ernst Rabel, Bd. I(1954), S. 368ff.
51) 우선 MünchKomm/Lieb, § 812 BGB, Rn. 284ff. m.w.N.(3. Aufl., S. 1282ff.) 참조.
52) Flessner, Wegfall der Bereicherung(1970), S. 14 Fn. 59 소재의 독일판례 참조

력의 위험을 아무런 근거 없이 손실자에게 전가시키는 결과가 된다.

따라서 우리 민법의 해석으로서는 부당이득반환의무의 내용은 수익자가 구체적으로 취득한 대상이라고 함이 타당하다.[53] 이러한 논의가 단지 추상적인 이론구성의 문제에 그치는 것이 아님은 후술하는 바에 의하여 자명해질 것이다.

Ⅱ. 不當利得返還請求權의 性質

1. 法定債權

(1) 부당이득반환청구권은 법정채권이다. 즉, 부당이득은 법률상의 원인이 없는 이득의 발생이라는 사실에 의하여 효과가 발생하는 것이고 법률요건으로서는 사건이라고 불리우는 것에 속한다.

(2) 그러나 개별적인 문제의 해결에 있어서 법정채권이라는 사정으로부터 기계적으로 일정한 결론을 도출하여서는 안 될 것이다. 예를 들면 쌍무계약의 무효 또는 취소로 인하여 쌍방의 급부가 서로 반환되어야 할 경우의 각 부당이득반환청구권은 그 급부가 쌍무계약에 기하여 교환되었다는 것에 기하여 서로 일정한 쌍무적 견련관계를 가지며(그에 관하여는 후술의 제747조 注解 Ⅱ. 3. 참조), 그 경우 법정채권이라고 하여 전혀 독립한 권리로서 각기 존재하는 것은 아니라 하겠다. 또 소멸시효기간에 대하여도 모든 부당이득반환청구권이 일률적으로 10년이라고 할 것은 아니다(후술 Ⅲ. 2. 참조).

2. 不當利得返還義務의 履行遲滯

(1) 부당이득반환의무는 기한의 정함이 없는 채무이므로 수익자는 이행청구를 받은 때로부터 지체책임이 있고(民 § 387 Ⅱ), 반환할 것이 금전인 경우에는 그 때로부터 지연이자를 지급할 의무를 부담한다. 大判 95. 11. 21, 94다45753 등(公 1996상, 40)도 근로자가 무효인 퇴직처분에 의하여 퇴직금을 수령하였으나 그 퇴직처분이 무효이어서 수령한 퇴직금을 반환하여야 하는 사안에서 “부당이득

53) 로마법, 특히 유스티니아누스帝法상의 부당이득반환소권(condictio)도 구체적으로 교부된 급부를 목적으로 하였음에 대하여는, Flume, Der Wegfall der Bereicherung in der Entwicklung vom römischen zum geltenden Recht, in: Festschrift für Hans Niedermeyer (1953), S. 133ff. 참조.

반환의무는 기한의 정함이 없는 채무이므로 수익자는 이행청구를 받은 때로부터 지체책임이 있"다고 판시하였다.

악의수익자의 경우에는 불법행위에 준하여 이행청구가 없어도 지체에 빠진다고 하는 견해가 있다.[54] 그러나 악의수익자는 그 받은 이익에 이자를 붙여 반환하도록 규정되어 있고(民 § 748 Ⅱ), 이 때 이자는 악의가 된 때로부터 붙이도록 되어 있으므로 이는 거의 실익이 없는 주장이라 하겠다.

(2) 그러나 쌍무계약에 기하여 급부가 교환되었으나 그 계약이 무효이거나 취소된 경우에 각 급부를 반환할 의무는 상환으로 이행되어야 한다고 볼 것이므로(뒤의 제747조 注解 Ⅱ. 3. 참조), 동시이행의 항변을 할 수 있는 한 지체에 빠지지 않는다고 할 것이다.

Ⅲ. 不當利得返還請求權의 消滅時效

1. 起 算 點

(1) 부당이득반환청구권은 그 발생과 동시에 행사할 수 있으므로 그 때로부터 시효가 진행된다.[55] 한편 비채변제에 의한 부당이득(民 § 742)은 변제자가 채무의 부존재를 알지 못한 것을 요건으로 하기 때문에 부당이득청구권이 발생된 시점에 있어서는 권리자는 권리발생을 알지 못하고 따라서 사실상 권리를 행사할 수 없다. 그러나 이러한 사유는 사실상의 장애에 불과하므로 그 경우에도 권리발생시부터 시효가 진행된다고 보아야 한다.[56]

(2) 종전에 大判 77. 3. 8, 76다886(集 25-1, 96)은 母法인 법인세법에 근거가 없이 시행령의 규정에 의하여 부과납부한 국세의 과오납금환부청구권은 그 납부일로부터가 아니라, 위 규정이 조세법률주의에 위반하여 무효임이 선언된 대법원 전원합의체판결[57]이 있는 날부터 행사할 수 있었다고 보아야 하며, 따

54) 四宮和夫, 事務管理 · 不當利得 · 不法行爲, 上卷(1981), 96.

55) 大判 66. 6. 21, 66다658(總覽 1-2(B), 116-7)은 국가가 지가상환금을 지가증권으로 교부한 경우 그 증권 기재의 상환금액이 실제보다 많더라도 국가의 過誤拂金返還請求權은 현실적으로 過誤拂이 발생한 때에 발생한다고 하면서, 그 소멸시효기간의 기산에 관하여는 그 권리는 그 때로부터 행사할 수 있으므로 그 과오불금을 수령한 날로부터 진행한다고 판시하였다.

56) 同旨의 일본판례로 日大判 1937(昭 12). 9. 17(民集 16-21, 1435)이 있다. 또한 이 판결에 대한 평석으로 有泉亨, 判例民事法. 昭和12年度, 100事件 참조

57) 大判(全) 70. 12. 22, 68누148(集 18-3, 行 96).

라서 그 시효의 기산점도 그 때부터 진행한다고 판시하였다.

그러나 그와 같은 조세부과처분은 당연무효이고, 무효한 부과처분으로 인한 과오납금반환청구권은 과오납 즉시 행사할 수 있다고 볼 것이므로, 그 즉시로 시효의 진행이 개시된다고 보아야 할 것이다. 위 판결에 대하여 조세부과의 근거규정이 무효라는 판결이 선언되었다는 사정을 중시하는 것은 권리자가 권리의 존재를 몰랐다고 해도 시효의 진행에는 무관하다는 판례이론에 비추어서는 의문이라는 견해가 제시된 바 있다.[58]

그리하여 그 후의 大判(全) 92.3.31, 91다32053(集 40-1, 241; 公 1992, 1406)은 "과세처분이 부존재하거나 당연무효인 경우에 이 과세처분에 의하여 납세의무자가 납부하거나 징수당한 오납금은 국가가 법률상 원인 없이 취득한 부당이득에 해당하고, 이러한 오납금에 대한 납세의무자의 부당이득반환청구권은 처음부터 법률상 원인이 없이 납부 또는 징수된 것이므로 납부 또는 징수시에 발생하여 확정된다" 하고, 이어서 "소멸시효는 객관적으로 권리가 발생하여 그 권리를 행사할 수 있는 때로부터 진행하고 그 권리를 행사할 수 없는 동안만은 진행하지 않는바, '권리를 행사할 수 없는' 경우라 함은 그 권리행사에 법률상의 장애사유, 예컨대 기간의 미도래나 조건불성취 등이 있는 경우를 말하는 것이고, 사실상 권리의 존재나 권리행사가능성을 알지 못하였고 알지 못함에 과실이 없다고 하여도 이러한 사유는 법률상 장애사유에 해당하지 않는다"고 한 다음, "과세처분의 하자가 중대하고 명백하여 당연무효에 해당하는 여부를 당사자로서는 현실적으로 판단하기 어렵다거나 당사자에게 처음부터 과세처분의 취소소송과 부당이득반환청구소송을 동시에 제기할 것을 기대할 수 없다고 하여도 이러한 사유는 법률상 장애사유가 아니라 사실상의 장애사유에 지나지 않는다. … 과세처분의 취소를 구하였으나 재판과정에서 그 과세처분이 무효로 밝혀졌다고 하여도 그 과세처분은 처음부터 무효이고 무효선언으로서의 취소판결이 확정됨으로써 비로소 무효로 되는 것은 아니므로 오납시부터 그 반환청구권의 소멸시효가 진행한다"고 판시하였다.

그리고 만일 그와 같은 부과처분이 당연무효가 아니라 취소될 수 있음에 그친다면 그 경우에는 처분청의 취소처분이나 법원의 취소판결이 있는 때로부터 행사할 수 있다고 할 것이다.

(3) 한편 大判 2003.2.11, 99다66427등(公 2003상, 765); 大判 2003.4.8, 2002

58) 裵淇源, "消滅時效의 起算點", 司論 12(1981), 256 참조.

다64957등(公 2003상, 1079)은 "소멸시효의 진행은 당해 청구권이 성립한 때로부터 발생하고 원칙적으로 권리의 존재나 발생을 알지 못하였다고 하더라도 소멸시효의 진행에 장애가 되지 않는다고 할 것"이라고 하면서도, 그러나 "법인의 이사회결의가 부존재함에 따라 발생하는 제 3 자의 부당이득반환청구권처럼 법인이나 회사의 내부적인 법률관계가 개입되어 있어 청구권자가 권리의 발생 여부를 객관적으로 알기 어려운 상황에 있고 청구권자가 과실 없이 이를 알지 못한 경우에도 청구권이 성립한 때부터 바로 소멸시효가 진행한다고 보는 것은 정의와 형평에 맞지 않을 뿐만 아니라 소멸시효제도의 존재이유에도 부합한다고 볼 수 없"다는 이유로 그러한 경우에는 이사회결의부존재확인판결의 확정과 같이 객관적으로 청구권의 발생을 알 수 있게 된 때로부터 소멸시효가 진행된다고 보는 것이 타당하다고 한다.

2. 時效期間

(1) 특히 商行爲에 기한 급부를 부당이득으로서 반환청구할 경우에 이 반환청구권을 「상행위로 인한 채권」으로 보아 商 § 64가 정하는 5년의 시효기간을 적용할 것이냐가 문제된다.

㈎ 일반적으로 부당이득반환청구권을 법률의 규정을 직접의 발생원인으로 하고, 상행위에 기한 것은 아니기 때문에 상사시효가 적용되지 않는다고 하는 견해가 있다.[59] 그러나 상사시효를 특히 인정하는 것은 상사거래관계의 신속한 해결을 위한 것인데, 상거래의 당사자 사이에서 계약을 계기로 이루어지는 재산의 이전에 대하여는 그것이 직접 계약상 의무의 이행에 관한 것이든 또는 계약의 무효·취소·해제를 이유로 한 급부의 원상회복에 관한 것이든 신속한 처리가 요구되는 점에는 다름이 없다. 따라서 상행위인 법률행위에 기하여 이루어진 급부의 원상회복을 내용으로 하는 부당이득반환청구권은 일반적으로 5년의 상사시효에 걸린다고 봄이 상당하다.

商 § 64에서 정하는 「상행위로 인한 채권」의 해석과 관련하여서는 직접 상행위로 인하여 발생한 채권 외에도, 그 불이행(이행불능을 포함한다)으로 인

59) 松坂佐一 事務管理·不當利得, 新版(1973) 217; 我妻榮 編著, 判例コンメンタール Ⅵ: 事務管理·不當利得·不法行爲(1963), 58 이하 등. 日大判 昭 10.10.29 판체 16(3) 524는 상사단기시효에 걸리는 채권은 상행위에 속하는 법률행위로 인하여 발생한 것이어야 하는데 부당이득반환채권은 법률행위에 의하여 생긴 것이 아니므로 그 당사자가 상인이라도 상사시효를 적용할 수 없다고 한다.

한 손해배상채권이나 상행위인 계약의 해제로 인한 원상회복청구권과 같이 상행위로 인하여 발생한 채권이 변형된 것으로서 이와 실질적으로 동일성을 가지는 것으로 인정되는 것이 포함된다고 해석되고 있다.[60] 그리하여 판례는, 大判 78. 11. 28, 78다388(集 26-3, 237)이 신용장의 매매계약의 위반으로 인한 손해배상청구권에 대하여, 大判 79. 11. 13, 79다1453(集 27-3, 156)이 은행대출금에 대한 변제기 후의 지연손해금에 대하여 5년의 商事時效를 적용하고 있다. 또 大判 93. 9. 14, 93다21569(公 1993, 2775)는 상행위인 계약의 해제로 인한 원상회복청구권이 商 § 64 소정의 상사시효의 대상이 된다고 하여,[61] 계약의 해제로 인한 계약금 등의 반환청구권의 소멸시효를 인정하였다.[62]

이와 같이 계약해제로 인한 원상회복청구권에 상사시효를 적용한다면, 그 상행위가 무효이거나 또는 취소된 경우의 원상회복청구권에 대하여도 달리 보아야 할 이유는 없을 것이다. 다만 무효·취소 등의 원인이 경제적 약자를 보호한다는 견지에서 인정되고 이러한 社會法的 性格이 원상회복관계의 商事性을 압도하는 경우에는 민사시효를 적용할 것이다.[63]

(나) 그런데 大判 2003. 4. 8, 2002다64957등(公 2003상, 1079)은 주식회사인 부동산매수인이 의료법인인 매도인과의 사이에 체결한 부동산매매계약의 이행으로서 그 매매대금을 매도인에게 지급하였으나, 매도인 법인을 대표하여 위 매매계약을 체결한 대표자의 선임에 관한 이사회결의가 부존재하는 것으로 확정됨에 따라 위 매매계약이 무효로 되었음을 이유로 부동산매수인이 매도인에게 이미 지급하였던 매매대금 상당액의 반환을 구하는 부당이득반환청구의 사안

60) 우선 林泓根, 商行爲法(1989), 287; 鄭東潤, 商法總則·商行爲法, 改訂版 4刷(2000), 305 등 참조.

61) 그 전에 大判 90. 11. 9, 90다카7262(公 1991, 39)은 傍論이나 계약해제로 인한 금전의 반환의 경우에는 상사법정이율에 의한 이자를 가산하여야 한다고 설시한다.

62) 日最判 1955(昭 30). 9. 8(民集 9, 1222) 및 日最判 1960(昭 35). 11. 1(民集 14, 2781)도 상사계약의 해제에 의한 원상회복의무는 상사채무로서 상사시효의 적용을 받는다고 판시한다. 朝高判 1935(昭 10). 9. 27(民錄 22, 395)도 "상인이 거래상대방에게 채무액을 초과하여 지급한 금전의 반환청구권은 상행위로 인하여 생긴 채권으로서 상사시효에 관한 규정의 적용을 받는다"고 한다.

63) 日最判 1980(昭 55). 1. 24(民集 34-1, 42)는 상행위인 소비대차계약에 기하여 일본의 이자제한법이 정하는 제한을 초과하여 지급된 이자·손해금에 관한 부당이득반환청구권(이 청구권을 시인하는 것 자체는 우리 판례의 태도와 다르다)에 대하여 "이 청구권은 법률의 규정에 의하여 발생하는 채권이고, 상사거래관계의 신속한 해결을 위하여 상사단기시효를 정한 입법취지로 보아 상행위에 의하여 생긴 채권에 준하는 것으로 볼 수 없으므로 그 소멸시효의 기간은 민사상의 일반채권으로서 … 10년이라고 봄이 상당하다"는 태도를 취한다(반대의견 있음). 이러한 결론은 위와 같은 입장에서 이해될 수 있다. 이 판례에 관한 평석으로 高木多喜男, ジュリスト 743(昭和55年度 重要判例解說), 71 이하 참조. 그 외에 四宮和夫(註 54), 97 註 1도 참조.

에 대하여, 여기에는 상거래관계와 같은 정도로 신속하게 해결할 필요성이 있다고 볼 만한 합리적인 근거도 없으므로 위 부당이득반환청구권에는 商 § 64가 적용되지 아니한다고 하고, 따라서 그 소멸시효기간은 민법의 원칙(民 § 162 I)에 따라 10년이라고 판단하였다.

그러나 만일 이 사건에서 부동산매매계약이 유효이어서 매도인이 매수인을 상대로 매매대금지급청구를 하는 경우에도 "그것이 상거래관계와 같은 정도로 신속하게 해결할 필요성이 있다고 볼 만한 합리적인 근거도 없"다고 하여 商事時效의 적용을 거부할 것인지는 극히 의문이다. 그렇다면 원상회복관계에 대하여도 같은 방향의 해결이 주어졌어야 했을 것이다. 위의 판결 스스로도 "상행위로부터 생긴 채권뿐 아니라 이에 준하는 채권에도 상법 제64조가 적용되거나 유추적용되어야 할 것"이라는 점은 이를 시인하고 있다.

(2) 위와 같은 취지는 민법상의 短期消滅時效(民 §§ 163, 164)에도 적용되어 동 각조에 열거된 채권의 이행으로 행하여진 급부의 회복으로서 인정되는 부당이득반환청구권에 대하여는 원칙적으로 동 각조에서 정하여진 단기소멸시효기간이 적용된다고 할 것이다.[64]

그러나 동 각조에 열거된 채권에 관한 급부라고 하더라도 급부자와 급부수령자간의 원상회복관계가 문제되는 것이 아니라면 이에는 단기시효를 적용할 실질적 이유, 즉 대량거래의 신속한 처리의 필요가 없으므로 동 각조 소정의 단기시효는 적용되지 않는다.[65]

(3) 大判 67. 7. 4, 67다751(集 15-2, 143) 등 판례는, 국가의 또는 국가에 대한 금전채권에 대하여 5년의 단기소멸시효를 정하는 예산회계법 § 71은 금전채권의 발생원인에 대하여는 아무런 제한이 없이 적용된다는 태도를 취하므로 부당이득반환청구권도 그것이 금전급부를 목적으로 하는 한 이에 해당한다.

[梁 彰 洙]

---

64) Staudinger/Lorenz, § 812 Rn. 12는 부당이득반환청구권이 독일민법상의 단기소멸시효에 관한 § 196(2년), § 197(4년)(각기 2001년 11월의 독일민법 대개정 전)에 게기된 급부의 회복을 내용으로 하는 것일 때에는 일반의 민사시효(30년)가 적용되지 않고, 위와 같은 단기시효가 적용된다고 한다(同所 인용의 독일판례도 同旨이다).

65) 日大判 1926(大 15). 3. 3(基本判例 民法(6), 6151)은 매수인이 취득하였어야 할 소작료(일반적으로 소작료채권은 日民 § 169가 정하는 5년의 단기시효에 걸린다)를 매도인이 취득한 경우 매수인의 매도인에 대한 부당이득반환청구권은 위의 § 169가 적용되지 않고 일반의 민사시효에 걸린다고 한다.

第 747 條(原物返還 不能한 境遇와 價額返還, 轉得者의 責任)

① 受益者가 그 받은 目的物을 返還할 수 없는 때에는 그 價額을 返還하여야 한다.

② 受益者가 그 利益을 返還할 수 없는 境遇에는 受益者로부터 無償으로 그 利益의 目的物을 讓受한 惡意의 第三者는 前項의 規定에 依하여 返還할 責任이 있다.

차 례

A. 不當利得返還義務의 態樣——本條 I

I. 序 說

1. 本條의 規定內容

本條 I은 부당이득반환의무의 樣態에 대하여 규정하고, 本條 II는 부당이득반환의무를 원래의 수익자 아닌 제 3 자에게 확장하기 위한 일정한 요건을 규정하고 있다. 이와 같이 本條는 제 1 항에서 일단 발생한 부당이득반환의무의 구체적 내용에 대하여, 제 2 항에서 부당이득반환의무의 특별한 발생요건을 규정하고 있어서, 민법의 일반적인 규정배치방식과는 다른 점이 있다.[1] 따라서 이하에서도 各項을 서로 분리하여 별개로 注解하기로 한다.

2. 本項의 立法經過

(1) 依用民法에는 本條 I과 같은 규정이 없었다.「民法案編纂要綱」에도 이러한 규정을 두기로 한다는 항목을 발견할 수 없으며, 기타 어떠한 경위로 民法案 중에 원물반환/가액반환에 관한 규정이 그 § 740에 포함되게 되었는지의 經過를 알 수 있는 자료는 찾아볼 수 없다. 다만 국회의 심의과정에서 本條 I에 대하여 "本條와 같은 규정이 없는 現行法下에서는 원물이 代替的인 경우 이것이 멸실된 때에 관하여 同種의 다른 물건을 반환하여야 한다는 설과 價格을 반환하여야 한다는 설의 兩說이 있었던 것을 本條의 신설로써 後說을 채택한 것을 명확히 하였다"는 설명이 가하여지고 있다.[2] 이 설명은 의용민법 당시의 견해대립을 입법적으로 해결하려는 노력을 보여주는 것으로서 주목할 만하고, 나아가 本項의 해석에 대하여도 의미가 있다.

(2) 本項과 같은 규정은 다른 나라의 민법전에서도 드물지 않게 보인다.

예를 들면 獨民 § 818 II는 "취득한 것(das Erlangte)의 성질로 인하여 반환이 가능하지 아니하거나 수령자가 기타의 이유로 반환을 할 수 없는 때에는 수령자는 그 價額(Wert)을 반환하여야 한다"고 규정하고 있는데, 여기서의 「반환할 수 없음」에 대하여는 채무불이행에서의 不能(Unmöglichkeit 또는 Unver-

1) 이에 대하여는 뒤의 B. I. 4.도 참조.
2) 民議院 法制司法委員會 民法案審議小委員會, 民法案審議錄, 上卷(1957), 438 下段 이하.

mögen)과는 달리 "반환할 수 있는 처지에 있지 아니함"이라고도 번역될 수 있을 문언(즉 zur Herausgabe außerstande)이 사용되고 있다.

또 프랑스민법에서는 非債辨濟에 대하여 규정하면서 § 1379에서 "비채로 수령한 것이 부동산이나 동산인 경우에 그 수령자는 이를 원물로(en nature) 반환할 의무를 부담하며, 그것이 그의 과책으로 멸실하거나 훼손된 때에는 그 價額(sa valeur)을 반환하여야 한다. 그가 악의로 수령하였으면, 그는 偶然事로 인한 멸실에 대하여도 담보한다"고 정한다. 여기서는 수령자가 선의인 경우에는 그의 과책(faute) 없이 원물반환이 불가능하게 되면 그는 반환의무를 면함을 명문으로 정한 점이 눈에 띈다.

그 외에 中民 § 181 단서, 滿民 § 729에는 本條 I과 동일한 취지를 정한다.

결국 本條 I은 이와 같은 외국의 입법례를 본받은 것이 아닌가 추측된다.[3)]

3. 本項의 規範的 意味

(1) 本項의 주요한 내용은 물론 원물을 반환할 수 없으면 바로 이를 금전으로 환산한 「가액」으로 반환하라는 것이다. 우선 노무급부나 물건의 사용이익, 나아가 첨부(民 § 261 참조) 등의 경우에 보는 대로 받은 이익이 그 성질상 그대로 반환될 수 없는 경우가 적지 않고, 또 성질상으로는 원물을 반환할 수 있다고 하여도 사후적으로 멸실 등으로 인하여 그것을 할 수 없게 될 수 있는데, 이와 같은 경우에 과연 수익자가 어떠한 樣態의 부당이득반환의무를 부담하는가를 정할 필요가 있는 것이다.

(2) 그러나 本項은 보다 중요한 일반적 의미가 있다고 생각된다. 즉 本項은 수익자가 1차적으로 「그 받은 目的物」을 반환하여야 한다고 하는데, 이는 부당이득반환의무가 總體財産의 관점에서 본 利得(Bereicherung)이 아니라 수익자가 부당이득과정에서 얻은 具體的·個別的 對象의 반환을 그 내용으로 함을 명문으로 밝힌 것으로 이해될 수도 있기 때문이다(그 입장대립의 상세에 대하여는 不當利得의 效果 前論 I. 참조).

3) 民法案審議錄(註 2), 7438 下段도 "외국입법례"로 본문에서 언급한 것들을 들고 있다.

Ⅱ. 原物返還의 原則

1. 一次的 返還義務의 具體的 內容: "그 받은 目的物"

부당이득반환의무는 일차적으로 「그 받은 목적물」의 반환을 내용으로 한다. 여기서 「받은 목적물」이라고 하여 반드시 수익자의 수령행위(특히 급부의 경우에 대하여 그러하다)가 전제되는 것은 아니다. 또 「목적물」이라고 하여 有體物(民 § 98)에 한정되지 아니한다. 이와 같이 취득과정 여하나 유체물인지 여부 등에 상관 없이, 요컨대 수익자가 부당이득으로 취득한 具體的 對象 자체를 그것이 특정 가능한 한에서 그대로 반환하여야 한다는 것이다.

수익자가 어떠한 내용의 반환의무를 부담하는가는 반환되어야 할 「목적물」에 따라 정하여진다.

(1) 「그 받은 목적물」이 소유권인 경우에는 그 권리를 손실자에게 다시 讓渡(독일에서 말하는 逆讓渡 Rückübereignung)하여야 한다. 따라서 意思的 要素 외에 등기(부동산물권의 경우)나 인도(동산물권의 경우)와 같은 事實的 實行(民 §§ 186, 188 이하)도 필요하다.

우리 민법은 소유권양도를 포함한 법률행위로 인한 물권변동 일반에 관하여 소위 有因性의 원칙을 취하므로, 매매 등과 같은 물권변동의 원인행위가 무효이거나 취소·해제되는 등의 이유로 소급적으로 효력이 없는 경우에는 물권행위도 효력이 없어서 물권변동 자체가 일어나지 아니하며, 양도인은 애초부터 권리를 상실하지 않는다. 따라서 그 경우 통상은 그 변동의 대상이 된 실체적 소유권은 不當利得의 대상이 되지 아니하며, 처분의 상대방이 부당이득으로 반환하여야 할 것은 그 「외형」인 점유 또는 등기뿐이다.

그 경우 양도인은 통상 자신이 그대로 보유하고 있는 소유권에 기하여 양도인에 대하여 물건의 점유를 이전하거나 또는 등기를 말소 또는 이전할 것을 청구할 수 있는 권리, 즉 物權的인 소유물반환청구권 또는 소유물방해배제청구권(등기정정청구권)을 가진다(民 §§ 213, 214). 그러나 그것과는 별도로 양도인은 수익자인 양수인이 가지는 점유나 등기를 원상회복할 것을 부당이득을 이유로 하여 청구할 수 있는 債權的 請求權을 가진다고 할 것이다(이에 대하여는 뒤의 (2) 및 (3)도 참조).

그러나 그와 같은 경우에도 당사자는 소유권양도가 無因的으로 일어날 것을 特約할 수 있으므로, 그러한 특약이 행하여진 경우에는 소유권 자체의 부당이득이 있게 되는 것이다.

(2) 「그 받은 목적물」이 물건의 占有인 경우에는 수익자는 그 물건을 손실자에게 인도하여야 한다. 손실자가 부당이득을 원인으로 하여 가지는 引渡請求權 내지 返還請求權에 대하여는 所有物返還請求權(民 § 213) 및 그 부수규정으로서의 民 §§ 201-203과의 관계에서 논의되어야 할 문제가 적지 않다.

여기서는 우선 原物 그 자체의 반환에 관하여 설명하고, 이어서 그에 부수되는 이해조정에 관하여 설명하기로 한다.

(가) 예를 들어 매매계약이 체결되어 매도인이 계약의 이행으로 자기 소유의 매매목적물을 매수인에게 인도 및 양도하였으나 매매계약이 무효이거나 취소·해제되거나 하는 등의 이유로 양도가 애초 효력을 가지지 못하는 경우에 매도인은 소유권을 상실하지 아니한다. 따라서 그는 매수인에 대하여 소유물반환청구권에 기하여 목적물의 반환을 청구할 수 있다. 나아가 그는 매수인이 얻은 물건에 대하여 부당이득을 이유로 하여 그 반환을 청구할 수 있는 債權的 權利를 가진다. 즉 점유의 이전은 그가 계약의 이행으로 행한 給付인데, 그 「법률상 원인」이 계약의 효력불발생으로 없는 것이 되어, 이는 반환되어야 하는 것이다.[4]

兩者의 청구권은, 종래의 판례가 취하는 請求權競合理論에 따르면,[5] 비록 내용을 같이하고 또 어느 일방이 만족을 얻으면 타방이 소멸하는 관계에 있어도 기본적으로는 각각 別個의 權利이다. 大判(全) 79.11.13, 79다483(集 27-3, 140)이 공서양속에 반하는 소유권양도가 民 § 746의 불법원인급여에 해당하는 경우에는 "급여를 한 사람은 그 원인행위가 법률상 무효라 하여 상대방에게 부당이득반환청구를 할 수 없음은 물론, 급여한 물건의 소유권이 여전히 자기에게 있다고 하여 소유권에 기한 반환청구도 할 수 없"다고 판시하는 것은 바로 두 청구권의 竝存을 전제로 하는 것이다. 그 병존의 구체적인 내용은 대체로 다음과 같다.

(a) 부당이득을 원인으로 한 반환청구권이 채권적 청구권으로서 10년의 消滅時效에 걸려 소멸하더라도, 판례·통설에 의하면 소유물반환청구권은

4) 한편 「점유의 부당이득」을 이유로 하는 侵害不當利得返還請求權은 소유물반환청구권에 흡수되어 별도로 인정되지 아니한다고 할 것이다.
5) 이에 대하여는 우선 胡文赫, "法條競合과 請求權競合에 관한 判例의 動向", 民判硏 10 (1988), 484 이하 참조.

애초 소멸시효에 걸리지 않는 권리이므로 여전히 존속하게 된다.

(b) 반환의무자가 예를 들면 매매계약의 무효로 인하여 대금반환청구권을 가져서 매매목적물의 반환에 관하여 그에 기한 동시이행의 항변권을 가지는 경우에는 그는 소유물반환청구에 대하여 대항할 수 있는 「점유할 권리」(民 § 213 단서)를 이 항변권에 기하여 가진다고 할 것이다.[6)]

(c) 나아가 양도인이 타인의 물건을 양도함으로써 그 양도가 무효이어서 소유권의 변동은 없으나 원인행위상의 채무의 이행으로 양수인에게 점유 또는 등기가 제공된 경우에 양도인과 양수인 사이의 매매 등의 원인행위가 무효이거나 취소되거나 해제되는 등으로 그 효력이 없으면 양도인은 소유권에 기한 반환청구, 등기정정 등의 원상회복청구권은 가지지 못함은 물론이다. 왜냐하면 그는 애초 소유자가 아니고, 따라서 위와 같은 원상회복을 청구할 법적 기초를 결하기 때문이다. 그러나 그 경우에도 양도인은 채권적으로 자신이 채무의 이행으로 이전한 점유나 등기의 원상회복을 청구할 수 있음은 물론이다.

(나) 한편 애초에 권리의 양도가 아니라 물건의 용익을 내용으로 하는 계약, 예를 들면 賃貸借契約에서 임대인이 그 용익을 위하여 점유를 임차인에게 이전하였는데 그 계약이 무효이거나 취소되는 등으로 효력이 애초 없었던 경우에는,[7)] 임대인은 임차인에 대하여 부당이득을 이유로 하여 물건의 반환을 청구할 수 있다.[8)] 이는 임대인이 임대차목적물의 소유자인지 여부를 불문하고 인정되는 것이다. 그러나 만일 임대인이 목적물의 소유자이기도 한 경우라면 그는 물론 소유권에 기하여서도 물건의 반환을 청구할 수 있다. 이 경우에도 앞의 (가)에서 본 바와 같은 청구권경합이 인정된다.

(다) 주지하는 대로 民 §§ 201-203은 점유자가 民 § 213에 의하여 소유

6) 이에 대하여는 앞의 民 § 213 注解 Ⅱ. 3. (1) (라)(民法注解[V], 227)(梁彰洙 집필) 참조. 四宮和夫, 事務管理·不當利得·不法行爲, 上卷(1981), 135 이하는, 이 경우 동시이행항변권을 소유물반환청구에 대하여도 행사할 수 있으며, 나아가 이는 「抗辯權의 永久性」의 법리에 의하여 매매대금채권이 소멸시효에 걸린 경우에도 마찬가지라고 하여야 한다고 주장한다. 그러나 본문과 같이 民 § 213의 해석 안에 포섭하여 문제를 해결하는 것이 타당하며, 또 동시이행항변권의 기초인 채권이 소멸하였는데도 그 항변권은 영속한다고 할 이유는 없을 것이다.

7) 大判 70. 10. 30, 70다1390등(集 18-3, 246)은 농지의 임대차계약이 당시의 農地改革法 § 17에 위반하여 무효인 사안에 대한 것인데, 다만 여기서는 임대인이 받은 임료의 반환이 청구되었다.

8) 임대차계약관계가 기간만료나 해지 등의 사유로 종료한 경우에는, 임차인은 목적물을 반환할 契約上 義務를 부담하며, 그 경우 부당이득의 성질을 가지는 반환의무는 발생하지 아니한다. 同旨: 諸哲雄, "所有物返還請求權者 및 그 밖의 返還請求權者에 대한 權原 없는 占有者의 責任", 民判硏 21(1999), 309 註 3.

물반환의무를 부담하는 경우, 즉 所有物返還關係(Vindikationslage)가 있는 경우에 점유자가 원물로부터 수취하는 과실 등의 반환의 문제, 원물의 멸실훼손으로 인한 책임의 문제, 나아가 점유자가 원물에 지출한 비용의 상환문제 등 소위 부수적 이해관계의 조정에 대하여 규율하는 규정이다(소위 附隨請求權 Nebenansprüche).

(a) 그런데 우리 나라의 多數說은 원물의 반환을 부당이득을 이유로 하여 청구하는 경우에도 그에 수반되는 위와 같은 부수적 이해조정은 결론적으로 民 §§ 201 내지 203에 의하여 처리되어야 한다는 태도를 취한다.[9] 즉 "이득자가 법률상의 원인 없이 단순히 점유만을 취득한 경우의 이득자와 손실자 사이의 재산적 가치의 이동을 조절하는 제도는 부당이득이지만, 그 調節이 원물의 반환이라는 형식으로 행하여지는 한도에서는 [民 §§ 201 내지 203을 포함하여] 물권적 청구권이라는 특수한 제도에 따르고, 이에 반하여 그 조절이 가격반환이라는 형식으로 행하여지는 경우에는 부당이득의 일반원칙에 따라야 한다"는 것이다.[10] 이러한 입장에서는 나아가 앞의 (1)에서 보는 것처럼 예외적으로 소유권의 재양도를 청구할 수 있는 경우에도 비록 그 경우에는 소유권반환관계가 전혀 존재하지 아니하지만 이들 규정을 유추적용하여야 한다고 주장한다. 그 이유는, 그렇게 해석하지 아니하면, "[民 § 201 I 등의 적용을 받지 못하는] 소유권을 취득한 자의 반환범위가 [그 적용을 받아 선의라면 과실을 반환하지 않아도 되는] 소유권을 취득하지 않은 자의 반환범위보다도 넓게 되어, 균형을 잃게 된다"는 데 있다.[11]

무엇보다도 위의 견해는 소유물반환청구권 자체가 부당이득의 성격을 가지고 民 §§ 201 내지 203이 그 특수한 부당이득반환의 내용을 정하는 것이라는 이유로, 부당이득으로 물건의 반환청구를 하는 경우에도 民 § 201 이하의 규정에 의하여야 한다고 설명한다.[12] 그러나 우선 소유물반환청구권과 부당이

9) 郭潤直, 611 이하, 649 이하; 金曾漢·安二濬, 新債權各論(下)(1965), 731 이하; 金疇洙, 535 이하; 金相容, 債權各論(下), 85 이하 등. 우리 나라의 통설은 기본적으로 我妻榮, "法律行爲の無效取消　效果に關する一考察 ── 民法における所有物返還請求權と不當利得との關係", 春木先生還曆祝賀論文集(1931), 231 이하(후에 同, 民法硏究 Ⅱ: 總則(1966), 165 이하에 再錄)을 祖述한 것이다.

10) 郭潤直, 612.

11) 郭潤直, 650 이하.

12) 우선 郭潤直, 債權各論, 제 6 판(2003), 349 이하: "이득자가 소유권 기타의 본권을 취득하는 일이 없음에도 불구하고 점유라는 이득을 취득한다는 것은, 바로 법률상의 원인 없는 이득이며, 따라서 그 관계는 不當利得의 관계에 지나지 않는다. … 이 경우의 물권적 청구권은 부당이득의 성격을 가진 것으로 보아야 한다."

득을 이유로 하는 물건반환청구권이 각각 별개로 인정되는 이상은 위와 같은 설명이 반드시 적절한지 의문이다. 소유물반환청구권이 만에 하나 「부당이득의 성격」을 가진다고 하여도,[13] 소유물반환청구권이 「부당이득의 성격」을 가짐에도 불구하고 부당이득과는 별개의 제도로 인정된 이유가 무엇인지를 밝히지 않고는, 소유물반환관계의 부수규정임이 명백한 民 § 201 이하의 규정이 소유물반환청구가 아니라 부당이득을 이유로 물건반환청구를 하는 경우에도 적용되어야 하는 근거는 설명되지 않는 것이다. 그러한 의미에서 위의 설명은 不當前提의 오류를 범하고 있다고 생각된다.

그리고 나아가 "민법이 규정하는 점유자와 본권자 사이의 관계에 관한 규정(201조 내지 203조)은 바로 이러한 특수한 부당이득반환의 내용을 규정한 것이라고 새"겨서 물건의 반환에 부수하는 과실반환·멸실훼손에 대한 책임·비용상환 등의 이해조정의 문제에 대하여는 부당이득규정에 의하지 아니하고 오로지 民 § 201 이하의 규정에 의하여야 한다는 그 구체적 귀결(또는 오히려 위와 같은 關係理解의 실천적 목표)은 더욱 의문이다. 그 문제에 대하여는 이미 앞의 民 § 201 이하의 주해에서 밝힌 바 있으나,[14] 뒤의 (b) 및 (c)에서 다시 부연설명하기로 한다.

결국 위와 같은 설명은, 가령 계약의 이행으로 소유권이전행위가 행하여졌으나 그 계약이 ——애초부터 또는 사후적으로—— 효력이 없게 되어서 그 소유권이 원래의 급부자에게 그대로 남은 경우와 같이, 물건반환에 관하여 民 § 213의 소유물반환청구권과 부당이득반환청구권의 *竝存*을 인정하여도 좋은 경우에, 그 물건의 반환에 따르는 과실반환 등의 부수적 이해조정문제가 당연히 民 § 201 이하의 규정만에 의하여 처리되어야 함을 전제로 한다. 그러나 위와 같은 경우에 그와 같은 이해조정문제는 오히려 부당이득규정과 같이 민법이 정하는 일반적 구제수단에 의할 것이고, 民 § 201 이하의 규정에 의하여서만 처리되어야 하는 것은 그와 같은 원상회복권리의 병존이 인정되지 않는 경우, 즉 물건의 반환이 民 § 213에 기하여만 청구될 수 있는 경우(즉 계약의 이행으로 물건이 인도된 경우가 아니라, 그러한 손실자측의 급부 없이 예를 들어 애초 아무런 권원 없이 타인의 토지를 점용하는 경우. 이 경우에는 「점유의 부당이득」이 부인

13) 이것 자체도 별다른 說明力이 없다. 예를 들면 민법에서 정하여진 각종의 비용상환청구권이 「부당이득의 성격」을 가진다고 하여도, 이로써 무슨 유의미한 歸結을 얻을 수 있을까?

14) 民法注解[Ⅳ], 361 이하(梁彰洙 집필).

되고, 소유물반환청구권에 의하여야 한다)로 한정된다는 견해도 충분히 성립될 수 있으며, 이러한 견해가 보다 타당하다고 생각한다.

(b) 통설은 수익자가 법률상 원인 없이 단순히 점유만을 취득한 경우(물권변동에 관하여 유인적 구성을 취하면 이것이 통상의 경우이다), 그 원물의 점유의 반환을 부당이득으로서 구하는 때에도 그와 관련된 부수적 이해관계 ──과실, 그 간의 사용이익, 비용상환관계 및 멸실·훼손에 대한 책임── 는 점유자와 회복자 사이의 관계에 대한 규정(§§ 201-203)에 의하여 규율된다고 해석한다.[15] 판례도 그러하다.[16]

이와 같은 입장은 일본의 我妻榮에 의하여 처음 주장된 것으로[17] 그 때까지의 학설이 계약의 무효·취소로 인하여 생기는 반환청구권을, 소유권이 이전한 경우에는 부당이득, 이전하지 아니한 경우에는 물권적 청구권에 의한다고 준별한 것(소위 舊通說)에 대하여,[18] 후자의 경우도 부당이득으로 파악하면서 양자 모두 원물반환의 경우는 물권적 청구권에 부수하는 규정들에 좇도록 한 것이다(한편 목적물의 반환에 대하여 반대급부의 반환청구권을 가지고 항변할 수는 있다고 한다).[19] 그 근거는 다음 두 가지이다.

첫째, 구 통설은 물권행위의 무인성을 전제로 하는 것으로서 「유인적 구성」을 취하는 민법 아래서는 적당하지 않다. 즉, 법률상 원인이 없으면 소유권은 원칙으로 이전하지 않으므로 구 통설에 의하면 부당이득이 적용되는 경우는 극히 줄어든다. 그런데 소유권 불이전의 경우에도 점유의 부당이득은 성립한다고 보아야 한다. 다시 말하면 소유권에 기하여 점유의 반환을 청구한다는 것은 바로 부당이득반환청구인 것이다. 따라서 소유권 불이전의 경우에도 부당이득의 성립을 인정하여야 한다.

둘째, 구 통설에 의하면 소유권 이전의 경우에는 부당이득법이 적용되어 선의의 수익자라도 과실을 수취한 때는 잔존하는 과실을 반환하여야 한다. 이

15) 反對: 金基善, 韓國債權法各論(1982), 362.

16) 大判 67. 11. 28, 67다 2272(集 15-3, 338)는 선의점유자의 과실수취권과 부당이득과의 관계에 대하여 "민법 제201조가 선의의 점유자에게 점유물로부터 생기는 과실수취권을 인정한 것은 본권의 존부와는 관계없이 점유권의 효력 자체에 의하여 인정되는 권리이므로 선의의 점유자로 남아 있는 동안에는 비록 그 과실 수취가 법률상 원인 없이 이루어지고 이로 말미암아 타인에게 손해를 입혔다 할지라도 그 과실 취득으로 인한 이득을 그 타인에게 반환할 의무는 없다"고 한다(大判 76. 7. 27, 76다 661(公 544, 9315)도 同旨).

17) 我妻榮(註 9).

18) 예를 들면 鳩山秀夫, 日本民法總論(1927), 508 이하 참조.

19) 我妻榮, 債權各論, 下卷(一)(1972), 1075의 [1604]도 참조.

에 반하여 소유권 불이전의 경우에는 § 201 I 이 적용되어 수취한 과실을 반환하지 않아도 된다. 이는 수익자가 소유권을 취득한 편이 그렇지 않은 것보다 더 불리하게 되어 부당하다는 것이다.

그런데, 첫째의 이유는 점유의 반환 자체에 관한 규율을 근거로 하는 것이고, 둘째의 이유는 점유반환에 부수하여 발생하는 이해조정을 근거로 하는 것으로서 양자는 구분하여 고찰하여야 할 것이다.

우선, 점유의 반환 자체에 대하여는 원물반환의 경우라고 해서 반드시 물권적 청구권에 관한 규정이 이에 적용될 수 있는 것은 아니다. 예를 들면 A라는 甲 소유의 물건이 甲→乙→丙으로 순차 매도되었으나 그 계약이 모두 무효인 경우 乙은 A에 대한 소유권이 없으므로 소유권반환청구권에 기하여는 그 점유의 반환(인도)을 丙에게 청구할 수 없다. 이러한 경우 乙은 부당이득에 기하여 丙에게 A의 인도를 구할 수 있음은 물론이다(丙으로부터 A의 인도를 받는 것은 甲에 대한 관계에서 자신의 권리, 예컨대 매매대금반환청구권을 가령 동시이행의 항변 등을 통하여 유효·적절히 행사하는 전제가 되는 것이다).

또한, 점유의 반환에 부수되는 이해관계 조정에 관련하여 앞서 본 我妻說이 주장하는 불균형은 분명히 제거되어야 한다. 그러나 오히려 선의점유자가 수취한 과실 중 잔존하는 것은 손실자에게 반환되어야 하지 않을까(즉 위와 같은 불균형은 我妻說과는 반대의 방향으로 해결되어야 한다). 즉, 선의점유자의 과실수취권 자체에 대하여 입법론적으로 의문이 제기되어 이를 제한적으로 해석하려는 움직임이 있을 뿐 아니라,[20] 단지 物的 지배질서의 유지를 목적으로 하는 물권적 청구권의 제도를, 계약을 매개로 이루어진 재산적 이익의 이동을 그 계약·취소를 이유로 원상회복시키는 경우이어서 계약법과의 기능상의 연속성이 인정되는 장면에 적용하는 것은 민법이 정하는 역할분배에 어긋난다고 하겠다.[21]

따라서 원물에 대한 점유의 회복을 목적으로 하는 경우에도 부당이득은 인정되어야 함은 물론이고, 그에 따른 부수적인 이해조정에 있어서도 적어도

20) 川島武宜, 所有權法の理論(1949), 134는 "선의점유자의 과실수취권은 연혁상 주로 토지가 점유자의 노동(경작)에 의하여 과실을 발생시킨 경우를 주안으로 하는 것이고(따라서 "果實"에 대하여 규정한다), 현대에 있어서와 같이 넓게 "物"이 노동에 관계없이 이윤을 낳는 경제조직에 있어서는 그 규정의 합리성은 반성의 여지가 있지 않는가"라고 한다. 또한 星野英一, 民事判例研究 제2권(2)(1972), 525도 동일한 비판을 가한다.

21) 그 장면에서는 계약 이전의 상태의 회복이 문제이어서 급부물로부터 생긴 이익을 원칙으로 반환되도록 하는 것이 공평에 맞는다.

급부물과 관련된 범위에서는 선의수익자를 지나치게 보호하는 물권적 청구권 제도를 일률적으로 적용시키기보다는 「현존이익의 존재」라는 제한 아래 합리적인 이익형량이 가능한 부당이득의 법리를 적용함이 타당할 것이다.[22)]

(c) 한편 獨民 § 818 I 에 의하면 수익자는 수취한 이익 등을 반환하도록 제정되어 있는 한편 同法 § 993 I 후단은 선의의 자주점유자는 통상적인 경제법칙상 物件의 受益(Ertrag der Sache)이라고 인정되는 한 이를 반환할 의무가 없다고 정한다. 이 일응 서로 충돌되는 2개의 규정을 어떻게 조화시킬 것인가에 대하여는 다툼이 있다.

우선 수익자가 소유권을 취득한 편이 그렇지 않은 것보다 더 불리하게 되는 불합리가 시정되어야 한다는 점에는 의견이 일치된다. 그 시정방향에 대하여는 두 가지 견해가 있다.[23)] 그러나 중요한 것은 이 두 가지 견해가 모두 선의점유자가 취득한 과실·수익 등을 본권자에게 반환하도록 하는 방향, 즉 소유자가 점유자와의 관계를 규율하는 獨民 § 993의 적용을 제한하는 방향을 취하고 있다는 것이다.[24)]

(3) 「그 받은 목적물」이 登記인 경우에는 수익자는 부당이득을 이유로 등기를 손실자 앞으로 환원하여야 한다. 즉 손실자는 채권적인 성질의 등기정정청구권을 가진다.[25)] 이 권리에 대하여는, 앞의 (2)에서 본 반환청구권에서와

---

22) 이에 관한 일본의 학설 등은 日注民(18), 415 내지 429(田中整爾 집필); 同書, 602 이하(福地俊雄 집필부분)에 요약되어 있다.

23) 판례(RG 163, 348 및 BGHZ 32, 76)는 법률상 원인 없이 점유를 취득한 자를 무상으로 점유를 취득한 자와 동일하게 취급하여 獨民 § 988에 의한 과실반환을 인정하려 한다. 이에 반하여 통설은 소유자와 점유자 사이의 관계를 규율하는 獨民 § 987 이하의 규정과 병존적으로 부당이득에 관한 獨民 § 818 I 의 적용을 인정하여 과실반환을 달성하려고 한다. 이에 관한 요령 있는 개관으로서는 우선 Medicus, Bürgerliches Recht, 19. Aufl.(2002), Rn. 600(S. 390f.) 참조.

24) Wieling, Die Nutzungen des gutgläubigen Besitzers, insbesondere in fehlgeschlagenen Vertragsverhältnissen, AcP 169(1969), 137ff.는 이러한 방향에 일반적으로 반대하여, 선의의 자주점유자는 과실을 수취할 권한이 있고, 수취한 과실을 부당이득법에 의하여도 반환할 의무가 없다고 한다. 그로 인하여 발생하는 불합리(소유권 이전과 불이전의 경우 사이의 불균형)는 선의의 수익자는 현존이익만을 반환하면 족하고, 그 때 현존이익의 산정에는 소유자와 점유자 간의 관계에 관한 규정으로써 상환을 주장할 수 없는 비용 지출 등이 고려됨으로써 시정된다고 한다.

25) 독일민법의 해석으로도 등기부정정에 대한 물권적 청구권(獨民 § 894) 외에 판례가 부당이득반환청구권으로 발전시킨 채권적 등기부정정청구권이 승인된다(MünchKomm/Lieb, § 812 BGB, Rn. 300; Staudinger/Lorenz, § 812 Rz. 73). 즉, 등기부상 권리자는 등기부상 기재의 추정효(獨民 § 891 I)로 인하여 등기된 권리를 처분할 수 있기 때문에 등기부상의 기재 자체가 하나의 재산적 가치 있는 지위라 할 것인데, 자신의 물권을 증명할 수 없는 자는 물권적 등기부정정청구권 대신에 채권적 청구권으로서 그러한 등기부상 기재의 정정을 구할 수 있다고 한다(Staudinger/Lorenz, 同所).

마찬가지로, 물권적 등기정정청구권, 즉 소유물방해제거청구권(民 § 214)의 성질을 가지는 등기정정청구권과의 관계가 문제된다.

(가) 大判 88. 9. 13, 86다카1332(公 1988, 1267)은 명의신탁자가 신탁부동산을 자신의 채권자에게 담보로 제공하여 수탁자로부터 그 채권자 앞으로 직접 가등기가 경료되고 또한 그에 기하여 소유권이전의 본등기가 경료되었는데 후에 그 피담보채무를 변제하고 명의신탁자 본인이 가등기 및 그에 기한 소유권이전등기의 말소를 청구한 사안에서, "채무자는 담보설정계약의 당사자로서 담보권 소멸에 따른 원상회복으로 담보권자에게 담보물의 반환을 구할 수 있는 계약상 권리가 있으므로, 이러한 계약상 권리에 터잡아 채권자에게 위 가등기 등 담보권등기의 말소를 청구할 수 있고, 반드시 명의수탁자를 대위하여 말소등기청구를 해야 하는 것은 아니다"라고 판시한 바 있다. 이 판결은 등기정정청구권이 반드시 물권적 청구권에 기하여서만 발생하는 것은 아니고, 계약상 권리로서, 즉 채권적 성질의 권리로서도 발생할 수 있음을 승인한 것이라고 할 수 있다.

나아가 大判 93. 9. 14, 92다1353(公 1993, 2743)은 부동산의 명의신탁자 및 수탁자가 공동으로 원고가 되어 가등기 및 근저당권설정등기의 말소를 청구한 사안에서 "원고들은 채권담보를 위한 약정의 계약당사자로서 그 계약해제에 따른 계약상의 권리에 기하여 원상회복으로 담보물의 반환을 얻기 위하여 직접 가등기 등의 말소청구를 하고 있는 것"이라고 한 다음, 그러므로 명의수탁자인 원고 중 1인이 소유권에 기한 방해배제청구권의 행사로서 위 등기의 말소를 청구하였다가 패소하였더라도 그 기판력이 이 사건에는 미치지 않는다라고 판시하고 있다. 이는 계약해제를 이유로 하는 채권적 등기정정청구권이 소유권에 기한 등기정정청구권과는 별개의 권리로서, 이 판결에서 문제된 旣判力 등에 관하여 각각 독자적으로 처리됨을 명확하게 한 것이다.

나아가 大判(全) 94. 1. 25, 93다16338(集 42-1, 90)도 "근저당권이 설정된 후에 그 부동산의 소유권이 제3자에게 이전된 경우에는 현재의 소유자가 자신의 소유권에 기하여 피담보채무의 소멸을 원인으로 하여 그 등기의 말소를 청구할 수 있음은 물론이지만, 근저당권설정자인 종전의 소유자도 근저당권설정계약의 당사자로서 근저당권 소멸에 따른 원상회복으로 근저당권자에게 근저당권설정등기의 말소를 구할 수 있는 계약상 권리가 있으므로 이러한 계약상 권리에 터잡아 근저당권자에게 피담보채무의 소멸을 이유로 하여 그 등기의 말소를 청구할 수 있다고 봄이 상당"하다고 판시하고 있다.

(나) 이와 같은 이치는 특히 부동산이 매매 등 원인으로 소유권이전등기를 통하여 양도된 후에 그 원인행위가 무효이거나 취소되거나 해제됨으로써 효력이 없는 경우에 부당이득을 원인으로 하여 행하여지는 登記의 訂正에 대하여도 마찬가지라고 할 것이다. 그리고 이러한 채권적 등기정정청구권에 대하여는 앞의 (2)(가)에서 채권적 반환청구권에 관하여 설명한 바가 그대로 타당할 것이다.

(4) 「그 받은 목적물」이 債權인 경우는 이를 둘로 나누어 볼 필요가 있다.

(가) 채권의 성립 자체에 하자가 있는 것은 아니나 수익자의 채권 취득이 법률상 원인이 없는 경우에는 債權의 逆讓渡는 물론이고 그 對抗要件(民 § 450)도 구비할 의무를 부담한다.[26] 나아가 이득자가 보유하는 채권증서의 반환 등도 청구될 수 있다.[27]

(a) 예를 들면 타인의 동산을 매도·인도하여 그 매수인이 목적물을 善意取得한 경우(民 § 249 이하)와 같이 무권리자의 처분행위가 유효한 경우에 처분자가 상대방으로부터 얻은 處分代價는 부당이득으로 반환되어야 하는데, 위의 예에서 매도인이 아직 매매대금을 전부 수령하지 아니하여 매매대금채권이 남아 있으면 이 채권은 손실자, 즉 원래의 소유자에게 양도되어야 하는 것이다.[28]

또 大判 84. 2. 14, 83다카1645(集 32-1, 69)에서 문제된 바와 같이 담보권자가 정산의무를 부담하는 양도담보에 있어서 담보권자가 이를 처분하였으나 그 대금을 일부만 수령하고(그것으로 채무원리금은 변제되고도 남는다) 잔대금채권을 여전히 가지고 있어 담보제공자에게 그 잔대금채권을 부당이득으로서 반환하여야 할 때에도 마찬가지이다.

(b) 나아가 일단 유효하게 성립한 채무명의로 집행채무자의 채권을 押留·轉付하여 그 채권이 집행채권자에게 이전되었으나 그 전에 집행채권이

26) 權光重, "債權의 不當利得과 그 返還義務의 履行方法", 民判硏 12(1990), 147도, 부당이득된 채권을 반환받으려면 "損失者는 利得者에게 부당이득한 채권의 양도와 [아울러] 동 債權讓渡의 通知를 채무자에 대하여 하여 줄 것을 청구하여야 할 것"이라고 한다.

27) 四宮和夫(註 6), 123 참조.

28) 채권자가 擔保不動產을 제 3 자에게 매도하고 대금을 다 받지 아니한 상태에서 소유권이전등기를 경료한 사안에서 그 매매대금채권에 대한 담보제공자의 부당이득반환청구권을 인정한 大判 84. 2. 14, 83다카1645(集 32-1, 69)도 참조.

변제 등으로 소멸하였던 경우[29] 등에서도 마찬가지이다.[30] 大判 95. 12. 5, 95다22061(公 1996상, 200)은 피고가 원고로부터 승소확정금의 일부를 변제받고 나머지 잔액을 포기하고서도 확정판결에 기하여 원고의 임대차보증금반환채권에 대하여 압류 및 전부의 명령을 받은 경우에 대하여, 위 전부금채권에 대한 부당이득을 인정하면서 "법률상 원인 없이 제3자에 대한 채권을 취득한 경우, 만약 채권의 이득자가 이미 그 채권을 변제받은 때에는 그 변제받은 금액이 이득이 되어 이를 반환하여야 할 것이나, 아직 그 채권을 현실적으로 추심하지 못한 경우에는 손실자는 채권의 이득자에 대하여 그 채권의 반환을 구하여야 하고 그 채권 가액에 해당하는 금전의 반환을 구할 수는 없다고 할 것이고, 이는 결국 부당이득한 채권의 양도와 동 채권양도의 통지를 그 채권의 채무자에게 하여 줄 것을 청구하는 형태가 된다"고 판시하였다.

(c) 또한 존재하지 아니하는 채권에 기한 배당요구가 받아들여져 그대로 배당표가 확정되었으나 그 배당금지급청구권이 가압류됨으로써 실제로 배당금이 지급되지는 아니한 경우에는 그 배당금지급청구권이 부당이득으로서 반환되어야 한다. 大判 96. 11. 22, 96다34009(公 1997상, 32)는, 가장임차인의 배당요구가 받아들여짐으로 말미암아 자신의 채권의 만족을 충분히 얻지 못한 저당권자에 대하여 그 가장임차인의 배당금지급청구권에 대한 부당이득반환청구를 승인하고, 구체적으로는 채권의 양도와 그 채권양도의 통지를 청구하여야 한다고 설시하고 있다. 다만 그 소송에서는 저당권자가 가장임차인을 상대로 피고 주장의 보증금반환채권이 부존재한다는 것의 확인이 청구되었는데, 그 소는 확인의 이익이 없어서 각하되어야 한다는 결론이 내려졌다.

(d) 그러나 예를 들면 채권양도가 채권매매 등 채권양도의 원인행위에 기하여 행하여진 경우(즉 급부부당이득의 경우)에 그 원인행위가 무효이거나 취소되거나 해제 등으로 효력이 없으면, 원칙적으로 채권양도 자체가 일어나지 않고, 따라서 그 경우 양도된 채권 자체의 부당이득은 문제되지 아니한다.

그런데 그 경우 채권양도가 이미 채무자에게 통지된 때에는 "善意의 債務者는 讓受人에게 對抗할 수 있는 事由로 讓渡人에게 對抗할 수 있"으며,

---

29) 大決 99. 8. 13, 99마2198등(公 1999하, 2155) 등에서 보는 바와 같이 집행채권의 소멸과 같은 實體上의 事由는 전부명령에 대한 적법한 항고이유가 되지 않으며, 또한 大判 97. 10. 24, 97다20410(公 1997하, 3585)에서와 같이 전부명령이 확정된 이상 채무명의 성립 후의 변제는 그 효력에 아무런 消長이 없다는 것이 확고한 判例의 態度이다.

30) 日大判 1924(大 13). 2. 15(民集 3, 10); 日大判 1940(昭 15). 12. 20(民集 19, 2215) 등 참조.

이미 행하여진 채권양도의 통지는 "讓受人의 同意가 없으면 撤回할 수 없다"(民 § 452 I, II).[31] 그러므로 위와 같은 때에는 양수인에게 그 한도에서 위와 같은 외견상의 법적 지위가 남아 있다고 보아서, 양도인은 양수인에 대하여 통지의 철회에 대하여 동의할 것을 부당이득반환의무의 이행으로 청구할 수 있다고 보아야 할 것이다.

(나) 채권의 성립 자체가 법률상 원인 없는 것인 경우, 예를 들면 無因의 債務를 부담하는 계약(무인의 채무약속 또는 무인의 채무승인)에[32] 기초적 법률관계를 결하는 경우 등에는 채무자는 원상회복으로 채무의 면제(및 증서의 반환)를 청구할 수 있다. 나아가 日大判 1918(大 7). 7. 16(民錄 24, 1488)[33]은 부당이득에 관한 것은 아니나 채권을 채무자로부터 무인적으로 취득한 경우의 반환의무의 이행방법에 대하여 「의무의 배제」를 청구할 수 있음과 아울러 의무이행의 청구를 거절할 수 있음을 판시하는 것으로 이해된다.[34]

(5) 법률상 원인 없이 물건에 대한 制限物權이 設定되거나 消滅한 경우에, 수익자의 부당이득반환의무의 내용은 그 권리의 소멸 또는 재설정의 행위를 하는 것이다. 또 법률상 원인 없이 채무가 성립하거나 면제 등으로 소멸한 경우에는 손실자는 부당이득반환으로 채무의 소멸 또는 재설정을 청구할 수 있다. 물론 이들 경우에도 앞의 (1)에서 본 소위 有因性의 原則은 적용되므로, 그 설정이나 소멸의 원인행위의 이행으로 그 설정행위 등이 행하여진 경우에 그 원인행위가 무효이면 그것으로써 그 설정행위 등도 효력이 없으므로, 권리변동 자체가 일어나지 않는다. 따라서 원칙적으로는 소멸 또는 재설정의 행위를 부당이득의 반환으로 청구할 여지가 없다고 할 것이다.

31) 이들 규정은 민법에서 신설된 것이다. 일본민법상의 해석으로는 채권양도가 이미 채무자에게 통지된 때에는 양수인으로부터 다시 취소·해제 등의 사실이 통지되지 않으면 양도인을 이를 채무자에게 대항할 수 없다고 해석되고 있었다. 日大判 1924(大 13). 1. 25(基本判例 民法(4), 4213) 및 日大判 1928(昭 3). 12. 19(民執 7, 1119) 참조. 한편 日大判 1925(大 14). 10. 15(民集 4, 500)는 채권양도의 대항요건이 갖추어지기 전에 채권양도계약이 해제된 경우에는 채무자에 대한 해제통지가 필요 없다는 태도를 취하였다. 이에 대한 비판으로서는 우선 日注民(11), 377(明石三郎 집필) 참조.

32) 우리 민법에는 독일이나 스위스에서와 같은 명문의 규정(獨民 §§780-782, 瑞債 § 17 참조)은 없으나, 계약자유의 원칙상 이러한 계약도 유효하다. 우선 郭潤直, 58 참조.

33) 이 판결은 취직 알선에 대한 사례금을 목적으로 하여 소비대차(준소비대차)를 체결하였으나 취직이 되지 않아 사례금계약의 목적이 된 결과가 불발생한 경우 사례금채권 따라서 준소비대차상의 채권은 부당이득한 것이 되기 때문에 채무자(손실자)는 「부담하는 의무의 배척을 청구」할 수 있을 뿐만 아니라, 「의무이행의 청구를 거절」할 수 있다고 한다. 그러나 이 사안이 애초 부당이득법의 적용을 받아야 할 것인지는 의문이다.

34) 四宮和夫(註 6), 124 註 2의 a 참조.

2. "그 받은 목적물"의 延長物 또는 擴張物

(1) 수익자는 그가 1차적으로 반환의무를 부담하는 「목적물」에 기하여 수익자에게 발생한 果實이나 使用利益 기타의 從된 利益도 포함된다. 獨民 § 818 I은 반환의무가 "收取한 受益(gezogene Nutzungen)"에도 미친다고 규정하는데, 여기서 「受益」이란 과실과 사용이익을 모두 포함하는 개념이다(獨民 § 100 참조). 우리 민법의 해석으로도 마찬가지로 해석되어도 좋을 것이다.[35] 이 역시 수익자가 법률상 원인 없이 얻은 이득이라고 할 것이기 때문이다.

(가) 물건의 天然果實[36] 및 法定果實은 물론이고, 물건의 사용이익도 반환되어야 한다. 나아가 이자 있는 채권의 부당이득에서 그 받은 利子와 같은 종된 이익도 반환의 대상이 된다.

(나) 수익자가 반환의무를 부담하는 것은 실제로 취득한 과실 기타의 종된 이익에 한정된다. 물론 그가 惡意이거나 부당이득반환청구의 訴가 제기된 후(民 § 748 Ⅱ 참조)에 「취득할 수 있었음에도 취득하지 못한」 것이 있었으면 그것이 손실자에게 損害를 일으킨 한에서 損害賠償으로 반환하여야 할 것이다(民 § 749 Ⅱ 참조).

한편 부당이득한 것이 金錢인 경우에는 적어도 그 이용의 가능성은 보편적으로 인정될 수 있으므로 그 경우에는 법정이자(연 5푼 또는 연 6푼) 상당액이 당연히 그에 부과되어야 하지 않는가 하는 논의가 있다. 그러나 단순히 이용할 수 있는 가능성만으로는, 그것이 예를 들어 임대차계약이 무효인 경우 임차인의 반환의무의 내용으로 문제되는 경우에서와 같이 반환되어야 할 급부 그 자체라고 인정되지 아니하는 한, 따라서 民 § 741에서 정하는 바의 「이익」으로 평가되지 않는 한, 반환의무를 발생시키지 않는다고 할 것이다. 그러므로 부당이득한 금전을 예금하거나 대여하여 利子 등을 수취하여 실제로 이득을 얻지 아니한 한 원래의 금전에 법정이자 상당액을 보태어 반환할 의무는 인정될 수 없다. 바로 그렇기 때문에 惡意의 受益者에 대하여 특히 "利子를 붙여 返還"하여야 한다고 정하는 것이며(民 § 748 참조), 또 계약해제의 경우에 "반환할 금전에는 그 받은 날로부터 利子를 가하여야 한다"고 정하는 것(民 § 548 Ⅱ)도 이러한 법리를 배경으로 하여 비로소 그 의미를 가늠할 수 있을 것이다.

35) 新版 日注民(18), 651 이하(福地俊雄 집필)도 同旨.
36) 大判 81.8.11, 80다2885(要集 民 I-2, 1123)는 타인의 토지를 무단점유한 자가 그 토지로부터 수취한 "正租 및 裸麥"의 반환의무를 긍정하고 있다.

판례도 大判 91. 8. 13, 91다6856(公 1991, 2336); 大判 92. 5. 26, 91다38075(公 1992, 2001); 大判 93. 5. 254, 92다31125(公 1993, 1839) 등에서[37] 보는 대로 법정이자 상당액의 당연한 부가를 부인한다.

(다) 한편 所有物返還義務를 부담하는 점유자가 善意이면 그는 점유물의 과실반환의무를 지지 아니한다(民 § 201 I). 또한 그 경우 점유자가 악의이면 그는 "소비하였거나 과실로 인하여 훼손 또는 수취하지 못한" 과실이나 사용이익을 반환하여야 한다(同條 II). 그러나 앞의 1. (2) (다) 등에서 보는 대로 이 규정은 부당이득을 원인으로 물건소유권 또는 점유의 반환의무를 부담하는 경우에는 적용이 없다고 할 것이다.

(라) 소위 運用利益, 즉 원래의 「받은 목적물」에 수익자의 투자나 노력 등 행위가 가하여짐으로써 얻어진 수익의 경우는 어떠한가.[38] 日本에서는 이에 대하여 학설이 나뉜다.[39] 첫째, 수익자가 독립한 법률행위에 의해 얻은 것은 취득한 재산 자체로부터 생긴 이익이 아니라 수익자의 법률행위로부터 생긴 이익이므로 반환할 것이 아니라는 설, 둘째, 수익자가 가한 투자나 노동력과 부당이득된 원래의 목적물과의 비율에 따라 나누어 후자에 배당되는 금액의 한도에서 반환할 것을 요한다고 하는 설, 셋째, 수익자는 손실자의 손실의 범위에서 반환의무를 부담한다고 하는 설, 즉 손실자는 그가 수익자의 행위의 개입 없이도 사회관념상 얻었으리라고 생각되는 범위 내에서 이득의 반환을 청구할 수 있다고 하는 설 등이 그것이다. 일본의 판례는[40] 은행이 선의로 취득한 비채변제금의 반환에 관하여 수익자가 은행이므로 변제수령일부터의 商事法定利率에 의한 이자 상당의 금액은 「사회관념상 수익자의 행위가 개입되지 않더라도 부당이득된 재산으로부터 손실자가 당연히 취득하였으리라고 생각되는 범위」 내이므로 손실자의 손실이 있다고 하여 그 반환을 명하고 있다. 이는 위 제 3 설에 기초한 立論이라고 생각되고 있다.

37) 이들 판결은 모두 퇴직금의 누진을 막기 위하여——아무런 법적 효력이 없는——소위 中間退職處理를 하면서 퇴직금을 지급한 사안에서 결국 반환되어야 할 중간퇴직금에 법정이자 상당액이 부가되어야 하는가를 다룬 것이다. 이러한 퇴직금의 부당지급의 事案에는 특별히 근로자의 생활보호라는 이념이 작용할 여지가 있음에 대하여는 우선 梁彰洙, "1993년 民法判例 槪觀", 民法硏究 제 3 권(1995), 512 이하 참조.

38) 독일에 있어서 운용이익(Gewinn)의 반환에 대하여는 우선 Staudinger/Lorenz, § 822 Rn. 12; MünchKomm/Lieb, § 818 Rn. 16ff. (S. 1347f.) 참조

39) 이 학설의 대립양상에 대하여는 우선 星野英一, "銀行が善意の不當利得をした金錢については民法一八九條一項でなく七〇三條が適用される…", 民事判例硏究 제 2 권(2) (1972), 526 참조.

40) 日最判 1963(昭 38). 12. 24(民集 17-12, 1720).

한편 이 문제와 관련하여 大判 95. 5. 12, 94다25551(集 43-1, 268)은, 피고가 원고의 토지로부터 무단으로 채취한 土石을 제3자의 공사장으로 운반하여 성토작업을 하고 그 제3자로부터 토석성토대금으로 재료비·노무비 및 경비를 합하여 토석 1평방미터당 일정금액을 수령한 사안에 대하여 "수익자가 자신의 노력 등으로 부당이득한 재산을 이용하여 남긴 이른바 운용이익도 그것이 사회통념상 수익자의 행위가 개입되지 아니하였더라도 부당이득된 재산으로부터 손실자가 당연히 취득하였으리라고 생각되는 범위 내의 것이 아닌 한 수익자가 반환하여야 할 이득의 범위에서 공제되어야 할 것"이라고 판시하고 있다. 여기서는 「공제」 운운하고 있으나 이는 반환의무의 내용이 되지 아니한다고 취지라고 할 것이다.[41] 이와 같이 우리 판례도 위 일본판례와 같은 태도를 취하고 있다고 하겠다.

(2) 수익자가 원래 취득한 목적물에 갈음하여 취득한 것, 즉 그 代位物(Surrogate)은 반환의 대상이 되는 「받은 목적물」로 취급된다(代位의 原則).[42] 獨民 § 818 I 은 대위물을 "수익자가 취득한 권리(erlangtes Recht)에 기하여 얻은 것 또는 취득한 목적물(Gegenstand)의 멸실·훼손 또는 침탈에 대한 배상으로 얻은 것"이라고 정의한다. 이 문언은 신중하게 채택된 것으로, 우리 법의 해석에도 유용하다.

(가) 이는 당초의 「받은 목적물」이 특정성을 유지하고 있었던 경우에 한정되어 인정된다. 또 수익자가 취득한 것이 소유권 기타 권리가 아니라 점유 또는 등기에 불과한 경우에는 예를 들어 물건이 멸실되어 손해배상청구권이 발생되었다고 하더라도 이는 그 소유권의 代位物일 뿐, 점유나 등기의 대위물이라고는 할 수 없다(뒤의 (나)도 참조).

(나) 代位物의 예로서는, (i) 물건의 훼멸·침탈의 대상으로서의 손해배상금(또는 그 청구권. 이하 같다), (ii) 토지수용에 의한 보상금, (iii) 보험금, (iv) 법률상 원인 없이 취득한 채권(앞의 1. (4) 참조)에 기하여 채무자로부터 받은 급부 등을 들 수 있다.[43]

주의할 것은, (i), (ii)의 경우 훼멸 등으로 인한 손해배상청구권이나 토지수용보상청구권을 취득하는 것은 진정한 所有者 자신이고, 비록 등기나 점유

41) 그리하여 피고가 받은 금전 중에서 노무비 및 경비에 해당하는 부분에 대하여는 부당이득을 否認하고 있다.
42) 四宮和夫(註 6), 82.
43) Staudinger/Lorenz, § 822 Rn. 19; 四宮和夫(註 6), 84 註 2 참조.

를 가지고 있다고 하더라도 소유자가 아닌 사람에게는 그 권리가 없다는 점이다. 그러므로 이 경우 대위의 원칙이 적용되는 것도 수익자가 동시에 소유자이어서 위와 같은 채권을 가지는 되는 예외적인 경우(이에 대하여는 앞의 1.(1) 참조)에 한정된다는 것이다. 수익자에게 소유권이 없는 통상의 경우에는 그가 위와 같은 債權의 準占有者로서 그 채무자(가해자 또는 토지수용자)가 善意無過失로 그에게 변제하여 진정한 소유자의 채권을 소멸시킴으로써(民 § 470 참조) 진정한 채권자에 대하여 그 받은 급부를 부당이득으로 반환하여야 하게 될 수 있을 뿐이다.

(다) 대위의 원칙과 관련하여서는, 수익자가 당초 법률상 원인 없이 취득한 것을 후에 다시 處分함으로써 얻은 것(예를 들면 부당이득한 물건을 매도하고 받은 賣買代金 등)을 부당이득으로서 반환청구할 수 있는가가 문제된다. 이것은 예를 들면 전매에 의해 얻은 시가 이상의 이익 등에는 수익자의 기능·노력 등이 포함되어 있으므로 이를 어떻게 평가할 것인가와도 관련되는 문제(위 (3)(라) 참조)이다.

學說은, 당해 매매대금을 반환하여야 한다는 설, 당초 취득한 것의 객관적 가치를 반환할 것이라는 설, 수익자가 악의인 경우는 매매대금을, 선의의 경우는 원물의 중간최고가격과 매매대금 중 낮은 것을 반환하면 충분하다는 설 등이 있다.[44] 그러나 원물에 관한 법률행위로 인하여 원물과는 다른 것을 취득한 경우에는, 수익자의 관여 내지 기여를 고려하여 그 자체를 代位物이라고 하지 아니하고(民 § 342 도 참조), 民 § 747 I 에 의하여 "그 받은 目的物을 返還할 수 없는 때"에 해당하는 것으로서 가액, 즉 원물의 객관적 가치를 반환하는 것이 간명하고도 충분할 것이다.[45] 한편 大判 56. 6. 14, 4289民上31(要集 民 I-2, 1123)은 "이득자가 그 이득한 재산을 처분함으로 인하여 가격을 반환하는 경우에는 특별한 사유가 없는 한 그 처분 당시의 대가를 반환하여야 한다"고 하고, 大判 65. 4. 27, 65다181(同所)은 "반환의무의 범위는 특별한 사정이 없는 한 그 매각대금이라 할 것이고 그 후에 물건의 가격이 앙등하였다고 하여 앙등한 가격으로 계산한 금액이 이득이라고 할 수 없다"고 한다. 이로써 판례의 태도는 혹

44) 이에 관한 日本學說의 개요에 대하여는 四宮和夫(註 6), 85 註 3을, 독일학설의 개요에 관하여는 MünchKomm/Lieb, § 818 BGB, Rn. 26(S. 1351); Staudinger/Lorenz, § 822 Rn. 17을 각 참조.

45) 이에 대한 독일의 학설로 우선 MünchKomm/Lieb, § 818 Rn. 26(2. Aufl., Bd.5(1986), S. 1410); Staudinger/Lorenz, § 822 Rn. 17; Dieter Reuter und Michael Martinek, Ungerechtfertigte Bereicherung(1983), § 16 I 2(S. 550ff.) 참조.

당해 매매대금을 그대로 반환하여야 한다는 것으로 이해될 수 있을는지도 모른다.[46] 그러나 단지 애초 취득한 것의 처분 당시의 객관적 가치를 가액으로 반환하여야 하는데, 다만 「다른 특별한 사정이 없는 한」 문제의 매매계약에서 정하여진 대금액를 그 가치로 인정하여야 한다는 취지라고 볼 여지도 없지 않다.

(라) 이와 관련하여서는 부당이득으로 애초 얻은 것이 특히 金錢인 경우 이를 지급하여 취득한 물건 기타 권리를 원물의 代位物이라고 하여 또는 그 자체 법률상 원인 없는 취득이라고 하여 그 반환을 청구할 수 있는가가 문제된다. 결론적으로 이는 否定할 것이다.

(a) 앞서 본 대로 代位物의 반환청구가 인정되는 것은 애초의 이득이 特定性을 가지고 있었던 경우에 한정된다. 그런데 애초의 이득이 金錢인 때에는 금전의 가치적 특성으로 인하여[47] 처음부터 특정될 수 없는 것이다. 특히 앞서 본 바와 같이 원물이 금전이 아니라 특정된 물건인 경우라고 하더라도, 그것을 법률행위에 기하여 처분함으로써 얻은 對價, 즉 소위 「거래행위에 기한 이득(lucrum ex negotiatione)」은, 「물건에 기한 이득(lucrum ex re)」과는 달리,[48] 대위물로서 반환의 대상이 되는 것이 아니며 그 경우에는 價額返還(民 § 747 I 참조)으로서 원물의 가액 상당액을 반환할 것이다. 이와 같이 금전의 부당이득에 있어서는, 마치 금전에 대하여 소유물반환청구권이 인정되지 아니하는 것과 마찬가지로,[49] 원물 또는 그 대위물의 반환청구는 애초 불가능하며 단지 가액반환만이 허용된다고 할 것이다.

(b) 한편 부당이득한 금전으로 취득한 물건 기타 권리는 당연히 법률상 원인 없다고 할 것은 아니다. 그 목적물은 부당이득자가 체결한 매매 등의 취득원인행위에 기하여 부당이득자에게 귀속된 것으로, 그 행위 자체에 하자

---

46) 한편 大判 92. 9. 8, 92다15550(公 1992, 2842)은 원고가 상속으로 취득한 부동산지분을 다른 공동상속인인 피고가 자신의 지분과 같이 처분한 사안에 대하여 "자신의 지분매매의 추인을 전제로 자기 지분에 상응한 매매대금의 반환을 청구할 수 있다"고 한다. 이 역시 본문에서 든 판결들과 궤를 같이하는 것이라고 할 수 있을지 모른다.

47) 金錢은 有體物이나, 다른 한편 財貨의 價値를 표상하고 매개하는 것으로서 그 취득은 통상 價値 그 자체의 취득으로 이해된다. 그리하여 금전은 일반적으로 물건으로서의 個性이 문제되지 아니하고, 權原의 유무와 관계없이 占有에 수반하여 그 所有權도 이전된다고 해석되고 있다. 우선 郭潤直, 物權法, 新訂(修正)版(1999), 174 이하 참조.

48) 이 구분의 역사적 전개와 그 법률효과상의 차이에 대하여는 우선 Stephan Schauhoff, Die Bereicherungshaftung wegen der Nutzung rechtsgrundlos erlangten Geldes(1992), S. 100ff. 참조.

49) 이에 대하여는 우선 民法注解[V](1992), 228 이하(제213조 Ⅲ. 1. (1))(梁彰洙 집필) 참조.

가 없는 한 그 취득에는 법률상 원인이 엄연히 존재하기 때문이다.

이와 관련하여서는 「부동산 실명의자 명의 등기에 관한 법률」 § 4 Ⅱ 단서에서 규정하는 소위 契約名義信託에서 명의수탁자의 소유권 취득은 예외적으로 유효이지만 同人이 同法 § 4 Ⅰ에 의하여 명의신탁약정이 무효가 됨으로써 명의신탁자에게 반환하여야 할 것은 무엇인가가 논의된다. 이에 대하여는 수탁자가 신탁자로부터 교부받은 부동산의 매수자금 등의 「위임사무의 처리를 위하여 사전에 지급된 비용」이고 그 사무처리의 결과로 취득하게 된 부동산 자체는 아니라는 견해가 유력하다.[50] 그러나 大判 2002. 12. 26, 2000다21123(公 2003상, 452)은 위 법률의 시행 전에 행하여진 계약명의신탁에 기하여 부동산이 취득되었으나 동법상의 유예기간(§ 11 참조)이 경과한 후에 명의수탁자가 반환하여야 할 부당이득 내용에 관하여 "이 경우 명의수탁자는 명의신탁 약정에 따라 명의신탁자가 제공한 비용을 매매대금으로 지급하고 당해 부동산에 관한 소유명의를 취득한 것이고, 위 유예기간이 경과하기 전까지는 명의신탁자는 언제라도 명의신탁 약정을 해지하고 당해 부동산에 관한 소유권을 취득할 수 있었던 것이므로, 명의수탁자는 부동산실권리자명의등기에관한법률 시행에 따라 당해 부동산에 관한 완전한 소유권을 취득함으로써 당해 부동산 자체를 부당이득하였다고 보아야 할 것이고, 부동산실권리자명의등기에관한법률 제 3 조 및 제 4 조가 명의신탁자에게 소유권이 귀속되는 것을 막는 취지의 규정은 아니"라는 이유로 그 부동산 자체를 반환하여야 한다는 견해를 취하였다. 그러나 이는 그 판시에서도 보듯이 부당이득된 금전을 대가로 하여 물건을 취득한 경우 일반에 적용될 수 있는 것은 아니고, 위의 부동산실명법상의 범위 내에서, 특히 유예기간 도과로 인한 명의신탁약정의 무효의 사안에 대하여만 적용된다고 볼 것이다.

(마) 수익자가 무효인 계약 등에 기하여 취득한 것을 다시 제 3 자에게 매도하거나 채무의 변제에 공하는 등으로 처분하였으나 그 매매가 무효이거나

50) 權五祀, "不動産名義信託의 法律關係에 관한 試論(上)", 新聞 2541(1996. 10. 14.자), 14("수탁자는 매도인과의 매매계약에 기하여 부동산을 취득하였으므로 법률상 원인이 없다고 볼 수 없으며, 또한 신탁자가 입은 손실은 부동산에 대한 소유권이 아니라 자신이 제공한 매매대금이라고 할 것이므로 부동산을 현물로 반환받을 수는 없다고 생각한다"). 이에 대하여는 반대의견도 있다. 가령 座談會 "土地去來實名制", 人權과 正義 1995년 7월호, 30의 朴一煥 발언 ("B[명의수탁자]가 취득한 것이 신탁계약에 의해서 취득을 하였는데, 그 신탁계약이 무효가 되니까 [부동산 자체의 반환청구도] 가능할 것입니다") 및 金光年 발언("그러니까 그 이무[신타자이 계약상 소유권이전등기이무]만 면제해 주었다 뿐이지, [수탁자의 부당이득반환청구권에 기한 소유권이전등기의] 청구권 자체를 박탈한 것은 아니다라는 생각을 합니다") 참조.

채무가 부존재하는 것이었던 경우, 수익자의 제 3 자에 대한 부당이득반환청구권을 원물의 대위물로 보아 그 청구권의 양도를 구할 것인가(결과적으로 이중의 부당이득반환청구) 아니면 아예 목적물의 객관적 가액의 반환(가액반환)을 구할 것인가? 이는 독일민법상 소위 Kondiktion der Kondiktion(부당이득반환청구권의 반환청구)을 인정할 것인가를 둘러싸고 논의된 문제이다.[51)]

그러나 이 경우 이중의 부당이득반환청구를 인정하면, ① 부당이득채권자는 일단 수익자를 상대로 부당이득반환청구권의 양도를 구하는 소를 제기하여 승소판결을 얻고, 나아가 이에 기하여 제 3 자를 상대로 다시 목적물의 반환을 구하는 소를 제기하는 번거로움이 있고 ② 또 제 3 자는 수익자와의 관계에서 주장할 대항사유, 예를 들면 자신이 수익자에게 지급한 매매대금의 반환에 관한 동시이행의 항변권을 주장할 수 있으며(民 Ⅱ § 451), ③ 또한 제 3 자가 무자력인 경우에는 그 위험도 인수하게 되어 부당이득채권자에게 부당하게 불리하므로, 아예 목적물의 객관적 가액에 의한 반환을 인정함이 타당할 것이다.[52)]

3. 雙務契約의 無效·取消·解除 등으로 인한 대립하는 原狀回復義務

쌍무계약의 무효 또는 취소 등으로 인하여 당사자 상호간에 반환의무가 발생하는 경우 반환청구권은 서로 어떤 관계에 있는가? 일본판례 중에는 매매계약이 착오로 인하여 무효인 경우에 대하여 "쌍무계약의 해제로 인한 원상회복을 구하는 것이 아니므로" 매매대금의 반환을 구하는 자는 목적물을 제공할 필요가 없다고 판시하여 이행상의 견련관계, 즉 동시이행관계를 부정한 것도 있으나,[53)] 대체로 이를 긍정하고 있다.[54)]

그런데 쌍무계약에 있어서 급부는 그 계약을 계기로 교환된 것이므로 그 계약이 무효 또는 취소되었다고 해서 그 회복관계에 있어서 각 급부를 독립한 것으로 취급하는 것은 당사자의 이익을 공평하게 고려하는 것이 아니라 할 것이다. 따라서 이 경우에도 해제로 인한 원상회복의무에 대하여 동시이행관계를 인정하는 民 § 549를 유추하여 동시이행의 항변권을 인정하여야 할 것이

51) 논의의 개요는 Medicus, Bürgerliches Recht, 10. Aufl., 1980, Rdnrn. 670, 673 참조.
52) 독일에서도 통설이다. Medicus(前註), 同所 참조.
53) 日大判 1927(昭 2). 12. 26(基本判例 民法(6), 6146).
54) 日最判 1953(昭 28). 6. 16(民集 7-6, 629)은 무능력을 이유로 한 쌍무계약의 취소에 관하여 각 원상회복의무의 동시이행관계를 긍정한다. 또 日最判 1972(昭 47). 9. 7(民集 26-7, 1327)은 제 3 자의 사기를 이유로 매도인이 매매계약을 취소한 경우에 각 당사자의 원상회복의무는 동시이행의 관계에 있다고 한다.

다. 그리고 大判 76. 4. 27 75다1241(集 24-1, 373)이 무효인 德大契約에 의하여 광업권이 공동명의로 등록된 경우 그 공동명의 등록의 탈퇴절차이행의무와 덕대계약상 지급된 보증금의 반환채무는 동시이행관계에 있다고 한 이래, 大判 95. 9. 15, 94다55071(公 1995, 3380)[55]; 大判 96. 6. 14, 95다54693(公 1996하, 2166)[56] 등에서 보는 대로 이는 확고한 판례가 되었다고 할 것이다.

다른 한편 특히 상대방의 사기나 강박으로 인한 취소의 경우에는 피해자에게만 동시이행의 항변권을 인정하고, 사기자·강박자가 얻은 급부는 쌍무계약을 계기로 했다기보다는 그들의 불법행위에 기한 것이므로 그들에게는 동시이행의 항변권을 부인하여야 한다는 견해도 있다.[57]

Ⅲ. 價額返還의 境遇

1. "그 받은 目的物을 返還할 수 없는 때"

(1) 수익자가 그 받은 목적물을 원상태로 반환할 수 없는 때에는 그 가액, 즉 객관적 가치를 금전으로 환산한 액을 반환하여야 한다(本條 I). 이 때 「반환할 수 없다」고 함은 반환의 객관적 불능의 경우, 즉 사회관념상 누구나 반환할 수 없는 경우뿐 아니라, 수익자가 양도 등을 하여 제 3 자가 점유하고 있는 경우와 같이 주관적으로 불능인 경우, 즉 수익자 일신상의 사유로 인하여 반환할 수 없는 경우를 포함한다.

(2) 구체적으로 다음과 같은 경우에는 가액으로 반환할 것이다.

① 애초 부당이득의 객체로서 특정할 수 없는 경우,[58]

② 성질상 원물을 반환할 수 없는 경우(노무급부, 타인의 물건의 권원 없는

---

55) 競賣가 無效인 경우, 경락인(피고)의 소유권이전등기말소의무와 집행채무자(원고)의 배당금반환의무는 동시이행관계에 있다고 한다.

56) 무효인 부동산매매계약에 기하여 매도인이 수령한 계약금 중 미반환된 일부액의 반환채무와 매수인의 목적물인도채무와는 동시이행관계에 있다고 한다.

57) 四宮和夫(註 6), 127 註 2; 日注民(18), 453(田中整爾 집필부분); 廣中俊雄, 債權法講義, 제 4 판(1972), 389 등.

58) 日大判 1941(昭 16). 2. 19(基本判例 民法(6), 6128)는 여러 개의 금전채권에 대한 대물변제로서 부동산을 제공하였으나 후에 그 채무 중 하나가 부존재하는 것임이 판명된 경우에 원고가 그 채무액의 반환을 구하는 것을, 원심이 "대물변제로 취득한 토지의 반환을 할 의무는 있다 하더라도, 바로 그 대물변제의 목적채무와 동액을 지급할 의무는 없다"고 하여 기각한바, "그 부동산 중 어느 부분이 그 [부존재하는] 채무의 변제에 충당되었다고 지적하여 그 반환을 구하는 것은 거의 불가능하다"고 설시하면서 원심을 파기하였다.

사용, 타인의 채무의 변제 등),

③ 물건이 소비되거나[59] 타에 매도 등으로 처분된[60] 경우,

④ 법률에 의하여 원물을 분리하는 것이 부정되는 경우[61](부합 등의 경우. 民 § 261 참조),

⑤ 원물로 손실자에게 반환하는 것이 이익의 형량상 기대될 수 없는 경우.[62]

(3) 가액반환을 인정함에는 원물의 반환을 불가능하게 한 사정에 관하여 수익자가 有責임을 요하지 아니한다.[63] 그러나 그에 앞서서 원물의 반환불능이 이득의 소멸(Wegfall der Bereicherung)을 의미하는 것은 아닌지, 따라서 수익자가 선의이면 이로써 현존이익의 감축을 주장할 수 있게 되는 것은 아닌지를 우선 음미해 볼 필요가 있다. 왜냐하면 가액반환청구도 선의의 수익자에게 있어서는 언제나 「이익이 현존하는 한도 내에서」만 인정되기 때문이다.

그런데 大判 93. 2. 26, 92다48635등(公 1993, 1086)은 다른 취지로도 읽힌다. 이 판결은, 양어장시설 및 그 곳에 있던 잉어 10톤의 매매계약이 매도인(피고)의 사기를 이유로 하여 매수인(원고)에 의하여 적법하게 취소되었는데 그 후에도 매수인(원고)은 잉어를 계속 양식·관리하던 중 잉어가 폐사하였다. 원고가 매매대금의 반환을 청구한 데 대하여, 피고는 ──아마도 反訴로── 잉어의 반환이 불능이 되었음을 이유로 그 가액의 반환을 청구하였다. 원심은 원고가 의무를 부담하는 잉어의 반환에 대하여 惡意의 受益者라고 인정하고 피고의 청구를 인용한 데 대하여, 원고는 위 폐사가 不可抗力에 의한 것이라는 등의 이유로 상고하였다. 대법원은, 잉어가 죽은 것은 원고가 일반인의 선량한 관리

59) 大判 81. 8. 11, 80다2885등(LX검색)의 事案.

60) 大判 65. 4. 27, 65다181(要集 民 Ⅰ-2, 1123)의 事案.

61) 서울高判 82. 6. 17, 81나1133(高集 1982, 329)의 事案에서와 같이 원물인 糧穀이 합성쌀 가공원료로 이미 사용된 경우가 그러하다. 또한 大判 95. 5. 12, 94다25551(公 1995, 2104)에서 문제된 타인 소유의 임야로부터 무단으로 堀取한 토석을 간척지의 제방성토 작업에 쓴 事案도 이에 해당할 것이다.

62) 日大判 1916(大 5). 2. 16(民錄 22, 134)은, 토지수용이 무효로서 토지를 반환하여야 할 경우 그것이 도로, 공원이나 철도부지로 된 때에는 토지소유자는 起業者에 대하여 원상회복의 방법에 의하여 토지의 반환을 청구할 수는 없고, 부당이득 또는 불법행위의 원칙에 기하여 이득의 반환 또는 손해의 배상을 청구할 수 있다고 한다. 독일판례는 부당이득한 토지에 공장이 건설되고, 고가의 기계 등의 기반이 토지 깊이 설치됨으로써 토지가 「경제적으로 보아 전혀 별개의 것이 된 경우」에는 원물반환을 부인한다(RGZ 133, 293, 295f. Staudinger/Lorenz, § 818 Rz. 21은 이에 찬성하고, MünchKomm/Lieb, § 818 BGB, Rn. 31은 판지에 의문을 표시한다).

63) Staudinger/Lorenz, § 818 Rn. 24; MünchKomm/Lieb, § 818 BGB, Rn. 29(3. Aufl., S. 1352) 참조.

자로서의 주의의무를 다하지 못한 데서 기인한 것이라고 하여 원고의 상고를 기각하였다. 이 판결은 원물이 부당이득반환의무자의 과책 없이 반환할 수 없게 된 경우에는 가액반환의무가 발생하지 않음을 前提한 것이라고 볼 여지도 전혀 없지는 않겠으나, 쉽사리 이를 추측할 일은 아니라고 생각된다. 오히려 원래의 반환목적물이 不可抗力으로 폐사하였다고 원고의 주장을 사실인정의 측면에서 배척하였다고 보면 족하지 않은가 생각된다.

(4) 원물반환이 부분적으로만 불가능한 경우, 예를 들면 원물이 훼손된 경우에는 동일성이 인정되는 한 수익자는 이를 그 상태대로 반환하여야 한다.[64] 선의의 수익자가 그 가치의 저감된 부분에 대하여 가액반환을 하여야 할 것인가는 「현존이익의 감축」 주장을 어느 만큼 허용할 것인가(뒤의 民 § 748 注解 Ⅱ. 참조)에 달려 있다.

(5) 반환의 원래의 객체가 代替物인 경우에도 그것이 부당이득반환청구의 대상이 된 한도에서는 특정되었다고 볼 것이다. 그런데 수익자가 애초 취득한 대체물이 반환할 수 없게 되었다고 하면, 同種同量의 물건을 반환하여야 한다고 할 것인가? 일본의 판례에는 이를 긍정하는 것이 있으나,[65] 大判 65. 4. 27, 65다181(카드 1946) 등 우리 판례는 이를 부정하고 학설도 그러하다.[66] 수익자에게 수익의 반환 이상으로 동종동량의 물건을 조달하는 것 등의 부담을 과할 것은 아니기 때문에 가액반환으로 족하다고 하겠다.

(6) 원물반환에 의할 것인지, 가액반환에 의할 것인지를 판정하는 시점은 반환청구를 하는 때[67]가 아니라 返還時(소송이라면 구두변론종결시)라고 해석할 것이다.[68] 청구 후에 제 3 자에게 양도한 경우 수익자에게 회복의무를 부과한다고 해도 실제 회복하지 않은 이상 결과에 있어서 다른 것이 없을 것이기 때문이다.

64) 郭潤直, 564는 선의수익자의 반환범위에 관련하여 이러한 취지를 설시한다. 그러나 독일의 Staudinger/Lorenz, § 818 Rz. 22 및 MünchKomm/Lieb, § 818 BGB, Rn. 30에서 보는 바와 같이 이는 반환의 대상 내지는 목적이라는 측면에서 논의되어야 할 것이고, 수익자의 善意·惡意에 따라 다르게 볼 바는 아닐 것이다.

65) 日大判 1943(昭 18). 12. 22(基本判例 民法(6), 6130)는 명의차용인에게 주식거래의 위탁을 하고 그 證據金의 代用으로 주식을 교부한 사람이 위탁계약의 무효를 이유로 주권의 반환을 구하는 경우 명의차용인이 그 주권을 다른 곳에 처분했다 하여도 특별한 사정이 없는 한 동종동량의 다른 주식의 반환을 명할 것이고 매각대금에 상당하는 금액의 반환을 명할 것은 아니라고 한다.

66) 郭潤直, 559. 독일의 경우에도 마찬가지로 해석한다. MünchKomm/Lieb, § 818 BGB, Rn. 28; Staudinger/Lorenz, § 818 Rz. 25 참조.

67) 我妻榮, 債權各論, 下卷(一)(1972), 1070.

68) 四宮和夫(註 6), 75.

2. 價額返還義務의 具體的 內容

가액반환의 경우 「返還할 價額」은 어떻게 산정되는가에 대하여 보기로 한다.

(1) 우선 그 가액을 산정하는 基準時點[69]은 언제라고 할 것인가?

(가) 원물반환이 성질상 애초부터 불가능한 경우, 예를 들면 노무급부나 타인의 물건의 사용 등에 있어서는 애초 부당이득이 성립하는 때를 기준으로 할 것이다. 왜냐하면 가령 그에 대한 시가가 그 후 상승하였다는 등의 「가액 증가」를 수익자가 이용하여 재산적 이익을 취할 여지가 애초 없었음에도 불구하고 그와 같은 이익을 손실자가 다른 산정시점을 선택함으로써 취하는 것은 불합리하기 때문이다.

(나) 그러나 수익자가 후에 목적물을 처분함으로 인하여 事後的으로 가액반환청구권으로 변경된 때에는 그와 같이 변경된 때를 기준으로 하여야 한다.[70] 이 때에도 부당이득 성립시를 기준으로 가액반환을 하도록 하면 그 후에 발생한 「가액 증가」가 수익자에게 귀속되는 부당한 결과가 된다.

한편 가액반환청구권 발생 이후에 발생한 가액의 증가는 수익자가 이를 이용할 수 없었으므로 그 후의 어느 시점, 예를 들면 구두변론종결시를 기준으로 할 수 없다.[71]

(2) 반환할 가액은 원물의 객관적 가치를 금전으로 환가한 것을 말한다. 그 구체적인 산정에 관하여 개별적인 裁判例에 있어서는 그 취지가 반드시 명확하지 아니한 것이 있다. 이하 살펴보기로 한다.

(가) 大判 65. 4. 27, 65다181(要集 民 I-2, 1123)은 原審이 현물(正租)을 반환하거나 그것이 불능이면 정조 1킬로그램 당 얼마로 환산한 금액을 지급하여야 한다고 판단한 것을 "수익자가 이득한 물건을 타에 처분하여 현물반환이 불능인 경우에는 특별한 사정이 없는 한 그 매각대금이라 할 것이며, 그 후에 물건의 가격이 앙등하였다고 하여서 앙등한 가격으로 계산한 금액이 이득이라고는 할 수 없다"고 판시하여 破棄還送하였다. 그 판결에서 반환되어야 하는 것이 「특

---

69) MünchnKomm/Lieb, § 818 BGB, Rn. 44에 의하면, 독일의 통설과 판례는 부당이득반환청구권의 성립시를 기준으로 한다고 한다.

70) 大判 56. 6. 14, 4289민상31(카드 5471). 同旨: MünchKomm/Lieb, § 818 BGB, Rn. 46; Staudinger/Lorenz, § 818 Rz. 31 등.

71) Koppensteiner/Kramer, Ungerechtfertigte Bereicherung(1975), S. 181f.는 경우를 나눔이 없이 항상 구두변론종결시를 기준으로 하여야 한다고 한다.

별한 사정이 없는 한 그 매각대금」이라고 하는 것은 원물의 객관적 가치를 산정함에 있어서 일단 그 매각대금액을 기준으로 할 수 있다는 말하자면 사실인정과 관련한 판시이고, 매각대금 그 자체가 반환의 대상이라는 취지는 아니라고 할 것이다.

이는 大判 81. 8. 11, 80다2885등(LX검색)이 "원심은 피고가 이 사건 수익한 正租와 裸麥은 그 시경 이를 소비하여 반환이 불가능한 사실을 인정하고 그렇다면 그 가액을 반환하여야 할 것인바 그 가액은 특별한 사유가 없는 한 그 처분 당시의 대가라고 판시하는 바 이러한 원심의 판시는 정당"하다고 하는 것에서 명백하게 드러난다.

그러므로 그 매각의 대가를 확정할 수 없다고 하더라도, 서울高判 83. 2. 16, 82나2433(高集 1983, 153)에서와 같이 직물류 도소매업을 경영하는 商人 간에 織物의 가액이 반환되어야 하는 사안에 있어서 피고가 그 직물을 처분한 당시의 도매가격을 그 물건의 「객관적 가액」이라고 하고 그 가액의 지급을 명하는 것은 지극히 타당한 것이다.

(나) 大判 95. 5. 12, 94다25551(公 1995, 2104)은 피고가 원고 소유의 임야에서 堀取한 土石을 제3자가 시행하는 간척지 제방 성토 작업장에 운반하여 사용하고 그 대가로 그 시행자로부터 토석성토대금으로 토석 $1m^3$당 재료비 388원, 노무비 277원, 경비 833원 합계 1,498원을 수령한 사안에서 "일반적으로 수익자가 법률상 원인 없이 이득한 재산을 처분함으로 인하여 원물반환이 불가능한 경우에 있어서 반환하여야 할 가액은 특별한 사정이 없는 한 그 처분 당시의 대가"라고 설시하면서 앞의 (a)에서 본 두 개의 내법원판결을 인용하고, 이어서 "이 경우에 [i] 수익자가 그 법률상 원인 없는 이득을 얻기 위하여 지출한 비용은 수익자가 반환하여야 할 이득의 범위에서 공제되어야 하고, [ii] 수익자가 자신의 노력 등으로 부당이득한 재산을 이용하여 남긴 이른바 운용이익도 그것이 사회통념상 수익자의 행위가 개입되지 아니하였더라도 부당이득된 재산으로부터 손실자가 당연히 취득하였으리라고 생각되는 범위 내의 것이 아닌 한 수익자가 반환하여야 할 이득의 범위에서 공제되어야 한다"(꺾음괄호 안은 인용자가 가한 것이다)는 법리를 보인 다음, 피고가 제3자로부터 수령한 위의 토석성토대금 중 노무비 및 경비는 토석의 굴취를 위한 비용과 나아가 피고의 이윤에 해당하는 것이라고 하여, 나머지 재료비 부분에 상당하는 금액의 반환만을 명하였다.

이 판결은 위와 같이 일응 의미가 있다고 할 중요한 판시를 포함하고 있으나, 그 사실관계에 비추어 보면 그 판단의 중심적인 관심사항은 반환되어야 할 토석 그 자체의 물건으로서의 객관적 가치를 산정하기 위한 資料를 모색하는 바에 있다고 할 것이다.

3. 立證責任

부당이득반환청구권자는 부당이득반환청구권 발생의 요건사실——그 중에는 수익자가 어떠한 재산적 이익을 취득하였다는 사실도 포함된다——을 입증하고 성질상 처음부터 원물반환이 불가능한 경우 등을 제외하고는 수익자가 애초 취득한 대상 그 자체, 즉 원물의 반환을 구하는 것이 통상일 것이다. 이에 대하여는 물론 반환청구권자가 입증책임을 진다.

그런데 그에 대한 방어로 애초 취득한 원물을 반환할 수 없음은 수익자가 입증하여야 한다. 大判 70. 10. 30, 70다1390(集 18-3, 246)도 농지개혁법 § 17에 위반하여 무효인 농지임대차계약의 이행으로 임차인(피고)이 임대인(원고)에게 벼 33섬이 인도된 사안에서 原審이 그 벼가 원고에게 있다는 점을 점을 인정할 증거가 없다고 하여 그 원물의 반환을 구하는 피고의 청구를 기각한 것을 "원고가 피고로부터 원판시와 같이 벼 33섬을 받은 것은 사실이라 하면 다른 특별한 사정이 없는 이상에는 아직도 원고가 이를 소지하고 있다고 보아야 할 것이고, 이것이 현재 원고에게 존재하지 아니한다는 점은 원고가 이를 입증하여야 할 책임이 있다"고 판시하고 원심판결을 파기하였다.

그러나 그 경우 반환되어야 할 가액은 반환청구자가 이를 입증하여야 한다.[72] 수익자가 원물의 반환불능에 대한 주장·입증을 하지 않는 경우에는 부당이득반환청구권자로서는 원물에 대한 강제집행이 불가능한 경우에 대비하여 장래이행의 소로서 代償請求를 함이 상당하다고 할 것인데, 이 때 대상의 평가는 사실심의 변론종결시를 기준으로 한다고 함이 판례이다.[73]

72) 이상 Staudinger/Lorenz, § 818 Rz. 32 참조. 같은 견해로 Planck/Landois, § 818 Anm. 4 i를 인용하고 있다.

73) 大判 62. 4. 18 4294민상1608(集 10-2, 204).

B. 惡意의 無償轉得者의 返還義務——本條 Ⅱ

Ⅰ. 序　論

1. 本項의 立法經過

(1) 本條 Ⅱ는 주요한 다른 나라의 立法例에서 이와 유사한 규정을 찾기 어렵다. 依用民法 시행 당시에도 학설상 그와 같은 내용이 주장된 일이 없는 새로운 條文이다.

(2) 애초 民法案編纂要綱에 "이득의 목적을 무상으로 양수한 제 3 자에 대하여 그 반환의무를 인정할 것"이라는 項目(「債權法各論」제35항)이 있었다.[74] 이 項目은 아마도 中民 § 183("부당이득의 수령자가 그 받은 것을 무상으로 제 3 자에 양도하고 수령자가 이로 인하여 반환의무를 면한 때에는, 제 3 자는 그 면한 반환의무의 한도 내에서 반환책임을 진다"),[75] 나아가 그 원형이라고 할 獨民 § 822("수령자가 취득한 것을 무상으로 제 3 자에게 출연한 때에는, 이로 인하여 수령자의 부당이득반환의무가 소멸하는 한도에서, 제 3 자는 부당이득청구권자로부터 법적 원인 없이 출연을 받은 경우에 준하여 반환의무를 진다")의 영향을 받은 것으로 추측된다. 이들 입법례에서와 같이 本條 Ⅱ도 「수익자로부터 무상으로 그 이익의 목적물의 양수」가 행하여진 경우에 그 양수인의 부당이득반환책임을 지우는 규정인 것이다. 민법안의 심의과정에서도 本條 Ⅱ와 관련되는 외국입법례로서는 위의 中民 § 183을 인용하였을 뿐이다.[76] 그 외에 本條 Ⅱ의 입법경과를 알 수 있는 자료는 찾을 수 없다.

2. 本項의 立法理由에 대한 見解

(1) 本項의 입법취지에 대하여는 두 개의 견해가 있다.

첫째는, 수익자가 그 취득물을 제 3 자에게 처분함으로써 가액반환을 하여야 할 경우에 제 3 자가 악의이면서 무상취득하였으면 제 3 자는 本項에 의하여 직접 원물반환의 책임을 진다는 것이다.[77] 다시 말하면 본항은 오직 원물반환의무에 관한 것으로서 제 3 자가 保持하고 있는 원물을 손실자에게 반환시키기

---

74) 梁彰洙, "民法案의 成立過程에 관한 小考", 民法硏究 제 1 권(1991), 110 참조.

75) 中民 § 183: "不當利得之受領人以其所受者無償讓與第三人而受領人因此免返還義務者第三人於其所免返還義務之限度內負返還責任."

76) 民法案審議錄(註 2), 438 下段.

77) 金曾漢/安二濬 編著, 新債權各論(下)(1965), 728; 金相容, 78.

위하여 특히 규정된 것이라고 이해한다. 따라서 수익자의 가액반환의무는 전득자의 원물반환의무와는 상관 없이 계속 존속한다고 한다. 이에 의하면 본항에서 「그 이익을 반환할 수 없는 경우」라고 할 때의 「이익」이란 원물을 가리키는 것이 된다.

둘째는, 수익자는 원물을 반환할 수 없으면 그의 자력으로 가액을 반환하여야 하지만 수익자에게 그러한 자력이 없으면 가액의 반환도 불가능하게 되는데 이와 같이 수익자가 무자력한 경우에 손실자를 보호하기 위하여 전득자에게 일정한 요건 아래 부당이득책임을 확장한 것이라고 한다.[78]

(2) 그러나 첫번째의 견해는 우선 本項의 文言과 일치되기 어렵다. 여기서 말하는 「이익」을 원물이라고 좁게 이해할 근거가 제시되지 않고 있다. 또한 수익자의 가액반환의무와 전득자의 원물반환의무와의 병존을 인정하는데, 두 의무는 서로 어떠한 관계에 있는지 분명하지 않다.

그러한 의미에서 기본적으로 두 번째의 견해가 타당한 것으로 생각된다. 다만 이 견해는 本項에서 정하는 "수익자가 그 이익을 반환할 수 없는 경우"를 수익자의 무자력에 한정시키고 있으나, 이 점은 검토를 요한다(뒤의 Ⅱ. 2.(2) 참조). 본조의 입법취지를 보다 상세히 살펴볼 필요가 있을 것이다.

3. 本項의 返還義務의 補助的 性格

(1) 그런데 條 Ⅱ의 문언은 얼핏 보기에 위의 獨民 § 822나 中民 § 183과는 반드시 같지 아니한 것처럼 보인다. 첫째, 위의 입법례들과는 달리 무상전득자가 惡意인 경우에 한정하여 반환책임을 질 수 있다고 정하고 있으며, 둘째, 그의 반환책임이 "[원래의] 수익자가 그 이익을 반환할 수 없는 경우"에 발생한다고 정하고 있고 위의 입법례에서와 같이 "수익자가 반환의무를 면하는 때"라고는 하지 않는 것이다.

그러나 本項은 그 입법취지상 獨民 § 822에서와 같이 원래는 부당이득반환의무를 부담할 지위에 있지 아니한 제3자로 하여금 例外的으로 이를 부담하도록 하는 規定으로 이해하는 것이 적절하다. 그렇다면 本項은, 한편으로 반환청구권자가 원래의 반환의무자(受益者)로부터는 그 권리를 실현할 수 없어서 부당이득의 반환에 관한 자신의 이익이 실현되지 아니한 상태에 있는 반면, 다른 한편으로 무상으로 목적물을 양수받은 악의의 제3자는 이를 보호할

78) 郭潤直, 646; 金疇洙, 553; 李銀榮, 701 이하.

가치가 없다는 것에서 입법이유를 찾을 수 있을 것이다.[79] 그렇게 보면 本條 Ⅱ에 대하여 우리 학설 중에 한편으로 損失者 보호의 필요를 들고 다른 한편으로 악의의 무상양수인은 이를 보호할 가치가 없음을 드는 것은[80] 적절한 설명이라고 하겠다.

그러므로 本項에서 "수익자가 그 이익을 반환할 수 없는 경우"라고 함은, 수익자가 부당이득반환의무를 실현할 수 없는 상태에 있는 경우를 가리키는 것으로 이해할 것이다.

(2) 獨民 § 822는 제 1 초안이나 제 2 초안에서는 전혀 논의조차 되지 아니하였던 것이 제 2 위원회의 제 2 독회에서 제안되어 채택된 것이다.[81] 그 전의 普通法學에서 예를 들면 빈트샤이트는 그의 『판덱텐교과서』에서, 제 3 자가 수익자로부터 이득을 증여받거나 그에 대하여 다시 부당이득한 경우에는 그 제 3 자가 원래의 손실자에 대한 반환의무자가 된다고 설명하고 있었다.[82] 이를 원용하면서, 위의 규정은 "[수익자가 그 취득한 것을 제 3 자에게 무상으로 출연함으로써] 그 제 1 수익자가 이득의 소멸을 이유로 하여 면책되는 통상의 경우에는 그 出捐은 **실제로는**(in der Wirklichkeit) 손실자의 손실로 행하여지는 것이다. 그 출연은 출연목적물이 출연자[제 1 수익자]의 재산으로부터 수령자[무상취득자]의 재산으로 이전하는 것은 이를 정당화하지만, 후자가 손실자의 손실로 이득하는 것을 정당화하지는 아니한다. 어떠한 사정 아래서도 손실자의 반환청구는 출연수령자의 이득보다 우선되어야 한다"(강조는 인용자)는 이유로 설명되었다. 즉 한편으로 ──보다 법해석학적으로는── 부당이득의 요건인 「손실자의 손실로 인한 수익자의 이득」을 보다 실제적으로 파악함으로써[83] 부당이득반환청구권의 실현을 보다 확실하게 도모할 필요에 의하여, 다른 한편으로 ──보다 실질적으로는── 무상취득자는 열후적인 대우를 받는다는 「健全한 法史上의 思考(ein gesunder rechtsgeschichtlicher Gedanke)」에 의하여 설명되

79) 이는 獨民 § 822에 대한 독일의 일반적 설명이기도 하다. 우선 MünchKomm/Lieb, § 822 BGB, Rn. 1 m.w.N.(3. Aufl., 1997, S. 1398) 참조.

80) 예를 들면 郭潤直, 646 이하 참조.

81) 이에 대하여는 Mugdan, Die gesamten Materialien zum Bürgerlichen Gesetzbuch für das Deutsche Reich, Bd. 2(1899), S. 1413 참조.

82) Windscheid, Lehrbuch des Pandektenrechts, Bd. 2, 8. Aufl.(1906), § 424 Anm. 7(S. 888f.) 참조.

83) 그러한 의미에서 獨民 § 822는 독일민법에서 부당이득의 요건으로 받아들여지고 있는 소위 直接性原則(Unmittelbarkeitsprinzip), 즉 이득과 손실 간의 직접적 연관의 원칙에 대하여 法典上 명문으로 인정된 唯一한 例外라고 설명되고 있다. 이에 대하여는 우선 MünchKomm/Lieb, § 822 BGB, Rn. 1(3. Aufl., 1997, S. 873) 참조.

었던 것이다.[84]

(3) 本條 Ⅱ도 이러한 관점에서 설명될 수 있을 것이다. 즉 同項은 부당이득반환청구권의 사실적 실현을 확실하게 도모하기 위하여 特別히 例外的으로 악의의 무상취득자의 반환의무를 규정한 것이다. 원래 無償原因도 「법률상 원인」이기 때문에 그는 자신이 취득한 것을 보유할 「법률상 원인」이 없다고 할 수 없는 것이다.[85] 그럼에도 특별히 그의 반환의무를 인정하는 점에 本條 Ⅱ의 특색이 있다. 이러한 이해는 동시에 여기서 규정된 부당이득반환의무에 補助的 性格을 인정하는 것으로 통한다.

(4) 이렇게 보면 本條 Ⅱ의 규정위치에 대하여는 의문이 있다. 민법은 § 747부터 부당이득반환의무의 내용에 대하여 정하고 있는데, 그에 관한 규정들 사이에 부당이득반환의무의 새로운 발생요건을 규정하는 것은 어색한 점이 없지 한다.[86] 나아가 특히 本條의 Ⅰ은 원물을 반환할 수 없는 경우의 가액반환의무을 정하는 것이어서, 악의전득자의 반환의무와는 별다른 관련이 없다. 本條 Ⅱ 스스로가 "수익자가 그 이익을 반환할 수 없는 경우"라고 하여 원물 또는 가액 사이의 선택과는 무관한 것으로 정하고 있는 것이다.

Ⅱ. 本項의 返還義務의 發生要件

위와 같이 本條의 입법이유를 이해한다면, 本項에 의한 반환의무의 발생요건은, 첫째, 부당이득반환의무를 부담하는 수익자가 제3자에게 "無償으로 그 利益의 目的物을 讓渡"하였을 것, 둘째, 그 제3자가 惡意일 것, 셋째, 수익자에 대한 부당이득반환청구권이 실현될 수 없을 것의 셋이 된다.

1. 不當利得返還義務者(= 원래의 受益者)의 無償讓渡行爲

부당이득반환의무를 부담하는 수익자가 제3자에게 "無償으로 그 利益의 目的物을 讓渡"하였어야 한다.

84) Mugdan(註), S. 1413. 최근의 학설도 마찬가지이다. MünchKomm/Lieb, § 822 BGB, Rn. 1; Staudinger/Lorenz, § 822 Rn. 1f.(12.Aufl., 1986) 등 참조.

85) 李銀榮, 701이, "[本條 Ⅱ의] 청구권은 악의전득자 자신이 부당이득의 요건을 충족하지 않는 경우(즉 정당이득의 경우)에도 인정된다는 점에서 일반적인 부당이득반환청구권과 다르다"고 하는 것은 이러한 趣旨일 것이다.

86) 獨民 § 822나 中民 § 183은 모두 부당이득규정의 말미에 독립한 1개조로 위치하고 있다.

(1) 먼저 수익자가 부당이득반환의무를 부담하고 있어야 한다.[87] 가령 民 §§ 742, 744, 745, 746 등에 의하여 반환의무가 발생하지 아니하는 경우에는, 비록 수익자가 악의의 제 3 자에게 목적물을 무상양도하였어도 그 제 3 자가 本條 Ⅱ에 의하여 반환의무를 지게 되지 않는다.

(2) 여기서 「이익의 목적물」이라고 함은, 수익자가 취득한 손실자의 給付뿐만 아니라 侵害不當利得으로 보유하는 목적물을 포함하여[88] 수익자가 부당이득으로 「취득한 것」을 말한다. 原物은 물론이고 그로부터 산출된 果實 등과 같이 부수적으로 반환의무의 목적물이 되는 것도 포함된다.[89] 반드시 금전 기타의 물건이어야 하는 것은 아니며, 권리 등도 이에 해당한다. 그러나 양도의 대상이 될 수 없는 使用利益, 勞務 등은 本條 Ⅱ가 적용될 여지가 없다. 독일에서는 부동산에의 부합으로 부당이득반환의무를 부담하는 부동산소유자(우리 民 § 256, 261 참조)가 당해 부동산을 제 3 자에게 무상양도한 경우에도 本條 Ⅱ가 적용된다고 한다.[90]

(3) 수익자가 이를 제 3 자에게 "無償으로 讓渡"하여야 한다. 이는 법률행위에 의한 무상출연을 의미한다고 하겠다. 그 원인행위로는 증여가 대표적이며, 이에는 증여약정이든 현실증여이든 불문한다. 목적물을 매우 저렴한 가격으로 매도하는 경우와 같이 다른 유상행위와 동시에 행하여진 증여인 소위 混合贈與(gemischte Schenkung)에 있어서는, 쌍방이 증여된 것으로 了解한 부분에 대하여 本條 Ⅱ가 적용된다. 또 사안에 따라서는 악의의 전득자가 목적물의 시가와 현저히 불균형한 가격으로 목적물을 취득하였을 경우 등에서 이를 신의칙상 本項의 「무상」과 동일시하여도 좋을 경우도 있을 것이다.

그 외에 遺贈, 특히 상속인 이외의 자에 대한 유증이 이에 해당한다. 한편 取得時效나 遺失物拾得 등과 같은 법률상의 취득원인에 대하여는 本條 Ⅱ의 적용이 없다.

(4) 本條 Ⅱ는 원래의 수익자로부터 양도가 있은 경우뿐만이 아니라, 그 양수인으로부터 再讓渡가 있는 경우에도 적용이 있다고 할 것이다.[91] 즉 本條

87) 同旨: Staudinger/Lorenz, § 822 Rn. 5; MünchKomm/Lieb, § 822 BGB, Rn. 3(S. 1398).
88) 獨民 § 822의 해석으로도 급부부당이득인지 침해부당이득인지 등 부당이득의 종류는 불문한다. 우선 MünchKomm/Lieb, § 822 BGB, Rn. 3(S. 1398); Staudinger/Lorenz, § 822 Rn. 5 참조.
89) 同旨: Staudinger/Lorenz, § 822 Rn. 6; MünchKomm/Lieb, § 822 BGB, Rn. 7(S. 1399).
90) Staudinger/Lorenz, § 822 Rn. 5(BGH, WM 1972, 389를 인용하고 있다) 참조.
91) 독일의 통설이다. 우선 MünchKomm/Lieb, § 822 BGB, Rn. 7(S. 1399) m.w.N. 참조.

Ⅱ에 의하여 반환책임을 지는 사람이 그 반환의무를 실현할 수 없는데 그로부터 다시 악의의 제3자에게 무상으로 이익의 목적물이 양도되었다면, 그 양수인은 本條 Ⅱ에 의하여 책임을 진다.

2. 無償讓受人의 惡意

"이익의 목적물을 무상으로 양도받은" 제3자가 악의이어야 한다. 여기서 惡意란, 양수인이 양도받은 「이익의 목적물」을 양도인이 법률상 원인 없이 보유하고 있었음을 말한다. 그 판단의 기준시점은 양도 당시이다. 양도인 자신의 선의·악의는 문지 아니한다.

3. 원래의 受益者의 利益返還의 不能

"수익자가 그 이익을 반환할 수 없"어야 한다. 즉 수익자에 대한 부당이득반환청구권이 실현될 수 없어야 한다.

(1) 여기서 「이익반환의 불가능」이란, 우선 수익자가 선의인데 그가 이익의 목적물을 제3자에게 무상양도함으로써 현존이익이 없게 되어 부당이득반환의무가 소멸한 경우(民 § 748 I 참조)를 말한다. 이는 부당이득반환청구권이 문제가 된 목적물의 무상양도로 인하여 소멸한 경우라고 할 수 있다.

그런데 앞의 I. 3.에서 본 本條 Ⅱ의 입법취지에 의하면, 그 적용을 이와 같이 이익반환의 불가능이 목적물의 무상양도 자체로 인하여 발생한 경우에 한정할 필요는 없다고 생각된다. 그러므로 여기서의 「이익반환의 불가능」은 수익자의 無資力으로 인한 경우도 포함한다고 새길 것이다.

독일에서도 비록 獨民 § 822가 "이[즉 무상양도]로 인하여 수령자의 부당이득반환의무가 배제되는 경우"라고 명문으로 정하고 있음에도 불구하고, 예를 들면 악의의 수익자가 무자력하게 된 경우에 대하여는 同條를 적어도 유추적용하여야 한다는 견해가 유력하게 주장되고 있는 것이다.[92]

(2) 그러므로 부당이득반환청구권이 시효소멸한 경우와 같이 반환청구권의 존속에 法的 障碍가 생긴 경우는 물론이고, 나아가 손실자가 원래의 수익자를 상대로 하여 부당이득반환청구권을 사실상 실현할 수 없는 경우(예를 들면 원래의 수익자의 所在不明 등)도 모두 포함된다고 할 것이다.[93]

---

92) 이 문제에 대하여는 우선 MünchKomm/Lieb, § 822 BGB, Rn. 6(S. 1399) m.w.N. 참조.
93) 同旨: 李銀榮, 702.

요컨대 本條 Ⅱ의 문언대로 수익자에 대한 원래의 부당이득반환청구권의 실현가능성(Realisierbarkeit)이 기준이 되는 것이다.[94]

Ⅲ. 本項의 返還義務의 內容

위 Ⅱ.에서 본 요건이 충족되면, 악의의 무상전득자는 통상의 부당이득반환의무자와 같은 책임을 진다. 獨民 § 822는, 그가 "부당이득청구권자로부터 [직접] 법적 원인 없이 출연을 받은 경우에 준하여" 책임을 진다고 정하는데, 우리 민법에서도 마찬가지라고 이해된다. 그러므로 그는 악의의 이득자로서 民 § 748 Ⅱ에 의하여 "그 받은 利益에 利子를 붙여 반환하고 損害가 있으면 이를 배상하여야 한다."

나아가 악의의 무상전득자는 "前項의 規定에 의하여" 返還할 責任이 있다. 즉 그는 원물반환이 가능하면 原物을, 그것이 불가능하면 價額을 반환하여야 하는 것이다.

[梁 彰 洙]

94) 독일의 문헌 중에는 立法論으로서 이와 같은 주장을 하는 유력한 견해가 있다. 무엇보다도 Enneccerus/Lehmann, Recht der Schuldverhältnisse, 15. Bearb.(1958), § 228 Ⅱ 3 (S. 917); Staudinger/Lorenz, § 822 Rn. 10 등 참조.

第 748 條(受益者의 返還範圍)

① 善意의 受益者는 그 받은 利益이 現存한 限度에서 前條의 責任이 있다.

② 惡意의 受益者는 그 받은 利益에 利子를 붙여 返還하고 損害가 있으면 이를 賠償하여야 한다.

차 례

I. 序　　說

1. 本條의 趣旨

(1) 本條는 부당이득자의 이득반환의 범위에 관한 규정이다. 의용민법은 부당이득에 관한 일반조항인 § 703에서 부당이득자는 "그 利益이 있는 限度에서" 반환책임을 진다고 정하고, 특히 악의의 수익자에 대하여는 § 704에서 本條 Ⅱ와 같이 규정하고 있었다. 우리 민법은 § 741에서 부당이득에 관한 일반조항을 두면서, 本條 Ⅰ에서 현존이익의 반환에 관한 규정을 선의의 수익자에 대한 것으로 한정하여 별도의 조항으로 독립시키고, 나아가 本條 Ⅱ에서 악의의 수익자의 반환의무의 범위에 관하여 규정하고 있다.

(2) 이러한 조문체계는 우연한 것이 아니라고 볼 것이다. 의용민법에 있어서는 수익자의 반환범위가 원칙적으로 현존이익에 한정되고, 다만 악의의 수익자에 대하여만 예외적으로 취급되는 형식을 취하였다.[1] 이는 독일의 19세기 보통법학설 이래, 수익자는 이익이 현존하는 한도에서만 반환책임을 지며, 그렇게 하지 않으면 반환의 결과 수익자가 오히려 전체재산에 있어서 손해를 입게 되어서 형평에 맞지 않게 된다는 이해와 동일한 선상에 있는 것이다. 이러한 이해는 결과적으로 수익자가 수익사실과 관련하여 입은 재산상의 모든 불이익을 반환할 이득의 산정에 있어서 고려하여야 한다는 실천적 결론과 연결되었다.[2]

그러나 그와 같은 실천적인 결론이 부당하게 수익자를 보호하고 손실자(부당이득채권자)를 해치는 것임은 여러 학자가 지적하는 대로이다.[3] 따라서 수익자는 애초 취득한 대상을 반환하는 것이 기본적인 의무내용이고 다만 선의의 수익자에 대하여는 선의점유자에 대한 보호의 경우와 마찬가지의 취지에서 예외적인 보호를 줄 뿐이라고 이해함이 타당할 것이다.

1) 독일민법도 이러한 형식으로 受益者의 返還範圍를 정한다(同法 § 818 Ⅲ 참조).

2) 이에 관하여는 梁彰洙, "獨逸民法上 利得槪念의 形成과 그 具體的 適用, 法曹 34-3(1985), 39 이하 참조. 또한 本書의 不當利得의 效果(民 §§ 747-749 前論) I. 1.(梁彰洙 집필)도 참조.

3) 수익자의 경제적 결단의 성패에 관한 위험을 손실자에게 부담시키는 결과가 되는 것 등이 그것이다. 예를 들면 수익자가 부당이득한 물건을 제 3 자에게 매도하였으나 매수인이 대금도 지급하지 않은 채 물건을 가지고 도주한 경우에도 수익자는 전체재산상 증가가 없다고 하여 현존이익의 부존재를 주장할 수 있게 되는 것이다. 이에 대하여는 梁彰洙(前註의 前論), I. 5. 참조.

따라서 本條 I은 부당이득에 관한 일반조항인 § 741에서 수익자는 원칙적으로「그 이익」자체를 반환하여야 한다는 원칙을 선언한 데 이어서, 선의의 수익자는 특히 예외적으로 보호됨을 규정한 것이라고 할 것이다. 이러한 이해는 입증책임의 문제 등에서 타당한 결과를 뒷받침하는 역할을 한다.

2. 不當利得返還義務의 範圍

(1) 일반적으로 부당이득반환의무의 범위는 손실자의 손실과 수익자의 이득 양자에 의하여 제한을 받는다고 한다. 즉, 손실이 크고 이득이 작은 때는 이득의 범위로 제한되고(이 점에서 손해배상과 다른다), 이득이 크고 손실이 작은 때에는 손실의 한도 내에서 반환하면 족하다는 것이다.[4] 물론 악의수익자는 그「받은 이익」의 반환의무뿐만 아니라,「손해」의 배상의무도 부담하므로(§ 748 II 後段), 그 한도에서 소위「兩者의 限度」는 준수되지 않으나, 악의수익자의 부당이득반환책임은 불법행위적 책임이라고 설명된다.

(2) 그런데 주목할 것은 이 때「손실」이란 부당이득권리자에게 발생한 구체적·현실적 손해를 말하는 것이 아니며, "손실자가 현실로 그 재산을 이용할 수 있었는가를 불문하고 사회관념상 그 이익이 손실자에게 당연히 귀속되어야 할 것이라고 생각되는 한 손실이 있다고 해석된다"는 것이다.[5] 따라서 비록 民 § 741는 의용민법이「손실」이라는 용어를 쓴 것과는 달리 손해라고 표현하고 있기는 하나, 이 때의 손실 개념은 손해배상의 내용으로서의「손해」와는 달리[6] 어떠한 재화의 이전이라는 하나의 사실을 청구자의 측에서 관찰한 명목적인 것을 지시함에 불과하게 된다.[7]

4) 郭潤直, 559. 大判 74.7.26 73다1037(公 498·8029)도 대지로 이용하는 데 필요한 성토 및 석축공사를 함으로써 공사비 지출액, 즉 시공자의 손실이 현존하는 공사량의 가치, 즉 이익보다 더 적은 경우에 관하여「손실자의 손실이 이익보다 적어서 이득자가 손실 이상의 이익을 얻은 경우에는 그 손실 상당의 이익만을 반환할 의무가 있다」고 한다.

5) 松坂佐一, 不當利得論(1953), 403 이하. 郭潤直, 535도 부당이득반환청구권의 발생요건으로서의「손실」에 관련하여 이와 같이 설명하고 있다.

6) 후술하는 독일연방대법원(BGH)의 1971년 1월 7일 판결(BGHZ 55, 128)에서의「손해」요건의 처리 참조.

7) 民法講義(6): 不法行爲 等(有斐閣 大學雙書)(1977), 32 이하(加藤雅信 집필)에 의하면,「손실」의 개념은 적어도 사실적인 재화이전이 있었던 양당사자 사이의 부당이득반환청구권의 발생요건으로서는 제대로 기능하고 있지 않으며, 오히려 학설은 그것이 반환청구권의 발생요건이라는 결론을 정당화하기 위하여 "의제를 쓰거나 '손실' 개념의 확대 등에" 부심하여 왔다고 한다.

Ⅱ. 善意受益者의 返還範圍

1. 現存利益에의 限定

선의의 수익자는 「그 받은 이익이 현존한 한도에서」 반환의무를 부담한다. 이는 앞에서 본 바와 같이 수익사실과 관련하여 수익자의 재산에 발생한 변화에 착안하여 그 재산에 증가가 없으면 반환의무가 소멸하고, 또 증가가 있으면 그 증가한 것만큼만, 그러나 물론 애초 취득한 대상의 가액 범위 내에서 반환하면 된다는 것이다. 이 때 수익자의 재산에 발생한 변화, 특히 수익자가 입은 불이익을 모두 반환할 이득액을 감소시키는 사유로 고려할 것은 아니고, 선의수익자 보호의 취지, 즉 자신의 재산취득을 유효한 것으로 믿고 행동하는 선의수익자의 신뢰보호 이에 관하여는 앞의 §§ 747 내지 749에 대한 前論, I. 5. (2) 및 6. 참조를 위하여 필요한 한도 내에서 고려하여야 할 것이다. 따라서 이로부터는 우선 수익자가 수익 사실과 관련하여 입은 불이익이 이러한 신뢰에 기인하여 발생한 경우에만 반환할 이득을 감축시키는 사유로서 고려된다고 할 것이다.[8)]

2. 現存利益의 存否에 관한 獨逸의 判例

이하에서는 선의의 이득자의 이득반환의무를 감소 또는 면제시키는 사정[9)] (소위 Abzugsposten)을 유형별로 살펴보기로 한다. 우리 나라에서는 이에 관한 재판례를 찾기 어려우므로, 일단 독일의 재판례를 설명한다.[10)]

8) 我妻榮, 債權各論, 下卷(一)(1972), 1057의 [1574] 참조.

9) 다른 한편으로 이득자가 애초의 취득물을 그 객관적인 가격 이상을 받고 양도한 경우 또는 이득자가 부당이득한 영업시설로 보통 이상의 영업실적을 올렸을 때(이 두 경우는 물론 서로 문제상황을 달리하는 것이다) 등과 같이 이득자의 취득물을 만약 손실자가 계속 보유하고 있었더라면 얻었을 경제적 성과보다는 더 많은 수익을 이득자가 얻었을 경우에는 그 이득반환범위에 관하여 소위 收益返還(Gewinnherausgabe)의 문제가 제기된다(독일민법에 있어서는 이득자가 반환할 이득의 범위를 정함에 있어서 반환청구자의 손실은 아무런 역할도 하지 않다고 함이 일치된 견해이다). 그러나 여기서는 상론하지 않기로 한다. 이에 대하여는 Staudinger/Lorenz, § 818 Rz. 27f. 및 MünchKomm/Lieb, § 818 BGB, Rn. 16f. 참조. 또한 쌍무계약에 기하여 이루어진 쌍방 간의 급부를 그 계약의 무효·취소 등으로 인하여 나중에 상호 원상회복하여 주어야 할 의무를 부담하는 경우에 대하여는 쌍무계약상 의무의 견련성(Synallagma)으로 인하여 특수한 문제가 발생한다. 이에 대하여는 우선 Dieselhorst, Die Natur der Sache als außergesetzliche Rechtsquelle verfolgt an der Rechtsprechung zur Saldotheorie(1968) 참조.

10) 이하는 대체로 Staudinger/Lorenz, § 818 Rz. 34f. 및 Flessner, Wegfall der Bereicherung (1970), S. 13ff.에 의하였다.

(1) 取得物의 멸실 또는 유실

수익자가 취득한 물건이 그 자신의 행위에 의하여서든 우연한 사정으로 인해서이든 아무런 대가 없이 멸실·유실되면 선의의 이익자는 책임을 면한다.[11] 수익자의 고용인이 금전을 횡령한 때,[12] 수익자가 속하는 국가와 교전상태에 들어간 국가에 의해 그것이 敵産으로 몰수된 때[13]도 이와 동일시된다.

(2) 所得 없는 使用·處分

수익자가 취득물을 사용 또는 처분하였으나 실제로는 소득이 없는 경우이다. 예를 들면 농부가 취득한 비료를 施肥하였으나 효험이 없었을 때가[14] 그러하다. 뿐만 아니라 수익자가 그 물건을 취득함으로써 선물을 할 마음을 일으켜 이를 타인에 증여한 때[15] 또는 그 물건을 객관적인 가액 이하로 매도한 때[16](물론 이 경우에는 그차액의 한도에서)에도 마찬가지이다.

나아가 정상적인 가격으로 매도하였으나 그 매수인이 대금을 지급하지 않고 도주하거나 파산상태에 빠지는 등으로 그 대가로 취득한 것이 실제로 가치가 없게 되는 경우에도 그러하다.[17] 또한 수익자가 수취한 금전을 제 3 자에게 대여하였으나 위와 같은 사유로 그 반환청구권이 무가치하게 된 때에도 이득은 그 한도에서 상실되었다고 볼 것이어서 부당이득반환청구권자는 그 채권의 양도를 구함은 별론으로 하고[18] 그 금전의 반환을 구할 수 없다고 한다.

이와 같은 처리는 결국 부당이득반환청구권자에게 수익자가 애초 이득한 대상에 관련하여 행한 처분의 경제적 실패에 대한 危險을 부담시키는 결과가 되는 것이다.

(3) 委任의 內容에 따른 處理

물건매입의 위임이 무효인데 자기의 이름으로 행위하는 수임인이 그 매매자금으로 수령한 금전을 물건매도인에게 이미 교부한 때와 같이[19] 급부자(이 경우에는 수임인)와의 사이에 합의된 내용대로 급부물을 처분하였으면 수익자

11) Staudinger/Lorenz, § 818 Rz.34.
12) RGZ 58, 269=JW 1908, 403.
13) RGZ 120, 297(299f.).
14) RG SeuffA 60 Nr. 168.
15) RG WarnR 1917 Nr. 140.
16) RGZ 75, 361 등.
17) RG WarnR 1912, Nr. 360=JW 1912, 788(789).
18) BGHZ 72, 9(13)는 수익자가 제 3 자에 대하여 가지는 채권을 만족받기가 지극히 어려운 경우에는 그 채권을 반환청구자에게 양도함으로써 그는 現存利益이 없음을 이유로 반환청구를 물리칠 수 있다고 한다.
19) RGZ 60, 284(291f).

는 현존하는 이득이 없음을 내세워 급부자로부터의 반환청구를 물리칠 수 있다.

(4) 取得費用

수익자가 목적물을 취득하는 과정에서 지출한 필요경비, 예를 들면 중개료, 계약서공증비용, 운임 및 관세[20] 등은 수익자가 반환할 이득을 산정함에 있어서 공제되어야 한다.[21] 또한 집행채무자 아닌 제 3 자의 재산에 강제집행을 한 사람이 그 소유자로부터 부당이득반환청구청구를 받은 경우에 그 집행비용[22]도 마찬가지이다.[23]

(5) 取得이 有效한 것으로 믿음으로 인한 支出·處分 등

(가) 취득자가 목적물취득이 유효한 것으로 믿고 그 목적물 또는 자신의 다른 재산에 관하여 일정한 지출을 한 경우에 나중에 그 목적물을 반환하지 않으면 안 된다면 결국 앞서의 지출이 결국 無用하게 되는 수가 있다. 예를 들면 그 취득물의 개축이나 수선 등은 그것이 필요한 것인지 유익한 것인지 또는 그로 인하여 가치가 증가되었는지 내지는 그 가치증가가 현존하는지에 상관없이 그 비용을 이득산정에 있어서 공제하여야 한다.[24]

여기에는 보다 나은 생활의 영위(bessere Lebenshaltung)를 위한 지출도 포함한다. 이러한 태도는 給料의 過多支給의 경우에 초과분 급료의 반환청구에 대하여 급료수령자를 옹호하는 결과를 낳는다.[25] 즉 급료생활자는 초과지급분의 급료를 저축하지 않고, 보다 나은 생활의 영위를 위하여 소비한다고 보는 것이 경험칙에 맞는다는 것이다. 그 결과 급료수령자가 그 급료를 모두 지출하였음을 증명하기만 하면 그에게는 급료의 초과수령으로 인한 이득이 현존하지 않는 것이 된다.

이와 관련하여 독일의 판례[26]는 이혼소송에 있어서 임시로 지급이 명하여진 생활비(獨民訴 § 620 vi 참조)의 액이 실체적 부양청구권상의 액보다 다액인 경우 그 차

20) RGZ 72, 1.
21) MünchKomm/Lieb, § 818 BGB, Rn. 64.
22) 이에 대한 論難에 관하여는 Staudinger/Lorenz, § 816 Rz. 13 참조.
23) BGHZ 32, 240(244). 한편 BGHZ 66, 150은 이미 타인에게 양도된 임금채권을 압류·전부받은 자가 그 임금을 이행받았을 때 채권양수인은 그에 대하여 그 금액의 반환을 부당이득으로 청구할 수 있으나, 수익자는 위 압류·전부절차상의 비용의 공제를 주장할 수 있다고 한다.
24) RGZ 117, 112(113).
25) 給付의 過多支給의 경우에 있어서의 現存利益存否 문제의 상세에 대하여는, MünchKomm/Lieb, § 818 BGB, Rn. 87 및 Flessner(註 10), S. 18f. 참조.
26) BGH NJW 1984, 2095.

액의 반환청구에 대하여, 수익자가 이를 그 생계유지에 전부 소비하였다면 그에게는 이득이 현존하지 않는다 하여 그 청구를 기각하고 있다.

(나) 수익자가 원인 없는 취득에 연유하여 부담을 인수한다든가 또는 자기의 채권이 만족되었다고 잘못 인식한 수익자가 담보 등 권리를 포기하거나 기타 재산보전의 기회를 상실한 때에도 이러한 사정을 반환할 이득의 산정에 있어서 고려된다. 예컨대 토지를 증여받은 자가 그 토지에 의하여 담보되는 채무(증여받지 않았다면 인수할 턱이 없다)를 인수한다든가,[27] 어음상 권리자가 그 만족을 얻었다고 믿고 소구권의 소멸시효를 도과시킨다던가, 자신의 진정한 채무자의 재산에 강제집행하는 데 적정한 시기를 놓침으로써 그가 채무초과상태에 빠진 후에야 권리실행에 착수하였다든가[28] 하는 경우가 그러하다.

(6) 取得物로 인한 損害

종래의 통설[29]은 취득물 자체가 수익자의 재산에 미친 손해, 예를 들면 원인 없이 취득한 고양이가 수익자의 고가의 양탄자를 물어뜯어 못쓰게 하였다든가, 취득한 소가 병든 것이어서 수익자의 다른 소가 이에 전염된 경우도 그 이득산정에 있어서 고려되어야 한다고 한다.[30]

또한 이와 관련하여 수익자에 있어서 그 취득이라는 단일한 사실이 동시에 불이익 내지 부담 발생의 원인이 된 경우, 예를 들면 累進稅制度로 인하여 많은 세금을 납부하게 된 때[31]에도 마찬가지이다.

(7) 例外 1: 第三者 所有物의 處分에서의 取得對價

수익자가 제 3 자 소유의 물건을 처분하거나 소비하였음을 이유로 해서 진정한 소유자가 그에 대하여 그 물건의 가액을 부당이득으로 반환청구하는 경우, 판례는 수익자가 그 물건의 취득을 위하여 지급한 매매대금 등을 그 반환할 이득의 산정에서 공제할 사정에 넣지 않는다.[32] 그 근거는 이러한 경우 진

27) RG JW 1914, 302.
28) RGZ 70, 350(352); RG JW 1909, 274 등.
29) Flessner(註 10), S. 20 Fn. 92의 문헌들 참조.
30) 그러나 Werner Flume, Der Wegfall der Bereicherung in der Entwicklung vom römischen zum geltenden Recht, in: Festschrift für Hans Niemayer(1953), S. 155f.는 이 때 수익자가 고양이 또는 소를 취득한다는 것은 그 原因(causa)의 有·無效와는 관계없는 결단이고 따라서 그 고양이 등으로 말미암아 발생하는 손해는 고양이의 소유에 고유한 위험이므로, 이를 반환청구자에게 전가할 수 없다는 이유로 통설에 반대하였다. 그리고 그 후로 오히려 다수는 플루메의 견해에 따른다. Staudinger Kommentar의 第9版(1929)에 있어서의 Engelmann의 注解(§ 818 Anm. 5 b ß)과 第11版(1960)에 있어서의 Seufert의 注解(§ 818 Anm. 37)를 대비해 보면 이를 확연히 알 수 있다.
31) RGZ 170, 65(67f.).
32) RGZ 106, 4(7); BGHZ 9, 333(335f.); BGHZ 14, 7(9f); BGHZ NJW 1960, 1712

정한 소유자의 부당이득반환청구권은 수익자의 처분 등으로 말미암아 소유자의 것이 아니게 된 물건의 代償 내지 代充物이기 때문이라고 한다. 즉 이 경우 수익자는 소유물반환의무자와 동일한 취급을 받아야 한다는 것이다. 또한 이 때 수익자는 자신이 이 물건을 제3자로부터 취득할 때 그 양도인이 진정한 소유자인지 여부에 대한 위험(소위 취득위험 Erwerbsrisiko)을 인수하였으므로 후에 그가 진정한 소유자가 아님이 밝혀졌다고 해서 그 위험을 타에 전가하여서는 안 된다는 것이다.

(8) 例外 2[33]: 雙務契約에 기한 先給付 返還의 경우의 履行準備費用

쌍무계약에서 일방당사자의 채무이행이 쌍방에 책임 없는 사유로 인하여 불능하게 된 경우에 상대방은 자신이 이미 한 급부의 반환을 부당이득으로서 청구할 수 있다.[34] 이 때 반환을 청구받은 사람은 자신이 이행하려고 했던 목적물이 멸실되었다는 사정이나 자신의 의무이행을 위하여 이미 지출한 비용을 그 반환할 이득에서 공제되어야 한다고 주장할 수 없다. 예를 들면 독일연방대법원은 기계제작을 도급받은 업자가 선금을 수령하였으나 후에 제2차대전으로 인하여 그 기계제작이 불능하게 된 경우에 도급인이 그 선금의 반환을 구하는 데 대하여 수급인은 그 기계제작을 위하여 이미 지출한 비용을 그 선금에서 공제할 것을 주장할 수 없다고 판시하였다.[35]

이것은 쌍무계약을 체결함에 있어서 ——위의 예를 원용하자면—— 기계제작업자는 그 대금을 원만히 수령하는 데 대한 위험(소위 대가위험 Preisrisiko)을 인수하였고 그 위험을 무릅쓰고 자신의 의무이행을 준비하느라고 비용을 지출한 것이므로 후에 계약이 무효가 되었다고 해서 이러한 위험부담을 상대방에

(1715) 등. 또한 BGHZ 55, 176은 盜品을 선의로 매수한 자가 이를 가공함으로써 獨民 § 950에 의하여 새로운 물건의 소유자가 되었으나 진정한 소유자로부터 獨民 § 951 I 제1문에 의하여 부당이득의 규정에 의한 보상(Vergütung)을 청구당하였을 경우에, 새로운 소유자는 盜者에게 지급한 매수대금을 반환범위에서 공제할 수 없다고 한다.

33) 그 외에 소위 비용지출의 절약(Aufwandsersparnis)이 있으면 현존이익의 不在를 주장할 수 없다는 논의가 있으나, 이는 오히려 고유한 의미의 利得 그 자체로 볼 수도 있으므로 (Palandt/Thomas, 43. Aufl., § 812 4 d와 같이) 여기서는 논하지 않기로 한다. 이에 대하여는 von Caemmerer, von Caemmerer, Bereicherung und unerlaubte Handlung, in: Festschrift für Ernst Rabel, Bd. 1(1954), S. 381f. 및 MünchKomm/Lieb, § 818 BGB, Rn. 78f. 참조.

34) 獨民에는 이를 § 323 Ⅲ에서 명문으로 규정하고 있다. 그러나 우리 민법 § 537의 해석으로도 동일한 결과가 될 것이다.

35) BGH Betrieb 1952, 623=BB 1952, 734; BGH LM BGB § 818 Abs. 3 Nr. 6=Betrieb 1955, 429. 그러나 BGH LM BGB § 818 Abs. 3 Nr. 7은 업자가 그 금전을 공상에 투사하였으나 그 공장이 전쟁 등으로 全破되었으며, "그 외에 달리 현실적인 재산이 없게 된 때"에는 수익자에게 더 이상 현존이익이 없다고 판시하였다.

게 전가할 수는 없다는 것을 근거로 한다.

3. 現存利益에 관한 우리 나라와 日本에서의 論議

(1) 毁損·變質 등으로 가치가 減少한 경우

통설은 원물이 훼손·변질되어 있더라도 그 동일성을 인정할 수 있으면 그 물건을 현재의 상태대로 반환하면 족하고 이미 멸실되고 있으면 반환의무는 없으며 그러한 손상 등의 사유가 수익자의 귀책사유에 의한 것이라도 차이가 없다고 한다.36)

그러나 최근에는 선의수익자라도 이득한 物에 대하여 최소한 자신의 재산의 관리에 관하여 요구되는 주의―「자기 재산과 동일한 주의」(§695 등)―를 하였는데도 훼손 등이 된 경우에만 「이득의 소멸」을 주장할 수 있으며, 그러한 주의조차 게을리한 때 또는 의식적으로 物을 훼손시킨 때에는 가액으로 반환하여야 한다는 설이 일본에서 유력하게 주장되고 있다.37) 나아가 훼손 등이 수익자의 과실에 기한 경우에는 「이득의 소멸」을 주장할 수 없다는 견해가 있다.38)

이는 어려운 문제이고 장래의 보다 깊은 논구를 기다릴 수밖에 없으나 일단 통설의 입장은 수익자를 지나치게 보호하고, 손실자에게 무리한 희생을 강요하는 것으로 생각된다. 가령 수익자가 비록 자신의 취득이 유효한 것이라 믿었다 하더라도 그가 원래는 반환하였어야 할 취득물을 의식적으로 파손한 경우에도 수익자는 잔존한 것만을 반환하면 족하다고 한다면, 이는 수익자 자신의 재산적인 의사결정(즉 파손하기로 하는 결단)의 불이익한 결과를 손실자에게 전가하게 된다. 말하자면 이와 같이 자신이 인수한 위험을 근거없이 他에 미루는 것은 쉽사리 수긍할 수 없다. 또한 점유물의 멸실·훼손에 대한 점유자의 책임에 관한 民 § 202와의 조화도 도모하여야 할 것이다.

(2) 目的物에 가한 費用

목적물에 가한 비용은 필요비·유익비를 막론하고 수익자가 반환할 이득

---

36) 郭潤直, 564; 金基善, 韓國債權法各論(1982), 362.
37) 我妻榮(註 8), 1071의 [1595]; 四宮和夫, 事務管理·不當利得·不法行爲, 上卷(1981), 131 등. 我妻는 자신이 舊著의 설을 바꾼 가장 중요한 점의 하나로 이를 든다(同所, 1057의 [1574] 및 1058의 [1576] 참조).
38) 松坂佐一, 事務管理·不當利得, 新版(1973), 221. 프民에서도 非債辨濟에 관하여 선의의 급부수령자는 목적물이 그 과실에 의하여 멸실 또는 훼손된 경우에는 그 가액을 반환하여야 한다고 규정한다(同法 § 1379).

에서 공제할 수 있다.[39] 이들 비용은 그 목적물의 취득이 유익한 것이라고 믿었기 때문에 지출한 것일 뿐 아니라, 만일 공제하지 않으면 손실자는 부당이득반환으로 인하여 오히려 부당하게 이익을 얻는 것이 되기 때문이다. 한편 불필요한 비용에 대하여는 논의가 있을 수 있으나, 그 규정의 취지상 이 역시 그 공제를 주장할 수 있다고 볼 것이다.[40] 결국 비용의 상환에 관하여는 점유자는 비용상환청구권에 관한 民 § 203의 내용과 그 한도에서 다른 것이 된다.

(3) **受益者가 利益의 取得에 관련하여 支出한 費用**

예를 들면 운임·관세·소득세 또는 수수료 등도 이익의 취득과 인과관계가 있는 한 공제된다.

이와 관련하여서는 수익자가 이익의 취득을 위하여 반대급부를 한 경우 그 반대급부를 공제항목으로 주장할 수 있는가가 문제된다. 이 문제는 특히 쌍무계약에 있어서 쌍방당사자가 급부를 교환한 후 그 계약이 무효임이 판명되어 원상회복을 하여야 할 관계가 성립하였으나 일방당사자의 반환의무가 이득의 소멸 등의 사유로 부존재하거나 그 한도에서 감축되었을 경우 타방당사자의 원상회복의무는 어떠한 영향을 받는가 하는 측면으로 논의된다. 예를 들면 무효인 매매계약에 기하여 목적물인도와 대금지급이 이루어졌으나 목적물이 선의의 매수인의 보관 중 멸실함으로써 현존하는 이익이 없게 되고, 따라서 매수인의 목적물인도의무는 소멸되었다고 할 것인데 이 때 매도인은 여전히 대금반환의무를 진다고 해야 할 것인가? 이를 긍정하는 것이 부당하게 생각되기 때문에 이를 회피하기 위한 법률구성이 독일에서 여러 가지로 주장되었다.[41] 대표적인 것이, ① 반환되어야 할 이득을 쌍방이 취득한 급부의 차액으로 보는 입장, (이는 前論의 I. 1. (1)에서 살핀 재산차액설(Saldotheorie)의 입장과 관련이 있다), ② 쌍무계약의 이행으로 교환된 급부에 관하여는 그 계약의 무효·취소 등으로 인한 원상회복관계에 있어서도 유효한 쌍무계약에 기한 이행의무에 대하여 인정되는 견련관계가 인정되어야 한다는 입장(소위 事實的 雙務關係faktisches Synallagma) 등이 그것이다. 차액설에 의하면 반환하여야 할 이득

39) 松坂佐一(前註), 225. 한편 我妻榮(註 8), 1092의 [1628]은 필요비는 공제를 주장할 수 있으나 유익비는 이를 할 수 없다고 한다.

40) 松坂佐一(註 38), 225. 한편 我妻榮(註 8), 1074의 [1601]은 불필요한 비용지출은 그 공제를 주장하지 못한다고 한다.

41) 獨逸學說의 概要에 관하여는 우선 金龍潭, "雙務契約의 無效·取消와 不當利得", 民事裁判의 諸問題 제 3 권(1985), 124 이하 참조. 또한 독일문헌 중 요령 있는 개관으로서는 Dieter Medicus, Bürgerliches Recht, 19. Aufl.(2002), Rn. 223ff.(S. 162ff.) 참조.

은 애초부터 수익자(위 예의 매도인)가 취득한 대금에서 목적물의 객관적 가치, 즉 시가를 공제한 차액이므로 그 대금반환의무는 그 범위에서만 존재하게 된다. 사실적 쌍무관계설에 의하면 民 § 537(獨民 § 323)이 정하는 채무자위험부담주의의 원칙에 따라 매도인의 대금반환의무는 소멸하게 된다.[42)]

(4) 受益者가 利得한 對象에 대하여 한 財產的 處分의 成敗

독일에서는 앞의 2. (5)에서 본 대로 종래 수익자가 이득한 대상에 대하여 재산적 처분을 하였을 경우 그 처분이 경제법칙상 상당한 효과를 거두지 못하였으면 이러한 사정을 수익자가 반환할 이득의 산정에 있어서 고려하여야 한다고 판례·학설상 인정되어 왔다. 예를 들면 매수인이 무효한 계약에 기하여 인도받은 물건을 제 3 자에게 다시 매도하고 이를 인도하였으나 그 새로운 매수인이 무자력이어서 대금을 받지 못하였을 경우 수익자(애초의 매수인)는 가액반환을 하지 않고 제 3 자에 대한 대금채권을 양도하면 족하고, 원물의 반환이 불가능한 경우로서 가액을 반환할 필요는 없다는 것이다.

그러나 이러한 입장은 수익자가 마땅히 부담하여야 할 대가위험 등 그 자신이 결의한 재산적 처분에 수반되는 제반의 위험(Risiko)을 부당하게 손실자(부당이득권리자)에게 전가하는 것으로서 채택될 수 없다. 독일에 있어서도 플루메의 비판 이후 이에 반대하는 입장이 점점 늘고 있다.

그러나 다른 한편 수익자가 이익을 유효히 취득하였다고 믿고 이에 유인되어 자신의 재산으로부터 일정한 출연을 하거나(예를 들면 법률상 원인 없음을 모르고 시계를 취득하였기 때문에 종전부터 가지고 있던 자신의 낡은 시계를 제 3 자에게 증여한 경우), 기존의 권리주장을 게을리하여 소멸시효에 걸렸다든가 또는 그 의무자가 무자력하게 됨으로써 그 권리가 사실상 무의미하게 된 때(예를 들면 유효하게 물상담보가 설정된 것으로 믿고 채무자에 대한 권리실행을 늦춘 결과 채무자가 무자력하게 된 경우) 등에는 그와 같은 사정을 들어 반환할 이득의 산정에 있어서 이를 공제할 것을 주장할 수 있다고 하겠다.

한편 취득한 이익(특히 금전)을 낭비한 경우에도 「이득의 소멸」은 인정되어야 한다.[43)] 그러나 낭비에 의한 「이득의 소멸」을 인정함에 있어서는 다음의 두 가지 점에 유의할 필요가 있다고 생각한다. 첫째, 만일 그 수익이 없었더라

42) 이러한 견해는 일본학계에서도 정착한 것 같다. 四宮和夫(註 37), 125 註 1; 松坂佐一(註 38), 225 이하 참조.
43) 反對: 民法講義(6)(有斐閣大學雙書), 69(加藤雅信 집필).

면 낭비도 없었을 것임이 확실히 드러나야 한다. 만일 그 수익이 없었다라도 다른 재화로 낭비를 하였을 것이면 이는 뒤의 4.에서 보는 「지출의 절약」의 이론이 적용될 것이다. 둘째, 낭비인가 아닌가의 판단 자체도 신중히 할 것이다. 자신의 유흥에 소비한 때라도 가령 수익자의 레크레이션 등 일반적으로 유익한 목적이 개재되어 있다면 이를 쉽사리 긍정할 것은 아니다.

(5) 目的物로 인하여 입은 損害

가령 무효인 매매에 기하여 이행받은 동물에 질병이 있어 매수인의 다른 가축에 감염되었다든가 매수한 개가 매수인의 고가품을 물러뜯어 못쓰게 한 경우 수익자가 입은 이러한 손해를 이득의 감소로서 공제하여야 할 것인가? 이러한 손해도 이익의 취득과 인과관계가 있는 경우에는 공제할 수 있다는 견해[44]도 있으나, 이와 같은 손해는 수익자가 그 이익의 취득이 유효하다고 믿은 데서 기인한 것이 아니므로 원칙으로 공제할 성질이 아니라고 하겠다. 그러나 위의 병든 동물의 예에서와 같이 계약이 유효한 경우 채무이행으로서 책임을 물을 수 있었을 것이라면 이는 원인행위가 무효인 경우에도 그 책임을 손실자에게 돌림이 상당하므로 그 때에는 이득으로부터 공제할 수 있다고 하겠다.[45]

4. 「支出節約」의 理論

「받은 이익」이 현존하는지 여부에 관하여 종래의 학설이나 판례는 수익자가 그 받은 이익을 소비한 경우에도 이것이 유용한 목적에 쓰여진 때에는 이로써 다른 재산상 지출이 절약된 것이므로 이익은 역시 현존한다고 한다. 이는 수익자가 제기하는 利得消滅의 주장, 즉 현존이익이 없거나 제한적으로만 존재한다는 주장을 배제하기 위한 구성으로서 유효하며, 타당한 내용을 포함하고 있다고 생각한다.[46]

다만 이 때 「지출의 절약」이라는 구성은 부당이득반환청구권의 성립요건으로서의 이득개념의 한 내용인 「소극적으로 재산적 불이익을 면하는 것」과는 다른 차원의 것이라고 하겠다. 후자는 가령 자기의 채무를 제 3 자의 변제에 의하여 면하거나 또는 자신의 채무이었어야 할 것을 제 3 자의 채무가 되었다

44) 末川博이 그러하다고 한다. 日注民(18), 461(田中整爾 집필) 참조.
45) 我妻榮(註 8), 1075의 [1603].
46) 일본의 判例로는, 친권자인 母가 친족회의 동의 없이 부동산을 매각하여 미성년들인 子의 생활비에 쓰거나(日大判 1916(大 5).6.10(民錄 22, 1149)의 事案), 위와 같이 매각한 토지의 반환청구소송에 관한 비용에 지출한 경우(日大判 1930(昭 5).10.23(民錄 9, 993)의 事案) 등을 들 수 있다.

거나 하는 경우와 같이 애초부터 자기가 부담하여야 하는 불이익을 타인의 재산·노력에 의하여 면하는 형태로 이익을 얻는 것을 의미한다. 이는 일단 수익자가 애초 받은 이득이 어떤 형태로든 처분된 경우 그것을 선의수익자가 반환하여야 할 현존이익이라는 관점에서 어떻게 평가할 것인가 하는 측면에서의 논의와는 구별되어야 한다. 가령 타인 소유의 고가품을 소비한 경우의 「이득」은 그 물건의 시가를 기준으로 산정하고 다만 수익자가 선의인 경우에는 「지출의 절약」의 이론에 의해 수익자가 통상 사용하는 물건의 가액을 기준으로 반환할 범위를 산정할 것이다(악의의 경우에는 애초의 이득이 기준이 된다).[47]

5. 立證責任

(1) 依用民法, 즉 日本民法에서는 앞의 I. 1. (1)에서 본 대로 수익자는 원칙적으로 그 이익이 현존하는 한도에서만 이를 반환할 의무를 부담하였으므로(同法 § 703), 수익자가 받은 이득이 현존한다는 사실은 권리근거사실이라고 보아 이를 부당이득의 반환을 청구하는 자가 입증하여야 한다는 견해가 있다.[48] 그러나 앞서 본 바와 같이 부당수익자는 그 취득한 구체적 대상 그 자체를 반환하는 것이 원칙이며 선의수익자에 대하여 현존이익의 한도에서만 반환의무를 인정하는 것이 하나의 예외적인 특혜 부여라고 할 것이고, 또 이익의 소멸에 관련된 사항은 주로 수익자의 편에서 발생하므로 그 주장의 가능성·편의성이라는 면에서도, 수익자가 애초 취득한 이득이 현존하지 않거나 그 산정에 있어서 고려할 差減項目이 존재한다는 것을 자신이 선의라는 것과 함께 주장·입증하여야 한다고 봄이 옳다.[49]

(2) 그런데 大判 1970. 2. 10, 69다2171(集 18-1, 93)은 "선의의 수익자에 대한 부당이득반환청구에 있어 그 이익이 현존하고 있는 사실에 관하여는 그 반환

47) 이에 관하여는 四宮和夫(註 37), 61 註 4 및 91 註 4 참조.

48) 小室直人, "不當利得請求權の主張·立證責任", 不當利得·事務管理の研究(2)(1971) 187; 岩松一郎/兼子一 編, 法律實務講座 民事訴訟篇 第4卷(1962), 115 등. 그러나 日大判 1933(昭 33). 11. 21(民集 12, 2666)은 "민법 제703조는 일단 구체적으로 이득반환의무가 생기더라도 그 후 이득의 일부 또는 전부가 소멸하고 현존하지 않음에 이른 때에는 그 한도에서 위 반환의무도 당연히 소멸함을 규정한 것에 다름아니다. 이득이 현존하지 않는다는 것은 부당이득반환청구권의 소멸을 주장하는 자에 있어서 이를 주장 및 입증할 책임을 책임이 있음은 논할 필요조차 없다"고 하여 반대의 立場을 명확하게 하였다.

49) 同旨: 郭潤直, 565; 金曾漢·安二濬, 690; 吳錫洛, 立證責任論, 新版(1996), 460. 일본에 있어서는 我妻榮(註 8), 1097; 松坂佐一(註 38), 224. 독일에서의 통설이기도 하다. 우선 Staudinger/Lorenz, § 818 Rz. 48 참조.

청구자에게 입증책임이 있다"는 입장을 취한다.[50] 그러면서 다른 한편으로 大判 69. 9. 30, 69다1093(LX검색); 大判 87. 8. 18, 87다카768(公 1987, 1460); 大判 96. 12. 10, 96다32881(公 1997상, 317)은 수익자가 부당이득한 것이 금전인 경우에는 그것이 소비되었는지를 불문하고 그 이득이 현존하는 것으로 추정한다는 태도를 명백히 취한다.[51] 그러나 비록 금전이 보편적인 효용을 가지고 있다고 하더라도, 금전 이외의 이익도 그것이 하나의 이익인 한에서는 그러한 「추정」을 금전의 경우에 한정할 이유는 없을 것이다.

(3) 일본의 판례 중에는 낭비벽으로 인하여 준금치산(우리의 한정치산)의 선고를 받은 사람이 금전을 차용한 후 그 법정대리인이 이를 취소한 경우의 반환범위에 관하여, 이 때 금전은 낭비된 것이라고, 즉 현존하지 않는다고 추정된다고 판시한 것이 있다.[52] 이는 日民 § 121 단서(우리의 단서 民 § 141)에 관한 것이나 학자들은 이에 의문을 표시하고 있다.[53]

Ⅲ. 惡意受益者의 返還範圍

本條 Ⅱ는 「惡意의 受益者」에 대하여 「받은 이익」뿐만 아니라 「이자」 및 「손해」의 배상을 명하고 있다.

1. 惡意의 受益者

(1) 「악의의 수익자」란 법률상의 원인 없음을 알면서 이득을 얻은 사람을 말한다. 즉, 이에는 법률상 무원인을 야기하는 사정뿐 아니라 그 법적 효과도 의식하고 있음을 요한다.[54] 그러나 법적인 전문지식이 요구되는 것은 아니

50) 한편 吳錫洛(前註), 460은 大判 1970. 10. 30, 70다1390(集 18-3, 246)이 반대의 입장을 취하여 수익자에게 이득의 소멸에 관한 입증책임을 지우는 것으로 이해하고 있다. 그러나 그 대법원판결은 앞의 民 § 747 注解 A. Ⅲ. 3.에서 보았듯이 原物의 返還이 請求된 경우에 그 원물이 부존재하여 원물반환청구는 허용되지 않는다는 점에 대한 입증책임에 관한 판례로 볼 것이다("벼 33섬을 받은 것이 사실이라면 다른 특별한 사정이 없는 이상에는 아직도 원고[부당이득반환의무자]가 이를 소지하고 있다고 보아야 할 것이고 이것이 현재 원고에게 존재하지 아니한다는 점은 원고가 이를 입증하여야 할 책임이 있다").

51) 예를 들면 郭潤直, 565도 유사한 취지를 말한다. 또한 日大判 1909(明 42). 10. 11(民錄 12, 1236)은 "법률상의 원인 없이 수익자가 실제로 받은 금전상의 이익은 후일 감소된 것이라는 사실이 존재하지 않는 한 시금까지 존재하는 것으로 추정된다"고 한다.

52) 日大判 1939(昭 14). 10. 26(民集 18, 1157).

53) 我妻榮(註 8), 1097의 [1637]; 四宮和夫(註 37), 90 등.

54) Staudinger/Lorenz, § 829 Rz. 6; MünchKomm/Lieb, § 829 BGB, Rn. 2.

고, 취득한 대상에 대하여 권리가 없음을 아는 것으로 족하다.[55] 대표적인 예는, 계약이 무효임을 알면서 그 계약상의 급부를 수령하는 것이다.

이득이 장차 법률상 원인이 없는 것이 될 가능성(취소가능성 등)이 있다는 것을 아는 것만으로는 악의의 수익자라고 할 수 없다. 가령 무능력자와 그 능력보충이 없음을 알면서 거래한 자 등이 그러하다. 그러나 사기·강박 등에 기한 행위로 상대방으로부터 이익을 얻은 자는 그 행위가 취소되면 수익의 당시로부터 악의의 수익자로 취급하여야 할 것이다. 그들은 현저히 신의에 반하는 행위에 의해 이득을 얻은 자로서 그 이득의 반환을 애초부터 예상하였어야 할 것이고 또한 불법행위책임과 균형을 맞출 필요가 있기 때문이다.[56]

(2) 한편 惡意인지 여부는 오로지 자신의 이득이 법률상 원인 없음을 알았는지 여부에 의하여 정하여지며, 나아가 그 이득이 법률상 원인을 결하게 된 이유가 수익자에게 있을 것을 요구하지 않는다.

그러므로 예를 들면 相對方의 詐欺를 이유로 하여 계약을 취소한 被詐欺者라도 자신이 상대방으로부터 받은 급부의 반환의무에 대하여는 일반적으로 악의라고 할 것이다. 大判 93. 2. 26, 92다48635등(公1993, 1086)도 "부당이득의 수익자가 선의이냐 악의이냐 하는 문제는 오로지 법률상 원인 없는 이득임을 알았는지의 여부에 따라 결정되는 것이므로, 이 사건 매매계약이 매도인인 피고의 기망행위를 이유로 하여 취소된 것이라 하더라도 그 사유를 들어 원고[매수인이다]의 수익자로서의 악의성을 부정할 수는 없는 노릇"이라고 판시하여 같은 태도를 취한다.

그런데 大判 93. 5. 14, 92다45025(公1993, 1698)는 부동산매매계약이 매도인의 錯誤를 이유로 취소된 사안에서 매도인(원고)이 매매대금에 이자를 붙여 반환하여야 할 것인가 하는 문제를 판단하면서 "원심은 원고가 선의의 수익자이므로 이자를 가산하여 반환할 필요가 없다는 취지로 판단하였는바 이러한 판단 또한 정당하다"고 판단하였다. 앞의 大判 93. 2. 26.과 같이 부당이득반환의무자의 善意 여부가 오로지 법률상 원인 없는 이득임을 알았는지 여부에 의하여 정하여진다고 하면, 이 사건에서 원고는 적어도 매매계약을 취소한 후의 기간에 대하여는 惡意라고 하여야 할 것이다. 兩者의 판결은 취소의 원인이 착오인가 사기인가에 따라 달리 취급되어야 한다면 반드시 모순한다고는 할 수 없

55) Larenz, Lehrbuch des Schuldrechts, Bd. 2, 11. Aufl., S. 519.
56) 日注民(18), 595(福地俊雄 집필) 참조.

다고 할는지 모르나, 그와 같이 달리 취급할 근거를 쉽사리 생각하기 어렵다.

(3) 구체적으로 악의의 유무가 문제된 경우를 살펴본다.

(가) 大判 95. 11. 21, 94다45753등(公 1996상, 40)은 근로자가 무효인 퇴직처분에 의하여 퇴직금을 수령하였으나 그 퇴직처분이 무효이어서 수령한 퇴직금을 반환하여야 하는 사안에서 "정년퇴직조치의 무효를 다투면서 그 퇴직금을 수령한 이상 악의의 수익자라고 할 수 없"다고 한다. 오히려 근로자가 퇴직처분이 무효임을 주장하였다면 이는 혹 악의를 인정하는 하나의 증빙이 될 수 있을 것이다. 그러나 일반적으로 고용주의 퇴직처분에 기하여 퇴직하는 사람이 비록 그 무효를 주장하였다고 하여 그 퇴직처분이 무효임을 알았다고 하기는 어려울 것이다.

(나) 大判 97. 7. 25, 96다29816(公 1997하, 2662)은 조합원이 출자의무를 이행하지 않는 것을 이유로 除名을 당한 후에 조합채무자로부터 그 변제를 수령하였다면 악의의 수익자로서 받은 날로부터 이자를 붙여야 한다고 한다.

(다) 大判 98. 5. 8, 95다30390(公 1998상, 1569)은 주택조합이 아니라 그 조합원에 대하여 개발부담금을 부과한 처분은 법률에 근거가 없는 것으로서 그 하자가 중대·현저하여 무효이지만, 이는 부과관청이 법령의 해석을 잘못한 것에 원인이 있는 것으로서 악의를 인정할 수는 없다고 판시하였다.

그러나 大判 2000. 4. 11, 99다4238(公 2000상, 1165)은 재개발사업시행자가 당초의 청산금부과처분에 의하여 어떠한 급부를 받은 후에 그 부과처분의 전부 또는 일부를 직권으로 취소하였다면 그는 그 취소시부터 악의의 수익자로서의 부당이득반환의무를 부담한다고 한다.

(4) 수익자가 법인인 경우는 어떠한가?

(가) 大判 2002. 2. 5, 2001다 66369(公 2002상, 639)는 새마을금고의 이사장이 그 금고 명의로 소요자금을 차입한 것이 이사회의 결의를 결하여 무효인 사안에서 이사장 및 상무의 악의를 이유로 수익자인 새마을금고 자체의 악의를 인정하였다.

(나) 일반적으로 법인은 하나의 추상적 실체이므로 법인에 관련된 自然人 중 누구의 악의를 법인의 악의로 볼 것인가에 대하여는 논의가 있는 바이다.[57] 논의의 출발점은 인식 여부가 사실인정의 문제인 자연인의 경우와는 달

57) 이 문제에 대하여는 우선 송호영, "법인의 대표지가 자신이 대표하는 법인에 대해서 불법행위를 한 경우에 법인의 인식 여부", 저스티스 2004년 12월호 참조.

리 법인의 경우에는 어떠한 자연인의 인식을 법인에 歸屬시키는 것이 타당한가 하는 規範的 평가의 문제라는 점이다. 독일의 지배적 견해는 바로 獨民 § 166(우리의 民 § 116에 상응한다)를 준거로 삼는다.[58] 이 규정은 원래 대리에서의 의사표시의 효과귀속에 관한 것이나, 학설은 이를 의사표시에 관한 것에 한정하지 않고 어떤 사정의 認識 전반에 관해서 이를 유추적용하고, 나아가 그 인적 범위도 本人과 代理人 사이의 관계에서 나아가 법인의 機關이 사정을 안 경우에도 적용하는 것이다.[59] 이에 대해서 소수설[60]은 법인의 경우 그 기관이 인식한 것은 법인 자신의 고유한 인식으로 인정되므로 기관이 아닌 대리인이 인식한 경우에 관한 獨民 § 166 I 을 유추적용하는 것은 적절하지 않으며 그보다는 오히려 법인의 손해배상책임을 규정한 獨民 § 31(우리의 民 § 35에 상응한다)에서 인식의 귀속에 관한 근거를 찾는 것이 타당하다고 주장한다.[61] 한편 플루메와 같이 법인의 인식귀속의 근거를 사단에 있어서 의사표시의 受動代理에 관하여 사단에 대하여 의사표시를 하는 경우에는 이사회의 구성원 1인에 대하여 하는 것으로 족하다고 정하고 있는 獨民 § 28 Ⅱ(우리의 商 §§ 12 Ⅱ, 208 Ⅱ 참조)의 유추적용에서 찾고 있다.[62]

우리 민법에서도 독일의 다수설과 같이 법인의 불법행위책임을 규정한 民 § 35보다는 대리행위에서의 인식귀속에 관한 民 § 116을 유추적용하는 것이 적절하다고 보여진다. 그것은 어느 사실에 대한 知·不知의 문제는 손해야기행위보다는 의사표시 및 그 수령행위와 좀더 밀접한 관련성을 갖는다고 할 것이기 때문이다. 또한 民 § 59 Ⅱ는 법인의 代表에 관하여 代理에 관한 규정을 준용토록 하고 있으므로, 대표기관의 인식이 문제된 경우에도 民 § 116의 유추적용이 가능할 것이다. 구체적으로 보면 법인의 인식주체는 대표권을 가진 이사에 국한되지 않고, 법인으로부터 대리권을 부여받은 받은 代理人의 인식도,

58) MünchKomm/Schramm(3. Aufl.), § 166 BGB, Rn. 20; Soergel/Leptien(12. Aufl.), § 166 Rn. 5; Großkommentar zum HGB/Fischer(3. Aufl.), § 125 HGB Rn. 25; Baumbach/Hopt, § 125 HGB Rn. 2; Schilken, Wissenszurechnung im Zivilrecht(1983), S. 116ff., 118ff.; Richardi, Zur Wissenszurechnung, AcP 169(1969), S. 385, 388 등.

59) Staudinger/Weick(13. Aufl.), § 26 Rz. 22; Soergel/Hadding, § 26 Rz. 11; Soergel/Leptien, § 166 Rz. 4 등 참조.

60) 이하 Karsten Schmidt, Gesellschaftsrecht, 4. Aufl.(2002), S. 285 이하 참조.

61) 독일연방대법원은 WM 1959, 81, 84의 판결에서 인식의 귀속에 관하여 "어느 한 機關構成員의 인식은 곧 法人의 인식이다"라고 설시한 바 있는데, 소수설은 이러한 판단이 바로 기이르케의 機關說(Organtheorie)에 근거한 것으로 소수설의 태도와 일치하고 있다고 주장한다(Karsten Schmidt(前註), S. 287).

62) Flume, Allgemeiner Teil des Bürgerlichen Rechts, 1. Bd. 2. Teil: Die juristische Person(1983), S. 398 이하, 특히 S. 402 참조.

그 인식이 수권에 따른 대리행위와 관련하여 취득한 것이라면, 법인의 인식으로 귀속될 수 있을 것이다.

그렇게 보면 위의 大判 2002. 2. 5.의 태도는 타당하다고 할 것이다.[63]

(다) 그런데 기관이 아닌 법인의 사용인의 악의는 어떻게 취급할 것인가? 그 경우에는 법인에 악의가 있다고 할 수 없다는 입장도 있을 수 있겠으나,[64] 학설 중에는 "표견대리가 성립하는 범위 또는 대표기관의 선임감독의 책임이 미치는 범위 내의 행위"에 대하여는 법인의 악의를 인정하자는 견해[65] 또는 民 § 756을 유추하여 법인의 악의로 될 수 있다는 견해[66] 등이 있다. 대체로 자신의 지배에 속하는 인적 조직에 의해 자신의 사업활동을 확장한 사람이 그에 기한 유리한 효과뿐 아니라 불리한 효과도 받아들여야 할 것이므로 사용인의 악의가 있으면 일정한 범위에서, 아마도 대체로 民 § 756이 적용되는 한도에서 법인은 악의라고 하여야 할 것이다.

(5) 법률상 원인이 없음에 대하여 선의이기는 하나, 그에 관하여 과실이 있는 자를 악의의 이익자와 동시할 것인가? 일본에서나 독일의 통설은 비록 중대한 과실이 있더라도 악의의 수익자로 다룰 수는 없다고 한다.[67] 이에 대하여 적어도 중대한 과실이 있는 경우에는 악의의 수익자와 동시하여야 한다는 견해가 없지 않다.[68]

(6) 수익자가 행위무능력자의 경우는 어떠한가? 물론 無能力을 이유로 법률행위가 취소된 때에는 무능력자는 民 § 141 但書에 의하여 현존이득만을 반환하면 족하므로 그 경우는 논의에서 제외된다. 그러나 그 외의 경우에는 악의의 수익자로서 다루어져야 할 때가 얼마든지 있을 수 있다.

63) 日大判 1911(明 44). 2. 16(民錄 17, 59)도 같은 취지로 판시하였다.

64) 日最判 1954(昭 29). 5. 13(民集 9-6, 679)은 법인인 水產業會의 支所長事務取扱이 그 會의 목적범위 외의 업무를 한 경우에 관하여 "대리권 없는 자의 악의를 가지고 바로 본인의 악의로 볼 법적 근거가 없다"고 한다.

65) 송호영(註 57); 我妻榮(註 8), 1103의 [1650] 등.

66) 日注民(18), 598 이하(福地俊雄 집필).

67) 일본의 학설에 관하여는 日注民(18), 595(福地俊雄 집필)를, 독일의 학설에 관하여는 MünchKomm/Lieb, § 819 BGB, Rn. 3을 각 참조.

68) Jan Wilhelm, Rechtsverletzung und Vermögensentscheidung als Grundlagen und Grenzen des Anspruchs aus ungerechtfertigter Bereicherung(1973), S. 188 Fn. 421은 침해부당이득과 같은 비급부이득반환청구(Nichtleistungskondiktion)의 경우에 있어서는 부당이득이 손실자의 의사에 기하여 이루어진 것이 아니므로 책임이 완화되는 선의점유자의 요건에 관한 獨民 §§ 990, 932 Ⅱ(이 경우는 중대한 과실 있는 선의점유자를 악의점유자로 본다)를 부당이득법에도 적용하여야 한다고 주장한다(독일민법 제정자들은 급부이득은 손실자의 의사에 기한 부당이득이므로 §§ 990, 932 Ⅱ와 같은 가치평가를 부당이득법에 도입할 수 없다고 주장했던 것이다. Mugdan Ⅲ, S. 673 참조). Koppensteiner/Kramer, Ungerechtfertigte Bereicherung(1975), S. 150도 같은 취지이다.

행위무능력자의 경우에는 언제나 법정대리인을 기준으로 판단하여야 한다는 견해,[69] 적어도 침해이득의 경우에는 불법행위에 관한 民 § 753을 적용하여 책임을 변식할 능력이 있으면 본인을 기준으로 하여야 한다는 견해[70] 등이 대립된다. 한편으로 무능력자 보호의 취지에 비추어 보면 일반적으로는 전자가 타당한 듯도 하나, 적어도 침해부당이득에 관한 한은 그 권리침해에 대한 구제수단으로서의 성격에 비추어 後者의 입장을 취할 것이다.

(7) 악의의 입증책임은 本條 Ⅱ에 의한 반환책임을 묻는 원고가 부담한다고 볼 것이다(통설).

2. 「받은 利益」의 返還義務

(1) 수익자가 악의라는 사실이 부당이득관계에서 가지는 의미는, 일차적으로 수익자가 반환하여야 할 이득의 범위가 수익자가 악의가 된 시점을 기준으로 확정된다는 데 있다. 다시 말하면 수익자가 애초 취득한 구체적 대상에 생긴 변화, 즉 「이득의 소멸」이라는 사정은 원칙적으로, 다시 말하면 일반채권법상의 의무소멸사유가 생김은 별론으로 하고서는 고려되지 않는 것이다.[71]

(2) 악의의 수익자는 우선 그 「받은 이익」을 반환하여야 한다. 그 내용은 위에서 본 바(앞의 民 § 747 注解 A. Ⅱ. 및 Ⅲ. 참조)와 같다.[72] 이러한 이득은 원칙으로 그 전부를 반환하여야 하고, 그 현존 여부를 불문한다. 다만 받은 이득이 손실자에게 책임 있는 사유로 멸실·훼손된 경우, 예를 들면 손실자가 인도한 물건에 물적인 하자가 있어서 그로 인하여 훼손된 경우, 손실자에게 자력구제의 요건이 갖추어져 있지 않은데도 자력으로 탈환을 시도하다가 물건을

69) MünchKomm/Lieb, § 819 BGB, Rn. 7 및 동소 Fn. 16 소재의 문헌 참조.

70) MünchKomm/Lieb, § 819 BGB, Fn. 15 소재의 문헌 및 日注民(18), 595 註 101(福地俊雄 집필) 참조. 독일의 연방대법원의 1971년 1월 7일 판결(BGHZ 55, 128)은 머지않아 성년이 될 자가 탑승권을 사지 않고 여객기에 몰래 타서 함부르크에서 뉴욕까지 여행하였다는 사실관계에 기한 항공사의 부당이득반환청구(불법행위로 인한 손해배상청구는 그 비행기가 만원이 되지 않았기 때문에 손해발생이 없어 문제되지 않았다)에 대하여, 그가 고의의 불법행위를 범하였고 또한 비행을 무상으로 할 권리가 없음을 변식할 능력이 있었으므로 그를 기준으로 하여 악의 여부를 가려야 한다고 판시하였다.

71) Mugdan Ⅱ, S. 470: "수익자의 의무는 … 악의가 됨으로써 고정되어(fixiert), 그 때부터 일반원칙에 따르게 된다. 즉 우연한 사정(Zufall)에 의한 급부불능의 경우를 제외하고는 그 후의 이득의 소멸에 의하여 아무런 영향을 받지 않는다."

72) 松坂佐一(註 38), 252는 수익자가 유책하게 수취하지 못한 사용이익 등도 반환하여야 한다고 한다. 獨民 §§ 292, 987 Ⅱ(우리의 民 § 201 Ⅱ에 대응한다)에 의하면 악의점유자는 통상적인 경제법칙상 수취할 수 있었던 과실 등을 유책하게 수취하지 못하였으면 이도 반환하여야 한다고 하고, 학자들은 이를 악의의 수익자에도 인정한다. 우선 MünchKomm/Lieb, § 818 BGB, Rn. 15 참조.

훼손시킨 경우 등에는 수익자는 그 한도에서 반환의무를 면한다고 볼 것이다.

(3) 문제는 수익자가 반환할 물건이 우연한 사정(Zufall), 즉 쌍방이 책임 없는 사유로 인하여 멸실·훼손한 경우 수익자는 가액반환을 하여야 할 것인가 아니면 그 책임을 면하는가 하는 것이다. 이는 소유자와 점유자의 관계에 관한 民 § 202를 적용할 것인지 여부와 연관되어 논의된다. 그러나 부당이득으로 물건의 반환을 구하는 데 관하여 § 201 이하 규정의 적용을 제한하는 입장(앞의 § 737 注解 A. Ⅱ. 1. (2) 참조)에서는 결과적으로 가액반환을 인정하여야 하리라고 생각한다.[73] 다만 불가항력으로 인하여 반환불능이 된 경우에까지 수익자에게 가액반환을 명하는 것은 지나치다고 하겠다(民 § 392 但書도 참조).

Ⅳ. 利子의 附加返還義務

1. 趣 旨

악의수익자에게 이 의무를 부담시키는 것은 통상 최소한의 손해배상을 과하는 취지라고 이해되고 있다.

2. 利子返還義務의 適用範圍

(1) 통상 이자는 금전 기타 대체물에 관한 원본채권의 존재를 전제로 하는데, 本條 Ⅱ는 일률적으로 "그 받은 이익에 이자를 붙여 반환"하도록 규정하고 있으므로 이자를 붙여 반환하여야 할 물적 범위에 관하여 학설의 다툼이 있다. 첫째, 원물반환이냐 가액반환이냐를 불문하고, 또 애초 취득한 것으로부터 과실이나 사용이익이 발생하였는지 여부와 상관없이 이자를 붙여야 한다는 견해(원물반환의 경우는 평가액을 기준으로 이자를 붙인다), 둘째, 가액반환의 경우에만 이자를 부가할 것이고, 원물반환의 경우에는 과실이나 사용이익의 반환만으로 충분하다는 견해 등이 있다.

금전(가액반환의 경우는 항상 그러하다)을 반환할 경우에 대하여는 이에 이자를 붙이는 것이 가능하고, 또 상당하다. 그러나 비대체물로써 반환할 경우(애초 부당이득한 것이 代替物이었더라도 반환의 대상으로서는 특정되었다 할 것이다.

73) 松坂佐一(註 38), 252. 佛民 § 1379 제 2 문은 비채변제에 관하여 악의수령자는 원물의 멸실 또는 훼손이 사변(cas fortuit)에 의하여 발생한 경우라도 그 책임을 진다고 한다.

앞의 民 §747 注解 A.Ⅲ.1.(5) 참조) 이를 금전으로 평가하여 이에 이자를 붙이라고 하는 것은 지나치게 기교적인 느낌이 있다. 이 경우에는 과실이나 사용이익의 반환, 나아가서는 손해배상의무로서 전보될 수 있으리라 생각된다.

(2) 그런데 애초 수익자가 얻은 이득, 따라서 반환되어야 할 이득 자체가 과실이나 사용이익인 경우에는 本條 Ⅱ에 의하여 이자를 부가하여야 할 것인가?[74] 이에 대하여는 大判 2003. 11. 14, 2001다61869(公 2003하, 2327)가 명확한 태도를 밝히고 있다.

(가) 이 사건에서 원심은, 피고가 아무런 권원 없이 원고 소유 토지의 상공에 송전선을 설치하여 소유함으로써 판시 면적에 해당하는 부분을 사용·수익하였으니 그 구분지상권에 상응하는 임료 상당액을 반환할 의무가 있다고 인정한 다음, 나아가 이에 대하여 점유일 이후 소장부본 송달일까지의 법정이자 및 그 이자에 대한 지연손해금을 구하는 청구에 대하여는 民 §201 Ⅱ가 民 §748 Ⅱ에 우선하여 적용되므로 악의의 점유자는 수취한 과실만을 반환하면 족하고 여기에 이자를 가산하여 지급할 필요가 없다는 이유로 이를 배척하였다.

(나) 그러나 위의 대법원판결은 "타인의 소유물을 권원 없이 점유함으로써 얻은 사용이익을 반환하는 경우 민법은 선의점유자를 보호하기 위하여 제201조 제1항을 두어 선의점유자에게 과실수취권을 인정함에 대하여, 이러한 보호의 필요성이 없는 악의 점유자에 관하여는 민법 제201조 제2항을 두어 과실수취권이 인정되지 않는다는 취지를 규정하는 것으로 해석되는바, 따라서 악의수익자가 반환하여야 할 범위는 민법 제748조 제2항에 따라 정하여지는 결과 그는 받은 이익에 이자를 붙여 반환하여야 한다. 즉, 악의 점유자는 과실을 반환하여야 한다고만 규정한 민법 제201조 제2항이 민법 제748조 제2항에 의한 악의 수익자의 이자지급의무까지 배제하는 취지는 아니기 때문에, 악의수익자의 부당이득금 반환범위에 있어서 민법 제201조 제2항이 민법 제748조 제2항의 특칙이라거나 우선적으로 적용되는 관계를 이루는 것은 아니다. 그리고 위 조문에서 규정하는 이자는 당해 침해행위가 없었더라면 원고가 위 임료로부터 통상 얻었을 법정이자 상당액을 말하는 것이므로, 악의수익자는 위 이자의 이행지체로 인한 지연손해금도 지급하여야 한다"고 판시하여, 원심판결을 파기하였다.

---

74) 이 판결이 다룬 문제에 대하여는 우선 金載亨, "占有者의 所有者에 대한 不當利得返還範圍", 法曹 561(2003. 6), 47 이하 참조.

3. 利　率

이율은 원칙으로 민사법정이율인 연 5푼이다(民 § 379).

Ⅴ. 惡意受益者의 損害賠償責任

1. 內　容

악의의 수익자는 받은 이익에 이자를 붙여 반환하고도 손실자에게 손해가 있으면 이를 배상하여야 한다. 즉, 이자액을 초과하는 손해가 있으면 이를 배상하여야 한다.[75)]

2. 損害賠償責任의 性質

(1) 이 책임의 성질에 대하여는 불법행위책임이라는 설(따라서 수익자의 이득행위가 民 § 750 이하의 불법행위의 요건을 충족하여야만 한다)도 있으나 악의수익자는 자신이 취득한 이득을 반환하여야 한다는 의무의 자각이 있는 자이므로 그 의무의 이행을 하지 않고 있는 동안에 손실자에게 발생한 손해는 수익자에게 부담시키는 것이 공평의 원리에 맞는다는 취지에서 나온 일종의 특수한 손해배상의무(오히려 채무불이행책임에 가까운)라고 할 것이다.

(2) 따라서 그 소멸시효기간도 불법행위책임에 관한 § 766에 의할 것이 아니라, 일반채권에 관한 § 162 Ⅰ에 의할 것이다.

3. 損害賠償責任의 內容

(1) 위와 같이 손해배상책임을 인정하면, 이 경우의 「손해」란 악의의 수익자가 그 취득한 대상을 계속 보유함으로 말미암아, 다시 말하면 그 반환의무의 이행을 게을리함으로 말미암아 손실자에게 발생한 구체적 손해를 말한다고 보겠다. 예를 들면, 물건이 부당이득되었기 때문에 손실자가 제 3 자에게 부담하고 있었던 그 물건의 인도채무를 이행할 수 없어서 다액의 위약금을 지급하였다던가 유리한 전매의 기회를 놓쳤다든가 하는 경우의 손해 등이다.

(2) 손해배상의 범위에 대하여는 역시 § 393이 적용된다고 할 것이다.

---

75) 大判 2002. 2. 5, 2001다66369(公 2002상, 639)도 本條의 손해배상의무의 내용을 같은 취지로 이해하는 듯하다.

大判 2002.2.5, 2001다66369(公 2002상, 639)도 같은 태도를 취한다. 그 판결은 새마을금고의 이사장이 금고 명의로 소요자금을 차입한 것이 이사회의 결의를 결하여 무효인 사안에서 이사장의 악의를 이유로 수익자인 새마을금고의 악의를 인정하였는데, 나아가 그 반환범위에 대하여 "악의의 수익자인 새마을금고는 그 대출금 원금에 상당하는 이익에 법정이자를 붙여 반환하여야 할 뿐이고, 이 이자 상당액을 초과하는 손해는 특별한 사정으로 인한 손해로서 새마을금고가 그 사정을 알았거나 알 수 있었다고 볼 수 없는 이상 피고에게 배상할 의무가 없다"고 판단하고 있다.

[梁 彰 洙]

第 749 條(受益者의 惡意認定)

① 受益者가 利益을 받은 後 法律上 原因 없음을 안 때에는 그 때부터 惡意의 受益者로서 利益返還의 責任이 있다.

② 善意의 受益者가 敗訴한 때에는 그 訴를 提起한 때부터 惡意의 受益者로 본다.

차 례

Ⅰ. 本條의 趣旨와 沿革

1. 本條의 趣旨

本條는 수익자가 악의의 수익자로서의 책임(民 § 748 Ⅱ)을 지는 시점에 관한 규정이다. 즉 수익자가 이익을 얻을 당시부터 그에 법률상 원인이 없음을 알았던 경우에는 물론 그는 악의의 수익자로서의 책임을 진다. 그러나 처음에는 선의이었다가 후에 비로소 악의가 되는 경우에는 계속 선의의 수익자로서의 책임(民 § 748 I)만을 지는지가 문제될 수 있다. 本條 I은 이 문제를 다룬다. 또한 本條 II은 패소한 선의수익자의 책임에 대하여 규정한다.

수익자가 언제 악의가 되느냐 하는 문제는 다른 측면에서 보면 선의수익자의 반환의무의 한계로서의 현존이익의 유무를 판정하는 기준시는 언제인가 하는 문제이기도 하다. 왜냐하면 수익자가 악의로 되는 시점 이후로는 民 § 748 I 에서 정하는 「利得의 消滅」, 즉 반환의무가 現存利益의 범위로 축소된다는 것을 주장할 수 없기 때문이다.

2. 本條의 沿革

(1) 本條는 의용민법에는 없는 "新設條文"이다.[1] 그런데 本條 I과 같은 내용은 獨民 § 819 I ("수령자가 법적 원인의 흠결을 … 후에 안 때")에도 규정되어 있고, 또 의용민법 시행 당시의 學說로서도 異論의 여지 없이 그와 같이 인정되고 있었다. 그리하여 民法案編纂要綱에도 "受益者가 受益 후 법률상 원인이 없는 것을 안 때에는 爾後 악의의 수익자로서 반환의무를 지도록 할 것"이라는 項目(「債權法各論」 제36항)이 있었던 것이다.[2]

(2) 한편 의용민법 시행 당시에는 善意者라도 반환청구의 소에 패소한 때는 訴訟이 係屬된 때에 소급하여 악의자로서의 책임을 질 것인가에 관하여 다툼이 있었다.[3] 이는 결국 의용민법 § 189 II를 부당이득반환의무에 확장하여 적용할 것인가에 귀착되는 문제이었다. 의용민법 § 189 I은 선의점유자의 과실수취권을 정하는데, 同條 II는 "선의의 점유자라도 본권의 소에서 패소한 때에는 그 起訴時로부터 악의의 점유자로 본다"고 규정하여 선의점유자의 과실수취권의 범위를 한정하고 있었던 것이다(주지하는 대로 우리 민법의 제정과정에서는 의용민법 § 189 II와 같은 내용이 이와는 다른 脈絡에서, 즉 점유 일반에 대한 것으로서 占有의 態樣에 관한 民 § 197 II로 규정되기에 이르렀다).[4] 의용민법 당시의

1) 民法案審議錄, 上卷(1957), 440 上段의 표현.
2) 梁彰洙, "民法案의 성립과정에 관한 小考", 民法硏究 제 1 권(1991), 110 참조.
3) 이에 대하여는 우선 新版 日注民(18), 646 이하(福地俊雄 집필) 참조.
4) 民法案審議錄(註 1), 125 上段 이하는 이를 "현행법 제189조 제 2 항은 동조 제 1 항의 과실취득자로서의 선의점유자이라는 특정한 효과에 대한 反對인 惡意의 경우를 규정하였던 것을 초안은 과실취득에 관한 것만이 아니라 其他의 경우에 있어서 즉 善意 일반

판례나 다수의 학설은 오히려 否定說(이에 의하면 부당이득반환채무는 일종의 기한 없는 채무로서 반환청구를 받은 때로부터 지체책임을 질 뿐이고, 별도로 의용민법 § 189 Ⅱ를 유추할 필요는 없다고 한다)을 취하는 것으로 이해되고 있었다.[5)]

그런데 本條 Ⅱ는 의용민법 당시의 소수설에 좇아, 그리고 아마도 獨民 §§ 819 Ⅰ, 滿洲國民法 § 731의 영향을 받아 의용민법 § 189 Ⅱ와 같은 취지의 규정을 둔 것이다. 그리하여 위의 문제를 입법적으로 해결하였다.

Ⅱ. 本條 Ⅰ

1. 事後的 惡意

이득 당시부터 악의인 경우뿐만 아니라, 이익을 취득한 후 법률상 원인이 없음을 안 때에는 그 시점으로부터 악의의 수익자로서 그 반환의무가 固定된다는[6)] 취지이다. 따라서 本條 Ⅰ은 오히려 당연한 규정이라 하겠다. 그 외에 "법률상 원인 없음을 알았다"는 것의 해석 등에 대하여는 앞의 § 748 注解 Ⅲ. 1. 참조.

2. 惡意가 되었다는 事實의 認定

(1) 예를 들면 大判 2000. 4. 11, 99다4238(公 2000하, 1165)은 수익자가 이익을 받은 후에 비로소 악의가 되었는지가 다투어진 사안에서 일반적으로 "이와 같은 수익자의 악의는 구체적인 사건에서 증거에 의하여 개별적으로 인정할 성질의 것"이라고 전제한 다음, 구체적으로는 "[이 사건에서 피고가 된] 행정청이 자신의 부과처분에 의하여 어떠한 급부를 받은 후 사후에 그 부과처분의 전부 또는 일부를 직권으로 취소하였다면 그 행정청이 속한 행정주체는 특별한 사정이 없는 한 적어도 그 부과처분의 취소 당시에는 그 처분에 의하여 받은 이익이 법률상 원인이 없음을 알았다고 보아야 할 것"이라고 판단하고 있다.

(2) 이와 같이 국가 또는 지방자치단체 등의 공권력주체가 자신의 부과

에 대한 反對觀念인 악의에 관한 규정을 하는 취지에서 本條의 규정은 立法上 進步이다"라고 설명하고 있다.

5) 이에 대하여는 우선 新版 日注民(18), 647(福地俊雄 집필) 참조.

6) 이에 대하여는 앞의 § 748 注解 Ⅲ. 2. (1) 참조.

처분으로 얻은 금전 등을 그 부과처분이 효력을 상실하여 부당이득으로 반환하여야 하는 경우에는 행정청 자신이 부과처분을 위와 같이 직권으로 취소한 경우는 물론이고, 가령 大判 95. 12. 22, 94다51253(公 1996상, 477)[7] 등에서 보는 대로 그 부과처분의 취소소송에서 행정청의 패소판결이 확정된 경우에는 적어도 그 확정시부터는 악의가 되었다고 인정하는 것이 실무의 흐름이다.

Ⅲ. 本條 Ⅱ

1. "訴를 提起한 때"

(1) 여기서 문제의 「소」란 무엇인가에 대하여 大判 74. 7. 16, 74다525(集 22-2, 203)는 "민법 제197조 제2항의 규정과 관련시켜 볼 때 부당이득을 이유로 그 반환을 청구하는 소송"을 가리키는 것이라고 판시한다. 이 부분 판시가 당해 사건의 사실관계에 비추어 과연 先例로서의 의미를 가지는 것인가에 대하여는 의문의 여지가 있다.[8] 그러나 그 후의 大判 87. 1. 20, 86다카1372(公 795, 306)도 同旨의 판시를 하고 있으며, 이로써 판례의 태도는 정하여졌다고 해도 좋을 것이다.

한편 뒤의 (3)에서 보는 대로 大判 78. 10. 10, 78다1273(總覽 2-1(A), 452-26)은 소유권이전등기말소소송에서 수익자가 패소한 경우에 그 소송의 제기시부터 악의의 수익자로 의제된다고 판시한다. 그러나 이는 本條 I을 적용한 것이라기보다는 民 § 197 Ⅱ에 의하여 점유자의 악의가 의제됨으로써 선의점유자가 가지는 果實收取權(民 § 201 I)을 주장할 수 없다는 취지로 이해할 것이다.

(2) 위 大判 74. 7. 16.의 사실관계는, 前訴에서 가집행선고가 붙은 제1심판결에 기하여 강제집행을 하였는데 그 후 항소심에서 본안판결이 변경되어 그 한도에서 가집행선고가 실효되고 그 항소심판결이 대법원에서 그대로 확정되었는데, 이 사건에서 전소의 피고가 전소의 원고를 상대로 하여 위 가집행선고의 실효를 이유로 부당이득금반환청구소송을 제기한 것이다. 原審法院은, 受益者는 전소에 관하여 대법원판결이 선고된 때(1971년 11월)에 악의가 되었

---

7) 이 사건에서는 「개발이익 환수에 관한 법률」(1993. 6. 11. 법률 제4563호로 개정되기 전의 것) § 5에 의한 개발부담금의 부과처분이 문제되었다.

8) 이에 대하여는 梁彰洙, "本權의 訴에서 敗訴한 占有者의 使用利益返還義務", 民法研究 제2권(1991), 71 이하 참조.

다고 인정하여 그 때부터 연 5푼의 「이자」(民 II §748 참조)를 가하도록 명하였는데, 이 사건에서 원고는 本條 II를 들어 그 전에 전소가 제기된 때에 이미 악의인 것으로 간주되어야 한다고 주장하여 上告하였다. 대법원은 위 판결에서 위와 같이 판시하여 本條 II로 인한 惡意擬制는 이 사건 부당이득반환청구의 소가 제기된 때(1972년 7월)에 비로소 인정된다고 판단하여 원고의 위와 같은 주장을 받아들이지 아니하였다. 그러나 원심판결이 전소에 관한 대법원판결이 선고된 때에 악의가 되었다고 인정한 부분은 이를 수긍하고 있다.

위의 판결에서도 보듯이, 本條 II에 의한 惡意擬制가 인정될 수 있는 경우에도, 그렇다고 해서 법원이 다른 증거에 의하여 그 의제시점 이전에 이미 수익자가 악의이었다고 사실인정할 수 없는 것은 아니다.

(3) 한편 民 § 197 II는 점유자의 악의의제에 관하여 "本權에 관한 訴에서 敗訴한 때"라고 규정한다. 그리고 거기서의 「본권에 관한 소」에는 소유권에 기한 목적물인도청구소송은 물론이고[9] 소유자가 제기한 점유자 명의의 소유권이전등기의 말소를 청구하는 소송 등도 포함된다.[10]

그런데 이와 같은 訴訟에서의 점유자의 패소로 인한 점유자의 악의의제는 부당이득반환청구권의 내용에도 영향을 미친다. 즉 그로써 점유자의 악의가 의제되면, 이제 民 § 203 I 에 의한 果實收取의 권리는 주장할 수 없게 되고, 따라서 소유자가 점유자를 상대로 果實 그리고 이에 준하는 使用利益을 부당이득으로 반환청구하는 것에 관한 한 원고의 청구는 인용되는 것이다.

大判 78. 10. 10, 78다1273(總覽 2-1(A), 452-26)은, 그와 같은 사실관계에 대한 것이다. 즉 원고 소유의 토지에 대하여 피고 앞으로 원인 없는 소유권이전등기가 이루어지고 피고가 그 위에 건물을 건축·소유하였는데 원고는 前訴에서 피고를 상대로 위 이전등기의 말소를 청구하는 소송을 제기하여 勝訴의 確定判決을 받았다. 그리고 이번의 소송에서 피고를 상대로 피고가 원고의 위 토지를 법률상 원인 없이 점유·사용한 것을 이유로 하는 차임 상당액의 부당이득의 반환을 청구하였던 것이다. 위 대법원판결은 "피고는 [前訴에서] 위 판결의 확정으로 인하여 민법 제749조 제 2 항의 규정에 의하여 그 소 제기 당시인 1968. 5. 22.에 소급하여 그 때부터 악의의 수익자로 간주"된다고 판시하였다. 이는 本條 II의 「소송」에 소유권이전등기말소소송도 포함되는 것으로 판시한

9) 大判 66. 9. 20, 66다939(集 14-3, 36).

10) 大判 87. 1. 20, 86다카1372(公 795, 306). 이에 대하여는 梁彰洙(註 7), 75 이하 참조.

것처럼 이해되기도 하나, 앞의 (1)에서 본 大判 74. 7. 16. 등에 비추어 볼 때 그 眞意는 앞의 (1)의 말미에서도 말한 대로 피고가 전소의 제기시로 소급하여 악의로 의제되고 따라서 그의 점유·사용에 대하여는 악의의 점유자로서 民 § 201 Ⅱ에 따라 부당이득반환의무를 진다는 데 있다고 할 것이다.

이 점은 大判 87. 1. 20, 86다카1372(公 795, 306)에서 보다 명확하게 된다. 대법원은, 여기서 本條 Ⅱ의 「소송」이란 부당이득반환청구소송을 말한다고 명확하게 밝히면서도, 점유자가 자기 명의의 소유권이전등기를 말소하라는 소송에서 패소한 경우에는 民 § 197 Ⅱ에 의하여 악의로 간주되므로 결국 그 소송의 제기시부터 부동산의 점유·사용으로 인한 부당이득반환책임을 져야 한다고 판시하였던 것이다.

(4) 악의로 의제되는 시점은 「소를 제기한 때」이다. 이는 訴狀이 법원에 접수된 때가 아니라 訴訟이 係屬된 때, 다시 말하면 소장부본이 피고, 즉 수익자에게 송달된 때[11]라고 해석할 것이다.[12] 왜냐하면 피고가 자신이 취득한 이득에 관하여 그 법률상 원인이 없다고 주장하는 법적 쟁송이 제기되었음을 안 때로부터 ―후에 패소하였음을 전제로― 악의수익자의 책임을 가함이 공평에 맞기 때문이다.[13]

여기서 소의 제기는 本訴의 경우는 물론이고 反訴로서 제기된 경우도 포함한다. 나아가 원고가 애초부터 부당이득반환청구소송을 제기한 것이 아니라 소송의 진행 중에 請求를 變更하여 비로소 부당이득반환청구가 행하여진 경우에도 여기서 정하는 「소의 제기」가 있다고 할 것이다. 다만 이 경우 악의의제의 효과는 당해 청구에 관하여 소송계속의 효과가 발생한 때, 즉 상대방에게 소변경의 서면이 송달(民訴 § 262 Ⅲ, 民訴規 § 64 Ⅱ, Ⅰ 참조)되거나 변론기일에서 교부된 때에[14] 인정된다고 할 것이다.

2. "敗訴한 때"

(1) 이는 終局判決에 의하여 수익자의 패소로 확정된 때를 말한다고 이

11) 판례이자 통설이다. 우선 李時潤, 新民事訴訟法(2002), 241 참조.

12) 東草支院判 95. 4. 21, 94가합759(下集 1995-1, 215)도, "[本條 Ⅱ 중] 소를 제기한 때라 함은 같은 조 제 1 항에 비추어 볼 때 소장부본이 피고에게 송달된 때로 해석함이 상당"하다고 한다.

13) 獨民 § 818 Ⅳ는 "訴訟係屬時부터" 이득의 소멸을 주장할 수 없다고 규정하는데, 獨民訴 § 253 Ⅰ은 소장부본이 피고에게 송달되는 때에 소송계속이 생긴다고 明定한다.

14) 이에 대하여는 大判 92. 5. 22, 91다41187(集 40-2, 48) 참조.

해되어 왔다.[15] 그러므로 제1심소송에서 패소하였다고 하여도 아직 그 패소판결이 확정되지 아니한 경우에는 이에 해당하지 아니한다. 대법원의 파기환송판결도 終局判決의 성질을 가지는 것이나,[16] 그에 의하여 패소확정이 되지는 아니하므로 결국 이에 해당하지 아니한다. 또 소송이 和解로 종결된 경우에도 이에 해당한다고 할 수 없다.[17]

그러나 이들 경우에 本條 Ⅱ에 의한 악의의제의 효과는 발생하지 아니하더라도, 위와 같은 판결 등을 資料로 하여 일정한 시점에서 수익자의 악의 그 자체를 인정할 수 있는 경우도 있을 것이다(앞의 1.(2) 말미 참조). 이러한 경우는 예외적으로는 受益者가 승소한 때에도 인정될 수 있다. 예를 들면 대지의 소유자가 그 지상의 건물을 소유하는 자를 상대로 제기한 건물철거소송에서 법원이 건물이 권원 없이 그 지상에 건립되어 있음을 인정하면서도 權利濫用을 이유로 그 청구를 기각한 경우 등이 그러하다.[18]

(2) 그런데 大判 2002. 11. 22, 2001다6213(公 2003상, 141)은, 원고가 피고를 상대로 부동산의 불법한 점유·사용을 이유로 목적물반환청구 및 사용이익에 대한 부당이득반환청구를 한 경우에, 변론종결 전에 소유권이 상실되었음을 이유로 소유권에 기한 반환청구는 종국적으로는 배척된다고 하더라도, "법원으로서는 소유권 상실 이전의 기간에 대한 부당이득반환청구와 관련하여서는 원고의 소유권의 존부와 피고의 점유권원의 유무 등을 가려서 그 청구의 당부를 판단하고, 원고의 부당이득 주장이 이유 있는 것으로 판단된다면 적어도 그 소제기일부터는 民 §197 Ⅰ에도 불구하고 피고를 악의의 점유자로 의제하여 부당이득의 반환을 명하여야 한다고 판시하고 있다(파기환송). 요컨대 民 §197 Ⅱ에서 악의점유 의제와 관련하여, 원고가 소유권에 기하여 피고의 사용이익의 반환을 청구하는 경우에는, 원고가 「본권에 관한 소」(여기서는 소유물반환청구의 소)의 진행 중에 소유권을 제3자에게 이전함으로써 승소의 확정판결을 받지 못하는 경우에라도, 그 이전까지의 기간에 관하여는 소유물반환청구가 이유 있는 것이라면, 위의 규정을 적용하여 그 기간에 관하여 악의의 점유

15) 同旨: 大判 79. 8. 31, 78다858(要集 민 Ⅰ-2, 1129).

16) 大判(全) 95. 2. 14, 93재다27등(集 43-1, 58)은, 파기환송판결이 中間判決의 성질을 가진다는 종전의 태도를 변경하여 終局判決에 해당한다고 판시하였다.

17) 民 §197 Ⅱ에 관하여 서울高判 72. 10. 26, 72나1027(下集 민 2, 231) 참조.

18) 일본의 大阪高判 1981(昭 56). 11. 18(判タ 466, 101)은 소위 越境建物의 철거 및 토지인도의 청구소송에서 권리남용으로 청구가 기각되었으나 그 越境部分의 토지점유·사용에 대하여는 日民 §189 Ⅱ에 의하여 위 소송이 계속된 때로부터 악의점유자로 인정하였다.

자로서의 부당이득반환책임을 인정할 수 있다는 것이다.[19]

위와 같은 논의는 本條 Ⅱ와는 무관하다고 할 것이다. 앞의 1.(1)에서 본 대로 여기서의 「訴」란 부당이득반환청구의 소를 말하는데, 그 청구에 관한 한 원고가 비록 후에 소유권을 상실하였어도 그가 소유자인 기간 동안의 사용이익에 대하여는 승소할 것이다. 따라서 원고의 승소의 확정판결이 요구된다고 하더라도, 그 요건은 충족되기 때문이다.

(3) 한편 大判 79. 8. 31, 78다858(要集 민 I-2, 1129)은, 부당이득반환청구소송을 제기하면서 당해 소송이 선의수익자의 패소로 확정되는 것을 전제로 하여 애초부터 그 소제기시부터 악의수익자로서의 부당이득의 반환을 청구할 수 있다고 한다. 民 § 197 Ⅱ에 관하여 大判 74. 6. 25, 74다128(集 22-2, 125)은 반대로 판단하여 우선 「本權에 관한 訴」에서 승소의 확정판결을 얻은 후에만 그 규정상의 악의의제를 주장할 수 있다는 것처럼 판단하였다. 그러나 이와 같이 사실상 이중의 소송제기를 강요하는 태도에는 찬성할 수 없고, 위 大判 79. 8. 31.의 태도에 의하더라도 수익자에게 부당한 불이익을 준다고 할 수 없으므로 이것이 타당하다고 하겠다.

그러므로 부당이득반환의 소를 제기하면서 그와 동시에 적어도 그 소장의 부본이 피고에게 송달된 날로부터는 적어도 그 이득에 대한 「이자」(民 § 748 Ⅱ 참조)를 한꺼번에 청구할 수 있다는 셈이 된다. 물론 이 이자청구에 대하여는 본체인 부당이득반환청구가 인용되는 경우에만 本條 Ⅱ의 적용이 있을 것이다.

3. 惡意擬制

本條 Ⅱ의 요건이 충족되면 수익자는 그 소송이 제기된 때로부터 악의인 것으로 간주되어 民 § 748 Ⅱ에 의한 부당이득반환의무(이에 대하여는 앞의 民 § 748 注解 참조)를 부담한다.

[梁 彰 洙]

19) 이 판례법리는 그 규정의 목적 및 연혁에 비추어 보아서도 실타당하다. 이 점에 대하여는 梁彰洙, "2003년 民事判例 管見", 人權과 正義(대한변호사협회지) 332(2004. 4), 59 이하 참조.

事項索引

民法注解〔XVII〕— 債權(10)

2005年 1月 15日 初版一刷發行
2012年 5月 30日 初版四刷發行

編輯代表 郭 潤 直
發 行 人 安 鍾 萬
發 行 處 (株) 博 英 社
110-102 서울특별시 종로구 평동 13-31번지
전화 (733) 6771-3
FAX (02) 736-4818
등록 1959. 3. 11. 제300-1959-1호(倫)
組 版 所 홍익 m&b

파본은 바꿔 드립니다. 본서의 무단복제행위를 금합니다.

定 價 50,000원

ISBN 978-89-6454-849-3
978-89-6454-583-6(세트)

http://www.pybook.co.kr